TRATADO DE
DIREITO CIVIL

II

PARTE GERAL

NEGÓCIO JURÍDICO

FORMAÇÃO
CONTEÚDO E INTERPRETAÇÃO
VÍCIOS DA VONTADE
INEFICÁCIA E INVALIDADES

ANTÓNIO MENEZES CORDEIRO
CATEDRÁTICO DA CLÁSSICA DE LISBOA

TRATADO DE
DIREITO CIVIL

II

PARTE GERAL
NEGÓCIO JURÍDICO

FORMAÇÃO
CONTEÚDO E INTERPRETAÇÃO
VÍCIOS DA VONTADE
INEFICÁCIA E INVALIDADES

4.ª edição
(reformulada e atualizada)

com a colaboração de
A. BARRETO MENEZES CORDEIRO, LLM
DOUTOR EM DIREITO

ALMEDINA
2014

TRATADO DE DIREITO CIVIL

AUTOR
ANTÓNIO MENEZES CORDEIRO

EDITOR
EDIÇÕES ALMEDINA, SA
Rua Fernandes Tomás n.ᵒˢ 76-80
3000-167 Coimbra
Tel.: 239 851 904
Fax: 239 851 901
www.almedina.net
editora@almedina.net

DESIGN DE CAPA
FBA

PRÉ-IMPRESSÃO
EDIÇÕES ALMEDINA, SA

IMPRESSÃO E ACABAMENTO

Fevereiro, 2014

DEPÓSITO LEGAL
/14

Os dados e as opiniões inseridos na presente publicação
são da exclusiva responsabilidade do(s) seu(s) autor(es).

Toda a reprodução desta obra, por fotocópia ou outro qualquer processo,
sem prévia autorização escrita do Editor,
é ilícita e passível de procedimento judicial contra o infrator.

Biblioteca Nacional de Portugal – Catalogação na Publicação

CORDEIRO, António Meneses, 1953-

Tratado de direito civil – 4.ª ed. reformulada e atualizada. – v. 2.º v.: Parte geral: negócio jurídico. – p.

ISBN 978-972-40-5529-9

CDU 347

ADVERTÊNCIAS

O presente II volume do *Tratado de Direito civil* corresponde, em novo formato, à segunda parte do livro I, tomo 1, da edição anterior, totalmente refundida e ampliada. Os números 315 a 324, relativos à simulação, são da autoria de A. Barreto Menezes Cordeiro, que deu, ainda, colaboração de ordem geral.

A obra está atualizada com referência a elementos publicados até dezembro de 2013.

Foi posto o maior cuidado na sua revisão. Todavia, nem o Autor nem a Editora, se responsabilizam pelas fontes indicadas. Os práticos são convidados a, em cada caso, confirmarem os precisos textos em vigor.

Lisboa, janeiro de 2014.

Em homenagem aos Professores:

Doutor Carlos Alberto da Mota Pinto (1936-1985);
Doutor João de Castro Mendes (1929-1983);
Doutor Luís Alberto Carvalho Fernandes (1937-2012).

ÍNDICE DO SEGUNDO VOLUME

Índice do segundo volume 9

CAPÍTULO I – OS FUNDAMENTOS DA DOUTRINA DO NEGÓCIO

§ 1.º Coordenadas históricas

1. Introdução 25
2. *Negotium iuris* 27
3. Do canonismo ao *usus modernus* 29
4. A consagração pandectística 33
5. Sistemas alternativos 35
6. O negócio como pólo científico 36

§ 2.º Autonomia, teoria da ação e sistema

7. A autonomia privada 39
8. A ação humana 42
9. O papel da vontade; as teorias 47
10. Crítica; o papel do Direito 50
11. Tendências atuais 52

§ 3.º A receção lusófona e o método

12. Os precursores 58
13. Os códigos brasileiros 62
14. A preparação do Código Vaz Serra 64
15. O sistema do Código 67
16. Opções expositivas 71

CAPÍTULO II – DOGMÁTICA GERAL DO NEGÓCIO JURÍDICO

§ 4.º Eficácia jurídica

17. Eficácia, situação e modelo de decisão 77
18. Eficácia constitutiva, transmissiva, modificativa e extintiva 78
19. Transmissão e sucessão 79

20. Eficácia pessoal, obrigacional e real; outros tipos 80
21. O papel dos factos jurídicos 81

§ 5.º Factos, atos e negócios jurídicos

22. Factos jurídicos; modalidades 83
23. Atos lícitos e ilícitos 84
24. Atos e negócios; conceito e relevância 85

§ 6.º Modalidades de negócios jurídicos

25. Negócios unilaterais e multilaterais ou contratos 90
26. Negócios conjuntos e deliberações 93
27. Negócios *inter vivos* e *mortis causa* 95
28. Negócios formais e consensuais 96
29. Negócios reais *quoad constitutionem*; negócios sujeitos a registo constitutivo 97
30. Negócios pessoais, obrigacionais e reais *quoad effectum*; outros tipos 101
31. Negócios causais e abstratos 101
32. Negócios típicos e atípicos; negócios nominados e inominados 104
33. Negócios onerosos e gratuitos 106
34. Negócios de administração e de disposição 107
35. Negócios parciários, de organização, de distribuição e aleatórios 110
36. Negócios instrumentais, preparatórios e acessórios 112

§ 7.º Atos jurídicos em sentido estrito

37. Aspetos gerais; modalidades; remissão 113

§ 8.º Elementos e pressupostos negociais

38. Quadro geral na doutrina comum; A) Elementos essenciais, naturais e acidentais 116
39. Continuação; B) Orientações tradicionais 118
40. Solução preconizada 120

CAPÍTULO III – A FORMAÇÃO DO NEGÓCIO JURÍDICO

SECÇÃO I – A DECLARAÇÃO NEGOCIAL

§ 9.º A declaração de vontade

41. Generalidades; declaração e negócio 123
42. Elementos e natureza 125

43. O *continuum*; a transição para o regime 130

§ 10.º Tipos de declarações

44. Declarações expressas e tácitas 132
45. O silêncio 136
46. Declarações presumidas e fictas 141
47. Declarações recipiendas e não recipiendas 142
48. Declarações subsequentes e contradeclarações 148
49. Declarações não-negociais 150

SECÇÃO II – A SEQUÊNCIA FORMATIVA

§ 11.º O surgimento do negócio

50. O modelo básico 153
51. A formação sem processo; negócios comuns 155
52. Técnica de contratação 157

§ 12.º A forma da declaração

53. Evolução geral; forma e formalidades 164
54. Forma *ad substantiam* e *ad probationem* 168
55. As exigências de forma no Direito lusófono 170
56. A justificação da forma: os limites 172
57. As formas especiais; a desformalização e a reformalização 176
58. Forma eletrónica e disposições especiais 183

§ 13.º O funcionamento das regras formais e o sistema

59. A interpretação e a aplicação; a plenitude das normas 185
60. As inalegabilidades formais; doutrina geral 189
61. A experiência e a prática nacionais 197
62. A extensão da forma; a forma legal 201
63. A forma voluntária 204
64. A forma convencional 204

SECÇÃO III – AS REGRAS PRÉ-NEGOCIAIS

§ 14.º A *culpa in contrahendo*

65. Aproximação 207
66. A descoberta de Jhering 209

67. Acolhimento europeu 211

§ 15.º O papel da *culpa in contrahendo*

68. Generalidades 216
69. As constelações de casos 220
70. A proteção do contraente débil 223
71. A obrigação de contratar 226
72. A boa-fé e os valores do sistema 230

§ 16.º A construção da *culpa in contrahendo*

73. Teorias contratuais 232
74. Teorias legais 234
75. Abordagem pela responsabilidade 237
76. Segue; interesse negativo e terceira via 240
77. Excurso; a frustração de despesas 242
78. Segue; apreciações críticas 244
79. A obrigação sem prestações principais 247
80. A consagração na reforma do BGB (2001/2002) 249

§ 17.º A *culpa in contrahendo* no Direito lusófono

81. A receção lusófona 251
82. A preparação do Código Vaz Serra 255
83. O acolhimento subsequente 259
84. Outras consagrações legais 264
85. A receção no Brasil 265

§ 18.º A concretização da *culpa in contrahendo*

86. Análise do artigo 227.º 267
87. Os casos típicos na jurisprudência 271
88. A não-aplicação; crítica 275
89. A natureza 277
90. Interesse negativo ou positivo? 282
91. Excurso: a ideia de perda de *chance* 287
92. O cálculo da indemnização por cic 289
93. A densificação negocial 293

§ 19.º Atos preparatórios

94. Ideia geral e modalidades 296
95. Atos típicos 297
96. O concurso para a celebração de um contrato 299

§ 20.º Negócios mitigados

97. Acordos de cortesia e de cavalheiros 304
98. Contratos mitigados *stricto sensu* 307
99. Em especial: as cartas de intenção 311

SECÇÃO IV – A CONCLUSÃO DOS CONTRATOS

§ 21.º O processo de formação dos contratos

100. Generalidades; o contrato entre ausentes 317
101. A proposta; características 318
102. Eficácia e duração 321
103. Oferta ao público 325
104. *Invitatio ad offerendum*; o leilão 327
105. Aceitação, rejeição e contraproposta 331
106. Dispensa da declaração de aceitação 335
107. Natureza das declarações negociais 339

§ 22.º Contratação automática e eletrónica

108. Aspetos gerais; o autómato 342
109. A negociação automática 343
110. A contratação por meios eletrónicos ou por *Internet* 345
111. A tutela do contraente aderente 349
112. Vendas automáticas e vendas especiais esporádicas 351
113. Documentos eletrónicos e assinatura digital 352
114. Faturas e comércio eletrónicos 353

CAPÍTULO IV – AS CLÁUSULAS CONTRATUAIS GERAIS

§ 23.º O uso de cláusulas contratuais gerais

116. Noção, terminologia e figuras afins 357
116. A origem 359
117. O papel 363
118. Cláusulas internacionais 366
119. Os perigos 370
120. Os requisitos 373
121. A natureza: o *status* contratual geral 376

§ 24.º Evolução comparatística e europeia

122. Sistema francês	379
123. Sistema alemão	382
124. Linhas gerais de evolução	387
125. Inclusão nos códigos civis?	394

§ 25.º O Direito europeu

126. A Diretriz 93/13, de 5 de abril	399
127. Observações	403
128. Direito civil europeu	405

§ 26.º A experiência lusófona

129. Origens	409
130. Angola	412
131. Brasil	414
132. Moçambique	416

§ 27.º O regime geral

133. O Decreto-Lei n.º 446/85; aspetos gerais	420
134. Âmbito e exclusões	422
135. A inclusão; comunicação e informações	426
136. Cláusulas prevalentes	432
137. Cláusulas excluídas; consequências	433
138. Interpretação e integração	436

§ 28.º O controlo interno

139. Generalidades	440
140. A nulidade (*sui generis*)	442
141. A redução; a "redução convalidante"	445
142. O sistema das proibições	448
143. A proibição de contrariedade à boa-fé	451
144. Articulação de proibições	454

§ 29.º Proibições entre empresários

145. Proibições absolutas	456
146. Proibições relativas	458

§ 30.º **Proibições com consumidores**

147. Proibições absolutas 461
148. Proibições relativas 462

§ 31.º **Isenções legais**

149. Isenções legais 463

§ 32.º **A ação inibitória**

150. Perfil 465
151. Consequências e importância 466

CAPÍTULO V – NEGÓCIOS USURÁRIOS, DEFESA DO CONSUMIDOR E NÃO-DISCRIMINAÇÃO

§ 33.º **Da *laesio enormis* à usura**

152. A *laesio enormis* 469
153. A admissibilidade dos juros 475
154. A tradição latina 477
155. A tradição germânica 480
156. O Direito europeu 483

§ 34.º **O Direito lusófono e a usura**

157. As Ordenações; o Código Comercial de 1833 485
158. O Código de Seabra (1867) 487
159. O regime dos juros 489
160. A preparação do Código Vaz Serra 492
161. A reforma de 1983 495
162. O regime vigente; a natureza 497
163. Aplicação 500
164. O Direito brasileiro 503

§ 35.º **Defesa do consumidor**

165. Generalidades; a Lei de Defesa do Consumidor; outros diplomas 505
166. Os contratos pré-formulados 511
167. As regras de conflitos 516
168. A publicidade 519

§ 36.º **A não-discriminação**

169. Aspetos gerais	529
170. As regras sobre a não-discriminação	533
171. O Direito civil	534

CAPÍTULO VI – O CONTEÚDO DO NEGÓCIO JURÍDICO

SECÇÃO I – O CONTEÚDO COMO CATEGORIA

§ 37.º **Quadros da eficácia negocial**

172. Noção de conteúdo; conteúdo e objeto	537
173. Composição do conteúdo	538
174. Tipo negocial e cláusulas típicas	539

SECÇÃO II – OS REQUISITOS DO NEGÓCIO

175. Noção e enunciado	541

§ 38.º **A possibilidade**

176. Ideia geral e evolução histórica	544
177. A evolução lusófona	548
178. A nova conceção na reforma alemã de 2001/2002	549
179. Segue; o alargamento	553
180. Aspetos dogmáticos	555
181. A delimitação; negócios absurdos	558

§ 39.º **A determinabilidade**

182. Ideia geral e evolução	562
183. Autonomia dogmática	563
184. Aplicação: a tutela da parte fraca	564

§ 40.º **A licitude e a conformidade legal**

185. O quadro geral; o fim prosseguido	567
186. O Código Civil; aplicação	569
187. O fim do negócio	571
188. A conformidade legal	573

§ 41.º **A fraude à lei**

189. Origem	574
190. Os sistemas alemão e italiano	575
191. O Direito lusófono	578
192. Posição adotada	560

§ 42.º **Bons costumes**

193. Generalidades	584
194. Evolução histórica	585
195. O Direito alemão	588
196. A descoberta de Simitis	591
197. Dados jurídico-políticos	593
198. O Direito lusófono	596
199. A concretização	600

§ 43.º **A ordem pública**

200. Aspetos gerais	603
201. A ordem pública	604
202. Aplicações	604

§ 44.º **Excurso: a ordem pública internacional**

203. Origem	606
204. O Código Civil e o BGB	607
205. O conteúdo	608
206. Situações concretas	609
207. Questões patrimoniais	612
208. Balanço	616

SECÇÃO III – A CONDIÇÃO

§ 45.º **Origem e evolução da condição**

209. Terminologia e origem	617
210. Modalidades; suspensiva e resolutiva	619
211. O problema da retroatividade	621
212. A questão da unidade do negócio	624
213. A condicionalidade e as condições inviáveis	627

§ 46.º A condição no sistema lusófono

214. A pré-codificação e o Código de Seabra	629
215. A preparação do Código Vaz Serra	632
216. O Código Vaz Serra	633
217. Os códigos brasileiros	634

§ 47.º A condição: função, modalidades e afins

218. Conceito e função	637
219. Modalidades	640
220. Condições impróprias e figuras semelhantes	641

§ 48.º Natureza, condicionalidade e invalidades

221. Natureza	644
222. A condicionabilidade	645
223. Invalidades	647

§ 49.º O regime da condição

224. Princípios gerais	650
225. Pendência e boa-fé	652
226. A expectativa	654

SECÇÃO IV – O TERMO E OUTRAS CLÁUSULAS TÍPICAS

§ 50.º O termo

227. Origem e evolução	657
228. Modalidades	658
229. Regime	660
230. Cômputo	662

§ 51.º Outras cláusulas típicas

231. O modo	664
232. O sinal	666
233. A cláusula penal	668

CAPÍTULO VII – A INTERPRETAÇÃO DO NEGÓCIO JURÍDICO

SECÇÃO I – AS COORDENADAS DA INTERPRETAÇÃO

§ 52.º Aspetos gerais; natureza jurídica

234. A interpretação em geral	673
235. A interpretação do negócio	675
236. As regras de interpretação	676
237. A interpretação como questão-de-direito	679

§ 53.º Evolução, regras legais e doutrinais

238. O Direito romano	686
239. Evolução subsequente	689
240. As regras legais	692
241. O Direito anglo-saxónico e o Direito europeu	796
242. As doutrinas da interpretação	700

§ 54.º O sistema lusófono

243. A pré-codificação e o Código de Seabra	707
244. A preparação do Código de 1966	711
245. Os códigos brasileiros	713

SECÇÃO II – O DIREITO VIGENTE

246. Generalidades	715

§ 55.º O horizonte do declaratário (236.º/1, 1.ª parte)

247. O horizonte do declaratário; os elementos	717
248. A letra (clausulado)	718
249. Declarações *per relationem*, elementos circundantes e negócios coligados	721
250. Os antecedentes	723
251. O contexto e a prática negocial	724
252. O fim do negócio	725
253. Elementos normativos	726
254. A diligência do declaratário	727

§ 56.º A imputabilidade ao declarante (236.º/1, 2.ª parte)

255. A fórmula legal	730
256. A imputabilidade	731

§ 57.º A vontade real (236.º/2)

257. Princípios básicos e grupos de casos 734
258. *Falsa demonstratio non nocet* 736
259. *Protestatio facto contraria non valet* 739

§ 58.º A recondução ao sistema

260. O equilíbrio das prestações (237.º); o fim do contrato 742
261. A articulação integrada dos diversos elementos 745
262. A unidade da realização 748

§ 59.º Regras especiais de interpretação

263. Atos não recipiendos e atos não-negociais 750
264. Negócios formais 751
265. Contratos regulativos 753
266. Cláusulas contratuais gerais e consumidores 753
267. Testamentos 754

CAPÍTULO VIII – A INTEGRAÇÃO DO NEGÓCIO

§ 60.º Evolução e natureza

268. Da *interpretatio* à *condicio tacita* 757
269. As codificações 758
270. A experiência lusófona 761
271. Natureza e figuras afins 763

§ 61.º Pressupostos, vontade hipotética e boa-fé

272. A lacuna negocial 767
273. A interpretação complementadora 769
274. A vontade hipotética das partes 770
275. A boa-fé; concretização 776
276. Lacunas supervenientes; alteração de circunstâncias e dever de renegociar 777

CAPÍTULO IX – VÍCIOS DA VONTADE E DA DECLARAÇÃO

§ 62.º Quadro dos vícios

277. Generalidades; pré-codificação e Seabra 779

278. Apresentação e princípios 781
279. Ordenação dogmática 784

SECÇÃO I – A AUSÊNCIA DE VONTADE

§ 63.º A falta de consciência da declaração

280. Enquadramento e origem 786
281. A evolução subsequente 788
282. O Código Vaz Serra (246.º) 792
283. Previsão e regime 794

§ 64.º A incapacidade acidental

284. Enquadramento 798
285. O Código de Seabra e os códigos brasileiros 800
286. A preparação do Código de 1966 801
287. Os pressupostos 802
288. As figuras afins e o regime 804
289. A aplicação prática 806

§ 65.º As declarações não-sérias

290. Ideia geral e evolução 809
291. A doutrina de Seabra e os preparatórios 811
292. O regime vigente 813

§ 66.º A reserva mental

293. Ideia geral e evolução 816
294. Os preparatórios e seus antecedentes 819
295. Reserva mental (244.º) 820

SECÇÃO II – A AUSÊNCIA DE LIBERDADE

§ 67.º Coação

296. Generalidades e evolução 823
297. A coação física; experiência lusófona 826
298. Coação moral; aspetos gerais 829
299. Segue; o Código Vaz Serra 832

SECÇÃO III – O ERRO

§ 68.º Problemática e evolução do erro

300. Direito romano	835
301. Naturalismo, pré-codificação e Código Napoleão	837
302. As codificações subsequentes	839
303. A experiência lusófona	842
304. O Código de 1966 e os Códigos brasileiros	845

§ 69.º O erro na declaração (erro-obstáculo)

305. A essencialidade e o conhecimento (247.º)	848
306. Outros requisitos	850
307. Erro na transmissão da declaração (250.º)	852
308. Validação do negócio (248.º)	853
309. Erro de cálculo ou de escrita (249.º)	855

§ 70.º O erro da vontade (erro-vício)

310. Erro relativo à pessoa ou ao objeto (251.º)	857
311. Erro de direito; atos *stricto sensu*	861
312. Erro sobre os motivos (252.º/1)	862
313. Erro sobre a base do negócio (252.º/2)	864
314. Dolo (253.º)	871

SECÇÃO IV – A SIMULAÇÃO

§ 71.º Coordenadas históricas e comparatísticas da simulação

315. Evolução histórica	875
316. Nota comparatística	879
317. A experiência lusófona	881

§ 72.º A simulação no Código Civil

318. Requisitos (240.º)	884
319. Modalidades	888
320. Figuras afins da simulação	890

§ 73.º Os efeitos da simulação

321. A nulidade; efeitos substantivos e legitimidade processual	893
322. Inoponibilidade da simulação a terceiros de boa-fé e preferências legais	896
323. Conflito de interesses entre terceiros	900

Índice do segundo volume 23

324. O valor do negócio dissimulado 902
325. A prova da simulação 907

CAPÍTULO X – A INEFICÁCIA DO NEGÓCIO JURÍDICO

§ 74.º Ineficácia e invalidade

326. Evolução histórica 911
327. Tópicos periféricos 913
328. A autonomia da anulabilidade 914
329. O sistema de Savigny 916
330. O quadro clássico 918
331. As invalidades 921

§ 75.º A pretensa inexistência

332. A origem do problema 925
333. A não-autonomia 927
334. Consequências inadequadas no registo 929

§ 76.º Ineficácia estrita e irregularidade

335. As ineficácias em sentido estrito 931
336. A irregularidade 932

§ 77.º O regime das invalidades

337. A invocação 933
338. As consequências 935
339. A tutela de terceiros 938

§ 78.º Reformulação da teoria da invalidade

340. Ponto de partida 942
341. Cisão na nulidade: nulidades absolutas e relativas 942
342. Cisão na anulabilidade: anulabilidades comuns e privilegiadas ... 945

CAPÍTULO XI – APROVEITAMENTO DE NEGÓCIOS INVÁLIDOS

SECÇÃO I – A REDUÇÃO E A CONVERSÃO

§ 79.º A redução e a conversão

343. A redução 947

344. O problema no contrato-promessa; os contratos coligados 950
345. A conversão 953

SECÇÃO II – A CONFIRMAÇÃO

§ 80.º A dogmática geral da confirmação

346. Ideia básica 958
347. Requisitos objetivos e subjetivos; ineficácia 959
348. Confirmação expressa e tácita; dispensa de forma 961
349. A (aparente) eficácia retroativa 962
350. "*Animus confirmandi*"? 964

§ 81.º Delimitações e natureza da confirmação

351. Ratificação e aprovação 965
352. Validação, *reductio*, convalidação, convalescença e perdão 966
353. Caducidade, prescrição e renúncia ao direito de anular 967
354. Confirmação de negócios nulos? 968
355. A natureza 971

Índice de jurisprudência 973

Índice onomástico 997

Índice bibliográfico 1019

Índice ideográfico 1077

CAPÍTULO I
OS FUNDAMENTOS DA DOUTRINA DO NEGÓCIO

§ 1.º COORDENADAS HISTÓRICAS

1. Introdução

I. O negócio jurídico ocupa uma posição angular, no sistema lusófono de Direito. Em conjunto com as ideias de coisa e de pessoa, ele dá corpo a um Direito civil efetivo, capaz de solucionar cientificamente os casos concretos[1]. Das três ideias, como acentua Schermaier, a de negócio é a mais artificial: traduz uma abstração relativa aos factos humanos que conduzam à constituição, à modificação ou à extinção de situações jurídicas[2].

II. O negócio é, em termos civis, uma criação recente: porventura a mais jovem, no panorama geral dos conceitos básicos do privatismo. Como veremos, ele representa uma síntese complexa entre dados jurídicos dispersos e a conceção aristotélico-tomista da doutrina da ação. Com antecedentes variados, o negócio jurídico consubstancia-se nos textos de autores alemães do *usus modernus* tardio e da primeira pandectística. Con-

---

[1] Martin Josef Schermaier, no *Historisch-kritischer Kommentar zum BGB* (cit. HKK/BGB), Band I – *Allgemeiner Teil*, §§ 1-240 (2003), vor § 104, Nr. 1 (354).
[2] Werner Flume, *Allgemeiner Teil des bürgerlichen Rechts*, II – *Das Rechtsgeschäft*, 4.ª ed. (1992), § 9, I (104); esta obra, de uso frequente, será citada, simplesmente, como *Das Rechtsgeschäft*.

sagrado por Savigny e acolhido pelo BGB alemão[3], o negócio jurídico foi recebido no sistema lusófono, aí obtendo desenvolvimentos próprios.

III. Cumpre recordar o sistema do Código Civil de Vaz Serra (1966). O seu Livro I – Parte geral compreende dois títulos:

I – Das leis, sua interpretação e aplicação (1.º a 65.º);
II – Das relações jurídicas (66.º a 396.º).

Por seu turno, o título segundo comporta quatro subtítulos:

I – Das pessoas (66.º a 201.º);
II – Das coisas (202.º a 216.º);
III – Dos factos jurídicos (217.º a 333.º);
IV – Do exercício e tutela dos direitos (334.º a 396.º).

O subtítulo III abrange três capítulos:

I – Negócio jurídico (217.º a 294.º);
II – Atos jurídicos (295.º);
III – O tempo e a sua repercussão nas relações jurídicas (296.º a 333.º).

Na lógica do Código, o negócio jurídico não só ocupa o núcleo da parte geral, como abarca cerca de dois terços dos preceitos relativos aos factos jurídicos. Podemos ainda acrescentar que os artigos atinentes ao negócio jurídico são dos mais densos e complexos de toda a lei civil fundamental.

IV. No sistema lusófono e mercê do seu parentesco com o romano-germânico, o negócio jurídico preenche diversos aspetos atinentes ao contrato: desde a sua formação ao seu conteúdo típico, passando pela interpretação e pelas invalidades. Todo o Direito privado orbita em torno do negócio. Há que lhe prestar cuidada atenção.

A abordagem realizada deixa antever uma complexidade histórico-cultural. A aproximação ao negócio deve, assim, seguir os seus ante-

---

[3] §§ 104 ss.; o § 104 reporta-se à "incapacidade negocial jurídica"; Jochem Schmitt, no *Münchener Kommentar zum BGB*/1 – *Allgemeiner Teil*, 6.ª ed. (2012), vor § 104 (1076 ss.).

cedentes, o seu surgimento e a sua evolução. Apenas o reconhecimento desses meandros permite uma saudável aplicação das inerentes normas.

2. Negotium iuris

I. O negócio jurídico (em latim: *negotium iuris*) era estranho aos romanos[4]. Não previram, para ele, nem uma designação técnica, nem uma teoria[5]. Para tanto, aponta-se a escassa inclinação da jurisprudência clássica para a construção teorética[6] e – certamente mais importante – a existência de uma tipicidade de contratos[7].

Feita esta ressalva, os romanistas de matriz germânica usam, nas exposições de Direito romano, o termo negócio jurídico[8]. Fazem-no, todavia, em nome de uma dogmática atual, destinada a tornar acessíveis, aos juristas de hoje, os quadros romanos.

II. No latim dos juristas, surgia a expressão *actio*, ainda que limitada ao processo. *Agere* ou *actus* traduziam qualquer atividade, o mesmo sucedendo com *gerere* ou com *gestio* (gerir e gestão). *Negotium* exprimia qualquer atuação ligada a *gerere* ou a *contrahere*, desde que não delitual[9]. Recordamos as *institutiones* de Justiniano, a propósito da *inutilis stipulatio* (estipulação ineficaz)[10]:

---

[4] Aldo Schiavone, *Negozio giuridico (diritto romano)*, ED XXVII (1977), 906-921 (907/I) e António Santos Justo, *Direito privado romano*, I – *Parte geral (Introdução. Relação Jurídica. Defesa dos Direitos)*, 2.ª ed. (2003), 183.

[5] Max Kaser, *Das römische Privatrecht/I – Das altrömische, das vorklassische und klassische Recht*, 2.ª ed. (1971), § 56 (227).

[6] Gerhard Dulckeit, *Zur Lehre vom Rechtsgeschäft im klassischen römischen Recht*, FS Fritz Schutz I (1951), 148-190 (148).

[7] *Tratado* II/2, 61 ss..

[8] Exemplar: Emilio Betti, *Diritto romano* (1935), I-XLIV + 768 pp., 197 ss.; vide Ursicino Alvarez Suarez, *El negocio jurídico en derecho romano* (1954), 125 pp., com uma rec. bastante crítica, de Pasquale Voci, SDHI XX (1954), 363-364 e António Santos Justo, *Direito privado romano* cit., I, 2.ª ed., 184 ss..

[9] Em especial, Max Kaser, *Das römische Privatrecht* cit., 1, 2.ª ed., 227.

[10] I 3.19.8 = ed. bilingue latim/alemão de Okko Behrends/Rolf Knütel/Berthold Kupisch/Hans Hermann Seiler, *Corpus iuris civilis/Die Institutionen, Text und Übersetzung* (1993), 174. Em português:

O louco não pode assumir qualquer negócio [a trad. alemã usa "negócio jurídico"], porque não entende o que faz.

Furiosus nullum negotium gerere potest, quia non intellegit quid agit.

As fontes relatam, ainda, as locuções *res contracta* ou *contrahenda* e *negotium actum* ou *contractum*, para exprimir o resultado de algo que fora feito. *Contractus* e *contractum* seriam a elipse de *negotium contractum* ou de *contractus negotii*[11]. *Contrahere* só por si, em latim, estaria mais próximo do nosso contrair, em "contrair amizade", do que de contratar[12].

III. Mau grado as apontadas condicionantes históricas, os romanistas admitem que, mesmo no período clássico, já teria sido alcançada uma ideia geral de contrato, proveniente do mútuo consentimento, prestado pelas partes[13]. Essa asserção parece confirmada por Gaio (II d. C.), cujas *institutiones* apontam, como fontes das obrigações, o contrato e o delito[14]. Parece ser claro o âmbito geral da locução, em linha com as inalcançáveis capacidades cognitivas e intuitivas dos juristas romanos[15], que mantêm vivo, ainda hoje, o *ius romanum*[16].

No período justinianeu, o desaparecimento de várias categorias formais clássicas facilitou esse processo de generalização. O *contractus*, infletido, para mais, pelo pensamento grego, abaixo referido, ganha o peso próprio de um quadro mental abstrato, mas de caracterização imediata.

---

[11] No que tange às fontes: Giovanni Rotondi, *Natura contractus*, BIDR XXIV (1911), 5-115 (112 ss.); Emilio Betti, *Sul significato di "contrahere" in Gaio e sulla non-classicità della denominazione "quase ex contractu obligatio"*, BIDR XXV (1912), 65-92 e *Sul valore dogmatico della categoria "contrahere" in giuristi proculiani e sabiniani*, BIDR XXVIII (1915), 3-96.

[12] Pietro Bonfante, *Sulla genesi e l'evoluzione dell' "contractus"* (1907), *Il contratto e la causa del contratto* (1908) e *Sui "contractus" e sui "pacta"* (1920), todos incluídos nos seus *Scritti giuridici vari*, III, *Obbligazioni, comunione e possesso* (1926, reimp.), respetivamente 107-124, 125-134 e 135-149; vide, ainda, Giuseppe Grosso, *Contratto (diritto romano)*, ED IX (1961), 750-759 (751/I).

[13] Salvatore Riccobono, *La formazione della teoria generale del* contractus *nel periodo della giurisprudenza classica*, nos *Studi in onore di Pietro Bonfante* 1 (1930), 123-173 (168 ss.).

[14] Gaio, *Institutiones*, III, 88 = ed. bilingue latim/alemão de Ulrich Manthe, *Gaius Institutiones/Die Institutionen des Gaius* (2004), 252-253; outros elementos constam de *Tratado* II/2, 23 ss..

[15] Wolfgang Waldstein, *Evidenz und Intuition bei den römischen Juristen*, GS Theo Mayer-Maly (2011), 545-555.

[16] Heinrich Honsell, *Lebendiges Römisches Recht*, GS Theo Mayer-Maly (2011), 225-235.

3. Do canonismo ao *usus modernus*

I. As raízes do negócio jurídico, até à bifurcação pandectística, seguem de perto as do contrato[17]. Sublinhamos, tão-só, alguns aspetos. Na juridificação da vontade expressa, ainda que de modo informal, foi importante o canonismo. Por um lado, particularmente a propósito da liberdade do casamento, apuraram-se os requisitos da autonomia da vontade[18]. Por outro, reforçou-se a força vinculativa da palavra: na fórmula de S. Tomás, há mentira se alguém não executa o que prometeu[19].

O canonismo permitiu distinguir a volição da vontade normativa[20]. Todavia, não se lhe deve a locução *negotium juridicum*; usava *actus juridicus* ou similares[21].

II. No Direito comum medieval, acumularam-se as experiências, base de renovadas sínteses. O Direito romano vulgar, mau grado a perda das categorias formais clássicas, não elaborou qualquer teoria geral. *Negotium* era usado para exprimir processos de todo o tipo[22].

As aportações germânicas introduziram novos esquemas de eficácia jurídica, provocados pela vontade das pessoas. Captavam-nos, todavia, na base do formalismo exterior. Apontam-se, no Direito lombardo, a *thingatio*, que traduzia a passagem da *Gewere* (controlo material semelhante à *possessio*) de uma pessoa para outra, perante a assembleia do povo e a *wadiatio*, que apenas exprimia a transferência do título[23]. As receções do

---

[17] Remete-se para o *Tratado* II/2, 61 ss..
[18] Orio Giacchi, *La violenza nel negozio giuridico canonico/Contributo alla dottrina canonistica dei negozi giuridici* (1937), 99 pp., 9, 25, 55 e *passim*; Giuseppe Dossetti, *La formazione progressiva del negozio nel matrimonio canonico/Contributo alla dottrina degli sponsali e del matrimonio condizionale* (1954), 135 pp..
[19] S. Tomás de Aquino, *Summa Theologica* II, 2, Questio CX, Art. 3, n.º 5 = *Opera omnia*, ed. Leão XIII, 9 (1897), 424/II: *praetera, mendacium est si quis non impleat quod promisit*.
[20] Ermano Graziani, *Voluntà attuale e volontà precettiva nel negozio matrimoniale canonico* (1956), 208 pp., 43 ss. e 81 ss..
[21] Markus Walser, *Die Rechtshandlung im kanonischen Recht/Ihre Gültigkeit und Ungültigkeit gemäss dem Codex Iuris Canonici* (1994), XLVII + 268 pp., 8, 9 e 11 ss..
[22] Max Kaser, *Das römische Privatrecht*/II – *Die nachklassischen Entwicklungen*, 2.ª ed. (1975), XXX + 680 pp., § 200 (73).
[23] Manlio Bellomo, *Negozio giuridico (diritto intermedio)*, ED XXVII (1977), 922-932 (922/II e 923).

Direito romano vieram aproximar estas figuras da *stipulatio*, requerendo a *voluntas*[24].

No plano da linguagem, *negotium* conheceu uma refração semântica divergente. Assim, veio exprimir, em frentes diversas[25]:

– a *negotiatio mercatoris* ou a *mercaturam exercere*: chegamos ao uso corrente de "negócio", próximo da atividade comercial;
– o âmbito específico de atuação ou de ocorrência; pense-se no *negotium fiscale* ou no *negotium saeculare*; encontramos esta vertente no Ministério dos Negócios Estrangeiros ou no antigo Ministério dos Negócios Eclesiásticos;
– a própria ação ou atuação em geral ou, mais latamente, um assunto de controlo humano; este alcance mantém-se muito claro no termo "negócio", usado em português do Brasil.

III. No turbilhão das ideias que gizaram o atual pensamento do Ocidente, pistas recentes de investigação apuram uma influência grega, designadamente aristotélico-tomista, através da teoria da ação.

Na base, cumpre recordar que o jusnaturalismo ocidental, de base cristã, comporta duas tendências fundamentais: uma, de tipo voluntarista, ligada à tradição do Sinai (as Tábuas da Lei, dadas por Deus) e a que ficou ligada a S. Agostinho, numa recuperação do idealismo platónico, como pertença ao espírito divino[26]; outra, relacionada com o intelectualismo aristotélico, atribui à razão a possibilidade de, a partir da natureza humana, inferir o Direito natural[27]. Aristóteles, na sua Ética a Nicómaco, estabelece diversas formas de ação, contrapondo, designadamente, as involuntárias às voluntárias. Tínhamos a base analítica retomada pelo tomismo[28].

As visões voluntaristas conduzem a um pensamento existencial, sufragado por Duns Scotus (1270-1308): a justiça é a vontade de Deus, retomado

---

[24] *Idem*, 924 e 927/II.
[25] Du Gange, *Glossarium mediae et infimae latinitatis* IV (1954), 585.
[26] Hans Welzel, *Naturrecht und materiale Gerechtigkeit*, 4.ª ed. (1962), 257 pp., 56, com outras indicações.
[27] Adolf Süsterhenn, *Das Naturrecht*, em Werner Maihofer, *Naturrecht oder Rechtspositivismus* (1962), XI + 644 pp., 13.
[28] Aristoteles, *Ethica Nicomachea* III 1 (em especial, 1110 b, 18 ss.) = Aristotle XIX, *The Nicomachean Ethics*, ed. bilingue grego/inglês, trad. de H. Rackham (1934, reimp., 1994), 117 ss..

por Guilherme de Ockham (1290-1349). Ocorre, aí, uma linha aproveitada pela Igreja Reformada.

A orientação intelectualística, aprofundada pela segunda escolástica, assumiu um papel decisivo em Hugo Grócio[29].

A escolástica tardia, com influência em Grócio[30], reteve a doutrina da imputação tomístico-aristotélica: a validade dos atos depende da possibilidade de os imputar ao seu autor[31]. Contrapõe-se-lhe, de certo modo, o racionalismo da reforma[32], que procura nominar as diferentes manifestações de condutas relevantes sob uma designação. Nessa linha, Hermann Vultejus (1555-1634) recorre a *factum*[33], aprofundando as diversas manifestações da sua eficácia: factos condicionais, causais, potestativos, conjuntos, disjuntos, tácitos, viciados por ignorância ou por má-fé e temporais[34].

A ideia é retomada por Johannes Althusius (1563-1638). Este Autor distingue, nos *facta*, o *voluntarium*, o *condicionale* e o *involuntarium*[35]. O tema era cercado, fazendo-se o arco entre o *nomen* exterior e a sua essência, ligada à vontade.

Este aspeto é decisivo para se entender a bifurcação, sempre surpreendente e difícil de explicar, entre o contrato e o negócio. Enquanto o primeiro busca a sua jurídica positividade no consenso e na *fides* daí resultante[36], o negócio mergulha na vontade do seu autor. Bastava encontrar, para ele, uma designação adequada.

---

[29] Hans Thieme, *Natürliches Privatrecht und Spätscholastik*, SZGerm 70 (1953), 230-266 (233) e Alexander Hollerbach, *Das christliche Naturrecht im zusammenhang des allgemeinen Naturrechtsdenkens*, em Franz Böckle/Ernst-Wolfgang Böckenförde, *Naturrecht in der Kritik* (1973), 324 pp., 9-32 (23). Para mais elementos: *Da boa fé*, 201 ss..

[30] Com indicações: *Da boa fé*, 211 ss..

[31] Malte Diesselhorst, *Die Lehre des Hugo Grotius vom Versprechen* (1959), especialmente 50-51: a vinculabilidade das promessas acaba por assentar no próprio promitente e na sua liberdade.

[32] Martin Josef Schermeier, HKK/BGB cit., I/2, vor § 104, Nr 2 (356).

[33] Hermann Vultejus, *Jurisprudencia romana a Justiniano composita*, libri II, 4.ª ed. (1614), Liv. I, Cap. VII, 24: *Factum autem est hominis opus externo aliquo actu declaratum*.

[34] Hermann Vultejus, *Jurisprudencia romana* cit., 24-36.

[35] Johannes Althusius, *Dicaelogica libri tres; totum & universum jus, quo utimur, methodice complectentes* (1617, 2.ª ed., 1649), Liv. I, pars I, cap. 9-11.

[36] *Tratado* II/2, 71 ss. e indicações aí patentes.

IV. A partir daqui, o tema deixa as margens da Filosofia e do pensamento político. Passa a ser tarefa de juristas.

A certidão de nascimento do negócio jurídico terá[37] sido mérito de Daniel Nettelbladt (1719-1791), cujo nome ficou ligado à instituição da parte geral do Direito civil. Diz esse autor, em trecho que deve ficar consignado[38]:

> A legibus positivis differund actus iuridici seu negotia iuridica (rechtliche Geschäfte) in eo, quod sint facta hominum licita quae iura et obligationes concernunt (...)[39].

A fórmula de Nettelbladt foi, de imediato, retomada por Trützschler. Citando Nettelbladt, este Autor, em língua alemã, explica que[40]:

> negócios jurídicos (actus iuridicus) são atuações lícitas das pessoas, que têm por objeto direitos e obrigações recíprocos (...)

---

[37] Na reconstrução das origens do negócio jurídico: Alfred Pernice, *Rechtsgeschäft und Rechtsordnung*, GrünhutZ 7 (1880), 465-498 (465 ss.), com diversas indicações. Este Autor refere, como pioneiro, Nettelbladt, embora admitindo que possa ter havido autores anteriores, ligados a *negotium*. Feita uma pesquisa, verificamos, por exemplo, que Johann Ulrich von Cramer (1706-1772), nas suas *Observationes iuris universi*/3. *Continens simul observationes ex iudicatis et responsis facultatis iuridicae Marburgensis* (1763), Nr. 984, usa ato jurídico : *actus dicuntur iuridici quatimus in relatione ad leges consideratur*. Mas na dissertação de Harpprecht, que marca a redescoberta da conversão dos negócios, *negotium* assume um uso corrente: Christian Ferdinand Harpprecht, *Quod justum est, circa conversionem actuum negotiorum-que juridicorum jamjam peractorum* (1747), 52 pp., 1 ss.: deduzimos que, na época, *Rechtsgeschäft* era já expressão académica corrente. Elementos mais sintéticos constam de Werner Flume, *Das Rechtsgeschäft* cit., 4.ª ed., § 2, 4 (28-29) e, anteriormente, de Alfred Manigk, *Willenserklärung und Willensgeschäft/ihr Begriff und ihre Behandlung nach Bürgerlichen Gesetzbuch/Ein System der juristischen Handlungen* (1907), XVI + 742 pp., 27 ss. e Konrad Zweigert, *"Rechtsgeschäft" und "Vertrag" heute*, FS Max Rheinstein II (1969), 493-504.

[38] Daniel Nettelbladt, *Systema elementare jurisprudenciae positivae Germanorum Communis generalis* (1781), § 183 (108).

[39] Em português:

> Perante as leis positivas, os atos jurídicos ou negócios jurídicos (*rechtliche Geschäfte*, em alemão, no original latino) em que eles são factos lícitos dos homens, que respeitam a direitos e a obrigações (...)

[40] Friedrich Karl Adolf von Trützschler, *Anweisung zur vorsichtigen und förmlichen Abfassung rechtlicher Aufsätze über Handlungen der willkührlichen Gerichtsbarkeit*, 1.ª ed. (1783), § 1.º (5).

Regressando ao latim, segue-se Hofacker (1749-1793): apresenta os *negotia iuridica* como ações do homem, que produzem efeitos por força da vontade ou da lei[41].

O negócio ia ocupando o seu espaço, embora, na época, outros autores referissem "atuações jurídicas" ou "atos jurídicos" (*rechtliche Acte*)[42] (Hoffbauer, 1766-1827) ou, até, "declarações de vontade"[43] (Tieftrunk, 1759-1837).

Pela nossa parte, acrescentamos que a expressão alemã "negócio jurídico" (*Rechtsgeschäft*) é especialmente adequada: em termos fonéticos e semânticos: mais do que o seu correspondente nas línguas latinas que, à partida, soa mal. *Geschäft* (de *schaffen*, criar, procurar, conseguir) dá uma ideia de algo que se obteve ou se alcançou. Os autores que, em latim, propunham *negotium* tinham, como língua mental, o *Geschäft*.

4. A consagração pandectística

I. Na generalização, científica e pedagógica, do negócio jurídico, foi decisiva a primeira pandectística. Logo no arranque, pesou Gustav Hugo (1764-1844). Explica este Autor[44]:

> Uma atuação (*Handlung*) é uma ocorrência provocada pelo homem, a qual determina, de certo modo, relações jurídicas, isto é, constitui-as, extingue-as ou modifica-as. Também as atuações ou são físicas ou puramente jurídicas (*negotia*, *Rechtsgeschäfte*).

Georg Heise (1788-1851), cujo nome ficou ligado ao sistema germânico do Direito civil, consignou, no seu plano expositivo, a figura dos negócios jurídicos, inserindo-os nas ações em geral[45]. Thibaut (1772-1840)

---

[41] Carl Christoph Hofacker, *Principi iuris civilis romano-germanici* (1788), XIV + 556 pp., § 179 (143).

[42] Johann Christoph Hoffbauer, *Naturrecht aus dem Begriffe des Rechts entwickelt*, 1.ª ed. (1798), 4.ª ed. (1825), § 207, 2.

[43] Johann Heinrich Tieftrunk, *Philosophische Untersuchungen über das Privat- und öffentliche Recht zur Erläuterung und Beurtheilung der metaphysischen Anfangsgründe der Rechtslehre vom Herrn Prof. Imm. Kant* 1 (1797), § 223 (102).

[44] Gustav Hugo, *Lehrbuch des heutigen Römischen Rechts*, 2.ª ed. (1799), § 25 (19).

[45] Georg Arnold Heise, *Grundriss eines Systems des Gemeinen Civilrechts zum Behuf von Pandecten-Vorlesungen* (1807), § 12 (12) e §§ 111 e 112 (12).

acolhe-os nas suas *Pandectae*: as atuações voluntárias destinadas à constituição de relações jurídicas chamam-se negócios jurídicos[46]. Muito significativo, até pelas repercussões que teria no Sul e, em especial, no Direito lusófono, foi a adesão dada, ao negócio jurídico, por Ferdinand Mackeldey (1784-1834)[47]. Outros estudiosos, nas suas exposições de Direito romano atual, seguiram esse exemplo: Schilling (1792-1865)[48]. Num fenómeno curioso, autores que, como Mühlenbruch, na época, ainda escreviam em latim, vieram usar *negotia iuris*, retrovertendo, manifestamente, do *Rechtsgeschäft* alemão[49].

II. A consagração foi dada por Savigny (1779-1861), no seu sistema de Direito romano atual[50]. Define[51]:

> Por declarações de vontade ou negócios jurídicos entendem-se aqueles factos jurídicos que não só são atuações livres, mas ainda nos quais igualmente a vontade do agente é imediatamente dirigida à constituição ou à dissolução de uma relação jurídica.

III. Na pandectística subsequente, o negócio jurídico opera como um instrumento jurídico-científico. Apesar de ele abarcar orientações nem sempre coincidentes, cabe referir, como figuras significativas, Puchta

---

[46] Anton Friedrich Justus Thibaut, *System des Pandekten-Rechts* 1, 1.ª ed. (1805), 9.ª ed. por Alexander August von Buchholz (1846), §§ 182-183 (145).

[47] Ferdinand Mackeldey, *Lehrbuch des heutigen römischen Rechts*, 1.ª ed. (1814), 12.ª ed. (1842), por Konrad Franz Rosshirt, §§ 162-163 (230-231); esta obra foi traduzida em francês, em italiano, em castelhano e em grego.

[48] Friedrich Adolph Schilling, *Lehrbuch für Institutionen und Geschichte des Römischen Privatrechts* 2 (1837), § 69 (245):

> Rechtsgeschäfte (negotium, bey den Neuern auch negotium iuris) heißt eine jede an sich erlaubte Willensmeinung, welche die Begründung oder Abänderung oder Aufhebung eines rechtlichen Verhältnisses bezweckt.

[49] Christian Friedrich Mühlenbruch, *Doctrina Pandectarum* 1 (1836), § 101 (103):

> Negotia iuris interpretamus: facta, jurium constituendorum immutandorumve causa licita suscyta.

Passa, depois, a distinguir vários tipos de negócios.

[50] Friedrich Carl von Savigny, *System des heutigen römischen Rechts*, 8 volumes, publ. a partir de 1840, reimp., 1981.

[51] *Idem*, 3 (1840), 98-99.

§ 1.º Coordenadas históricas 35

(1798-1846)[52], Seuffert (1794-1857)[53], von Keller (1799-1860)[54], Regelsberger (1831-1911)[55], von Wächter (1797-1880)[56] e Bernhard Windscheid (1817-1892)[57], considerado o pai do BGB ou Código Civil alemão, de 1896-1900.

Nas vésperas da preparação do BGB, o negócio jurídico era uma figura pacífica[58]. O seu acolhimento na codificação alemã não levantou dúvidas. Cabe ainda sublinhar que a permeabilidade doutrinária e linguística existente, relativamente à Suíça, levou a que o negócio fosse acolhido no espaço helvético. E como o Código Civil – aliás, o Código das obrigações, primeiro surgido – não continha uma parte geral, a receção do negócio operou no Direito das obrigações: enquanto conceito geral, que acolhe, com outras figuras, o contrato[59].

5. Sistemas alternativos

I. O negócio jurídico é uma criação do *usus modernus pandectarum* e da primeira pandectística. Ele ocorre no Código Civil alemão e em códigos que, como o de Vaz Serra, de 1966 ou o brasileiro, de 2002, comportam expressamente uma parte geral.

No Direito francês, não o encontramos[60]. A doutrina mais recente, em torno das fontes das obrigações, reconduzidas, quando voluntárias,

---

[52] Georg Friedrich Puchta, *Pandekten*, 8.ª ed. (1856), § 64 (98).
[53] Johann Adam Seuffert, *Praktisches Pandektenrecht* 1, 1.ª ed. (1824), 4.ª ed. póstuma, por F. A. Seuffert (1860), § 73 (88).
[54] Friedrich Ludwig von Keller, *Pandekten*, 2.ª ed. por William Lewis (1866), § 50 (121).
[55] Ferdinand Regelsberger, *Civilrechtliche Erörterungen* 1 (1868), 3; abaixo referiremos as suas *Pandekten*.
[56] Carl Georg von Wächter, *Pandekten* 1, *Allgemeiner Teil* (1880), § 73 (360).
[57] Bernhard Windscheid, *Lehrbuch des Pandektenrechts*, 3 volumes, a partir de 1862; a última, publicada por ele, foi a 7.ª, de 1891; seguiram-se edições póstumas, editadas por Theodor Kipp, das quais a 9.ª (1906), aqui usada; *vide* Bernhard Windscheid/ /Theodor Kipp, *Lehrbuch des Pandektenrechts*, 9.ª ed. (1906), §§ 69 ss. (1, 310 ss.).
[58] Cumpre ainda referir Ludwig Enneccerus, *Rechtsgeschäft, Bedingung und Anfangstermin* (1889), IV + 639 pp., 17 ss..
[59] Andreas von Tuhr, *Allgemeiner Teil des Schweizerischen Obligationenrechts*, 1, 2.ª ed. (1942), XVI + 435 pp., § 20 (133); a 1.ª ed. é de 1924.
[60] Carlos Ferreira de Almeida, *Texto e enunciado na teoria do negócio jurídico* 1 (1990), 21.

aos clássicos "contratos" e "quase-contratos"[61], constrói, por abstração, a figura do "ato jurídico", contraposto ao "facto jurídico", não-voluntário[62]. Afigura-se, todavia, que enquanto instrumento de trabalho, queda o contrato.

II. No atual Direito italiano, desenvolvido em torno do Código Civil de 1942, ele também não figura[63]. Não há parte geral. As fontes das obrigações são reconduzidas (1173.º) ao contrato, ao facto ilícito e a qualquer outro facto idóneo para produzi-las. A matéria tratada, no sistema germânico, a propósito do negócio (objeto, forma, condição, interpretação, representação, simulação, nulidade e anulabilidade) ocorre a propósito dos contratos em geral (1346.º e seguintes). Alguns (bons) autores mantêm-no, todavia, como referência[64].

III. No sistema anglo-saxónico, de compleição muito distinta, boa parte da problemática, subjacente ao negócio apresenta-se no campo dos contratos, contrapostos aos *torts*[65].

O negócio não é qualquer fatalidade, como, de resto, adiante melhor veremos, a propósito do próprio sistema lusófono. Mas constitui um ponto alto do sistema pandectístico e dos esquemas que, historicamente, lhe dão, hoje, uma continuidade.

6. O negócio como pólo científico

I. O negócio jurídico não é insubstituível. O Direito comparado ilustra a prossecução das suas funções, através do ato jurídico ou, até, do contrato. Tão-pouco podemos alicerçá-lo em sólidas bases românicas: sejam

---

[61] *Tratado* II/2, 27 ss..
[62] Jean Carbonnier, *Droit civil*, II – *Les biens/Les obligations* (2004), n.º 926 (1930 ss.).
[63] Luigi Cariota Ferrara, *Il negozio giuridico nel diritto privato italiano* (1948, reimp., 2011), 112 ss..
[64] Emilio Betti, *Negozio giuridico*, NssDI XI (1965), 208-220 e Luigi Cariota Ferrara, *Il negozio giuridico* cit., 38 ss., 113 e *passim*.
[65] Konrad Zweigert, *"Rechtsgeschäft" und "Vertrag" heute*, FS Max Rheistein 2 (1969), 493-531 (497); neste escrito podem ser confrontados elementos comparatísticos, sobre o negócio e os seus sucedâneos.

elas históricas ou, tão-só, culturais. Ele não se liga, na pureza dos princípios, aos *digesta*.

II. Na realidade, estamos perante uma criação do jusracionalismo, acolhida na parte geral das exposições pandectísticas: precisamente aquela que tem, na sua origem, o tratamento evoluído da segunda sistemática[66]. Tomado por esse prisma, o negócio afigura-se adequado: havia que encontrar um instituto capaz de albergar, na parte geral, um *genus* no qual se inscrevessem, depois, os contratos e os atos unilaterais das obrigações, os atos próprios de Direitos Reais e de Direito da família e o testamento. O nível de abstração requerido é muito elevado. *Summo rigore*, um negócio jurídico, sem mais, não constitui matéria suficiente para enquadrar e resolver um caso concreto. Ele surge, tão-só, como um passo inicial, num processo de realização do Direito.

III. Pergunta-se, chegados a este ponto, pela sua utilidade. Estamos perante um efetivo instrumento jurídico ou antes em face de um mero ornamento, pendente da (sempre discutível) parte geral?

Apesar da sua relativa juventude, o negócio jurídico aproxima-se, rapidamente, dos seus primeiros dois séculos e meio: cerca de dez gerações de juristas, ao longo de um período histórico da maior agitação. A sua utilidade dogmática, isto é, teórica e prática, está demonstrada, embora requeira um nível jurídico-científico de elevada elaboração.

No terreno, verifica-se que o aprofundamento de questões tecidas em torno do negócio jurídico não encontra paralelo nas ordens jurídicas que usem sucedâneos, como o contrato e, até, o (inaproveitado) ato jurídico. Vamos mesmo mais longe: a dispensa do negócio jurídico, levada a cabo pelo Código italiano de 1942, provocou um claro retrocesso no nível científico da civilística transalpina[67].

Antecipando as páginas subsequentes, podemos proclamar o negócio jurídico como um pólo científico. Ele concentra, num instituto de aparente acessibilidade, a trama complexa tecida em torno da vontade humana, da

---

[66] *Tratado* I, 170 ss..
[67] Diversos autores italianos chegaram a anunciar o "crepúsculo" do negócio jurídico, aduzindo razões ideológicas, linguísticas, históricas e jurídico-positivas e provocando, com isso, reações de sinal contrário; *vide* indicações em Paulo Mota Pinto, *Declaração tácita e comportamento concludente no negócio jurídico* (1995), 56-59.

ação do homem, da tutela da confiança e da articulação destes elementos com o Direito e com a sua Ciência.

IV. Embora de forma mais discreta do que o sucedido com o contrato, o negócio jurídico preenche um nicho significativo-ideológico. Enquanto expressão técnico-jurídica máxima da autonomia privada, o negócio dá corpo aos princípios liberais e à vontade individual[68], no Direito civil.

Os seus quadros podem, de resto, ser usados noutros domínios marcados pela autonomia, como no Direito internacional[69].

---

[68] Theo Mayer-Maly, *Liberale Gedanke und das Recht*, FS Adolf Julius Merkl (1970), 247-254 (249).
[69] Philip Kunig, *Sinn, Stand und Grenzen einer Rechtsgeschäftslehre für das Völkerrecht*, FS Detleef Leenen (2012), 131-145.

§ 2.º AUTONOMIA, TEORIA DA AÇÃO E SISTEMA

7. A autonomia privada

I. A autonomia privada é, hoje, definida, pelos estudiosos, em termos radicais. Ela exprime a liberdade de constituir e de conformar situações jurídico-privadas, de acordo com a livre vontade do sujeito[70], sem necessidade de fundamentar ou de explicar as suas opções[71].

Este núcleo significativo e axiológico não fica diminuído pela não-consagração constitucional expressa. De resto, a Constituição nem refere o mais estruturante princípio da sociedade: o do respeito pelos contratos. Embora possa ser induzido a partir de vários preceitos constitucionais[72], ele está ausente[73]. A volatilidade constitucional concentra-se nos pontos questionados ou desrespeitados, ao longo do percurso histórico das sociedades: qualquer catálogo de direitos e liberdades fundamentais con-

---

[70] Werner Flume, *Das Rechtsgeschäft* cit., 4.ª ed., § 1, 1 (1) e *Rechtsgeschäft und Privatautonomie*, FS DJT 1 (1960), 135-238 (135 ss.), Hans Merz, *Privatautonomie heute/ /Grundsatz und Rechtswirklichkeit* (1970), 21 pp., Manfred Wolf, *Rechtsgeschäftliche Entscheidungsfreiheit und vertraglicher Interessenausgleich* (1970), XIV + 312 pp., 19 e Jan Busche, *Privatautonomie und Kontrahierungszwang* (1999), XXIV + 722 pp., 13.

[71] Manfred Wolf/Jörg Neuner, *Allgemeiner Teil des bürgerlichen Rechts*, 10.ª ed. (2012), § 2, Nr. 14 (9). As noções antigas são menos vincadas; p. ex., Alfred Manigk, *Privatautonomie*, FS Paul Koschaker 1 (1939), 266-295 (268 e 273).

[72] Assim: as convenções internacionais vigoram na ordem interna (8.º/2); o direito de contratação coletiva é garantido, nos termos da lei (56.º/3); o Estado incentiva a atividade empresarial (86.º/1); a política comercial visa, entre outros aspetos, a concorrência salutar [99.º, a)]. Curiosamente, o princípio da autonomia constava da Constituição de Weimar; segundo o seu artigo 152.º/1:

No tráfego económico vigora a liberdade contratual, de acordo com as leis.

Vide, na origem: Heinrich Siber, *Die Schuldrechtliche Vertragsfreiheit*, JhJb 70 (1920), 223-299.

[73] *Tratado* II/2, 179 ss..

firmará essa asserção. Ora o respeito pelo contratado, decorrência lógica da liberdade contratual e, mais longe, da autonomia privada, está firmemente ancorado em qualquer sociedade e nas representações de cada um: nunca foi questionado, dispensando a tutela formal das constituições políticas.

II. A autonomia privada traduz uma permissão genérica de atuação jurígena[74]. Não se centra num especial objeto, pelo que é irredutível a um direito subjetivo *proprio sensu*. Todavia, não se reconduz a uma liberdade abstrata: antes toma corpo numa autoconformação jurídica[75], através de atos de validade[76].

O livre arbítrio do sujeito impõe-se, independentemente do significado jurídico-científico que, daí, se possa retirar e sem relação com a essência última do negócio assim originado[77]. Este tema, abaixo retomado a propósito do papel da vontade[78], merece, desde já, um pequeno aprofundamento.

III. Admite-se, hoje, até perante dados antropológicos confirmados pela observação, que não existe, propriamente, uma autonomia intrínseca ao ser humano, individualmente tomado. A autonomia pressupõe sociedade e implica o reconhecimento, por esta, do espaço autorregulativo do sujeito[79]. A autonomia privada é, ela própria, o produto de uma atribuição da Ordem Jurídica. Mas essa atribuição é feita "em bruto", isto é: deixando, a cada um, o sentido que lhe queira dar e à dogmática jurídica a tarefa de construir um processo de realização que concretize, da melhor maneira, a ideia básica do ordenamento.

---

[74] *Tratado* I, 951 ss..
[75] Claus-Wilhelm Canaris, *Die Vertrauenshaftung im deutschen Privatrecht* (1971), 413 e Reinhard Singer, *Selbstbestimmung und Verkehrsschutz im Recht der Willenserklärungen* (1995), X + 282 pp., § 3, I (6)
[76] Karl Larenz, *Die Methode der Auslegung des Rechtsgeschäfts/Zugleich ein Beitrage zur Theorie der Willenserklärung* (1930), 34 ss., 67 ss..
[77] Jan Vytlacil, *Die Willensbetätigung, das andere Rechtsgeschäft/Ein Untersuchung zur Rechtsnatur der §§ 144, 151, 959, 1943, 2255 BGB* (2009), 243 pp., 68-69.
[78] *Infra*, 47 ss..
[79] Nesse sentido, acompanhamos Jan Busche, *Privatautonomie und Kontrahierungszwang* cit., 16, quando reclama regras para que haja verdadeira autonomia privada.

§ 2.º Autonomia, teoria da ação e sistema

IV. Por certo que podemos encontrar duas grandes ordens de justificação, para a autonomia privada[80]. Assim:

– fundamentos éticos e político-sociais: a autonomia privada não é uma opção livre do Direito civil; ela corresponde a exigências da dignidade humana e da liberdade geral de cada um[81];
– fundamentos económico-sociais: a História mostra que, sob regimes alargados de autonomia, consegue-se um máximo de equilíbrio social e de eficiência económica.

Tais fundamentos – e outros, que se poderiam acrescentar, ligados à realização pessoal, social e profissional de cada um, à natureza endógena do cérebro humano ou à livre opção reconhecida pelas grandes religiões – são claros *a posteriori*.

A autonomia privada afirma-se como um dado ontológico em cujo seio se inscrevem, depois, as leituras humanas, sempre contingentes e as estruturas concretizadoras da Ciência do Direito, em permanente aperfeiçoamento. A tutela da autonomia privada é prosseguida através de diversos dispositivos jurídico-privados: dispensa a tutela pública, sempre perigosa[82].

Assim: a lei restringe o valor declarativo do silêncio (218.º); fixa, para casos sensíveis, a exigência de uma forma solene para os negócios (219.º), sob pena de nulidade (220.º); dispõe regras cuidadas sobre a perfeição e a eficácia da declaração negocial (224.º a 235.º); rege a interpretação e a integração, em moldes que salientam a autonomia privada (236.º a 239.º); regula a falta e os vícios da vontade (240.º a 257.º); estipula sobre a representação (258.º a 269.º), prolongamento jurídico da autonomia privada; ocupa-se do conteúdo típico dos negócios (270.º a 279.º); veda negócios usurários (280.º a 284.º); enquadra as ineficácias do negócio (285.º a 293.º).

---

[80] Ansgar Ohly, *"Volenti non fit iniuria"/Die Einwilligung im Privatrecht* (2002), XXI + 503 pp., 65 ss., com indicações e úteis reflexões.
[81] Alexander Hollerbach, *Selbstbestimmung im Recht* (1996), 31 pp., 20 e 21; Josef Drexl, *Die wirtschaftliche Selbstbestimmung des Verbrauchers/Eine Studie zum Privat- und Wirtschaftsrecht unter Berücksichtigung gemeinschaftsrechtlicher Bezüge* (1998), XXVII + 681 pp., 254 e *passim*.
[82] Franz Jürgen Säcker, *Münchener Kommentar zum BGB*, 1 – *Allgemeiner Teil*, 6.ª ed. (2012), Einl. Nr. 63 (26).

Além do Código, há que contar com outros diplomas civis, com relevo para a Lei sobre as Cláusulas Contratuais Gerais (LCCG).

8. A ação humana

I. A autonomia abre as portas à liberdade da ação humana. Já se entendeu que a teoria da ação, justamente destinada a conhecer e a explicar a essência da ação humana, estaria misturada com a autonomia privada, ao ponto de se tomar qualquer crítica, ao negócio jurídico, como ataque à própria autonomia[83]. Nem tanto. Por certo que, à luz do *continuum* universal, o negócio, a autonomia e a teoria da ação, em conjunto com todas as demais realidades, físicas ou figuradas, são incindíveis: apenas o espírito humano, pela sua estreiteza, se vê obrigado a proceder às separações que dão azo aos institutos em estudo. Mas com essa ressalva, a autonomia privada e a ação humana abrem em universos distintos: sem prejuízo de a correta exploração da primeira depender, em certa medida, do entendimento da segunda.

II. A ação humana traduz o essencial da eficácia jurídica no campo civil, preenchendo a autonomia privada. O Direito privado surge, por definição, como uma zona de liberdade, onde as pessoas são convidadas a agir.

Não obstante, o tema da ação tem escapado à sua sede natural: a parte geral do Direito civil. Relegada para o Direito das obrigações, a propósito da responsabilidade civil[84] e aprofundada no Direito penal[85], a ação humana tem vindo a ser estudada quando assuma uma feição patológica.

Há um desvio metodológico que deve ser reparado: a ação humana, na grande generalidade dos casos, é conforme com o Direito e interessa, sobretudo, ao Direito civil.

---

[83] Martin Josef Schermaier, no HKK/BGB cit., 1, vor § 104, Nr. 6 (360-361).
[84] *Direito das obrigações* cit., 2, 322 ss. e, simplificadamente, *Tratado* II/2, 435 ss..
[85] Por exemplo, Figueiredo Dias, *Direito penal* (1975), 122 ss., Reinhard Müller-Metz, *Allgemeiner Handlungslehre als Grundlage kriminalsoziologischer Theoriebildung/Eine Theoriekritik* (1983), III + 199 pp., Günther Jakobs, *Strafrecht/Allgemeiner Teil/Die Grundlagen und die Zurechnungslehre Lehrbuch* (1983), 108 ss. e Claus Roxin, *Strafrecht/Allgemeiner Teil I – Grundlagen Aufbau der Verbrechenslehre*, 3.ª ed. (1997), § 8, Nr. 17 ss. (189 ss.).

§ 2.º *Autonomia, teoria da ação e sistema*

III. Discutido desde a Antiguidade[86], o conceito de ação sofreu uma evolução histórica, no último século[87]. Ela começou por valer em sentido naturalístico: seria uma modificação do mundo exterior, causalmente ligada à vontade. Mas por esta via, a ação humana mal se distinguiria de uma "atuação" desenvolvida por um animal ou por um autómato: tudo se passaria dentro de comuns relações de causa-efeito, explicáveis pela causalidade, no seu sentido mais mecanicista.

Intentou-se, então, introduzir um sentido normativista da ação. Este, adaptado ao Direito civil – uma vez que foi elaborado tendo em conta as necessidades do penalismo – dirá que, na ação, se assiste a uma afirmação ou a uma negação de valores. Pode-se ir mais longe, descobrindo ações orientadas à ética, à racionalidade, à emocionalidade e à fé[88], além das inevitáveis graduações jurídicas. Desta feita, o naturalismo já não é puro, facultando-se mesmo uma dimensão explicativa da eficácia jurídica. Mantêm-se alguns óbices. Pergunta-se, no fundamental, se a particular aptidão da ação humana para afirmar ou enformar valores lhe advém, apenas, da identidade do agente – isto é, do facto de ele ser uma pessoa humana – ou se a ação humana, porque humana, é estruturalmente diferente de quaisquer outras "ações". E de que depende a ordenação de uma determinada ação, no universo axiológico que possa alcançar?

No fundo, a conceção normativista não ultrapassa totalmente o estádio do naturalismo ou do causalismo mecanicista.

IV. O passo seguinte foi dado pela teoria de ação final ou finalismo, desenvolvida na Alemanha por Hans Welzel[89] e, entre nós, autonomamente, por Manuel Gomes da Silva[90].

---

[86] Hans-Ulrich Baumgarter, *Handlungstheorie bei Platon/Platon auf dem Weg zum Willen* (1998), 300 pp., 23, quanto à ação nos sofistas e 73 ss., quanto aos intelectuais socráticos.

[87] *Vide* as ob. e loc. cit. nas notas anteriores; têm particular interesse, quanto à matéria que segue, os clássicos Hans Welzel, *Das deutsche Strafrecht*, 8.ª ed. (11.ª ed. de *Der Allgemeine Teil des deutschen Strafrechts in seinen Grundzügen*) (1963), § 8 (28 ss.), Karl Engisch, *Der finale Handlungsbegriff*, em *Probleme der Strafrechtserneuerung* (1944), 141 ss. e Hans-Heinrich Jescheck, *Der strafrechtliche Handlungsbegriff in dogmengeschichtlicher Entwicklung*, FS Eberhardt Schmidt (1961), 139-155 (146 ss.).

[88] Christian Callo, *Handlungstheorie in der Sozialen Arbeit* (2005), IX + 235 pp., 9, 10, 11 e 13, respetivamente.

[89] Hans Welzel era um penalista; a transposição do finalismo, para o Direito civil, foi obra de Nipperdey, justamente na parte geral do Direito civil: Ludwig Enneccerus/Hans

O seu enunciado é simples, embora surjam, depois, implicações complexas.

A ação humana não pode ser entendida como puramente causal, no sentido do agente provocar, de forma mecânica, determinadas alterações no mundo exterior: a ação é final porque o agente, consubstanciando previamente o fim que visa atingir, põe, na prossecução deste, as suas possibilidades. O que distingue a ação humana de qualquer "outra" é a sua estrutura interna: a "ação" não-humana traduz-se na sucessão mecânica de causa-fim, sendo este determinado por aquela; na ação humana, há uma prefiguração do fim que determina o movimento para o alcançar e os meios para tanto selecionados: o próprio fim é a "causa".

V. Assim se compreende que atuações humanas naturalisticamente idênticas possam ter conteúdos e efeitos muito diferentes, consoante os fins que as animem e justifiquem. Num exemplo clássico, a pessoa que se levanta, num recinto, pode expressar alguém que vai saudar um amigo, pode equivaler ao participante que faz um lance num leilão ou pode traduzir um deputado, no decurso de uma votação no Parlamento.

Poder-se-ia aproveitar a contraposição entre atos e negócios, abaixo analisada, para circunscrever a ideia de ação, no Direito civil: nos atos *stricto sensu*, o ato seria causal, mantendo-se final apenas no negócio.

Julga-se, no entanto, que o finalismo deve ser levado até ao fim. O ato jurídico em sentido estrito é sempre uma ação humana que, como tal, é considerada pelo Direito. Quando este dispense a finalidade, deparamos já com um facto jurídico em sentido estrito, indiferente à natureza

---

Carl Nipperdey, *Allgemeiner Teil*, 15.ª ed. (1960), 2, § 137, I (860-861). As dificuldades depois denotadas têm a ver com o papel redutor pedido à ação, no domínio da omissão e da negligência. Elas resultam, no fundo, da inserção da matéria no domínio patológico da responsabilidade civil. *Vide*, ainda, a bibliografia indicada no *Direito das obrigações* cit., 2, 326, bem como Jorge Ribeiro de Faria, *Algumas notas sobre o finalismo no Direito civil*, BFD LXIX (1993), 71-160 e LXX (1994), 133-219.

[90] Manuel Gomes da Silva, *O dever de prestar e o dever de indemnizar*, 1 (1944), 74 ss. e 117 ss., p. ex.; este autor faz, do conceito final de ação, um instrumento de ordem geral, outro tanto sucedendo com Oliveira Ascensão.

Outros civilistas, independentemente de Welzel e mesmo antes dele, adotaram posições finalistas, com destaque para Manigk, abaixo referido.

e à vontade humanas. A natureza final (ou tendencialmente final) da ação subjacente ao negócio jurídico é ponto que se afigura assente[91].

No exemplo da ocupação – artigo 1318.º –, alguém adquire, de facto, a propriedade de uma coisa apenas por se apossar dela, isto é, por a colocar na sua esfera exclusiva de atuação, independentemente de pretender ser seu proprietário. A lei admite, aliás, a ocupação por parte de quem nem tenha o uso da razão[92]: há, no entanto, a finalidade de captar a coisa e é a tal ação que o Direito, depois, atribui a eficácia constitutiva da propriedade. A pessoa que, contra a sua vontade, fique pegada a uma coisa móvel sem dono (*nullius*), não se torna proprietária.

O que se passa tem outra dimensão: o Direito, em certos casos, exige uma finalidade mais profunda – ou mais pormenorizada – do que noutros. Mas quando abdicasse totalmente de tal fator, haveria apenas um facto jurídico e não um verdadeiro ato em sentido próprio, isto é, uma atuação humana[93].

VI. Como articular, mais concretamente, a intenção com o comportamento? Na doutrina de von Wright[94], caberia distinguir orientações "causalistas", segundo as quais a intenção é a causa do comportamento (*behaviour*) e as intencionalistas, que veem a conexão intenção/conduta como conceitual ou de natureza lógica. Na verdade, as intenções emotivas não são causas no sentido usual, obrigando a expandir a "causa", à custa do seu significado. As intencionalistas, por seu turno, pressuporiam uma racionalidade que não se documenta. Nestas asserções, teríamos a crítica a

---

[91] Alfred Manigk, *Das rechtswirksame Verhalten/Systematischer Aufbau und Behandlung der Rechtsakte des Bürgerlichen und Handelsrechts* (1939), XVI + 541 pp., 34, 68 e *passim*, Franz Wieacker, *Die Methode der Auslegung des Rechtsgeschäfts*, JZ 1967, 385-391 (386/II), Werner Flume, *Das Rechtsgeschäft* cit., 4.ª ed., § 2, 2 (24-25) e Manfred Wolf/Jörg Neuner, *Allgemeiner Teil* cit., 10.ª ed., § 28, Nr. 2 (311).

[92] Artigo 1266.º, que possibilita tal asserção.

[93] Assim, no exemplo de Oliveira Ascensão, *Direito civil/Teoria geral*, 2 – Acções e factos jurídicos, 2.ª ed. (2003), 12, nota 6: mover o dedo indicador sem qualquer fim – portanto: reflexamente ou por sonambulismo – não é ato nem ação: surge como um simples facto; caso tenha consequências, estas não seriam no âmbito humano: não se lhes aplica o artigo 295.º.

[94] Georg Henrik von Wright, *Actions, norms, values/discussions with Georg Henrik von Wright* (1999), XIX + 370, com versão alemã *Normen, Werte und Handlungen* (1994), 259 pp.; a distinção que figura no texto consta de *Erklären und Verstehen*, trad. alemã de Günter Grewendorf/Georg Meggle (1974), 197 pp., 92.

von Wright, com um (re)apelo ao finalismo[95]. Este não pressupõe a racionalidade nem do fim, nem dos meios: apenas explica a estrutura da ação, a qual se pode revelar espúria.

Estamos perante um renascimento do finalismo, ainda que subtilmente alargado à natureza teleológica das declarações de conduta[96]. Alguns autores defendem a racionalização clássica das declarações causais[97], ainda que invertendo a causa, procurada no fim[98]. O fim, todavia, surge central, na discussão hoje havida sobre o conceito de ação. As declarações de ação são feitas ou posicionadas, através da indicação dos seus fundamentos[99], ainda que subjetivos ou derivados de crenças[100].

O aparente retorno ao causalismo foi ditado pela escola norte-americana que, por Davidson (1964), veio entender as ações finais como causais, sendo a "causa" o próprio fim do agente. Mas o ponto não reside aí: se o fim é a "causa" da conduta, o termo causa está fora do seu sentido naturalístico de necessária conexão causa/efeito. Quando muito consegue-se, por esta via, imputar a ação ao agente. O fim deste não "provoca" a ação ou a declaração: apenas a explicará, em termos subjetivos. A "causalidade" residirá, sempre, na relação porventura existente entre os meios postos em ação, pelo agente, para prosseguir o "seu" fim e os efeitos naturalísticos daí decorrentes.

---

[95] Ota Weinberger, *Alternative Action Theory/Symultaneously a Critique of Georg Hendrik von Wright's Pratical Philosophy* (1998), XVIII + 318 pp., 77 e 78.

[96] Em especial, Christoph Horn/Guido Löhrer, *Die Wiederentdeckung teleologischer Handlungserklärungen*, em Christoph Horn/Guido Löhrer, *Gründe und Zwecke/ /Texte zur aktuellen Handlungstheorie* (2010), 352 pp., 7-45: a ação não é nem causal nem naturalística.

[97] Donald Davidson, *Handlungen, Gründe und Ursachen*, trad. al. de Joachim Schulte, em Horn/Löhrer, *Gründe und Zwecke* (2010), 46-69.

[98] Georg M. Wilson, *Gründe als Ursachen für Handlungen*, trad. al. de Anna Schieff, em Horn/Löhrer, *Gründe und Zwecke* (2010), 112-138 (123); *vide* Harry G. Frankfurt, *Das Problem des Handelns*, trad. al. Joachim Schulte, *idem*, 70-84.

[99] Abraham S. Roth, *Handlungserklärungen durch Gründe: kausal, singular und situativ*, trad. al. de Martin Brecher e Corinna Mieth, em Horn/Löhrer, *Gründe und Zwecke* (2010), 139-190 (139) e Scott R. Schon, *Zielgerichtetes Handeln und teleologische Erklärungen*, trad. al. de Guido Löhrer, em Horn/Löhrer, *Gründe und Zwecke* (2010), 225-245.

[100] Georg F. Schmeler, *Handlungserklärungen: Ursachen und Zwecke*, trad. al. de Guido Löhrer, em Horn/Löhrer, *Gründe und Zwecke* (2010), 246-263 (261-262).

§ 2.º Autonomia, teoria da ação e sistema

A discussão, por vezes ingénua nas suas complicações vocabulares[101], permite sedimentar a ideia da estrutura final da ação humana consciente. Esse elemento tem um relevo particular no estabelecimento das relações entre a vontade, a declaração e a eficácia e na interpretação dos negócios, como abaixo será constatado.

9. O papel da vontade; as teorias

I. Os pais do negócio jurídico, designadamente Daniel Nettelbladt, começaram por apresentar uma noção ampla: abrangia declarações de vontade ou *mentis declarationes* e situações diversas, como as decisões judiciais e as obrigações imediatamente *ex lege*[102]. A doutrina subsequente veio ligar o negócio à declaração de vontade[103] ou à atuação voluntária das pessoas[104].

No momento histórico seguinte, os autores imputaram os efeitos do negócio, designadamente a constituição, a supressão ou a modificação de relações jurídicas, à "ação" da pessoa, sem mais[105]; essa "ação" logo foi convolada para "atuação voluntária"[106], para "vontade e declaração de vontade"[107] ou "manifestação de vontade"[108]. Torna-se possível detetar, nos autores da época, diversas e sempre motivantes flutuações de linguagem.

---

[101] Michael Tompson, *Naive Handlungstheorie*, trad. al. de Matthias Haase, em Horn/Löhrer, *Gründe und Zwecke* (2010), 294-337.

[102] Daniel Nettelbladt, *Systema jurisprudenciae positivae germanorum* cit., § 183 (108).

[103] Johann Heinrich Tieftrunk, *Philosophische Untersuchungen* cit., § 223 (102).

[104] Carl Christoph Hofacker, *Principi iuris civilis* cit., § 179 (143), Friedrich Karl Adolf von Trützschler, *Anweisung* cit., § 1 (5) e Christian August Günther, *Principia iuris romani private novissimi* 1 (1805), § 198 (152).

[105] Gustav Hugo, *Lehrbuch des heutigen römischen Rechts*, 4, 2.ª ed. cit., § 25 (19).

[106] Anton Friedrich Thibaut, *System des Pandekten-Rechts* cit., 1, § 182 (145).

[107] Ferdinand Mackeldey, *Lehrbuch des heutigen römischen Rechts* cit., 1, 12.ª ed., § 163 (231).

[108] Friedrich Adolph Schilling, *Lehrbuch für Institutionen* cit., 2, § 69, 245.

Tal sistema veio a ser fechado por Savigny. A vontade está na origem do negócio e é a fonte da sua juridicidade. Nesse sentido vai a definição savignyana de negócio, acima transcrita[109].

A conceção de Savigny, conhecida como teoria da vontade ou dogma da vontade, identifica o negócio com a declaração e esta com a vontade (real) do declarante[110]. Ela obtém uma cobertura significativo-ideológica, mercê da sua aproximação à filosofia transcendental alemã e, designadamente, a Kant[111].

II. A teoria da vontade pode ser precisada por diversas formas[112]. Assim:

– a declaração de vontade é o corpo do negócio e visa um efeito jurídico, produzido porque querido[113];
– o negócio jurídico traduz (apenas) o querer consciente do fator jurídico-constituendo[114];

---

[109] Friedrich Carl von Savigny, *System des heutigen römischen Rechts* cit., 3, § 114 (98-99). *Vide supra*, 34.

[110] Richard Schall, *Der Parteiwille im Rechtsgeschäft* (1877), IV + 58 pp., 2.

[111] Julius Binder, *Wille und Willenserklärung im Tatbestand des Rechtsgeschäft*, ARSP 5 (1911/1912), 266-282 e 6 (1912/1913), 96-108 e 451-475 (5, 266 ss.); *vide* Paulo Mota Pinto, *Declaração tácita* cit., 20-21.

[112] Exposições circunstanciadas sobre as diversas construções, de extensão crescente à medida que o tempo foi acumulando novas obras, podem ser confrontadas em: Richard Schaff, *Der Parteiwille im Rechtsgeschäft* (1877), IV + 58 pp., 2 ss., em Alfred Pernice, *Rechtsgeschäft und Rechtsordnung* cit., 465-498 (468 ss.), em Philipp Eduard Meyer, *Rechtsgeschäft (im Gegensatz zu Rechtshandlung) nach gemeinem Recht und Bürgerlichem Gesetzbuch* (1903), X + 84 pp., 8 ss. e Contardo Ferrini (1859-1902), *Intenzione delle parti ed effetto dei negozi giuridici*, em *Opere*, org. Emílio Albertario (1929), 349-356.

[113] Georg Friedrich Puchta, *Pandekten* cit., 8.ª ed., § 64 (98); Johann Adam Seuffert, *Praktisches Pandektenrecht* cit., 1, 1.ª ed., § 73 (88); Friedrich Ludwig von Keller, *Pandekten* cit., 2.ª ed., § 73 (360); Ludwig Arndts von Arnesberg, *Lehrbuch der Pandekten*, 11.ª ed., por L. Pfaff e F. Hofmann (1883), § 63 (85).

[114] Adolf Wach, *Das Geständniss/Ein Beiträg zur Lehre von den processualischen Rechtsgeschäften*, AcP 64 (1881), 201-255:

Im Rechtgeschäft ist das bewusste Wollen der rechtsgestaltende Faktor. Rechtsgeschäft ist die Objektivierung des auf die wesentlichen Merkmale des rechtliche gebilligten Thatbestandes gerichteten bewuβten Wollens.

Em vernáculo:

§2.º Autonomia, teoria da ação e sistema

– o negócio jurídico é a forma na qual a vontade subjetiva, dentro dos limites que lhe são definidos pelo ordenamento, desenvolve a sua atividade criadora de Direito[115].

Como se vê, a teoria da vontade evoluiu, emancipando-se, progressivamente, da ligação genética e funcional à vontade subjetiva humana. Todavia, leituras deste tipo surgem ainda, na pandectística tardia[116]. Regelsberger, por exemplo, insiste em que a vontade relevante é a do efeito jurídico: não apenas o económico (Lenel) ou o empírico (Bechmann)[117].

III. A vontade originaria os efeitos negociais[118]. Mas todos? Parece claro que, mesmo sendo o declarante um estudioso acabado do Direito civil, nunca conseguiria prever todos os efeitos que, no futuro, se poderiam vir a associar a um negócio. Os efeitos relevantes seriam, assim, ou os principais[119] ou os empíricos[120]. A construção mais adequada, no sentido de explicitar esta delicada conformação, é a de Ludwig Enneccerus (1843-1928). Explica[121]:

1) O negócio jurídico exige a vontade das consequências jurídicas em termos práticos, mas não a consciência das construções jurídicas em si;

No negócio jurídico, o querer consciente é o fator juridicamente constitutivo. O negócio jurídico é a objetivação da vontade consciente, dirigida às características essenciais da previsão legal juridicamente adotada.

[115] Rudolf von Jhering, *Geist des römischen Rechts auf den verschiedenen Stufen seiner Entwicklung* 3/1, 6.ª e 7.ª eds. (1924; a 1.ª é de 1861), 132.

[116] Bernhard Windscheid/Theodor Kipp, *Lehrbuch des Pandektenrechts* cit., 1, 9.ª ed., § 69 (1, 310); Heinrich Dernburg/Johannes Biermann, *Pandekten* 1, 7.ª ed. (1902), § 91 (210). No mesmo sentido, perante o Direito francês da Renânia, depôs Carl Solomo Zachariä von Lingenthal, *Handbuch des französischen Civilrechts* 1, 8.ª ed. (1894), § 119 (328).

[117] Ferdinand Regelsberger, *Pandekten* 1 (1893), 489; Lenel e Bechmann vêm abaixo referidos.

[118] Otto Lenel, *Parteiabsicht und Rechtserfolg*, JhJb XIX (1881), 154-253 (163-164, 250 e *passim*); Alfred Manigk, *Das gegenseitige Verhältnis der Begriff Rechtsgeschäft und Willenserklärung* (1900), 78 pp., 9.

[119] Ludwig Enneccerus, *Rechtsgeschäft* cit., 55.

[120] August Bechmann, *System des Kaufs nach gemeinem Recht* 1 (1884), XII + 569 pp., § 104 (11):

Assim, eu caracterizo a intenção negocial, enquanto ela própria possa ser considerada independentemente de proposições jurídicas, como uma intenção empírica.

[121] Ludwig Enneccerus, *Rechtsgeschäft* cit., 18-19.

2) As consequências jurídicas queridas, do negócio, podem ser a causa de outras consequências jurídicas, as quais não precisam de ter sido queridas. Às declarações de vontade podem ainda, junto do efeito pretendido ou em vez dele, ser conectada uma consequência legal não pretendida.

IV. O cientismo do século XIX jogava contra uma ideia autónoma de vontade; esta era tomada, simplesmente, como um dado natural, de tipo psicológico, numa aproximação (ainda não assumida) a uma versão empírica da teoria da ação. Tal o papel de Zitelmann, com os seus estudos sobre a vontade psicológica[122]: nas declarações de vontade, não há nenhum objetivo como efeito jurídico intencionalmente declarado sem a intenção.

V. A adoção do BGB, nos finais do século XIX, manteve um confronto de doutrinas, com a teoria da vontade em destaque[123]. Aparentemente, os seus autores ou, mais latamente, aqueles cuja doutrina mais pesou nos preparatórios, com relevo para Windscheid, inclinavam-se para ela[124]. Todavia, o regime estabelecido protegia (também) a confiança do declaratário: abria as portas a um debate subsequente renovado.

10. Crítica; o papel do Direito

I. O apelo à vontade jurificadora conciliava-se com o sistema geral de Savigny. Na época, tratava-se de dar consistência técnica e significativo-ideológica aos negócios, permitindo apoiá-los num Direito não codificado e nem sequer legislado: o Direito romano atual.

---

[122] Ernst Zitelmann, *Die juristische Willenserklärung*, JhJb XVI (1878), 357-436 (435) e *Irrtum und Rechtsgeschäft/Eine psychologisch-juristische Untersuchung* (1879), XV + 614 pp., 15.

[123] Philipp Eduard Meyer, *Rechtsgeschäft* cit., 59 ss.; Paulo Mota Pinto, *Declaração tácita* cit., 22-23.

[124] Moritz Wlassak, *Das Rechtsgeschäft und das Verhältnis des Willens zur Erklärung nach dem deutschen bürgerlichen Gesetzbuch* (1902), 7, Fritz Friedmann, *Rechtshandlung (im Gegensatz zu Rechtsgeschäft) nach gemeinem Recht und BGB* (1903), 52 pp., 15 e Martin Struck, *Die Willenserklärung im Sinne des Bürgerlichen Gesetzbuchs/ /Ein Beitrag zur streitigen Lehre* (1916), VIII + 60 pp., 11 e 28. Criticando o projeto, por não dar suficiente importância ao fundamento objetivo do negócio: W. Kindel, *Das Rechtsgeschäft und sein Rechtsgrund/Eine Kritik der in den Entwurf eines Bürgerlichen Gesetzbuches für das Deutsche Reich aufgenommenen Lehre vom abstrakten Vertrage* (1892), XI + 264 pp., 3 ss. e, quanto à vontade, § 38 (213 ss.).

§ 2.º Autonomia, teoria da ação e sistema

Mas esse apelo a uma vontade juridificadora levantava inúmeros problemas, quer práticos, quer de construção. No início da segunda metade do século XIX, surgiram protestos e contraditores. Desde logo, Brinz (1820-1887). Após expor a teoria da vontade, este autor explica[125]:

> Não é, de modo algum, o desejo ou a vontade do agente, mas sim, como o nome indica, a vontade do Direito que dá, a uma ação, a natureza de negócio jurídico.

Outros autores subscreveram críticas deste tipo, com relevo para Karlowa (1836-1904)[126], para Thon (1839-1912)[127], para Lotmar (1850-1922)[128], para Schlossmann (1844-1909)[129] e para Schall (nasc. 1844)[130]. Os estudiosos dos vícios da vontade – vícios esses que nem sempre podiam ser feitos valer – vieram dar consistência às orientações não voluntaristas[131], outro tanto sucedendo com processualistas, como Bülow (1837-1907)[132].

---

[125] Alois von Brinz, *Lehrbuch der Pandekten* 2 (1860), § 312 (1388).

[126] Otto Karlowa, *Das Rechtsgeschäft und seine Wirkung* (1877), X + 282 pp., 1, logo a abrir: releva a vontade da lei.

[127] August Thon, *Rechtsnorm und subjectives Recht/Untersuchungen zur allgeneinen Rechtslehre* (1878), 350-351:

> O negócio jurídico, em especial no âmbito do Direito privado, é a pré-condição (*Vorbedingung*) para a verificação ou a cessação da eficácia desencadeada pela Ordem Jurídica, para cuja realização se atribui, ao tutelado, uma pretensão privada.

Acrescenta – *idem*, 358:

> O negócio jurídico é o meio disponibilizado pela Ordem Jurídica para a verificação ou a cessação de certos imperativos, ao serviço de particulares.

[128] Philipp Lotmar, *Über causa im römischen Recht/Beitrag zur Lehre von den Rechtsgeschäften* (1875), VIII + 179 pp., 6: as consequências jurídicas derivam, sem distinção, da lei.

[129] Siegmund Schlossmann, *Der Vertrag* (1876), VIII + 356 pp., 80 ss., 139-140.

[130] Richard Schall, *Der Parteiwille im Rechtsgeschäft* cit., 46.

[131] Em especial: Josef Kohler (1849-1919), *Studien über Mentalreservation und Simulation*, JhJb XVI (1878), 91-158 e *Noch einmal über Mentalreservation und Simulation/Ein Beitrag zur Lehre vom Rechtsgeschäft*, JhJb XVII (1878), 325-356; Gustav Hartmann, *Wort und Wille im Rechtsverkehr*, JhJb XX (1882), 1-79 (76 e *passim*).

[132] Oskar Bülow, *Dispositives Civilprozessrecht und die verbindliche Kraft der Rechtsordnung*, AcP 64 (1881), 1-109 (92), referindo a sobrevalorização da vontade individual.

II. A aprovação do BGB deu mais margem aos opositores da teoria da vontade[133]. Decisivo, no negócio jurídico, seria a mera declaração exterior a qual funcionaria como elemento de previsão normativa que – ela sim – desencadearia o próprio negócio jurídico e os seus efeitos. Nesse sentido, ainda que sob diversas fórmulas, depuseram Danz[134], Isay (1873-1938)[135], Manigk (1873-1942)[136] e Jacobi (1867-1946)[137].

A chave estaria na possibilidade de imputar, objetivamente, a declaração ao seu autor[138].

11. Tendências atuais

I. O negócio jurídico é uma criação abstrata do jusracionalismo, vertido no *usus modernus* tardio e na primeira pandectística. Ele é inseparável da parte geral e traduz, como foi abordado, uma consequência direta da necessidade de encontrar uma referência capaz de abarcar todas as manifestações relevantes de autonomia privada[139]. Além do seu papel sistemático, ele opera, como foi dito, enquanto pólo científico de primeiro plano.

Fica claro que, enquanto abstração, ele pouco pode dar. Funciona, sim, como ponto de encontro de reflexões jurídico-científicas tecidas em torno do papel da vontade humana, no Direito. Todavia, num movimento em que as humanísticas são pródigas, o negócio jurídico ganhou vida pró-

[133] Philipp Eduard Meyer, *Rechtsgeschäft* cit., 61 ss.; vide Theodor Kipp (1862-1931), *Der Parteiwille unter der Herrschaft des deutschen Bürgerlichen Gesetzbuchs* (1899), 34 pp.. Abaixo citaremos a 3.ª ed., de 1911.

[134] Eric Danz, *Die Auslegung der Rechtsgeschäfte/zugleich ein Beitrag zur Rechts- und Thatfrage* (1897), VIII + 215 pp. e 2.ª ed. (1906), XI + 251 pp., vide, aí, 6 ss..

[135] Hermann Isay, *Die Willenserklärung im Thatbestande des Rechtsgeschäfts nach dem Bürgerlichen Gesetzbuch für das Deutsche Reich* (1899), 109 pp., 13.

[136] Alfred Manigk, *Das gegenseitige Verhältnis der Begriffe Rechtsgeschäft und Willenserklärung* (1900), 78 pp., 9, 46 ss., *Das Anwendungsgebiet der Vorschriften über Rechtsgeschäfte/Ein Beitrag zur Lehre vom Rechtsgeschäft* (1901), 4 ss., 54 e 224 ss. e *Willenserklärung und Willensgeschäft ihr Begriff und ihre Behandlung nach Bürgerlichem Gesetzbuch* cit., § 23 ss. (175 ss.).

[137] Ernst Jacobi, *Die Theorie der Willenserklärungen* (1910), VIII + 109 pp..

[138] Heinrich Hermann Meyer, *Die Willenserklärung und ihre Zurechnung zum Erklärenden/Ein Beitrag zur Frage des "Willens" im Tatbestande der Willenserklärung* (1929), V + 42 pp., 11, 17 e 26.

[139] Recordamos Werner Flume, *Das Rechtsgeschäft* cit., 4.ª ed., § 2, 1 e 4 (23 ss. e 28 ss.).

pria, passando a comportar-se como um centro axiológico e funcional apto, *a se*, para novos desenvolvimentos.

II. As raízes históricas são inalienáveis. Por isso, afigura-se-nos importante aprofundar, na doutrina de língua portuguesa, os meandros da sua origem e da sua evolução. A partir daí, o negócio vai exprimir as grandes correntes científicas do nosso tempo. Iremos encontrá-lo, ao longo da exposição da matéria, por vários dos seus prismas. Designadamente: o ponto sensível de saber se o negócio vale enquanto manifestação de vontade (subjetiva) ou como pura declaração vocabular ou equivalente (objetivo) deve ser resolvido perante o regime jurídico-positivo legalmente estabelecido. Não vale tecer, sobre ele, locubrações centrais.

Feita esta precisão, não há inconveniente em seguir as fórmulas mais recentes, encontradas para o negócio.

III. Retomando as articulações entre o negócio e a vontade, podemos apontar, em síntese, quatro opções:

– um ato de vontade dirigido a certos efeitos, produzidos porque queridos;
– um ato de vontade tendente a um fim protegido e desenvolvido pelo ordenamento;
– um ato de autorregulamentação de interesses;
– um ato de autonomia privada, a que o Direito associa a constituição, a modificação e a extinção de situações jurídicas.

A primeira orientação, que vimos ser tradicional, liga-se ao dogma da vontade savignyano e pandectístico. A vontade humana teria uma capacidade intrinsecamente juridificadora: ela atua e, como produto dessa atuação, surge a eficácia, que o Direito se limita a reconhecer[140]. O negócio jurídico identifica-se com a declaração e os efeitos jurídicos provocados

---

[140] Em súmula à bibliografia já ponderada: Windscheid/Kipp, *Lehrbuch der Pandekten*, 9.ª ed. cit., 1, 310-311, com largas indicações bibliográficas. *Vide* Francesco Ferrara, *Teoria dei contratti* (1940), 37, Ernst Kramer, *Grundfragen der vertraglichen Einigung* (1972), 43, Werner Flume, *Rechtsgeschäft* cit., 4.ª ed., 25 e Karl Larenz/Manfred Wolf, *Allgemeiner Teil des Bürgerlichen Rechts*, 9.ª ed. (2004), 435 ss..

são-no por a vontade os pretender; por isso, esta orientação aparece ainda referida como a teoria dos efeitos jurídicos[141].

A tese em causa claudica perante algumas considerações de feição jurídico-filosófica e técnico-jurídica[142].

Em termos jurídico-filosóficos, tudo repousa no dogma da vontade e na pretensão ingénua de que a vontade humana produz, por si, efeitos de Direito. Não é assim: o Direito surge do exterior, impondo-se às pessoas; a juridicidade deriva do sistema e não das consciências, numa posição antropologicamente demonstrável e rica em consequências.

Num prisma prático, a orientação em análise conduz a resultados inconvenientes. Nenhuma vontade, por esclarecida que seja, pode, aquando da manifestação negocial, ponderar e querer todos os efeitos jurídicos que, daí, derivem ou venham a derivar. Mesmo juristas experientes ver-se-ão impossibilitados de seguir, até ao fim, uma eficácia negocial em progressão caleidoscópica. E quando o negócio seja celebrado por um leigo, fica, por maioria de razão, prejudicada a via de descortinar, nele, efeitos queridos pelo declarante, e porque o sejam. Todo o tráfego negocial ficaria, perante esta leitura, gravemente comprometido. De resto: o regime jurídico-positivo aplicável ao negócio não permite documentar semelhante orientação; pelo contrário.

IV. A segunda orientação procura corrigir alguns dos óbices acima apontados. Desta feita, a juridificação dos efeitos ocorre não mercê da vontade humana individual – no que mais não seria do que uma manifestação tardia do dogma da vontade – mas em consequência de uma proteção abstratamente conferida, pelo Direito, ao programa básico do declarante: na medida em que a vontade humana integre tal via protegida pelo ordenamento, desencadear-se-iam os efeitos jurídicos[143]. E tais efeitos seriam, ainda, desenvolvidos pelas regras aplicáveis.

---

[141] Assim, Carlos Alberto da Mota Pinto, *Teoria geral do Direito civil*, 4.ª ed. por António Pinto Monteiro e Paulo Mota Pinto (2005), 380.

[142] Para maiores desenvolvimentos, Ferreira de Almeida, *Texto e enunciado*, passim, com síntese, 1, 114 ss..

[143] Roberto de Ruggiero, *Instituições de Direito Civil*, trad. port. de Ary dos Santos, 1 (1934), 244. Trata-se de uma orientação comum entre os autores que mantêm a fórmula savignyana, despida do dogma da vontade: Larenz/Wolf, *Allgemeiner Teil* cit., 9.ª ed., 438 ss.. Entre nós vide Manuel de Andrade, *Teoria geral da relação jurídica*, 2 (1960, reimp., 1972), 8, Carlos Mota Pinto, *Teoria geral* cit., 4.ª ed., 381 e Pedro de Albuquerque, *Autonomia da vontade e negócio jurídico em Direito da família (ensaio)* (1986), 11.

§ 2.° Autonomia, teoria da ação e sistema

Na verdade, evita-se, desta forma, a crítica que resulta da utilização do dogma da vontade. Mantêm-se, contudo, os obstáculos de ordem prática: em caso algum poderá, com realismo, defender-se a presença de uma vontade suficientemente recortada para pretender todos os fins protegidos pelo Direito e que o negócio vai, de facto, proporcionar. Na generalidade das hipóteses, em que os negócios jurídicos são celebrados por pessoas sem formação jurídica, pode mesmo adiantar-se que apenas existe uma ideia mais ou menos vaga dos objetivos a prosseguir.

V. A terceira orientação – portanto: a da autorregulamentação de interesses –, defendida por Betti (1890-1968)[144] e, entre nós, por Dias Marques (1926-2005)[145], tem um sabor normativista, de tipo kelseniano: seguindo uma pirâmide de normas, cujos níveis se iriam justificando mútua e sucessivamente, surgiria, na base, o simples negócio, legitimado por normas superiores e capaz de regular interesses, como qualquer norma[146]. Tratando-se de uma regulação providenciada pelo próprio, apenas este poderia sofrer-lhe as consequências: donde a ideia de autorregulamentação.

Estamos, sem dúvida, perante uma fórmula científica e bem conseguida: ela levanta, no entanto problemas diversos, que não a recomendam.

Como fórmula, ela deixa na sombra a origem do "poder de regulamentação", facultando, pelo silêncio, brechas no dogma da vontade. E fechando tais brechas: há, já, heterorregulamentação. Enquanto referência a interesses, ela remete para uma noção que não define e que pode mesmo mostrar-se perniciosa: afinal, na ausência de interesse (objetivo ou subjetivo), ainda poderá haver negócio se a pessoa o quiser e o Direito o facultar. E ao mencionar a "regulamentação", ela apela para uma ideia de norma que o negócio – em regra – por falta de generalidade, não pode proporcionar.

Finalmente, também a ideia de "regulamentação própria" suscita dúvidas: é tendência atual o admitir uma eficácia jurídico-negocial que transcenda o círculo estreito das partes, de que o exemplo mais claro é o contrato a favor de terceiro – artigos 443.° e seguintes. E atine-se, como faz Ferri, no testamento: trata-se de um importante negócio jurídico que, por definição, não regula os interesses do seu autor.

---

[144] Emilio Betti, *Teoria generale del negozio giuridico* (1943), 44.
[145] José Dias Marques, *Teoria geral do Direito civil* 2 (1959), 27 ss..
[146] Luigi Ferri, *Nozione giuridica di autonomia privata*, RTDPC 1957, 129-200 (195 ss.).

Censura-se ainda, a esta orientação, o não permitir distinguir os negócios dos atos jurídicos em sentido estrito: trata-se de uma contraposição útil, rica em consequências, que não se deve perder. Esta censura depende, naturalmente, do que se entenda por ato jurídico, em sentido estrito. Algumas distinções são, de facto, atingidas. Mas não o cerne da nossa posição, na tradição de Paulo Cunha: na falta de liberdade de estipulação, já não haveria verdadeira autorregulamentação de interesses.

VI. Restaria, por tudo isto, a hipótese de considerar o negócio jurídico como um ato de autonomia privada, a que o Direito associa a constituição, a modificação e a extinção de situações jurídicas. Mas dentro dessa categoria, o negócio distingue-se ainda por, como foi antecipado, implicar liberdade de celebração e liberdade de estipulação.

Esta fórmula deixa claro que a positividade do negócio jurídico advém do Direito, que institui, regula e defende a autonomia privada. Os efeitos concretamente verificados são, no entanto, os indiciados pelas partes, através das suas declarações.

Enquanto ato (amplo) humano, o negócio jurídico tem, como foi dito, uma estrutura final[147]: o declarante pretende a verificação de um certo efeito jurídico e pauta a sua atividade em função desse escopo[148]. A vontade deve ser dirigida ao efeito pretendido, enquanto jurídico: quem compra, por exemplo, quer tornar-se proprietário e por via jurídica. Para além de razões de ordem jurídico-positiva (o Direito português atribui relevância jurídica ao erro e à falta de consciência da declaração), abaixo estudadas, existe um motivo fundamental: ao reconhecer a autonomia privada, é de facto desta que se trata, em sentido próprio: as opções das pessoas produzem os efeitos por elas pretendidos. Doutro modo, não haveria verdadeira autonomia: tudo não passaria de um logro linguístico.

Quando se pergunta, depois, até onde deve ir a vontade de certos efeitos, para que eles se manifestem e, designadamente, se é necessário que o autor da declaração preveja e pretenda alguns, muitos ou todos os

---

[147] *Supra*, 44-45. A ideia impõe-se de tal modo que ela surge em clássicos como Alfred Manigk, *Das rechtswirksame Verhalten/Systematischer Aufbau und Behandlung der Rechtsakte des Bürgerlichen und Handelsrechts* cit., 465 ss., o qual, ultrapassando os finalistas, chega mesmo a proclamar a distinção entre negócio e delito como assentando na natureza final do primeiro e causal do segundo.

[148] *Vide* Larenz/Wolf, *Allgemeiner Teil* cit., 9.ª ed., 394, aceitando expressamente esta estrutura final, ainda que com textos diversos dos da 8.ª ed.. Essa orientação mantém-se em Wolf/Neuner, *Allgemeiner Teil* cit., 10.ª ed., 311.

§ 2.º Autonomia, teoria da ação e sistema

efeitos que se vão produzir, coloca-se já uma questão diversa: a do regime aplicável ao negócio jurídico[149]. Não oferecerá dúvidas proclamar, à partida, que, perante um negócio jurídico, nem toda a liberdade de estipulação reconhecida pelo Direito tem, de modo necessário, de ser exercida: bastará que o declarante faça as opções fundamentais com consciência: o Direito tratará do resto.

A vontade negocial deve abranger os efeitos – variáveis consoante o tipo de negócio considerado – fundamentais, podendo os demais ficar a cargo de regras supletivas. E da mesma forma – já que a autonomia tem limites – deve entender-se que, em certos negócios, se provoca a aplicação de normas injuntivas, que o declarante não pode afastar. Por razões de coerência, os efeitos assim desencadeados não podem, contudo, assumir natureza negocial; a vontade opera, perante eles, como um facto jurídico em sentido estrito, ainda que funcionalmente subordinado a um negócio em sentido próprio.

VII. O fundamento do reconhecimento e da tutela do negócio jurídico não pode ser visto, apenas, na autonomia privada. Fora esse o caso e o "negócio" cessaria logo que o declarante mudasse de opinião. Na verdade, o Direito tutela (e cristaliza) o negócio jurídico pela necessidade de proteger a confiança que ele suscita nos destinatários e, em geral, nos participantes na comunidade jurídica. Tendo, voluntariamente, dado azo ao negócio, o declarante não pode deixar de ser responsabilizado por ele[150]. Mas aí, o problema tem já a ver com a declaração de vontade[151].

---

[149] Vale a pena registar uma sugestiva afirmação de Binder, *Wille und Willenserklärung im Tatbestand des Rechtsgeschäfts* cit., 5, 266: "A questão de qual o significado assumido pela vontade do declarante na previsão normativa do negócio jurídico não é nem uma questão da Filosofia do Direito, nem uma questão de Psicologia; antes é, exclusivamente, uma questão de Ciência do Direito positivo". Tenha-se presente que Binder foi um nome importante da Filosofia do Direito, tendo sido um dos pensadores que asseguraram a transição do neo-kantismo para o neo-hegelianismo.

[150] Larenz/Wolf, *Allgemeiner Teil* cit., 9.ª ed., 444 ss.. Sobre toda esta problemática cumpre mencionar a densa investigação de Alessandro Somma, *Autonomia privata e struttura del consenso contrattuale/Aspetti storico-comparativi di una vicenda concettuale* (2000).

[151] *Infra*, 123 ss..

§ 3.º A RECEÇÃO LUSÓFONA E O MÉTODO

12. Os precursores

I. A pré-codificação lusófona do século XIX não documenta referências ao negócio jurídico. Embora algumas obras, como a de Nettelbladt, estivessem disponíveis na biblioteca da Universidade de Coimbra, elas não suscitaram uma adesão de pormenor.

Coelho da Rocha (1793-1850), nas suas *Instituições*, seguiu, como ele próprio declara, a sistematização de Mackeldey[152]. Este último Autor acolhera, como referido, o negócio jurídico[153]. Mas na tradução francesa, usada por Coelho da Rocha, *Rechtsgeschäft* foi vertido para *acte juridique*[154]. E assim, esse Autor apresenta uma noção geral de atos[155] e distingue, nestes, os atos de direito ou atos jurídicos[156], que desempenham o papel de negócios.

II. O negócio jurídico fez a sua entrada, no palco lusófono[157], pela mão de Guilherme Moreira: o grande responsável, no princípio do século

---

[152] *Vide* o nosso *Teoria geral do Direito civil/Relatório* (1988), 111 e Paulo Mota Pinto, *Declaração tácita* cit., 11, nota 20.

[153] Ferdinand Mackeldey, *Lehrbuch des heutigen römischen Rechts* cit., 12.ª ed., §§ 162 e 163 (230 e 231).

[154] Ferdinand Mackeldey, *Manuel de Droit Romain, contenant la théorie des institutes*, trad. J. Beving, 3.ª ed. (1846), §§ 167 ss. (92 ss.).

[155] Manuel António Coelho da Rocha, *Instituições de Direito civil portuguez*, 2.ª ed. (1846), § 94 (1, 55-56):

>Diz-se *acto*, ou acção, neste sentido, todo o facto ou omissão, praticado por uma pessoa, no uso da sua razão.

[156] *Idem*, §§ 95 ss. (1, 56 ss.).

[157] Quanto ao negócio jurídico no Direito português, *vide* o nosso *Teoria geral do Direito civil* 1 (1987/1988), 481 ss., Carlos Ferreira de Almeida, *Texto e enunciado* cit., 1,

§ 3.º A receção lusófona e o método   59

XX, pela transposição do civilsismo português para a área germânica, num fenómeno que já havia sido assumido, desde os meandros do século XIX (Teixeira de Freitas), pelo privatismo do Brasil.

Na pré-edição de 1903[158], Guilherme Moreira, que utilizava a tradução francesa de Savigny, usa *actos lícitos ou actos juridicos propriamente dictos*, que define como[159]:

> (...) aquelles em que se dá a manifestação directa da vontade para a aquisição, modificação ou extincção dum direito (...)

Já na 1.ª edição, de 1907, o autor menciona os negócios jurídicos dentro dos *actos juridicos propriamente dictos*[160], ainda que sem uma especial apresentação. Depois, desenvolvendo a matéria, o negócio ocorre como uma normal referência de trabalho[161].

II. O acolhimento do negócio jurídico não foi, todavia, nem imediato nem pacífico. Desde logo, ele dependia da receção do sistema germânico e da parte geral, sistema esse que começou por ser criticado, na época, por autores como Abel de Andrade (1895) e Teixeira de Abreu (1910)[162].

22 ss., nota 74, Luís Alberto Carvalho Fernandes, *A conversão dos negócios jurídicos civis* (1993), 27 ss. e Paulo Mota Pinto, *Declaração tácita* cit., 11-15, em notas.
[158] Guilherme Alves Moreira, *Instituições do Direito civil portuguez*. Trata-se de uma versão impressa, não datada e sem indicação de autoria mas que, pelo conteúdo, corresponde efetivamente a uma pré-edição das célebres instituições, cuja primeira edição oficial é de 1907. Essa pré-edição conserva-se, também, na biblioteca da Faculdade de Direito de Coimbra, sendo referida por diversos autores e, designadamente, por Paulo Mota Pinto, *Declaração tácita* cit., 11, nota 21, que a considera, logicamente, anterior a 1907. Pela nossa parte, dispomos do exemplar que pertenceu ao Senhor nosso Avô materno, Dr. Francisco d'Araújo Parreira Rocha, aluno de Guilherme Moreira. As notas manuscritas inseridas nesse exemplar, que incluem a data e o conhecimento da distribuição do serviço docente em Coimbra, fornecido por Guilherme Braga da Cruz, *A Revista de Legislação e de Jurisprudência/Esboço da sua História* 1 (1975), 435, nota 1052, permitem datar a pré-edição: 1903.
[159] *Instituições* cit., 1, § 30 (163). Na nota (1), Guilherme Moreira afirma que os *actos jurídicos propriamente dictos* tinham, entre os romanos, a designação de *negotia*, o que não é exato.
[160] Guilherme Alves Moreira, *Instituições do Direito civil português*, I – *Parte geral* (1907), 387, nota 1; o negócio é aí, corretamente, atribuído aos jurisconsultos alemães.
[161] *Idem*, 394 ss..
[162] *Vide*, com indicações, *Tratado* I, 237.

De seguida, pressupunha uma adesão científico-cultural à doutrina de Além-Reno, seja por via direta, seja pela mediação italiana. Por fim, implicava uma certa habituação: em português, "negócio" é assimilado a uma prática comercial ou a algo de intrincado.

O negócio jurídico, na era pós-Moreira, obteve acolhimento em monografias próximas da doutrina italiana, como as de José Gabriel Pinto Coelho (1886-1978)[163], de António Carneiro Pacheco (1887-1957)[164], de José Beleza dos Santos (1885-1962)[165] e de Adolpho de Azevedo Souto (1874-1953)[166].

Em compensação, José Tavares (1873-1938) manifestou-se contra a expressão "negócio jurídico"[167]. Claramente impressionado por algumas hesitações patenteadas por Coviello [168] – autor italiano germanizado, muito influente, em Portugal, nas primeiras décadas do século XX, incluindo em autores como Manuel de Andrade – chega mesmo a argumentar, desenvolvidamente, contra a ideia de negócio jurídico [169].

---

[163] José Gabriel Pinto Coelho, *Das cláusulas accessorias dos negócios jurídicos*, 1 – *A condição* (1909), 452 pp, 2 – *Termo-modo-pressuposição* (1910), 250 pp., *Simulação nas letras*, BFD 1 (1914-1915), 217 e *Pessoas que interveem nos actos notariais*, BFD 1 (1914-1915), 311 e 312.

[164] António Faria Carneiro Pacheco, *Do erro acerca da pessoa como causa de nulidade do casamento* (1917), 51 pp., 18: (... elementos necessários à constituição do negócio jurídico ...); mas apenas incidentalmente.

[165] José Beleza dos Santos, *A simulação em Direito civil* 1 (1921), 423 pp. e 2 (1921), 267 pp., 1, 42; mas, p. ex., 36 e 45 e 149 ss.: ato jurídico.

[166] Adolpho de Azevedo Souto, *Defeitos da vontade em Direito civil/O erro*, I (1926), 196 pp., 8 ss.; este Autor, à semelhança de José Tavares, que cita na 1.ª ed., entende o termo "negócio" como dissonante na nossa língua e como suscitando dúvidas jurídicas.

[167] José Maria Joaquim Tavares, *Os princípios fundamentais do Direito civil* 1, 2.ª ed. (1929), 72; depois de explicar o conceito, José Tavares indica preferir o clássico "acto jurídico", por razões linguísticas e pelas dúvidas de fundo que o negócio suscita.

[168] Nicola Coviello, *Manuale di diritto civile italiano – Parte generale*, 3.ª ed. (1924), 317.

[169] José Tavares, *Os princípios fundamentais* cit., 2, 375 ss.. No essencial, Tavares contradita a ideia do negócio como "... a manifestação de vontade destinada a produzir consequências jurídicas, isto é, a fazer nascer, modificar ou extinguir uma relação jurídica" – *idem*, 377. Segundo explica, a vontade não poderia ser causa eficiente da produção de efeitos jurídicos.

§3.º A receção lusófona e o método

Outros autores como Mário de Figueiredo (1890-1969)[170] e Luiz da Cunha Gonçalves (1875-1956)[171], mesmo conhecendo o negócio, usam, de modo ostensivo, sempre "acto jurídico".

Houve alguma resistência linguística. Cabral de Moncada tomava nota da conotação comercial, mas escreveu[172]:

> O conceito de negócio jurídico, à-parte a infelicidade da terminologia, parece-nos ser dos conceitos jurídicos mais sólidos e mais fecundos que a Ciência civilística alemã do século passado engendrou e definiu. Posto que digam mal dele, a verdade é que todos o vão adoptando.

Paulo Cunha (1908-1986) selou, em definitivo, na Faculdade de Direito de Lisboa, o termo negócio jurídico, definindo-o, lapidarmente, pela presença de liberdade de celebração e de liberdade de estipulação.

III. A receção última do negócio jurídico deu-se com o acesso direto dos estudiosos, à literatura alemã. Foram decisivos, no plano monográfico, António Ferrer Correia (1912-2003)[173] e, nas obras gerais de divulgação, Manuel de Andrade (1899-1958)[174]. A própria lei o acolheu: o Decreto-Lei n.º 34 455, de 22 de março de 1945, veio dispor, no seu artigo 1.º:

> São nulos os negócios jurídicos que tenham por objecto coisas móveis importadas no País e das quais tenham sido comprovadamente esbulhados, por actos de ocupação militar e confisco, os que, à face da legislação vigente

---

[170] Mário de Figueiredo, *Caracteres gerais dos títulos de crédito e seu funcionamento jurídico* (1919), 220 pp., 128, subscrevendo a opção de Guilherme Moreira.

[171] Luiz da Cunha Gonçalves, *Tratado de Direito civil* 1 (1929), 319 ss. (321); o autor refere, aí, que os "escritores italianos" chamam negócio jurídico às convenções, o que não é, aliás, nem exato, nem correto.

[172] Luís Cabral de Moncada, *Lições de Direito civil/Parte geral* 2, 3.ª ed. (1959), 163, nota 1 = 4.ª ed. póstuma (1995), 516, nota 1 da página 515.

[173] António de Arruda Ferrer Correia, *Erro e interpretação na teoria do negócio jurídico*, 1.ª ed. (1939) e 2.ª ed. (1967), 25-26 e *passim*.

[174] Manuel Augusto Rodrigues de Andrade, *Direito civil*, por Araújo Barros e Orbílio Barbas (1939), 437 pp., 168, onde se define negócio jurídico como:

> a manifestação de vontade duma ou mais pessoas no exercício do poder legal, tendo em vista produzir efeitos práticos protegidos pelo Direito.

De Manuel de Andrade *vide*, ainda, a *Teoria geral da relação jurídica*, por Ricardo da Velha (1953), 70 ss. e a ed. publ. Ferrer Correia/Rui de Alarcão 2 (1960), 8 ss..

nos respectivos territórios à data da declaração de guerra, deviam considerar-se seus legítimos proprietários.

A técnica de Manuel de Andrade sofreu uma evolução. No início da sua produção jurídico-científica, Manuel de Andrade usa "actos jurídicos" para exprimir o alemão *Rechtsgeschäfte*[175]. Afigura-se-nos que tal se deve ao facto de, na época, Manuel de Andrade trabalhar com traduções francesas e não, de modo direto, com textos alemães. Apenas na década de quarenta, se deu a viragem para o "negócio jurídico", sendo de admitir um papel do então jovem Prof. Ferrer Correia.

Cumpre igualmente ponderar uma influência larvar do Código Civil brasileiro de 1916.

Ainda sob o Código de Seabra, o negócio jurídico passou a ser um instituto pacífico e corrente[176].

13. Os códigos brasileiros

I. O civilismo brasileiro iniciou uma importante migração para a área do sistema romano-germânico logo em meados do século XIX, através de Teixeira de Freitas (1816-1883)[177]. Seguiram-se diversos e importantes juristas[178], que sedimentaram essa orientação, culminando com Clóvis Beviláqua (1859-1944), autor material do projeto que desembocou no Código Civil de 1916.

De acordo com o sistema germânico, o Código brasileiro, de 1916, comporta uma parte geral (2.º a 179.º) e, depois, uma parte especial, repar-

---

[175] Manuel Rodrigues Barroca, *Legislação civil comparada (noções elementares)*, apontamentos das lições de Manuel de Andrade em 1926-1927 (1927), 170 pp., 108; soubemos da existência destas lições através do Prof. Doutor Rui Pinto Duarte, que nos facultou o texto correspondente; publicamente agradecemos.

[176] Assim: Inocêncio Galvão Telles, *Manual dos contratos em geral*, 1.ª ed. (1947, correspondendo a lições de 1945-1946); Orlando de Carvalho, *Negócio jurídico indirecto (teoria geral)*, BFD, Supl. X (1952), 1-147; José Dias Marques, *Teoria geral do Direito civil* 2 (1959), 27 ss.; Fernando Augusto Pires de Lima, *Noções fundamentais de Direito civil*, por João Antunes Varela 1, 1.ª ed. (1945), embora não se ocupe dessa matéria, refere, incidentalmente, o negócio jurídico; p. ex., 196.

[177] Augusto Teixeira de Freitas, *Consolidação das leis civis* (1855), com 5.ª ed. (1915).

[178] *Tratado* I, 244 ss., com indicações.

tida em quatro livros: família (180.º a 484.º), coisas (485.º a 862.º), obrigações (863.º a 1571.º) e sucessões (1572.º a 1807.º).
A parte geral abarca três livros:

I – Das pessoas (2.º a 42.º);
II – Dos bens (43.º a 73.º);
III – Dos factos jurídicos (74.º a 179.º).

Nos factos jurídicos, surgia um título dedicado aos "actos jurídicos" (81.º a 158.º) que, pela técnica e estrutura, se assemelham ao sistema alemão do negócio jurídico[179]. Paulo Merêa, comentador português do Código brasileiro de 1916, fazia, de resto, a aproximação entre o texto brasileiro e o negócio[180].

II. O civilismo brasileiro não acolheu, na altura, a expressão "negócio jurídico". Manuseia-a, contudo, sob a designação "ato jurídico". Não vemos razões dogmáticas. O sistema brasileiro, desde o século XIX, abandonara o círculo napoleónico em favor do alemão, mais analítico e tecnicamente mais perfeito.

A razão básica será de ordem linguística. "Negócio jurídico", em português, soa mal. Houve prevenções, acima referidas, nesse sentido, por parte de autores ilustres como Cabral de Moncada e Paulo Cunha, embora, sob pressão jurídico-científica, ambos o tenham acolhido. Hoje, não nos apercebemos, dada a habituação ao termo. Mas todos os jovens juristas de fala portuguesa, quando iniciaram os seus estudos de Direito civil, tiveram um choque linguístico, perante o termo. Negócio, numa derivação do *negotium* medieval, é uma prática comercial ou, fora dela, um tema embrulhado.

Os brasileiros são excelentes puristas da linguagem. Lembremos Ruy Barbosa que, aquando da apresentação do projeto Beviláqua ao Senado, o submeteu a implacável crítica linguística. O termo "negócio" não foi, com este sentido, acolhido no português do Brasil e pela melhor das razões: a intocabilidade do português clássico. Manteve-se, assim, "ato jurídico", onde seria de esperar encontrar negócio.

As palavras não são inóquas. Ainda que a pertença do Direito civil brasileiro a um sistema lusófono, subsistema do romano-germânico, não

---

[179] Carlos Ferreira de Almeida, *Texto e enunciado* cit., 1, 19.
[180] Manuel Paulo Merêa, *Codigo Civil Brasileiro anotado* (1917), 49.

esteja em causa, o uso de "ato", por "negócio" confere alguma flutuação ao inerente conceito brasileiro. As pontes com o sistema napoleónico não são totalmente abolidas, permitindo, ao instituto, uma certa identidade.

III. O Código Civil de 2002 manteve a mesma orientação, mas acolhendo o "negócio", entretanto sedimentado na doutrina brasileira. Na sua parte geral, encontramos os mesmos três livros:

I – Das pessoas (1.º a 78.º);
II – Dos bens (79.º a 103.º);
III – Dos factos jurídicos (104.º a 232.º).

No livro III, o título I intitula-se negócio jurídico (104.º a 184.º) e segue, de modo aprofundado, a técnica evoluída da pandectística.

A presença do negócio jurídico, no civilismo lusófono, está consumada.

14. A preparação do Código Vaz Serra

I. A decisão de rever o Código de Seabra, oficializada pelo Decreto n.º 33.908, de 4 de setembro de 1944[181], levou à constituição de uma comissão constituída por quatro grandes civilistas: os professores Manuel de Andrade, Pires de Lima, Paulo Cunha e Vaz Serra, presidente[182]. Logo no início, a Comissão fixou orientações e, designadamente, a de se adotar a sistematização germânica, com uma parte geral. Na distribuição de trabalhos, então feita, a parte geral ficou para Manuel de Andrade, as obrigações, para Vaz Serra, os reais e a família, para Pires de Lima e as sucessões, para Paulo Cunha.

A atribuição, a Manuel de Andrade, da parte geral, era adequada: tratava-se do cientista que mais longe levara, na época, o estudo e o ensino dessa área civil. Manuel de Andrade associou, ao seu trabalho, António Ferrer Correia e Rui de Alarcão.

---

[181] *Tratado* I, 238 ss..
[182] Adriano Vaz Serra, *A revisão geral do Código Civil/Alguns factos e comentários*, BMJ 2 (1947), 24-76 = BFD 22 (1947), 451-513.

§3.º A receção lusófona e o método

II. Infelizmente, Manuel de Andrade (1899-1958) faleceu antes de poder produzir um anteprojeto relativo ao negócio jurídico[183]. A tarefa foi atribuída ao seu então jovem colaborador, Prof. Rui de Alarcão (1930)[184], a quem se deve a preparação dos seguintes estudos preparatórios, numerados pela ordem de publicação:

1. Simulação[185];
2. Interpretação e integração dos negócios jurídicos[186];
3. Forma dos negócios jurídicos[187];
4. Reserva mental e declaração não séria[188];
5. Declarações expressas e declarações tácitas; o silêncio[189];
6. Invalidade dos negócios jurídicos[190];
7. Erro, dolo e coação – representação – objeto negocial – negócios usurários – condição[191];
8. Do negócio jurídico[192].

---

[183] A obra codificadora de Manuel de Andrade ficou-se pelos preceitos iniciais do atual Código; vide o seu *Fontes do Direito/Vigência, interpretação e aplicação da lei*, BMJ 102 (1961), 141-166, póstumo.

[184] *Vide* a nota prévia de Rui de Alarcão, *Do negócio jurídico/Anteprojecto para o novo Código Civil*, BMJ 105 (1961), 249-279 (249-250).

[185] Rui de Alarcão, *Simulação/Anteprojecto para o novo Código Civil*, BMJ 84 (1959), 305-328.

[186] Rui de Alarcão, *Interpretação e integração dos negócios jurídicos*, BMJ 84 (1959), 329-345.

[187] Rui de Alarcão, *Forma dos negócios jurídicos*, BMJ 86 (1959), 177-208, complementado com um escrito de Adriano Vaz Serra, *Requisitos da forma escrita*, BMJ 86 (1959), 208-224.

[188] Rui de Alarcão, *Reserva mental e declaração não séria*, BMJ 86 (1959), 225-231.

[189] Rui de Alarcão, *Declarações expressas e declarações tácitas – o silêncio*, BMJ 86 (1959), 233-241.

[190] Rui de Alarcão, *Invalidade dos negócios jurídicos/Anteprojecto para o novo Código Civil*, BMJ 89 (1959), 199-267.

[191] Rui de Alarcão, *Erro, dolo e coacção – representação – objeto negocial – negócios usurários – condição*, BMJ 102 (1961), 167-180, complementada por *Breve motivação do anteprojecto sobre o negócio jurídico na parte relativa ao erro, dolo, coação, representação, condição e objeto negocial*, BMJ 138 (1964), 71-122.

[192] Rui de Alarcão, *Do negócio jurídico/Anteprojecto para o novo Código Civil*, BMJ 105 (1961), 249-279.

A área do negócio jurídico teve, ainda, aportações do Prof. Vaz Serra. Assim sucedeu com os preceitos relativos à perfeição da declaração negocial (244.º a 235.º), incluindo a *culpa in contrahendo* (227.º) e com uma malograda referência às cláusulas contratuais gerais. Damos conta dos estudos seguintes, também por ordem de publicação:

1. Culpa do devedor ou do agente (sobre *culpa in contrahendo*)[193];
2. Fontes das obrigações/o contrato e o negócio jurídico unilateral (sobre cláusulas contratuais gerais)[194];
3. Perfeição da declaração de vontade[195].

III. A comparação entre os preparatórios do negócio, entregues a Rui de Alarcão e os do Direito das obrigações, confiados a Vaz Serra, mostram a presença de estilos distintos. Enquanto Vaz Serra optou por estudos prévios maciços, com largos desenvolvimentos de Direito comparado e capeando articulados meticulosos e alargados, Rui de Alarcão concentrou-se na redação dos futuros preceitos, com breves justificações de motivos. Essa técnica foi, de resto, facilitada pela disponibilidade dos textos de Manuel de Andrade, relativos à teoria geral do Direito civil[196]. As diversas opções resultaram de Andrade, embora Rui de Alarcão tivesse procedido a uma cuidadosa ponderação da matéria.

IV. Na primeira revisão ministerial (1961), a matéria do negócio jurídico (192.º a 261.º)[197] foi arrumada na perspetiva global do Código. Estava, ainda, um tanto distante do texto final, embora tivesse, relativamente aos projetos de Rui de Alarcão sofrido menos alterações do que o sucedido com os de Vaz Serra, no Direito das obrigações. Seguiu-se a

---

[193] Adriano Vaz Serra, *Culpa do devedor ou do agente*, BMJ 68 (1957), 13-151, n.º 6 (118-140).

[194] Adriano Vaz Serra, *Fontes das obrigações/O contrato e o negócio jurídico unilateral como fontes das obrigações*, BMJ 77 (1958), 127-217 (162 ss.).

[195] Adriano Vaz Serra, *Perfeição da declaração de vontade/Eficácia da emissão de declaração/Requisitos especiais da conclusão do contrato*, BMJ 103 (1961), 5-151.

[196] Em especial: Manuel de Andrade, *Direito civil (Teoria geral da relação jurídica)*, por Ricardo da Velha (1953), 70 ss. e a edição póstuma *Teoria geral da relação jurídica*, 2 (1960), com reimpressões sucessivas, por Ferrer Correia e Rui de Alarcão, 480 pp., 25-437, ambos já citados.

[197] *Código Civil/Livro I – Parte geral (1.ª revisão ministerial)*, BMJ 107 (1961), 5-158 (85-111).

segunda revisão ministerial (1965)[198] onde, sob uma aparente discrição, foram introduzidas alterações importantes e, logo a seguir o Projeto de Código Civil (1966)[199]. As revisões ministeriais, o Projeto e a versão final do Código devem-se ao então Ministro da Justiça, João de Matos Antunes Varela (1919-2005), grande civilista e professor ilustre da Universidade de Coimbra. Uma edição crítica dos preparatórios do Código Civil de 1966 encontra-se, ainda, por realizar[200].

V. Como apreciação geral, mormente na área do negócio jurídico, podemos apontar uma redação muito cuidadosa dos preceitos, ponderados até aos diversos meandros. Sectorialmente, foram aproveitados estudos monográficos disponíveis, designadamente os de Ferrer Correia[201], sobre a interpretação e os do próprio Antunes Varela[202]. Para além disso, como repetido, a influência da obra geral de Manuel de Andrade foi determinante e isso ao ponto de, ainda hoje, ela poder ser usada como meio de estudo, apesar de alinhada, na forma, pelo Código de Seabra.

Podemos, em conclusão, apontar uma receção do sistema romano-germânico, matizada embora por alguma influência italiana e por adaptações nacionais. O texto do Código tem, nesta área, um nível científico elevado. As suas potencialidades encontram-se, passado meio século, ainda por explorar, na sua totalidade.

15. O sistema do Código

I. O Código Civil versa o negócio jurídico no primeiro capítulo do Subtítulo III, *Dos factos jurídicos*, do Título II – *Das relações jurídicas*,

---

[198] *Código Civil/Livro I – Parte geral (2.ª revisão ministerial)* (1965, polic.), 161 pp..

[199] *Código Civil/Projeto* (1966).

[200] Os trabalhos preparatórios podem ser confrontados em Jacinto Rodrigues Bastos, *Das relações jurídicas segundo o Código Civil de 1966*, 3 (1968), 213 pp., a propósito de cada preceito do Código.

[201] António Ferrer Correia, *Erro e interpretação no negócio jurídico* (1939), já citado.

[202] João Antunes Varela, *Ineficácia do testamento e vontade conjectural do testador* (1950) e *Ensaio sobre o conceito de modo* (1955).

do Livro I – *Parte geral*, preenche os artigos 217.º a 294.º. Cumpre ter presente o desenvolvimento global da matéria do capítulo em causa:

    Secção I – Declaração negocial (217.º a 279.º):
        Subsecção I   – Modalidades da declaração (217.º e 218.º);
        Subsecção II – Forma (219.º a 223.º);
        Subsecção III – Perfeição da declaração negocial (224.º a 235.º);
        Subsecção IV – Interpretação e integração (236.º a 239.º);
        Subsecção V – Falta e vícios da vontade (240.º a 257.º);
        Subsecção VI – Representação (258.º a 269.º):
            Divisão I – Princípios gerais (258.º a 261.º);
            Divisão II – Representação voluntária (262.º a 269.º).
        Subsecção VII – Condição e termo (270.º a 279.º).
    Secção II – Objeto negocial. Negócios usurários (280.º a 284.º);
    Secção III – Nulidade e anulabilidade do negócio jurídico (285.º a 294.º).

Ao capítulo I – negócio jurídico, segue-se um II – atos jurídicos, com um único artigo: o 295.º.

II. O legislador de 1966 optou, como se vê, por uma ordenação dinâmica e funcional da matéria. O núcleo normativo do negócio é constituído pela declaração negocial, tomada, no fundo, como declaração de vontade. Esta, após uma delimitação em função da sua natureza, expressa ou tácita (217.º e 218.º) e da sua forma (219.º a 223.º), é tratada em função do processo tendente à formação do contrato (224.º a 235.º). Consumada a declaração, há que interpretá-la e, eventualmente, que integrá-la (236.º a 239.º). Podem detetar-se a falta da vontade ou a presença de vícios que a atinjam (240.º a 257.º).

A representação, traduzindo embora uma problemática própria, opera como o prolongamento da vontade (258.º a 269.º).

Algumas cláusulas típicas – a condição e o termo – obtiveram, aqui, o espaço civil (270.º a 279.º). O objeto (280.º e 281.º) é versado em preceitos sintéticos, mas lapidares, seguindo-se os negócios usurários (282.º a 284.º): a única área que sofreu alterações desde 1966 e mais precisamente, através do Decreto-Lei n.º 262/83, de 16 de junho.

O capítulo é encerrado pelas invalidades do negócio (285.º a 294.º).

    III. Vale a pena fazer um confronto rápido com dois códigos que influenciaram o legislador de 1966: o alemão e o italiano, de 1942.

§ 3.º A receção lusófona e o método 69

A parte geral do BGB reparte-se por sete secções: pessoas, coisas e animais, negócios jurídicos, prazos e termos, prescrição, exercício de direitos e garantias de prestações. A terceira, negócios jurídicos, abrange seis títulos: capacidade negocial (§§ 104 a 113), declaração de vontade (§§ 116 a 144)[203], contrato (§§ 145 a 157), condição e termo (§§ 158 a 163), representação e presunção (§§ 164 a 181) e consentimento e ratificação (§§ 182 a 187). Os vícios e as invalidades constam do título relativo à declaração de vontade. Podemos seguir a matéria do Código Civil no BGB, embora este se afigure mais pesado nos seus preceitos e, porventura, com uma maior integração sistemática: inclui importantes referências ao contrato, o qual é ignorado pelo Código Vaz Serra, no campo dos negócios. Além disso, o BGB entra na matéria através da capacidade negocial[204], matéria que, no Código Vaz Serra, surge a propósito das pessoas singulares: uma noção próxima da nossa capacidade de exercício. Adota, todavia, um esquema diverso: a capacidade negocial é reconhecida a quem tenha completado sete anos (§ 104/1), embora com limitações, relativamente aos menores (§ 106)[205].

No Código italiano de 1942, a matéria equivalente ao nosso negócio ocorre a propósito dos contratos em geral e, designadamente: o acordo das partes (1326.º a 1342.º), o objeto (1346.º a 1361.º), a interpretação (1362.º a 1371.º), a representação (1387.º a 1400.º), a simulação (1414.º a 1417.º), a nulidade (1418.º a 1424.º) e a anulabilidade (1425.º a 1440.º). De permeio, surge matéria que o Código Vaz Serra versa a propósito do contrato. Apesar das assimetrias derivadas do tratamento italiano conjunto do negócio e do contrato, muitos preceitos nele incluídos foram a fonte dos equivalentes, no Código Civil. A influência italiana (de resto, ela própria germanizada), já patente em Manuel de Andrade, verteu-se, deste modo, no texto de 1966.

IV. A crítica ao sistema do Código – a tomar como ponderação científica e não como censura, quer ao texto, quer aos seus ilustres autores – está feita[206]. Pelo que nos toca, temos vindo a moderar o tom: os inconvenientes da parte geral são conhecidos, tendo sido levantados no último meio século. Ela entrou na prática dos juristas lusófonos, não se pondo a hipótese da sua substituição por novo Código.

---

[203] Os §§ 114 e 115 foram suprimidos pela reforma de 2000/2001.
[204] Hans-Georg Knothe, no *Staudingers Kommentar zum BGB*, 1, *Allgemeiner Teil* 3, §§ 90-124; 130-133 (2012), Vorbem zu §§ 104-115 (166 ss.) e Jürgen Ellenberger, no Palandt/BGB, 73.ª ed. (2014), Einf. v § 104 (83-84).
[205] *Idem*, §§ 104 (279 ss.) e 106 (323 ss.).
[206] *Tratado* I, 174 ss. e 240 ss. e *passim*.

No que tange ao negócio jurídico: particularmente complexa, designadamente pelo prisma pedagógico, é a sua separação perante o contrato, relegado para as fontes das obrigações (405.º e seguintes). Uma exposição geral sobre o negócio jurídico acaba, fatalmente, por pressupor ou por implicar referências contínuas ao contrato. Vencidas as dificuldades iniciais, esse obstáculo acaba por surgir estimulante.

V. Com efeito, o Código Civil, seguro da sua opção doutrinária pela terceira sistemática, não teve dificuldades ou dúvidas em adotar a figura do negócio jurídico, à qual consagrou as disposições acima adiantadas – artigo 217.º e seguintes. Mas não podia abdicar da velha categoria, menos analítica e elaborada, mas ainda abstrata, dos contratos – artigos 405.º e seguintes[207].

Separou-se, pois, o que aparenta dever estar lado a lado. Os resultados são deste tipo: se se pretender seguir a formação dos contratos, há que recorrer aos artigos 224.º e seguintes; mas a sede de autonomia negocial reside no artigo 405.º.

Por seu turno, os contratos surgem explicitamente, no sistema do Código, no Livro II – Direito das obrigações. E aí dentro, operam ainda como "fontes das obrigações". Verifica-se, no entanto, que o contrato, como figura muitas vezes negocial e de âmbito alargado, pode atuar como fonte de outras figuras e, designadamente, como fonte de direitos reais, como resulta do artigo 1316.º[208]. O Livro II, nessa área como noutras, funciona assim como Parte geral, perante outras zonas do Código, numa situação sem dúvida anómala, quando se atente na existência, nesse mesmo diploma, de uma parte expressamente apelidada de geral.

O estudo do negócio jurídico obrigará, em certas ocasiões, a abandonar os estritos quadros do Livro I do Código Civil. No fundo, surge aqui mais uma consequência da aceitação, pelo legislador de 1966, da repartição pandectística das matérias, com parte geral e da adoção, nessa mesma ocasião, da técnica, já superada, da relação jurídica.

---

[207] Vide Tratado I, 174 ss., diversos aspetos desta junção, no mesmo Código, mas separadamente, de aspetos gerais do "negócio" e do "contrato".
[208] O artigo 1316.º refere-se explicitamente ao direito de propriedade; não oferece dúvidas, no entanto, a sua extensão. Vide, aliás, os artigos 1440.º (usufruto), 1528.º (superfície) e 1547.º/1 (servidões). O artigo 1417.º/1 (propriedade horizontal), em nova demonstração de interpenetração linguística de massas jurídico-culturais derivadas de períodos históricos distintos, fala em "negócio jurídico".

VI. A feição, aparentemente desfocada, que nos apresenta o Código Civil, ao usar as categorias "negócio jurídico" e "contrato" explica-se pela História, com recurso à teoria evolutiva dos sistemas[209]. No Direito romano imperava uma ideia de tipicidade dos contratos[210]: estes vinculavam pela ocorrência das respetivas configurações. O Direito alemão antigo introduziu a ideia da lealdade à palavra. Num refluxo românico, os glosadores propugnaram a teoria da vestidura (*pactum vestitum*)[211], complementada por fundamentos teológicos canónicos[212]. Os *nuda pacta* filiam-se no humanismo, aprofundados pelo Direito natural[213]. Em Pufendorf, a matéria assumiria uma postura central[214].

Pois bem: o contrato corresponde à evolução periférica do tema, com base romana e objeto de abstrações humanistas; o negócio advém do racionalismo, sendo acolhido, com a parte geral, pela pandectística. A obtenção do conceito de negócio implica deduções lógicas: tal o exercício a que nos temos vindo a dedicar. Já o contrato tem derivação histórica mais marcada.

A presença, no Código Vaz Serra, dos dois instrumentos – contrato e negócio – tem origem na história dos sistemas. Resta acrescentar que, mau grado os inconvenientes assinalados, ela tem grande interesse dogmático. Num estudo sistemático do Direito civil, que principie pela parte geral, haverá que privilegiar a abordagem "negócio jurídico". É possível, todavia, inverter o processo, iniciando pelo contrato: nessa linha, cumpre apontar as obras importantes de Inocêncio Galvão Telles (1917-2010)[215] e de Carlos Ferreira de Almeida (nasc. 1938)[216]. Apesar do interesse destas experiências, o estudo do negócio é mais estimulante, em termos dogmáticos.

16. Opções expositivas

I. O estudo da parte geral do Direito civil coloca problemas delicados, de um ponto de vista científico como num prisma pedagógico.

---

[209] Quanto à teoria evolutiva dos sistemas: *Tratado* I, 126 ss..

[210] Sobre toda esta matéria, além das obras acima citadas, Klaus-Peter Nanz, *Die Entstehung des allgemeinen Vertragsbegriffen im 16. bis 18. Jahrhundert* (1985), 6 ss..

[211] Nanz, *Die Entstehung des allgemeinen Vertragsbegriffes* cit., 31 ss..

[212] *Idem*, 46 ss..

[213] *Idem*, 65 ss. e 135 ss..

[214] *Idem*, 149 ss..

[215] Inocêncio Galvão Telles, *Manual dos contratos em geral*, 4.ª ed. (2002, reimp., 2010), 551 pp..

[216] Carlos Ferreira de Almeida, *Contratos* I – *Conceito, fontes, formação*, 5.ª ed. (2013), 249 pp., 13 ss., explicando a opção.

Por um lado – e afastadas as leituras positivistas que viam, no método de exposição, uma mera questão de sistema externo, indiferente para as soluções materiais – há que procurar uma sequência que faculte o melhor aproveitamento possível das comunicações jurídico-civis visualizadas pelas fontes, afirmando e repercutindo o seu significado profundo e sempre atualizável.

Por outro lado, cabe encontrar uma fórmula expositiva que permita, também quanto possível, minorar o calvário pedagógico resultante, nas palavras de Franz Wieacker, da parte geral dos códigos civis.

II. As exposições tradicionais baseadas nos "elementos da relação jurídica" devem ser abandonadas[217]. Contra a relação jurídica depõem todos os motivos que se viu desaconselharem uma estratificação da parte geral ou, se se quiser, que vedam a conceptualização estereotipante do Direito civil. Retomando esses motivos, pode proceder-se à sua sistematização como segue:

– motivos metodológicos: a relação jurídica é uma emanação da parte geral pufendorfiana, que perpetua e reproduz em todos os meandros do Direito civil; ora o Direito civil não é nenhum *a priori*, antes devendo ser captado pelo estudo da História, da cultura e das fontes;
– motivos dogmáticos: a relação jurídica apenas ocorre nas denominadas situações relativas; a sua generalização constitui uma fonte de distorções nas diversas disciplinas e, sobretudo, naquelas que não sejam dominadas por esquemas obrigacionais, como sucede em direitos reais;
– motivos significativo-ideológicos: a relação jurídica é despersonalizada, relegando a pessoa para uma segunda linha e esquecendo, desse modo, o cerne imprescindível do Direito civil;
– motivos pedagógicos: a relação jurídica impede uma reanimação do estudo da parte geral e dificulta a abertura de novas rubricas; ela encerra a matéria nos seus quatro pretensos elementos, complicando uma distribuição dinâmica da matéria;

---

[217] Defendendo a manutenção da relação jurídica, pelo menos na parte geral: Rabindranath Capelo de Sousa, *Teoria geral do Direito civil* 1 (2003), 162 ss.. A coerência obrigaria a propugná-la nas partes especiais, o que não é, de todo, praticável (nem praticado).

§3.º A receção lusófona e o método

– motivos científicos: a relação jurídica ergue-se como um obstáculo eficaz à procura de soluções novas, mais justas e mais adequadas.

III. A anteposição de uma primeira parte, dedicada à doutrina geral[218], corresponde já à necessidade de substituir a relação jurídica. Há, agora, que a levar até ao fim.

Certos limites de ordem prática opõem-se, no entanto, a uma reformulação mais cabal da exposição do Direito civil. A repartição germânica das disciplinas jurídicas está consagrada no Código Civil e nas leis que aprovam os planos de estudo das Faculdades de Direito. Desconhecê-la em absoluto conduziria a não acompanhar todo o Direito privado positivo, inserido no Código Civil e poderia ocasionar conflitos de competência, entre as várias disciplinas legalmente previstas. A solução ideal terá, assim, de ser sacrificada à solução possível e esta, por seu turno, não poderá descurar o teor jurídico-positivo do Livro I do Código Civil.

IV. Uma das críticas de fundo feitas à relação jurídica e à sua técnica reside na subalternização da pessoa, por ela induzida. A subalternização em causa deriva da consideração dogmática da pessoa como um elemento – entre outros – da relação jurídica, em vez de a colocar no centro de gravidade de todo o civilismo. O problema tem a ver com a conceção de base que preside à sistemática da relação jurídica e não, como é natural, com a presença – ou não – da pessoa no 1.º Subcapítulo dedicado à matéria.

Viu-se, no domínio dos institutos gerais do Direito civil, como a personalidade se desdobra em regras e princípios que dão, ao ordenamento civil, uma feição própria. No desenvolvimento subsequente, haverá a oportunidade de, por forma repetida, verificar como os diversos dispositivos têm em vista a pessoa, independentemente de tratarem dela, em exclusivo ou de modo primacial.

V. O Direito é uma fenomenologia histórico-cultural, comunicada pela linguagem e dependente, nos seus múltiplos aspetos, de aprendizagem. O homem recebe-o do exterior, submetendo-se-lhe na medida em que ele chegue, e se lhe imponha.

Uma visão conceptual determina pontos fixos, reduzidos em termos de simplificação e procura, depois, retirar deles consequências.

---

[218] *Tratado* I, 863 ss., particularmente com o recurso à situação jurídica.

Uma leitura humanista – no sentido mais compreensivo da expressão – ocupa-se dos efeitos jurídicos utilizando, para melhor os compreender e exprimir, figurações apresentadas como seus suportes.
Por exemplo:

– numa visão conceptual, uma pessoa, porque é pessoa e porque, por hipótese, tem a titularidade de um direito, pode vender; a personalidade e o bem surgem como causas do efeito "venda";
– numa visão filosófica e antropologicamente integrada, a pessoa apresenta-se (é reconhecida) como pessoa e como titular para que venda – e logo porque o faça ou possa fazer; a personalidade e o bem são consequências do efeito que – esse sim – justifica o direito.

Os efeitos são, assim, um *prius* perante a pessoa e os bens.
Aliás, a própria metodologia conceptual, procurando definir pessoa (= susceptibilidade de ser titular de direitos ou adstrito a obrigações, na noção comum), fá-lo a partir dos bens e visando definir bens (= o que pode ser objeto de "relações" jurídicas, também na noção comum), fá-lo a partir dos efeitos: uma construção inversa baquearia, por falta, além do mais, de quadros linguísticos.

VI. Em termos pedagógicos – e numa linha que as próprias definições comuns, acima antecipadas, permitiram documentar – afigura-se preferível seguir os fenómenos na sua marcha natural, do mais simples ao mais complexo e da causa à consequência, ao inverso.
Na parte geral, como, em todo o Direito civil, é inevitável trabalhar com noções que apenas mais adiante serão explicadas, ou pressupor demonstrações ainda por efetuar. Mas esses desvios, a vários títulos nocivos, devem ser evitados sempre que possível.
Definir, por exemplo, capacidade de exercício como "medida de direitos a exercer pessoal e livremente", para só depois definir "direito" e, mais tarde ainda, o "exercício pessoal e livre" é levar demasiado longe a inversão conceptual. Repare-se que a via contrária – definir efeito, então bem e, depois, pessoa – é possível, tanto mais que as noções aí em falta podem, mais facilmente, ser pressupostas.

VII. Está-se, pois, em condições de, por razões filosóficas, científicas e pedagógicas, apontar uma inversão sistemática grave na doutrina comum que, apegada à relação jurídica, apresenta, sucessivamente, os sujeitos, o objeto e o facto.

§3.º A receção lusófona e o método 75

A sequência deve ser justamente a oposta: facto, objeto e pessoa, destino último de todo o Direito civil. O "facto", por seu turno, releva enquanto produto de algo que sucedeu, isto é, enquanto efeito, de modo a prevenir novos causalismos conceptuais, como haverá a oportunidade de verificar, quando se referir a natureza da ação humana. Na linguagem da terceira sistemática, o núcleo dogmático da eficácia jurídica é constituído pelo negócio.

Por isso, a sequência[219] será a seguinte:

— negócio jurídico;
— coisas;
— pessoas;
— exercício jurídico.

Acrescente-se apenas que esta metodologia, na linha de múltiplos aspetos já versados, pretende, efetivamente, concretizar novas vias científicas e pedagógicas de elaborar a "teoria geral" do Direito civil.

Mas ela não salta na escuridão: desde Thibaut, nos princípios do século XIX e até Medicus, no atual ensino da parte geral na Faculdade de Direito de Munique ou Leipold, na de Freiburgo, que vias similares — ainda que com outras justificações — têm sido utilizadas, com êxito[220].

A Ciência do Direito, particularmente no campo do Direito civil, não pode ser impermeável à inovação e ao progresso; muito menos deve regredir. Finalmente: os universitários, em especial os nacionais, devem abandonar a postura de desconfiança apriorística perante qualquer novidade.

---

[219] Trata-se da sequência seguida nos volumes I, III, IV e V, todos do *Tratado* e que nos propomos conservar para o futuro.
[220] Sobre toda esta matéria, *vide* o nosso *Teoria geral do Direito civil/Relatório* cit., *passim*.

CAPÍTULO II
DOGMÁTICA GERAL DO NEGÓCIO JURÍDICO

§ 4.º EFICÁCIA JURÍDICA

17. Eficácia, situação e modelo de decisão

I. Há eficácia jurídica quando algo ocorra no mundo do Direito, isto é, sempre que se verifiquem determinadas consequências nas quais, através de critérios reconhecidos, ainda que discutíveis, seja possível apontar as características da juridicidade. As consequências juridicamente relevantes são sempre respeitantes a pessoas: sem Humanidade, não há Cultura, não há Ciência e, logo, não há Direito. Assim sendo, a eficácia jurídica reporta--se, de modo necessário, a situações jurídicas[221]. A situação jurídica, por seu turno, resulta de uma decisão jurídica, ou seja, assume-se como o ato e o efeito de realizar o Direito, solucionando um caso concreto.

A decisão jurídica é uma decisão humana, em sentido cognitivo-volitivo: implica Ciência – ou seria arbitrária – e implica opção – ou surgiria automática. A opção, ainda que pressupondo sempre uma margem maior ou menor de manobra, baseia-se em fatores colhidos nas fontes e que, por se mostrarem aptos a infletir a vontade humana, se apresentam como argumentos em sentido próprio. Os argumentos relevantes perante cada caso concreto articulam-se, com as suas conexões, os seus valores e o seu peso relativo, em modelos de decisão, isto é, em complexos concatenados que habilitem o intérprete-aplicador a decidir com legitimidade.

II. A eficácia jurídica resulta, nesta medida, de modelos de decisão, emergindo estes de argumentos, o que é dizer, dos fatores que componham um regime jurídico-positivo aplicável.

[221] *Tratado* I, 863 ss..

Estudar a eficácia jurídica implica o levantamento, a análise e a explicação dos regimes que a ditem e a justifiquem. Numa linguagem tradicional – e prevenindo, pelas explicações acima alinhadas, o perigo de retrocessos conceptuais ou subsuntivos – poder-se-ia dizer que a eficácia jurídica é o produto da aplicação de regras jurídicas (normas e ou princípios).

III. O ponto de partida para o estudo dogmático do Direito civil há-de, em quaisquer circunstâncias, ser constituído pela eficácia jurídica e não por normas ou fontes. Convém, efetivamente, ter presente que todo o esforço desenvolvido pela Ciência jurídica, a partir dos finais do século XX, para superar o irrealismo metodológico, assenta na natureza constitutiva dessa mesma Ciência e no facto, hoje já não discutível, de apenas no caso concreto decidido aparecer o verdadeiro Direito. Além disso, estamos numa área em que a adequação metodológica conduz a uma melhoria substancial do próprio sistema de exposição da matéria: um ganho pedagógico a aproveitar.

18. Eficácia constitutiva, transmissiva, modificativa e extintiva

I. A eficácia é a dimensão dinâmica das situações jurídicas: do movimento depende a existência. Tendo em conta a ordenação, perante a situação jurídica, da eficácia, pode-se falar em eficácia constitutiva, transmissiva, modificativa e extintiva:

– constitutiva, caso se forme (se constitua) uma situação antes inexistente na ordem jurídica: por exemplo, há eficácia constitutiva quando, nos termos do artigo 1263.º, a) alguém se aposse de uma coisa, fazendo surgir uma situação possessória;
– transmissiva, sempre que uma situação já existente, na ordem jurídica, transite da esfera de uma pessoa para a de outra; por exemplo, celebrado um contrato de compra e venda, a propriedade da coisa transmite-se do vendedor para o comprador, segundo o artigo 879.º, a);
– modificativa, na hipótese de uma situação, centrada numa determinada pessoa, aí se conservar, mas com alterações no seu conteúdo; o negócio anulável que, nos termos do artigo 288.º, seja confirmado, altera-se, por ter sido sanado;
– extintiva, por fim, na eventualidade de se dar o desaparecimento, da ordem jurídica, de uma situação antes existente: cumprida uma obrigação, esta extingue-se.

II. A doutrina comum chama, à constituição, "aquisição originária" e, à transmissão, "aquisição derivada"[222]: trata-se, efetivamente, de designações equivalentes entre si, enfocando embora os fenómenos pelo prisma das esferas jurídicas. Em princípio, evitar-se-á o termo "aquisição", para prevenir dúvidas.

Registe-se ainda que, em certos casos, pode extinguir-se uma situação e, de seguida, constituir-se nova situação, em tudo idêntica à anterior, mas noutra esfera jurídica. Não há, quando isso suceda, transmissão: exige-se, porém, uma cuidada análise do caso concreto, para evitar as dúvidas que a extinção-constituição sempre provocam.

III. Em certas hipóteses, um efeito pode revelar-se, em simultâneo, constitutivo e modificativo. Assim, o proprietário que hipoteque um terreno – artigos 686.º e seguintes – constitui o direito de hipoteca a favor do credor hipotecário e modifica a sua própria situação de propriedade a qual, a partir de então, passará a estar onerada pela garantia. Fala-se, a tal propósito em "aquisição derivada constitutiva" (Mota Pinto) o que não é totalmente exato[223].

Estas diversas modalidades de eficácia têm importância por conduzirem à aplicação de regimes próprios diferenciados, ao longo das diversas disciplinas civis. Os modelos privados vêm, depois, repercutir-se em todas as áreas do ordenamento.

19. Transmissão e sucessão

I. Ainda que discutida[224], cabe operar uma distinção entre transmissão e sucessão. Esta poderá integrar, tão-só, um conceito de transmissão em sentido amplo.

Na transmissão, verifica-se a passagem de uma situação jurídica da esfera de uma pessoa, para a de outra; na sucessão, ocorre a substituição de uma pessoa por outra, mantendo-se estática uma situação jurídica a qual,

---

[222] Mota Pinto, *Teoria geral*, 4.ª ed. cit., 360 ss..
[223] De facto, não há dificuldade em fazer depender uma *constituição* da preexistência de situações anteriores; não há transmissão porque estas não transitam de esfera.
[224] Entre nós, a distinção é defendida por Oliveira Ascensão, mas posta em dúvida por Galvão Telles; particularmente relevante no Direito das sucessões, ela transcende, no entanto, o seu âmbito estrito.

por isso, estando inicialmente na esfera de uma pessoa, surge, depois da troca, na de outra.

II. Aparentemente idênticas, nos seus resultados, transmissão e sucessão implicam, todavia, eficácias diferentes, donde o seu particular interesse: na transmissão, a situação transferida pode sofrer certas alterações de elementos circundantes, enquanto na sucessão, ela mantém-se totalmente idêntica.

Assim:
uma situação de posse – isto é: de controlo material de uma coisa corpórea – diz-se de boa-fé quando o possuidor ignore, no início, prejudicar o direito de outrem – artigo 1260.°/1; havendo transmissão, ela pode tornar-se de má-fé sempre que, no momento da operação, o transmissário saiba estar a prejudicar outrem; na sucessão, pelo contrário, o sucessor recebe exatamente o que se encontrava na esfera do antecessor: se este estiver de boa-fé, ele fica de boa-fé e, inversamente: a má-fé do primeiro envolve a do segundo.

III. A base legal de distinção reside na contraposição dos regimes da sucessão na posse e da acessão da posse, consagrados nos artigos 1255.° e 1256.° do Código Civil.

Havendo sucessão na posse, segundo o artigo 1255.°, esta continua nos sucessores, independentemente da apreensão material da coisa: ela mantém todas as suas características e dispensa qualquer manifestação de vontade ou atuação similar específica. Pelo contrário, na transmissão referida no artigo 1256.°[225], a posse pode mudar de características – pode ter "natureza diferente" – e depende, na sua continuidade, de uma manifestação de vontade do transmissário.

Esta construção foi aplicada às sociedades e, designadamente, a ocorrências de fusão e de cisão: as sociedades resultantes dessas operações sucederiam, para os diversos efeitos, nas situações das suas antecessoras[226]. Hoje, essa orientação foi superada pela ideia de que, na fusão e na

---

[225] Em vez de referir a "transmissão", a lei mencionou o "...houver sucedido na posse de outrem por título diverso da sucessão por morte...", numa complicação que tem sido criticada pela doutrina. Vide o nosso *A posse: perspectivas dogmáticas actuais*, 3.ª ed. (2000), 109 ss..

[226] *Direito das sociedades* 1, 3.ª ed., 1131 ss..

cisão, há mera transformação da sociedade anterior. No fundo, trata-se de um aprofundamento da ideia de sucessão.

20. Eficácia pessoal, obrigacional e real; outros tipos

I. A eficácia pode ainda classificar-se consoante a natureza das situações jurídicas a que se reporte.

Assim, há eficácia pessoal quando a situação jurídica que se constitua, transmita, modifique ou extinga não tenha natureza patrimonial.

A eficácia revela-se obrigacional sempre que alguma dessas quatro vicissitudes se reporte a situações obrigacionais e real quando tal ocorra perante situações próprias do Direito das coisas.

Nalguns casos, a lei refere expressamente a eficácia real – por exemplo, artigo 413.º – ou obrigacional – artigo 1306.º/1, *in fine* ("natureza obrigacional"); noutros, apenas uma ponderada consideração de cada caso poderá elucidar a natureza da situação.

II. Ainda de acordo com a natureza das situações em jogo, outros tipos de eficácia podem ser isolados. A tal propósito, remete-se para as classificações de direitos subjetivos[227].

21. O papel dos factos jurídicos

I. A decisão constitutiva do Direito, que solucione o caso concreto, opera uma síntese entre os elementos normativos que compõem o modelo de decisão e os factos subjacentes nele envolvidos.

Embora a fonte da produção de efeitos – portanto, de eficácia – só possa residir na vontade do intérprete-aplicador[228], não restam dúvidas de que esta acompanha certos factos, mais precisamente: os factos que o Direito considere relevantes e aos quais, por isso, entenda associar determinados efeitos.

---

[227] *Tratado* I, 895.
[228] Tal vontade, volta a repetir-se, não é – não pode ser – arbitrária, antes devendo obedecer a diretrizes mais ou menos estritas, comandadas e controladas pela Ciência Jurídica, em conformidade com o Direito positivo.

São os factos jurídicos, classicamente utilizados como referenciais para as ulteriores tomadas de decisões jurídicas e, daí, para a própria eficácia jurídica.

II. O aprofundamento da linha acima referida acabaria por conduzir à afirmação da função puramente legitimante dos factos jurídicos: a sua presença tornaria viáveis determinadas decisões.

Mais um passo e seria possível considerar que a legitimação se bastaria com a sua invocação pela entidade decidente, numa caminhada processualizante que, a implicar o abandono da materialidade subjacente, não pode ser acompanhada.

Estes aspetos, que não devem dispensar uma atuação sindicante da Ciência Jurídica, são importantes: eles recordam que não há, nos factos isoladamente tomados, um papel juridificador: este assiste ao Direito, à sua Ciência e aos seus cultores.

§ 5.º FACTOS, ATOS E NEGÓCIOS JURÍDICOS

22. Factos jurídicos; modalidades

I. Como foi referido, o facto jurídico é, normalmente, definido como um evento ao qual o Direito associe determinados efeitos. Numa técnica normativa linear, poder-se-ia dizer que o facto jurídico se apresenta como a realidade apta a, integrando uma previsão normativa, desencadear a sua estatuição.

Esta visão mecanicista pode ser utilizada, por razões de comodidade linguística. Previne-se, no entanto, para a sua natureza figurativa: o facto jurídico apenas justifica que uma decisão, tomada com base em modelos que o tenham em conta, seja legítima. Nenhuma norma opera, por si, de modo automático.

II. Os factos jurídicos são suscetíveis de múltiplas classificações.

A mais simples distingue, nos factos jurídicos em geral ou *lato sensu*, os factos jurídicos em sentido estrito (*stricto sensu*) dos atos jurídicos, consoante, para efeitos de eficácia, eles sejam considerados como eventos naturais ou, pelo contrário, como manifestações de vontade humana.

Repare-se que, em rigor, o facto jurídico *stricto sensu* pode redundar numa manifestação de vontade humana que, no entanto, não releve, enquanto tal, em termos de eficácia: o Direito trata-a como uma ocorrência. Isso sucede com a gestão de negócios – artigos 464.º e seguintes – e em várias hipóteses de enriquecimento sem causa – artigos 473.º e seguintes.

III. Os factos jurídicos *stricto sensu* abrangem eventos da mais diversa natureza. Torna-se problemático fazer uma sua teorização, que não seja pelo prisma da eficácia. Assim, o que pode haver de comum entre uma inundação, que aciona os mecanismos de um contrato de seguro, uma extração da lotaria, que confere direitos a determinados prémios e o nascimento de uma pessoa, que dá lugar a um novo centro de imputação de normas jurídicas é, justamente, a presença de eficácia jurídica.

IV. Os atos jurídicos podem processar-se no espaço, conferido às pessoas, pela autonomia privada. Quando tal ocorra, eles comportam a classificação, já apresentada, de atos jurídicos em sentido estrito e negócios jurídicos, consoante impliquem, apenas, liberdade de celebração ou, pelo contrário, assentem, simultaneamente, na liberdade de celebração e na de estipulação: um ponto abaixo retomado[229]. Pelo contrário, os atos podem ter lugar em áreas não-permitidas. Trata-se, então, de atos ilícitos, aos quais o Direito associa efeitos próprios.

23. Atos lícitos e ilícitos

I. O ato é lícito quando se processe ao abrigo de uma permissão específica, de uma permissão genérica ou, simplesmente, quando seja irrelevante para o Direito. Assim, ele pode ocorrer enquanto exercício de um direito subjetivo, como atuação processada dentro de uma permissão global de que a autonomia privada é o mais fecundo exemplo ou na qualidade de atitude indiferente para a ordem jurídica.

Este último aspeto é relevante e recorda a liberdade, como ponto essencial do Direito privado: afinal, o ato lícito acabará por ser aquele que não contrarie o Direito, isto é, que não seja proibido, direta ou indiretamente[230].

Os atos lícitos são, muitas vezes, atos jurídicos pois, além de não desconformes com o sistema, o Direito ainda lhes associa determinados efeitos.

II. Os atos ilícitos correspondem a comportamentos humanos desconformes com o Direito, por implicarem atuações proibidas ou por redundarem no não acatamento de atitudes prescritas. As menções proibitiva ou impositiva das regras atingidas pode ser expressa ou resultar, implícita, de conjunções normativas mais ou menos complexas[231].

A ilicitude provoca, em regra, um juízo jurídico de censura: a culpa.

---

[229] *Infra*, 88.

[230] A "proibição indireta" resulta de se ter prescrito o contrário, através de normas impositivas.

[231] Por exemplo, Alfred Manigk, *Das System der juristischen Handlungen im neuesten Schriften*, JhJb 83 (1933), 1-107 (6-7) e Hans-Martin Pawlowski, *Allgemeiner Teil des BGB/Grundlehren des bürgerlichen Rechts*, 6.ª ed. (2000), 162-163.

§ 5.º Factos, atos e negócios jurídicos   85

O ato ilícito pode produzir ainda alguns dos efeitos que se destinava a desencadear, segundo o seu autor, ou pode ficar paralisado; ocorrem, ainda e eventualmente, sanções de diversa natureza.

Em qualquer caso, o regime jurídico dos atos é muito diferente, consoante a sua natureza lícita ou ilícita.

24. Atos e negócios; conceito e relevância

I. Como houve a oportunidade de considerar, aquando do estudo do instituto da autonomia privada[232], os atos jurídicos em sentido amplo repartem-se em atos jurídicos em sentido estrito (*stricto sensu*) e em negócios jurídicos. Os primeiros postulam mera liberdade de celebração; os segundos vão mais longe: assentam na liberdade de celebração e na liberdade de estipulação.

II. Ao fazer assentar a distinção entre ato e negócio na ausência ou na presença da liberdade de estipulação pretende-se, segundo a tradição de Paulo Cunha, pôr cobro a uma complexa discussão travada em torno dessa classificação.

A distinção entre as duas categorias surgia já no Direito comum e, em particular nos trabalhos de Savigny[233], tendo sido conservada, ainda que com pouca clareza, na pandectística[234]. A ideia básica que presidiu à autonomização dos atos jurídicos, em sentido estrito, era puramente negativa: eles corresponderiam aos atos jurídicos que não pudessem considerar-se negócios[235]. Mas pouco se avançava no sentido de precisar, pela positiva, o seu conteúdo.

A justificação de motivos que acompanha o projeto do BGB apresentou, no entanto, uma noção que faria carreira: os meros atos jurídicos distinguir-se-iam dos negócios porquanto "...provocam efeitos de Direito para cuja verificação, segundo a ordem jurídica, é indiferente se foram,

---

[232] *Tratado* I, 952 ss..
[233] *Vide* Savigny, *System* cit., § 104 (3, 6).
[234] *Vide* Windscheid/Kipp, *Pandekten* cit., 9.ª ed. cit., 308, em nota (§ 68, a), que chamam a atenção para as dificuldades da contraposição e citam a bibliografia mais significativa sobre o tema, do século XIX. Tem ainda hoje interesse confrontar a monografia clássica de Peter Klein, *Die Rechtshandlungen im engeren Sinn/Eine Untersuchung auf dem Gebiete des deutschen bürgerlichen Rechts* (1912), 1 ss..
[235] Peter Klein, *Die Rechtshandlungen im engeren Sinn* cit., 1, 18 e *passim*.

ou não, queridos pelos seus autores"[236]. Esta ideia emerge, repetidamente, nos diversos autores, até hoje[237], ainda que, por vezes, tenha perdido a clareza inicial[238]. A matéria sofreu pelo certo desinteresse que o tema vem merecendo, desde a primeira metade do século XX[239]. Mais recentemente, ela foi reanimada através do papel conferido a "atos semelhantes a negócios"[240].

A doutrina alemã distingue[241], entre os atos negociais, os atos semelhantes aos negócios, os atos reais e os atos de cortesia. Os atos semelhantes a negócios seriam aqueles que produziriam efeitos independentemente

---

[236] *Motive zu dem Entwurfe eines Bürgerlichen Gesetzbuches für das Deutsche Reich*, I – *Allgemeiner Teil* (1896), 127. Trata-se de uma ideia patente já em Savigny, que falava em "atuações livres que não se destinam a escopos jurídicos de tal modo que a sua eficácia jurídica surge subjacente à consciência".

[237] Ludwig Ennecerus/Hans Carl Nipperdey, *Allgemeiner Teil des Bürgerlichen Rechts/ein Lehrbuch*, 15.ª ed., 2 (1960), § 137, III (2, 863), Larenz/Wolf, *Allgemeiner Teil* cit., 9.ª ed., 396, Hübner, *Allgemeiner Teil* cit., 254, Wolf/Neuner, *Allgemeiner Teil* cit., 10.ª ed., § 28, Nr. 8 (313) e Reinhard Singer, no *Staudingers Kommentar zum BGB*, 1, *Allgemeiner Teil*, §§ 90-124; 130-133 (2012), Vorbem zu §§ 116 ff., Nr. 2 (445). *Vide*, ainda, as cuidadas considerações de Werner Flume, *Das Rechtsgeschäft* cit., 4.ª ed., 104 ss.. Entre nós, também Oliveira Ascensão, *Direito civil/Teoria geral* cit., 2, 38 e *passim*, embora dispensando a análise das origens, parece enveredar por esta via. *Vide* mais elementos *infra*, § 7.º.

[238] *Vide* a evolução apontada por Vincenzo Panuccio, *Le dichiarazioni non negoziali di volontà* (1966), VII + 384 pp., 3 ss.. Quanto à falta de clareza, até hoje: Martin Josef Schermeier, HKK/BGB cit., 1, vor § 104, Nr. 3 (357-358).

[239] Aparecem referidos, sobre o tema, apenas os estudos antigos de Klein, acima citados e de Alfred Manigk; deste, *vide Zum Begriff des Rechtsgeschäfts*, DJZ 1902, 279-282, *Willenserklärung und Willensgeschäft/ihr Begriff und ihre Behandlung nach Bürgerlichem Gesetzbuch/Ein System der juristischen Handlungen* (1907), 634 ss., *Das System der juristischen Handlungen im neuesten Schriftum*, JhJb 83 (1933), 1-107 e *Das rechtswirksame Verhalten/Systematischer Aufbau und Behandlung der Rechtsakte des Bürgerlichen und Handlungsrechts* (1939), 465 ss.. Em Itália, além da monografia de Panuccio, *Le dichiarazioni* cit., *vide* Giuseppe Mirabelli, *L'atto non negoziale nel diritto privato italiano* (1955), 462 pp..

[240] Ernst A. Kramer, no *Münchener Kommentar zum BGB*, 1, 4.ª ed. (2001), prenot. § 116, Nr. 35 (1072-1074) e Bernhard Ulrici, *Geschäftsähnliche Handlungen*, NJW 2003, 2053-2056. Note-se que na 6.ª ed. do *Münchener Kommentar* (2012), o tema quase não é referido.

[241] Larenz/Wolf, *Allgemeiner Teil* cit., 9.ª ed., 396 ss. e Reinhard Singer, no *Staudingers Kommentar BGB* I, §§ 90-133 (2004), prenot. §§ 116-144, Nr. 2 (427) e no Staudinger, ed. 2012, Vorbem §§ 116 ff., Nr. 2 (445).

§ 5.º Factos, atos e negócios jurídicos 87

de uma vontade a tanto dirigida²⁴². Os atos reais correspondem a atuações relacionadas com coisas corpóreas, a que a lei atribui consequências de Direito²⁴³. Os atos de cortesia manter-se-iam fora do campo do Direito²⁴⁴. Justifica-se a autonomização dos atos semelhantes a negócios, mas agora pelo prisma do nosso próprio critério: seriam aqueles que, embora sem liberdade de estipulação, se poderiam inserir na lógica negocial, como, por exemplo, a aceitação de uma proposta. O regime seria mais proximamente o dos negócios, numa afirmação a confirmar ponto por ponto.

III. Em Portugal, a distinção penetrou com dificuldade: a própria doutrina da terceira sistemática começou, pura e simplesmente, por recusar o negócio jurídico, preferindo a ideia napoleónica de ato jurídico (amplo), como abrangendo tudo²⁴⁵⁻²⁴⁶.

Manteve-se, depois, uma certa oscilação terminológica²⁴⁷, até que, como vimos, Manuel de Andrade popularizou a ideia de negócio jurídico²⁴⁸. Nessa base, foi logo adotada a categoria dos atos jurídicos em sentido estrito tal como, via Enneccerus/Nipperdey, ela foi firmada na justificação de motivos do BGB. Para Manuel de Andrade, "...os *simples actos juridicos*, embora eventualmente – ou até normalmente – concordantes com a vontade dos seus autores, não são todavia determinados pelo conteúdo desta vontade mas, direta e imperativamente, pela lei, haja ou não eventual ou normal concordância. Nesse sentido se diz que os efeitos destes atos se produzem *ex lege* e não *ex voluntate*"²⁴⁹.

---

²⁴² Bernhard Ulrici, *Geschäftsähnliche Handlungen* cit., 2053, com indicações: uma noção que remonta aos *Motive* do BGB.
²⁴³ Medicus, *Allgemeiner Teil des BGB*, 10.ª ed. (2010), Nr. 196 (89).
²⁴⁴ Quanto a estes atos, com indicações, *Tratado* VI, 350 ss..
²⁴⁵ *Supra*, 58 ss..
²⁴⁶ Guilherme Moreira, *Instituições* cit., 1, 387, em nota, dá conta do negócio jurídico, usado pelos "jurisconsultos alemães", como sendo a "...declaração de vontade privada destinada a produzir efeitos jurídicos ou a criar, modificar ou extinguir direitos subjetivos". Acrescenta ainda – uma clara referência implícita aos atos jurídicos em sentido estrito – que, assim sendo, "...não devem rigorosamente haver-se como negócios jurídicos aqueles em que, como na ocupação ou no abandono duma coisa, apenas há um facto por que se revela ou manifesta a vontade".
²⁴⁷ *Supra*, 60.
²⁴⁸ Manuel de Andrade, *Teoria geral* cit., 2, 8 ss..
²⁴⁹ Manuel de Andrade, *Teoria geral* cit., 2, 8; também Mota Pinto, *Teoria geral* cit., 3.ª ed., 355; na 4.ª ed., 357. *Vide* uma aplicação desta doutrina em STJ 9-mai.-1995

IV. A conceção apontada da contraposição negócio/ato em sentido estrito surge como um arcaísmo: ela assenta no poder juridificador da vontade humana, o qual se manifestaria (apenas) no negócio. O abandono do dogma da vontade e as atuais doutrinas sobre as relações entre a vontade, o direito e o negócio[250] não permitem manter a distinção nesses termos: no negócio como no ato, há factos que, por voluntários, produzem efeitos *ex lege*.

As dificuldades no manuseio da categoria do negócio jurídico, quando contraposta à do ato em sentido estrito, filiam-se na particular técnica da elaboração periférica do Direito civil.

Ao contrário do que poderia parecer, o negócio jurídico não foi obtido pela pandectística através de classificações lógicas: ele desenvolveu-se, como vimos, na base de abstrações praticadas a partir de traços concretos e impressivos, retirados do regime de várias figuras. E porque assim foi, o negócio jurídico não esgotou o universo dos atos jurídicos em sentido amplo; nem sequer foi, nele, recortado, em obediência a preocupações lógicas ou simétricas.

Os atos jurídicos em sentido estrito são, inicialmente, apenas todos os que se não possam reconduzir a negócios. Foi, depois, necessário um esforço de recuperação científica para, sem destruir os avanços já conseguidos, reconduzir a distinção a critérios lógicos.

V. Nesta linha, pode ser retomada a solução de Paulo Cunha: no negócio há liberdade de celebração e de estipulação, enquanto no ato *stricto sensu* apenas ocorre a primeira. A presença de liberdade de estipulação, para além de dar um critério claro que assimila a maioria das situações já antes arrumadas no mundo dos negócios ou no dos atos, faculta ainda um arrimo útil, de evidente relevo dogmático: as regras aplicáveis ao negócio e ao ato jurídico são diferentes, uma vez que a liberdade de estipulação, rica no conteúdo e, sobretudo, nas consequências, conduz à aplicação de múltiplas normas e princípios jurídicos. Em termos pedagógicos, a orientação de Paulo Cunha é vantajosa: temos pena que nem sempre seja entendida.

(Martins da Costa), CJ/Supremo III (1995) 2, 66-68 (67-68), segundo o qual a resolução de um contrato é um "simples ato jurídico".
[250] *Vide supra*, 39 ss..

§ 5.º *Factos, atos e negócios jurídicos*

Mas a relevância do negócio jurídico transcende os aspetos técnicos referidos: expressão acabada da autonomia privada, o negócio jurídico compreende, em si, os vetores mais significativos do Direito civil[251].

---

[251] Podem, ainda, efetuar-se claras conexões significativo-ideológicas entre o negócio jurídico, a concorrência e, daí, a economia do mercado: Ernst-Joachim Mestmäcker, *Über das Verhältniss der Wettbewerbsbeschränkungen zum Privatrecht*, AcP 168 (1968), 235-262 (235).

§ 6.º MODALIDADES DE NEGÓCIOS JURÍDICOS

25. Negócios unilaterais e multilaterais ou contratos

I. O negócio diz-se unilateral, quando tenha uma única parte; é multilateral ou contrato quando, pelo contrário, se assuma como produto de duas ou mais partes[252].

Na sua simplicidade, esta contraposição levanta dúvidas, quando se pretenda desenvolvê-la, em termos científicos. A ideia de *parte* não equivale à de pessoa: num negócio – unilateral ou multilateral – várias pessoas podem encontrar-se interligadas, de modo a constituir uma única parte.

Aproximar a ideia de parte da de declaração corresponde já a uma base mais promissora; dir-se-á, então, que nos negócios unilaterais há uma única declaração – ainda que eventualmente feita por diversas pessoas – enquanto nos multilaterais as declarações são várias[253]. Verifica-se, no entanto, que distintas declarações podem dar azo a um mero negócio unilateral, desde que se encontrem ordenadas de modo paralelo: as declarações contratuais, teriam, assim, de ser contrapostas.

Trata-se, pois, de esclarecer a ideia de contraposição, quando aplicada a declarações negociais. Uma via seria a de aproximar a contraposição da multiplicidade de interesses opostos ou, pelo menos, divergentes: no contrato, eles seriam vários, enquanto no negócio unilateral, o interesse surgiria único, ainda que compartilhado por várias pessoas. A referência feita a interesses dá uma base extrajurídica à distinção agora

---

[252] Normalmente, serão duas, pelo que o contrato é, por vezes, considerado como um *negócio bilateral*; podem, porém, ser mais de duas: tal sucederá com frequência no contrato de sociedade.

[253] Larenz/Wolf, *Allgemeiner Teil* cit., 9.ª ed., 403 ss. e Wolf/Neuner, *Allgemeiner Teil* cit., 10.ª ed., § 29, 1-14 (320-322).

Na hipótese de várias pessoas fazerem uma única declaração – ou algo que, desta, materialmente possa ser aproximado – teríamos um ato conjunto (*Gesamtakt*); vide Larenz/Wolf, *idem*, 404.

em análise, numa explicitação que não deve ser ignorada. Mas há dificuldades quando, dos interesses, se pretenda retirar um critério firme de distinção. Pode suceder que os vários intervenientes num negócio unilateral tenham, sem prejuízo pela sua posição comum, interesses objetiva e subjetivamente diversos[254].

Estas dificuldades são típicas da metodologia conceptual: apenas uma renovação mais profunda permitirá superá-las.

II. A distinção entre negócios unilaterais e contratos não pode repousar em apregoadas diferenças genéticas – número de pessoas, de declarações ou de interesses – mas sim nos efeitos que venham a ser desencadeados:

– nos negócios unilaterais, os efeitos não diferenciam as pessoas que, eventualmente neles tenham intervindo[255]; por isso – e ainda que não de modo fatal – tende, neles, a haver uma única pessoa, uma única declaração ou um único interesse; a inexistência de tratamentos diferenciados permite, em termos formais, considerar no seu seio a presença de uma única parte: apenas se distingue a situação desta da dos restantes – os terceiros;
– nos contratos, os efeitos diferenciam duas ou mais pessoas, isto é: fazem surgir, a cargo de cada interveniente, regras próprias, que devam ser cumpridas e que possam ser violadas, independentemente umas das outras; em moldes formais, há mais de uma parte; e em consequência, tendem a surgir várias declarações, várias pessoas e vários interesses.

Repare-se que a diferenciação de tratamentos presente nos contratos não pode ir tão longe que impeça uma convergência entre eles: há um regime conjunto, que absorve as posições em presença, originando, em regra, situações jurídicas plurissubjetivas complexas.

Assim, por exemplo:

---

[254] Parcialmente contra: Carvalho Fernandes, *Teoria geral do Direito civil*, II – *Fontes, conteúdo e garantia da relação jurídica*, 5.ª ed. (2010), 59.

[255] Pode, depois, haver diferenciação entre elas; mas tal diferenciação deve resultar não do próprio negócio unilateral em si, mas de outros fatores.

– são unilaterais: o testamento (2179.º/1), a renúncia [1476.º/1, e)]²⁵⁶ ou a confirmação²⁵⁷ (288.º);
– são contratuais: a compra e venda (874.º), a doação (940.º), a sociedade (980.º) ou o casamento (1577.º).

III. Os negócios unilaterais completam-se, por definição, com a declaração que os consubstancie; dispensa-se qualquer anuência de outros intervenientes. Com especificidades, a doutrina comum apresenta a sua sujeição a um princípio da tipicidade: com base no artigo 457.º, entende-se que apenas seria possível celebrar os negócios unilaterais expressamente previstos na lei, não podendo, pois, compor-se tipos negociais novos, ao abrigo da autonomia privada²⁵⁸. Um melhor estudo das fontes revela, no entanto, que a tipicidade é, tão-só, aparente: o legislador permitiu, através de vários esquemas que os interessados engendrem, negócios não tipificados em leis²⁵⁹.

IV. Os contratos resultam do encontro de duas vontades, através de uma proposta e da sua aceitação.
Dentro dos negócios contratuais, importa, pelo seu relevo, referenciar as seguintes subdistinções²⁶⁰:

– contratos sinalagmáticos e não sinalagmáticos, consoante deem lugar a obrigações recíprocas, ficando as partes, em simultâneo, na situação de credores e devedores ou, pelo contrário, apenas facultem uma prestação; alguma doutrina chama ainda, aos contratos sinalagmáticos e não sinalagmáticos, respetivamente, bilaterais e

---

²⁵⁶ Não há um dispositivo genérico relativo à renúncia; esta vem referida em artigos dispersos, com base nos quais é possível um princípio geral – *vide*, por exemplo o artigo 1569.º/1, *d*).
²⁵⁷ Alguns destes atos – e, para já, a confirmação – têm natureza não-negocial, por falta de liberdade de estipulação.
²⁵⁸ Mota Pinto, *Teoria geral* cit., 3.ª ed., 388 e 4.ª ed., 386.
²⁵⁹ *Direito das obrigações* cit., 1, 560 ss.. O nosso pensamento evoluiu, desde então, para uma ideia de tipicidade aberta: lado a lado surgem tipos de dimensão muito variada, aproximando-se, alguns, de verdadeiros conceitos abstratos; *vide* o *Tratado* II/2, 681 ss..
²⁶⁰ Outras distinções: *Tratado* II/2, 187 ss..

unilaterais[261]; tal terminologia é, contudo, deficiente[262]: todos os contratos são, no mínimo, bilaterais – por terem mais de uma parte – sendo menos correto utilizar depois esses mesmos termos com outro significado;
– contratos monovinculantes e bivinculantes, conforme apenas uma das partes fique vinculada ou ambas sejam colocadas nessa situação; esta classificação não se confunde com a anterior: um contrato pode ser sinalagmático, isto é, implicar prestações correlativas e não obstante, apenas uma das partes se encontrar vinculada à sua efetivação; assim, no contrato-promessa "unilateral" – artigo 411.º – há sinalagma uma vez que a sua concretização, através do contrato-definitivo, exige declarações de ambas as partes: mas apenas uma das partes deve prestar, se a outra quiser e esta presta quando quiser e caso queira que a outra preste.

26. Negócios conjuntos e deliberações

I. A classificação acima efetuada, entre negócios unilaterais e multilaterais ou contratos, atende ao número de partes envolvidas. Como, porém, então foi referido, um negócio pode envolver duas ou mais pessoas sem que, de diversas partes, se possa falar, por indiferenciação dos efeitos. Trata-se de um aspeto a aprofundar e que propicia novas distinções.

Quando, não sendo um contrato, um negócio jurídico implique várias pessoas, pode falar-se em negócio plural.

Há, então, duas possibilidades:

– o negócio conjunto: várias pessoas são titulares de posições jurídicas que só podem ser atuadas em bloco, por todas elas; por exemplo, vários comproprietários propõem uma denúncia do arrendamento da coisa comum[263];

---

[261] A própria lei utiliza, por vezes, essa nomenclatura; vide o artigo 410.º/2 do Código Civil, na redação dada pelo Decreto-Lei n.º 379/86, de 11 de novembro.

[262] A mesma deficiência poderia ser apontada quando esta designação abrigasse o que abaixo vem designado como contratos monovinculantes e bivinculantes.

[263] Andreas von Tuhr, *Der Allgemeine Teil des Deutschen Bürgerlichen Rechts*, 2/1 (1914), 231 e Enneccerus/Nipperdey, *Allgemeiner Teil* cit., 2, 911: os *Gesamtakte* que melhor traduzidos ficam por negócios conjuntos do que – como já sucedeu entre nós – por

– a deliberação: várias pessoas são titulares de posições jurídicas confluentes que podem, no entanto, ser atuadas em sentido divergente, prevalecendo, então, a posição da maioria[264]; este esquema é habitual no domínio da formação orgânica da vontade depois imputada a pessoas coletivas – associações e sociedades – mas pode surgir independentemente desse tipo de personalização; assim sucede no campo das associações sem personalidade jurídica, no das comissões especiais ou no da propriedade horizontal (1432.º/2).

A contraposição acima efetuada coloca múltiplos problemas, que só podem ser resolvidos em cada caso concreto, perante os dados aplicáveis do Direito objetivo. Por exemplo, o regime da invalidade das deliberações sociais segue regras próprias, previstas nos artigos 56.º e seguintes do Código das Sociedades Comerciais, que não coincidem com as do negócio comum. Basta ver que não é possível impugnar uma deliberação por erro de um dos votantes. Razões de tutela de confiança, muito ponderosas, levam a uma forte objetivação das deliberações, particularmente quando sociais. Torna-se um ponto delicado decidir, em concreto, se se aplicam as regras comuns ou se é possível, diretamente ou por analogia, recorrer ao dispositivo do Código das Sociedades Comerciais.

Estas particularidades permitem reabrir a questão da efetiva natureza da deliberação: será mesmo um tipo de negócio jurídico? Após um século de respostas afirmativas, assentes na ideia de Andreas von Tuhr, a questão voltou a ser colocada por Wolfgang Ernst, em 2012[265]. Mau grado as vantagens sistemáticas que a solução negocial acarreta e que esse Autor reconhece, as diferenças de regime levam-no a considerar a deliberação como um ato orgânico[266].

A deliberação tem, de facto, regras próprias. Mas o recorte teórico do negócio jurídico, tal como foi desenhado elos jusracionalistas tardios e

negócios plurais; esta última categoria pode, aliás, ser usada, com mérito, para traduzir a figura global da pluralidade não contratual de pessoas.
[264] Trata-se de uma ideia de Andreas von Tuhr, *Allgemeiner Teil* cit., 2/1, 232, que faria carreira; assim, Enneccerus/Nipperdey, *Allgemeiner Teil*, 15.ª ed. cit., 2, 911-912, Günter Weick, no *Staudingers Kommentar zum BGB*, §§ *21-79/Allgemeiner Teil* 2 (2005), § 32, Nr. 37 (206-207) e Manfred Wolf/Jörg Neuner, *Allgemeiner Teil* cit., 10.ª ed., § 29, 10-14 (322-323). Com mais elementos, *Direito das sociedades*, 1, 3.ª ed., 739 ss..
[265] Wolfgang Ernst, *Der Beschluss als Organakt*, FS Detleef Leenen (2012), 1-42.
[266] *Idem*, maxime 42.

acolhido nos quadros da terceira sistemática, é suficientemente abstrato para nele caberem as deliberações: são factos, são atos e, dentro destes, são negócios. No universo dos negócios, abrimos, assim, uma especial categoria para as deliberações.

II. O negócio conjunto pode implicar vontades manifestadas em simultâneo ou sucessivamente, mas todas regidas pelas mesmas normas jurídicas, de modo a conseguir um determinado efeito. Quando elas integrem normas diversas – correspondendo, portanto, a regimes diferenciados – não cabe falar em negócio conjunto: antes ocorrem vários atos autónomos, ainda que conectados. Tal será o caso do ato sujeito a autorização, a qual se analisa, também, num ato jurídico: ambos os atos ficam interligados, conservando, porém, uma independência substancializada em regimes autónomos.

O fenómeno da conexão – a não confundir com o da pluralidade – pode ainda dar lugar a outras distinções. Assim, pense-se em conexões paritárias, subordinadas ou condicionantes, consoante o tipo de relação que se estabeleça entre os atos em presença. Caso particular de conexão é a processual: vários atos surgem articulados, numa sequência para a obtenção de um fim.

III. Questão delicada é a da distinção entre negócio conjunto e a deliberação quando, para certa eficácia, se requeira uma concordância unânime dos membros de uma assembleia. Nessa eventualidade, em termos materiais, o negócio seria conjunto: cada participante tem, só por si, o direito de facultar (ou não) a decisão comum. Porém, em moldes formais, tende a falar-se em deliberação, uma vez que a situação em causa vai encadear-se num todo onde avultam as deliberações propriamente ditas. Caso a caso há que decidir se se aplica o regime societário das deliberações.

Trata-se de mais uma manifestação do dilema lógica-cultura que domina o universo jurídico.

27. Negócios *inter vivos* e *mortis causa*

I. Numa primeira abordagem, os negócios *inter vivos* destinam-se a produzir efeitos em vida dos seus celebrantes. Os negócios *mortis causa*, pelo contrário, manifestar-se-iam apenas depois da morte do seu autor.

Esta simplicidade não satisfaz.

As partes, ao abrigo da sua autonomia privada, podem estipular que os seus negócios produzam efeitos com a morte de alguma delas. Não obstante, o negócio é *inter vivos*, por assentar num tipo de regulação primacialmente destinado a reger relações entre participações. Assim sucede com o contrato de seguro de vida, que produz efeitos com a morte do segurado[267]: não é nenhum negócio *mortis causa*.

O verdadeiro negócio *mortis causa* é, intrinsecamente, concebido pelo Direito para reger situações jurídicas desencadeadas com a morte de uma pessoa. Em termos práticos, ele é regulado pelo Direito das sucessões[268]. De novo há, pois, que partir dos efeitos, para explicar esta contraposição.

II. Como exemplos de negócios *mortis causa* ocorrem o testamento (2179.º) e os pactos sucessórios (1700.º e seguintes). A generalidade dos negócios é *inter vivos*.

A distinção tem um particular relevo, no tocante aos regimes aplicáveis. O negócio *mortis causa* não tem preocupações de equilíbrio, uma vez que surge como liberalidade e assenta no valor fundamental da vontade do falecido – o *de cuius*. Na mesma linha, ele não envolve, de modo geral, um problema de confiança dos destinatários que, por isso, careçam de proteção. Implica, assim, regras próprias de interpretação e de aplicação, estranhas à generalidade dos negócios (237.º e 2187.º).

28. Negócios formais e consensuais

I. No antigo Direito romano, os negócios eram dominados pelo formalismo: a sua celebração só era reconhecida, pelo Direito, como válida, quando fossem observados determinados rituais exteriores.

Uma longa evolução, iniciada ainda no próprio Direito romano[269], veio antes valorizar a vontade e o consenso, em detrimento da forma exterior. Impôs-se o consensualismo, isto é, o princípio de que os negócios se concluem pela simples manifestação de vontade, seja qual for o modo por que ela se exteriorize.

---

[267] *Direito dos seguros*, 789 ss..
[268] Por isso, certos autores como Manfred Wolf/Jörg Neuner, *Allgemeiner Teil* cit., 10.ª ed., § 29, 21-22 (324), referem esta contraposição a propósito dos negócios sucessórios, lado a lado com os obrigacionais, os reais e os familiares.
[269] Vide António Santos Justo, *Direito romano privado* cit., 1, 2.ª ed., 187 ss..

O Direito português recebeu esta evolução, consagrando o consensualismo negocial: segundo o artigo 219.º, os negócios só requerem uma forma especial quando a lei o exija[270].

II. Nestes termos, compreende-se a contraposição entre negócios formais e consensuais.

São consensuais os negócios que, por não caírem sob a estatuição de normas cominadoras de forma especial, sejam suscetíveis de conclusão por simples consenso. São formais os negócios para cuja conclusão a lei exija determinado ritual, na exteriorização da vontade.

As regras que, ainda hoje, impõem a categoria dos negócios formais, colocam-se um tanto ao arrepio de uma evolução milenária, levantando dúvidas e perplexidades na sua justificação. O tema será abordado a propósito da formação dos negócios[271].

29. Negócios reais *quoad constitutionem*; negócios sujeitos a registo constitutivo

I. Negócios reais são aqueles cuja celebração dependa da tradição de uma coisa[272]; aos negócios reais, nesta aceção, chama-se ainda reais *quoad constitutionem*, como modo de os distinguir dos negócios também ditos reais, mas por terem eficácia real – reais *quoad effectum*.

O Direito português vigente reconhece alguns negócios reais (*quoad constitutionem*): o penhor (669.º/1) "O penhor só produz os seus efeitos pela entrega da coisa empenhada ...", o comodato (1129.º) "Comodato é o contrato gratuito pela qual uma das partes entrega à outra certa coisa ...", o mútuo (1142.º) "Mútuo é o contrato pelo qual uma das partes empresta à outra dinheiro ou outra coisa fungível ...", e depósito (1185.º) "Depósito é o contrato pelo qual uma das partes entrega à outra uma coisa, móvel ou imóvel ...".

---

[270] RPt 16-fev.-1998 (Gonçalves Ferreira), CJ XXIII (1998) 1, 213-217 (216/I), com uma interessante aplicação.
[271] *Infra*, 164 ss..
[272] Em Direito, diz-se *tradição* a entrega de uma coisa, de modo a transferir a sua posse; *vide* o artigo 1263.º, *b*), do Código Civil.

Trata-se de uma categoria românica, à qual se imputa não desempenhar, hoje, uma clara função útil[273]. A exigência de tradição não pode ser assimilada à forma do competente negócio: não há, na entrega de uma coisa, qualquer manifestação de vontade negocial, minimamente identificável como correspondendo ao tipo de penhor, do comodato, do mútuo ou do depósito. Por isso, ela deve ser considerada como uma simples formalidade, a acrescentar à forma propriamente dita, que poderá ou não ser exigida para as declarações relativas a negócios formais[274].

II. A natureza porventura anquilosada dos negócios reais *quoad constitutionem* coloca a questão de saber se as partes não poderão vincular--se, independentemente da tradição, nos termos que, em princípio, seriam propiciados por eles. Deixando de parte o penhor que, por estar ligado a um direito real de garantia, obedece a princípios diferentes, que restringem o domínio da autonomia privada, pergunta-se se pode haver, ao lado dos comodatos, mútuos e depósitos reais, isto é, com tradição, comodatos, mútuos e depósitos consensuais, ou seja, perfeitos apenas com o acordo das partes.

Entre nós, respondem pela afirmativa Vaz Serra[275] e Mota Pinto[276] numa posição que tem vindo a colher apoios alargados na doutrina e na jurisprudência[277]. Uma resposta negativa ocorre em Antunes Varela[278].

---

[273] Carlos Mota Pinto, *Cessão da posição contratual* (1970), 11-13; vide Theodor Süss, *Das Traditionsprinzip – Ein Atavismus des Sachenrechts*, FS Martin Wolff (1952), 141-165 (164-165). Vide, ainda, Fritz Baur/Jürgen F. Naur/Rolf Stürner, *Sachenrecht*, 18.ª ed. (2009), § 5, 42 (56-57), referindo, todavia, as vantagens para o tráfego e a flexibilidade dessa regra.

[274] Por exemplo, o contrato de mútuo, independentemente de tradição, pode ser formal ou consensual, consoante a importância em jogo; vide o artigo 1143.º do Código Civil.

[275] Adriano Vaz Serra, *Notas acerca do contrato de mútuo*, RLJ 93 (1960), 65-69, 81-83, 97-100, 129-131, 161-164, 177-180 (178 e *passim*).

[276] Carlos Mota Pinto, *Cessão da posição contratual* cit., 14, *Direito das obrigações* (1973), 287 e *Teoria geral* cit., 3.ª ed., 398-399 e 4.ª ed., 396-397.

[277] Assim, Almeida Costa, *Direito das obrigações*, 12.ª ed. (2009), 287 e Carvalho Fernandes, *A conversão dos negócios jurídicos civis* (1993), 806 ss. e *Teoria geral* cit., 2, 5.ª ed., 70 ss.. A orientação em causa foi acolhida pelo acórdão da RLx 12-jun.-1984, Proc. 20.833, 3.ª secção, inédito, o qual foi confirmado por acórdão do STJ 10-dez.-1985, também inédito, mas que, ao contrário do primeiro, não abordou expressamente esse aspeto.

[278] Pires de Lima/Antunes Varela, *Código anotado*, 2, 4.ª ed. (1997), 761-763, retomando, no fundo, João Varela, *Ensaio sobre o conceito do modo* (1955), 114.

A doutrina estrangeira que tem ponderado o tema inclina-se para a possibilidade de se prescindir da tradição[279]. Não se trata de corrigir a lei, por via interpretativa; apenas se reconhece, perante a evidência dos valores em presença, que as partes interessadas podem, ao abrigo da sua autonomia privada, constituir, ao lado dos tipos negociais reais, outros negócios, a ele semelhantes, mas sem a tradição.

III. Mau grado a apontada evolução, que temos apoiado, deve reconhecer-se que a exigência de tradição para a conformação dos negócios jurídicos reais *quoad constitutionem* não é totalmente desprovida de justificação valorativa.

A facilidade com que, por vezes, se praticam certos atos, designadamente os gratuitos, explica a necessidade da tradição: ao despojar-se, materialmente, da coisa, o interessado apreende melhor o sentido do negócio que vai concluir. Confirma-o o regime da doação de móvel, quando não seja feita por escrito (967.º/2)[280].

A hipótese de dobrar os velhos negócios reais *quoad constitutionem* por negócios equivalentes, mas meramente consensuais, exige, sempre, uma reflexão caso a caso.

IV. Como foi dito, o penhor coloca-se numa posição diferente. Trata-se, desta feita, de um negócio real também *quoad effectum*, do qual resulta, pois, um determinado direito real. Por força do princípio da tipicidade[281], o penhor deve assumir uma determinada configuração, indicada

---

[279] Assim, Karl Larenz, *Schuldrecht/Besonderer Teil*, 1, 13.ª ed. (1986), 293 ss. e 300 ss., Josef Esser/Hans-Leo Weyers, *Schuldrecht II – Besonderer Teil 1*, 8.ª ed. (1998), 214 e Wolfgang Fikentscher/Andreas Heinemann, *Schuldrecht*, 10.ª ed. (2006), Nr. 1066 (544-547). Esta posição, pacífica entre os obrigacionistas mais significativos da atualidade, é adotada pela generalidade dos comentaristas e da jurisprudência, apesar de algumas hesitações; retenha-se ainda que ela corresponde a uma evolução há muito madura: Josef Kohler, *Ueber das Konsensualdarlehn*, AbürgR 2 (1889), 211-239 e Gustav Boehmer, *Realverträge im heutigen Rechte*, AbürgR 38 (1913), 314-334. Vide, ainda, Richard Haase, *Ist das Darlehen ein Realvertrag?*, JR 1975, 317-319 e Karsten Schmidt, *Darlehn, Darlehnsversprechen und Darlehnskrediteröffnung im Konkurs*, JZ 1976, 756-763, bem como a importante achega de Claus-Wilhelm Canaris, *Bankvertragsrecht*, 2.ª ed. (1981), An. 1284; a 3.ª ed. (1988), não abrange essa matéria.

[280] *Infra*, 100-101. Vide, ainda, o princípio da irrenunciabilidade antecipada aos direitos: *Tratado*, VI, 69 ss..

[281] Recorde-se o artigo 1306.º e as considerações que, sobre ele, foram efetuadas a propósito da autonomia privada.

na lei, não podendo as partes – que nesse domínio veem restringida a sua autonomia privada – estipular em plena liberdade. A configuração típica do penhor exige uma certa publicidade[282], que se consegue, no caso vertente, através da posse, transferida, em princípio, para o titular do direito de penhor – o credor pignoratício. Sem essa publicidade, não é possível constituir a competente situação pignoratícia – razão por que se depara aí um fenómeno de publicidade possessória constitutiva.

Noutros casos, essa mesma necessidade de dar a conhecer certas situações jurídicas consegue-se com recurso a diversos esquemas e, designadamente, ao registo predial. Assim, as situações jurídicas relativas a imóveis estão sujeitas à publicidade registal, através da inscrição, em serviços públicos competentes[283], dos factos jurídicos constitutivos, transmissivos, modificativos ou extintivos, que se lhes reportem. Em termos gerais, o registo, embora tenha efeitos substantivos, não é necessário para que operem os negócios a ele sujeitos: de novo domina, neste campo, o princípio da consensualidade.

No caso particular da hipoteca, as especiais exigências de publicidade que ela coloca levam, contudo, a que o registo seja constitutivo: segundo os artigos 687.º do Código Civil e 4.º/2 do Código de Registo Predial, a hipoteca não produz quaisquer efeitos, nem mesmo entre as partes, enquanto não se mostrar registada.

Há, pois, um particular domínio do registo constitutivo, isto é, do registo necessário para que certos negócios jurídicos se produzam como tais. O fenómeno deve ser entendido à luz da publicidade jurídica, num paralelo com os negócios reais *quoad constitutionem*, quando justificados, como no caso do penhor.

V. Uma situação diversa é a representada pela doação de bens móveis. Nos termos do artigo 947.º/2, a doação de móveis deve ser feita por escrito salvo havendo imediata entrega da coisa[284]. Desta feita, trata-se de fazer

---

[282] Em Direito civil, diz-se publicidade o ato ou efeito de dar a conhecer ao público determinadas situações jurídicas, o que se consegue, de modo espontâneo, através da posse ou de forma racionalizada, com recurso ao registo. No penhor, compreende-se que ficando uma coisa sujeita a venda judicial para satisfação prioritária de um credor, seja conveniente prevenir a comunidade jurídica dessa particular afetação, retirando a coisa empenhada de um tráfego normal.

[283] As conservatórias do Registo Predial; vide Menezes Cordeiro, *Registo predial*, Enc. Pólis, 5 (1987), 259-266.

[284] REv 14-out.-1999 (Mário Pereira), CJ XXIV (1999) 4, 284-286 (284/I).

entender ao doador o perigo, para o seu património, da operação realizada: ao fazê-lo por escrito ou ao despojar-se da coisa, ele ficará ao abrigo de ligeirezas e de precipitações.

A natureza real *quoad constitutionem* da doação de móveis não feita por escrito é particularmente justificada.

30. Negócios pessoais, obrigacionais e reais *quoad effectum*; outros tipos

I. Os negócios podem classificar-se em pessoais, obrigacionais e reais (*quoad effectum*), consoante o tipo de eficácia a que deem lugar seja pessoal, obrigacional ou real.

Ainda em consonância com outros tipos de eficácia, novas modalidades de negócios podem ser isoladas[285]. Sem preocupações de exaustividade, cabe referir negócios comerciais, agrários, económicos ou de trabalho. Já o negócio de consumo será um verdadeiro negócio civil.

II. As regras aplicáveis a estes negócios variam bastante, sendo objeto de disciplinas diferenciadas, dentro do Direito civil.

Em princípio, a parte geral do Direito civil deveria ocupar-se do regime geral dos negócios jurídicos, fosse qual fosse o seu tipo de eficácia. Admitir-se-ia, naturalmente, a existência de desvios sectoriais, desde que impostos por normas específicas, a tanto dirigidas.

Contestar, com generalidade, essa afirmação seria tão irrealista como propugná-la. Impõe-se, na verdade, uma ponderação cuidadosa, perante cada tipo de negócio, a fim de indagar da aplicabilidade das regras negociais ditas gerais.

Adiante-se, no entanto, que as fraquezas dogmáticas da parte geral dos códigos civis – quando exista – retiram operacionalidade a uma teoria geral absoluta do negócio jurídico. Boa parte das regras que, como tal, são apresentadas têm, tão-só, imediata aplicação aos negócios obrigacionais.

31. Negócios causais e abstratos

I. A contraposição entre negócios causais e abstratos tem levantado dúvidas no Direito português. Essas dúvidas são provocadas pela menor clareza que enforma alguns dos quadros legais em jogo, pela proximidade

---

[285] Karl Larenz/Manfred Wolf, *Allgemeiner Teil* cit., 9.ª ed., § 23.

com a complexa e duvidosa teoria da causa e pela transposição, nem sempre cuidada, de elementos estrangeiros.

Abrindo, de imediato, caminho por entre as múltiplas construções existentes, apresenta-se a contraposição em estudo como reportada às obrigações e não, diretamente, a um negócio. A obrigação diz-se causal quando, para valer judicialmente, tenha de ser acompanhada pela sua fonte; é abstrata, na hipótese inversa. A causalidade é de regra, no Direito português[286]. Assim, se alguém quiser demandar outra pessoa para que pague € 10.000, não basta afirmar que é credor por essa importância. Antes terá de explicar que essa quantia lhe é devida por via de um contrato, comprovando-o ou a título de indemnização, invocando e demonstrando os competentes pressupostos. A pretensão deve ser acompanhada pela sua fonte: a sua "causa". Em regra, as obrigações são sempre causais, no Direito português.

A referência a negócios causais e abstratos, típica do Direito alemão, corresponde a outra ordem de fatores. Certos negócios, como o da transmissão de propriedade, devem ser precedidos por outros, que os determinem: por exemplo, a compra e venda. No Direito alemão, a compra e venda tem mera eficácia obrigacional, não transmitindo a propriedade: exige-se um segundo negócio (a entrega ou a inscrição no registo), para que a eficácia real surja. Pois bem: este último negócio pode ser causal ou abstrato, conforme dependa, ou não, da existência e da eficácia do primeiro[287].

II. A partir daqui, é possível uma extrapolação diversa. Um negócio será causal quando origine obrigações comuns, isto é, dependentes da manutenção da sua fonte. Surge abstrato sempre que dê azo a obrigações abstratas: por exemplo, um título de crédito.

No Direito civil português, os negócios são, em princípio, sempre causais[288]. A eficácia negocial tornar-se-ia, efetivamente, incompreensível

---

[286] *Tratado* VI, 70 ss., com indicações.

[287] Esta ordem de ideias permite distinguir negócios de vinculação (*Verpflichtungsgeschäfte*) e negócios de disposição (*Verfügungsgeschäfte*): os primeiros operam, nos sistemas de separação (o romano, o alemão ou o brasileiro e ao contrário do português), que não reconheçam a eficácia real dos contratos transmissivos, antes os tratando como negócios que adstrinjam as partes, por atuações ulteriores, a transferir a propriedade e os segundos como negócios que, num segundo tempo, assegurem essa transmissão: *vide* Manfred Wolf/ Jorge Neuner, *Allgemeiner Teil* cit., 10.ª ed., § 29, Nr. 23 (324).

[288] Julga-se poder defender uma hipótese de situação civil abstrata: a da assunção de dívidas, no caso do artigo 598.º – *Direito das obrigações* cit., 2, 115; no Direito alemão, pelo contrário, há toda uma categoria de negócios reais abstratos, outro tanto sucedendo

quando desligada da fonte (= "causa") que lhe dera lugar: sendo totalmente abstrata, ela só se torna percetível quando comunicada através da fonte. Pense-se, por exemplo, no que seria comunicar os efeitos da compra e venda, sem referir o competente contrato.

Numa área dominada pela autonomia privada, apenas uma ligação estreita entre a eficácia e a sua fonte permite controlar, em termos sindicantes, a correlação entre as opções voluntárias das pessoas de cuja autodeterminação se trate e os efeitos desencadeados. Repare-se que problemas como os da validade ou os dos pressupostos dos negócios só podem suscitar-se, de modo direto e com êxito, perante negócios causais; nos abstratos, isso torna-se impraticável.

Pelo contrário, numa zona onde impere a tutela da confiança no tráfego jurídico, impõe-se a abstração como solução natural. É o que sucede nos negócios cartulares, isto é, naqueles cuja eficácia emerja de títulos de crédito: eles subsistem independentemente da fonte que os haja originado, apresentado-se, pois, como negócios abstratos[289].

    III. Dos negócios abstratos há que distinguir os negócios *presuntivos de causa*.
Segundo o artigo 458.º/1 do Código Civil:

> Se alguém, por simples declaração unilateral, prometer uma prestação ou reconhecer uma dívida, sem indicação da respetiva causa, fica o credor dispensado de provar a relação fundamental, cuja existência se presume até prova do contrário.

com as transmissões de créditos: Manfred Wolf/Jörg Neuner, *Allgemeiner Teil* cit., 10.ª ed., § 29, Nr. 56 ss. (331 ss.) e Dieter Medicus, *Allgemeiner Teil* cit., 10.ª ed., 94-96.

    Esta diferenciação filia-se em dois pontos fundamentais: na mera eficácia obrigacional dos negócios que visam atuar em situações jurídicas reais e no particular relevo atribuído, pelo Direito civil alemão, à segurança na circulação de créditos.

    Vide Christian Breyhan, *Abstrakte Übereignung und Parteiwille in der Rechtsprechung* (1929), 1 ss., Philipp Heck, *Das abstrakte dingliche Rechtsgeschäft* (1937), 1 ss., e Enneccerus/Nipperdey, *Allgemeiner Teil* cit., 15.ª ed., 2, 914 ss.. Trata-se de uma particularidade do Direito alemão que deve ser procurada em Savigny.

    Ainda no Direito português, as transmissões de obrigações podem seguir múltiplas fórmulas – cessão de créditos, sub-rogação, assunção de dívidas e cessão da posição contratual; todas elas são, em princípio, causais, por dependerem das fontes que as hajam desencadeado; *vide* os artigos 578.º e 425.º. A assunção de dívidas coloca-se, como foi referido, numa posição particular. No Direito alemão, pelo contrário, as transmissões de obrigações subsistem, em geral, sem conexão com as fontes que as hajam originado.

[289] *Direito das obrigações* cit., 2, 133.

Perante uma promessa de cumprimento ou um reconhecimento de dívida (por exemplo, Abel declara dever € 100 a Bento), não é necessário demonstrar a fonte (= causa) do débito (por exemplo, Abel deve a título de preço ou de restituição de um mútuo). Mas nem por isso se pode falar de uma situação abstrata: a questão torna-se causal desde o momento em que se prove o contrário do que resulta da declaração de cumprimento ou de reconhecimento.

IV. A concluir, retenha-se que a classificação que distingue negócios causais e abstratos é, antes de mais, uma classificação que opera a nível de eficácia, isto é, que contrapõe obrigações ou, mais latamente, situações.

A sua transposição para o campo negocial – que não é isenta de dificuldades, quando atente apenas no negócio em si – corresponde apenas a uma tradição suscetível de revisão, pelas dúvidas que sempre suscita.

32. Negócios típicos e atípicos; negócios nominados e inominados

I. O negócio jurídico é o produto da autonomia privada, no seu mais elevado nível: implica liberdade de celebração e de estipulação.

Mas isso não impede que a lei fixe o regime de verdadeiros negócios jurídicos; fá-lo, porém, a título supletivo, disponibilizando figurinos que as partes poderão adotar ou, pelo contrário, abandonar ou adaptar como entenderem.

O negócio é típico quando a sua regulação conste da lei; é atípico quando tenha sido engendrada pelas partes. Pode ainda suceder que as partes vertam, num determinado negócio que celebrem, elementos típicos e atípicos – nesse sentido depõe, de modo expresso, o artigo 405.º do Código Civil; fala-se, então, em negócio misto.

Figura diversa é a das uniões ou conexões de negócios, na qual dois ou mais negócios foram colocados, pelas partes, numa situação de interdependência. Tal interdependência ocasiona diversos efeitos jurídicos. O estudo dos negócios típicos e dos negócios coligados é, no entanto, feito em Direito das obrigações[290].

---

[290] *Tratado* II/2, 207 ss..

II. Os negócios típicos podem compreender elementos injuntivos; nessa área, porém, cessa a liberdade de estipulação[291]. Quando a injuntividade seja total – por exemplo, o contrato de casamento – desaparece a natureza negocial. A presença de regras negociais típicas – ou de tipos negociais – corresponde a uma elaboração histórica da matéria. O tipo negocial traduz, por um lado, a solução mais frequente, permitindo às partes o remeter para ele e, assim, poupar todo um esforço regulativo. Por outro, ele exprime uma saída normal, equilibrada, para os interesses em confronto, forçando as partes a ser explícitas quando, dele, se queiram desviar.

O catálogo negocial típico oferecido pela lei, ainda que ficando na disponibilidade das partes, não é neutro: antes suporta os valores que o sistema inseriu no competente domínio[292].

III. Além dos tipos legais, podemos contar com tipos sociais. Desta feita, trata-se de negócios jurídicos que, embora não previstos na lei, são de tal forma solicitados pela prática que adotam um figurino comum, por todos conhecido. Desse modo, bastará uma simples referência ao "tipo social" para, de imediato, as partes se reportarem a todo um conjunto de regras bem conhecidas, na prática jurídico-social. Por exemplo: o contrato de concessão[293] ou o contrato de abertura de conta bancária[294].

Os tipos sociais colocam regras próprias de interpretação e de aplicação, também analisadas em Direito das obrigações.

IV. O negócio típico é, em princípio, nominado: a lei designa-o pelo seu nome – *nomen iuris*. Por exemplo, a compra e venda, a doação e a sociedade são típicas e nominadas. Pode, porém, assistir-se a uma dissociação entre as duas características: um negócio que tenha regulação supletiva legal, mas não seja apelidado senão pela doutrina, será típico e inominado; assim sucede com o "contrato de associação", isto é, com o ato de constituição da associação, com os estatutos que o acompanhem (167.º), pressuposto pelos artigos 167.º e 168.º, mas não explicitado por nenhuma desig-

---

[291] Sobre o tema, cumpre referir duas extensas pesquisas: Stefan Bechtold, *Die Grenzen zwingenden Vertragsrechts/Ein rechtsökonomischer Beitrag zu einer Rechtsetzungslehre des Privatrechts* (2010), XIV + 425 pp., 13 e *passim* e Florian Möslein, *Dispositives Recht/Zwecke, Strukturen und Methoden* (2011), XX + 640 pp..

[292] Carlo Beduschi, *A proposito di tipicità e atipicità dei contratti*, RDCiv XXXII (1986), 351-381.

[293] *Direito comercial*, 3.ª ed., 717 ss..

[294] *Manual de Direito bancário*, 4.ª ed., 505 ss..

nação. Por seu turno, aquele que merecer referência legal pelo seu *nomen* mas que não surja regulado, é nominado e atípico; assim sucede com os contratos de transporte e de hospedagem, referidos no artigo 755.º, *a*) e *b*), mas sem tratamento explícito no Código.

33. Negócios onerosos e gratuitos

I. Um negócio é oneroso quando implique esforços económicos para ambas as partes, em simultâneo e com vantagens correlativas[295]; pelo contrário, ele é gratuito quando cada uma das partes dele retire, tão-só, vantagens ou sacrifícios.

Exemplos claros de onerosidade e de gratuitidade são constituídos, respetivamente, pela compra e venda (artigos 874.º e seguintes) e pela doação (artigos 940.º e seguintes). Registe-se, contudo, que certos negócios podem surgir como onerosos ou gratuitos, consoante o que seja estipulado pelas partes; *vide*, respetivamente, o artigo 1158.º/1 e o 1186.º, que remete, aliás, para o primeiro.

Da natureza onerosa ou gratuita dos negócios deriva a aplicação de múltiplas regras diferenciadas; para além das que se prendam com os respetivos tipos, registam-se clivagens no que toca aos pressupostos (951.º/2), à interpretação (237.º) e aos casos de impugnação (612.º/1).

II. Nos contratos gratuitos, o empobrecimento do património de uma das partes corresponde, em regra, ao enriquecimento do património da outra. Pode, todavia, não ser sempre assim: por exemplo, nas chamadas doações onerosas (artigo 963.º), o próprio donatário suporta, também, sacrifícios. O negócio surge, então, oneroso para uma das partes – o donatário – e gratuito para a outra – o doador[296].

Pode ainda suceder que os contratantes, ao abrigo da sua autonomia privada, componham um negócio misto que compreenda uma parte onerosa e outra gratuita.

---

[295] *Vide* os clássicos Paul Oertmann, *Entgeltliche Rechtsgeschäfte* (1912), 125 pp. e Luigi Mosco, *Onorosità e gratuità degli atti giuridici, con particulare riguardo ai contratti* (1942), XV + 361 pp., 81, bem como Manfred Wolf/Jörg Neuner, *Allgemeiner Teil* cit., 10.ª ed., § 29, Nr. 81-88 (335-336).

[296] Fernando Pessoa Jorge, *Direito das obrigações*, 1 (1972), 223.

III. A doutrina chama, por vezes, a atenção para o relevo da intenção das partes, quando se trate de determinar a natureza onerosa ou gratuita de um negócio[297]. Este aspeto deve, pela sua importância teórica e prática, ser melhor explicitado.

A problemática da onerosidade ou da gratuitidade de um negócio revela-se e releva na sua eficácia e através dela: quando se indaguem os efeitos prosseguidos pela atuação de cuja natureza se trate, afloram as estruturas atributivas de base que os enformam. E assim sendo, poderia parecer que a vontade das partes surge relativamente irrelevante: afinal, perante as concretas consequências patrimoniais resultantes da efetivação dos negócios, proceder-se-ia ao competente juízo de onerosidade ou de gratuitidade.

Não é assim. Um negócio pode vir a revelar-se como imensamente lucrativo para uma das partes e ruinoso para a outra; nem por isso haverá gratuitidade: se as partes o não tiverem querido como tal, antes se verificará a presença de um negócio (oneroso) em desequilíbrio.

No verdadeiro negócio gratuito, a vontade livre do sacrificado determinou-se pela intenção de dar – o *animus donandi*; apenas na presença deste fator têm aplicação as regras próprias das liberalidades[298].

Trata-se de um aspeto da maior importância: como será ponderado, o Direito não admite, em certas condições, desequilíbrios excessivos entre as posições das partes; quando, porém, apareça um negócio gratuito, querido enquanto tal, o desequilíbrio é justo e admissível.

Resta acrescentar que os negócios gratuitos têm um relevo social e económico considerável[299]; eles dão corpo a manifestações de solidariedade, fundamentais para a coesão ética e social de qualquer comunidade[300].

34. Negócios de administração e de disposição

I. Em termos descritivos, a contraposição entre negócios de administração e de disposição é bastante simples: estando em jogo determinada

---

[297] Carlos Mota Pinto, *Teoria geral* cit., 3.ª ed., 402-403 e 4.ª ed., 401.

[298] *Vide* o excelente acórdão da RCb 11-mar.-1997 (Nuno Cameira), CJ XX (1997) 2, 19-25 (23).

[299] Stefan Grundmann, *Zur Dogmatik der unentgeltlichen Rechtsgeschäfte*, AcP 198 (1998), 457-488; este Autor – ob. cit., 457 – refere que, nos Estados Unidos, 2 a 3% dos rendimentos provêm de doações: uma cifra enorme.

[300] Paolo Morozzo della Rocca, *Gratuità, liberalità e solidarietà/Contributo allo studio della prestazione non onerosa* (1998), VI + 236 pp..

situação jurídica – em regra um direito de dimensão significativa – o negócio de administração implica modificações secundárias ou periféricas no seu conteúdo, enquanto o negócio de disposição põe em causa a própria subsistência da situação.

Existe, no entanto, uma marcada relatividade entre as duas noções, que obriga a maiores cautelas. O corte de árvores de uma floresta poderá ser um ato de administração quando se trate de um prédio afeto à exploração de madeira; será, porém, um ato de disposição nas restantes hipóteses.

A contraposição em causa não pode, pois, ser feita apenas tendo em conta a situação jurídica visada pelo negócio, mas antes a esfera jurídica global que vá ser atingida: a venda de um automóvel é um ato de administração para o estabelecimento da especialidade que tenha dezenas de automóveis para esse efeito; mas pode ser um ato de disposição para o cidadão comum.

II. Perante estas considerações, pode proclamar-se que os negócios de administração não atingem, em profundidade, uma esfera jurídica, enquanto, pelo contrário, os de disposição o fazem.

A distinção fica mais clara se se atentar nos seus efeitos[301]. Em princípio, os atos de disposição só podem ser livremente praticados pelo próprio titular da esfera jurídica afetada e desde que ele tenha capacidade para o fazer; quando um ato de disposição deva ser praticado por outrem, o Direito determina precauções, como sejam a autorização judicial – por exemplo, artigo 94.º/3 – ou do Ministério Público[302] – por exemplo, artigo 1938.º. Pode ainda suceder que o próprio titular da esfera atingida, por ser incapaz, não possa praticar atos de disposição, a não ser através de particulares esquemas de cautela; vejam-se, por exemplo, os artigos 153.º e 154.º.

Têm importância ainda outros preceitos, tais como os artigos 1159.º, 1446.º, 1678.º, 1922.º, 1967.º e seguintes e 2079.º e seguintes, com relevo para o artigo 2091.º.

Em suma: o ato que só possa ser praticado pelo próprio, não é um ato de administração[303]. Para prevenir dúvidas e em certos casos, a lei define exatamente quais são os atos de administração: assim, na hipótese

---

[301] Carlos Mota Pinto, *Teoria geral* cit., 3.ª ed., 406 ss. e 4.ª ed., 408 ss..
[302] Dado o Decreto-Lei n.º 272/2001, de 13 de outubro, artigo 2.º/1, *b*) e *d*).
[303] RPt 14-jul.-1988 (Mário Cancela), CJ XIII (1988) 4, 171-173 (173).

do artigo 1024.º/1, a locação constitui para o locador um ato de administração ordinária, exceto se estipulado por um prazo superior a 6 anos[304].

III. A panorâmica legal portuguesa, que torna difícil a definição abstrata das noções de administração e de disposição, confere um particular relevo a um fator, em si geral, da interpretação e da aplicação: a teleologia das normas em jogo. Perante determinada situação, um ato deverá ser considerado de disposição quando, pela especial gravidade que assuma no caso em jogo, apenas o próprio o possa praticar pessoal e livremente, sendo razoável exigir, quando outrem o pretenda levar a cabo, cuidados suplementares.

A qualificação de um negócio como de disposição ou de administração não pode, pois, ser causal em relação ao regime em jogo: ela liga-se a esse regime, singrando quando ele deva ter aplicação.

IV. A expressão "administração" aparece-nos dezenas de vezes, no Código Civil. Tem, aí, diversas aceções. Assim:

a administração como órgão ou como produto da atividade desse órgão: artigos 33.º/1, 159.º, 162.º, 163.º, 171.º, 173.º/3, 178.º/1, 189.º, 190.º/1, 191.º/1, 193.º, 985.º, 986.º, 997.º/3 e 1436.º (administrador);
a administração enquanto lide específica geral relativa a um património: artigos 195.º (administração de associações sem personalidade), 2068.º (do património hereditário), 2079.º, 2084.º, 2238.º, 2239.º e 2240.º (da herança);
a administração enquanto manejo relativo a certos bens: artigos 89.º/1 e 103.º/2 (do ausente), 154.º (do inabilitado), 1649.º (do menor casado), 1678.º/1 e 2, 1679.º, 1681.º e 1691.º/1, c) (do casal), 1888.º, 1924.º/1, 1925.º, 1936.º e 1956.º, a) (dos filhos), 2047.º (da herança) e 2290.º (do fideicomisso); por vezes, a lei fala em administração de simples coisas ou partes de coisas: artigos 1204.º, 1407.º, 1430.º/1 e 1446.º; em conexão com esta aceção, surgem, na lei, referências a despesas de administração – artigos 1472.º/1 e 1489.º/1 – a contas da administração – artigo 1899.º – e a encargos de administração – artigos 2090.º e 2093.º/2; fala-se, ainda, em má administração – artigos 1473.º/1 e 1767.º – e em prémio arbitrado pela administração – 1482.º;
a administração enquanto conjunto de poderes: artigos 318.º, c), 1051.º, c), 1123.º e 1900.º/1;

---

[304] REv 16-jan.-1986 (Pereira Cardigos), CJ XI (1986) 1, 224-227 (226/I).

a administração como categoria de atos: artigo 2056.º/3; aparece, então, por oposição a atos de alienação – artigo 127.º/1 – ou de disposição – artigo 834.º/1 – surgindo, ainda, neste universo, explícitas referências a uma administração ordinária – artigos 277.º/2, 700.º, 1024.º/1, 1159.º/1, 1678.º/3 e 1682.º/1;
a administração como estatuto particular de certos bens: artigo 1470.º/1 (imóveis em administração), artigos 1604.º, *d*), 1608.º e 1609.º/1, *b*) (administração legal de bens), artigos 1922.º, 1923.º e 1967.º a 1972.º (regime de administração de bens do menor) e 2237.º (herança em administração).

Esporadicamente, o Código Civil fala em gerência, em vez de administração – artigo 1944.º.

Pois bem: destas diversas aceções, para além de flutuações de linguagem que escaparam às revisões do Código Civil, resultam algumas linhas reitoras. A administração reporta-se a patrimónios, a bens ou a coisas, de modo a traduzir, em termos compreensivos, um conjunto de atuações insuscetíveis de enumeração em concreto ou, sequer, de definição: tudo depende, em cada caso, da realidade de cuja administração se trate. Por vezes, a lei introduz limitações nas concretas atuações a ter em conta; é o que sucede quando se faz uma contraposição entre atos de administração e de disposição. Trata-se, porém, de uma contraposição relativa: caso a caso haverá que fixar o preciso âmbito da administração e da disposição. A ideia básica é a indeterminação dos poderes ou potencialidades de atuação, a incluir na administração. Esta apenas pode ser concretizada: pela negativa, retirando-lhe faculdades, como sejam a disposição ou a "administração extraordinária"; pelo objeto, de acordo com a realidade a que respeite e pela finalidade.

35. Negócios parciários, de organização, de distribuição e aleatórios

I. O Direito vigente e a autonomia das partes promovem ainda numerosas outras modalidades de negócios jurídicos. Nuns casos, elas poderão apresentar um relativo grau de generalidade, surgindo em várias disciplinas jurídicas; noutros, elas apresentam-se particularmente acantonadas em determinadas áreas normativas.

Essas modalidades irão ocorrer à medida que se desenrole a matéria. No entanto – e pela sua relevância – faz-se, de seguida, breve menção a quatro delas: negócios parciários, de organização, de distribuição e aleatórios.

§6.º Modalidades de negócios jurídicos

II. Um negócio diz-se parciário quando implique a participação dos celebrantes em determinados resultados. Tal sucede no contrato de parceria pecuária (artigo 1121.º) e no de sociedade (artigo 980.º). Não se confunde com esta modalidade a dos negócios de organização, categoria essa que se poderia contrapor à dos negócios de troca[305]. O negócio de organização visa montar uma estrutura que faculte a cooperação permanente, em certo quadro, de pessoas. O negócio de troca assume, apenas, a permuta de bens ou serviços por dinheiro ou por outras mercadorias. Exemplo paradigmático de negócio de organização será o contrato de sociedade. O moderno Direito comercial conhece outras modalidades enquanto, no Direito civil, podemos apontar o contrato de associação[306].

III. Os negócios de distribuição podem contrapor-se aos de consumo[307]. Na distribuição, visa-se percorrer o circuito económico, na parte que liga a produção ao vendedor final. O negócio de consumo equivale à aquisição de bens pelo destinatário final: o consumidor. O Direito comercial documenta diversos contratos de distribuição, com relevo para a concessão, a agência e a franquia (*franchising*)[308]. A distribuição permanente tem elementos de organização.

IV. Um negócio é aleatório quando, no momento da sua celebração, sejam desconhecidas as vantagens patrimoniais que dele derivem para as partes.
Repare-se, contudo, que esse desconhecimento, que dá a margem de álea, deve ser da própria natureza do contrato, em moldes tais que ele não faça sentido de outra forma. Por exemplo, um contrato de seguro é aleatório ou, pelo menos, tem um elemento de aleatoriedade[309]: ele pressupõe o desconhecimento da ocorrência e do montante do dano que a seguradora seja, eventualmente, chamada a suportar. Típicos negócios aleatórios são, por excelência, os contratos de jogo ou de aposta – artigo 1245.º[310].
A precisão é necessária porque qualquer negócio implica, sempre, flutuação ou riscos, em função de margens de álea que não se podem nunca

---

[305] Larenz/Wolf, *Allgemeiner Teil* cit., 9.ª ed., 433-434.
[306] *Tratado* IV, 738 ss..
[307] António Pinto Monteiro, *Contratos de distribuição comercial* (2002), 41 ss..
[308] *Direito comercial*, 3.ª ed., 773 ss..
[309] *Direito dos seguros*, 546.
[310] RPt 5-jun.-1990 (Matos Fernandes), CJ XV (1990) 3, 212-215.

evitar. Tais negócios são celebrados, dentro de um esquema de normalidade social, não pela álea que possam conter, mas antes pela predeterminação das vantagens que acarretem e com as quais as partes contem.

36. Negócios instrumentais, preparatórios e acessórios

I. Os negócios podem valer por si ou, pelo contrário: podem fazer sentido por se articularem com outros negócios[311]. Nessa aventualidade, será possível discernir um negócio principal ou final, surgindo os restantes como negócios acessórios. Como instrumental, apontemos o contrato-quadro: irá definir os perfis de negócios ulteriores que – esses sim – regularão os interesses em jogo. Como preparatórios, temos o contrato-promessa, o pacto de preferência, a opção, a carta de intenção e diversas outras figuras que inscreveremos no domínio da contratação mitigada[312]. Contrato acessório será a fiança bem como os diversos protocolos laterais.

II. A natureza instrumental, preparatória ou acessória de um negócio tem muito relevo para a determinação do seu regime. Na verdade, esse regime tende a ser infletido pelo do contrato principal ou definitivo. Os contratos em causa só ganham sentido dentro do conjunto mais amplo em que se insiram.

---

[311] Larenz/Wolf, *Allgemeiner Teil* cit., 9.ª ed., 424 ss..
[312] *Infra*, 304 ss..

§ 7.º ATOS JURÍDICOS EM SENTIDO ESTRITO

37. Aspetos gerais; modalidades; remissão

I. Na sequência da metodologia adotada, o ato jurídico traduz o exercício da autonomia privada marcado pela presença, apenas, de liberdade de celebração[313].

O Direito associa efeitos jurídicos aos simples atos, por se tratar de manifestações de vontade humana – quando não, estar-se-ia perante factos jurídicos em sentido estrito; mas os efeitos em causa estão normativamente predeterminados, não podendo as pessoas interferir na sua concreta formulação[314].

Os atos jurídicos em sentido estrito correspondem a uma forma menos elevada do exercício da autonomia privada. Assim se compreende que eles se documentem, sobretudo, no domínio do Direito das coisas – por exemplo, o apossamento, artigo 1263.º, *a*), a ocupação, artigo 1318.º ou a especificação, artigo 1338.º – do Direito da família – por exemplo, o contrato de casamento, nos aspetos pessoais, artigo 1577.º, ou a perfilhação, artigo 1849.º – e do Direito das sucessões – por exemplo, a aceitação da herança, artigo 2050.º, ou o seu repúdio, artigo 2062.º. No Direito das

---

[313] Quanto à distinção entre atos *stricto sensu* e negócios jurídicos e às suas origens e evolução histórica vide supra, 85 ss..

[314] Dieter Medicus, *Allgemeiner Teil* cit., 10.ª ed., Nr. 195 (89), Manfred Wolf/ /Jörg Neuner, *Allgemeiner Teil* cit., 10.ª ed., § 28, Nr. 8-12 (313-314) e Reinhard Singer, no *Staudingers Kommentar* cit, 1, §§ 90-122; 130-133, Vorm zu §§ 116 ff., Nr. 2 (445). A matéria foi particularmente estudada no princípio do século XX, por Alfred Manigk, *Willenserklärung und Willensgeschäft* cit., ss. (650 ss.) – e por Peter Klein, *Die Rechtshandlungen im engeren Sinne* (1912), cit.. Mais tarde, ela foi reponderada por dois autores italianos: Giuseppe Mirabelli, *L'atto non negoziale nel diritto privato italiano* (1955) e Vincenzo Panuccio, *Le dichiarazioni non negoziali di voluntà* (1966), ambos já citados. Por fim, houve uma retoma, em torno dos "atos semelhantes a negócios": Bernhard Ulrici, *Geschäftsähnliche Handlungen* cit., 2053.

obrigações, pelo contrário, dominam os negócios, como se depreende do artigo 405.º. Todavia, temos importantes atos *stricto sensu* no domínio dos deveres acessórios e da *culpa in contrahendo*. Assim, o mero início de negociações dá azo a deveres pré-contratuais, independentemente da vontade das partes (227.º/1). É um ato em sentido estrito[315].

II. Alfred Manigk estabeleceu uma classificação de atos jurídicos em sentido estrito, bastante divulgada, mais tarde, por Peter Klein[316]. Embora essencialmente descritiva, vale a pena referenciá-la:

1 – Puras atuações exteriores; por exemplo, os atos que integrem a ocupação de uma coisa ou a perseguição e captura de animais;
2 – Atuações que impliquem ainda certas opções interiores; por exemplo, a escolha de um domicílio ou de uma sede da pessoa coletiva;
3 – Atuações que traduzam matéria já prefixada; por exemplo, o ato de perfilhar;
4 – Comunicações, sejam elas de conhecimentos ou de vontade.

Na verdade, todos estes atos têm em comum a ausência de liberdade de estipulação; no seu conjunto, eles dão uma ideia da realidade que se lhes abriga.

III. Aos atos jurídicos em sentido estrito são aplicáveis, com as competentes adaptações, as classificações acima efetuadas de negócios jurídicos. Importa apenas considerar distinções específicas dos atos jurídicos em sentido estrito.

A doutrina alemã contrapõe, nos atos jurídicos em sentido estrito, os "atos semelhantes a negócios" e os "atos reais": os primeiros resultariam de manifestações de vontade a que o Direito associaria determinados efeitos, ainda quando elas não se constituíssem, de modo expresso, para os prosseguir; os segundos teriam a ver com puros comportamentos mate-

---

[315] Perante o § 241/II, do BGB (pós-reforma de 2001): Dieter Medicus, *Allgemeiner Teil* cit., 10.ª ed., Nr. 195 (89).

[316] Alfred Manigk, *Willenserklärung und Willensgeschäft* cit., 651-652 e Peter Klein, *Die Rechtshandlungen im engeren Sinne* cit., 26-27 e, em especial, 29 ss., 63 ss., 104 ss. e 135 ss., respetivamente.

§ 7.º Atos jurídicos em sentido estrito 115

riais, que desencadeariam, depois, efeitos a nível jurídico[317]. Esta ideia pode ser adaptada, distinguindo-se:

– atos quase-negociais, equivalentes aos atos jurídicos em sentido estrito, que se analisem numa pura manifestação de vontade – por exemplo, a perfilhação;
– atos materiais, correspondentes aos atos jurídicos em sentido estrito, que resultem de atuações materiais voluntárias – por exemplo, um apossamento[318].

IV. Aos atos jurídicos em sentido estrito aplicam-se, na medida do possível, as regras respeitantes ao negócio jurídico; tal o regime defendido pela doutrina e consagrado no artigo 295.º. Um preceito semelhante consta do artigo 185.º do Código Civil brasileiro, de 2002. Reafirma-se, pois, a natureza paradigmática do negócio jurídico. Tal regra tem, no entanto, escasso relevo, no tocante aos atos materiais. Basta ver que, neste domínio, não operam as normas relativas à capacidade de exercício – considere-se, por exemplo, o artigo 1266.º – o que permite afastar, também, as regras relativas a declarações de vontade, aos seus requisitos e às suas condições de validade e eficácia.

Este aspeto, que tem passado despercebido, decorre da conceptualização da parte geral do Código Civil e do seu conteúdo.

V. Finalmente, o princípio geral do artigo 295.º pode ser aplicado a atuações humanas que, por serem devidas ou puramente funcionais, não possam considerar-se "atos", marcados, como vimos, pela liberdade de celebração.

Tal será o caso de uma sentença judicial. Esta, por via do artigo 295.º do Código Civil, deverá ser interpretada à luz do artigo 236.º[319].

---

[317] Manfred Wolf/Jörg Neuner, *Allgemeiner Teil* cit., 10.ª ed., § 28, Nr. 8-16 (313-314).
[318] Mota Pinto, *Teoria geral* cit., 4.ª ed., 358, e Pires de Lima/Antunes Varela, *Código Civil Anotado* cit., 1, 4.ª ed., 270-271, na sequência de outra doutrina, utilizam, para designar estas realidades, as locuções "atos quase-negociais" e "operações jurídicas", respetivamente. A primeira expressão parece razoável; a segunda, pelo contrário, induz em erro, pelo que se prefere a articulação que figura no texto.
[319] STJ 28-jan.-1997 (Silva Paixão), CJ/Supremo V (1997) 1, 83-85 (84/I).

§ 8.º ELEMENTOS E PRESSUPOSTOS NEGOCIAIS

38. Quadro geral na doutrina comum; A) Elementos essenciais, naturais e acidentais

I. O negócio jurídico, com o relevo dogmático e cultural que se viu competir-lhe, suscita a aplicação de numerosas regras jurídicas. Todas elas são necessárias para dar, dele, uma imagem exaustiva; discutem-se, no entanto, quais as suficientes para amparar minimamente a solução de casos concretos e como as articular, uma vez determinadas. Este último aspeto é imprescindível e interfere no primeiro, nos termos de um discurso metodológico já exposto, em que não cabe insistir.

II. A doutrina tradicional, desenvolvida no Direito comum e adotada, por exemplo, por Manuel de Andrade, distinguia, com referência ao negócio jurídico, três tipos de elementos dos negócios jurídicos[320]:

– elementos essenciais (*essentialia negotii*);
– elementos naturais (*naturalia negotii*);
– elementos acidentais (*accidentalia negotii*).

Os elementos essenciais, necessariamente presentes em cada negócio jurídico, podem, por seu turno, abranger elementos gerais e específicos: os primeiros, devem surgir em todos os negócios, enquanto os segundos são apenas imprescindíveis para caracterizar um determinado tipo negocial, distinguindo-o dos demais.

São elementos essenciais gerais a capacidade das partes, a declaração ou declarações de vontade e o objeto possível: qualquer negócio jurídico deve, para existir em termos de validade, reunir estes elementos.

---

[320] Manuel de Andrade, *Teoria geral* cit., 2, 33. ss.. *Vide* Nicola Coviello, *Manuale di diritto civile italiano/Parte generale*, 3.ª ed. (1924), 328-329.

§8.º *Elementos e pressupostos negociais*

Os elementos essenciais específicos variam consoante o tipo negocial considerado; por exemplo, na compra e venda, o preço é essencial para que se pudesse, sequer, encarar a presença desse específico contrato.

III. Os elementos naturais são os efeitos que, por sua natureza, os diversos negócios produzem, mas que as partes podem, ao abrigo da sua autonomia privada, validamente afastar.

Em termos deônticos, os elementos naturais correspondem a normas supletivas, isto é, a normas cuja aplicação fica na disponibilidade das pessoas. Tais normas predominam no Direito das obrigações, ao contrário do que sucede nos restantes três sectores do Direito civil.

IV. Os elementos acidentais correspondem a estipulações que não são necessárias para a consistência de um negócio e que o Direito não preconiza, ainda que a título supletivo, para o tipo negocial considerado.

As partes podem, ao abrigo da sua autonomia privada, incluí-las nos negócios que celebrem; quando o façam, podem ainda utilizar algum dos figurinos que o Direito ponha, para o efeito, à sua disposição ou, pelo contrário, inventar, em moldes originais, um novo elemento acidental.

V. Esta sistematização – como aliás não deixou de notar o próprio Manuel de Andrade – não toma por base um critério uniforme. Particularmente inconveniente se apresenta a categoria dos elementos essenciais, que junta fatores exteriores ao negócio com outros que têm a ver com os seus efeitos[321].

Descontando, desses elementos essenciais, os aludidos fatores exteriores, verifica-se que o remanescente conjunto se reporta ao conteúdo do negócio, isto é, ao regime que, em concreto, ele venha estabelecer. Tal regime é onticamente justificante de toda a figura; mas ele torna-se, pela sua mobilidade extrema – pois impera, em toda a matéria, a autonomia privada – difícil de captar em termos descritivos. Afigura-se, pois, necessário apurar as referências de que flua o regime em jogo e que o legitimem.

---

[321] Mota Pinto, *Teoria geral* cit., 4.ª ed., 383-384.

39. Continuação; B) Orientações tradicionais

I. Procurando resolver o problema aberto com as incongruências e a insuficiência da tripartição clássica, vários Autores apresentaram soluções alternativas, que cumpre referir.

Paulo Cunha descobria os seguintes quatro elementos do negócio jurídico:

– elementos necessários;
– elementos específicos;
– elementos naturais;
– elementos acidentais.

Os elementos necessários são os que a lei exija para a validade de todo e qualquer ato jurídico; subdividir-se-iam, ainda, em elementos essenciais, sem os quais não haveria negócio, e em elementos habilitantes, requeridos para a sua total validade.

Os elementos específicos correspondem aos requeridos para cada tipo de ato: o preço, na compra e venda, a renda, no arrendamento, etc..

Os elementos naturais derivam da lei: ela estabelece-os para, supletivamente, servirem os diversos tipos negociais, de acordo com a sua natureza.

Os elementos acidentais abrangem os introduzidos, em cada caso, pela vontade das partes; poderiam ainda ser típicos, quando já se encontrem conceitualizados pela lei – v.g., o prazo ou a condição – ou variáveis, quando derivem da vontade das partes.

Trata-se, no fundo, de uma estruturação próxima da clássica; tem, sobre ela, a particular vantagem de evitar a categoria híbrida dos *essencialia negotii*, desdobrando-a, em termos substantivamente corretos.

II. Dias Marques[322], adaptando um esquema de Betti[323], preconiza:

– pressupostos;
– estrutura;
– função.

Os pressupostos seriam elementos extrínsecos, perante o próprio negócio; abrangem fatores atinentes ao autor do negócio (v.g., capacidade),

---

[322] José Dias Marques, *Teoria geral* cit., 2, 33 ss..
[323] Emilio Betti, *Teoria generale del negozio giuridico* (1955), 44 ss..

ao objeto do negócio (v.g., idoneidade) e à posição do autor do negócio em relação ao objeto (v.g., legitimidade).

A estrutura corresponde aos elementos intrínsecos, portanto, ao próprio ato do negócio; abrangeria elementos objetivos (a forma e o conteúdo) e subjetivos (vontade, consciência, etc.). A função reportar-se-ia à "causa", a entender aqui, como o objetivo socialmente relevante procurado através do negócio[324].

Dias Marques era, contudo, obrigado ainda a, depois deste quadro e fora dele, tratar sucessivamente os efeitos, o valor e a ineficácia do negócio jurídico.

Esta construção tinha a particular vantagem de separar, uma vez por todas, os pressupostos da "estrutura", isto é, os elementos extrínsecos ao negócio, dos intrínsecos. Trabalhava, no entanto, com uma ideia de "estrutura" excessivamente ampla e redutora e introduzia o impraticável elemento da causa.

III. Uma alternativa interessante foi a figurada por Galvão Telles. Este Autor, abdicando expressamente de excessivas conceptualizações, propôs-se encontrar um esquema simples, expedito e realista de expor a matéria.

Assim, e a propósito do contrato – mas num esquema que poderia ser generalizado ao negócio – aponta Galvão Telles[325]:

– elementos:
– acordo (formação);
– acordo (conteúdo);
– causa ou motivo;
– requisitos de validade;
– requisitos de eficácia.

IV. Como balanço, pode, pois, referenciar-se a presença de uma tradição realista que visa adaptar a temática do discurso relativo ao negócio jurídico, de modo a melhor lhe captar as particularidades. Como passos importantes nesse sentido cabe enfocar uma preocupação analítica (Paulo

---

[324] José Dias Marques, *Teoria geral* cit., 2, 191 ss.. A "causa" constitui um tema complexo, sendo duvidosa a sua consistência. Esta orientação foi a de Castro Mendes, *Teoria geral* (ed. 1968), 3, 43 ss. inspirando, ainda, a de Carvalho Fernandes, *Teoria geral* cit., 2, 5.ª ed., 139-140 (pressupostos, estrutura, conteúdo e função/valor do ato). A doutrina nega, no Direito português, a categoria da "causa": *Tratado* II/2, 601 ss..
[325] Inocêncio Galvão Telles, *Manual dos contratos em geral*, 3.ª ed. (1965), 65 ss..

Cunha), que separa, em definitivo, "pressupostos" e "estrutura" (Dias Marques) e que põe em relevo a natureza dinâmica da fenomenologia negocial.

Assinale-se, por fim, que a velha referência aos *essencialia* mantém, hoje, um alcance semântico diverso. Os "elementos essenciais" do negócio são aqueles que, *in concreto*, melhor o retratem, de modo a permitir uma rápida apreciação do seu mérito intrínseco. É o que se passa com os "elementos essenciais da alienação", que devem ser comunicados, para efeitos de exercício do direito de preferência[326].

40. Solução preconizada

I. A solução preconizada resultará dos fatores apurados no decurso da evolução doutrinária e, designadamente, da tendência revelada pela tradição acima relatada.

A distinção tradicional entre elementos essenciais, naturais e acidentais, na medida em que mescle realidades diferentes, deve ser abandonada. Há que, sobre a realidade em causa, fazer incidir um esforço de análise que permita retratar, com maior fidelidade, as realidades em jogo.

II. Retomando uma contraposição já efetuada por Paulo Cunha, há que atentar no alcance da noção de "elementos" do negócio jurídico. Duas aceções são possíveis:

– em sentido amplo, os elementos traduzem um conjunto de realidades necessárias para que exista uma outra;
– em sentido estrito, os elementos exprimem os fatores que, num momento estaticamente considerado, componham um *quid*.

Com esta posição, verifica-se que os pressupostos do negócio jurídico só podem ser considerados como seus elementos se, destes, se fizer uso em sentido amplo. Mas com isso chega-se a uma heterogeneidade menos conveniente.

Os pressupostos do negócio jurídico implicam regras relativas às pessoas, aos bens, ou às relações que, entre ambos, se estabeleçam. Só media-

---

[326] RPt 1-jul.-1991 (Guimarães Dias), CJ XVI (1991) 4, 229-231 (230).

§8.º Elementos e pressupostos negociais   121

tamente têm a ver com negócios. Devem, pois, ser estudadas a propósito das realidades a que, de modo imediato, digam respeito[327].

Os elementos, pelo contrário, têm a ver com normas e princípios ligados, desde logo, à temática negocial: devem ser, assim, considerados.

III. Um estudo estático dos elementos negociais mal esconde uma opção conceptual. Tendo presente que todo o motor da fenomenologia em estudo reside na eficácia, há que ponderar, em termos preferenciais, o desenvolvimento dinâmico do negócio.

Tanto basta para justificar a sequência:

– formação do negócio;
– conteúdo do negócio;
– vícios da vontade e da declaração;
– ineficácia do negócio.

---

[327] É essa a razão porque é possível – em nossa opinião: conveniente – estudar a formação antes dos pressupostos; neste ponto, aliás, não há novidade. Contra: Carvalho Fernandes, *Teoria geral* cit., 2, 5.ª ed., 142 ss..

CAPÍTULO III
A FORMAÇÃO DO NEGÓCIO JURÍDICO

SECÇÃO I
A DECLARAÇÃO NEGOCIAL

§ 9.º A DECLARAÇÃO DE VONTADE

41. Generalidades; declaração e negócio

I. O negócio jurídico, enquanto manifestação última da eficácia jurídica de natureza humana, assenta em declarações de vontade: uma ou mais. Efetivamente, apenas a vontade declarada, isto é, exteriorizada, de modo a poder ser reconhecida, como tal, pelos operadores jurídicos e pelo próprio sistema, pode provocar efeitos de Direito[328].

Em rigor, o negócio não se confunde com a declaração: esta é um pressuposto, dependente de uma opção humana comunicada para o exterior; aquele é a eficácia resultante da declaração, desde que esta seja reconhecida, pelo sistema, como apta para modificar o universo jurídico. Historicamente porém, o negócio e a declaração foram-se desenvolvendo em conjunto. Muitas vezes, refere-se "negócio" por "declaração" e inversamente[329]. O BGB alemão, decisivo por ter introduzido, na civilística continental, a técnica do negócio jurídico, usa as duas noções, sem preocupa-

---

[328] Paulo Mota Pinto, *Declaração tácita* cit., 439. *Vide* Luigi Cariota Ferrara, *Il negozio giuridico nel diritto privato italiano* (1948, reimp., 2011), 397.

[329] Werner Flume, *Das Rechtsgeschäft* cit., 4.ª ed., 25 e Martin Josef Schermeier, HKK/BGB cit., §§ 116-124, Nr. 1 (403).

ções de distinção³³⁰: em termos assumidos, de resto, nos preparatórios³³¹ e que, logo na época, mereceram observações críticas³³².

II. O Código Civil de Vaz Serra, diretamente influenciado pela terminologia e pelo pensamento do BGB³³³, manteve essa mesma ambiguidade linguística. Usa preferencialmente, declaração negocial.

A locução "declaração negocial" ocorre nos artigos 217.º (declaração expressa e declaração tácita), 218.º (o silêncio como meio declarativo), 219.º (liberdade de forma), 220.º (inobservância da forma legal), 221.º (âmbito da forma legal), 224.º (eficácia da declaração negocial), 236.º (sentido normal da declaração), 239.º (integração), 240.º (simulação), 246.º (falta de consciência da declaração ou coação física), 247.º (erro na declaração), 250.º (erro na transmissão da declaração), 255.º (coação moral), 256.º (efeitos da coação) e 257.º (incapacidade acidental).

Fora do capítulo do negócio, "declaração negocial" surge, ainda, no 35.º (declaração negocial), no 36.º (forma de declaração negocial), no 211.º (coisas futuras), no 364.º (exigência legal de documento escrito), no 393.º (inadmissibilidade de prova testemunhal), no 859.º (declaração negocial), no 948.º (capacidade ativa) e no 969.º (revogação da proposta de doação).

---

³³⁰ Vide Detlef Leenen, *Willenserklärung und Rechtsgeschäft in der Regelungstechnik des BGB*, FS Canaris 1 (2007), 699-727.

³³¹ Diz-se na justificação de motivos do BGB e, mais precisamente: *Motive zu dem Entwurfe eines Bürgerlichen Gesetzbuches für das Deutsche Reich – I – Allgemeiner Teil*, Amtliche Ausgabe (1896), 395 pp., 126:

> Por declaração de vontade entende-se a declaração de vontade negocial. As expressões declaração de vontade e negócio jurídico são, em regra, usadas com sentido idêntico. A primeira é todavia preferida quando a exteriorização de vontade, enquanto tal, esteja em causa ou quando seja o caso de uma declaração de vontade apenas ocorrer como parte de uma previsão negocial.

Quanto aos diversos textos que foram discutidos na fase de preparação do BGB: Horst Heinrich Jakobs/Werner Schubert, *Die Beratung des Bürgerlichen Gesetzbuchs/ in systematischer Zusammenstellung der unveröffentlichen Quellen/Allgemeiner Teil*, §§ 1-240, 1. Teilband (1985), XIX + 777 pp., 580 ss..

³³² Siegmund Schlossmann, *Willenserklärung und Rechtsgeschäft/Kritisches und Dogmengeschichtliches* (1907), 84 pp., 31 ss. e 65 ss..

³³³ Rui de Alarcão, *Declarações expressas e declarações tácitas – O silêncio/Anteprojecto para o novo Código Civil*, BMJ 86 (1959), 233-241 (233-234), citando Manuel de Andrade.

III. O negócio jurídico distingue-se claramente da declaração, quando seja multilateral, isto é: quando requeira, para a sua compleitude, mais de uma declaração de vontade.

Fora isso, o negócio surge como o efeito ou a resultante da declaração. Mas apenas tendencialmente: a lei usa declaração em situações onde, logicamente, se esperaria ver negócio.

A proximidade entre "negócio" e "declaração" tem sido imputada a Savigny e, de um modo geral, aos diversos autores que, ainda sem base legal, desenvolveram doutrinariamente essas noções. "Negócio" e "declaração" surgiram mutuamente implicados: separaram-se para permitir melhor isolar o regime do erro[334]. Nos últimos duzentos anos houve, todavia, tempo de sobra para diferenciar as duas noções, inserindo-as, com clareza distinta, no BGB e nas codificações subsequentes. Isso não foi feito porque as duas noções, embora não sendo sinónimas – veja-se a hipótese de negócio multilateral[335] – surgem inseparáveis: o negócio só pode ser conhecido pela declaração[336].

42. Elementos e natureza

I. A declaração de vontade comporta, pela sua própria designação, dois elementos: a vontade humana e a declaração[337]. Com Savigny, podemos ir mais longe: temos a vontade, a declaração e a relação de concordância que se estabelece entre ambas[338].

A vontade, por seu turno, pode ser decomposta em três planos[339]:

– a vontade do comportamento;
– a vontade (ou consciência) da declaração;
– a vontade do negócio.

---

[334] Horst Bartholomeyczik, *Die subjektiven Merkmale der Willenserklärung*, FS Hans G. Ficker (1967), 51-77 (52).
[335] Detlef Leenen, *Willenserklärung und Rechtsgeschäft* cit., 701 ss..
[336] Reinhard Singer, no *Staudinger* cit., Vorbem zu §§ 116 ff., Nr. 5 (446-447).
[337] Manfred Wolf/Jörg Neuner, *Allgemeiner Teil* cit., 10.ª ed., § 30, Nr. 1 (337).
[338] Friedrich Carl von Savigny, *System* cit., 3, 98-99.
[339] Heinrich Lehmann, *Allgemeiner Teil des Bürgerlichen Gesetzbuches*, 14.ª ed. (1963), § 24, IV, 1, b (134-135), retomado por Manuel de Andrade (que usou a 6.ª ed., de 1949), 126 ss..

A vontade do comportamento ou da manifestação permite constatar a presença de uma efetiva atuação humana[340]. Está em jogo uma conduta que, por razões sociológicas ou por circunstâncias normativas, se associa à vontade da manifestação[341]. A vontade da declaração implica a consciência dessas razões sociológicas ou normativas: o sujeito age voluntariamente, conhecendo a dimensão jurídica da atuação. A vontade do negócio equivale ao desejo de desencadear os efeitos ou o conteúdo do negócio em causa. Deve entender-se, como visto[342], que está em jogo a vontade empírica dos efeitos básicos do negócio.

A articulação entre estes três aspectos coloca diversas questões doutrinárias, que têm vindo a surgir, em ligação com as próprias teorias relativas ao negócio[343]. Dado o seu relevo dogmático, isto é, a sua projeção nas questões práticas que aqui cumpre isolar e resolver, elas serão abaixo consideradas.

II. O entendimento presente na literatura da terceira sistemática ordena a declaração de vontade em dois momentos: o comportamento exterior e a vontade[344]. Trata-se de um aspecto a repensar, ainda que com algumas cautelas.

O pensamento de Savigny, na origem da controvérsia ulterior, subscrevia, como vimos, a teoria da vontade: "a vontade deve ser pensada como a única realidade, eficaz e importante"[345]. Consequentemente, havendo erro, fosse ele qual fosse, já não haveria vinculação alguma[346]. A esta construção cedo se contrapôs Jhering, explicando que uma orientação desse tipo seria

---

[340] Luigi Cariota Ferrara, *Il negozio giuridico* cit., 405.
[341] Manuel de Andrade, *Teoria geral* cit., 2, 122.
[342] *Supra*, 47 ss..
[343] *Supra*, 85 ss..
[344] Cite-se, por lapidar, a definição de Isay, *Die Willenserklärung im Thatbestande des Rechtsgeschäfts nach dem Bürgerlichen Gesetzbuch für das Deutsche Reich* (1899), 26:

Declaração de vontade de uma pessoa é aquele comportamento que, segundo a experiência e sob consideração de todas as circunstâncias, permite concluir por uma vontade determinada e de cuja conclusão ela esteja ou devesse estar consciente.

[345] Savigny, *System* cit., § 134 (3, 258).
[346] Savigny, *System* cit., § 135 (3, 264). Não ocorreria, sequer, uma impugnabilidade.

§ 9.º A declaração de vontade 127

impraticável[347]: efetivamente, a vontade interior é imprescrutável, de tal modo que o próprio sujeito pode ter dúvidas, quanto a ela. O. Bähr, seguindo a linha, explica que a manifestação exterior de uma certa vontade, na qual o outro acredite, é vinculativa[348].

Assim surgiram, respetivamente e a propósito da declaração, a teoria da vontade e a teoria da declaração[349]. O BGB foi pragmático, procurando fixar um esquema de equilíbrio, sem preocupações doutrinárias puras[350]. Nos *Motive*, o próprio negócio jurídico é definido por relação com a declaração[351]:

> negócio jurídico no sentido do projeto é uma declaração de vontade privada, dirigida à alteração de um efeito jurídico, que produz efeitos segundo a ordem jurídica porque foi querido.

Já nos anos 30 do século XX, Larenz apresenta a teoria da validade, abaixo referida[352].

III. Classicamente, como dito, a natureza da declaração era animada por duas teorias: a teoria da vontade que via, nela, uma decorrência da opção do declarante e a teoria da declaração, que validava a exteriorização dessa opção. Ambas as teorias evoluíram para versões mais moderadas: a teoria da comunicação e a teoria da confiança. Vamos ver como se articulam.

Uma declaração surge, antes de mais, como uma ação (humana)[353]: pressupõe uma atuação ou uma omissão controladas ou controláveis pela

---

[347] Rudolf von Jhering, *Culpa in contrahendo oder Schadensersatz bei richtigen oder nicht zur Perfection gelangten Verträgen*, JhJb 4 (1861), 1-113 (2).

[348] Otto Bähr, *Ueber Irrungen im Contrahiren*, JhJb 14 (1874), 393-427 (401).

[349] Sobre a matéria em causa: Reinhard Hepting, *Erklärungswille, Vertrauensschutz und rechtsgeschäftliche Bindung*, FS Univ. Köln (1988), 209-234 (210 ss.), Jan Schapp, *Grundfragen der Rechtsgeschäftslehre* (1986), 27 ss. e Reinhard Singer, no *Staudinger* cit., Vorbem zu §§ 116 ff., Nr. 15 (452).

[350] Na época, Ernst Zitelmann, *Das Rechtsgeschäft im Entwurf des BGB*, 1 (1889), analisando (4 ss.) as várias hipóteses de falha de vontade. Vide Hepting, *Erklärungswille* cit., 212.

[351] *Motive* cit., 1, 126.

[352] Jan Schapp, *Grundfragen* cit., 44 ss. e Manfred Wolf/Jörg Neuner, *Allgemeiner Teil* cit., 10.ª ed., § 30, III (338 ss.).

[353] Vide Larenz/Wolf, *Allgemeiner Teil*, 9.ª ed. cit., 436. Na 10.ª ed., Jörg Neuner adotou um esquema diverso.

vontade. Haverá, depois, oportunidade de verificar que o regime aplicável nem sempre segue esta linha: o Direito admite "declarações" que não correspondem a qualquer vontade, mercê de interação do princípio da tutela da confiança. Mas como relevante matriz sócio-cultural da ideia de declaração mantém-se, em princípio e em primeiro plano, uma ação – logo voluntária. Os eventos que, ligados embora à pessoa humana, não se possam considerar ações – por exemplo, afirmações feitas durante o sono, em estado de transe, sob hipnose ou na influência de psicotrópicos – são, em rigor, simples factos.

A declaração é, ainda, um ato de comunicação, isto é, uma ação que releva por dela se depreender uma opção interior do declarante, opção essa que, assim, se vai exteriorizar[354].

A declaração é, por fim, um ato de validade[355]: ao fazê-la, o declarante não emite uma comunicação de ciência ou uma informação opinativa: ele manifesta uma adstrição da própria vontade, que a origina, a um padrão de comportamento determinado, pré-indiciado por ela própria[356].

IV. Alguma doutrina, representada entre nós por Manuel de Andrade/ /Mota Pinto[357], intenta, da declaração, dar noções mais "objetivadas", no sentido de menos ligadas à vontade do declarante.

Baseia-se, para tanto, em vários traços do regime do negócio jurídico – e das declarações em que ele assente – abaixo referidas e de onde resulta que o Direito atende, preferencialmente, à declaração e não à vontade[358].

Outros casos poderiam, aqui, ser mencionados, com este mesmo sentido: no campo negocial, não se trata, apenas, de dar expressão à vontade do declarante; há, também, que tutelar a confiança das pessoas em certas exteriorizações, mesmo quando apenas na aparência se mostrem negociais.

---

[354] Gerhard Struck/Michael Stopper, *Kommunikationsregeln im Zivilrecht*, JA 2000, 340-348.

[355] Estas distinções são indiciadas por Larenz/Wolf, *Allgemeiner Teil*, 9.ª ed. cit., 441 ss., onde pode ser confrontada outra bibliografia.

[356] Cite-se, a este propósito, Johannes Brose, *Grundsätzliches zur Willenserklärung*, AcP 130 (1929), 188-207 (188):

A declaração negocial (= declaração de vontade) é uma declaração de dever-ser. A declaração de dever-ser é a exteriorização de uma volição psíquica do declarante, a qual é complementada através de um complexo sociológico de normas.

[357] Manuel de Andrade, *Teoria geral* cit., 2, 122 ss. e Mota Pinto, *Teoria geral*, 3.ª ed. cit., 416 ss..

[358] *Infra*, 700 ss..

§ 9.º A declaração de vontade

V. Apesar deste estado de coisas, que se prende, aliás, ao regime negocial, mais do que ao conceito de negócio ou de declaração, pode-se contrapor, ao objetivismo, a necessidade de salvaguardar, como núcleo significativo, a ideia de declaração enquanto efetiva exteriorização da vontade humana, com as precisões acima efetuadas.

Depois dos estudos de Canaris, as orientações "objetivistas", no domínio das declarações da vontade, devem ser convoladas para a doutrina da tutela da confiança[359].

Na verdade, a confiança legítima é tutelada, aplicando-se-lhe mesmo, diretamente ou por analogia, as regras sobre negócios jurídicos[360]. Mas ela não deve, no plano da reflexão, ser confundida com as declarações negociais em si. Pelo que se segue:

– o negócio jurídico apresenta-se como uma manifestação da autonomia privada; nessa medida, ele deve corresponder à vontade autónoma das pessoas ou mais não será do que um simulacro de autonomia: o Direito – sendo, como é, uma Ciência – não pode assentar em equívocos ou em ficções;
– o "negócio jurídico" que se mantenha sem vontade real não é já um verdadeiro negócio mas, antes, uma manifestação de confiança tutelada; tal tutela exige, desde logo, toda uma série de dispositivos legais que a facultem e que não se confundem com a autonomia privada;
– apesar das analogias referidas, o verdadeiro negócio jurídico e o "negócio" aparente provocam a aplicação de regras diferentes.

Esta diferenciação de regras, em conjunto com uma necessidade de limpidez científica, recomendaria que a declaração fosse sempre entendida como ação – logo voluntária e enquanto tal. A autonomia tem limites: mas esses limites restringem, também o próprio negócio e a declaração negocial: não se confundem com eles, pelo menos no prisma desta orientação,

---

[359] Claus-Wilhelm Canaris, *Die Vertrauenshaftung im deutschen Privatrecht* (1971), 2.ª ed. inalt. (1981) e reimp. em *Gesammelte Schriften* 2 (2012), 3-656, *passim*; na sequência, quando outra coisa não se indique, será citada pela 2.ª edição.
[360] Assim, Canaris, *Vertrauenshaftung*, 2.ª ed. cit., 451 ss. e *passim*. A confiança terá de ser imputada a quem lhe sofra as consequências: seja a título de negligência, seja de risco; *vide* Hepting, *Erklärungswille* cit., 219 ss.. O tema será retomado a propósito da (falta de) consciência da declaração; *vide infra*, 786 ss..

que já subscrevemos[361]. Hoje, o nosso pensamento evoluiu, nos termos que seguem.

43. O *continuum*; a transição para o regime

I. As clássicas discussões sobre a natureza da declaração de vontade e, designadamente, sobre a primazia da vontade ou da declaração e sobre a articulação entre elas, mau grado a luz que fazem, devem ser superadas por um entendimento integrado do fenómeno negocial.

Em termos neurológicos, não é sempre possível discernir uma opção cerebral, seguida de indicações aos órgãos motores que controlam a fala ou a escrita, para que manifestem o decidido. Sabemos hoje que o cérebro atua em conjunto com os demais órgãos, de tal modo que a vontade se vai modelando à medida que se procede a exteriorizações.

II. A vontade da declaração, tomada como ação final dirigida a certos efeitos ou a certos efeitos principais, não se distingue, no fundo, da ação efetiva e do produto dessa ação. Digamos que a vontade e a declaração constituem um *continuum* humano e valorativo, que apenas para efeitos de análise pode ser cindido.

III. Em termos dogmáticos, o problema desloca-se para o regime. Em face de um concreto negócio jurídico, até que ponto se exige a consciência da declaração? E perante uma declaração, releva o erro na exteriorização da vontade? E na própria formação da vontade? Em que margens? Quando se proceda à interpretação do negócio, em que medida se podem investigar as opções interiores do declarante? Ou validar-se-á, apenas, a conduta comunicativa, tal como é entendida pela contraparte?

Em suma: perante um Direito civil codificado, há que deixar o espaço livre para a determinação do regime do negócio.

IV. A ponderação geral do regime leva-nos, hoje, a validar uma natureza essencialmente objetiva da declaração. Vale a argumentação de Manuel de Andrade e de Mota Pinto, acima referida e que podemos complementar:

---

[361] *Vide*, na 3.ª ed., tomo 1, da parte geral, deste *Tratado*, 543.

§9.º A declaração de vontade

– na interpretação prevalece a doutrina da impressão do destinatário (236.º/1), isto é: aquilo que, do exterior, se empreste, em termos significativos, ao ato comunicativo do declarante;
– a reserva mental, traduzida numa declaração que não corresponda à vontade real, para enganar o declaratário, é irrelevante (244.º/1);
– a declaração que não equivalha à vontade real só pode ser anulada em condições apertadas (247.º);
– a declaração feita em situação de incapacidade acidental (incapacidade de entender ou de querer) só pode ser anulada em circunstâncias restritivas (257.º/1).

Mas então: temos vontade ou tutela da confiança? Ambas, também em contínuo. Não parece possível separá-las, uma vez que a própria vontade se vai formando ao ritmo da confiança que o agente vá inspirando.

A partir daqui, cabe aperfeiçoar o regime.

§ 10.º TIPOS DE DECLARAÇÕES

44. Declarações expressas e tácitas

I. Segundo o artigo 217.º/1 do Código Civil[362], a declaração negocial é *expressa* quando seja feita por palavras, escrito ou qualquer outro meio direto de manifestação de vontade; pelo contrário, será *tácita* quando se deduza de factos que, com toda a probabilidade, a revelem[363]. Tal é o caso do artigo 234.º. O Supremo, em acórdão de 5-nov.-1997, veio explicitar a ideia: os comportamentos requeridos pela declaração tácita terão de ser "significantes", "positivos" e "inequívocos"[364]. Na determinação de uma declaração tácita há que atender aos usos e ao ambiente social onde ocorram os factos[365]. Afirmar a existência de uma declaração tácita é questão-de-direito, sindicável pelo Supremo Tribunal de Justiça[366].

---

[362] O preceito remonta ao projeto de Rui de Alarcão, *Declarações expressas e declarações tácitas* cit., 233, ele próprio inspirado na *Teoria geral*, de Manuel de Andrade.

[363] Sobre todo o tema e com inúmeros elementos, Paulo Mota Pinto, *Declaração tácita e comportamento concludente* cit., 438 ss.. Na doutrina alemã, temos o clássico de Eugen Ehrlich, *Die stillschweigende Willenserklärung* (1893), XII + 296 pp., 27 ss.; os escritos mais recentes, atualmente, são os de Manfred Wolf/Jörg Neuner, *Allgemeiner Teil* cit., 10.ª ed., § 31 (340 ss.), de Reinhard Singer, no Staudinger cit., Vorbem zu §§ 116 ff., Nr. 51 ss. (467 ss.) e de Christian Armbrüster, no *Münchener Kommentar* cit., 1, 6.ª ed., Vor § 116, Nr. 6 ss. (1140 ss.).

[364] STJ 5-nov.-1997 (Nascimento Costa), BMJ 471 (1997), 361-368 (367). STJ 24-out.-2000 (Torres Paulo), CJ/Supremo VIII (2000) 3, 93-96 (95), complemento: a declaração tácita resulta de um comportamento concludente que, considerando todas as circunstâncias, não deixa fundamento razoável para dúvidas. A inequivocidade dos *facta concludentiae* é aferida por critérios práticos e não por critérios estritamente lógicos: STJ 4-fev.-2003 (Silva Paixão), CJ/Supremo XI (2003) 1, 79-84 (81/II).

[365] STJ 11-out.-2001 (Silva Paixão), CJ/Supremo IX (2001) 3, 75-78 (77/II).

[366] STJ 5-nov.-1997 cit., BMJ 471, 366, com indicações, bem como STJ 24-out.-2000 cit., CJ/Supremo IX, 3, 96.

§ 10.º Tipos de declarações

Repare-se pois que, com base nas próprias noções legais, há sempre, nas declarações negociais, uma atuação – logo humana e voluntária – devidamente exteriorizada. Nuns casos, porém, a exteriorização é feita de modo direto, por forma a dar, da vontade, uma imagem exterior imediata; noutros, ela resulta, indiretamente, de outros fatores. Não deve, confundir-se declaração tácita com inação ou com ausência de declaração: a "declaração tácita" é, na verdade, uma "declaração indireta", autonomizada, enquanto tal, numa classificação consagrada (Galvão Telles/Dias Marques)[367].

Numa apresentação tradicional da matéria, haveria duas teorias explicativas da distinção entre declarações expressas e declarações tácitas: a subjetiva e a objetiva[368].

Para a subjetiva, a declaração é expressa quando resulta de uma conduta destinada a manifestar uma vontade e tácita caso derive de uma atuação que tenha outros objetivos, mas da qual se possa inferir uma vontade negocial.

Para a objetiva, a declaração expressa é atuada com meios cujo sentido declaratório está fixado pelos usos, pela lei ou por convenção; será tácita quando os meios em jogo só no contexto permitam apreender tal sentido.

A favor de uma conceção objetiva (Cariota Ferrara): dispensa uma indagação psicológica sobre a vontade do agente; contra (Manuel de Andrade): em geral, concorrem meios declarativos dos dois tipos[369]. Podemos considerar que ambas as teorias são válidas, como meios de análise. A declaração expressa pode, todavia, surgir por formas atípicas, enquanto a tácita é viável, por vias consagradas.

II. As confusões apontadas levam a doutrina recente a evitar falar em declarações tácitas. A serem-no verdadeiramente, podem confundir-se com o silêncio, examinado na rubrica subsequente e que coloca questões muito

---

[367] Como explicava K. Schneider, *Die Bedeutung der ausdrücklichen Willenserklärung und ihre Gegensatz zur Willensbestätigung*, AbürgR 42 (1916), 273-295 (273), a declaração terá de ser expressa de algum modo: ou não é declaração.

[368] Luigi Cariota Ferrara, *Il negozio giuridico* cit., 409-411 e Manuel de Andrade, *Teoria geral* cit., 2, 130-132. Deve esclarecer-se que os múltiplos autores alemães citados por Cariota Ferrara adotam terminologias não coincidentes: seria necessário um exame caso a caso, para determinar as opções de cada um deles, irredutíveis, em geral, à clivagem subjetivo/objetivo.

[369] Ludwig Enneccerus/Hans Carl Nipperdey, *Allgemeiner Teil* cit., 15.ª ed., § 153, I (2, 943), com influência decisiva em Manuel de Andrade.

distintas. Usa, por isso, a locução declarações concludentes (*konkludente Erklärungen*)[370].

Acentua-se, desta feita, o facto de a vontade se manifestar não através de um ato de comunicação a tanto destinado, mas mediante um comportamento que, nas condições em que ocorra, permita inferir a vontade dos efeitos do negócio. E então, cabe distinguir:

– comportamentos típicos, isto é, estandartizados, de tal modo que, no meio considerado, sejam imediatamente reconhecidos como manifestando a vontade negocial;
– condutas diversas que, todavia, permitam inferir essa mesma vontade.

As declarações concludentes aplicam-se a regras respeitantes às expressas[371], ainda que com as necessárias adaptações.

III. A categoria das "declarações tácitas" reporta-se aos mais diversos atos e negócios jurídicos; por exemplo, as deliberações podem, também, ser tácitas[372], outro tanto sucedendo com a autorização prevista no artigo 1340.º/4, para efeitos de acessão[373], com a aceitação de uma herança[374], com a confirmação[375] e com a adoção de um pacto atributivo de competência internacional[376].

IV. A possibilidade, reconhecida por lei, de se formarem negócios jurídicos na base de declarações tácitas obriga a chamar a atenção para dois fatores.

A natureza formal de uma declaração não impede que ela seja tacitamente emitida; como dispõe o artigo 217.º/2 do Código Civil, requer-se, então, que a forma prescrita tenha sido observada quanto aos factos de que se deduza a declaração em causa.

---

[370] Manfred Wolf/Jörg Neuner, *Allgemeiner Teil* cit., 10.ª ed., § 31, Nr. 7 ss. (342 ss.).

[371] Paulo Mota Pinto, *Über Willensmängel bei schlüssigen Verhalten*, FS Canaris 1 (2007), 871-900 (872 ss.).

[372] STJ 22-nov.-1997 (Sousa Inês), BMJ 451 (1995), 460-468 (467).

[373] RCb 8-fev.-2000 (Custódio Marques Costa), CJ XXV (2000) 1, 17-20 (20/I).

[374] RPt 8-nov.-2001 (Sousa Leite), CJ XXVI (2001) 5, 177-181 (178).

[375] RPt 8-jan.-2002 (Manso Raínho), CJ XXVII (2002) 1, 173-177 (176/I).

[376] RGm 4-jun.-2003 (Leonel Serôdio), CJ XXVIII (2003) 3, 290-292.

A presença, sempre viável, de declarações tácitas não deve conduzir a uma hipertrofia da vontade. Há, assim, que combater uma tendência sempre presente para explicar fenómenos jurídicos questionáveis com recurso a "declarações tácitas"[377]: só é legítimo descobrir declarações negociais, ainda que tácitas, quando haja verdadeira vontade, dirigida aos efeitos e minimamente exteriorizada, ainda que de modo indireto.

Particularmente condenável é, num prisma científico, o recurso a ficções negociais, ou seja, a imputação de determinados efeitos jurídicos a uma declaração inexistente, como forma de aplicar soluções que poderiam ser obtidas através de um negócio. Esse caminho não deve ser seguido: havendo que explicar saídas controversas, apenas na presença real de declarações de vontade se pode apelar ao negócio jurídico; na falta delas queda, em última instância, a via da analogia.

V. Por vezes, a lei exige que determinada vontade conste de "cláusula expressa" ou seja "expressamente manifestada". Essa ideia é muitas vezes minimizada sob a invocação de que a tal "cláusula expressa" pode ser ... tacitamente manifestada.

Caso a caso haverá que interpretar o objetivo da lei, ao exigir a "vontade expressa". Em geral podemos, todavia, considerar que essa exigência legal ocorre perante cláusulas perigosas ou graves para o declarante[378]. A exigência de uma assunção expressa destina-se a consciencializá-lo, visando a sua proteção. Nessa eventualidade haverá que, no mínimo, verificar se, em concreto, o objetivo legal se mostra assegurado. Na dúvida, a exigência legal deve ser tomada em sentido técnico: o de afastar declarações tácitas.

Como exemplos, o Código Civil exige declarações expressas nos artigos 587.º/2 (garantia de solvência do devedor na cessão de créditos), 589.º (sub-rogação pelo credor), 590.º/2 (sub-rogação pelo devedor), 591.º/2 (sub-rogação em consequência de empréstimo feito ao devedor), 600.º

---

[377] Houve uma orientação germanista que, procurando, no antigo Direito alemão, um apoio questionável, defendeu um alargamento da "eficácia tácita"; *vide* o clássico de Hermann Krause, *Schweigen im Rechtsverkehr – Beiträge zur Lehre vom Bestätigungsschreiben, von der Vollmacht und von der Verwirkung* (1933) 223 pp.; um enquadramento posterior pode ser confrontado em Fritz Fabricus, *Stillschweigen als Willenserklärung*, JuS 1966, 1-11 e 50-60 e em Claus-Wilhelm Canaris, *Schweigen im Rechtsverkehr als Verpflichtungsgrund*, FS Wilburg (1975), 77-97 = *Gesammelte Schriften* 2 (2012), 691-715.

[378] Reinhard Singer, no *Staudinger* cit., Vorbem zu §§ 116 ff., Nr. 52 (467).

(insolvência do novo devedor, na arrumação de dívidas), 628.º/1 (vontade de prestar fiança), 641.º/2 (declaração destinada a evitar a perda do benefício da excussão), 731.º/1 (renúncia à hipoteca), 767.º/2 (acordo impeditivo da prestação por terceiro), 859.º (declaração negocial de novação), 861.º (reserva de salvaguarda de garantias, na novação), 956.º/2, *a*) (responsabilidade do doador por doação de bens alheios), 957.º (responsabilidade do doador por ónus ou vício do direito ou da coisa doada), 982.º (cláusula que permite suprimir direitos especiais sem o consentimento do sócio), 990.º (autorização de concorrência) e 997.º/3 (exoneração de responsabilidade de sócios não-administradores).

Por vezes, a lei consegue o mesmo efeito exigindo cláusula escrita ou cláusula *a se*, no contrato: 1076.º e 1095.º, como exemplos, no arrendamento urbano.

Em todos estes casos, é evidente a preocupação legislativa de assegurar quer a segurança quanto à existência da declaração, quer um suplemento de reflexão, por banda do declarante.

45. O silêncio

I. Em Direito, diz-se silêncio a total ausência de comunicação, por parte do sujeito considerado. O silêncio caracteriza-se não apenas pela falta de palavras, de gestos ou de escritos: ele requer que, da ambiência existente, não se possa, dele, retirar qualquer mensagem. Por vezes, o silêncio equivale, nas circunstâncias que o acompanhem, a uma negativa ou a uma aquiescência: não é verdadeiro. O silêncio jurídico é um *nullum*[379]. Não possui qualquer valor declarativo[380].

O silêncio era conhecido e ponderado pelos jurisprudentes romanos[381]. Ao longo da História e, ainda hoje, nas relações sociais comuns, ele tem sido entendido diversamente. Multiplicam-se os ditos e os aforismos: quem cala consente; *qui tacet, consentire videtur*; *wer schweigt, bejaht*; *schweigst du still, so it's dein Will*, etc.. A isso contrapõe-se que tal só se justificaria quando quem cale pudesse e devesse falar (*qui tacet, ubi loqui*

---

[379] Manfred Wolf/Jörg Neuner, *Allgemeiner Teil* cit., 10.ª ed., § 31, Nr. 12 (343).
[380] Heinrich Ewald Hörster, *A parte geral do Código Civil português/Teoria geral do Direito civil* (1992), n.º 695 (434-435).
[381] Andreas Wacke, *Zur Lehre vom pactum tacitum und der Aushilfsfunktion der exceptio doli. Stillschweigender Verzicht und Verwirkung nach klassischem Recht*, SZRom 90 (1973), 220-261 e 91 (1974), 251-284.

potuit ac debuit, consentire videtur). Mas replica-se: se devia falar e não o faz, é responsável pelos danos: não se lhe impute, todavia, uma declaração que não fez. Resta o inverso: quem cala, não recusa nem aceita (*quid tacet neque negat, neque utique fatetur*)[382].

Andreas Wacke considera que, perante um princípio, pode surgir um contraprincípio que restrinja ou delimite o primeiro[383]. Neste caso, nem será necessário ir tão longe: o silêncio jurídico é ausência de declaração, sendo tomado, pelo BGB e fundamentalmente, como recusa[384].

II. O silêncio equivale à inexistência de qualquer ação e, logo, de meios destinados a prosseguir algum fim[385]: isso após interpretação das circunstâncias, se a tanto for necessário chegar.

A mera consideração de princípios gerais permitiria fixar o valor nulo do silêncio e, depois, através da intervenção de outros institutos, recortar algumas delimitações. Todavia, na preparação do Código Vaz Serra, optou-se por dispor expressamente sobre o tema.

Rui de Alarcão preconizou, no seu anteprojeto, o texto seguinte[386]:

1. O silêncio vale como declaração negocial em determinado sentido quando a lei ou uma estipulação das partes assim o dispuser. E o mesmo valor lhe competirá se, conforme a boa-fé, e tidos em atenção os usos do tráfico, o silenciante devia ter falado ou agido para manifestar a sua vontade divergente, e não o fez, embora sabendo que naquele sentido podia ser entendido o seu silêncio, e assim realmente aconteceu.

2. O destinatário duma proposta contratual cujo silêncio não valha como aceitação é obrigado a restituir a coisa que o proponente lhe tenha enviado, quando ele a for ou mandar buscar, e bem assim a conservá-la, só incorrendo, porém, em responsabilidade quando tenha agido com dolo.

Na sua justificação, esse Autor faz, com especial interesse interpretativo, as seguintes observações:

---

[382] Manuel de Andrade, *Teoria geral* cit., 135 ss..

[383] Andreas Wacke, *Kein Antwort ist auch eine Antwort. Qui tacet, consentire videtur, ubi loqui potuit ac debuit*, JA 1982, 184-185 (184/II).

[384] *Idem*, 185/I; Werner Flume, *Das Rechtsgeschäft* cit., 4.ª ed., 64-65.

[385] Ludwig Enneccerus/Hans Carl Nipperdey, *Allgemeiner Teil* cit., 15.ª ed., § 153, III (2, 944); *vide* STJ 28-jan.-1999 (Ferreira de Almeida), CJ/Supremo VII (1999) 1, 67-70 (69/I).

[386] Rui de Alarcão, *Declarações expressas e declarações tácitas – O silêncio* cit., 238.

I. O termo *silêncio* vem aqui tomado na sua aceção técnico-jurídica, em que significa não apenas o não falar, mas um *comportamento puramente omissivo ou abstensivo*. Isto mesmo, aliás, se depreende da própria redação do § 1.º, dado que nele se diz que "o silenciante devia ter falado ou agido ...".

II. O problema do silêncio como meio de declaração negocial aparece muito frequentemente posto como a questão de saber se ele poderá valer como aceitação duma proposta de contrato. Mas o problema pode pôr-se em termos mais amplos, e daí que pareça aconselhável a formulação proposta, que se refere ao valor do silêncio como *declaração negocial*.

Na versão sintética do anteprojeto, Rui de Alarcão limita o preceito relativo ao silêncio: ele apenas abrange, com alterações formais, o 2.º/1 do texto acima transcrito[387].

Na primeira revisão ministerial, o texto retido foi o seguinte[388]:

1. O silêncio vale como declaração negocial quando a lei ou a estipulação das partes lhe confiram esse valor.
2. Análogo valor lhe compete quando a parte não haja contestado, como a boa-fé e os usos lhe impunham, o alcance declarativo que ao seu silêncio tenha sido atribuído.

O preceito foi sendo sintetizado, surgindo a versão definitiva na segunda revisão ministerial[389].

III. O Código Civil ficou dotado de um preceito (o 218.º), cujo texto cumpre ter presente[390]:

O silêncio vale como declaração negocial, quando esse valor lhe seja atribuído por lei, uso ou convenção.

Temos, pois, três hipóteses abstratas de relevância positiva do silêncio. O silêncio vale quando a lei o determine. Assim sucede no 923.º/2

---

[387] Rui de Alarcão, *Do negócio jurídico/anteprojecto para o novo Código Civil*, BMJ 105 (1961), 249-279 (251-252).
[388] BMJ 107 (1961), 5-158 (86).
[389] *Código Civil*, Livro I – Parte geral (2.ª revisão ministerial) (1965, polic.), 86.
[390] DG I n.º 334, de 25-nov.-1966, 1904/II.

§ 10.º Tipos de declarações

(na venda a contento, a proposta considera-se aceita se, entregue a coisa ao comprador, este não se pronunciar dentro do prazo da aceitação) e no 1163.º (comunicada a execução ou inexecução do mandato, o silêncio do demandante por tempo superior àquele em que teria de pronunciar-se, segundo os usos ou, na falta destes, de acordo com a natureza do assunto, vale como aprovação da conduta do mandatário). Uma importante hipótese de relevância do silêncio surge no artigo 27.º/1 da LCS: quando uma companhia seguradora receba uma proposta de seguro remetida por uma pessoa singular (candidato a tomador do seguro) e nada diga, o contrato tem-se como celebrado, desde que se reúnam certas condições[391].

A linguagem legal não está uniformizada, pelo que se impõe, sempre, uma interpretação sistemática[392].

O silêncio opera quando a lei lhe atribua relevância positiva, isto é, quando valha como declaração de aceitação. Quando a inação do sujeito conduza à caducidade do seu direito (relevância negativa do silêncio), não há propriamente um valor negocial: antes se aplicam as regras da repercussão do tempo nas situações jurídicas e, designadamente, as da caducidade.

IV. A remissão para o uso, que poderia conferir valor negocial ao silêncio, coloca algumas dificuldades. O artigo 3.º/1, numa linguagem que merece crítica[393], dispõe:

> Os usos que não forem contrários aos princípios da boa-fé são juridicamente atendíveis quando a lei o determine.

Pergunta-se se a "lei" juridificadora dos usos que emprestem relevância jurídica ao silêncio é o próprio artigo 218.º. A ser esse o caso, o silêncio seria relevante, sempre que houvesse um uso nesse sentido: sem necessidade de qualquer outro preceito juridificador. A resposta afigura-se-nos negativa: por razões sistemáticas e sinépicas (relativas às consequências).

Em termos sistemáticos, cumpre ter presente que o Código Civil não conferiu relevo aos usos nos domínios da interpretação e da integra-

---

[391] *Direito dos seguros*, 652-654.
[392] Assim, o artigo 1163.º fala em "aprovação tácita", enquanto o artigo 234.º refere uma "dispensa de declaração de aceitação"; quanto a este preceito *vide*, todavia, *infra*, 335 ss..
[393] *Tratado* I, 573 ss..

ção negociais – artigos 236.º e seguintes; seria anómalo que o fizesse no campo, ainda mais grave, da própria declaração[394].

Em termos sinépicos, atine-se nos particulares inconvenientes que derivam da "juridificação", via usos, do silêncio: as pessoas, independentemente de qualquer vontade, acabariam vinculadas a situações jurídicas de tipo negocial. A possibilidade de prejuízos, designadamente para os consumidores, é evidente, o que provoca as desconfianças do Direito[395].

O silêncio valerá, pois, como declaração negocial quando um uso, devidamente juspositivado por uma lei, o determine[396]. Evidentemente: tratando-se de um contrato, este passará a constar do que diga a proposta, incidindo, sobre ela, a atividade de interpretação[397].

V. Por fim, podem as partes, por convenção, atribuir ao silêncio o significado que lhes aprouver e, entre outros, um sentido negocial. Trata-se de um simples exercício da autonomia privada, que não levanta dúvidas de maior. Este ponto é alargado pela interpretação da lei. Com efeito, o declarante pode, voluntariamente, inserir-se em ambiências que permitam, do seu silêncio, inferir uma vontade negocial[398]. Digamos que facultaria uma declaração concludente[399], distinguindo-se da pura declaração tácita, por não resultar de nenhum elemento exterior. Um efeito similar seria possível quando, no silêncio, se viesse a alicerçar uma situação de confiança razoá-

---

[394] Repare-se que quando os usos atribuíssem o valor de declaração negocial ao silêncio, eles teriam ainda de proporcionar as suas "interpretação" e "integração" e em termos radicais: o silêncio nada querendo dizer, apenas os usos lhe poderiam insuflar um sentido e um alcance.

[395] *Vide* as precauções postas, pelo legislador, quanto ao valor do silêncio ou de manifestações fictícias similares, quando impostas por cláusulas contratuais gerais, no artigo 19.º, *d*), da LCCG. Veja-se, ainda, o artigo 9.º/4, da LDC.

[396] Assim sucede no domínio das situações laborais, nos termos do artigo 12.º/2 da LCT, hoje artigo 1.º do CT. Em compensação, tal não é possível no domínio bancário, dado o regime das cláusulas contratuais gerais e quanto acima foi dito. Quanto aos usos no domínio do contrato de trabalho, *vide* Luís Gonçalves da Silva, em Pedro Romano Martinez, *Código do Trabalho anotado*, 9.ª ed. (2013), 101 ss. e Maria do Rosário Palma Ramalho, *Tratado de Direito do trabalho*, I – *Dogmática geral*, 3.ª ed. (2012), 241 ss..

[397] Wolfgang Schulz, *Annahme im Sinne des § 151 BGB und Annahme durch Schweigen*, MDR 1995, 1187-1190 (1190/II).

[398] Claus-Wilhelm Canaris, *Schweigen im Rechtsverkehr als Verpflichtungsgrund* cit., 78; Reinhard Singer, no *Staudinger* cit., Vorbem zu §§ 116 ff., Nr. 61 (474).

[399] Christian Armbrüster, no *Münchener Kommentar* cit., 1, 6.ª ed., § 31, Nr. 19 (344-345).

vel e legítima[400]: nessa eventualidade, o sujeito silencioso ficaria ligado à necessidade de respeitar a confiança que fez surgir.

Estas possibilidades existem, mas devem ser tomadas com cautela. As pessoas têm o direito ao silêncio, até como meio de defesa contra a envolvente e invasiva sociedade dos nossos meios. E desse silêncio, nada pode ser inferido, salvo muito ponderosos elementos em contrário, elementos esses dos quais o sujeito possa, sem esforço, libertar-se.

VI. O silêncio coloca ainda algumas questões, quando confrontado com os requisitos formais dos negócios. Por definição, o silêncio envolve a ausência de qualquer declaração; não apresenta, por isso, nenhuma forma.

Acaso a própria lei atribua, ao silêncio, um determinado valor negocial, pode estar implícita a dispensa de uma forma que, doutro modo, seria requerida. Mas outro tanto não sucede com os usos ou com a simples convenção das partes: através da concessão de eficácia ao silêncio, não é viável a dispensa das regras formais. Seria de encarar uma alternativa: a de a própria convenção relativa ao silêncio seguir a forma legalmente prescrita e, depois, também de acordo com essa mesma forma, se constatar a ocorrência do silêncio. Mas em tal eventualidade, seria já muito duvidosa a mera existência do silêncio: tudo apontaria, antes, para a presença de um negócio tácito.

Pergunta-se, depois, como interpretar o silêncio quando, por via do 218.º, ele valha como declaração negocial. Aparentemente, nada há para interpretar. A atenção do operador jurídico terá de se concentrar sobre a outra declaração. Não obstante, as circunstâncias em que sobrevenha o silêncio e as regras que o juridifiquem constituem, em si, um possível e significativo objeto de interpretação.

46. Declarações presumidas e fictas

I. Um lugar próprio deve ser dado às denominadas declarações presumidas. Na declaração presumida, a lei associa, a certo comportamento, o significado de determinada declaração negocial, admitindo, contudo, prova em contrário ou seja: aceitando que o interessado demonstre, afinal, que outra havia sido a sua vontade. Subjacente estaria, aqui, uma presun-

---

[400] Manfred Wolf/Jörg Neuner, *Allgemeiner Teil* cit., 10.ª ed., § 31, Nr. 19 (344-345).

ção ilidível ou *iuris tantum* – artigo 350.º/2. Em casos muito especiais, a lei vedaria mesmo a prova em contrário, falando-se, então, em declaração ficta: a presunção seria inilidível ou *iuris et de iure* – artigo 350.º/2, *in fine*. Esta técnica, que Manuel de Andrade ainda exemplificava com base no Código de Seabra[401], tende, hoje, a ser abandonada, pelas distorções linguísticas que envolve.

II. A matéria das presunções tem a ver com o ónus da prova. Em princípio, quem pretenda determinada eficácia jurídica, tem de provar os competentes factos de onde ela deriva; mas se beneficiar de uma presunção, o ónus transfere-se, cabendo à outra parte provar o contrário. Ora estes esquemas de inversão do ónus da prova podem articular-se com as declarações negociais. Na "presunção inilidível" não há, porém, qualquer questão probatória nem, em rigor, qualquer presunção. Apenas se verifica que a lei associa, a certo facto, determinados efeitos, utilizando, para isso, linguagem negocial[402].

Na atualidade, as leis seguem a via, correta e preferível, de abandonar as declarações presumidas: o mesmo efeito consegue-se, com maior apuro dogmático, através da prescrição de certo regime, com possibilidade de afastamento por declaração em contrário.

47. Declarações recipiendas e não recipiendas

I. As declarações negociais são recipiendas ou não recipiendas, consoante tenham ou não um destinatário[403]. Na normalidade dos casos, as declarações que visem integrar um negócio contratual são recipiendas, ao passo que as atinentes a negócios unilaterais – que se prendem, por definição, a uma única vontade – operam por si. Mas há exceções: a oferta ao público não tem qualquer destinatário, por definição e destina-se, justamente, a integrar um conteúdo contratual.

---

[401] Manuel de Andrade, *Teoria geral* cit., 2, 138-140.
[402] *Vide* Reinhard Singer, no *Staudinger* cit., Vorbem zu §§ 116 ff., Nr. 65 (476-477).
[403] Usa-se, por vezes, a designação "recetício" e "não recetício" (Manuel de Andrade, Mota Pinto); a referência feita no texto, mais consentânea com o étimo das expressões, é tradicionalmente utilizada na Faculdade de Direito de Lisboa.

§ 10.º Tipos de declarações

II. As declarações recipiendas veem a sua eficácia condicionada pela ligação particular que visam estabelecer com o seu destinatário. O tipo de relacionamento exigido – do qual depende o momento da eficácia – tem sido equacionado com recurso a várias doutrinas, das quais cabe explicitar cinco[404]:

– a teoria da exteriorização;
– a teoria da expedição;
– a teoria da receção;
– a teoria do acolhimento;
– a teoria do conhecimento.

Pela teoria da exteriorização (*Äußerungstheorie*), o negócio ficaria concluído quando a vontade tivesse obtido a sua forma exterior, isto é, quando se manifestasse (Wening, Savigny, Puchta e Jhering)[405]. Não chega: a vontade pode exteriorizar-se sem lograr atingir o seu destinatário[406]. Este, não a conhecendo, não lhe pode emprestar nenhum significado, não alcançando, assim, qualquer relevo social.

A teoria da expedição (*Entäußerungstheorie*), também dita do envio (*Übermittlungstheorie*), empresta eficácia à declaração quando seja remetida, rumo ao destinatário (von Scheurl, Schliemann e Windscheid)[407].

---

[404] Em geral, ainda que não indicando todos os elementos: Andreas von Tuhr, *Das Allgemeine Teil des Deutschen Bürgerlichen Rechts*, III/1 (1914), § 61, III, 2 (432), Ludwig Ennecerus/Hans Carl Nipperdey, *Allgemeiner Teil* cit., 2, 15.ª ed., § 158, II (974) e Reinhard Singer/Jörg Benedict, no Staudinger (2012) cit., § 130, Nr. 1-8 (703-705).

[405] Wening, *Ueber den Zeitpunkt der Gühltigkeit eines unter Abwesenden geschlossen Vertrages*, AcP 2 (1819), 267-271 (270), Friedrich Carl von Savigny, *System des heutigen römischen Rechts* 3 (1840), § 140 (308): (...) a vontade deve ter sido mutuamente declarada (...) e 8 (1849), § 371 (275), Georg Friedrich Puchta, *Pandekten*, 2.ª ed. (1844), § 251 (361) e Rudolf von Jhering, *Culpa in contrahendo oder Schadensersatz bei nichtigen oder nicht zur Perfection gelangten Verträgen*, JhJb 4 (1861), 1-112 (86).

[406] A teoria da exteriorização, particularmente em Wieling, em Puchta e em Jhering, nos locais citados na nota anterior, ocorria especialmente a propósito da declaração de aceitação: desde que esta fosse formulada, surgia o contrato, ficando a proposta em situação de irrevogabilidade.

[407] Von Scheurl, *Vertragsabschluss unter Abwesenden*, JhJb 2 (1858), 248-282 (251), Adolf Karl Wilhelm Schliemann, *Beiträge zu Lehre von der Stellvertretung beim Abschluss obligatorischer Verträge*, ZHR XVI (1871), 1-31 (5): a declaração produz efeitos com a entrega ao núncio e Bernard Windscheid/Theodor Kipp, *Lehrbuch des Pandektenrechts* cit., 2, 9.ª ed., § 309 (268).

Também não é suficiente: a declaração pode ser remetida, sem nunca chegar ao destinatário. Não se vê como emprestar-lhe eficácia.

A teoria da receção (*Empfangstheorie*) dá mais um passo: a eficácia de uma declaração recipienda dependerá de o destinatário a receber, com efetividade (Koeppen e Kohler)[408]. Mas ainda não é satisfatória, uma vez que o destinatário pode recebê-la sem disso se aperceber ou tomar conhecimento.

A teoria do acolhimento ou da posse (*Besitztheorie*) intenta aperfeiçoar a ideia de receção: em que preciso momento ocorre tal receção? Os efeitos surgiriam logo que a declaração chegasse ao poder do destinatário (Titze)[409]. Mas esse "poder" não assegura que o destinatário dela tenha ou possa ter consciência.

A teoria do conhecimento (*Vernehmungstheorie*), por fim, confere eficácia à declaração que chegue ao efetivo conhecimento do destinatário (Bekker e Regelsberger)[410].

III. O BGB não tomou posição explícita, quanto ao tema. A doutrina, em alguns ajustes, aponta para a teoria do conhecimento[411]: a própria justificação de motivos do BGB tomou-a por evidente, com breve argumentação e dispensando referências[412]. Já o legislador nacional ponderou o tema.

A matéria relativa à "formação da declaração e do contrato"[413] ficara a cargo de Vaz Serra. Pesou, naturalmente, a grande proximidade entre esse

---

[408] Karl Friedrich Albert Koeppen, *Der obligatorische Vertrag unter Abwesen*, JhJb 11 (1871), 139-393 (374) e Josef Kohler, *Ueber den Vertrag unter Abwesenden*, AbürgR 1 (1889), 283-326 (293-294), já com cedências à teoria do conhecimento.

[409] Heinrich Titze, *Der Zeitpunkt des Zugehens bei empfangsbedürftigen schriftlichen Willenserklärungen*, JhJb 47 (1904), 379-466 (383); o autor recusa a teoria do conhecimento.

[410] Ernst Immanuel Bekker, *Ueber Verträge unter Abwesenden nach gemeinem Rechte und nach dem Entwurfe eines allgemeinen deutschen Handelsgesetzbuchs*, JgemdR 2 (1858), 342-414 (350) e Ferdinand Regelsberger, *Civilrechtliche Erörterungen* 1 (1868), 235 pp., 25: o consenso exige mais do que concordância objetiva entre duas vontades (...) ele é a unidade consciente de vontades.

[411] Manfred Wolf/Jörg Neuner, *Allgemeiner Teil* cit., 10.ª ed., § 33, Nr. 11 ss. (357 ss.) e Reinhard Singer/Jörg Benedict, no *Staudinger* (2012) cit., § 130, Nr. 7 (704-705).

[412] *Motive zu dem Entwurf* cit., 1, § 74 (157).

[413] Rui de Alarcão, *Do negócio jurídico/Anteprojecto para o novo Código Civil*, BMJ 105 (1961), 249-279 (278, nota 17).

§ 10.º Tipos de declarações

tema e a formação dos contratos, tomados como fonte das obrigações. Vaz Serra desempenhou-se, como sempre, da melhor maneira, elaborando um denso estudo sobre a declaração de vontade e a sua eficácia, publicado em 1961[414] e que, ainda hoje, constitui o mais extenso tratamento lusófono sobre essa matéria.

Vaz Serra pondera o tema da perfeição da declaração de vontade, apoiando-se, fundamentalmente, em Enneccerus/Nipperdey[415]. Passa em revista as várias teorias e considera "mais perfeita, por mais conforme com os princípios, a do conhecimento"[416], embora com cedências à da receção, dadas as necessidades práticas. Protege, ainda, o destinatário de boa-fé[417]. Após ponderar diversos outros aspetos, Vaz Serra propõe o articulado seguinte[418]:

1. As declarações de vontade, que não deverem dirigir-se a um destinatário (não-recipiendas), tornam-se eficazes logo que a vontade se exteriorize.

2. As declarações de vontade, que deverem dirigir-se a um destinatário (recipiendas), tornam-se eficazes no momento em que são por ele recebidas. A declaração considera-se recebida pelo destinatário quando chega ao seu poder.

3. O declarante, se a boa fé o exigir e souber que o destinatário não tomou conhecimento da declaração ou tiver razões sérias para suspeitar de que ele não pode tomar conhecimento dela, deve repeti-la, sem o que será ineficaz a mesma declaração.

4. Se a declaração devia ser feita num tempo determinado, o foi nesse tempo, mas, devido a uma circunstância respeitante à esfera do destinatário, é repetida quando tal tempo já terminou. considera-se recebida em tempo, caso a repetição tenha sido feita sem demora. Mas, se não foi recebida pelo destinatário devido a culpa do declarante ou a culpa dele e do destinatário, ou não foi conhecida deste por culpa do declarante ou de ambos, não é eficaz.

5. Quando a declaração, de que trata o parágrafo anterior, não chegar ao poder do destinatário, em consequência de culpa sua, considera-se ela recebida.

---

[414] Mais precisamente: Adriano Vaz Serra, *Perfeição da declaração de vontade – Eficácia da emissão de declaração – Requisitos especiais de conclusão do contrato*, BMJ 103 (1961), 5-153.

[415] Em especial: Ludwig Enneccerus/Hans Carl Nipperdey, *Allgemeiner Teil* cit., 15.ª ed., § 158 (973 ss.); refere, ainda, von Tuhr, os preparatórios do Código italiano e alguns autores franceses. A bússola foi, todavia, o manual de Enneccerus/Nipperdey.

[416] Adriano Vaz Serra, *Perfeição da declaração de vontade* cit., 11.

[417] *Idem*, 17.

[418] *Idem*, 146.

6. As declarações de vontade, que deverem dirigir-se a um destinatário, se forem verbais e feitas na presença deste, só são eficazes quando forem entendidas por ele, salvo se o mesmo destinatário intencionalmente ou, sem culpa do declarante, culposamente as não entende.

Na 1.ª revisão ministerial, a matéria foi introduzida na Parte geral, em capítulo relativo ao negócio jurídico. Teve uma simplificação radical. Assim, segundo o artigo 198.º do anteprojeto (Quando se tornam eficazes as declarações de vontade)[419]:

1. As declarações de vontade, que se dirigem a um destinatário, tornam-se eficazes logo que chegam ao seu poder; as outras, logo que a vontade do declarante se manifesta na forma adequada.
2. Considera-se igualmente eficaz a declaração que, emitida durante o período em que o devia ter sido, só por culpa do destinatário não seja por ele oportunamente recebida.

Na 2.ª revisão, o preceito voltou a ser trabalhado. Assumiu, então, a sua redação definitiva[420], presente no projeto[421] e na versão final.

IV. Ponderando todos estes valores em presença, o Código Civil de Vaz Serra dispôs, de modo expresso, sobre o condicionalismo que rodeia a eficácia das declarações negociais. Assim, segundo o seu artigo 224.º:

– a declaração não recipienda torna-se eficaz logo que a vontade do declarante se manifeste na forma adequada (teoria da exteriorização) – artigo 224.º/1, *in fine*;
– a declaração recipienda é eficaz:
  – quando chegue ao poder do destinatário (teoria da receção) ou dele seja conhecida (teoria do conhecimento) – artigo 224.º/1, primeira parte;
  – quando seja remetida e só por culpa do destinatário não tenha sido oportunamente recebida (teoria da expedição) – artigo 224.º/1;
– em qualquer caso, a declaração é ineficaz quando seja recebida pelo destinatário em condições de, sem culpa sua, não poder ser conhecida (relevância negativa da teoria do conhecimento) – artigo 224.º/3.

---

[419] BMJ 107 (1961), 88.
[420] *Código Civil/Livro I – Parte geral (2.ª revisão ministerial)* (1965), 88-89.
[421] *Projecto de Código Civil* (1966), 65.

§ 10.º Tipos de declarações

Trata-se pois, no fundo, do acolhimento da doutrina da receção, temperada embora nalguns dos seus aspetos, designadamente pelo papel dado ao conhecimento[422].

A doutrina atual explica ainda que a "receção" implica a chegada da declaração ao âmbito do poder ou da atuação do destinatário, de modo a que ele possa conhecê-la; recorre-se, para melhor documentar o essencial, às ideias de "acolhimento" ou de "armazenagem" para cobrir situações em que a declaração fique, por exemplo, na caixa do correio do destinatário ou caia registada num dispositivo de receção automática de chamadas telefónicas ou no correio eletrónico[423]. Mas ainda então será de exigir que o destinatário controle o facto: de outro modo, as declarações não chegaram ao seu poder[424].

Na dúvida, há que privilegiar o conhecimento: vai-se, assim, ao encontro da finalidade das normas e das reflexões facultadas pelo Direito comparado.

V. Coloca-se, ainda, o problema das declarações de vontade que cheguem ao seu destino, mas não possam ser conhecidas pelos destinatários, por não dominarem a língua em que estejam exaradas[425]. Na falta de lei expressa, recomenda-se um tempero com recurso à boa-fé[426].

Afigura-se-nos, todavia, que podemos ir um pouco mais longe.

Nas comunicações verbais dirigidas a outrem, é de bom tom usar um idioma que este conheça: de outro modo, a declaração não faz sentido. Tratando-se de mensagens escritas dirigidas, no território nacional, a pessoas aí residentes ou que aí se encontrem, deve ser usado o português. Cabe ao destinatário o encargo da tradução, quando desconheça a língua do País. Um lusófono, no estrangeiro, não esperará, naturalmente, ser aí contactado por um

---

[422] RPt 6-mai.-1999 (João Vaz), CJ XXIV (1999) 3, 180-183 (182/I), falando em doutrina mista da receção e do conhecimento. Na mesma linha: RLx 27-jun.-2002 (Sousa Grandão), CJ XXVII (2002) 3, 113-116 (116/I).
[423] Vide Dieter Medicus, *Allgemeiner Teil* cit., 10.ª ed., Nr. 274 (115-116) e Manfred Wolf/Jörg Neuner, *Allgemeiner Teil* cit., 10.ª ed., § 33, Nr. 15 (358).
[424] Assim, a declaração constante de correspondência fechada, entregue na morada do destinatário e a um familiar deste, mas estando ele ausente, em férias, não chegou "ao seu poder": RLx 15-dez.-1993 (Martins Ramires), BMJ 432 (1994), 418-419 (o sumário).
[425] Reinhard Singer/Jörg Benedict, no *Staudinger* (2012) cit., § 130, Nr. 72 (734).
[426] Manfred Wolf/Jörg Neuner, *Allgemeiner Teil* cit., 10.ª ed., § 33, Nr. 28 (360).

indígena, em português. O risco linguístico corre, em princípio, por quem não conheça a língua do local em que a declaração que remeta se torne eficaz[427].

Ressalva-se a hipótese de se tratar de um estrangeiro residente no País, quando o declarante conheça a sua nacionalidade, as suas limitações linguísticas e, ele próprio, possa usar a língua estrangeira da nacionalidade do visado: *ex bona fide*.

O uso de línguas inverosímeis, de tradução problemática, equivale a uma não-comunicação.

Quando se trate de consumidores no território nacional, o uso do português é obrigatório.

Finalmente: no comércio internacional, radica-se a prática do uso do inglês. Nenhuma empresa média ou grande irá desconhecer uma declaração, alegando vir a mesma, do estrangeiro, em inglês: a menos que se tenha pactuado, previamente, o uso de qualquer outro idioma.

48. Declarações subsequentes e contradeclarações

I. As declarações dizem-se subsequentes, quando recaiam sobre declarações prévias, eventualmente já consubstanciadas em negócios jurídicos. Fala-se ainda, a esse propósito, em negócios sobre negócios[428]. Podemos distinguir dois grandes grupos de declarações subsequentes:

– declarações típicas, em regra na base de atos ou de negócios unilaterais, que visam modificar ou extinguir a eficácia de declarações anteriores;
– declarações atípicas, acordadas pelas partes ou facultadas pela situação existente.

O regime deve ser procurado, caso a caso. No entanto, pela lógica ordenadora que preside à elaboração de uma parte geral do Direito civil, cumpre dar um panorama da matéria.

---

[427] Sobre o tema: Erik Jayme, *Sprachrisiko und Internationales Privatrecht beim Bankverkehr mit ausländischen Kunden*, FS Bärmann (1975), 509-522, Volker Rieble, *Sprache und Sprachrisiko im Arbeitsrecht*, FS Manfred Löwisch (2007), 229-248 e Michael Kling, *Sprachrisiken im Privatrechtsverkehr/Die wertende Verteilung sprachbedingter Verständnisrisiken im Vertragsrecht* (2008), XXXI + 694 pp., especialmente 254 ss. e 281 ss..

[428] *Vide* a interessante monografia de Giovanni Doria, *I negozi sull'effetto giuridico* (2000), XII + 579 pp..

§ 10.º Tipos de declarações

II. As declarações subsequentes típicas têm, em regra, natureza não-negocial: o declarante tem margem para escolher fazê-las: mas não pode estipular quanto aos seus efeitos, os quais estão prefixados na lei. As razões são claras: trata-se de proteger a confiança que a primeira declaração haja suscitado. Abaixo serão referidas[429].

As atípicas devem ser possibilitadas pela situação em jogo. Em regra, elas postulam um novo negócio, entre as partes. Negócios unilaterais podem, todavia, comportar declarações subsequentes, também unilaterais.

III. Categoria própria é a das contradeclarações, isto é: declarações subsequentes reportadas a uma primeira declaração, no sentido de suprimir ou de reduzir os efeitos que, dela, deveriam resultar.

O exemplo mais radical é o da revogação da proposta, possível até que esta seja recebida pelo destinatário ou dele seja conhecida (230.º/1).

Sectorialmente, temos outros exemplos. Assim o protesto[430]: declaração subsequente pela qual se pretende pôr em causa a eficácia de uma declaração anterior ou de uma situação que seja, a qualquer título, imputável ao declarante.

Como exemplo: a deliberação social pode ser anulável, por alguma das razões referidas no 58.º/1 do CSC; mas nessa eventualidade, apenas o sócio que não tenha votado no sentido do vencimento nem tenha, posteriormente, aprovado a deliberação, pode vir arguir a invalidade daí decorrente (59.º/1, do CSC); mas se a votação for secreta, não é possível saber se o sócio impugnante votou, ou não, no sentido que fez vencimento; dispõe, pois, o 59.º/6, do CSC:

> Tendo o voto sido secreto, considera-se que não votaram no sentido que fez vencimento apenas aqueles sócios que, na própria assembleia ou perante notário, nos cinco dias seguintes à assembleia tenham feito consignar que votaram contra a deliberação tomada.

IV. O protesto, como contradeclaração, pode pôr em crise a confiança que resulte da primeira declaração. Por isso não é possível, a não ser que a lei ou o contrato o permitam.

---
[429] *Infra*, n.º 49.
[430] Manuel de Andrade, *Teoria geral* cit., 2, 140-141.

A própria declaração que, em princípio, não seja eficaz *a se* pode desencadear uma especial confiança. A contradeclaração surge, nessa eventualidade, como um *venire contra factum proprium*, vedado pela boa-fé[431].

Questão diversa é a de o protesto ocorrer como contradeclaração subsequente a uma situação, imputável ao declarante e da qual se poderia retirar uma vontade negocial. Nessa eventualidade, o protesto pode ser ineficaz: *protestatio facto contrario nihil relevat* ou a *protestatio facto contraria non valet*. Este brocardo não pode ser aceite, em termos generalizados: estamos no campo da autonomia privada, pelo que cada um tem a possibilidade de ressalvar a sua posição, desde que não contunda com os direitos dos outros[432].

V. Ao lado do protesto surge, ainda, a reserva. Desta feita, trata-se de uma contradeclaração usada por quem declare aderir a uma posição comum, mas não *in totum*. Ela ocorre no domínio dos tratados e convenções internacionais.

49. Declarações não-negociais

I. De acordo com a escola de Paulo Cunha, consideramos não-negociais as declarações que não comportem liberdade de estipulação. Ou seja: o declarante é livre de as efetuar, mas não de mexer nos seus efeitos, os quais estão prefixados pelo Direito.

As declarações não-negociais são, em regra, declarações (unilaterais) subsequentes: existe, já, um negócio jurídico; a lei permite, em certas circunstâncias, que a eficácia deste seja alterada ou suprimida, por declarações de um dos intervenientes. Mas apenas com o preciso alcance da lei: donde a natureza não negocial.

II. As declarações não-negociais têm previsões dispersas, por todo o Código. Elas abrangem, como exemplos, as figuras da ratificação, da aprovação, da confirmação, da validação, da *reductio ad equitatem*, da rejeição

---

[431] *Tratado* V, 275 ss..
[432] Arndt Teichmann, *Die protestatio facto contraria*, FS Michaelis (1972), 294-315 (315), Helmut Köhler, *Kritik der Regel "protestatio facto contraria non valet"*, JZ 1981, 464-469 (469/II) e Reinhard Singer, no *Staudinger* cit., § 116, Nr. 6 (488-489), pondo em causa o brocardo. Vide *infra*, 739 ss..

§ 10.º Tipos de declarações 151

ou de adesão ao contrato a favor de terceiro, da convalidação, da convalescença, do perdão, da anulação, da invocação da nulidade e, em geral, do exercício de direitos potestativos, previstos na lei e que pressuponham uma prévia situação jurídica de tipo negocial[433]. Assim:

– a ratificação: declaração unilateral que estabelece, *a posteriori*, um vínculo de representação (268.º);
– a aprovação: declaração própria do dono do negócio, perante uma situação de gestão de negócios (469.º);
– a confirmação: declaração do titular do direito de anular um negócio anulável, de que prescinde desse direito, convalidando o negócio (288.º);
– a validação: declaração pela qual, perante um negócio anulável por erro, o interessado evita a anulação aceitando o negócio tal como o declarante, incurso no erro, o pretendia (248.º);
– a *reductio ad equitatem* é uma validação especialmente adaptada aos negócios usurários (283.º);
– a rejeição ou a adesão, do terceiro beneficiário, a um contrato a favor de terceiro (447.º): a primeira põe cobro à promessa e a segunda torna-a irrevogável;
– a convalidação de negócios nulos: declaração que impede o seu autor, nas nulidades relativas, de as invocar (968.º): é uma figura excepcional, explicável pelos valores em presença;
– a convalescença é uma modalidade de convalidação, aplicável a certas vendas anuláveis (906.º/1), constituindo um dever do devedor (907.º/1);
– o perdão é a declaração pela qual o devedor releva o donatário ingrato da sua falta, pondo termo à revogabilidade da doação por ingratidão – 975.º, c);
– a anulação traduz uma declaração de exercício do direito potestativo de impugnar os negócios anuláveis (287.º/1);
– a invocação da nulidade é a declaração, feita por qualquer interessado, de pôr cobro a negócios nulos (286.º).

III. Existem diversas outras hipóteses, designadamente no campo do Direito da família – declaração de requerer a simples separação de bens

---

[433] Vide o nosso *Da confirmação no Direito civil* (2008), 127 ss. e Pedro Leitão Pais de Vasconcelos, *A autorização* (2012), 487 pp., 313 ss. e *passim*.

(1767.º), de pedir o divórcio (1773.º), ou de solicitar a separação de pessoas e bens (1794.º) – e no das sucessões – aceitação (2050.º) e repúdio (2062.º) de herança, declaração de pedir a partilha (2101.º) ou de pedir a redução de liberalidades inoficiosas (2169.º).

IV. A categoria das declarações não-negociais é muito ampla e heterogénea. O seu relevo, como divisão dentro das declarações de vontade é, antes do mais, de clarificação linguística e de precisão conceitual. O seu regime deve ser determinado caso a caso, dentro da disciplina a que pertençam.

SECÇÃO II
A SEQUÊNCIA FORMATIVA

§ 11.º O SURGIMENTO DO NEGÓCIO

50. O modelo básico

I. Enquanto categoria, o negócio jurídico opera num nível muito elevado de abstração. A sua formação implica, no concreto, atividades de complexidade bastante variável. Ele pode ocorrer de imediato, através de um simples assentimento, semelhante aos que, permanentemente, ocorrem no dia-a-dia ou, pelo contrário, implicar atividades preparatórias muito complexas.

II. Os códigos civis, designadamente os da segunda (BGB) e da terceira (Código Vaz Serra) gerações, regem a formação do negócio, na modalidade do contrato. Fazem-no, todavia, tendo em vista um modelo básico: o do contrato entre ausentes. Figura-se, aí, uma hipótese de complexidade intermédia: a de o declarante (oferente) remeter a sua declaração ao destinatário, de tal modo que, entre a proposta e a eventual aceitação, medeie um espaço de tempo relevante.
O modelo básico permite fixar regras que são, depois, utilizáveis, seja para compor modelos mais simples, seja para construir os mais complexos.
Digamos que o quadro normativo do surgimento do negócio é, essencialmente, o resultado de uma atividade jurídico-científica, operada a partir do modelo básico.

II. No estudo do modelo básico legal de formação do negócio, a doutrina civil recuperou, com êxito, a ideia de processo[434].

Diz-se, em Direito, que há processo quando diversos atos jurídicos se encadeiem, de modo a proporcionar um objeto final. A natureza processual de determinada sequência faculta, desde logo, duas conclusões:

– o resultado final depende – ainda que em grau variável – da verificação, pela ordem própria, dos diversos atos processuais;
– cada um dos atos processuais em si só faz sentido, tendo em vista o resultado final para que tendam.

Na mesma linha de pensamento, todas as normas jurídicas que intervenham num processo devem ser interpretadas e aplicadas em consonância com o objetivo em vista, na sequência em causa[435].

IV. Assim entendida, a ideia de processo aplica-se, com bons resultados, à formação do negócio jurídico: os diversos atos que ela possa implicar concatenam-se, efetivamente, com vista a esse resultado final[436].

Quando uma sequência de atividades conheça êxito, desembocando num negócio jurídico, todos os atos que ela compreenda se dissolvem, perdendo autonomia, no resultado final. Não obstante, o seu estudo em separado é analiticamente útil, para efeitos de estudo e conhecimento, desde que, com isso, não se perca a ideia do conjunto.

Pode ainda suceder que os atos ocorridos na sequência processual não esgotem a sua eficácia apenas no esforço tendente à formação do negócio; cabe, então, determinar-lhe os termos e a extensão da ambivalência.

---

[434] O conceito de processo foi desenvolvido no Direito público; para Castro Mendes, *Direito Processual Civil* 1 (1980), 34, processo civil é "a sequência de actos destinados à justa composição de um litígio, mediante a intervenção de um órgão imparcial de autoridade, o tribunal".

[435] No Direito substantivo, Alberto Ravazzoni, *La formazione del contrato* 1 – *Le fasi del procedimento* (1973), 431 pp., 8, define processo como um "complexo de actos alguns dos quais produzindo efeitos próprios, mas sempre prodrómicos, parciais ou complementares em relação a um efeito central produzido por um acto final, no qual o procedimento se resolve".

[436] Giuseppe Tamburrino, *I vincoli unilaterali nella formazione progressiva del contrato* (1991), 3 ss..

§ 11.º *O surgimento do negócio* 155

E quando os atos praticados numa ordenação destinada ao eventual aparecimento, no seu termo, de um negócio, não conheçam êxito, há que verificar o exato alcance e a eficácia do processado.

V. Um processo ou sequência processual analisa-se em factos ou em atos, quando assente em atuações humanas destinadas a prosseguir o objetivo final.

Esses atos podem ser agrupados ou ordenados em fases, tendo em conta critérios de funcionalidade. As fases – e, dentro delas, os próprios atos – podem ser necessárias ou eventuais, consoante, da sua ocorrência, dependa ou não a concretização do fim para que tendam.

Trata-se de características que irão, de modo natural, aflorando à medida que se desenrole a exposição relativa a cada ato em si.

A sequência deverá contudo projetar, de modo dinâmico e, tanto quanto possível, fiel, a ordenação processual negocial.

51. A formação sem processo; negócios comuns

I. Como referido, o modelo básico legal comporta uma complexidade intermédia, podendo ser equacionado em função da ideia de processo. Mas outros modelos são possíveis[437]. Entre os mais simples, avultam os que dispensam qualquer processo.

Em primeiro lugar, temos os negócios unilaterais: ficam completos apenas com a declaração de vontade do seu autor, exteriorizada pela forma legal. Não há qualquer necessidade de procurar um consenso, necessidade essa que dita o essencial da complexidade processual negocial.

II. De seguida, encontramos os negócios por minuta, isto é: os negócios que se concluem pela adesão ou subscrição, por ambas as partes, de um documento (a minuta), que comporta o teor negocial. A minuta é, muitas vezes, preparada por um terceiro especialista (notário ou advogado), de acordo com indicações previamente dadas pelas partes. Tais indicações, todavia, não interferem, de modo direto, no negócio, construído, muitas vezes, de acordo com fórmulas tradicionais, a que as partes dão

---

[437] Em especial, Detlef Leenen, *Abschluß, Zustandekommen und Wirksamkeit des Vertrages/zugleich ein Beitrag zur Lehre vom Dissens*, AcP 188 (1988), 381-418 (385 ss. e 395 ss.).

o seu acordo. Permite, ainda, uma garantia suplementar de justeza e de adequação[438].

III. Os negócios comuns formam-se entre presentes, por simples adesão a fórmulas apresentadas a todos os interessados[439]. Temos várias hipóteses, que correspondem a outros tantos tipos sociais de negociação:

– a aquisição por apreensão ou por indicação seguidas de pagamento;
– a contratação por escolha em lista, seguida pela utilização ou pelo consenso, com subsequente pagamento;
– a adesão a cláusulas contratuais gerais.

A aquisição por apreensão ou por indicação, seguidas de pagamento, é habitual nos negócios correntes de consumo[440]. O adquirente apreende, num supermercado ou equivalente, os bens que lhe interessem, devidamente etiquetados. O negócio conclui-se com o pagamento, na caixa. Noutras hipóteses, também correntes, o interessado indica, num estabelecimento, os bens que pretenda: são-lhe entregues, seguindo-se o pagamento. Em feiras e locais de turismo há, por vezes, a hipótese de regatear o preço: uma pequena variante que mantém, todavia, o modelo de conclusão do negócio, num plano muito simples. Em suma: em todos estes casos, sobreleva um acordo de facto, fruto de declarações feitas na base de condutas concludentes, das quais, por abstração, induzimos um consenso negocial jurídico[441]. Pode-se mesmo adiantar, em termos analíticos, que o consenso

---

[438] Mathias Habersack, *Richtigkeitsgewähr notariell beurkundeter Verträge*, AcP 189 (1989), 403-424 (406 ss.).

[439] Detlef Leenen, *Abschluß, Zustandekommen und Wirksamkeit des Vertrages* cit., 399 ss.; entre nós, vide o importante desenvolvimento de Carlos Ferreira de Almeida, *Contratos* cit., 4.ª ed., 139 ss. e 5.ª ed., 121 ss., com indicações. Cumpre todavia dizer que desde sempre este esquema de formação dos contratos, quantitativa e qualitativamente mais frequente, foi reconhecido pelos estudiosos, falando-se em "contrato entre presentes". Faltava, sim, uma análise dogmática mais aprofundada, a qual vem surgindo na nossa doutrina; vide, ainda, Pedro Pais de Vasconcelos, *Teoria geral* cit., 7.ª ed., 410 ss..

[440] Götz Schulze, *Rechtsfragen des Selbstbedienungskaufs/zur Abgrenzung von Qualifikations- und Identitätsaliud beim Stückkauf über vertauschte Ware*, AcP 201 (2001), 232-255 (253).

[441] Detlef Leenen, *Faktischer und normativer Konsens*, FS Prölss 2009, 153-175 (160 ss. e 165 ss.); pode falar-se numa combinação de forças conformadoras num escopo único: Rudolf Reinhardt, *Die Vereinigung subjektiver und objektiver Gestaltungskräfte*, FS Schmidt-Rimpler (1957), 115-138 (117).

§ 11.º *O surgimento do negócio* 157

entre as partes antecipa as declarações, caso as haja: a concordância é que prova as declarações[442]. O próprio consenso deve ser procurado à luz da consideração do tráfego[443].

IV. A contratação por escolha em lista, seguida pela utilização ou pelo consumo (em sentido material), é corrente, nos restaurantes. O interessado manifesta os seus desejos, perante um cardápio: trata-se, de facto, de propostas contratuais de aquisição de bens ou de serviços[444]. Estas são favoravelmente acolhidas através da prestação de serviços (de restauração) e do fornecimento dos bens acordados[445].

V. Finalmente, a contratação por adesão a cláusulas contratuais corresponde à fórmula comum de fechar negócios, nos sectores da banca[446], dos seguros[447] e dos transportes[448]. Também aqui, o processo de conclusão do negócio é muito reduzido: o aderente, ainda que cumpridos determinados deveres de comunicação e de informação, adere a proposições para tanto disponíveis, sem um procedimento de maior. Cabe ao Direito assegurar-se do equilíbrio de tais cláusulas[449].

52. Técnica de contratação

I. A captação do negócio jurídico, na sua dimensão dinâmica, tem o maior interesse. Só ela permite, de resto, surpreender o fenómeno da formação negocial, atribuindo, às diversas figuras, o papel que, de facto, lhes

---

[442] Theo Mayer-Maly, *Die Bedeutung des Konsenses im privatrechtsgeschichtlicher Sicht*, em Günther Jakobs, *Rechtsgestaltung und Konsens* (1976), 139 pp., 91-104 (91).

[443] Byung-Jun Lee, *Voraussetzungen der Bindungswirkung vertraglicher Einigung/ Zu Dissens und Mindestregelungsprogramm bei Verträgen* (1999), XV + 139 pp., 129.

[444] Vide a apresentação de Ian Ayres/Gregory Klass, *Insincere Promises/The Law of Misrepresented Intent* (2005), X + 306 pp. (206 ss., com apêndices), 1 ss..

[445] A construção inversa é possível: o próprio cardápio representa uma proposta global, da qual o interessado seleciona algumas hipóteses, tipo obrigações alternativas. Em regra, todavia, apenas após a formulação do "desejo", o restaurador dirá se ele é "possível", assim se fechando o acordo.

[446] *Manual de Direito bancário*, 4.ª ed., 453 ss..

[447] *Direito dos seguros*, 587 ss..

[448] *Direito comercial*, 3.ª ed., 797 ss. e *passim*.

[449] *Infra*, 440 ss..

compete. Multiplicam-se os estudos de tipo metodológico e dogmático, sobre esse tema[450].

Vamos documentar a afirmação com recurso a elementos bancários: eles permitem, em retorno, úteis ensinamentos civis. A doutrina tradicional isolava um certo número de "contratos bancários", que procurava explanar nos seus diversos elementos. Por exemplo: o contrato de depósito bancário, a convenção de emissão de cheque e o contrato de emissão de cartão bancário. Todavia, nenhuma dessas figuras se comporta, na efetividade que supostamente o Direito contempla e regula, como um contrato autónomo, quer na sua formação, quer na sua subsistência, quer na sua execução. As situações jurídicas em jogo – depósito bancário, cheque ou cartão bancário – só são possíveis no âmbito de uma relação prévia complexa que una o banqueiro ao seu cliente. E no âmbito dessa relação, elas acabam por não assentar em negócios autónomos. Com efeito, a relação bancária inicia-se pelo contrato de abertura de conta: figura bem conhecida, embora sem base legal, mas cujo perfil social é dominado pelos estudiosos e pelos práticos[451].

Aberta uma conta, podem, nela, ocorrer depósitos: trata-se de meros atos de execução, que o banqueiro não pode recusar e que operam no âmbito da conta-corrente resultante da abertura. Também no contrato de abertura de conta se fixará, como cláusulas habituais, se há lugar à emissão de cheques e de cartão bancário e de que tipo.

Em suma: os elementos tradicionais de formação do contrato articulam-se em moldes criativos. Uma moderna exposição civil não deve divorciar-se destas realidades.

---

[450] Assim, há já quarenta anos surgiu o escrito de Eckard Rehbinder, *Die Rolle der Vertragsgestaltung im zivilrechtlichen Lehrsystem*, AcP 174 (1974), 265-312 (267 ss.), seguido, anos volvidos, por uma primeira monografia: do mesmo E. Rehbinder, *Vertragsgestaltung* (1982), com 2.ª ed. (1993). Temos, depois, múltiplos títulos, dedicados ora ao ensino, ora aos práticos do Direito: Harald Weber, *Methodenlehre der Rechtsgestaltung*, JuS 1989, 636-643, Rolf Dieter Zawar, *Neuere Entwicklung zu einer Methodenlehre der Vertragsgestaltung*, JuS 1992, 134-139, chamando (135) a atenção para a necessidade de reforçar a preparação dos advogados, Gerrit Langenfeld, *Einführung in die Vertragsgestaltung*, JuS 1998, 33-37, 131-135, 224-227, 321-324, 417-420, 521-523 e 621-624, depois em livro monográfico com o mesmo título, 2001, Karl-Oskar Schmittat, *Einführung in die Vertragsgestaltung*, 3.ª ed. (2008), XVI + 251 pp. e Christoph Teichmann, *Vertragsgestaltung durch den Anwalt*, JuS 2001, 870-874, 973-980, 1078-1082 e 1181-1186, bem como as obras gerais de Junker/Kamanabou e de Langenfeld, citadas na nota 452.

[451] *Manual de Direito bancário*, 4.ª ed., 505 ss..

§ 11.º O surgimento do negócio

II. Em moldes descritivos, a formação cabal de um contrato minimamente complexo apresenta a seguinte sequência[452]:

– obtenção de informações;
– borrão de projeto de contrato;
– aplicação hipotética do contrato;
– concretização de critérios de decisão;
– escolha das melhores opções técnicas;
– superação de conflitos de objetivos;
– negociações contratuais;
– instrução e aconselhamento;
– elaboração do documento contratual.

Qualquer sequência contratual deverá principiar pela mútua obtenção de informações. Na base destas, será possível a escolha dos parceiros e a própria intenção (prévia) de procurar um determinado negócio. As informações disponíveis permitirão proceder ao levantamento dos pontos que, subsequentemente, irão necessitar de regulação[453].

III. Numa contratação complexa, é frequente elaborar-se, desde muito cedo, um borrão de projeto de contrato. De outro modo, os negociadores nem se aperceberão do que está na mesa da discussão[454]. Nesta fase, podem aproveitar-se modelos elaborados por especialistas[455] ou – prática habitual, entre nós – provenientes da experiência dos interessados ou dos seus mandatários[456]. Há que ter atenção a este ponto: muitas vezes questões ausentes do borrão acabam por não ter tratamento contratual, com todos os inconvenientes que isso implica.

---

[452] Abbo Junker/Sudabeh Kamanabrou, *Vertragsgestaltung/Ein Studienbuch*, 3.ª ed. (2010), XIX + 187 pp., 6 ss. e Gerrit Langenfeld, *Grundlagen der Vertragsgestaltung*, 2.ª ed. (2010), XX + 218 pp.; vide Larenz/Wolf, *Allgemeiner Teil*, cit., 9.ª ed., 614 ss. e Wolf/ /Neuner, *Allgemeiner Teil* cit., 10.ª ed., § 39 (437 ss., 442 ss.).

[453] Harald Weber, *Methodenlehre der Rechtsgestaltung* cit., 640.

[454] Junker/Kamanabrou, *Vertragsgestaltung* cit., 9-11.

[455] Há aqui um ponto que releva do pré-entendimento: Langenfeld, *Einführung in die Vertragsgestaltung* (JuS) cit., 37.

[456] Na Alemanha estão publicados inúmeros modelos, com relevo para o *Beck'sche Formularbuch, Bürgerliches, Handels- und Wirtschaftsrecht*, 9.ª ed. (2003), XL + 1754 pp., o *Münchener Vertragshandbuch*, 5.ª ed. (a partir de 2000), totalizando 7 volumes e os *Heidelberger Musterverträge*.

Relaciona-se com o borrão a aplicação hipotética do contrato. Quer a prática quer os dados da moderna hermenêutica revelam que as partes se dedicam a exercícios ou simulações, de modo a apreender o funcionamento futuro do contrato[457]. Podem intervir aqui negócios preparatórios, como a cláusula de contento (923.º) ou de amostra (925.º)[458].

IV. A concretização de critérios de decisão implica uma avaliação do conjunto. A perspetiva relevante é de prognose, virando-se para o futuro: não se trata de determinar o que é, mas antes o que, com os elementos disponíveis, irá acontecer[459].

Os estudiosos das técnicas de contratação apontam algumas máximas ou posturas que o negociador interessado deverá ter em conta. Assim[460]:

a) A opção pelo caminho mais seguro: o juiz ou o estudioso poderão, em determinadas circunstâncias, ponderar vias alternativas e caminhos inovadores; o operador contratual, porém, não correrá riscos, antes trilhando as vias já experimentadas, que permitam mais segurança na previsão;
b) O postulado da prevenção de conflitos: o contrato a negociar deve, para cada potencial conflito que possa ocorrer, prever saídas eficazes: pormenor na regulação, cláusulas penais dissuasoras e registos prévios;
c) Métodos de resolução de conflitos: nos contratos de algum porte, há todo o interesse em inserir cláusulas de arbitragem: seja uma arbitragem pontual de tipo técnico (p. ex.: conduzida por engenheiros, para encarar certos aspetos), seja uma arbitragem global, em boa e devida forma; podem-se prever mediadores, períodos de reflexão e outros esquemas;
d) Remoção de inseguranças: perante um contrato em estudo, o jurista experiente poderá antecipar os pontos de futuras dificuldades eventuais; deve procurar enfrentá-las; por exemplo, possíveis nulidades parciais podem ser contidas com cláusulas de repescagem ou de

---

[457] Christoph Teichmann, *Vertragsgestaltung durch den Anwalt* cit., 978.
[458] Junker/Kamanabrou, *Vertragsgestaltung* cit., 13, com uma enumeração perante o Direito alemão.
[459] Rainer Kanzleiter, *Der Blick in die Zukunft als Voraussetzung der Vertragsgestaltung*, NJW 1995, 905-910 (905 ss.).
[460] Junker/Kamanabrou, *Vertragsgestaltung* cit., 14-29.

salvação[461] (a invalidade eventual de uma cláusula não atinge as demais); as alterações de circunstâncias podem ser encaradas com cláusulas de adaptação ou de renegociação.

V. No que diz respeito à escolha das melhores opções técnicas, a doutrina elenca[462]:

– o caminho mais seguro: há que optar por soluções reconhecidas, particularmente pelas correntes dominantes e pela jurisprudência consagrada: paralelamente, cabe eleger as vias que gerem menos riscos de responsabilidade;
– o caminho menos dispendioso: jogam os custos fiscais e, ainda, os custos de transação (do fecho do contrato) e os da sua execução; por exemplo: ponderar, em vez da transmissão direta de imóveis, a das partes sociais da sociedade que os detenha;
– o caminho mais praticável: de acordo com a natureza do caso, há que evitar remeter para o futuro aspetos que se saiba, de antemão, suscitarem dúvidas ou que possam pôr em jogo, pela indeterminação, a própria validade do contrato;
– o caminho mais flexível: perante uma realidade mutável ou de evolução insegura, há que enxertar cláusulas adequadas de proteção;
– a celebração de contratos preparatórios convenientes.

VI. Os conflitos de objetivos, aquando da contratação, são, muitas vezes, uma realidade. Em pontos importantes do contrato, as partes podem pretender prosseguir escopos opostos. Por exemplo: o futuro inquilino pretende um sistema que lhe dê segurança perpétua, enquanto o futuro senhorio procura, a todo o tempo, poder dispor do local arrendado, desembaraçado. Uma boa contratação procurará solucionar tais conflitos. No exemplo do arrendamento: as partes podem ser aproximadas através de prazos de pré-aviso ou de compensações.

As negociações contratuais podem seguir-se: as partes têm, sobre a mesa, os diversos aspetos sobre os quais deverão firmar um acordo. Neste ponto, será ainda importante verificar se se está perante alguma forma restritiva de contratação e *maxime* perante cláusulas contratuais gerais.

---

[461] Karl-Oskar Schmittat, *Einführung in die Vertragsgestaltung* cit., 154 e Gerrit Langenfeld, *Einführung* (livro), 68.
[462] Manfred Wolf/Jörg Neuner, *Allgemeiner Teil* cit., 10.ª ed., § 39, Nr. 12-23 (442-444).

Ainda neste domínio, justificam-se, porventura, operações de instrução e de aconselhamento: seja jurídicas, seja técnicas.

VII. Finalmente, será elaborado o texto do contrato, ao qual as partes irão dar o seu acordo[463]. Deve usar-se terminologia técnica: mais segura e precisa[464]. Em regra, as partes apelam para a língua correspondente ao Direito aplicável. Independentemente disso, na contratação internacional, adota-se, muitas vezes, como foi dito, o inglês. Em face de textos bilingues, há que prever qual das versões prevalece, perante dissemelhanças. Também é habitual fixar-se o modo de notificação das partes, o seu domicílio contratual ou os seus representantes.

VIII. As técnicas de contratação têm estado arredadas das exposições civis nacionais. O ensino e a investigação do Direito visam, na nossa Terra, a preparação do juiz. Os juristas são treinados para a descoberta da solução correta, tentando prever a opção do Tribunal. Recentemente, o agravamento do mercado tem levado a privilegiar outros ângulos de formação e, desde logo, o de advogado.

Na contratação, não se pretende ser "justo": apenas eficaz. A Ciência da contratação está, assim, numa posição de charneira, fazendo a passagem do juiz para o advogado[465]. Por certo que este deverá ter sempre em vista a solução justa para os hipotéticos problemas: havendo dissensões, tudo acabará, necessariamente, perante o juiz. Mas ocorrem várias outras posturas que se contentarão com soluções adequadas e produtivas, pelo prisma de prosseguir os interesses do mandante.

Como problema recente, manifestado nos numerosos litígios ocorridos em torno de parcerias público-privadas e de contratos de permuta financeira (*swaps*) de taxas de juros, verifica-se que foram celebrados contratos, com intervenção de especialistas, mas sem que se tivesse previsto a evolução futura das variantes envolvidas. Ora um contrato complexo, que envolva cifras da ordem do milhar de milhões de euros, deve ser "blindado" perante todos os cenários. Houve, pois, ou erradas opções

---

[463] O texto poderá ser antecedido por um preâmbulo onde, se assim se entender, se poderão inserir antecedentes ou circunstâncias que explicam o contrato; vide Karl-Oskar Schmittat, *Einführung in die Vertragsgestaltung* cit., 142 ss. e Gerrit Langenfeld, *Einführung* (livro), 51.

[464] Gerrit Langenfeld, *Vertragsgestaltung* cit., 3.ª ed., 70.

[465] *Vide* Larenz/Wolf, *Allgemeiner Teil* cit., 9.ª ed., 612 ss.; já Zawar, *Neuere Entwicklung* cit., 136 ss. e Teichmann, *Vertragsgestaltung* cit., 973, tinham sublinhado esta perspetiva.

de base – p. ex., submeter contratos entre entidades portuguesas e relativas a interesses situados no País, ao Direito inglês e ao foro britânico, sem atentar nas consequências daí derivadas, em caso de litígio ou prever desembolsos públicos imensos no médio prazo, sem ponderar as possibilidades do Estado de, nessa altura, acudir – ou falta de estudo técnico.

Neste como noutros pontos, deve imperar a humildade científica e a necessidade de estudo reforçado, perante o desconhecido.

§ 12.º A FORMA DA DECLARAÇÃO

53. Evolução geral; forma e formalidades

I. Em Direito, diz-se forma da declaração ou do negócio o modo utilizado para exteriorizar a vontade, desde que seja minimamente solene, isto é: acompanhada de sinais exteriores sensíveis pelas pessoas que presenciem a declaração ou que, posteriormente, dela tenha conhecimento. Aos negócios formais – portanto: com forma solene, nesse sentido – contrapõem-se os consensuais, isto é, aqueles que produzem efeito por pura manifestação ou pelo mero consenso das partes, independentemente do modo por que surja.

Em sentido não jurídico, todas as declarações de vontade têm a sua forma, por simples ou elementar que se apresente.

Desde já adiantamos que a referência a uma forma da declaração equivale a uma abstração artificial: a declaração é a sua forma e esta equivale a certa declaração.

II. Ao longo da História, as exigências de forma solene para as declarações de vontade têm apresentado grandes flutuações[466]: ao contrário do que sucede com princípios básicos do Direito civil, que se impõem há milénios. Não obstante a contingência daí resultante, é possível apresentar algumas grandes linhas evolutivas[467]. Nas sociedades primitivas, marca-

---

[466] Nas palavras de Andreas von Tuhr, *Der allgemeine Teil des Deutschen Bürgerlichen Rechts*, II/1 (1914), § 63, I (496), as regras sobre a forma traduzem a parte mais arbitrária de qualquer Direito.

[467] Gerhard Dulckeit, *Zur Lehre vom Rechtsgeschäft im klassischen römischen Recht*, FS Fritz Schutz 1 (1951), 148-190 (159 ss.), Werner Lorenz, *Das Problem der Aufrechterhaltung formmichtiger Schuldverträge*, AcP 156 (1957), 381-413 (385 ss.), Werner Flume, *Das Rechtsgeschäft* cit., 4.ª ed., § 15 (244 ss.), Rudolf Meyer-Pritzl, no HKK//BGB cit., 1, §§ 125-129 (498 ss.), com muitas indicações e Manfred Wolf/Jörg Neuner, *Allgemeiner Teil* cit., 10.ª ed., § 44, Nr. 2 ss. (508 ss.).

§ 12.º A forma da declaração

das por uma certa indiferenciação de funções e de ordens normativas, com um acesso limitado à escrita, os atos jurídicos eram solenes: requeriam formas muito vincadas. Justamente por não se efetuar uma separação entre o ato e a sua forma, esta surgia como um "absoluto" (Flume)[468] ou como forma-ação (*Wirkform*, Dulckeit)[469].

Já nas sociedades evoluídas, marcadas pelo dinamismo do comércio e pela multiplicação dos negócios jurídicos, as exigências de forma eram aligeiradas. Apenas recentemente foi possível, por abstração, tomar a forma como um requisito adicional para a validade do negócio: antes, a própria forma criava o efeito jurídico[470].

Houve depois, ao longo da História, uma evolução que, todavia, não foi uniforme; tão-pouco teve um sentido sempre desformalizador.

III. No Direito romano primitivo, os atos jurídicos eram essencialmente formais. No período clássico, já houvera uma evolução. Gaio, na base da forma exigida para os contratos, distinguia quatro modalidades de contratos, conforme fossem assumidos *re*, *verbis*, *literis* ou *consensu*[471]. Essa classificação mantém-se nas *institutiones* de Justiniano[472], tendo uma origem discutida[473]. As obrigações constituíam-se *re* (pela coisa), quando a tradição fosse exigida; *verbis*, pela palavra; *literis*, por escrito e *consensu*, pelo consenso, devidamente expresso. A forma mais conhecida de consenso era a *stipulatio*, celebrada por palavras habituais (*spondes? spondeo!*). O próprio Gaio explicava que as obrigações contraídas *consensu* não requeriam nem escritos, nem a entrega da coisa[474]. A dispensa de formas solenes valia para os negócios mais significativos – os derivados dos *bonae fidei iudicia*, que envolviam a compra e venda, a locação, o mandato, a fidúcia e a sociedade[475]. Havia um esquema de contratação meramente consensual, ainda que a sua teorização geral suscite dúvidas[476].

---

[468] Werner Flume, *Das Rechtsgeschäft* cit., 4.ª ed., 244.
[469] Gerhard Dulckeit, *Zur Lehre vom Rechtsgeschäft* cit., 160.
[470] Reinhard Zimmermann, *The Law of Obligations/Roman Foundations of the Civilian Tradition* (1996), 82 ss..
[471] Gaio, 3, 89 = ed. Ulrich Manthe cit., 254-255.
[472] I. 3.13.2 = ed. bilingue Otto Behrends e outros cit., 1, 164.
[473] António Santos Justo, *Direito privado romano* – II (*Direito das obrigações*), 3.ª ed. (2008), 164.
[474] Gaio, 3, 126 = ed. Ulrich Manthe cit., 270-272.
[475] *Da boa fé*, 71 ss..
[476] Herbert Grziwotz, *Form und Formeln/Vorüberlegungen zu einer Neudefinition des Vertrages*, FS Helmut Schippel (1996), 9-33 (12).

O Direito germânico antigo, difundido no Ocidente após a queda do Império, era fortemente formalizado. Apenas se admitiam contratos formais e contratos reais: os primeiros requeriam esquemas solenes de conclusão; os segundos, a entrega da coisa[477]. Mais tarde, através do jusnaturalismo (Grócio[478] e Pufendorf), voltou a impor-se a ideia da primazia do ato de vontade, base, só por si, da vinculação pela palavra[479]. O princípio daí decorrente logrou assento no § 883 do ABGB austríaco, de 1811[480].

Todavia, operam contracorrentes[481]. Preocupações normalizadoras e de segurança levaram o ALR prussiano (1794) a prever diversas regras formais[482], incluindo para contratos cujo valor excedesse os 50 Talern[483], sujeitos à forma escrita.

Também o Código Napoleão (re)introduziu exigências formais. O seu artigo 1341.º exigia ato notarial ou documento assinado para negócios de valor superior a 150 francos; e havendo tal forma, não se admitia prova em contrário por testemunhas, mesmo quando o valor em jogo fosse inferior a essa importância[484].

Apesar do "retrocesso", o século XIX assistiu a um reafirmar da liberdade de forma, dinamizado pelas leis comerciais alemãs[485]. Foram feitos estudos cientificamente apoiados e, em especial: confrontando as experiências de Estados alemães, como a Prússia e Württemberg, onde vigoravam regras formais e os restantes, onde tal não sucedia. Demonstrava-se que as exigências de forma não conduziam a maiores seguranças jurídicas mas, pelo contrário, a uma acrescida litigiosidade[486]; mas

---

[477] Werner Lorenz, *Das Problem* cit., 387.
[478] Em especial, Wolfgang Fikentscher, *De fide et perfidia/Der Treugedanke in den "Staatsparallelen" des Hugo Grotius aus heutiger Sicht* (1979); *vide* um apanhado desta obra em *Da boa fé*, 212 ss..
[479] Rudolf Meyer-Pritzl, no HKK/BGB cit., 1, §§ 125-129, Nr. 14 (505).
[480] Peter Rummel, *Kommentar zum ABGB* 1, 2.ª ed. (1983), § 883 (956-957).
[481] Werner Lorenz, *Das Problem* cit., 390.
[482] ALR, Parte I, Título 3, §§ 40-44, Título 4, § 94 e Título 5, §§ 109 ss. e 155 ss. = *Allgemeines Landrecht für die Preussischen Staaten* 1 (1794), 40-41, 52, 74 ss. e 79 ss., respetivamente.
[483] ALR, Parte I, Título 5, § 131 = ob. cit., 76.
[484] Na ed. *Les cinq codes* (1811), 152-153.
[485] Em especial, o artigo 317.º do ADHGB, de 1861 = *Allgemeines Deutsches Handelsgesetzbuch*, ed. autêntica de Würzburg (1861), 59, segundo o qual:

> Nos negócios comerciais a validade dos contratos não depende de redação escrita ou de outras formalidades. Só há exceções a essa regra quando constem deste código.

[486] Franz von Kübel, intervenção no plenário dos DJT 10, II (1872), 273-274.

§ 12.º A forma da declaração

contrapunha-se a necessidade de, pelo menos nalguns casos, conservar exigências formais[487].

Na preparação do BGB, foram ponderadas as vantagens da forma: elevação jurídica, consciencialização, marca da vontade juridificadora, segurança quanto à conclusão do ato, facilidade de formação e simplificação do processo. Em sentido contrário, foi considerado que a liberdade de forma facilitava o desempenho económico dos mais fracos e dinamizava o tráfego comercial[488].

No primeiro projeto do BGB (§ 91/I), chegou a prescrever-se a liberdade de forma, salvo regra em contrário[489]. Todavia, prevaleceu a ideia de que tal preceito, por evidente, não era necessário[490].

O § 125 do BGB limitou-se a dispor, numa regra que ainda vigora[491]:

Um negócio a que falte a forma legalmente prescrita é nulo.
A falta da forma prescrita através de negócio tem, na dúvida, como consequência, igualmente a nulidade.

Uma ponderação geral do BGB mostra, todavia, que a liberdade de forma é relativizada: proliferam exigências de tipo formal, com relevo para os direitos reais e a família.

---

[487] Lothar Seuffert, *Zur Geschichte der obligatorischen Vertrag/Dogmengeschichtliche Untersuchung* (1881), 169.

[488] *Motive zu dem Entwurf eines BGB für das Deutsche Recht*, I – *Allgemeiner Teil* (1896), 178-184; vide B. Mugdan, *Die gesammten Materialien zum BGB für das Deutsche Reich*, I – *Einführungsgesetz und Allgemeiner Teil* (1899), 45, com indicações sobre as leis anteriores.

[489] Horst Heinrich Jakobs/Werner Schubert, *Die Beratung des Bürgerlichen Gesetzbuchs* cit., §§ 1-240, 1 (1985), 647-658, quanto às discussões havidas; idem, 659-660, para as várias redações que o preceito relativo à forma veio assumindo, nos preparatórios, com relevo para o § 91 do 1.º projeto (§ 68 do anteprojeto):

Für ein Rechtsgeschäft ist eine besondere Form nur dann erforderlich, wenn eine solche durch Gesetz oder Rechtsgeschäft bestimmt ist.

[490] Rudolf Meyer-Pritzl, no HKK/BGB cit., 1, §§ 125-129, Nr. 22 (507).

[491] Entre os comentários, Dorothe Eisele, no *Münchener Kommentar* cit., 1, 6.ª ed., § 125 (1262 ss.) e, em especial, Christian Hertel, no Staudinger, *§§ 125-129; BeurkG/ Beurkundung* (2012), 711 pp., dedicadas a comentar os §§ 125 a 129 do BGB, com a lei dos atos notariais, de 1969.

IV. A evolução mais recente, sempre apoiada na História[492], surge moldada por quatro variáveis:

– uma tendência constante para a desformalização; reformas recentes, que visem diminuir os custos de transação das diversas operações e, particularmente no caso português, lutar contra uma burocratização, agravada pela indolência e pela venalidade dos antigos cartórios notariais públicos, aliviaram as exigências formais dos negócios;
– uma capacidade concreta do sistema para intervir, nas áreas formais, viabilizando situações que, de outro modo, estariam condenadas, por vício de forma; tal o papel da boa-fé, através da figura das inalegabilidades formais;
– a necessidade de absorver novos esquemas de declarações jurídicas, com relevo para os esquemas eletrónicos e automáticos;
– a reformalização de certos negócios, como modo de melhor tutelar o consumidor e, num aparente paradoxo, de facilitar o tráfego jurídico.

54. Forma *ad substantiam* e *ad probationem*

I. A tradição jurídica distingue entre forma *ad substantiam* e *ad probationem*[493].

A forma *ad substantiam* é exigida pelo Direito para a própria consubstanciação do negócio em si; na sua falta, há nulidade.

A forma *ad probationem* requer-se, apenas, para demonstrar a existência do negócio; na sua falta, o negócio não pode ser comprovado, por o Direito não admitir qualquer outro modo de prova quanto à sua existência.

A distinção poderia ser redundante, uma vez que o negócio válido, que não pudesse ser provado por qualquer via, ficaria em tudo assimilado ao negócio nulo. O artigo 364.º/2 dá, no entanto, uma certa projeção prática à distinção: quando resulte claramente da lei que uma certa forma é, apenas, *ad probationem*, é possível demonstrar o negócio atingido "...por

---

[492] Vide Peter Oestermann, *Die Zwillingsschwester der Freiheit/Die Form im Recht als Problem der Rechtsgeschichte*, em AAVV, *Zwischen Formstrenge und Billigkeit/Forschungen zum vormodernen Zivilprozess* (2009), 1-54.
[493] Vide Santos Justo, *Direito privado romano* cit., 1, 189.

§ 12.º A forma da declaração

confissão expressa, judicial ou extrajudicial, contanto que, neste último caso, a confissão conste de documento de igual ou superior valor probatório"[494].

II. O Direito português vigente não deixa documentar casos de forma especial *ad probationem*[495]; a referência à categoria – que o Código Civil conserva em abstrato – tem, assim, o sabor de um resquício histórico. Todavia, a jurisprudência mais recente veio reanimar a figura, considerando *ad probationem* a exigência de certas formalidades, como a do reconhecimento presencial na locação financeira[496]. Este entendimento, que visa minimizar a inobservância dessas mesmas formalidades, corresponde a uma evolução semântica. Veremos se ela é recebida.

III. Com efeito, da forma há que distinguir as formalidades: enquanto a forma dá sempre corpo a uma certa exteriorização da vontade – ela é essa própria exteriorização – a formalidade analisa-se em determinados desempenhos que, embora não revelando, em si, qualquer vontade, são, no entanto exigidos para o surgimento válido de certos negócios jurídicos[497].
Por exemplo, segundo o artigo 410.º/3, do Código Civil, na redação dada pelo Decreto-Lei n.º 379/86, de 11 de novembro, exige-se que determinados contratos-promessa celebrados por escrito (forma) se apresentem com reconhecimento presencial da assinatura e certificação, pelo notário, da existência de licença de habitação ou de construção (formalidade).

---

[494] O funcionamento deste preceito não é isento de dúvidas; segundo o artigo 352.º do Código Civil, "confissão é o reconhecimento que a parte faz da realidade de um facto que lhe é desfavorável e favorece a parte contrária". Ora, confessar a existência de um negócio pode não ser "desfavorável", no seu conjunto, a qualquer das partes. Haveria, então, que recorrer a uma dupla confissão, o que equivaleria a nova celebração negocial, retirando qualquer alcance à figura.

[495] O relevo prático da questão pode ser seguido à luz do Direito anterior; *vide* José Tavares, *Princípios fundamentais* cit., 1, 2.ª ed., 445 ss, Cabral de Moncada, *Lições* cit. 2, 3.ª ed., 218 ss e Manuel de Andrade, *Teoria geral* cit., 2, 146 ss. Contra Manuel de Andrade, *Teoria* cit., 2, 148, não se pode dizer que o modo de superar formas *ad probationem* resida na não-contestação, em juízo; esta é sempre possível e acarreta, salvo direitos indisponíveis, a confissão, pelo réu, dos factos contra ele alegados – artigo 574.º/2 do CPC – mesmo quando eles não tenham, de todo, ocorrido; assim sendo, não se substitui a forma; susbstituem-se, antes, os próprios factos.

[496] STJ 28-nov.-1999 (Machado Soares), CJ/Supremo VII (1999) 3, 128-132 (130/I).

[497] As formalidades podem ser anteriores ou posteriores à própria declaração ou, mesmo, concomitantes: em qualquer caso, elas não exprimem a vontade negocial em si.

55. As exigências de forma no Direito lusófono

I. No antigo Direito lusófono, havia uma tradição consistente de formalismo. As Ordenações do Reino, no seu livro III, título LIX, elencavam uma longa lista de contratos que, por respeitarem a bens de raiz ou por atingirem certo valor, só se podiam provar por escritura pública[498].

As leis comerciais, particularmente o Código Comercial de 1833 (Ferreira Borges), veio alargar o leque: permitiu, designadamente, que os comerciantes pudessem obrigar-se por escrito ou por correspondência epistolar (245.º).

II. O Código de Seabra, na linha do Código austríaco, consagrou a liberdade de forma, reportando-a aos contratos. Segundo o seu artigo 686.º[499]:

> A validade dos contractos não depende de formalidade alguma externa, salvo d'aquellas que são prescriptas na lei para a prova d'elles, ou que a lei, por disposição especial, declara substanciaes.

Essa regra entroncava nos artigos 647.º e 648.º, que dispunham:

> 647.º O consentimento dos estipulantes deve ser claramente manifestado.

> 648.º A manifestação de consentimento póde ser feita por palavra, por escripto, ou por factos d'onde elle necessariamente se deduza.

O próprio Código de Seabra indicava contratos sujeitos a formas solenes. Como exemplos: a doação de "cousas mobiliárias", não sendo acompanhada de tradição, só podia ser feita por escrito (1458.º, § 2.º), enquanto

---

[498] Ord. Fil., Liv. III, tit. LIX = ed. Gulbenkian, II e III, 651-652; *vide* Manuel António Coelho da Rocha, *Instituições do Direito Civil Portuguez*, 2.ª ed. (1846), Nota I ao § 188 (1, 25).

[499] José Dias Ferreira, *Codigo Civil Annotado* cit., 2, 2.ª ed., 29-36, com diversas indicações e Luiz da Cunha Gonçalves, *Tratado de Direito civil* cit., 4 (1931), 436 ss., também com interessantes elementos.

§ 12.º A forma da declaração 171

o depósito (1434.º)[500] e o mútuo (1534.º)[501] se submetiam a exigências crescentes, em função do valor. Além disso, a doutrina indicava a existência de contratos reais *quoad constitutionem*, como o depósito (1431.º) e o empréstimo (1506.º), ainda que a lei não fosse explícita[502]. Muito relevantes foram os sucessivos códigos do notariado, que previam a escritura pública.

III. Na preparação do Código Civil, Rui de Alarcão propôs, logo de entrada, a consagração do princípio da liberdade de forma (1.º)[503]:

> A validade das declarações negociais não depende de forma especial, salvo quando a lei assim o exigir.

Para tanto, apoiou-se no artigo 686.º do Código de Seabra e, ainda, na generalidade dos mais códigos, incluindo o brasileiro de 1916 (129.º)[504]. A inobservância da forma prescrita conduziria à nulidade, se outra não fosse a solução prescrita (2.º)[505].

Cabe ainda consignar o seguinte texto, de Rui de Alarcão:

> No tocante às consequências da inobservância da forma legalmente prescrita, importa ainda acentuar que, em virtude das regras sobre a *culpa in contrahendo* e dos princípios gerais da *boa fé* ou do *abuso do direito*, poderá em certos casos ter-se por excluída a possibilidade de invocação da nulidade por vício de forma, ou de todo o

---

[500] Segundo o 1434.º, versão original:

> O deposito de valor, excedente a cincoenta mil reis, só póde ser provado por escripto, assignado pelo proprio depositario ou reconhecido como authentico, e, se exceder a cem mil réis, só por escriptura publica.

[501] De acordo com o 1534.º, versão original:

> O mutuo de quantia excedente a duzentos réis só póde ser provado por escripto, assignado pelo proprio mutuário ou reconhecido como authentico; e se exceder a quatrocentos réis, só póde ser provado por escriptura publica.

[502] Manuel de Andrade, *Teoria geral* cit., 2, 50-51.
[503] Rui de Alarcão, *Forma dos negócios jurídicos* cit., 177.
[504] *Idem*, 178.
[505] *Idem*, 179.

modo, reconhecer-se lugar a uma indemnização, ao menos pelo chamado interesse ou dano negativo ou da confiança[506].

Como se vê, questões que, bastante mais tarde, vieram animar os nossos tribunais eram, há muito, conhecidas pelos nossos estudiosos[507].

O texto proposto por Rui de Alarcão manteve-se no seu anteprojeto geral sobre o negócio jurídico (3.º), sobrevivendo, nas revisões ministeriais[508], até ao texto final.

56. A justificação da forma: os limites

I. As razões justificativas da forma foram estudadas, particularmente ao longo do século XIX. Pela sua precisão cita-se, com frequência, a ponderação feita na justificação de motivos do BGB[509]. Hoje, apesar de dominar, como princípio, o consensualismo, tais razões conservam a maior atualidade: elas são decisivas para interpretar e aplicar as regras sobre a forma.

Tradicionalmente, eram apontadas três razões justificativas da forma, quando esta fosse exigida[510]: solenidade, reflexão e prova.

A solenidade prende-se com a publicidade de determinadas ações, isto é, com o ato e o efeito de as dar a conhecer ao público. Certos negócios são eficazes – ou, pelo menos, plenamente eficazes – quando sejam conhecidos ou cognoscíveis pelos elementos da comunidade jurídica. Tal sucede, em particular, no domínio dos direitos reais. A presença de modos formais, solenes, de os celebrar, facultaria essa publicidade.

---

[506] *Idem*, 184-185.
[507] Rui de Alarcão, *Do negócio jurídico/Anteprojecto para o novo Código Civil* cit., 252.
[508] *Vide* o artigo 194.º da 1.ª revisão: BMJ 107 (1961), 86 e o 229.º da 2.ª: *Código Civil/2.ª Revisão Ministerial* cit., 87.
[509] *Supra*, 166-167.
[510] Como exemplos, Andreas von Tuhr, *Allgemeiner Teil* cit., 2/1, § 63, I (497), Ludwig Enneccerus/Hans Carl Nipperdey, *Allgemeiner Teil* cit., 2, 15.ª ed., § 154, II (954), Helmut Heiss, *Formmängel und ihre Sanktionen/Eine privatrechtsvergleichende Untersuchung* (1999), 503 pp., 39 ss., Lutz-Ingo Plewe, *Die gesetzlichen Formen des Rechtsgeschäfts/Eine Bestandsaufnahme zu Beginn des 21. Jahrhunderts* (2003), 5 ss., Karl Larenz/Manfred Wolf, *Allgemeiner Teil* cit., 9.ª ed., 484 ss. e Dorothe Eisele, no *Münchener Kommentar* cit., 1, 6.ª ed., § 125, Nr. 8-9 (1264-1265).

§ 12.º A forma da declaração

A reflexão tem a ver com a gravidade que, para os contratantes, possam ter certos negócios que celebrem ou venham a celebrar; tais negócios não devem, deste modo, ser produzidos de ânimo ligeiro. A exigência de forma, até porque normalmente conectada com uma certa morosidade, por ela provocada, facultaria essa reflexão.

A prova liga-se à demonstração da ocorrência dos factos. A natureza formal de determinados negócios facilitaria essa demonstração, assim se justificando.

II. Ainda que translativamente inseridas nos diversos manuais e tratados de especialidade, estas justificações são duvidosas. A publicidade jurídica é, hoje em dia, assegurada por institutos próprios, especializados, a tanto dirigidos; em termos espontâneos, ela opera através da posse; de modo racionalizado, ela manifesta-se pelo registo ou por determinadas publicações obrigatórias[511]. Pode considerar-se que a forma não confere, por si, qualquer publicidade, a qual depende, para se efetivar, do funcionamento de esquemas ulteriores, que com ela não estão necessariamente ligados.

A reflexão pode ser propiciada pela forma de certos negócios; mas nem necessária, nem suficientemente. O arvorar da reflexão a finalidade efetiva das exigências formais dos negócios implicaria a possibilidade de, em cada caso, indagar da sua efetiva ocorrência: em concreto, verificar-se-ia se houve, ou não, a reflexão requerida, independentemente da forma. Acresce ainda que – como abaixo será referido – o Direito atual patentearia um desfasamento entre as exigências formais e o relevo dos negócios por eles atingidos: não se requer forma especial para atos que, pelo seu papel, solicitariam reflexão madura, enquanto, pelo contrário, negócios secundários ficam, dela, dependentes.

A prova, por fim, pouco ajuda. Os negócios vitimados por falta de forma são, por vezes, de prova imediata. As dificuldades de prova põem em causa a própria ocorrência do negócio; não a sua validade.

III. Mas não se pode, em definitivo, abdicar de "razões justificativas de forma especial", uma vez que a própria lei para elas remete – por exemplo, artigos 221.º/2 e 238.º/2, ambos do Código Civil. Deste modo, a dou-

---

[511] Menezes Cordeiro, *Direitos Reais*, 1, 363 ss, *Direitos Reais/Sumários*, § 8.º, *Registo Predial*, Enc. Pólis, 5 (1987), 259-266 e *Das publicações obrigatórias nos boletins das cotações das bolsas de valores*, O Direito 120 (1988), 341-370 (343 ss. e *passim*).

trina tem vindo a realizar um esforço, no sentido de apreender e aprofundar as razões justificativas da forma. Hoje, podemos apontar os seguintes escopos, para a presença de exigências formais[512]:

- a prova: na presença de um documento, torna-se mais fácil demonstrar a existência de um negócio;
- a autenticidade: a forma (mais) solene permite fixar, com fidedignidade, o efetivo conteúdo de um negócio;
- a identificação: pode haver dúvidas sobre quem celebra um contrato, particularmente se houve questões de representação, orgânica ou voluntária; a forma ajuda;
- a comunicação: contratar é comunicar; ora a observância de uma forma torna qualquer contrato mais sólido e efetivo;
- a informação material: a leitura de um documento permite conhecer melhor, quanto ao fundo, o que se vai realizar;
- o indício material: o objeto do negócio fica demarcado, prevenindo-se equívocos e, até, dissensos;
- a delimitação e a finalização: numa sequência formativa, na qual tenham sido produzidos sucessivos documentos, a adoção de uma forma permite apurar o contrato a que se haja chegado;
- a oficialização e a publicidade: ambas essas dimensões, de evidente relevância sócio-jurídica, são espoletadas perante formas mais solenes;
- o sobreaviso e a proteção, perante a precipitação: as partes envolvidas têm possibilidades reforçadas de se aperceberem da dimensão do que, de facto, assumam;
- a consciencialização: é fácil dizer sim, perante uma proposta; todavia, a circunstância de se apor uma assinatura num documento ou de fazer a declaração, perante um notário, aumenta a ideia da autovinculação ao que foi declarado;
- a segurança dada pela intervenção de especialistas: quando a forma solene envolva a atuação de um notário ou de um advogado, há, em princípio, um exame do negócio, levado a cabo, em momento prévio, por um profissional habilitado, que fará as correções que se imponham, acompanhadas de informação;

---

[512] Em especial: Peter Mankowski, *Formzwecke*, JZ 2010, 662-668 (663/II-668/I) e Christian Hertel, no *Staudinger* cit., § 125, Nr. 37-53 (16-21). Com menos desenvolvimento, vide Manfred Wolf/Jörg Neuner, *Allgemeiner Teil* cit., 10.ª ed., § 44, II (509-511).

§ 12.º A forma da declaração

– o equilíbrio: o negócio solenemente concluído, perante o notário, permite igualizar as partes, suprimindo a autoridade de uma sobre a outra e disponibilizando informações e oportunidades às duas;
– a regulação: perante áreas sujeitas a regulação, como a da banca e a dos seguros, a formalização dos negócios permite uma supervisão eficaz;
– a tutela de terceiros e do tráfego: dimensão importante e que se torna acessível quando, pela forma, os negócios possam ser vistos e ponderados por terceiros;
– a fiscalização pública: múltiplos deveres, de natureza administrativa e fiscal, podem resultar dos negócios concluídos; a sua sindicância depende da objetivação, dada pela forma;
– a viabilização: alguns negócios, como os cambiários, implicam títulos escritos;
– a executoriedade: certas formas dotam as partes de títulos executivos, no caso de não-cumprimento;
– a proteção do consumidor: duplicando alguns dos fins apontados, o Direito do consumo exige, a todos os títulos, que os negócios sejam fechados, por escrito.

IV. Os dezoito escopos justificativos da forma, acima apontados, não são exaustivos. Todavia, eles deixam entender que as razões da forma são bem mais amplas do que o tradicionalmente considerado. As contra-argumentações assentes nas exigências do tráfego são facilmente reversíveis: em certas áreas, como a da banca, são justamente razões de celeridade que justificam o recurso a formas padronizadas.

Pense-se no tráfego bancário. A ideia de, *brevitatis causa*, concluir negócios ao balcão de uma agência, sem forma (escrita ou outra) seria morosa: implicaria diálogos prolongados. Além disso, ela conduziria a inimagináveis dificuldades de prova, em novos e demolidores entraves para o comércio. Em termos práticos, a contratação por escrito, com uso de impressos que impliquem a mera aposição de cruzes em quadrículas, é mais expedita do que um consensualismo puro.

O recurso à informática, abaixo referido[513], que não é sinónimo de consensualismo, constitui, igualmente, um avanço possibilitado por uma certa (re)formalização.

---

[513] *Infra*, 345 ss..

V. As razões apontadas para a justificação das exigências de forma não podem, todavia, ser sempre entendidas em termos efetivos e racionais: antes, tão-só, em termos tendenciais e históricos. Valem as flutuações históricas e geográficas.

No domínio patrimonial, o relevo dos diversos negócios não pode deixar de se conectar com o valor económico dos bens neles em jogo. Ora as exigências atuais de forma – que atingem, sobretudo, os bens imóveis – artigo 875.º – estão desligadas dos valores em causa: negócios muito valiosos operam, de modo válido, pelo simples consenso, enquanto outros, sem significado, continuam a exigir forma máxima. A desarticulação existente entre o valor dos negócios e a forma por que eles devam ser celebrados pode bloquear, em concreto, a possibilidade de lhe fazer corresponder agravadas necessidades de publicidade, de reflexão ou de prova, bem como os numerosos escopos acima adiantados.

As alegadas razões justificativas de determinadas exigências de forma assumem pois, por vezes, uma consistência de tipo histórico: elas terão levado o legislador ou, mais latamente, o Direito, a prescrevê-las.

E assim sendo, pode determinar-se o verdadeiro alcance da remissão, feita pela lei, para as "razões de exigência" de certas formas negociais: ela visa uma reconstrução de tipo histórico-cultural que permita, em termos de mínima razoabilidade, determinar o âmbito da forma legal ou o sentido das declarações de vontade.

57. As formas especiais; a desformalização e a reformalização

I. As diversas formas suscetíveis de dar expressão às declarações de vontade vêm sistematizadas, no Código Civil, a propósito da prova documental (362.º a 387.º)[514].

Recordemos alguns aspetos atinentes a essa matéria. O documento, no Direito civil, é apresentado como qualquer objeto elaborado pelo homem, com o fim de representar uma pessoa, coisa ou facto (362.º).

Os documentos podem ser classificados em função dos mais diversos critérios. Podemos distinguir:

---

[514] Adriano Vaz Serra, *Provas (Direito probatório matéria)*, BMJ 110 (1961), 61-256, 111 (1961), 5-194 e 112 (1962), 33-299, especialmente BMJ 112, 276 ss.. *Vide*, quanto à preparação do Código Civil, Jacinto Rodrigues Bastos, *Das relações jurídicas* 5 (1969), 124 ss. e, quanto ao regime geral das provas, o presente Tratado, V, 459 ss..

§ *12.º A forma da declaração* 177

– em função do suporte: documentos escritos e reproduções mecânicas, subdividindo-se estas últimas em fotográficas, cinematográficas ou fonográficas, na linguagem do Código Vaz Serra (368.º); hoje teríamos documentos escritos e documentos digitais, podendo ainda, nas reproduções, mencionar-se os documentos videográficos e os audiográficos;
– em função da entidade de origem: documentos oficiais e documentos particulares, podendo, nestes últimos, surgir documentos produzidos pelo autor e pelo réu; quanto a estes, poderá fazer sentido apelar ao regime da confissão; os documentos oficiais, por seu turno, serão notariais, centrais, regionais, locais, eclesiásticos, etc., em função da concreta entidade emissora;
– em função do país de origem: documentos nacionais e estrangeiros; os fenómenos da diplomacia, das organizações internacionais e da integração habilitam, ainda, a distinguir documentos diplomáticos, internacionais e europeus;
– em função de critérios jurídicos teremos: documentos autênticos, autenticados e particulares; documentos originais e cópias; documentos reformados; certidões e diversos outros.

Existe uma hierarquia entre documentos: autêntico, autenticado e particular (364.º/1). Perante ela, a regra geral determina: o documento pode ser substituído por outro, de grau superior; estando apenas em causa a prova da declaração, pode ser substituído por confissão (364.º/2). Os documentos autênticos ou particulares passados em país estrangeiro fazem prova como o fariam os equivalentes portugueses (365.º/1); pode, havendo dúvidas, ser exigida a sua legalização (365.º/2), a qual se realiza nos termos do artigo 440.º do CPC. Faltando requisitos legais, o valor probatório dos documentos é livremente apreciado pelo tribunal (366.º). Os documentos escritos que desapareçam podem ser judicialmente reformados (367.º). Quanto às reproduções mecânicas – fotográficas, cinematográficas ou fonográficas[515]: fazem prova plena desde que a sua exatidão não seja impugnada (368.º)[516]. As possibilidades da informática retiram, hoje, a tais reproduções, a especial força probatória que já tiveram: podem ser artificialmente acomodados.

---
[515] A parte que apresente tais reproduções em tribunal deve facultar a este os meios técnicos necessários para a exibição (527.º do CPC).
[516] Tal impugnação faz-se, em juízo, nos termos do artigo 444.º/1 do CPC.

No Direito alemão, distinguem-se as formas seguintes[517]:
– comportamentos concludentes;
– declarações orais;
– texto (não assinado);
– escrita (com assinatura);
– eletrónica (com equivalente a assinatura e equiparada à escrita);
– escrita reconhecida;
– escritura.

II. A forma escrita dá corpo aos correspondentes documentos. Podem ser autênticos ou particulares. São autênticos (363.º/2):

> (...) os documentos exarados, com as formalidades legais, pelas autoridades públicas nos limites da sua competência ou, dentro do círculo de atividades que lhes é atribuído, pelo notário ou outro oficial público provido de fé pública; todos os outros documentos são particulares.

Os documentos autênticos paradigmáticos são os exarados pelo notário nos respetivos livros, ou em instrumentos avulsos, e os certificados, certidões e outros documentos análogos por ele expedidos – 35.º/2 do CNot[518]. Entre eles avulta a escritura pública, lavrada nos livros de notas (36.º/1, do CNot), com diversas formalidades (46.º/1). O artigo 80.º do CNot, antes do Decreto-Lei n.º 116/2008, de 4 de julho, fixava, em geral, os atos sujeitos a escritura pública. Cumpre retê-lo:

> 1. Celebram-se, em geral, por escritura pública os que importem reconhecimento, constituição, aquisição, modificação, divisão ou extinção dos direitos de propriedade, usufruto, uso e habitação, superfície ou servidão sobre coisas imóveis.
> 2. Devem especialmente celebrar-se por escritura pública:
> *a)* As justificações notariais;
> *b)* Os atos que importem revogação, retificação ou alteração de negócios que, por força da lei ou por vontade das partes, tenham sido celebrados por escritura pública, sem prejuízo do disposto nos artigos 221.º e 222.º do Código Civil;

---

[517] Christian Hertel, no *Staudinger* cit., § 125, Nr. 4-5 (5), ainda que com diversa arrumação.
[518] O Código do Notariado foi aprovado pelo Decreto-Lei n.º 207/95, de 14 de agosto e (neste momento), por último, pelo Decreto-Lei n.º 116/2008, de 4 de julho.

§ *12.º A forma da declaração* 179

c) Os atos de constituição, alteração e distrate de consignação de rendimentos e de fixação ou alteração de prestações mensais de alimentos, quando onerem coisas imóveis;
d) As habilitações de herdeiros e os atos de alienação, repúdio e renúncia de herança ou legado, de que façam parte coisas imóveis;
e) Os atos de constituição, dissolução e liquidação de sociedades comerciais, sociedades civis sob a forma comercial e sociedades civis das quais façam parte bens imóveis, bem como os atos de alteração dos respetivos contratos sociais;
f) Os atos de constituição de sociedades anónimas europeias com sede em Portugal e os de alteração dos estatutos das mesmas sociedades, nos casos em que da alteração decorra a transferência da sua sede para Portugal;
g) Os atos de constituição de associações e de fundações, bem como os respetivos estatutos e suas alterações;
h) Os atos de constituição, de modificação e de distrate de hipotecas, a cessão destas ou do grau de prioridade do seu registo e a cessão ou penhor de créditos hipotecários;
i) A divisão, a cessão e o penhor de participações sociais em sociedades por quotas, bem como noutras sociedades das quais façam parte coisas imóveis, com exceção das anónimas;
j) O contrato-promessa de alienação ou oneração de coisas imóveis ou móveis sujeitas a registo e o pacto de preferência respeitante a bens da mesma espécie, quando as partes lhes queiram atribuir eficácia real;
l) As divisões de coisa comum e as partilhas de patrimónios hereditários, societários ou outros patrimónios comuns de que façam parte coisas imóveis.

Hoje, apenas não foram revogadas as alíneas *a)*, *b)*, *d)* e *g)*. Surgem outros documentos autênticos em leis especiais (81.º do CNot).

A autenticidade do documento – portanto: da forma autêntica – depende da competência da autoridade ou do oficial público que o exare e, ainda, de não haver impedimento legal (369.º/1). O Código Vaz Serra ressalva, ainda, os atos elaborados por agentes putativos, desde que haja boa-fé dos intervenientes ou beneficiários (369.º/2).

A autenticidade em si deriva do próprio documento: segundo o artigo 370.º/1, presume-se que o documento provém da autoridade ou do oficial público a quem é atribuído, quando estiver subscrito pelo autor com assinatura reconhecida pelo notário ou com o selo do respetivo serviço. Tal presunção (370.º/2):

– pode ser ilidida por prova em contrário;
– pode ser oficiosamente afastada pelo tribunal quando, por sinais exteriores do próprio documento, seja manifesta a falta de autenticidade; na dúvida, pode ser ouvida a entidade a quem ele for atribuído.

Quanto a documentos anteriores ao século XVIII: a sua autenticidade é estabelecida por exame feito na Torre do Tombo, quando seja contestada ou posta em dúvida por alguma das partes ou pela entidade a quem o documento for apresentado (370.º/3). O exame é ordenado pelo diretor do arquivo da Torre do Tombo, sobre prévia requisição do tribunal (551.º do CPC).

Perante um documento autêntico, a sua força probatória só pode ser ilidida com base na sua falsidade[519] (372.º/1), a qual ocorre (372.º/2) quando, no documento em causa:

> (...) se atesta como tendo sido objeto de perceção da autoridade ou oficial público qualquer facto que na realidade se não verificou, ou como tendo sido praticado pela autoridade responsável qualquer ato que na realidade o não foi.

A falsidade pode ser declarada oficiosamente pelo tribunal, quando ela seja evidente em face dos sinais exteriores do documento (372.º/3).

III. São particulares todos os documentos não autênticos (363.º/2, *in fine*). Todavia, para assumirem eficácia probatória, os documentos particulares terão de assumir determinados requisitos. Em primeiro lugar, eles deverão ter uma autoria: de outro modo, tratar-se-á de documentos anónimos, sem qualquer interesse.

O Direito civil dá um especial papel à assinatura (373.º). Assim:

– os documentos particulares devem ser assinados pelo seu autor (373.º/1, 1.ª parte);
– nos títulos emitidos em grande número, a assinatura pode ser substituída por reprodução mecânica ou chancela (373.º);
– se o autor não souber ou não puder assinar, pode a assinatura provir de outrem, a seu rogo (373.º/1, 2.ª parte), devendo proceder-se

---

[519] *Vide* José Lebre de Freitas, *A falsidade no Direito probatório* (1984), 222 pp.. A ilisão da força probatória do documento autêntico vem regulada no artigo 546.º/1, do CPC.

§ 12.º A forma da declaração

à confirmação, perante o notário (373.º/3 e 4); esta regra ganha em alcance prático à medida que o envelhecimento da população obriga o Direito a compensar um certo défice de comunicação[520].

O documento particular assinado, a sua letra e assinatura ou só a assinatura consideram-se verdadeiras (374.º/1):

– quando reconhecidas pela parte contra quem o documento é apresentado;
– quando não impugnadas por essa mesma parte;
– quando, sendo atribuídas à parte em causa, esta declare não saber se lhe pertencem;
– quando sejam legal ou judicialmente havidas como verdadeiras.

O ónus da prova da veracidade – aliás: autenticidade – desloca-se para a parte que apresentar o documento, caso a outra impugne a veracidade da letra ou da assinatura ou não lhe sendo elas imputadas, declare que não sabe se são verdadeiras (374.º/2)[521]. O ónus inverte-se na hipótese de reconhecimento presencial da letra ou da assinatura do documento, ou só da assinatura, nos termos notariais[522]: incumbirá então à parte contra a qual o documento é apresentado alegar e provar a sua falsidade (375.º/2).

Aplicando estas regras à exigência de forma escrita, temos o seguinte[523]:

– a assinatura deve ocorrer depois do texto; de outro modo, o que surja após a assinatura poderá não se dever ao declarante;
– tendo a declaração várias páginas, todas elas devem ser assinadas ou, pelo menos, rubricadas;

---

[520] Anne Röthel, *Form und Freiheit der Patientenautonomie*, AcP 211 (2011), 196-220 (209 ss.).

[521] A impugnação da genuinidade de documentos processa-se nos termos do artigo 444.º do CPC.

[522] *Infra*, 182-183.

[523] *Vide* o § 126 do BGB; em especial; Heinz Holzhauer, *Die eigenhändige Unterschrift/Geschichte und Dogmatik des Schriftformerforderniss im deutschen Recht* (1973), 313 pp. (115 ss.); Helmut Köhler, *Die Unterschrift als Rechtsproblem*, FS Helmut Schippel (1996), 209-220; Thomas Regenfus, *Gesetzliche Schriftformerfordernisse/Answirkungen des Normzwecks auf die tatbestandlichen Anforderung* I, JA 2008, 161-165 e II, JA 2008, 246-253; Dorothe Eisele, no *Münchener Kommentar* cit., 1, 6.ª ed., § 126 (1292 ss.) e Christian Hertel, no *Staudinger* cit., § 126 (46-106) ambos com muitas indicações.

– a assinatura deve equivaler ao exarado em peça de identificação; não se exige que a assinatura seja legível, embora possa haver vantagens em, entre parêntesis ou de modo equivalente, exarar o nome do assinante.

Cumpre ter presente que a assinatura tem um triplo papel[524]: (a) permite imputar o texto da declaração escrita ao seu autor; (b) facilita a demonstração de autoria, dado que cada assinatura humana é própria, diferenciando-se das demais; (c) consciencializa o assinante: assinar é, sempre, sentido como um ato de responsabilidade.

Os documentos particulares podem ser autenticados: quando confirmados pelas partes perante o notário (35.º/3 do CNot). Em termos probatórios, eles equivalem aos documentos autênticos (377.º, 1.ª parte), embora não os substituam no tocante à forma exigida para as declarações negociais (377.º, 2.ª parte).

Pode, ainda, haver uma assinatura em branco: nessa altura, pressupõe-se, *a latere*, um pacto de preenchimento, expresso ou tácito[525]. Quando preenchido em conformidade com esse pacto, ela confere a força de qualquer documento particular assinado. O seu valor probatório pode ser ilidido provando-se que nele se inseriram declarações divergentes do ajustado, ou que o documento foi subtraído (378.º).

Os telegramas cujos originais tenham sido escritos ou assinados ou, simplesmente, assinados, pela pessoa em nome de quem sejam expedidos ou por outrem a seu rogo, seguem o regime dos documentos particulares (379.º).

IV. O documento particular cuja autoria seja reconhecida e salvo a arguição e a prova da sua falsidade, faz prova plena quanto às declarações atribuídas ao seu autor (376.º/1).

Quanto aos factos contidos na declaração: consideram-se provados na medida em que se apresentem contrários aos interesses do declarante; a declaração é, contudo, indivisível, em termos aplicáveis à confissão[526]

---

[524] *Vide*, em parte, Thomas Regenfus, *Gesetzliche Schriftformerfordernisse* cit., 162 ss..
[525] *Vide inter alios*: Jens-Hinrich Binder, *Gesetzliche Form, Formnichtigkeit und Blanket im bürgerlichen Recht*, AcP 207 (2007), 155-197 (177 ss.).
[526] Artigo 360.º.

§ 12.º A forma da declaração

(376.º/2). Ficará ao julgador o apreciar em que medida o valor probatório do documento é afetado por notas, entrelinhas ou outros vícios externos.

58. Forma eletrónica e disposições especiais

I. Dispomos, hoje, de documentos eletrónicos: aqueles cujo suporte seja assegurado por meio eletromagnéticos ou óticos. A assinatura que então intervenha é digital. As regras tradicionais foram adaptadas, com alguma facilidade, a essas inovações tecnológicas[527].

Vigora, entre nós, o Decreto-Lei n.º 290-D/99, de 2 de agosto, alterado pelos Decretos-Leis n.º 62/2003, de 3 de abril, n.º 165/2004, de 6 de julho, complementado pelo Decreto Regulamentar n.º 25/2004, de 15 de julho, n.º 116-A/2006, de 16 de junho e n.º 88/2009, de 9 de abril, que procedeu à sua republicação.

No Direito alemão que, enquanto Direito continental mais evoluído, pode ser usado como útil aferidor das nossas soluções, a forma eletrónica foi introduzida no BGB pela "Lei para a adaptação das prescrições de forma do Direito privado e de outras prescrições ao moderno tráfego jurídico", de 13 de julho de 2001[528]. Daí resultou o § 126a (forma eletrónica, com assinatura também eletrónica) e o § 126b (forma-texto, o qual identifica as partes, mas sem assinatura).

A bibliografia disponível é imensa[529].

II. Outras regras especiais constam do próprio Código Civil. Temos a considerar:

– os registos e outros escritos onde alguém tome habitualmente conta dos pagamentos que recebe: fazem prova contra o seu autor, nos termos do artigo 380.º;
– as notas em seguimento, à margem ou no verso do documento que ficou em poder do credor, fazem prova se favorecer a exoneração do devedor, no quadro do artigo 381.º.

---

[527] *Tratado* I/1, 3.ª ed., 588.
[528] Conhecida como *Formvorschriftenanpassungsgesetz*; quanto aos seus antecedentes: Christian Hertel, no *Staudinger* cit., § 126a, Nr. 8 ss. (112 ss.).
[529] Christian Hertel, ob. cit., 106-109 e 127-128, cita mais de uma centena de títulos especializados, sobre esses dois preceitos.

Em ambos os casos, tais elementos perdem a força probatória que lhes é atribuída, quando cancelados pelo credor (382.º)[530].

III. As certidões de teor extraídas de documentos arquivados nas repartições notariais ou noutras repartições públicas, quando expedidas pelo notário ou outro depositário público competente, têm a força probatória dos originais (383.º/1). Sendo a certidão de teor parcial, a prova dela resultante pode ser invalidada ou modificada por certidão de teor integral (383.º/2). Quanto a certidões de certidões: quando expedidas na conformidade da lei, têm a força probatória daquelas de onde foram extraídas (384.º). A invalidação das certidões faz-se por confronto com o original (385.º).

As públicas-formas ou cópias de teor, total ou parcial, expedidas por oficial público autorizado e extraídas de documentos avulsos que, para o efeito, lhe sejam apresentados, têm a força probatória do original; tal força cessa se for requerida a exibição do original e este não for apresentado ou, sendo-o, se verifique desconformidade (386.º).

As fotocópias de documentos equivalem a certidões de teor ou de pública-forma, consoante os casos, se a conformidade com o original for atestada por notário.

---

[530] Esta matéria tem natureza comercial. A sua presença no Código Civil corresponde, no fundo, a claras tensões no sentido da unificação do Direito privado.

§ 13.º O FUNCIONAMENTO DAS REGRAS FORMAIS E O SISTEMA

59. A interpretação e a aplicação; a plenitude das normas

I. A interpretação-aplicação das regras relativas à forma coloca particulares questões, que devem ser referenciadas. Os problemas filiam-se em três pontos fundamentais:

- o Direito aplica, à inobservância da forma legalmente prescrita, a sanção máxima da nulidade – artigo 220.º;
- a manutenção, nos atuais quadros civis, da categoria dos negócios formais é, em certos casos, uma fonte de desconexões e de injustiças, em termos materiais;
- a invocação de nulidades formais, em especial quando feita por quem lhes tenha dado azo, revela-se injusta.

II. Desde o antigo Direito romano, se pode proclamar que o progresso jurídico implicou uma luta contínua contra o formalismo. O ritual exterior deve ceder perante o mérito das causas[531]. Tratando-se de concretização da autonomia privada, não se cura de apurar o que, pelas partes, tenha sido vertido em moldes exteriores predeterminados, mas antes o que, efetivamente, elas pretenderam e declararam, em termos de suscitar uma entrega confiante.

A pessoa que, livremente, se tenha adstrito a um certo comportamento, vai contundir contra representações psicológicas, morais e sociológicas quando, supervenientemente, se venha desvincular alegando a inobservância de simples regras formais. Além disso, a mera existência de

---

[531] Werner Lorenz, *Das Problem der Aufrechterhaltung formnichtiger Schuldverträge*, AcP 156 (1957), 381-413 (385-398), Helmut Coing, *Form und Billigkeit im modernen Privatrecht*, DNotT 1965, 29-50 (29-30) e Larenz/Wolf, *Allgemeiner Teil*, cit., 9.ª ed., 483 ss..

regras formais origina mais uma fonte de dispêndios e de erros, que pode complicar o tráfego privado e a convivência entre as pessoas[532].

Há, pois, uma pressão sobre as regras formais – as regras que estabeleçam formas especiais para os negócios – que o Direito não deve ignorar[533]. Essa pressão reflete-se na interpretação e na aplicação das regras em causa.

III. Torna-se possível detetar, no Direito vigente, vários esquemas tendentes a amenizar as regras formais, em nome das injustiças a que elas possam conduzir.
Deste modo:

– segundo o artigo 221.º/1 e 2, em várias hipóteses podem surgir, válidas, cláusulas acessórias que não assumam a forma legalmente exigida para o negócio; o próprio Código Civil intenta, assim, restringir o âmbito de aplicação das regras formais;
– segundo o artigo 238.º/1 e 2, é possível retirar, de um negócio formal, um sentido que tenha um mínimo de correspondência no texto do respetivo documento, ainda que imperfeitamente expresso ou, em certas condições, um sentido que nem com esse mínimo coincida; de novo as regras formais perdem, por expressa injunção legal, em área de aplicação[534];
– segundo o artigo 293.º, torna-se possível converter um negócio, nulo por falta de forma, num outro formalmente menos rigoroso, desde que verificado determinado circunstancialismo;
– outras regras podem ser invocadas e, designadamente: cumprido livremente um negócio nulo por falta de forma, pode suscitar-se a eventualidade da sanção[535].

---

[532] Ludwig Hassemer, *Die Bedeutung der Form im Privatrecht*, JuS 1980, 1-9 (1).

[533] Egon Schneider, *Tendenzen und Kontroversen im der Rechtsprechung*, MDR 2000, 747-753 (747 ss.). Logo no princípio do século XX, Hans Reichel, *Zur Behandlung formnichtiger Verpflichtungsgeschäfte*, AcP 104 (1909), 1-150 (3 ss., 40 ss. e 54 ss.), apelava a institutos como o enriquecimento sem causa, a responsabilidade civil ou o crime de burla, para enquadrar as consequências da nulidade formal.

[534] As próprias regras da interpretação permitem, pois, minimizar os vícios formais; vide H. Heiss, *Formmängel* cit., 214 ss..

[535] Petra Pohlmann, *Die Heilung formnichtiger Verpflichtungsgeschäfte durch Erführung* (1992), 229 pp., 65 ss..

Também importante no que toca ao levantamento de valorações legais que restrinjam o formalismo negocial é o esquema da execução específica do contrato-promessa – artigo 830.º: através dele, verifica-se que, da simples celebração de um contrato-promessa que, geralmente, tem regras formais mais leves do que as do competente contrato-definitivo, pode resultar uma solução final em tudo semelhante à propiciada por um negócio formal, sem que a competente forma tenha sido observada[536].

Tal estado de coisas, acrescido ao facto de vigorar, com clareza, um princípio geral de consensualismo, permite concluir que, pelo menos, as regras que imponham formas devem ser interpretadas sem extensões nem analogias, nos precisos termos impostos pelas leis que as estabeleçam.

IV. Perante estas indicações, cabe perguntar se, por via doutrinária e jurisprudencial, não seria possível assegurar a viabilidade de negócios formais, quando as competentes regras de forma tivessem sido inobservadas.

Um primeiro passo neste sentido foi dado pela jurisprudência alemã que, desde o princípio do século XX, considera inadmissível a atitude da pessoa que provoque ou dê azo a uma nulidade formal e depois, quando melhor lhe convier, a venha alegar. Quem procedesse daquele modo não poderia, depois, alegar a nulidade ocorrida: haveria uma inalegabilidade formal, por exercício inadmissível de uma posição jurídica: estaria em causa a boa-fé[537].

Clara na aparência, esta construção levanta dúvidas científicas e práticas[538].

O negócio que não observe as regras de forma que se apliquem é nulo, segundo o artigo 220.º; a nulidade, por seu turno, é invocável a todo

---

[536] Os inconvenientes desta solução, justamente por permitirem contornar as regras relativas à forma, foram apresentados, *de iure condendo*, aquando da elaboração do Código Civil, por Vaz Serra e, de novo, enfocados por Lobo Xavier, *A forma do contrato-promessa de compra e venda e a execução específica das obrigações emergentes do contrato no Código Civil de 1966* (1983); não obstante, o Supremo, numa linha que aponta com clareza para uma "desformalização" dos negócios, consagrou, no assento de 30-jan.-1985 (Rui Corte-Real), BMJ 343 (1985), 147-152, a doutrina inserida no texto; vide o *Tratado*, II/2, 416-417.

[537] As competentes decisões exemplares podem ser seguidas em *Da boa fé* cit., 774 ss.. O tema pode ser desenvolvidamente confrontado em Flume, *Rechtsgeschäft* cit., 4.ª ed., 270 ss.. Vide, *Tratado* V, 299 ss. e *infra*, 189 ss..

[538] Ludwig Häsemeyer, *Die gesetzliche Form der Rechtsgeschäfte* (1971), 37 ss., 228 ss. e 294 ss., Larenz/Wolf, *Allgemeiner Teil* cit., 9.ª ed., 502 ss. e Christian Hertel, no *Staudinger* cit., § 125, Nr. 110-111 (38-39).

o tempo, por qualquer interessado, e pode ser declarada oficiosamente pelo tribunal, nos termos do artigo 286.º. Nestas condições, não bastaria impedir o causador de uma nulidade formal de a alegar; haveria que tomar idêntica posição no tocante a quaisquer terceiros interessados, ainda que estranhos ao vício; do mesmo modo, seria necessário bloquear o poder do tribunal de, *ex officio*, declarar a nulidade. A assim não ser, bastaria, ao causador da nulidade, dá-la a conhecer a qualquer interessado ou ao próprio tribunal para, por essa via, conseguir o mesmo resultado. Ora a nulidade serve evidentes valores de tutela da confiança e de segurança jurídica[539]: não se vê como substituí-la, *ad nutum*, por uma invalidade informe.

O recurso à boa-fé só num primeiro tempo resolveria este problema: haverá ou que desencadear atos de sanação, ou que atuar nas próprias normas que imponham formas específicas para os negócios jurídicos e que, à inobservância dessa forma, associem a nulidade. Veremos, no número seguinte e a propósito do abuso do direito, até onde é possível ir.

V. Uma segunda via consistiria em restringir as normas relativas à forma dos negócios; para tanto, recorrer-se-ia aos mecanismos da redução teleológica[540].

As regras formais e a nulidade correspondente à sua inobservância visariam os valores, acima (simplificadamente) referidos, da publicidade, da reflexão e da facilidade de prova. Quando, em concreto, tais valores se mostrassem acautelados, as regras em causa perderiam a sua razão de ser: elas não teriam aplicação, por redução teleológica.

O esquema da redução teleológica, não suscita hoje dúvidas científicas de base. No entanto, não se julga que ele possa, aqui, ter aplicação.

Existe uma certa categoria de normas – a das normas plenas – que, estruturalmente, não admite a redução teleológica.

Num paralelo explicativo com a analogia, recorde-se que esta está para a interpretação extensiva tal como a redução teleológica está para a interpretação restritiva. Certas normas não são estruturalmente suscetíveis de aplicação analógica; assim as regras típicas ou – ainda que numa medida mais discutível – as normas excecionais: elas ou implicam a inexistência de lacunas, ou demonstram uma inaptidão de princípio para ultrapassar o seu âmbito de previsão. De modo semelhante, pode-se isolar uma catego-

---

[539] Horst Hagen, *Formzwang, Formzweck, Formmängel und Rechtssicherheit*, FS Helmut Schippel (1996), 173-186 (186).
[540] Quanto a esta figura, *vide* o *Tratado* I, 782 ss., com indicações.

ria de preceitos que, sendo alheios a valores juridicamente relevantes, não comportam redução teleológica. E nessa categoria haveria, justamente, que colocar as regras relativas à forma dos negócios.

A possibilidade de, por redução teleológica, prevenir a aplicação de regras formais implicaria, desde logo, a determinação dos objetivos por elas prosseguidos; atingidos estes – ainda que por outra via – ficaria dispensada a aplicação daquelas. Ora não é possível atribuir, às regras formais, objetivos concreta e precisamente relevantes, que tenham uma consistência mínima: viu-se como essas normas representam um resquício histórico; por seu turno, a reconstrução dos valores ligados à forma, embora consistente, não permite fixar fronteiras firmes.

As normas relativas à forma dos negócios jurídicos são plenas: não tendo objetivos exteriores claramente defiíveis, elas não comportam redução teleológica[541]. De resto e à reflexão: o valor das normas relativas à forma das declarações reside na sua própria existência. Desde o momento em que tais normas pudessem ser afastadas, pela redução teleológica, a segurança e as facilidades que dela decorrem perder-se-iam.

60. As inalegabilidades formais; doutrina geral

I. Chamamos inalegabilidade formal à situação em que a nulidade, derivada da inobservância da forma prescrita para um determinado negócio jurídico, não possa ser alegada sob pena de se verificar um "abuso do direito", contrário à boa-fé[542]. Pressupõe-se a doutrina do abuso do direito: todavia, é possível expor este campo, com autonomia.

A ocorrência paradigmática de abuso do direito, no tipo "inalegabilidade formal" pode ser aproximada do *venire contra factum proprium*: o agente convence a contraparte a concluir um negócio nulo, por falta de forma ou – pior – a não dar a forma legal requerida para um negócio; prevalece-se, depois, do negócio (nulo) enquanto lhe convier; finalmente, vem alegar a nulidade, para se livrar das obrigações contraídas. Há abuso, por contrariedade à boa-fé (334.º). Permite tal abuso paralisar a aplicação das regras sobre a forma? Vamos seguir, de modo sintético, o evoluir do problema.

---

[541] Admitindo a redução teleológica de normas formais apenas no âmbito da procuração e em especiais conjunturas: Larenz/Wolf, *Allgemeiner Teil* cit., 9.ª ed., 875.

[542] *Da boa fé*, 771 ss..

II. Na falta de preceitos específicos, a primeira tentativa de bloquear certas nulidades formais foi levada a cabo, na Alemanha, através da *exceptio doli*.

De facto, a possibilidade de recurso à *exceptio doli* é universal, desde que o Direito justinianeu aboliu, na prática, a clivagem entre *bonae fidei* e *stricti iuris iudicia*: a *exceptio* não tem de constar da fórmula da *actio* para ser atuada; tão-pouco deve ser inserida em todos os preceitos legais que possam ser utilizados contra a boa-fé.

O emprego da *exceptio* perante nulidades formais, contrariando, de modo frontal, a vontade histórica do legislador alemão[543], não foi conseguido sem hesitações[544]. Inicialmente, o RG entendeu que "onde intervenham prescrições de forma, não pode, quando essas prescrições não devam conservar o seu sentido de outro modo, ser concedido o recurso à boa-fé"[545], voltando a frisar, tempos depois que "O Reichsgericht mantém que o recurso à boa-fé perante prescrições de forma, tem de ser negado, porque de outro modo as prescrições de forma ficariam sem significado"[546]. A doutrina sufragaria, de algum modo, esta orientação. O RG alterou, depois, as suas teses. Em 15-nov.-1907, embora reconhecendo que, em princípio, as disposições referentes à forma não podem ser contrariadas pela *exceptio doli*, decidiu concedê-la ao R. em ação de nulidade, por o próprio A. ter induzido o R. à não redução de determinada alteração num arrendamento de coisa produtiva a escrito[547]. Em RG 28-nov.-1923, discutia-se a situação criada pela celebração de um contrato simulado, com preço, por compra de prédio, inferior ao verdadeiramente acordado. O A. pedia a declaração de nulidade do contrato

---

[543] *Motive* cit., 1, 183: "Quando para negócios singulares se encontre prescrita uma forma especial, isso basta para considerar que as razões para a necessidade da observância da forma pesam mais do que a consideração pelo dever ético da palavra dada". Vide ainda Coing, *Form und Billigkeit* cit. , 33, segundo o qual o legislador apenas quis, no § 242, reforçar as vinculações, tal como fez o artigo 1134.º do Código Napoleão e não limitar o § 125 e Dietrich Reinicke, *Rechtsfolgen formwidrig abgeschlossener Verträge* (1969), 29-30, que refere a justificação de motivos.

[544] Herbert Störmer, *Die sog. exceptio doli generalis gegenüber der Berufung auf Formnichtigkeit* (1936), 20, Wilhelm Weber, *Treu und Glauben*, no Staudinger, 11.ª ed. (1961), § 242, D 427 (852), Dietrich Reinicke, *Rechtsfolgen formwidrig abgeschlossener Verträge* cit., 29-30, Ludwig Häsemeyer, *Die gesetzliche Form der Rechtsgeschäfte* (1971), 37 e Lorenz, *Das Problem der Aufrechterhaltung formnichtiger Schuldverträge* cit. , 399.

[545] Wilhelm Weber, *Treu und Glauben* cit., D 421 (850).

[546] RG 7-jun.-1902, RGZ 52 (1902), 1-5 (3); tratou-se de uma venda de imóvel na qual o assentimento do marido fora meramente verbal. Outros elementos: *Da boa fé*, 774.

[547] RG 15-nov.-1907, SeuffA 63 (1908), 349-350 (349).

§ 13.º O funcionamento das regras formais e o sistema 191

dissimulado, por falta de forma; no entanto, fora ele que, como experiência de transações imobiliárias, ainda que sem o intento de gerar uma nulidade, declarara ao R. a juridicidade do negócio, assim celebrado. O RG concedeu a *exceptio*[548]. Esta decisão foi modelar, em relação a numerosas outras[549].

III. Posteriormente, verificou-se uma evolução jurisprudencial, que corresponderia, aliás, à decadência da *exceptio doli*. As primeiras decisões judiciais que instituíram a inalegabilidade de nulidades formais fizeram-no quando o agente causara diretamente o vício na forma e, depois, pretendeu aproveitar-se dele. De seguida, porém, veio a requerer-se, apenas, a simples negligência do agente, no momento da celebração do contrato[550]. Por fim, a alegação de nulidades formais veio a ser coarctada, independentemente de qualquer culpa do agente, quando, dadas as circunstâncias do caso, se constate que o provimento da nulidade iria atentar contra a boa-fé[551].

Este desenvolvimento vigoroso da jurisprudência, além de *contra legem*, processou-se em certa discordância com a doutrina. Desde o início, chamou-se a atenção para a natureza cogente das disposições que cominam formas necessárias para certas declarações negociais bem como das que, à inobservância das primeiras, associam a nulidade. Havendo dolo ou procedimento similar por uma das partes, com uma nulidade formal por resultado, poder-se-ia, quando muito, chegar a uma indemnização a arbitrar ao prejudicado, seja por *culpa in contrahendo*, seja por prática delitual, atentatória, eventualmente, dos bons costumes.

---

[548] RG 28-nov.-1923, RGZ 107 (1924), 357-365 (364-365). A inflação conduziria a uma série de impugnações desse tipo às quais o RG fez frente com a *exceptio doli* – Arndt, *Zur exceptio doli bei Schwarzkäufen*, DJZ 31 (1926), 805-806 (805). Numa faceta interessante do problema, deve salientar-se que a jurisprudência relativa às inalegabilidades formais tem a sua origem em situações sociais delicadas, que tinham de ser resolvidas imperiosamente.
[549] RG 21-mai.-1927, RGZ 117 (1927), 121-127, RG 12-nov.-1936, RGZ 153 (1937), 59-61 (61), RAG 15-jun.-1938, JW 1938, 2426 e RG 4-dez.-1942, RGZ 170 (1943), 203-207 (204-205), p. ex..
[550] As diversas decisões alemãs, todas anteriores a 1930, podem ser confrontadas em *Da boa fé*, 775.
[551] RG 12-nov.-1936, RGZ 153 (1937), 59-61 (60-61), RAG 15-jun.-1938, JW 1938, 2426 e RG 4-dez.-1942, RGZ 170 (1943), 203-207 (204-205).

Uma reação grande, por parte da doutrina, foi desencadeada por RG 15-nov.-1907[552]: Hoeniger[553], Reichel[554], Josef[555] e Oertmann[556] asseguram, no essencial, que o Tribunal do *Reich* colocara a alegação de nulidade formal ao nível das condutas não permitidas, contrariando, pois, a letra e o espírito da lei. A ocorrência de manobras condenáveis, na origem do vício, apenas permitiria ao lesado obter uma indemnização pelo interesse negativo – o interesse da confiança – do contrato; nunca, porém, validar uma nulidade. Mesmo Autores que, como Heldrich, concordam com a jurisprudência do RG, distanciam-se deste no que respeita à justificação[557].

[552] RG 15-nov.-1907, SeuffA 63 (1908), 349-350.
[553] Heinrich Hoeniger, *Arglist herbeigeführte Formnichtigkeit*, ZNotV 1909, 673-688 (675). Hoeniger entende que a *exceptio* só pode ser concedida contra quem alegue nulidade formal quando o agente que o faça lhe tenha dado azo através de delito. Precisa Hoeniger: "Os pressupostos para o conceito em análise [a *exceptio doli*] são duplos: positivamente, que o provocar da nulidade formal através duma das partes preencha em pleno a previsão de um delito civil e negativamente, que a outra parte não conheça a nulidade formal, não a silencie e, também, nem com ela concorde nem a desconheça por negligência" – *idem*, 681; também Hoeniger, *Einrede der Arglist gegen Formnichtigkeit*, ZNotV 1910, 907-909.
Reticente perante a hipótese de bloquear nulidades formais mostrar-se-ia, ainda, Adolf Weissler, *Rechtsprechung in Urkundsachen*, ZNotV 1909, 70-118 (75). Aí, precisamente a propósito de RG 15-nov.-1907, escreve que "... na simples alegação da disposição legal de forma nunca pode ser visto um dolo".
[554] Hans Reichel, *Zur Behandlung formnichtiger Verpflichtungsgeschäfte*, AcP 104 (1909), 1-150; Reichel explicita, com clareza, que de um negócio nulo não podem emergir pretensões de cumprimento; sendo a nulidade formal, por maioria de razão não é o negócio viciado suscetível de ser feito valer – ob. cit., 2 e 33. Esta situação não pode ser entravada pela *exceptio doli* ou pela boa-fé – ob. cit., 40. Concede, tão-só, a sua interposição quando uma parte, de modo contrário à lei ou aos bons costumes, provoque a nulidade com dolo e, depois, procure fazer valê-la – ob. cit., 44.
[555] Eugen Josef, *Arglistige Herbeiführung der Formnichtigkeit*, AbürgR 36 (1911), 60-70. Também Josef foca que apenas o provocar, com delito doloso, da nulidade, pode facultar à outra parte a exceção de dolo; doutra forma, o recurso à nulidade formal seria um comportamento não permitido, o que contraria a lei; o causar nulidades não permite, na falta desses requisitos, mais do que a indemnização por interesse negativo ou interesse da confiança – ob. cit., 68-70, 62-63 e 65.
[556] Paul Oertmann, *Arglistige Herbeiführung der Formnichtigkeit*, Recht 1914, 8-12. Oertmann estranhando igualmente que o recurso à nulidade possa integrar uma hipótese de comportamento indevido, admite, como margem para a interposição da *exceptio*, a situação em que uma das partes, já com o intento de, mais tarde, arguir a nulidade, tenha dado lugar à sua verificação.
[557] Karl Heldrich, *Die Form des Vertrages*, AcP 147 (1941), 89-129 (112).

§ 13.º *O funcionamento das regras formais e o sistema* 193

A jurisprudência do BGH manteve, num primeiro tempo, a linha do RG[558]. Veio, depois, a proceder a restrições subtis[559]. A superação definitiva da *exceptio doli* pode considerar-se consolidada, na medida em que a inalegabilidade do vício formal, embora facilitada, nalguns casos, pelo dolo inicial[560], depende mais da situação da pessoa contra quem é feita valer a nulidade, do que dos feitos e intenções do alegante[561]. A extensão daqui resultante é, apenas, aparente. Em várias decisões tem sido vincado, com a maior clareza, que não é na base da equidade – e logo de uma justiça do caso concreto – que se pode proceder à não aplicação das disposições

[558] Curiosamente, o ponto máximo da evolução jurisprudencial do RG no sentido da superação, por via da boa-fé, dos requisitos legais de forma, foi alcançado através de uma decisão do OLG Dresden, 22-mar.-1949, portanto na então Zona de Ocupação Soviética, depois RDA, NJ 1949, 256-257 = JR 1950, 24-25. Fora "celebrado" um contrato de compra e venda de imóvel, mediante a aceitação de uma proposta formulada por carta; a formalização notarial ficou para mais tarde. Não se realizando esta, o comprador aciona o vendedor, para que faculte a inscrição; o R. alega a nulidade formal. O tribunal de apelação entendeu que o requisito de forma se prendia a um forte conceito de propriedade, em especial fundiária. Ora "... uma necessidade de proteção tão extensa e especial da propriedade, perante outros direitos, não é mais sentida no desenvolvimento ulterior do nosso Direito. A propriedade tem de aceitar múltiplas limitações e intervenções, mais ou menos sem proteção, na ordem nova das relações económicas e sociais. A conceção jurídica atual não se inclina já, também, para atribuir à forma um significado decisivo, perante a palavra inequívoca que vincula". Posto o que afasta o § 313 BGB, em nome do § 242 – NJ 1949, 257 = JR 1950, 25. O OLG Dresden não refere a jurisprudência do antigo RG, embora a pressuponha.
Na transposição do RG para o BGH, foi importante a decisão do OGHBrZ, 7-out.-1948, OGHZ 1 (1949), 217-222. Discutia-se a "venda" de uma casa, feita por escrito particular, quando o "vendedor", arguindo a nulidade formal, veio reivindicá-la. O R. alegou pensar a formalização perante o notário como operação habitual, mas não obrigatória, tendo confiado no A., oficial de polícia. O OGHBrZ entendeu que, em casos especiais, de consequências insuportáveis para os RR., é de bloquear o dispositivo que prescreve declarações formais, através da boa-fé – OGHZ 1 (1949), 218-219.
[559] Werner Lorenz, *Rechtsfolgen formnichtiger Schuldverträge*, JuS 1966, 429-436 (431).
[560] BGH 3-dez.-1958, BGHZ 29 (1959), 6-13 = NJW 1959, 626-627 = WM 1959, 273-275 = BB 1959, 215 = DB 1959, 595 (não se refere, neste último local, o que interessa para as inalegabilidades formais); houvera, aí, um documento notarial com datas inexatas, devendo-se esse facto à intenção de uma das partes tirar, depois, vantagem sobre a outra; o BGH concedeu a inalegabilidade, frisando, contudo, que a situação do R., na nulidade, seria não apenas dura, mas insuportável.
[561] Admite-se, pois, a inalegabilidade mesmo sem a vontade, direta ou necessária, de prejudicar a contraparte, no que parece ser a herança do RG; assim BGH 9-out.-1970, NJW 1970, 2210-2212, onde o A. calara apenas algumas circunstâncias.

sobre a forma das declarações negociais[562]; tal efeito, atentas as necessidades de segurança jurídica[563], justifica-se apenas em casos extremos e excecionais[564].

IV. A criação jurisprudencial do Direito é, naturalmente, imprecisa; a sistematização doutrinária tem, para mais, tardado neste caso. Não obstante, o conjunto das decisões e os comentários sobre elas tecidos, pela doutrina[565] permitem firmar aspetos importantes.

Primordial é a posição da pessoa contra quem se pretenda fazer valer a nulidade formal. Esta posição equaciona-se em dois aspetos: a sua relação com o vício formal e as consequências para ela emergentes da nulidade, caso seja declarada. Quanto ao primeiro, deve entender-se a necessidade de boa-fé subjetiva por parte de quem queira fazer valer a inalegabilidade ou seja, de desconhecimento, aquando da "celebração" do contrato, da necessidade formal. A boa-fé subjetiva comporta, aqui, deveres de indagação e informação de intensidade acrescida, dada a rigidez das normas em jogo, e visto o conhecimento generalizado que existe da necessidade de forma solene para certos atos. A evidência da falta de forma ou a negligência grosseira prejudicam sempre pois, estando presentes ou havendo conhecimento do vício, é razoável que o contratante corra o risco de ver declarado nulo o seu contrato. De todo o modo, poderemos admitir que especiais características do caso concreto – com relevo para uma absoluta confiança na outra parte – possam atenuar o rigor deste requisito. Neste ponto, a dou-

[562] BGH 29-jan.-1965, NJW 1965, 812-815 (813) e BGH 9-out-1970, NJW 1970, 2211.
[563] BGH 3-dez.-1958, BGHZ 29 (1959), 10 – interesse geral; BGH 29-jan.-1965, NJW 1965, 813 – interesse da segurança jurídica; BGH 10-jun.-1977, NJW 1977, 2072-2073 = WM 1977, 1144 – celebrada compra e venda de prédio com obrigação, pelo vendedor, de proceder a uma construção, o que não constava do documento; focam-se, aí, as exigências da segurança; BGH 16-nov.-1978, NJW 1980,117-119 (118) – sublinham-se, também, a propósito de promessa sem forma efetuada por um burgomestre, as necessidades da segurança. Trata-se, pois, de um vector que tem vindo a crescer na jurisprudência.
[564] BGH 27-mai.-1957, WM 1957, 883-886; BGH 28-nov.-1957, WM 1958, 71-74, BGH 16-abr.-1962, WM 1962, 575-576, BGH 29-jan.-1965, NJW 1965, 812-815 (813), BGH 22-jun.-1973, NJW 1973, 1455-1457 e BGH 16-nov.-1978, NJW 1980, 118; o conteúdo destas decisões pode ser confrontado em *Da boa fé*, 781-782, nota 505.
[565] Vide, além das obras já referidas: Reinhard Singer, *Das Verbot Widersprüchliche Verhaltens* (1993), XV + 392 pp., 257 ss.; Christian Armbrüster, *Treuwidrigkeit der Berufung auf Formmängel*, NJW 2007, 3317-3320.

trina tem vindo a sublinhar a existência eventual da violação de um forte dever de lealdade, a cargo da parte depois interessada em invocar a invalidade formal, lealdade essa que deveria ter obviado à nulidade[566].
Quanto às consequências emergentes da nulidade, caso seja declarada: tem vindo a ser sublinhado, pela jurisprudência, que a inalegabilidade surge justificada apenas quando a destruição do negócio tivesse, para a parte contra a qual é atuada, efeitos "não apenas duros, mas insuportáveis"[567], de tipo existencial[568]. Na concretização jurisprudencial desta fórmula, pode chamar-se em auxílio a construção de Canaris[569]: requer-se que a parte protegida tenha procedido a um "investimento de confiança", fazendo assentar, na ocorrência nula, uma atividade importante[570], que a situação seja imputável à contraparte, embora não necessariamente a título de culpa e que o escopo da forma preterida não tenha sido defraudado; pela negativa, exige-se ainda que nenhuma disposição ou princípio legal excluam, em concreto, a inalegabilidade e que não haja outra solução para o caso: a inalegabilidade das nulidades formais teria, pois, natureza subsidiária[571]. Compulsada, contudo, a jurisprudência, constata-se que nem sempre estes requisitos estão todos presentes. Consciente do problema, Canaris afirma a impossibilidade de firmar uma previsão consistente de inalegabilidades; os diversos critérios articular-se-iam nos termos de um sistema móvel[572].
A concretização do *venire contra factum proprium* nas inalegabilidades de vícios formais implica, como se vê, distorções em dois pontos: requer-se aqui uma boa-fé subjetiva com elementos normativos ligados a exigências de indagação e cautela mais fortes e acrescenta-se, como fator de relevo, a necessidade de respeito efetivo pelo escopo que a forma presente pretenderia prosseguir. O sistema móvel nas inalegabilidades formais

---

[566] Christian Hertel, no *Staudinger* cit., § 125, Nr. 112-114 (39-41).
[567] BGH 3-dez.-1958, BGHZ 29 (1959),10 = NJW 1959, 627 = WM 1959, 275 = BB 1959, 215 = DB 1959, 595; BGH 27-out.-1967, BGHZ 48 (1968), 398 = NJW 1968, 39; BGH 10-jun.-1977, NJW 1977, 2072 = WM 1977, 1144; BGH 16-nov.-1978, NJW 1980, 118.
[568] Christian Hertel, no *Staudinger* cit., § 125, Nr. 115 (41-42).
[569] Claus-Wilhelm Canaris, *Vertrauenshaftung* cit., 295-301.
[570] Cuja frustração, complementando Canaris, acarrete, para a parte a proteger, as consequências insuportáveis de que fala a jurisprudência do BGH. P. ex., as situações de pessoas que, confiantes no contrato nulo, abandonaram a habitação ou o posto de trabalho, sem possibilidade de recuperação.
[571] Claus-Wilhelm Canaris, *Vertrauenshaftung* cit., 300-301.
[572] Claus-Wilhelm Canaris, *Vertrauenshaftung* cit., 301-305.

torna-se, pois, mais complexo e, como exprime uma criação jurisprudencial, mais necessário, ainda, para o explicar.

V. Apesar do dado jurisprudencial, ainda que explicitado com recurso à ideia de sistema móvel, a doutrina encontra dificuldades para, em nome da boa-fé, formular uma regra de restrição às nulidades formais[573]. À partida, deve ser ponderado um fator de regime, mas com a maior importância dogmática: no Direito português, como foi referido, as nulidades, além de arguíveis pelas partes ou por interessados são, de ofício, cognoscíveis pelo tribunal (286.°). As leituras que, na inalegabilidade, veem apenas uma concretização da inadmissibilidade de um exercício contrário à boa-fé, ficam comprometidas: de nada valeria, ao beneficiário, bloquear a alegação da nulidade pela contraparte quando, afinal, o próprio juiz teria, por dever de função, de a declarar. No fundo, a alegabilidade das nulidades não está em causa. Questiona-se, antes, a aplicação seja das disposições legais que prescrevem formas para certas declarações, seja da regra que, à inobservância dessas disposições, associa a nulidade. Tais disposições são, porém, lapidares[574], sendo duvidoso que a simples superação de métodos formais axiomático-dedutivos na interpretação e aplicação de proposições jurídicas permita contorná-las. As tentativas de redução dogmática do problema são meros discursos explicativos, mais do que teorias suscetíveis de agrupamento e classificação. Para além das versões, já referidas, segundo as quais haveria que lidar apenas com um comum exercício inadmissível de direitos, devem mencionar-se: (a) a doutrina da confiança; (b) as saídas negociais.

A doutrina da confiança redunda no seguinte: o "doloso provoca, na outra parte, a impressão de que o negócio é eficaz e assume, assim, a confiança desta: deve responder, pois, pela situação de confiança obtida"[575]. A concessão de uma pretensão de cumprimento seria, então, uma necessi-

---

[573] Como exemplos: Franz Wieacker, *Zur Rechtstheortischen Präzisierung des § 242 BGB* (1965), 29, nota 62, Gernhuber, *Formnichtigkeit und Treu und Glauben* cit., 154, Lorenz, *Das Problem der Aufrechterhaltung formnichtiger Schuldverträge* cit., 398-408, Coing, *Form und Billigkeit im modernen Privatrecht* cit., 35, Häsemeyer, *Die gesetzliche Form der Rechtsgeschäfte* cit., maxime 294 ss. e Larenz/Wolf, *Allgemeiner Teil* cit., 9.ª ed., 502.

[574] Hans Merz, *Auslegung, Lückenerfüllung und Normberichtigung/Dargestellt an den Beispielen der unzulässigen Berufung auf Formungültigkeit und des Missbrauchs der Verjährungseinrede*, AcP 163 (1963), 305-345 (314).

[575] Claus-Wilhelm Canaris, *Vertrauenshaftung* cit., 277; também 289-290.

dade ético-jurídica[576]. A base positiva da confiança está na prescrição geral da boa-fé – 334.º e também, para as obrigações, 762.º/2 e § 242 BGB; daí que, na chamada inalegabilidade de vício formal, se assistiria não ao fazer valer de um contrato nulo – impossibilidade jurídica acentuada pelo dever funcional do tribunal declarar, de ofício, a nulidade – mas sim à atuação de deveres legais similares aos do contrato malogrado[577]: a inalegabilidade seria uma sub-hipótese da proibição de *venire contra factum proprium*, com a particularidade de, por *factum proprium*, aparecer um contrato formalmente nulo. Já se viu que tal orientação tem, pelo menos, o mérito de sistematizar, ainda que em termos móveis, o dado jurisprudencial. Esta construção acarreta a aplicação, ao *factum proprium* e por analogia, das disposições próprias dos negócios jurídicos[578].

As saídas negociais partem da construção da confiança. Pegando no resultado prático a que elas chegam, fecham o círculo, proclamando que o contrato nulo é, pela sua natureza voluntária como pelos seus regime e efeitos, um contrato verdadeiro. Só que, por razões que compete aos defensores do fenómeno explicar, não lhe seriam aplicáveis as disposições cominadoras de forma[579]. Apesar da aproximação da confiança ao negócio, através da analogia, não há identidade de regimes: basta atentar nos pressupostos. Esta orientação vai, assim, longe demais.

61. A experiência e a prática nacionais

I. Tal como sucedeu na experiência alemã, também na portuguesa se verifica um certo desfasamento entre a doutrina e a jurisprudência, no tocante ao tema das inalegabilidades formais. A doutrina, peada pela natureza estrita e plena das normas relativas à forma dos negócios, tem grande dificuldade em superá-la: seja pela via da confiança, seja através da sua redução teleológica. Já a jurisprudência, confrontada com a realidade de situações clamorosamente injustas e contrárias à lógica do sistema, tende a admitir, em casos marcantes, as inalegabilidades formais.

---

[576] Claus-Wilhelm Canaris, *Vertrauenshaftung* cit., 278.
[577] Claus-Wilhelm Canaris, *Vertrauenshaftung* cit., 267-268, 279 e 293.
[578] Claus-Wilhelm Canaris, *Vertrauenshaftung* cit., 452.
[579] Josef Wieling, *Venire contra factum proprium und Verschulden gegen sich selbst*, AcP 176 (1976), 334-355 (342).

A relatada posição da jurisprudência tem surgido, desde logo, através do *venire contra factum proprium*. Assim sucedeu em RLx 8-mar.-1988[580], em RPt 11-mai.-1989[581], em RCb 16-jan.-1990[582], em RCb 14-dez.-1993[583], em RPt 29-set.-1997[584], em STJ 5-fev.-1998[585], em STJ 12-nov.-1998[586], em RLx 20-mai.-1999[587], em STJ 10-fev.-2000[588], em RLx 30-mar.-2000[589] e em RPt 20-mar.-2001[590].

II. Mais tarde, a divulgação de obras jurídico-científicas onde o tema era exposto, designadamente as relativas à boa-fé e ao abuso do direito, permitiram uma decisão mais direta. Assim e apenas como exemplo:

> *STJ 22-nov.-1994*: não se pode, por abuso do direito, ceder uma posição contratual de uso de escritório e, muito mais tarde, pretender voltar a ele, por a cessão não ter obedecido ao formalismo prescrito[591];
> *STJ 28-set.-1995*: dispensa a forma escrita do contrato de seguro, por respeito para com uma situação de confiança criada[592];
> *RLx 31-mar.-1998*: não pode invocar a nulidade da locação financeira por vício de forma o locador que, conhecendo *ab initio* a situação, pautou a sua conduta de modo consentâneo com a validade do contrato[593];
> *RLx 4-mar.-1999*: é abuso do direito alguém pedir, através de um terceiro, a um banqueiro, um cartão de crédito, usá-lo largamente e vir, depois, invocar a nulidade do negócio por ter subjacente um contrato de cré-

---

[580] RLx 8-mar.-1988 (Calixto Pires), CJ XIII (1988) 2, 131-132: seria abuso, por *venire*, atribuir uma remuneração em assembleia de sociedade, nula por falta de forma e, depois, vir alegar o vício.
[581] RPt 11-mai.-1989 (Carlos Matias), CJ XIV (1989) 3, 192-195 (193): seria abuso do direito, por *venire*, provocar uma nulidade formal e alegá-la.
[582] RCb 16-jan.-1990 (Nunes da Cruz), CJ XV (1990) 1, 87-89 (88-89): seria abuso do direito invocar a nulidade do contrato de arrendamento para não pagar rendas.
[583] RCb 14-dez.-1993 (Moreira Camilo), CJ/Supremo II (1994) 3, 157-159 (159/I).
[584] RPt 29-set.-1997 (Ribeiro de Almeida), CJ XXII (1997) 4, 200-202.
[585] STJ 5-fev.-1998 (Torres Paulo), BMJ 474 (1998), 431-435 (434).
[586] STJ 12-nov.-1998 (Quirino Soares), CJ/Supremo VI (1998) 3, 110-112.
[587] RLx 20-mai.-1999 (Ferreira Girão), CJ XXIV (1999) 3, 104-107.
[588] STJ 10-fev.-2000 (Ferreira de Almeida), CJ/Supremo VIII (2000) 1, 76-80.
[589] RLx 30-mar.-2000 (Cordeiro Dias), CJ XXV, 2, 124-125 (124/I).
[590] RPt 20-mar.-2001 (Afonso Correia), CJ XXVI (2001) 2, 183-190 (187/II e 190/I).
[591] STJ 22-nov.-1994 (Carlos Caldas), CJ/Supremo II (1994) 3, 157-159 (159/I).
[592] STJ 28-set.-1995 (Henriques de Matos), BMJ 449 (1995), 374-387.
[593] RLx 31-mar.-1998 (Lino Augusto Pinto), BMJ 475 (1998), 755 (o sumário).

§ 13.º O funcionamento das regras formais e o sistema   199

dito ao consumo que, contra o disposto na lei, não fora reduzido a escrito[594];

RPt 31-mai.-2001: num contrato de arrendamento, a alegação da nulidade por vício de forma poderia ser paralisada por abuso do direito[595];

RPt 22-abr.-2004: num trespasse anterior ao Decreto-Lei n.º 64-A/2000 – e, portanto, sujeito a escritura – haverá abuso do direito na invocação da sua nulidade formal, quando apenas se pretenda evitar o pagamento da parte, ainda em falta, do preço[596];

RLx 29-abr.-2004: na hipótese de um arrendamento nulo por falta de forma, mas declarado nas Finanças e largamente executado, há abuso na ulterior alegação da nulidade formal[597];

RPt 6-jan.-2005: a invocação da nulidade de um contrato de arrendamento comercial pode, em determinadas circunstâncias, ser considerada ilegítima por abuso do direito[598];

STJ 11-jul.-2006: há abuso em se apelar para a nulidade formal de um arrendamento, contra a confiança gerada[599];

RLx 17-mar.-2009: sendo de imputar à autora a não-redução a escrito do contrato de arrendamento, constitui abuso do direito que ela beneficie da declaração de nulidade a que deu azo[600];

RPt 23-out.-2012: fica tolhida a invocação de nulidade formal, por *venire contra factum proprium* quando, durante 15 anos, se faça valer um arrendamento[601].

III. Outras decisões importantes delimitam as inalegabilidades formais. Assim, entendeu-se que não há abuso:

RCb 16-mar.-2010: por não haver especial confiança a proteger, caso ambas as partes tenham combinado não observar a forma, imposta pelo interesse público[602];

---

[594] RLx 4-mar.-1999 (Ponce de Leão), CJ XXIV (1999) 2, 78-79 (79/II).
[595] RPt 31-mai.-2001 (Afonso Correia), CJ XXVI (2001) 3, 205-210 (208/I); refere-se, aí, doutrina nos dois sentidos.
[596] RPt 22-abr.-2004 (Saleiro de Abreu), CJ XXIX (2004) 2, 188-191 (190/II): em casos excecionais haverá mesmo inalegabilidade.
[597] RLx 29-abr.-2004 (Fátima Galante), CJ XXIX (2004) 2, 113-119 (116/I e 118/I); também se invoca, aqui, o *venire contra factum proprium*.
[598] RPt 6-jan.-2005 (Gonçalo Silvano), Proc. 0436764.
[599] STJ 11-jul.-2006 (Duarte Soares), Proc. 06B1987.
[600] RLx 17-mar.-2009 (Maria Rosário Barbosa), Proc. 8377/2008-1.
[601] RPt 23-out.-2012 (Cecília Agante), Proc. 437/10.7.
[602] RCb 16-mar.-2010 (Falcão de Magalhães), Proc. 631/2002.

RPt 24-mar.-2011: não há abuso do direito, quando a nulidade formal seja oficiosamente decretada pelo tribunal[603].

IV. Em anteriores estudos[604], sustentámos não ser possível um bloqueio direto, *ex bona fide* e na base da confiança, da alegação de nulidades formais. A isso se oporia a natureza plena das normas formais e a estrutura aberta da invocação da nulidade. Todavia, havendo abuso do direito na alegação de invalidades formais, designadamente por violação da confiança legítima, o agente seria responsabilizado. E ele teria, de repor a situação prejudicada, podendo ser mesmo obrigado a promover a situação jurídica inviabilizada pela invalidade formal. Outra doutrina nacional veio a tomar posição: seja recusando o aproveitamento de negócios atingidos por vício de forma[605], seja aplaudindo, com cuidado, a evolução jurisprudencial[606].

V. Perante a solidez da nossa jurisprudência e confrontados com casos nos quais a via da inalegabilidade permite uma solução justa e imediata, enquanto o circunlóquio pela responsabilidade civil se apresenta problemático, entendemos rever a nossa posição. Assim, em casos bem vincados, admitimos hoje que as próprias normas formais cedam perante o sistema, ao ponto de as nulidades derivadas da sua inobservância se tornarem verdadeiramente inalegáveis.

De todo o modo, as inalegabilidades formais não podem ser abandonadas ao sentimento ou à deriva linguística dos "casos clamorosamente contrários à Justiça". Apesar da dificuldade, há que compor, para elas, modelos de decisão. No atual estádio de avanço da Ciência do Direito, teremos de partir do modelo da tutela da confiança. A inalegabilidade aproxima-se, assim, do *venire contra factum proprium*, requerendo, como ele[607]:

– a situação de confiança;
– a justificação para a confiança;
– o investimento de confiança;

---

[603] RPt 24-mar.-2011 (Maria Catarina), Proc. 246/2000.
[604] *Da boa fé*, *maxime* 794-796 e *Tratado* I/1, 2.ª ed., 379 ss..
[605] Oliveira Ascensão, *Teoria geral* cit., 2, 56 ss..
[606] Pedro Pais de Vasconcelos, *Superação judicial da invalidade formal do negócio jurídico de Direito privado*, Est. Magalhães Collaço 2 (2002), 313-338 (331 ss.).
[607] *Tratado* I, 970 ss. e V, 292 ss..

– a imputação de confiança ao responsável que irá, depois, arcar com as consequências.

Todavia, tratando-se de inalegabilidades formais, temos de introduzir, ainda, três proposições[608]:

– devem estar em jogo apenas os interesses das partes envolvidas; nunca, também, os de terceiros de boa-fé;
– a situação de confiança deve ser censuravelmente imputável à pessoa a responsabilizar;
– o investimento de confiança apresentar-se-á sensível, sendo dificilmente assegurado por outra via.

Nessa altura, a tutela da confiança impõe, *ex bona fide*, a manutenção do negócio vitimado pela invalidade formal. *Summo rigore*, passará a ser uma relação legal, apoiada no artigo 334.º e em tudo semelhante à situação negocial falhada por vício de forma.

62. A extensão da forma; a forma legal

I. As declarações de vontade e os negócios jurídicos delas derivados alargam-se, por vezes, abrangendo diversos aspetos, de natureza variada. O cerne do negócio pode, assim, ser complementado por cláusulas acessórias, isto é, por dispositivos que, não constituindo embora o essencial pretendido pelas partes venham, no entanto, coadjuvá-lo num ou noutro sentido.

Por isso pergunta-se, até onde vão as exigências de forma e, designadamente, em que medida se devem aplicar, às cláusulas acessórias, as regras dirigidas ao núcleo negocial.

Regulando o assunto, distingue o Código Civil:

– a forma legal, isto é, aquela que, por lei, seja exigida para determinada declaração negocial;

---

[608] Alguns elementos constam de Karl Larenz/Manfred Wolf, *Allgemeiner Teil* cit., 9.ª ed. 503-504; *vide*, igualmente, muito cautelosos, Manfred Wolf/Jörg Neuner, *Allgemeiner Teil* cit., 10.ª ed., § 44, Nr. 61-76 (521-523).

– a forma voluntária, ou seja, a que não sendo embora exigida pela lei ou por convenção, venha, no entanto, a ser adotada, livremente, pelo declarante[609];
– a forma convencional, correspondente à que as partes tenham pactuado adotar[610].

Os problemas postos por estas três modalidades de forma são, por natureza, diversos: enquanto na forma legal se trata, fundamentalmente, de apurar o âmbito de aplicação das competentes normas, nas restantes formas – voluntária e convencional – joga-se o saber se as partes pretendem, ou não, atuar a sua autonomia privada, quando se manifestem de modo não-formal. Este segundo aspeto não pode, contudo, deixar de jogar, também, no domínio da forma legal.

II. As regras que prescrevam uma forma legal devem ser interpretadas em termos diretos, encostados à letra da lei: a segurança e a delimitação das nulidades a tanto conduzem[611].

A forma legal opera, apenas, perante o cerne negocial[612]: as estipulações acessórias só se lhes sujeitam quando a "razão determinante da forma" lhes seja aplicável – artigo 221.º/1 e 2[613]. O mesmo sucederia em relação a atos jurídicos subsequentes, tais como a resolução[614]. As regras sobre a forma devem ser estendidas a negócios que se prendam diretamente com o núcleo negocial formalizado[615]. Assim ocorre com a procuração (262.º/2), com a ratificação (268.º/2), com a cessão de posição contratual (425.º),

---

[609] Assim o sucedido em STJ 5-nov.-1997 (Nascimento Costa), BMJ 471 (1997), 361-368 (365).
[610] Assim o sucedido em STJ 15-jun.-1989 (José Calejo), BMJ 388 (1989), 473-478 (475-476).
[611] Christian Hertel, no *Staudinger* cit., § 125, Nr. 54 (21).
[612] Ou "núcleo contratual fundamental", nas palavras de RLx 12-fev.-1998 (Palha da Silveira), CJ XXIII (1998) 1, 115-116. Christian Hertel, no *Staudinger* cit., § 126, Nr. 82 (78), parte da ideia de que a forma abrange todo o negócio jurídico; acaba, porém, por chegar a um resultado paralelo ao que consta do texto.
[613] O n.º 2 desse preceito fala em "razões da exigência especial".
[614] STJ 9-mai.-1995 (Martins da Costa), CJ/Supremo III (1995) 2, 66-68 (68/I). No mesmo sentido, STJ 25-nov.-1999 (José Miranda Gusmão), CJ/Supremo VII (1999) 3, 113-116 (115/I), com a (correta) ressalva de as "razões" da forma assim o exigirem.
[615] Bernd Mertens, *Die Reichweite gesetzlicher Formvorschriften im BGB*, JZ 2004, 431-439 (433/I ss.), com uma lata enumeração de situações, Dorothe Eisele, no *Münchener Kommentar* cit., 1, 6.ª ed., § 125, Nr. 12 ss. (1265 ss.).

com a cessão de créditos ou de direitos (578.º/1 e 588.º), com a fiança (628.º/1), com a consignação de rendimentos (660.º/1), com o penhor de direitos (681.º/1), com a hipoteca (714.º) ou com a sociedade (981.º/1), como exemplos. Outro tanto deveria suceder com a promessa e com a preferência; porém, a lei aligeirou, aí, as exigências de forma (410.º/2 e 415.º): um ponto importante e que permite conclusões *a contrario*.

III. Já no tocante a negócios coligados[616], deve entender-se que, a não haver acessoriedade (221.º/1 e 2), cada um segue a forma legal que lhe compita[617]. Nos contratos mistos, prevalece a forma mais exigente dos elementos em presença[618]: valha, como lugar paralelo, o referido 981.º/1, relativo à constituição da sociedade, cujo contrato segue a forma requerida para a transmissão dos bens que envolva.

IV. As estipulações acessórias, quando pertençam ao negócio considerado, devem, à partida, seguir a forma prescrita para ele[619]. Sucede, todavia, que tais estipulações surgem, por vezes, em separado. Nessa eventualidade, elas podem, ainda, ser anteriores à própria declaração principal, ou dela contemporâneas. Põe-se, então, o tema suplementar da sua efetiva correspondência com a autonomia privada, quando assumam uma forma menos solene do que a exigida para o cerne negocial[620]. O facto de as partes efetuarem declarações de modo mais solene deixa na sombra as manifestações anteriores ou simultâneas, num fenómeno psicológico que não passa despercebido ao Direito. Por isso, segundo o artigo 221.º/1, *in fine*, as estipulações em causa só valem se se provar que correspondem à vontade do autor da declaração[621].

---

[616] Quanto a essa noção e às modalidades: *Tratado* II/2, 273 ss..
[617] Georg Maier-Reimer, *Die Form verbundener Verträge*, NJW 2004, 3741-3745 (3745/II).
[618] Christian Hertel, no *Staudinger* cit., § 125, Nr. 57 (22).
[619] *Idem*, Nr. 58 (22-23).
[620] O artigo 221.º/1, do Código Civil, referencia apenas a hipótese de declarações acessórias *verbais* perante uma declaração principal *escrita;* o normativo legal pode, contudo, generalizar-se às restantes composições possíveis, desde que as declarações acessórias tenham assumido uma forma inferior à exigida para a declaração principal.
[621] A lei diz que são "nulas", o que não é rigorosamente exato; quando já não correspondam à vontade do declarante, haverá que tê-las por revogadas.

63. A forma voluntária

I. A forma voluntária – portanto, aquela que não sendo exigida por lei, seja adotada pelas partes – representa, nas suas relações com a autonomia privada, uma problemática sensivelmente idêntica.
O artigo 222.º/1 e 2, prevê repetidamente a hipótese de a lei sujeitar as estipulações acessórias a forma escrita; esta terá de ser seguida, sob pena de nulidade – artigo 220.º – num simples aflorar das regras gerais; cabe recorrer ao artigo 221.º para indagar se, de facto elas se sujeitam à forma escrita.

II. Afastada a concatenação com regras relativas à forma legal, verifica-se que, perante uma forma voluntária da declaração principal, são válidas as estipulações acessórias posteriores que a não observem e, ainda, as anteriores ou concomitantes que também o não façam, mas então, apenas quando se mostre que correspondem à vontade do declarante. Isto é: quando, pela interpretação, se verifique que elas são conciliáveis com a declaração principal ou, no limite, que validamente alterem essa mesma declaração[622]
Domina, pois, a autonomia privada.

64. A forma convencional

I. A forma convencional implica um pacto prévio pelo qual as partes combinaram emitir as suas declarações por certo modo. Trata-se de uma possibilidade lícita e eficaz, ao abrigo da autonomia privada. Há, todavia, que ter presentes limites impostos quanto a cláusulas contratuais gerais: o artigo 22.º/1, *o*), nas relações com consumidores, considera relativamente proibida a fixação de formalidades que a lei não preveja. Tal fixação pode conduzir, direta ou indiretamente, a uma compressão dos direitos do consumidor.
As partes podem, de comum acordo, não observar o combinado: haverá então uma revogação (distrate) da prévia convenção de forma,

---

[622] Em STJ 30-nov.-1983 (João Solano Vieira), BMJ 331 (1983), 549-555 (553-554), admitiu-se a alteração de um caderno de encargos, por acordo verbal entre o empreiteiro e o dono da obra. A saída aqui encontrada é duvidosa: houve, de resto, votos de vencido. Teríamos de conhecer o processo, para opinar.

desde que as circunstâncias do caso permitam mesmo concluir pela vontade de suprimir o antes acordado[623]. O problema torna-se ainda mais delicado quando as partes acordem uma forma convencional e estipulem, de modo expresso, que tal forma só por escrito possa ser dispensada. E se o fizerem oralmente[624]? Temos de dar dignidade ao Direito e de divulgar uma cultura de respeito pela palavra dada. Assim, a convenção de forma só por escrito pode ser distratada, a menos que especiais circunstâncias, assentes na boa-fé, permitam outra saída.

II. O artigo 223.º/1, relativo à convenção de forma, desvia-se um tanto destas regras gerais. Por influência do artigo 1352.º, do Código Civil italiano, apenas estabelece a presunção de que, estipulada certa forma, as partes não se quiserem vincular senão por ela. Pode tal presunção, nos termos gerais, ser afastada por prova em contrário (artigo 350.º/2), demonstrando-se então a revogação do pacto quanto à forma.

O BGB (§ 125/II) limita-se a fixar uma regra de interpretação:

A inobservância de forma prescrita através de negócio jurídico tem, na dúvida e como consequência, igualmente a nulidade.

A convenção de forma é, pois, constitutiva e não declarativa[625], numa lógica universal que funciona perante o próprio 223.º do Código Vaz Serra.

Insistimos: o afastamento da "presunção" passa pela demonstração de revogação do pacto de forma, pelo menos no concreto ponto considerado. De outro modo, iremos instalar, sem vantagens, uma completa confusão dogmática.

III. Pode acontecer, por fim, que a convenção quanto à forma surja apenas depois de concluído o negócio ou no momento da sua conclusão;

---

[623] Vide Helmut Böhm, *Das Abgehen von rechtsgeschäftlichen Formgeboten*, AcP 179 (1979), 425-451 (450-451) e Florian Wagner-von Papp, *Die privatautonome Beschränkung der Privatautonomie/Gewillkürte Formerfordernisse und Sperrverträge in Spielbanken als Ausprägungen des Freiheitsparadoxons*, AcP 205 (2005), 342-389 (344 ss.).

[624] Stefan Lingemann/Meike Gotham, *Doppelte Schriftformklausel – gar nicht einfach!*, NJW 2009, 268-272; no caso aqui ponderado, de resto, ainda se punha o problema de a cláusula sobre forma constar de cláusulas contratuais gerais, enquanto a alteração não feita por escrito emergir de um acordo singular ... o qual, em princípio, prevalece.

[625] Christian Hertel, no *Staudinger* cit., § 125, Nr. 124 (45).

desde que haja "fundamento para admitir que as partes se quiseram vincular desde logo", o artigo 223.º/2 *presume* que se teve em vista a consolidação do negócio – portanto uma sua formalização, em rigor dispensável – ou qualquer outro efeito que se possa descobrir: não a revogação do negócio já celebrado – "...a sua substituição".

IV. No domínio da forma convencional, não distingue o Código Civil a temática das estipulações acessórias. A conjunção dos preceitos em jogo e, designadamente, a não-distinção efetuada na matéria pelo artigo 223.º/1, permite, no entanto, concluir que, quando não assumam a forma convencional, as estipulações acessórias obrigam sempre que se mostre corresponderem à vontade das partes. Está-se, de novo, no domínio da autonomia privada, possibilitando os artigos 221.º, 222.º e 223.º, do Código Civil, um bom exemplo de raciocínio jurídico. O teor geral dos preceitos relativos à forma permite concluir, a propósito da interpretação-aplicação das regras formais, por um importante vector destinado a salvaguardar, na medida do possível, a liberdade negocial[626].

As regras formais, têm, pois, uma extensão tão restrita, limitando-se ao que, simplesmente, a lei imponha. Domina, neste campo, a autonomia privada

---

[626] *Vide*, também, o artigo 89.º, *b*), do Código do Notariado.

SECÇÃO III
AS REGRAS PRÉ-NEGOCIAIS

§ 14.º A *CULPA IN CONTRAHENDO*

65. Aproximação

I. A formação dos contratos é dominada pela autonomia privada (405.º). A autonomia privada concretiza-se, desde logo, em termos positivos (liberdade de escolher um certo contrato) ou negativos (liberdade de não contratar). Ela depara com diversas delimitações que não a desvirtuam[627]. Pergunta-se, perante estas potencialidades, se, no período anterior ao da efetiva conclusão do contrato, existem já algumas regras a observar ou se, pelo contrário, as partes são totalmente livres. Desde cedo surgiram regras aplicáveis, no período das negociações prévias. Todavia, apenas a partir do século XIX, elas foram assumidas nos termos de comportarem uma teorização. Tais regras contracenam com uma liberdade fundamental das partes: uma contraposição delicada, que tem ocasionado importantes desenvolvimentos.

A tendência atual vai no sentido de afirmar a existência de limites, ainda que mantendo a liberdade fundamental das partes.

II. As regras pré-negociais podem, em abstrato, apresentar algumas das seguintes origens:

---

[627] Larenz/Wolf, *Allgemeiner Teil* cit., 9.ª ed., 625 ss.; Volker Emmerich, no *Münchener Kommentar* 2, 5.ª ed. (2007), § 311, Nr. 6 ss. (1441 ss.); na 6.ª ed. (2012), Emmerich prefere acentuar o princípio do contrato: § 311, Nr. 1-4 (1535-1536). Os limites à autonomia privada, derivados do sistema, são inseridos a propósito da boa-fé em geral; *vide* Günther H. Roth/Claudia Schubert, no *Münchener Kommentar* 2, 6.ª ed. (2012), § 242, Nr. 462-482 (221-227).

– contratual;
– legal específica;
– legal genérica.

Têm origem contratual na medida em que as partes hajam decidido concluir pactos preparatórios. Trata-se de matéria abaixo examinada, a propósito da contratação mitigada[628] e que envolve desde contratos-promessas a cartas de intenção e a outros negócios preliminares. Naturalmente: perante contratos preparatórios, as partes ficam vinculadas. Tais contratos podem, aliás, apresentar processos autónomos de formação. Eles devem ser interpretados e aplicados dentro da lógica do processo a que pertençam. A prática mostra, todavia, que nem sempre os acordos prévios são claramente assumidos. Desenvolve-se, por isso, uma dogmática especializada.

III. As regras legais específicas surgem em diversos campos. A lei sobre cláusulas contratuais gerais (LCCG) contém preceitos (artigos 5.º a 9.º) diretamente aplicáveis à formação dos contratos, que caiam sob o seu âmbito. Também as leis de defesa do consumidor abrangem regras pré-contratuais. Veja-se o direito à informação, consignado no artigo 8.º da LDC e que tem a ver com as negociações e a celebração do contrato. Áreas delicadas, como a do Direito bancário e a do Direito dos seguros, comportam regras desenvolvidas, sobre os procedimentos pré-negociais, designadamente no que tange à troca de informações[629].
A articulação de regras específicas com os princípios gerais coloca questões complexas, a delucidar dentro dos institutos a que elas pertençam.

IV. Finalmente, temos uma regra legal genérica: o dever de proceder segundo as regras da boa-fé, inserido no artigo 227.º/1, do Código Civil. Trata-se de uma norma tradicional, de teor indeterminado e que se torna incompreensível se não seguirmos as suas origens e as linhas da sua concretização. Cabe ainda esclarecer que o dispositivo do artigo 227.º/1 em causa, conhecido como *culpa in contrahendo* ou como responsabilidade pré-negocial ou pré-contratual, constitui um exemplo de Ciência Jurídica continental. Como veremos, ele surge, entre nós, por via doutriná-

---

[628] *Infra*, 304 ss..
[629] Vide o *Manual de Direito bancário*, 4.ª ed., 437 ss. e o *Direito dos seguros*, 549 ss., respetivamente.

ria. Por isso, afigura-se adequado traçar-lhe o perfil geral, à luz do Direito romano-germânico. Depois estudaremos a sua receção lusófona.

66. A descoberta de Jhering

I. O Direito obedece, na sua evolução, a um fluxo contínuo de elementos histórico-culturais. Mas sobre esses elementos incide, em termos constitutivos, a Ciência do Direito. As múltiplas sínteses assim possibilitadas deixam entender a hipótese de "descobertas" jurídicas, isto é, de institutos ou explicações jurídico-científicos, nunca antes elaborados ou divulgados e que, mercê da atuação de um cientista do Direito, conheceram um alargado sucesso, viabilizando novas e mais perfeitas formas de solucionar problemas jurídicos[630]. Tais "descobertas" não são, em regra, verdadeiras novidades: numa área rica como o Direito, é sempre possível descobrir antecedentes. Muitas vezes, elas derivam de designações sonantes, preconizadas *ex novo* ou da oportunidade histórica do seu surgimento.

Entre as descobertas jurídicas mais significativas da época contemporânea, conta-se a da *culpa in contrahendo*, devida a Jhering[631], em 1861[632]. A inovação não foi absoluta: antes de Jhering, o fenómeno fora já visualizado: seja na jurisprudência comercial alemã[633], seja em certas leis

---

[630] Hans Dölle, *Juristische Entdeckungen*, 42 DJT (1959), 2, B 1 – B 22 e Kai Kindereit, *Wer fühlt nicht, dass hier einer Schadensersatzklage bedarf/Rudolf von Jhering und die "culpa in contrahendo"*, em Thomas Hoeren (publ. e intr.), *Zivilrechtliche Entdecker* (2001), 107-147 (120 ss.).

[631] Hans Dölle, *Juristische Entdeckungen* cit., B 8; vide Peter Gottwald, *Die Haftung für culpa in contrahendo*, JuS 1982, 877-885 (877), bem como a bibliografia referida em *Da boa fé*, 328, nota 3. Como escrito de referência: Jörg Benedict, *Culpa in contrahendo: Transformationen des Zivilrechts*, I – *Entdeckungen oder zur Geschichte der Vertrauenshaftung* (2014), 750 pp..

[632] Rudolf von Jhering, *Culpa in contrahendo oder Schadensersatz bei nichtigen oder nicht zur Perfection gelangten Verträgen*, JhJb 4 (1861), 1-113, com múltiplas reimpressões posteriores. Existe uma tradução portuguesa de Paulo Mota Pinto: *Culpa in contrahendo ou indemnização em contratos nulos ou não chegados à perfeição* (2008), XIX + 91 pp., com uma interessante nota introdutória do tradutor.

[633] OAG Lübeck 17-jul.-1822, citado em Klaus Nesemann, *Herkunft, Singehalt und Anwendungsbereich der Formel "Treu und Glauben" in Gesetz und Rechtsprechung* (1959, polic.), 50, com transcrições; nessa decisão, aceitou-se a boa-fé como norma de conduta, independente da vontade das partes; com base nela, condenou-se um comerciante a uma indemnização por, apesar de não se ter chegado à conclusão de um contrato válido, haver danos causados *contra bonam fidem*, à contraparte; vide *Da boa fé*, 317 ss. (319).

territoriais, como o ALR prussiano[634], seja, mesmo, no Direito romano[635]; mas apenas depois dele, com o recurso muito sugestivo à fórmula *culpa in contrahendo* (cic), se pôde falar numa sua inclusão no campo da Ciência do Direito.

II. Jhering demonstra que, na presença de contratos nulos por anomalias verificadas na sua formação, podem ocorrer danos cujo não-ressarcimento seja injusto. Perante tal situação, o responsável, por via das regras gerais sobre danos e culpa, deveria indemnizar pelo interesse contratual negativo, colocando o prejudicado na situação em que ele se encontraria se nunca tivesse havido negociações e contrato nulo[636].

O exato alcance do texto de von Jhering levanta dúvidas na doutrina especializada[637], sendo discutível a utilização, por ele feita, de certos textos romanos. Como explica Esser, ele não visa, no entanto, pesquisar a verdade histórica mas sim a verdade material[638], isto é: não se trata de indagar, em termos rigorosos, o alcance das fontes, mas antes de apurar as soluções mais adequadas, perante a Ciência do Direito.

---

[634] ALR I, 5, § 284 = *Allgemeines Landrecht für die Preussischen Staaten* 1 (1794), 94, em tradução aproximada:

> O que resulte, de Direito, por força de um certo grau de culpa, aquando do cumprimento do contrato vale também para o caso de um dos contraentes, na conclusão do contrato, não ter cumprido os deveres que lhe incumbiam.

[635] Karl Heldrich, *Das Verschulden beim Vertragsabschluss: im klassischen römischen Recht und in der späteren Rechtsentwicklung* (1924, reimp., 1970), 3, 39 e *passim*; haveria, já então, um *dolus in contrahendo*, a enfrentar com a *actio doli*. Anote-se, ainda, que o próprio Jhering, *Culpa in contrahendo* cit., 3, refere antecedentes, que remontam, designadamente, a Cuiacius e a Donnellus. Muitos elementos podem ser confrontados em Dieter Medicus, *Zur Entdeckungsgeschichte der culpa in contrahendo*, FG Max Kaser 1986, 169-181 e em Jan Dirk Harke, HKK/BGB II, *Schuldrecht: Allgemeiner Teil, §§ 241-432* (2007), § 311, II, III (1538-1541).

[636] A indemnização pelo interesse contratual positivo implicaria colocar o prejudicado na situação em que se encontraria se tivesse havido contrato válido.

[637] *Vide* o estudo realizado em *Da boa fé* cit., 528 ss. e a referência a várias outras opiniões *idem*, 530 ss.. Uma análise sobre o pensamento de Jhering foi levada a cabo por Claudio Turco, *Interesse negativo e responsabilità precontrattuale* (1990), 39 ss. e por Paulo Mota Pinto, *Interesse contratual positivo e interesse contratual negativo* 1 (2008), 166 ss..

[638] Josef Esser, *Grundsatz und Norm in der richterlichen Fortbildung des Privatrechts* (1956), 164, nota 104.

§ 14.º As regras pré-negociais

III. A descoberta de Jhering permite exemplificar o modo de funcionamento da terceira sistemática[639], quando confrontada com novas necessidades para as quais, num momento inicial, não haja, ainda, resposta.

A fase pré-contratual – que antecede a celebração de um negócio – é, em si, estranha ao sistema que assente na liberdade negocial: antes do contrato, não há normas que vinculem as partes; havendo-as, já não há contrato.

Tratava-se pois de, mercê das necessidades sentidas na periferia, criar um novo instituto que quebrasse a lógica implacável da dicotomia liberdade/adstrição. Esse instituto foi recriado por Jhering: simplesmente, em vez de se conservar suspenso na periferia, como uma manifestação isolada de empirismo, ele foi reduzido em termos centrais: apelou-se à *culpa* ou à responsabilidade para o justificar, desenvolver e melhor definir nos seus contornos.

67. Acolhimento europeu

I. A *culpa in contrahendo*, saída dos trabalhos de Jhering, conheceu um desenvolvimento notável na pandectística tardia[640] e no Direito comum que a acompanhou[641].

Todavia, ele foi insuficiente para que o BGB se lhe reportasse[642]. A jurisprudência alemã do século XX estendê-la-ia, todavia, em larga escala, em termos a que haverá a oportunidade de regressar[643]: valia como Direito consuetudinário. Finalmente, ela foi inserida no BGB pela reforma de 2001.

---

[639] *Tratado* I, 130-131.
[640] Assim, Carl Adolf von Vangerow, *Lehrbuch der Pandekten*, 7.ª ed. (1875), 165-166, Heinrich Dernburg/Johannes Biermann, *Pandekten* 1, 7.ª ed. (1902), § 10, 3 (27-28) e Bernhard Windscheid/Theodor Kipp, *Pandekten* cit., 9.ª ed. § 307, 1, (2, 250-251, nota 2).
[641] Johann Krasser, *Haftung für Verhalten während der Vertragsverhandlungen/Die Entwicklung der Lehre von der "culpa in contrahendo" von Jhering bis heute* (1929), 48 pp., 1 ss. e 8 ss.. Outra bibliografia em *Da boa fé*, 534 ss..
[642] *Vide* as indicações em Jan Dirk Harke, no HKK/BGB cit., II, § 311 II, III, Nr. 11, nota 50 (1543).
[643] Refiram-se, desde já, Karl Larenz/Manfred Wolf, *Allgemeiner Teil*, 9.ª ed. cit., 591 ss..

II. No espaço jurídico francês, a *culpa in contrahendo* nunca conheceu grande desenvolvimento[644]; as referências que nele têm surgido e que, de modo manifesto, se filiam no pensamento alemão[645], não devem ser tomadas por um influxo profundo que pressuporia, no mínimo, repercussões jurisprudenciais. Algumas decisões judiciais com interesse, nessa matéria, datam dos finais do séc. XIX e não tiveram seguimento. A incipiência pode explicar-se pela feição central da sistemática francesa, pouco aberta a inovações de tipo periférico e por particularidades da técnica napoleónica da responsabilidade civil[646]. Ainda hoje, a "responsabilidade pré-contratual" é, em França, reconduzida a um instituto de responsabilidade civil delitual[647].

III. Em Itália, a *culpa in contrahendo* teve alguma divulgação doutrinária, por influência alemã, merecendo uma referência particular o nome de Faggela[648], com reflexos na própria França, através de Saleilles[649]. Mas não foi possível, no silêncio do Código Civil de 1865, promover uma sua implantação: um certo predomínio individualista, no Direito, a tanto terá

---

[644] Murad Ferid/Hans Jürgen Sonnenberger, *Das französische Zivilrecht* 1/1, *Einführung und Allgemeiner Teil*, 2.ª ed. (1994), 1 F 267 ss. (453 ss.); Hans Stoll, *Tatbestände und Funktionen der Haftung für culpa in contrahendo*, FS von Caemmerer (1978), 435-474 (446-447, nota 48); Dieter Medicus, *Verschulden bei Vertragsverhandlungen*, Gutachten (1981), 1, 479-550 (497).

[645] Joanna Schmidt, *La sanation de la faute précontratuelle*, RTDC 72 (1974), 46-73 e *Négociation et conclusion de contrats* (1982). De todo o modo, cumpre salientar que, no Direito civil do Quebeque, tem vindo a desenvolver-se uma regra objetiva de boa-fé na contratação: Brigitte Lefebvre, *La bonne foi dans la formation du contrat* (1998), 111 ss..

[646] *Da boa fé*, 564 (jurisprudência) e 565, nota 148 (a responsabilidade civil francesa); *Tratado* II/3, 317 ss. e 341 ss...

[647] François Terré/Philippe Simler/Yves Lequette, *Droit civil/Les obligations*, 10.ª ed. (2009), n.º 434 (447-448) ; Murad Ferid/Hans Jürgen Sonnenberger, *Das französische Zivilrecht* cit., 1/1, 2.ª ed., 1 F 267 (453).

[648] Gabrielle Faggela, *Dei periodi precontrattuali e della lora vera ed esatta costruzione scientifica*, St. Fadda 3 (1906), 271-342 e *Fondamento giuridico della responsabilità in tema di trattative contrattuali*, ArchG 82 (1909), 128-150. Quanto à não antiguidade do pensamento italiano nesta matéria, Daniela Caruso, *La culpa in contrahendo/l'esperienza statunitense e quella italiana* (1993), 157 ss..

[649] Raymond Saleilles, *De la responsabilité précontractuelle*, RTDC 6 (1907), 697-751 (705 ss.).

conduzido[650]. O Código Civil de 1942 acolheu expressamente, apesar da falta de tradições práticas, a *culpa in contrahendo*, no seu artigo 1337.º; este preceito não foi tanto o fruto de uma elaboração prévia do instituto, que faltou[651]: surge antes como o produto da receção do pensamento jurídico alemão da terceira sistemática. A jurisprudência tem feito uma aplicação tímida do novo texto legal[652].

IV. A *culpa in contrahendo* (cic) pode considerar-se consolidada, nos diversos ordenamentos permeáveis a evoluções jurídico-científicas. Adiante veremos a receção no espaço lusófono.

Deve, contudo, ficar claro que a descoberta de Jhering, mais do que uma referência jurídico-positiva, terá de ser entendida como um instrumento científico: apenas a Ciência do Direito, devidamente utilizada, permite, dela, retirar algumas potencialidades. E também por isso ela veio a assumir um papel que transcende a mera temática da conclusão dos contratos.

V. A evolução apontada teve frutos no chamado Direito civil europeu. Efetivamente, nos textos experimentais de Direito europeu, encontramos alguns preceitos relevantes, em termos de cic. Vamos ver.

Os PECL (*Principles of European Contract Law*), do denominado Grupo Lando[653], propunham uma secção intitulada *Liability for negotiations*. Aí, um artigo 2:301, epigrafado *negotiations contrary to good faith*, dispunha:

(1) A party is free to negotiate and is not liable for failure to reach an agreement.

(2) However, a party who has negotiated or broken off negotiations contrary to good faith and fair dealing is liable for the losses caused to the other party.

---

[650] Maria L. Loi/Branca Tessitore, *Buona fede e responsabilità precontrattuale* (1975), 7.
[651] Francesco Benatti, *A responsabilidade pré-contratual*, trad. port. Vera Jardim/M. Caeiro (1970, mas ed. it. de 1963), 20.
[652] *Da boa fé*, 568-569, nota 166. Sobre o dispositivo legal italiano, *vide* Turco, *Interesse negativo* cit., 96 ss. e, com indicações, Marco dell'Utri, em Pietro Rescigno, *Codice civile*, 1, 7.ª ed. (2008), 2407-2416.
[653] *Tratado* VI, 246.

(3) It is contrary to good faith and fair dealing, in particular, for a party to enter into or continue negotiations with no real intention of reaching an agreement with the other party.

Os PICC (*Principles of International Commercial Contracts*) da UNIDROIT [654], dispõem, no seu artigo 1.7, epigrafado *good faith and fair dealing*:

(1) Each party must act in accordance with good faith and fair dealing in international trade.
(2) The parties may not exclude or limit this duty.

O artigo 2.1.15 (*negotiations in bad faith*), muito semelhante ao artigo 2:301 dos PECL, determina:

(1) A party is free to negotiate and is not liable for failure to reach an agreement.
(2) However, a party who has negotiated or broken off negotiations contrary to good faith and fair dealing is liable for the losses caused to the other party.
(3) It is bad faith, in particular, for a party to enter into or continue negotiations when intending not to reach an agreement with the other party.

Os *Acquis Principles* (2007) relativos a contratos comportam um capítulo 2, sobre deveres pré-contratuais, dos quais relevamos:

Article 2:101: *Good faith*

In pre-contractual dealings, parties must act in accordance with good faith.

Article 2:102: *Legitimate expectatives*

In pre-contractual dealings, a business must act with the special skill and care that may reasonably be expected to be used with regard, in particular, to the legitimate expectation of consumers.

---

[654] Recomendados pela UNCITRAL, na sua sessão de 6 de julho de 2012.

Finalmente, o DCFR (*Draft Common Frame of Reference*), prevê um artigo II. – 3:301, epigrafado *Negotiations contrary to good faith and fair dealing*, onde dispõe[655]

(1) A person is free to negotiate and is not liable for failure to reach an agreement.

(2) A person who is engaged in negotiations has a duty to negotiate in accordance with good faith and fair dealing and not to break off negotiations contrary to good faith and fair dealing. This duty may not be excluded or limited by contract.

(3) A person who is in breach of the duty is liable for any loss caused to the other party by the breach.

(4) It is contrary to good faith and fair dealing, in particular, for a person to enter into or continue negotiations with no real intention of reaching an agreement with the other party.

Podemos considerar a cic como um instituto pacífico, também no plano europeu. Torna-se muito curioso sublinhar a expansão da boa-fé, fora do inicial espaço germânico. E finalmente: não há limites aprioristicos às indemnizações que possam caber por cic.

---

[655] Christian von Bar/Eric Clive (ed.), *Principles, Definitions and Model Rules of European Private Law (DCFR)/Full Edition* I (2009), 246; podem, aí, ser confrontadas muitas indicações (246-254).

§ 15.º O PAPEL DA *CULPA IN CONTRAHENDO*

68. Generalidades

I. Perante um instituto como o da *culpa in contrahendo* (cic), não é suficiente o procurar discorrer em termos centrais. Com isso, consegue-se dizer que, na fase preparatória, as partes deveriam usar de correção ou de boa-fé, sem que tais conceitos indeterminados fossem dotados de bases mínimas para a sua concretização. Invertendo o flanco de estudo, cumpre antes indagar o seu papel ou seja, as necessidades que a cic vem satisfazer ou os interesses que ela veio contemplar. Para tanto, deve proceder-se a uma análise de decisões nas quais a cic foi concretizada, atentando, sobretudo, nos factos em jogo[656]. Neste domínio, vale um conjunto de decisões alemãs, consideradas exemplares na doutrina continental[657].

II. Num primeiro grupo de casos, a cic destina-se a permitir o ressarcimento de danos causados, na fase pré-contratual, a pessoas ou a bens. Assim:

> *RG 7-Dez.-1911*: uma senhora, depois de realizar algumas compras num estabelecimento comercial, dirige-se, com uma criança, ao sector dos linóleos; aí, por negligência do empregado que as atendia, ambas foram colhidas por dois rolos de linóleo que caíram; o dono do estabelecimento foi condenado por violação dos deveres pré-contratuais de segurança[658];

---

[656] Uma análise mais extensa pode ser documentada em *Da boa fé* cit., 546 e ss.. *Vide*, também, o nosso *Concessão de crédito e responsabilidade bancária*, sep. BMJ (1987), 30 ss..
[657] *Vide* Jan Dirk Harke, HKK/BGB cit., 2, § 311, II, III, Nr. 13 ss. (1545 ss.).
[658] RG 7-dez.-1911, RGZ 78 (1912), 239-241 (240).

BGH 26-Set.-1961: uma pessoa penetra num supermercado aberto ao público; escorrega numa casca de banana e fere-se; o dono do local é condenado por falta de segurança pré-contratual[659];

BGH 2-Dez.-1976: uma pessoa transporta um iate a motor para uma oficina de reparações; hesita, no entanto, se o manda reparar ou se pretende vendê-lo, aí o deixando durante alguns dias; o pessoal da oficina deslocou-o, vindo o iate a tombar, com graves prejuízos: o dono da oficina é condenado por danos pré-contratuais[660].

Repare-se que esta sucessão de decisões permite determinar uma progressão do maior interesse. No caso do linóleo, estava-se, de facto, numa fase de negociações; no da casca de banana, não havia ainda contactos formais entre as partes; no do iate a motor, por fim, a situação era indefinida, dadas as hesitações do proprietário. A cic viu, pois, alargar o seu âmbito ficando claramente autonomizada do posterior e (muito) eventual contrato[661].

Em todas as hipóteses figuradas, pode considerar-se estarem em jogo deveres de segurança: as partes devem providenciar para que, nas negociações, ninguém sofra danos, seja nas suas saúde ou integridade física, seja no seu património. Pergunta-se, todavia e de imediato, para quê tal circunlóquio: afinal, não bastaria fixar um dever de indemnizar, por danos causados à integridade física ou ao património dos lesados, na base da responsabilidade aquiliana (§ 823, I, do BGB e 483.º/1, do Código Vaz Serra)? A resposta é negativa: a construção de um dever específico de segurança permite, como veremos, uma solução mais efetiva e eficaz[662].

Os clássicos deveres de segurança pré-negocial, destinados a proteger a integridade física, moral e patrimonial dos contratantes, poderiam ser substituídos pelos denominados deveres do tráfego[663]: deveres de cuidado,

---

[659] BGH 26-set.-1961, LM n.º 13, § 276 (Fa), BGB.
[660] BGH 2-dez.-1976, LM n.º 46 § 276 (Fa) BGB = NJW 1977, 376-377 = BB 1977, 121.
[661] Karl Larenz, *Lehrbuch des Schuldrechts*, 1 – *Allgemeiner Teil*, 14.ª ed. (1987), 4 9, I (109).
[662] *Infra*, 239.
[663] *Tratado* II/3, 571 ss.; o incremento apontado dos deveres do tráfego ocorre, designadamente, na excelente monografia de Rui Ataíde, *Responsabilidade civil por violação dos deveres do tráfego* (2012, polic.), dois volumes, *passim*.

construídos em torno da responsabilidade delitual e que visam a prevenção e o controlo do perigo. Todavia, tal caminho deixaria sem proteção muitas situações e contribuiria para um regime desfavorável: por imperativo legal (487.º/2) não haveria, perante uma concreta violação, qualquer presunção de culpa.

Nesta questão como nas demais, há sempre que ponderar as consequências do que se defenda.

III. Num segundo grupo de casos, a cic visa a circulação, entre as partes, de todas as informações necessárias para a contratação. Assim:

BAG 7-fev.-1964: uma empresa realiza um concurso para a seleção de um trabalhador especialmente qualificado; é escolhida uma candidata, combinando-se uma data para a sua apresentação ao serviço e para a celebração formal do contrato de trabalho; a interessada falta e desrespeita outras datas depois acordadas, acabando por esclarecer que, por razões de saúde, nunca poderia aceitar o lugar em jogo; é condenada por não ter, desde o início, dado essa informação: inutilizou, com o seu silêncio, todo um concurso [664];

BGH 20-fev.-1967: um instituto de crédito financia, junto de um particular, a aquisição de um automóvel; este, apesar de pago, é retido por, entretanto, ter ocorrido a falência do vendedor; o instituto em causa pretende reaver, do comprador frustrado, a importância mutuada: é condenado por não ter esclarecido suficientemente o mutuário dos riscos por ele corridos [665].

Pode falar-se na existência de deveres de informação pré-contratuais. Os casos exemplares selecionados permitem ponderar uma progressão: no primeiro, os deveres em jogo prendem-se, de modo estrito, com o contratante e o objeto do contrato; no segundo, tais deveres vão mais longe e abrangem, tão-só, matéria com ele conexa. Por fim, o âmbito alarga-se a quanto possa atingir os contratantes e os seus interesses, ainda que só de modo indireto, relacionados com o negócio. A área dos deveres prelimina-

---

[664] BAG 7-fev.-1964, NJW 1964, 1197-1199 (1198).
[665] BGH 20-fev.-1967, BGHZ 47 (1967), 207-217 (208-209 e 210-213). No Direito alemão, a mera celebração de um contrato de compra e venda não transfere a propriedade; exige-se, ainda, o registo ou a entrega da coisa, consoante a natureza do bem vendido.

§ 15.º O papel da culpa in contrahendo

res de informação conhece um alargamento exponencial, sendo particularmente relevante na prática jurídica lusófona[666].

IV. Num terceiro grupo, a *culpa in contrahendo* liga-se, de modo mais direto, à própria atuação das partes. Assim:

BGH 18-Out.-1974: são concluídas, com êxito, as negociações tendentes à aquisição de um imóvel; por via da aquisição em vista, o projetado comprador realiza despesas consideráveis; não se chegou, porém, a celebrar o contrato definitivo, por culpa do projetado vendedor; este vem a ser condenado por, através do seu comportamento pré-contratual, ter gerado a convicção, na contraparte, de que a transação iria ter lugar[667];

BGH 8-Jun.-1978: uma comuna é condenada: verifica-se que negociara a venda, a um particular, de certo terreno; dera-lhe, porém, informações inexatas sobre o plano de construção e, depois, veio modificá-lo[668].

Desta feita, há deveres de lealdade: as partes não podem, *in contrahendo*, adotar comportamentos que se desviem da procura, ainda que eventual, de um contrato, nem assumir atitudes que induzam em erro ou provoquem danos injustificados. Os deveres de lealdade distinguem-se dos de informação; pode considerar-se que, neles, não há, apenas, uma questão de comunicação; antes se joga, também, um problema de conduta. Têm concretizações importantes no domínio dos deveres de sigilo e de não-concorrência: não podem as partes tirar partido de elementos obtidos nas negociações preliminares para quebrar o segredo comercial ou para desencadear ações concorrentes.

De novo se documenta uma progressão. No início, o dever de lealdade ligava-se, apenas, ao estrito âmbito do contrato projetado. Posteriormente, ele vai alargar-se a áreas periféricas, que apenas de modo indireto têm a ver com um negócio eventual.

---

[666] *Infra*, 271 ss..
[667] BGH 18-out.-1974, NJW 1975, 43-44 (43 e 44).
[668] BGH 8-jun.-1978, LM n.º 51 § 276 (Fa) BGH = NJW 1978, 1802-1805 (1803-1804) = BGHZ 71 (1978), 386-400 (395-397) = MDR 1978, 1002 = BB 1978, 1385-1386 (1385 e 1386).

V. As exigências práticas solucionadas com recurso à cic levaram à autonomização, nos termos apontados, de deveres de proteção, de informação e de lealdade, na fase pré-negocial. Esse esquema foi formalmente acolhido na jurisprudência portuguesa, como abaixo será referido[669]. Todavia, ele traduz uma leitura analítica do problema: útil mas insuficiente. Cabe complementá-la, com recurso a grupos de casos.

69. As constelações de casos

I. Os deveres de segurança, de informação e de lealdade pré-negociais tendem a concretizar-se em torno de constelações de casos. Vamos referi-las, com recurso a elementos doutrinários e jurisprudenciais consagrados. Sucessivamente:

– a vulnerabilidade pré-negocial;
– a contratação ineficaz;
– a interrupção injustificada de negociações;
– tutela da parte fraca;
– a responsabilidade por atos de terceiros.

A vulnerabilidade pré-negocial documenta-se nas múltiplas situações em que, mercê de contactos pré-negociais, uma das partes fica nas mãos da outra ou, pelo menos, se coloca numa situação de especial fraqueza, dependendo de deveres de segurança, de informação ou de lealdade, a cargo dessa outra[670]. Valem os casos, acima referidos, do linóleo, da casca de banana e do iate a motor, quanto à segurança. Mas também a informação e a lealdade podem ser chamadas à liça: afinal, um bom esclarecimento previne danos, outro tanto sucedendo com condutas adequadas[671].

---

[669] *Infra*, 271 ss..
[670] Manfred Löwisch/Cornelia Feldmann, no *Staudinger* II, §§ *311, 311a, 312, 312a-I/Vertragsschluss* (2013), § 311, Nr. 103 ss. (41 ss.); Almontasser Fetih, *Die zivilrechtliche Haftung bei Vertragsverhandlungen/Eine rechtsvergleichende Studie zum deutschen, französischen, ägyptischen und islamischen Recht* (2000), XXVII + 229 pp., 64 ss..
[671] Roland Schwarze, *Vorvertragliche Verständigungspflichten* (2001), XVII + 381 pp., 3 ss., 35 ss., 97 ss. e *passim*. A gestão da informação, no Direito privado, coloca múltiplos problemas: desde a proteção de dados à *privacy*, passando pela comercialização da

III. A contratação ineficaz, seja quando se origine um contrato nulo ou um contrato impugnável (anulável), pode originar responsabilidade pré-negocial[672]. Boa parte da doutrina original de Jhering partiu, justamente, desse ponto.

Na hipótese, por exemplo, de surgir um contrato formalmente nulo, por uma das partes a tanto ter conduzido, pode haver cic, designadamente quando não seja possível construir uma situação de inalegabilidade.

A prática releva situações de dolo na conclusão do contrato: para além da anulabilidade daí resultante, pode haver cic[673]. Outros vícios são retidos, para esse efeito, como o da nulidade por contrariedade aos bons costumes[674]. Também na situação decidida pelo BGH, em 27-mar.-2009: responsabilidade do fornecedor que entregou material de construção nocivo para a saúde[675]. A cic complementa, neste tipo de concretização, as regras relativas à invalidade dos contratos e ao vício da coisa vendida[676]: em si, tais regras não apagam os danos que possam estar envolvidos.

III. A conclusão de um contrato é, até ao último momento, totalmente livre. Deste modo, à partida, pode qualquer uma das partes, numa negociação, desistir do contrato, sem dar justificações[677] e isso mesmo quando a contraparte contasse já com a sua conclusão[678]. Diferentemente se passam as coisas se a parte desistente tiver, com a sua conduta, originado, na con-

---

informação: Benedikt Buchner, *Informationelle Selbstbestimmung im Privatrecht* (2006), XVIII + 343 pp., 5 ss., 11 ss., 79 ss., 183 ss. e *passim*.

[672] Almontasser Fetih, *Die zivilrechtliche Haftung* cit., 70 ss..

[673] BGH 4-abr.-1968, WM 1968, 892-893 (893/I).

[674] BGH 16-jan.-2001, NJW 2001, 1065-1067 (1066-1067): um caso que envolveu *Schmiergeld* (luvas). Outros casos podem ser confrontados em Manfred Löwisch/Cornelia Feldmann, no *Staudinger* cit., § 311, Nr. 143 (55).

[675] BGH 27-mar.-2009, NJW 2009, 2120-2123. A tal propósito: Philipp S. Fischinger/Saskic Lettmaier, *Sachmangel bei Alfestverseuchung/Anwendbarkeit der cic neben den §§ 434 ff. BGB*, NJW 2009, 2496-2499.

[676] Gerhard Kohlhepp, *Das Verhältnis von Sachmängelhaftung und culpa in contrahendo im Kaufrecht* (1989), XVIII + 198 pp., 17 ss. e 112 ss.; podem considerar-se as hipóteses de, dolosamente, o vendedor esconder vícios, de falharem as qualidades garantidas ou de negligência do alienante; *idem*, 197.

[677] BGH 7-dez.-2000, NJW-RR 2001, 381-383 (382/II).

[678] BGH 13-abr.-1972, WM 1972, 772-773 (773/II); BGH 18-out.-1974, NJW 1975, 43-44 (44/I); BGH 28-mar.-1977, WM 1977, 618-620 (620/II).

traparte, uma confiança justificada de que, com segurança, se iria concluir um contrato: a interrupção injustificada das negociações conduz à cic[679].

A interrupção das negociações anima, no grau mais elevado, o confronto entre a boa-fé e a autonomia privada. O tema pode ser seguido ao longo da História[680] e no Direito comparado[681]. Particularmente visados são contratos de sociedade já acordados, em termos que levem uma das partes a arcar com despesas e investimentos[682].

IV. A tutela da parte fraca, abaixo sublinhada[683], tem uma especial concretização nas relações com consumidores e, ainda, nas áreas sensíveis da banca[684] e dos seguros[685]. Tal tutela concretiza-se, predominantemente, através de deveres de informação[686].

O desenvolvimento de regras especiais, em particular no domínio das cláusulas contratuais gerais, da banca, dos seguros e dos valores mobiliários, tem vindo a concorrer com a cic. Não obstante, esta mantém a sua utilidade, suprindo os pontos não devidamente assegurados por regras especiais.

V. Finalmente, existe toda uma constelação de casos em que a cic abrange terceiros que, de algum modo, estejam envolvidos na conclusão

---

[679] Assim: BGH 6-fev.-1969, MDR 1969, 641-642 (642/I); BGH 10-jul.-1970, NJW 1970, 1840-1841 (1841/I); BGH 25-nov.-1992, BGHZ 120 (1993), 281-290 (284 ss.); BGH 8-set.-1998, BGHZ 139 (1999), 259-273 (267 ss.). Vide Götz von Craushaar, *Haftung aus culpa in contrahendo wegen Ablehnung des Vertragsabschlusses*, JuS 1971, 127-131 (129 ss.).

[680] Wolfgang Küpper, *Das Scheitern von Vertragsverhandlungen als Fallgrupe der culpa in contrahendo* (1988), 375 pp., 45 ss..

[681] *Idem*, referindo as experiências austríaca (95 ss.), suíça (102 ss.), da ex-DDR (107 ss.), de Itália (109 ss.), da Grécia (113 ss.), da França (114 ss.), dos EEUU (120 ss.) e da Inglaterra (134 ss.), além da alemã; quanto a esta, também Almontasser Fetih, *Die zivilrechtliche Haftung bei Vertragsverhandlungen* cit., 73 ss.. Para o Direito espanhol: Anke de Villepin, *Schadensersatzansprüche wegen gescheiterter Vertragsverhandlungen nach spanischem Recht* (1999), VII + 133 pp., 46 ss..

[682] Manfred Löwisch/Cornelia Feldmann, no *Staudinger* cit., § 311, Nr. 135 (51-52).

[683] *Infra*, 223 ss..

[684] *Manual de Direito bancário*, 4.ª ed., 447 ss..

[685] *Direito dos seguros*, 549 ss..

[686] Nesse sentido vão muitos dos exemplos dados por Manfred Löwisch/Cornelia Feldmann, no *Staudinger* cit., § 311, Nr. 117-133 (45-51).

do contrato[687]. Podem estar nessa situação o representante, o gerente de sociedade, o consultor, o agente, o administrador de insolvência ou o fiduciário: qualquer um deles responderá por cic, a título pessoal, na hipótese de quebra de deveres preliminares que lhes sejam dirigidos[688].

Particularmente em áreas dominadas pela boa-fé, o Direito atual dispõe de meios para ultrapassar as clássicas separações conceituais entre esferas de imputação.

70. A proteção do contraente débil

I. Na negociação preliminar, as partes são formalmente iguais. No terreno, todavia, essa igualdade nem sempre se verifica. Por razões de ordem social, económica, científica ou de apoio jurídico, uma das partes pode encontrar-se em situação de total supremacia.

No limite, é configurável uma posição de monopólio, numa área vital e sem sucedâneos: a não haver uma intervenção do Direito, a parte forte ditará, pura e simplesmente, as suas condições à parte fraca[689]. O Direito pode, aqui, por norma expressa ou *ex bona fide*, impor uma obrigação de contratar.

II. Como referido, a proteção do contratante débil é assegurada através de diversos dispositivos, fundamentalmente virados para deveres de informar e alojados na Lei sobre Cláusulas Contratuais Gerais[690] ou nos

---

[687] Com muitas indicações, Manfred Löwisch/Cornelia Feldmann, no *Staudinger* cit., § 311, Nr. 167-201 (62-71).

[688] BGH 29-set.-1989, DNotZ 1990, 728-730: pode ser contrário à boa-fé não chegar ao contrato definitivo por falta de poderes de representação; *vide* a anot. de Karsten Schmidt, *Zur Durchsetzung vorvertraglicher Pflichten/Bemerkungen zum Urt. des BGH v. 29.9.1989 – V ZR 1/88*, DNotZ 1990, 708-712; Joachim G. Frick, *Culpa in contrahendo. Eine rechtsvergleichende und kollisionsrechtliche Studie* (1992), L + 263 pp. (235 ss.); quanto à responsabilidade pessoal do mediador de seguros: Fred Schlossarek, *Ansprüche des Versicherungsnehmers aus culpa in contrahendo/Ein Beitrage zur culpa in contrahendo im Bereich des Individualversicherungsrechts* (1995), XVI + 274 pp., 234 ss..

[689] Como referência: Manuel Nogueira Serens, *A monopolização da concorrência* (2007), 1335 pp. e Miguel Moura e Silva, *Direito da concorrência: uma introdução jurisprudencial* (2008), 1002 pp..

[690] Manfred Lieb, *Sonderprivatrecht für Ungleichgewichtslagen? Überlegungen zum Anwendungsbereich der sogenannten Inhaltskontrolle privatrechtlicher Verträge*, AcP 178 (1978), 196-226 (199 ss.).

diversos diplomas de defesa do consumidor[691]. Interessa, agora, verificar se a cic pode ser usada para dar corpo, *in concreto*, a este importante vetor dos nossos dias.

À partida, mantém-se a liberdade de contratação. Esta pressupõe riscos e livre arbítrio assentes, naturalmente, na ideia de que cada um deve tomar conta de si. Uma intervenção paternalista omnipresente acabaria por negar a autonomia. Exigiria uma planificação da vida económica e social, num modelo já testado pela História e que parece não ter sido sustentável. Pontualmente, porém, ocorrem contratos injustos, isto é, contratos que, uma vez celebrados, revelem desequilíbrios não pretendidos pelas partes[692] e não ocasionados por ocorrências extrínsecas.

III. Vamos colocarmo-nos fora destes cenários. Quando surja um contrato que patenteie desequilíbrios não queridos por alguma das partes, algo terá corrido mal nos preliminares. A parte que, de antemão, conheça ou deva conhecer o desequilíbrio em causa tem o dever de, disso, dar conhecimento à contraparte.

Chega-se, por esta via, à ideia da proteção da parte fraca num contrato. Ao contratante que, por razões económicas ou de conhecimento, se deva considerar inferiorizado, são devidos, na fase preliminar, um esclarecimento e a uma lealdade acrescidos; quando os correspondentes deveres não sejam acatados, pode haver responsabilidade, por inobservância da boa-fé.

Algumas decisões mostram o alcance desta doutrina; assim:

> *OLG Hamm, 25-Jul.-1962*: um interessado faz instalar um aparelho automático de receção de roupa; o negócio revela-se, depois, ruinoso; o vendedor do aparelho é condenado por não ter esclarecido o comprador do risco da operação, ficando entendido que ele, pela sua particular posição, dispunha dos necessários conhecimentos nesse domínio[693];
> *BGH 20-fev.-1967*, já referido: uma instituição de crédito financia a aquisição de um automóvel que, apesar de pago, é retido por insolvência do

---

[691] Kathleen Sedlmeier, *Rechtsgeschäftliche Selbstbestimmung im Verbrauchervertrag* (2012), XX + 582 pp., 143 ss. e *passim*, com teorias da solidariedade contratual.

[692] A simples ocorrência de equilíbrio contratual não é, em si, injusta: se uma pessoa pode doar (940.º/1) também pode, por maioria de razão, firmar contratos que a prejudiquem; necessário é, porém, que o faça livremente, conhecendo e querendo as consequências.

[693] OLG Hamm, 25-jul.-1962, MDR 1963, 48-49, an. Mittelstein, favorável.

vendedor; a instituição pretende, do particular mutuário, a importância do financiamento: é condenada por não ter esclarecido suficientemente o comprador quanto aos riscos do negócio[694];

BGH 27-fev.-1974: num contrato de construção "com participação no financiamento" – portanto um contrato pelo qual uma das partes vai financiando uma construção que depois compra, o fornecedor adquirente constata não ter meios para satisfazer os encargos contratuais; perante isso, pretende rescindir o contrato celebrado e reaver as importâncias desembolsadas, por não ter sido devidamente esclarecido quanto aos custos finais da operação; o construtor é condenado porque, sendo experiente e conhecedor, devia, de facto, ter prevenido a contraparte[695].

IV. O papel da cic na correção de contratos injustos, através da boa-fé e do dever de informar, não levanta dúvidas[696], embora não possa ser levado ao ponto de pôr em causa a autonomia privada[697], cerne do Direito privado. Deve, em particular, frisar-se que a "parte fraca" carecida de proteção não pode equivaler a um estereotipo: em regra, ela corresponde ao cidadão consumidor isolado. Por isso, o tema deve ser visto em ligação com os direitos dos consumidores[698] e, no Direito civil, em articulação com as cláusulas contratuais gerais, abaixo tratadas. Tudo visto, podemos proclamar que, verificadas circunstâncias ponderosas, a parte habilitada que não informe, suficientemente, a parte débil, pode ser confrontada com cic, cabendo-lhe indemnizar os danos assim causados.

---

[694] BGH 20-fev.-1967, já citado; *vide* a explicação dada *supra*, nota 665.

[695] BGH 27-fev.-1974, NJW 1974, 849-852 (849 e 851).

[696] *Vide* o trabalho sugestivo de Oskar Hartwieg, *Culpa in contrahendo als Korrektiv für "ungerechte" Verträge/Zur Aufhebung der Vertragsbindung wegen Verschuldens bei Vertragsabschluss*, JuS 1973, 733-740.

[697] *Vide* as prevenções feitas no nosso *Concessão de crédito e responsabilidade bancária* cit., 36 ss..

[698] *Vide* os artigos 5.° e 8.° da LDC. O artigo 9.°/1 da mesma LDC refere "...a lealdade e a boa fé, nos preliminares...". *Vide infra*, 514-515. Além disso, devemos contar com o útil concurso de outros institutos, como o dos vícios na coisa vendida. *Vide* Reinhard Singher, *Fehler beim Kauf/Zum Verhältnis von Mängelgewährleistung, Irrtumsanfechtung und culpa in contrahendo*, FG (Wissenschaft) 50 Jahre BGH 1 (2000), 381-405.

Resta acrescentar que a codificação da *culpa in contrahendo*, ocorrida com a reforma do BGB, em 2001, não prejudicou a jurisprudência que mantém a linha anterior[699].

71. A obrigação de contratar

I. No topo do problema da cic põe-se o tema da obrigação de contratar. Poderão as exigências da boa-fé *in contrahendo* ir ao ponto de suprimir a autonomia privada, obrigando à conclusão do negócio?

A obrigação de contratar traduz uma situação jurídica pela qual um sujeito (o obrigado) fica adstrito à celebração de um contrato, isto é: à emissão de declaração de vontade[700] que, em conjunto com a da outra parte, dá azo a um negócio jurídico bilateral.

A eventualidade de semelhante adstrição contraria a lógica contratualística sedimentada no século XVIII e questiona a dogmática pandectística elementar[701]. Se há obrigação, falta o contrato; e havendo contrato, falece a obrigação de o concluir.

Todavia, o Direito antigo, designadamente através de regras corporativas e de posturas locais, já permitia documentar múltiplas restrições à liberdade contratual, as quais incluíam mesmo deveres de contratar[702].

II. Sob o liberalismo e as modernas codificações, surgiam expressas previsões legais, que obrigavam à contratação. Como exemplo, aponta-se o artigo 422.º do ADHGB[703], segundo o qual uma sociedade ferroviária,

---

[699] OLG Schleswig 31-out.-2003, NJW 2004, 1257-1258, com referência a deveres de informação, agora retirados do § 311, II e III, do BGB.

[700] Sobre toda esta matéria, ainda hoje tem o maior interesse a monografia de Miguel Galvão Teles, *Obrigação de negociar (esboço de um estudo)* (1963, dois volumes), republicado, com alterações, como *Obrigação de emitir declaração negocial* (2012), 336 pp..

[701] Wolfgang Kilian, *Kontrahierungszwang und Zivilrechtssystem*, AcP 180 (1980), 47-83 (47-48). Como referência: Jan Busche, *Privatautonomie und Kontrahierungszwang* (1999), 722 pp., 110 ss. e *passim*, já citado.

[702] Franz Wieacker, *Privatrechtsgeschichte der Neuzeit*, 2.ª ed. (1967), 201-202; em Wolfgang Kilian, *Kontrahierungszwang* cit., 48, nota 5, podem ser confrontados diversos exemplos do século XVI.

[703] *Allgemeines Deutsches Handelsgesetzbuch*, de 1861; na versão de Hannover (1864), 77/II.

aberta ao público para o transporte de mercadorias, não pode recusar a conclusão de um contrato de frete, desde que os bens a transportar cumpram as disposições regulamentares[704]. Novos casos foram apontados, no campo dos transportes, da restauração e dos espetáculos públicos[705].

A legislação de emergência, promulgada durante a Grande Guerra de 1914-1918 e no subsequente pós-guerra, veio multiplicar as situações de contratação obrigatória. O fenómeno não foi, de imediato, reconhecido[706]; todavia, a multiplicação de situações de contratação obrigatória permitiu a fixação de grandes linhas[707].

III. A grande questão a colocar residia na natureza de base da contratação obrigatória: seria um fenómeno de exceção, para enfrentar ocorrências extraordinárias, como a da Guerra de 1914-1918 e a da crise de 1929, ou estaríamos antes perante um dado estrutural, próprio das sociedades desenvolvidas? A resposta tendeu para esta última hipótese[708]: a multiplicação de intervenções do Estado em áreas económicas e sociais sensíveis, o alargamento da contratação a camadas mais extensas de consumidores, até atingir, praticamente, toda a população, o surgimento de situações de monopólio, no campo do fornecimento de bens e serviços essenciais e a difusão de pensamentos sociais ou, mesmo, socialistas, promoveram a multiplicação de situações de contratação obrigatória.

IV. Uma obrigação de contratar surge, já o dissemos, como um corpo estranho na lógica civilística. Por isso, ela vem acompanhada por referências que indiciam isso mesmo. Como exemplos[709], ela já foi considerada:

– como uma forma jurídica sem escopo e sem sentido[710];

---

[704] Johannes Biermann, *Rechtszwang zum Kontrahiren*, JhJb XXXII (1893), 267-322 (267-268), com outras indicações.

[705] Rudolf Fürst, *Schuldverhältnisse aus einseitigen Rechtsgeschäften*, LZ 1910, 177-190 (181-183).

[706] Justus Wilhelm Hedemann, *Das bürgerliche Recht und die neue Zeit* (1919), 20 pp., 1 e 17, explicando que só muito raramente surgiam obrigações de contratar.

[707] Hans Carl Nipperdey, *Kontrahierungszwang und diktierter Vertrag* (1920), II + 168 pp.; trata-se da habilitação deste conhecido autor.

[708] Wolfgang Kilian, *Kontrahierungszwang* cit., 49-50.

[709] Seguimos, em parte, o alinhamento de Wolfgang Kilian, *Kontrahierungszwang* cit., 51.

[710] Erich Molitor, *Zur Theorie des Vertragszwang*, JhJb 73 (1923), 1-32 (32); (...) *vor der zwecklosen und unsinnigen Rechtsform des Vertragszwangs* (...).

– como um despir da sua natureza de contrato, enquanto instituto de Direito privado[711];
– como um corpo estranho na economia[712];
– como um abalo nos princípios da nossa ordem jurídica privada[713];
– como uma socialização do Direito privado[714].

Tais locuções são significativas, para melhor documentar a singularidade do fenómeno. E recordam que a obrigação de contratar, para não surgir, efetivamente, como um contrassenso contrário à autonomia privada, deve ser apoiada em valores estruturantes do sistema[715].

O dever de contratar pode surgir por expressa injunção legal[716], particularmente em situação de monopólio[717] ou de fornecimentos de bens ou serviços vitais, como a energia[718]. E no limite, poderá ocorrer *ex bona fide* ou por exigência do sistema[719]?

V. No Direito português, encontramos as diversas previsões de obrigações de contratar:

– artigo 4.º/1 do revogado Decreto-Lei n.º 370/93, de 29 de outubro, na redação dada pelo Decreto-Lei n.º 140/98, de 16 de maio[720], relativo a práticas individuais restritivas do comércio: proibia, a

---

[711] Werner Flume, *Das Rechtsgeschäft* cit., 4.ª ed., § 33, 6, d) (611).
[712] Rudolf Isay, *Kontrahierungszwang für Monopole?*, Kartell-Rundschau 27 (1929), 373-390 (379).
[713] Justus Wilhelm Hedemann, *Das bürgerliche Recht* cit., 17.
[714] Hans Carl Nipperdey, *Kontrahierungszwang* cit., 105.
[715] Manuel Banck, *Kontrahierungszwang der Verwertungsgesellschaften gemäß § 11 WahrnG und seine Ausnahmen* (2012), 197 pp., 28 ss. (funções da obrigação de contratar) e 37 ss..
[716] Franz Bydlinski, *Zu den Grundfragen des Kontrahierungszwangs*, AcP 180 (1980), 1-46 (28 ss.) e *Kontrahierungszwang und Anwendung allgemeinen Zivilrechts*, JZ 1980, 378-385; Manfred Löwisch/Cornelia Feldmann, no *Staudinger* cit., § 311, Nr. 3 (13), com indicações legislativas atualizadas, com referência a 2012.
[717] Swen Vykydal, *Der kartellrechtliche Kontrahierungszwang/unter besonderer Berücksichtigung der leitungsgebundenen Energiewirtschaft* (1996), 297 pp., 140 ss., 167 ss. e *passim*.
[718] *Idem*, 52 ss.; Ulrich Scholz, *Kontrahierungszwang in der Versorgungswirtschaft/ /Dargestellt am Beispiel der Anschluss und Versorgungsunternehmen gegenüber Stromverbrauchern* (1997), 297 pp., 41 ss. e 95 ss..
[719] Jan Busche, *Privatautonomie und Kontrahierungszwang* cit., 643 ss..
[720] Alterado, ainda, pelo Decreto-Lei n.º 10/2003, de 18 de janeiro, que o republicou em anexo; mas não no artigo 4.º.

um agente económico recusar a venda ou a prestação de serviços a outro agente económico segundo os usos normais da respetiva atividade ou de acordo com as disposições legais ou regulamentares aplicáveis; o seu n.º 3 fixava a série de exceções; esse diploma foi substituído pelo Decreto-Lei n.º 166/2013, de 27 de dezembro, que apenas mantém esta regra entre empresas;
– seguros obrigatórios: existem dezenas de situações em que é obrigatória a celebração de contratos de seguro[721]; não se especifica com que seguradora; todavia, proliferam apólices únicas, idênticas para todos, de aprovação governamental, que suprimem a liberdade de negociação;
– fornecimento de energia elétrica: os comercializadores de último recurso estão obrigados à prestação universal, nos termos dos Decretos-Leis n.º 29/2006, de 15 de fevereiro (48.º/1) e n.º 172/2006, de 23 de Agosto (53.º/3), retomados pelo artigo 11.º/1 do Regulamento de Relações Comerciais do Sector Energético, da ERSE;
– fornecimento de serviço de correios: é obrigatório, nos termos do artigo 2.º do Regulamento aprovado pelo Decreto-Lei n.º 176/88, de 18 de maio;
– serviços de comunicação eletrónicas: é direito dos utilizadores aceder às redes acessíveis ao público – 39.º/1, da Lei n.º 5/2004, de 10 de fevereiro, entre outros.

Existem outros exemplos, na área dos serviços públicos.

VI. Na falta de previsão legal específica, a obrigação de contratar pode emergir:

– de um prévio acordo nesse sentido, com natural relevo para o contrato-promessa (410.º);
– de uma exigência de boa-fé, por via do 227.º/1.

A obrigação de contratar *ex bona fide* exige uma forte situação de confiança, imputável à contraparte, de que o contrato em jogo iria ser celebrado e isso ao ponto de o interessado ter realizado um considerável investimento de confiança[722].

---

[721] No sítio do ISP / Instituto de Seguros de Portugal, podem ser consultados os diplomas em vigor que impõem seguros.
[722] O dever de contratar *ex bona fide* conduz, quando quebrado e como abaixo

Nessa eventualidade, o dever de contratar impõe-se tendo, como contraface, a ilicitude da interrupção injustificada das negociações. A indemnização que daí, eventualmente, decorra será calculada de acordo com o interesse positivo[723].

72. A boa-fé e os valores do sistema

I. A *culpa in contrahendo*, no termo desta análise, assume o papel, simples e complexo, de assegurar, nos preliminares contratuais, o respeito pelos valores gerais da ordem jurídica que, no caso considerado, aspirem a uma concretização. Digamos que, apesar da autonomia privada, se conserva uma preocupação de equilíbrio e de proporcionalidade no exercício dos direitos e das diversas posições jurídicas em geral[724] a qual, em casos vincados, é sindicada e reafirmada pelo sistema, através da boa-fé.

II. Compreende-se, a esta luz, a aproximação feita entre a cic e a boa-fé. Iniciada pelos comercialistas do século XIX[725], a conexão dos preparatórios com a boa-fé impôs-se pela particular facilidade que oferecia, quando se tratasse de, para o instituto, encontrar uma base legal que não colocasse demasiadas exigências. Mais tarde, a aproximação ganhou um relevo substancial: os vetores comunicados pela boa-fé não deixavam de se revelar, ainda que com adaptações, nos preliminares negociais. Assim:

– a tutela da confiança: na fase da preparação dos contratos, as partes não devem suscitar situações de confiança que, depois, venham a frustrar; por exemplo, se um dos intervenientes tem uma intenção remota de contratar, não deve convencer a contraparte do contrário; a violação da confiança legítima provoca responsabilidade;
– a primazia da materialidade subjacente: a autonomia privada faculta, às partes, negociar livremente os seus contratos, interrompendo as negociações quando o entenderem; trata-se, porém, de um valor a aproveitar com esse sentido material – a busca livre de um even-

---

afirmado, a uma indemnização pelo interesse positivo; *vide* Manfred Löwisch/Cornelia Feldmann, no *Staudinger* cit., § 311, Nr. 159 (59).

[723] *Vide infra*, 273 ss..

[724] Marcus Bieder, *Das ungeschriebene Verhältnismäßigkeitsprinzip als Schranke privater Rechtsausübung* (2007), XIX + 368 pp. (259 ss.).

[725] Heinrich Thöl, *Das Handelsrecht*, 5.ª ed., I, 2, (1876), § 237 (143).

tual consenso – e não, apenas, numa conformidade exterior com o Direito; a negociação emulativa, dilatória, chicaneira ou, a qualquer outro título, estranha à autonomia privada, é contrária à boa-fé.

Muitas vezes estes dois vetores estão presentes. A situação de confiança dá lugar a realidades que a materialidade subjacente não pode esquecer[726].

Adiante verificaremos, à luz da jurisprudência portuguesa, a concretização destes valores.

---

[726] Como exemplo: OLG Bamberg 18-ago.-2003, NJW-RR 2004, 974-976: por via da *culpa in contrahendo*, aplicam-se os princípios sobre sociedades irregulares a associações em participação atípicas; na mesma linha OLG Frankfurt 8-mai.-2003, NJW-RR 2004, 545.

§ 16.º A CONSTRUÇÃO DA *CULPA IN CONTRAHENDO*

73. Teorias contratuais

I. Antes de estudar a cic à luz do Direito positivo lusófono, afigura-se útil concluir a sua apresentação jurídico-científica, através dos dados hoje disponíveis sobre a sua construção dogmática.

A natureza jurídica da *culpa in contrahendo* suscita larga controvérsia doutrinária, de que cabe dar breve nota[727]. O texto de von Jhering era suficientemente elástico para, ao seu abrigo, facultar um largo desenvolvimento científico da matéria. As diversas doutrinas explicativas têm sido agrupadas em dois pólos:

– soluções negociais;
– soluções legais.

As soluções negociais procuram reconduzir a *culpa in contrahendo* e os deveres que, com ela, se conexionem, a negócios jurídicos; pelo contrário, as soluções legais remetem a base da figura para a lei. A cada uma destas explicações corresponderiam, depois, efeitos jurídicos próprios e diversificados.

II. Uma primeira linha de soluções negociais, defendida por Franz Leonhard, reconduz a *culpa in contrahendo* ao contrato posteriormente celebrado[728]; o efetivo cumprimento de um contrato exige o acatamento de

---

[727] Para maiores desenvolvimentos, *vide* Ruy de Albuquerque, *Da culpa in contrahendo no Direito luso-brasileiro* (1961, dat.), Mota Pinto, *A responsabilidade pré-negocial pela não conclusão de contratos* (1963), Almeida Costa, *Responsabilidade civil pela ruptura das negociações preparatórias de um contrato* (1984) e Menezes Cordeiro, *Da boa fé* cit., 527 ss.. Sobre o instituto, com indicações, *vide* ainda Norbert Horn, *Culpa in contrahendo*, JuS 1995, 377-387.

[728] Franz Leonhard, *Verschulden beim Vertragsschlusse* (1910), 69 pp..

§ 16.º A construção da culpa in contrahendo

deveres que se desenham já antes da sua celebração; por exemplo, o vendedor de um objeto deve, previamente à venda, providenciar para que ele esteja em bom estado. Por isso, haveria como que uma pré-eficácia: celebrado um negócio, certos deveres retro-atuariam até ao início das negociações. Com alguns reflexos doutrinários e jurisprudenciais, esta doutrina mereceu críticas generalizadas[729]. Tais críticas agrupam-se em dois pontos essenciais:

– o seu ilogismo;
– a sua excessiva restrição.

A construção de Leonhard seria ilógica, por assentar na ideia de pré-eficácia, contraditória em si mesma. De facto, antes de um contrato não se podem, deste, retirar deveres a observar; e depois do contrato celebrado, já não se está numa fase pré-negocial que habilite ao acatamento de deveres pré-contratuais.

A construção de Leonhard seria ainda excessivamente restritiva; de facto, ela só contemplaria a hipótese de haver um contrato válido que, não obstante, tivesse provocado danos na sua celebração.

As hipóteses mais frequentes de prejuízos pré-negociais são, contudo, outras e, designadamente:

– a de ter havido negociações prévias, injustificadamente interrompidas, sem que se tenha chegado à formação de qualquer contrato;
– a de ter havido um negócio inválido, por hipótese nulo.

A primeira crítica conduz, a ser aprofundada, a uma discussão complexa e incerta; a segunda é, porém, decisiva: sendo demasiado restrita, a tese negocial de Leonhard não permite resolver os problemas que justificaram a descoberta de Jhering.

Mau grado estas críticas, Franz Leonhard complementou a doutrina de Jhering num ponto importante. Enquanto, para Jhering, a cic punha-se a propósito de contratos nulos ou ineficazes, Leonhard considerou-a no domínio de contratos eficazes[730]. O ganho jurídico-científico é patente.

III. Uma segunda linha negocial, encabeçada por Heinrich Siber, filia os deveres pré-contratuais na celebração de um contrato preparató-

---

[729] Vide Johann Krasser, *Haftung für Verhalten während der Vertragsverhandlungen* cit., 18.
[730] Jan Dirk Harke, no HKK/BGB cit., II, § 311 II, III, Nr. 21 (1550).

rio, aquando do início das negociações[731]. A ideia é simples: ao aceitar negociar a eventual procura de um consenso contratual, as partes estariam, desde logo, a aceitar, pelo menos, algumas regras de jogo; entre outros aspetos, elas assumiriam o compromisso de não se prejudicarem mutuamente.

A doutrina vem criticar esta tese como ficciosa[732]: nas negociações comuns, não se descobrem quaisquer declarações destinadas a originar um consenso contratual, consenso esse que permita retirar deveres de comportamento minimamente consistentes.

A crítica é, por vezes, excessiva. Ao iniciar negociações, as partes estão, livremente, a adotar um tipo de conduta que, dentro da normalidade ética, psicológica e sociológica, se dirige para a eventual busca de um acordo. Por certo que não há qualquer dever de contratar; mas não repugna admitir a assunção, pelas partes, de certas regras muito simples e em cujo conteúdo mínimo se deveria inscrever a obrigação de não provocar danos gratuitos.

Por isso, seja qual for a conclusão perfilhada, não se deve desprezar a ideia de Siber: afinal, o tipo de negociações iniciadas e o modo por que as partes, nelas, se tenham empenhado vai ditar a intensidade dos deveres pré-contratuais e os efeitos de uma eventual *culpa in contrahendo*.

O principal óbice da solução negocial assente em pretenso contrato preparatório, é outro: em termos científicos, ela revela um apego ao dogma da vontade; em termos práticos, ela acarreta um desenvolvimento reduzido para os deveres pré-contratuais. Como se verificará, a *culpa in contrahendo* desempenha hoje um papel que fica para além do que as partes, através de qualquer contrato preparatório, possam pretender.

74. Teorias legais

I. A rejeição das construções negociais implica um apelo à sua alternativa: as soluções legais. No período pré-contratual, e independentemente

---

[731] Heinrich Siber, no Comentário de Planck ao BGB – Planck/Siber, 4.ª ed. (1914), pren. §§ 275-292, 4 (II, 1, 190 ss., 194) – e em *Die schuldrechtliche Vertragsfreiheit*, JhJb 70 (1921), 223-299 (258-299).

[732] P. ex., Rolf Raiser, *Schadenshaftung bei verstecktem Dissens*, AcP 127 (1927), 1-45 (20-21) e Werner Flume, *Das Rechtsgeschäft und das rechtlich relevanten Verhalten*, AcP 161 (1962), 52-76 (63). Depois da reforma do BGB de 2001 ter codificado, no § 311/2, a cic, esta posição é pacífica: Manfred Wolf/Jörg Neuner, *Allgemeiner Teil* cit., 10.ª ed., § 36, Nr. 18 (413) e Manfred Löwisch/Cornelia Feldmann, no *Staudinger* cit., §§ 311, 311a, 312, 312a-i, *Vertragschluss* (2013), § 311, Nr. 96 (39).

da posterior celebração de um contrato válido, as partes deveriam, desde logo, observar certos deveres por a lei assim o exigir[733]. A remissão da *culpa in contrahendo* para a lei surge, em si, bastante clara. Afinal, qualquer construção jurídica deverá radicar no Direito objetivo – na lei – seja qual for a sua feição.

O fazer depender a *culpa in contrahendo* de uma alternativa negócio//lei, reduz indevidamente o âmbito do problema, uma vez que se trata de termos que abrem em planos diversos. Caso o instituto em causa assumisse uma natureza negocial, nem por isso ele deixaria de ser legal: a alternativa é aparente. Em termos metodológicos, há que, abdicando de qualificações prévias, determinar o papel da *culpa in contrahendo*. Todavia, numa exposição sistemática da matéria, afigura-se-nos útil adiantar as explicações "legais" subsequentes, para a cic.

II. A existência de determinados deveres, na fase pré-contratual, impõe-se, quase como evidência cartesiana. Assim sendo, eles devem ser reportados ao Direito ou à "lei", em sentido muito amplo. Mas por que via? Para além do apelo à boa-fé e ao sistema, que abaixo examinaremos, vamos referenciar, ao longo do século XX, as leituras seguintes:

– a teoria da relação contratual de facto (Haupt);
– a teoria dos deveres extralegais (Hans Dölle);
– a teoria da confiança (Ballerstedt);
– a teoria da autovinculação sem contrato (Köndgen);
– a teoria dos deveres unitários (Canaris).

Segundo Günther Haupt, no tráfego social, as partes conseguiriam, através de puras condutas materiais, originar situações semelhantes a contratos, mas sem qualquer declaração a tanto destinada. Entre as situações desse tipo estaria, justamente, a das negociações preliminares. Daí adviria uma denominada relação contratual de facto à qual, por analogia, se aplicaria o regime dos contratos[734]. Esta doutrina não se limita à cic, antes abrangendo um conjunto de outras situações típicas, bastante heterogéneas.

---

[733] Numerosos autores defendem hoje esta teoria; entre os primeiros, cabe referir Andreas von Tuhr, *Schadensersatz bei Dissens*, AcP 121 (1923), 359-361 (360) e *Allgemeiner Teil* cit., 2, 1, 488-489 e 489-490 e Heinz Hildebrandt, *Erklärungshaftung, ein Beitrag zum System des bürgerlichen Rechts* (1931).

[734] Günther Haupt, *Über faktische Vertragsverhältnisse* (1941); sobre o tema, Peter Lambrecht, *Die Lehre vom faktischen Vertragsverhältnis/Entstehung, Rezeption und Nie-*

Além disso, ela é mais descritiva do que explicativa, traduzindo ainda um ataque ideológico ao contrato.

III. Hans Dölle, aprofundando a ideia das relações contratuais de facto[735], apura que, em situações de acrescida proximidade, surgiria uma especial confiança, entre as partes, que não poderia ser desamparada. No silêncio da lei, haveria que construir um princípio, a ela imanente, e do qual resultaria uma proteção extralegal. Além disso, impor-se-iam deveres de informação e de comunicação, que poderiam ser apoiados na boa-fé ou numa interpretação alargada da vontade das partes (§§ 157 e 242, do BGB).

Também Dölle não limita a sua leitura à cic; todavia, até porque, à época, havia já numerosa jurisprudência de apoio, esse foi um dos institutos mais em foco.

IV. Hans Dölle pôs, seguramente, a mão, num filão muito promissor: o da confiança. Coube a Kurt Ballerstedt aprofundá-lo, através da sua teoria da confiança[736].

Na presença de negociações, assistir-se-ia, por banda de uma das partes, à criação de uma situação de confiança e ao aproveitamento, pela outra, da situação criada. Daí adviria uma particular forma de negócio jurídico.

Aparentemente ficciosa, esta orientação sublinha, todavia, a voluntariedade da situação de base, a presença da confiança, enquanto ocorrência axiologicamente relevante e o apelo subjacente ao sistema.

V. Johannes Köngden vem, por seu turno, na base de uma análise comparatística alargada e de uma ponderação sociológica, apresentar uma ideia de "autovinculação sem contrato"[737]. Segundo esta análise, os agentes, através de condutas comunicativas, criariam, uns nos outros, expectativas de condutas futuras. Tudo isso conduziria à ideia de autovincula-

dergang (1994), XV + 178 pp., bem como os nossos *Da boa fé*, 555 ss. e *Tratado* II/2, 631 ss., onde podem ser vistas outras indicações.

[735] Hans Dölle, *Aussergesetzliche Schuldpflichten*, ZStaaW 103 (1943), 67-102 (85 ss.); vide, para maiores desenvolvimentos, o *Tratado* II/2, 664 ss..

[736] Kurt Ballerstedt, *Zur Haftung für culpa in contrahendo bei Geschäftsabschluss durch Stellvertreter*, AcP 151 (1950/1951), 501-531. Para outros elementos, *Da boa fé*, 560 ss. e *Tratado*, II/2, 665 ss..

[737] Johannes Köngden, *Selbstbindung ohne Vertrag/Zur Haftung aus geschäftsbezogenen Handeln* (1981), XIV + 434 pp..

§ 16.º A construção da culpa in contrahendo 237

ção, perfeitamente conhecida através da vinculabilidade da promessa. No fundo, temos aqui um significativo apoio sociológico à ideia da confiança e da sua proteção.

VI. Claus-Wilhelm Canaris, através de diversos estudos, veio examinar as diversas situações nas quais, por exigência ético-jurídica, se procede à tutela da confiança legítima[738]. Isso permitiu-lhe sistematizar os pressupostos da tutela da confiança, hoje pacificamente aplicados pela nossa jurisprudência e preconizar a existência de um dever unitário de proteção, de base legal e que, surgindo *in contrahendo*, se mantém na vigência do negócio e na sua própria nulidade, sobrevivendo-lhe, ainda, *post pactum finitum*.

VII. Todas estas leituras vêm-se completando, constituindo hoje um cervo muito importante para o entendimento da *culpa in contrahendo*. Esta, para além das consagrações expressas que, eventualmente, venha a obter nos códigos da atualidade, tem uma juridicidade que mergulha fundo nos níveis axiológicos do sistema, assegurando que ninguém fica entregue à sua sorte, no campo do jurídico.

75. Abordagem pela responsabilidade

I. Temos tomado, até aqui, a *culpa in contrahendo* como uma fonte de deveres pré-negociais, para ambas as partes. Todavia, é possível uma inversão: a de considerar a cic enquanto fonte de responsabilidade.

Essa linha pode, desde logo, reivindicar-se do próprio Jhering: recorde-se que o seu escrito fundador, de 1861, se intitulava, precisamente "culpa in contrahendo ou indemnização por contratos nulos ou não concluídos com perfeição". E a partir daí, diversos autores consideraram o tema pela sua face patológica. Tal orientação recebeu um reforço especial

---

[738] Claus-Wilhelm Canaris, *Die Vertrauenshaftung im deutschen Privatrecht*, 2.ª ed. (1983) e *Die Vertrauenshaftung im Lichte der Rechtsprechung des Bundesgerichtshofs*, FG 50 Jahre BGH 1 (2000), 129-197, entre muitos títulos relevantes.

do hexágono gaulês: a doutrina francesa ocupa-se da cic como *faute*[739] pré-contratual, reconduzindo-a à responsabilidade delitual[740]. O Direito português sempre deu um papel especial a este tipo de abordagem, mesmo através da mais recente e melhor doutrina. Por isso, se enfatiza a "responsabilidade pré-contratual"[741], a "terceira via da responsabilidade"[742] ou o predomínio da indemnização pelo "interesse negativo"[743]. Adiantamos, desde já, que estas orientações, mau grado as luzes que trazem – e são muitas – invertem o posicionamento da cic no ordenamento e têm um papel nocivo, na prática dos nossos tribunais: contribuem para o afundamento das indemnizações.

II. A cic ganha visibilidade quando, perante a inobservância das condutas por ela permitidas, se ponha a necessidade de indemnizar. Qual o tipo de responsabilidade? Frente a frente, temos duas orientações possíveis: ou se entende que existe, entre as partes, uma obrigação específica, seguindo-se a responsabilidade contratual ou obrigacional, ou se opta por um dever de ordem geral, eventualmente concretizado em deveres do tráfego[744] e a responsabilidade será a aquiliana.

Na responsabilidade contratual (ou obrigacional), justamente por estar em causa um vínculo obrigacional específico, a reação do ordenamento é mais forte: exige, perante o incumprimento, uma presunção de culpa (799.º) (e, logo, de ilicitude), ficando imediatamente computados todos os danos correspondentes aos valores assegurados pelo vínculo. Já na delitual ou aquiliana, por se julgar um dever genérico, põe-se em crise a liberdade das

---

[739] A expressão *faute* (à letra: falta) não pode ser traduzida por "culpa": antes traduz um misto de culpa e de ilicitude, inserindo-se no coração da responsabilidade civil; *vide* o *Tratado* II/3, 317 ss..

[740] *Supra*, 212.

[741] Assim, Dário Moura Vicente, na excelente monografia *Da responsabilidade pré-contratual em Direito internacional privado* (2001), 829 pp., 300 ss. e *passim* e Eva Sónia Moreira da Silva, *As relações entre a responsabilidade pré-contratual por informações e os vícios da vontade (erro e dolo)/O caso da indução negligente em erro* (2010), 403 pp..

[742] Manuel Carneiro da Frada, *Teoria da confiança e responsabilidade civil* (2004, reimp. 2007), 974 pp., 757 ss. e Luís Menezes Leitão, *Direito das obrigações*, 10.ª ed. (2013), 322 ss..

[743] Paulo Mota Pinto, *Interesse contratual positivo e interesse contratual negativo* 2 (2008), 1125 ss. e *passim*.

[744] *Supra*, 217-218.

§ 16.º A construção da culpa in contrahendo 239

pessoas; a ordem jurídica reage de modo cauteloso: não há presunção de culpa (487.º/1) e a causalidade tem de ser estabelecida, para se calcular a indemnização[745].

Além disso, há outras diferenças sensíveis entre as duas responsabilidades, sendo ainda possível apontar, no Direito alemão, diversos aspetos relevantes, como o da responsabilidade por atos dos auxiliares: inevitável, na contratual e ilidível na extracontratual, através dos mecanismos da *culpa in eligendo*, abaixo referidos.

Os escritos de Jhering não são conclusivos, ainda que a opção pelo interesse negativo surja pouco promissora. Todavia, a prática jurisprudencial alemã permitiu, desde o início, fixar uma orientação muito clara.

Para explicar os termos do problema, cabe regressar ao caso liderante do linóleo: aquando da visita a um estabelecimento, com vista à eventual conclusão de um negócio, uma senhora e a sua criança são feridas pela queda de um rolo de linóleo[746]. Perante isso, a solução mais simples seria a de considerar que houvera um atentado ao direito à integridade física das lesadas, perpetrado com negligência: seguir-se-ia a responsabilidade aquiliana, por via do § 823/I, do BGB.

Simplesmente: a seguir-se tal via, o dono do estabelecimento ilibar-se-ia de responsabilidade, lançando mão do § 831/I, 2, do BGB: ele não é responsável pelos atos do seu empregado desde que prove (o que é fácil) que pôs, na escolha do empregado em causa, o cuidado exigível. Ou seja: ilide a presunção de *culpa in eligendo*. Quedaria demandar pessoalmente o empregado; mas deste, por falta de património confortável, não seria possível obter uma indemnização suficiente.

Pois bem: pela cic, temos um dever (específico) de cuidado, violado pelo empregado. Perante a responsabilidade obrigacional daí resultante, o dono do estabelecimento é diretamente responsável pela conduta do empregado, sem a possibilidade de se liberar, ilidindo a *culpa in eligendo* (§ 278 do BGB). Por isso, foi esta a solução retida pelo Tribunal do *Reich*: de outro modo, não teria sido possível fazer justiça.

Podemos considerar que, na base do êxito jurisprudencial – logo, prático e, daí, jurídico – da cic esteve a possibilidade de a reconduzir ao instituto da responsabilidade contratual ou obrigacional.

---

[745] Quanto à contraposição entre os dois tipos de responsabilidade, *vide* o *Tratado* II/3, 387 ss..
[746] RG 7-dez.-1911, RGZ 78 (1912), 239-241; *supra*, 216.

III. Assim tomada, a cic operou, durante uma fase da sua História, como uma forma de complementar o sistema alemão da responsabilidade aquiliana, muito frouxo, dadas as especiais cautelas por que foi rodeado, pelos redatores do BGB[747].

Deu-se-lhe, deste modo, um posicionamento geográfico próximo da responsabilidade civil, que marcaria alguns passos ulteriores. Tais passos podem ser ilustrados com duas conjunções subsequentes:

– a limitação ao interesse negativo;
– a ideia de terceira via.

Vamos ver.

76. Segue; interesse negativo e terceira via

I. Numa situação de *culpa in contrahendo*, o prejuízo da parte lesada pode ser estimado de duas formas[748]:

– pelo interesse negativo;
– pelo interesse positivo.

Pelo interesse negativo, vai prevalecer a ideia de que as próprias negociações foram ilícitas, devendo ser riscadas do mapa. O lesado irá receber uma indemnização que permita colocá-lo na situação em que estaria, se nunca tivessem ocorrido tais negociações. Serão computadas as despesas havidas, os custos envolvidos e, eventualmente, o esforço inutilmente dispendido.

Pelo interesse positivo, ilícita foi a interrupção das negociações ou a incapacidade de, por elas, se chegar a um contrato válido e eficaz. A indemnização procurará colocar o lesado na situação em que estaria se o contrato fosse válido e eficaz.

---

[747] *Tratado* II/3, 332 ss. e *passim*; *vide*, por todos, Johann Kindll, no Erman/BGB, 1, 13.ª ed., (2011), § 311, Nr. 15 (1304) e Reiner Schulze, BGB/*Handkommentar*, 7.ª ed. (2012), § 311, Nr. 13 (442).

[748] Sobre toda esta matéria, Paulo Mota Pinto, *Interesse contratual positivo e interesse contratual negativo* cit., 83 ss., 849 ss. e *passim*.

II. A contraposição entre os interesses negativo e positivo evoluiu: o primeiro, para o interesse da confiança, procurando-se determinar o *quantum* do investimento de confiança perdido e o segundo para o interesse do cumprimento, visando assegurar-se o valor futuro perdido, por via da cic. Em qualquer dos casos, temos a cic ancorada no subcontinente da responsabilidade.

III. A ideia de uma terceira via adveio da preocupação de ordenar a cic, em conjunto com outros institutos derivados da boa-fé e que poderiam envolver responsabilidade, entre a responsabilidade contratual (primeira via) e a aquiliana (segunda via). O inventor desta orientação (o Prof. Canaris) falava em *dritte Spur* ou terceira pista, o que não é rigorosamente idêntico.

A questão pôs-se, com alguma pertinência, no Direito alemão, antes da reforma do BGB de 2001/2002. Essencialmente pelo seguinte: a responsabilidade obrigacional pressupunha, naturalmente, uma obrigação específica entre as partes, designadamente de origem contratual, surgindo com o incumprimento da obrigação principal; a responsabilidade aquiliana, cuidadosamente compartimentada nas três "pequenas" cláusulas do BGB (§§ 823 I, 823 II e 826), funcionaria, apenas, perante o preenchimento das respetivas previsões. Como tratar as situações de responsabilidade por proximidade negocial ou similar nos institutos da *culpa in contrahendo*, da violação positiva do contrato, da subsistência da obrigação sem dever de prestar principal e da *culpa post pactum finitum*? Outras figuras poderiam ser acrescentadas, como a do contrato com proteção de terceiros, precisamente na área relativa à proteção desses terceiros.

IV. Para responder a essa pergunta, o Prof. Canaris teve uma intuição: haveria, em todos esses casos, uma vinculação especial, traduzida num dever de proteção unitário, de base legal. A sua violação situar-se-ia entre as responsabilidades obrigacional e aquiliana (a terceira pista), embora o regime a aplicar fosse, no essencial, o da primeira[749]. A ideia foi retomada e aprofundada por Picker, num artigo curiosamente mais citado entre nós do que na própria Alemanha[750]. Este Autor entende, no essencial, que a

---

[749] Claus-Wilhelm Canaris, *Schutzgesetze – Verkehrspflichten – Schutzpflichten*, FS Larenz 80. (1983), 27-110 (34 e 84 ss., em especial).

[750] Eduard Picker, *Positive Vertragsverletzung und culpa in contrahendo/Zur Haftung zwischen Vertrag und Delikt*, AcP 183 (1983), 369-520. Um apanhado do pensamento

natureza lacunosa da tutela delitual alemã deixaria espaço para se tutelarem os danos puramente patrimoniais (isto é, os que não disporiam, em primeira linha, de uma proteção explícita). Nestas condições, com relevo para a *culpa in contrahendo* e a violação positiva do contrato, justificar-se-ia uma linha de proteção[751]. A referência a uma terceira via, entre as responsabilidades aquiliana e obrigacional, perdeu sentido, na Alemanha, com a já referida reforma do BGB de 2001/2002. Efetivamente, o novo § 311/ II, veio explicitar a existência de uma relação obrigacional, aquando de negociações iniciais e de contratos semelhantes aos negociais[752]. A matéria vem, assim, desembocar na responsabilidade obrigacional: a solução claramente mais adequada. A "terceira via" encanou na primeira.

77. Excurso; a frustração de despesas

I. Subproblema relativo ao universo indemnizatório, no caso de cic e, ainda, no de resolução do contrato, é o da frustração ou inutilização de despesas realizadas. No agora em causa: quem, tendo em vista a conclusão de um contrato, realize despesas que, depois, se venham a revelar inúteis, pode ser ressarcido pelos seus montantes[753]. As despesas desaproveitadas integram o interesse negativo, embora não o esgotem. Pelas suas características sociais e económicas, elas dão corpo a um núcleo problemático próprio[754].

deste Autor pode ser confrontado em Luís Menezes Leitão, *Direito das obrigações* cit., 1, 10.ª ed., 320-321.

[751] Eduard Picker, *Vertragliche und deliktisch Schadenshaftung/Überlegungen zu einer Neustrukturierung der Haftungssysteme*, JZ 1987, 1041-1058.

[752] Recordamos Volker Emmerich, no *Münchener Kommentar* 2, 5.ª ed. (2007), § 311, Nr. 50 ss. (1451 ss.).

[753] Sobre a presente rubrica, são fundamentais: Paulo Mota Pinto, *Interesse contratual negativo* cit., 2, 1071 ss. e Maria de Lurdes Pereira, *A indemnização de despesas inutilizadas na responsabilidade obrigacional* (2012, polic.), 559 pp..

[754] No plano dos comentários, cabe referir, Martin Josef Schermaier, no HKK/ /BGB cit., II/1, §§ 280-285, Nr. 119-127 (1302-1311) e Hansjörg Otto, no *Staudinger* II, §§ 255-304, *Leistungsstörungsrecht* 1 (2009), § 284 (774-806).

No plano monográfico, temos: Alban Bruch, *Der Ersatz frustrierter Aufwendungen nach § 284 BGB und das Verhältnis zur "Rentabilitätsvermutung"* (2004), XIII + 176 pp.; Holger Ellers, *Zu Vorraussetzungen und Umfang des Anwendungsersatzanspruchs gemäß § 284 BGB*, Jura 2006, 201-208; Thomas Ackermann, *Der Schutz des negativen Interesses: Zur Verknüpfung von Selbstbindung und Sanktionen im Privatrecht* (2007), XII + 581 pp.; Helge Dedek, *Negative Haftung aus Vertrag* (2007), XIII + 315 pp.; Sebastien Jürgens,

II. O problema já havia sido apontado no Direito romano[755]. Explica Ulpiano, a propósito do que o comprador deveria receber, no caso da aquisição falhada de um escravo, que fica envolvido tudo quanto tiver pago[756]:

Quod numeratur venditoris, ut puta pretium et usuras eius, sed et si quid emptionis causa erogatum est[757].

Ao longo do período intermédio, foram retidas as chamadas despesas do contrato. O afinamento pandectístico isolou melhor o tema: mas não ao ponto de conseguir, para ele, uma consagração expressa no BGB.

A descoberta, por Savigny, do "interesse negativo"[758], retomado e nominado por Jhering[759], atenuou as particularidades da inutilização de despesas, como categoria autónoma. Mas ela manter-se-ia.

III. À primeira vista, o grande problema da inutilização das despesas reside na causalidade. Tendo elas, quer na hipótese de cic, quer na de resolução de um contrato, sido efetuadas, por livre opção do lesado e antes do facto ilícito, como imputá-las ao agente? O óbice poderia ser ultrapassado nesta base: o agente não é responsável pelas despesas, mas pela sua frustração.

Todavia, mantém-se a pergunta: porquê por aquelas despesas e não por outras? Aliás, até poderia nem haver despesas. Entre as várias teorias explicativas, referimos três: (a) a presunção de rendibilidade; (b) a doutrina da equivalência; (c) a doutrina da confiança.

Pela presunção de rendibilidade, parte-se do princípio de que as despesas efetuadas pelo lesado iriam frutificar, não sendo inúteis. Ora a sua frustração poria termo a esse processo, originando o dano indemnizável.

Pela equivalência, dir-se-á que o lesado assume (ou iria assumir) encargos, entre os quais as despesas, numa lógica de equivalência com a contraprestação. Suprimida esta, cair-se-ia na necessidade de reequilibrar a situação, o que implicaria a indemnização das despesas.

Zur Einordnung des § 284 BGB als Anspruch auf das negative Interesse unter besonderer Berücksichtigung der Rentabilitätsvermutung (2008), XXV + 220 pp..

[755] Alban Bruch, *Der Ersatz frustrierter Aufwendungen* cit., 5 e Helge Dedek, *Negative Haftung aus Vertrag* cit., 117 ss., com muitas indicações.

[756] Ulpiano, D. 21.1.27 = Rolf Knütel e outros, *Corpus iuris civilis* cit., 4, 24.

[757] Em português: "o dinheiro pago ao vendedor, que inclui o preço e os juros respetivos, mas também o que tenha gasto por causa da compra".

[758] Friedrich Carl von Savigny, *System* cit., § 138 (3, 294-295, nota d), sem referir o termo.

[759] Rudolf von Jhering, *Culpa in contrahendo* cit., 4 ss. e *passim*.

Finalmente, a doutrina da confiança diz-nos que as despesas foram efetuadas na base da crença legítima de que haveria contrato. A cic (ou a resolução) quebram essa confiança e justificam a indemnização.

IV. Mau grado as flutuações doutrinárias, a ideia de que as despesas inutilizadas devem ser indemnizadas afigura-se justa. Por isso, a reforma do BGB de 2001/2002, independentemente de quaisquer doutrinas e a propósito da vinculação à prestação e, portanto, da responsabilidade obrigacional, veio dizer, num novo § 284 (indemnização de despesas inutilizadas):

> Em vez de uma indemnização substitutiva da prestação, o credor pode exigir a indemnização das despesas que ele equitativamente poderia fazer, na crença da manutenção da prestação, salvo aquelas cujo escopo não seria obtido, mesmo sem a violação dos deveres do devedor.

Este preceito provocou o recente surto de estudos sobre a matéria, que já ultrapassam a dezena de monografias, incluindo a excelente dissertação de Maria de Lurdes Pereira. Mas se o regime parece claro e ajustado, mantém-se em aberto a explicação jurídico-científica. Ora esta é importante, para a transposição lusófona.

V. Na base, quer pela ambiência geral, quer pela própria inserção sistemática do § 284 do BGB, deve entender-se que estamos no plano obrigacional. A imputação de despesas inutilizadas a um lesante só pode surgir por, na base, ocorrer uma violação de deveres específicos. Eis a solução: na presença de um vínculo obrigacional, com ou sem deveres de prestar principais[760], há deveres de proteção da integralidade patrimonial que abrangem as despesas alegadamente realizadas, em função do contrato ou tendo em vista o que se iria contratar. São esses deveres de proteção que determinam a imputação do dano e que fixam a delimitação causal do seu montante. Finalmente: esses deveres, assentes na boa-fé (227.º/1 e 762.º/2) traduzem, no caso concreto, a tutela da confiança e a primazia da materialidade subjacente.

78. Segue; apreciações críticas

I. Tanto a contraposição entre os interesses negativo e positivo como a denominada terceira via da responsabilidade civil constituem soluções do

---

[760] Portanto: na pendência de um contrato ou *in contrahendo*.

§ 16.º A construção da culpa in contrahendo

Direito alemão, destinadas a enquadrar e a superar problemas específicos de responsabilidade civil, derivados do BGB. A terceira via, de resto, foi tornada desnecessária pela reforma do BGB de 2001/2002, como vimos.

O recurso à literatura germânica permite progredir muito rapidamente, em termos jurídico-científicos: faculta uma diferenciação e um aprofundamento de conceitos e de institutos, tornados possíveis pela massa acumulada de decisões judiciais, pela profundidade da doutrina e pela extensão das reconstruções levadas a cabo nas monografias e nas obras gerais.

Mas não é possível efetuar transposições sem atender às necessidades jurídico-positivas, sociais e jurisprudenciais da ordem jurídica recetora. Há uma proximidade assinalável entre o sistema lusófono e o germânico. Mas trata-se de sistemas diferentes, mormente no campo da responsabilidade civil. Essa dimensão não deve ser esquecida, sob pena de ingenuidade jurídico-científica.

II. Quanto a abordagens da cic por via da responsabilidade civil, devemos começar por sublinhar o seguinte:

– o Direito civil tem um espírito construtivo e não sancionatório; assim, mais do que responsabilizar, ele deve indicar, com a maior clareza, a conduta que se espera das pessoas; o dever de agir é prévio à responsabilidade que possa decorrer da sua inobservância;
– a confiança é um instituto geral marcado pelo otimismo e pela positiva: procura o progresso e a criação de riqueza; apurar, dela, uma (mera) fonte de responsabilidade é fazer regredir a construção da riqueza e da felicidade, dentro do espaço social;
– o Direito civil está claramente mais avançado, entre nós (e, porventura, em todo o sistema romano-germânico, de que o sistema lusófono deriva), na área contratual do que na da responsabilidade civil; esta, em plena reformulação, dá pouca segurança; mal estaremos, pois, quando a ela façamos apelo e isso para procurar dogmatizar uma realidade já de si fluída, como a da cic;
– a realidade judiciária portuguesa demonstra muitas dificuldades em lidar com o dinheiro; as indemnizações são muito baixas e difíceis de obter, desincentivando todo o processo de realização do Direito; a fuga para o contrato conduz a resultados mais justos, numa demonstração de realismo perante o que se defenda.

III. A cic posiciona-se no universo da preparação dos negócios. Nessa medida, ela aproxima-se dos contratos, os quais visam, na tradição de

Aristóteles, a criação e a atribuição de bens (justiça atributiva), enquanto a responsabilidade civil visa a repartição de riscos e de danos (justiça distributiva).

A cic lida com deveres que, a serem cumpridos, prosseguem um papel criativo e atributivo. É certo que a sua inobservância induz danos e responsabilidade. Mas para conhecer a extensão e o regime desta, há que surpreender o momento anterior: aquele em que se perfilam deveres de conduta positivos que, a serem cumpridos, asseguram a riqueza e afastam a responsabilidade. Por eles há que começar.

Em causa: a abordagem da cic pela responsabilidade civil, além de redutora, distorce todo o instituto.

IV. Apresentámos a orientação básica acima desenvolvida, no presente *Tratado*, em volume dedicado aos contratos[761] e em volume referente à responsabilidade civil[762]. O Prof. Menezes Leitão, em nota de rodapé, veio discordar da nossa orientação[763]. Pelo seguinte: (a) não haveria ação de cumprimento, pelo que quedaria incluir os deveres em jogo na responsabilidade civil; (b) tal responsabilidade seria diferente da obrigacional porque não visaria tutelar secundariamente a violação de um dever de prestar; (c) abdicar da terceira via seria dar um tratamento indiferenciado a situações diferentes, empobrecendo a Ciência do Direito. Salvo o devido respeito, afigura-se-nos de manter a nossa posição básica. Com efeito:

(a) nem nenhuma norma nem nenhum princípio impedem uma ação de cumprimento relativa a deveres pré-contratuais (ou acessórios); p. ex., nos casos de violação do sigilo ou da não-concorrência ou, até, de interrupção injustificada de negociações, pode-se pedir uma condenação no cumprimento, com abstenção de condutas a ele contrárias; além disso, mesmo quando se passe à indemnização temos, como *prius* lógico e ontológico, um prévio dever incumprido, dever esse que deve ser determinado pela positiva;

(b) a responsabilidade obrigacional derivada da violação de deveres pré-contratuais (ou acessórios) é moldada pelos deveres em causa, cujos conteúdo e regime são diversos dos dos comuns deveres de prestar principais; não é necessário, para acompanhar esta realidade, abrir uma categoria de responsabilidade civil;

---

[761] *Tratado* II/2, 629 ss., especialmente 669 ss..
[762] *Tratado* II/3, 400 ss..
[763] Luís Menezes Leitão, *Direito das obrigações* cit., 1, 10.ª ed., 321-322.

§ 16.º A construção da culpa in contrahendo 247

(c) A diferenciação resulta de autonomização, pela positiva, dos deveres aqui em jogo: muito mais eficaz do que a sua recondução, em bloco, a um universo dito "terceira via".

O essencial não reside, todavia, nestes três pontos, facilmente reversíveis. Temos, antes, de nos interrogar sobre os limites do construtivismo e a necessidade de, em quaisquer teorias, ponderar as consequências das soluções que delas decorram. Perante a realidade jurídica existente entre nós, há que prevenir as saídas que enfraqueçam o funcionamento da cic e que limitem (ainda mais) as parcas indemnizações que vêm sendo arbitradas.

79. A obrigação sem prestações principais

I. A construção atual da *culpa in contrahendo* passa pela reconstrução do vínculo obrigacional. Efetivamente, a cic documenta, antes de mais, um relacionamento juridicamente relevante, entre os dois parceiros na negociação.

A obrigação é, hoje, tomada como uma estrutura complexa, que une o credor ao devedor[764]. De resto e em regra, é uma via de duplo sentido, uma vez que as partes tendem a ser, em simultâneo, credoras e devedoras uma da outra.

II. Em termos gerais e sintéticos, podemos dizer que uma obrigação comporta, numa estruturação típica:

– as prestações principais;
– as prestações secundárias;
– os deveres acessórios.

As prestações principais traduzem as atuações primordialmente atribuídas às partes e que dão o teor básico da obrigação considerada. Por exemplo, na compra e venda, elas consistem nos deveres recíprocos de entregar a coisa e de pagar o preço.

As prestações secundárias exprimem outras atuações, acordadas pelas partes ou integrantes do tipo negocial perfilhado e que se destinam a complementar as prestações principais. Por exemplo, na mesma compra e

---

[764] Sobre toda esta matéria, com indicações, *vide* o *Tratado* VI, 319 ss..

venda, elas podem consistir nos deveres de embalar a coisa e de a entregar em certa morada.

Finalmente, os deveres acessórios correspondem a exigências do sistema jurídico, veiculadas pela ideia de boa-fé. Eles asseguram que os objetivos últimos do vínculo obrigacional complexo sejam efetivamente prosseguidos, na sua materialidade. Além disso, os deveres acessórios protegem o património e as próprias partes, prevenindo danos. Digamos que os deveres acessórios dão corpo às exigências axiológicas nucleares da tutela da confiança e da primazia da materialidade subjacente.

III. Na base da *culpa in contrahendo*, da manutenção de deveres recíprocos mesmo na hipótese de nulidade do contrato, da observância de deveres acessórios na constância do mesmo contrato e da sua sobrevivência *post pactum finitum*, particularmente na sequência dos estudos de Karl Larenz e de Claus-Wilhelm Canaris, construiu-se um esquema de deveres unitários de proteção, que podem manter-se mesmo na ausência de prestações principais.

Neste momento, é a leitura mais avançada que a Ciência do Direito permite alcançar: a *culpa in contrahendo* equivale a uma designação tradicional, que exprime, desde o momento em que as partes iniciem contactos preliminares, uma relação obrigacional que se constitui entre ambas, sem dever de prestar principal. Essa relação exprime, em cada situação concreta, as exigências profundas do sistema jurídico, veiculadas pela exigência tradicional de boa-fé.

IV. A obrigação *in contrahendo* é específica: une duas concretas pessoas e assume um conteúdo moldado pelo caso concreto, mas previsível e cognoscível. Por isso, a sua violação dá azo a uma clara responsabilidade obrigacional.

Quanto ao seu teor: ele depende de cada situação. Pode ser muito ténue, quando se trate de contactos pouco mais do que ocasionais. Mas podem, igualmente, atingir uma grande intensidade, chegando a dar azo a obrigações de contratar. Exprime-se nos nossos conhecidos deveres de proteção, de informação e de lealdade e concretiza-se nos diversos grupos típicos de casos, acima examinados[765]: vulnerabilidade pré-negocial, contratação ineficaz, interrupção injustificada de negociações, tutela da parte fraca e responsabilidade por atos de terceiros.

[765] *Supra*, 220 ss..

§ 16.º A construção da culpa in contrahendo 249

80. A consagração na reforma do BGB (2001/2002)

I. A construção acima aludida atingiu um consenso suficiente para ser levada ao BGB, através da reforma de 2001/2002. Assim, segundo o n.º 2 do § 241, então aditado:

> A relação obrigacional também pode, segundo o seu conteúdo, obrigar cada parte ao respeito pelos direitos, pelos bens jurídicos e pelos interesses da outra parte.

II. Por seu turno, a própria *culpa in contrahendo* foi codificada, pela referida reforma de 2001/2002. Introduziu-se, no BGB, o seguinte texto[766]:

> § 311 (Relações obrigacionais negociais e semelhantes a negociais)
>
> (1) Para a constituição de uma relação obrigacional através de negócio jurídico assim como para a modificação do conteúdo de uma relação obrigacional é necessário um contrato entre as partes, salvo diversa prescrição da lei.
>
> (2) Uma relação obrigacional com deveres no sentido do § 241/2 surge também através de:
> 1. A assunção de negociações contratuais;
> 2. A preparação de um contrato pelo qual uma parte, com vista a uma eventual relação negocial, conceda à outra parte a possibilidade de agir sobre os seus direitos, bens jurídicos ou interesses, ou confia nela ou dá azo a contratos semelhantes a negociais.
>
> (3) Uma relação obrigacional com deveres no sentido do § 241/2 pode também surgir para pessoas que não devam, elas próprias, ser partes num contrato. Uma tal relação obrigacional surge, em especial, quando o terceiro tenha assumido um determinado grau de confiança e com isso tenha influenciado consideravelmente as negociações contratuais ou a conclusão do contrato.

III. A codificação não foi ao ponto de desfibrar os diversos deveres suscetíveis[767]. Mantêm-se, pois, as tipologias de deveres já isoladas

---

[766] Christian Grüneberg, no Palandt, 73.ª ed. (2014), § 311 (541).

[767] Trata-se de um ponto assumido logo na primeira justificação do Ministério da Justiça; vide o *Diskussionsentwurf eines Schuldrechtsmodernisierungsgesetzes*, Claus-Wilhelm Canaris, em *Schuldrechtsmodernisierung 2002* (2002), 3-47 (176). Vide

perante a lei velha[768] e que podem ser enquadradas nos nossos conhecidos grupos típicos. De todo o modo, a codificação dá uma base mais clara ao instituto.

O § 311 do novo BGB tem ainda o mérito de, definitivamente, situar, na responsabilidade obrigacional, as consequências da *culpa in contrahendo*: à violação dos deveres envolvidos aplica-se o § 280 do BGB[769].

Parece ainda claro que nenhuma razão existe para limitar a correspondente indemnização ao interesse negativo: tudo depende do sentido e do conteúdo dos deveres que, *in concreto*, se mostrem violados[770].

Ficam votos para que esta firme orientação do Direito alemão contribua para reforçar, entre nós, a ideia da responsabilidade pré-contratual como obrigacional (e não aquiliana) e para esconjurar as limitações aprioristicas ao interesse negativo, drenadas de certas orientações conceitualistas alemãs pré-reforma, mas sem base na nossa lei, além de valorativamente inadequadas.

IV. Finalmente, tem muito interesse a consagração legal da responsabilidade de terceiros por *culpa in contrahendo*, tal como resulta do § 311/3. Há muito defendida pela doutrina e sufragada pela jurisprudência, a consagração apontada torna mais fácil e operativo o instituto. Paralelamente, mantêm-se úteis as vias de concretização apuradas pelo Direito anterior à reforma.

---

ainda, em especial, Helmut Heinrichs, *Bemerkungen zur culpa in contrahendo nach der Reform*, FS Canaris 1 (2007), 421-442 (426 ss.).
[768] Volker Emmerich, *Das Recht der Leistungsstörungen*, 5.ª ed. (2003), 93 ss..
[769] *Idem*, 137 ss..
[770] *Idem*, 137.

§ 17.º A *CULPA IN CONTRAHENDO* NO DIREITO LUSÓFONO

81. A receção lusófona

I. As primeiras referências lusófonas à cic apareceram na 1.ª edição das *Instituições* de Guilherme Moreira[771]. Dentro da linha geral, por ele adotada, de acolhimento do pandectismo, Moreira dedica-se ao tema, com autonomia, a propósito das obrigações contratuais.

Guilherme Moreira expõe a teoria de Jhering, que considerava consignada no (então) § 307 do BGB, o que, em rigor, não sucedia. Refere a sua expansão em França e, com mais pormenor, em Itália.

Passando a ponderar a cic, à luz do Código de Seabra, delimita-a perante os casos de responsabilidade expressamente consagrados na lei. Para além deles, acaba por admitir a cic, quando houvesse uma garantia legal ou contratual que implicasse indemnização por vício da coisa ou por "culpa ou negligência" na verificação dos requisitos de validade do contrato[772].

Partindo do regime da venda de coisa alheia, Guilherme Moreira explica[773]:

> (...) poderá haver *culpa in contrahendo* que, pela subsistência da obrigação em virtude da garantia, deve produzir os mesmos efeitos que a má fé. É isto, pelo menos, o que exige a boa fé que deve haver nas relações contratuais.

---

[771] Guilherme Alves Moreira, *Instituições do Direito civil 2 – Das obrigações* (1911), n.º 202 (664-675); na pré-edição de 1903, esta matéria ainda não tinha sido introduzida. A sua evolução na literatura lusófona pode ser seguida em Paulo Mota Pinto, *Interesse contratual negativo* cit., 1, 226 ss., com especial atenção às importantes notas de rodapé.

[772] Guilherme Alves Moreira, *Instituições* cit., 2, 664 ss., 666, 669 ss., 671 ss. e 674-675.

[773] *Idem*, 674.

Afigura-se-nos interessante consignar, aqui, a certidão de batismo da cic, em português.

II. O acolhimento da cic não foi, mau grado o relatado início auspicioso, fácil. Uma década volvida e sem especiais apoios bibliográficos, Belesa dos Santos veio considerar a doutrina da cic "pouco objetiva, precária e contingente"[774]. Reis Maia refere que a "teoria nova" da cic seria inútil, pois os princípios gerais permitiram resolver os casos para que ela foi inventada[775]. Jaime de Gouveia sobe a parada:

> (...) a doutrina da *culpa in contrahendo* é ilógica e arbitrária; havendo contrato, seria um contra-senso atribuir-lhe efeitos nas negociações, pois seriam anteriores à causa; sendo o contrato nulo, não poderia produzir quaisquer efeitos.

Para atos ilícitos perpetrados antes da conclusão contratual, Jaime de Gouveia abre, apenas, as portas à responsabilidade delitual[776]. Posições deste tipo derivam da não-consideração das fontes e, sobretudo, dos problemas concretos que, desde o início do século XX, a cic veio resolver.

III. A defesa de uma (certa) cic coube, depois, a José Tavares. Este autor, criticando a doutrina italiana que negava qualquer responsabilidade no período pré-contratual, ocasionada pela rutura das negociações, vem dizer[777]:

> Parece-nos, porém, que esta doutrina formulada em termos tão abstractos e absolutos, não é de aceitar, porque no período pré-contratual, antes da proposta definitiva de contrato, bem pode haver propostas parciais e preparatórias, que aceitas e postas em execução por uma das partes, importem despesas e prejuízos, que, sendo depois abandonadas as negociações, devem determinar a responsabilidade da parte que lhes der causa.

---

[774] José Belesa dos Santos, *A simulação* 1 (1921), 10 ss. (14).
[775] José Reis Maia, *Direito geral das obrigações* (1926), 459-460.
[776] Jaime de Gouveia, *Da responsabilidade contratual* (1932), 293 e 294.
[777] José Tavares, *Os princípios fundamentais do Direito civil* 1, 2.ª ed. (1929), 506.

§ 17.º A culpa in contrahendo no direito lusófono

E em nota, criticando uma afirmação de Guilherme Moreira, segundo a qual a recusa de efetuar o contrato, mesmo arbitrária, não seria ilícita, afirma[778]:

(...) o proponente de quaisquer negociações é sempre responsável pelas despesas e prejuízos causados, porque tais negociações, sendo aceitas pela parte a quem são propostas, representam já de per si um contrato, sendo o abandono delas uma falta de cumprimento sujeita à sanção do art. 705.º.

Também Luiz da Cunha Gonçalves deu um contributo importante. Afirma[779]:

(...) não pode haver a chamada responsabilidade pré-contratual, no caso de ruptura das negociações, ainda que uma das partes estivesse convencida de que o contrato se realizaria.

Mas acrescenta que tal responsabilidade já teria lugar:

(...) quando a pessoa que rompeu as negociações houver procedido com culpa ou deslealdade, por exemplo, deixando a outra parte fazer importantes despesas ou trabalhos, quando não tinha uma séria intenção de negociar com esta, ou tinha já aceitado ou aceitou depois ofertas de concorrentes, aproveitando dos resultados dos estudos e trabalhos de quem ficou logrado na sua expectativa.

Manuel Gomes da Silva faz uma curta mas importante referência ao dano equivalente à inutilização de gastos motivados pela proposta dum contrato que, por culpa do proponente, não chega a celebrar-se ou é viciado de nulidade[780].

IV. A literatura subsequente, do âmbito de Seabra, mantinha referências discretas, genericamente favoráveis à cic mas sem, dela, fazerem aplicações efetivas.

---

[778] *Idem*, 507, nota 2.
[779] Luiz da Cunha Gonçalves, *Tratado de Direito civil* 4 (1931), 246-247.
[780] Manuel Duarte Gomes da Silva, *O dever de prestar e o dever de indemnizar* 1 (1944), 118.

Manuel de Andrade limita-se a considerar que, quanto à cic[781]:

(...) o princípio, na nossa lei, é que essa culpa só obriga a indemnização quando revista a forma de dolo (...).

A cic mereceu, ainda, breves alusões, em Cabral de Moncada[782] e em Ascenção Barbosa[783]. Galvão Telles faz uma primeira referência ao (limitativo) interesse negativo. Depois de considerar que, nos preliminares, os sujeitos devem proceder com lealdade e boa-fé, sob pena de incorrerem em abuso do direito, explica que este seria um ato ilícito, que obrigaria a indemnizar pelo dano negativo[784]:

(...) dos prejuízos que o interessado sem culpa não teria sofrido se não criara a expectativa de contratar, com as despesas feitas inutilmente em vista do contrato (aplicação da doutrina da *culpa in contrahendo*).

V. A receção da cic foi completada por Vaz Serra, nos seus estudos conducentes à preparação do Código Civil, abaixo referidos[785], por Carlos Mota Pinto, numa importante monografia sobre a responsabilidade pré-contratual e, em termos mais largos, por Ruy de Albuquerque.

Carlos Mota Pinto (1936-1985) estudou a cic numa dissertação académica datada de 1959-1960, embora só mais tarde publicada[786]. O Autor parece limitar o estudo à não-conclusão dos contratos, embora proceda, depois, ao seu alargamento. Na introdução, faz uma abordagem pela responsabilidade civil e exclui, das relações prévias, o dever de proteção, que

---

[781] Manuel de Andrade, *Teoria geral das obrigações*, 3.ª ed. (1966, póstuma, com a colaboração de Rui de Alarcão), 402; o original remonta a meados da década de cinquenta do século XX. Francisco Pereira Coelho, nos *Aditamentos*, por Abílio Neto e Pupo Correia (1963/1964), nada acrescenta à breve referência transcrita no texto.

[782] Luís Cabral de Moncada, *Lições de Direito civil* 2, 3.ª ed. (1959), 240-241, referindo a cic como uma forma de encarar as relações e a vontade.

[783] Pedro Ascenção Barbosa, *Do contrato-promessa*, 2.ª ed. (1957), 78, admitindo a cic e (por influência de Galvão Telles, abaixo referido) reconduzindo-a a um ilícito e à boa-fé.

[784] Inocêncio Galvão Telles, *Manual dos contratos em geral*, 3.ª ed. (1965), 187-188.

[785] *Infra* 255 ss..

[786] Carlos Mota Pinto, *A responsabilidade pré-negocial pela não conclusão dos contratos*, BFD suplemento 14 (1966, mas 1963), 143-251 (há separata, pela qual se cita).

tem por inútil, em face do Direito português[787]. Afasta a boa-fé do horizonte da cic e acaba por reconduzir essa figura à violação de uma obrigação *ex lege*[788]. Conclui aplicando, no caso de cic, como hipótese, a responsabilidade contratual[789].

Embora imprecisa, esta obra representa, entre nós, um primeiro estudo monográfico sobre um tema que exige uma apreensão enciclopédica da evolução das obrigações e da responsabilidade civil, ao longo dos séculos XIX e XX.

Ruy de Albuquerque (1933-2007) estudou a cic numa perspetiva comparatística luso-brasileira[790]. Veio defendê-la como uma figura geral presente em ambos, de base legal, expressa pela boa-fé. Além disso, não limita a indemnização que dela decorra ao interesse negativo e admite a sua concretização na hipótese de validade do negócio[791]. Infelizmente, esta obra não foi divulgada: nem aquém, nem além-Atlântico. Tivera-o sido e a cic haveria ganho várias décadas.

82. A preparação do Código Vaz Serra

I. No âmbito da preparação do que seria o Código Civil de 1966, o tema da cic foi objeto de um importante trecho de Vaz Serra, incluído num escrito sobre a culpa do devedor ou do agente[792].

O Autor faz uma breve referência à posição de Jhering e, com base em Blomeyer e Raiser, afirma que o BGB teria consagrado alguns aspetos da cic[793]. Considerações deste tipo, que não são rigorosas, aparecem na literatura lusófona mais antiga, como Guilherme Moreira: cremos que para dar mais consistência à nascente cic.

---

[787] *Idem*, 5 ss. (17); nós próprios já, em tempos, defendemos essa inutilidade; hoje revemos essa opção: têm utilidade, por permitir trabalhar com a responsabilidade obrigacional e com a (preciosa) presunção de culpa.
[788] *Idem*, 82 ss., 98-99 e 101.
[789] *Idem*, 109 ss..
[790] Ruy de Albuquerque, *Da culpa in contrahendo no Direito luso-brasileiro* (1961, dact.).
[791] *Idem*, 27. 75, 84 e 89-90.
[792] Adriano Vaz Serra, *Culpa do devedor ou do agente*, BMJ 68 (1957), 13-151, n.º 6 (118-140).
[793] *Idem*, 119 e 119-120, nota 188.

Vaz Serra refere alguma doutrina italiana, sublinhando a receção da cic em Itália[794]. Posto o que se pronuncia favoravelmente quanto à inclusão da cic no futuro Código Civil[795]:

> É razoável que quem *entra* em negociações com outrem deva comportar-se de acordo com a boa fé.

No domínio da interrupção das negociações, Vaz Serra entende que elas podem, em princípio, romper-se, mas que[796]:

> (...) deve incorrer em responsabilidade aquele que entra ou prossegue nelas com o único fim de as romper.

II. Vaz Serra teve, pois, o duplo mérito de assegurar a consagração da cic, no Código de 1966 e de estabelecer a sua ligação à boa-fé. No tocante à indemnização, esse Autor interrogou-se se ela se deveria limitar ao interesse negativo ou da confiança ou se devia atingir, também, o interesse positivo ou do cumprimento. Optou pelo primeiro, embora admitisse o segundo[797]:

> (...) quando, porém, caso se houvesse procedido regularmente, o contrato tivesse chegado a aperfeiçoar-se (...).

Tudo visto, Vaz Serra propôs um articulado bastante pormenorizado[798]:

Artigo 8.º – *Culpa na formação do contrato*

1. Quem entra em negociações com outrem, para a conclusão de um contrato, deve, nessas negociações e na formação do contrato, proceder de acordo com a boa fé para com a outra parte, devendo, em especial, fazer-lhe comunicações, dar-lhe explicações e conservar os seus bens jurídicos, na

---

[794] *Idem*, 121.
[795] *Idem*, 122.
[796] *Idem*, 128. O Autor considera que, por esta via, haveria uma limitação à liberdade de contratar, pelo que infere que a rutura das negociações não deve dar lugar a responsabilidade no caso de contratos sujeitos a forma para garantir a ponderação das partes – *idem*, 129.
[797] *Idem*, 133 ss. (135), apoiando-se, designadamente, em Ennecerus/Lehmann, em Heck e em Blomeyer.
[798] *Idem*, 145-146.

medida que a boa fé exigir. Se assim culposamente o não fizer, é obrigado a indemnizar os danos causados à outra parte.

2. A responsabilidade, de que no parágrafo anterior se faz menção, não depende de se chegar a concluir o contrato.

3. Incorre em responsabilidade, no caso de rotura de negociações, aquele que entrou ou prosseguiu nelas com o único fim de as romper ou aquele que conscientemente fez com que a outra parte acreditasse, sem dúvida, em que o contrato se realizaria e depois, sem motivo justificado, rompe as mesmas negociações.

Artigo 9.º – *Cont.*

1. A responsabilidade de que trata o artigo precedente mede-se pelas regras da relação contratual a que as negociações se destinavam, salvo se lhe não for aplicável a razão de ser delas. Observa-se a mesma doutrina quanto ao prazo da prescrição.

2. À responsabilidade dos negociadores pelos actos dos seus auxiliares aplicam-se as regras sobre responsabilidade do devedor pelos actos dos seus auxiliares.

3. No caso previsto na 2.ª parte do § 3.º do artigo 8.º, as regras aplicáveis são as da responsabilidade por facto ilícito extracontratual, se forem mais graves.

Artigo 10.º – *Cont.*

1. A indemnização, a que o artigo 8.º se refere, diz respeito aos danos resultantes de se ter confiado na validade ou realização do contrato; mas não pode exceder o montante do interesse que o lesado tem no cumprimento do mesmo contrato, salvo se a culpa tiver causado um dano diferente da perda da prestação contratual.

2 Se, porém, caso se houvesse procedido regularmente, o contrato tivesse chegado a aperfeiçoar-se, deve indemnizar-se o interesse no cumprimento dele. É devido o mesmo interesse quando uma das partes conhecia a causa de invalidade do contrato e a outra a ignorava sem culpa, bem como quando seja de concluir ter-se garantido a validade do dito contrato.

3. Na hipótese da 2.ª parte do § 3.º do artigo 8.º, observa-se o disposto no § 1.º do presente artigo, sem aplicação do que se determina no § 2.º deste mesmo artigo.

4. O dever de indemnização não existe, se a outra parte conhecia ou devia conhecer o facto em questão; mas, quando uma delas conhecia ou devia conhecer o facto e a outra o ignorava culposamente, observam-se as regras sobre conculpabilidade do prejudicado em matéria de dever de indemnizar.

II. Vaz Serra hesitou quanto à colocação sistemática da cic. Disse o seguinte[799]:

> Esta matéria poderia ficar entre as disposições relativas à formação dos contratos. Mas, por outro lado, dando ela lugar a uma indemnização, cabe também ao direito das obrigações. Poderia talvez inserir-se entre as disposições gerais respeitantes à culpa do devedor.

Na versão resumida do anteprojeto, Vaz Serra incluiu os preceitos sobre a cic no título relativo ao não cumprimento das obrigações e, aí, logo no capítulo I, sobre a culpa[800]. A balança pendia para uma abordagem tipo responsabilidade civil.

IV. Na 1.ª revisão ministerial, fundamentalmente atribuída ao Prof. Antunes Varela, então Ministro da Justiça, o extenso articulado proposto por Vaz Serra foi reduzido a um único preceito: o artigo 775.º, epigrafado *culpa na formação do contrato*, inserido em secção sobre o não-cumprimento, subsecção culpa do devedor e assim redigido[801]:

> Quem negoceia com outrem para conclusão dum contrato deve, tanto nos preliminares como na formação do contrato, proceder segundo as regras da boa fé, sob pena de ser obrigado a indemnizar os danos que causar ao outro contraente.

Como se vê, foi retido o n.º 1 do artigo 8.º da proposta inicial de Vaz Serra. A contraposição, daí extraída, entre "preliminares" e "formação", foi claramente inspirada no artigo 1337.º do Código italiano de 1942, que dispõe[802]:

> As partes, no desenvolvimento das tratativas e na formação do contrato devem comportar-se segundo a boa-fé.

---

[799] *Idem*, 118.
[800] Adriano Vaz Serra, *Direito das obrigações*, BMJ 98 (1960), 13-316 (192 ss., 197-199): artigos 88.º a 90.º.
[801] *Código Civil/Direito das obrigações*, BMJ 119 (1962), 27-219 (195).
[802] Michele Fragali, em Mariano d'Amelio/Enrio Finzi, *Codice civile/Commentario*, I – *Delle obbligazioni e dei contratti in generale* (1948), 366-369

§17.º A culpa in contrahendo no direito lusófono 259

Todavia: o Código italiano insere esse preceito no título relativo aos contratos em geral, logo na secção I sobre o acordo das partes. Consequentemente, não se reportava à indemnização. Já o anteprojeto de Antunes Varela, conservando, na linha do anteprojeto inicial de Vaz Serra, o preceito na área da responsabilidade civil, fazia a opção inversa.

V. A reviravolta deu-se na 2.ª revisão ministerial[803]. Nessa ocasião, o preceito relativo à cic emigrou do Livro relativo ao Direito das obrigações para o da Parte geral. Mas conservou o essencial do seu teor, sendo mesmo enriquecido com o n.º 2, relativo à prescrição. Daí passaria ao projeto[804] e ao Código, na versão final.

Temos, aqui, um curioso incidente de politica legislativa, que tem passado despercebido e que explica as roupagens de "responsabilidade" assumidas pelo artigo 227.º/1, quando seria de esperar que, pela positiva, ele respeitasse à conduta pré-negocial das partes.

Evidentemente: cabe ao intérprete-aplicador, à luz dos elementos sistemático e teleológico da interpretação, retirar o alcance profundo da mensagem normativa. Estamos na área da parte geral e da preparação dos negócios: não da responsabilidade civil. Antes de imputar danos, há que definir, pela positiva, as normas de conduta das partes.

83. O acolhimento subsequente

I. Após a publicação do Código Vaz Serra, o acolhimento obtido pela cic, na doutrina e na jurisprudência, começou modesto. Trata-se de um fenómeno natural, no refluxo exegético que sempre sucede à entrada em vigor de um novo Código Civil. Apesar dos termos latos do artigo 227.º/1, o tipo de mensagem que ele comporta, com relevo para a referência à boa-fé, implica a divulgação de dados jurídico-científicos de especial extensão e profundidade. Não é possível, no imediato.

Em 1983 – portanto, dezassete anos depois da promulgação do Código – com exceção de alguns artigos, o dispositivo do artigo 227.º/1

---

[803] *Código Civil: Livro I, Parte geral: segundo revisão ministerial* (1965), 161 pp., 89-90. Recorde-se que a segunda revisão ministerial não teve qualquer justificação de motivos.
[804] *Projecto de Código Civil* (1966), 66.

apenas mereceria referências escassas, nas obras de ordem geral[805]. Deve ainda sublinhar-se que a cic ficou, de certo modo, suspensa entre a parte geral e o Direito das obrigações. O legislador português, ao contrário do BGB alemão que, após a reforma de 2001/2002, inseriu a cic no livro II, dedicado às obrigações, colocou esse instituto na parte geral[806]: opção correta, uma vez que está em causa uma relação pré-negocial, mas que suscita problemas, por se reportar à responsabilidade civil. Como consequência direta: acabou por não merecer desenvolvimentos nem nas obras dedicadas à parte geral, nem nas votadas ao Direito das obrigações.

II. No nosso *Da boa fé* procedemos à exposição da matéria[807], desde os primórdios anteriores a Jhering à situação então existente, propondo as nossas próprias soluções. Não obstante, apenas lentamente o tema foi sendo divulgado, mantendo-se longamente atado à letra do artigo 227.º/1[808]. Alguma extensão ficou a dever-se a Almeida Costa, em escritos sempre cuidadosos, apoiados e muito bem documentados. Todavia, nos escritos que foi publicando ao longo de quase trinta anos, este ilustre Autor não logrou abandonar as posições restritivas do início, limitando, em consequência, quer o alcance da cic, quer a indemnização que dele possa resultar[809]. Mais especificamente: circunscreve a cic ao campo delitual e a indemnização ao interesse negativo.

III. A matéria da cic veio a conhecer desenvolvimentos doutrinários mais significativos na viragem do século[810]. Em 1991, surgem as *Notas*,

---

[805] Vide as menções então existentes em *Da boa fé*, 576, nota 182.

[806] Crítico quanto a este ponto: Heinrich Ewald Hörster, *A parte geral do Código Civil* cit., Nr. 785 (474).

[807] *Da boa fé*, 527-587.

[808] Vejam-se Pires de Lima/Antunes Varela, *Código civil anotado* 1, 4.ª ed. (1987), 215-216; o tema fez a sua aparição apenas na 5.ª ed. de Antunes Varela, *Das obrigações em geral* (1986), 258 ss., com alguns elementos claramente ditados pela pressão da então recente bibliografia portuguesa na matéria, mas mantendo e mesmo agravando o teor restritivo do *Código anotado*.

[809] Mário Júlio de Almeida Costa, *Responsabilidade civil pela ruptura das negociações preparatórias de um contrato* (1984, reimp., 1994), 99 pp.; este Autor voltaria ao tema em *Intervenções fulcrais da boa fé nos contratos*, RLJ 133 (2001), 297-303, em *Direito das obrigações*, 12.ª ed. (2009), 298-312, em *O cálculo da indemnização na responsabilidade civil pela ruptura das negociações preparatórias de um contrato*, RLJ 139 (2010), 314-323 (316 ss.) e, com Henrique Sousa Antunes, em *Anotação a STJ 31-mar.-2011*, RLJ 141 (2012), 323-331.

[810] Elementos anteriores podem ser confrontados em Almeida Costa, *Responsabilidade civil pela ruptura de negociações* cit., 44-45, nota 33.

de Ana Prata[811] e, em 1995, a dissertação de mestrado de Filipe Albuquerque Matos[812]. Obras gerais, como o presente *Tratado*[813], os *Contratos*, de Ferreira de Almeida[814] e as *Obrigações*, de Menezes Leitão[815] deram-lhe guarida, apontando as linhas dogmáticas recentes. No princípio do milénio, avultam as dissertações envolventes e de primeira qualidade de Dário Moura Vicente[816], de Manuel Carneiro da Frada[817] e de Paulo Mota Pinto[818]. Foram ainda publicadas as monografias de António Carvalho Martins[819], de Eva Sónia Moreira da Silva[820], de Daniela M. Ferreira Cunha[821], de Sara Costa Apostolides[822], novamente de Eva Sónia Moreira da Silva[823] e de Mariana Fontes da Costa[824].

---

[811] Ana Prata, *Notas sobre a responsabilidade pré-contratual*, RB 16 (1990), 75-179 e 17 (1991), 43-147; existe separata com 2.ª reimp. (2005), 214 pp., habitualmente usada.
[812] Filipe Albuquerque Matos, *A fase preliminar do contrato* (1995), 295 pp., polic..
[813] *Tratado* I, 1.ª ed. (1999), 331-348, I/1, 2.ª ed. (2000), 391-409 e I/1, 3.ª ed. (2005), 497-524. O *Tratado* I/1 foi antecedido, no tocante à cic, pela nossa *Teoria geral do Direito civil*, 2, 1.ª ed. (1987), § 23 (177-211) e 1, 2.ª ed. (1987/1988), § 25.º (685-723).
[814] Carlos Ferreira de Almeida, *Contratos* I, 4.ª ed. (2008), 201-232 e 5.ª ed. (2013), 191-220, com um desenvolvimento sintético, mas muito importante.
[815] Luís Menezes Leitão, *Direito das obrigações*, 1 – *Introdução/Da constituição das obrigações*, 1.ª ed. (2000), 313-318; 1, 2.ª ed. (2002), 33-338; 1, 3.ª ed. (2003), 355-361; 1, 4.ª ed. (2005), 334-340; 1, 5.ª ed. (2006), 350-357; 1, 6.ª ed. (2007), 354-360; 1, 7.ª ed. (2008), 356-363; 1, 8.ª ed. (2009), 355-362; 1, 9.ª ed. (2010), 370-377; e 1, 10.ª ed. (2013), 322-328.
[816] Dário Moura Vicente, *Da responsabilidade pré-contratual em Direito internacional privado* (2001), 829 pp., 241 ss., 300 ss. e passim.
[817] Manuel Carneiro da Frada, *Teoria da confiança e responsabilidade civil* (2004, reimp., 2007), 99-218.
[818] Paulo Mota Pinto, *Interesse contratual negativo e interesse contratual positivo*, 1 (2008), 1125-1471.
[819] António Carvalho Martins, *Responsabilidade pré-contratual* (2002), 143 pp..
[820] Eva Sónia Moreira da Silva, *Da responsabilidade pré-contratual por violação de deveres de informação* (2003), 264 pp..
[821] Daniela M. Ferreira Cunha, *Responsabilidade pré-contratual por ruptura das negociações* (2006), 222 pp..
[822] Sara Costa Apostolides, *Do dever pré-contratual de informação e da sua aplicabilidade na formação do contrato de trabalho* (2008), 341 ss. (29 ss.).
[823] Eva Sónia Moreira da Silva, *As relações entre a responsabilidade pré-contratual por de informações e os vícios da vontade (erro e dolo)/O caso da indução negligente em erro* (2010), 403 pp..
[824] Mariana Fontes da Costa, *Ruptura de negociações pré-contratuais e cartas de intenção* (2011), 210 pp., 33 ss..

IV. Também no domínio dos artigos e dos comentários de jurisprudência, se multiplicaram as intervenções. Sem preocupações de exaustão, além das nossas[825], referimos as de Inocêncio Galvão Telles[826], Manuel Gomes da Silva e Rita Amaral Cabral[827], João Calvão da Silva[828], Luís Menezes Leitão[829], Jorge Sinde Monteiro[830], Paulo Fernando Soares do Nascimento[831], Eva Sónia Moreira da Silva[832], Carlos Ferreira de Almeida[833], Nuno Pinto Oliveira[834], Patrícia Afonso Fonseca[835], Dário Moura Vicente[836], Filipe Albuquerque Matos[837] e Joaquim de Sousa Ribeiro[838].

---

[825] *Concessão de crédito e responsabilidade bancária*, BMJ 357 (1986), 5-66 e *Dolo na conclusão do negócio. Culpa in contrahendo*, O Direito 125 (1993), 145-174.

[826] Inocêncio Galvão Telles, *Culpa na formação do contrato*, O Direito 125 (1993), 333-356, também incluído em Arlindo Monteiro Nunes, abaixo citado.

[827] Manuel Gomes da Silva/Rita Amaral Cabral, *Responsabilidade pré-contratual*, O Direito 127 (1995), 439-461.

[828] João Calvão da Silva, *Negociação e formação de contratos*, em *Estudos de Direito civil e processo civil (Pareceres)* (1996), 29-75 e *Negociações preparatórias do contrato-promessa e responsabilidade pré-contratual*, idem, 77-95.

[829] Luís Menezes Leitão, *Negociações e responsabilidade pré-contratual nos contratos comerciais internacionais*, ROA 60 (2000), 49-71 = Estudos Gomes da Silva (2001), 765-788.

[830] Jorge Sinde Monteiro, *Culpa in contrahendo*, CDA 42 (2003), 5-14 (7/II ss.).

[831] Paulo Fernando Soares do Nascimento, *A responsabilidade pré-contratual pela ruptura das negociações e a recusa injustificada de formalização do contrato*, Estudos Galvão Telles IV (2003), 179-226.

[832] Eva Sónia Moreira da Silva, *O ónus da prova na responsabilidade pré-contratual por violação dos deveres de informação*, em *10 anos da licenciatura em Direito da Universidade do Minho* (2004), 281-296 e *Algumas notas sobre a reforma do BGB no âmbito da responsabilidade pré-contratual: o § 311*, Estudos Henrique Mesquita 2 (2009), 869-889.

[833] Carlos Ferreira de Almeida, *Contrato formal e pré-contrato informal*, em *35 anos do Código Civil* II (2006), 349-365 (361 ss.).

[834] Nuno Pinto Oliveira, *Culpa in contrahendo. Interesse contratual negativo e interesse contratual positivo*, STJ 26-jan.-2006, CDP 20 (2006), 26-34, idem, 34-49.

[835] Patrícia Afonso Fonseca, *As cartas de intenção no processo de formação do contrato. Contributo para o estudo da sua relevância*, O Direito 138 (2006), 1085-1147.

[836] Dário Moura Vicente, *Culpa na formação dos contratos*, em *35 anos do Código Civil* 1 (2007), 265-284.

[837] Filipe Albuquerque Matos, *A fase preliminar do contrato*, em *35 anos do Código Civil* III (2007), 309-368 (320 ss.).

[838] Joaquim de Sousa Ribeiro, *Responsabilidade pré-contratual: breves anotações sobre a natureza e o regime*, Est. Henrique Mesquita 2 (2009), 745-767.

§ 17.º A culpa in contrahendo *no direito lusófono* 263

Mencionamos, ainda, as recolhas de pareceres e estudos de Arlindo Monteiro Nunes[839], bem como os relatórios académicos de Pedro Manuel Ferreira Múrias[840], Jorge de Abreu e Tiago Pitta e Cunha[841], Mateus Moura Jorge Raibo[842], Laerte de Castro Alves[843] e João Ricardo Branco[844].

V. Cumpre ainda referir que, também no Direito público, se multiplicam os estudos sobre a boa-fé incluindo, com frequência, temas de cic ou dela próxima. Assim, cabe referir o escrito clássico de Marcelo Rebelo de Sousa[845], os trabalhos de Lisa Sousa Ferreira[846], de João Taborda da Gama[847] e de Pedro Moniz Lopes[848], bem como a dissertação maciça de Miguel Assis Raimundo que, embora sem visar diretamente esse tema, examina, com profundidade, a problemática da formação dos contratos

---

[839] Arlindo Monteiro Nunes (org.), *A privatização da sociedade financeira portuguesa*, com escritos de Ferrer Correia, Almeno de Sá, nosso, Monteiro Fernandes, Fernando Pessoa Jorge, Inocêncio Galvão Telles, João Calvão da Silva, Manuel Gomes da Silva, Marcelo Rebelo de Sousa e Rita Amaral Cabral (1995), 325 pp..

[840] Pedro Manuel Ferreira Múrias, *Representação legal e culpa in contrahendo* (1996), 56 pp..

[841] Jorge de Abreu e Tiago Pitta e Cunha, *Responsabilidade civil pré-contratual. Um caso de ruptura de negociações e a confiança do lesado* (1999), 368 pp., com peças processuais, jurisprudência e pareceres nosso e do Prof. Antunes Varela.

[842] Mateus Moura Jorge Raibo, *Culpa in contrahendo do banqueiro por falta ou não conclusão de um contrato* (2001), 47 pp..

[843] Laerte de Castro Alves, *Responsabilidade pré-contratual pela ruptura de negociações preparatórias na formação do contrato de compra e venda internacional de mercadorias* (2005), 51 pp..

[844] João Ricardo Branco, *Representação voluntária e culpa in contrahendo* (2009), 40 pp..

[845] Marcelo Rebelo de Sousa, *Responsabilidade pré-contratual: vertentes privatística e publicística*, O Direito 125 (1993), 383-416, também incluído em Arlindo Monteiro Nunes, acima citado.

[846] Lisa Sousa Ferreira, *Responsabilidade civil pré-contratual da Administração Pública pela não celebração de um contrato* (2002), 79 pp..

[847] João Taborda da Gama, *Promessas administrativas/Da decisão de autovinculação ao acto devido* (2008), 304 pp..

[848] Pedro Moniz Lopes, *Princípio da boa-fé e decisão administrativa* (2011), 450 pp..

públicos[849]. Referências cuidadosas à cic ocorrem, ainda, em Rui Cardona Ferreira[850].

VI. O atual estado da doutrina nacional ultrapassa as mais secretas ambições dos anos oitenta do passado século. O tema da cic tem florescido em obras gerais e em várias dezenas de estudos monográficos, alguns dos quais de grande fôlego. De um invento algo exótico, reservado a alguns iniciados e que chegou a ser apelidado de "absurdo" e "contraditório", a cic popularizou-se, integrando o dia-a-dia das universidades e do ensino do Direito civil.

A hora da verdade é, todavia, a sua situação, à luz da jurisprudência. Abaixo se fará a competente análise, desde já se adiantando que confirma um caso de acolhimento pleno do instituto.

84. Outras consagrações legais

I. Para além do artigo 227.º do Código Civil, surgem outras consagrações legais relativas à conduta pré-negocial das partes.

No próprio Cósdigo Civil, cabe relevar:

– o artigo 229.º/1, segundo o qual o proponente que receba uma aceitação tardia, mas emitida na vigência da proposta, tem o dever de avisar imediatamente o aceitante de que não considera a aceitação eficaz, sob pena de responder, pelo prejuízo; temos uma concretização de um óbvio dever de lealdade;

– o artigo 898.º, no domínio da compra e venda, de bens alheios, prevê a hipótese de um dos contraentes ter procedido de boa-fé e o outro dolosamente: tem o primeiro o direito de ser indemnizado, nos termos gerais, de todos os prejuízos que não teria sofrido se o contrato fosse válido desde o começo, ou não tivesse sido celebrado, conforme venha, ou não a ser sanada a nulidade[851].

---

[849] Miguel Assis Raimundo, *A formação dos contratos públicos/Uma concorrência ajustada ao interesse público* (2013), 1323 pp..

[850] Rui Cardona Ferreira, *Indemnização do interesse contratual positivo e perda de chance (em especial, na contratação pública)* (2011), 380 pp., 65 ss..

[851] Já se tem pretendido ver, aqui, uma limitação ao "interesse negativo"; mas não necessariamente: demonstrando-se que, a não haver contrato nulo, teria sido celebrado um válido, pode computar-se o interesse do cumprimento.

§17.º A culpa in contrahendo *no direito lusófono* 265

II. Fora do Código Civil, podemos apontar as consagrações seguintes[852]:

– o artigo 9.º/1 da Lei de Defesa do Consumidor[853], refere a "lealdade e a boa-fé nos preliminares", quanto a contratos com consumidores;
– o artigo 102.º do CT 2009: retoma o artigo 227.º do Código Civil[854];
– o artigo 304.º-A/2 do CVM[855];
– os artigos 76.º/3, 79.º/4 e 105.º/3 do Código dos Contratos Públicos.

85. A receção no Brasil

I. No Brasil, a viragem para o pandectismo operada em meados do século XIX, permitia antever um acolhimento favorável à *culpa in contrahendo*. Logo no início do século XX, Carvalho de Mendonça reconhece o instituto, fundando-o numa convenção tácita e nos princípios gerais, aplicáveis mesmo fora da Alemanha[856]. Também Eduardo Espínola acolhe a cic[857]. Outros autores, entre os quais o nosso Paulo Merêa, entendeu que, no silêncio do Código brasileiro, não haveria lugar para a cic[858]. Mas a literatura geral de Além-Atlântico mantém referências favoráveis[859]. Em 1945, Eduardo Espínola, invocando a boa-fé comercial, defende a responsabilidade pré-contratual[860]. Todavia, a doutrina subsequente veio exigir o

[852] Carlos Ferreira de Almeida, *Contratos* cit., 4.ª ed., 203.
[853] Aprovada pela Lei n.º 24/96, de 31 de julho.
[854] Desenvolvidamente: Maria do Rosário Palma Ramalho, *Tratado de Direito do trabalho*, II – *Situações laborais individuais*, 4.ª ed. (2012), 139 ss.; vide Pedro Romano Martinez, *Código do Trabalho Anotado*, 9.ª ed. (2013), 285 ss..
[855] No campo mobiliário, vide Carlos Costa Pina, *Dever de informação e responsabilidade pelo prospecto no mercado primário de valores mobiliários* (1999), 282 pp. e Gonçalo André Castilho dos Santos, *A responsabilidade civil do intermediário financeiro perante o cliente* (2008), 302 pp..
[856] Manoel Ignacio Carvalho de Mendonça, *Doutrina e prática das obrigações ou tratado geral dos direitos de crédito* (1908), n.º 450 (540-542).
[857] Eduardo Espínola, *Sistema do Direito civil brasileiro*, II, parte 2, *Teoria geral das relações jurídicas de obrigação*, 2.ª ed. (1945), 445 pp., 126-127; a 1.ª edição é do princípio do século XX.
[858] Paulo Merêa, *Codigo Civil Brasileiro Anotado* (1917), art. 1056.º (344)
[859] Vide, com muitas indicações, Karina Nunes Fritz, *Boa-fé objetiva na fase pré-contratual/A responsabilidade pré-contratual por ruptura das negociações* (2001, reimp.), 335 pp., 245 ss..
[860] Eduardo Espínola, *Sistema do Direito civil brasileiro* cit., 125-126.

dolo, para a efetivação da responsabilidade, o que entravava o desenvolvimento do instituto[861]. Também no Brasil, a jurisprudência foi pioneira: o Tribunal de Apelação de S. Paulo sancionou, em 1936, um caso de *culpa in contrahendo*. Outras decisões se lhe seguiram[862]. Antônio Chaves, em importante monografia sobre o tema, procede a uma análise global, mas opta pela impossibilidade de lhe dar uma solução unitária[863].

II. O Código Civil de 2002 optou por referir a boa-fé *in contrahendo* em conjunto com a exigida no cumprimento do contrato. Dispõe o artigo 422.º:

> Os contratantes são obrigados a guardar, assim na conclusão do contrato como em sua execução, os princípios de probidade e boa-fé.

A aproximação à *culpa in contrahendo*, derivada da descoberta de Jhering, não levanta dúvidas[864]. Embora o texto do preceito (preferível ao do artigo 227.º/1) não confine a cic brasileira à responsabilidade, a aproximação tem sido feita, por contágio com elementos comparatísticos e com os antecedentes[865]. Aguardamos, agora, o papel da jurisprudência.

---

[861] Karina Nunes Fritz, *Boa-fé objetiva na fase pré-contratual* cit., 247, com indicações.
[862] *Idem*, 250 ss..
[863] Antônio Chaves, *Responsabilidade pré-contratual* (1959), 15 ss., 59 ss. e 149.
[864] Nelson Nery Junior/Rosa Maria de Andrade Nery, *Código Civil Anotado*, 2.ª ed. (2003), 339/I, Renata Munhoz Soares, *A boa-fé objetiva e o inadimplemento do contrato/ Doutrina e jurisprudência* (2008), 130 ss. e José Miguel Garcia Medina/Fábio Caldas de Araújo, *Código Civil Comentado* (2014), 392 ss..
[865] Dário Moura Vicente, *A responsabilidade pré-contratual no Código civil brasileiro de 2002*, Est. Ruy de Albuquerque I (2006), 315-330.

– a "formação", que exprimiria a formalização do acordo, designadamente quando estivesse em jogo uma forma solene, que requereria atividades de redocumentação.

Distinções deste tipo são sempre tendenciais, uma vez que se reportam a uma realidade essencialmente unitária e muito mutável. Além disso, num procedimento negocial complexo, não há apenas as duas fases prefiguradas pelo legislador. Acima vimos até onde se pode ir, num estudo analítico sobre o tema[871].

V. Em quarto lugar, manda o artigo 227.º/1 "proceder segundo as regras da boa-fé". Esta locução presta-se a desenvolvimentos linguísticos. E eles não têm faltado, seja na doutrina, seja nas decisões que visam aplicar o preceito. Faz-se apelo, a tal propósito, à "lisura", à "honestidade", às "práticas corretas", à "lealdade", à "decência", às "práticas corretas" e à "ética dos negócios". Essas e outras expressões apreciativas e valorativas são úteis, como auxiliares de interpretação e de aplicação. Todavia, elas não são suficientes para, do preceito, dar a verdadeira dimensão.

A boa-fé referida no artigo 227.º/1 é a objetiva, presente em preceitos como os artigos 334.º (abuso do direito), 437.º/1 (alteração das circunstâncias) e 762.º/2 (deveres acessórios). Ela equivale a uma remissão para os valores fundamentais do sistema, presentes nas situações consideradas. Os valores em causa são mediados, como é sabido, pelos princípios da tutela da confiança e da primazia da materialidade subjacente[872]. O seu alcance é inesgotável. Analiticamente, ela origina deveres de segurança, de informação e de lealdade, como referido e em termos hoje pacíficos na jurisprudência. Compreensivamente, temos os cinco grandes grupos de casos em que vimos ordenarem-se as situações de cic: vulnerabilidade pré-negocial, contratação ineficaz, interrupção injustificada de negociações, tutela da parte fraca e responsabilidade por atos de terceiros.

Em suma: remeter para as "regras da boa-fé" é reenviar o tema para a Ciência do Direito: uma Ciência do Direito evoluída, capaz de acolher e de concretizar conceitos indeterminados e que não tenha resistências quanto a procurar, na história, os pontos de referência úteis para a evolução do instituto.

---

[871] *Supra*, 157 ss..
[872] *Tratado* I, 966 ss..

VI. Finalmente, remata o 227.º/1: "sob pena de responsabilidade pelos danos que culposamente causar a outra parte". Desde logo, cabe enfatizar que o preceito não delimita nem exclui quaisquer danos: são todos os que sejam "culposamente causados". Este ponto tem importância por desamparar literalmente as restrições ao interesse negativo ou de confiança. Repare-se que ele era conhecido, designadamente por Vaz Serra, aquando da confeção do Código Civil. Ao argumento literal junta-se o histórico: não se limitou, com conhecimento de causa. Veremos se, depois, o sistema obriga a outra solução.

"Culposamente" representa um juízo de culpa, isto é, de censura jurídica perante quem inobserve conscientemente uma norma jurídica. Abrange, nos termos gerais, quer o dolo, quer a mera negligência[873]. Todavia: estamos perante uma situação de responsabilidade obrigacional, onde, por via do artigo 799.º/1, sempre se presumiria a culpa. Não é de esperar que o legislador se repita. "Culposamente", quer pela semântica do preceito, quer pelos vetores gerais, implica mais qualquer coisa: o advérbio visa delimitar os danos a indemnizar. E tais serão os que resultem da inobservância (culposa) das regras da boa-fé, por oposição a todos aqueles que possam surgir. Adiante veremos as consequências utilíssimas que, daqui, emergem.

VII. O artigo 227.º/2 remete, no tocante à prescrição, para o artigo 498.º. Trata-se de uma previsão de prescrição subjetiva, uma vez que começa a correr não a partir do momento em que o direito possa ser exercido (306.º/1), mas apenas quando o titular dele tenha conhecimento, ainda que ignorando a identidade do responsável (hipótese pouco verosímil, na cic) ou a extensão dos danos. Consequentemente, o prazo é curto: três anos. Paralelamente, corre a prescrição ordinária, objetiva e de vinte anos.

O legislador, mau grado a natureza obrigacional da responsabilidade, optou pela prescrição aplicável às imputações aquilianas: mais flexível e capaz de servir, com justiça, a segurança jurídica. Recorde-se que este tipo de prescrição foi generalizado, pela reforma do BGB de 2001/2002[874]. É de esperar que, com o tempo, se adote igual solução, entre nós.

---

[873] *Tratado* II/3, 470 ss..
[874] *Tratado* V, 144 ss..

§ 18.º A concretização da culpa in contrahendo 271

87. Os casos típicos na jurisprudência

I. Os inícios da cic na jurisprudência foram difíceis. A doutrina era escassa e restritiva. Além disso, as próprias partes não invocavam o artigo 227.º do (então) novo Código Civil, nem alegavam os competentes factos: ao ponto de os tribunais, numa posição pedagógica (correta), chamarem a atenção para essa omissão[875]. Posteriormente, os tribunais vieram a manejar a cic com uma tranquilidade crescente. Na presente edição do *Tratado*, vamos optar por ordenar, desde já, alguns casos relevantes, de acordo com os cinco grupos típicos acima ordenados: vulnerabilidade pré-negocial, contratação ineficaz, interrupção injustificada de negociações, tutela da parte fraca e responsabilidade de terceiros. No seio desses casos, é possível apontar a trilogia dos deveres prévios, em deveres de proteção, de informação e de lealdade, acolhidos pelos tribunais[876], tal como a temos vindo a expor. Vamos ver.

II. A vulnerabilidade pré-negocial traduz situações nas quais uma das partes detém elementos, designadamente informações, decisivas para a outra, mas omite comunicá-las à contraparte, aquando das negociações. Assim:

STJ 10-dez.-2009: é responsável o banco que não informou, em negociações, que não estava habilitado, pela supervisão, para certa atuação[877];
STJ 19-mai.-2010: há cic por parte do banco que promove certo negócio na base de informações erradas[878];
STJ 15-mai.-2012: depois de tudo assente para uma escritura de compra e venda, o comprador não comparece por não lhe ter sido dada a informação de que havia processos administrativos relativos ao local; o Supremo entendeu que não se justificava o não-comparecimento; temos dificuldade em acompanhar; aparentemente, ambas as partes omitiram informação: é óbvio que a existência dos processos devia ter sido comunicada; todavia, não se pode faltar sem aviso prévio, a uma escritura combinada.

---

[875] *Vide*, com indicações, *Da boa fé*, 576, nota 183.
[876] Por último (neste momento): STJ 6-nov.-2012 (Nuno Cameira), Proc. 4068/06.
[877] STJ 10-dez.-2009 (Salazar Casanova), Proc. 3795/04.
[878] STJ 19-mai.-2010 (Fonseca Ramos), Proc. 369/05: subjacente está a ideia, muito fecunda, de que o banco, até pela sua posição, tinha um dever de diligência de se esclarecer devidamente.

Não se documentam, na jurisprudência portuguesa, situações de violação de deveres de segurança, por danos à vida ou à integridade física: as partes têm procurado saídas de tipo aquiliano, o que bem se compreende, dada a habituação existente, confortada por a previsão do artigo 483.º/1 ser mais extensa e generosa do que o correspondente alemão. Mas em STJ 10-dez.-2009, acima referido, foram (e bem, embora pecando por defeito) arbitrados danos morais, numa situação de omissão informativa por parte de um banco[879]. Dogmaticamente, houve uma violação de um dever de segurança destinado a proteger a integridade moral dos envolvidos.

III. Documenta-se, em certos moldes, a cic pelo segundo tipo: a contratação ineficaz ou inadequada[880]. Ela costuma acudir perante situações de vício da coisa, que não possam ser enquadradas (totalmente) com recurso ao regime da compra e venda. Assim:

STJ 6-dez.-1978: fora celebrada uma promessa de compra e venda de um imóvel no pressuposto de que o mesmo seria transmitido livre de inquilinos; os projetados transmitentes não conseguiram a desocupação, vindo a ser condenados na restituição simples do sinal e, por via do artigo 227.º, no ressarcimento das despesas[881];
RLx 24-abr.-2008: incorre em cic o vendedor de uma fração autónoma de um prédio que não tenha afeto um lugar condigno de garagem, além da anulação[882];
RCb 21-dez.-2010: age contra a boa-fé *in contrahendo* a entidade que vende um *Mercedes*, viciando a quilometragem: de 320.000 para 120.000 km; repare-se que a pura invalidação do negócio não permitiria solucionar o problema[883].

Não é dogmaticamente correto vir entender que a cic não pode coabitar com a invalidade por dolo[884]. Uma das funções da cic (desde Jhering!)

---

[879] STJ 10-dez.-2009 (Salazar Casanova), Proc. 3795/04, acima referido.
[880] STJ 6-nov.-2012 (Nuno Cameira), Proc. 4068/06, acima referido, afirma que a cic funciona quer perante a rutura de negociações, quer perante contratos indesejados.
[881] STJ 6-dez.-1978 (Rodrigues Bastos), BMJ 282 (1979), 156-159.
[882] RLx 24-abr.-2008 (Carla Mendes), Proc. 1322/2008.
[883] RCb 21-dez.-2010 (Arlindo Oliveira), Proc. 2634/09.
[884] Como fez STJ 20-jan.-2005 (Ferreira de Almeida), Proc. 04B4349: o Supremo revogou as decisões das instâncias que aplicaram a cic, num caso de venda de veículos com a quilometragem viciada, invocando justamente que ela não poderia coabitar com a invalidade por dolo.

é justamente a de complementar o regime das invalidades, permitindo ressarcir danos das pessoas que, delas, sejam vítimas.

IV. O grupo de casos que, à distância, mais tem ocupado os nossos tribunais é o da rutura injustificada de negociações. Recordamos dois casos emblemáticos: o primeiro, relatado pelo saudoso conselheiro Octávio Dias Garcia e o segundo, pelo conselheiro Solano Viana e que esteve na origem da importante anotação de Almeida Costa:

> *STJ 19-jan.-1978*: desenrolara-se uma negociação tendente à doação de quotas de uma sociedade; os projetados donatários, confiantes na doação, realizaram uma série de despesas; houve rutura: as instâncias recusaram o pedido indemnizatório, por entenderem que sendo o negócio definitivo formal, não havia lugar a *culpa*; o Supremo, e bem, desamparou tal argumento e recambiou o processo para as instâncias, para aí se apurar a eventual ocorrência dos pressupostos da cic[885];
> *STJ 5-fev.-1981*: os réus iniciaram negociações com vista à aquisição de quotas de uma sociedade; os autores ficaram convencidos de que a transação se iria concretizar e iniciaram, em consequência, atividades dispendiosas, nessa base; os réus foram condenados em indemnização, pela rutura injustificada[886].

Em datas mais recentes, sublinhamos:

> *RLx 7-out.-2010*: a propósito do fornecimento de material clínico para um hospital, houve rutura injustificada da negociação de um *leasing* relativo à aquisição; há cic[887];
> *STJ 16-dez.-2010*: no decurso de negociações, chega-se a acordo quanto a determinada venda; o projetado vendedor realiza diversas obras, tendo essa operação em vista; a contraparte, sem justificação, não cumpre; há indemnização por cic[888];

---

[885] STJ 19-jan.-1978 (Octávio Dias Garcia), BMJ 273 (1978), 206-209 = RLJ 111 (1978), 211-214, com anot. de Vaz Serra, favorável.
[886] STJ 5-fev.-1981 (Solano Viana), RLJ 116 (1983), 81-84, anot. Almeida Costa, publicada em separata: *Ruptura das negociações* cit.. Na base deste acórdão, RPt 26-fev.-1980 (Machado Costa), CJ V (1980) 1, 58-61, bem documentado e que o Supremo veio confirmar.
[887] RLx 7-out.-2010 (Rui da Ponte Gomes), Proc. 3061/08.
[888] STJ 16-dez.-2010 (Silva Salazar), Proc. 44/07; o Supremo sublinha a violação da lealdade e da confiança e admite o ressarcimento do dano positivo.

274   A formação do negócio jurídico

STJ 18-dez.-2012: numa negociação tendente à aquisição de um estabelecimento (loja), os compradores entusiasmaram-se (justificadamente) e investiram trabalho próprio e da família e assumiram custos; há rutura injustificada; cabe a cic[889].

Situações de rutura injustificada de negociações foram apontadas e decididas em STJ 18-set.-2000[890], RPt 15-dez.-2003[891], STJ 28-abr.-2009[892] e em STJ 31-mar.-2011[893].

Há, ainda, diversa jurisprudência, abaixo referida a propósito do tema do cômputo da indemnização: pelo interesse negativo ou pelo positivo[894].

Saliente-se ainda que, no foro administrativo, surgem questões deste tipo: após uma adjudicação de obras públicas, verifica-se que o dono não promove a celebração do contrato à adjudicatária: há cic[895].

V. A tutela da parte fraca, ainda que não assumida expressamente, enquanto tal, ocorre em diversos e significativos arestos. Assim:

RLx 2-jul.-2001: a propósito da concessão de exploração de uma bomba de gasolina, negociada durante três anos, a multinacional concedente não disse que só admitia contratar por cinco anos; há cic[896];
RPt 5-dez.-2003: um banco negoceia um mútuo com um deficiente, convicto de que haveria uma bonificação nos juros; contrata nessa base; apura depois o (seu) erro e pretende repercutir o sobrecusto no consumidor, debitando-lho; não o pode fazer, por cic[897];
STJ 17-set.-2012: um banco promove determinado negócio, depois rejeitado pelas autoridades de supervisão; os interessados, confiantes no

---

[889] STJ 18-dez.-2012 (António Joaquim Piçarra), Proc. 1610/07.
[890] STJ 18-set.-2000 (Lopes Pinto), Proc. 01A615.
[891] RPt 15-dez.-2003 (Fonseca Ramos), Proc. 0355987; este aresto explica que bastam meras declarações de molde a conduzirem à rutura das negociações.
[892] STJ 28-abr.-2009 (Azevedo Ramos), Proc. 09A0457.
[893] STJ 31-mar.-2011 (Fernando Bento), Proc. 3682/05 = RLJ 141 (2012), 309-323, que não reconheceu a cic por não se terem provado danos.
[894] Infra, 282 ss..
[895] STA 22-out.-2009 (Pais Borges), Proc. 0557/08.
[896] RLx 2-jul.-2001 (Rua Dias), Proc. 0026047.
[897] RPt 5-dez.-2003 (Fonseca Ramos), Proc. 0355837; como se vê, a "indemnização" foi automaticamente aferida ao interesse positivo.

banco (a *Deutsche Bank*), suportaram despesas e deixaram empregos; há cic[898].

VI. Por fim, a responsabilidade de terceiro por cic também surge documentada. Desde logo, o devedor responde, em termos de cic, por atos do seu representante[899].

88. A não-aplicação; crítica

I. Apesar do enorme progresso registado na concretização da cic, os nossos tribunais mantiveram, nalguns casos, a não-aplicação do instituto. Não conhecendo, na íntegra, os respetivos processos, torna-se inviável fazer uma ponderação crítica aprofundada sobre o decidido. Todavia, com fitos de explanação do instituto, são possíveis algumas apreciações.

Desde logo, temos decisões que recusam a cic por entenderem que a parte queixosa ou violara também, ela própria, a relação pré-contratual ou estava na posse de elementos que lhe permitiriam não cair em confiança. Assim:

RPt 5-jun.-1997: não ocorre cic (nem abuso do direito), cometida pela parte que prescindiu de observar os requisitos formais impostos pelo artigo 410.º/3, sabendo o que fazia e com a aceitação da outra parte[900];
STJ 3-jul.-2003: não há lugar a cic, numa situação de concessão de crédito, se ambas as partes estavam informadas dos dados em jogo[901];
RPt 3-dez.-2009: não pode um arrendatário invocar cic do senhorio, por não-comunicação de vícios do local, quando ele o conhecia muito bem; chegaria, aqui, a haver abuso do direito[902].

II. Estamos de acordo. A não haver confiança, cada parte corre por si, assumindo os inerentes riscos. Todavia, a confiança é um dado material: envolve uma apreciação profunda da situação no seu todo e não, apenas,

---

[898] STJ 17-set.-2012 (Bettencourt de Faria), Proc. 3729/04, arbitrando, todavia, indemnizações diminutas.
[899] RPt 27-nov.-2000 (Pinto Ferreira), Proc. 0051054.
[900] RPt 5-jun.-1997 (João Bernardo), Proc. 9730024.
[901] STJ 3-jul.-2003 (Ferreira Girão), Proc. 03B1589.
[902] RPt 3-dez.-2009 (José Ferraz), Proc. 2671/04.

276   *A formação do negócio jurídico*

um jogo de informações. Assim, não podemos acompanhar as decisões seguintes:

> *STJ 14-set.-2006*: uma jovem estudante inscreve-se num curso superior não reconhecido, mas cujo processo de reconhecimento pelo Estado estava em curso; estudou com entusiasmo, pagando as propinas e dedicando a sua vida ao curso; no final, o curso não foi reconhecido, com graves danos pessoais e patrimoniais; o tribunal entendeu que não havia cic do estabelecimento de ensino, porque a interessada sabia tratar-se de um curso não reconhecido[903]; mas não: apesar desse conhecimento, uma situação deste tipo envolve uma relação global de confiança, justificada pela plausibilidade do reconhecimento, visto estar aberto aos interessados, com grave investimento de confiança e claramente imputável ao estabelecimento, que não podia lecionar naquelas condições, criando inevitáveis expectativas;
> *STJ 23-fev.-2012*: um caso ligado a uma empresa de selos, dirigida por um português, em Espanha: um sistema tipo Ponzi, em que os interessados investiam em selos, que se iam valorizando perante a procura, podendo revendê-los com lucro; o esquema, apesar de oferecer garantias, fraquejou em Espanha, desabando; a sucursal em Portugal é demandada, com outras entidades envolvidas; o tribunal entendeu provado que as demandadas não informaram os investidores, alertando-os para os riscos subjacentes a este tipo de aplicação; mas não se teria provado que conhecessem os riscos da insolvência; não haveria causalidade, e não caberia o recurso, nem à cic, nem ao artigo 483.º/1[904]; pois bem: um caso desta natureza não pode deixar de ter reação, por parte do Direito privado, até pelas funções retributivas e de prevenção hoje reconhecidas à responsabilidade civil[905]; independentemente de certos meandros, é óbvia a existência de uma relação de confiança, expressa na entrega de avultadas quantias de dinheiro; há cic.

III. A cic é recusada quando não se provem danos[906], quando não se mostre que o interessado desconhecia a informação vital, a qual era conhecida pela outra parte[907] ou quando falte a causalidade[908]. No concreto,

---

[903] STJ 14-set.-2006 (Oliveira Barros), Proc. 06B2015.
[904] STJ 23-fev.-2012 (Távora Victor), Proc. 1674/07.
[905] *Tratado* II/3, 419 ss..
[906] STJ 3-abr.-2008 (Santos Bernardino), Proc. 07B4498.
[907] RPt 9-mar.-1999 (Cândido de Lemos), Proc. 9920126.
[908] Foi um argumento usado em STJ 23-fev.-2012, cit.: o caso dos selos.

não discutimos a bondade destas decisões. Todavia, é importante adiantar que, tecnicamente, a cic assenta numa relação obrigacional específica. Provendo-se o incumprimento, há presunção de culpa e fica envolvida a causalidade relativa aos danos verificados nos bens jurídicos protegidos[909]. Por certo que é possível ilidir a presunção; os tribunais ficam, todavia, municiados para aplicar, quando se justifique, o instituto.

IV. A cic não é um instituto subsidiário. Ela pode ser invocada em concorrência com outros institutos, como sejam a invalidade ou a resolução de um contrato[910], o regime de venda de bens defeituosos[911] ou a existência de acordos preparatórios explícitos[912]. Tão-pouco existe qualquer problema num funcionamento conjunto da cic e do abuso do direito[913].

Em compensação, o enriquecimento sem causa, sendo subsidiário (475.º), cede perante a eventualidade de cic[914].

89. A natureza

I. Como foi referido, a cic obteve uma consagração judicial, no princípio do século XX, por permitir aplicar as regras da responsabilidade obrigacional, perante as dificuldades da aquiliana[915]. No Direito alemão, em face do atual § 311/2 do BGB, não há margem para dúvidas: existe uma relação específica entre as partes em negociações, expressa num vínculo sem dever de prestar principal, mas cuja observância, traduzida no acatamento de feixes de deveres acessórios, de segurança, de informação e de lealdade, deva ser assegurada[916].

---

[909] *Infra*, 278-279.
[910] STJ 29-jan.-2004 (Ferreira de Almeida), Proc. 03B4187.
[911] RLx 24-abr.-2008 (Carla Mendes), Proc. 1322/2008 e RCb 21-dez.-2010 (Arlindo Oliveira), Proc. 2634/09.
[912] Contra: STJ 10-out.-2006 (Sousa Leite), Proc. 06A2118; afigura-se-nos, todavia, que a existência de acordos preparatórios não preclude a cic; ambos podem ser acionados e proceder; não pode é haver duplicação de indemnizações.
[913] RPt 3-dez.-2009 (José Ferraz), Proc. 2671/04; *vide* RLx 24-mai.-2011 (Maria Teresa Soares), Proc. 11231/08.
[914] RLx 9-jul.-2005 (Ana Paula Boularot), Proc. 4577/2003.
[915] *Supra*, 239; recorde-se, em especial, o caso do linóleo.
[916] *Supra*, 247 ss..

A violação da relação pré-negocial é fonte de responsabilidade obrigacional, aplicando-se, designadamente, o artigo 799.º, com a sua presunção de culpa. Esta era a posição tradicional na nossa jurisprudência, sufragada pela doutrina[917] e chegando, até há pouco tempo, a ser unânime.

Entre as decisões mais antigas, recordamos STJ 4-jul.-1991[918], STJ 9-fev.-1993[919], RLx 29-out.-1998[920] e STJ 10-mai.-2001[921]. Nas mais recentes, temos presentes, como exemplos: RLx 11-jul.-1996[922], STJ 28-fev.-2002[923], RLx 20-jan.-2005[924] e RPt 15-mai.-2005[925].

II. As dúvidas quanto à natureza obrigacional da cic advieram, fundamentalmente, de um escrito de Almeida Costa[926]. No ponto essencial, afirma este ilustre Autor[927]:

> Quanto à culpa, parece que a solução preferível, no caso, é de esta não se presumir. Com efeito, a obrigação de indemnização pela ruptura dos preliminares, embora se trate de uma ruptura ilegítima, sempre representa uma limitação significativa da autonomia privada – também um valor a ter em conta, mesmo no plano do interesse coletivo. Ora, não é razoável que ao contraente que sofre essa diminuição na sua esfera negocial ainda acresça uma presunção de culpa, com o correspondente ónus da prova.

---

[917] Carlos Mota Pinto, *Cessão da posição contratual* (1970), 350-353, reforçando a opção antecipada, em *A responsabilidade pré-negocial pela não conclusão dos contratos* cit., 109 ss., Jorge Ribeiro de Faria, *Direito das obrigações* 1 (1988), 130, nota 2, Inocêncio Galvão Telles, *Direito das obrigações*, 7.ª ed. (1997), 72-74 e nós próprios, *A boa fé*, 585 e em numerosas intervenções posteriores. Essa orientação acaba por dominar nos Autores mais recentes; p. ex., Mariana Fontes da Costa, *Ruptura de negociações pré-contratuais e cartas de intenção* (2011), 66 ss., indicando os desvios relativamente à responsabilidade aquiliana.
[918] STJ 4-jul.-1991 (Ricardo da Velha), BMJ 409 (1991), 735-750 (748-749).
[919] STJ 9-fev.-1993 (Pedro Sousa Macedo), BMJ 424 (1993), 607-614 (611).
[920] RLx 29-out.-1998 (Ana Paula Boularot), CJ XXIII (1998) 4, 132-135 (133/II).
[921] STJ 10-mai.-2001 (Quirino Soares), CJ/Supremo IX (2001) 1, 70-75 (74/I).
[922] RLx 11-jul.-1996 (Folque de Magalhães), Proc. 0013051.
[923] STJ 28-fev.-2002 (Araújo Barros), Proc. 02B182
[924] RLx 20-jan.-2005 (Fátima Galante), Proc. 8739/2004.
[925] RPt 15-mai.-2005 (Abílio Costa), Proc. 8739/2004.
[926] Mário Júlio de Almeida Costa, *Responsabilidade civil pela ruptura das negociações* cit., 86 ss., bem como a referência feita em *Direito das obrigações* cit., 12.ª ed., 301 e 301, nota 3.
[927] *Responsabilidade civil* cit., 93.

§ 18.º *A concretização da* culpa in contrahendo

O Autor aflora outros argumentos, designadamente o 227.º/2, que remete para uma regra aquiliana (498.º).

Se bem se entende, o essencial desta doutrina, contrariada na Alemanha e apoiada em Itália, como explica Almeida Costa, assenta num pré-entendimento: o de que a cic contradita a autonomia privada. Ora a prática centenária desse instituto não permite documentar riscos para a liberdade contratual. Pelo contrário: a existência de uma certa proteção evita que tudo soçobre num mar de dúvidas e de desconfianças.

É certo que a presunção de culpa joga contra o responsável. Mas o lesado deve provar as negociações, o seu grau de adiantamento, a sua confiança, o investimento de confiança e os danos. Não é nada fácil: a presunção de culpa oferece-se, a esta luz, como um modesto contrapeso.

III. Afastado o episódio da natureza delitual da cic, surge uma outra e já aludida construção[928]: a da terceira via. Como foi referido, a ideia de que, entre a responsabilidade obrigacional e a delitual ou a aquiliana haveria uma terceira hipótese (a da terceira via) ficou a dever-se a uma intuição do Prof. Canaris, em 1983, tendo sido retomada por outros autores[929]. Tratava-se de explicar, perante o rigoroso Direito alemão da responsabilidade civil, as situações enformadas por relações sem prestação principal, como as da *culpa in contrahendo*, as da permanência de certos deveres perante a nulidade do contrato, as desses mesmos deveres, na pendência do contrato e a *culpa post pactum finitum*. A terceira via permitia, no fundo, construir uma relação sem uma fonte voluntária específica (contrato ou equiparado) e sem um delito suscetível de ser reconduzido ao § 823 do BGB. A ideia teve um êxito moderado, na Alemanha, tendo perdido a sua razão de ser perante a reforma de 2001/2002 e as alterações então introduzidas nos §§ 241/II e 311, do BGB. As relações sem prestação principal foram, expressamente, reconduzidas à "primeira via", assim se desatando o tema. Resta acrescentar que, quanto sabemos, a referência à "terceira via" desapareceu dos comentários ao BGB: mesmo dos mais exaustivos[930].

IV. Todavia, num curioso fenómeno de contaminação cultural, a ideia de uma "terceira via" veio merecer a simpatia de alguns civilistas portu-

---

[928] *Supra*, 277 ss..
[929] *Supra*, 241 ss..
[930] Designadamente: o *Staudinger*, no denso volume relativo aos §§ 311 e 312, do BGB.

gueses de primeira água, particularmente impressionados pela figura do Prof. Canaris e por um pequeno artigo de Picker, quase desconhecido na terra de origem, mas muito ponderado entre nós[931]. A partir daí, o receio ancestral de evitar parecer desatualizado levou a que a "terceira via", perdida a terra de origem, se viesse manter, em nosso juízo algo tardiamente, no nosso Direito civil.

V. As primeiras referências, quase implícitas, a uma "terceira via" na responsabilidade civil, surgiram em autores como Baptista Machado[932] e Sinde Monteiro[933] e, explícitas, em Carneiro da Frada[934] e Menezes Leitão[935]. Este último Autor dá um alcance sistemático de grande relevo, uma vez que o conceito lhe permite agrupar os institutos da responsabilidade pré-contratual, da *culpa post pactum finitum*, do contrato com proteção de terceiros e da relação corrente de negócios[936]. Contra pronuncia-se Almeida Costa que, embora apreciando a ideia, considera não ser ela necessária, perante o nosso Código Civil[937].

VI. A "terceira via" desapareceu da sua terra de origem, como dissemos. Vale a pena mantê-la entre nós? Com que vantagens?

Comecemos pelas hipóteses explicativas sistematizadoras. Os institutos ligados às relações obrigacionais sem dever de prestar principal têm, entre nós, cómodo arrimo na boa-fé, explicitamente prevista para o efeito: 227.º/1 e 762.º/2. Eles visam, mercê de uma especial conexão entre as partes, proporcionar determinadas tutelas, através da atuação dos envolvidos.

---

[931] Referimo-nos ao já citado Eduard Picker, *Positive Vertragsverletzung und culpa in contrahendo/Zur Haftung zwischen Vertrag und Delikt*, AcP 183 (1983), 369-520.

[932] João Baptista Machado, *Tutela da confiança e "venire contra factum proprium"* (1985), em *Obra dispersa*, 1 (1991), 345-423 (371 ss.) e *A cláusula do razoável* (1986), idem, 457-621 (520 ss.), 557 e *passim*).

[933] Jorge Sinde Monteiro, *Responsabilidade por conselhos, recomendações ou informações* (1989), 514 ss. (529).

[934] Manuel Carneiro da Frada, *Uma "terceira via" no Direito da responsabilidade civil?/O problema da imputação dos danos causados a terceiros pelos auditores das sociedades* (1997), 85 ss., *Teoria da confiança e responsabilidade civil* (2004), 757 ss. e *passim* e *Direito civil/responsabilidade civil* (2005), 62 ss..

[935] Luís Menezes Leitão, *A responsabilidade civil do gestor* cit., 340 ss. e *Direito das obrigações* cit., 1, 10.ª ed., 320-322.

[936] Luís Menezes Leitão, *Direito das obrigações* cit., 1, 10.ª ed., 320-331.

[937] Mário Júlio de Almeida Costa, *Direito das obrigações*, 12.ª ed. cit., 540-541.

§ *18.º A concretização da* culpa in contrahendo

Em suma: trata-se de orientar, pela positiva, a atuação das pessoas e não de as responsabilizar *ab initio*. Inserir toda essa matéria na área da responsabilidade, ainda que a coberto de uma "terceira via" é, do nosso ponto de vista, uma conceção patológica do Mundo e do Direito. As pessoas respeitam, na grande maioria dos casos, os deveres de conduta que se perfilam em todo o circuito do jurídico: desde o *in contrahendo* até ao *post pactum finitum*. O designativo *culpa* é puramente histórico e não deve arrastar tudo isto para a responsabilidade. Preferimos, pois, tratar a matéria como paracontratualidade: corresponde a uma visão realista e afirmativa do Direito[938].

Queda um último teste: qual é o regime propiciado pela "terceira via" e quais as suas vantagens? Os autores que a defendem não são claros. De todo o modo, parece-nos plausível que, ao apelar a uma "terceira via", se pretenda enfraquecer o regime dos artigos 798.º e seguintes, isto é, o da responsabilidade obrigacional. Afigura-se uma pretensão inaceitável. Estão em causa obrigações: nenhum preceito legal autoriza a sua despromoção. Além disso, a *Realpolitik* diz-nos que os nossos tribunais são excessivamente limitados nas indemnizações que atribuem. Tudo o que, objetivamente, venha aumentar a complexidade dos institutos e enfraquecer os vínculos é formalmente desrecomendável.

Em suma: os diversos factores depõem no sentido da inaceitabilidade, hoje, da chamada terceira via, como forma de reduzir o que chamamos paracontratualidade.

Mas essa noção terá vantagens numa área totalmente diferente: a dos deveres do tráfego[939]. Estes advêm não da boa-fé, com o objetivo de, pela positiva, assegurar riqueza: antes emanam da responsabilidade aquiliana, visando reforçar os bens nela em jogo. Tais deveres são específicos: mas são muito gravosos para a liberdade das pessoas, escapando totalmente à sua vontade: direta (contrato) ou indireta (contacto social e paracontratualidade). Por isso, apesar da especificidade, quem, por eles e pela sua alegada inobservância, queira ser indemnizado, terá de provar a sua existência, a ilicitude da sua violação e a culpa do agente. Aí o regime será, de facto, intermédio.

Até melhor: situaríamos, aí, a "terceira via", deixando bem claro que mais não é do que uma dependência da responsabilidade aquiliana.

---

[938] *Tratado* II/2, 629 ss..
[939] *Supra*, 217 ss. e *infra*, 282, bem como *Tratado* II/3, 571 ss..

VII. A referência a uma "terceira via", como modo de enquadrar a cic, penetrou nalguma jurisprudência: designadamente em STJ 27-set.-2012, que adere a ela, depois de citar doutrina[940].
Temos de nos entender quanto ao conteúdo prático de tal referência. Vamos transcrever Menezes Leitão, Autor representativo, particularmente neste domínio[941]; depois de aproximar a cic da "terceira via", explica as consequências:

> Em relação à *culpa in contrahendo*, o regime aplicável será preponderantemente o da responsabilidade obrigacional, sujeitando-se, por isso, o autor de facto à presunção de culpa prevista no artigo 799.º e ficando a responsabilidade por actos dos auxiliares sujeita ao regime do 800.º. Haverá, no entanto, a aplicação de algumas soluções de responsabilidade delitual, uma vez que parece que não se deverá aplicar à *culpa in contrahendo* a exigência de capacidade negocial, e a lei manda expressamente aplicar a regra da prescrição da responsabilidade delitual (art. 227.º, n.º 2).

Irrespondível. Estamos, pois, no âmbito da responsabilidade obrigacional, com os desvios apontados. Ora, a "terceira via" (muito fluída, é certo) tinha o sentido, designadamente, de evitar a presunção de culpa ...[942]. Por isso e pela nossa parte, a manter essa categoria, preferíamos remetê-la para os deveres do tráfego[943]. Receamos que, na prática, ela funcione como mais um pretexto para reduzir indemnizações.

90. Interesse negativo ou positivo?

I. O tema das indemnizações a atribuir por cic é decisivo, para aferir da bondade do instituto e do seu grau de receção. Como pano de fundo,

---

[940] STJ 27-set.-2012 (Bettencourt de Faria), Proc. 3729/04; este aresto chega mesmo a dizer que se trata de orientação dominante na jurisprudência, citando STJ 4-abr.-2006 e STJ 16-dez.-2010; mas não: STJ 4-abr.-2006 (Nuno Cameira), Proc. 06A222, refere simplesmente que todos os danos devem ser indemnizados, enquanto STJ 16-dez.-2010 (Fonseca Ramos), Proc. 1212/06, se inclina para o interesse negativo; nenhum refere a "terceira via".

[941] Luís Menezes Leitão, *Direito das obrigações* cit., 1, 10.ª ed., 328; vide supra, 246 ss..

[942] Eduard Pickert, *Forderungsverletzung und culpa in contrahendo* cit., 399 ss., justamente na medida em que esbate a natureza negocial da situação.

[943] *Tratado* II/3, 748 ss..

§ 18.º *A concretização da* culpa in contrahendo 283

devemos sublinhar que, por uma série de incidentes jurídico-científicos e sócio-culturais, os nossos tribunais são muito parcos no cálculo das indemnizações. O coligir de acórdãos relativos a indemnizações arbitradas pela morte de pessoas ou por danos infligidos à sua integridade física e moral – acórdãos esses que são muito frequentes, mercê dos acidentes de viação – ilustra uma autêntica série negra contra a qual se vêm batendo estudiosos e práticos desde há um século[944].

Também no domínio patrimonial, as indemnizações são muito estreitas. Diversos óbices dogmáticos reforçam e justificam essa situação, contra a qual se impõe uma corajosa reação. Isto dito: há que estar prevenido, relativamente a construções conceptuais, muitas vezes recebidas de ordenamentos onde o problema do esmagamento das indemnizações não se põe e que contribuem para reduzir as indemnizações. O teste de validade de qualquer construção teorética é, sempre, o da sua aplicação: conduz a resultados satisfatórios perante os valores do sistema?

II. No seu estudo fundador, Rudolfo von Jhering limitou a indemnização ao interesse negativo, isto é: ao prejuízo que o sujeito não teria tido, se não tivesse iniciado as negociações prejudiciais[945]. Em termos práticos, isso significaria que, no cômputo da indemnização, haveria que somar os valores relativos a despesas e encargos suportados por via das negociações falhadas.

Cabe explicar que a opção de Jhering foi, antes do mais, utilitária. Jhering propunha uma teoria nova, sem base legal e discutivelmente assente nalguns troços romanos, que os estudiosos romanistas, de resto, rapidamente contestaram. Compreende-se que ele tenha procurado ir o mais cautelosamente possível, apresentando soluções modestas e totalmente aceitáveis. A indemnização pelo (mero) interesse negativo servia esses propósitos.

III. Subsequentemente, o tema evoluiu[946]. A cic assentava, fundamentalmente, numa relação de confiança estabelecida entre as partes. A inobservância de deveres de informação e, no limite, a interrupção injustificada das negociações conduziam à quebra da confiança. Havia que deter-

---

[944] *Vide* a ilustração da série negra em *Tratado* II/3, 748 ss..
[945] Rudolf von Jhering, *Culpa in contrahendo* cit., 16 ss..
[946] Para a reconstrução do percurso, remetemos para Paulo Mota Pinto.

minar os bens protegidos pela confiança defrontada. O interesse negativo evoluiu para o interesse da confiança.

Contrapor-se-lhe-ia o interesse positivo, que evoluiu para o de cumprimento: desta feita, entender-se-ia que a parte lesada tinha o direito à conclusão de um contrato válido: os lucros proporcionados por tal contrato – e que teriam sido frustrados pela cic – deveriam constituir a base para o cálculo da indemnização.

Assim tomada, a clivagem entre o dano negativo (leia-se, pela confiança) e o positivo (leia-se, pelo cumprimento) não se repercute, inelutavelmente, no montante da indemnização. Com efeito, pode-se demonstrar que, a não ser a negociação frustrada, o lesado, além de poupar esforços e defesas, ainda teria celebrado, como alternativa, um lucrativo negócio. Essa perda de *chance* é abrangida pelo interesse negativo, a título de lucros cessantes. E inversamente: bem poderia suceder que, a não haver cic, se chegasse a um negócio pouco vantajoso ou, até, prejudicial para o lesado: nem haveria dano.

IV. Mas se assim é, outra tem sido a aplicação das duas teorias. A limitação ao interesse negativo acaba mesmo por restringir as indemnizações às despesas documentadas, por vezes mesmo muito difíceis de provar[947].

A jurisprudência tem, porventura maioritariamente, sufragado a limitação da indemnização por cic, ao interesse negativo. Relevamos: STJ 27-mar.-2001[948], STJ 9-nov.-2004[949], RPt 31-mar.-2004[950], RPt 9-mai.-2005[951], STJ 19-mai.-2010[952], STJ 16-dez.-2010[953], STJ

---

[947] Veja-se o caso, já referido, em STJ 31-mar.-2011 (Fernando Bento), Proc. 3682/05 = RLJ 141 (2012), 308-323, onde, apesar de serem claros os (vultuosos) danos, sobrevindos pela recusa em outorgar um contrato já acordado, se negou qualquer indemnização, por não se terem documentado despesas, requeridas pelo "interesse negativo". Esclarecemos que, desse processo, só conhecemos o acórdão do Supremo, tal como foi publicado.

[948] STJ 27-mar.-2001 (Lopes Pinto), Proc. 3729/04.
[949] STJ 9-nov.-2004 (Faria Antunes), Proc. 04A3348.
[950] RPt 31-mar.-2004 (Alziro Antunes Cardoso), Proc. 0326892.
[951] RPt 9-mai.-2005 (Alziro Antunes Cardoso), Proc. 0720962.
[952] STJ 19-mai.-2010 (Fonseca Ramos), Proc. 369/05.
[953] STJ 16-dez.-2010 (Fonseca Ramos), Proc. 1212/06.

31-mar.-2011[954], STJ 30-jun.-2011[955], STJ 27-set.-2012[956] e STJ 18-dez.-2012[957]. Deve esclarecer-se que, nalgumas destas peças, a referência ao interesse negativo é mero *obter dicta*: não interfere na decisão. Não faltam, todavia, excelentes espécies que apelam para uma solução mais lata, afirmando, designadamente, que para além do negativo, pode ser considerado o positivo, designadamente quando se tivesse chegado a um ponto tal que houvesse já o dever de celebrar o contrato definitivo: RPt 5-mar.-1996[958], RLx 29-out.-1998[959], REv 11-nov.-1999[960], RPt 27-fev.-2003[961], STJ 28-abr.-2009[962], RLx 7-out.-2010[963] e STJ 16-dez.-2010[964]. A questão não está resolvida em nenhum dos sentidos. Nem poderia ficá-lo, uma vez que tem natureza científica.

Há, pois, que ter muito cuidado e alguma sensibilidade, no posicionamento da questão. Devemos ainda prevenir para o seguinte: a "limitação" das indemnizações por cic, ao denominado interesse negativo, já contagiou, no pensamento de alguns autores, a indemnização devida quando, na pendência de um contrato, haja um incumprimento que leve a parte fiel a recorrer à sua resolução. Admitir que, nessa eventualidade, a indemnização se limite a colocar as partes na posição de nunca ter havido um contrato constitui grave prémio ao infrator e coloca em causa a juridicidade das obrigações e o princípio do cumprimento do contratado[965].

V. Cumpre ainda esclarecer que, nas atuais doutrina e jurisprudência alemãs, não há nenhuma limitação da cic ao interesse negativo. Este aspeto não é de somenos, uma vez que quer a contraposição entre os interesses

---

[954] STJ 31-mar.-2011 (Fernando Bento), Proc. 3682/05, já citado.
[955] STJ 30-jun.-2011 (Orlando Afonso), Proc. 1440/07, num caso chocante em que os visados venderam a terceiros bens que tinham já acordado vender ao lesado; o tribunal entendeu que só haveria lugar a indemnização pelo interesse negativo, sendo que não se teriam provado danos, nesse domínio ...
[956] STJ 27-set.-2012 (Bettencourt de Faria), Proc. 3729/04.
[957] STJ 18-dez.-2012 (António Joaquim Piçarra), Proc. 1610/07.
[958] RPt 5-mar.-1996 (Rapazote Fernandes), Proc. 9421256.
[959] RLx 29-out.-1998 (Ana Paula Boularot), CJ XXIII (1998) 4, 132-135 (134/II).
[960] REv 11-nov.-1999 (Fernando Bento), CJ XXIV (1999) 5, 262-264 (263/II).
[961] RPt 27-fev.-2003 (Gonçalo Silvano), CJ XXVIII (2003) 1, 195-200 (197/II).
[962] STJ 28-abr.-2009 (Azevedo Ramos), Proc. 09A0457.
[963] RLx 7-out.-2010 (Rui da Ponte Gomes), Proc. 3061/08.
[964] STJ 16-dez.-2010 (Silva Salazar), Proc. 44/07.
[965] *Vide* o *Tratado* II/4, 158 ss..

negativo e o positivo, quer a "terceira via" correspondem a preocupações de atualização perante a doutrina continental liderante, preocupações essas das quais, de resto, partilhamos.

Na sequência de uma evolução sustentada, a doutrina alemã veio referenciar o "interesse de confiança", versão evoluída do interesse negativo. Este pode cobrir lucros cessantes e, designadamente, a perda de *chance*. Mas mais longe: além disso, clássicos como Medicus há muito admitem que, para além do de confiança possa, pela cic, ser indemnizado o interesse do cumprimento[966]. A jurisprudência acompanhou[967].

Após a reforma de 2001/2002, esta posição ficou reforçada. Podemos afirmar que a doutrina unânime, no caso de cic, propende que se parta do interesse de confiança chegando-se, em casos especiais, ao próprio interesse do cumprimento[968]. Referimos, em especial, clássicos como Heinrich Honsell[969] e os grandes comentários ao BGB, como o *Münchener Kommentar*[970]. Outros autores conseguem um efeito similar reconduzindo as inobservâncias do dever de segurança, ao "interesse da integridade" (e, portanto,

---

[966] Dieter Medicus, *Ansprüche auf das Erfüllungsinteresse aus Verschulden bei Vertragsverhandlungen?*, FS Hermann Lange (1992), 539-560.

[967] BGH 24-jun.-1998, NJW 1998, 2900-2901; vide Stephan Lorenz, *Haftungsausfüllung bei der culpa in contrahendo. Ende des Minderung durch c.i.c.?*, NJW 1999, 1001-1002; de todo o modo, a indemnização correspondente à perda do contrato que, em alternativa ao frustrado pela cic, teria sido celebrado, pode ser computado pelo interesse negativo.

Sublinhamos ainda que, em Itália, quer a doutrina quer a jurisprudência mantêm uma especial aderência ao dano negativo, ainda que entendido amplamente de modo a, via oportunidade do negócio perdido, abranger os lucros cessantes: Alberto Sagna, *Il rissarcimento del danno nella responsabilità precontrattuale* (2004), 18 ss., 138 ss. e *passim*. Todavia, o artigo 1338.º do Código italiano – que não tem correspondente no português – limita e ressarcimento, no caso do conhecimento não comunicado das causas de invalidade, ao dano da confiança. Além disso, é patente a preocupação em, com vários expedientes, alargar quanto possível o âmbito indemnizatório. Assim entendida, a experiência italiana permite duas lições: não pode ser transposta, *ad nutum*, para a nossa Terra, já que os dados são diversos; melhor será evitar os condicionamentos conceituais que tantas dificuldades levantam, depois, na sua superação.

[968] P. ex., Spyridon Kakatsakis, *Die culpa in contrahendo nach neuem Schuldrecht* (2007), VIII + 195 pp., 141 ss. e 145 ss..

[969] Heinrich Honsell, *Negatives oder positives Interesse wegen Verletzung der Aufklärungspflicht bei culpa in contrahendo*, FS Dieter Medicus (2009), 181-187 (185 ss.).

[970] Volker Emmerich, *Münchener Kommentar zum BGB 2*, 6.ª ed. (2011), § 311, Nr. 199 (1662); aponta para o interesse negativo (...) *meistens, aber nicht notwendig und nicht immer* [na maioria das vezes, mas não necessariamente e não sempre].

§ 18.º *A concretização da* culpa in contrahendo 287

abrangendo tudo) e as dos deveres de informação à tutela de uma confiança que pode abranger negócios equivalentes alternativos[971].

91. Excurso: a ideia de perda de *chance*

I. A propósito da indemnização pela cic, cumpre referir a doutrina da perda de *chance*, que tem encontrado eco nos nossos tribunais.

A perda de *chance* surgiu em França, por via jurisprudencial. Na Cassação Francesa e em 17-jul.-1889[972], entendeu-se que, perante a perda da possibilidade de interpor um recurso, por falha do *huissier* que entregara a notificação a uma pessoa não identificada, haveria lugar a uma indemnização equivalente ao valor que poderia advir do êxito do recurso em causa[973]. Outras decisões mantiveram e aprofundaram essa conceção[974]. Há muita literatura subsequente, acentuando a atual que deve tratar-se de uma *chance* real e séria[975].

II. A perda de *chance* coloca um tema de responsabilidade civil, na área da causalidade. À partida, trata-se de uma fórmula francesa destinada a enfrentar o problema do interesse do cumprimento[976]: tanto mais necessário quanto é certo que os gauleses não trabalham com o interesse da confiança. Terá algum relevo perante a Ciência jurídica lusófona?

A doutrina tem-se mostrado reservada[977], admitindo essa figura ou apenas como aferidora de causalidade[978] ou, tão-só, quando as partes tenham erigido a *chance* a bem jurídico protegido pelo contrato[979].

---

[971] Manfred Löwisch/Cornelia Feldmann, no *Staudinger* II, §§ *311, 311a, 312, 312a-i/Vertragsschluss* (2013), § 311, Nr. 157-158 (58-59).

[972] CssFr 17-jul.-1889, S 1891, 1, 399/II-400/III.

[973] *Idem*, 400/II.

[974] Entre nós, *vide* Júlio Vieira Gomes, *Sobre o dano da perda de chance*, DJ XIX (2005) 2, 9-47 (15 ss.) e Rui Cardona Ferreira, *Indemnização do interesse contratual positivo e perda de chance* cit., 114 ss..

[975] François Terré/Philippe Simler/Yves Lequette, *Droit civil/Les obligations*, 10.ª ed. (2009), n.º 701 (715).

[976] Murad Ferid/Hans Jürgen Sonnenberger, *Das französische Zivilrecht* I/1, 2.ª ed. (1994), 1 F 279 (457-458).

[977] Júlio Vieira Gomes, *Sobre o dano da perda de chance* cit., 38 e Paulo Mota Pinto, *Interesse contratual negativo* cit., 1103-1107, nota 3103.

[978] Rui Cardona Ferreira, *Indemnização do interesse contratual positivo e perda de chance* cit., 285 ss. e *A perda de chance/análise comparativa e perspetivas de ordenação sistemática*, O Direito 144 (2012), 29-58.

[979] Manuel Carneiro da Frada, *Direito civil – responsabilidade civil – o método do caso* (2006), 104.

Quanto à jurisprudência: ela tem-se manifestado a propósito da responsabilidade profissional do advogado, ora favorável[980] ora desfavoravelmente[981].
Vamos tecer algumas considerações.

III. Em primeiro lugar, a teoria da perda de *chance* tem um sentido diverso, consoante a área onde seja apresentada. Assim:

– nos domínios pré-contratual e no da resolução do contrato, a perda de *chance* visa ampliar a responsabilidade civil, de modo a poder cobrir o chamado interesse positivo;
– no campo contratual, ela reduz a responsabilidade civil: não se trata de cobrir o interesse positivo mas, apenas, a parcela que corresponderia à *chance*; aliás, aqui se inscrevem os arestos favoráveis à teoria em causa.

IV. Em segundo lugar, a perda de *chance* não pode dispensar os pressupostos da responsabilidade civil e a sua prova. Assim, a *chance* (a sorte, pela positiva) pode ocorrer a qualquer propósito. Mas não é possível condenar alguém a pagar – o que tem, sempre, um sentido expropriativo ou confiscatório – se não se estabelecer um nexo de causalidade entre o facto e o dano.

A tal propósito, recordamos que a causalidade parte, sempre, da *conditio sine qua non*; daí, passa-se à adequação e, na doutrina mais recente, à causalidade normativa: são imputados ao agente os danos correspondentes à supressão de vantagens atribuídas pela norma jurídica violada.

V. Finalmente: não é compaginável, a pretexto de perda de *chance*, chegar-se a uma situação que suprima o risco, de tal modo que o lesado fique numa posição mais favorável do que sucederia se a norma jurídica tem sido observada. A perda de *chance* não pode converter-se em *chance* pura e simples.

Repare-se: ao mandar indemnizar pela perda de *chance*, dispensando, com isso, a prova da causalidade, está-se a proceder a uma (re)distribuição do risco não prevista pela lei. Só o contrato a pode legitimar, predispondo essa distribuição. Por isso diz Carneiro da Frada que tal indemnização só

---

[980] RLx 15-mai.-2008 (Granja da Fonseca), Proc. 3578/2008, ainda que de modo restritivo e STJ 10-mar.-2011 (Távora Victor), Proc. 9195/03, também com restrições.
[981] STJ 29-abr.-2010 (Sebastião Póvoas), Proc. 2622/07: um caso de falta de alegações em recurso, STJ 26-out.-2010 (Azevedo Ramos), Proc. 1410/04 e STJ 18-out.-2012 (Serra Baptista), Proc. 5817/09.

ocorre quando as partes tenham arvorado a *chance* à qualidade de bem protegido pelo contrato.

VI. A perda de *chance* vem duplicar institutos germano-lusófonos consagrados, particularmente na área da causalidade. Em abstrato, *nihil obstat*: o Direito lusófono é aberto ao exterior e pode acolher explicações confluentes.

Todavia, subjacente à ideia de *chance* está o sentimento de que, na responsabilidade civil, não se deveria jogar o tudo ou nada. Bem. Se perante um dano a calcular pelo interesse positivo, não se consegue fazer a prova na sua totalidade mas, apenas, em parte, essa "parte" pode ser indemnizada. Mas se não se provar coisa nenhuma, ficando apenas em aberto a hipótese de tudo ser sempre possível – e, portanto, a de haver sempre alguma *chance* –, não vemos que subsista a necessária causalidade.

92. O cálculo da indemnização por cic

I. Na determinação das indemnizações devidas ao lesado, no caso de cic, há que partir das regras da responsabilidade civil. São elas:

798.º O devedor que falta culposamente ao cumprimento da obrigação torna-se responsável pelo prejuízo que causa ao credor.

562.º Quem estiver obrigado a reparar um dano deve reconstituir a situação que existiria, se não se tivesse verificado o evento que obriga à reparação.

564.º/1 O dever de indemnizar compreende não só o prejuízo causado, como os benefícios que o lesado deixou de obter em consequência da lesão.

O artigo 227.º/1 não introduz qualquer limitação neste quadro. Além disso, cabe recordar que o artigo 62.º/1 da Constituição garante a propriedade privada; esse preceito mostra-se desatendido sempre que alguém sofra danos patrimoniais não ressarcidos. O mesmo raciocínio funciona perante o artigo 26.º/1 da Constituição: há inconstitucionalidade sempre que fiquem danos pessoais ou morais por compensar.

II. A cic é um instituto com uma composição complexa e dinâmica. Ela comporta situações diversas e valores distintos, que cumpre destrinçar. Num plano processual, o próprio artigo 227.º/1 contrapõe uma fase de preliminares a uma fase de conclusão: um ponto por vezes enfatizado pela doutrina[982] e pela jurisprudência[983]. Todavia, a análise do processo de negociação, no caso de negociações complexas, revela, pelo menos, seis fases[984], no decurso das quais vão surgindo ou vão-se intensificando os diversos deveres pré-negociais, impostos pela boa-fé. Temos o seguinte quadro ilustrativo:

(a) a proximidade negocial: as partes colocam-se, de tal modo, que podem ser atingidas pelas condutas uma da outra; surgem deveres de segurança elementares; vale o caso da casca de banana[985];

(b) os contactos exploratórios: as partes comunicam, visitam instalações ou analisam mercadorias; temos deveres de segurança acrescidos (o caso do linóleo[986]) eventualmente dobrados já por deveres de informação; nota-se que tais deveres se prolongam nas fases subsequentes, intensificando-se;

(c) as negociações informais: são manifestadas disponibilidades para negociar, com troca de informações; surgem deveres de informação e de lealdade, designadamente sob forma negativa: não dar informações falsas ou que induzam em erro e não adotar atitudes que possam prejudicar, fora do âmbito em jogo; a parte que não tenha intenção de concluir qualquer negócio deve dizê-lo, desde logo;

(d) as negociações formais: as partes procuram, efetivamente, concluir um negócio; podem ser trocadas informações sensíveis; pode haver despesas preparatórias, com a contratação de terceiros; procura-se assentar num texto, com cedências múltiplas; surgem expectativas de futuro e intensifica-se o investimento de confiança; os deveres de lealdade atingem uma intensidade acrescida; particularmente premente é a obrigação de prevenir, com a

---

[982] Mário Júlio de Almeida Costa, *Responsabilidade civil pela ruptura das negociações* cit., 49 ss..

[983] P. ex., RLx 7-out.-2010 (Rui da Ponte Gomes), Proc. 3061/08.

[984] Esta análise deve ser, ainda, cruzada com a técnica de preparação dos contratos: *supra*, 157 ss.. A destrinça analítica das várias hipóteses afigura-se um método fecundo, sendo adotado por Paulo Mota Pinto, *Interesse contratual* cit., 1021 ss. e por Carlos Ferreira de Almeida, *Contratos* cit., 1, 4.ª ed., 226 ss..

[985] BGH 26-set.-1961, LM n.º 13, § 276 (Fa), BGB, cit., *supra* 217.

[986] RG 7-dez.-1911, RGZ 78 (1912), 239-241, cit., *supra* 216.

necessária veemência, de que pode não haver nenhum contrato, se tal for o caso;
(e) acordo: as partes assentam em todos os pontos e põem-se de acordo; falta apenas a formalização e, eventualmente, a preparação dos documentos para tanto necessários; chegados a este ponto, em princípio, já nada há para informar a não ser, eventualmente (e com ênfase!) que o acordo é precário; em contrapartida, a lealdade atinge um grau máximo: há que honrar a palavra dada; a boa-fé pode, aqui, cominar um dever de contratar;
(f) execução: por vezes, após o acordo mas antes da sua formalização, as partes podem executar, desde logo, o negócio alcançado; acrescidamente, a lealdade exige que contratem.

III. Aquando da análise do artigo 227.º/1, sublinhámos a fórmula (...) sob pena de responder pelos danos que *culposamente* causar à outra parte. Subentende-se, aqui, um apelo à causalidade normativa[987]: o agente deve indemnizar o lesado pelos danos causados nos bens jurídicos protegidos pela obrigação violada. Para tanto, há que atentar na fase negocial em que o problema se ponha, no tipo de dever e no bem jurídico atingido.

Quanto aos deveres de segurança: devem ser indemnizados todos os danos, pessoais, patrimoniais e morais que possam, causalmente, ser imputados ao agente. Está em causa o "interesse da integralidade" (que não é, propriamente, nem negativo, nem positivo). É certo que esta modalidade não se documenta, entre nós. Todavia, o Direito lusófono está disponível: seria uma saída prática e eficaz, dada a presunção de culpa, para as diversas situações que possam ocorrer. Repare-se que estes deveres estão presentes em todo o processo formativo.

IV. Os deveres de informação surgem na fase exploratória e intensificam-se, na das negociações informais e na das negociações formais. Cabe fazer algumas precisões:
– tais deveres incumbem à parte que esteja em condições de informar;
– eles incidem, em especial, sobre a parte forte, seja jurídica, seja económica, seja cientificamente; manifesta-se, aqui, a ideia de tutela da parte fraca;

---

[987] *Tratado* II/3, 537 ss..

– não há base alguma para considerar que (só) se informa o que for perguntado; quando se pergunta, é porque já se sabe: tudo ou bastante para desconfiar; logo, há que informar tudo o que, razoavelmente, for de esperar que a outra parte não conheça; como foi explicado[988], não se trata de um dever geral de informar, mas de uma obrigação específica, a verificar caso a caso;
– é crucial informar se se pretende, ou não, um negócio e, em caso de dúvida, deixar claramente expressa essa incerteza.

Perante a violação do dever de informar, colocam-se as seguintes questões: (a) qual foi a informação omitida (ou falsamente transmitida); (b) que valores visava proteger o concreto dever de informar; (c) que danos foram causados nesses valores.

Em princípio, podemos considerar que a informação em jogo, sendo ponderosa, teria paralisado todo o procedimento subsequente. Por isso, a indemnização deve abranger o interesse negativo ou da confiança defraudado: as despesas havidas com vista à negociação frustrada, o tempo dispendido e, sendo o caso, os danos morais. Ficam abrangidos, nos termos gerais, as maiores despesas subsequentes e, provando-se, os lucros cessantes (perda de *chance*).

> Por exemplo: alguém negoceia uma casa para arrendar, numa praia, em agosto; o dono não informa que, à última hora, poderia não fechar o contrato, caso um filho regressasse de França; confiante, o interessado não procura outros locais; no fim de julho, é surpreendido com a não-disponibilidade do local; tem de recorrer a um hotel e perde um subarrendamento parcial já acordado. Pois bem: o interesse negativo abrange as despesas perdidas, o sobrepreço do hotel e a subrenda falhada (lucro cessante). Pode, além disso, haver danos morais, mas aqui pelo interesse da integralidade.

V. Os deveres de lealdade surgem com as negociações informais e agravam-se nas etapas subsequentes. Quando impliquem quebras no sigilo ou violações de leal concorrência, ficam abrangidos os diversos danos, aferidos pelo interesse negativo: valem os danos que não se teriam verificado, a não haver prevaricação (e, logo, negociação).

Estando em causa um dever de contratar, seja por exigência geral da boa-fé (posição monopolista, por exemplo), seja por já haver acordo ou,

---

[988] *Supra*, 277 ss. e *passim*.

maxime, execução desse acordo, além dos danos circundantes, deve ser computado o interesse positivo.

    Veja-se o caso decidido em RPt 27-nov.-2000: acordado um negócio de exploração de lavandaria, o interessado toma logo conta do estabelecimento; o negócio não é formalizado: o tribunal mandou que, por cic, os saldos de caixa fossem entregues ao lesado[989]; há indemnização pelo interesse positivo que, como se vê, é justo e nada tem de dramático.

    VI. Deve ficar claro que as tipificações acima efetuadas visam, apenas, ilustrar a concretização da cic e o alcance do dever de indemnizar que, dela, possa resultar. A realidade é mais diferenciada: todo o processo de negociação é um *continuum* que só por abstração requerida pela análise pode ser cindido. Cabe ao julgador, no caso concreto, sem preconceitos, realizar o Direito, através dos múltiplos instrumentos que a moderna Ciência Jurídica lhe confia.

93. A densificação negocial

    I. A *culpa in contrahendo* serviu, historicamente, para levar ao sistema toda uma área que, antes, lhe era estranha: a que decorre desde o encontro entre as partes e até à efetiva conclusão de um contrato, válido e equilibrado. Porém, dado esse passo, ela cedo veio a sofrer a erosão de institutos mais precisos e mais diferenciados. Paralelamente, ela proporcionou uma progressiva integração sistemática. Principiaremos por este último aspecto.

    In contrahendo, ocorre uma especial proximidade entre as partes, que as coloca à mercê uma da outra. Em tais condições, compreende-se que surjam deveres de segurança (física e patrimonial), de lealdade (incluindo o sigilo e a não-concorrência) e de informação (completa e verídica): a boa-fé e o sistema a tanto conduzem. Mas tal proximidade não é exclusiva das fases pré-contratuais: ela ocorre, também, na vigência do contrato, nas hipóteses em que o contrato seja nulo e, até, depois da cessação do contrato ou *post pactum finitum*. Podemos defender com Canaris – o grande investigador desta construção – uma teoria unitária dos deveres de proteção, de

---

[989] RPt 27-nov.-2000 (Pinto Ferreira), Proc. 0051054.

lealdade e de informação, assentes na tutela da confiança e na primazia da materialidade subjacente[990].

Além desta progressão doutrinária, recorde-se que a densificação legislativa crescente, designadamente na área da defesa do consumidor, tem levado ao surgimento de deveres de proteção e de informação de base legal[991].

II. Sabemos hoje que, na fase preliminar, as partes podem estabelecer os mais diversos acordos parcelares, bem como recorrer à contratação mitigada. A rejeição doutrinária das soluções contratualistas da *culpa in contrahendo* não nos pode fazer esquecer que, na realidade, as partes vão progredindo, nas negociações, por aproximação e na medida em que haja consenso. Deste modo, é de esperar que, perante súbitas erupções danosas, se estejam, antes de mais, a violar convénios já conseguidos[992]. O âmbito do artigo 227.º/1 do Código Civil irá regredindo, à medida que a Ciência do Direito se mostre capaz de trabalhar com tais acordos.

III. Além disso, surgem áreas específicas, ricas em valores e nas quais o legislador assumiu a postura explícita de proteger determinados intervenientes. Assim sucede no domínio das cláusulas contratuais gerais, onde ocorrem específicos deveres de informação – artigo 6.º da LCCG – ou no do Direito mobiliário, que prevê uma particular responsabilidade pelo prospeto, numa concretização da *culpa in contrahendo*[993].

A todas estas figuras haverá sempre que somar os diversos institutos da responsabilidade civil, à medida que se venham a tornar mais eficazes. Assim, uma violação do sigilo será uma falha *in contrahendo*. Mas poderá, antes de mais, representar uma violação ao direito à privacidade, sede onde

---

[990] Vide *Da boa fé* cit., 632 ss. e *passim*; vide Manuel Carneiro da Frada, *Contrato e deveres de protecção* (1994).

[991] Artigos 5.º e 8.º da LDC. O artigo 9.º/1 da mesma LDC refere "...a lealdade e a boa fé, nos preliminares...". *Vide infra*, 514. Além disso, devemos contar com o útil concurso de outros institutos, como o dos vícios na coisa vendida. *Vide* Reinhard Singer, *Fehler beim Kauf/Zum Verhältnis von Mängelgewährleistung, Irrtumsanfechtung und culpa in contrahendo*, FG (Wissenschaft) 50 Jahre BGH 1 (2000), 381-405.

[992] *Vide* Maria Raquel Rei, *Do contrato-quadro* (1997, inédito), 41 ss..

[993] *Vide* os artigos 143.º e ss. do CódMVM e 149.º e ss. do CVM, bem como o já citado Carlos Costa Pina, *Dever de informação e responsabilidade pelo prospecto no mercado primário de valores mobiliários* (1999).

§ 18.º *A concretização da* culpa in contrahendo

será possível uma indemnização mais cabal. Tudo isto retira espaço à velha *culpa*[994].

Pela sua própria natureza, o aperfeiçoamento do critério soluciona problemas mas permite descobrir muitos outros por resolver. A *culpa in contrahendo* é depurada por novos institutos mais precisos. Mantém-se, no entanto, como sinal último da presença do sistema, harmonizando soluções e facultando saídas exigidas pelo ordenamento, mas onde falhe o *ius strictum*[995].

IV. No funcionamento da *culpa in contrahendo*, deve-se ter sempre presente que – as palavras são do Supremo – ela opera como[996]:

(...) compromisso ou conciliação entre o interesse na liberdade negocial e o interesse na protecção da confiança das partes durante a fase das negociações.

Por outro lado, ela surge como um instituto delicado: há que alegar e provar quer a violação[997], quer os danos[998]. Com essas cautelas, não cabe recear qualquer perda de segurança jurídica.

Também no que tange à responsabilidade emergente da *culpa*, temos alguns progressos. Já vimos que, apesar das resistências, a doutrina e a jurisprudência vêm:

– reconhecer que a responsabilidade *in contrahendo* tem natureza obrigacional;
– admitir que os danos indemnizáveis possam não se circunscrever ao interesse negativo.

Há que insistir nestas vias.

---

[994] Norbert Horn, *Culpa in contrahendo* cit., 386.

[995] Torna-se interessante constatar, também neste domínio, uma certa confluência de sistemas; o Direito anglo-saxónico, tradicionalmente pouco motivado para a *culpa in contrahendo*, tem vindo a ser sensibilizado para o tema; vide Nicole Schneider, *Uberrima Fides/Treu und Glauben und vorvertragliche Aufklärungspflichten im englischen Recht* (2004), 12 ss., 23 ss. e 233 ss..

[996] STJ 9-fev.-1999 (Martins da Costa), CJ/Supremo VII (1999) 1, 84-86 (85/I).

[997] RLx 2-jul.-1998 (Fernando Casimiro), CJ XXIII (1998) 4, 81-85 (83/I).

[998] STJ 23-set.-1998 (Pereira da Graça), CJ/Supremo VI (1998) 3, 14-19 (18/II).

§ 19.º ATOS PREPARATÓRIOS

94. Ideia geral e modalidades

I. Como adiante melhor será visto, a proposta e a aceitação surgem como elementos necessários, dentro do processo analítico de formação do contrato entre ausentes. A liberdade das partes pode, no entanto, introduzir outros elementos nesse processo, seja como modo de mais eficazmente se conseguir a prossecução do consenso, seja como via adequada para enfrentar particulares circunstâncias que se lhes deparem.

A esta luz, definimos os atos preparatórios como todos aqueles que, inserindo-se, pelo seu objetivo, no processo de formação de um contrato, não possam reconduzir-se à proposta, à aceitação ou à rejeição, relativamente ao contrato definitivamente pretendido[999].

II. Os atos preparatórios são materiais ou jurídicos, consoante se analisem em simples modificações do mundo material ou antes impliquem atividades de puro significado jurídico. Assim, tanto é preparatório o ato que se traduza no aprontar de uma sala de reunião, como a celebração de um pacto quanto à forma do futuro e eventual contrato. Entre os atos preparatórios materiais incluem-se, como categoria autonomizável, os contactos preliminares: neles, as partes procuram conhecer-se e indagar a possível negociação dos seus interesses.

Por seu turno, os atos preparatórios jurídicos dizem-se vinculativos ou não-vinculativos conforme obriguem, ou não, as partes a práticas ulteriores. Por exemplo, é vinculativo o contrato-promessa, enquanto a proposta de qualquer pacto preparatório não adstringe, por si, as partes, a qualquer conduta.

---

[999] Para uma determinação não coincidente, mas rica em elementos, Francesco Realmonte, *I rapporti giuridici preparatori* (1996), Introdução, XI-XXI.

III. A natureza jurídica dos preliminares já levantou algumas dúvidas: tratava-se, no essencial, de saber se, no seu decurso, as partes são inteiramente livres de agir ou se, pelo contrário, elas devem observar certas regras. Hoje, porém, a resposta surge pacífica: no decurso dos preliminares, as partes mantêm a liberdade de contratar; devem, contudo, respeitar a boa-fé, pelo que tudo quanto façam tem, a esse nível, relevância jurídica. A técnica de decisão de acordo com a boa-fé obriga, contudo, a trabalhar com modelos bastante vagos, o que só é possível com recurso a um instituto particularmente adaptado para o efeito: a *culpa in contrahendo*, acima analisada.

Pode-se ir mais longe.

Alguns atos preparatórios surgem de tal modo incisivos e habituais que suscitam, no plano das realidades sociais, a possibilidade de aplicação de regras adaptadas. Tal sucede com a minuta ou punctação, no domínio dos atos materiais e com os contratos preparatórios, no campo dos normativos.

95. Atos típicos

I. Entre os múltiplos atos preparatórios possíveis, avultam alguns que são tipificados, seja na lei, seja na prática social. No primeiro caso, fala-se em tipos legais; no segundo, sociais. Começando por estes últimos, encontramos a minuta ou punctação.

II. A minuta ou punctação é um documento no qual as partes vão exarando os diversos pontos a inserir no futuro contrato, à medida que sejam acordados. Na ideia tradicional, o contrato é aprovado no seu todo. Por isso, os pontos sectoriais acordados, mesmo quando lançados num papel, não vinculam os contraentes antes da aprovação global final[1000].

Na atualidade, assiste-se, muitas vezes, em negociações complexas, à realização de atas das diversas reuniões, por escrito ou em banda magnética, ou a volumosas trocas de correspondência, de onde resultam acordos sectoriais obtidos pelas partes. O princípio da aprovação final global,

---

[1000] Enneccerus/Nipperdey, *Allgemeiner Teil* cit., 15.ª ed., 2, 1.003 (§ 163, I), Peter Oertmann, no HKK/BGB cit., 1, §§ 145-156, Nr. (847-848), Dieter Medicus, *Allgemeiner Teil* cit., 10.ª ed., Nr. 434 (179) e Jan Busche, no *Münchener Kommentar* cit., 1, 6.ª ed., Vor § 145, Nr. 59 (1605) e § 154, Nr. 4 (1661).

afirmado a propósito da punctação, consta do § 154, I, 2 do BGB alemão, surgindo, por isso, na literatura de influência germânica[1001]. O Código Vaz Serra nada diz, a tal respeito. E bem: tudo depende da vontade das partes. O ato de lançar em minuta certos elementos é puramente material. Mas os acordos que assim se documentem ou que resultem de atas de reuniões ou da correspondência trocada pelas partes podem ter alcance normativo imediato. É, pois, questão de interpretação o saber se as partes se consideram já vinculadas por acordos parcelares previamente celebrados ou se tais aspetos ficaram condicionados por uma aprovação final global. O objetivo por elas prosseguido com a contratação e a própria exequibilidade dos pactos parcelares devem integrar os competentes modelos de decisão. O BGB (§ 154/I) dispõe que, na dúvida, o contrato final não se considera concluído. O Código Vaz Serra não contém essa previsão. Todavia, dadas as regras do ónus da prova, quem invoque um contrato deve provar a sua celebração; chega-se, por esta via, a uma solução paralela.

III. No campo dos atos preparatórios legalmente tipificados, surgem diversos contratos instrumentais, ou seja, contratos que não visam regular, de modo direto, o conteúdo que integrará o convénio definitivo mas, tão-só, aspetos que, a ele irão conduzir.

Entre os contratos preparatórios instrumentais, expressamente previstos ou pressupostos na lei, cabe referir:

– a convenção das partes sobre a forma do futuro e eventual contrato (artigo 223.º);
– a convenção das partes sobre o valor do silêncio (artigo 218.º);
– a convenção das partes sobre o prazo de subsistência de eventuais propostas [artigo 228.º/1, *a*)];
– o contrato-promessa ou contrato pelo qual as partes se obrigam a celebrar o contrato definitivo (artigos 410.º e seguintes);
– o pacto de preferência ou contrato pelo qual uma das partes se obriga a, quando contratar, fazê-lo preferencialmente com a outra, desde que esta acompanhe a oferta de um terceiro (artigos 414.º e seguintes).

[1001] Reinhard Bork, no *Staudingers Kommentar* I, §§ 134-163 (2003), § 154, Nr. 11 (651) e I, §§ 139-163 (2010), § 154, Nr. 11 (243), Ernst A. Kramer, no *Münchener Kommentar* cit., 1, 4.ª ed. (2001), § 154, Nr. 10 (1541) e Jan Busche, *idem*, 1, 6.ª ed. (2012), § 154, Nr. 4 (1661).

A matéria do contrato-promessa e a do pacto de preferência são tratadas em Direito das obrigações[1002].

IV. Há outros contratos preparatórios, de tipo instrumental, que embora não consagrados expressamente na lei civil, têm um relevo prático marcado, correspondendo a tipos sociais. Tal ocorre com o contrato de opção, pelo qual uma pessoa, querendo, pode provocar o aparecimento de um contrato predeterminado[1003]. Neste sentido, a opção não se confunde com a preferência, onde o contrato a celebrar depende da proposta feita pelo terceiro.

E assim sucede, também, com o concurso para a celebração de um contrato ao qual, pelo seu relevo, se vai consagrar uma rubrica autónoma.

96. O concurso para a celebração de um contrato

I. O concurso para a celebração de um contrato corresponde a um ou mais atos jurídicos destinados a promover o aparecimento de uma pluralidade de interessados na conclusão de um contrato e, depois, a facultar, por escolha, a seleção de um deles, para a celebração em causa[1004]. São, pois, elementos essenciais deste ato preparatório a existência de pluralidade de interessados e, depois, a escolha.

A existência de concurso para a celebração de um contrato pode visar razões distintas embora, com frequência, inseparáveis. Assim:

– a escolha do parceiro mais idóneo: dada a complexidade das sociedades técnicas, a pessoa interessada em contratar não conhece, muitas vezes, os potenciais parceiros; o concurso, normalmente acompanhado por publicidade alargada, permite um afluxo de possíveis contratantes, facultando escolhas adequadas;

– o aproveitamento dos mecanismos da concorrência: ao abrir um concurso, o interessado dirige-se aos eventuais interessados; estes, para arrematar o lugar, vão oferecer melhores condições, procurando ultrapassar-se uns aos outros;

[1002] *Tratado*, VII volume.
[1003] *Tratado* II/2, 537 ss..
[1004] Para maiores desenvolvimentos remete-se para Menezes Cordeiro, *Da abertura de concurso para a celebração de um contrato no Direito privado*, BMJ 369 (1988), 5-59.

– a procura da melhor gestão: por vezes, o dono do concurso não tem ideias assentes quanto ao próprio contrato a celebrar; os interessados são levados a concorrer apresentando propostas globais – por exemplo, para a recuperação de uma empresa; resulta, daí, uma busca de melhor gestão, que transcende o mero universo contratual;
– a legitimação da escolha: para a celebração de um contrato, a legitimidade material advém da autonomia privada; pode-se, porém, ir mais longe: se a celebração de um contrato for precedida de um concurso, ficará a ideia, na comunidade jurídica, não só de que havia o direito de celebrar tal contrato mas, também, de que foi, para contratante, escolhido o melhor. Compreende-se, deste modo, o relevo que o concurso para a celebração de contratos adquire, no sector público[1005]; mas também no privado, o prestígio de uma empresa poderá requerer a contratação, na base de prévios concursos.

II. Seja qual for o seu objetivo, o concurso para a celebração de um contrato comporta várias modalidades, em função de diversos critérios.

Consoante o contrato em jogo, o concurso será administrativo, civil ou comercial, para compra, para empreitada ou para outro tipo contratual ou, noutro prisma, para aquisição de móveis ou de imóveis ou para a obtenção de serviços.

Em função dos destinatários, isto é, das pessoas que, nele, poderão participar, há contraposições relevantes. A essa luz, o concurso poderá ser internacional, europeu, nacional, regional, local, concelhio, etc., mercê do círculo de interessados visado. Importante, também, é a clivagem entre concursos indiferenciados e especializados: os primeiros dirigem-se a qualquer interessado, enquanto os segundos visam, apenas, interessados com certas habilitações. Fundamental surge a contraposição entre o concurso público e o concurso limitado: ao concurso público podem apresentar-se quaisquer parceiros que reúnam as condições genericamente referidas no próprio termo de abertura do concurso; ao concurso limitado apenas se podem apresentar as entidades especialmente convidadas, pelo autor do concurso, a fazê-lo.

O regime do concurso permite várias distinções de relevo, abaixo referidas.

[1005] O concurso público é obrigatório nos casos especificados nos artigos 17.º e seguintes do CCP (Código dos Contratos Públicos).

III. O concurso para a celebração do contrato – figura genericamente atípica – não deve confundir-se com os concursos previstos no artigo 463.º[1006], em termos, aliás, muito parcos: trata-se, neste preceito, de concursos com outros objetivos[1007]. Por isso, na busca do regime aplicável ao concurso para a celebração do contrato, há que proceder a considerações diversas.

Como ponto de partida, deve ter-se presente que o concurso agora em estudo se filia na autonomia privada. Perguntar pelo regime de um concurso é pois, antes de mais, indagar a vontade dos seus autores.

Pode haver um concurso contratual: nesta hipótese, todos os envolvidos num processo contratual, diretamente ou a título de potenciais interessados, acordam previamente os termos a seguir na contratação, fixando as regras para encontrar os contratantes definitivos. Nessa altura, resta aplicar o regime do contrato e, tendencialmente, as regras relativas ao contrato-promessa.

Mais frequente, no entanto, é a hipótese de um concurso unilateral: apenas o seu dono procede à competente abertura e aprova os seus termos; desta feita, haverá que interpretar a declaração do interessado, para apurar as regras aplicáveis.

IV. O regime, tal como resulta das competentes operações interpretativas, comporta várias hipóteses que podem ser esquematizadas como segue:

– o concurso pode ser indicativo ou vinculativo, de acordo com a sua finalidade: a de construir, apenas, uma fonte de informações para o

---

[1006] Assim, REv 24-fev.-2000 (Maria Laura Leonardo), CJ XXV (2000) 1, 276-280 (279/II): um excelente acórdão.

[1007] De facto, o concurso referido no artigo 463.º visa a atribuição de um prémio: tem o sentido de uma liberalidade, pelo que se compreende a lata margem deixada ao organizador. Em princípio, o resultado de tal concurso não é sindicável pelo tribunal – *vide* RLx 2-mar.-2000 (Salazar Casanova), CJ XXV (2000) 2, 77-80 (78/II). Mas pensamos que tem de haver limites impostos, se necessário, pela boa-fé. Assim, no caso do concurso televisivo "casados de fresco", emitido pela radiotelevisão pública, nos finais do século XX, em que jovens casais concorrentes respondiam a determinadas questões, foi dada uma resposta correta e que o júri da estação organizadora, por erro grosseiro, invalidou; num caso desses, em que o concurso tem, ainda, relevo cultural, social e pedagógico e em que não pode falar-se em pura liberalidade – já que os prémios dados aos concorrentes visam aumentar a audiência – deveria, pelo menos, ter havido uma indemnização. Contra, todavia: RLx 27-nov.-1997 (Narciso Machado), CJ XXII (1997) 5, 110-113 (111/II, 112/I e 113/I).

autor do concurso ou, pelo contrário, a de se integrar com efetividade num processo tendente à formação de um contrato;
– o concurso pode assumir-se, desde logo, como proposta ou como solicitação conforme, dos seus termos, resulte o aparecimento do contrato logo que algum interessado preencha certas condições ou, pelo contrário, os interessados se limitem a apresentar propostas, que o autor do concurso deverá, depois, aceitar em certo condicionalismo.

Independentemente do que ficou dito, a abertura do concurso implica, para o seu autor, o instituir de regras de tipo processual e de tipo substantivo.

As regras processuais têm a ver com os comportamentos instrumentais a observar pelos envolvidos na fase preparatória: entrega de propostas, documentação, prazos, modo de abertura, etc..

As regras substantivas ligam-se aos valores a ponderar por via do concurso e fixam os quadros relativos ao próprio contrato a celebrar – isto é, de que tipo de contrato se trata – os parâmetros referentes aos solicitados – ou seja, a natureza pública ou restrita do concurso, as habilitações requeridas, etc. – e os critérios de decisão para a escolha final.

V. O regime do concurso vincula o seu autor, salvo quando, claramente, ele tenha proclamado, nos termos da abertura, a natureza meramente indicativa do processo. As pessoas são livres de contratar ou de não contratar; e podem, por maioria de razão, fazer anteceder o contrato por consultas ou sondagens ao mercado, procurando colher opiniões e conhecer eventuais interessados. Quando, porém, abram um concurso, devem respeitá-lo, até ao fim[1008]. Nesse sentido dispõem três razões de Direito positivo:
– o princípio do cumprimento das vinculações unilateralmente assumidas; tal princípio, depois de complexa evolução e apesar de algumas inflexões, tem hoje assento no Código Civil, designadamente no artigo 459.º;
– o princípio da boa-fé, na vertente de tutela da confiança: não pode uma pessoa gerar, na comunidade jurídica, a convicção de que, para a celebração de um contrato, será seguida certa metodologia e, depois, supervenientemente, desamparar essa confiança;

[1008] REv 24-fev.-2000 cit., CJ XXV, 1, 279/II e 280/I.

– a tutela da confiança pré-contratual[1009]; no limite, quem viole normas que o próprio haja adotado, para um concurso público, incorre em *culpa in contrahendo*[1010] ou, quiçá, em *venire contra factum proprium*.

VI. Dois pontos podem levantar dúvidas: a entidade a quem compita a escolha pressuposta pelo concurso e os critérios que ela deva observar, nessa mesma escolha. A entidade competente é a que constar da declaração de abertura do concurso; quando nada se diga, a escolha compete ao próprio dono do concurso. Paralelamente, devem ser respeitadas as bitolas implícita ou explicitamente referidas na mesma abertura. Se houver omissão, a boa-fé exigirá que, atenta a finalidade do concurso, se escolha de acordo com os valores comuns nesse tipo de atividade. Muito simplesmente: devem ser aplicadas as escalas de valores que, dadas as circunstâncias, todos esperariam ver funcionar. Assim, a melhor candidatura, nas variáveis preço/qualidade, será, em princípio, vencedora.

O incumprimento das regras aplicáveis, no domínio da abertura do contrato, obriga a indemnizar todos os lesados pelos prejuízos; em casos especiais, sempre que o concurso seja suficientemente preciso para permitir apontar, em termos objetivos, o vencedor e para conhecer o contrato definitivo, é possível o recurso a uma execução específica, nos termos do artigo 830.º.

VII. Modalidade especial de concurso para a celebração de um contrato, que pode ser considerado um tipo social, é a do leilão. No leilão, um interessado, normalmente um vendedor, diretamente ou através de um intermediário especializado (o leiloeiro), organiza um encontro no qual propõe uma venda, à melhor oferta. Os interessados (licitantes) fazem lances sucessivos, sendo o bem leiloado adjudicado ao melhor. Outros arranjos são possíveis, dependendo do (eventual) regulamento aplicável.

Uma vez que o leilão se circunscreve à apresentação de ofertas, será abaixo considerado, no domínio da *invitatio ad offerendum*[1011].

[1009] STA 13-mar.-2001 (Américo Pires Esteves), AcD XLI (2002) 482, 164-174 (164).
[1010] STJ 27-out.-1997 (Nascimento Costa), Proc. 98B317.
[1011] *Infra*, 329 ss..

§ 20.º NEGÓCIOS MITIGADOS

97. Acordos de cortesia e de cavalheiros

I. Abrimos uma categoria de negócios, típicos, mas não necessariamente preparatórios, e que se diferenciam por postularem um regime aparentemente enfraquecido, perante o dos negócios comuns. Nessa categoria surgem, desde logo, os chamados acordos de cortesia e os acordos de cavalheiros.

II. Antes de mais, há que fixar a terminologia. Não consideraremos, nesta categoria, os negócios comuns, que apenas tenham sido celebrados por cortesia, por cavalheirismo ou por obsequiosidade. Assim, a letra de favor, a aquisição por preço elevado de um quadro insignificante, para apoiar um jovem pintor, ou a aceitação de um trespasse sem futuro, apenas por simpatia ou por deferência para com um mestre, são atos patrimoniais que, uma vez concluídos, devem ser honrados, nos termos comuns. Também a gentileza pode originar situações comuns de responsabilidade civil: pense-se no automobilista que dá uma boleia e que se vê, depois, confrontado com o dever de indemnizar o transportado, por acidente de estrada. Temos situações de responsabilidade por deferência, originadas por expressa disposição legal[1012] ou pela violação de deveres acessórios de segurança, ocasionados por uma situação de confiança[1013].

Chamaremos acordo de cortesia ao convénio relativo a matéria não-patrimonial e que releve do mero trato social. Ele poderá recair sobre a hora e o local de um encontro, sobre questões protocolares ou sobre outros

---

[1012] *Vide* o artigo 504.º/3, do Código Civil.
[1013] *Tratado* VI, 353-355.

ajustes convenientes para um convívio agradável, dentro e fora da contratação jurídica[1014].

O acordo de cortesia não se distingue do contrato (apenas) por as partes o terem colocado fora do Direito: ele recai, antes, sobre uma matéria que, não tendo conteúdo patrimonial[1015], não releva para o Direito. Esta distinção era muito clara, no século XIX, uma vez que se exigia, para uma verdadeira obrigação jurídica, natureza patrimonial[1016]. O alargamento subsequente veio criar dificuldades de fronteira. Mas são transponíveis, uma vez que as obrigações não patrimoniais postulam uma vontade jurídica reforçada. A presença de uma obrigação derivada do acordo de cortesia pode corresponder a um tipo legal: assim ocorre com a prestação de informações sem base jurídica[1017].

Evidentemente: o acordo de cortesia que seja subtraído, apenas, para provocar danos pode dar azo a situações comuns de responsabilidade civil. Digamos que ele origina uma obrigação legal de proteção, semelhante à da *culpa in contrahendo*[1018].

III. O acordo de cavalheiros é um convénio que as partes pretenderam colocar fora do campo do Direito[1019]. Pode, teoricamente, recair sobre quaisquer assuntos, patrimoniais e pessoais: tem apenas a particularidade de assentar na palavra dada e na honra de quem a dê[1020].

O acordo de cavalheiros – desde que, naturalmente, se trate mesmo de cavalheiros[1021] – é mais adstringente do que qualquer vínculo jurídico.

[1014] Manfred Wolf/Jörg Neuner, *Allgemeiner Teil* cit., 10.ª ed., § 28, Nr. 17 ss. (314 ss.).

[1015] E não produzindo efeitos de tipo pessoal ou familiar, por não corresponder a nenhuma situação que a lei preveja, com esse sentido.

[1016] Dietmar Willoweit, *Schuldverhältnisse und Gefälligkeit/Dogmatische Grundfragen*, JuS 1984, 909-916 (909/II).

[1017] Do mesmo autor: *Die Rechtsprechung zum Gefälligkeitshandeln*, JuS 1986, 96-107.

[1018] Willoweit, *Schuldverhältnisse und Gefälligkeit* cit., 911/I, Carneiro da Frada, *Teoria da confiança* cit., 817 ss., com terminologia não coincidente e *Tratado* VI, 354-355.

[1019] António Junqueira de Azevedo, *Negócio jurídico e declaração negocial/Noções gerais e formação da declaração negocial* (1986), 41 ss.; Júlio Manuel Vieira Gomes//António Frada de Sousa, *Acordos de honra, prestações de cortesia e contratos*, Est. Almeida Costa (2002), 861-932.

[1020] Karl Friedrich Reuss, *Die Intensitätsstufen der Abreden und die Gentlemen--Agreements*, AcP 154 (1955), 485-526 (489).

[1021] Ou de Senhoras: a expressão "cavalheiro" não tem qualquer conteúdo sexista.

Basta ver que um contrato pode, em certos casos previstos na lei, não ser cumprido; ora o cavalheiro honrará sempre a palavra dada, quaisquer que sejam as circunstâncias e o preço. Mas não é Direito.

IV. Põe-se o problema de saber se, ao concluir um acordo de cavalheiros, as partes podem abdicar, desde logo, de qualquer proteção jurídica. Não podem, a não ser no plano do cavalheirismo. Visto o disposto no artigo 809.°, as obrigações naturais só são viáveis nos casos admitidos por lei[1022]. Além disso, funcionam numerosas outras regras, como a nulidade das obrigações indetermináveis (artigo 280.°/1), a proibição de doar bens futuros (artigo 942.°/1) ou a possibilidade de fixar prazos às obrigações (artigo 777.°/1). Assim:

–o acordo de cavalheiros pelo qual alguém compra um automóvel, pagando ao vendedor o preço que entender justo ou é nulo (artigo 280.°/1) ou encontrará um preço fixado nos termos do artigo 883.°/1;

–o acordo de cavalheiros pelo qual alguém empresta uma quantia a outrem, que este pagará quando puder, será cumprido nos termos do artigo 778.°;

–o acordo de cavalheiros pelo qual as partes irão celebrar certo contrato: ou satisfaz os requisitos de forma e de substância do contrato-promessa e vale como tal, ou, juridicamente, não opera.

No limite, pode-se recorrer às regras sobre liberalidades. A margem para acordos de cavalheiros, sem proteção jurídica, queda-se pelas matérias que não tenham, só por si, relevância patrimonial: veja-se o último exemplo referido[1023].

Entre nós, a presença de acordos de cavalheiros já tem sido invocada, em tribunal, para tentar tirar eficácia a certos institutos: à justa causa de

---

[1022] *Tratado* VI, 69 ss. e 353 ss..

[1023] Quanto ao Direito bancário, discutiu-se a juridicidade das cartas de conforto, à primeira vista assentes no cavalheirismo; hoje responde-se pela positiva; *vide* Menezes Cordeiro, *As cartas de conforto no Direito bancário* (1993), 63 e *Manual de Direito bancário*, 4.ª ed., 775 ss.; STJ 19-dez.-2001 (Ferreira Ramos), CJ/Supremo IX (2001) 3, 157-161, RPt 6-jun.-2002 (Moreira Alves), CJ XXVII (2002) 3, 193-195 e STJ 18-mar.-2003 (Reis Figueira), CJ/Supremo XI (2003) 3, 127-131 (130).

destituição de gerente[1024], a determinados acordos[1025], à falta de forma de um contrato[1026] ou a negociações preliminares[1027]. Os tribunais têm-se, contudo, limitado a aplicar o Direito. E bem.

V. Em suma: o acordo de cavalheiros deixará de o ser se os interessados não se comportarem como tal. Parece, em especial, lamentável a atitude de exigir uma vantagem, em nome da palavra recebida e recusar a contrapartida, invocando falta de juridicidade. E quando celebrados em família, os acordos de cavalheiros ainda devem merecer mais respeito.

Questão diferente da juridicidade do "acordo de cavalheiros" é o facto de a grande maioria dos contratos ser cumprida numa base de "cavalheirismo" e não de juridicidade.

No dia-a-dia, as pessoas realizam inúmeros atos jurídicos, assumindo as correspondentes obrigações. Nessa tarefa, elas executam-se simplesmente porque deram a sua palavra e querem honrá-la. Se fosse necessário recorrer à justiça do Estado para pôr em prática tais obrigações, o sistema entrava em colapso:

– muitas das obrigações em jogo, embora jurídicas, são indemonstráveis: não há escritos e não há testemunhas;
– além disso, o volume de processos provocados pela "judicialização" da vida social submergeria os tribunais.

O Direito positivo funciona pelas forças da sociedade e da cultura a que ele pertence. Nunca sozinho.

O bom jurista será justo, correto, educado e sério. Tudo está interligado.

98. Contratos mitigados *stricto sensu*

I. Perante uma esquematização de tipo tradicional, a postura dos interessados, em face de um eventual contrato definitivo, só poderia ser de aquiescência ou de recusa. Ou pretendem o acordo e assentem; ou não é o caso e faltará o contrato. As necessidades do tráfego vieram determinar

---

[1024] STJ 1-jul.-2004 (Ferreira Girão), Proc. 04B1853.
[1025] STJ 8-jan.-2004 (Quirino Soares), Proc. 03B4102.
[1026] RLx 13-mai.-2008 (Maria do Rosário Morgado), Proc. 355/2008-7.
[1027] RLx 21-abr.-2006 (Manuela Gomes), Proc. 2219/2004-6.

outra hipótese: a de os interessados, não querendo ainda o contrato, se obrigarem, no futuro, a concluí-lo. Teremos, então, o contrato-promessa. Dentro desta possibilidade abriram-se, depois, outras sub-hipóteses e, designadamente: a de haver contratos-promessas com e sem execução específica. No primeiro caso, ocorrendo o incumprimento, o promitente fiel poderia sempre obter, do tribunal, uma sentença que suprisse a abstenção do faltoso; em suma: celebrado o contrato-promessa, as partes teriam meios de fazer surgir o contrato definitivo. No segundo caso, o incumprimento do contrato-promessa apenas poderia dar lugar a medidas compensatórias.

II. O espaço que fica entre a completa ausência de compromissos e o contrato-definitivo foi-se, ainda, densificando[1028]. Poderiam, pelas partes, ser estabelecidos vínculos mais lassos, de conteúdo variável e que teriam em vista uma futura composição de interesses. Chamaremos, genericamente, a essas figuras "contratação mitigada" ou mitigada *stricto sensu*, para excluir as figuras, já referidas, dos acordos de cortesia e dos acordos de cavalheiros[1029].

III. A contratação mitigada decorre da prática dos negócios. Diversas figuras têm sido autonomizadas[1030]. Temos:

– tratativas: abrangem troca de correspondência e abordagens preliminares;

[1028] Martin Weber, *Der Optionsvertrag*, JuS 1990, 249-256 (249) e Baptista Machado, *A cláusula do razoável* (1986), em *Obra dispersa*, 1 (1991), 457-621 (457 ss.).

[1029] Sobre todo este tema, *vide*, entre nós, os importantes estudos de Eduardo Santos Júnior, *Acordos intermédios: entre o início e o termo das negociações para a celebração de um contrato*, ROA 1997, 565-604; Maria Raquel Rei, *Do contrato-quadro* (1997, inédito e já citado) e Patrícia Afonso Fonseca, *As cartas de intenção, no processo de formação do contrato. Contributo para o estudo da sua relevância jurídica*, O Direito 138 (2006), 1085-1147 (1108 ss.).

[1030] Em especial, Marcus Lutter, *Der Letter of Intent/Zur rechtlichen Bedeutung von Absichterklärungen*, 3.ª ed. (1998), XII + 215 pp.; Martin Weber, *Der Optionsvertrag* cit., 251 ss., Reinhard Bork, no *Staudingers Kommentar* cit., I, §§ 134-163, § 145, Nr. 14 (583-589), Karl Larenz/Manfred Wolf, *Allgemeiner Teil* cit., 9.ª ed., 427-428 e Holger Jahn, *Der Letter of Intent* (2000), XIX + 261 pp., 18-45. Tem muito interesse a enumeração de Brigitte Lefebvre, *La bonne foi dans la formation du contrat* (1998), 124 ss., à luz do Direito do Quebeque; ela distingue: 1) acordos de honra; 2) cartas de intenção; 3) punctação; 4) acordos de princípio.

§ 20.º Negócios mitigados 309

– a carta de intenção (*letter of intent*): uma declaração, normalmente em forma epistolar e que consigna uma vontade já sedimentada de, em determinadas condições, concluir certo contrato, embora sem se obrigar a tanto[1031]; a carta de intenção é, muitas vezes, usada no comércio internacional onde, mercê da diversidade linguística e das dificuldades de redocumentação, se recorre, preliminarmente, a instrumentos mais simples[1032]; há várias hipóteses de textos[1033]; a carta de intenção é ainda usada para demonstrar uma vontade séria de adquirir, de modo a poderem ser iniciadas auditorias (*due diligence*)[1034]; esta figura, que tem conhecido um surto recente, será ponderada em número próprio[1035];
– o acordo de negociação (*instruction to proceed* ou *Vereinbarung über den Verhandlungsablauf*): ocorre em negociações complexas e consigna uma vontade comum das partes de executar, desde logo, certos pontos, prosseguindo na negociação, dentro de determinados parâmetros;
– o acordo de base (*head of agreement, principle of agreement* ou *Grundvereinbarung*): também em negociações complexas, podem as partes, obtido um acordo em área nuclear, formalizá-lo desde logo; as negociações prosseguirão, depois, a nível técnico, para aplainar os aspetos secundários[1036];
– o acordo-quadro (*Rahmenvertrag*): em negociações tendentes a originar múltiplos contratos, as partes assentam num núcleo comum a todos eles[1037];

[1031] Reinhard Bork, no *Staudingers Kommentar* cit., 589 e Enrico Caruso, *Le dichiarazioni d'intenti*, em Realmonte, *I rapporti giuridici preparatori* (1996), 275-323.

[1032] Burghard Piltz, *Neue Entwicklungen im UN-Kaufrecht*, NJW 2003, 2056-2063 (2060/I).

[1033] Rolf A. Schütze/Lutz Weipert, *Münchener Vertragshandbuch* 4, 5.ª ed. (2002), dão-nos fórmulas de cartas de intenção.

[1034] Klaus J. Müller, *Gestaltung der Due Diligence durch den Vorstand der Aktiengesellschaft*, NJW 2000, 3452-3456 (3455).

[1035] *Infra*, 311 ss..

[1036] Ute Jung, *Die Einigung über die "essentialia negotii" als Voraussetzung für das Zustandekommen eines Vertrages*, JuS 1999, 28-32 (28 ss.); OLG Karlsruhe 14-jun.-1995, NJW-RR 1996, 997.

[1037] Karl Larenz/Manfred Wolf, *Allgemeiner Teil* cit., 9.ª ed., 428.

– o protocolo complementar (*side letter* ou *Zusatzvereinbarung*): tendo em vista um contrato nuclear, as partes concluem um convénio acessório, tendente a completá-lo[1038].

Um exemplo de contrato preparatório, frequente entre nós e que podemos reconduzir à contratação mitigada, é o do "contrato de reserva": um potencial comprador mostra-se interessado, mas pretende conservar total liberdade de decisão; o vendedor "reserva" a coisa vendida, durante um pequeno prazo, comprometendo-se a aguardar a decisão do comprador[1039].

IV. Em princípio, todas estas figuras são juridicamente relevantes. Assim, perante elas, cabe, desde logo e pela interpretação, verificar qual a vontade dos participantes e, designadamente: se eles se consideram vinculados pelos seus termos e de que modo.

A grande dúvida tem a ver com o incumprimento: pode a parte faltosa ser coagida ao acatamento?

Em Direito, qualquer acordo válido deve ser cumprido, salvo quando, nele, se diga outra coisa. Tudo dependerá de saber se o acordo mitigado tem um conteúdo suficientemente explícito ou se se limita a obrigar as partes a prosseguir nas negociações. Sendo bastante, o conteúdo deve ser acatado[1040]. Não o sendo, a parte faltosa apenas poderá ser condenada em indemnização, por interrupção injustificada das negociações. O Tribunal não pode, de todo o modo, substituir-se às partes, negociando por elas.

V. Pergunta-se, por fim, pela natureza destes acordos. A locução "contratação mitigada", embora sugestiva, pode enganar. Não se trata de vínculos "mais fracos" mas, antes, de vínculos diferentes. As partes podem adotar deveres de procedimento, de esforço e de negociação, tendo em vista um fim eventual. Tais deveres são tão dignos como outros quaisquer:

[1038] Há bastante jurisprudência; p. ex., em BGH 12-nov.-2003, NJW-RR 2004, 518, discutia-se a validade de um protocolo complementar a um contrato de arrendamento.

[1039] REv 22-jun.-2004 (Ana Resende), CJ XXIX (2004) 3, 255-258 (256-257 e 258/I).

[1040] Tal o caso (mal) decidido em STJ 24-out.-1995 (Torres Paulo), BMJ 450 (1995), 443-468 (461 ss.), de resto bem documentado e cuidadoso; fora aí celebrado um "contrato preliminar de um contrato-promessa", mediante o pagamento de uma denominada "taxa de inscrição"; o Supremo, impressionado por não se tratar de um contrato-promessa habitual, optou pela não-execução específica, mau grado haver elementos suficientes para a encarar.

só surgem diferentes dos deveres que, eventualmente, virão à luz na contratação final.

99. Em especial: as cartas de intenção

I. No domínio da contratação mitigada, um espaço especial deve ser conferido às cartas de intenção. Conhecidas, inicialmente, apenas na *praxis* das grandes empresas e da advocacia de negócios, elas vieram a aceder a escritos monográficos[1041] e a algumas obras gerais[1042]. A carta de intenção apresenta-se como um documento pré-contratual, de conteúdo variável, que surge no tráfego aquando da preparação de negócios complexos[1043]. A sua dogmatização é dificultada pela imprecisão do seu conteúdo. Vamos aceder-lhe através de breve referência histórica.

II. Carta de intenção é a fórmula já consagrada para traduzir o inglês *letter of intent*[1044]. Usa-se, entre nós, o plural para exprimir a variedade de atos que lhe podem ser reconduzidos.

A carta de intenção surgiu nos Estados Unidos, particularmente no domínio da aquisição de empresas[1045]. Por vezes, as operações de concen-

---

[1041] Assim: Eduardo dos Santos Júnior, *Acordos intermédios* cit., 588 ss., com diversas designações; Maria Raquel Rei, *Do contrato-quadro* cit., 11; Luís Menezes Leitão, *Negociações e responsabilidade pré-contratual nos contratos comerciais internacionais* cit, 49 ss.; Patrícia Afonso Fonseca, *As cartas de intenções no processo de formação do contrato* cit., 1108; Mariana Fontes da Costa, *Ruptura de negociações pré-contratuais e cartas de intenção* (2011), 210 pp., 73 ss..

[1042] *Vide* o presente *Tratado* I, 1.ª ed. (1999), 313 ss., I/1, 2.ª ed. (2000), 370 ss. e I/1, 3.ª ed. (2005), 533 ss.; Carlos Ferreira de Almeida, *Contratos 1 – Conceito, fontes, formação*, 4.ª ed. (2008), 144 e 5.ª ed. (2013), 127; José Engrácia Antunes, *Direito dos contratos comerciais* (2009), 93 ss. (97).

[1043] Holger Jahn, *Der Letter of Intent* (2000), XIX + 261 pp., 1. *Vide*, sobre a matéria subsequente, o escrito pioneiro de Marcus Lutter, *Der Letter of Intent* cit., 3.ª ed., com a rec. de Uwe Blaurock, *Der Letter of Intent*, ZHR 147 (1983), 334-339.

[1044] A não confundir com *letter of indent*: expressão hoje em desuso e que exprimia uma proposta de contrato.

[1045] Peter Siebourg, *Der Letter of Intent/Ein Beitrag zum US-Amerikanischen und Deutschen Recht mit vergleichenden Anmerkungen* (1979), XXII + 275 pp., 2; Michael Furmston/Takao Norisada/Jill Poole, *Contract Formation and Letter of Intent* (1998), XXXV + 322 pp., 143; Friedrich Körsters, *Letter of Intent/Erscheinungsformen und Gestaltungshinweise*, NZG 1999, 623-626 (623/I).

tração ficavam dependentes de autorizações de organismos de supervisão. Não faria sentido desencadear os procedimentos competentes sem que, antes, as partes houvessem assentado no que se pretendia; mas também não se devia contratar sem a viabilização estadual requerida. Teve, depois, outras utilizações, designadamente no comércio internacional[1046]. Também nesse plano, compreende-se que, no decurso de negociações complexas, as partes se tranquilizem esclarecendo, de modo minimamente consistente, ao que vêm e em que pontos estão consonantes.

II. Numa primeira variante, a carta de intenção assumia a forma epistolar: direção, destinatário, texto e saudação final. Mais tarde, essa missiva era completada pelo destinatário que nela apunha a fórmula *confirmed and agreed*, com a sua assinatura.

A carta de intenção podia, *ab initio*, assumir a forma de acordo. Falava-se, nessa eventualidade, de um *memorandum of intent* ou *of understandig*[1047]. Com o tempo, as cartas de intenção passaram a ser cuidadosamente negociadas, por especialistas.

III. As cartas de intenção conheceram um desenvolvimento periférico. Surgiram vários tipos, em obediência a exigências de tipo prático.

Em 1977, o *Working Group on International Contracts*, presidido pelo professor Marcel Fontaine, produziu um relatório sobre cartas de intenção, em que dá 26 exemplos de formulações típicas.

Nessa base, será possível fixar quatro categorias: (1) contratos definitivos com variações particulares; (2) estados de negociações; (3) cartas com efeito vinculativo e cláusulas que excluem responsabilidade; (4) documentos que exprimem um acordo firme sobre aspetos particulares da negociação[1048].

Este tipo de ordenação, próprio da Common Law, presta-se mal a dogmatizações, de tipo continental.

[1046] Luís Menezes Leitão, *Negociações e responsabilidade pré-contratual* cit., 53 ss., colocando aí, a origem da *letter of intent*.

[1047] Estes e outros elementos, com indicações: Peter Siebourg, *Der Letter of Intent* cit., 4-7.

[1048] Michael Formstron/Takao Norisada/Jill Poole, *Contract Formation and Letter of Intent* cit., 148 ss., com as diversas fontes.

§ 20.º Negócios mitigados 313

São utilizadas, em especial[1049]:

- nas transações relativas a grandes empresas; jogam-se operações complexas que, por vezes, pressupõem diversas instâncias de acordo e de autorização e para as quais só se avança com um mínimo de "intenção", formalizada e cristalizada;
- nos contratos comerciais de grande porte, que implicam acertos técnicos e, por vezes, adaptações dentro das empresas interessadas; também aqui, os aspetos preparatórios envolvidos requerem diretrizes contratuais, mesmo antes de se chegar a um acordo definitivo;
- nos mútuos bancários, particularmente quando sindicados[1050]; a montagem da operação, a preparação de garantias, a discussão dos juros e a libertação de *tranches* de desembolso exigem estudos e negociações prévias ao contrato definitivo, mas que carecem de uma base explícita;
- nos contratos que impliquem a participação de entidades públicas ou que requeiram autorizações de organismos de supervisão: há que fixar os termos que, depois, irão ser submetidos às organizações em causa e cujos processos respetivos de decisão são complexos.

Pela negativa, pode-se considerar que a carta de intenção é particularmente útil, nos casos em que as partes pretendam uma vinculação, mas não seja possível recorrer a um contrato-promessa[1051]:

- por haver ainda pontos importantes em aberto os quais, a serem incluídos, nesses termos, num contrato, conduzem à nulidade, por indeterminabilidade do objeto (280.º/1);
- por não haver acordo sobre pontos importantes e, não obstante, as partes entenderem que vale a pena prosseguir na negociação.

IV. O conteúdo das cartas de intenção pode ser muito variado. Com base nos modelos recolhidos pela doutrina e atendendo à prática, nesse domínio, cabe apontar:

[1049] Holger Jahn, *Der Letter of Intent* cit., 7-10 e, quanto às funções, Benno Heussen, *Letter of Intent/Absichtserklärungen, Geheimhaltungsvereinbarungen, Optionen, Vorverträge*, 2.ª ed. (2014), XX + 228 pp., 3-9.
[1050] Isto é, quando envolvam um sindicato composto por vários bancos.
[1051] Friedrich Körsters, *Letter of Intent* cit., 623/II.

- cartas-registo: a carta compreende uma punctação (por vezes dita *heads of agreement*), na qual são consignados os pontos sobre que haja já acordo[1052];
- cartas-seriedade: a carta manifesta uma intenção tranquilizadora; essa dimensão é imputada ao ordenamento inglês, que não conhecia o dever de negociar de boa-fé[1053];
- cartas procedimentais: as partes alinham os passos negociais subsequentes, normalmente depois de fixarem alguns pontos já alcançados;
- cartas-quadro: a carta, para além de traçar pontos fechados, pontos em aberto e, eventualmente, processos subsequentes, comporta, em anexo, diversos contratos suplementares;
- cartas-execução (*instructions to proceed*): permitem às partes (ou a uma delas) iniciar, de imediato, atos de execução próprios do contrato definitivo; p. ex., numa compra de empresa, é frequente o possível comprador poder nomear, desde logo, um ou mais administradores para a entidade a adquirir;
- cartas de *hardship*: obrigam as partes a negociar, dando, para isso, mais ou menos elementos[1054].

V. A natureza das cartas de intenção é variada. Há que estabelecê-la, caso a caso, pela interpretação. Nesse ponto, cabe sublinhar que, por vezes, as "cartas" desse tipo usam uma linguagem esfumada e ambígua. Originalmente, isso era atribuído ao facto de se tratar de instrumentos elaborados por técnicos do terreno (gestores ou engenheiros), sem preparação jurídica. Hoje, há juristas especializados em *letters of intent*, que procuram fórmulas capazes de, sem compromissos, abarcarem pontos de vista que são, por vezes, ainda muito divergentes. Em termos práticos, aprofundados pela análise económica do Direito, estamos (caso se trate de negócios bilaterais vinculativos) perante contratos incompletos, que deslocam, para um momento ulterior, o encargo da sua definição e os ónus da distribuição dos

---

[1052] Holger Jahn, *Der Letter of Intent* cit., 23; quanto a modalidades de cartas de conforto: Benno Heussen, *Letter of Intent* cit., 2.ª ed., 9 ss..

[1053] A matéria é discutida; nos EEUU, o dever de negociar de boa-fé consta do *Uniform Commercial Code*; vide Michael Formstron/Takao Norisada/Jill Poole, *Contract Formation and Letter of Intent* cit., 267 ss. (268).

[1054] Júlio Gomes, *Cláusulas de Hardship*, em António Pinto Monteiro (org.), *Contratos: atualidade e evolução* (1997), 167-204 (188 ss.) e José A. Engrácia Antunes, *Direito dos contratos comerciais* (2009), 313 ss..

riscos[1055]. Em tais casos há que, até ao limite do possível, lançar mão dos diversos instrumentos interpretativos e integrativos.

Isto dito, podemos distinguir cartas unilaterais e cartas bilaterais ou contratos; neste último caso, usa-se *memoranda of understanding*, os quais podem ainda surgir como conteúdo da *letter*[1056].

VI. Quanto à força vinculativa das cartas de intenção, podemos recuperar uma distinção já experimentada, no Direito bancário, quanto a cartas de conforto[1057]. Distinguimos:

– intenção fraca: a carta consigna informações;
– intenção média: a carta comporta deveres instrumentais, desde cláusulas de *hardship* a *instructions to proceed*; assume, ainda e porventura, padrões de conduta futuras;
– intenção forte: a carta formaliza acordos firmes.

Em todos os casos opera a *culpa in contrahendo*, nos termos gerais[1058]. Para além disso:

– na intenção fraca, o signatário é responsável pelo que diga; a informação inexata, para além da cic, pode implicar responsabilidade, por via do artigo 485.º[1059];
– na intenção média, os deveres instrumentais são vinculativos; ainda que não conduzam ao contrato definitivo, eles devem ser observados;
– na intenção forte, o combinado deve ser cumprido; conforme as circunstâncias ver-se-á se, no limite, é possível a execução específica *ex* 830.º.

[1055] *Vide*, em especial e com muitas indicações, Fernando Araújo, *Teoria económica do contrato* (2007), 147 ss..

[1056] Holger Jahn, *Der Letter of Intent* cit., 20 ss..

[1057] *Manual de Direito bancário*, 4.ª ed., 776 ss.; vide Holger Jahn, *Der Letter of Intent* cit., 153 ss..

[1058] Perante o atual § 311 do BGB, *vide* Ralf Bergjan, *Die Haftung aus culpa in contrahendo beim Letter of Intent nach neuem Schuldrecht*, ZIP 2004, 395-401 (395-396).

[1059] *Tratado* II/3, 563 ss..

Quando se subscrevam documentos e se pretenda não assumir compromissos, há que dizê-lo, muito claramente, para não haver dúvidas e para não se criarem situações de confiança. Casos há em que se imprime, em cada página, "instrumento de trabalho não-vinculativo" ou equivalente. Sendo esse o estado de espírito de quem escreva, a boa-fé impõe-lhe um claro dever de informar, nessa linha: insistindo, se necessário.

SECÇÃO IV
A CONCLUSÃO DOS CONTRATOS

§ 21.º O PROCESSO DE FORMAÇÃO DOS CONTRATOS

100. Generalidades; o contrato entre ausentes

I. Como foi referido, o modelo básico de formação do negócio jurídico, consagrado no Código Civil, assenta num processo de formação do contrato[1060]. Tal processo, por seu turno, postula uma situação na qual, entre as declarações de vontade dos dois intervenientes, medeia um lapso de tempo juridicamente relevante. Tecnicamente, trata-se de um contrato entre ausentes: as partes não estão, de modo necessário, fisicamente separadas uma da outra; apenas se verifica que há proposta, não seguida, de imediato, de aceitação. Isso implica que o Direito deva caracterizar as duas declarações que existem (nessa eventualidade), independentemente uma da outra e deve prever um período para a sua manutenção. Tal o papel dos artigos 224.º e 228.º a 235.º.

II. O esquema de formação do contrato entre ausentes é o único previsto, *apertis verbis*, no Código Civil. Ele apresenta dois desvios, perante a realidade:
— limita-se ao contrato com duas partes ou bilateral: de fora ficam quer os negócios em geral, que podem ser unilaterais, quer o contrato plurilateral;
— ignora os contratos entre presentes, os quais englobam os negócios do dia-a-dia, em particular os concluídos por comportamentos concludentes ou por simples aceitação de uma oferta ao público, os

---

[1060] *Supra*, 153 ss..

fechados por telefone ou meio equivalente e os convénios formalizados perante notário ou agente dotado de poderes similares.

Não se trata, naturalmente, de esquecimento. De acordo com a técnica comum da codificação continental – contra a qual nos parece quimérico esbracejar – a lei não regula a "realidade". Antes dá modelos abstratos de decisão, confiando ao intérprete-aplicador e, em geral, aos operadores sociais, a tarefa de concretizar, em cada situação, as indicações axiológicas.

III. Não vemos qualquer óbice em reconhecer o abstracionismo algo artificial do Código Civil. Daí não decorrem, todavia, particulares problemas. A pretexto de versar o processo de formação do contrato entre ausentes, a lei civil dá-nos uma série de regras relevantes. Com base nelas, cabe aos operadores jurídicos construir, nos diversos casos concretos, modelos de decisão adequados. De resto, a (aparente) rigidez dos preceitos atinentes ao processo de formação de contratos entre ausentes é largamente compensado pelas potencialidades criativas do artigo 227.º/1: *culpa in contrahendo*.

IV. No processo de formação do contrato entre ausentes, o Código Civil constrói um cenário de diálogo, entre duas partes, que comporta duas eventualidades necessárias: uma proposta e uma aceitação. Outras ocorrências são possíveis, surgindo mesmo pressupostas nalguns preceitos.

Vamos, pois, percorrer o diálogo legal. Nenhuma dificuldade existe em enriquecê-lo com os mais diversos elementos.

101. A proposta; características

I. Num processo tendente à formação de um contrato, surge, como fase necessária, a proposta. Em termos formais, esta pode ser definida como a declaração feita por uma das partes e que, uma vez aceite pela outra ou pelas outras, dá lugar ao aparecimento de um contrato.

A proposta contratual, para o ser efetivamente, deve reunir três requisitos essenciais, apontados nas diversas obras de doutrina[1061]:

[1061] *Direito das obrigações* cit., 1, 440, Ferreira de Almeida, *Texto e enunciado* cit., 3, 784 ss., Ennecerus/Nipperdey, *Allgemeiner Teil* cit., 2, 15.ª ed., 986 ss. (§ 161, 3, I), Karl Larenz/Manfred Wolf, *Allgemeiner Teil* cit., 9.ª ed., 554 ss. e Manfred Wolf/Jörg Neuner, *Allgemeiner Teil* cit., 10.ª ed., 418-419.

– deve ser completa;
– deve revelar uma intenção inequívoca de contratar;
– deve revestir a forma requerida para o negócio em jogo.

Deve ser completa no sentido de abranger todos os pontos a integrar no futuro contrato: ficam incluídos quer os aspetos que devam, necessariamente, ser precisados pelos contratantes – por exemplo, a identidade das partes, o objeto a vender, o montante de preço – quer os que, podendo ser supridos pela lei, através de normas supletivas, as partes entendam moldar, segundo a sua autonomia. Faltando algum elemento e ainda que a outra parte o viesse a completar, não haveria, sobre ele, o consenso necessário.

Deve revelar uma intenção inequívoca de contratar: não há proposta quando a declaração do "proponente" seja feita em termos dubitativos ou hipotéticos: a proposta deve ser firme, uma vez que a sua simples aceitação dá lugar ao aparecimento do contrato, sem que, ao declarante, seja dada nova oportunidade de exteriorizar a vontade.

Deve revestir a forma requerida para o contrato de cuja formação se trate: repare-se que a forma do contrato – como a de qualquer negócio – mais não é do que a forma das declarações em que ele assente.

No fundo, como foca Larenz, a proposta deve surgir de tal modo que uma simples declaração de concordância do seu destinatário faça, dela, um contrato[1062].

II. A proposta contratual deixa facilmente isolar-se, no contrato entre ausentes: havendo, entre as declarações contratuais, um espaço de tempo juridicamente relevante, a proposta surge como a primeira das declarações.

Nos contratos entre presentes, o problema é diverso. Também aí pode um dos celebrantes apresentar um clausulado, ao qual o outro dê o seu assentimento; ambos funcionam, então, como proponente e aceitante, respetivamente, o que poderá ter interesse no domínio da interpretação das declarações de vontade. Pode, porém, suceder que as partes se limitem ambas a aceitar, em termos de não se poder destrinçar um proponente.

Nas hipóteses em que não seja possível distinguir uma proposta e uma aceitação, fica claro que os requisitos acima apontados, para a declaração do proponente, se devem reportar ao objeto que mereça o assentimento dos contratantes ou que ambos façam seu.

[1062] Karl Larenz/Manfred Wolf, *Allgemeiner Teil* cit., 9.ª ed., 554.

III. As três seriadas características devem ser entendidas em termos sócio-jurídicos: não matemáticos[1063]. Impõem-se, por isso, algumas complementações.

A compleitude da proposta tem o sentido de ela dever comportar tudo o que as partes decidam levar ao contrato. Daí não resulta: (1) nem que o contrato só contenha o que conste da proposta; (2) nem que não possa haver espaços em branco, a completar por outras fontes; (3) nem que o proponente não possa remeter, para o destinatário, a faculdade de completar a proposta; (4) nem que se vedem lacunas; (5) nem que, de modo assumido ou implícito, não seja viável concluir contratos incompletos. Com efeito:

(1) o contrato final pode assentar, em menor ou maior grau, em modelos tipificados na lei; no que as partes não regulem, aplicam-se as regras supletivas; esta mesma ideia é alargada aos tipos sociais, cujas normas são veiculadas por usos ou por cláusulas contratuais gerais;

(2) o contrato pode comportar espaços em branco em áreas básicas e para as quais não haja, propriamente, normas supletivas: antes esquemas legais destinados a procurar uma solução; é o que sucede com o preço, na compra e venda; quando as partes não o fixem, funcionam as regras do artigo 883.º/1: recorre-se, sucessivamente (a) ao preço normalmente praticado pelo vendedor, à data da conclusão, (b) ao do mercado ou bolsa, no momento do contrato e no lugar em que o comprador deva cumprir e (c) ao valor determinado pelo tribunal, segundo juízos de equidade;

(3) o proponente pode remeter, para o destinatário, a faculdade de, em certa margem, completar a proposta, ficando vinculado ao que ele disser; será o caso da declaração de venda "ao melhor": a venda vai concretizar-se ao melhor preço que advenha ... do destinatário;

(4) as lacunas são possíveis; para elas, dispõe o esquema integrativo do artigo 239.º o qual, quando acuda, logo mostra que a proposta não estava "completa", no sentido laico do termo;

(5) as partes podem concluir um contrato incompleto; remetem, para o futuro, uma negociação destinada a completá-lo ou confiam num ulterior esquema de distribuição de riscos.

[1063] Carlos Ferreira de Almeida, *Contratos* cit., 1, 5.ª ed., 101 ss..

O critério final para decidir da compleitude de uma proposta é ... a própria aceitação. Perante o artigo 232.º, a proposta fica "fechada" quando a contraparte não suscite a necessidade de acordo sobre qualquer outro ponto. Além disso, o conhecimento da proposta, em ordem a verificar se está completa, passa sempre pela interpretação, à luz dos artigos 236.º e 237.º e de outros cânones aplicáveis. A proposta, para o ser, não carece de clareza: exige, sim, um ato efetivo de comunicação jurígena.

IV. A firmeza da proposta traduz a ideia de que o proponente abdica de voltar a pronunciar-se sobre ela, caso se dê uma aceitação, nos termos que ela própria preveja. Ela exprime um dado básico: o da vontade, do proponente, de ficar vinculado (*Bindungswille*)[1064]. Sem ela, não há vontade jurígena.

Esta característica não é absorvida pela compleitude. Uma declaração completa mas sujeita a (re)confirmação do próprio não é proposta: integra uma peça de uma negociação mais ampla. Em compensação, uma proposta pode estar sujeita a condições, designadamente suspensivas: não se sabe se os efeitos irão ocorrer, uma vez que eles dependem de um evento futuro e incerto (270.º). Mas esse fator de incerteza transfere-se para o próprio contrato, uma vez formado.

V. A exigência de forma coloca-se para a validade do concreto contrato. Mas na sua falta, pode ocorrer um contrato diverso, seja pela conversão (293.º), seja *ex-bona fide*.

VI. A flexibilização das características da proposta contratual corresponde, no fundo, a uma ideia básica: nunca se aplicam normas isoladas mas, sempre, o Direito no seu conjunto. A presença de vetores precisos é um auxiliar: em conjunto com outros elementos, chegar-se-á ao Direito, isto é, à solução concreta.

102. Eficácia e duração

I. Emitida uma proposta e tornando-se ela eficaz nos termos de alguma das proposições do artigo 224.º, acima examinadas[1065], pergunta-se quais os termos dessa eficácia e por quanto tempo deverá ela manter-se.

[1064] Manfred Wolf/Jörg Neuner, *Allgemeiner Teil* cit., 10.ª ed., § 37, Nr. 6 (418).
[1065] *Supra*, 142 ss..

A eficácia da proposta contratual consiste essencialmente em promover, na esfera do destinatário, o direito potestativo de, pela aceitação, fazer nascer o contrato proposto.

Esta situação jurídica deve distinguir-se de outras nas quais uma das partes, mercê de esquemas preexistentes, negociais ou legais, tenha o direito potestativo de forçar outra à conclusão de um contrato. Estas outras situações, a que Larenz/Wolf chamam genericamente direitos de opção[1066], surgem na sequência de contratos-promessas, de pactos de preferência, de direitos de opção ou de preceitos legais que os estabeleçam, tal como sucede na preferência legal. Distinguem-se da sujeição motivada pela proposta pelo regime: embora em todos os casos haja direitos potestativos com as correspondentes sujeições, o regime derivado da proposta do contrato é, claramente, diverso do das outras figuras.

Não colhe, assim, a objeção pela qual a proposta não constituiria, propriamente, um direito potestativo de a aceitar por estar virada não para tal direito, mas para o contrato; sem dúvida: mas o objetivo último – o contrato – passa, instrumentalmente, pela constituição e pela atuação de um direito potestativo, dotado de regime: próprio e inconfundível.

II. A duração da eficácia da proposta pauta-se pelo dispositivo do artigo 228.º/1, do Código Civil, nos termos seguintes[1067]:

– se for fixado um prazo para a aceitação, pelo proponente ou por acordo das partes, a proposta mantém-se até ao termo desse prazo – artigo 228.º/1, *a*);
– se não for fixado prazo, mas o proponente pedir resposta imediata, a proposta conserva-se até que, em condições normais, ela e a aceitação cheguem ao seu destino – artigo 228.º/1, *b*);
– se nada for dito, a proposta subsiste pelo período que, em condições normais, possibilite que proposta e aceitação cheguem aos seus destinos, acrescido de cinco dias – artigo 228.º/1, *c*).

Repare-se que a chave da duração das propostas contratuais, quer quando se peça resposta imediata, quer quando, por nada, se dizer, se acabe por recorrer à solução supletiva legal, anda em torno do conceito indeter-

---

[1066] Karl Larenz/Manfred Wolf, *Allgemeiner Teil* cit., 8.ª ed., 581 e 9.ª ed., 560 ss..
[1067] Quanto à aplicação destes esquemas, STJ 5-mai.-1994 (Costa Raposo), CJ//Supremo II (1994) 2, 84-86 (85-86).

minado de período até que, "em condições normais, proposta e aceitação cheguem ao seu destino".

Esse período deve ser determinado em abstrato e tendo em conta o meio utilizado pelo proponente para enviar a sua declaração. Será mínimo se for utilizado um meio de comunicação rápido – por exemplo, o telegrama, o fax ou o correio eletrónico[1068]; será maior se se recorrer ao correio, havendo então que distinguir o tipo de correio (aéreo, terrestre ou marítimo) e a distância. Para efeitos de notificações postais de atos de processo, o Decreto-Lei n.º 121/76, de 11 de fevereiro, absorvido, depois, pelo artigo 254.º/2, do revogado CPC de 1961, presumia no seu art. 1.º/3, uma receção ocorrida "... no terceiro dia posterior ao do registo ou no primeiro dia útil seguinte a esse ...". O permanente aperfeiçoamento das comunicações permite determinar, muitas vezes, o exato dia da receção de cartas, designadamente quando se trate de correio registado ou de situação certificada pelo distribuidor (vide o artigo 230.º do CPC de 2013). O prazo de três dias mantém-se como presunção de recebimento, mas nos casos de remessa eletrónica e a contar da data da elaboração (artigo 248.º do CPC de 2013).

A inexistência de regras civis sobre o "tempo normal" necessário para uma expedição postal e a imperiosa vantagem, no plano da segurança, associada a uma duração fixa levam-nos a manter o prazo de três dias como o período para que, em condições normais, uma carta chegue ao seu destino.

Assim, salvo em casos de carta registada ou de situação certificada, quando o proponente use o correio e peça resposta imediata, uma eventual aceitação deverá chegar nos seis dias subsequentes, passando o prazo a onze, quando ele nada diga; em qualquer caso, o prazo que termine em domingo ou feriado transfere-se para o primeiro dia útil seguinte; vide, também, o artigo 279.º, e), do Código Civil. Querendo prevenir dúvidas, o proponente remeterá a declaração por carta registada com aviso de receção: a data da receção corresponderá, então, à data aposta no aviso assinado[1069].

III. A duração da eficácia da proposta contratual fica melhor explicitada se se atentar nos modos que possam conduzir à sua extinção. Assim, cabe considerar:

[1068] Malgorzata Liwinska, *Übersendung von Schriftsätzen per Telefax/Zulässigkeit, Beweisbarkeit und Fristprobleme*, MDR 2000, 500-506 e 7.ª ed., 404-406.

[1069] É esta a regra em processo penal; RPt 5-jul.-1995 (Ferreira Dinis), CJ XX (1995) 4, 222-224 (223). Preconizando, com ponderosos argumentos, uma solução diversa, flexível e assente na boa-fé: Pedro Pais de Vasconcelos, *Teoria geral* cit., 7.ª ed., 403-405.

– o decurso do prazo;
– a revogação;
– a aceitação ou a rejeição;
– outros modos.

O decurso do prazo extingue, por caducidade, a proposta atingida. Os prazos comuns aplicáveis resultam do artigo 228.º/1 e foram, acima, considerados. Outra hipótese deve, contudo, ser tida em conta: a de o proponente, sem se ter reservado a faculdade de revogar, vir declarar que a sua proposta se manteria indefinidamente. Quando tal suceda, ele deveria ficar, para sempre, sujeito a uma eventual aceitação, que poderia nunca surgir. O Direito não contemporiza, salvo exceção, com situações perpétuas deste tipo. Por certo que a proposta feita em tais condições se submeteria à prescrição, no seu prazo ordinário de vinte anos – artigos 300.º ss., 309.º; trata-se, contudo, de um prazo ainda demasiado excessivo para que uma pessoa o deva aguardar, a fim de se liberar de uma proposta que nunca mais obtenha resposta, numa situação suscetível de bloquear, sem vantagem para ninguém, meios financeiros, materiais e humanos. Propõe-se, assim, a aplicação analógica do artigo 411.º do Código Civil: o proponente pode solicitar ao tribunal a fixação de um prazo para que o destinatário aceite ou rejeite; passado tal prazo, segue-se a caducidade da proposta, nos termos gerais.

IV. A revogação da proposta é um ato unilateral, praticado pelo proponente, que tem por conteúdo a extinção da proposta previamente emitida. Em qualquer caso, deve ter-se presente que a revogação em causa só é possível enquanto não houver contrato; passada tal marca, haveria já não uma mera revogação da proposta, mas a revogação do próprio contrato, a qual só é possível, em princípio, através de um acordo (distrate). Segundo o artigo 230.º, a revogação é viável em duas hipóteses:

– quando o proponente se tenha reservado a faculdade de revogar – artigo 230.º/1;
– quando a revogação se dê em moldes tais que seja, pelo destinatário, recebida antes da proposta, ou ao mesmo tempo com esta – artigo 230.º/2[1070].

[1070] A flexibilidade atual das comunicações permite entender estas conjunções legais: uma pessoa pode formular uma proposta, enviá-la pelo correio e telefaxar, depois, a

V. A aceitação faz desaparecer a proposta, promovendo a sua integração no contrato. A rejeição conduz ao mesmo resultado, desta feita por renúncia, do destinatário, ao direito potestativo de aceitar a proposta em jogo.

A análise da lei permite apurar outras formas de extinção da proposta contratual:

– por morte ou incapacidade do proponente, havendo fundamento para presumir ser essa a sua vontade – artigo 231.º/1 – ou se tal resultar da própria declaração – artigo 226.º/1[1071];
– por morte ou incapacidade do destinatário – artigo 231.º/2;
– por ilegitimidade superveniente do proponente, desde que anterior à receção da proposta – artigo 226.º/2.

Outras causas gerais de extinção dos direitos, como a anulação ou a impossibilidade absoluta superveniente, podem provocar o desaparecimento da proposta.

103. Oferta ao público

I. A oferta ao público é uma modalidade particular de proposta contratual, caracterizada por ser dirigida a uma generalidade de pessoas[1072]. Como qualquer proposta contratual, a oferta ao público deve reunir os três requisitos fundamentais, acima apontados: deve ser completa, deve compreender a intenção inequívoca de contratar e deve apresentar-se na forma requerida para o contrato a celebrar. Há que distinguir a oferta ao público de certas figuras que, por vezes, lhe parecem próximas; assim:

– o convite a contratar: através de vários meios, as entidades interessadas podem incitar pessoas indeterminadas a contratar; aí assenta

---

revogá-la, de tal modo que a revogação chegue primeiro; é ainda possível que uma pessoa, tendo feito a sua proposta pelo correio, a revogue pela mesma via, de tal modo que ambas as cartas cheguem na mesma remessa.

[1071] Estes dois preceitos não estão perfeitamente harmonizados; julga-se, porém, que o artigo 231.º/1 consome o 226.º/1, dados os valores em jogo, apenas com a prevenção de que o "fundamento" deve ser procurado na declaração, havendo ainda que ponderar as regras sucessórias – artigo 2025.º/1.

[1072] Vide *Direito das obrigações* cit., 1, 445, com bibliografia, bem como Ferreira de Almeida, *Texto e enunciado* cit., 3, 804 ss. e *Contratos* cit., 1, 5.ª ed., 105 ss.

a importante atividade da publicidade; não há, porém, oferta ao público quando o "convite" não compreenda todos os elementos para que, da sua simples aceitação, surja o contrato; em regra, o simples convite publicitário pressupõe negociações ulteriores, das quais poderá resultar uma verdadeira proposta;
– a proposta feita a uma pessoa desconhecida ou de paradeiro ignorado: trata-se de uma proposta comum, com destinatário específico, por oposição a genérico; desconhecendo-se, porém, a identidade ou o paradeiro deste, há que proceder a um anúncio público, nos termos do artigo 225.º;
– as cláusulas contratuais gerais: embora genéricas, as cláusulas contratuais gerais, como haverá a oportunidade de ponderar em termos mais detidos[1073], não surgem, necessariamente, como proposta e implicam uma rigidez que não enforma, de modo necessário, a oferta ao público.

II. A oferta ao público tem uma grande importância prática, no moderno tráfego negocial de massas. Os múltiplos contratos celebrados no dia-a-dia não podem, por claras razões de ordem prática, assentar em discriminadas propostas individualmente dirigidas. A oferta ao público – portanto proposta genérica, dirigida a todos os interessados – surge como modo idóneo de proporcionar muitos contratos com um mínimo de esforço e de custos, por parte dos celebrantes.

A oferta ao público pode ser formulada através de qualquer meio suscetível de demonstrar uma intenção de contratar, completa e efetiva. Entre os meios mais frequentes contam-se os catálogos ou impressos remetidos a pessoas indeterminadas, as tabuletas, os anúncios ou a simples exposição dos bens em escaparates, acompanhada da indicação do respetivo preço. Ponto é que, perante uma eventual aceitação, logo resulte um contrato.

III. O Código Civil não se ocupou, de modo expresso, da oferta ao público, exceto para regular a sua extinção; segundo o artigo 230.º/3 do Código Civil:

> A revogação da proposta, quando dirigida ao público, é eficaz desde que seja feita na forma da oferta ou em forma equivalente.

[1073] Vide infra, 357 ss..

Trata-se de um preceito que, pela sua letra como pelo seu espírito, tem aplicação, também, ao caso do anúncio público da declaração, feito nos termos do artigo 225.º do Código Civil – a proposta a pessoa desconhecida ou de paradeiro ignorado.

IV. No domínio do Direito mobiliário, existem diversas ofertas públicas que conhecem pormenorizadas regulamentações legais. O CVM[1074] tem um título dedicado a ofertas públicas – artigos 108.º e seguintes – distinguindo ofertas públicas de distribuição (OPD) e ofertas públicas de aquisição (OPA).

A OPA constitui a figura paradigmática, podendo ser de realização obrigatória, em diversas circunstâncias. As OP devem ser previamente anunciadas, sujeitando-se a registo junto da CMVM – artigos 114.º e seguintes do CVM. Os seus diversos meandros são regulados pela Lei[1075], sendo certo que, na ausência de regras, o Direito civil tem aplicação supletiva.

104. *Invitatio ad offerendum*; o leilão

I. Deve ser feita uma menção especial à figura da *invitation ad offerendum* ou convite à oferta: uma modalidade mais delimitada do já referido convite a contratar[1076].

No convite à oferta, o "proponente" declara-se pronto a receber propostas que, depois, poderá aceitar[1077]. Não se trata de mera publicidade, uma vez que não traduz uma simples publicitação de bens ou serviços; mas também não corporiza propostas que saiam, depois, do controlo do seu autor, como ocorre com a oferta ao público. Digamos que, no convite

---

[1074] Aprovado pelo Decreto-Lei n.º 486/99, de 13 de novembro. Anteriormente dispunha o CódMVM, que articulava uma ordenação ligeiramente diferente.

[1075] Menezes Cordeiro, *Ofertas públicas de aquisição*, ROA 56 (1996), 499-533, com indicações; Paulo Câmara, *Manual de Direito dos valores mobiliários*, 2.ª ed. (2011), 571.

[1076] *Supra*, 325-326; vide, ainda, o concurso para a celebração de um contrato: *supra*, 299 ss..

[1077] Manfred Wolf/Jörg Neuner, *Allgemeiner Teil* cit., 10.ª ed., § 37, Nr. 6 (418) e Jan Busche, no *Münchener Kommentar* cit., 1, 6.ª ed., § 145, Nr. 10 (1616).

à oferta, falta a firmeza, portadora da vontade de vinculação, própria da verdadeira proposta[1078].

II. O convite à oferta não obteve consagração nos códigos civis[1079]. Todavia, ele é muito conhecido, na prática. Podemos apontar o recurso a prospetos, a catálogos, a anúncios, a tabuletas ou a proposições inseridas na Net, pelas quais o seu autor se declara pronto a acolher e a ponderar propostas que lhe sejam dirigidas, em certos moldes. Por vezes, a mera *invitatio* resulta da aposição de cláusulas tais como "acesso" ou "preço reservado" ou equivalente, "oferta livre", ou "oferta limitada"[1080]. Os convites à oferta são particularmente frequentes na Net[1081]. Aí, as "aceitações" dos interessados devem ser (re)confirmadas pelos oferentes: mesmo quando existam "propostas" completas, a sua efetivação depende de haver mercadorias em *stock*, de ser viável o envio ou de ser obtida licença bancária para o pagamento. Ora esses pontos não são, tecnicamente, condições: requerem uma opção livre do oferente, salvo o que abaixo se dirá quanto à boa-fé.

III. O recurso a convites à oferta corresponde ainda à técnica de contratação própria de certos sectores, como o dos seguros. Aí, por razões específicas de atividade em causa, a companhia seguradora apresenta-se como mera destinatária das propostas que lhe queiram fazer os seus clientes: os tomadores de seguros[1082]. Tais propostas devem seguir canais próprios e sujeitam-se, em regra, às cláusulas contratuais gerais da seguradora visada. Mas esta mantém a possibilidade de aceitar (ou não) as propostas dos particulares interessados.

IV. A presença efetiva de uma *invitatio ad offerendum*, designadamente na sua contraposição à oferta ao público, exige uma interpretação cuidada da proposição em jogo, à luz das circunstâncias do caso concreto.

[1078] Reinhard Singer, no *Staudinger* cit., Vorbem §§ 116 ff., Nr. 29 (458).

[1079] Quanto ao BGB, essa falha foi assumida nos *Motive*: não seria necessário. Vide Peter Oestmann, no HKK/BGB cit., 1, §§ 145-156, Nr. 13 (847).

[1080] *Freibleibend*, na prática alemã, traduz a natureza não vinculativa da proposta; tem sido interpretada, na jurisprudência mais recente, como um convite à oferta; vide Peter Oestmann, no HKK/BGB cit., 1, § 119, Nr. 36 (542).

[1081] Reinhard Singer, no *Staudinger* cit., § 119, Nr. 36 (542).

[1082] *Direito dos seguros*, 651 ss..

Apesar de não vinculativa, a *invitatio* insere-se numa lógica pré-negocial, por vezes muito precisa. Ela solicita, em grau variável mas sempre efetivo, o princípio da boa-fé (227.º/1). Os interessados devem ser cuidadosos na informação de natureza não-vinculativa do "convite", de modo a evitar a formação de situações de confiança que, depois, não possam ser desfeitas sem danos para os interessados.

V. Modalidade marcada e muito característica do convite à oferta é o leilão. O leilão traduz uma técnica de contratação pelo qual o oferente (normalmente representado pelo leiloeiro) declara vender (ou contratar) com o interessado que ofereça o melhor preço. Várias regras são possíveis, na disponibilidade do oferente, designadamente: (1) a indicação de um valor mínimo que, a não ser alcançado, bloqueie a venda; (2) a fixação de lances mínimos, aquando do leilão propriamente dito; (3) a obrigação de pagar a pronto ou de entregar, de imediato, uma percentagem do preço; (4) as vias de entrega do objeto arrematado. As regras do leilão, por vezes inseridas em regulamentos preparados por profissionais são, tecnicamente, cláusulas contratuais gerais, sujeitando-se à competente lei.

Classicamente, surgiam duas orientações: a do vendedor-proponente (Kindervater[1083]) e a do licitante-proponente (Jhering[1084]). Pela primeira, o vendedor fazia uma proposta; os sucessivos lances configurariam outros tantos contratos, sujeitos à condição resolutiva de surgir um lance mais elevado; pela segunda, as propostas eram feitas pelos licitantes, limitando-se o vendedor a aceitar (ou não) a de valor mais elevado.

Ferreira de Almeida propende, no Direito nacional: para a tese de Kindervater, caso seja indicado, sem reservas, um preço mínimo; para a de Jhering, quando não seja indicado um preço mínimo ou o vendedor se reserve a faculdade de não vender pelo melhor lance[1085].

[1083] F. Kindervater, *Ein Beitrag zur Lehre von der Versteigerung*, JhJb 7 (1865), 1-20 (9 ss.).
[1084] Rudolf von Jhering, *Bemerkungen zu der Abhandlung I – über die Lehre von den Versteigerungen*, JhJb 7 (1865), 166-178 (177-178); vide, ainda, Unger, *Noch ein Wort zu Lehre von der Versteigerung*, JhJb 7 (1865), 134-137, pró-Jhering.
[1085] Carlos Ferreira de Almeida, *Contratos* cit., 1, 5.ª ed., 108.

330   *A formação do negócio jurídico*

O BGB construiu um preceito explícito, nesse domínio, que resolve o diferendo: o § 156, hoje epigrafado "conclusão do contrato por leilão". Dispõe[1086]:

> Havendo um leilão, o contrato só surge através da adjudicação. A oferta extingue-se quando seja feita oferta mais elevada ou quando o leilão seja encerrado sem proclamação da adjudicação.

Com isso, o legislador pretendeu pôr cobro às dúvidas anteriores[1087]: venceu a orientação de Jhering. A proposta provém do licitante, sendo aceite pela adjudicação[1088]. O conceito de licitante é pressuposto[1089]. Tudo visto: a montagem do leilão equivale a uma *invitatio ad offerendum*[1090].

VI. O leilão não deve ser considerado como uma sucessão de contratos sujeitos a condições resolutivas traduzidas pela ocorrência de lances superiores ou a condições suspensivas negativas da ocorrência desses mesmos lances. Seria um total artificialismo, já que o leilão tem uma estrutura social e juridicamente unitária. Além disso, todos têm a clara perceção que o contrato surge apenas com a adjudicação final ou proclamação equivalente. Até lá, há um tipo de negociação coletiva.

Na falta de um preceito equivalente ao § 156 do BGB, reconduzimos o leilão a um tipo social de conclusão do contrato.

O regulamento do leilão é decisivo: como afirmado, as competentes regras, disponibilizadas pelo leiloeiro ou interessado para adesão de pessoas indeterminadas, configuram-se como cláusulas contratuais gerais, sindicáveis nos termos da competente Lei, abaixo analisada. Há, ainda, leis especiais[1091].

[1086] Götz Schulze, no *Nomos Kommentar BGB* 1, 2.ª ed. (2012), § 156 (1015 ss.) e Jan Busche, no *Münchener Kommentar* cit., 1, 6.ª ed., § 156 (1670 ss.).

[1087] Reinhard Bork, no *Staudinger* I, §§ 139-163 (*Allgemeiner Teil 4b*) (2010), § 156, Nr. 1 (252), com indicações.

[1088] Götz Schulze, no *Nomos Kommentar BGB* cit., 1, 2.ª ed., § 156 (1015) e Jan Busche, no *Münchener Kommentar* cit., 1, 6.ª ed., § 156 (1671).

[1089] Walter G. Paefgen, *Widerrufsrecht bei eBay?*, RIW 2009, 178-187 (181 ss.), com indicações.

[1090] O § 156 é Direito dispositivo; o interessado pode indicar regras diversas: Jan Busche, no *Münchener Kommentar* cit., 1, 6.ª ed., § 156, Nr. 8 (1672).

[1091] *Vide*, as notas seguintes.

§ 21.º O processo de formação dos contratos

O leilão pode ser configurado em termos descendentes. Duas submodalidades: (1) indica-se um valor máximo e o pregoeiro vai baixando a cifra, sucessivamente, até que um interessado declare aceitar[1092]; (2) os interessados em fornecer determinado bem ou serviço, vão baixando o preço, até à adjudicação ao melhor[1093].

Um especial desenvolvimento doutrinário tem a ver com os leilões eletrónicos, organizados pela Net[1094].

Em todos os casos, o artigo 227.º/1 (*culpa in contrahendo*), com todos os seus desenvolvimentos, mantém sempre aplicação.

105. Aceitação, rejeição e contraproposta

I. A aceitação é uma declaração recipienda, formulada pelo destinatário da proposta negocial ou por qualquer interessado, quando haja uma oferta ao público, cujo conteúdo exprima uma total concordância com o teor da declaração do proponente[1095].

A aceitação deve assumir duas características fundamentais:

– traduzir uma concordância total e inequívoca;
– revestir a forma exigida para o contrato.

Da aceitação resulta o contrato; não pode haver, pois, verdadeira aceitação quando a competente declaração surja dubitativa ou condicionada[1096]. Por outro lado, cumpre ter presente que o contrato mais não é do que o encontro das declarações confluentes das partes: a forma dele é

[1092] *Vide* o Decreto-Lei n.º 81/2005, de 20 de abril, quanto à lota do peixe.

[1093] Assim o previsto no artigo 140.º e seguintes do CCP, nos contratos públicos celebrados através de leilão eletrónico.

[1094] Sascha Kremer, no *Nomos Kommentar* cit., 1, 2.ª ed., § 156, anexo, 1017-1033, elenca múltiplos problemas e indica dezenas de escritos e de decisões judiciais atinentes ao tema.

[1095] Sobre a matéria: Alessandra Bellelli, *Il principio di conformità tra proposta e accettazione* (1992), Karl Larenz/Manfred Wolf, *Allgemeiner Teil* cit., 9.ª ed., 562 ss. e Manfred Wolf/Jörg Neuner, *Allgemeiner Teil* cit., 10.ª ed., § 37, III, Nr. 25 (423).

[1096] De notar que, na presença de contratos com consumidores, a aceitação envolve a inclusão, no contrato, das informações concretas e objetivas contidas nas mensagens publicitárias, mau grado cláusulas em contrário – artigo 7.º/5 da LDC; *vide infra*, 507-508.

a forma delas. Nos termos gerais do artigo 217.º/1, a aceitação pode ser expressa ou tácita[1097].

II. Não chega, pelo que foi dito, uma aceitação apenas sobre o "essencial" da proposta: a ser esse o caso, exigir-se o consentimento do proponente, funcionando a aceitação sobre o "essencial" como contraproposta e havendo ainda que definir o regime da negociação ulterior sobre o "não-essencial". Em suma: tem de haver acordo sobre todos os problemas que qualquer das partes queira suscitar[1098].

    O Prof. Carlos Ferreira de Almeida tem vindo a criticar este tipo de orientação, por a considerar exagerada. A aceitação não poderia ser reduzida a um "sim", tal como a proposta não se limitaria a sê-lo quando, sobre ela, pudesse incidir um sim[1099].
    Afigura-se-nos que está em causa uma técnica de exposição. De facto, a proposta pode ter uma grande elasticidade, o que condiciona, no mesmo sentido, a aceitação. Tudo isso pode (e deve) ser lecionado depois de, aos jovens estudantes, se ter transmitido o núcleo dogmático em causa.
    Isto dito e tal como resulta do desenvolvimento agora inserido, a propósito das características da proposta[1100]: concordamos, hoje, com o ilustre e citado professor.

A aceitação reflete os termos acima exarados, para a proposta. Quando esta comporte espaços a preencher pelo destinatário, espaços esses que o proponente de antemão aceite, ela terá um conteúdo mais vasto. Além disso, pode exprimir-se pelas mais variadas formas, quando se esteja perante negócios consensuais, que são, de resto, a regra. Desde já se pode atentar no artigo 234.º.

III. Sendo uma declaração recipienda, a aceitação produz efeitos, nos termos do artigo 224.º, já examinado.

[1097] STJ 28-jun.-2007 (Pereira da Silva), Proc. 07B1711; outros atos podem ser expressos ou tácitos; assim sucede com a aceitação da herança, que não é "aceitação" de nenhuma proposta, segundo o artigo 2056.º/1, do Código Civil; vide STJ 10-dez.-1997 (Mário Cancela), BMJ 472 (1998), 443-453 (451).

[1098] Vide Ute Jung, *Die Einigung über die "essentialia negotii"* cit., *passim*.

[1099] Carlos Ferreira de Almeida, *Contratos* cit., 1, 4.ª ed., 124 e *passim* e, na 5.ª ed., 109 e *passim*.

[1100] *Supra*, 318 ss..

Operando nos termos desse preceito, pode suceder que a aceitação comece a produzir os seus efeitos apenas quando a proposta já não tenha eficácia: haverá, nos termos do artigo 229.º, uma receção tardia[1101].
Quando isso suceda não há, de imediato, qualquer contrato. A conclusão de um negócio contratual exige que a proposta e a aceitação se encontrem em plena eficácia. Assente este ponto, determina o artigo 229.º a distinção que segue:

– a aceitação foi expedida fora de tempo: o proponente nada tem a fazer, se quiser o contrato; se pretender a sua celebração, terá de fazer nova proposta;
– a aceitação foi expedida em tempo útil: o proponente deve avisar o aceitante de que não chegou a concluir-se qualquer contrato, sob pena de responder pelos prejuízos[1102], numa especial concretização de um dever de informação pré-negocial; se pretender o contrato, basta-lhe considerar a aceitação tardia como eficaz.

Uma vez emitida, a aceitação pode ser revogada, nos termos do artigo 235.º/2: a declaração revogatória deve chegar ao poder do proponente – ou ser dele conhecida – em simultâneo com a aceitação ou antes dela. Trata-se, como se vê, de um esquema similar ao da revogação da proposta – artigo 230.º/2 – em termos que não levantam dúvidas de maior.

IV. O contrato tem-se por celebrado no momento em que a aceitação se torne eficaz, isto é: logo que chega ao poder do destinatário ou dele seja conhecida (224.º/1, com as especificações dos números 2 e 3 desse preceito).
Além disso, a conclusão dá-se no lugar da receção da aceitação[1103]. Celebrado o contrato, desencadeiam-se os efeitos nele previstos. E assim, o próprio contrato pode fixar o momento do início dos seus efeitos[1104].

V. Perante uma proposta contratual, o destinatário dispõe da alternativa de a rejeitar.

[1101] Karl Larenz/Manfred Wolf, *Allgemeiner Teil* cit., 9.ª ed., 563-564.
[1102] Repara-se que o aceitante, tendo enviado a sua declaração em tempo útil, fica convicto de que se celebrou um contrato; apenas o proponente, conhecedor do atraso, poderá desenganá-lo, de modo a prevenir danos: compete-lhe fazê-lo.
[1103] Carlos Ferreira de Almeida, *Contratos* cit., 1, 4.ª ed., 126 ss. e 5.ª ed., 113-114.
[1104] RPt 6-mai.-1999 (João Vaz), CJ XXIV (1999) 3, 180-183 (182/II).

A rejeição é um ato unilateral recipiendo pelo qual o destinatário recusa a proposta contratual, renunciando ao direito a que dera lugar. Nos termos gerais, a rejeição pode ser expressa ou tácita[1105]; assim que ela se torne eficaz, extingue-se a proposta contratual. Tal como a proposta e a aceitação, a rejeição pode ser revogada – sendo, por consequência, substituída pela aceitação – desde que a competente declaração chegue ao poder do proponente, ou dele seja conhecida, ao mesmo tempo que a rejeição – artigo 235.º/1, do Código Civil.

VI. A aceitação da proposta com "...aditamentos, limitações ou outras modificações ... implica a sua rejeição" artigo 233.º, 1.ª parte. De facto, a aceitação deve traduzir uma total aquiescência quanto à proposta; qualquer alteração introduzida nesta pelo destinatário bloqueia a imediata formação do contrato, como bem se compreende: trata-se de um ponto sobre o qual não houve o consenso de ambas as partes.

O artigo 233.º, 2.ª parte, dispõe que "... se a modificação for suficientemente precisa, equivale a nova proposta...". Trata-se da contraproposta, ou proposta formulada pelo destinatário de uma primeira proposta contratual[1106]. A contraproposta é, para todos os efeitos, uma proposta contratual, que tem apenas como particularidade o implicar a rejeição de uma primeira proposta, de sinal contrário. A lei exige, como se viu, que ela seja "... suficientemente precisa ...". O requisito deve ser complementado: a contraproposta deve ser completa, deve traduzir a intenção inequívoca de contratar e deve assumir a forma requerida para o contrato de cuja celebração se trate. Todas as demais regras atinentes à proposta, e já examinadas, têm aqui aplicação direta, incluindo as considerações quanto à sua flexibilização.

VII. A aceitação parcial não dá azo nem ao contrato nem a uma contraproposta. Efetivamente, o contrato só se considera celebrado quando as partes cheguem a acordo sobre todas as cláusulas ou matérias que alguma delas tenha suscitado[1107]. Uma "aceitação" parcial diz-nos: que não há acordo sobre toda a matéria da proposta e que, no remanescente, nada de concreto é contraposto.

[1105] Não deve ser confundida com a rejeição tácita a total inatividade do destinatário, que acabará por implicar a extinção da proposta por caducidade, pelo decurso do prazo.

[1106] Reinhard Bork, no *Staudingers Kommentar* cit., 1, §§ 134-163, § 150, Nr. 7 ss. (624 ss.) e Karl Larenz/Manfred Wolf, *Allgemeiner Teil* cit., 9.ª ed., 564-565.

[1107] RPt 13-jul.-1993 (Norberto Brandão), CJ XVIII (1993) 4, 200-203 (202/II).

Ressalve-se a hipótese de a parte aceite poder ser desinserida do contexto, dando corpo a uma intenção do destinatário de prosseguir as negociações, tendo em vista um possível acordo final.

106. Dispensa da declaração de aceitação

I. O artigo 234.º, sob a epígrafe "dispensa da declaração de aceitação", dispõe:

> Quando a proposta, a própria natureza ou circunstâncias do negócio, ou os usos tornem dispensável a declaração de aceitação, tem-se o contrato por concluído logo que a conduta da outra parte mostre a intenção de aceitar a proposta.

Este preceito teve, como fonte, o § 151 do BGB[1108]. Cabe reter o texto deste parágrafo, epigrafado "aceitação sem declaração perante o proponente", para melhor interpretar o transcrito 234.º:

> O contrato surge através da aceitação da proposta, sem que a aceitação precise de ser declarada perante o proponente, quando tal aceitação não seja de esperar, segundo os costumes do tráfego ou quando o proponente a ela tenha renunciado.
> O momento no qual caduca a proposta determina-se segundo a própria proposta ou segundo as circunstâncias depreendidas da vontade do proponente.

Hoje[1109], entendemos que estes preceitos estão para além de uma mera aceitação tácita. Vamos ver[1110].

II. A possibilidade de ocorrer um contrato sem a aceitação do destinatário da proposta foi longamente discutida, ao longo da História

---

[1108] Pires de Lima/Antunes Varela, *Código Anotado* cit., 1, 4.ª ed., 221.

[1109] Abandonamos, pois, a posição que ainda surgia na 3.ª ed. desta obra: *Tratado* I/1, 3.ª ed., 559, onde reconduzíamos essa figura à declaração tácita, criticando a epígrafe.

[1110] Sobre o 234.º, em especial: Paulo Mota Pinto, *Declaração tácita e comportamento concludente* cit., 568-630, com muitas indicações.

recente[1111]: temos intervenções do *usus modernus* (Voet), dos jusnaturalistas (Grócio) e dos códigos racionalistas, como o *Codex Maximilianicus Bavaricus* (1756)[1112] e o ALR prussiano (1794)[1113].

Desde cedo se impôs, à reflexão, que o dueto proposta/aceitação funcionava como um paradigma teórico, apto para o ensino e para a estruturação mental do consenso contratual, mas pouco prático para traduzir a efetividade da vida sócio-económica. Muitas vezes, particularmente nos negócios correntes, uma proposta é logo seguida pela execução, a cargo da outra parte: pense-se numa encomenda de mercadorias ou em estabelecimentos de autosserviço. O automobilista que se abastece numa bomba não formula qualquer declaração de aceitação, embora ninguém duvide da conclusão do contrato e do dever de pagar o abastecimento.

III. A formação de um contrato "sem declaração de aceitação" pode traduzir-se, materialmente[1114]:

(a) em atos de apropriação, tais como o uso, a modificação, o consumo ou a disposição das coisas objeto de oferta (mas não encomendadas); exemplos: a abertura de páginas de um livro, escrever o nome, também num livro ou a colocação de pão num cesto[1115];
(b) em atos de cumprimento, como a reserva de um hotel, a colocação de dinheiro num autómato ou a execução de um negócio;
(c) em atos concludentes, como os habituais no tráfego de massas.

O 234.º especifica três hipóteses:

1 – a proposta; efetivamente, o proponente pode dispensar a declaração de aceitação, mas não a própria aceitação; nessa eventua-

---

[1111] Os elementos subsequentes e diversos outros podem ser confrontados em Jörn Augner, *Vertragsschluss ohne Zugang der Annahmeerklärung/§ 151 BGB in rechtshistorischer und rechtsvergleichender Sicht* (1985), 201 pp., 27-120 (27 ss., 29 ss., 32 ss., 35 ss., quanto aos elementos referidos no texto).

[1112] Wiguläus von Kreittmayr, *Anmerkungen über den Codicem Maximilianeum Bavaricum Civilem*, IV Theil, 9.ª ed. (1821), Kap. I, §§ 3 ss. (5 ss.)

[1113] ALR I, 5 tit, § 81 (= ed. 1796, I, 70).

[1114] Werner Flume, *Das Rechtsgeschäft* cit., 4.ª ed., § 35, II, 3 (654 ss.) e Jan Vytlacil, *Die Willensbetätigung, das andere Rechtsgeschäft/Eine Untersuchung zur Rechtsnatur der §§ 144, 151, 959, 1943, 2255 BGB* (2009), 30-38, com numerosas indicações jurisprudenciais.

[1115] Entenda-se : não condicionado, de tal modo que já mais ninguém o irá adquirir.

§ 21.º O processo de formação dos contratos

lidade, indicará qualquer outra via de aquiescência como, por exemplo, a de disponibilizar os bens em jogo; tal eventualidade deve, todavia, passar pelo crivo da tutela do consumidor e pela boa-fé; a ideia do artigo 234.º é a de facilitar o tráfego e a vida do destinatário da proposta e não onerar este com negócios não desejados;
2 – as circunstâncias do negócio; há, aqui, uma clara abertura a comportamentos concludentes e aos acima referidos atos de apropriação e atos de cumprimento;
3 – os usos; o Código Civil foi pouco generoso com os usos, admitindo-os apenas quando haja remissão legal e não sejam contrários ao sistema (3.º/1)[1116]; este último ponto permite, em especial, uma sindicância, à luz da tutela do consumidor.

IV. O artigo 234.º, tal como o seu ascendente, o § 151 do BGB, levanta problemas de construção e de explicação dogmáticas. Perante o preceito alemão, surgiram duas teorias[1117]:

– a teoria do exercício da vontade, também dita do negócio de pura vontade (*Willensbetätigung* ou *bloßes Willensgeschäft*), segundo a qual o preceito não visaria qualquer manifestação de vontade, para a conclusão do negócio[1118];
– a teoria da dispensa da comunicação ou do destinatário, defendendo que existiria sempre uma declaração de vontade, exteriorizada de alguma forma, mas sem necessidade de envio ao proponente (*nicht empfangsbedürftig*)[1119].

[1116] *Tratado* I, 573 ss..
[1117] Jan Busche, no *Münchener Kommentar* cit., 1, 6.ª ed., § 151, Nr. 3 (1650); Götz Schulze, no *Nomos Kommentar* cit., 1, 2.ª ed., § 151, Nr. 2 (1004); vide: Wolfgang Schulz, *Annahme im Sinne des § 151 BGB und Annahme durch Schweigen*, MDR 1995, 1187-1190 (1190, o resumo); Götz Schulze, *Rechtsfragen des Selbstbedienungskaufs* cit., 253 e *passim* ; Roland Schwarze, *Die Annahmehandlung in § 151 BGB als Problem der prozessualen Feststellbarkeit des Annahmewillens*, AcP 202 (2002), 607-630 (613 ss., com indicações), 618 e 627.
[1118] Alfred Manigk, *Rechtswirksames Verhalten* cit., 370; *Willenserklärung und Willensgeschäft* cit., 370; Fritz Fabricius, *Stillschweigen als Willenserklärung*, JuS 1966, 1-11 /9/I); Werner Flume, *Das Rechtsgeschäft* cit., § 35, II, 3 (655); Peter Bydlinski, *Probleme der Vertragsschlusses ohne Annahmeerklärung*, JuS 1988, 36-38 (37/I).
[1119] Jörn Augner, *Vertragsschluss ohne Zugang der Annahmeerklärung* cit., 189 ss.; Reinhard Singer, *Sesbstbestimmung und Verkehrsschutz im Recht der Willenserklärung*

Esta última teoria surgia considerada dominante, nos comentários[1120] e manuais da atualidade[1121]. Todavia, o assunto não está solucionado. A contraposição mantém-se em Götz Schulze, que fala numa ação por conduta global (*Gesamtverhalten*) (2012)[1122], enquanto Jan Vytlacil (2009) faz uma defesa importante da teoria da *Willensbetätigung*[1123]. Como se vê, mesmo no coração do Direito civil e em área estudada com cuidado há vários séculos, ainda há matéria em aberto.

V. Para além do aspeto jurídico-científico, o enquadramento do artigo 234.º reflete-se no regime.

Como vimos, a "dispensa de declaração de aceitação" abre as portas a negócios jurídicos nos quais falta um ato de comunicação, dirigido à outra parte, isto é, ao proponente. Afigura-se-nos irreal pretender que exista uma "vontade não comunicada", idêntica à comunicada: a vontade é um todo, em conjunto com a ação que desencadeie. De resto, cada um sabe que a sua vontade se forma e se desenvolve à medida que se desenrolam as ações que lhe sejam imputáveis.

A dispensa de "declaração de aceitação" é isso mesmo. Não se confunde com a declaração tácita que é, ainda, uma declaração; tão-pouco pode ser uma declaração tácita não-recipienda porque a não ter destinatário, não é comunicação[1124]; antes corresponde a uma autodeterminação sem comunicação ao proponente. Só à custa de enorme abstração e de algum artificialismo poderíamos ver, aqui, ainda uma declaração de vontade[1125].

(1995), 161 ss.; Nikolaus Brehmer, *Die Annahme nach § 151 BGB*, JuS 1994, 386-391 (388); Tilman Repgen, *Abschied von der Willensbetätigung/Die Rechtsnatur der Vertragsannahme nach § 151 BGB*, AcP 200 (2000), 533-564 (548 ss. 564).

[1120] Jan Busche, no *Münchener Kommentar* cit., 1, 6.ª ed., § 151, Nr. 3 (1650), explica que o diferendo tem pura natureza académica, uma vez que se aplicaria sempre o regime das declarações de vontade. Muitas indicações podem ser confrontadas em Jan Vytlacil, *Die Willensbetätigung* cit., 52.

[1121] Manfred Wolf/Jörg Neuner, *Allgemeiner Teil* cit., 10.ª ed., § 29, Nr. 33 (319); Dieter Medicus, *Allgemeiner Teil* cit., 10.ª ed., Nr. 382 (153-154), entre outros.

[1122] Götz Schulze, no *Nomos Kommentar* cit., 1, 2.ª ed., § 151, Nr. 5 (1005-1006).

[1123] Jan Vytlacil, *Die Willensbetätigung* cit., 53-54 e *passim*.

[1124] Contra: Paulo Mota Pinto, *Declaração tácita* cit., 621.

[1125] Contra, *idem*, *maxime* 630, embora com uma excelente argumentação.

VI. A partir daqui, parece claro que diversos preceitos próprios da declaração de vontade ou não têm aplicação ou têm-na em moldes muito embrionários. Assim, são inaplicáveis: o 233.º (aceitação com modificações), o 235.º (revogação da aceitação), os 240.º a 243.º (simulação), os 258.º a 269.º (representação do aceitante) e, em geral, às diversas cláusulas que extravasem o núcleo simples do contrato. São aplicáveis, mas com fortes simplificações, os 236.º a 239.º (interpretação e integração) e os 245.º a 257.º (falta e vícios da vontade). Em compensação, ganham peso as regras sobre o ónus da prova: na falta de declaração, cabe à parte que queira invocar ou prevalecer-se do negócio, alegar e demonstrar as competentes atuações[1126].

Caso a caso será necessário construir o modelo de decisão aplicável.

107. Natureza das declarações negociais

I. O tema da natureza das declarações contratuais tem dado azo a viva discussão nas diversas doutrinas[1127]. A questão complica-se devido à existência de múltiplas teorias sobre negócios e atos jurídicos, com influxo direto nas soluções preconizadas[1128].

Abrindo de imediato caminho por entre as orientações que repartem a matéria, julga poder-se defender a proposta contratual como um negócio

---

[1126] Roland Schwarze, *Die Annahmehandlung im § 151 BGB als Problem der prozessualen Feststellbarkeit des Annahmewillens* cit., 627; *vide*, também, Beate Gsell, *Die Beweislast für den Inhalt der vertraglichen Einigung*, AcP 203 (2003), 119-141 (123 ss.).

[1127] Jean-Luc Aubert, *Notions et rôles de l'offre et de l'acceptation dans la formation du contrat* (1970), 179 ss., Ravazzoni, *La formazione del contratto* cit., 112 e Flume, *Das Rechtsgeschäft* cit., 4.ª ed., 635, todos com indicações. Entre nós, Ferreira de Almeida, *Texto e enunciado* cit., 3, 786 ss. e Paulo Mota Pinto, *Declaração tácita* cit., 444, nota 17, ambos, também com indicações.

[1128] Um apanhado de diversas teorias pode ser confrontado em *Direito das obrigações* cit., 1, 446 ss.. Pela sua especificidade, merece referência a orientação de Ravazzoni, *La formazione del contratto* cit., 120 ss.: a proposta negocial deveria decompor-se em duas proposições: pela primeira, o proponente exterioriza a vontade própria; pela segunda, ele indaga a vontade do destinatário; esta última proposição só faz sentido pela sua integração na sequência processual formativa do contrato, funcionando, pois, como ato de processo e qualificando-se como um ato em sentido estrito; a primeira – portanto a que exterioriza a vontade do proponente – opera como um ato substancial, integrando, no entanto, algo de diferente de um negócio jurídico.

jurídico unilateral, pelo menos sempre que o contrato visualizado pelo proponente tenha natureza negocial. Quando tal não suceda, a proposta será um ato jurídico *stricto sensu*. Pelo que segue:

- a proposta é eficaz: produz efeitos de direito e, designadamente, faz surgir, na esfera do destinatário, o direito potestativo à aceitação: é um facto jurídico *lato sensu*;
- a proposta é livre: o proponente formula-a se quiser, atuando ao abrigo da sua autonomia privada; há liberdade de celebração, pelo que a proposta se articula como um ato jurídico *lato sensu*;
- o conteúdo da proposta é, igualmente, livre: o proponente pode inserir na proposta as cláusulas que entender; há liberdade de celebração, surgindo, límpido, um negócio jurídico.

E pela sua estrutura, fácil se torna considerá-la como um negócio unilateral. Esta construção tem interesse justamente por facultar a aplicação, à proposta, das regras atinentes ao negócio em geral[1129].

II. Apurada a natureza negocial da proposta, pareceria impor-se a qualificação da aceitação como um ato jurídico em sentido estrito[1130]. De facto, perante uma proposta, o destinatário apenas poderia aceitá-la ou rejeitá-la: a sua liberdade restringir-se-ia à celebração.

Deve, no entanto, atentar-se em que a aceitação/não aceitação não esgotam as opções do destinatário da proposta. Este pode rejeitar, nada fazer ou contrapropor. Conserva pois, intacta, a liberdade de estipulação.

A aceitação é, assim, em conjunto com a rejeição e a (contra)proposta, um negócio unilateral. As necessidades analíticas do estudo do Direito e as próprias limitações da linguagem humana obrigam, efetivamente, a isolar a ideia de "aceitação" como simples aquiescência. Mas ela não pode ser cindida dos outros comportamentos que, em conjunto, traduzem a verdadeira posição do aceitante.

As regras negociais aplicam-se, por tudo isto, à aceitação, à rejeição e, naturalmente, à contraproposta. Quando muito, poderíamos aqui abrir um espaço para os atos "semelhantes a negócios", que seguiriam, fundamentalmente, o regime destes.

[1129] Contra, Flume, *Das Rechtsgeschäft* cit., 4.ª ed., 635.
[1130] Carlos Ferreira de Almeida, *Contratos* cit., 1, 5.ª ed., 118-119, considera a proposta um negócio unilateral e a aceitação um ato jurídico simples, também unilateral.

III. Dentro da categoria de negócios, a proposta e a aceitação ocupariam uma especial categoria de atos preparatórios ou prévios. A ideia de negócio, tal como nos adveio do racionalismo é, todavia, suficientemente abstrata e ampla para os poder abranger.

§ 22.º CONTRATAÇÃO AUTOMÁTICA E ELETRÓNICA

108. Aspetos gerais; o autómato

I. O ser humano não tem, à partida, armas naturais: não está adaptado ao mergulho, ao voo ou à fuga; não salta, não tem mandíbulas, nem tem garras; é muito sensível ao calor, ao frio e às mais diversas doenças; não se dissimula, não é noturno e não tem grandes dimensões; a sua gestação é longa, o parto difícil e carece de largos anos para atingir uma idade adulta, exigindo um acompanhamento prolongado e permanente dos progenitores. Em suma: num mundo perfeitamente natural, o ser humano seria uma presa fácil; teria dificuldades em alimentar-se e em garantir a progenitura. Seria uma espécie falhada e sem futuro.

Todavia, a evolução e a Providência atribuíram-lhe a denominada inteligência. Assente na qualidade de omnívoro, no porte ereto, na visão adequada, na destreza manual, na capacidade de criar e de usar instrumentos e, sobretudo, nas faculdades de comunicar, de se associar ao seu semelhante, de aprender e de ensinar, o *homo sapiens sapiens* logrou controlar a natureza e o próprio Planeta, sendo capaz de sobreviver em qualquer tipo de ambiente. Não tem adversários, a não ser o seu semelhante.

II. O instrumento prolonga ou completa a mão humana. Mas pode ir bem mais longe, ampliando as funções cerebrais e permitindo armazenar, fora do cérebro, as mais diversas informações. No momento seguinte, o instrumento reproduz, fora do cérebro humano, típicas operações de raciocínio, recombinando informações e prosseguindo novas vias, de acordo com intenções básicas introduzidas pelos seus criadores ou, quiçá, gizando novas instruções. Trata-se de um processo em plena evolução e cujos limites não são, ainda, claros[1131]. No decurso desta evolução, foram criados instrumentos suscetíveis de efetuar operações jurídicas.

[1131] Entre os vários cenários em estudo: desde o momento em que seja possível construir mecanismos que se reparem a eles próprios, que sejam capazes de replicar novos

III. Com antecedentes, foram-se desenvolvendo, a partir do início do século XX, dispositivos automáticos capazes de assegurar, contra um pagamento, o fornecimento de determinados bens, às pessoas interessadas. Temos os primeiros autómatos, ainda bem conhecidos que, por meios puramente mecânicos, "aceitam" uma moeda e "entregam" uma mercadoria simples.

Os aparelhos mecânicos foram, depois, complementados por instrumentos elétricos e, mais tarde, por instalações puramente eletrónicas e eletro-magnéticas. As operações facultadas pelos autómatos cresceram exponencialmente, cobrindo todo o tipo de móveis e alargando-se aos serviços: transportes, informações, reservas, câmbios, estacionamentos e operações diversas. Os limites postos pelo uso de moedas metálicas, necessário para dispositivos puramente mecânicos, foram removidos pela eletrónica: reconhecimento de notas e de cartões bancários e, no limite, identificação da própria pessoa.

IV. Numa primeira abordagem, o autómato pratica meras operações materiais. Não tem vontade própria, não representa ninguém e "produz" apenas, de modo fatal, aquilo para que tenha sido programado. Todavia, através do simples dispositivo mecânico que "entrega" uma guloseima em troca de uma moeda, é celebrado um negócio jurídico. Como explicá-lo e qual o seu sentido, perante os esquemas legais de contratação?

109. A negociação automática

I. Num primeiro momento, a contratação por autómato ultrapassou o Direito: como compor um modelo contratual que dispensasse a presença atuante de um dos parceiros? Encarado o problema, surgiram duas teorias:

– a teoria da oferta automática;
– a teoria da aceitação automática.

Segundo a teoria da oferta automática, comum até há pouco tempo, a simples presença de um autómato pronto a funcionar, mediante adequada

mecanismos mais aperfeiçoados, corrigindo as falhas e os limites dos antecessores, o atual estádio biológico dará lugar a um estádio subsequente, mecânico e inteligente, capaz de prosperar em qualquer ambiente e de se expandir, sem limites, pela galáxia ou, quiçá, para além dela.

solicitação feita por um utente, deve ser vista como uma oferta ao público: acionado o autómato, o utente aceitaria a proposta genérica formulada pela entidade a quem fosse cometida a programação. O autómato era um simples prolongamento, bastante explícito, da vontade cabal do proponente: a pessoa que o controlasse, entregando os bens e percebendo a contraparte.

II. A teoria da aceitação automática, preconizada por Medicus[1132], coloca o problema em termos inversos. Explica esse Autor que o simples acionar do autómato – por exemplo, através da introdução de uma moeda – não provoca necessariamente a conclusão do contrato; tal só sucederá se o autómato não estiver vazio, isto é, se se encontrar em condições de fornecer o bem solicitado. Por consequência, o contrato só se concluiria através do funcionamento do autómato, cabendo ao utente a formulação da proposta. A instalação prévia do autómato representaria, tão-só, uma atividade preparatória, municiada para aceitar (eventualmente) solicitações que lhe fossem dirigidas.

III. A discussão pode surgir um tanto circular; tem, no entanto, interesse prático. De facto, se o autómato for uma oferta ao público, há contrato com a simples aceitação; qualquer falha subsequente surgirá como uma violação do contrato perpetrada pela pessoa que recorra a autómatos para celebrar os seus negócios[1133]. Pelo contrário, se o autómato se limitar a receber propostas, não há violação contratual no caso de não funcionamento: apenas se assistirá, então, a uma não-aceitação. Um dispositivo auxiliar permite, nessa eventualidade, a restituição do dinheiro.

Com a generalização da automação, podem-se antever cenários em que contratos de vulto sejam inteiramente celebrados por autómatos. Várias regras podem depender de quem funcione como proponente e de quem opere como aceitante[1134].

Perante os princípios clássicos da automação, a presença de um autómato constituiria uma autêntica oferta ao público. A pessoa responsável

---

[1132] Dieter Medicus, *Allgemeiner Teil* cit., 10.ª ed., Nr. 362 (148).

[1133] E a menos que a falha seja de tal modo patente que implique, nas palavras de Ferreira de Almeida, *Texto e enunciado* cit., 3, 813, um sinal que contradiga a própria oferta.

[1134] O facto de os autómatos operarem na base de cláusulas contratuais gerais, que procurem resolver os diversos problemas que se venham a pôr, não retira interesse à natureza das declarações que eles traduzam.

pelo autómato desfrutaria, ao programá-lo, de liberdade de estipulação, podendo propor o que entender; pelo contrário, o utente apenas poderia aceitar ou recusar a "proposta" automática, colocando-se numa posição semelhante à de aceitante. Acresce ainda que o autómato não tem liberdade de decisão para aceitar ou recusar uma proposta: as opções competentes foram feitas pelo programador e só por este podem ser alteradas. A última palavra seria do utente, num paralelo claro com a aceitação.

IV. A orientação acima explanada constitui, tão-só, um ponto de partida. Um autómato pode ser programado para responder a solicitações distintas, por forma adaptada a cada uma delas. Ainda aí seria possível ver a presença de várias ofertas ao público – tantas quantas as opções do utente. Mas a situação complicar-se-ia quando a "oferta" fosse ilimitada, podendo o autómato corresponder a inúmeras solicitações dos utentes: nesta altura, a estes caberia a iniciativa, limitando-se o autómato a aceitar ou a recusar.

No limite, o autómato é programável para tomar decisões, sendo ainda perfeitamente concebível um negócio "celebrado" entre autómatos – entre computadores – devidamente programados para o efeito.

Os quadros da oferta ao público só podem explicar os primeiros passos dos negócios celebrados com recurso a autómatos. Em esquemas mais elaborados, o autómato reproduz a vontade do seu programador ou da pessoa a quem as atuações deste sejam imputáveis. Nessa medida, a declaração feita através do autómato pode ser proposta ou aceitação ou, mais genericamente, pode ser de qualquer tipo[1135], consoante a vontade dos programadores. São possíveis "negociações": os autómatos, com distintos projetos de contratos, podem aproximar as soluções de modo a encontrar uma saída comum que respeite dados básicos preestabelecidos.

Os únicos limites que o Direito opõe a este prolongamento da vontade humana têm a ver com a forma prescrita para certas celebrações negociais.

110. A contratação por meios eletrónicos ou por *Internet*

I. A contratação por meios eletrónicos ou através da *Internet*[1136] não se confunde, em si, com a efetuada através de autómato ou de computa-

---

[1135] Com inclusão de uma declaração com destinatário determinado.
[1136] Sobre a *Internet* e o Direito, particularmente o dos contratos, com múltiplos elementos: Markus Köhler/Hans-Wolfgang Arndt, *Recht des Internet*, 2.ª ed. (2000) e,

dor, embora, por vezes, lhe esteja associada. Quando surgiu, houve quem esperasse uma total revolução na doutrina do negócio. Não foi necessária: ela foi enquadrada com recurso aos esquemas negociais consagrados[1137], acrescentando-lhe algumas cautelas[1138]. Assim, a declaração de vontade feita por computador ou por meios de comunicação eletrónica vale como tal[1139]. E naturalmente, têm aplicação as regras referentes ao erro e ao dolo, nas declarações. A matéria foi em parte tratada pelo Decreto-Lei n.º 7/2004, de 7 de janeiro, abaixo referido[1140].

A contratação pela *Internet* conheceu uma evolução que cumpre referenciar.

Num primeiro momento, a *Internet* era encarada como simples meio de comunicação. As declarações de vontade eram, simplesmente, transmitidas por essa via[1141]. Os problemas daqui resultantes eram similares aos da comunicação por correio ou pelo telefone. Designadamente: o contrato poderia ter-se como celebrado entre presentes ou entre ausentes consoante,

---

como obra de referência, Georg Borges, *Verträge im elektronischen Geschäftsverkehr/ /Vertragsabschluss, Beweis, Form, Lokalisierung, anwendbares Recht* (2003), 1052 pp.. Em Itália, dispomos de um importante conjunto de estudos, de Carlo e Fulvio Sarzana di S. Ippolito, publicado, sob um prefácio de Vittorio Novelli, com o título *Profili giuridico del commercio via Internet* (1999), Giorgio Sacerdoti/Giuseppe Marino (org.), *Il commercio elettronico* (2001) e Giovanni Mocci, *Operazioni commerciali via internet* (2001). Entre nós, cumpre referir a obra coletiva *As telecomunicações e o Direito na sociedade de informação* (1999), numa excelente organização de António Pinto Monteiro.

[1137] Josef Mehrings, *Vertragsabschluss im Internet/Eine neue Herausforderung für des "alte" BGB*, MMR 1998, 30-33 (33/II), Jochen Taupitz/Thomas Kritter, *Electronic Commerce – Probleme bei Rechtsgeschäften im Internet*, JuS 1999, 839-846 (846) e Heinrich Dörner, *Rechtsgeschäfte im Internet*, AcP 202 (2002), 363-396 (396 e *passim*).

[1138] Vide Lorenzo Cavalaglio, *La formazione del contratto/Normative di protezione ed efficienza economica* (2006), 256 pp., especialmente 115 ss..

[1139] Mathias Kuhn, *Rechtshandlungen mittels EDV und Telekommunikation/ /Zurechenbarkeit und Haftung* (1991), 54 ss. (81). *Vide* ainda a obra já antiga, mas ainda útil, de Renato Clarizia, *Informatica e conclusione del contratto* (1985), 59 ss..

[1140] *Infra*, 354 ss..

[1141] Jörg Fritzsche/Hans M. Maizer, *Angewählte zivilrechtliche Probleme elektronisch signierter Willenserklärung*, DNotZ 1995, 3-25 (8), Wolfgang Fritzmeyer/Sven-Erik Heun, *Rechtsfragen des EDI/Vertragsgestaltung: Rahmenbedingungen im Zivil-, Wirtschafts- und Telekommunikationsrechte*, CR 1992, 129-133 (129 ss.); EDI é a sigla de *eletronic data interchange* e Sven-Erik Heun, *Die elektronische Willenserklärung/Rechtliche Einordnung, Anfechtung und Zugang*, CR 1994, 595-600 (595).

entre a proposta e a aceitação, mediasse algum lapso de tempo juridicamente relevante[1142].

No passo seguinte, o computador é programado de tal modo que, ele próprio, recebe e processa a declaração do interessado, estando em condições de a aceitar. Temos uma declaração do computador ou automatizada[1143]. O exemplo mais claro é o das livrarias eletrónicas que, de modo automático, negoceiam livros. A declaração eletrónica é imputável à pessoa que programou ou mandou programar o computador[1144].

A particularidade deste procedimento, para além do meio utilizado (a Net), reside no facto de haver uma contratação à distância. Tudo se processa em quatro tempos[1145]: (a) o vendedor, em regra empresário, através da Net, publicita um certo bem ou negócio e manifesta-se disponível em receber propostas; trata-se de uma clara *invitatio ad offerendum*; (b) o particular interessado, pela via indicada no competente anúncio, manifesta-se e faz uma proposta; (c) o empresário, feitas as competentes verificações e tendo disponível o bem em jogo, declara aceitar, remetendo, por via eletrónica, essa sua declaração; (d) o empresário cobra o valor e remete a mercadoria ou, em alternativa: envia-a à cobrança.

Põe-se, por fim, o problema da prova das declarações de vontade automáticas. Vale a livre apreciação do juiz, sendo de reter, todavia, que os programas disponíveis permitem imprimir documentos explícitos e circunstanciados, que poucas pessoas poderão "manipular" e que, em geral, fazem fé do neles exarado[1146].

II. A disponibilidade de contratação eletrónica através da Internet representa uma imensa vantagem para os particulares e para as empresas[1147]. Torna-se possível ter acesso a bens e serviços, no quadro planetário e isso numa escala totalmente inalcançável, em termos de contacto direto.

[1142] Karl Larenz/Manfred Wolf, *Allgemeiner Teil* cit., 9.ª ed., 584.

[1143] Jörg Fritzsche/Hans M. Maizer, *Angewählte zivilrechtliche Probleme* cit., 15, Helmut Köhler, *Die Problematik automatisierter Rechtsvorgänge, insbesondere vom Willenserklärungen*, AcP 182 (1982), 128-171 (132 ss.) e Sven-Erik Heun, *Die elektronische Willenserklärung* cit., 595 e 597 ss..

[1144] Jochen Taupitz/Thomas Kritter, *Electronic Commerce – Probleme bei Rechtsgeschäften im Internet*, JuS 1999, 839-846 (840).

[1145] Georg Thüsing, no *Staudinger* II, §§ *311, 311 a, 312, 312 a-i/Vertragsschluss* (2013), Vorbem zu §§ 312 b-i, Nr. 3 (201).

[1146] Sven-Erik Heun, *Die elektronische Willenserklärung* cit., 599 ss. e Peter Mankowski, *Zum Nachweis des Zugangs bei elektronischen Erklärungen*, NJW 2004, 1901-1907.

[1147] Georg Thüsing, no *Staudinger* cit., Vorbem §§ 312 b-I, Nr. 6 (202).

Praticamente tudo pode ser adquirido ou contratado. O interessado pode, num espaço de segundos, comparar preços, características e qualidades. Além disso, poupam-se intermediários e múltiplos custos de transação. O fenómeno da contratação pela Net só não foi mais longe por se manifestar um "fetichismo da mercadoria": por razões de ordem psicológica, as pessoas hesitam em adquirir certos bens (como os alimentos) ou certos serviços (de ordem pessoal: médica ou jurídica, como exemplo) sem, previamente, tomarem contacto com eles ou com as estruturas de que dependam.

Mas – como tudo – tem também desvantagens. Desde logo, o particular adquirente não conhece o vendedor oferente, nem pode apreciar os produtos. Teoricamente, tem vias de protesto, mas de acesso difícil. Pode ser levado a comprar inutilidades. Finalmente, assume, com facilidade, encargos que, depois, terá de solver[1148].

Este ponto é decisivo. A facilidade com que se adquirem bens ou serviços e se assumem os inerentes encargos, em termos imediatamente eficazes através da utilização de cartões bancários, obriga os Estados a adotar regras de proteção aos utentes.

III. Com essa finalidade, foi aprovada a Diretriz n.º 97/7/CE, do Parlamento Europeu e do Conselho[1149]. Este diploma atinge, de facto, o chamado comércio eletrónico[1150]: *Internet*, telefone e telefax[1151]. No fundamental, ele fixa deveres de informação acrescidos e atribui, ao adquirente, um direito à resolução do contrato, caso se venha a arrepender, supervenientemente, da sua celebração.

Esta Diretriz foi transposta para o Direito alemão, pela Lei de 30-mar.-2000[1152], tomando assento no próprio BGB, através da reforma de

---

[1148] *Idem*, n.º 7 (202).

[1149] JOCE N.º L 144, 19-27, de 4-jun.-1997. *Vide* NJW 1998, 212-215, bem como o escrito de Helmut Köhler, *Die Rechte des Verbrauchers beim Teleshopping (TV-Shopping, Internet-Shopping)*, NJW 1998, 185-190. A Diretriz n.º 97/7/CE foi complementada (por vezes: em sobreposição) pela Diretriz n.º 2000/31/CE, de 29 de junho, JOCE N.º L 200, 35-38, de 8 de ago.-2000, abaixo referida.

[1150] *Vide* o estudo fundamental de Stephan Lorenz, *Im BGB viel Neues: Die Umsetzung der Fernabsatzrichtlinie*, JuS 2000, 835-843 (836); *vide* Köhler/Arndt, *Recht des Internet* cit., 2.ª ed., 37 ss..

[1151] Ou, em geral, o *e-commerce*.

[1152] Além do escrito de Lorenz citado na nota anterior: Klaus Tonner, *Das neue Fernabsatzgesetz – oder: System statt "Flickenteppisch"*, BB 2000, 1415-1420 e Peter

2001/2002[1153]. Iniciativa importante: levou à inclusão, na lei civil fundamental, das noções de consumidor e de empresário e permitiu a unificação do regime da resolução, por arrependimento, do consumidor[1154].

111. **A tutela do contraente aderente**

I. O cerne da tutela dispensada ao contratante que, aderindo aos esquemas de contratação eletrónica, faça ofertas e celebre os inerentes contratos, tal como resulta da instrumentação europeia referida, transposta para os diversos países da União, assenta em três pontos[1155]:

– o direito acrescido à informação;
– o direito à resolução livre e à restituição do bem ou à desistência do serviço;
– o direito a reaver o valor desembolsado.

O direito à informação floresce. A quantidade de elementos que é suposto serem transmitidos ao particular interessado desafia a imaginação[1156]. É certo e sabido que, em regra, ninguém atenta nessa matéria: os contratantes limitam-se a assinalar, em quadrícula, que tomaram conhecimento, sem nada lerem. Revela-se o "direito à legítima ignorância"[1157], que maior importância dá às demais prerrogativas do interessado.

Já o direito à resolução livre, com a restituição do bem ou a desistência do serviço, daí resultantes e o direito ao reembolso operam como pilares decisivos de tutela. Surgem, de resto, como efetivas inovações, no domínio da conclusão de negócios.

Bülow/Markus Artz, *Fernabsatzverträge und Strukturen eines Verbraucherprivatrechts im BGB*, NJW 2000, 2049-2056.

[1153] A matéria foi envolvida pela reforma de 2001/2002, na sequência a transposição da Diretriz n.º 2000/35; *vide* Georg Thüsing, no *Staudinger* cit., Nr. 11 (204).

[1154] Uma apreciação fortemente positiva de reforma emerge de Lorenz, *Im BGB viel Neues* cit., maxime 843.

[1155] Georg Thüsing, no *Staudinger* cit., Vorbem zu §§ 312 b-I, Nr. 8-10 (203-204).

[1156] *Vide* os elementos adiantados a propósito da cic, *supra*, 264 ss..

[1157] *Infra*, 372; *vide* Hans Christoph Grigoleit, *Rechtsfolgenspezifische Analyse " besonderer" Informationspflichten am Beispiel der Reformpläne für den E-Commerce*, WM 2001, 597-604 e *Besondere Vertriebsform im BGB*, NJW 2002, 1151-1158 (1156 ss., 1158/II).

II. A transposição das diretrizes europeias foi efetuada pelo Decreto-Lei n.º 143/2001, de 26 de abril[1158]: diploma heterogéneo, que versa matéria unificada por postular negócios à distância, automáticos ou não, mas, em qualquer caso, concluídos fora do estabelecimento. Muitas alterações derivaram do Decreto-Lei n.º 82/2008, de 20 de maio, que procedeu, em anexo, à sua republicação.

Comporta 38 artigos, assim ordenados:

Capítulo I – Âmbito geral de aplicação (1.º);
Capítulo II – Contratos celebrados à distância (2.º a 12.º);
Capítulo III – Contratos ao domicílio e outros equiparados (13.º a 20.º);
Capítulo IV – Vendas automáticas (21.º a 23.º);
Capítulo V – Vendas especiais esporádicas (24.º e 25.º);
Capítulo VI – Modalidades proibidas de venda de bens ou de prestação de serviços (26.º a 30.º);
Capítulo VII – Infrações, fiscalização e sanções (31.º a 34.º);
Capítulo VIII – Disposições finais e transitórias (35.º a 38.º).

No tocante ao âmbito de aplicação, registe-se a limitação do conceito de consumidor a pessoas singulares – 1.º/3, *a*); não há justificação para isso: a sociedade que, fora do seu âmbito profissional, encomende livros ou músicas pela *internet* (oferta a sócios ou a clientes) tem direito a idêntica proteção.

III. Quanto a contratos celebrados à distância – 2.º, *a*) – sublinhamos a sua não-aplicação a vários campos, com relevo para o financeiro (3.º)[1159]. Feita esta ressalva, temos os seguintes pontos essenciais:

– devem ser dadas, ao consumidor, as informações prévias constantes do artigo 4.º, com confirmação (5.º);
– é conferido, também ao consumidor, um prazo mínimo de 14 dias para que, livremente, ele possa "resolver" (revogar) o contrato, prazo esse que é aumentado se não tiverem sido prestadas as informações devidas (6.º); esse direito ao arrependimento tem algumas restrições (7.º); a resolução obriga a restituições (8.º);

[1158] Ret. n.º 13-C/2001, de 31 de maio.
[1159] Quanto a serviços financeiros, dispôs a Diretriz 2002/65, de 23 de setembro, transposta pelo Decreto-Lei n.º 95/2006, de 29 de maio.

- o contrato deve ser executado no prazo supletivo de 30 dias (9.º/1), cabendo certas regras na hipótese de indisponibilidade de bens;
- o pagamento por cartão de crédito ou de débito faz correr pelo banqueiro o risco de fraude (10.º);
- o ónus da prova quanto à informação prévia, à confirmação por escrito, ao cumprimento dos prazos e ao consentimento do consumidor recai sobre o fornecedor (12.º).

IV. Os contratos ao domicílio ou equiparados (13.º), com determinadas exclusões (14.º), obrigam ao seguinte:

- o fornecedor e os seus representantes devem estar identificados (15.º);
- os contratos devem ser celebrados por escrito, apresentando os elementos elencados no artigo 16.º; os catálogos e outros suportes publicitários devem ter o conteúdo previsto no artigo 17.º;
- o consumidor pode "resolver" o contrato no prazo de 14 dias (18.º), com determinados efeitos restitutivos (19.º);
- não são exigíveis, ao consumidor, pagamentos antecipados (20.º/1) os quais, a ocorrerem, provam o contrato e são entregues por conta do preço (20.º/2).

112. Vendas automáticas e vendas especiais esporádicas

I. Também as vendas automáticas passaram a dispor de comandos explícitos (21.º a 23.º). Desde logo, elas devem respeitar as regras gerais de indicação dos preços, rotulagem, embalagem, características e condições higio-sanitárias (21.º/2). De seguida, há que usar equipamento que permita a recuperação da importância introduzida, no caso de não fornecimento do bem ou do serviço solicitado (22.º/1). Além disso, o equipamento automático deve exibir uma série de informações (22.º/2). Prevê-se uma responsabilidade solidária entre o proprietário do equipamento e o dono do local onde ele esteja colocado (23.º).

II. São vendas especiais esporádicas as realizadas de forma ocasional, fora dos estabelecimentos próprios. Aplica-se-lhes, com adaptações, o regime das vendas a domicílio (24.º). Elas devem ser previamente comunicadas às entidades competentes: mais particularmente, à ASAE (25.º).

Quanto a vendas proibidas, temos, após a revisão de 2008, apenas as vendas ligadas (30.º).

III. Boa parte das regras proporcionadas pelo Decreto-Lei n.º 143/2001 já seriam obtidas na base dos princípios gerais. Como linhas de força – e tal como sucede em diversos contratos de consumo – ficam o dever de informação reforçada e o direito ao arrependimento.

113. Documentos eletrónicos e assinatura digital

I. Impõe-se uma referência ao tema dos documentos eletrónicos e da assinatura digital[1160], já acima aludidos[1161].

São documentos eletrónicos aqueles cujo suporte não seja físico, mas "eletrónico": no sentido mais amplo, de modo a abarcar soluções eletromagnéticas e óticas. O regime normal é-lhes aplicável, com adaptações. De todo o modo, o formalismo jurídico tem levado os legisladores a intervir.

Têm surgido importantes diplomas na Alemanha[1162] e em Itália[1163], bem como instrumentos internacionais[1164].

II. No tocante à assinatura digital: trata-se de um esquema que permite a uma entidade dotada de uma "chave", reconhecer e autenticar uma sequência digital proveniente do autor de uma missiva eletrónica, de modo a autenticá-la. Também este aspeto vem contemplado nas leis acima referidas.

[1160] Vide Köhler/Arndt, *Recht des Internet* cit., 2.ª ed., 47 ss., Carlo Sarzana, *Documento informatico, firma digitale e crittografia*, em Vittorio Novelli (org.), *Profili giuridici del commercio via Internet* (1999), 121-139, Georg Borges, *Verträge im elektronischen Geschäftsverkehr* cit., 46 ss. e, com indicações, Engrácia Antunes, *Direito dos contratos comerciais* cit., 144 ss..

[1161] *Supra*, 183 ss..

[1162] *Informations- und Kommunikationsdienste-Gesetz*, de 22-jul.-1997; vide http:// www.iid.de/iukdg/iukdq.html. O diploma de 1997 foi alterado pela Lei de 16-mai.-2001; vide Christian Hertel, no *Staudingers Kommentar BGB* (ed. 2004), §§ 90-133, § 126a Nr. 19 ss. (745 ss.).

[1163] Decreto n.º 513, de 10-nov.-1997; vide http://idea.sec.dsi.unimi.it/new/dpr513 97.html.

[1164] Assim a lei modelo da CNUDCI/UNCITRAL de 1996; vide http://www.uncitral.org/english/texts/electcom/.

III. Entre nós, surgiu também um diploma relativo a documentos eletrónicos e a assinatura digital: o Decreto-Lei n.º 290-D/99, de 2 de agosto. Bastante aderente à lei italiana[1165], que foi tomada como modelo, este diploma recente-se da rapidez com que foi aprovado e da falta de debate sobre o competente projeto. A regulamentação nele prevista acabaria, afinal, por demorar cinco anos a surgir[1166].

O Decreto-Lei n.º 290-D/99 foi muito alterado pelo Decreto-Lei n.º 62/2003, de 3 de abril, que o republicou em anexo. Nova alteração surgiu através do Decreto-Lei n.º 165/2004, de 6 de julho. A regulamentação em falta acabaria por ser adotada pelo Decreto Regulamentar n.º 25/2004, de 15 de julho. O registo das entidades certificadoras obedece aos termos fixados pela Portaria n.º 1350/2004, de 25 de outubro, substituída pela n.º 597/2009, de 15 de março.

114. Faturas e comércio eletrónicos

I. Completando o quadro, vamos ainda dar conta de outros diplomas relativos ao tráfego com suporte eletrónico. Temos:

– o Decreto-Lei n.º 375/99, de 18 de setembro, veio equiparar a fatura eletrónica à fatura emitida em suporte de papel;
– o Decreto Regulamentar n.º 16/2000, de 2 de outubro, veio proceder à sua regulamentação.

II. A generalização do comércio eletrónico levou ao aparecimento de novas diretrizes e aos subsequentes diplomas de transposição. Assim:

– a Diretriz n.º 98/48/CE, de 20 de julho, relativa aos procedimentos da informação no domínio das normas e regulamentações técnicas e às regras relativas aos serviços da sociedade de informação; foi transposta pelo Decreto-Lei n.º 58/2000, de 18 de abril[1167]; como

---

[1165] Quanto à experiência italiana, Mauro Orlandi, *La paternità delle scritture/Sottoscrizione e forme equivalenti* (1997), 95 ss..

[1166] Entre nós e contendo um apêndice de legislação, cumpre referir Alexandre Libório Dias Pereira, *Comércio electrónico na sociedade da informação: da segurança técnica à confiança jurídica* (1999). Vide, ainda, Jorge Sinde Monteiro, *Assinatura electrónica e certificação (A Directiva 1999/93/CE, e o Decreto-Lei n.º 290-D/99, de 2 de Agosto)*, RLJ 133 (2001), 261-272.

[1167] Ret. n.º 6-C/2000, de 31 de maio.

entidade nacional competente foi designado o Instituto Português da Qualidade;
– a Diretriz n.º 2000/31/CE, de 8 de junho, referente a certos aspetos legais dos serviços da sociedade de informação, em especial do comércio eletrónico, no mercado interno; foi transposta pelo Decreto-Lei n.º 7/2004, de 7 de janeiro[1168]; a experiência de outras ordens jurídicas, que acolheram essa mesma regulação europeia, tem um especial interesse[1169].

O Decreto-Lei n.º 7/2004, de 7 de janeiro, toca em diversos campos, como aliás resulta do seu preâmbulo. "Serviço da sociedade da informação" é qualquer serviço prestado à distância por via eletrónica, mediante remuneração ou pelo menos no âmbito de uma atividade económica na sequência de pedido individual do destinatário (3.º/1). Trata-se de uma atividade aberta (3.º/3). Vigora um princípio de livre prestação de serviços por parte de entidades estrangeiras (5.º) podendo, todavia, ser tomadas medidas restritivas, quando estejam em causa a dignidade humana, a ordem, a saúde ou a segurança pública e os consumidores (7.º/1).

III. Os prestadores de serviços em rede estão sujeitos a um regime de responsabilidade comum (11.º), enquanto os prestadores intermediários de serviços ficam exonerados de um dever geral de vigilância (12.º).

As comunicações publicitárias em rede e o *marketing* direto ficam sujeitos às regras dos artigos 20.º a 23.º.

IV. O Decreto-Lei n.º 7/2004 regulamenta ainda a contratação eletrónica (24.º a 34.º). Alguns aspetos:
– a contratação eletrónica é livre, salvo negócios familiares e sucessórios, negócios que exijam a intervenção de entidades judiciais,

---

[1168] Alterado pelo Decreto-Lei n.º 62/2009, de 10 de março (22.º) e pela Lei n.º 46/2012, de 29 de agosto (7.º, 8.º, 9.º, 22.º, 23.º, 36.º e 37.º).

[1169] Trata-se de matéria transposta para o BGB; *vide*, em especial, o seu § 312 e; *vide* Hans-W. Micklitz/Klaus Tonner, *Vertriebsrecht/Haustür-, Fernabsatzgeschäfte und elektronischer Geschäftsverkehr/Handkommentar* cit., 170 ss.. Em Itália, *vide* Alberto Parenti, *L'armomizzazione comunitaria in materia di commercio elettronico*, em Sacerdoti/ /Marino, *Il commercio elettronico*, cit., 77-107. A evolução legislativa mais recente pode ser confrontada em Georg Thüsing, no *Staudinger* cit., § 312e.

públicas ou notariais, negócios imobiliários e garantias (25.º/1 e 2); ninguém pode ser obrigado a adotar esta via (*idem*, 3 e 4);
– as declarações eletrónicas, com suporte adequado, satisfazem a exigência legal da forma escrita (26.º/1), valendo a assinatura eletrónica (26.º/2);
– devem ser dadas informações prévias aos destinatários (28.º);
– a ordem de encomenda eletrónica deve ser confirmada pela mesma via (29.º).

Os termos contratuais e as cláusulas contratuais gerais devem ser devidamente comunicados (31.º). A oferta de produtos ou serviços em linha, quando completa, representa uma proposta contratual; quando isso não suceda, é um convite a contratar (32.º/1).

Tratando-se de contratação celebrada exclusivamente por computadores, sem intervenção humana é aplicável o regime comum (33.º/1) e as seguintes disposições sobre o erro (33.º/2):

a) Na formação da vontade, se houver erro na programação;
b) Na declaração, se houver defeito de funcionamento da máquina;
c) Na transmissão, se a mensagem chegar deformada ao seu destino.

O n.º 3 merece transcrição:

> A outra parte não pode opor-se à impugnação por erro sempre que lhe fosse exigível que dele se apercebesse, nomeadamente pelo uso de dispositivos de deteção de erros de introdução.

O diploma contém algumas regras de supervisão, bem como normas sancionatórias.

V. Muitas das soluções introduzidas pelo Decreto-Lei n.º 7/2004 já eram proporcionadas pelo Decreto-Lei n.º 143/2001. Além disso, é patente a natureza civil desta matéria, em consonância com as regras básicas do Código Civil.

Tudo isto ficaria mais claro se obtivesse uma codificação condigna, na lei civil geral. Não recomendamos, todavia, mexidas na lei civil, sem uma muito cuidada preparação.

CAPÍTULO IV
AS CLÁUSULAS CONTRATUAIS GERAIS

§ 23.º O USO DE CLÁUSULAS CONTRATUAIS GERAIS

115. Noção, terminologia e figuras afins

I. As cláusulas contratuais gerais (ccg) são proposições impessoais e pré-elaboradas, que os contratantes podem adotar, para efeitos de conclusão de um negócio.

A terminologia não está fechada. Cláusulas contratuais gerais é o termo adotado pelo Decreto-Lei n.º 446/85, de 25 de outubro, por último alterado pelo Decreto-Lei n.º 323/2001, de 17 de dezembro e que aprovou o regime ou a lei das cláusulas contratuais gerais (LCCG). Aí pretendeu evitar-se a locução tradicional "condições gerais dos contratos", uma vez que não está em jogo a "condição" em sentido técnico (270.º). Em alemão, usa-se "condições negociais gerais" (*allgemeine Geschäftsbedingungen* ou AGB); em francês, "contratos de adesão" ou "cláusulas abusivas"; em italiano, "cláusulas vexatórias"; em inglês, "cláusulas estalonadas" (*standard terms*). Estas diferenças correspondem, por vezes, a clivagens de fundo: em França e em Itália visam-se surpreender (apenas) as ccg aplicáveis a consumidores[1170].

Regressando ao Direito lusófono: no Direito dos seguros, mantemos o termo "condições gerais dos seguros", por razões de inóqua tradição.

Em Direito civil, temos, há trinta anos, consagrado, na lei, o termo ccg. Não há qualquer razão para sugerir novas locuções. Por outro lado, o termo tradicional "contratos de adesão" não parece aconselhável. Desde logo, contrato "de" adesão pressupõe estar em jogo um tipo contratual, para-

---

[1170] *Direito dos seguros*, 587.

lelo aos contratos de compra e venda ou de doação, como exemplos. Não é o caso: o contrato formado na base de ccg pode ser de qualquer tipo; não está em causa o seu conteúdo mas, tão-só, o modo da sua formação. Melhor seria, então, dizer contrato "por" adesão. Mas fundamentalmente: contrato por adesão designa o negócio singular que se forme por acolher as ccg. Não deve confundir-se com estas.

II. Um mínimo de reflexão mostra que, no dia-a-dia, não há qualquer oportunidade de negociar, ponto por ponto, os diversos contratos. Embora, teórica e tecnicamente, todos sejam livres de o fazer, isso não é viável. Nos transportes, na banca, nos seguros e nas mais diversas prestações de serviço, os interessados limitam-se a aderir a proposições pré-elaboradas, assim surgindo o negócio. Diz-se, mesmo, que desde a maternidade, onde operam ccg hospitalares, até à cova, gerida por ccg funerárias, toda a vida humana está imersa nas cláusulas ora em estudo[1171]. A doutrina do negócio jurídico vem a ser filtrada pelas ccg: um fenómeno universal que, até há pouco (em termos civis), estava alheio dos manuais da especialidade.

III. As ccg distinguem-se de algumas figuras afins. Vamos antecipá-las, com vista a uma melhor aproximação ao tema. Assim, elas não se confundem com:

– a proposta: as ccg podem integrar propostas; mas em si, elas nada propõem, pois não têm destinatário; estão simplesmente disponíveis, para a conclusão de contratos;
– a aceitação: em certos casos, como no dos seguros, são aceites propostas, feitas pelos interessados, que subscrevam ccg; em si, todavia, estas não são aceitações prévias: existem em abstrato e requerem a aceitação propriamente dita, por parte do utilizador;
– a *invitatio ad offerendum*: as ccg podem ser acompanhadas de convites a ofertas; mas não têm, em si, esse papel, por falta de destinatário;
– a publicidade: no campo da atividade destinada a promover vendas ou a angariar clientes, podem surgir, em caso de êxito, ccg; estas, no entanto, não integram essa atividade: nem são, em regra, convidativas, para o efeito;

[1171] Manfred Wolf/Jörg Neuner, *Allgemeiner Teil* cit., 10.ª ed., § 47, Nr. 1 (552).

§ 23.º O uso de cláusulas contratuais gerais 359

- o regulamento da empresa: adotado pela entidade empregadora, ele visa reger a vida empresarial, na margem em que ela dependa do poder de direção patronal; embora redunde numa fonte privada, o regulamento, assim tomado, é puramente unilateral;
- os usos: muitas vezes, as ccg vêm codificar os usos; todavia, estes não têm, em si, força vinculativa; quando inseridos nas cláusulas, ganham natureza contratual, caso haja adesão; além disso, muitas ccg não derivam de usos;
- o negócio de consumo: as ccg são, com muita frequência, usadas para concluir negócios com consumidores; mas nem sempre e não necessariamente; além disso, há negócios de consumo que não passam pela adesão a ccg;
- o contrato pré-formulado: as ccg, além de pré-elaboradas, visam uma multiplicidade de aplicações; já o contrato pré-formulado assenta numa proposta que não admite negociação: o destinatário ou aceita, ou recusa; o contrato pré-formulado, quando proposto a um consumidor, suscita a aplicação de regras similares às das ccg: mas não se confunde com elas.

116. A origem

I. As fontes romanas reportam, essencialmente, técnicas individuais de celebração de contratos. Todavia, encontramos referências a situações que, hoje, trataríamos como ccg: proposições inseridas, por exemplo, em tabuletas ou em editais e que se aplicam a toda uma categoria de contratos bem delimitados: transporte marítimo, entrega de coisas em empreitada, em locação ou em depósito e a locação de armazém[1172].

Como exemplos, cita-se Ulpiano, num fragmento em que admite a exoneração da responsabilidade do armador, quando este anuncie que cada passageiro deve tomar conta das suas coisas, cujos danos ele não assume[1173]. Ulpiano não explicita se o anúncio devia ser feito por escrito ou se bastava

---

[1172] O estudo de fragmentos dos *digesta* que contêm, há dois mil anos, situações de ccg foi levado a cabo por Phillip Hellwege, *Allgemeine Geschäftsbedingungen, eiseitig gestellte Vertragsbedingungen und die allgemeine Rechtsgeschäftslehre* (2010), 22-25, onde podem ser confrontadas as fontes.

[1173] Ulpiano D. 4.9.7, pr. = Okko Behrends e outros cit., II, 464.

um aviso oral: mas mesmo neste caso, é de presumir (Hellwege) que as palavras usadas seriam sempre as mesmas[1174].

Ainda Ulpiano, no domínio da responsabilidade pelo uso de escravos, admite a liberação de responsabilidade por aviso público (*si quid fuit proscriptum*)[1175].

Labeo, por seu turno, refere a hipótese de o locador de um armazém (*horreum*) dar a conhecer por aviso (*propositum habuit*) que não se responsabiliza (*non recipere suo periculo*) por ouro, prata ou pérolas depositadas[1176].

Pressuposto da aplicação das "cláusulas gerais", assim publicitadas, seria o *consentire* do aderente[1177], o que nos colocaria no domínio contratual. Os troços romanos foram usados pelos pandectistas do século XIX quando, numa ambiência totalmente diversa, se depararam com as ccg. Por certo que, na origem, não teriam tal significado. Parece, todavia, de admitir que, no auge do Império, o florescente comércio romano não se pudesse processar sem o recurso a contratos estalonados, num fenómeno de contratação geral. O próprio sector bancário era, já então, também visado por ccg e por formulários[1178].

II. Na baixa Idade Média, início da Idade Moderna, surgiram contratos de transporte e de seguro marítimos, assentes em textos consagrados pelos usos: as cartas-partidas e as apólices. Também os notários, no uso da sua função, recorriam a fórmulas tabeleónicas habituais que, não estando assentes em nenhuma lei, acabavam por dar corpo a diversos contratos[1179]. Devemos, todavia, ter presente que, na época, a contratação, para mais desse tipo, era um fenómeno pouco frequente, reservado a uma classe empresarial muito específica.

III. A massificação dos negócios, ocorrida com a revolução industrial do século XIX, veio dar uma feição quantitativa e qualitativamente dife-

---

[1174] Phillip Hellwege, *Allgemeine Geschäftsbedingungen* cit., 23.
[1175] Ulpiano D. 16.3.1.9 = Okko Behrends e outros cit., II, 332.
[1176] Labeo D. 19.2.60.6 = Okko Behrends e outros cit., II, 591.
[1177] Phillip Hellwege, *Allgemeine Geschäftsbedingungen* cit., 28.
[1178] Sibylle Hofer, no HKK/BGB II/2 (2007), §§ 305-310 (I), Nr. 2 (1414).
[1179] Ludwig Raiser, *Das Recht der Allgemeinen Geschäftsbedingungen* (1935), 333 pp., 26.

rente às hoje ditas ccg[1180]. Os caminhos de ferro eram geridos por sociedades anónimas privadas. Estas elaboravam os seus regulamentos, aplicáveis a quem, com elas, contratasse: seja o transporte de pessoas, seja o de mercadorias. Particularmente relevantes eram as limitações à responsabilidade do transportador, introduzidas por essa via[1181]. Pôs-se o problema da natureza destes regulamentos. Dada a natureza privada das sociedades utilizadoras, só poderiam ser ou recolhas de usos ou instrumentos contratuais. A jurisprudência optou por esta última solução: seriam anexos ao contrato, nele se incluindo pelo acordo das partes[1182]. A sua recondução às leis (do Estado) estava, também, representada[1183], cabendo referir, nessa linha, Wilhelm Endemann (1825-1899): o regulamento operaria, na realidade, como uma lei[1184].

Os avisos dos estalajadeiros, com largas tradições, tiveram, também, o seu papel, no domínio dos estudos iniciais sobre ccg[1185].

IV. Pioneira no desenvolvimento de ccg foi a indústria de seguros. Com antecedentes medievais já referidos, os seguros conheceram um desenvolvimento exponencial: nos transportes (marítimos e, depois, terrestres), nos incêndios e no ramo vida[1186]. Por razões intrínsecas, os seguros lidam com grandes números e com o cálculo das probabilidades. Para

---

[1180] Peter Ulmer/Mathias Habersack, em Peter Ulmer/Hans Erich Brandner/Horst-Diether Hansen, *AGB-Recht/Kommentar zu den §§ 305-310 BGB und zum UklaG*, 11.ª ed. (2011), Einl. Nr. 10 ss. (46 ss.); no plano da pesquisa histórica, Robert Pohlhausen, *Zum Recht der allgemeinen Geschäftsbedingungen im 19. Jahrhundert* (1978), VII + 206 pp., com diversos elementos; Phillip Hellwege, no HKK/BGB II/2 (2007), §§ 305-310 (II), Nr. 3 (1443), também com ricas indicações.

[1181] Vide J. H. Beschorner, *Von der Ersatzpflicht der Eisenbahnverwaltungen bei Personen- und Gütertransport*, AcP 41 (1858), 393-406 (401); Levin Goldschmidt, *Ueber die vertragsmäßige Beschränkung der Ersatzpflicht der Eisenbahnverwaltungen*, AcP 41 (1858), 406-410; idem, *Die Haftungspflicht der Eisenbahnverwaltungen in Güterverkehr*, ZHR 4 (1861), 569-660 (635 ss. e 642 ss.). Uma análise de conjunto consta de Robert Pohlhausen, *Zum Recht der Allgemeinen Geschäftsbedingungen im 19. Jahrhundert* cit., 1 ss. e 14 ss..

[1182] Phillip Hellwege, *Allgemeine Geschäftsbedingungen* cit., 30 ss., com uma especial atenção a Goldschmidt e com indicações jurisprudenciais.

[1183] Robert Pohlhausen, *Zum Recht* cit., 115 ss..

[1184] Wilhelm Endemann, *Die Rechtsgrundlagen des Eisenbahntransportgeschäfts*, BuschA 42 (1882), 191-290 (245 ss.): está presente uma vinculação do público.

[1185] Phillip Hellwege, *Allgemeine Geschäftsbedingungen* cit., 52-60.

[1186] *Direito dos seguros*, 66 ss., com indicações.

serem manuseáveis, há que formatar o risco, o que se consegue, precisamente, pelo recurso a ccg. Desde o início do século XIX, os seguros foram pautados por ccg[1187] – *in casu*, condições gerais de seguros – as quais, por provirem de sociedades privadas, tinham (ou teriam) natureza contratual[1188].

V. Como motor decisivo das ccg surge, ainda, o Direito bancário. Com uma série de antecedentes, gerou-se o hábito de, na década de oitenta do século XIX, imprimir, em letra reduzida e nos livros de cheques, uma série de regras bancárias a eles atinentes[1189]. Em breve esse esquema foi utilizado para outros negócios bancários, que davam azo a títulos escritos. Foi justamente essa prática recorrente, no domínio da banca, que originou os primeiros artigos específicos sobre ccg: os de Otto Bernstein[1190] e de Ferdinand Regelsberger[1191]. Na Alemanha, tal como hoje, entre nós, as ccg dos bancos variavam: cada instituição de crédito preparava as suas. A partir de 1937, elas foram unificadas: a Associação dos Bancos Alemães passou a aprontar ccg, periodicamente revistas e que são uniformes para todo o sector bancário[1192].

VI. A origem e a evolução das ccg permite algumas lições importantes. Desde logo, elas evoluem na periferia do sistema, visando solucionar questões concretas surgidas, sobretudo, na área comercial. Não obedecem a um plano de conjunto nem traduzem qualquer invenção dos juristas: antes foram ditadas por necessidades de rapidez e de normalização. Como

---

[1187] Albert Ehrenzweig, *Modern Entwicklungsbestrebungen im Recht des Versicherungsvertrags* (1925), 90 pp., 7 e Manfred Werber, *Die AVB im Rahmen der Discussion über die allgemeinen Geschäftsbedingungen*, FG Hans Möller (1972), 511-535; a sigla AVB (de *Allgemeine Versicherungsbedingungen*) designa as ccg – aliás: cgs – dos seguros.

[1188] Phillip Hellwege, *Allgemeine Geschäftsbedingungen* cit., 66 ss.; as ccg eram, neste domínio, referidas como as constantes de (todas) as apólices – *idem*, 81, referindo Benecke.

[1189] Ludwig Raiser, *Das Recht der allgemeinen Geschäftsbedingungen* cit., 27.

[1190] Otto Bernstein, *Die Geschäftsbedingungen der Bankiers und ihre rechtliche Behandlung*, Bank-Archiv IV (1905), 166-171.

[1191] Ferdinand Regelsberger, *Die rechtliche Bedeutung der sog. Geschäftsbedingungen der Bankiers für die Kontokorrentverträge*, Bank-Archiv V (1906), 169-172. Indicações jurisprudenciais: Phillip Hellwege, *Allgemeine Geschäftsbedingungen* cit., 88-93.

[1192] *Manual de Direito bancário*, 4.ª ed., 454 ss., com indicações.

abaixo será enfatizado, certos sectores económicos nem seriam viáveis, se não fosse possível contratar na base de ccg. De seguida, elas colocam de lado os esquemas isolados, pelo Código Civil, para regular o fenómeno da contratação. Finalmente: põem em jogo valores básicos do civilismo, em termos que determinam a intervenção de novos e adequados mecanismos.

117. O papel

I. As cláusulas contratuais gerais visam permitir uma contratação eficaz e com um número elevado de pessoas. Têm uma função unitária, que se manifesta diversamente, consoante o sector normativo em que se apliquem. Todavia, por razões de análise, podemos isolar vários papéis ou funções[1193]. Temos:

– a rapidez;
– a racionalização;
– a colmatação de lacunas;
– a ordenação do risco;
– a confiança dos interessados.

A negociação de um contrato pode ser algo de muito demorado. Não há limites: depende da (boa) vontade dos intervenientes. Compreende-se que, em muitas situações da vida económico-social, tudo deva ocorrer de modo instantâneo ou muito célere: havendo fila para tomar um *ferry* ou para aceder ao balcão de um banco, mal ficaria que cada potencial cliente pudesse discutir o clausulado. A contratação é imediata, através de um acordo explícito ou concludente e do qual decorre a aplicação de ccg, mais ou menos extensas.

II. A racionalização prende-se com a necessidade de confecionar contratos idênticos ou paralelos. Pense-se nos seguros, que procedem ao tratamento científico do risco. O segurador, através de cálculos possibilitados pelas leis das probabilidades, estima, no plano dos grandes números, qual o *quantum* provável de sinistros, dentro de um universo significativo.

[1193] Sibylle Hofer, no HKK/BGB cit., II/2, §§ 305-310 (I), Nr. 1 (1413-1414); Michael Grünberger, *Der Anwendungsbereich der AGB-Kontrolle*, Jura 2009, 249-256 (249); Manfred Wolf/Jörg Neuner, *Allgemeiner Teil* cit., 10.ª ed., § 47, Nr. 3 (552).

E, nessa base, calcula o prémio: uma cifra que, multiplicada pelo número de contratos celebrados e pela sua duração, permita indemnizar os sinistros, pagar os custos operacionais e conservar algum lucro. Mas tudo isso requer que os negócios sejam idênticos ou similares: se cada contrato fosse um caso, o cálculo seria inviável ou muito difícil[1194]. O exemplo dos seguros é especialmente interessante. Apesar de popularizado ao longo do século XX, mormente pela figura dos seguros obrigatórios, o contrato de seguro não é um negócio corrente, que os particulares pratiquem em grande série. Cada cidadão economicamente ativo concluirá uns quantos seguros, que perduram durante anos: seria possível proceder a uma negociação individualizada. A racionalização decisiva, nos seguros, uma vez que se trabalha com grandes números, exige, todavia, o recurso a ccg. Também na banca se verifica uma exigência de racionalidade, dobrada, embora e em certos casos, pela rapidez[1195]. O banqueiro lida com grandes números, como modo de calcular o risco de incumprimento, base da fixação de juros e de patamares de crédito. A normalização dos "produtos" – dos contratos – é uma base imprescindível para qualquer estimativa.

A racionalização pode ter expressões variáveis: pode exigir contratos de formato coincidente ou, tão-só, uma relativa estandartização. Ambas as hipóteses estão disponíveis, embora se conserve o termo *standard* para o preenchimento (pre)tipificado de conceitos indeterminados.

Cumpre ainda sublinhar que a racionalização não é, apenas, vantajosa para o utilizador de ccg: também o aderente tira partido dela. A relativa tipicidade facultada pelas cláusulas permite centrar a informação em aspetos sensíveis, sendo mais fácil a consciencialização do aderente[1196].

III. A colmatação de lacunas é absolutamente necessária perante os denominados tipos sociais, ou seja: tipos de contratos construídos e reconhecidos pela prática, usualmente celebrados, mas que não dispõem de tratamento legal específico. Entre nós, isso sucede com os contratos de concessão (para a distribuição), de franquia (*franchising*), de lojista em centro comercial ou de abertura de conta bancária, como exemplos. Nessa eventualidade, o recurso a ccg permite transcender o vazio legal. Mas mesmo havendo tipos legais, isto é, figurinos constantes de leis: muitas

---

[1194] *Direito dos seguros*, 588 ss..
[1195] *Manual de Direito bancário*, 4.ª ed., 457-458.
[1196] Christopher Alexander Kern, *Typizität als Strukturprinzip des Privatrechts/Ein Beitrag zur Standardisierung übertragbarer Güter* (2013), XLI + 614 pp., 538.

§ 23.º O uso de cláusulas contratuais gerais

vezes eles são insuficientes; noutras, não se mostram adaptados às concretas necessidades que certa contratação vise enfrentar. É certo que as lacunas apontadas sempre se poderiam preencher por contratos singularmente negociados. Mas tal seria complexo, além de francamente inadequado, pelos custos de transação envolvidos.

O recurso a ccg permite suprir, com flexibilidade, as lacunas da lei e faculta, ainda, as mais diversas adaptações, sempre, naturalmente, que se trate de regras dispositivas.

IV. A ordenação do risco prende-se com uma especialização da normalização. Assume um papel significativo, para além do que surja nos contratos que lidam com o risco (seguro e banca). Em termos individuais, qualquer contrato representa um risco: normalmente, pequeno. Mas para quem lide com grandes números, o "risco pequeno" pode ser fatal: ele é multiplicado pelo número de contratos celebrados, que pode ultrapassar os muitos milhares. Há que proceder a uma ordenação de riscos e encargos, de modo a não inviabilizar o negócio. No topo surgiam as cláusulas limitativas de responsabilidade, matéria que tem merecido a reprovação dos legisladores atuais. Mas muitos outros dispositivos podem ser reconduzidos a essa dimensão.

V. Por fim, temos funções que se prendem com a confiança dos interessados, interligando-se, de resto, com as regras do igual tratamento e com as necessidades de controlo e de supervisão. O passageiro que paga o seu bilhete, o depositante que entrega as suas economias ao banqueiro ou o pai de família que protege os seus filhos com um seguro de vida contratam, tranquilos, porque sabem haver milhares de outras pessoas a fazer o mesmo. A presença de companheiros tranquiliza, numa asserção reforçada pelo igual tratamento que, a todos, é dispensado. O particular aderente sente-se fortalecido pelo número dos seus pares. Quanto ao Estado: ele pode exercer o seu controlo, particularmente necessário nas áreas sujeitas a supervisão, como a dos seguros e a da banca, justamente por ter acesso ao figurino geral dos contratos. A própria sindicância dos tribunais, ao abrigo da LCCG, disso depende. Quando o contrato considerado fosse um caso, cada um ficaria sozinho, com o produto daquilo que houvesse logrado negociar. Além disso, a supervisão perder-se-ia num número infinito de possíveis combinações. Em suma: a massificação (regulada) pode ser uma resposta adequada ao possível desamparo provocado pelos poderosos.

118. Cláusulas internacionais

I. No plano internacional, desenvolveram-se ccg destinadas a contratos conectados com mais de um ordenamento, mas que podem ser usadas também no plano interno. Tais cláusulas são, no essencial, de um de dois tipos:

– cláusulas simplificadoras, em geral traduzidas por siglas e que visam agilizar contratos, em especial no domínio dos transportes e da compra e venda;
– cláusulas reguladoras, destinadas a cobrir contratos de grande complexidade, para os quais não há leis aplicáveis.

II. As cláusulas simplificadoras são, em especial, os *incoterms* e os *trade terms*. Os *incoterms* (de *international commercial terms*) traduzem cláusulas típicas, de elaboração privada, expressas pelas siglas de locuções em inglês e cuja inclusão em contratos de rápida celebração e execução permite fixar regimes claros e experimentados. Surgiram flutuações, pelo que a Câmara de Comércio Internacional (CCI), de Paris, passou a publicar versões consolidadas, geralmente aceites, para uso geral. A primeira versão data de 1936, tendo a CCI publicado versões subsequentes, cada vez mais aperfeiçoadas, de 1953, de 1980, de 1990, de 2000 e de 2010[1197].

Num breve apanhado, os *incoterms* em uso repartem-se por quatro grupos, segundo o seu sentido geral[1198]. Assim:

– *grupo E*: de *ex*, partidas: a obrigação mínima para o exportador: a mercadoria é entregue no local da produção ou "fábrica";
– *grupo F*: de *free*, livre: a mercadoria é entregue ao transportador, não sendo o transporte principal da responsabilidade do exportador;
– *grupo C*: de *cost* ou *carriage*, custo: o custo do transporte principal é assumido pelo exportador: mas não os riscos subsequentes ao embarque;
– *grupo D*: de *delivery*: chegada ou entrega: a obrigação máxima para o exportador, que assume todos os riscos e os custos até ao local de entrega.

[1197] Adolf Baumbach/Klaus J. Hopt, *Handelsgesetzbuch*, 35.ª ed. (2012), *Incoterms und andere Handelskaufklausen* (6), 1613-1700, com indicações; para outros elementos: *Direito comercial*, 3.ª ed., 797 ss. e Luís de Lima Pinheiro, *Direito comercial internacional* (2005), 325 ss..

[1198] Esta matéria pode ser confrontada, comodamente, na Net: introduzir *incoterms*.

Posto isto, os *incoterms* são os seguintes:

– grupo E:

EXW (*ex works*): a mercadoria é entregue na "fábrica", sendo o transporte alheio ao exportador.

– grupo F:

FCA (*free carrier*): a mercadoria é entregue ao transportador, aí cessando o papel do exportador;
FAS (*free alongside ship*): *idem*, sendo a mercadoria entregue ao lado do navio;
FOB (*free on board*): *idem*, sendo a mercadoria entregue a bordo do navio.

– grupo C:

CFR (*cost and freight*): o exportador assume o custo e o frete;
CIF (*cost, insurance and freight*): *idem*, mas incluindo, também, o seguro;
CPT (*carriage paid to*): *idem*, mas especificando-se o local até onde o porte é pago;
CIP (*carriage and insurance paid to*): *idem*, incluindo o seguro.

– grupo D:

DAF (*delivered at frontier*): o vendedor assume os custos e os riscos até à fronteira acordada;
DES (*delivered ex ship*): o vendedor arca com os custos e os riscos do embarque e do transporte; a transferência dos riscos e custos faz-se a bordo do navio, no local de chegada;
DEQ (*delivered ex quay*): *idem*, mas no cais do porto de chegada;
DDU (*delivered duty unpaid*): a mercadoria é entregue com os impostos a cargo do comprador;
DDP (*delivered duty paid*): *idem*, mas com os impostos pagos.

A presente indicação visa, apenas, dar uma ideia dos *incoterms* atuais: ela não dispensa a análise cuidadosa, nas fontes, do efetivo alcance de cada um destes termos. Temos, de resto, bons exemplos de análise na jurisprudência[1199].

[1199] Por exemplo: RPt 26-abr.-2007 (Teles de Menezes), Proc. 0731617 (*incoterm* EXW); STJ 5-jul.-2007 (João Bernardo), Proc. 07B1944 (*incoterm* CIF; refere outros); STJ 23-out.-2007 (Fonseca Ramos), Proc. 07A3119 (*incoterm* EXW); RPt 3-jul.-2008 (Pinto

III. A positividade dos *incoterms* advém da autonomia privada. Pergunta-se se os *incoterms* dão azo a cláusulas contratuais gerais. Entre nós, já se respondeu negativamente[1200]. Todavia, cremos que se trata, muito claramente, de cláusulas contratuais gerais[1201]: visam contratantes indeterminados e, quando adotados por proposta de uma das partes, traduzem a típica rigidez, salvo quando se prove que não corresponderam a nenhuma proposta firme, antes tendo advindo de negociação. Além disso, os *incoterms* surgem, em regra, inseridos em textos contratuais mais vastos que são, eles próprios, cláusulas contratuais gerais.

Isto dito, temos algumas especificidades. Assim:

— os *incoterms* correspondem a cláusulas experimentadas e equilibradas; só por si, não incorrem nas proibições da LCCG, ainda que a sua articulação com outras cláusulas não deva deixar de ser sindicada;
— a interpretação dos *incoterms*, quando se determine que se trata dos *incoterms 2000* da CCI, deve seguir o indicado por esta instituição[1202]: sempre sem prejuízo da sua articulação global, que deverá atender à LCCG.

IV. Os *trade terms* traduzem cláusulas usadas no comércio internacional e, particularmente, na compra e venda[1203]. A última versão normalizada, da CCI, data de 1953, havendo outras versões, de origem norte-americana. Os nossos tribunais já têm reconhecido as seguintes:

CAD (*cash against documents*): o comprador só pode receber a mercadoria depois de comprovado o pagamento do preço faturado[1204];

---

de Almeida), Proc. 0830298 (*incoterm* EXW); RCb 28-set.-2010 (Martins de Sousa), Proc. 6/06.6 (*incoterm* CIP); STJ 20-set.-2011 (Martins de Sousa), Proc. 7199/07.3 (*incoterm* CFR); RPt 26-abr.-2007 (Teles de Menezes), Proc. 0731617 (*incoterm* EXW).

[1200] Assim: Lima Pinheiro, *Direito comercial internacional* cit., 326, nota 762.
[1201] Claus-Wilhelm Canaris, *Handelsrecht*, 24.ª ed. (2006), 342.
[1202] BGH 18-jan.-1975, NJW 1976, 852-853 (853) e BGH 23-mar.-1964, BGHZ 41 (1964), 215-222 (221): exclui-se a interpretação complementadora.
[1203] Claus-Wilhelm Canaris, *Handelsrecht* cit., 24.ª ed., § 22, II, 2, Nr. 17 ss. (343 ss.). Outros elementos: *Direito comercial*, 3.ª ed., 801 ss..
[1204] STJ 8-jul.-2003 (Fernando Araújo de Barros), CJ/Supremo XI (2003) 2, 147-151 (149/II).

COD (*cash on delivery* ou *collect on delivery*): o comprador deve pagar no ato de entrega da mercadoria; a cláusula não se mostra cumprida se o transportador se limitar a aceitar um (mero) cheque[1205];

FCL (*full container load*): tratando-se do transporte de um contentor selado, compete ao interessado provar que o desaparecimento da carga se deu durante o transporte.

V. As cláusulas reguladoras ocorrem no domínio do Direito financeiro. Em contratos como as promessas de recompra (*repurchase agreements*) ou os relativos a derivados, com relevo para os *swaps*, existem textos complexos, aprontados por organismos privados experientes e que são usados pelos agentes financeiros, no campo dos contratos que celebrem, nacionais ou internacionais.

Nas promessas de recompra, uma parte vende a outra determinados valores mobiliários, prometendo recomprá-los, em certas condições. O preço de venda equivale a um financiamento, que será devolvido aquando da recompra, com o equivalente a juros e custos. Trata-se de um instrumento muito usado, para assegurar fluxos financeiros dentro do sistema bancário[1206]. Tais contratos são celebrados, em regra, por adesão a um de três contratos-padrão: PSA/ISMA *Global Master Repurchase Agreement*, 1995; TBMA/ISMA *Global Market Repurchase Agreement*, 2000; SIFMA/ICMA *Global Master Repurchase Agreement*, 2011. A ISMA (de *International Securities Market Association*) e a ICMA (de *International Capital Market Association*) são associações privadas, dominadas por anglo-saxónicos, de elevada especialização. Ainda no domínio da promessa de recompra, cabe referir a *Master Agreement for Financial Transactions/Product Annex for Repurchase Transaction of the European Union*, usado na doutrina alemã.

Quanto a derivados e, em especial, a *swaps*, há que lidar com a produção da ISDA.

Fundada em 1985, a ISDA – então com o nome *International Swap Dealer Association* – tem, como objeto social, tornar o mercado de derivados[1207] mais estável e previsível. Inicialmente, a elaboração dos contratos

---

[1205] RPt 2-jul.1996 (Gonçalves Vilar), BMJ 459 (1996), 604 e RPt 15-jan.-2002 (Mário Cruz), CJ XXVII (2002) 1, 184-186 (185/I): cheque esse que – já se vê – nem tinha provisão.

[1206] Com indicações: António Menezes Cordeiro/A. Barreto Menezes Cordeiro, *Repurchase Agreement (promessa de recompra): conceito e sistematização dogmática*, RDS V (2013), 39-58.

[1207] Quanto a derivados e a *swaps*: *Direito bancário*, 5.ª ed. (2014), em preparação.

derivados era muito dispendiosa e demorada. Cada uma das partes recorria a um escritório de advogados que, coadjuvado por um banco de investimento ou por uma entidade igualmente especializada, compunha um complexo texto contratual, muitas vezes abrangendo situações desnecessárias ou deixando de fora alguns dos aspetos mais problemáticos. Com o passar do tempo, cada um dos bancos de investimento desenvolveu o seu próprio acordo-base interno, nem sempre harmonizável com o contrato proposto pela outra parte, o que originava discussões intermináveis, com acrescidos custos de transação. Cientes das fragilidades subjacentes, as entidades mais envolvidas neste mercado, englobando os grandes escritórios de advogados e os bancos de investimento, fundaram uma associação que se dedicasse, precisamente, a elaborar um contrato-base uniformizado, que respondesse de forma mais efetiva às necessidades e às exigências de cada um dos intervenientes: assim surgiu a ISDA. Logo em 1985, a ISDA apresentou o *Code of Standard Wording, Assumption and Provisions for SWAPS*. O *Swaps Code*, nome pelo qual ficou conhecido, não era um contrato-tipo padrão; aproximava-se mais, como a sua denominação o indica, de um pequeno dicionário. Com o *Swaps Code* pretendeu-se fazer face ao primeiro grande problema com que o comércio jurídico se debatia: um preenchimento nem sempre uniforme dos termos empregues nos contratos. A este primeiro passo seguiu-se, em 1992, a elaboração de um contrato-tipo padrão que abrangesse a própria relação negocial. Dez anos volvidos, o documento foi revisto, dando origem ao ISDA *Master Agreement*, 2002.

Também as cláusulas reguladoras são efetivas ccg. Justifica-se, de resto, plenamente a aplicação da LCCG, dada a sua complexidade e o seu hermetismo.

Resta acrescentar que esta matéria exige um acompanhamento por juristas especializados e experientes. Não basta uma valência particular em Direito bancário ou em Direito financeiro: antes se requer uma específica formação em produtos financeiros ou em *swaps*. A tragédia das empresas portuguesas do sector público, que subscreveram contratos de grande vulto sem um integral conhecimento desta matéria – conhecimento que, de resto, escapa à generalidade dos gestores, mesmo experientes –, sofrendo, com isso, prejuízos incalculáveis, deve servir de exemplo. E perante a Lei portuguesa: apenas a LCCG poderia ajudar.

119. Os perigos

I. Não é possível conceber uma sociedade avançada sem recurso a ccg. Toda a dinâmica económico-social depende delas, mal ficando vir

§ 23.º O uso de cláusulas contratuais gerais 371

lamentar a individualidade perdida, no plano das negociações. Mas isso não deve levar à ignorância dos perigos que o uso de ccg sempre envolve. Vários aspetos negativos têm sido relevados pelos especialistas[1208], designadamente com recurso à análise económica do Direito, que faz sobressair a assimetria informativa, a favor do utilizador[1209].

II. O primeiro inconveniente prende-se com a falha na concorrência, sobretudo quando as ccg sejam usadas em áreas de tipo monopolista: um ponto em que as recentes intervenções, nesta matéria, têm vindo a insistir, sublinhando a falha no mercado[1210]. O equilíbrio económico-social é feito depender, nestas primeiras décadas do século XXI, das regras do mercado libertadas pela livre-concorrência. Numa ambiência de liberdade e de total acesso à informação, cada agente procurará a solução mais conveniente; as empresas têm de vir ao seu encontro, oferecendo melhor e mais barato. O recurso a ccg põe em causa a liberdade dos aderentes: podem contratar ou não; não lhes fica, porém, margem para negociar o que contratem. Além disso, a própria liberdade de contratar fica em crise perante situações de monopólio.

III. O segundo inconveniente, ligado ao primeiro, decorre da assimetria da informação. O aderente normal não tem nem tempo, nem conhecimentos, nem gosto para estudar as ccg a que adira. Não lhes conhece o alcance nem os efeitos. Em frente dele, o utilizador de cláusulas preparou-as e aperfeiçoou-as maduramente, assente na sua experiência e no labor de especialistas[1211]. Digamos que, para o aderente, a situação não é transparente[1212].

[1208] Lorenz Fastrich, *Richterliche Inhaltskontrolle im Privatrecht* (1992), XLIX + + 377 pp., 79 ss. e *passim*.
[1209] Josef Drexl, *Die wirtschaftliche Selbstbestimmung des Verbrauchers* (1998), XXVII + 690 pp., 332 ss., 334 e *passim*.
[1210] Ulrich Wackerbarth, *Unternehmer, Verbraucher und die Rechtsfertigung der Inhaltskontrolle vorformulierter Verträge*, AcP 200 (2000), 45-90 (89), Heinz Kötz, *Der Schutzzweck der AGB-Kontrolle/Eine rechtsökonomische Skizze*, JuS 2003, 209-214 (212/I) e Lars Leuschner, *Gebotenheit und Grenzen der AGB-Kontrolle*, AcP 207 (2007), 491-529 (502).
[1211] Manfred Wolf/Jörg Neuner, *Allgemeiner Teil* cit., 10.ª ed., § 47, Nr. 4 (552).
[1212] Claus-Wilhelm Canaris, *Wandlungen des Schuldvertragsrechts/Tendenzen zu einer "Materialisierung"*, AcP 200 (2000), 273-364 (323 ss.).

O aprofundamento de ccg, particularmente nas áreas dos seguros e da banca, exige conhecimentos aprofundados de ciência e técnica dos sectores em jogo. O próprio profissional terá dúvidas: há que montar equipas para delucidar os pontos sensíveis. Em campo estão, ainda, conhecimentos do mercado. Até onde se pode ir, sem prejudicar o negócio? A Ciência do Direito intervém: o domínio das ccg é, cada vez mais, cultivado por especialistas. O particular fica perdido.

IV. O terceiro prende-se com a pura e simples opção, que temos por lícita (o direito à legítima ignorância), por parte do particular aderente, de não conhecer os meandros da ccg a que se sujeita. Prefere o risco de soluções desequilibradas ao esforço que representaria estudá-las e procurar alternativas: uma opção que, em pequenos contratos, surge como inteiramente racional. Os cidadãos suportam (em sentido económico) o Estado e toda uma teia de instituições que visam, supostamente, protegê-lo. Justamente nesse ponto reside a base da legítima ignorância: o esforço requerido ao particular, para se elevar ao nível das ccg, seria de tal ordem que não lhe pode ser imputada a ignorância. A legítima ignorância alicerça-se, de resto, no direito fundamental de resguardo e de não ser incomodado[1213].

V. Um quarto inconveniente tem a ver com a possível captura, pelo utilizador das ccg, de uma sobrerrenda, imediata ou mediata, à custa dos aderentes. O negócio final pode implicar mais-valias, em pontos diversos. Particularmente aparente será o do preço. Mas há muitos outros, que se prendem com as cláusulas eventuais, com prazos, com o regime da cessação, com as vicissitudes possíveis e com as vias de reclamação. Estudando esta matéria, em conjunto, o utilizador pode deslocar, a seu favor, o grande fiel da apropriação. Com isso vem acaparar vantagens injustificadas, perante os custos de produção e o mercado.

VI. Finalmente: as ccg andam associadas, muitas vezes, a esquemas de publicidade ou de facilidade de contratação, *maxime* pela Net. O particular, agora apresentado como consumidor, pode ser levado a enganos ou a contratações inúteis, sendo tudo isso agravado por regimes contratuais desfavoráveis, emergentes de uma adesão não melhor pensada a ccg.

[1213] *Vide* Tobias Miethaner, *AGB-Kontrolle versus Individualvereinbarung/Zweck und Grenzen der Inhaltskontrolle vorformulierter Klauseln* (2010), XVI + 288 pp., 63 ss..

Impõe-se a montagem de instrumentos jurídico-científicos adequados, que preservem a lógica negocial.

120. Os requisitos

I. As cláusulas contratuais gerais dependem de quatro requisitos:
– são proposições negocialmente significativas (juridicidade);
– pré-formuladas (pré-formulação);
– utilizáveis na conclusão de uma multiplicidade de contratos (multiplicidade);
– não admitindo, enquanto tais, uma negociação que possa modificar o seu teor (rigidez).

Existe uma certa confluência doutrinária, no tocante a estes requisitos. Todavia, denotam-se algumas flutuações, que melhor permitem conhecer o fenómeno. Referi-las-emos à medida que considerarmos os diversos pontos.

II. As ccg são proposições linguisticamente fixadas, em regra, por escrito e nas quais seja possível apontar uma juridicidade negocial. Não se trata de fórmulas de Ciência ou de esquemas opinativos: antes de estruturas vocabulares capazes de exprimir uma volição negocial. A ccg, uma vez subscrita, passa a cláusula negocial, dotada de vinculabilidade.

Referimos que a ccg se manifesta por escrito. Em rigor, isso não será necessário. Todavia, apenas a sua consignação *in scripto* permite o reaproveitamento pressuposto pela multiplicidade.

III. As ccg são pré-formuladas, isto é: existem antes da sua eventual inclusão num contrato. Esta exigência, que decorre das demais (ou que as dita)[1214], ganha, todavia, em ser isolada. A prévia existência das ccg assegura que elas se mantenham *quae tales*, independentemente de algum dia serem incluídas nalgum contrato. Isso assegura-lhes, logo, uma certa juridicidade: como veremos, devem ser comunicadas e esclarecidas, devem

---

[1214] Peter Schlosser, no *Staudinger* II, §§ *305-310; UklaG/Recht der Allgemeinen Geschäftsbedingungen* (2006), § 305, Nr. 21 (28), aponta a pré-formulação (*Vorformulierung*), como a característica decisiva.

respeitar certos limites, quanto ao seu conteúdo e podem ser objeto de sindicância jurisdicional.

IV. A multiplicidade traduz uma apetência estrutural para a utilização em diversos negócios[1215]. Anteriormente, nós próprios referíamos esta característica como "generalidade" (de aderentes): as ccg destinar-se-iam a ser subscritas por proponentes ou por destinatários indeterminados[1216]. Hoje, revemos essa posição. O utilizador das ccg pode estar identificado, mas usá-las repetidamente, em vários contratos.

A lei alemã (hoje, o § 305/I, do BGB), define as ccg nestes termos:

> Condições gerais dos contratos são todas as condições contratuais pré-formuladas que, para uma pluralidade de contratos, uma parte no contrato coloque à outra, para a conclusão de um contrato.

Usa o conceito de multiplicidade (*Vielzahl*) que, hoje, nos parece preferível, pelas razões abaixo explanadas.

A multiplicidade ínsita nas ccg, isto é, a sua apetência para dar corpo a diversos negócios singulares pode exprimir-se em duas possibilidades[1217]:

– num número indeterminado de negócios singulares: pelo seu próprio conteúdo, as ccg dirigem-se a diversos contratos futuros; nesse caso, mesmo que potenciem um único negócio, elas são verdadeiras ccg[1218]; será o caso do modelo contratual relativo à venda de

---

[1215] Assim, não há cláusulas contratuais gerais nem se aplica o correspondente regime à hipótese de um mandato livre: STJ 19-mar.-2002 (Garcia Marques), CJ/Supremo X (2002) 1, 135-139 (137/I).

[1216] O presente *Tratado* I/1, 3.ª ed., 598. *Vide* Carlos Ferreira de Almeida, *Contratos* cit., 1, 4.ª ed., 180-181, que, mau grado algumas considerações, se mantém na "generalidade".

[1217] Peter Ulmer/Mathias Habersack, *AGB-Recht Kommentar* cit., 11.ª ed., § 305, Nr. 23 ss. (163 ss.).

[1218] BGH 16-nov.-1990, NJW 1991, 843-844, respondendo negativamente, perante um formulário do notário; BGH 23-jun.-2005, ZIP 2005, 1604-1605 (1605); BGH 24-nov.-2005, WM 2006, 247-250 (249/I); BGH 17-fev.-2010, ZIP 2010, 628-631 (629): um modelo usado uma única vez, a pedido do aderente, não é ccg, com anot. Sylvia Kaufhold, ZIP 2010, 631-635, favorável.

frações autónomas indeterminadas, que apenas (ainda) só tenha sido usada uma vez;
– num número determinado de negócios singulares: a ccg foi desenhada para um certo caso mas veio a ser usada noutros; aí, a jurisprudência[1219] e a doutrina[1220] alemãs requerem que ela esteja presente em, pelo menos, três contratos[1221].

É certo que a LCCG, no seu artigo 1.º/1, refere "proponentes e destinatários indeterminados". Não obstante, não oferece dúvidas em, pela interpretação, alargar a ideia de "indeterminação" de modo a convertê-la em multiplicidade: consegue-se, com isso, um melhor aproveitamento do potencial regulador revelado pelo dispositivo de 1985.

V. A rigidez, por fim, é um requisito óbvio: para haver ccg, é mister que os aderentes se limitem a acolhê-las nos contratos singulares concluídos. Se lhes fossem introduzidas modificações, já não seriam ccg: antes e tão-só comuns cláusulas negociais.

VI. Além das características apontadas, outras há que, não sendo necessárias, surgem, contudo, com frequência nas ccg; assim:
– a desigualdade entre as partes: o utilizador das ccg – portanto a pessoa que só faça propostas nos seus termos ou que só as aceite quando elas as acompanhem – goza, em regra, de marcada superioridade económica e científica, em relação ao aderente;
– a complexidade: as ccg alargam-se por um grande número de pontos; por vezes, elas cobrem, com minúcia, todos os aspetos contratuais, incluindo a nacionalidade da lei aplicável e o foro competente para dirimir eventuais litígios;

[1219] BGH 15-abr.-1998, NJW 1998, 2285-2288 (2287/II); BGH 27-set.-2001, NJW 2002, 138-140 (139/II); BGH 21-mar.-2002, NJW 2002, 2470-2473 (2472) = BGHZ 150 (2003), 226-237 (230); BAG 1-mar.-2006, NZA 2006, 746-749 (747/II), com indicações.
[1220] Dieter Medicus, *Allgemeiner Teil* cit., 10.ª ed., Nr. 404 (165); Peter Ulmer/ /Mathias Habersack, *AGB-Recht Kommentar* cit., 11.ª ed., § 305, Nr. 25a (165); Manfred Wolf/Jörg Neuner, *Allgemeiner Teil* cit., 10.ª ed., § 47, Nr. 12 (554-555).
[1221] A interpretação reside numa particularidade da língua alemã que, para "pluralidade", distingue entre *Vielzahl* (várias vezes, mas mais de duas) e *Mehrzahl* (mais do que uma e, logo, duas).

– a natureza formulária: as cláusulas constam, com frequência, de documentos escritos extensos, onde o aderente se limita a especificar escassos elementos de identificação.

121. A natureza: o *status* contratual geral

I. A natureza das ccg já se prestou a algum debate. Historicamente, pretendeu tratar-se:

– de usos;
– de normas jurídicas;
– de meros contratos.

A ideia das ccg como usos surgiu no século XIX, perante o dado irresistível de, na época, elas mais não fazerem do que codificar as práticas comerciais consagradas: mormente nas áreas do transporte e dos seguros marítimos[1222]. Materialmente, assim foi e assim continua, em grande medida, a ser. No sector bancário, por exemplo, as numerosas ccg são recolhas atualizadas de práticas bancárias, apuradas pela experiência. A questão mantém-se, todavia, em aberto; (a) nem todas as ccg são expressão de usos: algumas são claras manifestações de voluntarismo, por parte dos utilizadores, enquanto outras não têm origem clara; (b) a fonte de juridicade das ccg não reside nos usos que, dela, são desprovidos: veja-se o artigo 3.º/1, do Código Civil, que só admite os usos quando, para eles, alguma lei remeta[1223].

A recondução das ccg a normas jurídicas tem raízes na doutrina do século XIX. Ela pressupõe a abertura de uma especial categoria de regras privadas[1224]. Em termos descritivos, as ccg estão aptas a reger um número indeterminado de situações: apresentam, tomadas em si, generalidade e

---

[1222] Phillip Hellwege, *Allgemeine Geschäftsbedingungen* cit., 95, 99, 117, 274 e *passim* e HKK/BGB cit., II/2, §§ 305-310 (II), Nr. 21 (1455).

[1223] Vide o *Tratado* I, 573 ss..

[1224] Ulrich Meyer-Cording, *Die Rechtsnormen* (1971), 164 pp., § 25, 84-86: trata-se de normas em sentido sociológico e Hans Joachim Pflug, *Kontrakt und Status im Recht der Allgemeinen Geschäftsbedingungen* (1986), 336 pp., 187 ss., 214 ss. e *passim*. Por seu turno, Helmut Meeske, *Die "Unterverfung" unter Allgemeinen Geschäftsbedingungen*, BB 1959, 857-864 (864), nega que haja "submissão" às ccg; todavia – *idem*, 859 – algumas delas seriam normas jurídicas, designadamente nas áreas dos serviços vitais. Lorenz

§ 23.º O uso de cláusulas contratuais gerais

abstração. Além disso, não podemos deixar de as imputar, no seu conteúdo como na sua eficiência, à entidade que as utilize[1225]. Não obstante, elas não dispõem, *a se*, de jurídico-positividade. Apenas a sua inclusão em contratos singulares lhes confere o atributo da juridicidade.

Queda a teoria negocial ou do contrato: as ccg ganham eficácia jurídica mercê da sua inclusão nos contratos singulares. A sua positividade jurídica advém do consenso consubstanciador do contrato: uma doutrina hoje pacífica, alicerçada nos primeiros estudiosos do século XIX[1226].

II. Esta leitura, em si intocável, não é suficiente. E isso por várias razões.

As ccg, independentemente da sua inclusão em contratos, já representam um *quid* juridicamente relevante. Como foi aflorado e antecipando parte do regime, verifica-se que as cláusulas devem, antes da conclusão dos contratos singulares, ser comunicadas ao (potencial) aderente (5.º), devidamente informadas (6.º); elas incorrem em múltiplas proibições (15.º, 18.º, 19.º, 21.º e 22.º); elas têm uma lei aplicável que pode não ser a do contrato (23.º); elas podem ser proibidas por decisão judicial, independentemente de integrarem qualquer negócio (25.º), com um completo regime daí decorrente (32.º, 33.º e 34.º, todos da LCCG). Temos de concluir que as ccg são, logo e por si, negócios jurídicos unilaterais, suscetíveis de produzir efeitos na esfera de terceiros, independentemente de qualquer aceitação, para efeitos de integração negocial.

III. Além do exposto, cabe antecipar uma distinção importante: a que contrapõe as ccg destinadas a integrar contratos de execução instantânea e as que se dirigem à constituição de relações negociais duradouras. No primeiro caso, as ccg operam como simples proposições negociais, uma vez integradas no contrato singular definitivo. No segundo, elas instituem um autêntico *status*, no qual as partes ficam imersas[1227].

Fastrich, *Richterliche Inhaltskontrolle im Privatrecht* cit., 30 ss., descreve a teoria da norma, mas afasta-se dela.

[1225] Hans Joachim Pflug, *Kontrakt und Status* cit., 81 ss. e *passim*; vide outras indicações em Peter Ulmer/Mathias Habersack, *AGB-Recht Kommentar* cit., 11.ª ed., Nr. 40 ss. (62 ss.).

[1226] Vide, com indicações, Phillip Hellwege, HKK/BGB cit., II/2, §§ 305-310 (II), Nr. 10 (1447).

[1227] Recordamos o escrito básico de Hans Joachim Pflug, *Kontrakt und Status* cit., 218 ss..

Tomemos as ccg relativas à abertura de conta bancária ou a um contrato de distribuição: concessão ou franquia, como exemplos. Entre as partes, cria-se um estado duradouro, suscetível de múltiplas evoluções, com potenciais vicissitudes supervenientes. Sempre que ocorram novos factos, no âmbito contratual em jogo, há que consultar e interpretar as ccg subscritas, em ordem a determinar a solução. No limite, elas funcionam, entre as partes, como um (pequeno) código a observar no âmbito considerado. Por vezes, somam centenas de artigos, de considerável extensão.

Cláusulas deste tipo, suscetíveis de se aplicarem, em simultâneo e de modo duradouro, a muitos milhares de pessoas, ficam mal enquadradas como (simples) fenomenologia contratual. Estamos perante um modo privado de produção de normas jurídicas, semelhante às convenções coletivas de trabalho, aos negócios normativos e aos regulamentos privados[1228] e que obtém regras não puramente negociais-individuais.

IV. Na presença de um *status* derivado da aplicação de ccg, que integrem uma relação duradoura, há que contar com a emergência de diversas obrigações, de base geral, originadas pela boa-fé. A ocorrência de uma relação geral de confiança, fonte de deveres de informação e de lealdade, é uma constante habitual, em situações desse tipo. Como veremos, os diversos deveres originados pela ccg não devem ser interpretados de modo isolado: antes há que contar com uma dimensão coletiva, muito relevante, por exemplo, em situações bancárias[1229] e de seguros[1230], mas que podem ser alargadas aos mais diversos tipos contratuais.

V. Também a interpretação de ccg que integrem um *status* duradouro sofre uma inflexão: ela não segue, à letra, o disposto no artigo 10.º da LCCG, o qual deve ser tomado de forma restritiva. Estamos, efetivamente, perante um modo coletivo de regulação. Cada um, independentemente das particularidades do caso, deve saber com o que conta. Assim, as cláusulas ganham um sentido útil: o que mais diretamente resulte dos seus termos[1231].

[1228] *Vide*, quanto a estas categorias e à sua natureza, o *Tratado* I, 547 ss..
[1229] *Manual de Direito bancário*, 4.ª ed., 234 e *passim*.
[1230] *Direito dos seguros*, 525 ss. e *passim*.
[1231] Quanto à existência de subsistemas de interpretação *vide infra* 750 ss..

§ 24.º EVOLUÇÃO COMPARATÍSTICA E EUROPEIA

122. Sistema francês

I. As ccg correspondem a exigências das sociedades técnicas dos nossos dias. Como referido, a elevação do nível sócio-económico das populações, permitida pela revolução industrial, conduziu a um tráfego de massas. Inúmeros contratos são concluídos em cada momento, sendo de todo impossível consignar, a propósito de cada um deles, um procedimento tradicional. Não admira, por isso, que os diversos países, ainda que por vias tecnicamente diferentes, tenham vindo a reconhecer e a regular as ccg. Para efeitos de melhor conhecer a realidade europeia, vamos referir as experiências francesa e alemã.

II. Os estudiosos franceses aperceberam-se, bastante cedo, do fenómeno das ccg. Raymond Saleilles (1855-1912), a propósito, justamente, de um estudo que levou a cabo sobre o Código Civil alemão, identificou-as, sob a designação "contratos de adesão"[1232]: uma fórmula que conheceu êxito imediato[1233]. Curiosamente, Saleilles refere essa figura, a propósito da interpretação dos contratos, defendendo que ela deveria seguir as regras de interpretação da lei e não as dos contratos.

[1232] Raymond Saleilles, *De la déclaration de volonté. Contribution à l'étude de l'acte juridique dans le code civil allemand (art. 116 à 144)* (1901), XIV + 421 pp., n.º 99 (229-230), referindo, em especial, os contratos de trabalho nas grandes empresas e os contratos de transporte. Vide Jean Carbonnier, *Droit civil/Les obligations*, ed. dupla (2004), n.º 954 (1987), bem como o prefácio de Berthold Goldman a George Berlioz, *Le contrat d'adhésion*, 1.ª ed. (1973), XVI + 204 pp., XIII e 2.ª ed. (1976), XVI + 222 pp., XIII.

[1233] G. Dereux, *De la nature juridique des "contrats d'adhésion"*, RTDC IX (1910), 503-541: este Autor (*maxime* 540-541), ponderando já orientações contratualistas e anticontratualistas, inclina-se, mau grado as especificidades, para uma teoria contratual; Victor Pichon, *Des contrats d'adhésion: leur interprétation et leur nature* (1912), 201 pp..

No Direito francês houve, todavia, que lidar com uma tomada de posição jurídico-publicística, contrária à contratualidade das ccg[1234]. No entendimento de autores como Maurice Hauriou (1856-1929)[1235] e Achille Mestre (1874-1960)[1236] haveria, nas cláusulas, um mero ato unilateral, de tipo regulamentar, ainda que proveniente de uma entidade privada. Esta doutrina acabaria por ter reflexos no privatismo. René Savatier (1892-1984) estuda o contrato de adesão como um ato-regra, de natureza legal[1237]: uma orientação que permitia uma proximidade com os regulamentos de empresa[1238], também de origem privada e ia ao encontro da presença de entes intermédios (entre o Estado e as pessoas), muito acolhidas, ao longo da primeira parte do século XX.

Trata-se de uma opção que persistiria. Georges Berlioz, após aturada pesquisa[1239], conclui que "o contrato de adesão não é uma degenerescência do contrato, mas um ato específico que se opõe ao contrato por negociação. É um ato criador de normas bilaterais, mas de interesse público"[1240].

III. Passando à força vinculativa das ccg, a jurisprudência francesa, logo em meados do século XIX, não teve dúvidas em afirmá-lo[1241], numa posição depois mantida posteriormente[1242]. A sua eficácia adviria do artigo 1134.º do Código Napoleão, relativo ao respeito pelos contratos. Exigia-se, pois, o consentimento do aderente, o qual pressuporia que ele as pudesse

---

[1234] O próprio Raymond Saleilles, *De la déclaration* cit., 230, abrira essa via declarando que os contratos de adesão deviam ser interpretados como leis.

[1235] Maurice Hauriou, anot. a Cons. État 23-mar.-1906, S 1908, 3, 16-19 (18/III ss.), pretendendo, de resto, melhor defender os particulares.

[1236] Achille Mestre, anot. a Seine 16-fev.-1926, S 1926, 2, 112-115, § 2 (114/III ss.); trata-se de um conhecido e ilustre publicista.

[1237] René Savatier, em anotação a CssFr 9-jul.-1930 e a CssFr 14-jan.-1931 (4 decisões), D 1931, 1, 5-9, *idem*, 5-10 (8/II), a propósito de condições relativas à emissão de obrigações.

[1238] Henri Gazin, *La nature juridique des règlements de travail/Contribution à l'étude des "contrats d'adhésion"* (1913), 225 pp., 59 ss., 72 ss., 74 ss., 92 ss. e *passim*, referindo a inevitável teoria da instituição.

[1239] Obra cit. *supra*, nota 1232.

[1240] George Berlioz, *Le contrat d'adhésion* cit., 2.ª ed., n.º 360 (171).

[1241] CssFr 1-fev.-1853, D 1853, 1, 77 (77/I), num caso de seguros e CssFr 14-fev.-1866, S 1866, 1, 194-195 (195/I), quanto a um regulamento de empresa, que permitiu multar uma operária.

[1242] CssFr 30-mar.-1892, S 1893, 1, 13/II a 14/II (14/II), quanto a seguros e CssFr 21-jun.-1926, DH 1926, 403-404, validando um regulamento de empresa subsequente à contratação laboral.

§24.° Evolução comparatística e europeia

conhecer[1243]. A afixação levaria, pelo menos, a uma presunção de conhecimento[1244]. Mau grado estes passos, subsistiu uma ideia larvar de ccg como manifestações de um poder regulamentador.

O avanço das ideias levou o legislador a prever um esquema de controlo do teor das cláusulas, incluído em lei de proteção do consumidor: a Lei n.° 78-23, de 10 de janeiro de 1978. O controlo aí previsto era de tipo administrativo: o Conselho de Estado poderia, por decreto, proibir ou limitar cláusulas consideradas abusivas[1245]. O esquema que denota as influências publicísticas apontadas, não funcionou convenientemente[1246].

A partir de 1991, a Cassação admitiu poder declarar a nulidade de cláusulas abusivas[1247]. A Lei n.° 78-23 foi incluída no *Code de la Consommation* de 1993. A nova regulamentação de 1 de fevereiro de 1995 passou a admitir, ao lado do controlo de tipo administrativo, um controlo judicial: trata-se da Lei n.° 95-96, de 1 de fevereiro de 1995, que transpôs, para o Direito francês, a Diretriz 93/13, abaixo referida. Entretanto, a Lei n.° 88-14, de 5 de janeiro de 1988, também incluída no *Code de la Consommation*, veio conferir legitimidade às associações de consumidores para, em tribunal, pedirem a proibição de cláusulas abusivas.

[1243] CssFr 3-mai.-1979, N.° 77-14689, confrontável na Net: o Supremo Tribunal francês, confirmando a decisão do Tribunal de Apelação de Poitiers, entendeu ineficazes cláusulas impressas no verso do texto, a que o aderente não prestou atenção.

[1244] CssFr 15-jan.-1906, S 1906, 1, 278/II a 279/I (279/I).

[1245] A Lei n.° 78-23, de 10 de janeiro de 1978, compreendia um capítulo IV, intitulado *Da proteção dos consumidores contra as cláusulas abusivas*: artigos 35.° a 38.°. O artigo 35.° dispunha que nos contratos concluídos entre profissionais e não profissionais ou consumidores, determinadas cláusulas poderiam ser proibidas por decretos do Conselho de Estado, caso "... fossem impostas aos não profissionais ou consumidores por um abuso de poder económico da outra parte e confiram, a esta última, uma vantagem excessiva". O artigo 36.° fixava uma Comissão de Cláusulas Abusivas, que daria o seu parecer. A matéria foi complementada pelo Decreto de 24 de março de 1978: este Decreto, no artigo 1.°, proibia, como abusiva, a cláusula não inserida no escrito assinado pelo aderente. Este preceito foi, todavia, anulado pelo Conselho de Estado, por *Arrêt* de 3 de dezembro de 1980. Sobre toda esta matéria, *vide* Hélène Bricks, *Les clauses abusives* (1982), X + 286 pp., 138 ss. e *passim*, bem como Jacques Ghestin, *Traité de Droit civil, Les obligations, Le contrat* (1980), n.° 73 ss. (49 ss.).

[1246] Peter Ulmer/Mathias Habersack, *AGB-Recht Kommentar* cit., 11.ª ed., Einl., Nr. 119 (119).

[1247] CssFr 14-mai.-1991, D 1991, 1, 449, com uma importante anotação de Jacques Ghestin, *idem*, 449-454 (450/II ss.).

IV. Afigura-se que a própria Diretriz 93/13, que seguiu a via de vedar "cláusulas abusivas" na medida em que prejudiquem os consumidores, foi inspirada pelo pensamento jurídico francês: como veremos, outro foi o caminho do Direito alemão e do Direito lusófono. Mas num curioso retorno, a Diretriz em causa veio reforçar a inclinação "pro-consumidor" do Direito francês, através da Lei n.º 95-96, de 1 de fevereiro de 1995, que procedeu à sua transposição.

O Código do Consumo francês foi levado a cabo pela Lei n.º 93-949, de 26 de julho de 1993, a qual, em princípio, se limitou a incluir, num texto único, os múltiplos diplomas sobre a matéria. A temática das cláusulas abusivas, já designadas como condições gerais dos contratos, surge, aí, nos artigos L 132-1 a 133-2; preceitos com muitos números e alguma extensão[1248]. O regime está próximo da Diretriz, mas com um estilo próprio. Desde logo na apresentação (artigo L 132-1):

> Nos contratos concluídos entre profissionais e não profissionais ou consumidores, são abusivas as cláusulas que tenham por objeto ou por efeito criar, em detrimento do não profissional ou consumidor, um desequilíbrio significativo entre os direitos e as obrigações das partes no contrato.

Temos, pois, uma técnica baseada na ideia de cláusula abusiva.

Prevê-se que, por decreto do Conselho de Estado, surjam duas listas de proibições: uma "lista negra", com cláusulas totalmente vedadas e uma "lista cinzenta", com cláusulas que exigiriam, da parte do queixoso, a prova da natureza abusiva das proposições nela inseridas. As competentes listas constam do Regulamento do Código – artigos R 132-1 e R 132-2, respetivamente – na redação do Decreto n.º 2009/301, de 18 de março de 2009.

A matéria afigura-se complexa, escapando a um tratamento civilístico das ccg.

123. Sistema alemão

I. No espaço alemão, a evolução das ccg e do controlo que, sobre elas, o Direito deveria exercer, seguiu vias não coincidentes. Desde logo, o tema manteve-se no plano judicial. Apesar das vozes em contrário, acima

---

[1248] *Vide*, da Dalloz, *Code de la Consommation*, 16.ª ed. (2011), 236-269, com úteis anotações.

§ 24.º Evolução comparatística e europeia 383

referidas, existia um largo consenso quanto à natureza contratual do fenómeno. Isso permitiu, aos tribunais, exercer uma sindicância. Esta operou, num primeiro tempo, nos casos em que não se estabelecesse a existência de um consenso legitimador, que levasse à sua inclusão nos contratos singulares[1249].

Novos passos foram dados, graças ao manuseio de conceitos indeterminados. Na sequência da monografia de Ludwig Raiser (1904-1980), de 1935, foi sublinhada a existência de limites à liberdade de contratar, bem como a possibilidade de abuso dessa mesma liberdade, a controlar, através da boa-fé, pelos tribunais[1250]. A partir daí, vários tópicos poderiam intervir: a subordinação ao interesse público[1251], o respeito pelos bons costumes[1252], a falta de informação[1253] e a própria impugnação por erro[1254]. Como base de um controlo judicial das ccg foi, todavia e ao tempo do *Reichsgericht*, predominantemente usada a cláusula dos bons costumes, inserta no § 138[1255] e que permitiria censurar o abuso de posições monopolistas ou similares[1256]. Todavia, em RG 14-ago.-1941, já se referia, junto

---

[1249] RG 4-jun.-1901, RGZ 48 (1901), 218-222 (219-220): um interessado adquiriu 25 bicicletas, assinando um formulário em cujo verso constavam diversas cláusulas, entre as quais uma que fixava, como local do cumprimento, Hamburgo, o que ditaria o foro desta cidade como o competente; o comprador, desavindo, intentou uma ação em Berlim; haveria competência? O Tribunal entendeu que, dadas as circunstâncias, o comprador não leu o texto do verso; Berlim era, pois, o foro competente.

[1250] Ludwig Raiser, *Das Recht der Allgemeinen Geschäftsbedingungen* (1935; há reimp. de 1961), 333 pp., § 27 (277 ss.): trata-se de uma habilitação. O papel de Raiser foi decisivo, na evolução subsequente. Mas outros autores, muito significativos, contribuíram; vide, com indicações, Phillip Hellwege, *Allgemeine Geschäftsbedingungen* cit., 290 ss..

[1251] Ludwig Raiser, *Das Recht der Allgemeinen Geschäftsbedingungen* cit., 283.

[1252] *Idem*, 289.

[1253] *Idem*, 315.

[1254] *Idem*, 243. Outras indicações, nos sentidos referidos nas notas anteriores: Phillip Hellwege, *Allgemeine Geschäftsbedingungen* cit., 103 ss. e Peter Ulmer/Mathias Habersack, *AGB-Recht Kommentar* cit., 11.ª ed., Einl., Nr. 11 (47).

[1255] RG 8-jan.-1906, RGZ 62 (1906), 264-266 (266), num caso de exoneração de responsabilidade por uma entidade monopolista, ainda que sem referir os bons costumes, RG 15-mai.-1920, RGZ 99 (1920), 107-112 (109), num contrato de expedição, RG 1-out.-1921, RGZ 102 (1921), 396-398 (397), num contrato de transporte, RG 26-out.-1921, RGZ 103 (1922), 82-84 (83) e RG 8-nov.-1926, RGZ 115 (1927), 218-220 (219-220), também num caso de expedição.

[1256] E, com muito relevo, nos casos de exclusão de responsabilidade. Quanto ao abuso do monopólio contrário aos bons costumes, na jurisprudência do *Reichsgericht*, com indicações, Sybille Hofer, no HKK/BGB cit., II/2, §§ 305-310 (1), Nr. 9-12 (1420-1424).

aos bons costumes, a violação da boa-fé, prevista no § 242, como elemento decisivo[1257].

II. Com o *Bundesgerichtshof*, deu-se a viragem para a boa-fé. A partir da decisão liderante de 29 de outubro de 1956, que declarou inválida uma renúncia total à garantia na compra de móveis[1258], o BGH veio multiplicar as suas intervenções[1259], de modo a permitir catálogos coerentes de cláusulas vedadas[1260]. Foi na base desses catálogos que a lei de 1976 elaborou, ela própria, as listas de proibições[1261], listas essas que seriam adaptadas pela LCCG de 1985.

No decurso dos anos cinquenta e sessenta do século XX, foram surgindo diversas aspirações a uma consagração legislativa de regras sobre ccg[1262]. O material jurídico facultado pela jurisprudência obteve um aprofundamento doutrinário[1263], assim se passando à preparação de um

---

[1257] RG 14-ago.-1941, RGZ 168 (1942), 321-331 (329), num caso em que condições gerais de fornecimento pretendiam excluir a responsabilidade por qualquer tipo de negligência, incluindo a grosseira.

[1258] BGH 29-out.-1956, BGHZ 22 (1957), 90-101 (97 ss.) = NJW 1957, 17-19; *vide* Sybille Hofer, no HKK/BGB cit., II/2, Nr. 16 (1427).

[1259] Um apanhado das (numerosas) espécies existentes pode ser confrontado em Peter Schlosser/Hans-Ulrich Graba, *Kommentar zum Gesetz zur Regelung des Rechts der Allgemeinen Geschäftsbedingungen*, Hans-Ulrich Graba, Vorbem. zu §§ 9-11, Nr. 9 ss. (190 ss.).

[1260] BGH 27-nov.-1974, BGHZ 63 (1975), 256-261 (260), como exemplo relevante, quanto a uma cláusula penal.

[1261] Reinhard Damm, *Kontrolle von Vertragsgerechtigkeit durch Rechtsfolgenbestimmung/Nichtigkeit und Nichtigkeitsbeschränkung bei Gesetz- und Sittenverstoss*, JZ 1986, 913-926 (922/I ss.), referindo a convergência entre o controlo feito pelo "velho" BGB e o levado a cabo pelo "novo" ABGB.

[1262] Ludwig Raiser, *Vertragsfreiheit heute*, JZ 1958, 1-8 (7/II), Karl-Egbert Mroch, *Zum Kampf gegen unlautere Geschäftsbedingungen* (1960), XVI + 73 pp. e Helmut Kliege, *Rechtsprobleme der AGB in wirtschaftswissenschaftlicher Analyse* (1966), XI + 158 pp., entre os mais referidos.

[1263] Em especial, Hein Ötz, *Welche gesetzgeberischen Massnahmen empfehlen sich zum Schutz des Endverbrauchers gegenüber Allgemeinen Geschäftsbedingungen und Formularverträgen?*, DJT 50 (1974), A9 a A100. Um apanhado das conclusões então elencadas pode ser visto em Peter Ulmer/Mathias Habersack, *AGB-Recht Kommentar* cit., 11.ª ed., Nr. 15 (49).

diploma. Foi possível envolver as forças políticas tornando-se viável a preparação de um projeto[1264].

III. Após adequados preparatórios e um circunstanciado procedimento parlamentar, foi aprovada, por unanimidade em ambas as Câmaras, a Lei de 12 de novembro de 1976, sobre ccg: em vigor a 1 de abril de 1977[1265]. Esta Lei é conhecida pela sigla AGBG (de *Gesetz zur Regelung des Rechts der Allgemeinen Geschäftsbedingungen*).

Durante os seus vinte e cinco anos de vigência, o AGBG só conheceu uma alteração significativa: a introduzida pela Lei de 19 de julho de 1996, que procedeu à transposição da Diretriz 93/13, relativa a cláusulas abusivas em contratos com consumidores. Dessa reforma resultou o aditamento de um novo parágrafo: o § 24a[1266].

O AGBG abrangia 30 §§, assim ordenados:

1.ª secção – preceitos jurídico-materiais:
    1.ª subsecção – preceitos gerais (§§ 1.° a 7.°);
    2.ª subsecção – cláusulas ineficazes (§§ 8.° a 11.°).
2.ª secção – Direito de conflitos (§ 12.°).
3.ª secção – processo (§§ 13.° a 22.°).
4.ª secção – âmbito de aplicação (§§ 23.° e 24.°).
5.ª secção – preceitos de adaptação e finais (§§ 25.° a 30.°).

O novo diploma foi intensamente comentado[1267]: a doutrina alemã não tem comparação possível, com nenhuma outra.

[1264] Peter Ulmer/Mathias Habersack, *AGB-Recht Kommentar* cit., 11.ª ed., Einl. Nr. 14 (49).

[1265] Os diversos elementos podem ser confrontados, *inter alia*, em Peter Ulmer/ Mathias Habersack, *AGB-Recht Kommentar* cit., 11.ª ed., Einl. Nr. 16-22 (50-51).

[1266] Alterações menores podem ser confrontadas em Peter Ulmer/Mathias Habersack, *AGB-Recht Kommentar* cit., 11.ª ed., Einl. Nr. 27 (54).

[1267] Logo na altura, entre outros: Joachim Schmidt-Salzer, *Allgemeine Geschäftsbedingungen*, 2.ª ed. (1977), XV + 3419 pp.; Peter Schlosser/Dagmar Coester-Waltjen/ /Hans-Ulrich Graba, *Kommentar zum Gesetz zur Regelung des Rechts der Allgemeinen Geschäftsbedingungen* (1977), XX + 690 pp.; Eckart Koch/Jürgen Stübing, *Allgemeine Geschäftsbedingungen/Kommentar zum Gesetz zur Regelung des Rechts der Allgemeinen Geschäftsbedingungen* (1977), 507 ss.; Peter Ulmer/Hans Erich Brandner/Horst-Diether Hensen, *AGB-Gesetz/Kommentar zum Gesetz zur Regelung des Rechts der Allgemeinen Geschäftsbedingungen* (1977), XVII + 673 pp..

De entre os vários preceitos contidos nessa lei, recordamos a cláusula geral do § 9.º:

(1) As determinações em cláusulas contratuais gerais são ineficazes quando, contra as regras da boa-fé, prejudiquem inadequadamente o parceiro contratual do utilizador.
(2) Na dúvida, há que considerar um prejuízo inadequado, quando uma determinação:
1. Na seja conciliável com princípios essenciais da regulação legal, de que se desviem; ou
2. limitem de tal modo direitos e deveres que resultem da natureza do contrato que ponham em perigo a obtenção do escopo contratual.

Os §§ 10.º e 11.º continham, respetivamente, proibições de cláusulas com e sem possibilidade de valoração pelo tribunal.

A Lei teve uma aplicação intensa, na qual foi aproveitada muita da jurisprudência antes produzida, sobre as diversas cláusulas negociais.

IV. Aquando da feitura do AGBG, prevaleceu a opinião alargada de que a inerente matéria não deveria ser inserida no BGB: pressupunha definições e matéria processual, inadequadas no diploma civil fundamental. Optou-se, por isso, por uma lei avulsa.

Na preparação da grande reforma de 2001, com alguma surpresa para os especialistas[1268], optou-se por integrar os preceitos materiais do AGBG no BGB. Para tanto, criou-se uma nova secção 2, denominada "formação de relações obrigacionais através de condições negociais gerais", cobrindo os §§ 305 a 310. Portanto: no livro sobre Direito das obrigações e não, como pareceria curial, na Parte geral. Houve protestos[1269], que não logra-

---

[1268] Peter Ulmer/Mathias Habersack, *AGB-Recht Kommentar* cit., 11.ª ed., Einl. Nr. 29 (55).
[1269] Contra a integração no BGB, Peter Ulmer, *Integration des AGBG-Gesetzes in das BGB?*, em Reiner Schulze/Hans Schulte-Nölke, *Die Schuldrechtsreform von dem Hintergrund des Gemeinschaftsrechts* (2001), 215-227 e *Das AGB-Gesetz: ein eigenständiges Kodifikationswerk*, JZ 2001, 491-497 (492 ss. e 497/II); tem um especial interesse confrontar, treze anos depois, as intervenções que se seguiram à conferência de Ulmer, que teve por base este último texto; *vide* Hans Schulte-Nölke, *Diskussionsbericht*, JZ 2001, 497-498, com intervenções de dez reputados especialistas. A favor da integração na Parte geral: Manfred Wolf/Thomas Pfeiffer, *Der richtige Standort des AGB-Rechts innerhalb*

ram impedir a reforma. Esta, no tocante à inserção da lei sobre ccg, no BGB, assentou em três argumentos básicos: (1) a maior transparência e visibilidade do Direito civil; (2) a estreita conexão entre o regime das ccg e o Direito das obrigações, prevenindo o perigo de evoluções divergentes; (3) a influência decisiva desse regime nas regras dispositivas (supletivas) das obrigações.

A integração fez-se sem alterações básicas, o que permitiu salvaguardar a rica experiência anterior. Adiante referiremos os aspetos menores, que foram limados.

124. Linhas gerais de evolução

I. Os sistemas francês e alemão dão-nos duas linhas evolutivas distintas, embora conflituantes, teoricamente, nos resultados. Em traços largos, podemos considerar que a via francesa andou paredes-meias com conceções juspublicísticas. Apesar da sindicância levada a cabo pela Cassação Civil, as ccg não deixavam de ser aproximadas de regulamentos. Assim se explica que, quando decidiu intervir, o legislador francês tenha cometido, ao Conselho de Estado, o poder de, por decreto, proibir ou limitar as cláusulas abusivas[1270]. Tem ainda interesse sublinhar que o Direito francês foi motivado pela defesa do consumidor. As cláusulas abusivas são-no por exprimirem um abuso de poder económico do seu utilizador, conferindo-lhe uma vantagem excessiva. Temos conceitos indeterminados próprios do Direito da economia: "poder económico", "abuso" e "vantagem excessiva": matéria que seria acolhida na legislação europeia.

II. O Direito alemão manteve-se mais estreitamente ligado ao Direito privado. As ccg foram, desde cedo, sindicadas pelos tribunais: primeiro ao abrigo dos bons costumes e, depois, da boa-fé[1271]. Esta permitiu uma conexão direta com os valores fundamentais do ordenamento civil, enquanto a repetição de julgados firmou os pontos sensíveis das cláusulas inaceitáveis. A intervenção legislativa manteve, logicamente nos tribunais, o poder de afastar as ccg contrárias ao sistema, isto é, à boa-fé. Compreende-se por

---

des *BGB*, ZRP 2001, 303-306 (306/I), dentro da secção relativa ao negócio jurídico. *Vide*, quanto a este ponto, outros elementos *infra*, n.º 125, V e respetivas notas de rodapé.

[1270] *Supra*, 381.
[1271] *Supra*, 383-384.

que, no momento histórico seguinte, o tema tenha sido inserido no próprio BGB. Sublinhe-se, ainda, que apesar de a Lei alemã distinguir relações entre comerciantes, submetendo-as a um regime menos vigiado do que o dos contratos com consumidores, não está, nela, em causa, um tema de "consumidores" mas, antes, de contratante débil.

III. Os dois sistemas – o francês e o alemão – repercutir-se-iam no Direito europeu, como abaixo melhor veremos[1272]. Mas para além dessas evoluções globais, vamos esquematizar a evolução processada no século XX, nos diversos países europeus, centrada, agora, no modo por que relevam as ccg[1273]. Essa evolução pode, comodamente, ser tipificada em quatro fases:

– aplicação das regras gerais;
– autonomização jurisprudencial;
– pequena referência legal;
– regime legal completo.

A aplicação das regras gerais surge como solução natural, enquanto o fenómeno das cláusulas for desconhecido ou enquanto se negar o seu reconhecimento. Os diversos problemas que elas suscitem devem, então, ser enquadrados à luz dos princípios relativos à celebração dos negócios: apela-se, casuisticamente, para a boa-fé, os bons costumes, o dolo, o erro, a usura, etc.. Todavia, as ccg constituem um modo específico de formação dos contratos. Pretender aplicar-lhes as mesmas regras que funcionam perante uma comum negociação é injusto e inconveniente: equivale a tratar, de modo igual, o que tem diferenças. Não se infira, daí, que os princípios gerais não possam, pelo menos teoricamente, solucionar o problema das cláusulas: eles podem ser concretizados de uma ou de outra forma, facultando, consoante a via que tomem, regras diferenciadas. As soluções particulares finalmente encontradas para as ccg e que, mais tarde, tiveram consagração jurisprudencial ou mesmo legal, resultaram da simples concretização dos princípios gerais.

[1272] *Infra*, 399 ss..
[1273] Hélène Bricks, *Les clauses abusives* cit., *passim* e Konrad Zweigert/Hein Kötz, *Einführung in die Rechtsvergleichung auf dem Gebiete des Privatrechts*, 3.ª ed. (1996), 325 ss..

IV. A autonomização jurisprudencial, em regra antecedida ou acompanhada de um conveniente tratamento doutrinário, equivale à obtenção, através dos tribunais, de soluções particularmente adequadas ao problema das cláusulas.

As decisões fundam-se nos princípios gerais, mas exprimem já um regime diferenciado, capaz de se analisar num corpo de regras autónomas. Dois aspetos foram, em particular, conquistados por via jurisprudencial:

– a exclusão de cláusulas não-cognoscíveis;
– a condenação de cláusulas despropositadas.

As ccg que, aquando da celebração, os aderentes não conhecessem, não devendo ou podendo fazê-lo, ficam afastadas dos contratos: não houve, sobre elas, o necessário consenso. Por seu turno, as cláusulas despropositadas, que contra a corrente geral do negócio nele sejam introduzidas, frustrando os seus objetivos normais, devem ser invalidadas[1274].

A autonomização jurisprudencial caracterizou, por largo tempo, os sistemas vigentes em França e na Alemanha[1275], ainda que pelas vias diferentes que, acima, deixámos enfatizadas.

V. A pequena referência em lei equivale ao sistema italiano inicial; de facto, o artigo 1341.º do correspondente Código Civil de 1942, dispõe[1276]:

> As condições gerais do contrato predispostas por um dos contraentes são eficazes para com o outro se no momento da conclusão do contrato este as conhecer ou dever conhecer, usando a diligência normal.
> Em qualquer caso não têm efeito, se não forem especificamente aprovadas por escrito, as condições que estabelecem, a favor de quem as predispôs, limitações de responsabilidade, faculdades de rescindir o contrato ou de suspender a sua execução ou que sancionem para com o outro contraente, caducidades, limitações à faculdade de opor exceções, restrições à liberdade contratual nas relações com terceiros, prorrogação ou renovação tácita

---

[1274] George Berlioz, *Le contrat d'adhésion*, 1.ª ed. cit., 117 ss..

[1275] Eugène Gaudemet, *Droit des obligations* (1968), 54 ss. e Peter-Christian Müller-Graff, *Das Gesetz zur Regelung des Rechts der Allgemeinen Geschäftsbedingungen*, JZ 1977, 245-255 (245 ss.).

[1276] Vide Roberto Triola, *Codice civile annotato con la giurisprudenza*, 3.ª ed. (2003), 1161-1172.

do contrato, cláusulas compromissórias ou derrogações de competência da autoridade judiciária.

Como se vê, temos as medidas[1277]:

– que conduzem à ineficácia das cláusulas impossíveis de conhecer, por parte do aderente;
– que incentivam a uma tomada de consciência por parte do aderente, quando se trate de adotar cláusulas que lhe possam ser prejudiciais.

O esquema é importante e mostra a atenção do legislador civil a um problema que, de facto, não pode ser ignorado pelo Direito. Mas não resolve todas as questões.

A consciencialização do aderente, aquando da adoção de cláusulas contratuais gerais, é importante: mas surge insuficiente; além disso, é irrealista pretender uma sua efetivação universal: basta pensar que as cláusulas contratuais gerais presidem, muitas vezes, a contratos celebrados por comportamentos concludentes, nos quais a possibilidade de conhecimento das cláusulas, ainda que exista, não é, na normalidade social, concretizada. Como temos repetido, mesmo conhecedor das desvantagens em que, eventualmente, possa incorrer, o aderente tende a ser levado a subscrever ou a aceitar as ccg que se lhe deparem, seja por necessidade, seja na esperança de não encontrar percalços, aquando da execução.

Há que enfrentar, com frontalidade, o verdadeiro problema: certas cláusulas, pela sua feição e pela sua generalidade, são intrinsecamente injustas ou inconvenientes; e por isso, elas devem ser bloqueadas pelo Direito, seja qual for a consciência que delas houvesse, aquando da conclusão[1278].

VI. A experiência universal mostra que o tema das cláusulas contratuais deve ser enfrentado com um corpo adequado de regras, a tanto destinado. Sabe-se, além disso, que essas regras não podem ater-se à mera forma de conclusão dos contratos, antes penetrando na sua própria substância, isto é, nas soluções que, uma vez concluídos, eles propiciem.

[1277] *Vide*, como exemplos, Alessandro A. Giordano, *I contratti per adesione* (1951), 171 pp., Mario Dossetto, *Contratto per adesione*, NssDI IV (1960), 535-537 (536), Anteo Genovese, *Contratto di adezione*, ED X (1962), 1-3, e, com outros elementos, Cesare Massimo Branca, *Diritto civile* III – *Il contratto* (1987, reimp.), 340 ss..

[1278] E desde que, naturalmente, elas tenham provindo de ccg; doutra forma, o problema será o da contratação, em geral.

§24.º Evolução comparatística e europeia

Os diversos países, ao longo da década de setenta do século XX, promulgaram leis a tanto destinadas[1279], havendo mesmo recomendações internacionais nesse sentido[1280].

No domínio das ccg, os primeiros países a dotarem-se de mecanismos legais específicos foram os Estados Unidos[1281] e Israel[1282]. Na Europa, o primeiro País a adotar regras desse tipo foi a Suécia, através da Lei sobre a proibição de condições contratuais iníquas, de 1971[1283]. Trata-se de um diploma que apenas prevê um controlo de tipo administrativo, através de um provedor (*Ombudsmann*) do consumidor.

Nas décadas seguintes, os países europeus dotaram-se de leis adequadas, ainda que não coincidentes, no âmbito e na técnica de proteção adotados[1284]. A formulação de regras europeias, com relevo para a Diretriz 93/13, abaixo examinada[1285], provocou uma certa aproximação entre os regimes em presença. De acordo com as opções respetivas[1286]:

[1279] Assim, a Lei alemã das cláusulas contratuais gerais (AGBG) de 1976, a Lei austríaca de proteção do consumidor de 1978, a Lei francesa de 1978 e a Lei inglesa de 1974. Podem ser confrontados elementos em Zweigert/Kötz, *Einführung*, 3.ª ed. cit., 326 ss.; os textos essenciais das leis francesa, inglesa e alemã, acompanhados de traduções italianas, constam de C. M. Branca, *Le condizioni generali* cit., 1, 291 ss.. Para outros elementos *vide* a recolha de Ugo Ruffolo, abaixo referida.

[1280] Assim, a Recomendação do Conselho de Europa de 16-nov.-1976.

[1281] Eike von Hippel, *Zur richterlichen Kontrolle unlauterer Geschäftsbedingungen in den Vereinigten Staaten*, RabelsZ 33 (1969), 564-568.

[1282] Através da *Standard Contracts Law* de 1964; *vide*: Joaquim Quittnat, *The Israeli Standard Contracts Law 5724-1964*, JZ 1973, 766-769; Eike von Hippel, ob. cit. *infra*, nota 1284, 239, nota 4, com indicações. A lei foi, depois, inserida num diploma sobre contratos, de 1982; *vide* Varda Lusthaus, *Standard Contracts in Israel/New Developments*, RabelsZ 54 (1990), 551-578.

[1283] Ulf Bernitz, *Der Verbraucherschutz in Schweden/Insbesondere die Gesetzgebung unlautere Vertriebsmassnahmen und unlautere Vertragsbedingungen*, ZHR 138 (1974), 336-364 (357-360) e *Schwedisches Verbraucherschutzrecht*, RabelsZ 40 (1976), 593-613; Friedrich Korkisch, *Verbraucherschutz in Schweden*, RabelsZ 37 (1973), 755-782 (762 ss.).

[1284] Eike von Hippel, *Der Schutz des Verbrauchers von unlauteren allgemeinen Geschäftsbedingungen in den EG-Staaten/Bestandsaufnahme und Überlegungen zur Rechtsangleichung*, RabelsZ 41 (1977), 237-280, referindo as experiências alemã (253), francesa (258), belga (260), luxemburguesa (262), italiana (262), neerlandesa (267), britânica (271), irlandesa (276) e dinamarquesa (277).

[1285] *Infra*, 399 ss..

[1286] Peter Ulmer/Mathias Habersack, em Ulmer/Brandner/Hensen, *AGB-Recht* cit.,

- algumas leis dispensam uma tutela também a empresários e a comerciantes[1287], enquanto outras apenas protegem consumidores[1288];
- por vezes, as proibições têm a ver com círculos limitados de pessoas ou de atividades, aí relevando as cláusulas gerais ou as diversas restrições[1289]; parece todavia, dominar a ideia de proibições de cláusulas, independentemente do círculo de aplicação[1290];
- o controlo ora se faz na base de uma cláusula geral[1291] ora opera em combinação com catálogos de proibições[1292].

Para além da diversidade dos textos, deve ter-se em conta a Ciência Jurídica que promove a sua aplicação. Sucede, deste modo, que textos aparentemente similares tenham, na aplicação, alcances diferenciados. A comparação entre Direitos, designadamente os europeus é, também por isso, uma tarefa sem fim.

VII. Em Portugal, alguma doutrina persistentemente cristalizada no Código Civil, manteve uma atitude hostil a tal movimento. Mas ele não podia ser detido.

Em abstrato, havia duas possíveis linhas de solução:

- a prévia aprovação das ccg, para que possam, legitimamente, ser utilizadas[1293];
- a sujeição das cláusulas a um controlo de tipo administrativo ou de tipo jurisdicional, depois de terem sido incluídas num determinado contrato[1294].

11.ª ed., Einl. Nr. 105-151 (110-139), comportam indicações alargadas, com as respetivas fontes.

[1287] Bélgica, Dinamarca, Alemanha, Estónia, Finlândia, Itália, Lituânia, Portugal, Suécia e Suíça e, limitadamente, Áustria, Países Baixos, Eslovénia, Hungria e Grã-Bretanha.

[1288] Bulgária, França, Grécia, Letónia, Malta, Roménia, Eslováquia, Espanha, Chéquia e Chipre.

[1289] França, Grécia, Grã-Bretanha, Luxemburgo, Roménia, Chipre, Áustria, Bélgica, Dinamarca, Finlândia e Suécia.

[1290] Alemanha, Grécia, Grã-Bretanha, Irlanda, Itália, Israel, Lituânia, Países Baixos, Áustria, Eslováquia, Espanha, Portugal, Hungria, Chipre e Suíça.

[1291] Dinamarca, Suécia, Finlândia e Suíça.

[1292] Os restantes países.

[1293] Tal era o esquema da antiga República Democrática Alemã; a Lei Francesa n.º 78-23, artigo 35.º, previu, como vimos, a intervenção do Conselho de Estado, para vedar certas cláusulas consideradas abusivas.

[1294] Assim, os esquemas francês (administrativo) e alemão (jurisdicional), adotado, também, no Direito lusófono.

No seu estado puro, qualquer destas soluções tem inconvenientes. A primeira conduz, com facilidade, a uma inviabilização dos negócios jurídicos, dependentes, na sua concreta configuração, de mais uma instância de controlo do Estado, já bem provido, aliás, de esquemas de intervenção. A segunda tudo deixa na iniciativa de cada aderente: ora esta é problemática, já que, de um modo geral, os particulares hesitam em encetar dispendiosos e incertos processos judiciais, para tutelar interesses que, isoladamente tomados, não têm relevância económica.

VIII. As leis mais avançadas, com exemplo emblemático no Direito alemão, têm, por isso, ensaiado soluções duplas. Por um lado, permitem que o subscritor concreto, de ccg, possa, em juízo, apresentar a injustiça a que isso tenha conduzido, aí exigindo medidas. Por outro, facultam esquemas de apreciação abstrata da idoneidade das cláusulas, independentemente da sua concreta inclusão em contratos; este esquema funciona, designadamente, graças à intervenção de associações de tutela do consumidor e é exercido pelos tribunais.

Em qualquer dos casos, torna-se particularmente importante a elaboração de listas de cláusulas que, por experiência, se tenham mostrado indesejáveis ou injustas. Tais listas vieram sedimentar, aliás muitas vezes, uma jurisprudência anterior. De outro modo, tudo redundaria numa vaguidade nociva ao tráfego jurídico.

IX. A partir da década de oitenta do século XX deu-se, ainda, uma nova viragem. No início, as ccg impuseram-se mercê da sua pretensão de criar, *a latere*, um novo ordenamento, para certos sectores. A autoridade legislativa do Estado era dobrada por instâncias empresariais despidas de legitimidade. As leis intervêm para restabelecer o equilíbrio.

Posteriormente impôs-se, com valor autónomo, a ideia de tutela do consumidor. A tónica da generalidade, que primeiro justificara as intervenções legislativas corretoras, veio a ceder espaço à da pré-formulação: trata-se de um esquema indireto destinado a proporcionar, dentro de cada contrato, a sindicância direta à luz do Direito do consumo. Na verdade, é evidente que os negócios celebrados com consumidores, pela própria natureza das coisas, tendem a ser pré-formulados, não admitindo negociação.

À luz desta filosofia, foi preparado um instrumento comunitário: a Diretriz n.º 93/13/CEE, do Conselho, de 5 de abril de 1993, abaixo analisada[1295].

[1295] *Infra*, 399 ss..

X. A concluir esta rubrica, deve ainda dar-se conta de um movimento recente que aponta exageros, no modo por que se processa a aplicação das leis sobre ccg. Os tribunais, num ponto abaixo explicitado, a propósito da "redução convalidante"[1296], não se substituem ao mercado e às suas regras[1297], prejudicando a liberdade empresarial, nos países onde a aplicação da justiça seja mais efetiva[1298]. As intervenções repetidas em ccg, de que ninguém se queixe, através de ações inibitórias, podem, sem vantagem para os aderentes, pôr em causa o comércio e a competitividade[1299]. A insegurança jurídica daí resultante[1300], as limitações à autorregulação no Direito privado[1301] e os surtos de "paternalismo jurídico" nos contratos[1302] devem ser tidos em conta. A proposta de regulamento sobre a compra e venda[1303] pode constituir um ensejo para repensar os esquemas restritivos, referentes às ccg[1304].

A Ciência do Direito, funcionando como um todo, deve, no campo das ccg como nos demais, manter sempre presente a plenitude complexa das realidades humanas e sociais. As leis sobre ccg são um instrumento ao serviço dos valores fundamentais do sistema: não uma cartilha militante.

125. Inclusão nos códigos civis?

I. Questão em aberto é a da eventual inclusão das regras sobre ccg, nos Códigos Civis. O Direito comparado tem dado respostas diferentes: oscilantes, mesmo, como sucede com a experiência italiana. Principiando por esta:

[1296] *Infra*, 445 ss..
[1297] Lars Leuschner, *Gebotenheit und Grenzen der AGB-Kontrolle*, AcP 207 (2007), 491-529 (515 ss.).
[1298] Hubert Schmidt, *Einbeziehung von AGB im unternehmerischen Geschäftsverkehr*, NJW 2011, 3329-3334.
[1299] Klaus Peter Berger, *Für eine Reform des AGB-Rechts im Unternehmerverkehr*, NJW 2010, 465-471.
[1300] Jörg Benedict, *Der Maβstabe der AGB-Kontrolle/oder die Suche nach dem "indispositiven Leitbild" im Arbeitsvertragsrecht*, JZ 2012, 172-182 (173/II).
[1301] Petra Buck-Heeb/Andreas Dieckmann, *Selbstregulierung im Privatrecht* (2010), XVII + 367 pp., 50 ss., 255 ss. e 277 ss..
[1302] Wolfgang Enderlein, *Rechtspaternalismus und Vertragsrecht* (1996), XXII + + 582 pp., 71 ss., 126 ss. e 411 ss..
[1303] *Tratado* VI, 252 ss..
[1304] Tim Drygala, *Die Reformdebatte zum AGB-Recht im Lichte des Vorschlags für ein einheitliches europäisches Kaufrecht*, JZ 2012, 983-992.

§24.º Evolução comparatística e europeia

o Código de 1942 fez, como vimos, uma curta referência às ccg, no artigo 1341.º, acima relatado. A viragem para o Direito do consumidor e a necessidade de transpor a Diretriz 93/13 levaram à Lei n.º 52, de 6 de fevereiro de 1996, cujo artigo 25.º introduziu, no Código Civil, no título relativo aos contratos em geral, um capítulo XIV-bis: *dos contratos do consumidor*[1305]. Aí, eram visadas as "cláusulas vexatórias", isto é (1469.º-bis), aquelas que, num contrato entre o consumidor e o profissional, contra a boa-fé, determinem, contra o consumidor, um desequilíbrio significativo de direitos e de obrigações. De seguida, o mesmo preceito continha uma lista de cláusulas consideradas vexatórias. Seguiam-se diversos preceitos, designadamente os referidos à forma e à interpretação (1469.º-quater), à ineficácia (1469.º-quinques) e à ação inibitória (1469.º-sexies).

II. Um tanto surpreendentemente, na linha de um parecer do Conselho de Estado, entendeu-se dever transpor essa matéria para o Código do Consumo, aprovado pelo Decreto Legislativo 206/2005, de 6 de setembro de 2005, por último alterado em 7 de março de 2012. Esse Código veio acolher, nos seus artigos 33.º a 37.º[1306], com poucas alterações, a matéria retirada do Código Civil.

A doutrina critica estas oscilações, algo inesperadas num País com as tradições jurídicas da Itália. A instabilidade deve ser reconduzida à volatilidade política que assola a pátria do *ius romanum*.

III. O Direito austríaco insere, no ABGB, uma pequena referência às ccg. Segundo o seu § 864a[1307],

> As determinações de conteúdo inabitual, em ccg ou em formulários, não se inserem no contrato quando sejam desvantajosas para a outra parte e quando não lhe sejam imputáveis, de acordo com as circunstâncias e, em especial, segundo a configuração exterior do documento; (...)

[1305] Roberto Triola, *Codice civile anotato* cit., 3.ª ed., 1366 ss..

[1306] Enzo Maria Tripoli/Claudio Belli, *Codice del consumo/Commentario del D. Lgs. 6 settembre 2005, n. 206* (2006), 199-225, com indicações, bem como Mario Nuzzo, em Guido Alpa/Liliana Rossi Carleo, *Codice del consumo/Commentario* (2005), 249-274 (255 ss.).

[1307] Phillip Hellwege, *Allgemeine Geschäftsbedingungen* cit., 362-365.

A matéria das ccg, na sequência da transposição da Diretriz 93/13, foi incluída na Lei de proteção do consumidor, de 1979[1308].

IV. O Direito holandês tomou uma opção diversa. O tema das ccg consta do Código Civil (*Burgerlijk Wetboek* ou BW): artigos 6.231 a 6.247[1309]. A proteção aí dispensada dirige-se a pessoas singulares que não estejam no exercício de uma profissão, distinguindo-se cláusulas desfavoráveis em si (6.236) e cláusulas presumidamente desfavoráveis (6. 237): tais cláusulas são anuláveis (*vernietigbaar*, em alemão *anfechtbar*).

V. A variabilidade das soluções europeias leva-nos a retomar a experiência alemã, já referida[1310].

Na verdade, o AGBG fora adotado como lei autónoma por duas razões: pelo respeito que se decidiu tributar à velha conceção liberal do BGB e pela ideia de que, no fundo, se trataria de mero diploma marginal, virado, para uma franja de contratos. O primeiro aspeto é reversível: o respeito pelo BGB justificaria que o mesmo fosse mantido em vida, sendo atualizado. O segundo foi refutado pelos factos: a grande maioria dos contratos passa, hoje, por cláusulas contratuais gerais, de tal modo que, em termos quantitativos, o próprio BGB acabaria por ser uma "lei-franja". Optou-se, pois, pela integração do AGBG no BGB[1311]. Consubstancia-se uma solução propugnada na altura[1312], mas que não deixou de encontrar oposição[1313]; tratar-se-ia de uma iniciativa-surpresa, totalmente inesperada; o AGBG nem seria uma lei relativa a consumidores; não haveria, finalmente, qualquer

---

[1308] Mais precisamente: *Konsumentenschutzgesetz* de 8 de março de 1979, em vigor desde 1 de outubro desse mesmo ano.

[1309] *Algemene voorwaarden*; vide a ed. bilingue holandês/alemão org. F. Nieper/A. S. Westerdijk, *Niederländisches Bürgerliches Gesetzbuch*, Buch 6, *Allgemeiner Teil des Schuldrechts* (1995), 105-119.

[1310] *Supra*, 382 ss..

[1311] Assim, a *Begründung der Bundesregierung zum Entwurf eines Gesetzes zur Modernisierung des Schuldrechts*, em Claus-Wilhelm Canaris, *Schuldrechtsmodernisierung 2002* (2002), 569-934 (591 ss.).

[1312] Herta Däubler-Gmelin, *Die Entscheidung für die sogennante Grosse Lösung bei der Schuldrechtsreform*, NJW 2001, 2281-2289 (2285); vide o *Tratado* I, 156 ss..

[1313] Assim, além da bibliografia referida *supra*, nota 1269, vide Peter Ulmer, *Integration des AGB-Gesetzes in das BGB?*, em Reiner Schulze/Hans Schulte-Nölke, *Die Schuldrechtsreform vor dem Hintergrund des Gemeinschaftsrechts* (2001), 215-227 (215 ss.), de onde são retiradas as objeções que figuram no texto.

défice de aplicação. A integração acabaria, porém, por ser acolhida[1314]: afinal, nas palavras de Manfred Wolf, haveria um regresso às origens, uma vez que todo o sistema de ccg proveio da concretização do Código Civil, particularmente da boa-fé[1315].

O AGBG foi transposto, "em bloco", para o BGB reformado, em 2001. Pretendeu manter-se incólume a base textual que possibilitara inúmeros afinamentos doutrinários e jurisprudenciais[1316]. Foi acolhida a parte substantiva da lei, tendo-se condensado, em 10, os seus 14 §§: §§ 305 a 310 do BGB, nova versão[1317].

Os comentários aos §§ 305 a 310 do BGB mantêm o desenvolvimento do AGBG[1318]. Entre as (escassas) novidades conta-se o seu alargamento ao contrato de trabalho[1319], muito significativo[1320]. Sublinhe-se, ainda, o facto de o regime das cláusulas ter sido integrado no Direito geral das obrigações e não na Parte geral[1321]: parece, todavia, uma opção evidente, uma vez que está em causa uma técnica de contratação directamente relevante para as obrigações. Finalmente, a integração do AGBG no BGB, em conjunto com a reforma do Direito de perturbação das prestações, veio conferir, a este, um papel reitor no desenvolvimento da matéria das cláusulas e na sua con-

---

[1314] Jürgen Basedow, no *Münchener Kommentar*, 2 a, 4.ª ed. (2003), prenot. § 305, Nr. 16 (1063); com prudência: Friedrich Graf von Westphalen, *AGB – Recht ins BGB – Eine erste "Bestandaufnahme"*, NJW 2002, 12-15 (12).

[1315] Manfred Wolf, *Bedeutung und Funktion des AGB – Rechts und der AGB*, em Egon Lorenz (publ.), *Karlsruher Forum 2002 / Schuldrechtsmodernisierung* (2003), 101-131 (101).

[1316] Dirk Olzen/Rolf Wank, *Die Schuldrechtsreform* cit., Nr. 496 (119). De facto, a jurisprudência relativa às ccg tem facultado a evolução de um sistema contratual líbero-formal para um Direito material justo: Manfred Wolf, *Vertragsfreiheit und Vertragsrecht im Lichte des AGB-Rechtsprechung des Bundesgerichtshofs*, FG (Wissenschaft) 50 Jahre BGH, 1 (2000), 111-127 (127).

[1317] As precisas equivalências podem ser comodamente confrontadas em Dieter W. Lüer, na obra Sieghart Ott/Dieter W. Lüer/Benno Heussen, *Schuldrechtsreform* (2002), 120-137.

[1318] Como exemplos, Jürgen Basedow, no *Münchener Kommentar*, 2, 6.ª ed. (2012), 1083-1533 e Christian Grüneberg, no Palandt, 73.ª ed. (2014), 421-485.

[1319] Manfred Lieb, *AGB – Recht und Arbeitsrecht nach der Schuldrechtsmodernisierung*, FS Ulmer (2003), 1231-1244 e Huber, em Peter Huber/Florian Faust, *Schuldrechtsmodernisierung / Einführung in das neue Recht* (2002), 463-472 (471, Nr. 52).

[1320] Com maior desenvolvimento, vide o livro de Michael Eckert/Caroline Wallstein, *Das neue Arbeitsvertragsrecht / Vertragsgstaltung nach der Schuldrechtsreform und dem AGB-Recht* (2002).

[1321] Manfred Wolf, *Bedeutung und Funktion des AGB-Rechts* cit., 106, algo lamentativo.

cretização[1322]. Numa conquista jurídico-científica que remonta a Heck: o sistema externo tem repercussões substantivas.
Adiante veremos como equacionar o Direito lusófono.

[1322] Claus-Wilhelm Canaris, *Die AGB – rechtliche Leitbildfunktion des neuen Leistungsstörungsrechts*, FS Ulmer (2003), 1073-1096.

§ 25.º O DIREITO EUROPEU

126. A Diretriz 93/13, de 5 de abril

I. O Direito europeu chegou tarde à tutela do consumidor[1323]. Inicialmente, essa matéria ficava fora dos roteiros comunitários: era deixada a cada um dos ordenamentos internos. A situação alterar-se-ia por razões de concorrência: desde o momento em que os países ricos do Norte, mercê da pressão das opiniões públicas respetivas, se viram na contingência de proteger o consumidor, eles ficariam em desvantagem concorrencial. A tutela do consumidor é tida, no imediato, como um custo. Desde 1975[1324], com insistência em 1981[1325], o programa comunitário de tutela ao consumidor vinha insistindo na necessidade de defesa contra cláusulas abusivas. Todavia, apenas em 1993, mercê da pressão representada pela aproximação do mercado único, surgiu a oportunidade de versar a matéria, numa Diretriz. Tal o papel da Diretriz 93/13/CEE, relativa às cláusulas abusivas nos contratos celebrados com os consumidores[1326].

II. Sem cerimónia, o preâmbulo da Diretriz 93/13 expõe claramente a *occasio legis*[1327]:

> Considerando que as legislações dos Estados-membros respeitantes às cláusulas dos contratos celebrados entre, por um lado, o vendedor de bens ou o prestador de serviços e, por outro, o consumidor, revelam numerosas disparidades, daí resultando que os mercados nacionais de venda de bens

---

[1323] *Tratado* I, 320 ss..
[1324] Resolução do Conselho de 14 de abril de 1975, JOCE N. C 92/1, de 25-abr.--1975, 65/II.
[1325] Resolução do Conselho de 19 de maio de 1981, JOCE N. C 133/1, de 3-jun.--1981, 6, com um anexo – *idem*, 7-16.
[1326] JOCE N. L 95, de 21-abr.-1993, 29-32.
[1327] *Idem*, 29/I.

e de oferta de serviços aos consumidores diferem de país para país e que se podem verificar distorções de concorrência entre vendedores de bens e prestadores de serviços nomeadamente aquando da comercialização noutros Estados-membros;
(...)

A análise dos restantes considerandos do preâmbulo permite confirmar que o legislador europeu teve em vista a tutela do consumidor.

III. A Diretriz 93/13 abrange 11 artigos não epigrafados e não ordenados, em capítulos ou secções. Vamos ver:

1.º A diretriz aplica-se a cláusulas abusivas, inseridas em contratos celebrados entre profissionais e consumidores; ficam de fora as correspondentes a regras imperativas ou a convenções internacionais;
2.º Define: cláusulas abusivas (as que constem do artigo 3.º); consumidor (a pessoa singular que não atue no seu âmbito profissional) e profissional (qualquer pessoa singular ou colectiva que, nos contratos abrangidos pela presente directiva, seja activa no âmbito da sua actividade profissional, pública ou privada);
3.º Define cláusula abusiva: a que não tenha sido objeto de negociação individual e que, a despeito da exigência de boa-fé, dê origem a um desequilíbrio significativo em detrimento do consumidor; o preceito remete para um anexo, que conterá, de modo não exaustivo, um enunciado de cláusulas que podem ser consideradas abusivas;
4.º Explica que a abusividade deve ser ponderada no contexto; de fora ficam, porém, as cláusulas que tenham a ver com o objeto do contrato ou com as prestações principais, designadamente sobre a adequação dos preços de bens ou serviços, desde que claramente indicados;
5.º As cláusulas, quando escritas, devem sê-lo com clareza; na dúvida, deve prevalecer o sentido mais favorável ao consumidor;
6.º As cláusulas abusivas não devem vincular o consumidor; mas o contrato manter-se-á, se for possível;
7.º Prevê medidas adequadas, com relevo para ações gerais, de tipo judicial ou administrativo;
8.º Permite, aos Estados-membros, a manutenção de disposições mais rigorosas do que as previstas na Diretriz;
9.º A Comissão apresenta, no prazo de cinco anos, um relatório sobre a aplicação da Diretriz;
10.º Prevê, como prazo de transposição, o dia 31 de dezembro de 1994;
11.º Os Estados-membros são os destinatários da diretriz.

IV. Por seu turno, o anexo previsto no artigo 3.º/3 reporta as cláusulas que tenham como objetivo ou como efeito (n.º 1):

a) Excluir ou limitar a responsabilidade legal do profissional em caso de morte de um consumidor ou danos corporais que tenha sofrido em resultado de um ato ou de uma omissão desse profissional;
b) Excluir ou limitar de forma inadequada os direitos legais do consumidor em relação ao profissional ou a uma outra parte em caso de não execução total ou parcial ou de execução defeituosa pelo profissional de qualquer das obrigações contratuais, incluindo a possibilidade de compensar uma dívida para com o profissional através de qualquer caução existente;
c) Prever um compromisso vinculativo por parte do consumidor, quando a execução das prestações do profissional está sujeita a uma condição cuja realização depende apenas da sua vontade;
d) Permitir ao profissional reter montantes pagos pelo consumidor se este renunciar à celebração ou à execução do contrato, sem prever o direito de o consumidor receber do profissional uma indemnização de montante equivalente se for este a renunciar;
e) Impor ao consumidor que não cumpra as suas obrigações uma indemnização de montante desproporcionalmente elevado;
f) Autorizar o profissional a rescindir o contrato de forma discricionária sem reconhecer essa faculdade ao consumidor, bem como permitir ao profissional reter os montantes pagos a título de prestações por ele ainda não realizadas quando é o próprio profissional que rescinde o contrato;
g) Autorizar o profissional a pôr termo a um contrato de duração indeterminada sem um pré-aviso razoável, exceto por motivo grave;
h) Renovar automaticamente um contrato de duração determinada na falta de comunicação em contrário por parte do consumidor, quando a data limite fixada para comunicar essa vontade de não renovação do contrato por parte do consumidor for excessivamente distante da data do termo do contrato;
i) Declarar verificada, de forma irrefragável, a adesão do consumidor a cláusulas que este não teve efetivamente oportunidade de conhecer antes da celebração do contrato;
j) Autorizar o profissional a alterar unilateralmente os termos do contrato sem razão válida e especificada no mesmo;
k) Autorizar o profissional a modificar unilateralmente sem razão válida algumas das características do produto a entregar ou do serviço a fornecer;
l) Prever que o preço dos bens seja determinado na data da entrega ou conferir ao vendedor de bens ou ao fornecedor de serviços o direito de

aumentar os respetivos preços, sem que em ambos os casos o consumidor disponha, por seu lado, de um direito que lhe permita romper o contrato se o preço final for excessivamente elevado em relação ao preço previsto à data da celebração do contrato;
m) Facultar ao profissional o direito de decidir se a coisa entregue ou o serviço fornecido está em conformidade com as disposições do contrato ou conferir-lhe o direito exclusivo de interpretar qualquer cláusula do contrato;
n) Restringir a obrigação, que cabe ao profissional, de respeitar os compromissos assumidos pelos seus mandatários, ou de condicionar os seus compromissos ao cumprimento de uma formalidade específica;
o) Obrigar o consumidor a cumprir todas as suas obrigações, mesmo que o profissional não tenha cumprido as suas;
p) Prever a possibilidade de cessão da posição contratual por parte do profissional, se esse facto for suscetível de originar uma diminuição das garantias para o consumidor, sem que este tenha dado o seu acordo;
q) Suprimir ou entravar a possibilidade de intentar acções judiciais ou seguir outras vias de recurso, por parte do consumidor, nomeadamente obrigando-o a submeter-se exclusivamente a uma jurisdição de arbitragem não abrangida por disposições legais, limitando indevidamente os meios de prova à sua disposição ou impondo-lhe um ónus da prova que, nos termos do direito aplicável, caberia normalmente a outra parte contratante.

Por via do artigo 3.º/3, estas cláusulas "podem ser consideradas abusivas". Trata-se, pois, de uma "lista cinzenta" (por oposição a "negra"): comporta cláusulas relativamente proibidas, ou seja, cuja proibição requer um suplementar juízo de valor.

O n.º 2 do anexo tem determinadas ressalvas, designadamente as relativas ao fornecedor de produtos financeiros.

V. A Diretriz 93/13 foi complementada pela Diretriz 1999/44, de 25 de maio, relativa a certos aspetos da venda de bens de consumo e das garantias a ela relativas[1328]. No essencial, este último diploma visa assegurar que o consumidor obtenha, efetivamente, os bens que lhe foram atribuídos pelo contrato.

[1328] JOCE N. L 171, de 7-jul.-1999, 12-16.

Sobreveio a Diretriz 2011/83, de 25 de outubro[1329], relativa aos direitos dos consumidores, que codificou determinadas regras a eles relativas e alterou, ainda que pontualmente, as Diretrizes 93/13 e 1999/44. No que tange à 93/13, a alteração cifrou-se no aditamento de um novo preceito – o artigo 8.º-A – que prescreve o envio de informações, pelo Estado-Membro e à Comissão, relativas ao âmbito das proibições e às listas de cláusulas proibidas.

127. Observações

I. A Diretriz 93/13 inspirou-se na ideia francesa de "cláusulas abusivas". Cedeu, todavia, à técnica alemã, ao comportar uma referência à boa-fé e ao trabalhar com uma lista de cláusulas abusivas.

Importa sublinhar que ela surgiu desfocada, relativamente ao universo das ccg. Com efeito, estas vieram a impor-se, enquanto realidade carecida de um tratamento especializado por cumularem as características da pré-formulação rígida e da multiplicidade de contratações. Por seu turno, as cláusulas abusivas têm a sua tónica na rigidez e na natureza de consumidor do aderente. As ccg são mais amplas do que as abusivas, uma vez que não se limitam a consumidores; mas são mais restritas porque não se consubstanciam perante contratos rigidamente formulados, que tenham, apenas, um destinatário.

II. A "abusividade" constitui o núcleo das cláusulas visadas pela Diretriz 93/13[1330]. Ela assenta nas seguintes proposições:

– a rigidez: não foi objeto de negociação individual;
– a boa-fé;
– o desequilíbrio significativo;
– em detrimento do consumidor.

[1329] JOCE N. L 304, de 22-nov.-2011, 64-83. Este diploma é antecedido por um longo preâmbulo, em 67 pontos, cuja leitura é útil.

[1330] Peter Schlosser, no *Staudinger 2*, §§ 305-310; *UklaG (Recht der Allgemeinen Geschäftsbedingungen)* (2006), Vorbem zu §§ 305 ff., Nr. 9 (5). Referimos, ainda, Helmut Heinrichs, *Die EG-Richtlinie über mißbräuchliche Klauseln im Verbraucherverträgen*, NJW 1993, 1817-1822, bem como Peter Schlosser, no *Staudinger*, AGBG (1998), § 24a (760 ss.).

O ponto nuclear é o do desequilíbrio significativo, em detrimento do consumidor. A lista anexa à Diretriz dá pistas de concretização, mas não tem natureza exaustiva.

III. A Diretriz 93/13 recorreu ao menor denominador comum. Daí resultou um texto de nível dogmático inferior às leis sobre ccg que, antes dela, tinham vindo à luz em diversos países, com relevo para a Alemanha (1976) e para Portugal (1985). As tensões daí resultantes nem sempre foram benéficas para o Direito das ccg. Além disso e como sempre sucede com diplomas comunitários, há conceitos (o de boa-fé!) que não têm exato correspondente nos vários idiomas jurídicos[1331].

IV. Apesar de criticada, a Diretriz foi, como competia, acolhida nos diversos Estados. Em França, a transposição decorreu da Lei de 1 de fevereiro de 1995, que reescreveu totalmente a matéria atinente às cláusulas[1332]. Na Alemanha, tal tarefa foi levada a cabo por uma Lei de 19 de julho de 1996, que limitou ao mínimo as modificações introduzidas no AGBG de 1976[1333]. Em Itália, operou a Lei n.º 52, de 6 de fevereiro de 1996, que introduziu, como acima referido, no Código Civil, um novo capítulo – o XIV bis – no título relativo aos contratos em geral, sobre os contratos do consumidor, com cinco artigos. A literatura italiana conheceu, com essa reforma, alguma expansão[1334]. A matéria transitou, em seguida, para o Código do Consumo de 2005[1335].

As ccg, embora jovens, num prisma histórico, atingiram a maturidade científica. Não se confirmaram quaisquer receios de insegurança, deriva-

---

[1331] De tal modo que se torna conveniente trabalhar com o texto nas traduções francesa, alemã e italiana – além da portuguesa. O texto nas três primeiras línguas referidas pode ser confrontado em Ugo Ruffolo (org.), *Clausole "vessatorie" e "abusive"* (1997), em conjunto com diversa documentação importante.

[1332] *Vide*, com indicações, Terré/Simler/Lequette, *Droit civil/Les obligations* cit., 10.ª ed., n.º 320 (335-336), bem como *supra*, 382. Novas alterações derivaram da Lei de 4-ago.-2008.

[1333] Dieter Medicus, *Allgemeiner Teil* cit., 10.ª ed., Nr. 402a (163).

[1334] Assim, além da obra organizada por Ugo Ruffolo, *Clausole "vessatorie" e "abusive"* (1997), a obra coletiva coligida por Guido Alpa/Salvatore Patti, *Le clausole vessatorie nei contratti con i consumatori*, 2 volumes (1997), bem como Antonio Tullio, *Il contratto per adesione/Tra il diritto comune dei contratti e la novella sui contratti dei consumatori* (1997), 19 ss.

[1335] *Supra*, 395.

dos dos poderes que as leis reconhecem aos tribunais para sindicar o conteúdo dos contratos[1336].

Em compensação, pela mesma juventude, pela facilidade de análise precipitada e pelas implicações políticas imediatas que a referência à tutela do consumidor pode suscitar, as cláusulas constituem uma área de desenvolvimentos superficiais fáceis. Há que manter o sentido das realidades e a ligação umbilical ao Direito civil e à sua Ciência.

128. Direito civil europeu

I. Nas duas últimas décadas têm-se multiplicado as iniciativas, ora privadas ora oficiosas, de encontrar um texto "europeu" capaz de unificar os Direitos civis dos países que compõem a União. A tarefa é praticamente impossível, dada a diversidade linguística e as diferentes Ciências do Direito, com tradições milenárias, que dividem o Velho Continente. Também não se alcançam as vantagens de tal nivelamento: a experiência mostra a viabilidade de Estados plurilegislativos, com sistemas jurídicos diversos e que, não obstante, atingem uma total integração sócio-económica. Além disso, o Direito lusófono tem sido totalmente marginalizado, nas experiências de unificação. Mau grado estes e outros reparos[1337], os textos "unificadores" representam um esforço comparatístico interessante, assente, fundamentalmente, nos Direitos alemão, francês e inglês. Tem sempre interesse conhecê-los[1338].

II. Como primeiro texto temos os PECL ou *Principles of European Contract Law*, oriundos de uma denominada Comissão para o Direito europeu dos contratos, dirigida por Ole Lando e Hugh Beal[1339]. O texto

---

[1336] Helmut Heinrichs, *Die Entwicklung des Rechts der Allgemeinen Geschäftsbedingungen im Jahre 1998*, NJW 1999, 1596-1611.

[1337] *Tratado* I, 364 ss. e VI, 242 ss..

[1338] Phillip Hellwege, *Allgemeine Geschäftsbedingungen* cit., 370 ss., procede a uma análise de projetos unitários e unificadores, pelo prisma dos pressupostos de juridicidade das ccg; também com uma análise desse tipo: Christian Spruss, *Die Einbeziehung Allgemeiner Geschäftsbedingungen im deutschen Recht unter besonderer Berücksichtigung des europäischen Rechts und des UN-Kaufrechts* (2010), XVIII + 736 pp., 493 ss..

[1339] O texto-base é em inglês, tendo sido publicado em Haia, em 2000 (I e II) e 2003 (III); há diversas edições bilingues; p. ex., a ed. de Carlo Castronovo, *Principi di diritto europeo dei contratti*, Parte I e II (2001), com comentários e índices, e a ed. de Christian

em causa comporta um artigo 2:104, epigrafado *terms not individually negotiated*, que dispõe:

> (1) Contract terms which have not been individually negotiated may be invoked against a party who did not know of them only if the party invoking them took reasonable steps to bring them to the other party's attention before or when the contract was concluded.
> (2) Terms are not brought appropriately to a party's attention by a mere reference to them in a contract document, even if that party signs the document.

Afigura-se-nos um *minimum*: tudo se resume ao conhecimento (ou à prova dele) das cláusulas, pelo aderente. Não ocorre qualquer preocupação com o seu conteúdo.

III. Outro texto interessante é o dos PICC (*Principles of International Commercial Contracts*), da UNIDROIT[1340]. Releva o artigo 2.1.19 (*Contracting under standard terms*):

> (1) Where one party or both parties use standard terms in concluding a contract, the general rules on formation apply, subject to Articles 2.1.20-2.1.22.
> (2) Standard terms are provisions which are prepared in advance for general and repeated use by one party and which are actually used without negotiation with the other party.

Os artigos 2.1.20 e 2.1.21 dizem respeito a *surprising terms* e a *conflict between standard terms and non-standard terms*, respetivamente. Por seu turno, o 2.1.22 ocupa-se da *battle of forms*.

---

von Bar, *Grundregeln des Europäischen Vertragsrechts* I e II (2001). À Comissão pertenceu Isabel de Magalhães Collaço.
Quanto à Parte III: ela pode ser confrontada, na trad. alemã, em ZEuP 2003, 895-906; *vide* Christian von Bar, *Die "Principles of European Law"*, Teil III, ZEuP 2003, 707-713. Entre nós, *vide* Arthur Hartkamp, *The Principles of European Contract Law (Lando Commission)*, em *Um Código Civil para a Europa*, BFD 2002, 54-58.

[1340] Os PICC conheceram diversas versões: de 1994, de 2004 e de 2010, designadamente; esta última foi recomendada pela UNICTRAL, na sessão de 6 de julho de 2012.

§25.º O Direito europeu

IV. O *Acquis Group*[1341] preparou uns *Principles* onde o tema das ccg também mereceu atenção. O seu artigo 6:101: *subject matter*, apresenta algumas definições. Assim:

> (1) The following provisions apply to contract terms which have not been individually negotiated, including standard contract terms.
> (...)
> (3) Standard contract terms are terms which have been formulated in advance for several transactions involving different parties, and which have not been individually negotiated by the parties.

Seguem-se diversas regras sobre o ónus da prova e a interpretação das cláusulas. Importante, o artigo 6:301: *unfairness of terms*, considera (1) *unfair* o contrato

> (...) if it disadvantages the other party, contrary to the requirement of good faith, by creating a significant imbalance in the rights and obligations of the parties under the contract.

O artigo 6:305 compreende uma lista não vinculativa de *unfair terms*.

IV. O maior desenvolvimento sobre ccg deve-se ao DCFR de 2009[1342]. No capítulo relativo ao conteúdo e aos efeitos dos contratos, surge uma secção 4, sobre *unfair terms*. Damos um rápido quadro do seu conteúdo, através das epígrafes dos artigos que o compõem[1343]:

II. – 9:401: Mandatory nature of following provisions;
II. – 9:402: Duty of transparency in terms not individually negotiated;
II. – 9:403: Meaning of "unfair" in contracts between a business and a consumer;
II. – 9:404: Meaning of "unfair" in contracts between non-business parties;
II. – 9:405: Meaning of "unfair" in contracts between businesses;

[1341] Research Group on the Existing EC Privat Law (Acquis Group), *Principles of the Existing EC Contract Law (Acquis Principles), Contract I/Pre-contractual obligations, Conclusion of Contract, Unfair Terms* (2007), 311 pp..

[1342] *Tratado* VI, 250 ss..

[1343] Christian von Bar/Eric Clive/Hans Schulte-Nölke (ed.), *DCFR, Outline Edition* (2009), 224-228; muito material, particularmente de Direito comparado, pode ser consultado em Christian von Bar/Eric Clive, *Principles, definitons and model rules of european private law/DCFR*, Full edition 1 (2009), 628-667.

II. – 9:406: Exclusions from unfairness test;
II. – 9:407: Factors to be taken into account in assessing unfairness;
II. – 9:408: Effects of unfair terms;
II. – 9:409: Exclusive jurisdiction clauses;
II. – 9:410: Terms which are presumed to be unfair in contracts between a business and a consumer.

Como se vê, o DCFR é o texto "europeu" que mais longe leva a matéria das ccg. No essencial, ele continua virado para os consumidores, embora não se atenha a eles.

V. Nas relatadas tentativas, afigura-se-nos patente um balanceamento entre os vetores seguintes, todos reportados às ccg:

– um problema de consenso efetivo, com vista à sua inclusão no contrato;
– um tema de defesa do consumidor;
– uma questão de justiça contratual.

Em qualquer dos casos, faltam disposições processuais, isto é: mecanismos internos que permitam um controlo efetivo da problemática substantiva em jogo. E falha uma Ciência jurídica coesa, capaz de proceder às tarefas de concretização. Apesar do manifesto interesse comparatístico dos textos referidos, a matéria das ccg está dependente da globalidade do sistema jurídico nacional a que pertença.

§ 26.º A EXPERIÊNCIA LUSÓFONA

129. Origens

I. No espaço lusófono, as ccg foram praticadas desde o século XIV, designadamente aquando da conclusão de contratos de transporte marítimo e de seguros[1344]. Todavia, não constituíam, ainda, um problema normativo autónomo.

Referências doutrinárias expressas às ccg, então designadas "contratos de adesão", por influência francesa, surgiram nos princípios do século XX.

II. José Tavares (1873-1938) introduz, entre nós, os referidos "contratos de adesão"[1345]. Define-os como:

(...) os contratos em que uma das partes, em virtude da sua desigualdade económica, se vê forçada a aceitar as condições impostas pela outra parte.

Como exemplos, o Autor dá os do contrato individual de trabalho, do contrato de seguro e dos contratos de serviços públicos (água, gás, eletricidade). Com base em transcrições de Colin e Capitant, José Tavares considera-os, apesar de tudo, como verdadeiros contratos, embora recomendando que o legislador proíba o emprego de cláusulas perniciosas. Além disso, rebate Pacchioni, quando este defende regras especiais de interpretação. Como se vê, não são isoladas (embora se pressuponham) as características da pré-formulação e da generalidade.

[1344] Quanto aos seguros, nos reinados de D. Dinis e de D. Fernando, vide o *Direito dos seguros*, 75 ss..

[1345] José Maria Joaquim Tavares, *Os princípios fundamentais do Direito civil*, I – *Teoria geral do Direito civil*, 2.ª ed. (1929), n.º 155 (444-446); o texto em causa surgia já em *Os princípios fundamentais do Direito civil*, 1.ª ed., I (1922), n.º 89 (433-435).

Com mais elementos, o tema é retomado por Luiz da Cunha Gonçalves (1875-1956)[1346]. O ilustre civilista, citando doutrina francesa (Saleilles, Dollat, Dereux, Pichon, Hauriou e Demogue), italiana (Carrara) e espanhola (Valverde), apresenta os "contratos de adesão" também como "imposições", feitas por entidades de grande porte e que os particulares podem, apenas, aceitar ou rejeitar. Apresenta, depois, uma descrição de tais contratos, mas também sem um esclarecimento dogmático.

Inocêncio Galvão Telles (1917-2010), logo na 1.ª edição do seu *Dos contratos em geral*, dedica páginas importantes aos "contratos de adesão" [1347]. Defende a sua natureza contratual e aponta os seus perigos. Recomenda, para os esconjurar, soluções legislativas de tipo preventivo, sobretudo nos sectores da banca e dos seguros[1348].

José Hermano Saraiva (1919-2012) preocupa-se com a definição de contrato, a qual estaria desatualizada perante as figuras dos contratos de adesão, dos contratos-tipo, dos contratos normativos e dos contratos a favor de terceiro[1349]. Transcrevendo Inocêncio Galvão Telles, o Autor apresenta os contratos de adesão, que passa a desenvolver[1350]. Perante o Código de Seabra então vigente, cujo artigo 643.º exigia, para o contrato, o mútuo consentimento, Hermano Saraiva entende que os contratos de adesão não seriam verdadeiros contratos[1351]. O Autor trabalha com uma noção restrita de contrato: mas as suas considerações são relevantes.

III. Adriano Vaz Serra (1903-1989), no âmbito da preparação do Código Civil de 1966, procede a uma exposição geral sobre ccg: na base das doutrinas francesa, alemã e italiana[1352]. As grandes categorias aí em jogo foram explicitadas. Chegou, mesmo, a propor o seguinte articulado[1353]:

[1346] Luiz da Cunha Gonçalves, *Tratado de Direito civil* 4 (1931), n.º 152 (276-279).

[1347] Inocêncio Galvão Telles, *Dos contratos em geral*, 1.ª ed. (1947), n.º 183 (337-340); o Autor não cita, aí, qualquer bibliografia. Já na 3.ª ed. (1965), Galvão Telles enriquece o texto com diversos autores franceses e italianos; vide *Dos contratos em geral* cit., 3.ª ed. (1965), n.º 204 (407-410).

[1348] *Idem*, 1.ª ed., 339 e 3.ª ed., 410.

[1349] José Hermano Saraiva, *A definição legal do contrato*, ROA 9 (1949), 1 e 2, 149-167 (151).

[1350] *Idem*, 157 ss..

[1351] *Idem*, 158-166.

[1352] Adriano Vaz Serra, *Fontes das obrigações/O contrato e o negócio jurídico unilateral como fontes de obrigações*, BMJ 77 (1958), 127-217 (162-190).

[1353] *Idem*, 189-190.

1. Nenhuma entidade, com monopólio de direito, pode, para a prestação de serviços ou de coisas de utilidade pública, usar cláusulas gerais impostas aos seus clientes sem aprovação da Administração a qual deve, nessa actividade, procurar uma equilibrada conciliação dos interesses das duas partes. A lei pode sujeitar à mesma aprovação as cláusulas gerais das entidades com monopólio de facto ou com poder económico preponderante.

2. São eficazes em relação ao outro contraente apenas as cláusulas gerais que este, ao contratar, conhecia ou devia conhecer com a diligência a que era obrigado.

3. Se um contrato for celebrado mediante a subscrição de formulários estabelecidos para a regulação uniforme de relações do mesmo tipo, prevalecem sobre as cláusulas do formulário as acrescentadas a este, quando incompatíveis com as primeiras, ainda que estas não sejam canceladas.

4. Nas hipóteses dos parágrafos anteriores, só são eficazes em relação ao outro contraente se ele as aprovar por escrito com referência especificada a cada uma delas, as cláusulas de exclusão ou limitação de responsabilidade do seu autor, as que lhe conferem direitos de resolução ou suspensão do contrato, as que estabelecem, contra o outro contraente, caducidades, exclusão ou limitação do direito de opor meios de defesa, exclusão ou limitação da liberdade contratual nas irelações com terceiros, renovação ou prorrogação tácita do contrato, cláusulas compromissórias ou de modificação de competência judiciária. A doutrina deste parágrafo é aplicável mesmo que as cláusulas se encontrem noutros locais, para que o contrato remeta.

5. A enumeração do parágrafo antecedente não é susceptível de extensão por analogia, mas a entidade, a quem couber a aprovação prévia das cláusulas gerais, pode ampliar o disposto nesse parágrafo a cláusulas análogas às previstas nele, mediante a inserção nas ditas cláusulas gerais de uma declaração nesse sentido.

6. As disposições dos parágrafos anteriores não excluem a aplicação de outras de que derive a nulidade das cláusulas. O juiz pode, se as cláusulas forem contrárias à boa-fé e as circunstâncias o aconselharem, modificar as referidas cláusulas, de modo a pô-las de acordo com a boa-fé.

7. A interpretação destas cláusulas deve fazer-se de maneira unitária em todas as hipóteses a que forem aplicáveis e, em caso de ambiguidade, contra o autor delas.

Este preceito surgia, depois, no anteprojeto relativo ao Direito das obrigações: artigo 609.º, epigrafado cláusulas gerais. Todavia, não sobreviveu às revisões ministeriais. Logo na 1.ª, Antunes Varela suprimiu qualquer referência às ccg, mantendo depois, em obras subsequentes ao Código, uma postura contrária à sua consagração em lei.

IV. Já sob o Código Civil, as ccg obtinham pequenas referências em obras gerais[1354]. Um estudo mais extenso foi-lhes consagrado por Carlos Mota Pinto[1355].

O aparecimento da Lei alemã de 1976 conduziu a um interesse acrescido pelo fenómeno das ccg. Surgiram exposições já assentes na doutrina de Além-Reno[1356].

130. Angola

I. Angola conhece um surto de desenvolvimento muito pronunciado, mormente após o restabelecimento da paz civil. Assim, decidiu dotar-se, através da Lei n.º 4/03, de 18 de fevereiro, de uma Lei sobre as Cláusulas Gerais dos Contratos[1357].

Cumpre reter o seu preâmbulo:

O n.º 1 do artigo 405.º do Código Civil consagra a liberdade contratual, reconhecendo às partes, dentro dos limites da lei, o direito de celebrarem os contratos que entenderem, a fixar livremente o conteúdo dos contratos e a incluir, nos contratos que celebrarem, as cláusulas que entenderem.

Os contratos de adesão ou contratos standard tornaram-se, assim, hoje, uma realidade com vantagens incontestáveis. Contudo, é indispensável impor regras que, entre outros, evitem que a parte mais forte obtenha vantagens à custa de restrições, despesas, encargos ou prejuízos menos razoáveis ou iníquos para os aderentes.

É neste contexto que surge a necessidade de, sem prejuízo do princípio da liberdade contratual, estabelecer regras gerais aplicáveis aos contratos, que possam constituir, de facto, instrumentos que – protegendo a parte mais fraca, menos atenta, menos preparada – permitindo a implantação de uma maior liberdade e igualdade.

[1354] Assim, João de Castro Mendes, *Direito civil (teoria geral)* 3 (1968), 299.

[1355] Assim, Carlos Mota Pinto, *Contratos de adesão/Uma manifestação jurídica da moderna vida económica*, RDES XX (1973), 119-148; também deste Autor, *Direito das obrigações* 1 (1973), 96 ss..

[1356] Os nossos *Direito das obrigações* (1978, polic.), 193-228 e *Direito das obrigações* 1 (1979), 96-113, bem como Mário Júlio de Almeida Costa, *Direito das obrigações*, 4.ª ed. (1982), 183, em nota, embora com apenas uma curta referência; na 3.ª ed. (1979), 196-207, o AGBG alemão, de 1976, ainda não vinha referido.

[1357] DR (Ang) I, n.º 13, de 18 de fevereiro de 2003, 261-267. Vide Carlos Maria Feijó, *O novo Direito da economia de Angola* (2005), 269-283.

É necessário estabelecer regras gerais imperativas, aplicáveis aos contratos que visam coibir que um dos contratantes pela sua posição mais favorável, imponha a outra a sua vontade, bem como estabelecer medidas que corrijam ou compensem a inferioridade económica ou circunstancial de uma das partes, dando possibilidades de restauração de equilíbrio de forças.

Nestes termos, ao abrigo da alínea b) do artigo 88.º da Lei Constitucional, a Assembleia Nacional aprova a seguinte: (...)

II. A Lei angolana é de tipo germânico. Segue, com particularidades próprias, o modelo alemão de 1976, retomado pelo português, de 1985.

III. A Lei angolana abrange 33 artigos, arrumados em cinco capítulos:

I – Disposições gerais (1.º a 7.º);
II – Cláusulas proibidas:
   Secção I – Disposições comuns (8.º);
   Secção II – Relações entre comerciante e/ou entidades equiparadas (9.º a 11.º);
   Secção III – Relações com consumidores finais (12.º a 14.º);
   Secção IV – Consequências da utilização de cláusulas proibidas (15.º e 16.º);
III – Disposições processuais (17.º a 28.º);
IV – Normas de conflitos (29.º e 30.º);
V – Disposições finais e transitórias (31.º a 33.º).

O diploma aplica-se a ccg (1.º/1) e a contratos pré-formulados (1.º/5), com as necessárias adaptações. Ficam de fora as cláusulas aprovadas por lei, as cláusulas que resultem de acordos, tratados ou convenções internacionais a que Angola tenha aderido, os contratos submetidos ao Direito público e quaisquer outros, pela lei ou por sua natureza, designadamente no âmbito da família ou das sucessões (1.º/6). As cláusulas incluem-se nos contratos singulares pela aceitação (2.º), ficando consignados os deveres de comunicação e de informação (3.º). A lei ocupa-se de cláusulas prevalentes (4.º) e das excluídas dos contratos (5.º). Fixam-se regras de interpretação e de integração (6.º), particularmente quanto a cláusulas ambíguas (7.º).

III. O artigo 8.º fixa o princípio geral relativo a cláusulas proibidas: o da sua nulidade, quanto contrárias à boa-fé. O mesmo preceito manda, para o efeito, atender aos pontos seguintes:

a) à confiança suscitada nos contraentes;
b) às prestações de cada contraente;
c) ao objeto que os contraentes visam atingir.

Seguem-se, depois, as proibições: distinguindo relações entre comerciantes e/ou entidades equiparadas e relações com consumidores finais. Em ambos os casos, temos cláusulas absoluta e relativamente proibidas, de acordo com o modelo alemão.

As cláusulas proibidas são nulas (15.º), sem prejuízo da subsistência dos contratos, em outros moldes (16.º). A nulidade pode ser declarada nos termos gerais (17.º), havendo ainda lugar para a ação inibitória (18.º a 28.º).

131. Brasil

I. No Direito brasileiro, a matéria das ccg foi penetrando, nos tratadistas do Direito dos contratos, sob a designação tradicional francesa de "contrato de adesão".

O legislador acolheu-a no Código de Defesa do Consumidor, adotado pela Lei n.º 8078/1990, de 11 de setembro. Também nesta opção é possível apontar uma influência gaulesa, fortemente impulsionada por uma vigorosa e jovem escola de Direito do consumo.

II. O Código de Defesa do Consumidor distingue entre cláusulas abusivas e contratos de adesão.

Quanto a cláusulas abusivas, o artigo 51.º entra em pleno, na matéria, dispondo simplesmente:

> São nulas de pleno direito, entre outras, as cláusulas contratuais relativas ao fornecimento de produtos e serviços que:
> I – impossibilitem, exonerem ou atenuem a responsabilidade do fornecedor por vícios de qualquer natureza dos produtos e serviços ou impliquem renúncia ou disposição de direitos. Nas relações de consumo entre o fornecedor e o consumidor pessoa jurídica, a indenização poderá ser limitada, em situações justificáveis;
> II – subtraiam ao consumidor a opção de reembolso da quantia já paga, nos casos previstos neste código;
> III – transfiram responsabilidades a terceiros;

IV – estabeleçam obrigações consideradas iníquas, abusivas, que coloquem o consumidor em desvantagem exagerada, ou sejam incompatíveis com a boa-fé ou a eqüidade;

V – (Vetado);

VI – estabeleçam inversão do ônus da prova em prejuízo do consumidor;

VII – determinem a utilização compulsória de arbitragem;

VIII – imponham representante para concluir ou realizar outro negócio jurídico pelo consumidor;

IX – deixem ao fornecedor a opção de concluir ou não o contrato, embora obrigando o consumidor;

X – permitam ao fornecedor, direta ou indiretamente, variação do preço de maneira unilateral;

XI – autorizem o fornecedor a cancelar o contrato unilateralmente, sem que igual direito seja conferido ao consumidor;

XII – obriguem o consumidor a ressarcir os custos de cobrança de sua obrigação, sem que igual direito lhe seja conferido contra o fornecedor;

XIII – autorizem o fornecedor a modificar unilateralmente o conteúdo ou a qualidade do contrato, após sua celebração;

XIV – infrinjam ou possibilitem a violação de normas ambientais;

XV – estejam em desacordo com o sistema de proteção ao consumidor;

XVI – possibilitem a renúncia do direito de indenização por benfeitorias necessárias.

§ 1.º Presume-se exagerada, entre outros casos, a vantagem que:

I – ofende os princípios fundamentais do sistema jurídico a que pertence;

II – restringe direitos ou obrigações fundamentais inerentes à natureza do contrato, de tal modo a ameaçar seu objeto ou equilíbrio contratual;

III – se mostra excessivamente onerosa para o consumidor, considerando-se a natureza e conteúdo do contrato, o interesse das partes e outras circunstâncias peculiares ao caso.

§ 2.º A nulidade de uma cláusula contratual abusiva não invalida o contrato, exceto quando de sua ausência, apesar dos esforços de integração, decorrer ônus excessivo a qualquer das partes.

§ 3.º (Vetado).

§ 4.º É facultado a qualquer consumidor ou entidade que o represente requerer ao Ministério Público que ajuíze a competente ação para ser declarada a nulidade de cláusula contratual que contrarie o disposto neste código ou de qualquer forma não assegure o justo equilíbrio entre direitos e obrigações das partes.

III. O contrato de adesão surge no artigo 54.º do Código de Defesa do Consumidor. Dispõe:

> Contrato de adesão é aquele cujas cláusulas tenham sido aprovadas pela autoridade competente ou estabelecidas unilateralmente pelo fornecedor de produtos ou serviços, sem que o consumidor possa discutir ou modificar substancialmente seu conteúdo.
> § 1.º A inserção de cláusula no formulário não desfigura a natureza de adesão do contrato.
> § 2.º Nos contratos de adesão admite-se cláusula resolutória, desde que a alternativa, cabendo a escolha ao consumidor, ressalvando-se o disposto no § 2.º do artigo anterior.
> § 3.º Os contratos de adesão escritos serão redigidos em termos claros e com caracteres ostensivos e legíveis, cujo tamanho da fonte não será inferior ao corpo doze, de modo a facilitar sua compreensão pelo consumidor.
> § 4.º As cláusulas que implicarem limitação de direito do consumidor deverão ser redigidas com destaque, permitindo sua imediata e fácil compreensão.

IV. Previam-se sanções administrativas. A dogmática brasileira tem uma produção interessante, sobre o tema das ccg[1358], com um especial relevo para a obra da Professora Cláudia Lima Marques[1359]. Afigura-se-nos decisivo que recupere as suas raízes romano-germânicas, aprofundando a produção nessa linha: sem prejudicar, naturalmente, o desenvolvimento já obtido, em prol do consumidor.

132. Moçambique

I. O Direito moçambicano deu, às ccg, um tratamento diverso. Desde logo, a matéria foi inserida no Código Comercial, aprovado pelo

---

[1358] Acessíveis na Net: Bernardo Brasil Campinho, *Cláusulas contratuais gerais e contrato de adesão como técnica e metódica das relações privadas na sociedade contemporânea* (s/d); João Paulo Capelotti, *Contratos de adesão e condições contratuais gerais* (s/d); Rogério Zuel Gomes, *A nova ordem contratual: pós-modernidade, contratos de adesão, condições gerais de contratação, contratos relacionais e redes contratuais*, Revista de Direito do Consumidor, n.º 58 (2006).

[1359] Cláudia Lima Marques, *Contratos no Código de Defesa do Consumidor/O novo regime das relações contratuais*, 6.ª ed. (2011), 1433 pp., 84 ss..

§ 26.º A experiência lusófona   417

Decreto-Lei n.º 2/2005, de 27 de dezembro[1360]. Aí, temos um livro terceiro, sobre contratos e obrigações mercantis. Após um capítulo I, sobre disposições gerais (458.º a 466.º), surge um II, intitulado cláusulas de contratos (467.º a 476.º). Desdobra-se esse capítulo por duas secções: a 1.ª, sobre contratos e a 2.ª, sobre contratos de adesão.

II. Logo a propósito dos contratos, surgem regras habituais nas ccg, com relevo para a comunicação das cláusulas (468.º) e para a prestação de informações (469.º). A violação dessas regras envolve a não inserção nos contratos (470.º), enquanto o artigo 471.º enumera cláusulas abusivas. Nos termos seguintes:

Artigo 471.º
(**Cláusulas contratuais abusivas**)

São consideradas abusivas e proibidas, dentre outras, as *cláusulas* contratuais que:

a) excluam ou limitem, de modo directo ou indirecto, a responsabilidade por danos causados à vida, à integridade moral ou física ou à saúde das pessoas, ainda que seja mediante a fixação de cláusula penal;

b) excluam ou limitem, de modo directo ou indirecto, a responsabilidade por danos patrimoniais extracontratuais, causados na esfera da contraparte ou de terceiros;

c) excluam ou limitem, de modo directo ou indirecto, a responsabilidade por não cumprimento definitivo, mora ou cumprimento defeituoso, em caso de dolo ou de culpa grave;

d) excluam ou limitem, de modo directo ou indirecto, a responsabilidade por actos de representantes ou auxiliares, em caso de dolo ou de culpa;

e) fixem em favor do proponente direito à indemnização, cujo montante exceda o valor do dano real;

f) privem o aderente de provar a inexistência de dano ou a diminuição do seu valor, em relação àqueles que tenham sido fixados pelo proponente;

g) estabeleçam multa nos casos de mora decorrente de inadimplemento de obrigação superior a dez por cento do valor da prestação;

[1360] Alterado pelo Decreto-Lei n.º 2/2009, de 24 de abril: DR (Moç) n.º 16 (supl.), de 24-abr.-2009, 86-(23)-86-(26).

h) confiram, de modo directo ou indirecto, a quem as predisponha, a faculdade exclusiva de interpretar qualquer cláusula do contrato;
i) excluam a excepção de não cumprimento do contrato ou a proibição da sua resolução por não cumprimento;
j) excluam ou limitem o direito de retenção do aderente e o de obter indemnização por benfeitorias necessárias;
l) excluam a faculdade de compensação, quando admitida na lei;
m) modifiquem os critérios de repartição do ónus da prova, restrinjam a utilização de meios probatórios legalmente admitidos ou imponham ao destinatário o ónus da prova relativo às circunstâncias próprias da esfera de responsabilidade do proponente;
n) estabeleçam a exclusão do direito de garantia quanto à idoneidade do produto no que se refere à sua substituição ou eliminação de defeitos, ou que fixem a condição de prévia adopção de medida judicial contra terceiros;
o) estabeleçam obrigações consideradas iníquas, abusivas, que coloquem o contratante em desvantagem exagerada ou sejam incompatíveis com os princípios da boa-fé e da equidade;
p) infrinjam ou possibilitem a violação de normas ambientais;
q) estejam em desacordo com o sistema de protecção ao consumidor.

Curiosamente, estas proibições funcionam perante contratos comerciais, independentemente de serem concluídos com recurso a ccg.

Os artigos 472.º e 473.º ocupam-se da preservação da relação contratual, possível no tocante à parte não afetada, e da nulidade do contrato, quando a preservação não seja possível, respetivamente.

III. O artigo 474.º, epigrafado "condições gerais nos contratos de adesão", dispõe:

1. As condições gerais dos contratos, correspondentes às estipulações de conteúdo predisposto, quando elaboradas por uma das partes, sem negociação individual, para efeito de celebração de um número indeterminado de contratos, são regidas pelo disposto neste capítulo.

2. Para os efeitos do disposto neste artigo, as condições gerais do contrato podem integrar, formalmente, o instrumento contratual predisposto ou constar de documento dele apartado.

3. Havendo negociação de cláusula especial que contrarie cláusula constante das condições gerais, prevalece a cláusula especial.

4. O ónus da prova de que uma cláusula contratual resultou de negociação prévia entre as partes recai sobre quem pretenda prevalecer-se do seu conteúdo.

Aparentemente, o tema é retomado para efeitos de aplicação das regras já antes definidas, regras essas que parecem funcionar para todos os contratos. O legislador moçambicano colheu alguma inspiração no Código de Defesa do Consumidor brasileiro, de 1990. Todavia, esse Código era limitado a contratos celebrados com consumidores, não se alargando, em geral, a todos os contratos comerciais.

IV. É de esperar que, em futura revisão do Código Comercial de Moçambique, este esquema seja revisto. De facto, ele penaliza muito fortemente as empresas moçambicanas, uma vez que se lhes aplica um regime universalmente pensado, apenas, para ccg e, em especial, quando dirigidas a consumidores.

De todo o modo, temos, aqui, mais uma concretização lusófona do Direito sobre ccg.

§ 27.º O REGIME GERAL

133. O Decreto-Lei n.º 446/85; aspetos gerais

I. O Decreto-Lei n.º 446/85, de 25 de outubro, aprovou o regime das cláusulas contratuais gerais[1361] [1362]. O diploma será referido pela sua sigla LCCG. Trata-se de um diploma muito divulgado, com uma literatura apreciável[1363] e que tem sido objeto de aplicação jurisdicional significativa.

[1361] O circunstancialismo objetivo que rodeou a preparação dessa lei consta do preâmbulo do diploma; elementos subjetivos podem ser confrontados na *nota prévia* de Almeida Costa em Almeida Costa/Menezes Cordeiro, *Cláusulas contratuais gerais/Anotação ao Decreto-Lei n.º 446/85, de 25 de Outubro* (1986, com sucessivas reimpressões, até 1994); este comentário é atualizado por Almeida Costa, *Nótula sobre o regime das cláusulas contratuais gerais após a revisão do diploma que instituiu a sua disciplina*, separata de DJ, 1997. Refiram-se, ainda, Ana Prata, *Contratos de adesão e cláusulas contratuais gerais/Anotação ao Decreto-Lei n.º 446/85, de 25 de outubro* (2010), 672 pp. e Ana Filipa Morais Antunes, *Comentário à Lei das Cláusulas Contratuais Gerais/Decreto-Lei n.º 446/85, de 25 de outubro* (2013), 530 pp..

[1362] O Decreto-Lei n.º 446/85, de 25 de outubro, foi alterado pelos Decretos-Leis n.º 220/95, de 31 de agosto e n.º 249/99, de 7 de julho, para acolher a Diretriz n.º 93/13. Referiremos estas alterações a propósito da tutela do consumidor.

[1363] Para além das obras citadas na penúltima nota, podem referenciar-se, como reportando-se ao diploma: Raúl Ventura, *Convenção de arbitragem e cláusulas contratuais gerais*, ROA 46 (1986), 5-48; Antunes Varela, *Das obrigações em geral*, 10.ª ed. cit, 260 ss.; António Pinto Monteiro, *Contratos de adesão. O regime jurídico das cláusulas contratuais gerais, instituído pelo D.L. n.º 446/85, de 25 de Outubro*, ROA 46 (1986), 733-769; Erik Jayme, *Das portugiesische AGB-Gesetz von 1985 – Sachnormen und Internationales Privatrecht*, IPRax 1987, 44-45; D. Mallmann, *Die Regelung der Allgemeinen Geschäftsbedingungen in Portugal*, RIW/BB 1987, 111-114; esta última obra foi manifestamente escrita sem contactos com a anterior e com um limitado conhecimento da doutrina específica portuguesa; Inocêncio Galvão Telles, *Direito das Obrigações*, 7.ª ed. (1997), 75-76; Ribeiro de Faria, *Direito das obrigações* (1987), 206-211; Miguel Pedrosa Machado, *Sobre cláusulas contratuais e conceito de risco*, separata da RFDUL (1988); Joaquim de Sousa Ribeiro, *O problema do contrato/As cláusulas contratuais gerais e o princípio da liber-

Podemos considerar que a sua introdução, no ordenamento jurídico português, foi útil e ultrapassou as expectativas existentes, aquando da sua preparação e aprovação.

II. A feitura do Decreto-Lei n.º 446/85 obedeceu, em traços largos, a algumas opções prévias, que passamos a enunciar. Assim:

– o tema das cláusulas contratuais gerais carecia, em Portugal, de uma intervenção legislativa cuidada: desde a industrialização que as cláusulas se haviam generalizado, com todos os problemas que isso sempre acarreta, sem que o legislador civil de 1966 regulasse, no mínimo, o fenómeno e sem que, da parte da jurisprudência, se observasse a produção de um corpo de decisões capazes de dar uma resposta; a doutrina era praticamente unânime nesse sentido[1364], numa posição confirmada pelo Direito comparado e por recomendações de organismos internacionais;
– a intervenção a realizar tinha de assumir uma base doutrinária; ao contrário de experiências estrangeiras, que procederam a uma modificação legislativa da jurisprudência anterior, esta faltava, entre nós;
– a intervenção legislativa procuraria concretizar os grandes princípios civis já existentes mas que, por vacuidade ou indeterminação, não impulsionavam a jurisprudência; essa concretização poderia ser máxima quando se tratasse de fixar proibições absolutas; mas ela teria de ser mais comedida perante proibições dependentes de valorações, a efetivar na decisão concreta;

---

dade contratual (1999), 714 pp.; Carvalho Fernandes, *Teoria geral do Direito civil* cit., 2, 5.ª ed., 106-120; Ferreira de Almeida, *Texto e enunciado* cit., 2, 877 ss. e *Contratos* cit., 1, 5.ª ed., 167 ss.; Almeno de Sá, *Cláusulas contratuais gerais e Directiva sobre cláusulas abusivas*, 2.ª ed. (2001); Luís Menezes Leitão, *Direito das obrigações* cit., 1, 10.ª ed., 30 ss.; António Pinto Monteiro, *O novo regime jurídico dos contratos de adesão/Cláusulas contratuais gerais*, ROA 62 (2002), 111-142; outras indicações podem ser confrontadas em Mário Júlio de Almeida Costa, *Direito das obrigações*, 12.ª ed. (2009), 258-260.

[1364] *Vide*, no entanto, Antunes Varela, *Das obrigações* cit., 4.ª ed. (1982), 236 ss., que parecia renitente e que, em consonância, viria mais tarde (na 5.ª ed. e nas edições subsequentes), criticar a lei portuguesa; recordamos (*supra*, 411) que este ilustre Autor optou por, na 1.ª revisão ministerial, retirar, do projeto de Código Civil, a referência às ccg, antes proposta por Vaz Serra.

– a intervenção não seria incluída no Código Civil, antes se articulando como um diploma extravagante; por conseguinte, ela teria de apresentar uma estruturação completa, minimamente harmoniosa, tanto mais que ela não tem natureza meramente civil;
– a intervenção legislativa teria o cuidado de não proceder a opções doutrinárias mas, apenas, de elaborar preceitos tão claros quanto possível;
– a intervenção legislativa procuraria colher os ensinamentos da experiência, conjugando uma fiscalização singular com uma fiscalização preventiva.

Houve, efetivamente, uma influência da Lei alemã de 1976[1365], embora temperada pela doutrina e pela jurisprudência já existentes, o que permitiu nítidos avanços.

III. A LCCG de 1985 não se limita a proteger consumidores: ela visa todos os utilizadores de ccg. Todavia, ela dispensa, aos consumidores, um cuidado especial: prevê, para eles, uma lista mais extensa de proibições. Antecipou, em larga medida, o dispositivo europeu que iria a ser aprovado pela Diretriz 93/13.

No tocante à técnica de proibições, a LCCG articulou uma cláusula geral assente, como se impunha, na boa-fé, com múltiplas proibições específicas.

Finalmente, ela associou a nulidade de cláusulas contrárias à lei, a invocar em cada caso, com um sistema geral de ações inibitórias, destinadas a proibir, em geral, aquelas que, independentemente da inclusão em contratos concretos, se mostrem contrárias ao sistema.

134. Âmbito e exclusões

I. A lei das ccg visou uma aplicação de princípio a todas as cláusulas – artigo 1.º/1: o artigo 2.º especifica que elas ficam abrangidas independentemente:

[1365] *Vide* STJ 6-fev.-1997 (Miranda Gusmão), CJ/Supremo V (1997) 1, 99-102 (101/I) e STJ 5-nov.-1997 (Miranda Gusmão), CJ/Supremo V (1997) 3, 120-125 (123-124).

– da forma da sua comunicação ao público; tanto se visam os formulários como, por exemplo, uma tabuleta de aviso ao público;
– da extensão que assumam ou que venham a apresentar, nos contratos a que se destinem;
– do conteúdo que as enforme, isto é, da matéria que venham regular;
– de terem sido elaboradas pelo proponente, pelo destinatário ou por terceiros.

A exigência da falta de prévia negociação é um elemento necessário e autónomo, que deve ser invocado e demonstrado[1366].

II. Algumas matérias ficariam, no entanto, necessariamente excluídas da disciplina das ccg, seja por razões formais – artigo 3.º/1, alíneas *a*) e *b*) – seja em função da matéria – artigo 3.º/1, alíneas *c*), *d*) e *e*), na versão aprovada pelo Decreto-Lei n.º 220/95, de 31 de agosto.

O diploma sobre ccg funciona perante situações patrimoniais privadas que tenham a ver, de modo vincado, com o fenómeno da circulação dos bens e dos serviços. Retiraram-se, por isso, do seu âmbito de aplicação, as situações jurídicas públicas, bem como as situações familiares e sucessórias; as regulamentações coletivas do trabalho[1367], por seu turno, que representam já, por si, uma particular proteção dos trabalhadores, foram respeitadas. Veremos, abaixo, os limites desta exclusão.

A exceção do artigo 3.º/1, *c*) "Contratos submetidos a normas de direito público" deve ser limitada ao preciso alcance dessas normas: um contrato que tenha aspetos públicos e privados incorrerá, nestes últimos, na LCCG.

III. A exceção do artigo 3.º/2, *e*) "Cláusulas de instrumentos de regulamentação coletiva de trabalho" não tinha por efeito o remover a LCCG, em absoluto, do Direito do trabalho; garante apenas que os níveis laborais coletivos não sejam limitados pelo dispositivo da LCCG. Na margem deixada em branco pelos aludidos instrumentos laborais coletivos, na qual seja, pois, operante o recurso a cláusulas contratuais gerais, tinha aplicação

---

[1366] Assim: RLx 9-mai.-1996 (Ferreira Girão), CJ XXI (1996) 3, 84-86 (86/I): tratou-se de um contrato de arrendamento celebrado com recurso a um impresso preparado por uma associação de proprietários: só esse fator é insuficiente, uma vez que não se invocou a ausência de prévias negociações.

[1367] No essencial, as convenções coletivas de trabalho e portanto: convénios celebrados entre associações sindicais e patronais e que visam, nos termos da lei, regular múltiplos aspetos das situações jurídicas de trabalho.

a LCCG, dentro do sistema das fontes laborais[1368]. Esta opção doutrinária foi confirmada pelo artigo 105.º do Código do Trabalho que, sob a epígrafe "cláusulas contratuais gerais", veio dispor[1369]:

> O regime das cláusulas contratuais gerais aplica-se aos aspetos essenciais do contrato de trabalho que não resultem de prévia negociação específica, mesmo na parte em que o seu conteúdo se determine por remissão para cláusulas de instrumento de regulamentação coletiva de trabalho.

Finalmente, deve ter-se em conta que a LCCG, quando não tenha aplicação, vale como instrumento auxiliar de aplicação, muito útil sobretudo para concretizar conceitos indeterminados, como o da boa-fé. Esta tem sempre aplicação assegurada em todo o ordenamento.

IV. Na sua redação primitiva, a LCCG continha um artigo 3.º/1, c), segundo o qual ele não se aplicaria a cláusulas impostas ou expressamente aprovadas por entidades públicas com competência para limitar a autonomia privada.

Na altura, sustentámos a necessidade de interpretar restritivamente este preceito: dada a tendência para fazer aprovar numerosos modelos contratuais por entidades com poderes de supervisão, áreas inteiras de cláusulas ficariam sem controlo[1370]. Não obstante, diversa jurisprudência veio, com base neste preceito, excluir a aplicação da LCCG do sector dos seguros[1371], numa orientação já corrigida[1372]. Em compensação, os tribunais não excluíram a sindicância sobre contratos bancários cujos modelos

---

[1368] *Manual de Direito do Trabalho*, 570 ss.. *Vide* uma aplicação deste postulado em RPt 17-jun.-2002 (Sousa Peixoto), CJ XXVII (2002) 3, 236-238 (237/II).

[1369] *Vide* Pedro Romano Martinez, *Código do Trabalho Anotado*, 9.ª ed. (2013), 288-290.

[1370] *Vide* o nosso *Teoria geral do Direito civil*, 2, 2.ª ed. (1990), 40 ss..

[1371] Assim: RPt 30-jul.-1987 (Aragão Seia), CJ XII (1987) 4, 226-229 (um "tiro" projetou uma pedra numa distância de 500 m., atingindo, através de uma janela, uma criança de 12 anos, deitada na cama, a qual ficou ferida com gravidade e com sequelas permanentes; a seguradora fez valer uma cláusula de exoneração por danos morais); STJ 20-abr.-1993 (Martins da Costa), BMJ 426 (1993), 483-489; STJ 22-jun.-1993 (Martins da Costa), CJ/Supremo I (1993), 164-166 (165/II); RLx 8-fev.-1996 (Santos Bernardino), CJ XXI (1996) 1, 114-116 (todos relativos ao seguro de colheita); RPt 30-jan.-1997 (Saleiro de Abreu), CJ XXII (1997) 1, 224-226 (também referente a apólices aprovadas pelo ISP).

[1372] STJ 8-mar.-2001 (Oliveira Barros), CJ/Supremo IX (2001) 1, 154-159 (157/II) e STJ 7-out.-2010 (Serra Baptista), Proc. 1583/106.7.

haviam sido aprovados pelo Banco de Portugal[1373]. A LCCG aplica-se a cgs, mesmo quando estas se limitem a transcrever apólices uniformes aprovadas pelo Governo[1374]: tais apólices não são leis.

Também já se entendeu que a LCCG não se aplicaria a negócios unilaterais e, mais precisamente, a concursos públicos[1375]. A afirmação não pode, todavia, ser feita com generalidade apriorística. A LCCG nada tem de excecional, antes correspondendo a uma concretização dos princípios gerais. Assim, caso a caso haverá que ponderar se, por analogia, as regras da LCCG são aplicáveis a negócios unilaterais[1376]. Ora a analogia parece impor-se nos casos em que – como precisamente sucede nos concursos públicos – os particulares adiram a negócios unilaterais e, nessa base, façam investimentos de confiança, agindo em consequência. Mesmo para além desses casos: a pessoa que, com base em ccg, formule um negócio unilateral deve, sempre, ser protegida[1377].

V. Finalmente, chamamos a atenção para o facto de a LCCG não excluir, do seu âmbito, as prestações principais, eventualmente em jogo, no contrato.

O problema foi suscitado pelo § 8 da lei alemã – hoje: § 307 (3) do BGB[1378] – segundo o qual as diversas proibições nela contidas só se aplicam a cláusulas gerais que afastem preceitos jurídicos ou que os complementem. Consequentemente, ficarão fora do controlo o tipo, o objeto, o âmbito, a quantidade e a qualidade da prestação principal, uma vez que nunca são determinadas por lei mas, apenas, pelas partes[1379]. A própria relação de equivalência fica fora do controlo[1380]: apenas o mercado e as partes a podem definir. Tudo isso, porém, com uma série de delimitações.

[1373] STJ 5-jul.-1994 (Machado Soares), CJ/Supremo II (1994) 2, 170-174 = *idem*, 3, 40-44, num caso de locação financeira com cláusula penal excessiva e RLx 7-jul.-1994 (Rodrigues Codeço), CJ XIX (1994) 4, 79-81, num caso semelhante ao anterior.

[1374] RPt 27-mai.-2013 (António José Ramos), Proc. 1425/09.

[1375] RLx 27-nov.-1997 (Narciso Machado), CJ XXII (1997) 5, 110-113 (112/II).

[1376] Nesse sentido, Staudinger/Schlosser, *AGBG*, 13.ª ed. cit., § 1.º Anot. 5 (23), que alargam essa possibilidade a atos não negociais – *idem*, anot. 6.

[1377] Por exemplo, a pessoa que passe uma procuração ou que conceda um aval, com base em formulários pré-formulados.

[1378] Christian Grüneberg, no *Palandt*, 73.ª ed. (2014), § 307, Nr. 44 (445).

[1379] Karl Larenz/Manfred Wolf, *Allgemeiner Teil* cit., 9.ª ed., 783-784 e Manfred Wolf/Jörg Neuner, *Allgemeiner Teil* cit., 10.ª ed., § 47, Nr. 51 (562).

[1380] Michael Coester, no *Staudinger*, 2, §§ 305-310 cit., § 307, Nr. 284 (351).

O artigo 4.º/2 da Diretriz n.º 93/13, tomando à letra certas concretizações do § 8 da antiga lei alemã, exarou que a avaliação das "cláusulas abusivas"

(...) não incide nem sobre a definição do objeto principal do contrato nem sobre a adequação entre o preço e a remuneração, por um lado, e os bens ou serviços a fornecer em contrapartida, por outro, desde que essas cláusulas se encontrem redigidas de maneira clara e compreensível.

Trata-se de um preceito bem expressivo das insuficiências dogmáticas da Diretriz. Desde logo, se tais cláusulas forem (ou puderem ser, como implicitamente admite a Diretriz) abusivas, não se compreende porque deixariam de o ser quando surjam redigidas de maneira clara e compreensível. Mas sobretudo: se se exclui a ponderação preço/bens e serviços, como apurar o "desequilíbrio" exigido no artigo 3.º/1 da Diretriz, para se chegar a uma cláusula abusiva?

No fundo, quer a lei alemã – esta em menor grau – quer a Diretriz pretenderam deixar fora do campo da fiscalização a parte (decisiva) da justeza intrínseca do contrato, para não "perturbar" o mercado e (mesmo) em prejuízo do consumidor.

Não é essa a perspetiva da lei portuguesa: as prestações principais podem ser – normalmente sê-lo-ão – ajustadas especificamente pelas partes: escapam, pois, ao controlo. Além disso e por natureza, elas não defrontam normas ou princípios específicos não sendo, nessa medida, contrárias ao sistema, expresso na boa-fé do artigo 16.º. Mas nem sempre: podem assumir posturas tais que caiam na alçada da lei. Por exemplo: vender pelo preço que o utilizador entender adequado poderá ser contrário à boa-fé; a cláusula será nula, aplicando-se, então, a regra do artigo 883.º/1.

De facto, a lei portuguesa dispensa, também aqui, uma proteção mais ampla, ao consumidor, do que a facultada pela lei alemã ou pela Diretriz n.º 93/13. Trata-se de um ponto interessante, que deve ser preservado.

135. A inclusão; comunicação e informações

I. O recurso a ccg não deve fazer esquecer que elas questionam, na prática, apenas a liberdade de estipulação e não a liberdade de celebração.

Assim, elas incluem-se nos diversos contratos que as utilizem – os contratos singulares – apenas na conclusão destes, mediante a sua aceita-

§27.º O regime geral 427

ção: artigo 4.º da LCCG[1381]. Este princípio, em si evidente, deve ser reafirmado uma vez que, da sua concretização, resultam aspetos importantes, já esquecidos por decisões estrangeiras e, até nacionais[1382] e, designadamente: o de que não são efetivamente incluídas nos contratos as cláusulas sobre que não tenha havido acordo de vontades.

As ccg inscrevem-se, pois, no negócio jurídico, através dos mecanismos negociais típicos. Por isso, os negócios originados podem ser valorados, como os restantes, à luz das regras sobre a perfeição das declarações negociais: há que lidar com figuras tais como o erro, a falta de consciência da declaração ou a incapacidade acidental[1383].

II. Perante a delicadeza do modo de formação do negócio com recurso a ccg, não basta a mera aceitação, exigida pelo Direito comum: é necessária, ainda, uma série de requisitos, postos pelos artigos 5.º e seguintes, da LCCG[1384].

De facto, a inclusão depende ainda[1385]:

[1381] Assim, Karl Larenz/Manfred Wolf, *Allgemeiner Teil* cit., 9.ª ed., 776 e Manfred Wolf/Jörg Neuner, *Allgemeiner Teil* cit., 10.ª ed., § 47, Nr. 27 (557). Tal como a alemã, também a lei portuguesa contradita as orientações não-contratualistas que atribuem a inclusão das ccg não à vontade das partes, mas à lei e à ideia de submissão.

[1382] Assim, STJ 3-jul.-1945 (Baptista Rodrigues), ROA 5 (1945) 3-4, 343-348.

[1383] *Vide* Dirk Schroeder, *Die Einbeziehung Allgemeiner Geschäftsbedingungen nach dem AGB-Gesetz und die Rechtsgeschäftslehre* (1983), 119 pp. e Christian Spruss, *Die Einbeziehung Allgemeiner Geschäftsbedingungen im deutschen Recht unter besonderer Berücksichtigung der europäischen Rechts und des UN-Kaufrechts* (2010), XVIII + 736 pp., 121 ss.. Nos negócios entre empresas, há especificidades: Herbert Schmidt, *Einbeziehung von AGB im unternehmerischen Geschäftsverkehr*, cit., 3329 ss..

[1384] A "observância do disposto neste capítulo", inserida no final do artigo 4.º da LCCG, diz respeito à inclusão das cláusulas nos contratos singulares, isto é: elas incluem-se pela aceitação, mas apenas quando observado o disposto no capítulo em causa; considerando o preceito ambíguo *vide* Raúl Ventura, *Convenção de arbitragem* cit., 24, que, no entanto, parece chegar, por via interpretativa, à mesma conclusão.

[1385] Trata-se do equivalente ao atual § 305 do BGB; *vide* Peter Schlosser, em Coester/Coester-Waltjen/Schlosser, *Staudingers Kommentar*, 2, §§ 305-310 (*Recht der Allgemeinen Geschäftsbedingungen*), 2006, § 305 (13 ss.), Thomas Pfeiffer, em Manfred Wolf/Walter F. Lindacher/Thomas Pfeiffer, *AGB-Recht/Kommentar*, 5.ª ed. cit., § 305 (85 ss.), Peter Ulmer/Mathias Habersack, *AGB-Recht*, 11.ª ed. cit., § 305, Nr. 101 ss. (207 ss.), Jürgen Basedow, no *Münchener Kommentar zum BGB*, 2, 6.ª ed. cit., Vor § 305 (1083 ss.) e § 305 (1103 ss.) e Jürgen Niebeling, *AGB-Recht/Anwaltkommentar* (2012), XVII + 493 ss., § 305 (3 ss.).

– de uma efetiva comunicação – artigo 5.º;
– de uma efetiva informação – artigo 6.º;
– da inexistência de cláusulas prevalentes – artigo 7.º.

Estamos perante verdadeiros encargos, em sentido técnico[1386] que, por isso, assumem uma intensidade superior à dos meros requisitos de validade dos negócios.

III. O ponto de partida para as construções jurisprudenciais dos regimes das ccg residiu na condenação de situações em que, ao aderente, nem haviam sido comunicadas as cláusulas a que era suposto ele ter aderido. Foi também a partir daqui que a doutrina iniciou uma elaboração autónoma sobre as cláusulas contratuais gerais.

A exigência de comunicação vem especificada no artigo 5.º[1387], que referencia:

– a comunicação na íntegra – n.º 1; entende-se que esta comunicação deve ser feita a todos os interessados diretos[1388].
– a comunicação adequada e atempada, de acordo com bitolas a apreciar segundo as circunstâncias – n.º 2.

Em casos-limite não haverá dúvidas: a remissão para tabuletas inexistentes ou afixadas em local invisível não corresponde a uma comunicação completa; a rápida passagem das cláusulas num visor não equivale à comunicação adequada; a exibição de várias páginas de um formulário, em letra pequena e num idioma estrangeiro, seguida da exigência de imediata assinatura, não integra uma comunicação atempada. Mas em compensação, a assinatura de um clausulado "bem impresso, perfeita e completa-

---

[1386] Peter Schlosser, no *Staudinger* cit., 2, §§ *305-310*, § 305, Nr. 138 ss. (63 ss.) e Peter Ulmer/Mathias Habersack, *AGB-Recht/Kommentar* cit., 11.ª ed., § 305, Nr. 145 ss. (233 ss.); quanto ao conceito de encargo: *Tratado* I, 918-919.

[1387] Este preceito foi invocado em STJ 10-nov.-1993 (Miguel Montenegro), CJ/ /Supremo I (1993) 3, 112-113 (112/II), não chegando, porém, a ser aplicado.

[1388] A comunicação deve, assim e em especial, ser feita ao fiador; vide Manuel Januário da Costa Gomes, *Assunção fidejussória de dívida/Sobre o sentido e o âmbito da vinculação como fiador* (2000), 103 e RLx 5-fev.-2002 (António Abrantes Geraldes), CJ XXVIII (2003) 1, 98-101 (99/I).

mente legível, sendo as letras de tamanho razoável, também, o respetivo espaçamento" satisfaz a exigência legal[1389].

O grau de diligência postulado por parte do aderente e que releva para efeitos de avaliar o esforço posto na comunicação é o comum – artigo 5.°/2, in fine: deve ser calculado in abstracto, mas de acordo com as circunstâncias típicas de cada caso[1390], como é usual no Direito civil[1391], tendo-se em conta o nível cultural do aderente[1392].

O artigo 5.°/3 dispõe sobre o melindroso ponto do ónus da prova: o utilizador que alegue contratos celebrados na base de ccg deve provar, para além da adesão em si, o efetivo cumprimento do encargo de comunicar – vide o artigo 342.°, do Código Civil. Trata-se de um simples encargo: a sua inobservância, mesmo sem culpa, envolve as consequências legalmente previstas[1393]. A jurisprudência já tem utilizado esta via para afastar certas soluções concretamente inconvenientes ou injustas, sem passar pelos catálogos das proibições.

Assim e como exemplos:

> STJ 11-abr.-2000: um seguro cobre o risco de "tempestade"; verifica-se um sinistro por acumulação de neve e de gelo no telhado; entende-se que a seguradora não fez prova de que esse risco não estivesse abrangido[1394];

[1389] RLx 14-nov.-1996 (Manso Rodrigues), CJ XXI (1996) 5, 93-95 (94/I), quanto a uma cláusula de arbitragem.

[1390] STJ 24-mar.-2011 (Granja da Fonseca), Proc. 1582/07: um caso de fiança, prestada por uma professora universitária, a favor de um banco.

[1391] Por exemplo, há que ter mais cautelas perante um operário indiferenciado do que em face de um advogado experiente; mas em qualquer desses casos, deve atender-se a um operário abstrato e a um advogado abstrato correspondentes aos padrões sociais (e não aquele particular operário, que poderá ser extremamente inteligente e assim mais entendido do que o advogado concreto, particularmente obtuso).

[1392] STJ 8-abr.-2010 (Lopes do Rego), Proc. 3501/06.

[1393] RLx 26-jun.-1997 (Carlos Valverde), CJ XXII (1997) 3, 128-130 (130/I). Um exemplo de não cumprimento do dever de informação, relativo a um banco e a cláusulas bancárias, é dado por RCb 3-dez.-1996 (Eduardo Antunes), CJ XXI (1996) 5, 35-37 (37/II). Quanto ao encargo da comunicação: RLx 9-fev.-1999 (Quinta Gomes), CJ XXIV (1999) 1, 109-110 (110/I), RLx 1-jul.-1999 (Salvador da Costa), CJ XXIV (1999) 4, 83-86 (85/II), STJ 11-abr.-2000 (Lopes Pinto), CJ/Supremo VIII (2000) 1, 152-158 (156/I) e RCb 22-jan.-2002 (Coelho de Matos), CJ XXVII (2002) 1, 16-18.

[1394] STJ 11-abr.-2000 (Lopes Pinto), CJ/Supremo VIII (2000) 1, 152-158 (156/II) = BMJ 496 (2000), 235-245 (243).

STJ 20-jan.-2002: não são incluídas nos contratos singulares definições de incêndios que não tenham sido comunicadas ao aderente[1395];

RCb 18-mar.-2003: um seguro não assegura a cobertura no caso de condução sob efeito do álcool; decidiu-se, todavia, que essa exclusão não era eficaz, por a seguradora não ter feito prova de que ela foi, efetivamente, comunicada ao tomador[1396];

STJ 17-jun.-2010: num concurso televisivo, pretende-se não pagar um prémio invocando um parentesco entre o concorrente e um trabalhador do canal, sem interferência no concurso e por terem sido subscritas ccg que afirmavam a inexistência de ligações familiares, em termos que passavam despercebidos[1397].

Parece-nos uma orientação ajustada.

IV. A conclusão esclarecida do contrato, base de uma efetiva autodeterminação, não se contenta com a comunicação das cláusulas; estas devem ser efetivamente entendidas; para o efeito, a LCCG prevê um dever de informação: o utilizador das ccg deve conceder a informação necessária ao aderido, prestando-lhe todos os esclarecimentos solicitados, desde que razoáveis[1398].

Tanto o dispositivo do artigo 5.º como o do artigo 6.º correspondem a vetores presentes no artigo 227.º/1, do Código Civil. Mas são estruturalmente diferentes: traduzem meros encargos e não deveres em sentido técnico. A sua inobservância não exige culpa, ao contrário dos deveres e tem, como consequência, não a obrigação de indemnizar mas, "apenas", a não-inclusão prevista no artigo 8.º. Tal não-inclusão pode, ainda, ser dobrada por um dever de indemnizar, quando se verifiquem os (diferentes) pressupostos do artigo 227.º/1.

[1395] STJ 20-jan.-2002 (Abel Simões Freire), CJ/Supremo X (2002) 1, 117-120 (119/II).

[1396] RCb 18-mar.-2003 (Gil Roque), CJ XXVIII (2003) 2, 16-18 (17/II).

[1397] STJ 17-jun.-2010 (João Bernardo), Proc. 3262/07, com votos de vencido; já não acompanhamos este aresto quando recusou indemnizar danos morais.

[1398] Aplicações destes deveres podem ser confrontados em Raúl Ventura, *Convenção de arbitragem* cit., 37 ss.. Quanto ao "dever" de informação previsto no artigo 6.º/1 da LCCG – na realidade, um encargo – vide RLx 28-jun.-1995 (Carlos Horta), CJ XX (1995) 3, 192-194 (193/II) e RLx 10-abr.-2003 (Graça Amaral), CJ XXVIII (2003) 2, 120-122 (121/II).

V. A jurisprudência permite esclarecer o sentido dos artigos 5.º e 6.º da LCCG, precisando o funcionamento do ónus da prova neles previsto. Assim:

- cabe ao particular aderente explicitar de que cláusulas não tomou conhecimento[1399];
- o aderente que se queira prevalecer desses dispositivos deve, desde logo, invocar e provar que contratou por adesão, o que não sucede se tiver havido negociações[1400];
- deve, ainda, explicitar de que cláusulas não tomou conhecimento[1401], por não lhe serem comunicadas[1402], pelo menos devidamente[1403].

Acatados estes ónus, pelo aderente, cabe, ao utilizador, o encargo de provar que houve comunicação[1404]. Com as seguintes precisões:

- o teor da informação não deve ultrapassar o exigido pela boa-fé: não pode ser exacerbado[1405]; deve ser cumprido com uma "possibilidade razoável de, usando de comum diligência, tomar real e efetivo conhecimento do teor das cláusulas"[1406];
- a comunicação, por conta do utilizador[1407], deve ser integral[1408], de modo adequado[1409] para que se perceba[1410] e com antecedência bastante[1411];
- não é suficiente que o aderente assine um formulário a dizer que tomou conhecimento das cláusulas[1412].

[1399] STJ 13-mai.-2008 (Fonseca Ramos), Proc. 08A1287.
[1400] STJ 13-mai.-2008 (Fonseca Ramos), Proc. 08A1287.
[1401] RCb 19-set.-2006 (Garcia Calejo), Proc. 610-A/2002.
[1402] STJ 24-jun.-2010 (Bettencourt de Faria), Proc. 5611/03.
[1403] STJ 24-jan.-2012 (Hélder Roque), Proc. 1379/09 e RLx 18-abr.-2013 (Ezagüy Martins), Proc. 2553/11.
[1404] RPt 11-set.-2008 (Freitas Vieira), Proc. 0833796.
[1405] RCb 17-nov.-2012 (Carlos Moreira), Proc. 2925/07.
[1406] RPt 8-mar.-2012 (Leonel Serôdio), Proc. 3055/07.
[1407] RCb 25-jun.-2013 (Arlindo Oliveira), Proc. 933/07.
[1408] STJ 20-jan.-2010 (Cardoso de Albuquerque), Proc. 294/06; STJ 11-mar.-2010 (Santos Bernardino), Proc. 1860/07; STJ 24-mar.-2011 (Granja da Fonseca), Proc. 1582/07.
[1409] STJ 28-abr.-2009 (Fonseca Ramos), Proc. 2/09.1.
[1410] RCb 6-mar.-2012 (Regina Rosa), Proc. 97/10; RCb 27-mar.-2012 (Carvalho Martins), Proc. 2783/03.
[1411] RCb 6-mar.-2012 cit. na nota anterior.
[1412] RLx 28-jun.-2012 (Pedro Martins), Proc. 2527/10.

136. Cláusulas prevalentes

I. As partes que subscrevam cláusulas contratuais gerais podem, em simultâneo, acordar, lateralmente, noutras cláusulas específicas. Tal eventualidade nada tem de remoto, uma vez que a adesão se faz em globo, muitas vezes sem atenção a cada uma das cláusulas incluídas no formulário.
O dispositivo do artigo 7.º determina uma prevalência das cláusulas específicas sobre as gerais: a lei, consciente de que, perante tais cláusulas, a vontade das partes se inclinou, com toda a probabilidade, para elas, sancionou o que seria já uma lição da experiência.

II. O artigo 7.º da LCCG corresponde ao § 305b do BGB, antigo § 4 do AGBG[1413]. A Diretriz 93/13 não comporta um preceito equivalente, embora ele se possa deduzir do seu artigo 3.º/1, 2/1[1414].

As prestações principais tendem, *ex rerum natura*, a ser objeto de negociação e de ajuste individualizados. Daqui decorreria a sua não sujeição às ccg. Todavia, o Direito lusófono, como vimos, não as exclui desse universo.

Pode ainda suceder que, às ccg, sejam acrescentadas outras ccg, mas de âmbito mais restrito: uma técnica comum em certos contratos de seguro e em determinados contratos financeiros. Nessa altura, as ccg "especiais" prevalecem sobre as gerais, por serem as que mais correspondem à vontade das partes. O artigo 7.º da LCCG pode ser citado como argumento suplementar nesse sentido, embora a situação não seja, rigorosamente, a mesma.

III. A existência de cláusulas especificamente acordadas deve ser invocada e provada por quem, delas, se queira prevalecer: uma decorrência, das regras gerais sobre o ónus da prova, tal como consagradas no artigo 342.º[1415]. Perante uma negociação individualizada de certa cláusula,

---

[1413] Peter Ulmer/Carsten Schäfer, em Ulter/Brandner/Hensen, *AGB-Recht/Kommentar* cit., 11.ª ed., § 305b, Nr. 3 (321).

[1414] Joachim Schmidt-Salzer, *Das textliche Zusatz-Instrumentarium des AGB-Gesetzes gegenüber der EG-Richtlinie über mißbräuchliche Klauseln in Verbraucherverträgen*, NJW 1995, 1641-1645 (1643/I).

[1415] Almeida Costa/Menezes Cordeiro, *Cláusulas contratuais gerais/Anotação* cit., 26.

§27.º O regime geral   433

já não há ccg. A jurisprudência, quando entende reunidos os competentes pressupostos[1416], já decidiu, em concretização do artigo 7.º:

— a negociação prévia impede a adesão a ccg[1417];
— as "condições especiais" ficam fora da LCCG[1418];
— as cláusulas especificamente acordadas prevalecem sobre as ccg[1419].

137. Cláusulas excluídas; consequências

I. A presença, num contrato celebrado com recurso a ccg, de dispositivos que não tenham sido devidamente comunicados ou informados não corresponde ao consenso real das partes: ninguém pode dar o seu assentimento ao que, de facto, não conheça ou não entenda. Deve-se, contudo, ter presente que, mesmo nessas situações de falha de vontade, há, em termos formais, um assentimento. Pelo Direito comum, várias seriam as soluções a encarar: elas iriam desde a mera indemnização, havendo culpa — artigo 227.º/1 — até à anulabilidade por erro, havendo conhecimento da essencialidade do ponto a que respeite — artigos 247.º e 251.º — passando pela ausência de efeitos, por falta de consciência da declaração — artigo 246.º. Segundo a LCCG, segue-se a solução mais fácil da pura e simples exclusão dos contratos singulares atingidos — artigo 8.º, a) e b)[1420].

II. As alíneas c) e d) penalizam, por seu turno, as "cláusulas-surpresa" e as que constem de formulários, depois da assinatura dos contratantes: em ambos os casos se verifica um condicionalismo externo que inculca, de novo, a ideia da inexistência de qualquer consenso. As cláusulas-surpresa[1421] são aferidas, pela lei portuguesa, em função de um de três veto-

---

[1416] O que não sucedeu em STJ 1-out.-1996 (Aragão Seia), CJ/Supremo IV (1996) 3, 26-29 (28/II).
[1417] STJ 5-mar.-1996 (Pereira da Graça), CJ/Supremo IV (1996) 1, 119-122 (122/I).
[1418] RCb 11-jan.-2000 (António Piçarra), CJ XXV (2000) 1, 12-14 /14/I).
[1419] RPt 19-dez.-2012 (Maria João Areias), Proc. 2279/08.
[1420] Assim: STJ 20-jan.-2002 cit., CJ/Supremo X, 1, 119/II e RCb 18-mar.-2003 cit., CJ XXVIII, 2, 17/II.
[1421] São as *überreichende Klauseln*, referidas no § 305c, do BGB; *vide*, todas com indicações, Peter Schlosser, no *Staudingers Kommentar* cit., § 305c (109 ss.), Walter F. Lindacher, em Wolf/Lindacher/Pfeiffer, *AGB-Recht/Kommentar*, 5.ª ed. cit., § 305c (191 ss.), Peter Ulmer/Carsten Schäfer, em Ulmer/Brandner/Hensen *AGB-Recht*, 11.ª ed. cit., §

res: o contexto, a epígrafe e a apresentação gráfica. Quanto ao contexto, a doutrina equivalente alemã chama a atenção para o tipo de contrato em causa[1422]: este, em conjunto com outras circunstâncias, dará a medida da inabitualidade[1423]. A epígrafe e a apresentação gráfica têm a ver com elementos exteriores das cláusulas[1424]. Todos esses elementos são exemplificativos: eles são funcionalmente precisados pelo final do artigo 8.º, c), que refere a bitola última da "surpresa": o passarem despercebidos a um contraente normal[1425], devendo ser efetiva[1426].

III. A hipótese de cláusulas inseridas depois da assinatura do aderente deixa, à saciedade, a suspeita de que não foram lidas ou de que, quanto a elas, não houve acordo: donde a não-inclusão prevista no artigo 8.º, d), da LCCG[1427]. A jurisprudência – e bem – considera, por esta via, não incluídas as cláusulas inseridas no verso[1428], mas não já, necessariamente, as constantes de anexo para o qual remeta o texto assinado[1429]. Incorre (além do mais) em *venire contra factum proprium* o aderente que tenha tomado

---

305 (350 ss.), Jürgen Basedow, no *Münchener Kommentar zum BGB*, 2, 6.ª ed. cit., § 305c (1154 ss.) e Jürgen Niebeling, *AGB-Recht/Anwaltkommentar* cit., § 305c (19 ss.).

[1422] Karl Larenz/Manfred Wolf, *Allgemeiner Teil* cit., 8.ª ed., 793 e 9.ª ed., 778. Vide o desenvolvimento importante de Peter Schlosser, no *Staudingers Kommentar* cit., II, §§ 305-310, § 305c (112 ss.).

[1423] Poderia ser o caso decidido em STJ 3-mai.-2001 (Reis Figueira), CJ/Supremo IX (2001) 2, 40-43 (42-43), embora sem referir o preceito em causa: um seguro que cobre o risco de desaparecimento do veículo por furto, roubo ou furto de uso, deverá, também e na falta de exclusão, incluir o abuso de confiança.

[1424] Em compensação, nada há a objetar quanto a cláusulas bem impressas e legíveis, que satisfaçam as exigências legais: RLx 14-nov.-1996 (Manso Rodrigues), CJ XXI (1996) 5, 93-95 (94/II).

[1425] RCb 17-mar.-1998 (Gil Roque), CJ XXIII (1998) 3, 32-4 (33/II e 34/1).

[1426] Em STJ 11-mar.-2010 (Santos Bernardino), Proc. 1860/07, a propósito do seguro de grupo/vida, exige-se que esteja envolvida uma verdadeira "surpresa".

[1427] Assim, RLx 7-nov.-1996 (Pessoa Santos), CJ XXI (1996) 5, 85-88 (87/II).

[1428] RLx 22-jan.-2003 (Rosa Ribeiro Coelho), CJ XXVIII (2003) 1, 70-73 (71/II); RLx 13-mai.-2003 (Rosa Ribeiro Coelho), CJ XXVIII (2003) 3, 75-78 (77/I); STJ 7-mar.-2006 (Moreira Camilo), CJ/Supremo XIV (2006) 1, 110-113 (111/1) = Proc. 06A038; RLx 20-mar.-2007 (Rui Vouga), Proc. 10566/2006; RLx 22-mar.-2007 (Fátima Galante), CJ XXXII (2007) 2, 93-96 (95/I) = Proc. 1361/07-6; RCb 18-nov.-2008 (Emídio Francisco Santos), CJ XXXIII (2008) 5, 16-19 (18/II); RLx 3-fev.-2011 (Ferreira de Almeida), Proc. 3072/06.

[1429] RLx 8-mai.-2003 (Sousa Grandão), CJ XXVIII (2003) 3, 73-75 (74/I).

conhecimento das ccg e que, depois, havendo desentendimento entre as partes, venha invocar a sua presença no verso, para as invalidar[1430].

Finalmente: a não-inclusão de cláusulas constantes depois da assinatura do aderente pode ser de conhecimento oficioso: uma solução encarada por STJ 15-mar.-2005[1431], na base da orientação do TJE[1432], mas que suscita dúvidas.

IV. A inserção, no contrato singular, das cláusulas referenciadas no artigo 8.º da LCCG, põe o problema da sua subsistência.

O princípio básico, no domínio das ccg, é o do maior aproveitamento possível dos contratos singulares: estes são, muitas vezes, de grande relevo ou até vitais para os aderentes, os quais seriam mesmo prejudicados quando o legislador, querendo pôr cobro a injustiças, viesse multiplicar as nulidades [1433]. O princípio em causa aflora nos artigos 9.º e 13.º.

O artigo 9.º da LCCG determina que, quando se assista à não-inclusão de ccg nos contratos singulares, por força do artigo 8.º, estes se mantenham, em princípio. Nas áreas desguarnecidas pela exclusão, haverá que recorrer, conforme os casos:

– às regras supletivas aplicáveis;
– às regras da integração dos negócios jurídicos.

Caso estas soluções de recurso sejam insuficientes ou conduzam a resultados contrários à boa-fé, a nulidade é inevitável – artigo 9.º/2. Resultados contrários à boa-fé ocorrem sempre que, na falta da cláusula excluída, o contrato fique de tal modo desarticulado ou desequilibrado que perca o seu sentido útil ou que origine uma grave perturbação no seu equilíbrio interno.

V. Caso muito interessante foi o solucionado – e bem – pela RCb 19-jun.-2013. Decorrera, em Londres, uma arbitragem especializada, que levou à condenação de uma empresa portuguesa. Esta, sem ter a devida

---

[1430] STJ 20-out.-2011 (Moreira Alves), Proc. 1097/04.

[1431] STJ 15-mar.-2005 (Moitinho de Almeida), CJ/Supremo XIII (2005) 1, 144-146 (145-146) = Proc. 05B282.

[1432] Mais precisamente: TJE 27-jun.-2000, C-240/98 e TJE 21-nov.-2002, C-473/10, que reportam, todavia, a oficiosidade do conhecimento da natureza abusiva de cláusulas cg.

[1433] Em especial, Harry Schmidt, *Vertragsfolgen der Nichteinbeziehung und Unwirksamkeit von Allgemeinen Geschäftsbedingungen* (1986), 21 ss., 28 ss. e *passim*.

comunicação, subscrevera ccg que comportavam uma convenção de arbitragem, muito desfavorável. Verificada a não-inclusão de tal cláusula no contrato, fica impedido o reconhecimento da decisão arbitral estrangeira[1434].

137. Interpretação e integração

I. A interpretação de ccg constitui um tema de especial interesse teórico e prático. Desde o momento em que elas foram isoladas como espaço jurídico-científico autónomo, puseram-se questões de interpretação[1435]. E designadamente: não haveria que seguir um cardápio interpretativo semelhante ao da lei? A deriva legalista daí resultante levou o legislador a uma aproximação negocial. Assim, o artigo 10.º da LCCG dispõe sobre a interpretação e a integração das ccg, remetendo implicitamente para os artigos 236.º e seguintes[1436]. Esse preceito releva a dois níveis:

– impede as próprias ccg de engendrarem outras regras de interpretação[1437];
– remete para uma interpretação que tenha em conta apenas o contrato singular[1438].

Ambos os aspetos são importantes: o primeiro, por ter conteúdo dispositivo próprio; o segundo, por cortar cerce uma dúvida bem conhecida da doutrina especializada e que se prende com o perpétuo confronto entre as tendências generalizadora e individualizadora da justiça: a tendência generalizadora exigiria que as ccg fossem interpretadas em si mesmas, sobretudo quando surjam completas, de modo a obter soluções idênticas para todos os contratos singulares que se venham a formar com base nelas;

[1434] RCb 19-jun.-2013 (Alberto Ruço), Proc. 1630/06.
[1435] Quanto à interpretação das ccg, com uma especial focagem na evolução histórica do tema: Stefan Vogenauer, no HKK/BGB cit., II/2, §§ 305-310 (III), Nr. 1 ss. (1475 ss.).
[1436] STJ 6-fev.-1997 (Miranda Gusmão), CJ/Supremo V (1997) 1, 99-102; STJ 15-mai.-2001 (Garcia Marques), CJ/Supremo IX (2001) 2, 82-87 (86/II); STJ 20-mai.-2005 (Maria dos Prazeres Beleza), Proc. 86/2000; STJ 30-set.-2010 (Maria dos Prazeres Beleza), Proc. 414/06.
[1437] O artigo 18.º, e), tem, efetivamente, um alcance diverso: não se prende com regras de interpretação mas, antes, com uma interpretação unilateral.
[1438] RPt 14-jan.-1997 (Araújo Barros), CJ XXII (1997) 1, 204-208 (206/II), apelando à doutrina comum da impressão do destinatário.

a individualizadora, pelo contrário, abriria as portas a uma interpretação singular de cada contrato em si, com o seguinte resultado, paradoxal na aparência: as mesmas ccg poderiam propiciar, conforme os casos, soluções diferentes.

O artigo 10.º da LCCG aponta para a segunda solução[1439]. A prazo, isso deverá levar os utilizadores de ccg, que estejam particularmente ciosos da normalização, a desenvolver, ao pormenor, os seus formulários, de modo a prevenir hiatos interpretativos. É uma vantagem: tanto mais necessária quanto é certo que, havendo margens interpretativas, não se torna possível tirar, das ccg, as vantagens generalizadoras que acarretam.

II. A necessidade de interpretar as ccg no âmbito de cada contrato em si e não no plano em que elas se coloquem, como se de lei se tratasse, é contraditada por um certo apelo à objetivação da interpretação[1440].

Afigura-se, hoje, necessário distinguir, dentro das ccg, três situações básicas:

(a) cláusulas de negócios correntes, de execução instantânea;
(b) cláusulas de negócios duradouros, inseridos em áreas dominadas pela normalização e onde, de todo, não seja possível reconstruir a vontade real das partes e os termos concretos da negociação, com exemplo básico na banca e nos seguros;
(c) cláusulas de negócios duradouros, altamente personalizados: seguros inabituais com grandes empresas, empréstimos sindicados e contratos com derivados, tipo *swap* ou outros.

Nas duas primeiras hipóteses, mau grado a valia do artigo 10.º da LCCG, a interpretação tende a ser objetiva: não há elementos que permitam a intervenção dos meandros do artigo 236.º.

Já na terceira, esse preceito, em conjunto com o 237.º e o 239.º, impõe-se. Há que ver o sentido dado , à luz do artigo 236.º, às ccg. A experiência mostra que, aí, o artigo 10.º da LCCG atinge a sua plenitude.

[1439] Assim: RPt 14-jan.-1997 (Araújo Barros), CJ XXII (1997) 1, 204-208.

[1440] Meinrad Dreher, *Die Auslegung von Rechtsbegriffen in Allgemeinen Geschäftsbedingungen*, AcP 189 (1989), 342-385 (360), Peter Schlosser, no *Staudinger* II, §§ 305-310 cit., § 305 c, Nr. 126 (151) e Peter Ulmer/Carsten Schäfer, *AGB-Recht*, 11.ª ed. cit., § 305 c, Nr. 67 (403-404).

III. O artigo 11.º da LCCG precisa a temática das cláusulas ambíguas remetendo, sem limitação, para o entendimento do aderente normal. Esse preceito faz ainda correr, contra o utilizador, os riscos particulares de uma ambiguidade insanável[1441]. Trata-se de uma regra tradicional[1442], expressa desde os romanos através de brocardos como *ambiguitas contra stipulatorum* ou *in dubio contra proferentem* e que se veio a consolidar na jurisprudência dos diversos ordenamentos[1443]. As leis modernas sobre ccg têm-se limitado a codificá-la[1444]: assim sucedia com o § 5.º do AGBG alemão[1445] – atual § 305 c/II do BGB[1446] – e com o artigo 11.º da LCCG[1447].

IV. No domínio da interpretação, cumpre ainda relevar que os contratos singulares e as próprias cláusulas devem ser interpretados à luz da

---

[1441] Ambiguidade objetiva exige, e bem, o Supremo: STJ 11-fev.-1999 (Sousa Dinis), CJ/Supremo VII (1999) 1, 106-111 (110/I).

[1442] Olaf Meyer, *Contra Proferentem? Klares und weniges Klares zu Unklarheiten Regel*, ZHR 174 (2010), 108-143 (109: a ideia remonta a Cícero); com muitos elementos: Phillip Hellwege, *Allgemeine Geschäftsbedingungen* cit., § 14 (498 ss.): no século XIX, essa regra tinha um alcance geral; só mais tarde ela se limitou às ccg.

[1443] O brocardo remonta a Celso, D. 34.5.26:

Cum quaritur in stipulatione, quid acti sit, ambiguidas contra stipulatorem est.

Com indicações de outras fontes e de vária doutrina: Stefan Vogenauer, no HKK//BGB cit., II/2, §§ 305-310 (III), Nr. 14 (1487-1488).

[1444] Vide o bem elaborado estudo de Christoph Krampe, *Die Unklarheitenregel//Bürgerliches und römisches Recht* (1983), 79 pp..

[1445] Staudinger/Schlosser, *AGBG*, 13.ª ed. cit., § 5 (122 ss.).

[1446] Karl Larenz/Manfred Wolf, *Allgemeiner Teil* cit., 9.ª ed., 780; e Manfred Wolf//Jörg Neuner, *Allgemeiner Teil* cit., 10.ª ed., § 47, Nr. 47 (562).

[1447] Veja-se uma aplicação desta regra em RLx 28-jun.-1995 (Carlos Horta), CJ XX (1995) 3, 192-194 (193/II) e em STJ 23-jan.-1996 (Martins da Costa), CJ/Supremo IV (1996) 1, 56-59 (57/II). Também em STJ 6-fev.-1997 (Miranda Gusmão), CJ/Supremo V (1997) 1, 99-102 (101/II), ela vem referida, ainda que reportada, sem grande rigor, ao Código Civil. Subsequentemente, a regra é aplicada sem problemas: STJ 1-mar.-2001 (Noronha Nascimento), CJ/Supremo IX (2001) 1, 135-136 (136/I): na dúvida, um "acidente (...) aquando do exercício de uma atividade desportiva" inclui o ataque cardíaco; RLx 27-mar.-2001 (Pimentel Marcos), CJ XXVI (2001) 2, 88-91 (90/II) e STJ 17-mai.-2001 (Quirino Soares), CJ/Supremo IX (2001) 2, 92-95 (94), ambos sobre o alcance da expressão "inundações"; STJ 29-jan.-2008 (Santos Bernardino), Proc. 07B4422, referente a um seguro anexo a um cartão de crédito.

LCCG[1448]. Visa-se, efetivamente, evitar invalidades, em face de uma interpretação normativa integrada.

Finalmente, o recurso à regra *contra stipulatorum*, embora útil e legítimo, tende a ser matizado[1449]. Repugna à Ciência do Direito a confeção de subsistemas de interpretação. Assim, só haverá ambiguidade se as regras comuns dos artigos 236.º e seguintes do Código Civil não resolverem o problema[1450], de modo que ela seja efetiva[1451]. Na presença de matéria clara, não há que recorrer ao artigo 11.º da LCCG[1452]. Mas esse preceito foi útil para decidir um caso em que uma seguradora pretendia exonerar-se por o veículo furtado não ter um GPS, com localizador, a funcionar: o contrato não era claro nessa exigência: *in dubio contra proferentem*[1453].

[1448] Assim: RLx 17-dez.-1998 (Ana Paula Boularot), CJ XXIII (1998) 5, 122-125 (124-125).
[1449] Olaf Meyer, *Contra Proferentem?* cit., 143.
[1450] STJ 11-jul.-2006 (Nuno Cameira), Proc. 06A1646.
[1451] RCb 3-mar.-2009 (Graça Santos Silva), Proc. 2839/08.0 e RCb 10-mar.-2009 (Graça Santos Silva), Proc. 3078/08.5.
[1452] STJ 29-out.-2009 (Lopes do Rego), Proc. 2157/06.8.
[1453] RLx 15-mar.-2012 (Vaz Gomes), Proc. 1509/08.3.

§ 28.º O CONTROLO INTERNO

139. Generalidades

I. O ponto nuclear da LCCG, de acordo com o modelo alemão por ela acolhido, é o do controlo interno das ccg, a levar a cabo pelos tribunais[1454]. A questão das ccg não é a da sua existência, já que, mais do que inevitáveis, elas são necessárias. Tão-pouco será o modo da sua inclusão nos negócios singulares: queira-se ou não, é dispensável, quiçá inviável, um conhecimento integral do seu teor, tanto mais que nem sempre há alternativa. O nó górdio reside, sim, no desvalor intrínseco de determinadas cláusulas.

Pergunta-se, todavia, onde reside esse desvalor. Afinal, as cláusulas que vão ser sindicadas pelo tribunal já passaram no teste da vontade juridificadora, a qual opera como fundamento de validade negocial[1455]. De facto e segundo o percurso da LCCG, verifica-se que, antes do momento do controlo jurisdicional, as ccg visadas foram objeto de aceitação (4.º), foram devidamente comunicadas (5.º) e informadas (6.º), não foram excluídas por cláusulas prevalentes (7.º), não são "surpresa" [8.º, c)], não surgem depois da assinatura [8.º, d)] e estão devidamente interpretadas (10.º e 11.º). São verdadeiras sobreviventes. Isso não chega?

II. Ao aderir a ccg, o interessado faz uso da sua autonomia: é evidente que tal adesão lhe traz, em regra, vantagens imediatas: baixos custos de transação, rapidez e imediato desfrute de bens e serviços. A tutela da liberdade de decisão inclui a da confiança, a ela ligada[1456]. Verifica-se ainda,

---

[1454] Andreas Fuchs, em Ulmer/Brandner/Hensen *AGB-Recht* cit., 11.ª ed. do Vorb. v. § 307 BGB, Nr. 1 ss. (502 ss.); Manfred Wolf/Jörg Neuner, *Allgemeiner Teil* cit., 10.ª ed., § 47, Nr. 50 ss. (562 ss.).

[1455] P. ex., Nikolaus Brehner, *Wille und Erklärung/Zu Geltungsgrund, Tatbestand und Zurechnung der Willenserklärung* (1992), 267 pp., 175 ss..

[1456] Manfred Wolf, *Rechtsgeschäftliche Entscheidungsfreiheit und vertraglicher Interessenausgleich* (1970), 312 pp., 146, 149 e 186 ss..

§ 28.º O controlo interno 441

como já sublinhámos, que as ccg dão vida a tipos contratuais básicos, que não têm sede legal: toda a vida bancária depende deles, outro tanto sucedendo com a distribuição comercial: concessão e franquia (*franchising*). O seu controlo deve ser cuidadoso[1457], sob pena de distorções.
A doutrina sublinha, assim, que o utilizador defende, também, o interesse geral[1458].

III. As ccg não podem, todavia e a pretexto dos valores que comportem, furtar-se à sindicância do sistema que as reconhece e as legitima. Pela sua natureza privada, elas escapam ao controlo público, legal e constitucional que recai sobre os diplomas do Estado. A maior homenagem que se pode fazer ao seu relevo sócio-económico é, justamente, a de reservar, para os tribunais, a ponderação do seu conteúdo.

Os tribunais, por seu turno, devem ter em conta a relação dialética que se estabelece entre o Direito cogente e a autonomia privada[1459], procurando um balanceamento entre os vetores em presença[1460]. Por um lado, a sindicância judicial das ccg visa a tutela do aderente, designada pelo poder do utilizador das cláusulas, sobretudo quando monopolista; por outro, ela protege a fiabilidade dos circuitos económicos, a sustentabilidade da distribuição e do consumo e a idoneidade dos mercados[1461].

IV. Em suma: o controlo do conteúdo das ccg, confiado aos tribunais tem sempre presente as duas vertentes da justiça: individualizadora e generalizadora. Há interesses válidos, ainda que contrapostos. Os valores bási-

---

[1457] Markus Stoffels, *Gesetzlich nicht geregelte Schuldverträge: Rechtsfindung und Inhaltskontrolle* (2001), XXIII + 693 pp., 99, 120 ss., 172 ss. e *passim*.
[1458] Dietmar Baetge, *Allgemeininteressen in der Inhaltskontrolle/Der Einfluss öffentlicher Interesse auf die Wirksamkeit Allgemeiner Geschäftsbedingungen*, AcP 202 (2002), 972-993 (979 e 993).
[1459] Tilman Repgen, *Kein Abschied von der Privatautonomie/die Funktion zwingenden Rechts in der Verbrauchersgüterkaufrichtlinie* (2001), 129 pp., 11 e *passim*.
[1460] Dieter Medicus, *Abschied von der Privatautonomie im Schuldrecht?/Erscheinungsformen, Gefahren, Abhilfen* (1994), 35 pp.; Karl Riesenhuber, *Wandlungen oder Erosion der Privatautonomie?*, em Karl Riesenhuber/Yuko Nishtani, *Wandlungen oder Erosion der Privatautonomie?/Deutsch- japanische Perspektiven des Vertragsrechts* (2007), 1-15. Uma referência geral deve ainda ser feita a Tobias Miethaner, *AGB-Kontrolle versus Individualvereinbarung* (2010), XVI + 289 pp..
[1461] Andreas Fuchs, em Ulmer/Brandner/Hensen *AGB-Recht* cit., 11.ª ed., Vorb. v. § 307 BGB, Nr. 26 ss. e 31 ss. (516 ss. e 519 ss.).

cos do ordenamento dão, sempre, a bitola de qualquer decisão. E quando a lei o diga, operam, como pontos de referência, as regras supletivas legais que as ccg tenham pretendido pôr de lado.

V. Pergunta-se como ordenar o tipo de controlo confiado aos tribunais, no domínio das ccg. Trata-se de um controlo de eficácia ou, pela LCCG, de validade. Não está em causa[1462]:

– nem um controlo de equidade, que obrigaria o juiz a ponderar aspetos do caso concreto, como seria a real situação das partes; para isso, queda a alteração das circunstâncias (437.º/1);
– nem um controlo deontológico (isto é, de bons costumes), dependente de um juízo de valor sobre a postura comercial do utilizador; esse será o papel dos bons costumes (280.º/1);
– nem um controlo interpretativo ou integrativo; há regras para tal (237.º e 239.º);
– nem um controlo do exercício; esta dimensão cabe ao abuso do direito (334.º).

Perante ccg, o juiz deve abdicar de casuismos. Estes são decisivos: mas pertencem a outras galáxias jurídicas. Quando lida com conceitos indeterminados ou com institutos de grande porte, a Ciência do Direito deve agir com uma precisão extrema.

140. A nulidade (*sui generis*)

I. Facilitando a tarefa aferidora dos tribunais, a LCCG veio proibir determinadas cláusulas. Para tanto, recorreu a um sistema de média complexidade, abaixo referido: a dificuldade reside na definição legal das proibições, dada a variedade de situações possíveis.

O diploma de 1985, reformado em 1995, começou por equacionar a situação das cláusulas contratuais que acolham ccg proibidas. Vale o artigo 12.º da LCCG:

> As cláusulas contratuais gerais proibidas por disposição deste diploma são nulas nos termos nele previstos.

[1462] Lorenz Fastrich, *Richterliche Inhaltskontrolle im Privatrecht* cit., 11-27.

O próprio preceito indicia que não estamos perante nulidades comuns, previstas no artigo 286.º: antes em face de um regime adaptado à realidade ora em jogo.

II. Desde logo, a proibição pode, aqui, ser de um de dois tipos:

– ou derivada da aplicação dos artigos 15.º a 23.º da LCCG, preceitos esses que definem, em abstrato, as cláusulas vedadas, diretamente no concreto contrato singular onde o problema se ponha;
– ou ocasionada pela prévia proibição judicial feita independentemente de situações concretas, por via de uma ação inibitória, prevista no artigo 25.º.

As ponderações são diferentes: mais envolventes e cuidadosas, no primeiro caso e mais expeditas (embora nunca automáticas), no segundo.

III. Pergunta-se se a nulidade de ccg pode ser invocada por qualquer interessado, nos termos do artigo 286.º e se, pelo mesmo preceito, ela deve ser declarada oficiosamente, pelo tribunal. À partida, cada um decide se lhe convém invocar determinada invalidade. Com efeito, a presença, num contrato singular, de ccg nulas pode ser indiferente, para o aderente: basta, por exemplo, que se trate de cláusulas previstas para eventualidades que, de todo, ele saiba não virem a ocorrer. Em compensação, a invocação vitoriosa de invalidades obriga a uma recomposição do contrato singular: operação sempre incerta e com custos de transação. Acresce que, subjacente ao contrato singular, pode haver uma relação de confiança que o particular tenha interesse em manter. Pela natureza das coisas, tal relação será afetada caso ocorram intervenções judiciais, no contrato.

Sucede, ainda, que a ccg deixará de o ser se o aderente a (re)confirmar, individualizadamente e no âmbito de uma negociação livremente consentida. Passa de nula a válida? Por mera decisão de um particular? Afigura-se que a teoria clássica das invalidades não foi pensada para situações deste tipo: carece de adaptações.

IV. O artigo 12.º da LCCG deve ser interpretado com algum cuidado. Recorde-se que o seu "gémeo", o § 307 (1) do BGB, não fala em nulidade mas, tão-só, em "ineficácia": figura mais ampla e mais flexível. Por seu turno, o artigo 6.º/1 da Diretriz 93/13, limita-se a dispor[1463]:

[1463] JOCE N. L 95, de 21-abr.-1993, 31/II.

Os Estados-membros estipularão que, nas condições fixadas pelos respectivos direitos nacionais, as cláusulas abusivas constantes de um contrato celebrado com um consumidor por um profissional não vinculem o consumidor e que o contrato continue a vincular as partes nos mesmos termos, se puder subsistir sem as cláusulas abusivas.

Ou seja: "não vinculem o consumidor": diverso, estruturalmente, da nulidade.

Aquando da sua elaboração, há trinta anos, o legislador pretendeu vincar bem o desvalor das ccg proibidas, abrindo as portas à ação inibitória. Agora, todavia, cabe reconstruir o pensamento legislativo, em termos atualistas e de acordo com os elementos sistemático e teleológico da interpretação.

V. Se bem se atentar, o artigo 12.º da LCCG dispõe que as ccg proibidas são nulas. Portanto: são visadas as próprias cláusulas, independentemente de qualquer inclusão num contrato singular. Feita a integração, a questão é diversa: já não se trata de ccg mas, antes, de uma cláusula contratual comum. Ora esta fica na disponibilidade do aderente: se ele podia aceitar previamente a mesma cláusula, com toda a validade, desde que não o fizesse por adesão, também a poderá consolidar, *a posteriori*. Evidentemente: ressalvam-se os casos (assaz limitados) em que o legislador veio proibir ccg que já seriam nulas, nos termos da lei: assim as exonerações antecipadas de responsabilidade – artigo 18.º, *a*), *b*), *c*) e *d*). Aí, há sempre nulidade própria.

A conclusão é simples: as ccg proibidas são nulas (12.º). As cláusulas contratuais singulares provenientes da subscrição são inválidas: mas uma invalidade *sui generis*, diferente da nulidade. Resta fixar as especificidades dessa situação.

VI. Em primeiro lugar, entendemos que é mera anulabilidade: cabe, ao aderente, decidir se quer ou não impugnar a cláusula, já inserta no contrato singular. Pelas razões expostas, se pode "confirmá-la" *ex ante*, acolhendo-a por negociação, também poderá fazê-lo *ex post*. Aliás, o artigo 13.º/1 da LCCG começa justamente por dispor "o aderente (…)pode optar pela manutenção dos contratos singulares". O n.º 2 desse preceito deve ser interpretado restritivamente, de modo a não provocar a conversão obrigatória, como (única) alternativa à nulidade total do negócio. E por essa mesma ordem de ideias, não pode qualquer "interessado" invocar a invalidade, assim como não pode o tribunal, pese embora a jurisprudência comunitária em contrário[1464], declará-la oficiosamente.

VII. De seguida, temos o regime especial do artigo 13.º/2: o aderente pode optar pela manutenção do contrato, mas substituindo as ccg inválidas pelas normas supletivas aplicáveis e, se necessário, com recurso às regras de integração. Temos duas situações possíveis:

– ou estamos em face de um contrato que integre um tipo legal, cujas regras supletivas viessem a ser afastadas pelas ccg: nessa ocasião, tais regras retomam aplicação;
– ou o contrato equivale a um mero tipo social, reconhecido pela prática mas ausente da lei: faltam, aí, regras legais, pelo que queda recorrer à integração da lacuna negocial (239.º), também dita interpretação complementadora, para suprir o espaço em branco resultante da queda da cláusula viciada.

Estamos perante um regime claramente diferente do da nulidade comum. Justifica-se considerá-lo *sui generis*. E as especialidades mais se acentuam com o esquema da redução, previsto no artigo 14.º e que, de seguida, vamos considerar.

141. A redução; a "redução convalidante"

I. O artigo 14.º da LCCG visa complementar o quadro das consequências derivadas da nulidade das ccg. A parte aderente, confrontada com ccg inválidas, pode não optar nem por deixar a matéria intocada, nem pela nulidade total do contrato, nem pela sua manutenção com recurso, em vez das cláusulas viciadas, ao Direito supletivo afastado, com eventual recurso às regras da integração dos negócios. Além disso, pode ainda suceder que esta última opção, a ser feita, conduza a desequilíbrios inexigíveis, na linguagem do § 306/III, do BGB[1465]. Em tais eventualidades, determina o artigo 14.º em causa:

[1464] TJE 27-jun.-2000, C-240/98 e TJE 21-nov.-2002, C-473/10; afigura-se-nos estar em jogo a defesa do aderente, a apreciar em concreto, o que pode não jogar com a oficiosidade.

[1465] Com muitos elementos, Harry Schmidt, em Ulmer/Brandner/Hensen *AGB-Recht* cit., 11.ª ed., § 306, Nr. 42 ss. (483 ss.).

Se a faculdade prevista no artigo anterior não for exercida ou, sendo--o, conduzir a um desequilíbrio de prestações gravemente atentatório da boa-fé, vigora o regime da redução dos negócios jurídicos.

Em suma: nas circunstâncias descritas, perante a invalidade de ccg, pode a parte aderente optar pela redução, isto é, pela vigência do contrato sem as cláusulas viciadas; e a mesma redução opera caso a substituição das cláusulas vedadas por regras legais supletivas ou pelo produto da integração negocial conduzam a "um desequilíbrio de prestações gravemente atentatório da boa-fé".

II. Antes de examinar estes pontos, cabe focar a hipótese de redução: ela não é fatal. A lei manda aplicar o "regime de redução dos negócios jurídicos". Ora esse regime, previsto no artigo 292.º, exclui a mesma (...) *quando se mostre que este* [o negócio] *não teria sido concluído sem a parte viciada*. Portanto: o utilizador de ccg, confrontado com o artigo 14.º, pode sempre provocar a "nulidade total" demonstrando que o negócio não seria concluído sem a parte viciada. Este ponto é importante, para uma interpretação consequente do artigo 14.º. Isto posto, prevê esse preceito:

– que o aderente, invocando a invalidade, opte por não apelar à aplicação de regras supletivas ou à integração negocial; ou
– que tais soluções provoquem um desequilíbrio gravemente contrário à boa-fé.

Em qualquer dos casos, somos remetidos para o regime da redução, com as consequências já referidas.

III. Há, ainda, uma hipótese: a de o aderente invocar a "nulidade" proveniente do acolhimento de ccg e de não ser, de todo, possível colmatar a lacuna daí derivada: nem pelas regras supletivas, nem pelas regras da integração, nem pelo funcionamento da redução. E isso por resultar, da invocação da "nulidade", uma "indeterminação insuprível de aspectos essenciais do negócio", para usar a linguagem do lugar paralelo do artigo 9.º/2 da LCCG. Nessa altura, o negócio cai *in totum*.

IV. Hipótese distinta é a da chamada "redução convalidante" (*geltungserhaltende Reduktion*)[1466] e que pode sumariar-se do modo que segue[1467].

[1466] Manfred Wolf/Jörg Neuner, *Allgemeiner Teil* cit., 10.ª ed., § 47, Nr. 85 (569).
[1467] Sobre o tema, cabe assinalar a interessante monografia de Katharina Uffmann,

§ 28.º *O controlo interno*

Uma ccg pode ser proibida por ser considerada excessiva: uma hipótese comum no domínio das cláusulas relativamente proibidas, nos termos dos artigos 19.º e 22.º da LCCG. Nessa altura, será possível evitar a nulidade da clásusula, reconduzindo-a a limites aceitáveis, isto é, operando uma "redução convalidante"?
A doutrina tradicional respondia pela negativa[1468]. E nesse sentido, invocava três argumentos decisivos[1469]:

(a) ao proceder à "redução convalidante", o juiz iria operar como administrador dos interesses do utilizador das cláusulas (auxílio contratual unilateral);
(b) o aderente não mais poderia, através das ccg, informar-se sobre os seus direitos e os seus deveres (transparência);
(c) o utilizador ficaria liberto do risco de invalidade total do negócio; multiplicaria, pois, as invalidades, assim se perdendo o papel pedagógico da Lei (prevenção).

A regra é hoje considerada excessiva: em diversos campos, a "redução convalidante" é útil, designadamente no Direito do trabalho[1470]; impõe-se, pois, a sua matização[1471] e, no limite, o seu afastamento[1472].
Perante a LCCG, a solução deve ser procurada nos artigos 13.º e 14.º. A "cláusula excessiva" é nula; pode ser recuperada pelas regras supletivas ou pela integração negocial. Admitimos ainda que, no limite e na insuficiência desses meios, a invocação da nulidade global ainda possa ser sindicada pelo abuso do direito. Mas já não parece viável atribuir, ao juiz, o papel de reescrever o programa contratual das partes, ajustando as cláusulas subscritas em função de juízos de gestão e de oportunidade. Não é esse o papel dos tribunais.
Assim tomada e com as escapatórias enunciadas, a "redução convalidante" não é viável, como tal.

Das Verbot der geltungserhaltende Reduktion (2010), XVII + 317 pp.: o tema, como sempre sucede no Direito civil, é inesgotável.
[1468] *Vide*, com indicações, Phillip Hellwege, HKK/BGB cit., II/2, §§ 305-310 (II), Nr. 31 (1466).
[1469] Johannes Neumann, *Geltungserhaltende Reduktion und ergänzende Auslegung von Allgemeinen Geschäftsbedingungen* (1988), 226 pp., 67 ss.; Katharina Uffmann, *Das Verbot der geltungserhaltende Reduktion* cit., 2 e passim.
[1470] Katharina Uffmann, *Das Verbot der geltungserhaltende Reduktion* cit., 11 ss..
[1471] *Idem*, 55 ss. e 212 ss..
[1472] *Idem*, 285 ss..

142. O sistema das proibições

I. Na proibição de certas ccg, a Lei, na redação dada pelo Decreto-Lei n.º 220/95, de 31 de agosto, seguiu o sistema seguinte:

– começou por fixar o princípio geral da proibição de ccg contrárias à boa-fé (15.º);
– indicou vias de concretização da mesma boa-fé (16.º);
– adotou um esquema diversificado de proibições concretas.

II. A lei distinguiu, para efeitos de proibições e para além da proibição geral das cláusulas contrárias à boa-fé (15.º e 16.º):

– as relações entre empresários ou os que exerçam profissões liberais, singulares ou coletivos, ou entre uns e outros, quando intervenham apenas nessa qualidade e no âmbito da sua atividade específica – artigo 17.º;
– as relações com consumidores finais e, genericamente, todas as não abrangidas pela caracterização acima efetuada – artigo 20.º.

A distinção tem um duplo relevo. Por um lado, permite facultar, a essas duas categorias, uma proteção diferenciada, com maior adaptação à sua natureza. Por outro, deixa claro que a lei portuguesa dispensa uma proteção geral; assim se distingue da alemã, cujas proibições específicas não se aplicam, perante empresários (e pessoas coletivas públicas), segundo o § 310 do BGB[1473]. Entende-se que estes, mais informados, podem agir livremente no seio da autonomia privada. As condições existentes em Portugal são diferentes, havendo que dispensar uma proteção ao próprio empresário. No domínio da distribuição, as ccg são, sobretudo, utilizadas por grandes empresas, nas suas relações com pequenos empresários, que merecem uma certa proteção.

III. Na proibição das cláusulas, a lei, na redação dada pelo Decreto-Lei n.º 220/95, de 31 de agosto, adotou o seguinte sistema:

[1473] Peter Ulmer/Carsten Schäfer, em Ulmer/Brandner/Hensen *AGB-Recht Kommentar*, 11.ª ed. cit., § 310 (1150 ss.). *Vide* Manfred Wolf/Jörg Neuner, *Allgemeiner Teil*, 10.ª ed. cit., § 47, Nr. 25 (557) e Nr. 59 (564).

– isolou as disposições comuns por natureza, aplicáveis a todas as relações;
– elencou determinadas proibições relativas às relações entre empresários ou entidades equiparadas;
– passando às relações com consumidores finais, a lei determinou a aplicação de todas as proibições já cominadas para as relações entre empresários e, além disso, prescreveu novas proibições.

Temos, assim, um princípio comum, assente na boa-fé. Além disso, o dispositivo relativo aos empresários funciona como um mínimo aplicável em todas as circunstâncias; posto o que, tratando-se de relações com consumidores finais ou de situações não redutíveis às primeiras – p. ex., relações entre meros particulares – haverá que aplicar várias outras proibições.

O teor geral das proibições segue as linhas seguintes:

– nas relações entre empresários deixa-se, às partes, a maior autonomia, apenas se prevenindo, nesse domínio, que elas se exoneram da responsabilidade que, porventura, lhes caiba;
– nas relações com consumidores finais, houve que ir mais longe: para além da intangibilidade da responsabilidade, foram assegurados outros dispositivos de proteção.

IV. Outro aspeto tecnicamente importante tem a ver com a estruturação das ccg proibidas e assenta numa contraposição entre cláusulas absolutamente proibidas e cláusulas relativamente proibidas:

– as cláusulas absolutamente proibidas (a lista negra) não podem, a qualquer título, ser incluídas em contratos através do mecanismo de adesão – artigos 18.º e 21.º da LCCG;
– as cláusulas relativamente proibidas (a lista cinzenta) não podem ser incluídas em tais contratos desde que, sobre elas, incida um juízo de valor suplementar que a tanto conduza; tal juízo deve ser formulado pela entidade aplicadora, no caso concreto, dentro do espaço para tanto indiciado pelo preceito legal em causa – artigos 19.º e 22.º da LCCG.

A diferenciação fica clara perante o conteúdo das normas em presença; assim:

– o artigo 18.º da LCCG proíbe, na alínea *a*), as cláusulas que excluam ou limitem, de modo direto ou indireto, a responsabilidade por danos causados à vida, à integridade moral ou física ou à saúde das pessoas; sempre que apareça uma cláusula com tal teor, ela será proibida e, daí, nula;

– o artigo 19.º da LCCG proíbe, também na alínea *a*), as cláusulas que estabeleçam, a favor de quem as predisponha, prazos excessivos para a aceitação ou rejeição das propostas; apenas em concreto e perante uma realização dos valores aqui figurados, se poderá afirmar a "excessividade de determinado prazo".

Esta clivagem é estrutural e não se vê como evitá-la: enquanto, nalguns casos, a simples presença de determinada cláusula pode, desde logo, ser afastada, noutros tal só sucede quando a cláusula em causa assuma uma dimensão negativa; o mesmo prazo pode ser excessivo, ou não, consoante o tipo de contrato em jogo.

O legislador procurou, depois, ir tão longe, quanto possível, na enumeração das diversas cláusulas absolutas ou relativamente proibidas; competirá, agora, à jurisprudência encontrar um meio termo entre as vertentes generalizadora e individualizadora da justiça.

V. Uma questão complexa tem a ver com as vias de concretização utilizadas no domínio das cláusulas relativamente proibidas. Por um lado, estas dependem de juízos concretos; mas por outro não quis o legislador que se caísse em cláusulas de equidade[1474], que tudo subordinassem a certas impressões do caso concreto, numa situação que, desde logo, inviabilizaria a ação inibitória no tocante às cláusulas relativamente proibidas.

A referência ao "quadro negocial padronizado" pretende, justamente, explicitar que a concretização das proibições relativas deve operar perante as cláusulas em si, no seu conjunto e segundo os padrões em jogo[1475]; por exemplo, em face de um formulário de compra e venda de um automóvel, há que ponderar: se o prazo de entrega é excessivo, tendo em conta *esse tipo de venda* (e não aquela venda concreta), se a cláusula penal é excessiva, etc.. Tratando-se de um automóvel usado, a ponderação será feita de acordo com o padrão "venda de veículos usados", etc..

[1474] *Supra*, 442.

[1475] Pode ver-se uma correta aplicação desta técnica, então de ponta, em RPt 23-nov.-1993 (Matos Fernandes), CJ XVIII (1993) 5, 225-230 (229-230), precisamente a propósito de um contrato de locação financeira.

143. A proibição de contrariedade à boa-fé

I. O núcleo da LCCG é constituído pelo princípio geral do seu artigo 15.º:

> São nulas as cláusulas contratuais gerais contrárias à boa-fé.

O artigo 16.º indica vias de concretização:

> Na aplicação da norma anterior devem ponderar-se os valores fundamentais do direito, relevantes em face da situação considerada, e, especialmente:
>
> *a)* A confiança suscitada, nas partes, pelo sentido global das cláusulas contratuais em causa, pelo processo de formação do contrato singular celebrado, pelo teor deste e ainda por quaisquer outros elementos atendíveis;
>
> *b)* O objetivo que as partes visam atingir negocialmente, procurando-se a sua efectivação à luz do tipo de contrato utilizado.

A remissão para a boa-fé equivale a delegar, no juiz, o poder de, perante cada cláusula, concretizar os valores gerais do sistema. Ela remonta à criação pretoriana dos *bonae fidei iudicia* e, no campo das ccg, acolhe a experiência alemã. Esta, ainda antes de haver uma lei geral sobre ccg (a qual só surgiu em 1976), controlava as cláusulas através do princípio geral da boa-fé nas obrigações, constante do § 242 do BGB. O § 9 da AGBG acolheu-o, num preceito que, em 2001, passou para o § 307/1 e 2[1476].

Tem interesse conhecer o texto do § 307/1 e 2, do BGB. Quer pelo papel que tiveram nas leis da Europa subsequentes, quer para melhor se ponderarem as especificidades da LCCG portuguesa. Dispõe o preceito germânico:

> (1) As proposições em condições negociais gerais são ineficazes quando, contra as regras da boa-fé, prejudiquem desproporcionadamente o parceiro contratual do utilizador. Também pode ocorrer

---

[1476] Michael Coester, no *Staudinger* II, §§ 305-310 cit., § 307, Nr. 1 (209) e Andreas Fuchs, no Ulmer/Brandner/Hensen, *AGB-Recht/Kommentar*, 11.ª ed. cit., § 307, Nr. 1 (568).

um prejuízo desproporcionado quando a proposição não seja clara e entendível.

(2) Na dúvida, é de considerar um prejuízo desproporcional quando uma proposição:

1. Não seja conciliável com princípios fundamentais da regulação da qual se afaste;
2. Limite direitos ou deveres essenciais que resultem da natureza do contrato de tal modo que a obtenção do escopo contratual fique em perigo.

No campo contratual, torna-se inviável imaginar todas as ccg que possam surgir como inaceitáveis, perante os valores básicos do Direito. Havia, por isso, que prever uma referência geral, com vias de concretização, que não pusessem em risco a futura evolução da matéria[1477].

Como temos vindo a acentuar, a Ciência do Direito atual dispõe de meios para, com garantias de cientificidade, concretizar conceitos indeterminados. Não há qualquer risco para a segurança jurídica: as prevenções contra as temidas "cláusulas em branco" não têm, hoje, significado. Verifica-se ainda que, mau grado a lista extensa de proibições concretas, a cláusula geral da boa-fé tem a maior utilidade prática. Ilustram-no as múltiplas decisões judiciais, tomadas em sua concretização.

III. As alíneas 16.º, *a*) e *b*), configuram as duas grandes vias de concretização da boa-fé: a tutela da confiança e a primazia da materialidade subjacente[1478]. Afigura-se haver aqui um ganho relativamente à Lei alemã, que acentua mais vincadamente este segundo aspeto, descurando a confiança[1479]. Estes vetores não excluem quaisquer outros, que possam ser reconduzidos aos valores fundamentais comunicados pela boa-fé. Em jogo

---

[1477] Hermann-Josef Bunte, *Entwicklungen im Recht der Allgemeinen Geschäftsbedingungen – Ein Erfahrungsbericht nach 5 Jahren AGB-Gesetz*, BB Beilage Nr. 13/82 (1982), 2 ss. e, por último e com várias indicações, Thomas Becker, *Die Auslegung des § 9 Abs. 2 AGB-Gesetz* (1986) e Hans W. Micklitz, *La loi allemande relative au régime juridique des conditions générales des contrats du 9 Décembre 1976/Bilan de onze anées d'aplication*, RIDC 41 (1989), 101-122 (110 ss.).

[1478] *Da boa fé*, 1234 ss. e 1252 ss., cuja orientação é, assim, sufragada pelo legislador.

[1479] Na verdade, a tutela da confiança, fortemente ancorada na doutrina e na jurisprudência, não necessita de arrimos legais; todavia, na panorâmica portuguesa de 1985, tudo isso estava, ainda, confinado a escassas pesquisas jurídico-científicas.

§ 28.º *O controlo interno* 453

temos, sempre, a procura de soluções justificadas e controladas pelo Direito e não algo que se aproxime do arbítrio ou de uma equidade informe, no sentido da denominada "justiça" do caso concreto.

IV. Como exemplos de cláusulas invalidadas por contrariedade à boa-fé (artigos 15.º e 16.º da LCCG), encontramos:

– diversas proposições patentes num formulário relativo ao "eurocheque" e ao inerente cartão, pelas quais o titular "se obrigava" a não contestar os montantes originados pela sua utilização, presumindo-se, ainda, que a utilização do cartão por terceiros era sempre consentida pelo próprio ou, por ele, culposamente facilitada, ainda que se provasse não haver culpa do titular[1480]; cláusulas deste tipo vieram, de resto, a ser expurgadas pelas próprias instituições utilizadoras;
– a cláusula que caia sob o artigo 15.º pode ser oficiosamente apreciada pelo Tribunal; todavia, não se considerou, aí, contrária à boa-fé a cláusula que, num seguro, impõe uma desvalorização de 40% a um veículo pesado, ao fim de dez meses[1481];
– a cláusula que, num seguro de invalidez, requer um estado de invalidez permanente não inferior a 75% e, cumulativamente, a impossibilidade de subsistência sem o apoio permanente de uma terceira pessoa[1482];
– a cláusula que, ainda num seguro de invalidez, inserida nas condições especiais, limita o conceito de invalidez, definido nas condições particulares, surge muito restritiva[1483]; em situações deste tipo, não só se frustra a expectativa do segurado, que vê falhar o seguro precisamente quando iria precisar dele, como ainda se deixa o contrato celebrado sem fim útil;
– a cláusula que, num contrato com consumidores, mande aplicar o artigo 102.º, § 3, do Código Comercial, que, hoje, remete para juros altos, é possível, nos contratos concluídos entre empresas e consumidores[1484];

[1480] RPt 21-out.-1993 (Carlos Matias), BMJ 430 (1993), 510, o sumário.
[1481] STJ 24-jun.-2010 (Bettencourt de Faria), Proc. 5611/03.0.
[1482] STJ 7-out.-2010 (Serra Baptista), Proc. 1583/06.7.
[1483] STJ 29-mar.-2011 (Alves Velho), Proc. 313/07.
[1484] RLx 5-mai.-2011 (Aguiar Pereira), Proc. 2152/10.2.

– a cláusula que determine um arredondamento, para cima, da taxa de juros bancários[1485];
– a cláusula que imponha um vencimento antecipado de várias obrigações, por falha numa prestação[1486].

144. Articulação de proibições

I. O sistema geral acima sumariado desenvolve-se, depois, em catálogos de proibições específicas. Das combinações dos diversos parâmetros resultam as quatro hipóteses básicas contempladas na lei:

– cláusulas absolutamente proibidas entre empresários e equiparados – artigo 18.º[1487];
– cláusulas relativamente proibidas entre empresários e equiparados – artigo 19.º[1488];
– cláusulas absolutamente proibidas nas relações com consumidores finais – artigo 21.º;
– cláusulas relativamente proibidas nas relações com consumidores finais – artigo 22.º.

As proibições fixadas para as relações entre empresários e equiparados aplicam-se, também, nas relações com consumidores finais.

[1485] STJ 31-mai.-2011 (Fonseca Ramos), Proc. 854/10.
[1486] STJ 8-mai.-2013 (João Bernardo), Proc. 813/09.
[1487] O preceito equivale ao § 309 do BGB, que prevê as proibições "sem possibilidade de valoração"; vide Dagmar Coester-Waltjen, no *Staudingers Kommentar*, 2, §§ 305-310 cit., § 309, 558-721; Jens Dammann, em Wolf/Lindacher/Pfeiffer, *AGB-Recht/ Kommentar*, 5.ª ed. (2009) § 309 (561 ss.); há 6.ª ed., de 2013; Andreas Fuchs, em Ulmer/ /Brandner/Hensen, *AGB-Recht*, 11.ª ed. cit., § 309, Nr. 3 e 4 (921-945), Guido Christensen, *idem*, § 309, Nr. 7, 8 e 9 (980-1105) e Mathias Habersack, *idem*, § 309, Nr. 10 a 13 (1105-1144): como se vê, a matéria atinge tais dimensões que as diversas proibições absolutas são analisadas por especialistas diferentes; Wolfgang Wurmnest, no *Münchener Kommentar zum BGB*, 2, 6.ª ed. cit., § 309 (1367 ss.).
[1488] Corresponde ao § 308 do BGB, relativo a proibições "com possibilidade de valoração"; vide Dagmar Coester-Waltjen, no *Staudingers Kommentar*, 2, §§ 305-310 cit., § 308 (489-558), Jens Dammann, em Wolf/Lindacher/Pfeiffer, *AGB-Recht/Kommentar*, 5.ª ed. cit., § 308 (420 ss.); Harry Schmidt, em Ulmer/Brandner/Hensen *AGB-Recht*, 11.ª ed. cit., § 308 (814-893); Wolfgang Wurmnest, no *Münchener Kommentar zum BGB*, 2, 6.ª ed. cit., § 308 (1320-1367).

§ 28.º O controlo interno

II. O legislador procurou ir tão longe quanto possível no aprontar das proibições exaradas na LCCG, numa orientação que, assumida desde o início, foi reforçada em 1995. Para tanto, não recorreu a uma metodologia de tipo dedutivo: antes aproveitou várias experiências científicas, firmadas na resolução de problemas concretos e, designadamente, na prática do AGBG alemão, integrada no BGB pela reforma de 2001/2002 e sedimentada há quatro décadas. De resto, as suas formulações são, seguramente, mais precisas do que as deste, como resulta de uma simples leitura objetiva e cotejada dos dois textos. As diversas proibições específicas relevam, fundamentalmente, do Direito das obrigações. A sua simples leitura mostra, contudo, um enorme papel para o Direito bancário e para o Direito dos seguros, globalmente dominados, hoje em dia, por ccg.

§ 29.º PROIBIÇÕES ENTRE EMPRESÁRIOS

145. Proibições absolutas

I. O artigo 18.º da LCCG começa, nas suas alíneas *a)*, *b)*, *c)* e *d)*, por proibir as chamadas cláusulas de exclusão ou da limitação da responsabilidade. Particularmente inpressivas são as duas primeiras alíneas, que determinam a nulidade das cláusulas que afastem a responsabilidade por danos pessoais ou patrimoniais aquilianos.

A aplicação destas proibições ao universo dos seguros deve ser ponderada. Os danos visados são os causados no âmbito do contrato de que se trate e não aqueles que não se incluam numa cobertura de risco. Por exemplo: se o tomador, dentro das instalações do segurador, no momento da assinatura, cai no soalho encerado, sem culpa própria, não vale uma cláusula de exclusão de responsabilidade. Mas já assim não será perante danos pessoais ou patrimoniais que nada tenham a ver com o segurador, e que não constem da cobertura[1489].

Quanto às quatro alíneas, no seu conjunto: o legislador pretendeu deixar, entre empresários, dominar uma autonomia privada alargada, mas com

---

[1489] Temos, pois, dúvidas quanto ao decidido na RCb 23-jan.-2008 (Inácio Martins), Proc. 52/00.3, que considerou nula, perante o artigo 18.º, *a)* e *b)* da LCCG, a cláusula relativa à responsabilidade por uso de foguetes, quando os danos resultassem de falta de cuidado; não conhecemos suficientemente esse caso; mas a nulidade, a impor-se, viria através dos artigos 15.º e 16.º: um seguro de foguetes que não funcione no caso de falta de cuidado será inútil: não permite prosseguir o fim visado pelas partes. No bom sentido, quanto à justificação, temos RPt 31-jan.-2012 (M. Pinto dos Santos), Proc. 8728/09.3, que invalida a exclusão de cobertura se não forem cumpridas normas de segurança, explicando que ela:

> (…) esvazia consideravelmente o contrato de seguro e beneficia, desmedida e injustificadamente, a posição contratual da seguradora, pondo em perigo a finalidade visada com a celebração do contrato.

a responsabilidade inerente aos danos causados[1490]. Boa parte das regras agora firmadas transcende o domínio das ccg, aplicando-se a todos os contratos, independentemente do seu modo de celebração. Vejam-se, neste sentido, os artigos 809.º e seguintes do Código Civil[1491]. De todo o modo, a jurisprudência não considerou contrárias a essas proibições as cláusulas que presumam não haver culpa do banqueiro, quando se avarie uma máquina ATM[1492]. Já são nulas as cláusulas que exonerem o banqueiro de responsabilidades por uso abusivo subsequente a furto ou a extravio: o dinheiro depositado pertence ao banqueiro[1493].

II. A alínea *e)* visa evitar que se procure conseguir, por via interpretativa, aquilo que as partes não podem diretamente alcançar. Na verdade, a hermenêutica dos contratos regula-se por regras próprias, constituintes por natureza, e que se incorporam nos modelos finais de decisão. Deixá-la ao sabor das cláusulas era permitir, afinal, manipular as decisões em jogo. Anote-se ainda que esta regra tem a ver com a interpretação de qualquer preceito, provenha ele, ou não, de adesão a cláusulas predispostas.

[1490] Várias das decisões sobre cláusulas proibidas têm, precisamente, a ver com proposições que pretendiam excluir a responsabilidade. Assim: RLx 11-jun.-1992 (Luís Fonseca), CJ XVII (1992) 3, 201-202, relativo a múltiplas cláusulas abusivas usadas por uma empresa fornecedora de gás, entre as quais uma exoneratória; STJ 6-mai.-1993 (Figueiredo de Sousa), BMJ 427 (1993), 509-515 = CJ/Supremo I (1993) 2, 90-91, *idem*, confirmando o acórdão anterior; RLx 27-jun.-1995 (Dinis Nunes), CJ XX (1995) 3, 137-139 (138), em que foram julgadas nulas cláusulas alargadas de irresponsabilidade, usadas por uma lavandaria; RLx 14-mar.-1996 (Torres Veiga), CJ XXI (1996) 2, 81-84, considerando nula uma cláusula pela qual uma empresa de entrega rápida de correio se desresponsabilizava, em caso de atraso, pelos lucros cessantes assim provocados.

[1491] Em RLx 6-abr.-1989 (Costa Raposo), CJ XIV (1989) 2, 124-127, decidiu-se que era nula a cláusula pela qual uma pessoa, cujo nome saíra trocado, na lista telefónica, assim originando vários danos, prescindira previamente, de qualquer indemnização, precisamente por via do artigo 809.º do Código Civil. Temos aqui um exemplo de como, jurisprudencialmente, é possível, na base de princípios gerais, suprir a ausência de um diploma sobre cláusulas contratuais gerais; a LCCG não era, ainda, aqui aplicável.

[1492] RLx 9-out.-1997 (Ponce de Leão), CJ XXII (1997) 4, 106-111 (108/II), revogada, nesse ponto, por STJ 3-dez.-1998 (Armando Lourenço), CJ/Supremo V (1998) 3, 140-145 (143/II).

[1493] RLx 9-out.-1997 cit., CJ XXII, 4, 110, confirmado aqui por STJ 3-dez.-1998 cit., 143/I. Cf. STJ 14-fev.-2002 (Ferreira de Almeida), CJ/Supremo X (2002) 1, 98-102 (101/I e 102/I), RLx 15-mai.-2003 (Lúcia de Sousa), CJ XXVIII (2003) 3, 81-84 e RLx 13-nov.-2003 (Francisco Magueijo), CJ XXVIII (2003) 5, 61-63.

III. As alíneas *f*), *g*), *h*) e *i*) têm a ver com os institutos da exceção do não cumprimento do contrato (428.º ss.), da resolução por incumprimento (432.º ss.)[1494], do direito de retenção (754.º ss.) e das faculdades de compensação (847.º ss.) e de consignação em depósito (841.º ss., todos do Código Civil). Trata-se de institutos que garantem ou reforçam o cumprimento das obrigações. A sua manutenção – com proibição, pois, de cláusulas que pretendam excluí-las – impõe-se pela mesma ordem de ideias que levou a vedar a eliminação da responsabilidade. De novo se deve ter em conta que a possibilidade de excluir estes institutos é, no mínimo, duvidosa já perante as próprias regras gerais. O legislador pretendeu, contudo, evitar hesitações, neste ponto sensível.

IV. A alínea *j*) visa evitar obrigações perpétuas ou – o que seria ainda pior – obrigações cuja duração ficasse apenas dependente de quem recorra às cláusulas contratuais gerais. Pode sustentar-se – ainda que em termos não-absolutos – que só são viáveis obrigações perpétuas quando a lei o permita ou o imponha: de outro modo, as partes estariam a despojar-se da sua liberdade. A lei esclareceu em definitivo esse ponto, no campo das cláusulas.

A alínea *l*) pretende, por fim, prevenir que, a coberto de esquemas de transmissão do contrato, se venha a limitar, de facto, a responsabilidade. Bastaria, na verdade, transferir a posição para uma entidade que não tenha adequada cobertura patrimonial para, na prática, esvaziar o conteúdo de qualquer imputação de danos[1495].

146. Proibições relativas

I. O artigo 19.º da LCCG reporta-se a proibições relativas no quadro das relações entre empresários. Como foi referido, apenas um juízo de valor, feito dentro da lógica de cada tipo negocial em jogo, permitirá restabelecer a justiça dentro do contrato.

As alíneas *a*) e *b*) têm a ver com prazos dos contratos. No decurso desses prazos, uma das partes fica submetida à vontade da outra. Em concreto, pode compreender-se que assim deva ou possa ser. A justificação,

---

[1494] *Vide* STJ 19-set.-2006 (Moreira Camilo), CJ/Supremo XIV (2006) 3, 59-63.

[1495] *Vide* o já citado STJ 6-mai.-1993 onde também surgiam cláusulas com este vício: foram julgadas absolutamente nulas, na linguagem da LCCG.

contudo, desaparece quando os prazos sejam demasiado alongados. O *quantum* admissível depende, como é claro, de cada tipo negocial em jogo.

II. A alínea *c*) proíbe cláusulas penais desproporcionadas aos danos a ressarcir. O artigo 812.º já permitia a sua redução segundo juízos de equidade. Essa solução não é imaginável perante o tráfego negocial de massas; aí, a pura e simples nulidade das cláusulas com o recurso subsequente às regras legais supletivas permite uma solução direta, clara, fácil e justa, em cada situação. Trata-se de uma proibição muito aplicada perante contratos de locação financeira, cujas condições gerais incluíam, por vezes, cláusulas penais draconianas[1496].

III. A rapidez do tráfego de massas justifica que, por vezes, se dispensem formais declarações de vontades, substituindo-as por outros indícios. Os comportamentos concludentes têm aqui particular relevo. Mas a situação torna-se inadmissível quando se recorra a factos insuficientes para alicerçar a autonomia privada. Caso a caso será necessário indagar dessa suficiência: tal o sentido da alínea *d*).

IV. A garantia das qualidades da coisa cedida ou de serviços prestados pode ser posta na dependência do recurso a terceiros; pense-se, por exemplo, na garantia dos automóveis, que exige a realização regular de operações de manutenção, feitas por agentes autorizados ou representantes. No entanto, em certos casos, tal sujeição apenas irá equivaler a um meio oblíquo de limitar a responsabilidade. Caso a caso, nos termos da alínea *e*), haverá que o demonstrar.

V. A alínea *f*) trata da denúncia, isto é, da faculdade de, unilateralmente e sem necessidade de justificação, se pôr termo a uma situação duradoura. Essa faculdade, quando a outra parte tenha feito investimentos ainda não amortizados, pode colocá-la nas mãos da primeira. Assim,

---

[1496] Tal o caso decidido em STJ 5-jul.-1994 (Machado Soares), CJ/Supremo II (1993) 3, 41-44 (43/2): considerou-se desproporcionado que, num contrato de locação financeira, se tivesse inserido, por via de uma cláusula contratual geral, a regra pela qual, perante o incumprimento do locatário, haveria lugar, além da resolução, ao pagamento de rendas vencidas, com juros e de rendas vincendas. Para outras indicações jurisprudenciais vide o *Manual de Direito bancário*, 4.ª ed., 563 ss. e, como exemplo, STJ 2-mai.-2002 (Sousa Inês), CJ/Supremo X (2002) 2, 43-44 (44/II).

quando seja injusta, é nula. A jurisprudência entende que não é esse o caso perante cláusulas bancárias que permitam ao banqueiro, como proprietário dos cartões de crédito, exigir a sua restituição, em caso de uso abusivo ou indevido[1497]. Já no campo dos seguros, foi julgada nula a cláusula que permita a denúncia sem um pré-aviso proporcionado[1498].

VI. O estabelecimento de um tribunal competente que envolva graves inconvenientes para uma das partes, em razão da distância ou da língua, por exemplo, deve ser justificado por equivalentes interesses da outra parte. Quando tal não suceda, a competente cláusula é nula, nos termos da alínea *g*). De acordo com interpretação preconizada por Miguel Teixeira de Sousa, tal cláusula é extensiva ao tribunal arbitral[1499].

As limitações das alíneas *h*) e *i*) têm a ver com a concessão de poderes excessivos e exorbitantes a uma das partes.

VII. Em todos estes casos de proibição relativa, deve entender-se que, perante a sua concretização, toda a cláusula em jogo é afetada. Não há, pois, qualquer hipótese de se reduzir a cláusula aos máximos admitidos pela lei das cláusulas contratuais gerais: isso iria dar lugar a enormes dúvidas de aplicação, nunca se podendo conhecer de antemão o Direito aplicável. Quando caia sob a alçada de uma proibição, ainda que relativa, a cláusula é toda nula, seguindo-se a aplicação do Direito supletivo que ela pretendera afastar, nos termos gerais.

[1497] RLx 9-out.-1997 cit., CJ XXII, 4, 109/I.
[1498] RCb 17-abr.-2012 (Barateiro Martins), Proc. 5060/09.6.
[1499] Já se tem entendido que cairia sob esta proibição a instituição de crédito que, tendo sede em Lisboa ou no Porto, fixasse, em cláusulas contratuais gerais, como foro competente, as Comarcas dessas Cidades: seria inconveniente para o aderente que nelas não residisse. Leia-se o texto todo da alínea *g*): parece um claro caso de escola em que as vantagens de uma das partes compensam as desvantagens da outra. A LCCG não visa uma tutela dos pequenos: procura, sim, a justiça contratual.

§ 30.º PROIBIÇÕES COM CONSUMIDORES

147. Proibições absolutas

I. Nas relações com consumidores finais, aplicam-se as proibições acima referenciadas e, ainda, as constantes dos artigos 21.º e 22.º, com as alterações introduzidas pelo Decreto-Lei n.º 220/95, de 31 de agosto.

II. As proibições absolutas inseridas nas alíneas *a*), *b*), *c*) e *d*) do artigo 21.º visam assegurar que os bens ou serviços pretendidos pelo consumidor final são, de facto, os que ele vai alcançar. Por seu turno, as alíneas *e*), *f*), *g*) e *h*) pretendem garantir a manutenção eficaz de uma tutela adequada, prevenindo a possibilidade de recurso a vias oblíquas para defraudar a lei[1500]. Particularmente visadas nas proibições judiciais são as cláusulas que, relativamente aos cartões bancários, alterem o regime do risco – artigo 21.º, *f*)[1501] ou estabeleçam a veracidade dos extratos emitidos pela máquina[1502].

[1500] Temos nulidades induzidas de alterações das regras do risco e do ónus de prova – atuais alíneas *f*) e *g*), do artigo 21.º – em RLx 9-jun.-1994 (Flores Ribeiro), CJ XIX (1994) 3, 107-109 –, em condições relativas ao uso de eurocheque e do inerente cartão. Na mesma linha, RLx 16-jun.-1994 (Noronha Nascimento), CJ XIX (1994) 3, 121-127, STJ 20-jun.-1995 (Pais de Sousa), CJ/Supremo III (1995) 2, 136-138 e RLx 26-nov.-1998 (Jorge Santos), CJ XXIII (1998) 5, 109-112 (111/II), STJ 3-dez.-1998 cit., CJ/Supremo V, 3, 143/I, RLx 20-abr.-1999 (Pimentel Marcos), CJ XXIV (1999) 2, 110-117 (112/II), STJ 17-jun.-1999 (Abílio Vasconcelos), CJ/Supremo VI (1999) 2, 148-150 (149) e STJ 23-nov.-1999 (Garcia Marques), CJ/Supremo VI (1999) 3, 100-108, num acórdão excelente e muito bem documentado.
[1501] STJ 19-nov.-2002 (Azevedo Ramos), CJ/Supremo X (2002) 3, 135-139 (137/II) e RLx 10-abr.-2003 (Pinto de Almeida), CJ XXVIII (2003) 2, 190-197 (196/I): um acórdão muito bem tirado.
[1502] RLx 19-jan.-2006 (Manuel Gonçalves), CJ XXXI (2006) 1, 80-82.

148. Proibições relativas

I. As proibições relativas do artigo 22.º/1 acentuam, igualmente, essa mesma via. Nas relações com consumidores finais, não se trata, apenas, de negar a exclusão de responsabilidade: há que, pela positiva, assegurar a própria obtenção do bem, já que a obtenção de uma indemnização é, aqui, problemática. As diversas alíneas especificam pontos nos quais, segundo a experiência, os consumidores mais facilmente podem ver em perigo a sua posição[1503]. Assim, é nula a cláusula inserida em condições gerais bancárias e que permita ao banqueiro, sem pré-aviso, cancelar um cartão de crédito: artigo 22.º/1, *b*)[1504].

II. Também aqui têm aplicação as considerações acima feitas sobre a nulidade plena das cláusulas que caiam sob a alçada de proibições relativas.

[1503] Em STJ 6-mai.-1993 já citado, considerou-se também nula uma cláusula que permitia elevações unilaterais de preços – atual artigo 22.º/1, *e*), da LCCG.

[1504] RLx 26-nov.-1998 cit., CJ XXII, 5, 111/II.

§ 31.º ISENÇÕES LEGAIS

149. Isenções legais

I. A LCCG, na versão derivada do Decreto-Lei n.º 220/95, de 31 de agosto, compreende algumas regras especificamente financeiras, que interessa referenciar.

Trata-se de regras que advêm do ponto 2 do anexo à Diretriz n.º 93/13/CEE, de 5 de abril, e que têm, de resto, uma clara origem alemã. Visaram permitir uma maior liberdade de ação à banca[1505] e às seguradoras[1506]: pressupõe-se que os perigos acrescidos que, daí, resultam para os particulares são contrabalançados pelos poderes de supervisão que a lei confere ao Banco de Portugal e ao Instituto de Seguros de Portugal.

II. O artigo 22.º/1 da LCCG, nas suas alíneas c) e d), considera relativamente proibidas as cláusulas que:

c) Atribuam a quem as predisponha o direito de alterar unilateralmente os termos do contrato, exceto se existir razão atendível que as partes tenham convencionado;
d) Estipulem a fixação do preço de bens na data da entrega, sem que se dê à contraparte o direito de resolver o contrato, se o preço final for excessivamente elevado em relação ao valor subjacente às negociações;

Nesse seguimento, o n.º 2 do mesmo artigo ressalva, em derrogação da alínea c) em causa:

– o direito do fornecedor dos serviços financeiros de alterar a taxa de juro ou o montante de quaisquer outros encargos aplicáveis, desde

---

[1505] *Direito bancário*, 5.ª ed., em preparação.
[1506] *Direito dos seguros*, 633 ss..

que correspondam a variações do mercado e sejam comunicadas de imediato, por escrito, à contraparte;
— a atribuição, a quem as predisponha, do direito de alterar unilateralmente o conteúdo de um contrato de duração indeterminada, contanto que se preveja o dever de informar a contraparte com pré--aviso razoável e se lhe dê a faculdade de resolver o contrato.

Esta última isenção opera perante a atividade bancária e em face de determinados seguros. Há, contudo, que assegurar a informação prévia.

III. Por seu turno, o artigo 22.º/3 da LCCG ressalva, em derrogação das alíneas c) e d) do n.º 1:

— as transações referentes a valores mobiliários ou a produtos e serviços cujo preço dependa da flutuação de taxas formadas no mercado financeiro;
— os contratos de compra e venda de divisas, de cheques de viagem, ou de vales postais internacionais expressos em divisas.

Num e noutro caso, trata-se de realidades cujas flutuações o adquirente pode querer assumir. A normalização do tráfego financeiro e a rapidez requerida pelos atos aí em causa justificam que, para o efeito, se possa recorrer a cláusulas contratuais gerais.

IV. Finalmente, o artigo 22.º/4 ressalva cláusulas de indexação, "... quando o seu emprego se mostre compatível com o tipo contratual onde se encontrem inseridas e o mecanismo de variação do preço esteja explicitamente descrito". Compreende-se o sentido da derrogação: tal como nas hipóteses acima examinadas temos, aqui, uma sobreposição de necessidades de tipo económico.

Em todos estes casos, o legislador pressupõe sempre que não deixe de haver algum controlo. Simplesmente, tal controlo será levado a cabo por outras normas que não as referenciadas no artigo 22.º/1, c) e d). Em última instância, conserva-se, sempre operacional, a nulidade das cláusulas contrárias à boa-fé.

§ 32.º A AÇÃO INIBITÓRIA

150. Perfil

I. A nulidade das cláusulas contratuais gerais mostra-se, como foi referido, insuficiente para garantir a posição dos consumidores finais. A LCCG inseriu, por isso, um remédio mais eficaz: a ação inibitória que faculta, quando proceda, a proibição judicial da utilização de certas cláusulas, independentemente da sua inclusão em contratos singulares.

II. A matéria é desenvolvida nos artigos 25.º e seguintes da LCCG. No essencial, eles permitem que as entidades referidas no artigo 26.º – associações de defesa do consumidor, associações sindicais, profissionais ou de interesses económicos legalmente constituídas e Ministério Público – possam pedir judicialmente a proibição do recurso a certas cláusulas, independentemente de, em concreto, elas serem utilizadas. O artigo 26.º/2 não tem preocupações doutrinárias: visa, sim, regular a extensão do caso julgado.

O Ministério Público tem sido, na prática, o grande motor das ações inibitórias já intentadas[1507]. Registam-se, ainda, ações intentadas pela

---

[1507] Assim: RLx 11-jun.-1992 (Luís Fonseca), CJ XVII (1992) 3, 201-202; STJ 6-mai.-1993 (Figueiredo de Sousa), CJ/Supremo I (1993) 2, 90-91 = BMJ 427 (1993), 509-515; RLx 16-jun.-1994 (Noronha Nascimento), CJ XIX (1994) 3, 121-127; STJ 20-jun.-1995 (Pais de Sousa), CJ/Supremo III (1995) 2, 136-138; RLx 27-jun.-1995 (Dinis Nunes), CJ XX (1995) 3, 137-139; RLx 26-nov.-1998 (Jorge Santos), CJ XXIII (1998) 5, 109-112; RLx 4-fev.-1999 (Arlindo Rocha), CJ XXIV (1999) 1, 104-109; RLx 20-abr.-1999 (Pimentel Marcos), CJ XXIV (1999) 2, 110-117; STJ 17-jun.-1999 (Abílio Vasconcelos), CJ/Supremo VII (1999) 2, 148-150; a série prossegue até hoje. STJ 23-nov.-1999 (Garcia Marques), CJ/Supremo VII (1999) 3, 100-108. Todos estes acórdãos deram azo a dezenas de aplicações de regras proibitivas. Mas recentemente, o número de ações inibitórias tem vindo a diminuir: um fenómeno normal, uma vez que os utilizadores de cláusulas expurgaram, os seus textos, de irregularidades; mas *vide*: STJ 20-jan.-2010

DECO – Associação Portuguesa para a Defesa do Consumidor[1508]. A Lei admite a proibição provisória – artigo 31.º – para enfrentar situações que requeiram uma rápida composição. São ainda regulados os aspetos atinentes à legitimidade passiva, ao tribunal competente, à forma de processo e isenções e à parte decisória da sentença – artigos 27.º a 30.º. Segundo o n.º 2 deste preceito, a pedido do Autor, o vencido pode ser condenado a dar publicidade à proibição pelo modo e durante o tempo que o tribunal determine[1509].

151. Consequências e importância

I. Decidida a proibição, as cláusulas atingidas não mais podem ser incluídas em contratos – artigo 32.º – incorrendo os utilizadores em sanções pecuniárias compulsórias se não respeitarem tal proibição – artigo 33.º[1510]. As decisões judiciais são comunicadas para efeito de registo – artigo 34.º – existindo, para isso, um serviço adequado – artigo 35.º.

O artigo 36.º da LCCG – artigo 34.º, antes da reforma introduzida pelo Decreto-Lei n.º 220/95, de 31 de agosto – veio prever um esquema de aplicação da lei no tempo que ressalva os contratos singulares anteriormente celebrados[1511].

(Salazar Casanova), Proc. 3062/05, quando as cláusulas relativamente proibidas, que também podem ser visadas por inibitórias, STJ 31-mai.-2011 (Fonseca Ramos), Proc. 854/10 e STJ 2-jun.-2011 (Sebastião Póvoas), Proc. 851/09, que considera a ação inibitória como *species* do *genus* ação popular.

[1508] Assim: RLx 9-out.-1997 (Ponce de Leão), CJ XXII (1997) 4, 106-111 e STJ 3-dez.-1998 (Armando Lourenço), CJ/Supremo VI (1998) 3, 140-145; para um ponto da situação sobre aspetos práticos, *vide*, da Deco, Pedro Moreira, *Uma vez ilegal, sempre ilegal* e escritos subsequentes, em *Dinheiro & Direitos*, n.º 119 (2013), 3-9.

[1509] Esta regra tem sido considerada conforme com a Constituição; *vide* STJ 23-nov.-2000 (Sousa Inês), CJ/Supremo VIII (2000) 3, 133-139 (138/I) e RLx 24-jun.-2004 (Graça Amaral), CJ XXIX (2004) 3, 122-126 (126/II). O próprio Tribunal Constitucional já se pronunciou: TC n.º 360/2001, de 12 de julho (Vítor Nunes de Almeida), DR II Série, n.º 264, 18.789-18.790, de 14-nov.-2001.

[1510] Sanções essas que se aplicam quando o utilizador use cláusulas substancialmente idênticas às proibidas: STJ 21-out.-2008 (Alves Velho), Proc. 08A2933.

[1511] RPt 9-jun.-1993 (Fernandes Magalhães), CJ XVIII (1993) 3, 226-229 e STJ 30-abr.-1996 (Aragão Seia), CJ/Supremo IV (1996) 2, 43-44 (44/I).

§32.º A ação inibitória

II. A eficácia da LCCG é, a nível jurisdicional, apreciável. Vai, todavia, bem mais longe do que o resultante das já significativas proibições judiciais. A existência da Lei e a sua divulgação levou as grandes empresas a estudar e a rever, cuidadosamente, as cláusulas contratuais gerais por elas praticadas, de modo a expurgar as nulidades.

Houve, desta forma, ganhos consideráveis, no tocante à justeza contratual, no País. E nunca a segurança jurídica foi ameaçada pelo diploma.

III. O registo de cláusulas judicialmente proibidas foi cometido, pela Portaria n.º 1093/95, de 6 de setembro, ao Gabinete do Direito Europeu do Ministério da Justiça.

Esse registo, confrontável na Net[1512], abrange decisões das 1.ª e 2.ª instâncias e do Supremo, num total (em janeiro de 2014) de 243. Essa cifra dá ideia da importância do tema. Muitas vezes, há que analisar as decisões publicadas, para apreender precisamente as cláusulas proibidas. Na sua maioria, têm a ver com ccg bancárias. Vêm, depois, as dos seguros[1513] e as de diversos fornecimentos, incluindo serviços de elevadores e de segurança e as relativas a centros comerciais.

Do ponto de vista prática como do dogmático, as ccg têm o maior interesse.

IV. Ainda no domínio da ação inibitória, a LCCG foi modificada pelo Decreto-Lei n.º 323/2001, de 17 de dezembro. Este diploma converteu em euros valores expressos em escudos, na área da Justiça. No seu artigo 24.º, ele afirmou alterar os artigos 28.º e 32.º da LCCG, referindo expressamente a aprovação pelo Decreto-Lei n.º 446/85, de 25 de outubro, com as redações dadas pelos Decretos-Leis n.º 220/95, de 31 de agosto e n.º 249/99, de 7 de julho.

O legislador não atentou, todavia, na alteração da numeração dos artigos da LCCG, introduzida pelo Decreto-Lei n.º 220/95, de 31 de janeiro. E assim, a modificação feita no artigo 28.º devia ter sido feita no artigo 29.º/2, local onde se refere que as ações inibitórias excedem, quanto ao valor, em 1$00, o fixado para a alçada da Relação e que passa a € 0,001, enquanto a

---

[1512] Teclar em "cláusulas abusivas julgadas pelos tribunais".
[1513] Hoje em menor número.

ocorrida no artigo 32.º/1, sobre sanções pecuniárias compulsórias diz, manifestamente, respeito ao artigo 33.º/1, ambos da LCCG.
O lapso é manifesto[1514], impondo-se a interpretação corretiva[1515].

[1514] Vide Carlos Lacerda Barata, *Código Civil e legislação complementar* (2010), 606 e 607.

[1515] António Pinto Monteiro, *Cláusulas contratuais gerais: da desatenção do legislador de 2001 à indispensável interpretação corretiva da lei*, Est. Heinrich Ewald Hörster (2012), 141-150.

CAPÍTULO V
NEGÓCIOS USURÁRIOS, DEFESA DO CONSUMIDOR E NÃO-DISCRIMINAÇÃO

§ 33.º DA *LAESIO ENORMIS* À USURA

152. A *laesio enormis*

I. O Direito rege, com um cuidado historicamente aperfeiçoado, a formação do negócio jurídico. Pontos delicados são a liberdade e a consciência das partes. Mas num momento logicamente prévio, pergunta-se pela justiça intrínseca dos contratos. As partes podem ir até onde quiserem ou há limites ditados pelo equilíbrio dos valores em presença? A proporcionalidade ou a justeza das soluções negociais, porventura limitadora da autonomia privada, dão azo a uma rubrica, discreta mas fundamental, no campo da doutrina do negócio jurídico[1516].

II. Ao contrário do que, hoje, poderia parecer, a existência de regras aplicáveis na formação dos contratos e destinadas a assegurar um mínimo de justiça material entre as partes, é uma constante, ao longo da História do Direito civil. De certa forma, podemos considerar que tais regras se esbateram, apenas, no período liberal: a crença nas virtualidades ilimitadas do mercado a tanto conduziu[1517]. É importante frisar a natureza histórico-cultural do Direito privado e a sua evolução problemática. Os remédios destinados a acudir às anomalias eventualmente registadas na formação dos

---

[1516] Neste momento, a obra de referência sobre este tema inesgotável é a de Michael Stürner, *Der Grundsatz der Verhältnismäßigkeit im Schuldvertragsrecht/Zur Dogmatik einer privatrechtsimmanenten Begrenzung von vertraglichen Rechten und Pflichten* (2010), XXV + 507 pp..

[1517] Raffaella Lanzillo, *La proporzione fra le prestazioni contrattualli/Corso di diritto civile* (2003), 274 pp., 5 ss. (7).

contratos foram surgindo, ao longo dos tempos, sem qualquer preocupação de conjunto. Eles justapuseram-se uns aos outros, de tal modo que não é viável uma classificação lógica.

Correspondendo a um filão autónomo, vamos analisar o espaço jurídico-cultural onde, hoje, se situam os negócios usurários.

III. No Direito romano clássico, entendia-se que cabia, às partes, acordar no preço da compra e venda. Segundo Ulpiano[1518]:

> Pomponius ait in pretio emptionis et venditionis naturaliter licere contrahentibus se circumvenire[1519].

Prossegue Paulo[1520]:

> in emendo et vendendo naturaliter concessum est quod pluris vendere et ita invicem se circumvenire, ita in locationibus quoque et conductionibus iuris est[1521].

Os jurisprudentes exigiam a liberdade na conclusão dos contratos e combatiam diversas modalidades de erro. Mas a partir daí, o equilíbrio das prestações e a justeza interna dos contratos ficavam a cargo das partes.

IV. A situação veio a alterar-se no final do Império. Perturbações económicas complexas que tinham, como pano de fundo, a desvaloriza-

---

[1518] D. 4.4.16.4 = Behrends e outros, *Corpus iuris civilis/Text und Übersetzung* cit., II, 390.

[1519] Em português:

Diz Pompónio que é natural permitir, aos contraentes, na compra e venda, acordarem no preço.

[1520] D. 19.2.22.3 = Behrends e outros cit., III, 570.

[1521] Em português:

Desta forma, quer na compra quer na venda, é naturalmente permitido comprar por menos o que tenha mais valor ou vender mais caro o que tenha menos valor e assim, aproveitar o outro, tal como é lícito fazê-lo, também, na locação.

§33.º Da laesio enormis à usura 471

ção da moeda, levaram a uma intervenção do Estado[1522]. Um rescrito dos imperadores Diocleciano e Maximiano, de 286 d. C., veio dizer[1523]:

> Rem maioris pretii si tu vel pater tuus minoris pretii distraxit, humanum est, ut vel pretium te restituendo emptoribus fundum venditum recipias auctoritate intercedente iudicis, vel, si emptor elegerit, quod deest iusto pretio recipies. minus autem pretium esse videtur, si nec diruidia pars veri pretii soluta sit[1524].

Neste texto, conhecido, no *ius commune*, como a "lei segunda", o romanismo subsequente viu a consagração da *laesio enormis* (lesão enorme), a qual constituiria fundamento para a resolução do contrato[1525]. E isso mau grado, ao longo da História, terem surgido repetidas suspeitas de interpolação[1526].

V. Na alta Idade Média, diversas recolhas de leis conservaram a doutrina da "lei segunda". Sublinham os estudiosos a sua consonância com

---

[1522] E. Demontès, *De la lésion dans les contrats entre majeurs (étude de droit positif et de législation comparée)* (1924), XVII + 281 pp., 11.

[1523] C. 4.44.2 = ed. Paul Krüger, *Corpus iuris civilis*, II – *Codex iustinianus*, 8.ª ed. (1906), 179/II. Uma análise pormenorizada deste texto é levada a cabo por René Dekkers, *La lésion enorme/introduction à l'histoire des sources du droit* (1937), 176 pp., 16 ss..

[1524] Em português:
> Se tu ou o teu pai alienarem uma coisa de maior valor por menor preço, é humano que, por autoridade do juiz, ou te seja restituído, pelos compradores, o fundo vendido, contra o preço ou, se o comprador preferir, que recebas o que falte para o preço justo. O preço é considerado menor se nem atingir metade do verdadeiro preço.

[1525] Com indicações: Alessandro Piccirillo, *Rescissione (diritto romano)*, NssDI XV (1968), 573-579; Wolfgang Georg Schultze, *Die laesio enormis in der deutschen Privatrechtsgeschichte* (1973), XXXIII + 144 pp., 4 ss.; Klaus Rühle, *Das Wucherverbot/ /effektiver Schutz des Verbrauchers vor überhöhten Preissen?* (1978), 129 pp., 25 ss.; Theo Mayer-Maly, *Renaissance der laesio enormis?*, FS Larenz 80. (1983), 395-409 (395 ss.); Severino Caprioli, *Rescissione (storia)*, ED XXXIX (1988), 933-966; Christoph Becker, *Die Lehre von der laesio enormis in der Sicht der heutigen Wucherproblematik/Ausgewogenheit als Vertragsinhalt und § 138 BGB* (1993), XIII + 287 pp., 10 ss.; Michael Stürner, *Der Grundsatz der Verhältnismäßigkeit* cit., 45 ss..

[1526] Designadamente de Christian Thomasius (1655-1728); o texto do Codex seria, assim, do século VI; quanto à interpolação da "lei segunda", vide René Dekkers, *La lésion enorme* cit., 15.

o espírito cristão. Ela surge no *Brachylogus*: recolha de Direito romano vulgar, dos séculos XI ou XII[1527].

A expressão *laesio enormis* ficou a dever-se ao glosador Hugolinus (1216)[1528]. Ocorreria quando um imóvel fosse vendido por menos de metade do seu valor (*ultra dimidium*)[1529]. O canonismo, nos primeiros textos do século XII, não reconhecia esse instituto[1530]. Depois, veio a recebê-lo dando-lhe substância e alcance.

Na origem, Santo Ambrósio (340-397) considerou que é pecado contratar por um preço que não seja o justo. A doutrina da justiça distributiva, de raiz aristotélica, divulgou-se[1531], dando corpo a uma conceção de "preço justo", depois retomada ao longo dos séculos[1532].

S. Tomás de Aquino (1225-1274) conferiu, ao respeito pelo preço justo, uma cobertura ética mais precisa. Explica[1533]:

> Et ideo carius vendere aut vilius emere rem quam valeat, est secundum se iniustum et illicitum.

O pensamento cristão veio enriquecer a *laesio* com elementos subjetivos[1534]: a culpa, o aproveitamento da necessidade ou o erro. Os canonistas alargaram o instituto a outros contratos, para além da compra e venda. Além disso, apuraram uma *laesio enormissima*: o que resultasse de o preço nem atingir um terço do valor da coisa[1535].

[1527] Friedrich Carl von Savigny, *Geschichte des römischen Rechts im Mittelalter*, 2, 2.ª ed. (1834), § 88 (251 ss.); Dekkers, *La lésion enorme* cit., 43.

[1528] Hugolinus foi um glosador da escola de Bolonha, que terá vivido nos finais do século XII, inícios do século XIII; vide, com indicações, Hermann Lange, *Römisches Recht im Mittelalter*, I – *Die Glossatoren* (1997), § 31 (271-278).

[1529] Outras indicações: Reinhard Zimmermann, *The Law of Obligations* cit., 259 ss..

[1530] Christoph Becker, *Die Lehre von der laesio enormis* cit., 17-18.

[1531] Margarethe Beck-Mannagetta, *Mittelalterliche Gerechtigkeitslehre*, FS Theo Mayer-Maly 65. (1996), 73-80 (74 ss.).

[1532] *Infra*, 472-474.

[1533] Tomás de Aquino, *Summa theologica*, II/2, Quaestio LXXVII, Art. I (utrum aliquis licite vendere rem plus quam valeat = *Opera omnia*, ed. Leão XIII, vol. IX (1897), 147/II.

[1534] Christoph Becker, *Die Lehre von der laesio enormis* cit., 83; vide René Dekkers, *La lésion enorme* cit., 66 ss..

[1535] Wolfgang Georg Schultze, *Die laesio enormis in der deutschen Privatrechtsgeschichte* cit., 17.

VI. O jusnaturalismo inferiu uma representação de justiça, no seio de cada negócio. Cabe recordar que, deste período, surge uma doutrina geral do contrato, correspondente à laicização do pensamento anterior[1536]. Partia-se do princípio de que cada bem tinha um preço justo, preço esse que adviria do reconhecimento geral (leia-se: do mercado); o Direito natural reconhecê-lo-ia[1537].

De acordo com as exigências metodológicas do naturalismo, haveria que formular, de modo preciso, o perfil da *laesio enormis*. As "leis" alemãs foram particularmente sensíveis a este ponto[1538].

VII. Paralelamente, os jurisprudentes elegantes do *mos gallicus*, prolongados nos civilistas clássicos da pré-codificação francesa, mantiveram a referência à lesão, acolhida, de resto, nos costumes escritos franceses. Jean Domat (1625-1696), nas suas célebres "leis civis na sua ordem natural"[1539], proclama:

I
Na venda de imóveis, se o preço for inferior a metade do seu justo valor, o vendedor pode fazer resolver a venda.

II
O justo preço pelo qual a lesão deve ser reconhecida é o valor da coisa no momento da venda.

(...)

IV
Se a coisa for vendida por menos de metade do seu justo preço, o comprador tem o direito ou de restituir a coisa e de reaver o preço que pagou; ou de completar o preço e retê-la.

[1536] Klaus Luig, *Wissenschaft und Kodifikation des Privatrechts im Zeitalter der Aufklärung in der Sicht von Christian Thomasius*, FS Helmut Coing (1982), 171-206 (187 ss.).

[1537] Michael Stürner, *Der Grundsatz der Verhältnismäßigkeit* cit., 45; *vide*: Theo Mayer-Maly, *Der gerechte Preis*, FS Heinrich Demelius (1977), 139-154 (146); Ulrich Hübner, *"Der gerechte Preis"/Preisfreiheit und rechtliche Instrumente der Preiskontrolle in der sozialen Marktwirtschaft*, FS Ernst Steindorff 70. (1920), 589-610 (589).

[1538] Wolfgang Georg Schultze, *Die laesio enormis* cit., 27 ss..

[1539] Jean Domat, *Les loix civiles dans leur ordre naturel*, I, 2.ª ed. (1695), 168-169 (secção IX).

V

Esta rescisão por causa de vileza do preço, é independente da boa ou da má-fé do comprador. E quer ele tenha conhecido ou ignorado o valor da coisa vendida, para resolver a venda, basta que o preço tenha sido menos de metade desse valor.

Também Robert-Joseph Pothier (1699-1772) explica que a equidade deve reinar nas convenções. E assim, se houver lesão, mesmo quando o beneficiário nada tenha feito para enganar o outro, a igualdade fica ferida e deve ser reparada. Considera-se tradicionalmente enorme a lesão que exceda metade do preço justo[1540]. Como se vê, prevaleceu, nas obras destes dois autores incontornáveis, a ideia de uma lesão puramente objetiva. Valia a desproporção do preço: todas as demais circunstâncias, designadamente as subjetivas, eram ignoradas.

VIII. Os códigos do jusracionalismo concretizaram a ideia. Assim, segundo o *Allgemeines Landrecht* prussiano, de 1794[1541]:

§ 58 A exceção de que não existe relação entre o preço de compra e o valor da coisa não é, só por si, suficiente para retirar eficácia ao contrato.

§ 59 Se, todavia, tal desequilíbrio for tão grande que o preço de compra ultrapasse o dobro do valor da coisa, esse desequilíbrio justifica, a favor do comprador, a presunção de um erro invalidante do contrato.

Curiosamente, o ALR protegia o comprador, ainda que matizadamente. A preocupação de tutela do comércio jurídico é evidente. Por seu turno, o ABGB austríaco, de 1811, determinava[1542]:

§ 434. Quando, em negócios bilaterais, uma parte não tenha dado metade do valor que a outra tenha recebido, a lei dá à parte lesada o direito à invalidação e a ser restituída à situação anterior.

[1540] Robert-Joseph Pothier, *Traité des obligations*, I (em *Oeuvres*) (ed. 1805), § IV, n.º 33-34 (26-27).

[1541] *Allgemeines Landrecht für die Preussischen Staaten* (1794), Theil I, Titel XI, §§ 58 e 59 (278); o ALR inseria, depois, todo um pormenorizado regime.

[1542] *Allgemeines bürgerliches Gesetzbuch für die gesammten deutschen Erbländer der Oesterreichischen Monarchie*, II (1811), 243-244; *vide* Rudolf Reischauer, no Peter Rummel, *Kommentar zum ABGB* 1, §§ 1-1174, 2.ª ed. (1983), § 934 (1434-1441).

Ao contrário do ALR, revogado pelo BGB, o ABGB austríaco mantém-se em vigor. Independentemente das vicissitudes históricas que subjazem a tais decorrências, a ideia de que existe um limite para as vantagens que, por via negocial, se possam obter à custa de outrem, corresponde a um sentimento profundo da alma humana, que não pode deixar de se repercutir na Ciência do Direito.

153. A admissibilidade dos juros

I. Os temas da lesão e da justiça contratual vieram a entroncar no tema dos juros. Trata-se de matéria que, hoje, surge associada, na usura: basta comparar os artigos 282.º, 559.º-A e 1146.º, do Código Vaz Serra. Vamos adiantar alguns pontos da inerente problemática, embora, *summo rigore*, ela pertença ao Direito das obrigações.

II. A obrigação de juros ou, simplesmente, os juros, correspondem a uma remuneração pelo uso do capital alheio. Tradicionalmente, o seu montante calcula-se aplicando uma taxa ao montante do capital em dívida, taxa essa que, hoje, opera em base anual. No Direito romano praticava-se a *centesima usura*: 1% ao mês ou 12% ao ano[1543].

A obrigação de juros pressupõe, assim, uma outra – a de capital. Posto isso, ela é determinada em função do montante desta, da sua duração e de uma determinada relação que se estabelece entre elas: a taxa, em regra, como foi dito, de base anual. A prestação de juros não tem de ser pecuniária[1544]; é-o, porém, habitualmente.

III. A questão da legitimidade dos juros está na base da maior discussão existente no seio da temática da usura e do hoje chamado Direito bancário[1545].

[1543] Kaser/Knütel, *Römischen Privatrecht*, 19.ª ed. cit., § 34, V (187).
[1544] Adriano Vaz Serra, *Obrigações de juros*, BMJ 55 (1956), 159-170.
[1545] Em especial, Hans-Peter Schwintowski/Frank A. Schäfer, *Bankrecht/Commercial Banking – Investment Banking*, 2.ª ed. (2004), 102 ss.; na 3.ª ed., de Hans-Peter Schwintowski (2011), 409 ss., o desenvolvimento histórico é menor; Kai-Oliver Knops, *Zinsrechtliche Grundlagen*, em Peter Derleder/Kai-Oliver Knops/Heinz Georg Bamberger, *Handbuch zum deutschen und europäischen Bankrecht*, 2.ª ed. (2009), 367-375, ambos com múltiplas indicações e, ainda, Frank Dorn, HKK/BGB cit., II/1, §§ 246-248, Nr. 12 ss. (490 ss.). Entre nós, cumpre referir Cunha Gonçalves, *Tratado de Direito Civil*, 8 (1934),

O pensamento grego, na vertente aristotélica, considerava o dinheiro estéril: logo não poderia originar juros. A lei judaica, por seu turno, só permitia a cobrança de juros nas relações com estranhos: não entre judeus. O Novo Testamento contém, igualmente, apelos à gratuitidade dos empréstimos. Toda esta tradição tem um fundamento histórico: o mútuo, nas comunidades humanas primitivas, era uma demonstração de relações de entreajuda e de solidariedade básicas: exigir remuneração equivalia à exploração da necessidade alheia, introduzindo um fator de quebra social.

Compreende-se, assim, o pensamento cristão: partidário, em rigor, de uma pura e simples distribuição igualitária dos bens, o cristianismo primitivo nunca contemporizaria com juros. Esta posição seria reforçada com a confluência das escrituras e do pensamento aristotélico. O Direito canónico conduziu uma luta secular contra os juros, e isso desde o século IV[1546]. Trata-se de uma posição retomada em múltiplos concílios, sendo mesmo, a sua inobservância, visada com a pena máxima da excomunhão.

Note-se, aliás, que o sistema islâmico, com base no Corão, também proíbe os juros[1547].

IV. A proibição dos juros não atingia os não-cristãos: e assim, ao longo da Idade Média, a finança deslizou para as mãos das comunidades judaicas, com entraves para o comércio em geral.

A evolução deu-se no sentido da liberalização dos juros. Ela principiou no Norte da Europa, designadamente após a irrupção do protestantismo. Alguns analistas imputam o relativo atraso do Sul, em relação ao Norte, precisamente à demora na liberalização dos mútuos onerosos: toda a atividade bancária depende dela. Mal parece necessário acrescentar que, pelo sentir atual, os juros são tão legítimos como qualquer outro rendimento; não obstante, parece razoável que o Estado fixe limites máximos para o seu montante.

---

287 ss. e F. Correia das Neves, *Manual dos juros* (1989), 65 ss.. Num prisma económico, temos o clássico de José Júlio Pizarro Beleza, *Teoria do juro/A controvérsia keynesiana* (1955), XV + 162 pp..

[1546] Mais precisamente, no Concílio de Niceia, no ano 325.

[1547] Corão, 2, 275 = trad. port. Samir Al Hayek, *Alcorão Sagrado/o significado dos versículos* (1994), 114.

154. A tradição latina

I. Fruto da complexidade histórica acima descrita, as leis europeias dos séculos XIX e XX acolheram soluções diversificadas. A *laesio* torna-se, deste modo, um campo excelente para o Direito comparado[1548]. Vamos distinguir:

– a tradição latina, presente no Código Napoleão, o Código italiano de 1865 e, de certo modo, no de 1942;
– a tradição germânica, acolhida no BGB e, de alguma forma, no Código Vaz Serra.

II. A Revolução Francesa suprimiu as cautelas relativas à justeza intrínseca dos contratos. Um Decreto de 3 e 12 de outubro de 1784, da Assembleia Constituinte, eliminou os limites existentes às taxas de juro[1549]. De seguida, a Convenção, por lei de 14 *fructidor* do ano III (31 de agosto de 1795) aboliu o instituto da lesão. Retemos os seus termos[1550]:

> L'action ou rescision de contracts de vente ou equipollant à vente entre majeurs pour lésion d'outre-moitié, est abolie à l'égard des ventes qui seront faite, à compter de la publication de la présente loi.

Na origem dessa medida, esteve o problema da inflação galopante, que a República Francesa se propunha combater pelos impostos[1551]. De facto, o instituto da lesão é manejável num panorama de estabilidade de preços. Além disso, na época, a lesão funcionaria a favor da antiga aristocracia, vendedora de bens de raiz, em condições difíceis, por baixos preços[1552]. Acresce ainda que a Revolução Francesa liberalizou, como foi dito, os juros[1553].

[1548] *Vide* Klaus Rühle, *Das Wucherverbot* cit., 105 ss., referindo leis sobre usura de: Alemanha, Áustria, Suíça, França, Itália, Holanda, Reino Unido e Estados Unidos.

[1549] E. Demontis, *De la lésion* cit., 32.

[1550] René Dekkers, *La lésion enorme* cit., 154; o troço da lei é retirado da nota 1 dessa mesma página.

[1551] Wolfgang Georg Schultze, *Die laesio enormis* cit., 91.

[1552] Jean Carbonnier, *Droit civil/Les obligations*, ed. dupla cit., n.º 995 (2055).

[1553] Raffaella Lanzillo, *La proporzione fra le prestazioni contrattualli* cit., 62-63.

III. Na preparação do Código Napoleão (1804), o tema foi vivamente discutido; o próprio Imperador interveio[1554]. A lesão foi (re)admitida: mas em termos restritivos e apenas em duas situações[1555]:

– artigo 887.º/2: a partilha pode ser rescindida quando um dos herdeiros demonstre, em seu prejuízo, uma lesão de um quarto;
– artigo 1674.º:

> Se o vendedor tiver sido lesado em mais de sete dozeavos no preço do imóvel, ele tem o direito de pedir a rescisão da venda mesmo quando tenha renunciado expressamente, no contrato, à faculdade de pedir essa rescisão e que tenha declarado dar a mais-valia.

Estas limitações têm natureza histórica. Leis especiais vieram ampliar as hipóteses de lesão[1556]. Todavia, o pensamento liberal jogava contra ela. Por outro lado, a ideia de "preço justo" é feita depender do mercado. Um "preço" que não encontre quem o pague não é preço, sendo quimérico discutir a sua justiça: mesmo quando, por circunstancialismos concretos, ele se afigure muito baixo.

IV. Finalmente: a "lesão" francesa manteve-se, na melhor tradição da "Lei Segunda", totalmente objetiva. Não se trata de um vício de vontade, mas de um vício derivado exclusivamente de um desequilíbrio económico[1557]. A orientação napoleónica foi acolhida pelos códigos italianos pré-unitários, com relevo para o Código Sardo de 1842 (1679.º)[1558]. Após alguma discussão, ele surgiria no Código italiano de 1865 (1529.º)[1559]:

> O vendedor que tenha sido lesado para além de metade do justo preço de um imóvel tem o direito de pedir a rescisão da venda, ainda que no con-

---

[1554] Pierre Louis-Lucas, *Lésion et contract* (1926), 109 pp., 16 ss.; surgiram, na discussão, opções mistas, isto é, com elementos subjetivos. O texto final manteve-se, todavia, predominantemente objetivo.

[1555] *Les cinq codes*, ed. 1811, 101 e 193, respetivamente.

[1556] Jean Carbonnier, *Droit civil/Les obligations*, ed. dupla cit., n.º 993 (2050).

[1557] Terré/Simler/Lequette, *Droit civil/Les obligations*, 9.ª ed. cit., n.º 314 (320).

[1558] *Vide* Angelo Boron, *Codice civile per gli Stati di S. M. Il Re di Sardegna* (1842), 263.

[1559] *Vide* Ferraroti Teonesto, *Commentario teorico pratico comparato al codice civile italiano*, 10 (1874), 318 ss..

trato tivesse renunciado expressamente à faculdade de pedir uma tal rescisão e de ter declarado doar o valor remanescente.

V. A lesão, no acolhimento napoleónico, tinha fundamentos dogmáticos pouco claros. Não estava em causa a existência de dolo, na conclusão do contrato: para isso haveria remédios, que estão hoje na origem do erro na formação do negócio. Tão-pouco se punham problemas de tráfego negocial de massas ou de tutela de consumidores, próprios da industrialização e fases subsequentes. Ocorria, simplesmente, uma exigência direta da justiça comutativa, que não admitia graves desproporções entre as prestações contratuais.

Todavia, o ponto de equilíbrio, dentro de cada contrato, é dado pela vontade das partes. Nada impede os intervenientes de negociar acima ou abaixo do valor normal das coisas – e isso ainda quando seja possível determinar qual seja, *in concreto*, o valor normal ou justo. Uma pessoa pode não querer vender a sua casa; no entanto, aceitará fazê-lo caso lhe ofereçam uma quantia muito elevada: se todos estiverem esclarecidos, nada há a objetar.

O instituto da lesão enorme tinha, assim, uma grande dificuldade de funcionamento. A única hipótese aparentemente viável seria a de acrescentar novos requisitos, que dessem consistência ao instituto. Foram tentadas, historicamente, duas vias:

- a de exigir requisitos subjetivos, como o aproveitamento da inferioridade ou necessidade da pessoa prejudicada;
- a de requerer bitolas objetivas, como a da violação das regras dos bons costumes.

Qualquer uma destas soluções ocasiona novos problemas, que foram sendo encarados pelas codificações subsequentes.

VI. Procurando responder às apontadas variáveis, o Código Civil italiano de 1942 retomou o tema em moldes diversos[1560]. No título sobre os contratos em geral, surge um capítulo XIII, referente à rescisão do contrato.

O capítulo XIII em causa compreende seis artigos: 1447.º (contrato concluído em estado de perigo); 1448.º (ação geral de rescisão por lesão);

[1560] Alberto Candian, *Contributo alla dottrina della usura e della lesione nel diritto positivo italiano* (1946), 64 pp., 18 ss., 24 ss. e *passim*.

1449.º (prescrição); 1550.º (oferta de modificação do contrato); 1551.º (inadmissibilidade da convalidação); 1552.º (efeitos da rescisão perante terceiros). Temos um pequeno sistema, dedicado à lesão. Embora considerado como doutrinariamente pouco aproveitado[1561], ele tem dado lugar a diversos estudos[1562], sendo valorado pela jurisprudência[1563].

O preceito-chave é o artigo 1448.º, herdeiro do velho rescrito de Diocleciano, que fixa os termos da ação geral de rescisão. Dispõe nos seguintes e precisos termos:

> Se houver desproporção entre as prestações de uma e da outra parte e a desproporção derivar do estado de necessidade de uma parte, de que a outra tenha aproveitado para daí retirar vantagem, a parte prejudicada pode pedir a rescisão do contrato.
> A ação não é admissível se a lesão não exceder metade do valor que a prestação exigida ou prometida pela parte prejudicada tinha no momento da celebração do contrato.
> A lesão deve perdurar até ao momento em que a demanda seja proposta.
> Não podem ser rescindidos por lesão os contratos aleatórios.
> (...)

Como se vê, há uma junção de elementos subjetivos (estado de necessidade e aproveitamento) com objetivos: o *ultra dimidium*.

155. A tradição germânica

I. Durante o século XIX, foi viva, na doutrina pandectista, a discussão em torno da figura da *laesio*[1564]. O espaço jurídico alemão teve ainda

---

[1561] Giovanni Marini, *Rescissione (diritto vigente)*, ED XXXIX (1988), 966-987 (986-987).

[1562] Adolfo Sacerdoti, *Della rescissione dei contratti per lesione* (2010), 42 pp.; Danilo Colavincenzo, *Nullità e rescissione dei contratti usurari* (2011), 176 pp.; Gabriele Salvi, *Contributo allo studio della rescissione nel nuovo diritto dei contratti* (2012), 352 pp..

[1563] Isabella Terrugia, *La rescissione del contratto nella giurisprudenza* (1994), 379 pp..

[1564] Além de múltipla bibliografia já referida: Julius Bettinger, *Ueber Laesio enormis bei dem Vergleiche* (1852), 32 pp.; Robert Wuttke, *Die Anfechtung des Kaufvertrages*

§33.º Da laesio enormis à usura 481

a vantagem de conhecer os dois tipos de soluções: na Prússia e na Baviera vigorava a rescisão por lesão, enquanto na Saxónia, por exemplo, isso não sucedia.

A insegurança derivada da *laesio enormis* levou o Código Comercial pré-unitário de 1861, a afastar a lesão do campo mercantil. Segundo o seu artigo 286.º[1565]:

> Os negócios comerciais não podem ser impugnados por lesão exagerada, em especial por lesão acima de metade.

Opção similar fez o Código Suíço das obrigações, de 1886. Nessas condições, a Comissão que levou a cabo a preparação do BGB, optou por não consagrar a lesão: não se justificaria, seria perigosa para a segurança do Direito e do tráfego e surgiria controversa, nos casos em que é reconhecida[1566].

II. Mau grado o escasso entusiasmo suscitado pela lesão, que levaria à sua exclusão do BGB, as leis alemãs do século XIX preocuparam-se com o problema dos juros excessivos. A liberalização que imperou, ao longo do século XIX, levou a que a cifra dos 100% anuais fosse ultrapassada, nalguns casos. Assim, uma Lei prussiana de 24-mai.-1880 veio criminalizar as pessoas que, em certas circunstâncias, impusessem juros superiores ao permitido. A medida foi inserida nos §§ 302a a 302d, do Código Penal[1567]. A Lei em causa foi modificada pela Lei de 19-jun.-1893[1568], no sentido de substancializar a usura: poderiam não estar em causa juros excessivos

---

wegen laesio enormis (1887), 43 pp. e Rudolf Wißner, *Die Entwicklung des Rechtsinstituts der laesio enormis und die volkswirtschaftlichen Wandlungen* (1921), 61 pp., 18 ss., 32 ss. e *passim*. Com indicações, Bernhard Windscheid/Theodor Kipp, *Lehrbuch des Pandektenrechts* cit., 9.ª ed., § 396, nota 2 (2, 713).

[1565] Hermann Makower, *Das Allgemeine Deutsche Handelsgesetzbuch*, 4.ª ed. (1871), 213.

[1566] *Motive zum dem Entwurfe eines Bürgerlichen Gesetzbuches für das Deutsche Reich*, II, Amtliche Ausgabe, 2.ª ed. inalt. (1896), § 460 (321).

[1567] A regra equivalente consta, hoje, do § 291 do StGB alemão, alargada a rendas e a outras prestações, na sequência da Lei de 13-ago.-1997, destinada a combater a corrupção; *vide* Panos Paninis, no *Münchener Kommentar zum Strafgesetzbuch* 4 (2006), § 291 (913-933) e Thomas Fischer, *Strafgesetzbuch*, 59.ª ed. (2012), § 291 (2104-2112).

[1568] *Vide* Carl Küster, *Wie verhält sich das Wuchererganzungsgesetz vom 19. Juni 1893 zu den Vorschriften über laesio enormis?* (1898), IX + 84 pp., 66 ss..

mas, antes, qualquer outra vantagem desequilibrada. À medida que baixam as necessidades de segurança, sobem as de proteção dos fracos[1569].

III. Na sequência de todas estas vicissitudes, o BGB veio consignar a nulidade do negócio usurário (*wucherisches Geschäft* [1570]). Fê-lo em termos muito ponderados, no § 138[1571]. Aí, no n.º 1, começou por impor a nulidade dos negócios contrários aos bons costumes. Posto isso, dispôs o n.º 2:

> Nulo é, em especial, um negócio através do qual alguém, explorando a situação de força, de inexperiência, de falta de conhecimentos patrimoniais ou de considerável fraqueza de vontade de outrem, obtenha para si ou para um terceiro vantagens patrimoniais, ou a sua promessa, que estejam em patente desproporção com a prestação.

Este preceito foi acrescentado apenas na comissão parlamentar que reviu o projeto do BGB[1572]. Como se vê, ele evitou a "rescisão", antes rejeitada, reconduzindo a figura à nulidade. Fez uma conexão patente com os bons costumes: o *wucherisches Geschäft* surge como um caso especial de negócio contrário aos bons costumes[1573]. Representando um avanço na busca da justiça material, o BGB admitiu uma categoria de "negócios usurários" genérica, diretamente proveniente da antiga lesão. Teve, todavia, múltiplas precauções, no sentido de restringir o seu âmbito. Fixou, para o preenchimento da figura, diversos requisitos, objetivos e subjetivos[1574]:

[1569] *Idem*, 84.

[1570] *Wucher* (*der Wucher*) traduz-se por usura. Tal como esta, também *Wucher* conheceu uma evolução semântica negativa. Inicialmente significava, tão-só, contributo ou entrega; depois, passou a ser um empréstimo retribuído; seguidamente, os exageros praticados com os juros e outras remunerações levaram ao sentido atual, equivalente à usura.

[1571] L. Cohn, *Die Wuchergesetzlichen Bestimmungen des Bürgerlichen Gesetzbuchs*, Gruchot 41 (1897), 784-797 (785 ss.); M. S. Jacoby, *Das Wuchergeschäft*, JhJb 60 (1912), 229-254; Hans Reichel, *Nichtigerklärung eines Wuchergeschäftes gegen den Willen des Bewucherten*, LZ 1917, 654-656; W. Lux, *Das Rückforderungsrecht des Wucherers und die Nichtigkeitslehre*, LZ 1919, 561-567.

[1572] Werner Flume, *Das Rechtsgeschäft* cit., 4.ª ed. 379. Quanto à evolução, no Direito alemão, vide Vaz Serra, *Mora do devedor*, BMJ 48 (1955), 5-317 (115 ss.).

[1573] Karl Larenz/Manfred Wolf, *Allgemeiner Teil* cit., 9.ª ed. 748 ss.; Manfred Wolf/ /Jörg Neuner, *Allgemeiner Teil* cit., 10.ª ed., § 46, Nr. 49 (545).

[1574] Rolf Sack/Philipp S. Fischinger, no *Staudingers Kommentar 1, §§ 134-138; Anh zu § 138: ProstG (Allgemeiner Teil 4a)* (2011), § 138, Nr. 199 ss. (373 ss.) e Werner

§33.º Da laesio enormis *à* usura

— *requisitos objetivos*: a desproporção considerável entre as prestações e a situação de fraqueza, de inexperiência, de falta de conhecimentos ou de considerável falta de vontade de outrem;
— *requisitos subjetivos*: o aproveitamento consciente daquelas falhas da contraparte.

Apesar da restritividade da lei, a figura teve aplicação, designadamente no período da Guerra de 1914-1918[1575] e, depois, no sector do crédito[1576]. Além disso, a jurisprudência alargou o seu âmbito, de modo a atingir os negócios "semelhantes aos usurários": quando os requisitos do § 138/2 não se mostrassem precisamente preenchidos, o negócio poderia ser nulo por contrário aos bons costumes, nos termos do n.º 1 desse mesmo parágrafo[1577].

156. O Direito europeu

I. Tem o maior interesse científico referir o esforço de encontrar uma fórmula destinada a exprimir, de modo unitário, o regime historicamente encontrado para alguns países europeus. O DCFR fixa a fórmula "exploração desleal" (*unfair exploitation*). Quedamo-nos pelo original inglês, inserido num capítulo sobre causas de invalidade dos contratos. Dispõe[1578]:

II. – 7:207: Unfair exploitaton
(1) A party may avoid a contract if, at the time of the conclusion of the contract:

Flume, *Das Rechtsgeschäft* cit., 4.ª ed., § 18, Nr. 7 (380-381). Para uma especial decomposição analítica: Christian Armbrüster, no *Münchener Kommentar* cit., 1, 6.ª ed., § 138, Nr. 143 ss. (1508 ss.). No estudo do negócio usurário, à luz do BGB alemão, tem ainda um especial interesse Ludwig Ennecerus/Hans Carl Nipperdey, *Allgemeiner Teil des Bürgerlichen Rechts/Ein Lehrbuch* cit., 15.ª ed., 1/2, § 192 (1175-1183): serviu de importante apoio a Vaz Serra, no seu estudo preparatório do Código Civil de 1966.

[1575] Theodor Kipp, *Die guten Sitten im Kriege*, DJZ 1916, 465-471 (468 ss.); Heinrich Lehmann, *Wucher und Wucherbekämpfung im Kriege und Frieden* (1917), 68 pp..

[1576] Rolf Sack/Philipp S. Fischinger, no *Staudinger* cit., § 138, Nr. 208 ss. (376 ss.).

[1577] Rolf Sack/Philipp S. Fischinger, no *Staudinger* cit., § 138, Nr. 267 ss. (397 ss.); Michael Stürner, *Der Grundsatz der Verhältnismäßigkeit* cit., 51 ss..

[1578] Christian von Bar/Hans Schulte-Nölke (ed.), *Principles, Definitions and Model Ruler of European Private Law/DCFR* cit., 212.

(a) the party was dependent on or had a relationship of trust with the other party, was in economic distress or had urgent needs, was improvident, ignorant, inexperienced or lacking in bargaining skill; and

(b) the other party knew or could reasonably be expected te have known this and, given the circumstances and purpose of the contract, exploited the first party's situation by taking an excessive benefit or grossly unfair advantage.

(2) Upon the request of the party entitled to avoidance, a court may if as approptiate adapt the contract in order to bring it into accordance with what might have been agreed had the requirements of good faith and fair dealing been observed.

(3) A court may similarly adapt the contract upon the request of a party receiving notice of avoidance for unfair exploitation, provided that this party informs the party who gave the notice without undue delay after receiving it and before that party has acted in reliance on it.

II. Na *Full Edition* dos PEPL, explica-se que, em regra, se estima que as partes são os melhores juízes do valor relativo do que seja trocado. Todavia, muitos sistemas europeus recusam contratos que envolvam uma disparidade obviamente excessiva. Daí o preceito proposto, assente em três pontos: (1) a fraqueza ou situação de necessidade essencial; (2) o conhecimento da obtenção da vantagem; (3) o benefício excessivo. Se bem se atentar, prevalece a solução alemã[1579].

[1579] Christian von Bar/Eric Clive (ed.), *Principles, Definitions and Model Ruler of European Private Law/DCFR, Full Edition*, vol. I (2009), II.-7:207 (507-509).

§ 34.º O DIREITO LUSÓFONO E A USURA

157. As Ordenações; o Código Comercial de 1833

I. A lesão, na tradição da Lei Segunda, corresponde à mais antiga cepa do Direito lusófono. Segundo as Ordenações Afonsinas (1446), em título epigrafado *Do que quer desfazer algũa venda por seer enganado aalem de metade do justo preço*[1580]:

> Disserom os Sabedores antigos, que compilaram as Leis Imperiaaes, que se alguũ homem vender alguã cousa movel, ou de raiz por preço certo, ainda que o contrauto seja de todo perfeito, e a cousa entregue, e o preço paguado, se for achado que o vendedor foi enganado em a dita venda aallem da meetade do justo preço, pode-a desfazer per bem do dito engano, ainda que o engano nom procedesse do comprador, mas soomente se cauzasse da simpreza do vendedor.

O texto das Ordenações desenvolvia depois, em oito parágrafos densos, essa matéria[1581].

II. A regra do *desfazer a venda*, quando o preço fosse além da metade do justo, passou às Ordenações Manuelinas (1512), com alterações na redação, mas mantendo a estrutura básica[1582].

III. As Ordenações Filipinas (1603) fixaram o texto que vigoraria, por quase três séculos, em todo o espaço lusófono. Dispõe o título XIII do seu Livro IV[1583]:

[1580] *Ordenações Afonsinas*, Liv. IV, Tit. XXXXV, pr. = ed. Gulbenkian, IV, 167.
[1581] *Idem*, 167-172.
[1582] *Ordenações Manuelinas*, Liv. IV, Tit. XXX = ed. Gulbenkian, IV, 71-74.
[1583] *Ordenações Filipinas*, Liv. IV, Tit. XIII, pr. e § 1.º = ed. Gulbenkian, IV-V, 793.

TITULO XIII.
Do que quer desfazer a venda, por ser enganado em mais da metade do justo preço.

Posto que o contracto da compra e venda de qualquer cousa movel, ou de raiz seja de todo perfeito, e a cousa entregue ao comprador, e o preço pago ao vendedor se fôr achado que o vendedor foi enganado além da metade do justo preço, póde desfazer a venda per bem do dito engano, ainda que o engano não procedesse do comprador, mas sómente se causasse da simpleza do vendedor. E poderá isso mesmo o comprador desfazer a compra, se foi pela dita maneira enganado além da metade do justo preço. E entende-se o vendedor ser enganado além da metade do justo preço, se a cousa vendida valia por verdadeira e commum estimação ao tempo do contracto dez cruzados, e foi vendida por menos de cinco. E da parte do comprador se entende ser enganado, se a cousa comprada ao tempo do contracto valia por verdadeira e geral estimação dez cruzados, e deu por ella mais de quinze.

1. E querendo o vendedor desfazer o contracto por a dita razão, ficará a escolha no comprador, ou tornar-lhe a cousa, e receber o preço, que por ella deu, ou refazer-lhe o justo preço, que se provar que valia ao tempo do contracto. E querendo o comprador desfazer o contracto por bem do dito engano, ficará a escolha ao vendedor, ou tornando-lhe o preço, que houve, e cobrar a cousa vendida, ou tornar-lhe a maioria que delle recebeu, alem do que a cousa justamente valia ao tempo do contracto.

(...)

IV. O tema da lesão foi retomado pelos clássicos da pré-codificação: Borges Carneiro (1774-1833)[1584], Correia Telles (1780-1849)[1585] e Coelho da Rocha (1793-1850)[1586].

Diz este último Autor[1587]:

Diz-se haver *lesão* nos contratos commutativos todas as vezes que uma das partes não recebe o equivalente d'aquillo que dá. Se as leis permit-

---

[1584] Manuel Borges Carneiro, *Direito civil de Portugal*, II (1827), § 182, 258-261, ainda que centrado no tema da venda e troca entre pai e filho.

[1585] José Homem Correia Telles, *Digesto Portuguez*, 1, 3.ª ed. (1849), artigos 252 a 259; o Autor aproxima a lesão do dolo e distingue a lesão enormíssima.

[1586] Manuel António Coelho da Rocha, *Instituições de Direito civil portuguez*, 2.ª ed. (1846), § 737 (II, 508-509).

[1587] *Idem*, 508.

tissem rescindir os contractos por qualquer pequena desproporção, poucos contractos seriam seguros, as disputas multiplicar-se-hiam, e o commercio e as necessidades mais ordinarias da vida soffreriam muito.

E prossegue[1588]:

> Com razão pois só se permitte rescindir os contractos, intervindo lesão *enorme*, isto é, engano em mais de ametade de aquelle valor que a parte por commum estimação devia receber; por se presumir erro, ou dolo (...) Por esta razão podem rescindir-se todos os contractos comutativos, e mesmo a transacção (...)

Como se vê o instituto da lesão perdia em clareza. Os Autores, sob os ventos liberais, sentiam a necessidade de o apoiar nas ideias de erro ou de dolo. Mas a assim ser, este último instituto seria suficiente. A *laesio* perdia o seu espaço essencialmente objetivo.

V. O Código Comercial de Ferreira Borges (1833) deu o passo seguinte. Segundo o seu artigo 494.º[1589]:

> A rescisão por lesão não tem logar nos contractos de compras e vendas commerciaes, salvo havendo dolo, erro ou violência.

O Direito comercial dava, assim, um claro passo para a revogação da velha Lei Segunda.

158. O Código de Seabra (1867)

I. O Código de Seabra veio completar a evolução acima apontada. O seu artigo 1582.º não teve contemplações[1590]:

> O contrato de compra e venda não poderá ser rescindido com o pretexto de lesão ou de vicios da cousa, denominados redhibitorios, salvo se essa lesão ou esses vicios envolverem erro que annulle o consentimento,

---

[1588] *Idem*, 509.
[1589] *Codigo Commercial Portuguez*, ed. Imprensa da Universidade (1856), 96.
[1590] Vide José Dias Ferreira, *Codigo Civil Portuguez Annotado* 4, 1.ª ed. (1875), 48 e 3, 2.ª ed. (1898), 181.

nos termos declarados nos artigos 656.º a 658.º e 687.º a 701.º ou havendo estipulação expressa em contrario.

Na fase do projeto, o tema foi discutido. A abolição da lesão foi contestada por Joaquim José Pais da Silva. O próprio Visconde de Seabra defendeu a solução que passou ao Código.

O Visconde de Seabra deu nove razões para a abolição em causa[1591]: (1) a livre disposição; (2) a lei suprema do contrato, celebrado sem erro, dolo ou violência; (3) não ser a igualdade dos valores da essência dos contratos comutativos; (4) os prejuízos que poderiam resultar da quebra do contrato; (5) a atenuação do crédito predial, por mais uma causa rescisória; (6) a necessidade de harmonizar a lei civil com a comercial; (7) a conveniência de diminuir litígios; (8) a dificuldade de arbitramento do justo preço; (9) a imoralidade da faculdade que se concede ao que se diz lesado.

II. A doutrina aplaudiu a supressão da velha *laesio*[1592]. Explica que o Direito antigo era complicadíssimo[1593]. Deve ter-se em conta o aperfeiçoamento registado no domínio da anulação por erro. Mas sobretudo: os ventos liberais que levaram à desregulação dos juros, não contemporizaram com o enfraquecer do princípio contratual.

A lesão sobreviveu, por razões sociais, apenas a propósito do contrato de aprendizagem. O artigo 1426.º do Código de Seabra dispunha:

Póde ser rescindido todo e qualquer contracto d'esta especie, em que o aprendiz se tenha obrigado a trabalhar por tanto tempo, que o seu trabalho viria a valer mais do dobro da retribuição que razoavelmente deveria dar ao mestre, pagando o ensino a dinheiro.

III. A solução radical de Seabra não deixou de ser criticada[1594]. Desde logo ele juntava o tema da lesão e o dos vícios redibitórios: profundamente diferentes. De seguida, demonstrava uma especial insensibilidade à História e ao Direito comparado.

[1591] José Dias Ferreira, *Codigo Civil Portuguez Annotado* 2, 1.ª ed. (1871), 165.
[1592] José Dias Ferreira, *Codigo Civil Annotado* cit., 4, 1.ª ed., 49 e 3, 2.ª ed., 182.
[1593] José Joaquim Lopes Praça, *Estudos sobre o codigo civil: sobre rescisão do contrato de compra e venda por lesão e vicios redhibitorios, segundo o art. 1582 do codigo civil portuguez* (1871), 71 pp., 17 ss..
[1594] Luiz da Cunha Gonçalves, *Tratado de Direito civil* 8 (1934), 593 ss..

§ 34.º *O Direito lusófono e a usura* 489

Podemos considerar que, desde cedo, se fizeram sentir valorações no sentido de restabelecer a *laesio enormis*, ainda que numa base jurídico-científica distinta. Tal seria o passo seguinte, através das invalidações dos negócios usurários.

159. O regime dos juros

I. Em Portugal, os juros surgiam, genericamente, vedados pelas *Ordenações Filipinas*[1595]. Na Idade Média, a proibição era contornada com recurso ao censo[1596]; note-se que, ainda hoje, em alemão, juro diz-se *Zins*, de *census*. A proibição de juros foi revista pelo Marquês de Pombal. Uma Lei de 15 de janeiro de 1757 permitiu a estipulação de juros, até uma taxa de 5%: visava-se a reconstrução de Lisboa, destruída pelo terramoto de 1755.

II. O Código Comercial de 1833, fortemente liberal, consagrou um princípio de liberdade na fixação dos juros[1597]. Aquando da preparação do que seria o Código de Seabra, ainda se pôs a hipótese de limitar a taxa de juros. Essa hipótese não singrou: segundo o artigo 1640.º, relativo ao contrato de usura,

> Os contraentes poderão convencionar a retribuição que bem lhes parecer.

III. A liberdade na fixação dos juros veio a ser questionada na sequência da Grande Guerra de 1914-1918 e das perturbações que se lhe seguiram. Em Portugal, eram correntemente exigidos juros de 30%, com garantia hipotecária e de 60%, com penhor[1598]! Cabia ao legislador intervir, o que foi feito, ainda no período da Ditadura Militar, pelo Decreto n.º 21:730, de

---

[1595] *Ordenações Filipinas*, Livro IV, Tít. 67. (= ed. Gulbenkian, 871 ss.).

[1596] Mário Júlio de Almeida Costa, *Raízes do censo consignativo/Para a história do crédito medieval português* (1961), 10 ss..

[1597] Era a solução inglesa, que impressionaria Ferreira Borges; em França, uma Lei de 3-set.-1807 fixou os juros civis máximos em 5% e os comerciais em 6%; foi, porém, revogada posteriormente.

[1598] Trata-se de informações coligidas em Cunha Gonçalves, *Tratado de Direito Civil*, cit., 8, 289.

14 de outubro de 1932[1599]. Este diploma fixou a taxa máxima dos juros em 8% para os empréstimos com garantia real e em 10% para os outros e tomou várias medidas, incluindo penais, para prevenir a prevaricação. A taxa legal, a usar no silêncio das partes, era fixada, no § único do artigo 1640.º do Código de Seabra, em 6%.

IV. O Código Vaz Serra, na sua versão original, baixou a taxa legal dos juros civis para 5%. O artigo 1146.º do mesmo Código estabelecia os limites máximos: 8% e 10% consoante houvesse, ou não, garantia real. Porém, logo em 1973 e com um agravamento após 1975, iniciou-se um processo inflacionista vincado. O Decreto-Lei n.º 200-C/80, de 24 de junho, alterou o artigo 559.º/1 do Código Civil, de tal modo que a fixação da taxa de juros legais passasse a ser feita por portaria conjunta dos Ministros da Justiça e das Finanças e do Plano[1600]. E de facto, logo a Portaria n.º 447/80, de 31 de julho, fixou essa taxa em 15%; a Portaria n.º 581/83, de 18 de maio, em 23%; a Portaria n.º 339/87, de 24 de abril, de novo em 15%; a Portaria n.º 1171/95, de 25 de setembro, em 10%; os juros comerciais, por via da Portaria n.º 1167/95, de 23 de setembro, em 15%[1601]; as Portarias n.ºs 262/99 e 263/99, ambas de 12 de abril, fixaram as taxas comercial e civil, respetivamente, em 12% e 7%; finalmente, no campo civil, a Portaria n.º 291/2003, de 8 de abril, fixou a taxa em 4%. Quanto ao campo comercial, há a observar o seguinte:

– o Decreto-Lei n.º 32/2003, de 17 de fevereiro, visando transpor a Diretriz n.º 2000/35, de 29 de junho, que adotou medidas de luta contra os atrasos de pagamento em transações comerciais, veio aditar, ao artigo 102.º do Código Comercial, dois parágrafos:

§ 3.º Os juros moratórios legais e os estabelecidos sem determinação de taxa ou quantitativo, relativamente aos créditos de que sejam titulares empresas comerciais, singulares ou coletivas, são os fixados em portaria conjunta dos Ministros das Finanças e da Justiça.

[1599] Torna-se muito elucidativa a leitura do preâmbulo deste diploma – DG I Série n.º 241, de 14-out.-1932, 2027-2028 – onde pode ser seguida a evolução dos juros e, ainda, diversos elementos de Direito comparado.
[1600] José Simões Patrício, *As novas taxas de juro do Código Civil*, BMJ 305 (1981), 13-65. Como se explica neste escrito, o Estado, para determinados efeitos e, designadamente, fiscais, já vinha, desde 1969, adotando outras taxas.
[1601] A Portaria n.º 807-U1/83, de 30 de julho, fixava essa taxa por remissão para a "taxa de juros máxima permitida para as operações de crédito ativas" acrescida de 2%.

§ 4.º A taxa de juro referida no parágrafo anterior não poderá ser inferior ao valor da taxa de juro aplicada pelo Banco Central Europeu à sua mais recente operação principal de refinanciamento efetuada antes do 1.º dia de janeiro ou julho, consoante se esteja, respetivamente, no 1.º ou no 2.º semestre do ano civil, acrescida de 7 pontos percentuais.

– consequentemente, a Portaria n.º 1105/2004, de 31 de agosto[1602] veio fixar para "os créditos de que sejam titulares empresas comerciais, singulares ou coletivas" a taxa de juro aplicada pelo BCE "à sua mais recente operação principal de refinanciamento efetuada antes do 1.º dia de janeiro e de julho, consoante se esteja no 1.º ou no 2.º semestre do ano civil, acrescida de 7 pontos percentuais";
– a taxa em causa será divulgada no Diário da República, II série, por aviso da Direção-Geral do Tesouro, até aos dias 15 de janeiro e 15 de julho de cada ano.

Daí resultam taxas de juros que são alteradas todos os seis meses.
Este afã europeísta não traz vantagens para o comércio. Para além do caricato: torna-se uma pesquisa aventurosa conhecer a taxa de juros vigente, no campo comercial. No mínimo: reclama-se a publicação dos "avisos" sobre taxas de juros na 1.ª Série do Diário da República. Repare-se que tudo isto se passa quando é desfraldada a bandeira da transparência.

V. Quanto aos limites das taxas de juros: mercê da redação introduzida pelo Decreto-Lei n.º 262/83, de 16 de junho, o artigo 1146.º/1 do Código Civil fixou, como limites para as taxas de juros, a taxa legal, acrescida de 3% e de 5%, consoante houvesse, ou não, garantia real, cifras essas que ascenderiam a 7% e 9%, na hipótese de cláusula penal – idem, n.º 2.

Desenha-se, hoje, uma certa tendência para liberalizar, em geral, a temática dos juros[1603]. Os Estados e os bancos centrais dispõem de fórmulas indiretas mas eficazes para gerir a política de juros, enquanto o Direito civil e as leis de tutela dos consumidores podem, em concreto, resolver as situações injustas.

[1602] DR II Série, n.º 244, de 31-ago.-2004, 15.246; esta Portaria revogou a Portaria n.º 262/99, de 12 de abril;
[1603] Peter Kindler, *Gesetzliche Zinsansprüche im Zivil- und Handelsrecht/Plädoyer für einen kreditmarktorientierten Fälligkeitszins* (1996), XXX + 395 pp., 11 ss. (dimensão histórica e comparatística).

Todavia, a experiência atual mostra que se impõe limitar a taxa de juros. Numa situação de moeda estável (o euro!) não se justifica a prática de juros muito elevados, particularmente os impostos a consumidores e a pequenas e médias empresas. Estas vão concorrer, nos mercados internacionais, com empresas que dispõem de dinheiro a baixo custo.

160. A preparação do Código Vaz Serra

I. Como vimos, durante o século XIX, foram cometidos graves abusos, no tocante a taxas de juros. Em resultado de tais práticas, o contrato de usura, previsto nos artigos 1636.º e seguintes do Código de Seabra para designar os mútuos remunerados, veio a ganhar um sentido pejorativo. Esta evolução semântica foi ponderada, aquando da preparação do Código Civil de 1966[1604]: a expressão "usura" reservou-se para os juros excessivos – usurários – e para os negócios que, antigamente, incorreriam na rescisão por lesão.

II. Na preparação do Código Civil, Vaz Serra ponderou as diversas soluções estrangeiras, com um especial cuidado para a alemã[1605]. Os pressupostos liberais de Seabra há muito haviam sido abandonados. Além disso, a matéria dos juros já havia sido moralizada pelo Decreto n.º 21:730, de 19 de outubro de 1932, que fixara limites máximos para as respetivas taxas. A situação estava madura para a reintrodução de regras mínimas sobre o equilíbrio substancial dos contratos, agora sob a veste de "negócios usurários".

Vaz Serra manifestou dúvidas de inserção sistemática da matéria, embora já apontasse para a sua colocação na parte geral[1606]. O modelo considerado foi o alemão, embora com particularidades. O texto básico, depois desenvolvido em múltiplos preceitos, foi o seguinte[1607]:

[1604] Inocêncio Galvão Telles, *Contratos civis*, RFDUL IX (1953), 144-221 (196-197) e Vaz Serra, *Mora do devedor* abaixo citado, 190, nota 392.

[1605] Adriano Vaz Serra, *Mora do devedor*, BMJ 48 (1955), 5-317 (112-195, concluindo com um articulado): trata-se, porventura, do mais completo estudo, sobre o tema, entre nós.

[1606] *Idem*, 114.

[1607] *Idem*, 190.

Quando, por aproveitamento consciente da situação de necessidade, económica ou não, de inexperiência, de ligeireza, de limitação mental ou de uma relação de dependência de outrem, se obtém a promessa ou a concessão, para si ou para terceiro, e em troca duma prestação, de uma contraprestação evidentemente desproporcionada, ao tempo do negócio, com a prestação, é o mesmo negócio anulável, por usura, a pedido do prejudicado, e quer a iniciativa dele tenha partido deste, quer da outra parte.

No seu articulado geral sobre Direito das obrigações, Vaz Serra manteve essa regra (24.º/1)[1608], muito desenvolvida (24.º a 33.º)[1609].

Posteriormente, e acatando uma indicação do próprio Vaz Serra, a matéria passou para a parte geral, merecendo o cuidado de Rui de Alarcão. Aí, os preceitos propostos por Vaz Serra são acolhidos, mas de modo simplificado[1610]. O anteprojeto de Rui de Alarcão propõe[1611]:

Artigo 3.º
Anulabilidade de um negócio por usura

1. Um negócio jurídico é anulável, por usura, quando, por aproveitamento consciente da situação de necessidade, da inexperiência, da ligeireza, da limitação mental ou de uma relação de dependência de outrem, se obtém a promessa ou a concessão, para si ou para terceiro, de uma contraprestação manifestamente desproporcionada, ao tempo do negócio, com a respectiva prestação.
2. O disposto no n.º 1 aplica-se mesmo que se trate de um contrato aleatório, e bem assim é aplicável a negócios jurídicos diferentes dos que nesse número se prevêem, quando por eles se obtenha a promessa ou a concessão de vantagens evidentemente excessivas.
3. No caso de aproveitamento consciente da situação de necessidade em que uma pessoa se acha de se salvar ou de salvar outrem de um perigo, pode o juiz, uma vez anulado o negócio, atribuir uma retribuição equitativa pelo serviço prestado.

[1608] Adriano Vaz Serra, *Direito das obrigações*, BMJ 98 (1960), 129-316 (144-145).
[1609] *Idem*, 144-151.
[1610] Rui de Alarcão, *Breve motivação do anteprojecto sobre o negócio jurídico na parte relativa ao erro, dolo, coacção, representação, condição e objecto negocial*, BMJ 138 (1964), 71-122 (122).
[1611] *Idem*, 84-85.

Artigo 4.º
Modificação do negócio

1. O lesado pode pretender, em vez da anulação, que o negócio seja modificado de harmonia com a boa-fé, devendo a outra parte, quando lhe seja manifestada uma tal pretensão, declarar, sem demora culposa, se se conforma ou não com ela.

2. A parte contra a qual se declara a anulação pode obstar a ela desde que ofereça, sem demora culposa, uma modificação do negócio que o ponha de acordo com a boa-fé.

Artigo 5.º
Usura criminosa

Quando o negócio usurário constitui crime, o prazo para o exercício do direito de anulação ou de modificação não cessa enquanto o crime não prescrever; e se o crime se extinguir por causa diferente da prescrição ou no juízo penal for proferida sentença com trânsito em julgado, aquele prazo conta-se da data da extinção do crime ou daquela em que a sentença transitar em julgado, suposto que, nos termos do artigo ... [artigo 5.º, n.º 2, do Anteprojecto sobre o negócio jurídico, no *Boletim do Ministério da Justiça*, n.º 105], não devesse contar-se de data ulterior.

Os preceitos passaram, com poucas alterações de forma, aos artigos 249.º a 251.º do Anteprojeto, da 1.ª Revisão Ministerial[1612] e, com a redação já definitiva, aos artigos 282.º a 284.º, da 2.ª[1613].

III. Como se vê, fazendo o confronto entre a fórmula de Vaz Serra, que através das apontadas vicissitudes chegaria à versão final do Código de 1966 e o modelo alemão que lhe esteve na origem, temos duas especificidades:

– acolheu-se uma ideia de (mera) anulabilidade e não de nulidade;
– afastou-se a figura dos bons costumes.

Além disso, insistiu-se num forte conjunto de requisitos exteriores ao negócio em si.

[1612] BMJ 107 (1961), 106-107.

[1613] *Código Civil/Livro I – Parte geral (2.ª revisão ministerial)* (1965), 110-111; vide Jacinto Rodrigues Bastos, *Das relações jurídicas III (Arts. 229.º a 284.º)* (1968), 192-203, com diversas transcrições de trabalhos preparatórios.

IV. Todas estas cautelas vieram somar-se às já alinhadas pelo legislador alemão. Em tais condições, o preceito final assumiu uma feição muito parcimoniosa: mais do que o princípio do primado da liberdade das partes exigiria. Consumou-se, ainda, uma aproximação entre a usura e a lesão[1614]. Com efeito, segundo o artigo 282.º, versão inicial, do Código Civil,

1. É anulável, por usura, o negócio jurídico, quando alguém, aproveitando conscientemente a situação de necessidade, inexperiência, dependência ou deficiência psíquica de outrem, obteve deste, para si ou para terceiro, a promessa de benefícios manifestamente excessivos ou injustificados.

O n.º 2 ressalvava o regime especial estabelecido para o mútuo, no artigo 1146.º. A matéria dos juros excessivos ficou, pois, com um tratamento objetivo e claramente autónomo: o legislador fixou, aí, juros máximos, sem impor outros requisitos[1615].

161. A reforma de 1983

I. O Código Civil interrompeu o iato originado pelo Código de Seabra quando este, um século antes, revogara a velha Lei Segunda dos romanos, relativa à lesão. Reintroduziu a matéria, ainda que em moldes diferentes e sob a designação "negócios usurários". Todavia, as cautelas foram tantas que o novo preceito não tinha aplicação.

Em 1983, vivia-se uma crise económica, que multiplicava as injustiças e as situações de exploração. O legislador decidiu intervir. O Decreto-Lei n.º 262/83, de 16 de junho, tocou em vários temas: negócios usurários (282.º), momento da constituição em mora (805.º), obrigações pecuniárias (806.º), funcionamento da cláusula penal (811.º), redução equitativa da cláusula penal (812.º) e usura (1146.º). Além disso, acrescentou, ao Código Civil, os artigos 559.º-A (juros moratórios) e 829.º-A (sanção pecuniária compulsória). Alterou, ainda, o artigo 102.º do Código Comercial, sobre obrigações de juros e revogou o velho Decreto n.º 21:370, de 14 de outubro de 1932, sobre a limitação dos juros, que tão boa conta dera de si.

[1614] Em Itália deu-se uma evolução similar, embora sem suprimir a lesão: Isabella Terrugia, *La rescissione* cit., 37 ss..
[1615] Uma hipótese de juros usurários: RLx 16-jan.-2001 (Mário Rua Dias), CJ XXVI (2001) 1, 81-84 (84/I).

II. No tocante ao tema da usura, o preâmbulo, considerando em conjunto o negócio usurário em si e os juros usurários, vem explicar[1616]:

2. Quanto à usura (artigos 282.º, 559.º-A e 1146.º), sentiu-se a necessidade de alargar o âmbito do conceito fornecido pelo Código Civil, demasiado restrito para as variadas situações carecidas de tutela jurídica com que a vida real nos confronta. Por outro lado, e principalmente, uma vez que também o recém-publicado Código Penal assim procedera, havia natural e necessariamente de albergar-se na lei civil, pelo menos, a gama de hipóteses caídas sob a alçada da lei criminal.

Unifica-se, além disso, todo o regime jurídico da usura, obviando, em particular, a que o respeito formal das margens legalmente admitidas nos contratos de mútuo viesse preterir a qualificação de certos actos como materialmente usurários segundo o critério geral. À mesma unificação se procede ainda quando se estende o regime próprio do mútuo a quaisquer negócios de crédito ou análogos.

Com isto, que valerá nos mesmos termos em direito civil e em direito comercial, pode revogar-se, enfim, de forma expressa, o pouco que resta ainda do velho Decreto n.º 21 730, de 14 de outubro de 1932.

O artigo 282.º recebeu nova redação[1617]:

Artigo 282.º
(Negócios usurários)

1. É anulável, por usura, o negócio jurídico, quando alguém, explorando a situação de necessidade, inexperiência, ligeireza, dependência, estado mental ou fraqueza de carácter de outrem, obtiver deste, para si ou para terceiro, a promessa ou a concessão de benefícios excessivos ou injustificados.

(...)

Como se vê, as alterações traduziram-se em substituir "aproveitando conscientemente" por "explorando" e "situação de deficiência psíquica" por "situação de estado mental ou fraqueza de carácter" e em suprimir a exigência da *manifesta* excessividade dos benefícios. "Situação (...) de estado mental" não é fórmula linguisticamente correta, em vernáculo[1618].

[1616] DR I, n.º 136, de 16-jun.-1983, 2131/I.
[1617] *Idem*, 2131/II.
[1618] Nesse sentido: Hans-Ewald Hörster, *A parte geral* cit., 558.

Além disso, as modificações introduzidas pouco adiantam[1619]: apenas a supressão do advérbio "manifestamente" traduz uma ideia sistemática de alargamento. De todo o modo, podemos, pela interpretação e dada a clara intenção legislativa de alargar a figura, facilitar o seu funcionamento[1620].

III. Apesar da boa vontade do legislador e dos estudiosos, a usura manteve-se com um perfil muito elevado. Ela só se torna operacional em casos extremos o que, nos momentos de crise, é particularmente insuficiente.

Havia uma sólida tradição ocidental de reagir contra a exploração contratual dos mais fracos. Não sendo possível concretizá-la pela usura, ficam, em aberto, outros institutos, com relevo para o abuso do direito.

162. O regime vigente; a natureza

I. O negócio usurário tem, hoje, um regime diverso do dos juros usurários: estes são objetiva e matematicamente fixados, enquanto o primeiro lida com vários conceitos indeterminados. Os juros correspondem, ainda, a uma tradição própria, tendo poucas conexões dogmáticas com a atual usura.

O artigo 282.º apresenta alguma complexidade, sendo desejável analisá-lo em vários elementos[1621]. Temos, assim, elementos reportados aos sujeitos e, dentro destes, relativos ao usurário e à vítima da lesão e elementos atinentes ao negócio[1622].

II. Em relação ao usurário, a lei atual exige que ele "explore" determinada situação de vulnerabilidade da vítima. Trata-se de uma fórmula que equivale, na prática, ao "aproveitamento consciente" exigido pelo artigo

---

[1619] Pires de Lima/Antunes Varela, *Código Civil Anotado* cit., 1, 4.ª ed., 260-261.

[1620] A jurisprudência entendeu (e bem) a intervenção do Decreto-Lei n.º 262/83, de 16 de junho, como visando alargar o funcionamento da figura: STJ 27-jan.-1987 (Joaquim Figueiredo), BMJ 363 (1987), 480-487 (486), numa decisão que operou, ainda, pelo regime inicial do Código Civil.

[1621] Pedro Eiró, *Do negócio usurário* (1990), 21 ss. e, desse mesmo Autor, a rubrica sobre negócios usurários, na nossa *Teoria geral* cit., 2, 2.ª ed., 87 ss.. *Vide*, quanto aos requisitos da *usura*, RGm 24-mar.-2004 (Vieira da Cunha), CJ XXIX (2004) 2, 273-277 (274/II).

[1622] Quanto aos elementos da usura: RCb 30-set.-1997 (Araújo Ferreira), CJ XXII (1997) 4, 26-29 (28/I) que, todavia, acaba por fazer apelo a outros fatores.

282.º, na versão inicial do Código Civil. Mas não totalmente: a "exploração" pode ser objetiva, isto é, pode não implicar o conhecimento da fraqueza da contraparte. A supressão do adjetivo "consciente" é demasiado impressiva para não ter qualquer significado.

III. Quanto à vítima, a lei atual exige uma "...situação de necessidade, inexperiência, ligeireza, dependência, estado mental ou fraqueza de carácter...". Temos situações exteriores que podem atingir qualquer um (a necessidade ou a dependência), situações de formação incompleta (a inexperiência) ou deficiente (a ligeireza) e situações de fundo, sejam elas transitórias (estado mental) ou permanentes (fraqueza de carácter)[1623]. O elenco é suficientemente literário para inculcar uma natureza não taxativa: qualquer outro fator, com relevo para a ignorância ou para a concreta falta de informação, pode consubstanciar este elemento[1624]. Podemos inserir aqui uma figura que, hoje, não tem, entre nós, consagração expressa: a dos negócios concluídos em estado de necessidade. Verificando-se o perigo atual de um grave dano (339.º/1), pode uma pessoa ser levada, para o evitar, a concluir um negócio excessivamente oneroso. Nessa eventualidade, mesmo quando não haja intenção de explorar o ocorrido, o artigo 282.º tem aplicação. Vale, neste ponto, a doutrina do artigo 156.º do Código Civil brasileiro de 2002, abaixo referido.

IV. Os elementos relativos ao negócio cifram-se na "... promessa ou a concessão de benefícios excessivos ou injustificados". Temos, aqui, um resquício da *laesio enormis*.

[1623] Quanto à análise circunstanciada destes elementos, vide Pedro Eiró, *Do negócio usurário* cit., 28 ss.. No citado acórdão da RGm 24-mar.-2004, CJ XXIX, 2, 275/II, não houve aplicação da figura por não se terem provado os elementos subjetivos da usura.

[1624] Uma interpretação aparentemente restritiva da lei é a proposta por Heinrich Ewald Hörster, *A parte geral* cit., 557, quando escreve que "... a finalidade do art. 282.º não é – na senda de um 'pensamento de equidade geral' – permitir aos incautos, aos imprevidentes e aos despreocupados, depois de terem feito um mau negócio ao agirem dentro dos parâmetros da autonomia privada, desvincular-se agora do mesmo e das suas obrigações mediante a invocação de uma situação de inferioridade, alegadamente existente". Na realidade, os "incautos e os imprevidentes" não estão, eles próprios, a observar deveres de cuidado (de que poderão, em regra, prescindir). Não podem, pois, prevalecer-se da situação, salvo se forem ultrapassados limites. Por outro lado, o negócio que só *a posteriori* se venha a revelar mau, não coloca qualquer problema de usura; quando muito, o do erro ou o da alteração das circunstâncias.

A alteração legislativa de 1983 suprimiu a exigência da natureza manifesta da excessividade ou da falta de justificação. Quer isso dizer que basta a constatação de uma não-equivalência apreciável entre as prestações ou uma não-justificação para o benefício. A lesão *ultra dimidium* – portanto equivalente a mais de metade do valor em jogo é – até por razões históricas – sempre excessiva. Uma lesão que se comporte dentro do equivalente à taxa máxima de juros nunca será excessiva. Entre esses limites, o intérprete-aplicador decidirá. Finalmente: os "benefícios", quando justificados, já não permitem o recurso ao instituto da usura[1625].

V. A análise acima efetuada dos diversos elementos da usura não deve fazer esquecer a natureza unitária do instituto. As proposições do artigo 282.º devem ser interpretadas e aplicadas em conjunto, dentro da mecânica de um sistema móvel: quando a lesão seja muito grande, a "exploração" e a fraqueza do prejudicado poderão estar menos caracterizadas. E quando a dependência do prejudicado seja escandalosa – por exemplo – não será de exigir um tão grande desequilíbrio.

VI. O Direito lusófono, fruto da evolução histórica apresentada, acaba por conferir uma natureza particular a esta matéria. Os negócios usurários correspondem a um instituto autónomo: quer histórico-culturalmente, quer dogmaticamente. O Direito intervém perante o desequilíbrio não justificado das prestações. Não há, assim, qualquer fundamento para o reconduzir a outros institutos e, designadamente, aos bons costumes ou ao vício na formação da vontade. Quanto aos bons costumes: o vício da usura é intrínseco (desequilíbrio injustificado das prestações) e não extrínseco (contrariedade a um corpo exterior de regras); além disso, as consequências são diversas: a lei prevê a anulabilidade e não a nulidade, imposta pelo artigo 280.º/2. Quanto ao vício na formação da vontade: a tónica da usura é objetiva (o desequilíbrio) e não subjetiva (a vontade mal formada ou mal exteriorizada); além disso, as consequências são, também diversas, uma vez que se admite a *reductio ad aequitatem*, desconhecida no erro.

Não quer isso dizer que um mesmo negócio não possa, simultaneamente, ser usurário, atentar contra os bons costumes e assentar num vício

---

[1625] Assim, RLx 2-out.-2003 (Tibério Silva), CJ XXVIII (2003) 4, 106-108 (107), entendeu-se que, dadas as contrapartidas que iriam receber, não eram usurários os pagamentos assumidos por lojistas, em centros comerciais.

na formação da vontade. Quando isso suceda, quedará aos interessados escolher a via jurídica que mais lhes convenha – ou invocar várias delas.

A autonomia cultural e dogmática da usura não deve perder-se: corresponde a valores próprios.

163. Aplicação

I. Apesar de todos os alargamentos que se têm tentado – e que até já incluíram uma específica atuação do legislador – a usura mantém uma frágil capacidade de concretização.

Pouco invocada pelos interessados, em juízo, dadas as dificuldades de prova que acarreta, ela encontra escassa recetividade nos tribunais. Assim, havendo uma doação mista – portanto: uma venda por baixo preço, de modo a beneficiar os compradores – o tribunal não vê usura, por não se caracterizar suficientemente a fragilidade do vendedor e por, tendo os compradores assumido o compromisso de cuidarem do comprador até ao fim dos seus dias, o benefício parecer justificado[1626].

Outros casos que têm encontrado decisão no foro português: trabalhadores são levados a renunciar a um suplemento de reforma: não há usura por não se ter provado uma situação de necessidade ou de dependência, por parte deles[1627]; uma empresa inclui, numa empreitada, uma cláusula de revisão de preços insuficiente: a simples invocação de "pressão por falta de dinheiro e a sua sobrevivência como empresa" é insuficiente para aplicar o artigo 282.º[1628]; o cliente de um banco, aconselhado por este a fazer um certo negócio ruinoso, não tem proteção por via da usura por esta não proteger os incautos e os imprevidentes[1629].

II. O artigo 282.º estabelece a solução da anulabilidade, para o negócio usurário. Má saída: o regime é pouco favorável; além disso, obriga o próprio lesado a invocar o vício, o que é sempre uma *deminutio*[1630].

O artigo 283.º admite a repescagem do negócio usurário através da *reductio ad aequitatem*. De acordo com a tradição romana, pensamos que,

---

[1626] RLx 23-out.-1986 (Carvalho Pinheiro), CJ XI (1986) 4, 165-167 (166).
[1627] STJ 18-mai.-1993 (César Marques), CJ/Supremo I (1993) 2, 107-109 (108-109).
[1628] STA 18-nov.-1993 (Azevedo Moreira), BMJ 431 (1993), 528-529 (o sumário).
[1629] STJ 14-mar.-1995 (Ramiro Vidigal), CJ/Supremo III (1995) 2, 25-27 (26/II).
[1630] Hans-Ewald Hörster, *Parte geral* cit., 555 e 557.

neste caso, a equidade exige simplesmente que o usurário entregue o benefício excessivo ou injustificado, ao lesado.

Finalmente, o artigo 284.º altera o prazo de caducidade do direito de anulação. Esse prazo é genericamente fixado num ano, pelo artigo 287.º; perante a usura e quando ela seja crime, o prazo não termina enquanto o crime não prescrever.

III. A panorâmica jurisprudencial é pouco animadora. Todavia, a usura pode ser relançada por uma interpretação integrada, do tipo da acima proposta. Deste modo, ela mantém-se disponível como mais uma válvula do sistema.

Vamos dar uma ideia da jurisprudência mais recente, neste momento, sobre a usura:

STJ 12-set.-2006: "esta excessividade da usura partilha a censura ético-jurídica devida ao negócio ofensivo dos bons costumes, pois não pode deixar de chocar pessoas honestas, correctas, de boa-fé, a moral predominante, a cobrança de juros de 10% ao mês conducente à venda do andar (...) para salvaguardar os empréstimos concedidos aos AA nas vistas condições (...), tanto mais que já tudo se encontra pago (...).
A consciência de explorar a situação de inferioridade resulta manifesta da manutenção da actividade usurária durante anos, das quantias envolvidas e do resultado obtido, com venda da casa em vez da constituição de adequada garantia"[1631];

STJ 21-abr.-2009: num negócio em que foi invocada coação moral, que não se provou, o Supremo veio considerar que, "quando muito" poder-se-ia falar de usura, se os queixosos tivessem alegado e demonstrado que os Réus se aproveitaram, explorando-os, de uma situação de necessidade, de inexperiência, de ligeireza, de dependência, de estado mental ou fraqueza[1632];

RLx 13-jul.-2012: num caso em que se alega um negócio usurário, considera que não se provou um aproveitamento consciente e intencional do estado de fraqueza[1633];

[1631] STJ 12-set.-2006 (Afonso Correia), Proc. 06A1988.
[1632] STJ 21-abr.-2009 (Urbano Dias), Proc. 09A0653; vencido: Paulo Sá, por entender que, *in casu*, houve mesmo coação moral.
[1633] RLx 13-jul.-2012 (Maria do Rosário Barbosa), Proc. 504/06.

RGm 26-abr.-2012: provando-se apenas que a parte não tinha experiência negocial e que há muito vinha sendo pressionada pelos seus fornecedores para pagar as dívidas, não tem que se concluir necessariamente que o negócio pretensamente usurário foi concluído mediante exploração de uma situação de inferioridade[1634];

RPt 11-jul.-2012: num caso em que um imóvel que valia € 288.000 foi vendido por € 99.000, entendeu-se haver lesão *ultra dimidium*; o acórdão, que invalidou a venda, apoiou-se, todavia, numa pauliana[1635];

RCb 20-nov.-2012: recorda os requisitos da usura e o ónus da sua prova; fez baixar os autos para se levarem, à instrução, os pertinentes factos[1636];

STJ 22-dez.-2012: considerou, entre outros aspetos, como usurária a situação em que, através de um jogo de contratos, uma pessoa, pressionada pelo desemprego e por outras circunstâncias, vendeu um imóvel para conseguir um crédito, do qual recebeu, depois, apenas uma pequena quantia[1637].

Cumpre chamar a atenção para o papel que o juiz tem, enquanto concretizador dos valores dominantes, na realização do Direito. A reforma de 1983, da usura, ocorreu em tempo de crise. Neste momento, o Povo defronta-se com nova crise, mas de proporções bem mais pesadas. Multiplicam-se as situações de desespero, que levam as pessoas a vender por valores escassos, para acudir às necessidades do dia-a-dia e ao apetite insaciável de uma banca sem rosto. Cabe aos tribunais intervir.

O negócio usurário pode ser dinamizado, se bem atentarmos na natureza móvel dos seus múltiplos requisitos. Se um deles for particularmente vincado, podemos ser menos exigentes quanto aos restantes. Uma venda *ultra dimidium*, se não for minimamente justificada, é sempre usurária: uma simples presunção *hominis* logo revela que só por necessidade, dependência, fraqueza e exploração alguém aceita vender por menos de metade do preço do mercado.

[1634] RGm 26-abr.-2012 (Manso Raínho), Proc. 696/07.
[1635] RPt 11-jul.-2012 (Rui Moura), Proc. 270-G/2001; tratava-se de uma insolvência.
[1636] RCb 20-nov.-2012 (Albertina Pedroso), Proc. 2430/07.8.
[1637] STJ 22-dez.-2012 (Távora Victor), Proc. 3309/07.9, bem documentado; vencido: Granja da Fonseca, por entender que não se provara o elemento subjetivo da usura; neste caso, além da usura, afigura-se que não foi cumprido um negócio fiduciário subjacente.

164. O Direito brasileiro

I. O Direito brasileiro recebeu a *laesio enormis* através das Ordenações. Todavia e tal como de cá do Atlântico, também em Terras de Vera-Cruz sopraram os fortes ventos liberais. O artigo 220.º do Código Comercial Brasileiro, de 1850, suprimiu a rescisão por lesão, no domínio comercial.

Fê-lo nestes termos:

> A rescisão por lesão não tem lugar nas compras e vendas celebradas entre pessoas todas comerciantes; salvo provando-se erro, fraude ou simulação.

Também no Direito civil, o próprio Teixeira de Freitas se veio manifestar pouco favorável a essa figura[1638]. A evolução foi tão clara que o Código Civil, de 1916 nem teve, ao contrário do de Seabra, de abolir a figura: bastou-lhe passá-la ao silêncio.

II. A "lesão usurária" tinha, assim, especiais dificuldades de concretização[1639]. Sensível aos nossos tempos, o Código Civil de 2002 reintroduziu a lesão, em termos elegantes, no artigo 157.º:

> Ocorre a lesão quando uma pessoa, sob premente necessidade, ou por inexperiência, se obriga a prestação manifestamente desproporcional ao valor da prestação oposta.
> § 1.º Aprecia-se a desproporção das prestações segundo os valores vigentes ao tempo em que foi celebrado o negócio jurídico.
> § 2.º Não se decretará a anulação do negócio, se for oferecido suplemento suficiente, ou se a parte favorecida concordar com a redução do proveito.

[1638] Vide, sobre toda esta matéria, Adriano Marteleto Godinho, *Usura e lesão nos contratos sob a ótica dos códigos civis português e brasileiro* (2006, polic.), 88 pp., 19 ss. e *A lesão no novo Código Civil Brasileiro* (2008), 173 pp., 63 ss..

[1639] António Junqueira de Azevedo, *Negócio jurídico/Existência, validade e eficácia*, 2.ª ed. (1986), 206 ss..

O novo preceito tem sido saudado e comentado[1640]. Aguarda-se, agora, a sua aplicação.

III. O Direito brasileiro consignou, ainda, a figura dos negócios concluídos em estado de necessidade, a que chama "estado de perigo". Assim, segundo o artigo 156.º do Código Civil de 2002:

> Configura-se o estado de perigo quando alguém, premido de necessidade de salvar-se, ou a pessoa de sua família, de grave dano conhecido pela outra parte, assume obrigação excessivamente onerosa.
> § único. Tratando-se de pessoa não pertencente à família do declarante, o juiz decidirá segundo as circunstâncias.

[1640] *Vide* Nelson Nery Junior/Rosa Maria de Andrade Nery, *Código Civil Anotado*, 2.ª ed. (2003), 221-222 e José Miguel Garcia Medina/Fabio Caldas de Araújo, *Código Civil Comentado* (2014), 192 ss..

§ 35.º DEFESA DO CONSUMIDOR

165. Generalidades; a Lei de Defesa do Consumidor; outros diplomas

I. A defesa do consumidor constitui um dever dos Estados modernos. Ela está determinada no artigo 60.º da Constituição. Recordemos o seu teor[1641]:

 1. Os consumidores têm direito à qualidade dos bens e serviços consumidos, à formação e à informação, à proteção da saúde, da segurança e dos seus interesses económicos, bem como à reparação dos danos.
 2. A publicidade é disciplinada por lei, sendo proibidas todas as formas de publicidade oculta, indireta ou dolosa.
 3. As associações de consumidores e as cooperativas de consumo têm direito, nos termos da lei, ao apoio do Estado e a ser ouvidas sobre as questões que digam respeito à defesa dos consumidores, sendo-lhes reconhecida legitimidade processual para defesa dos seus associados ou de interesses coletivos ou difusos.

A tutela do consumidor será tão antiga quanto o Direito. Todavia, apenas no período industrial e pós-industrial ela ganhou autonomia sistemática e dogmática. Assim surgiu, como disciplina civil, o Direito do consumo[1642].

[1641] O final do artigo 60.º/3 da CR ("... sendo-lhe reconhecida legitimidade ...") foi aditado pela Revisão Constitucional de 1997; trata-se, efetivamente, duma das mais eficazes evoluções, no campo da tutela do consumidor, como adiante melhor será sublinhado. Vide Alexandre Sousa Pinheiro/Mário João de Brito Fernandes, *Comentário à IV Revisão Constitucional* (1999), 185 ss., bem como Jorge Miranda/Rui Medeiros, *Constituição Portuguesa Anotada*, tomo 1, 2.ª ed. (2010), 1169 ss..

[1642] *Tratado* I, 317 ss.. Vide, como panorama de referência, Barbara Grunewald/ /Karl-Nicolaus Peifer, *Verbraucherschutz im Zivilrecht* (2010), XVIII + 169 pp. e, entre nós, Jorge Morais Carvalho, *Os contratos de consumo: reflexões sobre a autonomia privada no Direito do consumo* (2012), 726 pp. e *Manual de Direito do consumo* (2013), 341 pp..

II. A defesa do consumidor pode analisar-se num princípio com diversas projeções. A saber:

- é um princípio programático, que o legislador ordinário deve ter presente, nos mais diversos quadrantes normativos;
- é um vetor sistemático que permite agrupar e interpretar em conjunto múltiplas normas que visem a tutela do consumidor;
- é uma área formalmente delimitada da ordem jurídica, que assume a finalidade expressa da tutela do consumidor.

Os aspetos programáticos têm a ver com a concretização do artigo 60.º da Constituição, designadamente no que ele não tenha de diretamente aplicável. Tal papel coube à Lei n.º 29/81, de 22 de agosto, depois substituída pela Lei n.º 24/96, de 31 de julho: a Lei de Defesa do Consumidor (LDC)[1643]. A LDC foi, sucessivamente, alterada pela Lei n.º 85/89, de 16 de dezembro, pelo Decreto-Lei n.º 67/2003, de 8 de abril e pela Lei n.º 10/2013, de 28 de janeiro.

III. A LDC abrange 25 artigos repartidos por cinco capítulos: I – Princípios gerais (1.º e 2.º); II – Direitos do consumidor (3.º a 15.º); III – Carácter injuntivo dos direitos dos consumidores (16.º); IV – Instituições de promoção e tutela dos direitos do consumidor (17.º a 22.º); V – Disposições finais (23.º a 25.º).

Como princípios gerais, a lei apresenta o dever de proteção do Estado (1.º) e define, como consumidor – artigo 2.º/1[1644]:

(...) todo aquele a quem sejam fornecidos bens, prestados serviços ou transmitidos quaisquer direitos, destinados a uso não profissional, por pessoa que exerça com carácter profissional uma atividade económica que vise a obtenção de benefícios.

Um especial interesse deve, ainda, ser prestado à *Revista Portuguesa de Direito do Consumo*. Do Brasil veem-nos excelentes escritos sobre o tema.

[1643] Retificação n.º 16/96, de 13 de novembro, bem como a alteração introduzida pelo Decreto-Lei n.º 67/2003, de 8 de abril.

[1644] O § 13 do BGB, na redação dada pela Lei de 30-mar.-2000 veio definir o consumidor como:

(...) toda a pessoa singular que celebre um negócio jurídico com um objetivo que não possa ser imputado nem à sua atividade empresarial nem à sua atividade profissional liberal.

§ 35.º Defesa do consumidor

Trata-se de uma noção indevidamente estreita, uma vez que os consumidores devem ser protegidos perante entidades que forneçam bens ou serviços "sem carácter profissional" ou sem visar "a obtenção de benefícios". De resto, logo o artigo 2.º/2 inclui, no âmbito da proteção, as atuações desenvolvidas pelo Estado, em diversas das suas configurações. E nenhuma razão existe para se limitar a tutela às pessoas singulares.

Os direitos do consumidor são enumerados no artigo 3.º e desenvolvidos nos artigos seguintes. Temos:

 a) *O direito à qualidade dos bens e serviços*: estes devem satisfazer o que deles se espera, quer segundo as normas legais, quer segundo as "legítimas expectativas" do consumidor – 4.º/1; retiramos, daqui, que a bitola é, desde logo, a legal; além disso, ela será contratual, devendo ainda ser respeitada a confiança do consumidor; o artigo 4.º/2, 3 e 4 fixa, depois, um dever de garantia, contra o fornecedor; o preceito foi alterado pelo Decreto-Lei n.º 67/2003, de 8 de abril;
 b) *O direito à proteção da saúde e da segurança física* – artigo 5.º – desenvolve-se em dois planos: por um lado – n.º 1 – é vedado o fornecimento de bens ou serviços que, em condições normais, "...impliquem riscos incompatíveis com a sua utilização, não aceitáveis de acordo com um nível elevado de proteção da saúde e da segurança física das pessoas"; por outro – n.os 2 e 3 – comina-se, à Administração Pública, um dever concreto de atuação para prevenir danos;
 c) *O direito à formação e à educação* – artigo 6.º – consiste, na técnica da lei, em atribuir ao Estado diversos deveres formativos e escolares;
 d) *O direito à informação para o consumo* é desdobrado num "direito à informação em geral" – artigo 7.º – e num "direito à informação em especial" – artigo 8.º. Há que estar prevenido: estes preceitos englobam regras muito diversas, apresentando uma técnica deficiente de redação. O *direito à informação em geral* impõe ao Estado múltiplas atuações no domínio da informação ao consumidor – 7.º/1: apoio às associações; serviços municipais de informação; conselhos municipais de consumo; bases de dados; impõe, ainda, determinados deveres ao serviço público de rádio e televisão – 7.º/2. Mas de seguida, fixa três regras muito concretas, com diversas repercussões no Direito privado:

 – a informação ao consumidor é prestada em língua portuguesa – 7.º/3;
 – a publicidade deve ser lícita e verdadeira – 7.º/4;
 – as informações concretas e objetivas contidas nas mensagens publicitárias "...consideram-se integradas no conteúdo dos con-

tratos que se venham a celebrar após a sua emissão, tendo-se por não aceitas as cláusulas contratuais em contrário" – 7.º/5.

O *direito à informação em particular* abrange, desde logo, um pormenorizado dever de informar, na fase da negociação e da conclusão do contrato – artigo 8.º/1 a 3; a violação desse dever dá azo a um direito de retratação, por parte do consumidor e, ainda, a um dever de indemnizar, a favor dele – 8.º/4 e 5;

e) *O direito à proteção dos interesses económicos* – artigo 9.º – implica múltiplas cautelas quanto à celebração de contratos com consumidores; o n.º 1 impõe, "...nas relações jurídicas de consumo a igualdade material dos intervenientes, a lealdade e a boa-fé, nos preliminares, na formação e ainda na vigência dos contratos"; o n.º 2 ocupa-se de contratos pré-elaborados, abaixo referidos, sujeitando-os ao regime das cláusulas contratuais gerais – n.º 3; subsequentemente, esse preceito exclui aquisições não encomendadas ou solicitadas – n.º 4 – , confere o direito à assistência pós-venda – n.º 5 – e veda fazer depender o fornecimento dum bem ou a prestação dum serviço de aquisição de outros – n.º 6; o consumidor tem, na aquisição de bens ou de serviços fora de estabelecimento comercial, um direito de retratação, no prazo de sete dias úteis – n.º 7; novos deveres são cometidos ao Governo – n.º 8 e n.º 9;

f) *O direito à prevenção e à reparação de danos patrimoniais e não patrimoniais* dá azo, quanto à prevenção, à ação inibitória – artigos 10.º e 11.º – e, quanto aos segundos, a um direito à reparação, independentemente de culpa do fornecedor – artigo 12.º, alterado pelo Decreto-Lei n.º 67/2003, de 8 de abril; o artigo 13.º confere uma legitimidade alargada, para intentar as diversas ações;

g) *O direito à proteção jurídica e a uma justiça acessível e pronta* implica novos deveres do Estado – 14.º/1 – e traduz-se em diversos privilégios processuais – *idem*, 2 a 4;

h) *O direito de participação por via representativa* consiste, "nomeadamente", na audição e consulta prévias das associações de consumidores, no tocante a medidas que afetem os seus direitos.

IV. Sem prejuízo do disposto no regime sobre cláusulas contratuais gerais, qualquer cláusula que exclua ou restrinja os direitos atribuídos pela LDC é nula – artigo 16.º/1; trata-se, porém, de uma nulidade *sui generis*, uma vez que apenas o consumidor ou os seus representantes a podem invocar – n.º 2 – e podendo, ainda, o mesmo consumidor optar pela manutenção do contrato – n.º 3. Neste último caso e no silêncio da LDC, haverá, provavelmente, que aplicar, por analogia, o dispositivo previsto no artigo 13.º da LCCG.

As instituições de promoção e tutela dos direitos do consumidor têm um estatuto especial – 17.º – e recebem múltiplos direitos, de ordem, designadamente, processual – 18.º[1645]; tais associações podem negociar com os profissionais ou organismos que os representem, convenções coletivas – aqui ditas: "acordos de boa conduta" – 19.º. Prevê-se, ainda, uma especial atuação do MP[1646] – 20.º – e o estabelecimento do Instituto do Consumidor – 21.º – e do Conselho Nacional do Consumo – 22.º.

V. A defesa do consumidor impõe regras legais que atingem:

– a celebração dos contratos: estão em jogo deveres de informação – artigo 8.º/1[1647] a 3 da LDC – e de lealdade e boa-fé – *idem*, artigo 9.º/1;
– o conteúdo dos contratos: os bens e serviços devem ter determinadas qualidades – *idem*, 4.º/1 –, não podem ser perigosos – artigo 5.º/1 – e devem apresentar certo equilíbrio – 9.º/2;
– a responsabilidade civil, em termos alargados.

Todo o esquema da formação dos contratos, prescrito no Código Civil é, assim, dobrado pelas referidas regras, quando se trate de consumidores. Impõe-se, por isso, um conhecimento cuidadoso dos dispositivos vigentes.

VI. Para além das regras gerais contidas na LDC, há, ainda, que lidar com diversos diplomas, que dispensam proteções setoriais[1648]. Assim:

– Decreto-Lei n.º 70/2007, de 26 de março, relativo a práticas comerciais com redução de preços ("saldos");

[1645] Quanto à capacidade das associações de defesa do consumidor para intentar ações para tutela de interesses coletivos e difusos (caso DECO *versus* Portugal Telecom) *vide*, com orientações diversas, RLx 12-jun.-1997 (Urbano Dias), CJ XXII (1997) 3, 107--109 e STJ 17-fev.-1998 (Pais de Sousa), CJ/Supremo VI (1998) 1, 84-86. *Vide*, ainda, STJ 23-set.-1997 (Miranda Gusmão), BMJ 469 (1997), 432-439.

[1646] José Manuel Meirim, *O Ministério Público e o acesso dos consumidores à justiça (algumas notas)*, BMJ 366 (1987), 11-39.

[1647] Na redação dada pelo artigo 3.º da Lei n.º 10/2013, de 28 de janeiro.

[1648] Uma recolha de legislação pode ser confrontada em Ângela Frota, *Colectânea de Legislação/Dos contratos de consumo em especial* (1997): deve ser atualizada pelos leitores.

– Decreto-Lei n.º 383/89, de 6 de novembro, relativo à responsabilidade do produtor pela venda de coisas defeituosas; este diploma veio transpor, para a ordem interna, a Diretriz n.º 85/374/CEE, do Conselho, de 25 de julho, sendo lapidar o seu artigo 1.º: "O produtor é responsável, independentemente de culpa, pelos danos causados por defeitos dos produtos que põe em circulação"[1649]; foi alterado pelo Decreto-Lei n.º 131/2001, de 24 de abril e, indiretamente, pelo Decreto-Lei n.º 67/2003, de 8 de abril, alterado e republicado pelo Decreto-Lei n.º 84/2008, de 21 de maio;
– Decreto-Lei n.º 166/2013, de 27 de dezembro, que proíbe as práticas individuais restritivas do comércio; são, em especial, vedadas as práticas comerciais discriminatórias, de tal modo que a autonomia privada, no âmbito comercial dirigido ao público, fica, de facto, limitado; este diploma substituiu o anterior Decreto-Lei n.º 370/93, de 29 de outubro, alterado pelo Decreto-Lei n.º 140/98, de 16 de maio, que o republicou em anexo e pelo Decreto-Lei n.º 10/2003, de 18 de janeiro; entrou em vigor no dia 26 de fevereiro de 2014;
– Lei n.º 19/2012, de 8 de maio, que aprova um (novo) regime jurídico da concorrência[1650] [1651];
– Lei n.º 23/96, de 26 de julho, que cria mecanismos de tutela do utente de serviços públicos: o prestador deve agir de boa-fé – artigo 3.º – dando informações e respeitando a qualidade; este diploma foi várias vezes alterado e, por último (neste momento), pela Lei n.º 10/2013, de 28 de janeiro.

Nos sectores da banca e dos seguros vigoram, ainda, múltiplos diplomas especiais[1652].

VII. A LDC passou a ser complementada por outros diplomas. Assim, o Decreto-Lei n.º 234/99, de 25 de junho, veio enquadrar os poderes conferidos ao Instituto do Consumidor pelo artigo 21.º/2, a) e b), da Lei n.º 24/96, de 31 de junho; este diploma foi revogado pelo Decreto Regulamentar n.º 57/2007, de 27 de abril, que estabeleceu uma Direção-Geral do

---

[1649] Maria Afonso/Manuel Variz, *Da responsabilidade civil decorrente de produtos defeituosos* (1991). *Vide* RPt 13-jul.-2000 (Moreira Alves), CJ XXV (2000) 4, 179-182 (180-181); cf. *supra*, 207.

[1650] Revogando o anterior regime, adotado pela Lei n.º 18/2003, de 11 de junho.

[1651] Quanto às fontes, Miguel Gorjão-Henriques (org.), *Lei da Concorrência: comentário conimbricense* (2013), 951 pp..

[1652] Com relevo para o Decreto-Lei n.º 133/2009, de 2 de junho, quanto ao crédito ao consumo, muito alterado pelo Decreto-Lei n.º 42-A/2013, de 28 de março, que o republicou em anexo.

§ 35.º Defesa do consumidor	511

Consumidor, Decreto Regulamentar esse substituído pelo n.º 38/2012, de 10 de abril.

A Lei n.º 23/96, de 26 de julho, criou, como se disse, mecanismos destinados a proteger o utente de serviços públicos essenciais. Foi completada pelo Decreto-Lei n.º 230/96, de 29 de novembro, quanto a serviços telefónicos, hoje substituída pela Lei n.º 5/2004, de 10 de fevereiro e pelo Decreto-Lei n.º 195/99, de 8 de junho, quanto a cauções de contratos de fornecimento aos consumidores dos serviços públicos essenciais, cujo âmbito surgiu alargado pela referida Lei n.º 5/2004; o Decreto-Lei n.º 195/99 foi alterado pelo Decreto-Lei n.º 100/2007, de 2 de abril.

Finalmente, a Lei n.º 25/2004, de 8 de julho, veio regular as ações inibitórias em matéria de proteção dos consumidores; transpôs para a ordem interna a Diretriz n.º 98/27, de 19 de maio[1653]. Os práticos devem ter o maior cuidado na determinação das leis efetivamente em vigor.

166. Os contratos pré-formulados

I. Os contratos pré-formulados, também ditos contratos rígidos, resultam de clausulados submetidos por uma das partes à outra, para que esta, querendo contratar, os subscreva em bloco. No fundo, há como que uma supressão, no plano dos factos, da liberdade de estipulação, tal como vimos ocorrer no domínio das cláusulas contratuais gerais. Simplesmente e ao contrário do que sucede nestas, o contrato pré-formulado não é marcado pela generalidade: apenas pela rigidez. Resta acrescentar que, muitas vezes, o contrato pré-formulado obedece a grandes linhas prefixadas para uma multiplicidade de contratos; não há, todavia, cláusulas contratuais gerais, seja por se introduzirem, no texto, modificações personalizadas seja, mais simplesmente, por não se demonstrar uma disponibilidade para celebrar, na sua base, uma pluralidade de negócios.

Em relação aos contratos pré-formulados jogam diversos valores que levaram à consagração de regimes específicos, para as cláusulas contratuais gerais. Por isso, já havíamos defendido, com outra doutrina, a possibilidade de, aos contratos pré-formulados e perante situações similares, aplicar a LCCG[1654].

[1653] JOCE N. L 166, 51-55, de 16-jun.-1998.
[1654] *Teoria geral*, 2, 2.ª ed., 95 ss..

II. O problema dos contratos pré-formulados veio a ser encarado, pelos legisladores, pelo prisma da tutela do consumidor[1655]. A Diretriz n.º 93/13, de 5 de abril, regula "cláusulas abusivas nos contratos celebrados com consumidores". Dispôs que toda a cláusula:

> (...) que não tenha sido objeto de negociação individual é considerada abusiva quando, a despeito da exigência de boa-fé, der origem a um desequilíbrio significativo em detrimento do consumidor, entre os direitos e obrigações das partes decorrentes do contrato.

Esta fórmula atinge as cláusulas contratuais gerais. Mas atinge, ainda, as cláusulas rígidas, a incluir nos contratos pré-formulados, tal como acima os definimos. A grande novidade da Diretriz n.º 93/13 foi, pois, a de alargar, aos contratos pré-formulados, a defesa dispensada aos contratos por adesão. Com uma particularidade: em ambos os casos, a defesa apenas funciona perante consumidores.

A opção da Diretriz n.º 93/13 tem a ver com um compromisso entre o Direito francês e o Direito alemão. Segundo o Direito francês – mais precisamente, hoje, o artigo 132-1/1 do Código do Consumo[1656], num preceito que remonta à Lei de 1978 – caem sob a sindicância legal os próprios contratos individualmente concluídos, desde que com consumidores. Pelo contrário, o Direito alemão, desde 1976, dava relevo aos contratos concluídos na base de cláusulas contratuais gerais.

O compromisso encontrado acabaria por dar abrigo à solução francesa, dentro da técnica alemã. A saída tem, agora, de ser harmonizada, pela Ciência do Direito.

III. O dispositivo referente aos contratos pré-formulados foi transposto para os diversos ordenamentos europeus. No caso alemão, a Lei de 19-jul.-1996 introduziu, no AGBG, um § 24a; este preceito, com algumas

---

[1655] Também no Direito do trabalho têm uma especial acuidade: Jens Suckow/ /Bernhard Striegel/Jan-Malte Niemann, *Der vorformulierte Arbeitsvertrag/Leitfaden für die Praxis* (2011), XXXVI + 357 pp..

[1656] Com o seguinte teor:

> Nos contratos concluídos entre profissionais e não profissionais ou consumidores, são abusivas as cláusulas que tenham como objeto ou como efeito criar, em detrimento do não-profissional ou do consumidor, um desequilíbrio significativo entre os direitos e obrigações das partes no contrato.

especificações, determinou a aplicabilidade da Lei a condições contratuais pré-formuladas, dirigidas a consumidores[1657]. Hoje, esse mesmo preceito encontra-se no § 310 (3), do BGB[1658].
Em Itália, a transposição foi feita pela já referida Lei n.º 52, de 6 de fevereiro de 1996, que inseriu alterações no Código Civil[1659]. O legislador seguiu uma técnica diversa: em vez de tocar no dispositivo relativo às cláusulas contratuais gerais, decidiu introduzir uma rubrica sobre contratos de consumidores. E aí, respeitando os usos linguísticos, optou-se pela expressão *cláusulas vexatórias*. Nestes termos – artigo 1469.º bis, do Código italiano:

> No contrato concluído entre o consumidor e o profissional, que tenha por objeto a cessão de bens ou a prestação de serviços, consideram-se vexatórias as cláusulas que, contra a boa-fé, determinem, a cargo do consumidor, um significativo desequilíbrio dos direitos e das obrigações derivados do contrato.

Qualquer uma das duas vias, acima exemplificadas, é possível, para assegurar a transposição da Diretriz n.º 93/13. De todo o modo e como foi dito, este instrumento saiu tecnicamente incorreto: justapôs, contra a tradição jurídica europeia, áreas problemáticas diversas.

IV. O legislador português, quando reformulou o Decreto-Lei n.º 445/85, de 25 de outubro, com o fito de transpor a Diretriz n.º 93/13, deparou com o seguinte problema: ou mutilava a LCCG, que boas provas dera de si e à qual a doutrina e jurisprudência se haviam acostumado, ou garantia, através de alterações discretas, o funcionamento da LCCG perante as cláusulas vexatórias rígidas, incluídas em contratos com consumidores. Optou pela segunda hipótese, no Decreto-Lei n.º 220/95, de 31 de agosto.

A referência a consumidores vinha já no artigo 20.º da versão inicial da LCCG: também aí o legislador português se antecipou ao alemão e ao comunitário.

[1657] Peter Schlosser, no *Staudinger*, *AGBG* cit., 13.ª ed., 758 ss.; vide Horst Locher, *Begriffsbestimmung und Schutzzweck nach dem AGB-Gesetz*, JuS 1997, 389-392.
[1658] Jürgen Basedow no *Münchener Kommentar*, 2 a, cit., 4.ª ed., § 310, Nr. 61 ss. (1461 ss.).
[1659] *Supra*, 394 ss.. Vide a introdução de Guido Alpa/Salvatore Patti a *Le clausole vessatorie* cit., I, XVII-LV.

Posto isso, atente-se no artigo 1.º/2 da LCCG, na versão de 1995: o ónus da prova da prévia negociação de uma cláusula recaía sobre quem pretendesse prevalecer-se do seu conteúdo. Ficava bem entendido que, a não se fazer tal prova, se aplicaria o regime das ccg. Interpretado no seu conjunto, o artigo 1.º da LCCG podia, assim, funcionar perante contratos pré-formulados[1660]. Uma interpretação conforme com as diretrizes comunitárias faria o resto[1661].

A LCCG, na versão de 1995, estava, pois, municiada para se aplicar a contratos pré-formulados.

V. Todavia, o importante residia noutra dimensão. O tema dos contratos pré-formulados, tal como resulta da Diretriz n.º 93/13, não pertence às cláusulas contratuais gerais. É, antes, um ponto de defesa do consumidor. E por isso, na LDC, acima examinada, vamos encontrar os seguintes preceitos:

Artigo 9.º
Direito à proteção dos interesses económicos

1 – O consumidor tem direito à proteção dos seus interesses económicos, impondo-se nas relações jurídicas de consumo a igualdade material dos intervenientes, a lealdade e a boa-fé, nos preliminares, na formação e ainda na exigência dos contratos.

2 – Com vista à prevenção de abusos *resultantes de contratos pré-elaborados*, o fornecedor de bens e o prestador de serviços estão obrigados:

   a) À redação clara e precisa, em carateres facilmente legíveis, das cláusulas contratuais gerais, incluindo as inseridas em contratos singulares;

   b) À não inclusão de cláusulas em contratos singulares que originem significativo desequilíbrio em detrimento do consumidor.

3 – A inobservância do disposto no número anterior fica sujeita ao regime das cláusulas contratuais gerais.

(...)

[1660] Almeida Costa, *Direito das Obrigações*, 7.ª ed. (1998), 228-229; *vide*, na 8.ª ed., 236 e, na 12.ª, 263.

[1661] Winfried Brechmann, *Die richtlinienkonforme Auslegung* (1994), 320 pp., Stefan Grundmann, *EG-Richtlinie und nationales Privatrecht*, JZ 1996, 274-287 e Peter Schlosser, no Staudinger, *AGBG* cit., 13.ª ed., § 9, Nr. 62 ss. (241 ss.).

Como se vê, no local próprio, o legislador tratava os contratos pré-formulados e remetia o seu regime para a LCCG, já preparada para os receber. Apenas por desconhecimento se poderia, pois, vir afirmar que o Estado português não havia transposto o regime da Diretriz n.º 93/13, para a sua ordem interna.

VI. O desconhecimento da LDC e a incapacidade de interpretar convenientemente os textos portugueses vigentes levaram a Comissão Europeia a dirigir, ao Estado português, determinadas missivas: estaria em causa uma transposição insuficiente da Diretriz n.º 93/13/CEE, por não se terem referido, de modo expresso, os contratos pré-formulados. Servil e desnecessariamente, legislou-se de imediato. Através do Decreto-Lei n.º 249/99, de 7 de julho, foi novamente alterada a LCCG. Fundamentalmente, inseriu-se um novo n.º 2, no artigo 1.º, com o seguinte teor:

> O presente diploma aplica-se igualmente às cláusulas inseridas em contratos individualizados, mas cujo conteúdo previamente elaborado o destinatário não pode influenciar.

A LCCG foi truncada sem qualquer necessidade: o preceito agora introduzido já resultava do artigo 9.º/1 a 3, da LDC. A Diretriz n.º 93/13/CEE tinha, pois, sido totalmente recebida, como temos vindo a repetir.

Mais grave é, no entanto, o facto de o legislador nacional, no seu afã de mostrar "europeísmo", ter "transposto" erradamente a Diretriz em jogo. Esta aplica-se, apenas, a contratos pré-formulados concluídos entre empresários e consumidores. O n.º 2 do artigo 1.º da LCCG, introduzido em 1999, não teve a cautela de o precisar. Tal como está, parece aplicar-se a todo e qualquer contrato pré-formulado. Ficariam especialmente atingidos os grandes contratos comerciais, que não tenham tido negociações prévias e que nenhum sentido faria vir sujeitar ao crivo das cláusulas contratuais gerais. Será, pois, necessário recorrer a uma interpretação restritiva do preceito, invocando, no limite, a necessidade de conformação com a Diretriz n.º 93/13.

VII. Outra alteração introduzida pelo Decreto-Lei n.º 249/99, de 7 de julho, por invocada necessidade de melhor transpor a Diretriz n.º 93/13//CEE, ocorre no artigo 11.º, a que foi acrescentado um novo n.º 3. A regra de prevalência do sentido mais favorável ao consumidor deveria ser excluída do âmbito das ações inibitórias. Desta feita, o legislador de 1999 visou assegurar-se de que o artigo 5.º, *in fine*, da Diretriz n.º 93/13/CEE era, mesmo, transposto para o plano interno.

Com o devido respeito, esta nova manifestação de servilismo perante a burocracia de Bruxelas era dispensável. Pelo Direito português – artigo 25.º da LCCG – a ação inibitória só cabia ocorrendo a violação dos artigos 15.º, 16.º, 18.º, 19.º, 21.º e 22.º da LCCG: não para resolver "ambiguidades", à luz do artigo 11.º. A cautela comunitária, necessária frente a experiências de outros países era, entre nós, totalmente dispensável[1662].

167. As regras de conflitos

I. A LCCG comporta regras de conflitos específicos, isto é: regras que se aplicam sempre que uma situação, visada por essa lei, tenha contactos com mais de uma ordem jurídica. Tais regras, nessa eventualidade, designam a lei competente para reger o fundo da questão.

O problema é especialmente candente pelo seguinte: no domínio dos contratos, por via de Roma I[1663] (3.º/1), quando celebrem um contrato, as partes podem escolher qual a lei aplicável: a portuguesa ou qualquer outra. Ora bem pode suceder que, pretendendo evitar a aplicação da Lei portuguesa, as partes optem por qualquer outra, mais permissiva. Uma remissão desse tipo pode ser facilmente conseguida, através das próprias ccg.

II. Tendo presente toda essa problemática e conhecendo práticas correntes[1664], o legislador de 1985 previu um esquema de territorialização da LCCG: esta passou a ter aplicação necessária a situações que apresen-

---

[1662] Cumpre referir que Almeno de Sá, em *Aditamento* que publicou a *Cláusulas contratuais gerais*, 1.ª ed. (1999), 9 pp., parece congratular-se com as alterações introduzidas pelo Decreto-Lei n.º 249/99, de 7 de julho. Todavia, uma análise atenta do texto deste Autor mostra que ele subscreve praticamente todas as críticas que acima deixámos expressas. Nesse sentido, *vide*, do mesmo Autor, *Cláusulas contratuais gerais e directiva sobre cláusulas abusivas*, 2.ª ed. (2001), 35 ss. e 96 ss..

[1663] Roma I é a designação por que é conhecido o Regulamento n.º 593/2008, de 17 de junho, relativo à lei aplicável às relações contratuais: ele sucedeu à Convenção de Roma de 1980, tendo-lhe recebido o nome.

[1664] Por exemplo: uma pequena empresa de distribuição de produtos fotográficos, com sede em Portugal, subscreveu, com o seu fornecedor, um complexo contrato assente em ccg, que podia ser denunciado, por este, a todo o tempo e sem compensação alguma: o foro competente era o de Nova Iorque e a lei aplicável, a do Estado do Illinois; em tais condições, a empresa aderente não tinha, sequer, acesso à Justiça.

§ 35.º Defesa do consumidor   517

tassem uma sólida conexão com o Estado português. A versão original da LCCG, de 1985, comportava um capítulo VII, sobre normas de conflitos. Dispunha o seu artigo 33.º, integrado nesse capítulo:

> O presente diploma aplica-se:
>
> a) Aos contratos regidos pela lei portuguesa;
> b) Aos demais contratos celebrados a partir de propostas ou solicitações feitas ao público em Portugal, quando o aderente resida habitualmente no País e nele tenha emitido a sua declaração de vontade.

Como se vê, o dispositivo de 1985 assentava em duas regras de conflitos[1665]:

- a primazia da *lex contractus*: a lei das ccg aplica-se aos contratos regidos pela lei portuguesa; afigura-se uma solução lógica e coerente, uma vez que a própria lei em causa é uma lei destinada a contratos;
- uma regra unilateral que conduz à aplicação imperativa da lei portuguesa das ccg a contratos que tenham uma forte conexão com a ordem portuguesa: propostas ou solicitações feitas ao público em Portugal, quando o aderente resida habitualmente no País e nele tenha emitido a sua declaração de vontade.

Na época, nem todos os países europeus dispunham de leis sobre as cláusulas contratuais gerais. A regra unilateral visava prevenir a fuga à aplicação da lei portuguesa, o que poderia ser comodamente feito através da remissão para ordens jurídicas mais permissivas.

III. A aprovação, no plano europeu, da Diretriz 93/13, de 5 de abril, levou curiosamente, a uma limitação da tutela providenciada pela lei portuguesa de 1985. Com efeito, no plano das normas de conflitos no espaço, a Diretriz veio dispor, simplesmente, no seu artigo 6.º:

> 2. Os Estados-membros tomarão as medidas necessárias para que o consumidor não seja privado da proteção concedida pela presente diretiva pelo facto de ter sido escolhido o direito de um país terceiro como direito

---

[1665] Almeida Costa/Menezes Cordeiro, *Cláusulas contratuais gerais/Anotação ao Decreto-Lei n.º 446/85, de 25 de Outubro* (1987), 67-68.

aplicável ao contrato, desde que o contrato apresente uma relação estreita com o território dos Estados-membros.

Ou seja: enquanto o Direito português dispensava a sua proteção a todos os aderentes, consumidores e não-consumidores, a Diretriz 93/13 vai limitar a tutela aos consumidores e, ainda então, quando o "perigo" residisse na aplicação de Direitos não pertencentes aos Estados da União Europeia. Não impunha, todavia, que os Direitos dos Estados-Membros dessem (ou mantivessem) maior proteção.

IV. Não obstante, o Decreto-Lei n.º 220/95, de 31 de janeiro, optou por suprimir o original artigo 33.º, substituindo-o pelo texto seguinte, inserido na secção referente às relações com consumidores finais:

Artigo 23.º (Limitação do efeito da escolha da lei)

Independentemente da lei que as partes hajam escolhido para reger o contrato, as normas desta secção aplicam-se sempre que o mesmo apresente ligação estreita ao território dos Estados-Membros da União europeia.

Como se vê, as regras sobre cláusulas contratuais gerais passaram a ter aplicação imperativa (apenas) às relações com consumidores finais e desde que houvesse uma conexão estreita com o território da União.

V. O Decreto-Lei n.º 249/99, de 7 de julho, sempre sob o signo do europeísmo, introduziu nova redação para o artigo 23.º da LCCG:

1. Independentemente da lei escolhida pelas partes para regular o contrato, as normas desta secção aplicam-se sempre que o mesmo apresente uma conexão estreita com o território português.
2. No caso de o contrato apresentar uma conexão estreita com o território de outro Estado membro da Comunidade Europeia aplicam-se as disposições correspondentes desse país na medida em que este determine a sua aplicação.

No essencial:

– manteve a limitação da aplicação imperativa da LCCG às relações com consumidores finais;
– admitiu o recurso às disposições de outros Estados-Membros, quando o contrato tenha, com elas, uma conexão estreita.

VI. Em conclusão, podemos dizer que a forte tutela, conferida pela lei portuguesa, aos aderentes a ccg, mesmo quando não sejam consumidores, se desvaneceu no plano das normas de conflitos. A proteção concedida a empresários não implica, a partir de 1995, a aplicação imperativa da lei portuguesa. Esta medida, menos pensada e não exigida pelo Direito europeu, deixou sem proteção as empresas nacionais que adiram a ccg estrangeiras. Os resultados comprovariam os receios que, na altura, exprimimos: agravaram, por exemplo, a situação das empresas públicas de transportes que, no século XXI, concluíram contratos de *swap* de taxas de juros que se vieram a revelar muito desfavoráveis.

168. A publicidade

I. A contratação é incentivada, em termos de verdadeira indústria, pela publicidade. Embora integrando o Direito comercial, a publicidade condiciona, hoje, o essencial da atividade contratual dos interessados.

Trata-se, por isso, de matéria a aflorar, numa exposição geral de Direito civil português. Tenha-se ainda presente que a publicidade, enquanto forma de exprimir o pensamento do seu autor, entronca no princípio constitucional da liberdade de expressão. Essa conexão não afasta a regulabilidade da matéria, dada a sua função económica e visto a necessidade de proteger os consumidores[1666].

II. A primeira regulação cabal da publicidade comercial foi levada a cabo pelo Código da Publicidade de 1980, aprovado pelo Decreto-Lei n.º 421/80, de 30 de setembro – II Governo Sá Carneiro.

Anteriormente, a publicidade era conhecida nas leis portuguesas. Mas apenas sectorialmente. Por exemplo:

– o Decreto n.º 12:700, de 20 de novembro de 1926, que aprovou o regulamento do imposto de selo, taxava os "anúncios e cartazes" e regulava o modo de arrecadação do competente selo – artigos 31.º, 44.º, 45.º e 46.º e seguintes;
– o Decreto n.º 21:916, de 28 de novembro de 1932, que aprovou a nova tabela do imposto de selo, fixava os montantes devidos pela publicidade;

[1666] *Vide* Luís Menezes Leitão, *Publicidade e liberdade de expressão*, Est. Carlos Ferreira de Almeida 3 (2011), 121-134.

– o Decreto-Lei n.º 38:382, de 7 de agosto de 1951, que aprovou o Regulamento Geral das Edificações Urbanas (R.G.E.U.) previa que as câmaras municipais pudessem proibir certos elementos publicitários que prejudicassem o bom aspeto de arruamentos e praças – artigo 125.º;
– o Decreto-Lei n.º 42 466, de 22 de agosto de 1959, que regulou a publicidade nas estradas, a qual ficava dependente de autorização;
– o Decreto-Lei n.º 44 278, de 14 de abril de 1962, que aprovou o Estatuto Judiciário o qual, no artigo 571.º, proibia a publicidade de advogados;
– o Decreto-Lei n.º 315/70, de 8 de julho, que veio regulamentar a comercialização de variados tipos de alimentos destinados a fins dietéticos ou de regime;
– o Decreto-Lei n.º 314/72, de 17 de agosto, relativo à publicidade de géneros alimentícios;
– o Decreto-Lei n.º 375/72, de 3 de outubro, referente à produção e comercialização de cosméticos;
– o Decreto-Lei n.º 3/74, de 8 de janeiro, que regula a produção e comercialização de bebidas espirituosas;
– o Decreto-Lei n.º 85-C/75, de 26 de fevereiro, que aprovou a Lei da Imprensa;
– o Decreto-Lei n.º 254/76, de 7 de abril, que tomou medidas no tocante à pornografia.

Como se vê, toda esta legislação, que pode ser considerada especial e, assim, sobreviveu – quase intocada – aos Códigos da Publicidade que viriam a ser publicados após 1980, visava sectores particularmente sensíveis[1667].

O primeiro Código da Publicidade português, aprovado pelo Decreto-Lei n.º 421/80, de 30 de setembro[1668], apresentou-se, logo no seu preâmbulo, como um diploma que visava colmatar uma lacuna grave.

Como fontes inspiradoras, o Código de 1980 apontou as experiências de certos países da CEE – tal como, então, ela se compunha – e a saber a França, o Reino Unido, a Irlanda e a Itália e, ainda o Brasil e a Espanha.

O Código de 1980 abrangia 53 artigos, assim agrupados:

[1667] Um levantamento da legislação avulsa relativa à publicidade, abrangendo 18 diplomas, pode ser confrontado em Ângela Frota, *Colectânea* cit., 77 ss..
[1668] Sobre este diploma refira-se João M. Loureiro, *Direito da publicidade* (1981), prefaciado por José Miguel Júdice.

§ 35.º Defesa do consumidor

Capítulo I – Âmbito – artigos 1.º e 3.º;
Capítulo II – Normas gerais – artigos 4.º a 11.º;
Capítulo III – Disposições especiais – artigos 12.º a 32.º;
Capítulo IV – Sanções e penalidades – artigos 33.º a 40.º;
Capítulo V – Conselho de Publicidade – artigos 41.º a 46.º;
Capítulo VI – Disposições finais – artigos 47.º a 53.º.

O essencial dos princípios nele fixados – artigos 4.º e seguintes – transitaria para os Códigos subsequentes. A legislação especial era ressalvada – artigo 49.º[1669].

III. O Código da Publicidade de 1980 teve curta vigência. Ele foi substituído por novo diploma, aprovado pelo Decreto-Lei n.º 303/83, de 28 de junho.

Como ressalta do preâmbulo deste Decreto-Lei, não houve, propriamente, uma alteração de fundo, quanto ao modo de regular a publicidade em Portugal: apenas se tratou de introduzir "...rectificações de diversa ordem de modo a assegurar-lhe uma maior objectividade e eficácia". O essencial dos dispositivos de proteção ao consumidor, que vinham do Código de 1980, foram conservados. Quanto ao resto, houve alterações:

– de tipo formal e sistemático;
– no domínio das contraordenações, de modo a efetuar a aproximação com o regime do Decreto-Lei n.º 433/82, de 27 de outubro;
– no tocante ao Conselho de Publicidade, cuja composição foi adaptada às flutuações governativas.

O Código da Publicidade de 1983 teve, tal como o seu antecessor, vida breve: foi substituído por novo Código – o terceiro – aprovado pelo Decreto-Lei n.º 330/90, de 23 de outubro. Aparentemente, tratava-se de coordenar o Direito nacional com as exigências comunitárias[1670] e de introduzir melhoramentos possibilitados pela experiência entretanto acumulada.

[1669] Ainda que sob a designação menos correta de "Direito subsidiário".
[1670] Designadamente com as diretrizes n.º 84/450/CEE e 89/552/CEE e referentes, respetivamente, à publicidade enganosa e ao exercício de atividades de radiodifusão televisiva.

O Código da Publicidade de 1990 saldou-se, sobretudo, por uma considerável melhoria técnica em relação aos seus antecessores. Eis a sua sistematização, abrangendo 40 artigos[1671]:

Capítulo I – Disposições gerais – artigos 1.º a 5.º;
Capítulo II – Regime geral de publicidade
  Secção I – Princípios gerais – artigos 6.º a 13.º;
  Secção II – Restrições ao conteúdo da publicidade – artigos 14.º a 16.º;
  Secção III – Restrições ao objeto da publicidade – artigos 17.º a 22.º;
  Secção IV – Formas especiais de publicidade – artigos 23.º e 24.º;
Capítulo III – Publicidade na televisão – artigos 25.º e 26.º;
Capítulo IV – Atividade publicitária
  Secção I – Publicidade do Estado – artigo 27.º;
  Secção II – Relações entre sujeitos da atividade publicitária – artigos 28.º a 30.º;
Capítulo V – Conselho Consultivo da Atividade Publicitária – artigos 31.º a 33.º;
Capítulo VI – Fiscalização e sanções – artigos 34.º a 40.º.

O Código conserva-se em vigor, até hoje, embora a quietude legislativa seja aparente. Com efeito, ele já foi modificado diversas vezes: pelos Decretos-Leis n.º 74/93, de 10 de março, n.º 6/95, de 17 de janeiro, n.º 61/97, de 25 de março, n.º 275/98, de 9 de setembro, pela Lei n.º 31-A/98, de 14 de julho[1672], pelos Decretos-Leis n.º 51/2001, de 15 de fevereiro e n.º 332/2001, de 24 de dezembro, pela Lei n.º 32/2003, de 22 de agosto, pelo Decreto-Lei n.º 224/2004, de 4 de dezembro, pela Lei n.º 37/2007, de 14 de agosto, pelo Decreto-Lei n.º 57/2008, de 26 de março e pela Lei n.º 8/2011, de 11 de abril. Além do Código da Publicidade, há ainda que lidar com Diretrizes Comunitárias. São elas, todas do Conselho:

– a Diretriz 79/112/CEE, de 18-dez.-1978, relativa a géneros alimentícios[1673];
– a Diretriz 84/450/CEE, de 10-set.-1984, relativa a publicidade enganosa;

[1671] *Vide* Rui Moreira Chaves, *Código da Publicidade Anotado*, 2.ª ed. (2005), 463 pp..

[1672] O Decreto-Lei n.º 275/98, de 9 de setembro, providenciou a republicação, em anexo, do texto do Código da Publicidade, na versão então em vigor.

[1673] Alterada pelas Diretrizes 86/197/CEE, de 26-mai.-1986 e 89/395/CEE, de 14-jan.-1989.

§ 35.º Defesa do consumidor

– a Diretriz 89/552/CEE, de 3-out.-1989, relativa à radiodifusão televisiva;
– a Diretriz 89/622/CEE, de 13-nov.-1989, relativa a produtos do tabaco;
– a Diretriz 97/36/CE, de 30 de junho;
– a Diretriz 97/55/CE, de 6 de outubro.

Mantém-se ainda em vigor numerosa legislação especial[1674].

V. O Código da Publicidade vigente – aliás tal como o Código de 1983, embora em forma diferente – define publicidade nos termos seguintes[1675]:

Artigo 3.º
Conceito de publicidade

1 – Considera-se publicidade, para efeitos do presente diploma, qualquer forma de comunicação feita por entidades de natureza pública ou privada, no âmbito de uma atividade comercial, industrial, artesanal ou liberal, com o objetivo direto ou indireto de:
   a) Promover, com vista à sua comercialização ou alienação, quaisquer bens ou serviços;
   b) Promover ideias, princípios, iniciativas ou instituições.

A noção legal de publicidade, quando se trate de contratação e que corresponde, aliás, à ideia comum, assenta numa ideia de divulgação e, depois, num duplo fim:
– de dirigir a atenção do público para um determinado bem ou serviço;
– de promover a aquisição dos aludidos bens ou serviços.

Na verdade, apenas o elemento teleológico permite distinguir a publicidade de qualquer outra comunicação[1676]: um mesmo comportamento de divulgação pode ser um noticiário, uma aula ou uma ação de publicidade, consoante o fim prosseguido pelo agente.

[1674] Por exemplo, além do referido *supra*, nota 1748, assinale-se que, na *Colectânea de Direito da Publicidade*, de Pedro Simão José e de António Côrte-Real Cruz, referem-se nada menos de 78 diplomas nessas condições: toda esta matéria deve ser permanentemente atualizada pelo leitor, com recurso a bases de dados adequadas.

[1675] Quanto à noção de publicidade cabe referir, entre nós, Ferreira de Almeida, *Conceito de publicidade*, BMJ 349 (1985), 115-134. Para aspetos de síntese refira-se o relatório de Arnaud Lyon-Caen em *La publicité-propagande (Journées Portugaises)*, Travaux de l'Association Henri Capitant, tomo XXXII (1981), 6-16.

[1676] Por todos, Ferreira de Almeida, *Conceito de publicidade* cit., 129.

VI. A publicidade comercial que, de certo modo, terá surgido com o mercado, tem vindo a intensificar-se com a industrialização[1677]. Hoje, ela constitui um elemento essencial de toda a atividade económica. A sua importância, nas empresas, tem crescido em contínuo; de igual modo, tem aumentado o seu relevo jurídico e o número de questões que ocasiona[1678]. Em Portugal, tudo isto se documenta pela sucessão, em 35 anos, de três Códigos da Publicidade, o último dos quais já com diversas alterações e pela existência de dezenas de regras especiais e dispersas, sobre o tema.

À partida, a publicidade coloca problemas de propriedade industrial[1679] e de concorrência[1680]: trata-se de assegurar que não há um aproveitamento do nome ou da fama alheia[1681] e de prevenir esquemas desleais de concorrência[1682]. Estava-se, então, no que com algum simplismo poderia ser considerado como um nível puramente privatístico de colocação do tema.

Posteriormente, a publicidade ganhou uma relevância pública com o aparecimento, a seu propósito, de uma preocupação assumida de proteção do consumidor[1683].

[1677] Dino Villani, *La pubblicità e i suoi mezzi* (1966), 3 ss., Maurizio Fusi, *Il nuovo Codice di lealtà pubblicitaria* (1971), 3 ss., Silvio M. Brondoni, *Le agenzie di pubblicità* (1978), 3 ss. e Serafino Gatti, *Pubblicità commerciale*, ED XXXVII (1988), 1058-1064 (1058 ss.).

[1678] Assim e como exemplo, é sugestivo comparar a dimensão do trabalho de Vito Mancini, *Pubblicità commerciale*, NssDI XIV (1967), 530-532 com o de Luigi Sordelli, *Pubblicità commerciale ed altre informazioni pubblicitarie*, NssDI, *Appendice*, VI (1986), 179-192: em cerca de vinte anos, o espaço consagrado ao tema pelo prestigiado *Novissimo Digesto Italiano* mais do que quintuplicou.

[1679] Friedrich B. Fischer, *Grundzüge des Gewerblichen Rechtsschutzes*, 2.ª ed. (1986), 9 ss., com várias considerações históricas sobre aspetos conexos, bem como Véronique de Chantérac/Régis Fabre, *Droit de la publicité et de la promotion des ventes* (1986), 12 ss..

[1680] Volker Emmerich, *Das Recht des unlauteren Wettbewerbs*, 5.ª ed. (1998), 80 ss. e *passim* e Luigi Sordelli, *Pubblicità commerciale* cit., 187 ss..

[1681] Emmerich, ob. cit., 143.

[1682] Rudolf Nirk, *Gewerblicher Rechtsschutz* (1981), 363 ss..

[1683] Eike von Hippel, *Verbraucherschutz* (1979), 76 ss., Heinrich Hubmann, *Gewerblicher Rechtsschutz*, 4.ª ed. (1981), 286 ss., Guido Alpa, *Consumatore (tutela del)*, NssDI, *Appendice* II (1981), 516-543 (535) e Brian W. Harvey/Deborah L. Parry, *The law of consumer protection and fair trading*, 3.ª ed. (1987), 344 ss.. Entre nós, cumpre referir João Calvão da Silva, *La publicité et le consommateur/Rapport portugais*, em *La publicité--propagande*, Travaux de l'Association Henri Capitant (1981), 191-219 (191 ss..).

Como vimos, a proteção do consumidor pode ser prosseguida através da formação de um Direito privado especial a tanto destinado e ou com recurso a valorações difusas mas contínuas, a isso dirigidas[1684]. Mas ela pode, também, ser procurada mercê duma atuação do Estado, com esses objetivos[1685]. Este ponto é importante: ele postula uma margem de iniciativa da Administração e, ainda, um conjunto de regras que legitimem as ações tomadas dentro dessa margem. Para evitar o domínio do arbítrio chega-se, assim, à necessidade de prévia definição de tipos inadmissíveis de publicidade.

E a tal propósito surgem determinadas formas de publicidade proibidas, como a publicidade oculta ou a publicidade enganadora, ou especialmente reguladas, como a publicidade comparativa.

VII. O artigo 6.º do Código da Publicidade vigente, na linha, aliás, do artigo 4.º do Código de 1983, vem dizer, precisamente sob a epígrafe "princípios da publicidade":

A publicidade rege-se pelos princípios da licitude, identificabilidade, veracidade e respeito pelos direitos do consumidor.

Os artigos subsequentes desenvolvem cada um destes princípios. Assim, segundo o artigo 7.º – princípio da licitude –,

1 – É proibida a publicidade que, pela sua forma, objeto ou fim, ofenda os valores, princípios e instituições fundamentais constitucionalmente consagrados.

2 – É proibida, designadamente, a publicidade que:

a) Se socorra, depreciativamente, de instituições, símbolos nacionais ou religiosos ou personagens históricas;
b) Estimule ou faça apelo à violência, bem como a qualquer atividade ilegal ou criminosa;
c) Atente contra a dignidade da pessoa humana;
d) Contenha qualquer discriminação em virtude da raça, língua, território de origem, religião ou do sexo;

[1684] Por exemplo, Barbara Dauner-Lieb, *Verbraucherschutz durch Ausbildung eines Sonderprivatrechts für Verbraucher/Systemkonforme Weiterentwicklung oder Schrittmacher der Systemveränderung?* (1983), 109 e *passim*.

[1685] Eike von Hippel, *Verbraucherschutz* cit., 82 ss. e Guido Alpa, *Consumatore* cit., 536.

e) Utilize, sem autorização da própria, a imagem ou as palavras de alguma pessoa;
f) Utilize linguagem obscena;
g) Encorage comportamentos prejudiciais à proteção do ambiente;
h) Tenha como objeto ideias de conteúdo sindical, político ou religioso.

3 – Só é permitida a utilização de línguas de outros países na mensagem publicitária, mesmo que em conjunto com a língua portuguesa, quando aquela tenha os estrangeiros por destinatários exclusivos ou principais, sem prejuízo do disposto no número seguinte[1686].
(...)

O artigo 8.º – princípio da identificabilidade –, dispõe:

1 – A publicidade tem de ser inequivocamente identificada como tal, qualquer que seja o meio de difusão utilizado.
2 – A publicidade efetuada na rádio e na televisão deve ser claramente separada da restante programação (...)[1687].

O artigo 10.º – princípio da veracidade –, vem determinar:

1 – A publicidade deve respeitar a verdade, não deformando os factos.
2 – As afirmações relativas à origem, natureza, composição, propriedades e condições de aquisição dos bens ou serviços publicitados devem ser exatas e passíveis de prova, a todo o momento, perante as instâncias competentes.

[1686] O número seguinte dispõe: "É admitida a utilização excecional de palavras ou de expressões em línguas de outros países quando necessárias à obtenção do efeito visado na conceção da mensagem". Este aditamento, introduzido pelo Decreto-Lei n.º 275/98, de 9 de setembro, veio, sem qualquer mérito (sequer publicitário!) destruir o conteúdo do n.º 3, que defendia a língua portuguesa e a sua criatividade.
[1687] Encontramos uma concretização deste princípio em RLx 4-nov.-1998 (Cotrim Mendes), BMJ 481 (1998), 530 (o sumário): entendeu-se que ele era violado, atingindo os direitos do cidadão consumidor, pelo programa televisivo que dividia o *écran* ao meio, de modo a passar, de um lado, a informação horária e, do outro, publicidade: não se consegue ver aquela sem esta. Também em RLx 30-nov.-2000 (Margarida Vieira de Almeida), CJ XXV (2000) 5, 145-146, se entendeu que violava este princípio a estação de televisão que, sem separador, transmita por imagem e em voz *off* uma mensagem publicitária que se sobreponha à figura do relógio indicativo da aproximação da hora do telejornal.

§ 35.º Defesa do consumidor 527

Trata-se do importante princípio da verdade material da publicidade, que proveio do artigo 7.º do Código de 1983.
Finalmente, o artigo 12.º do Código da Publicidade fixa o princípio do respeito pelos direitos do consumidor:

A publicidade não deve atentar contra os direitos do consumidor.

Este preceito remete, no fundo, para toda a vasta legislação hoje existente sobre a tutela dos consumidores. Reforçando, o artigo 13.º do Código da Publicidade proíbe, especificadamente, determinadas condutas que lesem a saúde ou a segurança do consumidor.

VIII. A publicidade oculta ou dissimulada – portanto: aquela que recorra a imagens subliminares ou a outros meios dissimuladores que explorem a transmissão de publicidade sem que os destinatários se apercebam da natureza publicitária da mensagem – é vedada[1688] – artigo 9.º.
É proibida a publicidade enganosa[1689] – artigo 11.º – enquanto a publicidade comparativa isto é: aquela que identifique, explícita ou implicitamente, o concorrente fica sujeito a especiais cautelas – artigo 16.º.
O objeto da publicidade sofre múltiplas restrições – artigos 17.º e seguintes, sempre do Código da Publicidade: assim sucede nos casos de bebidas alcoólicas[1690], do tabaco, de tratamentos e medicamentos, de jogos de fortuna e de azar, de cursos, de automóveis (não pode violar o Código da Estrada) e de produtos e serviços milagrosos.

IX. Certas manifestações de publicidade exigem medidas diferenciadas: a sua especial acutilância ou o simples facto de incomodarem o consumidor a tanto obrigam. Assim sucede com a chamada publicidade domiciliária, por telefone e por telecópia, regulada pela Lei n.º 6/99, de 27 de janeiro[1691]. São proibidas, designadamente, a publicidade domiciliária indiscreta, através da distribuição não endereçada de material, quando o

---

[1688] Quanto à publicidade oculta, vide RLx 27-mar.-1990 (Costa Figueirinhas), CJ XV (1990) 2, 176-179 (caso "Vitinho").
[1689] Quanto à publicidade enganosa, RLx 13-abr.-1988 (Carlos F. Júnior), CJ XIII (1988) 2, 159-161 e RLx 11-jun.-1997 (Adelino Salvado), CJ XXII (1997) 3, 153-155.
[1690] RLx 13-jan.-1988 (Lopes de Melo), CJ XIII (1988) 1, 155-156 e RLx 27-abr.-1988 (Tavares dos Santos), CJ XIII (1988) 2, 163-164.
[1691] Carla Amado Gomes, *O direito à privacidade do consumidor*, RMP XX, n.º 77 (1999), 89-103.

destinatário tenha afixada mensagem de oposição (3.º) ou a publicidade por telefone ou telecópia, salvo quando o destinatário a autorize antes do estabelecimento da comunicação (5.º/1)[1692]. No limite, podem intervir as próprias regras relativas à concorrência desleal[1693].

[1692] *Vide*, ainda, o artigo 12.º da Lei n.º 67/98, de 26 de outubro, quanto ao direito do titular se opor à utilização de dados que lhe digam respeito e o artigo 23.º do Código da Publicidade, quanto à publicidade domiciliária ou por correspondência.
[1693] Assim, em BGH 13-mar.-2004, NJW 2004, 1655, entendeu-se que o envio de um *e-mail* publicitário, contra a vontade do próprio destinatário, viola os bons costumes previstos na Lei da Concorrência Desleal.

§ 36.º A NÃO-DISCRIMINAÇÃO

169. Aspetos gerais

I. O artigo 13.º/1 da Constituição prescreve o princípio da igualdade. No n.º 2, esse mesmo preceito veda práticas consideradas discriminatórias. Recordamos o seu teor:

> Ninguém pode ser privilegiado, beneficiado, prejudicado, privado de qualquer direito ou isento de qualquer dever em razão de ascendência, sexo, raça, língua, território de origem, religião, convicções políticas ou ideológicas, instrução, situação económica, condição social ou orientação sexual.

Cabe verificar se este preceito se aplica à conclusão dos negócios jurídicos.

II. Na origem, o preceito constitucional visa o Estado. Por certo que a igualdade tem um lugar estrutural no Direito civil e na Ciência do Direito. Tudo decorre do postulado básico de tratar o igual de modo igual e o diferente de forma diferente, de acordo com a medida da diferença: sem o que não há Direito mas, tão-só, arbítrio. Aparentemente, nada obriga os particulares, no uso da sua autonomia privada, a agir sem arbítrio: cada um contrata com quem quiser e nas condições que entender ou que conseguir. À partida, pode "discriminar" sem limites; quando muito, irá incorrer na reprovação social ou nas contrariedades do mercado.

III. Nalguns países, mercê de condições rácicas ou religiosas historicamente atormentadas, essa liberdade civil suscitou problemas sociais. Assim sucedia nos Estados Unidos, em que certas entidades se recusavam a arrendar apartamentos a afro-americanos, em que ocorriam discriminações na concessão de crédito e no pagamento de salários e em que as escolas privadas limitavam as inscrições aos jovens de origem anglo-saxónica. Após intenso movimento cívico, a que fica ligado Martin Luther King

(1929-1968), foi aprovado o *Civil Rights Act*, de 2 de julho de 1964. Esse diploma proibia a discriminação: racial, étnica, de minorias nacionais ou religiosas e das mulheres.

IV. Na Europa o problema não se punha com tanta acuidade. O Direito constitucional cumpria a sua função de assegurar o igual tratamento de todos, perante o Estado e o Direito público. A primeira área privada a ser sensibilizada para o problema foi a do Direito do trabalho[1694]. No Direito civil, a questão, sempre presente, projeta-se em termos novos[1695]. Ela foi dinamizada, fundamentalmente por razões políticas, através de leis comunitárias. Em particular:

– a Diretriz 2000/47, de 29 de junho[1696], que aplica o princípio da igualdade de tratamento entre as pessoas, sem distinção de origem racial ou étnica;
– a Diretriz 2004/113, de 11 de dezembro[1697], que aplica o princípio de igualdade de tratamento, entre homens e mulheres, no acesso a bens e serviços e seu fornecimento.

A Diretriz 2000/43 apresenta a "igualdade de tratamento" como ausência de discriminação (2.º/1). Fica incluída a discriminação direta, a indireta (isto é, aquela que derive da aplicação de critérios aparentemente neutros) e o assédio (2.º/2 e 3). A Diretriz atinge os sectores público e privado, visando, em especial, o emprego, os benefícios sociais, a educação e o acesso a bens e serviços, incluindo a habitação (3.º).

A Diretriz 2004/113 fixa um quadro para a discriminação em função do sexo (1.º). Dispõe o seu artigo 3.º, relativo ao seu âmbito de aplicação:

[1694] Em especial e com indicações, *vide*, de Maria do Rosário Palma Ramalho, o importante *Tratado de Direito do trabalho*, Parte I – *Dogmática geral*, 3.ª ed. (2012), 202 ss..

[1695] Jörg Neuner, *Diskriminierungsschutz durch Privatrecht*, JZ 2003, 57-66 (66), com reflexões críticas quanto ao projeto de lei de transposição; Eduard Picker, *Antidiskriminierung als Zivilrechtsprogramm?*, JZ 2003, 540-545 (545/I), sublinhando que nenhuma liberdade subsiste sem limites; Hermann Reichold, *Sozialgerechtigkeit versus Vertragsgerechtigkeit/arbeitsrechtliche Erfahrungen mit Diskriminierungsregeln*, JZ 2004, 384-393 (392/II), explicando que apesar dos seus escopos públicos, o Direito da não-discriminação se deixa integrar no Direito civil.

[1696] JOCE N. L 180, 22-26, de 19-jul.-2000.
[1697] JOCE N. L 373, 37-43, de 21-dez.-2004.

1. Dentro dos limites das competências da Comunidade, a presente diretiva é aplicável a todas as pessoas que forneçam bens e prestem serviços disponíveis ao público, independentemente da pessoa em causa, tanto no sector público como no privado, nomeadamente organismos públicos, e que sejam oferecidos fora do quadro da vida privada e familiar e das transações efetuadas nesse contexto.
2. A presente diretiva em nada prejudica a liberdade de cada indivíduo escolher o outro contraente, desde que essa escolha não seja motivada pelo sexo a que esse contraente pertence.
(...)

V. A transposição, destas diretrizes, para as ordens jurídicas internas dos Estados-Membros da União levou a um surto de escritos sobre a igualdade (não-discriminação) no Direito privado[1698]. No caso alemão, isso sucedeu pela Lei de 14 de agosto de 2006[1699], conhecida pela sigla AGG (*Allgemeines Gleichbehandlungsgesetz*)[1700].

VI. As diretrizes europeias sobre a não-discriminação refletem-se, ainda, nos projetos de Direito civil europeu. O DCFR contém, no livro II, um capítulo 2 sobre a não-discriminação, que passamos a transcrever:

II. – 2:101: Right not to be discriminated against
A person has a right not to be discriminated against on the grounds of sex or ethnic or racial origin in relation to a contract or other juridical act the object of which is to provide access to, or supply, goods, other assets or services which are available to the public.

II. – 2:102: Meaning of discrimination
(1) "Discrimination" means any conduct whereby, or situation where, on grounds such as those mentioned in the preceding Article:

(a) one person is treated less favourably than another person is, has been or would be treated in a comparable situation; or
(b) an apparently neutral provision, criterion or practice would place one group of persons at a particular disadvantage when compared to a different group of persons.

[1698] Vide o incontornável Gregor Thüsing, no *Münchener Kommentar* cit., 1, AGG (2275-2614), com indicações.
[1699] Modificada, por último, pela Lei de 5 de fevereiro de 2009.
[1700] Georg Maier-Reiner, *Das Allgemeines Gleichbehandlungsgesetz im Zivilrechtsverkehr*, NJW 2006, 2577-2583.

(2) Discrimination also includes harassment on grounds such as those mentioned in the preceding Article. "Harassment" means unwanted conduct (including conduct of a sexual nature) which violates a person's dignity, particularly when such conduct creates an intimidating, hostile, degrading, humiliating or offensive environment, or which aims to do so.
(3) Any instruction to discriminate also amounts to discrimination.

II. – 2:103: Exception

Unequal treatment which is justified by a legitimate aim does not amount to discrimination if the means used to achieve that aim are appropriate and necessary.

II. – 2:104: Remedies

(1) If a person is discriminated against contrary to II. – 2:101 (Right not to be discriminated against) then, without prejudice to any remedy which may be available under Book VI (Non-contractual liability for damage caused to another), the remedies for non-performance of an obligation under Book III, Chapter 3 (including damages for economic and noneconomic loss) are available.
(2) Any remedy granted should be proportionate to the injury or anticipated injury; the dissuasive effect of remedies may be taken into account.

II. – 2:105: Burden of proof

(1) If a person who considers himself or herself discriminated against on one of the grounds mentioned in II. – 2:101 (Right not to be discriminated against) establishes, before a court or another competent authority, facts from which it may be presumed that there has been such discrimination, it falls on the other party to prove that there has been no such discrimination.
(2) Paragraph (1) does not apply to proceedings in which it is for the court or another competent authority to investigate the facts of the case.

Como se vê, a "não-discriminação" é limitada aos bens e serviços oferecidos ao público (II – 2.101, *in fine*) e, ainda aí, com exceções, desde que justificadas (II – 2:103). As soluções são frouxas, complicadas pelo ónus da prova.

O combate contra a discriminação depende, antes de mais, da educação e de movimentos cívicos.

§36.º A não-discriminação 533

170. As regras sobre a não-discriminação

I. A não-discriminação advinha do revogado Decreto-Lei n.º 370/93, de 29 de outubro, em termos que protegiam, também, os consumidores. O seu artigo 4.º proibia práticas individuais restritivas do comércio. Segundo o seu n.º 1:

> É proibido a um agente económico recusar a venda de bens ou a prestação de serviços a outro agente económico, segundo os usos normais da respetiva atividade ou de acordo com as disposições legais ou regulamentares aplicáveis, ainda que se trate de bens ou serviços não-essenciais e que da recusa não resulte prejuízo para o regular abastecimento do mercado.

Resultava, daqui, uma verdadeira obrigação de contratar[1701]. O n.º 3 desse preceito, alinhava, de seguida, causas justificativas de recusa. Embora latas, o consumidor ficava, à partida, protegido.

Curiosamente, o Decreto-Lei n.º 166/2013, de 27 de dezembro, a pretexto de modernidade, revogou o Decreto-Lei n.º 370/93, adotando medidas que apenas vedam a discriminação entre empresas. Assim, segundo o seu artigo 3.º/1:

> É proibido a uma empresa praticar em relação a outra empresa preços ou condições de venda discriminatórios relativamente a prestações equivalentes, nomeadamente quando tal prática se traduza na aplicação de diferentes prazos de execução das encomendas ou de diferentes modalidades de embalamento, entrega, transporte e pagamento, não justificadas por diferenças correspondentes no custo de fornecimento ou do serviço, nem resultantes de práticas conformes ao Direito da Concorrência.

Por seu turno, o artigo 6.º/1, do mesmo diploma, dispõe:

> Sem prejuízo dos usos normais da respetiva atividade ou de disposições legais ou regulamentares aplicáveis, é proibido a uma empresa recusar a venda de bens ou a prestação de serviços a outra empresa, ainda que se trate de bens ou de serviços não essenciais e que da recusa não resulte prejuízo para o regular abastecimento do mercado, exceto quando se verifique causa justificativa de recusa.

[1701] *Supra*, 228-229.

Quedam, todavia, outras regras de proteção.

II. As Diretrizes 2000/43 e 2004/113 exigiam ou pressupunham novas medidas. Sublinhamos:

– o artigo 240.º do Código Penal pune o crime de incitamento à discriminação racial, religiosa ou sexual;
– os artigos 23.º e seguintes do Código do Trabalho asseguram a igualdade e vedam a discriminação no emprego;
– o artigo 14.º do Regime do Contrato de Trabalho em funções públicas proíbe a discriminação, direta ou indireta, baseada em múltiplos fatores que enumera;
– o artigo 15.º da Lei do Contrato de Seguro proíbe práticas discriminatórias, nesse campo[1702].

III. Além disso:

– a Lei n.º 46/2006, de 28 de agosto, proíbe e pune a discriminação em razão da deficiência e da existência de risco agravado de saúde;
– a Lei n.º 14/2008, de 12 de março, proíbe e sanciona a discriminação em função do sexo; tem um particular relevo, no tocante ao assédio (4.º/4).

IV. O princípio da igualdade adstringe o Estado. No domínio civil, cada um contrata com quem quiser, independentemente da racionalidade dos seus critérios. Todavia, há que prevenir preferências historicamente perversas, designadamente as atinentes à etnia ou a opções ideológicas.

A recente multiplicação de leis antidiscriminatórias, justamente nos países onde o problema não se põe, corresponde à necessidade de afirmação de parlamentos e de instâncias transnacionais, cada vez mais arredados de verdadeiras opções de fundo e aos quais falta coragem para intervir nos países onde a discriminação, designadamente das mulheres, é um facto oficial.

171. O Direito civil

I. No Direito civil, ressalvados, em certos casos, os consumidores, não há uma regra geral que imponha a "igualdade", no exercício da auto-

---

[1702] *Direito dos seguros*, 467 ss..

nomia privada. Esta só o será se depender do livre-arbítrio de cada um. A própria Diretriz 2004/113, no final do seu artigo 3.º/1, acima transcrito, preserva o quadro da vida privada e familiar, onde cada um contrata como quiser.

II. As diversas leis de não-discriminação prendem-se com áreas socialmente sensíveis, designadamente por razões históricas e onde as discriminações são condenáveis.

Retomando o artigo 13.º da Constituição: o seu n.º 2 refere, de modo especificado, certos pontos em função dos quais ninguém pode ser privilegiado, beneficiado, prejudicado, privado de qualquer direito ou isento de qualquer dever: ascendência, sexo, raça, língua, território de origem, religião, convicções políticas ou ideológicas, instrução, situação económica, condição social ou orientação sexual, em moldes acima transcritos. Aparentemente, os termos aí referidos são meramente exemplificativos. Admitimos uma leitura lata. Mas o constituinte não dá exemplos académicos: fixa regras. O artigo 13.º/2 da Constituição alinha o que podemos considerar "discriminações perversas", isto é, discriminações que, ao longo da História, foram particularmente despropositadas, suscitando, ainda hoje, repulsa na memória coletiva.

Esta ideia mantém-se nos diplomas europeus e nas leis que, em sua transposição, impõem o igual tratamento. Se bem se atentar, elas visam, mais propriamente, a não-discriminação, particularmente aquela que assuma, como eixo, os tais fatores perversos.

III. No Direito civil, discriminações perversas que não tenham sido explicitamente vedadas por diplomas especiais são proscritas através da cláusula dos bons costumes[1703]. Para além disso, mantém-se a liberdade de contratação. A História ensina que os limites à livre atuação dos sujeitos redundam em atentados à sua esfera de intimidade privada, à sua liberdade pessoal e ao livre desenvolvimento da sua personalidade.

Não há meios para obrigar alguém a contratar com outrem – ou a não o fazer – na base de regras de igualdade. Nem deve haver.

[1703] *Infra*, 584 ss..

CAPÍTULO VI
O CONTEÚDO DO NEGÓCIO JURÍDICO

SECÇÃO I
O CONTEÚDO COMO CATEGORIA

§ 37.º QUADROS DA EFICÁCIA NEGOCIAL

172. Noção de conteúdo; conteúdo e objeto

I. O conteúdo do negócio corresponde à regulação por ele desencadeada: ao conjunto das regras que, por ele ter sido celebrado, tenham aplicação, no espaço delimitado pelas partes.

O recurso à ideia de conteúdo visa proporcionar uma ponderação global da regulação promovida pelo negócio: de outro modo, tudo se resumiria a um estudo analítico de diversas situações jurídicas, perdendo-se traços importantes do regime em jogo. Este, tal como o seu equilíbrio global, deve ser obtido na base de uma panorâmica do conjunto.

II. O recurso a uma ideia ampla de conteúdo, como a acima reclamada, tem algumas vantagens técnicas e científicas, em que cabe insistir. O negócio jurídico é algo de mais rico do que a soma de todas as regras que o componham. Num fenómeno comum às ciências mais complexas – das humanísticas à Sociologia, à Biologia, à Química e à própria Física – o conjunto desencadeia efeitos novos, que só aí podem ser explicados. Por isso, considerar o conteúdo, em detrimento de sectores isolados, surge mais realista e permite um melhor conhecimento da realidade.

Além disso, a linguagem humana tem limites sublinhados. O conteúdo dos negócios, podendo ser exteriorizado através de uma designação unitária, é mais manuseável do que os diversos aspectos isolados que o componham. Tudo isto tem relevância dogmática: interfere nos regimes normativos em causa e condiciona a assimilação da Ciência e da Cultura jurídicas.

III. Do conteúdo deve distinguir-se o objeto; este tem a ver não com a regulação em si, mas com o *quid* sobre que irá recair a relação negocial propriamente dita[1704]. Por exemplo, celebrado um contrato de compra e venda, verifica-se que:

- as regras aplicáveis, por via dele, às partes, constituem o seu conteúdo; assim, a transmissão da propriedade e as obrigações de entrega da coisa e do preço – artigo 879.º;
- a coisa ou o direito transmitidos formam o seu objeto.

Deve frisar-se que a doutrina troca, por vezes, o conteúdo pelo objeto, utilizando esta última expressão de modo informe.

O próprio Código Civil, no seu artigo 280.º, menciona o objeto negocial com o fito de referenciar quer o conteúdo, quer o objeto, propriamente dito. Trata-se, no entanto, de realidades patentemente distintas: a Ciência do Direito requer que se evite a confusão.

173. Composição do conteúdo

I. O conteúdo do negócio analisa-se, essencialmente, em elementos normativos e em elementos voluntários.

Os elementos normativos correspondem às regras aplicáveis *ex lege*, isto é, àquelas que o Direito associe à celebração dos negócios, independentemente de uma expressa vontade negocial nesse sentido.

Os elementos voluntários têm a ver com as regras aprontadas e fixadas pelas próprias partes.

II. Os elementos normativos podem ser de uma de duas espécies:

- elementos injuntivos, sempre que não fiquem na disponibilidade das partes nem possam, por isso, ser por elas afastados;
- elementos supletivos, caso a sua aplicação se destine a suprir o silêncio ou a insuficiência do clausulado negocial.

[1704] *Vide* Inocêncio Galvão Telles, *Manual dos contratos em geral*, 4.ª ed. (2002), 407.

Os elementos voluntários, por seu turno, subdividem-se em necessários e em eventuais:

– no primeiro caso, eles correspondem a fatores que, embora na disponibilidade das partes, tenham, por elas, de ser fixados sob pena de incompleitude do negócio – por exemplo: o preço, na compra e venda;
– no segundo, eles integram elementos que as partes poderão incluir no negócio se o entenderem – por exemplo: a condição.

III. Estes elementos devem ser separados apenas para efeito de análise. O negócio jurídico constitui, no seu conteúdo como noutros aspetos, uma unidade que não se deve perder de vista. Designadamente nos campos melindrosos da interpretação e da aplicação, essa unidade impõe-se, com múltiplos efeitos práticos.

O negócio jurídico é composto por cláusulas. Podemos distinguir entre cláusulas em sentido formal e cláusulas em sentido material: as primeiras correspondem a proposições apresentadas vocabularmente como autónomas, em regras numeradas, pelas próprias partes; as segundas equivalem a conjunções normativas que não podem ser divididas, sob pena de se perder o seu teor ontológico.

Torna-se possível efetuar um estudo da temática contratual na base das cláusulas, operando diversas distinções e apontando regimes[1705]: um esforço útil, sendo de reter que a cláusula assume a sua plenitude dentro do contexto sistemático e funcional do negócio a que pertença.

174. Tipo negocial e cláusulas típicas

I. O tipo negocial em sentido próprio ou estrito[1706] equivale ao conjunto dos seus elementos normativos e voluntários necessários. Por outras palavras: não correspondem ao tipo negocial: (1) os elementos que, legi-

---

[1705] Como escrito de referência: Gianluca Sicchiero, *La clausola contrattuale* (2003), 305 pp..
[1706] Num sentido amplo, a expressão "tipo negocial" é utilizada para traduzir qualquer negócio suscetível de designação global: vide *Tratado* II/2, 207 e *passim*. Como bibliografia geral, desde já referimos Pedro Pais de Vasconcelos, *Contratos atípicos* (1994) e Rui Pinto Duarte, *Tipicidade e atipicidade dos contratos* (2000).

timamente, afastem os fatores normativos supletivos e (2) os elementos voluntários eventuais.

O tipo negocial apresenta, dentro do universo do negócio, uma unidade particularmente vincada. Ele exprime, no mais alto grau, o equilíbrio que o Direito positivo entendeu promover como mais justo.

Num plano prático, o tipo negocial recorda que, na generalidade dos casos, as partes não se afadigam a procurar regimes específicos para os seus interesses; limitam-se a eleger um negócio e a completar os elementos voluntários necessários. As tarefas de determinação das regras aplicáveis podem, assim, limitar-se à identificação do tipo negocial eleito pelas partes.

Num plano valorativo, o tipo negocial faculta a confluência das composições de interesses mais ajustadas, no momento histórico considerado. Desse modo, ele constitui uma lista valorativa por excelência, particularmente adaptada, por exemplo, à solução das questões deixadas em aberto pela supressão de cláusulas contratuais gerais[1707].

II. Do tipo negocial devem ser separadas as cláusulas típicas. Correspondem a dispositivos que o Direito, por razões de tradição ou pela sua frequência na vida civil, trata expressamente e que, assim, ficam à disposição das partes que, para eles, queiram remeter; não formam, porém, um todo coerente, antes se apresentando como instrumentos, em si desconectados e que: quando eleitos, integram elementos voluntários eventuais.

Como exemplo de tipos negociais podem referir-se os contratos civis, inseridos nos artigos 874.º e seguintes; cláusulas típicas são, também a título de exemplo, a condição – artigos 270.º e seguintes – o termo – artigos 278.º e 279.º – ou o sinal – artigos 440.º e seguintes.

III. Ao lado do tipo legal, temos ainda a considerar o tipo social[1708]. Particularmente no Direito comercial, deparamos com negócios não regulados na lei, mas que todos conhecem nos seus aspetos habituais[1709]. Têm regimes estabilizados, dados pelos usos, pelo costume ou por cláusulas contratuais gerais. Sem prejuízo do controlo que deva ser feito através da boa-fé (artigo 3.º/1) ou da LCCG, o tipo social apresenta também os aspetos práticos e valorativos acima indicados.

[1707] *Supra*, 433 ss..
[1708] *Tratado* II/2, 207 ss..
[1709] *Direito comercial*, 3.ª ed., 717 ss. e *passim*.

SECÇÃO II
OS REQUISITOS DO NEGÓCIO

175. Noção e enunciado

I. Num sistema dominado pela autonomia privada, boa parte do conteúdo dos negócios jurídicos é determinada apenas pela negativa, isto é, mediante a aposição de limites. Desses limites, os mais característicos são expressos através de requisitos, portanto de qualidades que os negócios, para serem válidos, devam assumir nos seus conteúdos e nos seus objetos.

A noção de "requisito" pode ser alargada a elementos exteriores ao negócio e à própria vontade[1710]. Todavia, por de confinação pragmática e na linha traçada pelo artigo 280.º, vamos restringir os requisitos às qualidades exigidas para o conteúdo e para o objeto de qualquer negócio.

II. Na preparação do Código Civil, esta matéria mereceu apenas uma breve referência a Rui de Alarcão. Em preceitos separados, este Autor propôs, numa secção sobre o objeto negocial[1711]:

Artigo 1.º Requisitos do objecto negocial

O objecto do negócio jurídico deve ser possível, lícito e determinado ou determinável.

[1710] Vide Luigi Carriota Ferrara, *Il negozio giuridico* cit., 116-117.
[1711] Rui de Alarcão, *Erro, dolo e coacção – Representação – Objecto Negocial/ /Negócios usurários – Condição*, BMJ 102 (1961), 175; quanto à justificação vide, do mesmo Autor, a *Breve motivação* cit., BMJ 138 (1964), 120.

e

Artigo 2.º Negócios contra a ordem pública ou contra os bons costumes

1. É nulo o negócio jurídico que contrarie a ordem pública ou os bons costumes.
2. Se a ofensa de um contrato à ordem pública ou aos bons costumes se depreender somente do fim que com ele se teve em vista, e esse fim for comum a ambas as partes, considera-se nulo.

O articulado proposto segue o sistema de Manuel de Andrade[1712]. No que toca à redação, o artigo 1.º transcreve, à letra, o artigo 1346.º do Código Civil italiano[1713]. Epigrafado "requisitos", esse preceito dispõe:

O objecto do contrato deve ser possível, lícito, determinado ou determinável.

Quanto à conformidade aos bons costumes e à ordem pública: Alarcão remeteu para os estudos de Vaz Serra, sobre os requisitos da prestação[1714]. Aí, propunha-se a regra do respeito pela ordem pública e pelos bons costumes e o princípio da nulidade do negócio, quando houvesse impossibilidade originária e objetiva da respetiva prestação[1715].

Na 1.ª revisão ministerial, o articulado de Rui de Alarcão era respeitado[1716]. Todavia, na 2.ª revisão ministerial, Antunes Varela optou por fundir, num único preceito, a licitude, a possibilidade, a determinabilidade e a não-contrariedade à ordem pública e aos bons costumes[1717]. Além disso, fixou esses requisitos pela negativa: cominando, à cabeça, a nulidade dos negócios que os não respeitassem. Esse foi o dispositivo que passaria à versão final do Código Civil[1718].

Aparentemente inóqua, a alteração em causa teve dois inconvenientes:

[1712] Manuel de Andrade, *Teoria geral* cit., 2, 327 ss..
[1713] Rui de Alarcão, *Breve motivação* cit., 120: apenas substitui "contrato" por negócio.
[1714] Mais precisamente: Adriano Vaz Serra, *Objecto da obrigação. A prestação – suas espécies, conteúdo e requisitos*, BMJ 74 (1958), 15-283, n.º 40 (260-261).
[1715] *Idem*, artigos 2.º e 4.º/1 (262 e 263).
[1716] BMJ 107 (1961), 105-106.
[1717] *Código Civil*, Livro I, *Parte geral* (2.ª *revisão ministerial*), 280.º (110).
[1718] *Projecto de Código Civil* (1966), 280.º (80).

– levou à duplicação com o (atual) artigo 294.º;
– veio dificultar a ultrapassagem da exigência de possibilidade, requerida pela atual Ciência do Direito, bem como a ideia, hoje pacífica, de que a obrigação – e logo o negócio – subsistem sem dever de prestação principal.

Para além dos antecedentes imediatos, o artigo 280.º sintetizou uma série de postulados que remontam ao antigo Direito português e, mais longe, ao Direito romano. Eles serão considerados a propósito do estudo analítico de cada um dos requisitos a que, abaixo, iremos proceder. Cumpre reter o seu teor exato, sob a epígrafe "requisitos do objeto negocial":

1. É nulo o negócio jurídico cujo objeto seja física ou legalmente impossível, contrário à lei ou indeterminável.

2. É nulo o negócio contrário à ordem pública, ou ofensivo dos bons costumes.

Podemos, daqui, extrair cinco requisitos: (a) possibilidade; (b) conformidade com a lei; (c) determinabilidade; (d) conformidade com a ordem pública; (e) conformidade com os bons costumes. A ordenação dogmaticamente correta não é essa: a possibilidade aproxima-se da determinabilidade e os bons costumes antecedem a ordem pública. Nesta cumpre distinguir a ordem pública interna ou, simplesmente, ordem pública e a ordem pública internacional.

A sequência resulta dessa reordenação dos elementos legais.

§ 38.º A POSSIBILIDADE

176. Ideia geral e evolução histórica

I. O negócio jurídico deve postular atuações humanas exequíveis, isto é, possíveis: no plano do conteúdo e no do objeto. O que não pode ser prestado, não pode ser devido[1719], no que se ergueria como uma verdade natural[1720], uma imposição da natureza das coisas[1721] ou um dado lógico-material[1722]. O ponto, por tão óbvio, dispensaria, mesmo, qualquer consagração legal[1723].

Todavia, a impossibilidade assume diversas formas; ela atinge o negócio *ab initio* ou em momento superveniente; ela revela-se geral ou, apenas, perante uma concreta parte; pode ser material ou jurídica; ocorre espontaneamente ou por via de alguma das partes. Em suma: a aparente simplicidade de origem não dispensa um tratamento jurídico-científico.

[1719] Albrecht Fischer, *Vis major im Zusammenhang mit Unmöglichkeit der Leistung*, JhJb 37 (1897)199-300 (234) e Feodor Kleineidam, *Einige Streitfragen aus der Unmöglichkeitslehre des B.G.B.*, JhJb 43 (1901), 105-140 (113); outras indicações: Gerhard Wagner, *Ansprüche auf Unmögliches? Die Rechtsfolgen anfänglichen Unvermögens*, JZ 1998, 482-494 (482 ss.) e Martin Josef Schermaier, HKK/BGB II/1, §§ 241-304 (2007), § 275, Nr. 1 (942).

[1720] Martin Josef Schermaier, HKK/BGB cit., II/1, § 275, Nr. 1 (942-943), com indicações.

[1721] Paul Oertmann, *Kommentar zum BGB/2, Recht der Schuldverhältnisse*, 3.ª/4.ª ed. (1910), § 306, Nr. 1, 155, retomando os *Motive zu dem Entwurfe* cit., 2, § 237 (45), apoiados em Windscheid.

[1722] Claus-Wilhelm Canaris, *Zur Bedeutung der Kategorie der "Unmöglichkeit" für das Recht der Leistungsstörungen*, em Reiner Schultze/Hans Schulte-Nölke, *Die Schuldrechtsreform vor dem Hintergrund des Gemeinschaftsrechts* (2001), 43-66 (49): a impossibilidade como fundamento de liberação justifica-se a si mesma, radicando a proposição *impossibilium nulla est obligatio* nas *sachlogischen Strukturen*.

[1723] Philipp Heck, *Grundriss des Schuldrechts* (1929), § 33, Nr. 6 (101).

Além disso, intervêm múltiplos acidentes histórico-culturais que, ao longo da História, lhe dão uma feição multifacetada.

II. No Direito romano, o bloqueio representado pela impossibilidade era reconhecido[1724]. Retemos dois textos:

Paulo[1725]: quod nullius esse potest, id ut alicuius fieret, nulla obligatio valet efficere[1726];

Celso[1727]: impossibilium nulla est obligatio[1728].

Exigia-se uma impossibilidade objetiva, física (motivada, por exemplo, pela perda do objeto) ou jurídica (presente, por exemplo, no negócio relativo a uma *res extra commercium*). A impossibilidade meramente atinente ao devedor não era exonerante[1729].

III. Os textos romanos foram retomados, ao longo da História, tendo merecido uma especial atenção dos pandectistas[1730] e, em especial, a de Friedrich Mommsen (1818-1892)[1731]. O requisito da possibilidade ficou

---

[1724] Max Kaser, *Das römische Privatrecht* cit., 1, 2.ª ed., § 115, II (489-490); vide Horst Heinrich Jakobs, *Unmöglichkeit und Nichterfüllung* (1969), 274 pp., 67 ss. e Yasmine-Lee Schwingenheuer, *Die Geschichte der Unmöglichkeitslehre/Die Unmöglichkeit im Wandel der Zeit* (2001), X + 50 pp. e anexo, 3 ss.. Muitos elementos constam da obra de Christian Wollschlager, abaixo citada.

[1725] D. 50.17.182 = *Corpus Juris Civilis* I, ed. Theodor Mommsen/Paul Krueger (1908), 925/II = ed. Carl Ed. Otto/Bruno Schelling/Carl Friedrich Ferdinand Sintenis, *Das Corpus Juris Civilis Deutsch übersetzt* 4 (1832), 1283-284.

[1726] Em português: nenhuma obrigação produz efeitos perante o que seja *nullius* [isto é: não possa ter dono] ou pertença a outrem.

[1727] D. 50.17.185 = ed. Mommsen/Kruger cit., I, 925/II = ed. Carl Ed. Otto e outros cit., 4, 1284.

[1728] Em português: a obrigação de impossíveis é nula.

[1729] Max Kaser, *Das römische Privatrecht* cit., 1, 2.ª ed., § 115, II (490), com indicações.

[1730] Ernst Wilhelm Knorr, *Die Entwicklung der Unmöglichkeitslehre im gemeinen Recht* (1960, hektg.), 133 pp., 24 ss..

[1731] Friedrich Mommsen, *Beiträge zum Obligationenrecht*, 1 – *Die Unmöglichkeit der Leistung in ihrem Einfluβ auf obligatorische Verhältnisse* (1853), XX + 420 pp., especialmente o § 11 (102 ss.).

assente, tendo sido acolhido por Windscheid[1732], cujas *Pandectae* exerceram especial influência na preparação do BGB. Daí resultou o § 306, hoje revogado, que dispunha:

O contrato dirigido a uma prestação impossível é nulo.

O preceito dava, depois, origem a diversas regras, em função do âmbito e da origem da impossibilidade[1733].

IV. A opção do BGB foi criticada por um autor importante: Ernst Rabel (1874-1955). Em cuidado estudo, Rabel defendeu que a impossibilidade não tinha ascendência romana, nem era uma decorrência apodítica[1734].

Cumpre referir a opção feita, neste domínio, pela *Common Law* e que tem merecido atenção especial à doutrina alemã[1735].

A não-recetividade à impossibilidade superveniente das obrigações, como causa de exoneração das partes, é feita remontar à decisão do *King's Bench*, de 26-mar.-1647: Paradine v. Jane. Eis o caso: Paradine demandou Jane por não pagamento da renda relativa a uma exploração agrícola, dada em locação. Jane defende-se alegando que a terra, no âmbito da guerra civil, fora ocupada pelo Príncipe Rupert, da Alemanha, sendo totalmente inaproveitável. O Tribunal recusou o pedido[1736]. Explica:

(W)here the law creates a duty, and the party is disabled to perform it without any default in him, and hath no remedy over, there the law will excuse him. As in the case of waste, if a house be destroyed

---

[1732] Bernhard Windscheid/Theodor Kipp, *Lehrbuch des Pandektenrechts* cit., § 264 (2, 91 ss.).

[1733] Como exemplos de literatura da época: Georg Speckbrock, *Einige Fragen aus der Unmöglichkeitslehre* (1915), III + 49 pp. e Hans Rhode, *Beiträge zur Unmöglichkeitslehre/Unter besonderer Berücksichtigung des Prinzips, nach welchem die Haftung für Unmöglichkeit der Leistung abgestuft ist* (1930), 45 pp., 7 ss., 24 ss., 30 ss. e *passim*.

[1734] Ernst Rabel, *Die Unmöglichkeit der Leistung. Eine kritische Studie zum Bürgerlichen Gesetzbuch*, FS Bekker (1907), 171-237 = *Gesammelte Aufsätze* 1 (1965), 1-55; há reimp. de 2012.

[1735] Assim: Fritz Reu, *Die Unmöglichkeit der Leistung im anglo-amerikanischen Recht: eine rechtsvergleichende Studie* (1935), X + 116 pp.; Joachim Christian Becker, *Die Unmöglichkeitslehre im Us-Amerikanischen Vertragsrecht* (1972), XXXIII + 111 pp..

[1736] King's Bench, 26-mar.-1647 (Paradine v. Jane), confrontável em vários sítios, na *Net*.

§ 38.º A possibilidade					547

by tempest, or by enemies, the lessee is excused. (...) when the party by his own contract creates a duty or charge upon himself, he is bound to make it good, if he may, notwithstanding any accident by inevitable necessity, because he might have provided against it by his contract.

A orientação foi atenuada pelo *King's Bench*, 6-mai.-1863, no caso Taylor v. Caldwell. Fora dado, em arrendamento, um recinto para espetáculos, estando previstas diversas manifestações. O pavilhão ardeu totalmente, por razões indeterminadas. Entendeu-se haver uma reserva implícita, pela qual o negócio dependia da subsistência do pavilhão[1737].

Nos Estados Unidos, cumpre referir o *Superior Court of Delaware*, 8-jan.-1960, no caso Wills v. Schockley: o demandado, George E. Schockley, obrigou-se a providenciar a deslocação de um navio de Benjamin B. Wills, avariado, para uma doca, em Baltimore. Por circunstâncias exteriores, o navio afundou-se, em águas profundas. O contrato não continha cláusulas exculpatórias, pelo que a ação procedeu[1738]. Atualmente, o Direito anglo-saxónico permite diferenciações. De todo o modo, cabe às partes, em contratos cuidadosos, prever as hipóteses de impossibilidade exoneratória.

V. Mais tarde, os estudos de Wollschläger vieram determinar que o requisito da possibilidade, fixado no Direito romano, ainda que sem uma teorização geral, se foi implantando, até ao racionalismo[1739]. Estamos perante um elemento que, tendo a sua lógica, pertence ao acervo dos conceitos continentais.

Todavia, ele tem conhecido diversas formas de consagração. O Código Napoleão apenas indiretamente se reportava ao tema: ao exigir que o objeto dos contratos fosse uma coisa no comércio (1128.º). A doutrina não tem dúvidas, no entanto, em elencar a possibilidade, entre os requisitos do contrato[1740].

[1737] King's Bench, 6-mai.-1863 (Taylor v. Caldwell), confrontável em vários sítios, na *Net*.
[1738] Superior Court of Delaware, 8-jan.-1960 (Wills v. Schockley), confrontável, em texto completo, na *Net*.
[1739] Christian Wollschläger, *Die Entstehung der Unmöglichkeitslehre: zur Dogmengeschichte des Rechts der Leistungsstörungen* (1970), VIII + 204 pp.; vide a síntese da obra, 185-189.
[1740] Jean Carbonnier, *Droit civil/Les obligations* cit., n.º 923 (1921).

177. A evolução lusófona

I. O Código de Seabra, acolhendo a tradição do Direito comum, veio dispor[1741]:

> Artigo 669.º É nullo o contrato, cujo objecto não seja physica e legalmente possivel.
>
> Artigo 670.º Nos contratos só se considera como physicamente impossivel o que o é absolutamente em relação ao objecto do contrato, mas não em relação à pessoa que se obriga.

A doutrina toma essas disposições como evidências apodíticas. Guilherme Moreira falava mesmo em inexistência, reportada aos negócios jurídicos cujo objeto, pela ordem natural das causas ou em virtude da ordem jurídica, não seja possível[1742]. Na base do articulado de Seabra, a doutrina isolava e contrapunha os diversos tipos de impossibilidade: absoluta e relativa, física e jurídica e temporária e definitiva[1743]. Manuel de Andrade dedicou, ao requisito da possibilidade, páginas importantes e desenvolvidas[1744].

II. Na preparação do Código de 1966, a possibilidade veio a ser convocada por duas áreas. A Parte geral, em preceitos preconizados por Rui de Alarcão, inseria a possibilidade entre os requisitos do negócio jurídico. Como vimos, na 2.ª revisão ministerial, Antunes Varela convolou os requisitos do negócio jurídico para causa da sua nulidade, quando faltassem[1745]. As obrigações, em artigos provenientes dos estudos de Vaz Serra, referiam as situações de impossibilidade superveniente, não imputável (790.º a 797.º) e imputável (801.º a 803.º) ao devedor.

III. A dispersão do Código Civil, com uma referência única e indiferenciada à impossibilidade inicial e com um subsistema dogmático mais

---

[1741] José Dias Ferreira, *Codigo Civil Portuguez Annotado* cit., 2, 1.ª ed., 174 e 2.ª ed., 17.
[1742] Guilherme Moreira, *Instituições do Direito civil* cit., 1, n.º 176 (460-461).
[1743] Luiz da Cunha Gonçalves, *Tratado* cit., 4, n.º 526 (338-339).
[1744] Manuel de Andrade, *Teoria geral* cit., 2, 327-332.
[1745] *Supra*, 542.

completo, no que tange à responsabilidade superveniente, obriga a um tratamento conjunto da matéria.

Nos últimos anos, houve progressos jurídico-científicos assinaláveis, neste domínio. Eles devem ser tidos em conta, na linha de uma interpretação moderadamente atualista das fontes. Vamos apreciar essa evolução, com base na reforma do BGB de 2001/2002.

178. A nova conceção da reforma alemã de 2001/2002

I. A matéria da impossibilidade sofreu importantes alterações na reforma alemã de 2001/2002. Pela sua importância científica, passamos a dar nota dos progressos então verificados[1746].

O Direito alemão anterior a 2002 – aliás à semelhança do Direito português vigente – fruto de uma evolução histórica conturbada e na sequência da falta de uma doutrina geral das perturbações das prestações, consagrava um esquema fragmentário da impossibilidade.

No essencial, tínhamos:

– o contrato dirigido a uma prestação impossível era nulo – § 306 da lei velha[1747];
– a impossibilidade superveniente não imputável ao devedor era liberatória – § 275/I da lei velha[1748].

A reconstrução doutrinária desta matéria foi-se operando ao longo do século XX. Sintetizando[1749], podemos observar, em termos que são, de resto, aplicáveis ao Direito português vigente:

[1746] *Vide* o nosso *Da modernização do Direito civil* 1 (2004), 105 ss.; Eduardo dos Santos Júnior, *Da impossibilidade pessoal de cumprir: breve confronto do novo Direito alemão com o Direito português*, O Direito 142 (2010), 423-434 = Centenário Paulo Cunha (2012), 313-326; Gabriela Mesquita Sousa, *Impossibilidade de cumprimento da obrigação: as alterações do regime alemão e as normas do Código Civil português*, em Maria Olinda Garcia (org.), *Estudos sobre incumprimento do contrato* (2011), 105-130.

[1747] Correspondente ao artigo 280.º/1 do Código Civil, na parte em que refere a impossibilidade.

[1748] Correspondente ao artigo 790.º/1 do Código Civil.

[1749] Esta matéria, examinada *ex professo*, reveste-se de alguma dificuldade; para uma primeira aproximação, Martin Schwab, *Das neue Schuldrecht im Überblick*, em Martin Schwab/Carl-Heinz Witt, *Einführung in das neue Schuldrecht*, 5.ª ed. (2002), 1-21 (4-5), Daniela Mattheus, *Die Neuordnung des allgemeinen Leistungsstörungsrechts, idem*, 67-122 (68 ss.) ou Volker Emmerich, *Das Recht der Leistungsstörungen*, 5.ª ed. (2003), 17

– quanto à imposibilidade inicial: ela apenas pode impedir a prestação principal efetivamente atingida; ora a obrigação (e o contrato que a origine) não se limita, apenas, a ela; logo, não há que invalidar o contrato que preveja uma obrigação de prestação impossível: apenas esta fica bloqueada;
– quanto à impossibilidade superveniente: a distinção entre o ser ela "imputável" ou "não-imputável" ao devedor só releva para efeito de consequências; o facto de ser "imputável" ao devedor nunca poderia ter a virtualidade de viabilizar a prestação: apenas conduziria a um dever de indemnizar[1750];
– quanto à contraposição, também tradicional, entre a impossibilidade objetiva e a subjetiva: teria mera projeção a nível de consequências, já que, numa hipótese como na outra, a prestação não poderia ser levada a cabo pelo devedor.

II. A matéria carecia de profunda mudança – e isso feita, naturalmente, a opção de fazer corresponder a lei civil fundamental às exigências da Ciência do Direito.

Num primeiro momento, a comissão de reforma ponderou a hipótese de suprimir a impossibilidade como conceito central do Direito da perturbação das prestações[1751]: uma ideia que se manteve, ainda, no projeto inicial do Governo[1752], mas que não passaria. A impossibilidade manteve-se; pas-

---

e 18. Com mais desenvolvimento: Barbara Dauner-Lieb, *Das Leistungsstörungsrecht im Überblick*, em Barbara Dauner-Lieb/Thomas Heidel/Mafred Lepa/Gerhard Ring, *Das neue Schuldrecht* (2002), 64-120 (101 ss.), Michael Schulz, *Leistungsstörungsrecht*, em Harm Peter Westermann, *Das Schuldrecht 2002/Systematische Darstellung der Schuldrechtsreform* (2002), 17-104 (20 ss.), Horst Ehmann/Holger Sutschet, *Modernisiertes Schuldrecht/ /Lehrbuch der Grundsätze des neuen Rechts und seiner Besonderheiten* (2002), 15 ss. e Florian Faust, *Der Ausschluss der Leistungspflicht nach § 275*, em Peter Huber/Florian Faust, *Schuldrechtsmodernisierung/Einführung in das neue Recht* (2002), 21-62 (23 ss.).

[1750] Temos vindo a chamar a atenção para este aspeto desde a primeira versão do nosso *Direito das obrigações*; na reimp. de 1988: 2, 171 ss..

[1751] Claus-Wilhelm Canaris, *Einführung* a *Schuldrechtsmodernisierung 2002* (2002), IX-LIII (XI), escrito incluído nos *Gesammelte Schriften 3*, *Privatrecht* (2012), 559-621; vide, aí, 565-566; Ehmann/Sutschet, *Modernisiertes Schuldrecht* cit., 15 e Daniela Mattheus, *Die Neuordnung des Allgemeinen Leistungsstörungsrechts* cit., 77, onde podem ser confrontadas indicações sobre os "críticos" da inicial proposta da comissão.

[1752] *Diskussionsentwurf eines Schuldrechtsmodernisierungsgesetzes*, em Canaris, *Schuldrechtsmodernisierung 2002* cit., 3-347 (10-11); vide, aí, a esclarecedora justificação de motivos, a pp. 153 ss. (155), onde se lê: "A impossibilidade deve perder a sua posição central no Direito da perturbação das prestações. Como conceito superior que abranja

sou, todavia, a ser tomada pelas suas consequências. Assim, dispõe o § 275 (Exclusão do dever de prestar) do BGB, lei nova:

A pretensão à prestação é excluída sempre que esta seja impossível para o devedor ou para todos.

III. Na sua simplicidade, esta fórmula vem tratar, unitariamente[1753]:

– das impossibilidades objetiva e subjetiva;
– das impossibilidades de facto e de Direito;
– das impossibilidades inicial e superveniente.

Em qualquer caso, não cabe a pretensão à prestação – como, de resto, é lógico[1754]. Naturalmente: o credor tem – ou poderá ter – determinados direitos: o próprio § 275/4 remete, a tal propósito, para os §§ 280, 283 a 285, 311a e 326[1755]. No essencial[1756]:

todo o tipo de perturbação de prestações, deve ser introduzido o conceito de 'violação de dever' ". E continua a referida justificação de motivos: "Porém, é também necessário, no futuro, um limite para o dever de prestar primário do devedor. Esse limite será (...) regulado no § 275. (...) Esta [a relação obrigacional] deverá determinar os esforços que o devedor deve assumir para a concretização da prestação". Quanto ao proposto (e depois abandonado) § 275, epigrafado "limites do dever de prestar", eis a sua redação:

Quando o débito não consista numa dívida pecuniária, pode o devedor recusar a prestação, quando e enquanto ele não possa efetivá-la com aqueles esforços aos quais, pelo conteúdo e pela natureza da obrigação, ele esteja adstrito.

Esta proposta, efetivamente forte e muito estimulante para as doutrinas jurídicas continentais, foi abandonada na versão consolidada do projeto, mercê das críticas dirigidas; vide a *Konsolidierte Fassung des Diskussionsentwurfs eines Schuldrechtsmodernisierungsgesetzes*, em Canaris, *Schuldrechtsmodernisierung 2002* cit., 349-419 (357).

[1753] Claus Wilhelm-Canaris, *Reform des Rechts der Leistungsstörungen*, JZ 2001, 499-524 (500), Schwab/Witt, *Einführung in das neue Schuldrecht* cit., 78. Vide Volker Emmerich, *Das Recht der Leistungsstörungen*, 5.ª ed. cit., 17, 18 e 33 ss. e Christian Grüneberg, no Palandt, 72.ª ed. (2013), § 275 (356 ss.). Trata-se de uma opção claramente documentada na justificação de motivos do projeto do Governo, mais precisamente na *Begründung der Bundesregierung*, a consultar comodamente em Canaris, *Schuldrechtsmodernisierung 2002* cit., 569-934 (658-659).

[1754] Manfred Löwisch/Georg Casper, no Staudinger, II, §§ 255-304 *(Leistungsstörungsrecht* 1), (2009), Vorben zu §§ 275-278, Nr. 14 (252).

[1755] Volker Emmerich, *Das Recht der Leistungsstörungen*, 5.ª ed. cit., 63 ss..

[1756] Na hipótese de a impossibilidade ser imputável a ambos os intervenientes, vide Urs Peter Gruber, *Schuldrechtsmodernisierung 2001/2002 – Die beiderseits zu vertrende Unmöglichkeit*, JuS 2002, 1066-1071.

§ 280 (Indemnização por violação de um dever)

(1) Quando o devedor viole um dever resultante de uma relação obrigacional, pode o credor exigir a indemnização do dano daí resultante. Tal não opera quando a violação do dever não seja imputável ao devedor.

(...)

§ 283 (Indemnização em vez da prestação no caso de exclusão do dever de prestar)

Quando, por força do § 275/1 a 3, o devedor não tenha de prestar, pode o credor exigir uma indemnização em vez da prestação, desde que operem os pressupostos do § 280/1.

(...)

O § 284 permite que, em alternativa à indemnização que substitua a prestação, o credor exija a compensação pelas despesas que tenha feito por confiar no cumprimento[1757]. Por seu turno, o § 285 dá corpo, no quadro do § 275/1, ao *commode um representationis*[1758]. O § 311a merece tradução em língua portuguesa (todos estes §§ do BGB, segundo a lei nova)[1759]:

§ 311a (Impedimento da prestação aquando da conclusão do contrato)

(1) Não impede a eficácia de um contrato o facto de o devedor não ter de prestar por força do § 275/1 a 3 e de o impedimento da prestação já existir aquando da conclusão do contrato,

(2) O credor pode exigir, segundo escolha sua, indemnização em vez de prestação ou a indemnização dos seus dispêndios, no âmbito prescrito no § 284. Tal não se aplica quando o devedor não conhecesse o impedimento da prestação aquando da conclusão.

IV. Em bom rigor, podemos considerar que as soluções possibilitadas pela lei nova já advinham da lei velha, desde que interpretada, em termos criativos, com o auxílio de uma jurisprudência e de uma doutrina centenárias. Todavia, a dogmática agora viabilizada é mais perfeita: conquanto que dominada, ao gosto alemão, por uma teia de remissões.

[1757] *Vide* Maria de Lurdes Pereira, *A indemnização de despesas inutilizadas na responsabilidade obrigacional* (2012), com muitas indicações, bem como *supra*, 242 ss..
[1758] Veja-se o artigo 794.º do Código Civil.
[1759] Christian Grüneberg, no Palandt, 73.ª ed. (2014), § 311a (500 ss.).

§ 38.º A possibilidade 553

De sublinhar que a impossibilidade prevista no § 275/1, lei nova, ou impossibilidade efetiva, opera *ipso iure*. Verificados os seus pressupostos, o devedor omite, legitimamente, a sua prestação. Algumas consequências, documentadas pela lei nova[1760]:

– § 326/1: o devedor impossibilitado perde o direito à contraprestação, operando determinadas regras na hipótese de impossibilidade parcial, com remissão para a compra e venda; este efeito atua *ipso iure*;
– § 326/5: o credor pode rescindir o contrato: é uma hipótese sua.

O devedor conservará o direito à contraprestação quando a impossibilidade seja causada pelo credor – § 326/2, lei nova.

179. Segue; o alargamento

I. Tem o maior interesse dogmático e comparatístico assinalar que a reforma de 2001/2002 procedeu ao alargamento da ideia de impossibilidade. Os textos básicos resultam do § 275/2 e 3:

(2) O devedor pode recusar a prestação sempre que esta requeira um esforço que esteja em grave desproporção perante o interesse do credor na prestação, sob a consideração do conteúdo da relação obrigacional e da regra da boa-fé. Na determinação dos esforços imputáveis ao devedor é também de ter em conta se o impedimento da prestação deve ser imputado a este último.

(3) O devedor pode ainda recusar a prestação quando deva realizar pessoalmente a prestação e esta, ponderados os impedimentos do devedor perante o interesse do credor na prestação, não possa ser exigível.

II. O § 275/2 consigna a chamada impossibilidade prática ou fáctica[1761]. De notar que, desta feita, compete ao devedor decidir se lança mão dela: será uma exceção, em sentido técnico[1762].

Configura-se, aqui, uma situação na qual a prestação prevista ainda seria, em rigor, possível; todavia, nenhum credor razoável esperaria que ela

---

[1760] Ehmann/Sutschet, *Modernisiertes Schuldrecht* cit., 16 ss..
[1761] Volker Emmerich, *Das Recht der Leistungsstörungen*, 5.ª ed. cit., 37. Na *Begründung der Bundesregierung* cit., vide 661.
[1762] Vide o *Diskussionsentwurf*, em Canaris, *Schuldrechtsmodernisierung 2002* cit., 156 e Canaris, *Die Reform des Rechts der Leistungsstörungen* cit., 501.

tivesse lugar[1763]. O exemplo dado pela justificação governamental de motivos[1764], retirado de Heck[1765], é o do anel que ao devedor caberia entregar, mas que caiu no fundo arenoso de um lago. Seria possível drenar o lago e pesquisar adequadamente na areia, numa operação de milhões. Haveria, todavia e perante a boa-fé, um grave desequilíbrio, perante o interesse do credor.
Trata-se de uma cláusula geral, carecida de preenchimento[1766].

III. A fórmula do § 275/2 pretendeu operar uma clivagem entre uma impossibilidade fáctica e a "mera" impossibilidade económica[1767], conhecida como limite do sacrifício e que apenas poderia ser integrada no instituto da alteração das circunstâncias, agora codificado no § 313 BGB. A pedra de toque estaria em que, na impossibilidade de facto do § 275/2, não estariam em causa as possibilidades do devedor, ao contrário do que sucederia no § 313: a impossibilidade determinar-se-ia mercê de um crasso desequilíbrio, inadmissível perante a boa-fé[1768]. As dificuldades de interpretação são patentes[1769]: a casuística será decisiva.

IV. Pela nossa parte, o alargamento da impossibilidade à "impossibilidade de facto", operada pelo BGB/2002, visa a depuração da alteração das circunstâncias. A impossibilidade deve ser tomada em sentido sócio-cultural: não físico ou naturalístico. Daí que, impossível, seja o que, como tal e na concreta relação existente com o credor, se apresente. O devedor comum não estará obrigado a drenar um lago para recuperar o anel; a empresa de drenagem contratada para o efeito está-lo-á, como é evidente.

V. O segundo alargamento – o do § 275/3, acima traduzido – tem a ver com a inexigibilidade de obrigações altamente pessoais[1770] ou impossibili-

---

[1763] Schwab/Witt, *Einführung in das neue Schuldrecht* cit., 94.

[1764] *Begründung* cit., 661; vide Daniel Zimmer, *Das neue Recht der Leistungsstörungen*, NJW 2002, 1-12 (3/II).

[1765] Completando a referência oficial e mais precisamente: Philipp Heck, *Grundriss des Schuldrechts* (1929, 2.ª reimp., 1974), § 28, 8 (69).

[1766] *Vide*, em especial, Manfred Löwisch/Georg Casper, no *Staudinger* cit., II, § 275, Nr. 80 ss. (284 ss.).

[1767] Claus-Wilhelm Canaris, *Die Reform des Rechts der Leistungsstörungen* cit., 501/I.

[1768] Schwab/Witt, *Einführung* cit., 94 e 95.

[1769] Volker Emmerich, *Das Recht der Leistungsstörungen*, 5.ª ed. cit., 39 ss..

[1770] Volker Emmerich, *Das Recht der Leistungsstörungen*, 5.ª ed. cit., 43 ss..

§ 38.º A possibilidade   555

dade pessoal[1771]. O exemplo académico[1772], também retirado de Heck[1773], é o da cantora que recusa atuar no espetáculo para estar à cabeceira do filho, gravemente doente. A lei nova teve, no fundamental, em vista prestações laborais ou prestações de serviço, enquadrando situações que vinham sendo referenciadas como "impossibilidades morais"[1774] e integrando questões como a da obrigação de consciência. Mas foi mais longe: refere, em moldes amplos, a inexigibilidade.

VI. Esta matéria era tratada, entre nós, a nível de responsabilidade civil, e como causa de desculpabilidade. A sua inserção sistemática no próprio plano da (im)possibilidade da prestação permite, todavia, soluções mais simples e imediatas, particularmente no que toca à tutela do credor. Este poderá, desde logo, beneficiar dos direitos que a lei lhe confere, sem ter de aguardar por uma sempre insegura ação de responsabilidade civil. Idêntica vantagem atinge, de resto, o próprio devedor em causa.

O preenchimento da inexigibilidade – que integra o cerne da impossibilidade pessoal – terá de ser feito na base dos casuísmos próprios da concretização de conceitos indeterminados.

180. Aspetos dogmáticos

I. As regras que dão corpo ao requisito da possibilidade encontram-se dispersas, no Código Civil[1775]. O artigo 280.º/1 refere-as, em geral, a propósito do negócio jurídico. Trata-se, porém, de um requisito que sofre múltiplos desvios: a lei associa, à inexequibilidade de certos atos, consequências diversas. É o que sucede quanto a negócios envolvendo coisas futuras – artigo 399.º – embora, em rigor, tais negócios não tenham essas coisas por objeto mas, antes, as diligências necessárias para que a coisa surja – artigo 880.º/1 – ou a eventualidade de cessar a impossibilidade –

[1771] Lorenz/Riehm, *Lehrbuch zum neuen Schuldrecht* cit., 155 ss..
[1772] *Begründung der Bundesregierung* cit., 662.
[1773] Philipp Heck, *Grundriss* cit., 89.
[1774] Volker Emmerich cit., 43; curiosamente, a "impossibilidade moral" já havia sido introduzida, em vernáculo jurídico, por Paulo Cunha, ainda que com um alcance mais preciso; o nosso *A "impossibilidade moral": do tratamento igualitário no cumprimento das obrigações*, TJ 18 e 19 (1986) = *Estudos de Direito civil*, 1 (1991), 98-114.
[1775] A matéria da possibilidade foi particularmente estudada por Manuel de Andrade, *Teoria geral da relação jurídica* cit., 2, 327 ss., com influência no Código Civil. Todavia, abandonou-se, no Código, o esquema claro de Andrade, optando-se por dispersar a matéria.

artigo 401.º/2. É ainda o que sucede no casamento, pelo menos no tocante a alguns dos fundamentos de "inexistência" – artigo 1628.º.

II. Como foi dito, a possibilidade é física ou jurídica, consoante o conteúdo ou o objeto contundam, ontologicamente, com a natureza das coisas ou com o Direito[1776]. No caso da possibilidade física, cabe distinguir[1777]:

– ela pode ser vedada pela falta de substrato: pense-se no negócio de reparação de uma casa, quando esta arda totalmente ou na prestação de serviço médico, a um paciente que faleça;
– ela pode perder conteúdo por supressão do escopo: o fornecimento de um vestido de noiva, quando a interessada já tenha casado.

Esta contraposição mostra que apenas pela interpretação do negócio, na dupla dimensão do seu conteúdo e do seu objeto, é viável formular um juízo de possibilidade.

A impossibilidade física é pouco dada a litígios. Deste modo, a nossa jurisprudência documenta, essencialmente, hipóteses de impossibilidade jurídica, superveniente ou inicial[1778].

[1776] A lei distingue a impossibilidade jurídica e a contrariedade à lei. O negócio juridicamente impossível é, latamente, contrário à lei: sê-lo-ão, de resto, todos os negócios que não reúnam os diversos requisitos. Todavia, a impossibilidade jurídica distingue-se de uma contrariedade à lei, em sentido restrito, por pressupor um objeto jurídico que, *independentemente de quaisquer regras*, sempre seria inviável.
O tema acusa flutuações: Mota Pinto, *Teoria geral* cit., 4.ª ed., 556-557 e Castro Mendes, *Teoria geral* cit., 2, 265 ss. e, perante o Código de Seabra, Dias Marques, *Teoria geral* cit., 2, 44 ss., Manuel de Andrade, *Teoria geral* cit., 2, 328 ss. e Galvão Telles, *Manual dos contratos em geral* cit., 3.ª ed., 416.

[1777] Manfred Löwisch/Georg Casper, no *Staudinger* cit., II, § 275, Nr. 26 ss. e Nr. 30 ss. (266 ss. e 268 ss.).

[1778] Assim: RLx 2-nov.-2000 (Urbano Dias), CJ XXV (2000) 5, 71-78 (caso Benfica/ Olivedesportos), em que se considerou impossível, juridicamente, a cedência de direitos transmissivos a quem não estivesse habilitado como estação televisiva e RLx 22-mai.-2001 (Ferreira Girão), XXVI (2001) 3, 96-98 – torna-se impossível o contrato-promessa que vise um prédio depois integrado num parque natural. O Supremo, em STJ 13-fev.-2001 (Tomé de Carvalho), CJ/Supremo IX (2001) 1, 113-117 (116), explica que a impossibilidade física se reporta ao objeto (mediato) e não às cláusulas. Todavia, a REv 22-jan.-2004 (Bernardo Domingos), CJ XXIX (2004) 1, 238-242 (241/II), entendeu como legalmente impossível a compra de um automóvel com o número de *chassis* modificado. Na verdade, quer o conteúdo (cláusulas) quer o objeto (mediato) podem ser física ou legalmente impossíveis, dependendo das circunstâncias.

§ 38.º A possibilidade

III. A possibilidade é absoluta ou relativa – também dita objetiva ou subjetiva –, conforme atinja o objeto do negócio, sejam quais forem as pessoas envolvidas ou, pelo contrário, opere somente perante os sujeitos concretamente considerados. Em rigor, apenas a absoluta é verdadeira impossibilidade: o sujeito concretamente impedido de atuar certo negócio poderá, não obstante, celebrá-lo, desde que se faça, depois, substituir na execução[1779]. Esta distinção explica a possibilidade de negociar coisas futuras, na hipótese de estas existirem, mas fora da esfera do disponente – artigos 211.º e 401.º/2.

A possibilidade é temporária ou definitiva em função da sua extensão temporal e em termos de previsibilidade: no primeiro caso, é previsível que ela cesse, ao contrário do que sucede no segundo. Enquanto requisito negativo, releva a impossibilidade definitiva; sendo ela meramente temporária, o negócio poderá ser viável, dentro das regras das coisas futuras.

IV. Distingue-se ainda a impossibilidade efetiva da impossibilidade meramente económica. No primeiro caso, o objeto do negócio é ontologicamente inviável. No segundo, ele é pensável, mas surge economicamente tão pesado, que se torna injusto ou iníquo[1780]. Todavia, as únicas entidades capazes de, em concreto, fixar bitolas de "justiça" ou de "equidade" são as próprias partes. A menos que se verifique erro ou outro vício relevante, o objeto "difícil", tendo sido querido validamente pelas partes, é juridicamente operacional.

[1779] *Vide* os artigos 401.º/3 e 791.º.

[1780] Trata-se de uma orientação que floresceu no princípio do século XX: Heinrich Titze, *Die Unmöglichkeit der Leistung nach deutschem bürgerlichem Recht* (1900), 2 ss., Wilhelm Kisch, *Die Wirkung der nachträglich eintretenden Unmöglichkeit der Erfüllung bei gegenseitigen Verträgen nach dem Bürgerlichen Gesetzbuche für das Deutsche Reich* (1900), 12, com rec. de H. Titze, KrVJ 45 (1904), 338-385, Feodor Kleineidam, *Unmöglichkeit und Unvermögen nach dem Bürgerlichen Gesetzbuch für das Deutsche Reich* (1900), 14-15 e *Einige Streitfragen aus der Unmöglichkeitslehre des BGB*, JhJb 43 (1901), 105-140, Richard Treitel, *Die Unmöglichkeit der Leistung und der Verzug bei Unterlassungsverbindlichkeiten* (1902), 22 ss. (24-25) e John Ulrich Schroeder, *Unmöglichkeit und Ungewissheit* (1905), 45. Esta orientação veio, mais tarde, a ser abandonada; a "impossibilidade económica" ou "alargada" cairia no instituto da alteração das circunstâncias. O tema foi repensado na reforma de 2001/2002, nos moldes acima referidos: *supra*, 549 ss..

De todo o modo, retenha-se a ideia de que a "possibilidade" deve ser aferida em termos de normalidade social e não, apenas, de viabilidade matemática[1781].

V. Temos, por fim, a impossibilidade inicial e a superveniente: a primeira opera logo no momento da celebração, vindo a segunda a manifestar-se, apenas, mais tarde[1782]. As consequências dogmáticas desta distinção são importantes. A impossibilidade inicial conduz à aplicação do artigo 280.º/1: implica a nulidade do negócio. A impossibilidade superveniente também atinge os requisitos do negócio. Todavia, a consequência reside na extinção da obrigação, quando a impossibilidade ocorra por causa não imputável ao devedor – artigo 790.º/1 – ou na sua extinção com aplicação das regras do incumprimento, quando o próprio devedor ocasione a responsabilidade – artigo 801.º/1.

VI. Uma interessante modalidade, introduzida por Paulo Cunha, é a da impossibilidade moral[1783]. Desta feita, o objeto seria inviável por contrariar uma conjunção de normas ou de princípios jurídicos[1784].

Pretende equacionar-se um negócio jurídico cujo objeto – em si possível, física e juridicamente – exija, no seu cumprimento, a violação de regras. A possibilidade deve ser aferida *in concreto*. Assim, podemos admitir a "impossibilidade moral" como modalidade de impossibilidade jurídica, quando estejam em causa valores fundamentais do sistema jurídico, expressos pela ideia de "boa-fé".

181. A delimitação; negócios absurdos

I. Um negócio jurídico pode envolver um edifício jurídico extenso. No que tenha de obrigacional, há que lidar, ainda, com a complexidade

---

[1781] Nas palavras de STJ 13-nov.-1997 (Costa Soares), CJ/Supremo V (1997) 3, 135-138 (137/I): a impossibilidade de uma obrigação ocorre "... não só quando esta se torne seguramente inviável, mas também quando a probabilidade da sua realização, por não depender apenas de circunstâncias controláveis, pela vontade do devedor, se torne extremamente improvável".
[1782] STJ 11-out.-2001 (Miranda Gusmão), CJ/Supremo IX (2001), 81-87 (85/II).
[1783] Vide a nossa *Da impossibilidade moral* cit., em *Estudos de Direito civil*, 1, 108 ss..
[1784] Tribunal Arbitral 30-mai.-1944 (Paulo Cunha), O Direito 77 (1945), 181-192, 210-224 e 250-256, confirmado por RLx 26-mai.-1945, O Direito 77 (1945), 282-286.

§38.º A possibilidade

própria da relação jurídica. Ficam envolvidos, além das prestações principais, prestações secundárias e deveres acessórios[1785].

Este estado de coisas permite inferir que a impossibilidade pode não inviabilizar o negócio jurídico atingido: basta que ela recaia sobre algum dos seus múltiplos elementos e que o negócio possa sobreviver apoiado nos restantes.

II. No tocante à obrigação, fica hoje entendido que a impossibilidade, inicial ou superveniente, da prestação principal, não conduz à sua supressão. A obrigação mantém-se, sem dever de prestar principal e apenas apoiada nos deveres acessórios, eventualmente enriquecidos com deveres de indemnizar e com outras posições normativas, destinadas a, à luz da boa-fé, confinar o problema criado.

Tudo isto levou, como vimos, a que a reforma do BGB de 2001/2002 suprimisse um requisito radical de possibilidade. As razões que a tanto levaram manifestam-se, plenamente, no Direito lusófono.

III. A experiência anglo-saxónica e a evolução do atual Direito alemão confirmam a asserção, já antiga, de que não é lógico saber se o devedor fica adstrito (ou não) a uma prestação impossível[1786]. A adstrição à prestação impossível pode ter um triplo sentido:

– o de firmar os deveres acessórios que, em qualquer caso e, agora, reforçadamente, devam ser observados;
– o de sujeitar o devedor (fatalmente) inadimplente, já que não pode fazer o impossível, às consequências do incumprimento; ora tais consequências são determináveis em função da ausência da prestação vedada;
– o de obrigar o devedor a substituir a prestação em jogo, garantindo, de qualquer modo, a satisfação do interesse do credor.

Caso a caso, haverá que verificá-lo. O sistema, através do princípio da boa-fé, dará as respostas adequadas. Releva, à luz das atuais preocupações sociais e ambientais, um papel da boa-fé na consecução da eficiência jurídica: não faz sentido, em múltiplas circunstâncias, a opção de "tudo

---

[1785] *Tratado*, VI, 477 ss..
[1786] Jens Peter Meincke, *Rechtsfolgen nachträglicher Unmöglichkeit der Leistung beim gegenseitigen Vertrag*, AcP 171 (1971), 19-43 (26).

deixar cair"[1787]. Apesar da discussão havida na época, há que reter o progresso científico representado pela reforma do BGB, de 2001/2002[1788].

IV. A exigência de possibilidade deve ser delimitada. Ela incide sobre cada parcela do negócio, sem impedir uma revaloração do conjunto. Foi uma pena que, nas revisões ministeriais, se tenham uniformizado, sob a capa da nulidade, situações tão diferentes como a impossibilidade, a indeterminabilidade e a contrariedade à lei. Melhor teria sido, como vimos, conservar a fórmula positiva de Rui de Alarcão.

Todavia, é possível uma interpretação restritiva, exigida pelos atuais cânones jurídico-civis. A possibilidade deve ser aferida analiticamente, ponderando cada elemento do negócio. E quando algum seja atingido, haverá que proceder a um juízo global sobre o tema.

V. A delimitação da possibilidade pode ser testada perante o caso da cartomante (*Kartenlegerinfall*). Eis o caso:

> A Autora é cartomante e gere a empresa *Life Coaching*, especializada em tais práticas; o Réu tivera uma crise na sua vida e, através da *Net*, foi levado a contactar a Autora e a contratar os seus serviços; no ano de 2008 pagou-lhe mais de € 35.000; em 2009, é confrontado com uma nova fatura, de € 6.723,50, que recusa pagar; a Autora demanda o Réu, nessa importância; o *Landsgericht* (1.ª instância) rejeita a ação e o *Oberlandsgericht* (2.ª instância) confirma a decisão; todavia, o *Bundesgerichthof* (Tribunal Federal) aprovou a revista[1789]. No essencial, veio considerar que o contrato cujo conteúdo fosse impossível já não era, após a reforma de 2001/2002, nulo; seria permitido, às partes, acordar prestações que, à luz da Ciência, não tenham efeitos racionais, desde que o assumam; não ficou estabelecido, por fim, que o contrato fosse contrário aos bons costumes[1790].

[1787] *Vide* o interessante estudo de Christian Lange, *Treu und Glauben und Effizienz/Das Effizienzprinzip als Mittel zur Konkretisierung zivilrechtlicher Generalklauseln* (2013), 247 pp..

[1788] Dirk Looschelders, *Unmöglichkeit/Ein Störenfield in der Dogmatik des deutschen Leistungsstörungsrechts?*, em Oliver Remien (org.), *Schuldrechtsmodernisierung und Europäisches Vertragsrecht* (2008), 63-84.

[1789] BGH 13-jan.-2011, III ZR 87/10, BGHZ 188 (2011), 71-78 = NJW 2011, 756-758 = MDR 2011, 411-412 = ZGS 2011, 128-130 = JZ 2011, 631-633.

[1790] BGHZ 188 (2011), 76-77 = NJW 2011, 758/I (17) = MDR 2011, 412/I = ZGS 2011, 129-130.

Em face de decisão tão singular, a doutrina dividiu-se. Alguns Autores, como Peter A. Windel[1791] e Florian Faust[1792], admitiram a solução, considerando que as partes sufragaram prestações irracionais, com o inerente risco, enquanto outros desaprovaram: Michael Timme, por entender que o acordado é, obviamente, contra os bons costumes[1793] e Florian Bartels, por rejeitar a figura de uma "prestação irracional consciente"[1794]. Por seu turno, Martin Schermeier, em anotação ao discutível BGH 13-jan.-2011, admite distinguir: se a cartomante se obrigou a um resultado, há nulidade; se se adstringir a puros exercícios, tem direito à retribuição. Todavia, recomenda cautela, nessa pista[1795].

O debate originou uma curiosa monografia de Maximilian Becker, sobre contratos absurdos[1796]. À partida, o Direito não é favorável a contratos que, designadamente para o consumidor médio, sejam absurdos[1797]. A maioria de tais contratos cai na cláusula dos bons costumes, sendo invalidada; nos demais, ocorre a impossibilidade[1798].

Pela nossa parte, a decisão do BGH surge como exemplo do que um construtivismo sem peias pode originar. O Estado não deve dar os seus tribunais para sancionar crendices e práticas exploratórias da necessidade ou da ignorância das pessoas. Negócios relativos a cartomâncias, astrologias, medicinas paralelas, práticas divinatórias, parapsicologias e outros isoterismos similares são, desde logo, nulos por contrariedade aos bons costumes.

O Direito e a sua Ciência devem, na base, defender as pessoas: o Povo.

[1791] Peter A. Windel, *Okkultistische Tribunale?*, ZGS 2011, 218-222 (222).

[1792] Florian Faust, *Zivilrecht: Pflicht zur Entlohnung einer Kartenlegerin*, JuS 2011, 359-361 (361/I).

[1793] Michael Timme, *Ansprüche auf Vergütung für übersinnliche Leistungen/Magisches beim BGH*, MDR 2011, 397-398 (298/II).

[1794] Florian Bartels, *Über die magische Macht der Karten und gegen die vom BGH aus dem Hut gezauberte Rechtsfigur "bewusst sinnlosen, aber zu entgeltenden Leistung"*, ZGS 2011, 355-362 (355/II, 362 e *passim*).

[1795] Martin Schermeier, anot. BGH 13-jan.-2011, JZ 2011, 633-637 (637/II).

[1796] Maximilian Becker, *Absurde Verträge* (2013), XVIII + 354 pp.; o escrito começa, precisamente, com a análise do *Kartenlegerinfall*.

[1797] *Idem*, 322.

[1798] *Idem*, 324 e 326.

§ 39.º A DETERMINABILIDADE

182. Ideia geral e evolução

I. Um negócio jurídico traduz, antes de mais, um conteúdo comunicativo: quer as partes quer terceiros tomam conhecimento do que ele signifique, de modo a poderem comportar-se em consonância com o que dele resulte. Quando suceda que, do negócio, não derive uma informação clara quanto ao seu conteúdo, ou quanto ao seu objeto, estamos perante um negócio indeterminável.

A indeterminabilidade pode resultar de uma confusão vocabular inultrapassável ou de uma remissão para realidades que, por si, não tenham um teor percetível.

II. Cumpre distinguir entre um negócio indeterminado e um negócio indeterminável. No primeiro caso, o negócio não permite, de momento, apreender o seu objeto ou o seu conteúdo; não obstante, quer as partes quer a lei podem comportar dispositivos que, ulteriormente, facultem uma determinação: veja-se o artigo 400.º, quanto à determinação da prestação e o artigo 883.º, quanto à determinação do preço. O negócio é indeterminado, mas surge determinável. No segundo caso, o negócio é, de todo, indeterminável.

III. O Código Napoleão, que não dispunha expressamente sobre a possibilidade, ocupava-se da determinabilidade. O artigo 1108.º fixava, entre as condições essenciais para a validade das convenções, a de um objeto certo. O artigo 1129.º explicitava:

> É necessário que a obrigação tenha por objeto uma coisa determinada, pelo menos, quanto à sua espécie.
> A quotidade da coisa pode ser incerta, desde que possa ser determinada.

Por seu turno, o Código de Seabra, que referia expressamente o requisito da possibilidade (669.º e 670.º)[1799], completava, no artigo 671.º:

> Não podem legalmente ser objecto de contracto:
> (...)
> 3.º As cousas cuja especie não é, ou não póde ser determinada.

A determinabilidade era, deste modo, reconduzida à ideia de legalidade: como tal é considerada por Manuel de Andrade[1800], Autor cujo papel na Parte geral do Código Vaz Serra é conhecido.

IV. Na preparação do Código de 1966 pesou, como vimos, o artigo 1346.º do Código italiano[1801]. Este preceito elencava, como realidades distintas, a possibilidade, a licitude e a determinabilidade. Esta orientação foi recebida por Rui de Alarcão[1802], tendo sobrevivido à 1.ª revisão ministerial (247.º)[1803]. Todavia, na 2.ª Revisão, Antunes Varela optou pela forma negativa, com cominação de nulidade[1804], numa orientação que passou ao Projeto final[1805] e ao Código.

183. Autonomia dogmática

I. A determinabilidade do conteúdo e a do objeto do negócio tendem a ser aproximadas da possibilidade de ambas essas realidades[1806]. Com efeito, o negócio jurídico que, para as partes, implique condutas indeterminadas e indetermináveis torna-se de execução impossível. Todavia, a prática moderna permite detetar, na determinabilidade, um valor autónomo, particularmente importante para a defesa das pessoas e, em especial, dos consumidores.

[1799] *Supra*, 548.
[1800] Manuel de Andrade, *Teoria geral* cit., 2, 333.
[1801] *Supra*, 542.
[1802] BMJ 102 (1961), 175 e BMJ 138 (1964), 120.
[1803] BMJ 107 (1961), 105.
[1804] *Código Civil*/Livro I, *Parte geral (2.ª Revisão ministerial)* (1965), 280.º (80).
[1805] *Código Civil/Projecto* (1966), 280.º (80).
[1806] *Vide* RPt 22-jan.-1991 (Martins da Costa), CJ XVI (1990) 1, 231-235.

II. A possibilidade implica uma dogmática própria. Como vimos, ela surge inicial ou superveniente, objetiva ou subjetiva, temporária ou definitiva e material ou jurídica. As regras aplicáveis podem ser distintas, de modo a encontrar, para cada situação, saídas adequadas.

Já a determinabilidade coloca um tema de consciência na conformação da vontade negocial. Uma pessoa que se obrigue a um negócio de conteúdo indeterminável – leia-se: no momento da conclusão – dá um salto no escuro. Se o contrato se mantiver, para sempre, indeterminável, ninguém o pode cumprir. E se, supervenientemente, ocorrer uma determinabilidade ou, quiçá, uma determinação? Será que o contratante previu o sentido que o negócio iria assumir? Poderia tê-lo feito? Compreende-se, a essa luz, o cuidado revelado pelo artigo 280.º/1: procura proteger, em interpretação atualista, as partes contra tais imponderáveis.

III. O artigo 280.º/1 veda negócios cujo conteúdo ou cujo objeto não possam ser determinados, no momento da sua conclusão, isto é: que tenham, nessa ocasião, um conteúdo indeterminável. Podemos admitir negócios que, conquanto indeterminados, comportem regras previsíveis que facultem uma ulterior determinação. Valem, como exemplo, os artigos 400.º e 883.º do Código Civil, sendo claro que tais preceitos preveem formas equilibradas de determinação.

Fora desse condicionalismo, a indeterminabilidade na conclusão, ainda que, posteriormente, possa ser colmatada, representa um risco inaceitável para as partes, designadamente para a mais fraca. Ficam excluídos destas considerações os negócios que visem, pelo seu conteúdo funcional, precisamente, dispor sobre o risco, com exemplo acabado no contrato de seguro.

184. Aplicação: a tutela da parte fraca

I. A jurisprudência relativa à indeterminabilidade de certos negócios, designadamente de tipo bancário e atinentes à concessão de garantias, é muito relevante. Ela exprime, de resto, uma área original, particularmente bem adaptada às realidades do País. Assim:

– é nula, por o seu objeto ser indeterminável, a fiança em que os fiadores se responsabilizam por todas e quaisquer responsabilidades a assumir por sociedade comercial perante um banco, provenientes

§ 39.º A determinabilidade 565

de toda e qualquer operação em Direito permitida, feita com aquela sociedade ou em que ela fosse, por qualquer modo, responsável: STJ 19-fev.-1991[1807], STJ 21-jan.-1993[1808], RPt 28-mai.-1996[1809], STJ 18-jun.-1996[1810] e STJ 3-fev.-1999[1811];
– sempre que o objeto da obrigação seja assumido de modo vago e incapaz de defini-la ou de concretizá-la, o negócio é nulo; o nosso Direito não acolhe a fiança *omnibus*: STJ 15-jun.-1994[1812];
– é nula a fiança de responsabilidades futuras do devedor se estas não estiverem determinadas ou fixado o critério para a sua determinação: STJ 14-dez.-1994[1813], STJ 22-jun.-1999[1814] e STJ 30-set.-1999[1815];
– a garantia por fiança de relações resultantes de um programa negociável ou relação complexa de negócios teria, inevitavelmente, um conteúdo indeterminável porque, dada a amplitude das relações em causa, os fiadores obrigar-se-iam, ilimitadamente, correndo um risco de difícil avaliação, ficando inteiramente à mercê do banco credor: STJ 19-out.-1999[1816];
– é nula, por indeterminabilidade do seu objeto, a fiança de obrigações futuras, quando o fiador se constitua garante de todas as responsabilidades provenientes de qualquer operação em Direito consentida, sem menção expressa da sua origem ou natureza e independentemente da qualidade em que o afiançado intervenha: acórdão uniformizador de jurisprudência n.º 4/2001, de 23-jan.-2001[1817];

[1807] STJ 19-fev.-1991 (Beça Pereira), ROA 1991, 525-541, anot. Menezes Cordeiro, favorável, revogando RPt 8-fev.-1990 (Simões Ventura), CJ XV (1990) 1, 241-244 (243//II), de sinal inverso.
[1808] STJ 21-jan.-1993 (Raúl Mateus), CJ/Supremo I (1993) 1, 71-74 (74).
[1809] RPt 28-mai.-1996 (Mário Cruz), CJ XXI (1996) 3, 204-212 (210/II).
[1810] STJ 18-jun.-1996 (Metello de Nápoles), BMJ 458 (1996), 281-286 (285).
[1811] STJ 3-fev.-1999 (Miranda Gusmão), BMJ 484 (1999), 333-338 (338) = CJ//Supremo VII (1999) 1, 75-78 (78/I).
[1812] STJ 15-jun.-1994 (Martins da Fonseca), BMJ 438 (1994), 471-476 (476).
[1813] STJ 14-dez.-1994 (Sá Couto), BMJ 442 (1995), 185-190 (189).
[1814] STJ 22-jun.-1999 (Francisco Lourenço), BMJ 488 (1999), 337-344 (343-344).
[1815] STJ 30-set.-1999 (Noronha Nascimento), CJ/Supremo VIII (1999) 3, 48-49 (49/I).
[1816] STJ 19-out.-1999 Garcia Marques), BMJ 490 (1999), 262-269 (268 e 269).
[1817] STJ (P) n.º 4/2001, de 23-jan.-2001 (Torres Paulo), DR I-A, n.º 57, de 8-mar.-2001, 1252-1262 (1260/II).

– é nula a locação financeira cujo valor residual seja indeterminável: STJ 23-nov.-1999[1818];
– é nulo o aval concedido na proporção da quota do avalista em certa sociedade, sem que o seu montante possa resultar do título: STJ 3-jul.-2000[1819].

II. Após o acórdão uniformizador n.º 4/2001, o fluxo das garantias indetermináveis diminuiu. Os bancos passaram a ter mais cautelas com a redação dos competentes contratos. Além disso, a doutrina veio discernir diversas situações[1820].

Existe uma manifesta pressão, favorável aos bancos, no sentido de "reabilitar" as fianças *omnibus*, isto é, relativas a todo um conjunto indeterminado de créditos. Há que evitar regressões. As garantias são, já de si, perigosas. Admiti-las por créditos indetermináveis, aquando da contratação, é uma autêntica disposição de bens futuros, contrária ao nosso Direito[1821].

III. Finalmente, há que conjugar os artigos 280.º/1 e 400.º/2. Tomado à letra, este preceito permitiria a determinação de quaisquer prestações, inutilizando o primeiro.

Desde logo, o artigo 400.º/2 só se aplica nas situações previstas nesse mesmo preceito: as de a determinação da prestação ser confiada a uma das partes ou a um terceiro e não ocorrer em tempo devido. De seguida, pressupõe-se um contrato sinalagmático, sob pena de não haver base para qualquer "equidade". Finalmente: o artigo 400.º só intervém se o negócio não for, logo *ab initio*, nulo por via do artigo 280.º/1[1822].

A exigência de determinabilidade do conteúdo e do objeto do negócio é, hoje, uma exigência material de tutela da parte fraca.

[1818] STJ 23-nov.-1999 (Ribeiro Coelho), CJ/Supremo VII (1999) 3, 97-98 (98/I).
[1819] STJ 3-jul.-2000 (Ribeiro Coelho), CJ/Supremo VIII (2000) 2, 139-141.
[1820] Januário Gomes, *Assunção fidejussória de dívida/Sobre o sentido e o âmbito da vinculação como fiador* (2000), 597 ss..
[1821] *Tratado* VI, 69 ss..
[1822] STJ 19-out.-1999 cit., BMJ 490, 262. *Vide* Menezes Cordeiro, *Impugnação pauliana/Fiança de conteúdo indeterminável*, CJ XVII (1992) 3, 55-64 (61/II).

§ 40.º A LICITUDE E A CONFORMIDADE LEGAL

185. O quadro geral; o fim prosseguido

I. A autonomia privada, expressa nos diversos negócios jurídicos, não é ilimitada. O Direito, através de normas e de princípios, norteia as condutas humanas, de acordo com um sistema que aspira a uma harmonia científica, segundo valores histórica e culturalmente elaborados. O espaço dado, aos particulares, pelo Direito privado, é extenso. Mas tem margens.

A licitude é o requisito dos negócios jurídicos que consiste na não-ultrapassagem dos limites injuntivos do ordenamento[1823].

II. A licitude requerida para os negócios jurídicos não se confunde com o inverso da ilicitude (*Rechtswidrigkeit*), presente na responsabilidade civil[1824]. Esta última, pelas especiais consequências que faz pesar sobre as pessoas, através da cominação do dever de indemnizar, centra-se na violação de direitos subjetivos e de normas de proteção. Nos negócios, ela é mais ampla: há ilicitude sempre que sejam ultrapassados os limites injuntivos postos à autonomia privada. Pode haver negócios contrários à lei, que não envolvam qualquer responsabilidade civil.

Poderíamos alterar a terminologia, de modo a evitar confusões. A licitude do negócio seria qualquer coisa como a não-contrariedade à lei injuntiva. Todavia, a expressão está consagrada. Feita a prevenção, não há margem para confusões.

[1823] Com indicações: Christian Arnbrüster, no *Münchener Kommentar zum BGB* cit., 1, 6.ª ed., § 134 (1381 ss.); em especial, Claus-Wilhelm Canaris, *Gesetzliches Verbot und Rechtsgeschäft* (1983), agora também nos *Gesammelte Schriften*, 3, *Privatrecht* (2012), 3-33, ordenando o § 134 do BGB como regra de interpretação (14 ss.) e como decisão fundamental de primazia a ordem económica estadual, perante a autonomia privada.

[1824] *Tratado* II/3, 443 ss..

III. A licitude do negócio pode ser usada numa aceção ampla e numa aceção restrita:

- em sentido amplo, o negócio é lícito quando surja perfeito, isto é, quando integre todos os requisitos postos, pela lei, para a sua plena eficácia; nesta aceção, a licitude absorve todos os demais requisitos e, designadamente: a possibilidade, a determinabilidade e a conformidade com os bons costumes e a ordem pública; além disso, poderiam ser convocadas todas as demais imposições jurídicas, como as atinentes à forma e ao processo de formação;
- em sentido restrito, a licitude do negócio diz-nos que, dele, não resultam condutas executivas contrárias a normas jurídicas imperativas.

Apenas esta última aceção releva, para os efeitos da presente rubrica. Com efeito, somente nela logramos encontrar um regime coerente unitário.

IV. No domínio da ilicitude restrita ou *proprio sensu*, podemos distinguir:

- a ilicitude da conduta em si: o sujeito obriga-se a ultrapassar os limites legais da velocidade;
- a ilicitude do resultado: o sujeito obriga-se a furtar uma quantia[1825];
- a ilicitude dos meios: o sujeito obriga-se a assistir ao desafio desportivo, sem pagar o ingresso;
- a ilicitude do fim: o sujeito adquire uma carabina para disparar sobre o vizinho;
- a ilicitude da relação meios/resultado ou meios/fim: o sujeito obriga-se a, por meios em si lícitos (comprar uma arma, com observância do condicionalismo legal), para resultados em si lícitos (casar) ou para fins também lícitos (ser feliz), mas estabelecendo, entre eles, uma relação inaceitável (ameaçar a noiva para que dê o assentimento).

[1825] Um exemplo de jurisprudência: RLx 8-mai.-1997 (Pessoa dos Santos), CJ XXII (1997) 3, 73-82 (81/I): um ato de acessão industrial imobiliária perante um prédio clandestino; ou, ainda, um contrato de florestação com eucaliptos em área ardida, quando o artigo 4.º do Decreto-Lei n.º 172/88, de 16 de maio, proíbe reconversões culturais, durante o período dos dez anos subsequentes ao incêndio.

Muitas vezes, a distinção entre as modalidades de ilicitude acima referidas tem a ver com a fórmula linguística utilizada. Para além disso, é questão de interpretação verificar o que, em concreto, é vedado pelo Direito: se a conduta em si, se o resultado da ação, se os meios usados, se o fim prosseguido ou se a relação meios/resultado ou meios/fim. Temos presente que a ação humana é unitária e final[1826]. Cabe, sempre, efetuar um controlo sobre a sua globalidade.

V. Não obstante a referida globalidade, lidamos, no negócio, em regra, com duas partes: cada uma com o seu substrato humano, as suas vivências e as suas aspirações. A ilicitude tem, pois, elementos subjetivos. Pode suceder que tais elementos digam respeito, apenas, a uma das partes. Assim sucederá, designadamente, com o "fim" do negócio jurídico: um contratante compra uma carabina para abater um vizinho, enquanto o outro, desconhecedor de tais intentos, se limita a exercer o comércio (*in casu*: autorizado) de venda de armas. Nessa eventualidade, o artigo 281.º prevê que releve apenas o fim comum a ambas as partes. Adiante veremos a concretização destas regras.

VI. Perante o ultrapassar dos limites postos, pelo Direito, à autonomia privada, pode haver múltiplas consequências: civis, administrativas ou, até, penais. Apenas o estudo e a concretização das diversas disciplinas jurídicas permite responder à questão do regime.
O Direito civil dá-nos, no entanto, o quadro mais geral.

186. O Código Civil; aplicação

I. O Código Civil contém as mais diversas normas imperativas. Embora a tónica geral, particularmente no Direito das obrigações, resida na supletividade, encontramos muitas regras injuntivas. Caso a caso haverá que ponderar as consequências da sua inobservância.
Para além disso, na Parte geral, o Código consagrou o princípio geral da licitude, como corolário da existência de limites à autonomia privada. Ele apoia-se nos artigos 280.º/1 e 294.º[1827], funcionando perante normas

---

[1826] *Supra*, 42 ss..
[1827] STJ 4-jun.-1998 (Almeida Silva), CJ/Supremo VI (1998) 2, 108-112 (111/I).

imperativas[1828], como evidência, ao ponto de, por vezes, nem se referirem aqueles preceitos[1829].

II. A presença de dois preceitos relativos à licitude dos negócios deve ser explicada. O artigo 280.º/1, como vimos, deriva do anteprojeto de Rui de Alarcão sobre o objeto do negócio, tendo emergido da necessidade de, com base no artigo 1346.º do Código italiano, fixar, em geral, os requisitos do negócio[1830]. Já o artigo 294.º proveio do projeto de Rui de Alarcão sobre a invalidade dos negócios jurídicos[1831]. Aí, a abrir a matéria das invalidades, o Autor começou por definir a consequência da violação da lei imperativa:

> Os negócios jurídicos praticados contra disposição da lei, quer esta seja proibitiva quer preceptiva, envolvem invalidade, salvo nos casos em que da mesma lei resultar o contrário.

Este preceito foi evoluindo: no projeto geral de Rui de Alarcão sobre negócio jurídico (61.º)[1832], na 1.ª revisão ministerial[1833] e na 2.ª, tendo o texto definitivo surgido no projeto[1834].
Ou seja: enquanto o artigo 280.º/1 fixa a delimitação negativa do conteúdo do negócio, o artigo 294.º explicita o tipo de invalidade que cabe, perante o negócio contrário à lei imperativa. E ambos os preceitos confluem indicando a nulidade.

III. Os artigos 280.º/1 e 294.º, referidos em conjunto ou separadamente, têm sido usados, na jurisprudência, em casos deste tipo:

[1828] RLx 10-mar.-1998 (André dos Santos), CJ XXIII (1998) 2, 90-93 (92/II).
[1829] STJ 10-fev.-1998 (Costa Soares), CJ/Supremo VI (1998) 1, 56-58 (18).
[1830] *Supra*, 542.
[1831] Rui de Alarcão, *Invalidade dos negócios jurídicos*, BMJ 89 (1959), 199-267 (202).
[1832] Rui de Alarcão, *Do negócio jurídico* cit., 278.
[1833] BMJ 107 (1961), 111.
[1834] Jacinto Rodrigues Bastos, *das relações jurídicas/Segundo o Código Civil de 1966*, IV Arts. 285.º a 333.º (1969), 71.

RLx 16-dez.-2003: é nula a prestação de uma garantia, pela sociedade, fora das situações previstas pelo artigo 6.º/3, do Código das Sociedades Comerciais[1835];
RCb 20-abr.-2004: uma venda realizada com abuso do direito é nula; no caso, um mandatário, podendo contratar consigo mesmo, vende (e adquire) um prédio por metade do seu valor[1836];
RPt 13-dez.-2004: são nulas as normas dos estatutos das associações que violem a lei[1837];
STJ 13-dez.-2007: o abuso do direito pode conduzir à nulidade, por via do artigo 294.º[1838].

187. O fim do negócio

I. Como referido, a licitude de um negócio comporta elementos subjetivos. Uma mesma ação pode ser lícita ou ilícita em função dos fins ou das intenções de quem a desencadeie, percetíveis por diversos elementos circundantes. Tais elementos subjetivos podem emergir do próprio negócio ou podem ser exteriores. Como lidar com eles?

II. O anteprojeto de Rui de Alarcão ocupou-se do problema, apenas, a propósito da contrariedade à ordem pública ou aos bons costumes. No campo do objeto negocial, propunha, no artigo 2.º, epigrafado "negócios contra a ordem pública ou contra os bons costumes"[1839]:

1. É nulo o negócio jurídico que contraria a ordem pública ou os bons costumes.
2. Se a ofensa de um contrato à ordem pública ou aos bons costumes se depreender sòmente do fim que com ele se teve em vista, e esse fim for comum a ambas as partes, considera-se nulo tal contrato. A mesma solução é aplicável se o fim for apenas de uma das partes mas tiver carácter criminoso e a outra parte contratar com conhecimento do carácter criminoso desse fim, a ponto de dever ter-se como evidentemente contrário aos bons costumes o seu procedimento.

[1835] RLx 16-dez.-2003 (Tibério Silva), CJ XXVIII (2003) 5, 122-126 (125/II).
[1836] RCb 20-abr.-2004 (Emídio Rodrigues), CJ XXIX (2004) 2, 26-28 (28/II).
[1837] RPt 13-dez.-2004 (Fonseca Ramos), CJ XXIX (2004) 5, 196-201 (201/I).
[1838] STJ 13-dez.-2007 (Mário Cruz), Proc. 07A3023.
[1839] Rui de Alarcão, BMJ 102 (1961), 175.

Na 1.ª revisão ministerial, manteve-se o n.º 1; do n.º 2, sobreviveu apenas a primeira proposição, com alterações de redação (248.º)[1840]. Coube à 2.ª revisão ministerial remodelar o preceito, autonomizando o n.º 2 em causa e ampliando-o à própria ilicitude (281.º)[1841], num esquema fixado no projeto[1842].

III. A evolução relatada conduziu ao artigo 281.º do Código Civil:

> Se apenas o fim do negócio jurídico for contrário à lei ou à ordem pública, ou ofensivo dos bons costumes, o negócio só é nulo quando o fim for comum a ambas as partes.

No tocante ao fim do negócio, podemos distinguir:

– o fim expresso ou clausulado: o próprio negócio, no seu preâmbulo, quando exista, ou nas regras que estabeleça, fixa um objetivo para o acordado;
– o fim exterior implícito: as partes – ou uma delas – concluem o negócio com um objetivo que, conquanto não expresso no negócio, resulta das circunstâncias: a pessoa que adquire cartuxos numa zona de caça fá-lo, por certo, para efeitos venatórios;
– o fim interior explícito: a parte fecha um negócio com um objetivo em si indecifrável, mas comunica-o à outra;
– o fim íntimo: cada parte terá intenções mais ou menos assumidas, quando celebre um negócio; todavia, nada transparece.

IV. Quando exige um fim comum a ambas as partes e tomado à letra, o artigo 281.º apenas censura a comunhão de objetivos. E tal comunhão, a demonstrar pelo interessado, poderia ser expressa, exterior implícita ou, até, interior explícita: decisivo seria o facto de todos os contraentes prosseguirem o mesmo fim. Assim, no exemplo da compra de uma arma para cometer um crime, a ilicitude do negócio (só) ocorreria se ambas as partes pretendessem a morte da vítima.

V. Afigura-se que tal orientação iria subaproveitar a mensagem legal. O Direito, quando veda negócios com fins ilícitos *lato sensu* (abrangendo,

---

[1840] BMJ 107 (1961), 106.
[1841] *Código Civil/Segunda revisão* cit., 110.
[1842] *Projecto de Código Civil* (1966), 281.º (81).

portanto, a contrariedade à ordem pública e aos bons costumes), pretende agir no domínio da prevenção geral e da prevenção especial, evitando que, no futuro, tais negócios se repitam.

E assim, não se exige que o fim último do negócio seja ativamente procurado por ambas as partes; basta que se trate de o fim de uma delas, expressa ou implicitamente conhecido pela outra, na contratação. A pessoa que venda uma arma nada tem a ver com o uso ulterior da mesma; mas deve recusar o negócio se souber que, com ela, o adquirente pretende perpetrar um roubo.

188. A conformidade legal

A conformidade legal corresponde, na terminologia de Paulo Cunha, a um requisito residual destinado a facultar a sistematização dos fatores que a lei exija para a validade de negócios específicos.

Por definição, apenas se poderá, neste domínio, dar exemplos: os direitos litigiosos não podem ser cedidos às pessoas referidas no artigo 579.º; os pais e avós não podem vender a filhos ou netos excepto nas condições referidas no artigo 877.º, etc..

A conformidade acaba por estar presente, dado o teor geral do artigo 294.º: os negócios jurídicos celebrados contra preceitos legais imperativos são nulos. Nunca é possível conhecer de antemão todas as proibições que possam recair sobre um espaço negocial.

§ 41.º A FRAUDE À LEI

189. Origem

I. A propósito da licitude, coloca-se o problema do chamado negócio em fraude à lei[1843]. Há que evitar desenvolvimentos aprioristicos. Como sucede frequentemente no Direito civil, a "fraude à lei" corresponde a um instituto com dimensões culturais e científicas próprias. Tem de ser estudado.

No Direito romano não havia, em geral, um conceito de fraude (*fraus*). As fontes deixaram-nos, antes, diversas aplicações concretas. Na origem[1844], a *fraus* traduzia uma quebra do Direito, particularmente uma quebra da lealdade[1845]. Mais tarde, o termo evoluiu para a causação propositada de danos, em especial através de burla[1846]. Bove apresenta uma noção de *fraus* como:

(...) um comportamento malicioso e contrário à norma explícita ou implícita, ou ao costume, através do qual se tenta conseguir um resultado ilícito (...)[1847].

Uma dessas aplicações era, justamente, a de *fraude à lei*, que poderia enformar determinados atos jurídicos.

Os atos em fraude à lei distinguir-se-iam dos atos contrários à lei. É muito conhecida e citada a contraposição de Paulo:

[1843] Em especial: A. Barreto Menezes Cordeiro, *Do Trust no Direito civil* (2013), § 37.º (767 ss.), com indicações.

[1844] Max Kaser, *Römisches Privatrecht* cit., 1, 2.ª ed., § 146, IV (628).

[1845] Nas *XII Tábuas*, vide VIII, 10 = ed. reconstruída bilingue de Dieter Flach/ Andreas Flach, *Das Zwölftafelgesetz/Leges XII Tabularum* (2004), 132: *patronus si clienti fraudem fecerit sacer esto*.

[1846] Hugo Krüger/ Max Kaser, *Fraus*, SZRom 63 (1943), 117-174 (117 ss.).

[1847] Lucio Bove, *Fraus*, NssDI VII (1961), 630-631 (630).

contra legem facit quid id facit quod lex prohibet, in fraudem vero qui salvis legis verbis sententiam eius circumvenit[1848].

Assim traduzida por Castro Mendes:

Age contra a lei aquele que fez aquilo que a lei proíbe; age em fraude à lei aquele que evita o comando dela, respeitando as palavras da lei[1849].

II. A partir das fontes clássicas, a ideia de fraude à lei foi-se divulgando nos diversos sectores jurídicos, sempre com uma consequência prática: o ato em fraude à lei era, para todos os efeitos, equiparado ao ato contrário à lei sendo, em geral, nulo[1850].

A fraude à lei conheceu dois tipos de consagrações:

– específicas, sempre que as próprias normas, prevendo determinadas hipóteses de contornar as leis, as viessem proibir;
– genéricas, caso resultassem do sentir geral da ordem jurídica.

Este último aspeto punha-se, sobretudo, no campo do Direito civil e mais precisamente no domínio do negócio jurídico[1851].

190. Os sistemas alemão e italiano

I. A noção romana de fraude à lei partia da distinção entre a letra e o espírito da lei. No fundo, tal contraposição mais não era do que um expediente destinado a melhor aproveitar o sentido da lei: parece claro que esta não pode deixar de apresentar uma estrutura unitária.

A doutrina alemã desde cedo veio considerar, simplesmente, que tão inválido era o negócio que contornava a lei como aquele que atentasse

---

[1848] Paulo, D. 1.3.29; também Ulpiano, D. 1.3.30; *vide*, na ed. bilingue de Behrends e outros, *Corpus Iuris Civilis* cit., II, 114-115.

[1849] João de Castro Mendes, *Teoria geral* cit., 2, 332. Esse mesmo troço poderia ser traduzido, como faz Dieter Medicus, *Allgemeiner Teil* cit., 10.ª ed., Nr. 660, 268, da seguinte forma:

Viola a lei quem faz o que a lei proíbe; defrauda a lei quem sem atentar contra o teor da lei, viola o sentido da lei.

[1850] Luigi Carraro, *Frode alla legge*, NssDI VII (1961), 647-651 (647).
[1851] Giovanni Giacobbe, *La frode alla legge* (1968), 9 ss..

diretamente contra ela[1852]. Assim, foi recusado, aquando da preparação do BGB, um preceito relativo à fraude à lei, com a seguinte justificação[1853]:

> A decisão da questão sobre se um negócio surgido em fraude à lei é nulo depende da interpretação da previsão negocial e da norma aplicável a essa previsão.

Posteriormente, a doutrina manteve o tema no campo da interpretação da lei. Como se lê em Enneccerus/Nipperdey, perante determinada proibição legal, cabe saber se se proíbe apenas uma certa atuação ou se se veda um determinado resultado; quando a proibição se alargue ao resultado, tão proibido é o negócio que, de imediato, lá chegue como aquele que o consiga, de modo apenas indireto[1854].

II. A doutrina alemã atual conserva esta orientação. Larenz diz que há negócio em fraude à lei:

> (...) quando as partes procuram alcançar o escopo de um negócio proibido por causa desse mesmo escopo, com o auxílio de um negócio não proibido[1855].

Claro está: determinada a proibição do escopo, todos os negócios que permitam lá chegar estão proibidos.

Por isso, a doutrina afasta a hipótese de haver uma teoria autónoma da "fraude à lei"[1856]: tal apenas se teria justificado quando a interpretação se cingia à letra da lei; ultrapassado esse estádio, tudo residiria em apurar o alcance das normas em jogo.

A referência à fraude à lei pode, contudo, ser útil para exprimir um negócio cuja ilicitude as partes pretenderam dissimular.

[1852] Bernhard Windscheid/Theodor Kipp, *Pandekten* cit., 9.ª ed., § 70 (I, 321).
[1853] Werner Flume, *Rechtsgeschäft* cit., 4.ª ed., 350.
[1854] Ludwig Enneccerus/Hans Carl Nipperdey, *Allgemeiner Teil* cit., 15.ª ed., § 190, III (1160-1161).
[1855] Karl Larenz/Manfred Wolf, *Allgemeiner Teil* cit., 7.ª ed., 433, 8.ª ed., 740 e 9.ª ed., 731, bem como Manfred Wolf/Jörg Neuner, *Allgemeiner Teil* cit., 10.ª ed., § 45, V (532-533).
[1856] Assim: Werner Flume, *Rechsgeschäft* cit., 4.ª ed., 350 e Dieter Medicus, *Allgemeiner Teil* cit., 10.ª ed., Nr. 660 (268).

III. Em Itália, diversos fatores, entre os quais uma vigorosa polémica, levaram a que a figura da fraude à lei se conservasse por mais tempo. Frente a frente duas teorias: a objetiva e a subjetiva[1857]:

– a teoria objetiva fazia depender a fraude à lei do simples facto de o ato visado prosseguir, em si, um escopo proibido; o problema residiria em conseguir distinguir a fraude à lei da atuação pura e simplesmente contrária à lei;
– a teoria subjetiva pressupunha, na fraude à lei, uma intenção do agente de evitar a aplicação da norma imperativa; mas poderia contrapor-se que a intenção, só por si, não relevaria, desde que o agente se movimentasse dentro do espaço permitido.

A doutrina tem procurado uma certa síntese, apontando, na fraude à lei, um elemento objetivo e um elemento subjetivo: o agente recorre a uma combinação de atos lícitos para prosseguir um fim ilícito[1858].

Tudo isto tem, em Itália, uma relevância prática: segundo o artigo 1344.º do Código Civil italiano,

> Também se considera ilícita a causa quando o contrato constitua um meio para iludir a aplicação de uma norma imperativa.

A sanção reside no artigo 1418.º/II do mesmo Código: a nulidade do negócio.

IV. Embora o problema não esteja estudado nestes termos, julga-se que, na clivagem entre a doutrina alemã e a italiana, jogaram, também, fatores de ordem linguística. Na língua alemã, a fraude à lei diz-se, simplesmente *Gesetzesumgehung*, isto é, "desvio da lei"; trata-se de uma fórmula valorativamente neutra; pelo contrário, em italiano (*frode alla legge*), como em português, surge a velha *fraus*, que tem um sentido pejorativo forte e pode mesmo traduzir crime.

[1857] Giovanni Giacobbe, *La frode alla legge* cit., 15; deste Autor *vide*, também, *Frode alla legge*, ED XVIII (1969), 72-88 (80 ss.). Entre os clássicos, refiram-se Nicola Coviello, *Manuale di diritto civile italiano/Parte generale*, 3.ª ed. cit., 416 ss.; Luigi Carraro, *Frode alla legge* cit., 647 ss. e, em primeiro lugar, Francesco Ferrara, *Della simulazione nei negozi giuridici*. 3.ª ed. (1909), 66 ss.. Elementos mais recentes podem ser vistos em Giuseppe Cricenti, *I contratti in frode alla legge* (1996), 24 ss. e em Maria Bruna Chito, em Pietro Rescigno, *Codice civile* 1, 7.ª ed. (2008), art. 1344.º (2456-2460).
[1858] Massimo Bianca, *Diritto civile* III – *Il contratto* cit., 588.

É importante frisar que estas clivagens linguísticas não têm razão de ser. A expressão "fraude à lei" assume um sentido técnico-jurídico preciso que coincide com a *Gesetzesumgehung*; noutros termos: não deve ser tomada como algo de pejorativo mas, tão-só, como uma noção próxima da ilicitude civil comum ou coincidente com ela.

191. O Direito lusófono

I. Realizada uma breve referência à evolução da ideia de "fraude à lei" e à sua aplicação nos espaços jurídicos alemão e italiano, como sendo os que mais têm vindo a influenciar o atual Direito civil português, cabe agora ponderar a lei e a doutrina nacionais.

A nível de lei geral, nada há a apontar: tanto o Código Civil de 1867 como o de 1966 são omissos na matéria.

Na doutrina, o problema da fraude à lei foi divulgado, num primeiro tempo, por Beleza dos Santos. Este Autor, depois de expor com brevidade os termos e as evoluções do problema[1859], vem aderir à construção germânica da não-autonomia do instituto: tudo residiria numa questão de interpretação dos factos legais em causa. Diz Beleza:

> Tudo depende portanto da interpretação e nada fica como âmbito autónomo para a doutrina da fraude à lei, não podendo por isso contrapor-se os actos de fraude à lei aos actos contra a lei.
> Na verdade, os primeiros ofendem a letra do texto legal, os segundos o seu espírito, mas uns e outros violam a lei, porque letra e espírito são elementos essenciais e inseparáveis da norma legal. Somente num caso a violação é mais clara, no outro mais oculta, numa mais grosseira e franca, no outro mais artificiosa e disfarçada[1860].

II. Manuel de Andrade voltou ao assunto com várias precisões, mas em termos bastante próximos[1861]. Definindo os negócios em fraude à lei nos termos clássicos como "...aqueles que procuram contornar ou circunvir uma proibição legal, tentando chegar ao mesmo resultado por caminhos diversos dos quais a lei designadamente previu e proibiu...", Manuel

---

[1859] José Beleza dos Santos, *A simulação* cit., 1, 101 ss..
[1860] José Beleza dos Santos, *A simulação* cit., 1, 107.
[1861] Manuel de Andrade, *Teoria geral* cit., 2, 337 ss..

§41.º A fraude à lei 579

de Andrade expõe as teorias subjetiva e objetiva, acabando por aderir à segunda[1862]. E fazendo-o, não pode deixar de pôr em crise a autonomia da fraude, reconduzindo-a à interpretação.
Diz ele:

> Se bem pensarmos, todo o problema se reconduz ao da exacta interpretação da norma proibitiva, segundo a sua finalidade e alcance substancial. Isto posto, haverá fraude relevante caso se mostre que o intuito da lei foi proibir não apenas os negócios que especificamente visou, mas quaisquer outros tendentes a prosseguir o mesmo resultado, só não os mencionando por não ter previsto a sua possibilidade, ou ter tido deliberadamente mero propósito exemplificativo. Fala-se neste caso em *normas materiais*. Não haverá fraude relevante caso se averigue que a lei especificou uns tantos negócios por só ter querido combater certos meios (esses mesmos negócios) de atingir um dado fim ou resultado, em razão de os julgar particularmente graves e perigosos[1863].

III. Esta posição surge na doutrina posterior ao Código Civil de 1966, ainda que com diversas precisões. Nesse sentido é possível citar Mota Pinto[1864], Castro Mendes[1865], Vaz Serra[1866], Carvalho Fernandes[1867] e nós próprios[1868]. O que não constitui surpresa: no âmbito da preparação do Código Civil, tal foi a opção feita pelos especialistas que intervieram diretamente nesse ponto: Vaz Serra[1869] e Rui de Alarcão[1870]; e por isso mesmo, esses autores vieram a concluir que não era necessário inserir no Código

---

[1862] Manuel de Andrade, *Teoria geral* cit., 2, 338.
[1863] Manuel de Andrade, *Teoria geral* cit., 2, 339.
[1864] Carlos Alberto da Mota Pinto, *Teoria geral* cit., 4.ª ed., 557.
[1865] João de Castro Mendes, *Teoria geral* cit., 2, 332-334.
[1866] Adriano Vaz Serra, *Anot. ao acórdão do STJ de 6-Jan.-1976* (Oliveira Carvalho), RLJ 110 (1977), 26-29 (28).
[1867] Carvalho Fernandes, *Teoria geral* cit., 2, 5.ª ed., 161, quando considera que a fraude à lei (apenas) implica ilicitude indireta: as partes procuram, por via lícita, atingir um resultado proibido.
[1868] Menezes Cordeiro, *Teoria geral* cit., 2, 2.ª ed., 123-124.
[1869] Adriano Vaz Serra, *A prestação – suas espécies, conteúdo e requisitos*, BMJ 74 (1958) 15-283 (n.º 29).
[1870] Rui de Alarcão, *Breve motivação do anteprojecto sobre o negócio jurídico na parte relativa ao erro, dolo, coacção, representação, condição e objecto negocial*, BMJ 138 (1964), 120-121.

um preceito específico sobre o tema[1871]. Acrescente-se, ainda, que esta orientação é acolhida na jurisprudência. Como diz o Supremo: "em suma e na realidade, o negócio em fraude à lei é sempre um negócio contrário a ela"[1872].

192. Posição adotada

I. Hoje, entendemos que a fraude à lei é uma forma de ilicitude que envolve, por si, a nulidade do negócio[1873]. A sua particularidade residirá no facto de as partes terem tentado, através de artifícios mais ou menos assumidos, conferir ao negócio uma feição inóqua. A fraude à lei exige uma interpretação melhorada dos preceitos vigentes:

– se se proíbe o resultado, também se proíbem os meios indiretos para lá chegar[1874]; nas palavras da Relação do Porto:

> (...) a cláusula revela-se contrária à lei, seja por violação frontal, seja porque o cumprimento da prestação contratual produziria um resultado que a lei quis impedir e que teve por ofensivo do interesse social[1875].

– se se proíbe apenas um meio – sem dúvida por se apresentar perigoso ou insidioso – fica em aberto a possibilidade de percorrer outras vias que a lei não vede.

Nalguns casos, todavia, a lei, depois de prescrever certo regime, proíbe expressamente os negócios que possam contorná-lo: assim sucedia no Direito do trabalho, com os contratos a termo, no domínio do Decreto-Lei n.º 781/76, hoje revogado. Segundo o artigo 3.º/2 desse diploma:

[1871] Em especial Rui de Alarcão, *Breve motivação* cit., 121.

[1872] STJ 9-mai.-1985 (Góis Pinheiro), BMJ 347 (1985), 404-408 (407). Também a RLx 2-dez.-1997 (Dinis Nunes), BMJ 472 (1998), 552 (o sumário), equipara a fraude à lei à violação direta da lei, aplicando o artigo 280.º.

[1873] Alteramos, em parte, a posição que defendemos em anteriores edições do presente *Tratado*: em especial, somos sensíveis à argumentação deduzida por A. Barreto Menezes Cordeiro, *Do Trust* cit., 776-777.

[1874] Assim: por lei, só os farmacêuticos podiam ser donos de farmácias; era nulo o esquema que consiste em adquirir uma farmácia através de uma sociedade irregular com intervenção formal de uma farmacêutica: RPt 29-abr.-1999 (Custódio Montes), CJ XXIV (1999) 2, 212-219 (216/I).

[1875] RPt 24-mai.-2001 (Alves Velho), CJ XXVI (2001) 3, 201204 (204/I).

A estipulação de prazo será nula se tiver por fim iludir as disposições que regulam o contrato sem prazo.

Este preceito originou a grande maioria das decisões judiciais que referem a figura da fraude à lei[1876]. Todavia e pela forma indireta por que ele mencionava a licitude, deu sempre azo a dúvidas. A posterior LCCT, nos seus artigos 41.º e seguintes, tratava o regime do contrato a termo com maior precisão. Evitava, assim, um preceito semelhante ao acima transcrito. O Código do Trabalho vigente, nos seus artigos 139.º e seguintes, fechou o círculo: a fraude à lei tem, no Direito do trabalho, o mesmo papel que assume no civil.

A fraude à lei poderia, noutro contexto, designar o abuso do direito[1877]. Esta figura não pode, todavia, deixar de ser estudada enquanto tal: tem uma vincada identidade dogmática.

III. Apesar destas particularidades que a enfraquecem, a fraude à lei assenta numa composição linguística muito clara, fortemente marcada pela História. Podemos adotá-la, como foi dito, enquanto manifestação particular da ilicitude, caracterizada em três pontos:

– uma aparência inóqua;
– uma intenção específica de prosseguir um objetivo vedado por lei;
– a efetiva consecução desse objetivo.

O Código Civil consagra-a, expressamente, no Direito internacional privado. Segundo o artigo 21.º, precisamente epigrafado "fraude à lei":

> Na aplicação das normas de conflitos são irrelevantes as situações de facto ou de direito criadas com o intuito fraudulento de evitar a aplicabilidade da lei que, noutras circunstâncias, seria competente.

Como se vê, requer-se, aqui, um "intuito fraudulento". Outros preceitos legais podem ser referidos, nesse sentido. Assim, segundo o artigo 27.º do Decreto-Lei n.º 133/2009, de 2 de junho, relativo ao crédito ao consumo, epigrafado "fraude à lei":

[1876] RCb 7-out.-1993 (Sousa Lamas), CJ XVIII (1993) 4, 99-101 (100/I) e RLx 13-abr.-1994 (Dinis Roldão), CJ XIX (1994) 2, 166-169 (168/II).
[1877] RPt 3-fev.-2004 (Fernando Samões), CJ XXIX (2004) 1, 172-178 (177/I).

1. São nulas as situações criadas com o intuito fraudulento de evitar a aplicação do disposto no presente decreto-lei.
2. Configuram, nomeadamente, casos de fraude à lei:

   a) O fracionamento do montante do crédito por contratos distintos;
   b) A transformação de contratos de crédito sujeitos ao regime do presente decreto-lei em contratos de crédito excluídos do âmbito da aplicação do mesmo;
   c) A escolha do direito de um país terceiro aplicável ao contrato de crédito, se esse contrato apresentar uma relação estreita com o território português ou de um outro Estado membro da União Europeia.

IV. Para além das apontadas consagrações legais, a jurisprudência conhece a fraude à lei e faz, dela, uma aplicação que não pode ser ignorada. Assim e com base, apenas, em casos decididos nos últimos anos:

– STJ 22-jan.-2008: não há ilicitude por fraude à lei quando uma procuração, pretensamente outorgada contra o artigo 281.º, não tenha servido para a conclusão de qualquer negócio[1878];
– STJ 27-jan.-2010: o direito de denúncia facultado, ao senhorio, para habitação própria não funciona quando a necessidade habitacional tenha sido intencionalmente criada, segundo o artigo 109.º do RAU, então em vigor; estão em causa condutas fraudulentas, que criem uma falsa necessidade de habitação[1879];
– STJ 13-abr.-2010: o direito de remição previsto no artigo 912.º do CPC (hoje, artigo 842.º do CPC de 2013) visa preservar, na família, certos bens executados; pode-se, perante essa finalidade, equacionar a verificação de fraude à lei, por parte do remidor, desde que se prove que o exercício de tal direito visou arranjar uma forma de mais tarde ou mais cedo, poder facilmente negociar o bem em jogo[1880];
– STJ 7-jun.-2011: a técnica que consiste em dividir matricialmente um prédio, sempre sob a mesma titularidade e, depois, vender as parcelas a pessoas diferentes, não é admissível: há, de facto, um fracionamento não permitido, legitimado em fraude à lei[1881];

[1878] STJ 22-jan.-2008 (Nuno Cameira), Proc. 07A4255 = CJ/Supremo XVI (2008) 1, 55-56 (56/II).
[1879] STJ 27-jan.-2010 (Rodrigues dos Santos), Proc. 7521/03.
[1880] STJ 13-abr.-2010 (Urbano Dias), Proc. 477-D/1996.
[1881] STJ 7-jun.-2011 (Nuno Cameira), Proc. 197/2000.

– STJ 19-abr.-2012: não é possível, através da acessão industrial imobiliária, em fraude à lei, adquirir-se uma parcela de terreno sem observância das normas imperativas relativas aos destaques[1882].

V. A fraude à lei fica, assim, disponível como mais um instrumento ao serviço da concretização do Direito. Deve, todavia, ser usada com parcimónia, para não pôr em causa uma regra civil básica: é permitido quanto, por lei formal, não for proibido.

[1882] STJ 19-abr.-2012 (Lopes do Rego), Proc. 34/09.

§ 42.º BONS COSTUMES

193. Generalidades

I. Segundo o artigo 280.º/2, é nulo o negócio jurídico contrário à ordem pública ou ofensivo dos bons costumes. Surgem, na lei civil, diversas formulações desse tipo, que cumpre esclarecer. Assim:

artigo 271.º/1: é nulo o negócio jurídico subordinado a uma condição contrária à lei ou à ordem pública, ou ofensiva dos bons costumes;
artigo 281.º: é nulo o negócio jurídico cujo fim comum a ambas as partes seja contrário à lei, à ordem pública ou ofensivo dos bons costumes;
artigo 334.º: é ilegítimo o exercício de um direito quando o titular exceda manifestamente os limites impostos pela boa-fé, pelos bons costumes ou pelo fim social ou económico do direito;
artigo 340.º/2: o consentimento do lesado não exclui a ilicitude do ato, quando este for contrário a uma proibição legal ou aos bons costumes;
artigo 465.º: o gestor deve: *a)* Conformar-se com o interesse e a vontade do dono do negócio, sempre que esta não seja contrária à lei ou à ordem pública ou ofensiva dos bons costumes;
artigo 967.º: no domínio da doação, as condições ou encargos física ou legalmente impossíveis, contrários à lei ou à ordem pública, ou ofensivos dos bons costumes ficam sujeitos às regras estabelecidas em matéria testamentária;
artigo 1422.º/2: é especialmente vedado aos condóminos, *b)* Destinar a sua fração a usos ofensivos dos bons costumes;
artigo 2186.º: é nula a disposição testamentária, quando da interpretação do testamento resulte que foi essencialmente determinada por um fim contrário à lei ou à ordem pública, ou ofensivo dos bons costumes;
artigo 2230.º/2: no testamento, a condição contrária à lei ou ofensiva dos bons costumes tem-se por não escrita, salvo o disposto no artigo 2186.º;

artigo 2245.°: é aplicável aos encargos impossíveis, contrários à lei ou à ordem pública, ou ofensivos dos bons costumes, o disposto no artigo 2230.°.

II. Além disso, o Código Civil referia os "costumes desonrosos", nos artigos 1636.°, c) e 1778.°, e), como fundamento de anulação do casamento e de divórcio; esses preceitos foram revogados pelo Decreto-Lei n.° 496/77, de 25 de novembro. Mencionava, ainda e no artigo 1093.°/1, c), como causa de resolução do arrendamento pelo senhorio, o facto de o locatário aplicar o prédio, reiterada ou habitualmente, a práticas ilícitas, imorais e desonestas. Este preceito foi revogado pelo artigo 3.°/1, a), do Decreto-Lei n.° 321-B/90, de 15 de outubro, tendo transitado para o artigo 64.°/1, c), do R.A.U. Finalmente, pela Lei n.° 6/2006, de 27 de fevereiro, o preceito regressou ao Código Civil: desta feita ao artigo 1083.°/2. Prevê-se, aí, como fundamento de resolução pelo senhorio, a utilização do prédio contrária à lei, aos bons costumes ou à ordem pública.

III. Os bons costumes e a ordem pública constituem noções distintas. Além disso, os bons costumes permitem uma sindicância de todos os negócios jurídicos. Trata-se de um conceito indeterminado, isto é: ele não faculta uma imediata apreensão quanto ao seu conteúdo normativo.

Em situações deste tipo, impõe-se um particular esforço de cautela e de precisão, por parte do intérprete-aplicador. Há que recorrer à História e ao Direito comparado, para determinar o preciso sentido dos bons costumes. Alguma doutrina portuguesa recente, sem estudar minimamente o problema, compraz-se em apresentar noções vagas ou "originais" dos bons costumes, na base de apregoadas éticas coletivas. Verberamos essa atitude: só traduz um retrocesso científico e vem provocar dispensáveis perplexidades na jurisprudência.

194. Evolução histórica

I. No Direito romano, tal como nos aparece no *corpus iuris civilis*, não surgem referências de ordem geral aos bons costumes. Ocorrem, tão-só, hipóteses típicas de comportamentos contrários aos *mores*[1883].

[1883] Quanto à origem histórica dos bons costumes, são básicas as monografias de Philipp Lotmar, *Der unmoralische Vertrag, insbesondere nach Gemeinem Recht* (1896), X

A bitola não era, no principado, ajuizada em função de critérios religiosos ou filosóficos, mas de acordo com princípios éticos geralmente reconhecidos[1884]. No Direito justinianeu, uma lei, atribuída a Antonino e relatada no *codex*, veio dispor[1885]:

> Pacta, quae contra legis constitutiones quae vel contra bonos mores fiunt, nullam vim habere indubitati iuris est[1886].

Outras fontes podem ser retidas[1887].

II. Na receção do Direito romano, a natureza dispersa das menções aos bons costumes manter-se-ia.

O jusracionalismo permitiu uma generalização. Esta ocorreu, mas cheia de imprecisões dogmáticas. Grotius explica a necessidade de equilíbrio contratual como regra moral, enquanto Pufendorf versa o tema dos *pacta turpia*[1888]. Domat reconhecia uma ordem moral distinta do Direito[1889], enquanto Pothier considerava o tema a propósito da "causa" das obrigações: estas seriam nulas quando a causa em jogo – na tradução de Corrêa Telles[1890]:

> (...) he offensiva da justiça, da boa-fé, ou dos bons costumes (...)

Esta orientação foi acolhida no Código Napoleão. Segundo o seu artigo 1133.º:

+ 196 pp. e de Helmut Schmidt, *Die Lehre von der Sittenwidrigkeit der Rechtsgeschäfte in historischer Sicht* (1973), 163 pp..

[1884] Max Kaser, *Das römische Privatrecht* cit., 1, 2.ª ed., § 62, II (250).

[1885] C. 2.3.6 = ed. Kruger.

[1886] Em português:

É de Direito certo que os pactos que sejam contrários à lei, e às constituições, assim como contrários aos bons costumes, não têm qualquer força.

[1887] Max Kaser, *Rechtswidrigkeit und Sittenwidrigkeit im klassischen römischen Recht*, SZRom 60 (1940), 95-150, referindo conceitos próximos como os de *turpitudo*, que acentua a censura sobre o agente, o *improbus*, que age contra os bons costumes, a *ignominia*, que exprime a exclusão, bem como, com usos especiais, o *inofficiosus*, o *ingratus* e o *indecorus* (*idem*, 97 ss.) e *Infamia und ignominia in den römischen Rechtsquellen*, SZRom 73 (1956), 220-278, com muitas indicações de fontes; Theo Mayer-Maly, *Contra bonos mores*, FG Max Kaser 80. (1986), 151-167.

[1888] Helmut Schmidt, *Die Lehre von der Sittenwidrigkeit* cit., 67 e 69, respetivamente.

[1889] Jean Domat, *Traité des loix* cit., V, n.º 3, 10.

[1890] Pothier, *Tratado das obrigações*, trad. port. cit., 1, 33.

§42.º Bons costumes

A causa é ilícita quando é proibida pela lei, quando é contrária aos bons costumes ou à ordem pública.

III. A doutrina francesa teve dificuldades em precisar os "bons costumes" (*bonnes moeurs*) do transcrito artigo 1133.º. Colocou, frente a frente, uma tendência idealista, que os aproximaria da moral cristã e uma tendência sociológica, que os ligaria às práticas sociais. Acaba por apelar a uma síntese de ambas as orientações: seriam regras de moral social – portanto: de conduta e não de consciência – essenciais em certa sociedade. O Direito penal daria pontos de referência para a sua concretização[1891].

IV. Em paralelo, o tema foi aprofundado na pandectística; esta não se ocupou, porém, nem com a natureza última da contrariedade aos bons costumes, nem com um agrupamento completo dos casos nela incluídos[1892]. Tal agrupamento foi prosseguido, pela primeira vez, por Windscheid, segundo o qual haveria atentado aos bons costumes:

(...) quando o contrato vise causar ou proporcionar o proibido, ou impedir o prescrito; quando, através dele, se vá influenciar a liberdade de decisão em coisas nas quais a pessoa não se deve deixar determinar por motivos exteriores; finalmente, um contrato pode também ser contrário aos bons costumes por condenação da consciência, que o denuncia[1893].

A própria formulação de Windscheid não deixou de ser criticada, sobretudo por não esclarecer a natureza da contrariedade aos bons costumes[1894].

Lotmar, um tanto na linha de Windscheid fixa, também, três hipóteses típicas de contrariedade aos bons costumes: a do negócio que obrigue a uma ação, a uma suportação ou a uma omissão imorais, como os clássicos contratos de *societas* ou de *mandatus turpis* ou do reconhecimento falso da paternidade[1895]; a do contrato que obrigue a uma ação, a uma suportação

---

[1891] Terré/Simler/Lequette, *Droit civil/Les obligations* cit., 10.ª ed., n.º 386-388 (401-405); vide Jean Carbonnier, *Les obligations* cit., n.º 989 (2043 ss.).
[1892] Helmut Schmidt, *Der Lehre von der Sittenwidrigkeit* cit., 93 ss. (95).
[1893] Bernard Windscheid/Theodor Kipp, *Lehrbuch der Pandekten* cit., 9.ª ed., § 314 (2, 286-287); o trecho em causa constava já de edições anteriores; Philipp Lotmar, *Der unmoralische Vertrag* cit., 66 ; Helmut Schmidt, *Der Lehre von der Sittenwidrigkeit* cit., 96.
[1894] Philipp Lotmar, *Der unmoralische Vertrag* cit., 66-68.
[1895] *Idem*, 68 e 69.

ou a uma omissão que, não sendo em si imorais, não possam, em face da moral, ser contratualmente assumidos, como o caso de alguém obrigar-se a cumprir os deveres paternais[1896]; e a dos contratos que impliquem contribuições em dinheiro contra prestações que, pela moral, não possam ser remuneradas, como no campo do trato sexual[1897].

V. Antes da promulgação do BGB, havia já uma jurisprudência larga sobre a contrariedade aos bons costumes[1898]. Dos muitos exemplos existentes, seriam *contra bonos mores* contratos referentes a condutas sexuais ou à corretagem matrimonial, o pacto de não-concorrência considerado excessivo, a adstrição, contra dinheiro, a um dever de não licitar, a condição de seguir certa religião e todo um ciclo de contratos referentes a bordéis. Há uma diversidade muito grande de critérios, que dificulta o apontar de vetores gerais[1899].

195. O Direito alemão

I. O BGB, após adequada discussão, que levou, designadamente, ao afastamento da "ordem pública"[1900], acabou por consignar, no seu § 138, I[1901], a regra seguinte[1902]:

Um negócio jurídico que atente contra os bons costumes é nulo.

[1896] *Idem*, 71-72.

[1897] *Idem*, 73 e 74.

[1898] Além dos exemplos mencionados por Philipp Lotmar, ob. cit., 54-56, Helmut Schmidt, *Der Lehre von der Sittenwidrigkeit* cit., 126-135.

[1899] Helmut Schmidt, *Der Lehre von der Sittenwidrigkeit* cit., 126; como explica Karl Larenz, *Allgemeiner Teil*, 7.ª ed. cit., 435 – vide Larenz/Wolf, *Allgemeiner Teil* cit., 8.ª ed., 744 e 9.ª, 736-737 –, mesmo hoje, apesar da literatura existente, a natureza dos bons costumes não está esclarecida; antigamente, já Otto Dick, *Der "Verstoss gegen die guten Sitten" in der gerichtliche Praxis*, AbürgR 33 (1909), 74-135 (135), havia sublinhado a "multiplicidade monstruosa" dos casos envolvidos, enquanto E. Eckstein, *Die Einrede der Unsittlichkeit*, AbürgR 39 (1913), 367-405 (369), chama a atenção para o largo campo de aplicação do § 138 do BGB.

[1900] Quanto aos antecedentes: Werner Flume, *Das Rechtsgeschäft* cit., 4.ª ed., § 18, I (364) e Hans-Peter Haferkamp, no HKK/BGB cit., I, § 138, Nr. 5 ss. (713-714).

[1901] Christian Arnbrüster, no *Münchener Kommentar zum BGB* cit., 1, 6.ª ed., § 138 (1449 ss.), com muitas indicações.

[1902] O § 138, II, reporta-se, como vimos, aos negócios usurários; *vide supra*, 482.

A discussão consciente sobre a natureza dos bons costumes desenvolveu-se com o aprofundar das potencialidades do BGB. Uma posição inicial[1903], com rastos ainda claros na literatura comum[1904], vê, na cláusula legal dos bons costumes, uma remissão para a moral. Este entendimento, assim formulado, levanta dificuldades intransponíveis: para além das atinentes à determinação do que se tenha por "moral", acresce, por intuição imediata, a existência de regras morais estranhas ao Direito.

Na necessidade de concretizar a moral subjacente aos bons costumes, adotou-se uma fórmula, constante da justificação de motivos do BGB, segundo a qual estaria em jogo uma bitola a "retirar da consciência popular dominante, do sentimento de decência de todos os que pensam équa e justamente". A jurisprudência foi pioneira nesta utilização, aproveitada, também, pela doutrina[1905]. Duas outras precisões foram feitas: a de que, na determinação da bitola "dos que pensam équa e justamente", haveria que atender, dentro do círculo próprio onde o problema se ponha, às pessoas médias normais.

II. As orientações referidas têm, em comum, o reportarem os bons costumes a fatores metajurídicos. Dois extremos dessa linha ficaram, também, determinados: por um lado, a moral abstrata, a averiguar de acordo com um modo teórico de discorrer; por outro, um sentimento de decência, presente em cada argumento humano concreto. Em torno destes pólos,

---

[1903] Philipp Lotmar, *Der unmoralische Vertrag* cit., 68 ss., Leonhard Jacobi, *Die sittliche Pflicht im Bürgerlichen Gesetzbuch*, GS Dernburg (1900), 153-172 (156 e 171) e Andreas von Tuhr, *Allgemeiner Teil* cit., 2, 1, 22-23.

[1904] Em Ulrich Meyer-Cording, *Gute Sitten und ethischer Gehalt des Wettbewerbsrechtes/Grundsätzliches zu § 1 UWG*, JZ 1964, 273-278 (278) e Franz Wieacker, *Rechtsprechung und Sittengesetz*, JZ 1961, 337-345 (341), por exemplo. Apesar da insuficiência científica de semelhante orientação, ela corresponde a uma preocupação, registada desde o início – por exemplo, Ernst Eckstein, *Studien zur Lehre von den unsittlichen Handlungen, Rechtshandlungen und Rechtsgeschäften, insbesondere Verträgen*, AbürgR 41 (1915), 178-279 (204) – de evitar a queda no mero sentimento da decência. Vide, neste sentido, também M. Sallinger, *Zum Begriff des Verstosses gegen die guten Sitten*, JW 1917, 4-9 (8).

[1905] Günther Teubner, *Standards und Direktiven in Generalklauseln/Möglichkeiten und Grenzen der empirischen Sozialforschung bei der Präzisierung der Gute-Sitten-Klauseln im Privatrecht* (1971), 19, Helmut Haberstumpf, *Die Formel von Anstandsgefühl aller billig und gerecht Denkenden in der Rechtsprechung des Bundesgerichtshofs/Eine Untersuchung über juristische Argumentationsweisen* (1976), 14 ss, Klaus Roth-Stielow, *Die "guten Sitten" als aktuelles Auslegungsproblem*, JR 1965, 210-212 (210), Rolf Sack//Philipp S. Fischinger, no *Staudinger* cit. § 138, Nr. 14 (300) e, na ed. de 2003, 235.

embora com colocações por vezes distantes, observar-se-ia uma oscilação que se pode dizer cíclica: predominariam ora conceções generalizantes, ora conceções particularísticas. Estas últimas, em face do agnosticismo que, nas últimas décadas, tem vindo a progredir, marcariam, no entanto, pontos.

Viu-se como uma remissão, sem mais precisões, para a moral, não satisfaz. A locução "sentimento de decência de todos os que pensam équa e justamente", com ou sem adstrições a círculos específicos, também não avança. Menos do que na moral, não se vislumbra, aqui, a presença de regras que permitam uma demarcação objetiva do tema: o "sentimento" em causa teria de, caso a caso, ser determinado pelo juiz[1906], seja em função do seu próprio sentir, seja em consonância com fatores diversos. O que é dizer: essa locução traduz mais uma fórmula vazia[1907] em que o Direito, nas áreas delicadas, se torna, com facilidade, bem fértil. O mesmo raciocínio atinge as remissões para "conceções reinantes no meio" ou para "entendimentos médios"[1908]: tudo isso é formal, quando não se diga que conceções, quais os entendimentos, como encontrá-los e qual a via de concretização.

III. A impalpabilidade da moral, quando objeto de uma remissão pura e simples, levou ao aparecimento de entendimentos ditos sociológicos dos bons costumes. Pioneiro, Hermann Herzog considera que "os bons costumes são, em primeira linha, os costumes usados e reconhecidos como bons pelo povo do império alemão como conjunto..."[1909]. Por esta via, não ficava clara a diferença entre bons costumes, usos e Direito consuetudinário. E porque estes dois últimos conseguiram atingir sentidos técnicos

---

[1906] Helmut Haberstumpf, *Die Formel vom Anstandsgefühl* cit., 28.

[1907] *Idem, Die Formel vom Anstandsgefühl* cit., 73, *maxime*; vide 33 ss., 42 ss., 63, 66 e 69; Günther Teubner, *Standards und Direktiven* cit., 20-21; Walter Breuthaupt, *Die guten Sitten*, JZ 1964, 283-285 (283); Klaus Roth-Stielow, *Die "guten Sitten"* cit., 211.

[1908] Ulrich Meyer-Cording, *Gute Sitten* cit., 275; vide Horst Bartholomeyczik, *Der Massgebende Zeitpunk für die Bestimmung der Sittenwidrigkeit nichtiger Verfügungen von Todes wegen*, FS 150. OLG Zweibrücken (1969), 26-68 (27).

[1909] Hermann Herzog, *Zum Begriffe der guten Sitten im BGB/Auf Grund einer Untersuchung der Verhältnisse von Sitte, Recht und Moral* (1910), 124. Herzog pratica uma derivação de tipo linguístico – ob. cit., 52 ss. – como modo de avançar para o problema que se propõe solucionar; note-se ainda que tem o Direito por um mínimo ético, como uma Moral objetiva – ob. cit., 109.

precisos[1910], a não perder, houve que reformular os primeiros. A manutenção permanente de uma componente moral no seio dos bons costumes, acrescida mesmo quando, depois do segundo conflito mundial, se assistiu ao renascer do Direito natural[1911], levou, conjuntamente com a necessidade de evitar fugas metafísicas excessivas e com o influxo de pressões sociológicas, a tentativas de sínteses novas. Os bons costumes remeteriam, em tal sequência, para a moral social[1912].

IV. A existência de uma moral social parece demonstrável pela observação: tratar-se-ia de um corpo de regras de atuação social, reconhecíveis pelo grupo, mas cuja exigência não decorreria dos esquemas próprios do Direito. Qual possa, porém, ser a sua projeção exata e quais as condições em que o Direito para ele remeta, constituem questões sem solução dogmática própria. Fica a ideia de que uma chamada direta para a moral social não resolve, só por si, a temática em curso, quando se pretenda a resolução de um caso concreto.

196. A descoberta de Simitis

I. As dificuldades conduziram a tentativas de definir, em função de elementos jurídicos, a noção de bons costumes. Dessas tentativas, a mais conhecida é a de Simitis[1913]: os bons costumes integrar-se-iam na "ordem pública" do Direito francês: seriam parte da "ordem existente numa sociedade", como resultado de um conjunto de princípios emergentes do Direito

---

[1910] Menezes Cordeiro, *Costume*, Enc. Pólis 1 (1983), 1348-1351 (1349); *Tratado* I, 4.ª ed., 558 ss. e 573 ss., respetivamente.

[1911] Günther Teubner, *Standards und Direktiven* cit., 15 e Hans-Martin Pawlowski, *Die Aufgabe des Richters bei der Bestimmung des Verhältnisses von Recht, Sittlichkeit und Moral*, ARSP 1964, 503-519 (503). A remissão dos bons costumes para o Direito natural pode ser encapotada; basta que se refira uma ordem de valores transpositiva e firme, a atuar, entre outras ocasiões, aquando da remissão para os bons costumes.

[1912] Esta orientação é já detetável em Karl Goez, *Zur Auslegung des § 138 Abs. 1 BGB*, JW 1922, 1192-1193 (1193); vide Karl Larenz, *Grundsätzliches zu § 138 BGB*, JurJb 7 (1966/67), 98-122 (104); Ulrich Meyer-Cording, *Gute Sitten* cit., 278, que fala em "... conexão da Moral com as previsões sociais que, com ela, se modificam necessariamente com o desenvolvimento social..."; Rolf Sack, *Sittenwidrigkeit, Sozialwidrigkeit und Interessenabwägung*, GRUR 1970, 493-503 (499).

[1913] Konstantin Simitis, *Gute Sitten und ordre public* (1960), 236 pp..

legislado, da jurisprudência e dos valores constitucionais[1914]. Influenciado, Pawlowski fala em "...princípios geralmente reconhecidos e em regras do Direito vigente – do Direito positivo"[1915]. Ramm, em bases semelhantes, acentua a remissão para bitolas constitucionais[1916]. A orientação de Simitis e as dos seus seguidores, na medida em que o sejam, levanta dificuldades a dois níveis[1917]: por um lado, aparecem consagrações jurisprudenciais dos bons costumes que não se deixam, sem artifício, reconduzir a princípios positivos claros; por outro, suprime uma distinção entre bons costumes e ordem pública, que pode ser útil. No Direito lusófono, onde a lei civil, de modo expresso, veio consagrar, em termos diferenciados, os bons costumes e a ordem pública, a recondução torna-se mais problemática. As dificuldades agravam-se quando, dos princípios gerais positivos, os bons costumes abranjam, apenas, os referentes à proteção de instituições determinadas[1918]. Não obstante, ao fixar para os bons costumes – ou parte deles, no entendimento alemão – um teor próximo da ordem pública, Simitis permitiu uma clarificação básica. A partir dele, ficou clara a presença de duas áreas: uma, retirada, por construção científica, do Direito e outra, apreendida do exterior e que se prende com a moral social. Podemos, pois, falar em descoberta jurídica.

II. O alinhar sucessivo de considerações sobre a ideia de bons costumes, a que Portugal, apesar das possibilidades abertas pelo legislador de 1966, não tem estado atento[1919], não permite concluir com uma segurança mínima. Requer-se uma metodologia diferente, tanto mais que, volvidos mais de cem anos sobre a entrada em vigor do BGB, é possível determinar,

---

[1914] Konstantin Simitis, *Gute Sitten und ordre public* cit., 78, 79 ss., 162 e 197, por exemplo. Este Autor pesquisa, também, o conceito de ordem pública nos Direitos inglês, norte-americano, suíço, italiano e austríaco.

[1915] Hans-Martin Pawlowski, *Die Aufgabe des Richters* cit., 513.

[1916] Thilo Ramm, *Einführung in das Privatrecht*, 2.ª ed. cit., § 48, III (2, G 672).

[1917] Karl Larenz, *Grundsätzliches zu § 138 BGB* cit., 98 ss. (102); Günther Teubner, *Standards und Direktiven* cit., 39.

[1918] O próprio Konstantin Simitis, *Gute Sitten* cit., *maxime* 197, propugna, em nome da clareza conceptual, que os bons costumes acautelassem os valores ligados ao comportamento sexual e às instituições familiares. Trata-se de uma posição a reter.

[1919] Tais possibilidades foram divulgadas, em tempo oportuno, por Vaz Serra, *Objecto da prestação* cit., 177 ss., que, com base, sobretudo, em Enneccerus/Nipperdey, faz enumeração extensa das aplicações jurisprudenciais da noção. *Vide*, também, várias aplicações em Cunha de Sá, *Abuso do direito* (1973), 195 ss..

pela experiência, qual o papel da cláusula dos bons costumes e como se tem processado a sua atuação.

III. A aplicação do § 138 do BGB permitiu isolar casos típicos de negócios[1920] considerados, na jurisprudência, contrários aos bons costumes. Há múltiplas enumerações[1921]. Vamos reter a de Larenz/Wolf[1922]:

1. Contratos de opressão e proibições de concorrência, isto é, contratos que estabeleçam excessivas limitações pessoais ou económicas à liberdade das partes ou que prejudiquem as regras do mercado;
2. Utilização excessiva de uma posição de supremacia e exploração do devedor;
3. Comercialização de bens de personalidade;
5. Atentados à ordem familiar;
6. Atentados à ética profissional;
7. Liberalidades com fim contrário aos costumes;
8. Negócios usurários.

Adiante verificaremos que aspetos desta enumeração poderão ser aproveitáveis perante o Direito português.

197. Dados jurídico-políticos

I. A tendência para restringir o § 138 do BGB a uma "proteção mínima de casos extremos limitados"[1923] não pode deixar de ser aproximada dos

---

[1920] Quanto à técnica de concretizar cláusulas gerais com recurso à ordenação em grupos de casos: Ralph Weber, *Einige Gedanken zur Konkretisierung vom Generalklauseln durch Fallgruppen*, AcP 192 (1992), 516-567.

[1921] Para um alinhamento mais extenso, Rolf Sack/Philipp S. Fischinger, no *Staudinger* (2011) cit., § 138, Nr. 266 ss. (396 ss.).

[1922] Karl Larenz/Manfred Wolf, *Allgemeiner Teil* cit., 9.ª ed., 741 ss.; esta enumeração não corresponde às anteriores: a da 7.ª e a da 8.ª, aliás diferentes entre si; finalmente, Manfred Wolf/Jörg Neuner, *Allgemeiner Teil* cit., 10.ª ed., § 46, III (537-539), propõem uma ordenação distinta; vide Lindacher, *Grundsätzliches zu § 138 BGB*, AcP 173 (1973), 124-136 (125).

[1923] Claus-Wilhelm Canaris, *Grundrechte und Privatrecht*, AcP 184 (1984), 201-246 (236); vide Reinhard Damm, *Kontrolle von Vertragsgerechtigkeit durch Rechtsfolgenbe-*

riscos para a segurança jurídica que envolve um lato controlo pelos indefinidos "bons costumes"[1924]: trata-se (ou poder-se-ia tratar) de uma fórmula vazia, a preencher, no fundo, pelos valores próprios do juiz, não manuseável cientificamente e politicamente perigosa. A tal propósito, cita-se muito a decisão do *Reichsgericht*, de 13-mar.-1936, onde se lê[1925]:

> O conceito de um "atentado contra os bons costumes", como se contém no § 138 e no § 826 do BGB é de manusear, pela sua natureza, de acordo com a conceção nacional-socialista. Preenchido com esse conteúdo, o § 138 é de aplicar a contratos anteriores ainda não realizados.

Tratou-se de um despropósito, que recorda a necessidade de não embarcar em modas fáceis: tanto mais que a decisão encontrada nada tem de nacional-socialista. De todo o modo, o tema ficou ilustrado, quer pelo prisma da extrema-direita[1926], quer pelo da extrema-esquerda[1927].

II. Com essa preocupação liga-se a da mutabilidade dos bons costumes. Há poucas décadas, foi decidido, por exemplo, que era contrária aos bons costumes a deixa testamentária a favor de um filho extra-casamento, havendo mulher e filhos "legítimos" prejudicados[1928]. Já em 1975 e na

---

stimmung/Nichtigkeit und Nichtigkeitsbeschränkung bei Gesetzes- und Sittenverstoss, JZ 1986, 913-926 (918 ss.), sublinhando o paralelo entre a violação da lei e dos bons costumes.

[1924] Theo Mayer-Maly, *Was leisten die guten Sitten?*, AcP 194 (1994), 105-176 (106).

[1925] RG 13-mar.-1936, RGZ 150 (1936), 1-7 (4).

[1926] Recordamos o clássico de Bernd Rüthers, *Die Unbegrenzte Auslegung: zum Wandel der Privatrechtsordnung im Nationalsozialismus*, 7.ª ed. (2012), 520 pp..

[1927] Jens Wanner, *Die Sittenwidrigkeit der Rechtsgeschäfte im totalitären Staat: eine rechtshistorische Untersuchung zur Auslegung und Anwendung des § 138 Absatz 1 BGB im Nationalsozialismus und in der DDR* (1996), XVII + 366 pp..

[1928] OLG Frankfurt a. M. 31-ago.-1959, FamRZ 1960, 79-80 (80/I); LG Lübeck 22-jan.-1962, FamRZ 1962, 312-313 (313/I); vide Mayer-Maly, *Wertungswandel und Privatrecht*, JZ 1981, 801-805 (801, com sugestivos exemplos reais); Werner Flume, *Das Rechtsgeschäft* cit., 4.ª ed., § 18, 6 (377-378) e Manfred Wolf/Jörg Neuner, *Allgemeiner Teil* cit., 10.ª ed., § 46, Nr. 10 (536-537). Em especial e quanto à evolução desse tema: Ulrich Falk, *Zur Sittenwidrigkeit von Testamenten/Grundlinien der Rechtsprechung im 19. und 20. Jahrhundert*, em, org. por esse mesmo Autor, *Das Bürgerliche Gesetzbuch und seine Richter/Zur Reaktion der Rechtsprechung auf die Kodifikation des deutschen Privatrechts (1896-1914)*, (2000), XV + 676 pp., 451-494.

Alemanha, foi tido como contrário aos bons costumes o arrendamento de um quarto duplo a (meros) noivos[1929]. Outros exemplos: a venda de um escritório de advocacia[1930], o pagamento por jogadores de futebol[1931] e a locação de um bordel[1932]. A jurisprudência antiga permite documentar uma rápida evolução dos costumes[1933], permanentemente observada[1934] e confirmada, ainda, pelo Direito comparado[1935].

III. Reconhece-se, hoje, que numa sociedade pluralista e altamente permissiva, como a Ocidental, o papel "moralizador" da referência aos bons costumes é escasso. Todavia, há um círculo mínimo que subsiste. Além disso, os bons costumes têm um papel moderador no plano dos negócios, designadamente quanto a juros e outros aspetos económicos[1936] e operam como bitola deontológica e ética em áreas como, por exemplo, a da

---

[1929] AG Emden 11-fev.-1975, NJW 1975, 1363-1364 (1364/I).
[1930] BGH 20-jan.-1965, BGHZ 43 (1965), 46-51 (49-50) = NJW 1965, 580-581 (580/II).
[1931] OLG Hamm 10-out.-1975, NJW 1976, 330-332 (332/I), optando não pela violação dos bons costumes, mas pela do estatuto do desporto amador.
[1932] BGH 8-jan.-1975, BGHZ 63 (1975), 365-369 (367) = NJW 1976, 1179-1180: a locação, em si, não é contrária aos bons costumes; já assim não será se o locador receber um *plus*, em função do destino dado ao locado.
[1933] *Vide*, ainda, Alexander Herzog, *Sittenwidrige Rechtsgeschäfte in höchstrichterlichen Rechtsprechung aus den Jahren 1948-1965* (2001), 300 pp. e Ernst Steindorf, *Die guten Sitten als Freiheitsbeschränkung*, em AAVV, *Summum ius summa iniuria/Individualgerechtigkeit und der Schutz allgemeiner Werte im Rechtsleben* (1963), VII + 266 pp., 58-79 (61 ss.).
[1934] Jörn Eckert, *Sittenwidrigkeit und Wertungswandel*, AcP 199 (1999), 337-359 (353), referindo a incerteza daí resultante.
[1935] Werner Thommen, *Beitrag zur Lehre vom Begriff der guten Sitten im schweizerischen Privatrecht* (1954), XVI + 182 ss. (46 ss.) e Hein Kötz, *Die Ungültigkeit von Verträgen wegen Gesetz- und Sittenwidrigkeit/Eine rechtsvergleichende Studie*, RabelsZ 58 (1994), 209-231 (211-212 e *passim*).
[1936] Alfons Bürge, *Rechtsdogmatik und Wirtschaft/Das richterliche Moderationsrecht beim sittenwidrigen Rechtsgeschäft im Rechtsvergleich – Bundesrepublik Deutschland – Schweiz – Österreich – Frankreich* (1987), 280 pp., 16 ss., 127 ss, e *passim*.

concorrência[1937]. Os campos do crédito aos consumidores[1938] e da tutela dos credores[1939] são, ainda, especialmente referidos.

IV. Em síntese, parece possível afirmar que os bons costumes, particularmente na sua concretização, evoluíram: de uma bitola de conduta moral individual, passaram a princípios de política económica, de base jurisprudencial[1940]. Afigura-se-nos que este fenómeno é também detetável na progressão da jurisprudência lusófona, abaixo referida[1941].

198. O Direito lusófono

I. No Direito lusófono, a referência aos bons costumes, própria do Direito comum, acusou uma influência verbal napoleónica. O Código de Seabra limitou-se, todavia, a exarar, no seu artigo 671.º[1942]:

> Não podem legalmente ser objecto de contrato:
> (...)
> 4.º Os actos contrários à moral pública, ou às obrigações impostas por lei.

A Constituição de 1933 falava em Religião Católica – artigo 46.º. Desta se aproximava, pois, a "moral pública" do Código de Seabra[1943].

[1937] Gerhard Schricker, *Gesetzesverletzung und Sittenverstoß/Rechtsvergleichende Untersuchung zur Wettbewerbsrechtlichen Haftung bei Verletzung außerwett bewerbsrechtlicher Normen* (1970), XIV + 298 pp, 22 ss., 61 ss. e 274 ss., com muitos elementos comparatísticos e Claus Ott, *Systemwandel im Wettbewerbsrecht/Die Generalklausel des § 1 UWG und ihre Rückwirkungen auf Rechtsprechung und Dogmatik*, FS Ludwig Raiser (1974), 403-434 (409, referindo os elementos heterogéneos aqui presentes).

[1938] Stephan Salzmann, *Entscheidungsansätze zur Bestimmung eines sittenwidrigen Kreditvertrages/eine juristische und ökonomische Analyse* (1987), X + 115 pp., 1 ss., 28 ss. e *passim*.

[1939] Roman Guski, *Sittenwidrigkeit und Gläubigerbenachteiligung/Zur den Schranken von Kreditsicherheiten unter Berücksichtigung gemeinschafts- und Kollisionsrechtlicher Bezüge* (2007), 439 pp., com uma evolução histórica da jurisprudência: 38 ss. (RG) e 53 ss. (BGH).

[1940] Hans-Peter Haferkamp, no HKK/BGB cit., 1, § 138, Nr. 5 ss. (713 ss.).

[1941] *Infra*, 601-602.

[1942] Luiz da Cunha Gonçalves, *Tratado* cit., 4, 345 ss..

[1943] Com indicações, Cunha de Sá, *Abuso do direito* cit., 190.

Manuel de Andrade mantinha, todavia, precisões de maior exigência: a "moral pública" traduziria um conjunto de regras morais aceites pela consciência social[1944]. Não estariam em causa os usos observados na sociedade (*mores*) mas aqueles que devam ser observados (*boni mores*). Os comandos assim visados seriam juridicizados em bloco pelo referido artigo 671.º, n.º 4.

II. Na preparação do Código de 1966, Vaz Serra regressou à designação "bons costumes", do alemão *gute Sitten*, versão germânica do latim *boni mores*[1945]. Essa base, em conjunto com toda a feição da atual Ciência jurídica lusófona, habilita-nos a propugnar por um tratamento sistemático dos bons costumes.

A um primeiro contacto, parece evidente o envolvimento dos bons costumes com a moral social. Esta tem, todavia, uma existência própria, justamente caracterizada pela não-positividade e, designadamente: não é produzida pelos factos normativos próprios do Direito; não tem regras elaboradas e aplicadas pela Ciência do Direito; não é sancionada por instâncias jurídicas. A juridificação em bloco da moral social iria retirar, a esta, o seu particular valor: o de operar como um ordenamento social não-jurídico, facilitando a vida dos grupos, mas sem manietar (demasiado) as pessoas. Quando muito: apenas uma área bem circunscrita da moral social poderá estar em causa.

III. O Código Civil aproxima, muitas vezes, "bons costumes", "ordem pública" e "boa-fé". Trata-se, contudo, de conceitos bem distintos, todos dotados de história e dogmática próprias. Não se vislumbra qualquer vantagem em tudo lidar no conjunto[1946].

No tocante à boa-fé, a distinção está feita: os bons costumes não apelam aos valores fundamentais do ordenamento, concretizados pelos princípios mediantes da tutela da confiança e da primazia da materialidade subjacente. Antes têm a ver com regras circunscritas e acolhidas, do exterior, pelo sistema.

[1944] Manuel de Andrade, *Teoria geral* cit., 2, 341.
[1945] Vaz Serra, *Objecto da obrigação/A prestação, seu objecto e requisitos*, cit., 175. A expressão "bons costumes" era, todavia, tradicional, entre nós: ela foi usada – como se viu – pelos clássicos oitocentistas da pré-codificação.
[1946] *Da boa fé* cit., 1223-1224.

Se analisarmos os casos de concretização dos bons costumes que nos advêm da experiência alemã, deparamos com dois grandes grupos: hipóteses que se prendem com princípios cogentes da ordem jurídica e hipóteses que já se ligarão à "moral social". Os primeiros encontram solução no sistema: têm a ver com a ordem pública. Repare-se: o Direito alemão, que não refere, expressamente, a ordem pública, fica na contingência de tudo inserir nos bons costumes.

O Código de 1966 distingue. Dá-nos, assim, uma melhor dogmática.

IV. O Direito civil reconhece regras a que empresta um conteúdo jurídico mas que, por razões de circunspecta tradição, nunca refere de modo expresso. Estão nessas condições as regras de comportamento sexual e familiar e que, no fundamental, têm o seguinte conteúdo: não são admissíveis negócios jurídicos – excluindo os atos próprios do Direito da família e que a lei tipifica – que tenham por objeto prestações que envolvam relações familiares ou condutas sexuais. De todo o modo, tem havido modificações nestes domínios, mercê da evolução cultural recente, sem que, por isso, deixe de haver regras[1947].

Confrontado com essa evolução, o juiz deve aplicar as regras vigentes no momento da execução do negócio[1948].

V. Podemos ainda alargar os bons costumes a regras deontológicas, formuladas por instâncias profissionais próprias: advogados, médicos, jornalistas e banqueiros[1949].

Os bons costumes envolvem as duas áreas referidas: códigos de conduta sexual e familiar e códigos deontológicos, que a lei não explicita mas que são de fácil reconhecimento objetivo, em cada momento social. Con-

---

[1947] *Vide*, quanto a "chamadas eróticas", Götz Schulze, *Das Geschäft mit der Stimme – Zur Sittenwidrigkeit von Verträgen über sog. Telefonsex*, JuS 1999, 636-640 e, quanto à prostituição, Uwe Wesel, *Prostitution als Beruf*, NJW 1999, 2865-2866. A variabilidade da matéria, por vezes exacerbada, é uma constante; RCb 19-fev.-2002 (Alexandre Reis), CJ XXVII (2002) 1, 34-37 (35/I).

[1948] *Vide* Jörn Eckert, *Sittenwidrigkeit und Wertungswandel*, AcP 199 (1999), 337-359.

[1949] Assim, é considerada contra os bons costumes a prática de exigir a familiares, sem meios próprios, fianças por valores exorbitantes; *vide* Klaus Tiedtke, *Sittenwidrigkeit einer Ehegattenbürgschaft bei krasser finanzieller Überforderung der Bürgen*, NJW 1999, 1209-1213.

segue-se, por esta via, um afinamento de conceitos bem consentâneo com a origem e a evolução do instituto.

VI. Finalmente: o artigo 281.º prevê a hipótese de apenas o fim do negócio ser contrário aos bons costumes. Nessa eventualidade, o negócio só será nulo se o fim for comum a ambas as partes. Esse dispositivo deve ser interpretado extensivamente, nos termos acima apontados, quanto à ilicitude[1950]: fica ferido o negócio quando uma das partes o celebre com um fim desse tipo e a outra, conhecendo esse dado, dê, todavia, o seu assentimento.

Esclareça-se, por fim, que a jurisprudência, na sequência, aliás, de diversas confusões perpetradas pela doutrina, não distinguia suficientemente os bons costumes das noções circundantes[1951]. Mais tarde, ela aperfeiçoou o sistema, limitando, nos termos que temos vindo a defender, os bons costumes às regras de conduta sexual e familiar. Assim, considera ofensivo aos bons costumes o negócio destinado a pagar favores íntimos[1952]. Mas com uma precisão importante: o relacionamento amoroso, a ser motivo de negócio, não prejudica: o atentado aos bons costumes surge, sim, se ele for o fim do negócio em jogo[1953]. O progresso científico tem sido lento[1954], mas mantém-se[1955]. Veremos, de seguida, alguns aspetos da mais recente concretização jurisprudencial.

[1950] *Supra*, 597. A matéria foi desenvolvida por Manuel de Andrade, *Teoria geral* cit., 2, 343 ss., com influência no Código Vaz Serra.

[1951] STJ 28-fev.-1978 (Oliveira Carvalho), BMJ 274 (1978), 223-232 (229) e STJ 15-dez.-1983 (Moreira da Silva), BMJ 332 (1984), 463-467 (467) = RLJ 120 (1987), 54-57, anot. Baptista Machado, *idem*, 57-64 (62 ss.), concordante.

[1952] RPt 22-jan.-1994 (Norman Mascarenhas), CJ XIX (1994) 1, 217-218 (218/I).

[1953] RPt 19-dez.-1996 (Oliveira Vasconcelos), CJ XXI (1996) 5, 222-226 (224/I).

[1954] *Vide* a recaída representada por STJ 10-mai.-2000 (Martins da Costa), BMJ 497 (2000), 343-349 (347/I), que veio equiparar os bons costumes a uma moral social informe, que não define; isto sucede por se usarem, sem critério, livros anteriores a 1966 ou de conteúdo desatualizado; de notar, ainda, que este insólito acórdão, mesmo no plano em que pretendeu colocar-se, considerou, de modo expresso, que um ato de vingança ou de represália sobre os próprios filhos está em consonância com a tal "moral social". Não está.

[1955] Assim, em RPt 9-mar.-2004 (Alberto Sobrinho), CJ XXIX (2004) 2, 160-164 (163/II), recusou-se (e bem) que fosse contrária aos bons costumes a cláusula que uniformizasse os incumprimentos, isto é: que associasse as mesmas consequências ao inadimplemento mínimo ou aos mais graves. Mesmo quando pudesse repugnar à ordem jurídica, teríamos de ou encontrar, *in casu*, uma específica deontologia ou de reconduzir o tema a outro princípio: p. ex., ao artigo 809.º.

199. A concretização

I. A concretização da cláusula dos bons costumes opera na base do artigo 280.º/2, do Código Civil. Mas ocorre ainda em torno do artigo 56.º do Código das Sociedades Comerciais que, a propósito de deliberações nulas, prescreve[1956]:

> 1. São nulas as deliberações dos sócios:
> (...)
> d) Cujo conteúdo, diretamente ou por atos de outros órgãos que determine ou permita, seja ofensivo dos bons costumes ou de preceitos legais que não possam ser derrogados, nem sequer por vontade unânime dos sócios.

Esse preceito, desnecessariamente complicado, refere "bons costumes" idênticos aos do Código Civil[1957]. Não faz sentido multiplicar os conceitos básicos de privatismo e isso sem prejuízo para o facto de, no campo societário, a concretização dessa ideia sofrer as necessárias inflexões.

II. Nas decisões judiciais relativas aos bons costumes, podemos indicar três vertentes:

– os bons costumes referidos em conjunto com a boa-fé, a propósito de abuso do direito e seguindo a letra do artigo 334.º;
– os bons costumes como tópico argumentativo, destinado a reforçar decisões apoiadas noutros lugares normativos;
– os bons costumes propriamente ditos, ora na sua vertente de moral sexual e familiar, ora na das regras deontológicas aplicáveis, ainda que, por vezes, sem uma referência explícita, nesse campo.

Os bons costumes não têm, tecnicamente, a ver com o abuso do direito[1958]. Correspondem a regras de conduta externa e não a limites intrínsecos dos direitos, impostos pelo sistema. O artigo 334.º, proveniente de uma apressada transposição do artigo 281.º do Código Civil grego, deve, assim, ser aperfeiçoado pela interpretação.

[1956] António Menezes Cordeiro, *CSC/Clássica*, 2.ª ed. (2013, reimp.), art. 56.º, anot. 15-21 (230-231).
[1957] *Direito das sociedades* 1, 3.ª ed., 778 ss..
[1958] *Tratado* V, 241.

Enquanto tópico argumentativo, os bons costumes traduzem sempre uma referência aprazível. Nada há a objetar.

Finalmente, o uso técnico-científico dos bons costumes merece ser seguido e apoiado. Apenas sublinhamos que a atual densificação jurídico-positiva do Direito lusófono atinge níveis que tornam menos premente o recurso a cláusulas gerais, como a dos bons costumes.

III. Vamos atentar nalgumas decisões mais recentes:

– *RPt 17-jun.-1997*: é contrária aos bons costumes a flagrante iniquidade da destituição de um administrador[1959];
– *RPt 13-abr.-1999*: idem, quanto à venda, por preço vil, de um imóvel, ao sócio maioritário[1960];
– *STJ 3-fev.-2000*: idem, no que tange à venda, por 210.000 c., de um estabelecimento que valia 518.000 c. e isso quando o sócio minoritário cobria este último preço[1961];
– *STJ 15-dez.-2005*: contraria os bons costumes, integrando a nulidade prevista no artigo 56.°/1, d), do Código das Sociedades Comerciais, a deliberação de venda de um edifício por menos de metade do seu valor real[1962];
– *RLx 17-mar.-2009*: na nossa sociedade, a prática da prostituição repugna à consciência moral do cidadão comum e por isso é contrária aos bons costumes; assim, justifica-se o despejo do locado, onde a mesma seja levada a cabo[1963];
– *RPt 20-abr.-2009*: atenta contra os bons costumes levar um idoso com mais de 90 anos, viúvo há uma semana e sem filhos, a um notário, para outorga de uma procuração que permitiu, ao agente, ficar com boa parte dos bens do lesado[1964];
– *RGm 26-abr.-2012*: a constituição de hipotecas não é um ato imoral ou ofensivo das regras éticas aceites pelas pessoas honestas, passível de ser considerado nulo por atentar contra os bons costumes[1965];

[1959] RPt 17-jun.-1997 (Afonso Correia), CJ XXII (1997) 3, 220-224 (223/II).
[1960] RPt 13-abr.-1999 (Afonso Correia), CJ XXIV (1999) 2, 196-202 (202/I).
[1961] STJ 3-fev.-2000 (Miranda Gusmão), CJ/Supremo VIII (2000) 1, 59-63 (62/I).
[1962] STJ 15-dez.-2005 (Oliveira Barros), Proc. 05B3320.
[1963] RLx 17-mar.-2009 (Anabela Calafate), Proc. 1446/07.
[1964] RPt 20-abr.-2009 (Maria Graça Mira), Proc. 0825355.
[1965] RGm 26-abr.-2012 (Rita Romeira), Proc. 623/08.

– *RGm 31-mai.-2012*: num esquema de entradas tipo pirâmide, há um contrato de jogo não autorizado e, como tal, ilícito; além disso, pode, nele, apontar-se um fim contrário aos bons costumes[1966];
– *RLx 14-jun.-2012*: não atenta contra os bons costumes a deliberação social que aprove um procedimento criminal contra administradores[1967];
– *STJ 14-fev.-2013*: não se provando um fundamento fictício para dissolver uma sociedade, não há violação dos bons costumes[1968];
– *STJ 21-mar.-2013*: os bons costumes consistem em normas de conduta de carácter não-jurídico, que refletem as regras dominantes de uma moral social de uma determinada época e de um certo meio; são ofendidos por um conluio destinado a alienar bens por 1/20 do seu valor[1969];
– *RGm 7-mai.-2013*: um negócio indireto não é contrário aos bons costumes, ou seja, às regras da moral dominante[1970].

Como se vê, documentam-se as várias vertentes dos bons costumes, com uma tónica especial na sua aplicação societária. Podemos constatar que, perdida (ou atenuada) a dimensão moral-individual, os bons costumes se enriquecem com um conteúdo jurídico-económico.

[1966] RGm 31-mai.-2012 (Manso Raínho), Proc. 3869/10.
[1967] RLx 14-jun.-2012 (Jorge Leal), Proc. 91/08.
[1968] STJ 14-fev.-2013 (João Bernardo), Proc. 765/07.
[1969] STJ 21-mar.-2013 (Granja da Fonseca), Proc. 637/1999.
[1970] RGm 7-mai.-2013 (Rosa Tching), Proc. 873/05.

§ 43.º A ORDEM PÚBLICA

200. Aspetos gerais

I. A ordem pública, agora tomada como ordem pública interna, repetidamente referida, como vimos, no Código Civil[1971], lado a lado com os bons costumes, resulta da separação dos *gute Sitten*, tal como emergiram da descoberta de Simitis.

Como vimos, os "bons costumes alemães" abrangem uma área de moral social e deontológica, e uma outra de princípios injuntivos do ordenamento. Trata-se, como adiantado, de duas realidades bem distintas.

II. Os bons costumes propriamente ditos obtêm-se pela análise da moral social e dos códigos deontológicos. Temos realidades *a se*, a captar pela observação e pelo conhecimento direto. Embora tudo isso deva ser feito à luz do Direito, não há, propriamente, uma tarefa de interpretação e de construção jurídicas.

Já o sector dos princípios gerais injuntivos é dominado pela Ciência do Direito. Reside, aí, a ordem pública (interna).

III. A "ordem pública" provém do artigo 6.º do Código Civil francês de 1804. Segundo esse preceito:

> On ne peut déroger, par des conventions particulières, aux lois qui intéressent l'ordre public et les bonnes moeurs.

Tratava-se de ressalvar as regras que delimitavam a autonomia privada, isto é: as regras imperativas, por oposição às supletivas[1972]. O traba-

---

[1971] *Supra*, 584-585.
[1972] Como exemplos, François Terré/Philippe Simler/Yves Lequette, *Droit civil/ /Les obligations* cit., 10.ª ed., n.º 373 (389), Alain Bénabent, *Droit civil/Les obligations*,

lho da jurisprudência permitiu transcender o estádio do mero conjunto de normas, numa tarefa impulsionada pelo próprio substantivo "ordem", que sugeria um "ordenamento" ou sistema coerente.

Chegou-se, assim, a uma ideia de "ordem existente numa sociedade", como resultado de um conjunto de princípios emergentes da lei, da jurisprudência e dos valores constitucionais[1973].

201. A ordem pública

I. Ao contrário dos bons costumes, a ordem pública (interna) constitui um fator sistemático de restrição da autonomia privada. Podemos alcançá-la através de considerações muito simples. A autonomia privada é limitada por normas jurídicas imperativas. Todavia, o sistema não inclui apenas normas, a retirar das fontes, pela interpretação: ele abrange, antes, também princípios, a construir pela Ciência jurídica. Tais princípios correspondem a vetores não expressamente legislados, mas de funcionamento importante. Eles podem ser injuntivos. Muitas vezes, eles prendem-se com bens de personalidade: justamente uma área onde, mercê dos valores em presença, a autonomia privada surge limitada. Nesse sentido, é paradigmática a proibição do artigo 81.º/1, do Código Civil.

II. São, assim, contrários à ordem pública, contratos que exijam esforços desmesurados ao devedor ou que restrinjam demasiado a sua liberdade pessoal ou económica. Também são contrários à ordem pública negócios que atinjam valores constitucionais importantes – por exemplo: uma obrigação de não trabalhar – ou dados estruturantes do sistema.

202. Aplicações

I. A prática jurisprudencial tem vindo a desenvolver-se. É curioso anotar que a ordem pública tem sido mais aplicada pelos tribunais portu-

---

13.ª ed. (2012), n.º 158 (124) e Philippe Malinaud/Dominique Fenouillet, *Droit des obligations*, 12.ª ed. (2012), n.º 263 ss. (205 ss.). Philipe Malaurie/Laurent Aynés/Philippe Stoffel-Munck, *Les obligations*, 5.ª ed. (2011), n.º 648 (320), distinguem entre leis imperativas e ordem pública: esta última, ao contrária da primeira, dá corpo ao interesse geral ou ao interesse do Estado.

[1973] Vide Konstantin Simitis, *Gute Sitten und ordre public*, cit., 79 ss. e *passim*.

gueses do que os bons costumes. Ela tem sido invocada para deter negócios contrários a regras imperativas, como os que contrariem os salários mínimos[1974]. No mesmo vício incorrem os negócios que visem defraudar procedimentos cautelares decididos pelo tribunal[1975], que contrariem o regime vinculístico do arrendamento[1976] ou que iludam direitos sucessórios[1977].

II. Também é contrário à ordem pública a assunção de garantias *in aeternum et omnibus* e portanto: sem limite de tempo e em dimensão indeterminável. Todavia, havendo proibições específicas, a cláusula da ordem pública ficaria prejudicada[1978].

III. Noção diversa é a de ordem pública internacional – artigo 22.º[1979]. Desta feita joga o conjunto de princípios tão consistentes que não admitem a aplicação interna de normas de Direito estrangeiro que os contraditem[1980]. A convergência dos sistemas económicos e a generalização da tutela dos direitos humanos têm vindo a retirar relevância prática à ordem internacional. Mas vamos, de seguida, melhor ponderar o tema.

[1974] RCb 12-abr.-1984 (Mendes Carvalhão), CJ IX (1984) 2, 96 = BMJ 336 (1984), 475.

[1975] REv 28-mai.-1986 (Sampaio e Silva), CJ XI (1986) 3, 258-260 e REv 26-mai.-1988 (Faria Sousa), CJ XIII (1988) 3, 287-292 (289).

[1976] STJ 17-jul.-1986 (Góis Pinheiro), BMJ 359 (1986), 680-685.

[1977] STJ 4-out.-2001 (Abel Freire), CJ/Supremo IX (2001) 3, 58-61 (61/II).

[1978] RLx 28-mai.-1996 (Mário Cruz), CJ XXI (1996) 3, 205-212 (210/II).

[1979] José de Oliveira Ascensão, *Tribunal competente (acção de simples apreciação negativa respeitante à sentença estrangeira violadora da ordem pública internacional portuguesa)*, CJ X (1985) 4, 21-31 (23 ss.) e Baptista Machado/Moura Ramos, *Direito internacional privado/Parecer*, CJ X (1985) 5, 11-23. Quanto a excessos no recurso à reserva de ordem pública internacional, vide António Marques dos Santos, *As normas de aplicação imediata no Direito internacional privado/Esboço de uma teoria geral* I, (1990), 171 ss..

[1980] RCb 12-mar.-1985 (Ataíde das Neves), CJ X (1985) 2, 42-45.

§ 44.º EXCURSO: A ORDEM PÚBLICA INTERNACIONAL

200. Origem

I. O aproveitamento da *ordre public* no Direito internacional privado ficou a dever-se ao próprio Savigny[1981]. Segundo este Autor, determinadas leis, pela sua natureza estritamente imperativa ou por razões éticas, funcionariam como exceções ao princípio da aplicabilidade do Direito estrangeiro. Essa sua vocação para uma aplicação absoluta dependeria da própria vontade do legislador.

II. A ordem pública, então cognominada "internacional", passou a integrar os instrumentos clássicos do Direito internacional privado. Ela constituiria uma "reserva" (a reserva de ordem pública) que obstaria à aplicação do Direito estrangeiro, sempre que, dela, resultasse ofensa para o núcleo indisponível nacional.

A ordem pública pode, nessas funções, ser tomada num duplo sentido[1982]:

– ordem pública negativa: com um alcance puramente defensivo, ela bloqueia a aplicação do Direito estrangeiro que a contrarie;
– ordem pública positiva: equivale a regras que não podem, pura e simplesmente, deixar de se aplicar.

[1981] Friedrich Carl von Savigny, *System des heutigen römischen Rechts* VIII (1849, reimp., 1981), § 349, 32 ss..

[1982] Kurt Siehr, *Grundrecht der Eheschliessungsfreiheit und Internationales Privatrecht/Zugleich ein Beitrag zur Lehre von ordre public*, RabelsZ 36 (1972), 93-115 (101 ss.) e Peter Schlosser, *Schiedsgerichtsbarkeit und Rechtsmittel zu den staatlichen Gerichten*, ZZP 92 (1979), 125-152 (139).

Nesta última aceção fala-se, nos países latinos, em "leis de aplicação imediata", isto é, leis que, por integrarem a ordem pública, têm uma aplicação independente de normas de conflitos[1983].

204. O Código Civil e o BGB

I. A ordem pública funcionou, na generalidade dos países, como uma reserva de base doutrinária, imposta pelo sistema, na tradição savignyana. O Código Civil de 1966 consagrou-a, de modo expresso, dando-lhe, para além do teor básico negativo, algum conteúdo positivo. Assim, segundo o seu artigo 22.º:

1. Não são aplicáveis os preceitos da lei estrangeira indicados pela norma de conflitos, quando essa aplicação envolva ofensa dos princípios fundamentais da ordem pública internacional do Estado português.
2. São aplicáveis, neste caso, as normas mais apropriadas da legislação estrangeira competente ou, subsidiariamente, as regras do direito interno português.

II. A reforma alemã do Direito internacional privado de 1986 inseriu, no artigo 6.º da Lei de Introdução ao Código Civil alemão (EGBGB), um texto precisamente dedicado à ordem pública. Dispõe[1984]:

Uma norma jurídica de um outro Estado não é de aplicar quando a sua aplicação conduza a um resultado manifestamente inconciliável com os princípios essenciais do Direito alemão. Em especial, ela não é de aplicar quando a aplicação seja inconciliável com os Direitos fundamentais.

Este preceito provocou um surto de muitas dezenas de estudos sobre a ordem pública, na já de si densa doutrina alemã[1985]. Todavia, os autores são unânimes em afirmar que o novo artigo 6.º, acima transcrito, apenas veio

---

[1983] Recordamos a obra monumental de António Marques dos Santos, *As normas de aplicação imediata*, 2 volumes, 1991, acima citada.
[1984] Sob a epígrafe *Öffentliche Ordnung (ordre public)*.
[1985] Hans Jürgen Sonnenberger, *Münchener Kommentar* X, 5.ª ed. (2010), Art. 6 EGBGB, 1508-1510, com muitas dezenas de indicações.

dar corpo a um estado de coisas anteriormente conhecido pela doutrina e aplicado pela jurisprudência.

III. Resta acrescentar que a reserva de ordem pública é hoje pacífica, tendo sido acolhida nos diversos instrumentos internacionais que se reportam à aplicação da lei estrangeira ou ao reconhecimento de sentenças estrangeiras. Assim sucedeu na Convenção de Nova Iorque, de 1976, sobre decisões arbitrais. Ela funciona, também, como reserva ao reconhecimento de tais sentenças.

205. O conteúdo

I. Quando se pergunta pelo conteúdo da "ordem pública internacional", cumpre esclarecer, desde logo, se esta é diferente da "ordem pública interna". No Código Civil de 1966, a primeira surge no artigo 22.º, acima transcrito, enquanto a segunda ocorre no artigo 280.º/1 e noutros preceitos, já referidos.

Segundo uma opinião difundida, haveria diferenças. A saber:

– a ordem pública interna traduziria princípios injuntivos que não poderiam ser validamente afastados pelos negócios particulares; ela consta do artigo 280.º/1, do Código Civil;
– a ordem pública internacional seria mais estrita; de facto, certos princípios injuntivos internos (p. ex., regras sobre a maioridade ou sobre a capacidade de associações) poderiam não ter aplicação, quando o Direito estrangeiro fosse chamado a reger.

II. A necessidade da distinção provém do transcrito artigo 6.º do Código Napoleão. Na verdade, a ordem pública (interna) identifica-se, aí, com todas as normas injuntivas. Ora semelhante ordem pública, a ser operativa contra a aplicabilidade de normas estrangeiras, bloquearia qualquer sistema de Direito internacional privado[1986].

No Direito alemão, a matéria é controvertida. Alguns autores defendem que ela está suplantada, não fazendo especial sentido[1987]. Outros, seja pela inércia, seja pela tradição, mantêm a contraposição entre as duas

---

[1986] Vide Ulrich Haas, *Die Anerkennung und Vollstreckung ausländischer und internationaler Schiedssprüche* (1991), 334 pp., 220.

[1987] Udo Kornblum, *Das "Gebot überparteilicher Rechtspflege" und der deutsche schiedsrechtliche ordre public*, NJW 1987, 1105/1108 (1105-1106) e George Borges, *Die Anerkennung und Vollstreckung von Schiedsprüchen nach dem neuen Schiedsverfahrens-*

"ordens públicas"[1988]. De facto, no Direito alemão, onde a "ordem pública interna" não tem base legal, sendo absorvida pelos bons costumes, não se compreende bem a vantagem em duplicar os institutos.

III. Já no Direito português, a distinção entre a ordem pública internacional (22.º) e interna (280.º/1), deve impor-se, nos termos acima explicitados. A segunda restringe a autonomia privada; a primeira traduz regras cuja aplicação iria contundir com vetores profundos do Direito interno. E é ainda a primeira que pode levar à não-revisão de sentenças estrangeiras, nos termos do artigo 1096.º, *f*), do CPC, correspondente ao artigo 980.º, *f*), do Código de 2013.

IV. A ordem pública internacional manifesta-se em concreto, isto é: perante as consequências a que conduza a aplicação do Direito ou de sentenças estrangeiras. Assim sendo, não será, em rigor, possível dizer de antemão que um certo instituto é contrário à ordem pública internacional: antes há que simular a sua aplicação. O artigo 6.º do EGBGB alemão di-lo, de resto, de modo expresso. Apenas o resultado releva: não os fundamentos da decisão[1989]. Além disso, há que atender ao momento em que o problema se ponha[1990].

206. Situações concretas

I. Procurando situações concretas que justifiquem a reserva da ordem pública, logo acodem os direitos fundamentais, também referidos na lei alemã[1991]. Daí resulta uma aplicação significativa no domínio do Direito da família, que também se documenta entre nós.

---

recht, ZZP 111 (1998), 487-513 (495), a propósito do § 1059, II da ZPO, justamente sobre o reconhecimento de sentenças estrangeiras.

[1988] Por todos, Jens-Peter Lachmann, *Handbuch für die Schiedsgerichtspraxis*, 3.ª ed. (2008), LXXXV + 1210 pp., 628, a propósito do artigo V/2, *b*), da Convenção de Nova Iorque.

[1989] RPt 6-dez.-2001 (Mário Fernandes), Proc. 0031216, STJ 2-fev.-2006 (Oliveira Barros), Proc. 05B3766, RLx 12-dez.-2006 (Roque Nogueira), Proc. 5397/2006-7, STJ 19-fev.-2008 (Paulo Sá), Proc. 07A4790 e STJ 3-jul.-2008 (Oliveira Rocha), Proc. 08B1733.

[1990] RPt 29-out.-1981 (Oliveira Domingues), Proc. 0016540.

[1991] Walter Zimmermann, *Zivilprozessordnung*, 8.ª ed. (2008), § 1059, b), 1335 e Reinhold Geimer, em Richard Zöller, *Zivilprozessordnung*, 30.ª ed. (2014), § 1059, Nr. 47-75 (2367-2372).

Tomemos alguns exemplos:

– não viola a ordem pública o divórcio decretado no estrangeiro sem tentativa prévia de conciliação[1992]; *idem*, sem indicação da causa[1993];
– a conversão de separação judicial de pessoas e bens em divórcio também não viola a ordem pública[1994];
– a "delegação do poder paternal" não contraria a ordem pública, nos casos concretos (menores residentes em Portugal e confiados a familiares)[1995]; *idem* quanto à indicação de um tutor[1996];
– o instituto da legítima, a favor dos filhos de portugueses, é de ordem pública[1997];
– a fixação de uma pensão de alimentos a favor de uma filha, com base em rendimentos hipotéticos que o pai obteria trabalhando na Suíça (e não em Portugal), não contraria a ordem pública[1998];
– a regra da imutabilidade das convenções antenupciais regidas pela lei portuguesa não integra a ordem pública internacional[1999];
– *idem*, quanto às normas que, na adoção, requerem que o adotado não mantenha o nome de origem, que o adotante tenha mais de 25 anos e que o casal adotante esteja casado há mais de quatro anos[2000];
– *idem*, quanto à proibição de despedimento sem justa causa, levado a cabo por um instituto público português no Canadá, pela lei canadiana[2001];

[1992] STJ 23-mar.-2000 (Ferreira de Almeida), Proc. 00B089.
[1993] RLx 12-mai.-1993 (Lopes Bento), Proc. 0065561, RLx 14-nov.-2006 (Rosa Maria Ribeiro Coelho), Proc. 3329/2006-7 e RLx 18-out.-2007 (Jorge Leal), Proc. 10602/2005-2.
[1994] STJ 30-abr.-2002 (Pinto Ribeiro), Proc. 01A824.
[1995] RLx 27-abr.-2004 (Abrantes Geraldes), Proc. 7793/2003-7, STJ 27-abr.-2005 (Salvador da Costa), Proc. 05B1067, RLx 12-out.-2006 (Ferreira de Almeida), Proc. 9215/2005-8, RLx 3-out.-2006 (Arnaldo Silva), Proc. 454/2006-7 e RLx 14-nov.-2007 (Arnaldo Silva), Proc. 4398/2007-7.
[1996] RLx 8-jun.-2004 (Maria Amélia Ribeiro), Proc. 1136/2004-7, RLx 16-mar.-2006 (Aguiar Pereira), Proc. 7951/2005-6 e RLx 30-jun.-2006 (Rosa Maria Ribeiro Coelho), Proc. 9160/2004-7.
[1997] STJ 23-out.-2008 (Pires da Rosa), Proc. 07B4545.
[1998] STJ 11-nov.-2008 (Fonseca Ramos), Proc. 08A3252.
[1999] RLx 23-out.-2008 (Jorge Vilaça), Proc. 637/2008, STJ 26-mai.-2009 (Paulo Sá), Proc. 43/09 e RLx 24-jun.-2012 (Isabel Fonseca), Proc. 389/11.
[2000] RCb 18-nov.-2008 (Sílvia Reis), Proc. 3/08.
[2001] STJ 11-jul.-2012 (António Leones Dantas), Proc. 377/07.

– *idem*, quanto à aplicação das regras de responsabilidade do produtor a uma questão de vícios ocultos em rolhas vendidas[2002];
– *idem*, quanto a prestação, por um administrador, de uma garantia pessoal estranha ao objeto da sociedade[2003];
– *idem*, quanto a uma sentença eclesiástica que decretou a nulidade de um casamento católico, quando o foro civil nacional já havia recusado a sua anulação[2004];
– em compensação, é contrária à ordem pública internacional a decisão que, numa partilha de bens subsequente a divórcio, atribua a um ex-cônjuge, sem contrapartida, um imóvel sito em Portugal[2005];
– o repúdio da mulher, feito segundo o Direito de Marrocos, contraria os princípios da igualdade e da dignidade humana sendo, como tal, contrário à ordem pública[2006].

II. Por numa questão de controlo, vamos referir quatro decisões recentes do *Bundesgerichtshof* alemão, todas contrárias à reserva da ordem pública internacional. São elas:

BGH 30-mar.-2011: num casamento de um diplomata alemão com uma italiana, ocorre um divórcio decretado na Albânia, mas sem que a imunidade diplomática tivesse sido levantada: não obsta ao reconhecimento[2007];

BGH 3-ago.-2011: numa questão de alimentos decidida na Polónia, não cabe encarar a reserva de ordem pública se não tiverem sido esgotados todos os meios de recurso do País de origem[2008];

BGH 30-nov.-2011: numa revisão de sentença arbitral espanhola em que não fora quantificada certa condenação: mandaram-se (tão-só) baixar os autos, para o cálculo dos juros[2009];

BGH 28-mar.-2012: os árbitros fixaram os seus honorários, o que poderia violar a regra, de ordem pública, de que ninguém é juiz em causa própria: essa ideia foi desatendida[2010].

[2002] RPt 10-jan.-2012 (Maria de Jesus Pereira), Proc. 227/11.
[2003] RLx 17-set.-2009 (Ezagüy Martins), Proc. 2580/08.
[2004] REv 16-dez.-2008 (Almeida Simões), Proc. 1144/08.
[2005] RCb 3-mar.-2009 (Jorge Arcanjo), Proc. 237/07.
[2006] RLx 18-out.-2007 (Jorge Leal), Proc. 10602/2005-2.
[2007] BGH 30-mar.-2011, XII ZB 300/10.
[2008] BGH 3-ago.-2011, XII ZB 187/10.
[2009] BGH 30-nov.-2011, XII ZB 19/11.
[2010] BGH 28-mar.-2012, III ZB 63/10, todos confrontáveis na Net.

207. Questões patrimoniais

I. O elenco acima traçado é significativo. Todavia, uma vez que, no campo internacional, estão em jogo, predominantemente, temas económicos, vamos ponderar, com mais pormenor, essa área.

À partida, não tem havido casos de reserva de ordem pública internacional, em relação a questões patrimoniais: muito simplesmente porque, para além de situações marginais[2011], tais casos não têm chegado aos nossos tribunais. Donde o especial interesse do presente caso.

II. Antes de mais, devemos recordar que existem, no nosso Direito e como firmes institutos imperativos, duas regras interligadas:

– a proibição de abdicar de bens futuros;
– a proporcionalidade das prestações e das indemnizações.

Quanto a bens futuros: a lei proíbe, por exemplo, a renúncia antecipada à prescrição (302.º/1), a renúncia antecipada aos direitos do credor (809.º), a doação de bens futuros (942.º/1) e os pactos leoninos (994.º, todos do Código Civil). O Direito civil, velho conhecedor da natureza humana, bem sabe que, no momento da contratação, reina um ambiente de otimismo que pode (com ou sem má-fé) ser aproveitado para soluções desequilibradas e injustas.

No tocante à proporcionalidade: são inválidos os negócios usurários, que envolvam "benefícios excessivos ou injustificados" (282.º/1), os contratos podem ser resolvidos ou modificados quando, por alteração das circunstâncias, a exigência do seu cumprimento afete gravemente os princípios da boa-fé (437.º/1), a indemnização deve abranger danos emergentes e lucros cessantes (564.º/1), sendo em dinheiro quando surja excessivamente onerosa (566.º/1), a resolução do negócio por um incumprimento de escassa importância não pode ter lugar (802.º/2) e a cláusula penal manifestamente excessiva pode ser reduzida pelo Tribunal, sendo nula qualquer cláusula em contrário (812.º/1, todos do Código Civil). De resto, tudo isto se imporia mercê do princípio do não enriquecimento sem causa, tomado materialmente, sendo ainda uma manifestação da coerência científica do Direito: tratar o igual de modo igual e o diferente de modo diferente, de acordo com a medida da diferença.

[2011] Assim, STJ 11-jan.-1996 (Almeida e Silva), Proc. 087385, em que não se considerou contrária à ordem pública a condenação do Réu a pagar 10% do decaimento, a título de honorários, ao advogado.

III. No tocante à revisão de sentenças estrangeiras, há duas clássicas situações que, nos diversos países, têm levado à aposição da reserva de ordem pública internacional:

– as expropriações ou nacionalizações sem indemnização;
– as indemnizações desproporcionadas aos danos a ressarcir.

A primeira hipótese é especialmente encarada no Direito suíço, tendo uma presença jurisprudencial ampla[2012]. Pelo Direito português, e dada a consagração, como direito económico fundamental, da propriedade privada (62.º/1, da Constituição), não levantaria dúvidas a operacionalidade, perante a sua ocorrência, da ordem pública internacional. A segunda hipótese (que tem a ver com a primeira), manifesta-se, em especial, perante os *punitive damages* norte-americanos. Vamos ver.

IV. À partida, *punitive damages* é o instituto que permite ao lesado obter, para além da compensação equivalente ao dano sofrido, uma soma suplementar, em regra considerável, com a intenção de o punir pelo ocorrido[2013]. Trata-se de uma criação norte-americana, que defronta a generalidade dos Direitos continentais. Por isso, quando pedida a revisão e confirmação de sentenças norte-americanas que condenem em *punitive damages*, pode ser usada a reserva de ordem pública. Tal sucedeu no caso liderante decidido pelo BGH, em 1992.

O Tribunal Federal Alemão, em acórdão de 4-jun.-1992, decidiu em síntese, sobre os factos que seguem[2014].

O Réu tinha dupla nacionalidade alemã e americana, vivendo na Califórnia. Em determinada altura, foi condenado a pena de prisão por abuso de jovens. Passou, depois de cumprida a pena, a viver na Alemanha. Posto o que o Tribunal Superior da Califórnia o condenou a uma indemnização de 750.260 dólares, sendo 260 por assistência médica, 100.000 para futuro acompanhamento clínico, 50.000 para

---

[2012] Vide a obra muito relevante de Stephan Lüke, *Punitive damages in der Schiedsgerichtbarkeit/Erlass und Wirkungen von Punitive Damages- Schiedsprüchen nach US--amerikanischem, schweizerischem und deutschem Recht* (2003), XXXI + 411 pp., 225. Vide Dieter Blumenwitz, no *Staudingers Kommentar* Art. 6 EGBGB, (2003), Nr. 69, (1026).
[2013] *Black's Law Dictionary*, 7.ª ed. (1999), 396/I. No Direito inglês, p. ex., Markesinis and Deakin's, *Tort Law*, 6.ª ed. (2008), 944 ss..
[2014] BGH 4-jun.-1992, BGHZ 118 (1993), 312-351 (313-314), também confrontável, p. ex., em ZIP 1992, 1256-1271 (1257) e em NJW 1992, 3096-3106.

integração das vítimas, 200.000 por danos morais e 400.000 por *exemplary and punitive damages*. Pretendia o Autor o reconhecimento e a execução desta decisão a Alemanha.

O BGH entendeu que os *punitive damages* norte-americanos violam a ordem pública alemã. Entre outros aspectos: o Estado tem o monopólio do *ius puniendi*; não pode haver duas condenações pelo mesmo facto; foi ultrapassada a ideia de proporcionalidade; os *punitive damages* integram-se numa lógica do sistema próprio dos Estados Unidos mas desconhecida na Europa[2015].

A confirmação foi dada, mas apenas até ao montante de 350.260 dólares: os danos que o Tribunal Superior da Califórnia entendeu existirem e sobre os quais não há sindicância.

Esta decisão foi acolhida e muito comentada, como decisão liderante, sublinhando-se a falta de justificação intrínseca da condenação exorbitante[2016].

Stephan Lüke submeteu a decisão do BGH de 4-jun.-1992 a uma análise muito cuidada[2017]. Afastou vários dos argumentos aí usados, designadamente os que se prendem com a dimensão penal do problema. Mas fixou-se na proporcionalidade: não é o instituto dos *punitive damages* que, em si, é contrário a ordem pública; sê-lo-ão, sim, alguns resultados a que ele possa chegar e, designadamente, o facto de permitir chegar a montantes exorbitantes que nada tenham a ver com os danos a ressarcir.

V. A orientação do BGH alemão corresponde a um vetor que o legislador alemão validou[2018]. O artigo 40.º do EGBGB, com respeito à responsabilidade civil, dispõe, no seu n.º 3[2019]:

Não podem ser feitas valer pretensões derivadas do Direito de outros Estados, quando:

[2015] *Idem*, 340-344.

[2016] Hartwein Bungert, *Vollstreckbarkeit US-amerikanischer Schadensersatzurteile in exorbitanter Höhe in der Bundesrepublik*, ZIP 1992, 1707-1725, 1725 e *Inlandsbezug und Vollstreckbarkeit US- amerikanischer Produkthaftungsurteile*, ZIP 1993, 815-824, 824/I.

[2017] Stephan Lüke, *Punitive damages in der Schiedsgerichtbarkeit* cit, 226 ss. e 235 ss.. Vide Jens-Peter Lachmann, *Handbuch für die Schiedsgerichtspraxis* cit., 3.ª ed., 642 ss..

[2018] Vide Blumenwitz, no *Staudingers Kommentar* Art. 6 EGBGB, cit., Nr. 131 (1050).

[2019] Karsten Torn, no *Palandt Kommentar*, 73.ª ed. (2014) (IPR) EGBGB 40 (2771).

§ 44.º *Excurso: a ordem pública internacional*

1. Vão essencialmente para além do que seria necessário para uma indemnização proporcionada;
2. Prossigam manifestamente outros escopos do que uma indemnização adequada do dano do lesado;
3. Contrariem regras sobre responsabilidade de tratados vinculativos para a República Federal Alemã.

VI. Ainda a mesma orientação foi acolhida na jurisprudência de outros países europeus, com relevo para a Itália: CssIt 19-jan.-2007[2020].

O Tribunal de Cassação Italiano, em 19-jan.-2007, recusou o reconhecimento de uma sentença de um Tribunal do Alabama que condenara uma empresa italiana no pagamento de 1.000.000 dólares, a título de *punitive damages*. Entendeu que uma função punitiva de tal amplitude estava fora da lógica básica da responsabilidade civil[2021].

VII. Finalmente: a Convenção de Haia sobre os Acordos de Eleição do Foro Competente, concluída em 2005 e objeto de uma proposta de decisão do Conselho Europeu de 5-set.-2008, previu que o reconhecimento de uma sentença estrangeira possa ser recusada (artigo 11.º/2)[2022]:

(...) se e na medida em que tal sentença conceda indemnizações, mesmo de carácter exemplar ou punitivo, que não compensem uma parte pela perda ou prejuízo reais sofridos.

VIII. A lição do Direito comparado e do próprio Direito internacional é, por maioria de razão, oportuna, perante o Direito lusófono.

Na verdade, o Direito norte-americano, mercê do especial espírito aí reinante e em função de uma estrutura complexa e cabal de seguros, admite pagamentos exorbitantes, que não se coadunam com as regras continentais da responsabilidade civil. Perante os países de tipo Continental, entre os quais se inclui o nosso, o Direito não admite jogos ou apostas como fontes lícitas de obrigações civis e, muito menos, sob o manto da responsabilidade civil.

[2020] *Giurisprudenza italiana*, 2007, dezembro, 2724.
[2021] *Vide* a anot. de Valentina Tomarchio, *Anche la Cassazione esclude il ressarcimento dei dani punitivi*, idem 2724-2779.
[2022] COM (2008), 538 final.

Quando surjam decisões revidendas que facultem *punitive damages* ou similares, opera a reserva de ordem pública: seja de base legal, seja de base jurisprudencial.

208. Balanço

I. A própria prática da reserva da ordem pública internacional revela resultados pouco relevantes. Como adiantámos, a cultura dos países europeus está, hoje, muito nivelada, de tal modo que os valores básicos são, no essencial, idênticos.

É certo que, em boa técnica, o controlo da ordem pública só atinge a parte decisória da sentença: não se alarga aos fundamentos de facto ou de Direito que lhe subjazam[2023]. Também não relevam questões de ordem formal: quando os resultados a que se chegue não contundam com valores básicos do ordenamento, nada há a dizer.

II. Que valores são esses? Não se trata de mera imperatividade: esta releva, como vimos, para a ordem pública interna, mas não para a internacional. Tão-pouco vale o critério dos interesses atingidos: estes, desde que possam ser submetidos a árbitros, correm todos os riscos da decisão. Temos, pois, de nos refugiar em duas áreas:

– integram a da ordem pública internacional os direitos fundamentais constitucionalmente garantidos; tais direitos, de resto, nem podem ser submetidos a arbitragem;
– dispõem da cobertura dessa mesma ordem as posições patrimoniais que sejam atingidas em termos de insuportabilidade: expropriações sem indemnização (mínima) ou *punitive damages* exorbitantes.

III. A tutela alcançada com recurso à ordem pública internacional é mínima. Hoje, de resto, dada a proximidade cultural entre os Países que repartem o Planeta, e descontando questões de família, as divergências são escassas. Fica o caso de escola dos *punitive damages*, que tendem a ser enquadrados com recurso a normas especiais. Efetivamente e no presente estádio, o recurso a meios desse tipo repugna aos ordenamentos europeus.

[2023] RLx 13-jul.-2010 (Rui da Ponte Gomes), Proc. 999/09.

SECÇÃO III
A CONDIÇÃO

§ 45.º ORIGEM E EVOLUÇÃO DA CONDIÇÃO

209. Terminologia e origem

I. A condição apresenta-se como uma cláusula negocial típica. O artigo 270.º dá, dela, a seguinte noção[2024]:

> As partes podem subordinar a um acontecimento futuro e incerto a produção dos efeitos do negócio jurídico ou a sua resolução: no primeiro caso, diz-se suspensiva a condição; no segundo, resolutiva.

Esta fórmula é herdeira de uma evolução jurídico-científica bimilenária, no decurso da qual foram agitadas e solucionadas questões jurídico-científicas de acentuada dificuldade. O conhecimento do Direito vigente exige um panorama geral, ainda que sintético, da evolução e das questões subjacentes.

II. Em latim, *condicio* começou por exprimir uma *potestas* ou um *status*[2025]: um sentido que, ainda hoje, surge em locuções como "a condição militar" ou "a condição civil". Capturado pelo Direito, o termo adquiriu um duplo sentido[2026]: amplo, de modo a abranger o clausulado contratual,

---

[2024] DG I, n.º 274, de 25-nov.-1966, 1909/I. *Vide* José Alberto Vieira, *Negócio jurídico/Anotação ao regime do Código Civil (artigos 217.º a 295.º)* (2006), 87.
[2025] *Condicio*, ThLL IV (1906-1909), 127-137 (127 e 130).
[2026] Rudolph Leonhard, *Condicio*, PWRE 4/1 (1900), 844-847 (844).

como ainda hoje ocorre em "condições gerais dos contratos"[2027]; restrito, enquanto facto futuro e incerto, do qual dependa a eficácia de certo negócio jurídico. Todavia, mesmo em textos jurídicos, *condicio* manteve o sentido de situação jurídica de uma pessoa (cidadania, servidão ou decorrência familiar): um ponto documentável com Gaio[2028], mas que não oferece confusões, no campo negocial.

Na Idade Média, surge a grafia *conditio*, no sentido da *condicio* romana, mas com um sentido algo ampliado[2029]. *Condicio* ou *conditio* não se confundem com *condictio*: fixado pela declaração[2030]. Este termo foi usado tecnicamente para cobrir diversas hipóteses de pretensões de entrega, de tipo abstrato: na base do atual enriquecimento sem causa[2031]. Em alemão, diz-se *Bedingung*, também com várias aceções, de modo a acompanhar a nossa condição.

III. Na base da condição, em Roma como hoje, perfila-se a ideia de que o tratamento negocial do tráfego visa não apenas o presente, mas também o futuro[2032]. Neste ponto, duas hipóteses: o *futurum* propriamente dito, ligado a factos previsíveis e que as partes podem dar como certos e a *alea* ou o *casus*, que traduzem eventualidades, incertas quanto à verificação[2033]. Tais eventualidades não têm, por si, proteção. Em certos casos, o Direito tutela os inerentes interesses, em termos excecionais[2034]. Assim

---

[2027] O artigo 672.º do Código de Seabra dispunha:

Os contraentes podem ajuntar aos seus contractos as condições ou clausulas, que bem lhes parecerem. (...)

[2028] João de Oliveira Geraldes, *Tipicidade contratual e condicionalidade suspensiva/Estudo sobre a exterioridade condicional e sobre a posição jurídica resultante dos tipos contratuais condicionados* (2010), 358 pp., 33-37, com transcrição de textos.

[2029] *Conditio*, em Du Cange, *Glossarium Mediae et Infimae Latinitatis* II (1954, reimp.), 488-489. Tenha-se presente que, em pronúncia clássica reconstruída, articula-se *condikio*; em latim vulgar, lê-se *conditio* (tio); mas em latim medieval, *condicio* (si): donde a confusão. Autores como Savigny, *System* cit., 3, 121, usam *conditio*.

[2030] Theodor Kipp, *Condictio*, PWRE 4/1 (1900), 847-858.

[2031] Luís Menezes Leitão, *O enriquecimento sem causa no Direito civil* (1997), 60-61.

[2032] Rudolf von Jhering, *Geist des römischen Rechts auf den verschiedenen Stufen seiner Entwicklung*, 3/1, 5.ª ed. (1906), equivalente à 10.ª (reimp., 1993), § 53 (166).

[2033] Felix Senn, *La notion romaine d'avenir et ses applications dans le domaine du droit*, RH 34 (1956), 163-180 (165-166).

[2034] Mílan Bartošek, *La spes en droit romain*, RIDA 2 (1949), 19-64 (54); esse Autor indica uma série alargada de pontes relevantes – ob. cit., 24 ss..

sucede com a *spes*, em decorrências como a *emptio spei* (compra de coisa futura)[2035]. Nos demais, cabe às partes tomar as medidas de que disponham, entre as quais a *condicio*.

210. Modalidades; suspensiva e resolutiva

I. Com base nos textos romanos, é possível documentar várias modalidades de *condiciones*[2036]. Assim, temos:

– positivas ou negativas, conforme traduzam um acontecimento ou a sua não-verificação;
– potestativas ou casuais, consoante emerjam de uma decisão ou de puras eventualidades; podem, ainda, ser mistas, quando traduzam uma combinação de ambas essas hipóteses;
– *facti* ou *iuris*, em função de resultarem de um pacto ou da própria lei; neste último caso, como veremos, a condição é imprópria; próxima da *condicio iuris*, temos ainda a *condicio tacita*[2037];
– ilícita ou contrária aos bons costumes, nessas hipóteses;
– pendente, eficaz ou retroativa.

Alguns desses termos desencadeiam regras próprias, que iremos seguir ao longo dos tempos.

II. A contraposição mais significativa opera entre a condição suspensiva e a resolutiva. O próprio artigo 270.º, como vimos, entra na matéria procedendo a essa distinção.

[2035] Felix Senn, *La notion romaine d'avenir* cit., 170 ss.; vide Max Kaser, *Das römische Privatrecht* cit., 1, 2 ed., 549.

[2036] Franz Adickes, *Zur Lehre von den Bedingungen nach römischem und heutigem Recht/Eine Vorarbeit für das Deutsche Civilgesetzbuch* (1876), VII + 183 pp., 26; Ludwig Mitteis, *Römisches Privatrecht bis auf die Zeit Diokletians – I – Grundbegriffe und Lehre von den Juristischen Personen* (1908), § 11 (167 ss.); Emilio Betti, *Diritto romano I: Parte generale* (1935), 353 ss.; Biondo Biondi, *Istituzioni di diritto romano*, 2.ª ed. (1952), 169 ss.; Gian Gualberto Archi, *Condizione (diritto romano)*, ED VIII (1961), 743-759 (744/II ss.); Max Kaser, *Das römische Privatrecht* cit., 1, 2.ª ed., § 61 (253 ss.); Reinhard Zimmermann, *The Law of Obligations/Roman Foundations of the Civilian Tradition* (1996, reimp., 2008), 718 ss..

[2037] Santiago Castán Pérez-Gómez, *"Condicio iuris" y "tacita condicio: las condiciones implicitas en el derecho romano* (2006), 192 pp..

Os estudiosos sustentam que, no Direito romano clássico, os juristas operavam apenas com a condição suspensiva[2038]. Só mais tarde teria ocorrido a resolutiva, através da adjunção, ao contrato, de um pacto lateral.

As locuções "suspensiva" e "resolutiva", aplicadas às condições, foram fixadas a partir de Papiniano, de Modestino e de Ulpiano. Retemos, deste último, o seguinte fragmento[2039]:

Si res ita distracta sit, ut si displicuisset inempta esset, constat non esse sub condicionem distractam, sed resolvi emptione sub condicione[2040].

Negócios sem qualquer condição ou termo eram tidos *pure*[2041].

III. Os estudos de Biondi permitem, neste domínio, um esclarecimento da maior importância. No Direito clássico, a condição suspensiva inseria-se no próprio negócio, marcando o seu modo de ser. Quanto à resolutiva: apenas se reconhecia que, por via pretoriana, as partes pudessem, no exterior, inserir uma cláusula que, supervenientemente, permitisse, a uma delas e perante algum evento, pôr termo ao negócio[2042]. No período justinianeu, a supressão da diferença entre o *ius civile* e o *ius honorarium* levou a uma aproximação entre a condição suspensiva e o "pacto resolutivo". Este foi assimilado a uma condição resolutiva, em paralelo com a suspensiva[2043].

[2038] Max Kaser, *Das römische Privatrecht* cit., 1, 2.ª ed., § 61, I, 1 (253); Gottfried Schiemann, *Pendenz und Rückwirkung der Bedingung/Eine dogmengeschichtliche Untersuchung* (1973), XI + 168 pp., 7; Reinhard Zimmermann, *The Law of Obligations* cit., 255; Thomas Fikenauer, no HKK/BGB cit., 1, §§ 158-163, Nr. 6 (885); Gaetano Petrelli, *La condizione "elemento essenziale" del negozio giuridico/Teoria generali e profili applicativi* (2000), XI + 557 pp., 19-20.

[2039] D. 18.1.3 = ed. Okko Behrends e outros cit., III, 440.

[2040] Portanto (em tradução lata):

Se uma coisa for alienada, com a cláusula de que não deveria ser vendida se fosse abusada, entende-se que não foi vendida sob condição [suspensiva], mas sob condição [resolutiva] de a compra poder ser resolvida.

[2041] Max Kaser, *Das römische Privatrecht* cit., 1, 2.ª ed., 253, nota 3.

[2042] Tratava-se, pois, de um "direito de revogação" e não de uma verdadeira condição: Emilio Betti, *Diritto romano* cit., 1, 369.

[2043] Biondo Biondi, *Istituzioni di diritto romano* cit., 2.ª ed., 170.

Esta aproximação permite que os intérpretes das fontes encontrem, nos *digesta*, bases para a condição suspensiva[2044].

211. O problema da retroatividade

I. O artigo 276.º fixa uma regra geral de retroatividade da condição. Segundo o seu teor:

> Os efeitos do preenchimento da condição retrotraem-se à data da conclusão do negócio, a não ser que, pela vontade das partes ou pela natureza do ato, hajam de ser reportados a outro momento.

O artigo 277.º estabelece vários desvios: a retroatividade, todavia, conserva-se como vetor geral da condição e do seu funcionamento. Pelo contrário, os §§ 158 e 159 BGB estabelecem regra inversa: os efeitos da verificação da condição só são reportados a um momento anterior, se o conteúdo do negócio a tal conduzir[2045]. Como se chegou a esta divergência? A resposta é histórica.

II. No Direito romano clássico, a condição suspensiva não tinha efeitos retroativos[2046]: pelo menos, não resulta das fontes, como tem sido confirmado por gerações de estudiosos[2047]. A retroatividade teria feito a sua aparição no período justinianeu[2048], ainda que de modo menos teorizado

---

[2044] Gualberto Archi, *Condizione (diritto romano)* cit., 743/II.

[2045] Reinhard Bork, no *Staudinger Kommentar*, §§ 139-163, *Allgemeiner Teil* 4 b (2010), § 158, Nr. 3 e § 159, Nr. 1 (333 e 339).

[2046] Emilio Betti, *Diritto romano* cit., 1, 366; Antonio Masi, *Studi sulla condizione nel diritto romano* (1966), VIII + 286 pp., 109 ss.; vide a rec. importante de Gunter Wesener, SZRom 84 (1964), 466-479 (469), com indicações de vários autores, bem como a de Karl-Heinz Schindler, IVRA 19 (1968), 133-138 (134). Referimos, ainda, Theo Mayer-Maly, *Problemi della condizione*, Labeo 14 (1968), 297-300 e Reinhard Zimmermann, *The Law of Obligations* cit., 726-728.

[2047] Daniel Oliver Effer-Uhe, *Die Wirkung der **condicio** im römischen Recht* (2008), 161 pp., 139 ss..

[2048] Biondo Biondi, *Istituzioni di diritto romano* cit., 2.ª ed., 172. Segundo Antonio Masi, *Studi sulla condizione* cit., 158 ss., essa retroatividade era limitada.

e, logo, pouco seguro. Uma ideia abstrata de retroatividade requer, efetivamente, um plano de locubração alheia ao *ius romanum* [2049].

III. Com diversas flutuações na Glosa, a ideia de retroatividade da condição, no sentido de os seus efeitos se reportarem ao momento da conclusão do negócio foi formulada por Bártolo (1313-1357)[2050]: *conditio, in contractibus celebratis sub conditione casuali, vel mista conditione exeniente, trahitur retro*[2051].

Os humanistas aceitaram, em geral, a retroatividade[2052]. Apesar de vozes dissonantes, como a de Donnellus (1527-1591) e alguma relatividade, como a de Antoine Fabre (1557-1614), para o qual a retroatividade da condição era, apenas, uma tradição exegética, a regra de Bártolo radicou-se[2053]. Os jurisprudentes franceses da pré-codificação aderiram: tal a opção final de Pothier[2054].

IV. A tradição apontada pesou nas primeiras codificações[2055]. Com efeito, o artigo 1179.º do Código Napoleão dispõe:

La condition accomplie a um effet rétroactif au jour auquel l'engagement a été contracté. Si le créancier est mort avant l'accomplissement de la condition, ses droits passent à son héritier.

O Código italiano de 1865 seguiu esta orientação, no seu artigo 1170.º[2056].

[2049] Vide Volker Kurz, *Vor- und Rückwirkungen im klassischen römischen Recht* (1971), 190 pp., 117 ss..

[2050] Bartolus a Saxo Ferrato, *In primam ff. novi Partem*, ed. Veneza (1570), 101, n. 46; trata-se do comentário aos *digesta*, D. 41.3.15; recordamos que *ff.*, corruptela medieval do grego π (de *pandectae*), é a abreviatura de D, para *digesta*.

[2051] Gottfried Schiemann, *Pendenz und Rückwirkung der Bedingung* cit., 26 ss. (30).

[2052] Gottfried Schiemann, ob. cit., 36-52, com muitas indicações.

[2053] *Idem*, 49 a 65.

[2054] Robert-Joseph Pothier, *Traité des obligations* cit., n.º 220 (1, 149) (grafia da época):

Cet accomplissement de la condition a un effet rétroactif au tems que l'engagement a été contracté (...)

[2055] Arwed Blomeyer, *Studien zur Bedingungslehre I – Über bedingte Verpflichtungsgeschäfte* (1938), 120 + II, 5.

[2056] Ferrarotti Teonesto, *Commentario teorico e pratico comparato al codice civile italiano*, VII (1874), 70 ss..

§45.º Origem e evolução da condição

Também o nosso Código de Seabra a sufragou, em preceito abaixo considerado: o artigo 678.º[2057].

V. Nestas condições, a pandectística foi levada a conservar uma ideia de retroatividade[2058]. Todavia, Windscheid, num pequeno estudo publicado em 1851, veio defender a posição oposta[2059] A retroatividade foi subscrita por Fitting[2060] e por outros estudiosos, como von Scheurl[2061], Wendt[2062], Arndts[2063] e Dernburg[2064], como exemplos. Este problema constitui uma das mais discutidas questões da pandectística[2065].

Aquando da preparação do BGB, o peso de Windscheid levou à não-retroatividade[2066] e isso mau grado não se tratar de opção pacífica[2067]. De resto, ela veio a ser criticada, mesmo após a entrada em vigor do BGB[2068]. Os §§ 158 e 159 deste Código, já referidos, referem a retroatividade exceto se, para ela, remeter a vontade das partes.

Pelo contrário, o Código italiano de 1942 (1360.º), bem como o Código Vaz Serra de 1966 (276.º) optaram pela retroatividade. Assinale-se

---

[2057] *Infra*, 630.
[2058] Fridolin Eisele, *Das Dogma von der rückwirkenden Kraft der erfüllten Suspensiv-Bedingung*, AcP 50 (1867), 253-294 e 295-327 (253-254), que recomendou a busca de maiores bases.
[2059] Bernhard Windscheid, *Die Wirkung der erfüllten Bedingung* (1851), 30 pp. (5 ss.).
[2060] Hermann Fitting, *Ueber den Begriff der Rückziehung* (1856), IV + 126 pp., 5 ss., 48 ss. e *passim*.
[2061] Christian Gottlieb Adolf von Scheurl, *Beiträge zur Bearbeitung des römischen Rechts*, II – *Zur Lehre von den Nebenbestimmung bei Rechtsgeschäften* (1871), 354 pp., 182 ss. (suspensiva) e 238 ss. (resolutiva); vide a rec. de G. Hartmann, KritVJSch 13 (1871), 515-530.
[2062] Otto Heinrich Wendt, *Die Lehre vom bedingten Rechtsgeschäft* (1872), IV + 174 pp., § 28 (96 ss.), com muitas indicações.
[2063] Ludwig Arndts von Arnesberg, *Lehrbuch der Pandekten* 1 (1871), § 71 (91).
[2064] Heinrich Dernburg, *Pandekten* 1, 4.ª ed. (1894), § 111 e § 112.
[2065] Werner Flume, *Rechtsgeschäft* cit., 4.ª ed., § 40, 2 (723).
[2066] Horst Heinrich Jakobs/Werner Schubert (ed.), *Die Beratung des Bürgerlichen Gesetzbuchs/in systematischer Zusammenstellung der unveröffentlichen Quellen*, §§ 1-240, tomo 2 (1985), §§ 158-163 (827-873), com muitas indicações.
[2067] Thomas Fikenauer, no HKK/BGB cit., 1, §§ 158-163, Nr. 15 (891).
[2068] Rudolf Henle, *Lehrbuch des Bürgerlichen Rechts*, I – *Allgemeiner Teil* (1926), 296 e 301.

que o DCFR, tomado como "projeto" de Código Civil europeu, optou pela solução alemã da não-retroatividade[2069].

VI. Culturalmente, é muito interessante a presença, no artigo 276.º, da fórmula de Bártolo. Não vemos que a retroatividade da condição possa ser tomada como um "dogma", que deva ser "superado". É, apenas, uma orientação básica funcional, que deu provas. Isto dito: os estudiosos acentuam que, pelos regimes fixados os quais, no caso alemão, preservam a posição do beneficiário da condição e, no dos países latinos, a do beneficiado pela sua não-verificação, os dois sistemas ficam, na prática, bastante próximos[2070]. Todavia, a contraposição é bem real e merece a maior atenção aos estudiosos do Direito civil[2071]. Recordamos a afirmação básica de Dernburg, cujo germanismo está fora de causa: a teoria da condição perde quando se negue a retroatividade[2072]. De facto, a grande especialidade da velha *condicio* reside, precisamente, na sua eficácia retroativa, por oposição ao que seria uma comum regulação gradativa dos interesses das partes.

212. A questão da unidade do negócio

I. O negócio condicionado é uma unidade, de tal modo que a condição se dilui, no seu conteúdo, moldando toda a estrutura em termos condicionais ou, pelo contrário, a condição surge como algo de exterior ao negócio? Simplificando, podemos colocar, frente a frente, as teorias da unidade do negócio e da exterioridade da condição. Ambas as orientações comportam, depois, subteses.

II. Na base do problema, podemos colocar a própria origem desencontrada entre a condição suspensiva e a resolutiva. A primeira surgiu no período clássico, mais precisamente nos *bonae fidei iudicia*[2073]. O pretor atribuía uma *actio ex fide bona*, em cuja fórmula podia ser incluído o fator "condição". Esta, logicamente, atingia o conjunto da fórmula e, daí, o negócio *in totum*. Temos a unidade. Já na condição suspensiva, requeria-se,

---

[2069] DCFR cit., III – 1:106 (1) (230).
[2070] Werner Flume, *Rechtsgeschäft* cit., 4.ª ed., § 40,2 (724).
[2071] Cabe, entre nós, relevar o esforço de João de Oliveira Geraldes, *Tipicidade contratual e condicionalidade suspensiva* cit., 59 e 67.
[2072] Heinrich Dernburg, *Pandekten* cit., 1, 4.ª ed., § 111 (263).
[2073] *Da boa fé*, 71 ss., quanto à sua origem, à sua evolução e à sua natureza.

como vimos[2074], um "negócio lateral", para a montagem do "direito à resolução": tudo isso em linguagem atual. Temos, desta feita, a exterioridade. A fusão justinianeia entre o *ius honorarium* e o *ius civile* deixou o campo aberto às duas construções: nenhuma delas é ilógica.

Ainda hoje, os *accidentalia negotii* são tomados, em termos latos, como cláusulas que as partes tenham decidido aditar a um certo tipo contratual[2075].

III. No momento histórico seguinte, assiste-se a uma rearrumação dos elementos do contrato, à luz de quadros aristotélico-tomistas. Apurou-se, desse modo, a tripartição entre os *essentialia* ou *substantialia negotii*, os *naturalia negotii* e os *accidentalia negotii*, particularmente querida aos autores do *mos italicus*, com relevo para Mozzi[2076] (século XVI) e para Mantica[2077] (1534-1596). Exemplos: de *essentialia*, a coisa, na compra e venda; de *naturalis*, a garantia da evicção, também na compra e venda; de *accidentalia*, a condição. Aqui chegados, fácil é entender que, pela doutrina dos *accidentalia*, a condição acaba por ser tomada com algo de adventício, isto é, de exterior ao negócio.

IV. No início do século XIX, o tema contrapôs Thibaut a Savigny. Para o primeiro, haveria que lidar com duas proposições: a do contrato e a da condição[2078]. Já Savigny vê, na condição, o produto de uma declaração de vontade, que se autolimita[2079]. Mais tarde, Windscheid votou na exte-

---

[2074] *Supra*, 620.
[2075] Lambert M. Surhone/Mariam T. Tennoe/Susan F. Henssonow (ed.), *Accidentalia negotii* (2010), 81 pp., 1.
[2076] Pietro Niccolò Mozzi, *Tractatus de contratibus*, ed. Veneza (1585), 7/I a 8/I:

substantialia seu formalia contractum dicutur illa, si ne quibus actos esse non potest; (...) naturalia (...) quae tacite intelliguntur de natura actus (...)
de accidentalibus contractuum (...) aliquid non attingentia cõtratū in specie, ut inquit (...)

[2077] Francesco Mantica, *Vaticanae lucubrationes de tacitis et ambiguis conventionibus duobus tomis distincta*, ed. Genebra 1723 (a 1.ª ed. é de 1609), 19/I ss., 21/II ss. e 25/I ss., respetivamente.
[2078] Anton Friedrich Justus Thibaut, *Beiträge zu der Lehre von der Bedingungen*, em *Civilistische Abhandlungen* (1814), VI + 472 pp., 359-380 (359 ss.); *vide*, com outras indicações, Otto Wollstadt, *Die auflösende Bedingung* (1908), VIII + 56 pp., 1 ss.
[2079] Friedrich Carl von Savigny, *System des heutigen römischen Rechts* cit., 3, §§ 114 e 125 (99 e 204); Savigny não o diz, expressamente, quando trata da condição: *idem*,

rioridade[2080], enquanto Enneccerus optou pela unidade[2081]. Uma importante defesa da unidade ficou, ainda, a dever-se a Jhering[2082]: este Autor, através da teoria da pendência, firmou o conjunto dos efeitos da condição e daqueles que ocorressem antes dela[2083]. Na época, era ainda comum, numa clara recuperação romana, distinguir: unidade para a condição suspensiva e exterioridade para a resolutiva[2084].

O BGB não acolheu a ideia da exterioridade, adveniente do Direito comum[2085]. Na verdade, regras como a que determina a invalidade de todo o negócio, na hipótese de invalidade da condição, implicam a unidade: mais do que a exterioridade.

V. A partir da clivagem unidade/exterioridade, seria possível reordenar os diversos debates em torno da condição. Assim:

– a haver unidade, lógica seria a ideia de retroatividade; além disso, opera o princípio da simultaneidade: tudo se forma ao mesmo tempo; tal princípio seria completado pelo da pendência, enquanto a condição não se verificasse[2086];

---

§§ 116-124 (120-204). A ideia de "vontade que se autolimita", retomada em diversos autores, com exemplo em Arndts, *Pandekten* cit., 1, § 66 (79), não deve ser tomada como uma dupla vontade ou, sequer, uma dupla declaração: há, apenas, uma, mas condicionada. Todavia, alguma doutrina latina pretende o contrário; por exemplo, Gaetano Petrelli, *La condizione* cit., 23: mal, a nosso ver.

[2080] E isso apesar de recorrer à ideia de autolimitação; Bernhard Windscheid/ /Theodor Kipp, *Lehrbuch des Pandektenrechts* cit., § 86, nota 3 (2, 451-452), pelo menos nos casos em que os *naturalia* não pressuponham condições ou limitações temporais. As posições de Windscheid, no domínio da condição, não podem ser desligadas da teoria da pressuposição como "condição implícita"; desse Autor: *Die Lehre des römischen Rechts von der Voraussetzung* (1850), VI + 213 pp.., *Ueber die Wirkung der erfüllten Potestativbedingung*, AcP 35 (1852), 51-80 e *Die Vorraussetzung*, AcP 78 (1892), 161-202; sobre o tema, *Da boa fé*, 969 ss., com indicações; vide, ainda, Wilhelm Simshäuser, *Windscheids Voraussetzungslehre rediviva*, AcP 172 (1972), 19-38 e Werner Schubert, *Windscheid und das Bereicherungsrecht des 1. Entwurfs des BGB*, SZRom 92 (1975), 186-233 (211 ss.).

[2081] Ludwig Enneccerus, *Rechtsgeschäft, Bedingung und Anfangstermin* cit., 1, 175 ss.

[2082] Vide Arwed Blomeyer, *Studien zur Bedingungslehre* cit., 1, 8, com indicações.

[2083] Rudolf von Jhering, *Passive Wirkungen der Rechte/Ein Beitrag zur Theorie der Rechte*, JhJb 19 (1871), 387-580 (463 ss. e 526 ss.).

[2084] Werner Flume, *Rechtsgeschäft* cit., 4.ª ed., § 38, 4, c) (691).

[2085] Reinhard Bork, no *Staudinger* cit., II, Vorbem zu §§ 158 ff., Nr. 2 (309-310).

[2086] Gottfried Schiemann, *Pendenz und Rückwirkung* cit., 103 ss..

– a exterioridade acomoda-se melhor com a não-retroatividade; à simultaneidade, haveria que contrapor uma ideia de formação sucessiva do negócio, formação essa que também solucionaria o tema da pendência[2087].

Todavia, esta lógica não foi seguida. Encontramos, ao longo da História e principalmente no grande debate havido durante a pandectística alemã, toda a espécie de composições[2088]. A explicação é simples: como grande tema de Direito civil, a condição vem sendo modelada por acasos culturais. Apenas no plano das soluções se impõe uma maior racionalidade.

213. A condicionalidade e as condições inviáveis

I. No Direito romano, nem todos os negócios eram condicionáveis, isto é: podiam comportar condições. Nos *digesta*, Papiniano fixava uma lista significativa de atos não-condicionáveis[2089], com especial incidência em atos de Direito da família[2090]. As características próprias do Direito romano não permitiam erguer, sobre o tema, uma teoria geral.

II. Ainda no Direito romano, foram relevadas as condições impossíveis: *si digito caelum tetigerit* (se tocar com o dedo no céu), por exemplo. Nessa eventualidade, *nihil valet stipulatio* (a estipulação nada vale)[2091]. Todavia, por influência sabiniana, outra foi a solução para as declarações de última vontade[2092]: aí, a condição impossível é tida como não escrita (*pro non scripto habetur*)[2093].

[2087] Com elementos, Gottfried Schiemann, *Pendenz und Rückwirkung* cit., 114 ss..

[2088] Entre nós, cabe seguir a excelente exposição de João de Oliveira Geraldes, *Tipicidade contratual e condicionalidade suspensiva* cit., 67 ss. e *passim*: do nosso ponto de vista, as diversas opções aí analisadas documentam, nos autores que cita, as aludidas flutuações.

[2089] D. 50.17.77 = ed. Theodor Mommsen (1877), 870/I.

[2090] *Vide* Ludwig Mitteis, *Römisches Privatrecht* cit., 1, 169 ; Emilio Betti, *Diritto romano* cit., 1, 349; Gian Gualberto Archi, *Condizione (diritto romano)* cit., 744/I.

[2091] I. 3.19.11 = *Corpus iuris civilis*, ed. Okko Behrends e outros cit., 1, 175.

[2092] Max Kaser, *Das römische Privatrecht* cit., 1, 2.ª ed., § 61, I, 2 (253).

[2093] I. 2.14.10 = ed. Okko Behrends e outros cit., 1, 90. Mais precisamente:

> Impossibilis condicio in institutionibus et legatis nec non in fideicomissis et libertatibus pro non scripto habetur.

A doutrina das condições impossíveis, no Direito romano, é fascinante[2094]. E ainda hoje, como veremos, ela suscita questões básicas de raciocínio jurídico.

III. Finalmente, o Direito romano bloqueava as ações apoiadas em condições proibidas ou contrárias aos costumes[2095], as quais conduzem à ineficácia do negócio, nos termos paralelos aos das condições impossíveis[2096].

ou seja:

> a condição impossível em deixas hereditárias ou em legados, bem como em fideicomissos ou em liberalidades, é havida por não escrita.

Vide Gerhard von Beseler, *Condicio impossibilis*, SDHI 7 (1941), 186 e *Kapitel der antike Rechtsgeschichte/Zweite Reihe*, BIDR LIII/LIV (1948), 95-191 (118).

[2094] Vide Cristoforo Cosentini, *Condicio impossibilis* (1952), VIII + 209 pp., 7 ss. (o conceito), 29 ss. (*pro non scripto habetur*) e *passim*, bem como a rec. de Hans Julius Wolff, IVRA 4 (1953), 399-406.

[2095] Max Kaser, *Das römische Privatrecht* cit., 1, 2.ª ed., § 61, I, 2 (254); Gian Gualberto Archi, *Condizione (diritto romano)* cit., 747/II.

[2096] Cristoforo Cosentini, *Condicio impossibilis* cit., 133 ss..

§ 46.º A CONDIÇÃO NO SISTEMA LUSÓFONO

214. A pré-codificação e o Código de Seabra

I. As Ordenações já continham algumas regras que, para além do Direito comum, acautelavam as condições. Assim, a abrir um título sobre bens de raiz, dispunham[2097]:

> Licita cousa he, que o comprador e vendedor ponham na compra e venda, que fizerem, qualquer cautéla, pacto e condição, em que ambos acordarem, contanto que seja honesta, e conforme a Direito.

A partir daqui, explicava Mello Freire (1738-1798) que eram válidos, designadamente, o pacto *de retrovendendo*, o de *addictio in die* (adjudicação até certo dia, pelo qual a venda seria adjudicada a outrem, que no prazo combinado oferecesse melhor preço), o pacto de lei comissória (pelo qual a venda ficaria sem efeito se o preço não fosse pago no termo combinado) e o pacto *de protimesis* ou de preferência[2098].

II. No período da pré-codificação oitocentista, a condição ocupou os diversos civilistas. Correia Telles (1780-1849) abordou o tema, pelo prisma dos direitos e obrigações condicionais. Retemos[2099]:

> 58. Um direito, ou obrigação é condicional, quando subordinado a um acontecimento, que póde ou não vir a existir.

(...)

[2097] Ord. Fil., Liv. IV, Tít. IV, pr. = ed. Gulbenkian IV-V, 781/II.
[2098] Pascoal José de Mello Freire, *Institutiones iuris civilis lusitani cum publici tum privati*, IV – *De obligationibus et actionibus*, ed. 1845, tit. III, § XV (30) = trad. port. Miguel Pinto de Meneses, BMJ 168 (1967), 67-68.
[2099] J. H. Corrêa Telles, *Digesto portuguez* cit., 3.ª ed., 13-14.

63. A condição é suspensiva, quando concebida de modo, que do acontecimento d'ella depende a acquisição do direito de um, ou obrigação de outro.

64. Se é concebida em modo, que o acontecimento faça cessar o direito adquirido, ou a obrigação contrahida; então a condição é resolutiva.

65. É potestativa, se a existência do acontecimento depende sómente da vontade da pessoa interessada.

66. É casual, se o acontecimento depende do acaso, ou da vontade de um terceiro.

O texto prosseguia, distinguindo a condição mista, a impossível, a irrisória e a inútil[2100].

Coelho da Rocha (1793-1850) contrapõe, igualmente, os tipos básicos da condição, depois de a definir[2101]. Dá-lhe um especial desenvolvimento, no campo sucessório[2102].

III. Na sequência das opções referidas, o Código de Seabra, bastante mais sintético do que o de Napoleão[2103], versou a condição em seis artigos. A sua memória deve ser preservada:

> artigo 678.º Se o contracto ficou dependente de alguma condição de facto ou de tempo, verificada a condição considera-se o contracto perfeito desde a sua celebração; mas logo que haja certeza nde que a condição se não póde verificar, haver-se-á por não verificada.
>
> artigo 679.º Julgar-se-á preenchida a condição, que não se verificar por facto d'aquelle que se obrigou condicionalmente, salvo se este obrar nos limites do seu direito.
>
> artigo 680.º Se o contracto fôr feito com a condição de que, desde certo facto ou acontecimento, se haverá por desfeito, verificada a condição, será cada um dos contrahentes restituido aos direitos, que tinha no momento do contracto, se outra cousa não tiver sido estipulada.

[2100] *Idem*, 14.
[2101] M. A. Coelho da Rocha, *Instituições de Direito civil Portuguez* cit., 2.ª ed., § 105 (1, 60-61).
[2102] *Idem*, §§ 698-700 (2, 482-483).
[2103] Que, à condição, dedicou 17 artigos: 1168.º a 1184.º.

artigo 681.º Se a resolução do contracto depender de terceiro e este fôr induzido dolosamente a resolvel-o, julgar-se-á não resolvido.

artigo 682.º Os pactuantes, cujos contractos dependem de alguma condição, podem, ainda antes d'esta se verificar, exercer os actos licitos, necessários á conservação do seu direito.

artigo 683.º A nullidade da condição por impossibilidade physica ou legal, produz a nullidade da obrigação, que dessa condição dependia.

Os artigos 1743.º e 1744.º dispunham sobre a condição nos testamentos.

Os comentadores[2104] e tratadistas[2105] da era Seabra, descreveram a condição, as suas modalidades e o seu funcionamento. Subjacente ficava a ideia da sua recondução a uma cláusula acessória, numa opção que o Prof. José Gabriel Pinto Coelho aprofundou, em monografia[2106].

IV. A fórmula do artigo 678.º do Código de Seabra, "se o contrato ficou dependente de alguma condição" motivou críticas. Foi tomada à letra. Galvão Telles chegou a ver, nessa fórmula, uma conceção "generalizada desde os bizantinos", pela qual o contrato sob condição suspensiva seria imperfeito, só se aperfeiçoando com a condição[2107]. Ora o contrato condicional estaria perfeitamente constituído, uma vez que o tal acontecimento futuro, previsto na condição, não se encontra na sua estrutura[2108]. Oliveira Geraldes toma esta opção como manifestação de exterioridade condicional: explica que a condição fica no campo da eficácia, não se inserindo no corpo do contrato[2109]. Se bem entendemos, todavia, não é isso que está em causa. Galvão Telles não recusa a interioridade da condição,

---

[2104] José Dias Ferreira, *Codigo civil portuguez annotado* cit., 2, 1.ª ed., 25-27 e 2, 2.ª ed., 184-186 e Luiz da Cunha Gonçalves, *Tratado de Direito civil* cit., 4, n.º 532-539 (381-416).

[2105] Guilherme Moreira, *Instituições do Direito civil* cit., § 40 (468-494) e José Tavares, *Os princípios fundamentais do Direito civil* cit., 1, 2.ª ed., 350-356.

[2106] José Gabriel Pinto Coelho, *Das cláusulas acessórias dos negócios jurídicos*, I – *A condição* (1909), 23-26. Outros autores podem ser confrontados em João de Oliveira Geraldes, *Tipicidade contratual e condicionalidade suspensiva* cit., 105-110.

[2107] Inocêncio Galvão Telles, *Dos contratos em geral* cit., 1.ª ed., 176.

[2108] *Idem*, loc. cit..

[2109] João de Oliveira Geraldes, *Tipicidade contratual e condicionalidade suspensiva* cit., 109.

enquanto cláusula; afirma, sim, a exterioridade do facto, numa afirmação cartesiana: um facto não se integra num negócio, peça de dever-ser.

215. A preparação do Código Vaz Serra

I. Na preparação do Código Vaz Serra, foi importante a exposição alargada de Manuel de Andrade[2110]. Este Autor tratou a condição entre os "elementos acidentais dos negócios jurídicos" (cláusulas acessórias típicas gerais). Aparentemente, retomava-se a doutrina dos *accidentalia*, propícia a considerar a condição como algo de exterior ao negócio. Todavia, foram usados autores italianos[2111], apenas com a inevitável cedência a Ennecce-rus/Nipperdey[2112]. Toda a problemática milenária em torno dos problemas nobres da condição ficou arredada desse importante desenvolvimento: o qual, de resto, visava o ensino e não a investigação.

II. Na preparação do Código Vaz Serra, jogou, neste ponto, a influência do Código italiano. No anteprojeto de Rui de Alarcão, foi preconizado o preceito seguinte[2113]:

1.º (Conceito)
1. As partes podem subordinar a um acontecimento futuro e incerto a produção dos efeitos de um negócio ou a cessação desses efeitos.
2. A tal cláusula chama-se condição. No primeiro caso diz-se suspensiva e resolutiva, no segundo.

[2110] Manuel de Andrade, *Teoria geral* cit., 2, 355-384, já citado.

[2111] Mais precisamente, feitas as competentes verificações e complementações: Donato Magno, *Studi sul negozio condizionato* 1 (1930), 417 pp.; Salvatore Pugliatti, *Atto giuridico e determinazione acessória di voluntà*, RDCiv XXIX (1937), 36-46; Carlo Zappelli, *Condizione nei negozi giuridici*, NDI III (1937), 724-734; Domenico Barbero, *Contributo alla teoria della condizione* (1937), 88 pp.; Angelo Falzea, *La condizione e gli elementi dell'atto giuridico* (1941), VII + 333 pp.; Luigi Cariota Ferrara, *Il negozio giuridico nel diritto privato italiano* (1948), n.º 136 e n.º 138-142 (654-661 e 664-680).

[2112] Ludwig Ennecerus/Hans Carl Nipperdey, *Allgemeiner Teil* cit., 15.ª ed., §§ 193-201 (1184-1208), feita a atualização.

[2113] Rui de Alarcão, *Erro, dolo e coacção – Representação – Objecto negocial – Negócios usurários – Condição* cit., 178.

A fórmula, decalcada do artigo 1353.° do Código italiano[2114], mas mais conseguida, uma vez que referia "cessação desses efeitos" e não "resolução do contrato" (a "resolução" parece pressupor um ato resolutivo superveniente), passou ao anteprojeto global (38.°)[2115] e ao artigo 238.° da 1.ª revisão ministerial[2116]. Porém, na enigmática 2.ª revisão, optou-se pela letra do Código italiano: "a cessação desses efeitos" foi vertida para "a sua resolução" (270.°)[2117]. No projeto, procedeu-se a correções formais[2118].

216. O Código Vaz Serra

I. O Código Vaz Serra, na secção sobre a declaração negocial (217.° a 279.°), inseriu uma subsecção VII: condição e termo (270.° a 279.°). Para a condição, ficaram oito artigos:

270.° Noção de condição;
271.° Condições ilícitas ou impossíveis;
272.° Pendência da condição;
273.° Pendência da condição: atos conservatórios;
274.° Pendência da condição: atos dispositivos;
275.° Verificação e não-verificação da condição;
276.° Retroatividade da condição;
277.° Não-retroatividade.

Relevam, ainda, quanto à condição:

– o artigo 967.° (Condições ou encargos impossíveis ou ilícitos), no capítulo sobre o contrato de doação e que remete para as regras estabelecidas em matéria testamentária;
– os artigos 2229.° a 2242.°, quanto à condição no testamento: um pequeno subsistema próprio, adaptado à realidade dos negócios *mortis causa*.

[2114] Ugo Natoli, em Mariano d'Amelio/Enrico Finzi, *Codice civile/Libro delle obbligazioni* 1 (1948), 432 ss..
[2115] Rui de Alarcão, *Do negócio jurídico* cit, 267.
[2116] BMJ 107 (1961), 102, onde, mais precisamente, ficou: (...) ou a cessação dos efeitos que o negócio devia produzir.
[2117] *Código Civil*, Livro I – *Parte geral* (*2.ª revisão ministerial*) (1965), 106.
[2118] Projeto de Código Civil (1966), 270.°.

II. Temos um desenvolvimento mais preciso e um pouco mais extenso do que o do Código de Seabra. Em termos jurídico-científicos, o Código de 1966 aproximou-se do italiano, mantendo-se na linha latina, particularmente no que tange ao tema da retroatividade. De certo modo, ficou à margem do desenvolvimento pandectístico do tema. O regime fixado permite, não obstante, o progresso jurídico-científico requerido pela evolução posterior a 1966.

III. Temos dificuldade em encontrar, no texto do Código, especiais opções doutrinárias. Designadamente, uma qualquer ideia de que, menos do que a existência, apenas estaria em causa uma questão de eficácia do negócio, afigura-se-nos demasiado otimista. O legislador de 1966 – como, de resto, lhe competia – fixou um regime. Tudo o mais fica a cargo da Ciência do Direito e dos seus cultores.

Após a entrada em vigor do Código Civil, para além da manualística[2119], temos a assinalar quatro autores a quem devemos estudos aprofundados sobre a condição: João de Castro Mendes[2120], Nuno Baptista Gonçalves[2121], Durval Ferreira[2122] e João de Oliveira Geraldes[2123]. Estas obras, com relevo para a última, deixam antever todo um Mundo de pesquisas histórico-jurídicas em aberto. Além disso, a condição tem sido considerada em monografias relativas a contratos específicos[2124]. O tema é inesgotável.

217. Os códigos brasileiros

I. O Direito brasileiro da condição tem o maior interesse. Com efeito, desde o Código Civil de 1916, ele abandonou o esquema latino da retroa-

---

[2119] Assim, Carlos Mota Pinto, *Teoria geral* cit., 4.ª ed., 561-576; Luís Carvalho Fernandes, *Teoria geral* cit., 2, 5.ª ed., 409-427; Pedro Pais de Vasconcelos, *Teoria geral* cit., 7.ª ed., 516-526.

[2120] João de Castro Mendes, *Da condição*, BMJ 263 (1977), 37-60 e *Condição necessária, impossível e indeterminável*, DJ I (1980), 59-89.

[2121] Nuno Baptista Gonçalves, *Da condição (estudo de Direito civil)* (1995), 163 pp..

[2122] Durval Ferreira, *Negócio jurídico condicional: os motivos atípicos e a unidade do sistema jurídico na prova e interpretação de declaração negocial: pessoas colectivas públicas* (1998), 231 pp..

[2123] João de Oliveira Geraldes, *Tipicidade contratual e condicionalidade suspensiva* (2010), 358 pp., já várias vezes citado.

[2124] Veja-se o seu enunciado em João de Oliveira Geraldes, *Tipicidade contratual e condicionalidade suspensiva* cit., 120-123.

tividade da condição: optou pela solução alemã, desenvolvida por Windscheid em meados do século XIX e consagrada no BGB, como foi visto[2125].

II. O Código de 1916 dedicou, à condição, os seus artigos 114.º a 122.º, a abrir um capítulo sobre as modalidades de atos jurídicos. Surgem as contraposições tradicionais. Resulta, todavia, dos seus artigos 118.º e 119.º, a aludida não-retroatividade da condição[2126]: até à sua ocorrência, a outra parte age como titular efetivo, com os limites que se impõem, conservando o produto da sua atuação.

Outra especificidade: segundo o artigo 116.º:

> As condições physicamente impossíveis, bem como as de não fazer coisa impossível, têm-se por inexistentes. As juridicamente impossíveis invalidam os actos a ellas subordinados.

Ou seja: abandonou-se a tradição romana, bem conhecida pelos juristas brasileiros, de considerar que a condição impossível invalida os negócios *inter vivos* (*vitiatur et vitiat*), tendo-se por não escrita nos *mortis causa* (*vitiatur sed non vitiat*). A contraposição consagrada distingue a impossibilidade física da condição, que suprime apenas esta e a jurídica, que inclui a contrariedade aos bons costumes e que atinge todo o negócio.

O Direito civil brasileiro deu, assim, resposta a dúvidas provocadas pelo esquema romano, o que originou alguma crítica[2127].

III. No Código de 2002, em título sobre o negócio jurídico, surge um capítulo III – *Da condição, do termo e do encargo* (121.º a 137.º). À condição foram dedicados dez artigos (121.º a 130.º). Foi mantido, com aperfeiçoamento, o esquema anterior. A não-retroatividade conservou-se (127.º e 128.º), com alguma atenuação. Quanto a invalidades, retemos os artigos 123.º e 124.º:

> art. 123.º Invalidam os negócios jurídicos que lhes são subordinados:
>
> I – as condições físicas ou juridicamente impossíveis, quando suspensivas;
> II – as condições ilícitas, ou de fazer coisa ilícita;
> III – as condições incompreensíveis ou contraditórias.

[2125] *Supra*, 623.
[2126] Manuel Paulo Merêa, *Codigo civil brasileiro anotado* cit., 63.
[2127] *Idem*, 61.

art. 124.º Têm-se por inexistentes as condições impossíveis, quando resolutivas, e as de não fazer coisa impossível.

O Direito brasileiro da condição constituiria um excelente palco para o Direito lusófono comparado. As suas soluções merecem uma ponderação cuidada, podendo considerar-se uma versão evoluída do sistema romano-germânico.

§ 47.º A CONDIÇÃO: FUNÇÃO, MODALIDADES E AFINS

218. Conceito e função

I. Os elementos obtidos permitem-nos passar ao Direito vigente. Agora de modo apoiado, vamos reencontrar alguns dos temas que, desde o *ius romanum*, têm merecido a atenção dos estudiosos.

Desde logo, a condição pode ser tomada como uma "cláusula" contratual, como o evento por ela prefigurado ou como a efetiva ocorrência desse evento. Estamos, naturalmente, no seio da condição em sentido estrito e técnico-jurídico.

II. A noção civil parte da ideia de "cláusula", da qual decorrem as demais. A condição é uma cláusula contratual típica, que vem subordinar a eficácia de uma declaração de vontade a um evento futuro e incerto[2128]. O Código Civil, que dá esta noção, distingue (270.º):
– a condição suspensiva, quando o negócio só produza efeitos após a eventual verificação da ocorrência[2129];
– a condição resolutiva, sempre que o negócio deixe de produzir efeitos após a eventual verificação da ocorrência em causa; como vimos, o Código Civil, na sequência da 2.ª revisão ministerial[2130], veio falar em "resolução"; esta, todavia, implica um ato autónomo (432.º), aqui desnecessário; como veremos, a condição opera, em princípio, de modo automático.

[2128] Por todos, Manuel de Andrade, *Teoria geral* cit., 2, 356 e Karl Larenz/Manfred Wolf, *Allgemeiner Teil* cit., 9.ª ed., 913-914 ss..
[2129] STJ 23-abr.-1998 (Matos Namora), CJ/Supremo VI (1998) 2, 46-49 (49/I).
[2130] *Supra*, 633.

Em concreto, saber se estamos perante uma ou perante a outra dessas duas modalidades constitui questão de interpretação[2131]. Sendo um *plus*, o facto de não resultar, pela interpretação, a aposição de qualquer condição levará o intérprete a concluir pela presença de um negócio puro[2132].

III. A condição vem satisfazer necessidades práticas importantes. Na verdade, aquando da contratação, as partes desconhecem, muitas vezes, a evolução futura dos factos em que assentem. Por isso, tem o maior interesse a possibilidade de subordinar a própria eficácia negocial a esse desenrolar desses factos. Além disso, a condição surge em tipos negociais complexos, seja de base legal, seja de base social. Por exemplo, a compra com reserva de propriedade fica dependente do facto futuro e incerto da sua verificação[2133]. A condição também pode ser usada como garantia em obrigações duradouras: por exemplo, pode-se condicionar um contrato de fornecimento à boa qualidade dos bens fornecidos[2134] ou, até, construir uma "condição do cumprimento"[2135]. Ela tem um papel de relevo, particularmente no moderno mundo dos negócios financeiros. Um bom domínio da teoria geral é, pois, decisivo.

IV. A condição levantou, como vimos, grandes dúvidas doutrinárias, tendo merecido extensas monografias e grandes desenvolvimentos em manuais[2136]. No Direito romano, a condição era conhecida; no entanto,

---

[2131] STJ 23-out.-2003 (Ferreira Girão), CJ/Supremo XI (2003) 3, 108-111 (110/I) e STJ 9-fev.-2004 (Araújo Barros), Proc. 04B2740.

[2132] RPt 26-out.-2010 (João Ramos Lopes), CJ XXXV (2010) 4, 192-195 (195/I).

[2133] *Vide* Werner Flume, *Die Rechtstellung des Vorbehaltskäufers*, AcP 161 (1962), 385-408 e Arwed Blomeyer, *Die Rechtstellung des Vorbehaltskäufers*, AcP 162 (1963), 193-203.

[2134] REv 23-nov.-2005 (Fernando Bento), CJ XXX (2005) 5, 265-266 (266).

[2135] *Vide* a pequena monografia de Rafaelle Lenzi, *Condizione, autonomia privata e funzione di autotutela/L'adempimento dedotto in condizione* (1996), VIII + 127 pp..

[2136] Para além da literatura já referida: Ludwig Enneccerus/Hans-Carl Nipperdey, *Allgemeiner Teil* cit., 15.ª ed., §§ 194-201 (2, 1185-1208) e, entre as monografias confrontadas, Ludwig Enneccerus, *Rechtsgeschäft, Bedingung und Anfangstermin* (1888), 171 ss.: uma obra básica para todo o género do negócio jurídico; Eberhard Bruck, *Bedingungsfeindliche Rechtsgeschäfte* (1904), R. Krug, *Die Zulässigkeit der reinen Wollens-Bedingung* (1904), Paul Oertmann, *Die Rechtsbedingung (conditio iuris)/Untersuchungen zum Bürgerlichen Recht und zur allgemeinen Rechtslehre* (1924), Arwed Blomeyer, *Studien zur Bedingungslehre II – Über bedingte Verfügungsgeschäfte* (1939), 121-285 + I e Ernst Gass, *Ursache, Grund und Bedigung im Rechtsgeschehen* (1960). Muitas indicações em

trabalhava-se, então, com grandes grupos de atos tipicamente condicionados e não com uma categoria geral de condição, só possível com a pandectística[2137].

A temática das condições veio a sedimentar-se, encontrando abrigo nas codificações civis. Trata-se, todavia, de matéria geral, aplicável em todo o Direito, incluindo o da família[2138], o das sucessões[2139], o comercial[2140] e o do processo[2141], bem como no Direito público[2142], atingindo os atos administrativos[2143]. Os títulos executivos são reportáveis a obrigações condicionais – artigo 715.º do CPC de 2013, ex-804.º/1[2144].

Podem ainda surgir atos jurídicos típicos que impliquem, só por si, condições: assim, o pagamento do cheque ao seu portador, pelo próprio banco sacado, considera-se feito sob a condição suspensiva de existência de saldo suficiente na conta do sacador[2145]; em novo exemplo: o contrato para pessoa a nomear – artigos 452.º e seguintes – sujeita-se a uma dupla condição: resolutiva quanto aos seus efeitos imediatos, dependendo do direito de nomeação pelo autor da reserva e suspensiva quanto aos efeitos

---

Reinhard Bork, no *Staudinger* II, Vor §§ 158-163, 301-303 e em Harm Peter Westermann, no *Münchener Kommentar* cit., 1, 6.ª ed., 1688.

Pela especial influência exercida em Manuel de Andrade cabe referir, entre os italianos e para além dos já citados, Nicola Coviello, *Manuale di diritto civile*, 3.ª ed. cit., 422-439. Uma referência especial é devida à importante monografia de Gaetano Petrelli, *La condizione "elemento essenziale" del negozio giuridico/Teoria generali e profili applicativi* (2000).

[2137] Além dos elementos já referidos, Riccardo Orestano, *Condizione (diritto romano)*, NssDI III (1959), 1095-1097 (1095).

[2138] STJ 13-mar.-2001 (Fernandes Magalhães), CJ/Supremo IX (2001) 1, 161-163 (162-163): é válido o contrato-promessa de partilha de bens comuns do casal, subordinado à condição suspensiva do decretamento do divórcio entre os promitentes.

[2139] STJ 7-fev.-2002 (Neves Ribeiro), CJ/Supremo X (2002) 1, 75-77 ("no caso do falecimento da minha mulher ainda existirem bens provenientes da minha meação, estes serão herdados por meus irmãos e sobrinhos").

[2140] RCb 26-nov.-2002 (Paulo Távora Victor), CJ XXVII (2002) 5, 21-22, num contrato de abertura de crédito.

[2141] Peter Hövelmann, *Die Bedingung im Verfahrensrecht/dargestellt an Fällen aus dem Patentrecht*, GRUR 2003, 203-208 (203 ss.).

[2142] STA 14-jun.-1985 (Cruz Rodrigues), AcD XXV (1985) 293, 525-543 (541).

[2143] STA 16-jun.-1992 (Oliveira e Castro), BMJ 418 (1992), 611-616 (615).

[2144] REv 29-set.-1988 (Cortez Neves), CJ XIII (1988) 4, 248-250; vide Miguel Teixeira de Sousa, *Acção executiva singular* (1998), 100.

[2145] Artigo 3.º da LUCh; vide STJ 18-jun.-1996 (Martins Costa), BMJ 458 (1996), 347-352 (349).

em relação ao terceiro a nomear[2146]. A possibilidade de aposição unilateral de condições já tem sido discutida[2147], devendo ser aferida caso a caso.

219. Modalidades

I. Para além da classificação legal, acima referida, das condições em suspensivas e resolutivas, outras ocorrem na doutrina[2148]. Assim, a distinção entre condições casuais e condições potestativas, conforme o evento incerto de que dependam se traduza num facto alheio aos participantes ou, pelo contrário, emerja da vontade de um deles; neste último caso, o participante em causa recebe o direito potestativo de deter ou de desencadear a eficácia do negócio, consoante seja resolutiva ou suspensiva. A condição casual pode, ainda, depender de um facto natural, como chover ou não chover num certo dia, de um ato de terceiro, como a concessão de uma fiança ou de um ato social ou administrativo, como a autorização para construir.

A condição potestativa levantou muitas dúvidas, vindo a ser negada pelo Direito comum e pelo próprio Savigny[2149], com intervenções subsequentes de vários autores[2150]. Hoje, admite-se tal condição, quando assente em dados objetivos. Fora disso, ela corresponderá a um puro direito potestativo, reconhecido a uma das partes, de desencadear efeitos negociais ou de revogar o negócio. Não se trata de uma condição *proprio sensu*[2151].

Exemplo tradicional de condição potestativa, consignada na lei, seria a da venda a contento[2152]. O Código Vaz Serra, todavia, reconduziu-a ora

---

[2146] STJ 23-jan.-1986 (Tinoco de Almeida), BMJ 353 (1986), 429-438 (436).

[2147] Werner Merle, *Risiko und Schutz des Eigentümers bei Genehmigung der Verfügung eines Nichtsberechtigten/Zur Zulässigkeit bedingter einseitiger Rechtsgeschäfte*, AcP 183 (1983), 81-102.

[2148] Alguns destes termos podem ser seguidos em Domenico Barbero, *Condizione (diritto civile)*, NssDI III (1959), 1097-1109 e em Reinhard Bork, no *Staudinger* cit., Vorbem §§ 158 ff., Nr. 12-33 (312-318).

[2149] Friedrich Carl von Savigny, *System* cit., 3, 131.

[2150] Walsmann, *Ein Beitrag zur Lehre von der Wollensbedingung*, JhJb 54 (1909), 197-302 (197 e 275) e Eduard Wolder, *Zur Lehre von der Wollensbedingung*, JhJb 56 (1910), 147-158 (147).

[2151] Reinhard Bork, no *Staudinger* cit., Nr. 18 (314), quanto à condição suspensiva.

[2152] Oskar Beyer, *Über die rechtliche Natur des suspensivbedingten Kaufs auf Probe mit besonderer Berücksichtigung der reinen Wollensbedingung* (1913), V + 50 pp., 49.

à proposta (primeira modalidade, artigo 923.º), ora à resolução (segunda modalidade, 924.º): não se trata, pois, de uma condição.

II. Temos, depois, as condições de momento certo e condições de momento incerto, consoante ocorram numa ocasião prefixada, ainda que incerta – por exemplo, "quando o beneficiário fizer trinta anos", o que poderá suceder ou não, consoante ele sobreviva até essa idade – ou numa ocasião indeterminada – por exemplo, "quando ele casar": não se sabe nem se casa, nem quando casa.

III. Contrapõem-se as condições automáticas às condições exercitáveis, de acordo com a desnecessidade, para a sua eficácia, de qualquer manifestação de vontade ou, pelo contrário, com essa necessidade; a condição exercitável pode ser aproximada de um misto entre a condição casual e a potestativa, uma vez que, para além do evento, requer uma vontade do agente. Em regra, as condições são automáticas; mas quando apenas uma das partes tenha conhecimento da sua verificação, deve prontamente comunicá-la à outra, por via da boa-fé.

IV. Outros critérios permitem distinguir condições impróprias, condições indeterminadas, condições ilícitas, condições impossíveis, condições legais e condições contrárias aos bons costumes. Vamos encontrá-las nos desenvolvimentos subsequentes.

220. Condições impróprias e figuras semelhantes

I. Ao lado das condições, a doutrina distingue certas figuras que, embora apresentadas em termos formalmente condicionais, não são verdadeiras condições. São as chamadas condições impróprias. Estas surgem por faltar algum dos requisitos das verdadeiras condições e, designadamente: ou a natureza futura do evento, ou a sua incerteza ou a voluntariedade da própria cláusula em si. Assim, são impróprias:

– as condições presentes ou passadas: a eficácia fica dependente de algo que, existindo já, ou não, aquando da celebração, não deixa, afinal, margem de pendência para o negócio; deve no entanto considerar-se que há condição quando as partes se reportem não ao facto em si, mas ao conhecimento dele: produz-se tal efeito quando chegar ao nosso conhecimento (se chegar) que ocorreu tal facto;

– as condições impossíveis, isto é, aquelas que, por razões físicas (*si digito coelum tetigeris* – se tocares no céu com o dedo – ou *si mares ebiberis* – se beberes o mar – em exemplos que vêm dos romanos) ou jurídicas (se venderes a um cão) nunca poderão ocorrer; neste último caso ainda se poderia distinguir entre impossibilidade legal e impossibilidade moral, consoante a verificação da condição seja vedada por lei ou por princípios gerais ou cláusulas indeterminadas, *maxime* pela boa-fé ou pelos bons costumes;
– as condições necessárias, ou seja, aquelas que, também por razões naturais ou legais, irão de certeza ocorrer, mesmo que em momento incerto; por exemplo, a "condição" se (quando) alguém morrer ou se (quando) alguém deixar o Governo ou a Assembleia; a condição necessária é, na realidade, um termo incerto (*certus an incertus quando*);
– as condições legais ou *condiciones iuris*, no sentido de abranger os factos eventuais e futuros a que a própria lei – e não as partes[2153] – subordine certa eficácia[2154]; por exemplo, as convenções antenupciais produzem efeito depois do (se houver) casamento; entre as condições legais aparece a chamada condição resolutiva tácita, isto é, a possibilidade de alguém resolver o contrato por incumprimento da contraparte (se a outra parte não cumprir – artigo 801.º/2, do Código Civil); desta figura é possível aproximar a "condição" resolutiva consistente na impossibilidade superveniente, física ou legal, de certa prestação.

No tocante às condições impróprias, há que fazer uma verificação ponto por ponto para determinar a aplicabilidade das regras próprias da condição[2155].

[2153] Bernhard Scherling, *Natur und Wirkung der condicio iuris* (1897), 93 pp., 19 ss.; a distinção remonta aos romanos: Hans Egert, *Die Rechtsbedingung im System des bürgerlichen Rechts* (1974), XXI + 234 pp. (1).
[2154] STJ 10-out.-1985 (Tinoco de Almeida), BMJ 350 (1985), 324-328 (328), STJ 11-jun.-1991 (Menéres Pimentel), BMJ 408 (1991), 512-520 (519) e RLx 14-dez.-1995 (Almeida Valadas), CJ XX (1995) 5, 151-154 (153/I).
[2155] Quanto às condições legais, p. ex., Paul Oertamnn, *Die Rechtsbedingung* cit., 42 ss. e 157 ss., Reinhard Bork, no *Staudinger* cit., II, Vorbem §§ 158 ff., Nr. 22-26 (315-316) e, quanto ao atual Direito italiano, Petrelli, *La condizione* cit., 108 ss..

II. A condição distingue-se de múltiplas figuras próximas. Desde logo do termo, abaixo analisado: o termo traduz um evento futuro e certo, quanto à sua ocorrência[2156].

A condição distingue-se do modo, próprio dos negócios gratuitos e que postula uma atuação do beneficiário[2157].

A condição distingue-se, por fim, de outros institutos que, dependentes embora de factos futuros e incertos, disponham de regimes típicos consolidados. Tal o caso da reversão da coisa doada – artigos 960.º e seguintes[2158].

[2156] STJ 5-fev.-1985 (Moreira da Silva), BMJ 344 (1985), 406-410 (409).
[2157] Inocêncio Galvão Telles, *Condição ou modo e usucapião*, O Direito 121 (1989), 641-659 (650 ss.).
[2158] RCb 22-jul.-1986 (Pereira da Silva), CJ XI (1986) 4, 70-72.

§ 48.º NATUREZA, CONDICIONALIDADE E INVALIDADES

221. Natureza

I. Como foi referido, a condição já levantou grandes dificuldades no Direito, tendo originado monografias maciças no século XIX e princípio do século XX. Na própria literatura portuguesa, é possível apontar a existência de largos desenvolvimentos sobre o tema, desenvolvimentos esses que radicam na tradição de pesquisa, que ele levantou[2159]. A matéria está hoje sedimentada, tendo logrado uma codificação segura no Código Civil de 1966. Aproveitando as bases acima adquiridas e para maior clareza na exposição, vamos fixar já a sua natureza.

II. A condição aparece, em termos formais, como algo de autónomo, isto é, como um aditivo introduzido num determinado conteúdo negocial. Mas tal deve-se, apenas, à limitação da linguagem humana, obrigada a recorrer a perífrases para traduzir algo que, afinal, tem natureza unitária. De resto, a condição está sujeita à mesma forma do contrato em que se insira[2160].

Não há, pois, uma vontade de certo efeito e, depois, nova vontade de o subordinar a determinado evento; há, antes uma vontade única, mas condicional[2161]. Resulta daí que todo o conteúdo do negócio condicio-

---

[2159] *Vide* Guilherme Moreira, *Instituições do Direito Civil* cit., 2, 468-491, Paulo Cunha, *Direito Civil*, 2 (1938), 198-209, Cabral de Moncada, *Lições de Direito Civil* cit., 2, 3.ª ed., 361-382, Manuel de Andrade, *Teoria geral* cit., 2, 356-384, Inocêncio Galvão Telles, *Manual dos contratos em geral*, 3.ª ed. cit., 215 ss. e Castro Mendes, *Teoria geral do Direito civil*, 2 (1985, reimpr.), 216-234, bem como a literatura nacional acima referida, 634.

[2160] RCb 26-set.-2000 (António Geraldes), CJ XXV (2000) 4, 17-24 (24/I): um acórdão excelente.

[2161] Sergio Maiorca, *Condizione*, DDP/SCiv III (1990), 273-333 (278) e STJ 12-jan.-1999 (Torres Paulo), CJ/Supremo VII (1999) 1, 27-30 (28/II).

nado fica, por igual, tocado pela condição, com claros reflexos no regime. E designadamente: a invalidade de uma condição acarreta a invalidade de todo o negócio (*vitiat et vitiatur*). A doutrina tem criticado, com unanimidade, as situações inversas[2162], que apenas ocorrem, aliás, nos negócios gratuitos e nas quais a condição inválida se tem "como não escrita": trata-se de uma solução que pode penalizar, sem justificação, a autonomia privada. Veremos, abaixo, a concretização desta ideia.

III. Subscrevemos, pois, a denominada teoria da unidade, que se nos afigura claramente vencedora, na Ciência jurídica da atualidade[2163] e que, entre nós, tem sido (bem) defendida por Oliveira Geraldes[2164] e por Pais de Vasconcelos[2165]. Além das razões de fundo que a apoiam e do regime já adiantado quanto à invalidade da condição, que atinge todo o negócio (271.º), salientamos os seguintes argumentos jurídico-positivos:

– o regime da pendência (272.º, 273.º e 274.º), o qual mostra a presença de regras que "ultrapassam" a condição, agindo sobre o todo;
– a regra da retroatividade (276.º) que, *summo rigore*, não pode ser tomada à letra, uma vez que traduz uma realidade conjunta.

Evidentemente: a procedência da construção unitária não pode apagar a existência histórica, cultural e científica da condição como realidade autónoma.

222. A condicionabilidade

I. Pergunta-se se todos os negócios são condicionáveis, isto é, se em todos podem ser apostas condições. Como vimos, já no Direito romano havia certas restrições[2166].

A regra geral, emergente do artigo 405.º/1 – a liberdade contratual – conduz à livre aponibilidade de condições: quem é livre de estipular, pode condicionar. Deduz-se, daí, que os atos em sentido estrito não são

---

[2162] Domenico Barbero, *Condizione* cit., 1102.
[2163] *Supra*, 626.
[2164] João de Oliveira Geraldes, *Tipicidade contratual e condicionalidade suspensiva* cit., *maxime* 207.
[2165] Pedro Pais de Vasconcelos, *Teoria geral* cit., 7.ª ed., 517-518.
[2166] *Supra*, 627-628.

condicionáveis – por exemplo, o apossamento, a ocupação, o achamento e a acessão[2167] – ou já terão outra natureza.

A lei, em várias definições específicas, proíbe, em certos casos, a aposição de condições; assim sucede com a compensação – artigo 848.º/2 – com o casamento – artigo 1618.º/2 – com a perfilhação – artigo 1852.º/1 – ou com a aceitação ou o repúdio da herança – artigos 2054.º/1 e 2064.º/1. Numa evidência que tem escapado à doutrina: em todos estes casos há ato em sentido estrito, por ausência de liberdade de estipulação. No Direito comercial, designadamente em títulos de crédito, temos novas hipóteses de atos não condicionáveis: tal o endosso[2168], a que se tem acrescentado o aceite e o aval[2169].

II. As condições não podem, ainda, ser inseridas em negócios que o Direito pretenda firmes e como fórmula de os precarizar. Assim, o arrendamento não poderia ser condicionado resolutivamente, sob pena de se frustrar o princípio vinculístico da renovação automática[2170], outro tanto sucedendo com o contrato de trabalho, dada, desta feita, a proibição dos despedimentos[2171]. No caso do arrendamento, a solução correta implicava a invalidade de todo o negócio; no do contrato de trabalho, há que contar com determinadas conversões legais.

No contrato de trabalho, a matéria presta-se a alguma discussão[2172]. O artigo 135.º do CT admite a aposição de condição ou de termo suspensi-

---

[2167] *Vide* uma aplicação desta regra em RCb 2-mai.-1984 (Pereira da Silva), CJ IX (1984) 3, 36-38 (37/I).
[2168] Artigos 12.º da LULL.
[2169] Artigos 26.º/1 e 31.º da LULL.
[2170] RCb 23-out.-1984 (Vassanta Tambá), CJ IX (1984) 4, 57-60 (59/II) e RCb 12-fev.-1985 (Santos Monteiro), BMJ 344 (1985), 466: esta opção pode, hoje, ser revista.
[2171] RPt 2-mai.-1988 (Neto Parra), CJ XIII (1988) 3, 265-267 (266/II). Nalgumas conjunções, o contrato de trabalho seria condicionável: RPt 13-nov.-1989 (José Correia), CJ XIV (1989) 5, 244-246 e RLx 8-nov.-1995 (Carlos Horta), CJ XX (1995) 5, 177-178 (178/II). A revogação condicional do contrato de trabalho não suscita dúvidas: REv 8-mai.-1997 (Gonçalves Rocha), CJ XXII (1997) 3, 291-292 (292/II).
Quanto ao tema: Rolf-Dieter Falkenberg, *Zulässigkeit und Grenzen auflösender Bedingungen in Arbeitsverträgen*, DB 1979, 590-592 e Christian Ehrich, *Die Zulässigkeit von auflösender Bedingungen in Arbeitsverträgen*, DB 1992, 1186-1189.
[2172] Maria do Rosário Palma Ramalho, *Tratado de Direito do trabalho* cit., 2, 4.ª ed., 206 ss., com indicações e Pedro Romano Martinez, *Código do Trabalho Anotado*, 9.ª ed. (2013), 350 ss.

vos. O termo resolutivo obtém regras mais complexas: artigos 139.º a 149.º do CT. Já a condição resolutiva não é admissível, perante a letra da lei, perante um argumento *a fortiori* e perante a teleologia subjacente às regras laborais[2173].

223. Invalidades

I. Diferente da aponibilidade é a licitude da condição. Desta feita, não há que atentar no negócio a condicionar, mas no teor da própria condição. Esta, dadas as suas relações com o negócio, pode conduzir ou implicar resultados proibidos pelo Direito.

Tal pode suceder:
– por a própria condição ser, em si, contrária à lei: por exemplo, dou se ele cometer um crime;
– por ela implicar uma relação com o negócio que repugne ao Direito: por exemplo, dou se ele castigar os filhos;
– por ela conduzir a resultados indesejáveis ou que o Direito queria livres: por exemplo, dou se ele desistir do exame ou se romper o noivado.

O Código Civil distingue, neste ponto, o tipo de regra atingida: assim refere a condição contrária à lei, à ordem pública ou aos bons costumes – artigos 271.º/1 e 2230.º/2. Estão em causa as noções civis de ambas essas realidades[2174]: mal ficaria, a propósito da condição, reescrever toda essa matéria.

II. Sempre que seja aposta uma condição num negócio incondicionável ou que a condição seja, em si, ilícita, o negócio é, no seu todo, nulo, regra essa que se alarga às condições impossíveis: é a norma do artigo 271.º, correspondente à natureza global do negócio condicionado e da vontade condicional, acima referidos: *vitiat et vitiatur*.

Esta regra tem exceções: em certos casos, o Direito, em vez de cominar a nulidade de todo o negócio, determina a nulidade, apenas, da condi-

---

[2173] Maria do Rosário Palma Ramalho, *Tratado de Direito do trabalho* cit., 2, 4.ª ed., 207-208.
[2174] *Supra*, 584 ss. (bons costumes) e 603 ss. (ordem pública).

ção[2175]: *vitiatur sed non vitiat*. Assim sucede com os atos pessoais e familiares no domínio do casamento (1618.º/2) e da perfilhação (1852.º/2), dada a evidente necessidade ético-jurídica de preservar esses atos.

III. A regra *vitiatur sed non vitiat* também vigora no domínio de atos gratuitos (2230.º/1, quanto ao testamento, aplicável à doação nos termos do artigo 967.º)[2176].

Mas estas regras, tal como as familiares, justificadas apenas por respeitável tradição[2177], vão contra a autonomia privada e devem ser aplicadas com muito parcimónia e em termos restritivos[2178], por força dos elementos sistemático e teleológico de interpretação[2179].

Basta ver que, tomada à letra, esta ideia da (mera) nulidade de certas condições teria efeitos deste tipo: caso contigo quando fizeres 80 anos (se fizeres): a condição tem-se por não escrita, segundo o artigo 1618.º/2, pelo que o casamento seria válido e (imediatamente) eficaz. Ou, num exemplo de Castro Mendes: dou-te quando as galinhas tiverem dentes: a condição é impossível, pelo que se tem por não escrita (artigos 967.º e 2230.º/1), sendo a doação válida e (imediatamente) eficaz[2180]. Não pode ser: em ambos os casos, o declarante manifesta a vontade de não praticar o ato.

IV. Por isso, em todas as hipóteses de mera nulidade da condição, por expressa injunção legal, há que ponderar se as partes terão mesmo querido o negócio sem a condição. Quando for patente a negativa, o facto de a condição se ter "como não escrita" acarreta a nulidade do conjunto.

[2175] Normalmente, fá-lo recorrendo à perífrase "consideram-se não escritas".

[2176] STJ 17-out.-1985 (Góis Pinheiro), BMJ 350 (1985), 355-365 (361) e STJ 12-jan.-1988 (Eliseu Figueira), BMJ 373 (1988), 544-548 (548).

[2177] Vide *supra*, 627.

[2178] Mota Pinto, *Teoria geral* cit., 4.ª ed., 570-571, dá uma explicação para estas regras no domínio dos atos gratuitos. No caso do testamento, um princípio do *favor testamentorum* é ponderoso: a nulidade do testamento deita tudo a perder, uma vez que não se pode pedir ao falecido que reformule o texto; já no tocante às doações, não vemos como aplicar a mesma construção.

[2179] Deve frisar-se que já Guilherme Moreira, *Instituições* cit., 1, 470, mostrava dúvidas quanto a esta solução; a questão devia ter sido mais aprofundada aquando da preparação do Código Civil. De resto, a doutrina não tem dúvidas em proclamar a nulidade sempre total do negócio, salvo particulares casos de redução, que passam pelo respeito da vontade das partes; vide Ludwig Ennecerus/Hans Carl Nipperdey, *Allgemeiner Teil* cit., 15.ª ed. § 201 (2, 1208) e Karl Larenz/Manfred Wolf, *Allgemeiner Teil* cit., 9.ª ed. 918.

[2180] Castro Mendes, *Da condição* cit., 57.

§48.º Naturez,a, condicionalidade e invalidades

E há, para tanto, além da natureza das coisas, uma base legal: segundo o artigo 2230.º/1 do Código Civil, "a condição física ou legalmente impossível considera-se não escrita e não prejudica o herdeiro ou legatário, salvo declaração do testador em contrário". Ora, a "declaração em contrário" pode ser tácita, nos termos gerais, resultando da declaração negocial, no seu conjunto.

§ 49.º O REGIME DA CONDIÇÃO

224. Princípios gerais

I. O regime da condição procura um equilíbrio: por um lado, ela deve ser respeitada, envolvendo todo o negócio jurídico; por outro, ela não pode paralisar o comércio jurídico, na expectativa de que ocorra.

A conjunção destas proposições opostas pode ser concretizada com o auxílio de três vetores habituais[2181]:

- a autonomia privada: a condição é imposta pelas partes e, nessa medida, deve ser respeitada; as partes, aliás, podem estipular os seus efeitos, compondo soluções diversas das legais, sempre que o Direito as não proíba;
- a boa-fé: nas suas duas vertentes da tutela de confiança e da primazia da materialidade subjacente, a boa-fé deve ser acatada pelas partes, de modo a não falsear o seu objetivo e a não se provocarem danos desnecessários;
- a distribuição de riscos: uma situação condicionada é, por definição, uma situação instável; as partes – ou alguma delas – podem, daí, retirar danos: trata-se, porém, de um risco que correm e que livremente assumiram, pelo que deve ser suportado, de acordo com a ordem natural das coisas.

II. Desde o momento em que seja celebrado o negócio condicionado e até à altura em que se verifique a condição ou haja a certeza de que ela se não poderá mais verificar, ela está pendente.

A pendência da condição gera uma situação particular de conflito de direitos: aquele que aliene um direito sob condição suspensiva mantém-se seu titular, mas deixará de o ser com a verificação dela; o que, por seu turno, adquira um direito sob condição resolutiva, passa a ser seu titular, mas dei-

---

[2181] STJ 12-jan.-1999 cit., CJ/Supremo VII, 1, 28-29.

xará de o ser com a verificação da mesma. Em ambos os casos, o titular é, de algum modo, precário; ora, se lhe fosse permitido agir como titular pleno, ele poderia pôr em perigo o direito da outra parte. Mas por outro lado, ele é, ainda, titular: alguma vantagem há-de retirar desse facto. Adiante verificaremos o equilíbrio que a lei encontra, para estes vetores contrapostos[2182].

III. A pendência cessa pela verificação da condição, ou pela não-verificação, consoante ela se manifeste pela positiva ou pela negativa. A certeza de que ela não se pode verificar equivale à não-verificação, como aliás manda o artigo 275.º/1.

Em princípio, a condição deve seguir o seu curso natural. Se for, contra a boa-fé, impedida por aquele que prejudica, tem-se por verificada; se for, também contra a boa-fé, provocada por aquele a quem beneficia, considera-se não verificada. Há, aqui, uma manifestação da regra-mãe do *tu quoque*, baseada na própria boa-fé[2183].

IV. Verificada a condição, os seus efeitos retrotraem-se à data da conclusão do negócio[2184]. Quer isso dizer que, sendo resolutiva, o negócio tornar-se-ia como que não celebrado e, sendo suspensiva, como que plenamente celebrado *ab initio*. Esta regra, resultante da tradução de Bártolo, vem referida no artigo 276.º do Código Civil e, aí, expressamente declarada supletiva. Ela é mais aparente do que real, assim se fazendo a confluência com o sistema do BGB.

Na verdade, já se viu como, segundo o artigo 274.º, são possíveis atos dispositivos de posições condicionadas sendo o adquirente equiparado a possuidor de boa-fé. Além disso, o artigo 277.º retira, dessa retroatividade, nos seus três números, os seguintes pontos:

– os contratos de execução continuada (n.º 1);
– os atos de administração ordinária entretanto praticados (n.º 2);

[2182] Nas palavras da RLx 4-nov.-1997 (Fernando Pinto Monteiro), CJ XXII (1997) 5, 73-74 (74/I): "... durante a pendência, o credor condicional não tem ainda um direito exercitável em relação ao devedor, embora as partes estejam já vinculadas de tal modo que estão sujeitas à produção dos efeitos do negócio, uma vez verificado o evento condicionante".

[2183] *Da boa fé* cit., 837-838.

[2184] STJ 17-dez.-1985 (Senra Malgueiro), BMJ 352 (1986), 377-382 e RLx 24-jun.-1986 (Ribeiro de Oliveira), CJ XI (1986) 3, 139-140 (140/II). A retroatividade diz apenas respeito ao próprio negócio: não a atos circundantes; *vide* STJ 30-mar.-1993 (Pereira Cardigos), BMJ 425 (1993), 466-471 (470).

– a natureza de boa-fé à posse do titular (n.º 3), o que lhe confere, por exemplo, o direito aos frutos (1270.º).

Não há, pois, retroatividade pura. Digamos, antes, que todo o negócio fica infletido pela condição (em *modus condicionis*), independentemente da verificação desta.

225. Pendência e boa-fé

I. Do regime da condição importa agora considerar, com maior atenção, o problema da sua pendência.
Segundo o artigo 275.º do Código Civil,

> 2. Se a verificação da condição for impedida, contra as regras da boa-fé, por aquele a quem prejudica, tem-se por verificada; se for provocada, nos mesmos termos, por aquele a quem aproveita, considera-se como não verificada.

Esta disposição tem sido entendida[2185] como uma concretização do artigo 272.º do mesmo Código Civil:

> Aquele que contrair uma obrigação ou alienar um direito sob condição suspensiva, ou adquirir um direito sob condição resolutiva, deve agir, na pendência da condição, segundo os ditames da boa-fé, por forma que não comprometa a integridade do direito da outra parte.

O artigo 272.º do Código Civil teve origem no artigo 1358.º do Código Civil italiano[2186], o qual acolheu o § 162 do BGB[2187]. No italiano,

---

[2185] Pires de Lima/Antunes Varela, *Código Anotado* cit., 1, 4.ª ed., 254; as mencionadas referências à boa-fé têm, segundo estes Autores, um alcance "ético" semelhante ao referido no artigo 227.º, do Código Civil.

[2186] Quanto ao preceito italiano: Pietro Trimarchi, *Istituzioni di diritto privato*, 8.ª ed. (1989), 251; Paolo Zatti/Vittorio Colussi, *Lineamenti di diritto privato*, 2.ª ed. (1989); Alberto Trabucchi, *Istituzioni di diritto civile*, 30.ª ed. (1991), 167; Giorgio Cian/Alberto Trabucchi, *Commentario breve al Codice Civile*, 4.ª ed. (1992), 1085-1086; e Maria Alessandra Livi, em Pietro Rescigno, *Codice civile* cit., 1, 7.ª ed., 2501-2503. Deve, ainda, ser feita uma menção especial à monografia de Luciano Brusciglia, *Pendenza della condizione e comportamento secondo buona fede (art. 1358 c.c.)* (1975), 162 pp., 40 ss. e 47 ss..

[2187] Harm Peter Westermann, no *Münchener Kommentar* cit., 1, 6.ª ed., § 162 (1728 ss.).

§49.º O regime da condição

a necessidade de, na pendência da condição, observar a boa-fé, tem sido entendida como sujeição à regra geral da correção[2188], menos exigente do que o instituto do abuso do direito[2189]. No alemão, acentuam-se os deveres de lealdade, decorrentes da boa-fé[2190]. De todo o modo, deparamos aqui com uma manifestação de boa-fé objetiva. Esta exprime a necessidade de, em cada situação jurídica, se observarem os vetores fundamentais da ordem jurídica[2191]. Tal necessidade implica a observância de dois grandes subprincípios[2192]:

– a tutela da confiança;
– a primazia da materialidade subjacente.

Tais subprincípios dão corpo à boa-fé aplicável na pendência da condição. E como, antes de mais, estão em causa deveres de conduta, é de acolher a concretização da doutrina alemã: estão em jogo deveres de lealdade, prescritos por lei e concretizados pelo contrato.

II. A tutela da confiança implica que, na pendência da condição, as partes não possam agir contra o que, pelas suas opções contratuais ou pela ordem natural das coisas, iria, em princípio, suceder, em termos que provocaram a crença legítima da outra parte.

A primazia da materialidade subjacente obriga a que a condição não possa transformar-se num jogo formal de proposições: ela deve exprimir, no seu funcionamento, a vontade condicional das partes, isto é, a sua subordinação ao facto futuro e incerto que escapa à vontade de qualquer delas.

É, assim, contrário à boa-fé qualquer atuação das partes que incida sobre o *iter* formativo da condição[2193] desde que:

– se venha a interferir na sua ocorrência (ou não-ocorrência) em termos que contrariem a confiança da outra parte;

[2188] Trimarchi, *Istituzioni* cit., 8.ª ed., 251.
[2189] Luciano Bruscuglia, *Pendenza della condizione* cit., 37.
[2190] Reinhard Bork, no *Staudinger* cit., II (2010), § 162, Nr. 2 (351) e Harm Peter Westermann, no *Münchener Kommentar* cit., 1, 6.ª ed., § 162, Nr. 9 (1731-1732).
[2191] *Tratado* I, 963-964.
[2192] *Tratado* I, 969 ss. e 975 ss..
[2193] Luciano Bruscuglia, *Pendenza della condizione* cit., 107 ss..

– se venha a bulir com a essência futura e incerta da verificação da condição, transformando-a, por exemplo, num simples exercício potestativo da parte interventora.

Deve sublinhar-se que os deveres oriundos da boa-fé e que funcionam na pendência da condição são deveres acessórios, de tipo contratual, que decorrem do negócio mesmo antes da verificação da condição[2194].

III. O Código Civil, quando sanciona, no artigo 275.º/2, as interferências contrárias à boa-fé na verificação da condição distingue:

– a condição impedida por aquele a quem prejudica;
– a condição provocada por aquele a quem aproveita.

Põe-se o problema: num contrato bilateral, a condição, seja ela qual for, vai sempre, em simultâneo, beneficiar e prejudicar ambas as partes. Por exemplo: a condição resolutiva prejudica o adquirente, que perde a coisa, mas beneficia-o, liberando-o do pagamento do preço.

Pretender, num caso desses, que a verificação provocada da condição não é sancionável, por não lhe aproveitar, seria abrir a porta para que, nos contratos bilaterais ou situações equiparáveis, as partes pudessem, livremente, interferir na condição. Não pode ser. Assim, cabe entender-se que qualquer das partes que impeça uma condição deve considerar-se prejudicada por ela; de igual modo, qualquer das partes que provoque uma condição deve considerar-se como aproveitando dessa ocorrência. Estes pontos devem, todavia, ser ponderados, caso a caso. Noutros termos: nunca nenhuma das partes pode, contra a boa-fé, impedir ou provocar condições.

Resta acrescentar que a condição é uma "cláusula típica" frequente, com larga documentação jurisprudencial. O seu regime responde a inúmeras questões práticas.

226. A expectativa

I. A concluir a dogmática geral da condição, cumpre recordar a figura geral da expectativa. Em sentido amplo, a expectativa corresponde a uma situação aprazível, na qual se espera a constituição de um direito, ou se

---

[2194] STJ 23-out.-2003 (Ferreira Girão), CJ/Supremo XI (2003) 3, 108-111 (111/I).

adere à manutenção de uma decorrência favorável[2195]. De entre as várias hipóteses, sobressai a expectativa jurídica (*Anwartschaftsrecht*)[2196], isto é: aquela que traduz uma posição jurídica tutelada pelo Direito, podendo, desse modo, ser tomada como direito subjetivo.

II. A expectativa jurídica surge como conceito capaz de enquadrar o beneficiário de uma condição suspensiva, enquanto esta não ocorrer[2197]. E serviria, também, para exprimir o sucessor do titular, perante uma condição resolutiva[2198]. A expectativa jurídica, sendo tomada como direito subjetivo[2199], particularmente no campo dos direitos reais[2200], permite dar cobertura a vicissitudes subjetivas anteriores à aquisição final do direito[2201]. Coloca problemas dogmáticos particulares em áreas onde vigore um princípio de tipicidade[2202], como sucede no Direito das coisas.

A expectativa tem sido particularmente versada para traduzir a posição do adquirente com reserva de propriedade[2203]: não sendo (ainda) dono, ele tem, todavia, o maior interesse em poder dispor da sua posição[2204], ou

---

[2195] *Tratado* I, 907-908, com ilustrações, em face do Código Civil.

[2196] Manfred Wolf/Jörg Neuner, *Allgemeiner Teil* cit., 10.ª ed., § 20, Nr. 46 (224); Peter Schwerdtner, *Anwartschaftslehre*, Jura 1980, 609-614 e 661-668 (609); vide, aí, 611 ss., os vários tipos de pretensão.

[2197] Arnold Brecht, *Bedingung und Anwartschaft/Das aufschiebend bedingte Eigentum, seine Bestellung, Weiterübertragung und Pfändung*, JhJb 61 (1912), 263-342 (263 ss.), quanto ao seu conteúdo.

[2198] Ludwig Kempf, *Auflösende Bedingung und Rechtsnachfolge/Ein Beitrag zum Problem der Anwartschaften*, AcP 158 (1959/1960), 308-319 (318-319).

[2199] Hans Würdiger, *Die privatrechtliche Anwartschaft als Rechtsbegriff* (1928), 107 pp., 15 ss.; vide, aí, 70 ss., quanto aos seus limites.

[2200] Recordamos o grande clássico: Ludwig Raiser, *Dingliche Anwartschaften* (1961), VIII + 103 pp., 2, 6, 21, 45 e 102-103 (os resultados).

[2201] Hans Forkel, *Grundfragen der Lehre vom privatrechtlichen Anwartschaftsrecht* (1962), 221 pp., 28, 35 ss, e passim; Ulrich Haas/Thorsten Beiner, *Das Anwartschaftsrecht im Vorfeld des Eigentumserwerbs*, JA 1998, 23-30.

[2202] Wolfram Radke, *Bedingungsrecht und Typenzwang/Eine Untersuchung zu Grundlagen und Grenzen privatautonomer Gestaltung* (2001), 187 pp., 22 ss., 46 ss. e 76 ss., quanto à condição.

[2203] Werner Flume, *Die Rechtsstellung des Vorbehaltskäufers*, AcP 161 (1962), 385-408; Peter Schwertner, *Anwartschaftslehre* cit., 661; Hans Brox, *Das Anwartschaftsrecht des Vorbehaltskäufers*, JUS 1984, 657-668; Eberhard Eichunhofer, *Anwartschaftslehre und Pendenztheorie/Zwei Deutungen von Vorbehaltseigentum*, AcP 185 (1985), 162-201.

[2204] Hans Brox, *Das Anwartschaftsrecht* cit., 660/II.

em ver, sobre ela, constituir-se uma garantia[2205]. Para além da reserva de propriedade, o *Anwartschaftsrecht* opera nas diversas situações em que se perfila um beneficiário de uma aquisição de propriedade[2206].

III. A produção sobre a expectativa jurídica, tomada como direito subjetivo, mantém-se intensa[2207]; surge fascinante[2208], embora de efeitos práticos discutíveis[2209].

No caso do beneficiário da condição, afigura-se-nos preferível falar em "titular condicional", explicando que se trata de uma verdadeira expectativa: mas com um regime próprio. Trata-se do derivado da condição a qual, pela sua eficácia retroativa, hoje desconhecida no Direito alemão, não dá azo a uma pura "aquisição". Lida-se, antes, com uma consolidação, própria do instituto ora em estudo.

[2205] Jan Dirk Harke, *Anwartschaftsrecht als Pfandrecht*, JuS 2006, 385-389.

[2206] Johannes Hager, *Die Anwartschaft des Auflassungsempfängers*, JuS 1991, 1-9 e Mathias Habersack, *Das Anwartschaftsrecht des Anflassungsempfängers/gesicherter Bestand des Zivilrechts oder überflüssiges Konstrukt der Wissenschaft?*, JuS 2000, 1145-1150.

[2207] Mathias Armgardt, *Die Pendenztheorie im Vergleich mit dem Anwartschaftsrecht, der Lehre von der Vorausverfügung und der Lehre vom besitzlosen Pfandrecht*, AcP 206 (2006), 654-682, como exemplo; outra bibliografia pode ser confrontada em Reinhard Bork, no *Staudinger* cit., II, Vorbem zu §§ 158 ff., 302-303.

[2208] Wolfgang Krüger, *Das Anwartschaftsrecht – ein Faszinosum*, JuS 1994, 905-909.

[2209] Mathias Armgardt, *Das Anwartschaftsrecht/dogmatisch unbrauchbar ober examensrelevant*, JuS 2010, 486-490.

SECÇÃO IV
O TERMO E OUTRAS CLÁUSULAS TÍPICAS

§ 50.º O TERMO

227. Origem e evolução

I. Diz-se termo a cláusula pela qual as partes subordinem a eficácia de um negócio jurídico à verificação de um facto futuro efetivo[2210]. Esse facto, que também se diz termo, pode ser certo, no sentido de se saber, de antemão, quando irá ocorrer (por exemplo, no dia 6 de setembro de 2023) ou incerto, quando sendo de ocorrência segura, se desconheça o seu momento exato (por exemplo, no dia da morte de A).

Ao contrário da condição, que remete para um acontecimento eventual e, portanto, de verificação não-segura, o termo não implica tal incerteza. Antes surge como uma efetiva limitação temporal a um negócio jurídico considerado, por iniciativa das partes.

II. O termo era já conhecido no Direito romano: *dies*[2211]. Também aí se distinguia já entre:

– o termo suspensivo ou termo inicial (*dies a quo*): o momento (e a inerente cláusula) a partir do qual o negócio considerado produz efeitos;
– o termo resolutivo ou termo final (*dies ad quem*): aquele que marca o fim da eficácia.

[2210] Ennio Russo, *Il termine del negozio giuridico* (1969), 164 pp., 1 ss., com indicações.

[2211] Ludwig Mitteis, *Römisches Privatrecht* cit., 1, 190 ss.; Max Kaser, *Das römische Privatrecht* cit., 1, 2.ª ed., § 61, II (258); Reinhard Zimmermann, *The Law of Obligations* cit., 741 ss..

Ao longo da História, o termo manteve-se à sombra da condição. Boa parte das questões que coloca são, efetivamente, similares, conquanto que mais simples: não há que contar com a incerteza da verificação.

De notar, todavia, que o tema do cômputo do tempo suscitou diversas dúvidas, ao longo da História[2212]. Os códigos optaram, por isso, por fixar regras claras.

228. Modalidades

I. Também em moldes dogmáticos e perante o Direito vigente, o termo segue a elaboração da condição, sendo, no entanto, bastante mais simples[2213]. O amparo doutrinário que o termo tem encontrado na condição resulta, aliás, dos próprios códigos: o artigo 278.º remete aspetos importantes do regime do termo para o da condição – artigos 272.º e 273.º, que terão, ainda, de ser alargados –, tal como sucede no BGB – § 163, que remete para os §§ 158, 160 e 161.

Nos diversos idiomas, "termo" tanto designa a cláusula acima referida como o evento futuro e certo que ela tem em vista. Na linguagem corrente, ele anda muitas vezes misturado com a locução "prazo": ora o *prazo* designa o lapso de tempo que vai desde a celebração do negócio até ao evento futuro e certo que corporize o termo[2214]. Resulta daí que o termo possa ser traduzido através de um prazo, pelo menos quando seja certo.

[2212] Eduard Hölder, *Die Theorie der Zeitberechnung nach römischem Recht* (1873), 144 pp., 4-40, enumerando 15 autores, todos com as suas doutrinas.

[2213] Bernhard Windscheid/Theodor Kipp, *Pandekten* cit., 9.ª ed., §§ 96 e 96-a (I, 498-507), Ludwig Enneccerus/Hans Carl Nipperdey, *Allgemeiner Teil* cit., 15.ª ed., §§ 193 ss., como complemento à condição (2, 1184 ss.), Reinhard Bork, no *Staudinger* cit., II, § 163 (358 ss.), Karl Larenz/Manfred Wolf, *Allgemeiner Teil* cit., 9.ª ed., 928 ss., Manfred Wolf/ /Jörg Neuner, *Allgemeiner Teil* cit., 10.ª ed., § 52, Nr. 2 (643) e Harm Peter Westermann, no *Münchener Kommentar* cit., 1, 6.ª ed., § 163 (1737 ss.).

Entre nós cumpre referir Guilherme Moreira, *Instituições* cit., 1, 492-494, José Gabriel Pinto Coelho, *Das clausulas accessorias dos negocios juridicos*, 2 – *Termo-modo-pressuposição* (1910), 250 pp., Paulo Cunha, *Direito Civil* cit., 2, 209-218, Manuel de Andrade, *Teoria geral* cit., 2, 386-391, Cabral de Moncada, *Lições de Direito Civil* cit., 2, 382-390, Castro Mendes, *Teoria geral* cit., 1, 236-242, Mota Pinto, *Teoria geral*, 4.ª ed. cit., 577-581 e Carvalho Fernandes, *Teoria geral* cit., 2, 5.ª ed., 428-433.

[2214] A confusão atingiu, aliás, a própria linguagem jurídica; recorde-se o Decreto-Lei n.º 781/76, de 28 de outubro, cujo artigo 1.º/1 dispunha "é permitida a celebração de con-

II. O termo é suscetível de várias e esclarecedoras classificações, que recuperam, de resto, os dados romanos. Assim, ele pode ser:

- inicial, suspensivo ou dilatário, quando a eficácia negocial principie, apenas, após a sua verificação; fala-se, então, em *dies a quo* ou *ex quo*;
- final, resolutivo ou perentório, sempre que a eficácia em questão termine com a verificação do evento; há, então, *dies ad quem*.

Quanto ao momento da verificação do evento, o termo é certo ou incerto[2215]: certo quando, de antemão, seja conhecido esse momento e *incerto* nas restantes hipóteses. Tradicionalmente, são feitas as seguintes contraposições[2216]:

- *dies certus an certus quando*: no dia 20 de março de 2015 (eclipse total do Sol nas Ilhas Faroe); há um termo certo;
- *dies certus an incertus quando*: na data das próximas eleições; sabe-se que vão ocorrer, mas a data exata não está fixada; há um termo incerto;
- *dies incertus an certus quando*: quando fizer 21 anos; sabe-se que, caso isso ocorra, será em tal data; há, na realidade, uma condição;
- *dies incertus an incertus quando*: quando casares; não se sabe se isso vai, ocorrer, nem quando: há condição.

Ao termo certo também se chama fixo e ao incerto, infixo.

III. Quanto ao modo de exprimir o termo, pode este ser expresso ou tácito. É expresso quando resulte da vontade assumida das partes; é tácito quando derive de circunstâncias que, com toda a probabilidade, revelem ser essa a vontade das partes. Assim, no exemplo de Paulo Cunha, o contrato assinado em Lisboa para ser prestado um serviço pessoal no Rio de

---

tratos de trabalho a prazo, desde que este seja certo"; esta terminologia foi corrigida pelo regime da cessação do contrato de trabalho, aprovado pelo Decreto-Lei n.º 64-A/89, de 27 de fevereiro: os artigos 41.º e ss. da LCCT referiam *contratos a termo*. A boa terminologia passou ao Código do Trabalho: artigos 19.º e seguintes.

[2215] Se a incerteza se alargar à própria verificação em si, já não há termo mas, antes, condição.

[2216] Entre nós, Paulo Cunha, *Direito Civil* cit., 2, 211 e Manuel de Andrade, *Teoria geral* cit., 2, 387. As contraposições tornam-se simples tendo em conta que o latim *an* corresponde ao português "se".

Janeiro implica um termo suspensivo mínimo equivalente ao tempo de viagem para lá.

Diferente da anterior, apesar das confusões patentes nalguma doutrina, é a classificação que atende à fonte. Aí, o termo pode ser convencional, se estipulado pelas partes e legal, se imposto por lei – por exemplo, o artigo 1443.º, no tocante ao usufruto. O chamado termo legal é, na realidade, um termo impróprio, uma vez que não deriva da vontade das partes.

Finalmente, o termo pode ser essencial ou não essencial. É essencial sempre que o seu desrespeito envolva a impossibilidade da prestação (por exemplo, servir a ceia da passagem do ano até às 24.00 horas do dia 31 de dezembro); é não essencial quando tal desrespeito apenas implique uma mora do devedor (por exemplo, o automóvel ficará reparado dentro de uma semana).

229. Regime

I. O termo, tal como a condição, depende da vontade das partes. Por isso, estas podem recorrer a ele, apondo-o em todos os negócios que a lei não declare inaprazáveis.

Deve frisar-se que o regime não coincide aqui, precisamente, com o das condições. Se o negócio inaprazável é, por maioria, incondicionável[2217], o inverso não é verdadeiro. Assim, em exemplo de Manuel de Andrade, o saque de uma letra – artigo 33.º da LULL – pode operar a termo, mas não é condicionável. Caso a caso haverá, pois, que verificar se a proibição legal se estende à condição e ao termo ou se abrange, apenas, a primeira.

A aposição de termo quando a lei o proíba envolve a nulidade de todo o negócio jurídico. Esta mesma regra é aplicável quando haja um termo impossível (por exemplo: no dia 32 de julho) ou inviável (por exemplo: até

[2217] O artigo 1307.º do Código Civil, a propósito da propriedade, parece admitir mais facilmente um direito sob condição do que a termo. Não é, contudo, esse o sentido da lei: por razões que se prendem com a técnica de direitos reais, quer a "condição" quer o "termo" são admitidos desde que automáticos e retroativos; a condição não retroativa daria lugar, na mesma, a uma propriedade temporária que, por envolver um direito real de aquisição, só é possível quando permitida por lei; *vide* o artigo 1306.º/1, do Código Civil.

§ 50.º O termo

ontem), a menos que, pela interpretação, se consiga apurar que houve mero lapso material[2218] ou que as partes tinham outra qualquer vontade em vista.

II. Desde o momento da estipulação e até à verificação do termo, este diz-se pendente. Na pendência do termo, há um conflito de direitos entre o atual detentor do direito e aquele que o receberá, quando ele ocorrer. Os problemas suscitados são muito semelhantes aos da condição. Por isso se compreende a remissão do artigo 278.º, que manda aplicar ao termo os artigos 272.º – pendência da condição e dever de atuar de boa-fé – e 273.º – atos conservatórios –, acima analisados.

A contrario, poderia parecer que os artigos 274.º, 275.º, 276.º e 277.º não teriam aplicação ao termo. Não é assim.

De facto, apesar do termo, pode a parte que abrirá mão do direito, praticar atos dispositivos e de administração, havendo, então, que recorrer aos artigos 274.º e 277.º/2 e 3.

Também se pode verificar que um termo, apesar de certo por definição, se venha a impossibilitar por modificação superveniente: por exemplo: paga quando o automóvel se transformar em sucata; ora pode o automóvel perecer de tal modo que nem sucata fique: o artigo 275.º/1 terá, então, a maior utilidade.

Igualmente é fácil de imaginar que alguém impeça, contra a boa-fé, a verificação de um termo ou, também contra a boa-fé, a provoque: a *certeza* do termo não equivale à sua intangibilidade. O artigo 272.º/2 é aplicável.

Também a retroatividade do termo poderá operar ou não, consoante a vontade das partes e as circunstâncias. Os artigos 276.º e 277.º/1 têm, então, também utilidade.

III. Preconiza-se, pois, um entendimento lato da remissão feita no artigo 278.º: todo o regime da condição é aplicável ao termo, cabendo depois, caso a caso e preceito a preceito, ponderar até onde vai essa aplicabilidade. Se necessário, podemos invocar a analogia[2219].

IV. Por vezes, a inclusão, num negócio, de um prazo resolutivo pode bulir com valores sociais e individuais, obrigando o legislador a intervir.

[2218] Aplicando-se, então, o artigo 249.º, do Código Civil.
[2219] José Alberto Vieira, *Negócio jurídico* cit., 94-95.

É o que sucede no tocante ao contrato de trabalho: este, quando temporalmente limitado, fica precarizado[2220].

O Código do Trabalho prevê, assim, nos seus artigos 139.º e seguintes, um regime especialmente adaptado para os contratos de trabalho a termo, de tipo fortemente restritivo e com múltiplos desvios em relação a regras gerais e à autonomia privada. Trata-se de uma área que tem suscitado inúmera jurisprudência[2221].

230. Cômputo

I. O cômputo do termo provoca tradicionais dificuldades práticas. Na verdade, as partes podem, para ele, fixar um momento claro e preciso: por exemplo, no dia 15 de agosto. Mas podem, antes, optar por uma designação mais vaga: dentro de quinze dias ou no fim do mês. Descobrir, então, a data exata pode levantar dúvidas. O Código Civil enfrentou-as, no artigo 279.º, nos seguintes moldes:
 – na contagem de qualquer prazo, não se inclui o dia nem a hora, se o prazo for de horas, em que ocorrer o evento a partir do qual o prazo começa a correr – alínea b);
 – o prazo fixado em semanas, meses ou anos, a contar de certa data, termina às 24 horas do dia que corresponda, dentro da última semana, mês ou ano, a essa data; e se no último mês não houver dia correspondente, o prazo finda no último dia desse mês – alínea c);
 – o prazo que termine em domingo ou dia feriado transmite-se para o primeiro dia útil – alínea e);
 – se o termo se referir ao princípio, meio ou fim do mês, entende-se como tal, respetivamente, o primeiro do dia, o dia 15 e o último dia do mês; se for fixado no princípio, meio ou fim do ano, entende-se, respetivamente, o primeiro dia do ano, o dia 30 de junho e o dia 31 de dezembro – alínea a);
 – se o prazo se reportar a oito ou a quinze dias ou a 24 ou 48 horas, é havido, respetivamente, como de uma ou duas semanas ou de um ou dois dias – alínea d).

[2220] Vide o *Manual de Direito do trabalho* cit., 617 ss., com indicações relativas aos diversos países.

[2221] RPt 23-mar.-1998 (Cipriano Silva), CJ XXIII (1998) 2, 259-261; com muitas indicações: Rosário Palma Ramalho, *Tratado de Direito do trabalho* cit., 2, 4.ª ed., 223 ss..

II. Estas regras são auxiliares de interpretação. As partes podem, pois, ter feito opções diferentes as quais, a demonstrarem-se, prevalecem[2222].

O dispositivo do Código Civil tem, ainda, aplicação nas mais diversas áreas jurídicas, tal como resulta do artigo 296.º. Só assim não será quando existam regras especiais. Finalmente: há que conjugar esta matéria com a da contagem dos prazos[2223].

[2222] José Alberto Vieira, *Negócio jurídico* cit., 95-96.
[2223] *Tratado* V, § 14.º (121 ss.).

§ 51.º OUTRAS CLÁUSULAS TÍPICAS

231. O modo

I. A doutrina inclui muitas vezes, junto da condição e do termo, o modo[2224], também como cláusula típica. Assim sucede, de resto, nos manuais de Direito romano[2225]. Ao contrário das duas anteriores, ela não é, contudo, comum a todos os negócios jurídicos: apenas pode ser aposta nos negócios gratuitos. Assim, aparece prevista na doação – artigos 963.º a 967.º – e no testamento – artigos 2244.º a 2248.º – podendo, no entanto, ser alargado a outros tipos negociais gratuitos, como o comodato.

O modo ou encargo traduz uma obrigação a cargo do beneficiário da liberalidade[2226]. Um acórdão do Pleno do Supremo veio explicitar que ficam abrangidos todos os casos em que seja imposto ao donatário o dever de efetuar uma prestação, quer pelas forças do bem doado, quer pelos restantes bens da herança[2227].

II. Há algumas dificuldades práticas na distinção entre o modo e a condição. Quando se trate de condição suspensiva, a diferença reside em que esta suspende o negócio, mas não obriga, enquanto o modo não sus-

---

[2224] Guilherme Moreira, *Instituições* cit., 1, 494-496, Paulo Cunha, *Direito Civil* cit., 2, 217-226, Manuel de Andrade, *Teoria geral* cit., 2, 393-402; Castro Mendes, *Teoria geral* cit., 2, 242-243, Mota Pinto, *Teoria geral*, 4.ª ed. cit., 583-587 e Carvalho Fernandes, *Teoria geral* cit., 2, 5.ª ed. cit., 434-438. Sobre o tema, cabe enfatizar o clássico de João Antunes Varela, *Ensaio sobre o conceito de modo* (1955), 311 pp..

[2225] Ludwig Mitteis, *Römisches Privatrecht* cit., 1, § 12 (194-203); Emilio Betti, *Diritto romano* cit., 1, 376 ss.; Max Kaser, *Das römische Privatrecht* cit., 1, 2.ª ed., § 61, III (259-260).

[2226] Pires de Lima/Antunes Varela, *Código Civil Anotado* cit., 2, 4.ª ed., 268 ss. e Maria do Rosário Palma Ramalho, *Sobre a doação modal*, O Direito 122 (1990), 673-744.

[2227] Acórdão n.º 7/97 STJ(P), 25-fev.-1997 (Ribeiro Coelho), CJ/Supremo V (1997) 1, 33 (o sumário) = DG I Série-A n.º 83, de 9-abr.-1997, 1598-1602 (1602).

pende, mas adstringe. Por exemplo: deixo este terreno à Liga Portuguesa contra o Cancro desde que, nele, ela construa um pavilhão oncológico: será condição, quando ela só adquira o terreno se construir o pavilhão (o que fará se quiser): mas será modo quando ela adquira logo o terreno e deva, depois, construir o pavilhão (ao que ficará obrigada). Tudo depende da vontade das partes ou da parte e os efeitos no regime são evidentes: pode--se exigir o cumprimento do modo, mas não o da condição[2228].

Na condição resolutiva, e de acordo com Oliveira Ascensão, a distinção é a seguinte: no modo, o autor da liberalidade pretende beneficiar o destinatário e aproveita para prosseguir um efeito secundário; na condição resolutiva, ele pretende o tal efeito lateral e apenas utiliza o negócio como via para o conseguir. Também aqui os efeitos no regime são claros: a condição bloqueia o negócio, enquanto o modo o deixa seguir, mas obrigando o beneficiário[2229].

III. Se a obrigação modal não for cumprida, a doação subjacente não pode ser resolvida, salvo cláusula em contrário (artigo 966.º); no testamento, a resolução é possível, nos termos do artigo 2248.º.

Outros aspetos do regime devem ser determinados caso a caso, consoante se trate de doação ou de testamento.

Resta explicitar que, no tocante ao modo, o legislador civil, particularmente no artigo 963.º, foi sensível ao esquema do *codice civile* (artigo 793.º). A dogmática italiana tem, assim, um interesse especial, no conhecimento do modo[2230].

O aprofundamento dogmático do modo é feito no Direito das sucessões.

IV. Nos nossos tribunais discutiu-se o caso seguinte. O proprietário de um andar doou-o com o encargo de os beneficiários lhe pagarem as despesas, assegurarem a limpeza e cuidarem da sua pessoa. O doador morre, vindo tais obrigações a não ser cumpridas. Os herdeiros podem resolver a doação? A RLx 26-mar.-1998 entendeu que sim, mesmo quando o contrato o não indicasse[2231]; o STJ 9-fev.-1999 teve entendimento oposto, revogando

---

[2228] Quanto à distinção, além dos elementos citados *supra* nota 2224, STJ 21-jun.--1979 (Abel de Campos), BMJ 288 (1979), 417-425 (424-425).

[2229] *Vide* Oliveira Ascensão, *Direito civil/Sucessões*, 4.ª ed. (1989), 330 ss..

[2230] Stefania Monosi, em Pietro Rescigno, *Codice civile* cit., 1, 7.ª ed., 1416 ss., com indicações.

[2231] RLx 26-mar.-1998 (Palha da Silveira), CJ XXIII (1999) 2, 113-114.

o primeiro acórdão[2232]. Votaríamos na primeira solução: claramente exigida pela boa-fé (239.º).

232. O sinal

I. O sinal é uma cláusula típica, própria dos contratos onerosos e que consiste, sumariamente, no seguinte dispositivo: aquando da celebração de um contrato, uma das partes entrega, à outra, uma coisa ou uma quantia; se o contrato for cumprido, a coisa ou quantia entregue é imputada no cumprimento ou, não sendo a imputação possível, é restituída; se houver incumprimento, cabe distinguir: sendo o incumprimento provocado por quem recebe o sinal, deve este restituí-lo em dobro; sendo, pelo contrário, causado por quem dá o sinal, fica este perdido.

O sinal vem previsto nos artigos 440.º e seguintes do Código Civil, sucessivamente alterados pelo Decreto-Lei n.º 236/80, de 18 de julho, e pelo Decreto-Lei n.º 379/86, de 11 de novembro. Tem grande eficácia no domínio do contrato-promessa. Surge, ainda, como cláusula muito habitual: em torno dela há vastíssima jurisprudência[2233], constituindo matéria a examinar no Direito das obrigações[2234]. Apenas vamos referir, brevemente, a sua natureza.

II. O sinal não tem uma natureza unitária. Tal como ele nos surge, trata-se, na verdade, do produto de rica evolução histórica, que cumpre referir muito sumariamente[2235]:

– no Direito grego antigo, onde o instituto nasceu, as arras apresentavam natureza coerciva ou penal: a compra e venda não tinha, aí, eficácia obrigacional; a propriedade, porém, só se transmitia com

---

[2232] STJ 9-fev.-1999 (Francisco Lourenço), CJ/Supremo VII (1999) 1, 94-97 (96/II): tudo deveria estar expresso no contrato, para o donatário poder aceitar esclarecidamente.

[2233] Por exemplo: STJ 26-mai.-1998 (Martins da Costa), CJ/Supremo VI (1998) 2, 100-102 (101) e STJ 30-jun.-1998 (César Marques), CJ/Supremo VI (1998) 2, 145-146 (146).

[2234] *Tratado* II/2, 373 ss..

[2235] Quanto à evolução em causa, em especial, António Pinto Monteiro, *Cláusula penal e indemnização* (1990), 165 ss.. No tocante à doutrina italiana, particularmente influente no domínio do sinal, Mario Talamanca, *"Arrha"*, NssDI I, 2 (1957), 1001-1003, Walter d'Avanzo, *Caparra*, NssDI 2 (1958), 893-896 e Aldo Pezzana, *Caparra (diritto romano)*, ED VI (1960), 183-187.

o pagamento do preço; o prévio pagamento do sinal assegurava o negócio, dando-lhe consistência e permitindo o ressarcimento dos danos, no caso de violação;
- no Direito romano, o sinal assumiu uma função confirmatória: provava a existência do contrato e o termo das negociações; além disso, facultava o ressarcimento dos danos;
- no Direito justinianeu, o sinal adquiriu um papel penitencial: permitia ao interessado libertar-se do contrato, pagando o valor resultante do sinal.

III. O atual Direito italiano distingue ainda o sinal confirmatório – artigo 1385.º do Código italiano – do sinal penitencial – artigo 1386.º: o primeiro não impede as partes de optar pelo regime geral da indemnização, no caso de inadimplemento; o segundo permite a qualquer das partes libertar-se do contrato, mediante o pagamento do valor do sinal ou a sua restituição em dobro.

O Direito português, porém, operou a junção das diversas figuras. Assim:
- o sinal tem uma dimensão confirmatório-penal, na medida em que dá consistência ao contrato e funciona como indemnização;
- o sinal tem uma dimensão penitencial, quando funcione como "preço do arrependimento", permitindo ao interessado resolver o contrato, mediante o pagamento do que resulte do próprio sinal.

IV. No âmbito do contrato-promessa, poder-se-á dizer que, quando as partes afastem a execução específica, o sinal é penitencial; na hipótese inversa, ele é confirmatório-penal, uma vez que não há "direito ao arrependimento". O sinal confirmatório-penal tornou-se regra no âmbito da reforma de 1980, dada a natureza largamente imperativa que, então, o legislador emprestou à execução específica.

Aprofundando esta linha, Ribeiro de Faria considera mesmo, embora com dúvida, que o sinal, quando não precluda a execução específica, permite ao "...contratante comprador optar por uma indemnização de perdas e danos computada nos termos legais genéricos"[2236].

[2236] Jorge Ribeiro de Faria, *Direito das Obrigações*, 1 (1987), 274. Em nota, o Autor citado explica que a tanto não se opõe o artigo 442.º/4: este preceito apenas visa evitar a acumulação do sinal com a indemnização; não a opção por esta última – *idem*, 274, nota 3.

V. Neste cenário e em geral, dependerá da interpretação da vontade das partes o saber se um concreto sinal estipulado tem predominância confirmatório-penal ou predominância penitencial. No primeiro caso, as partes pretenderam ressarcir danos; no segundo, elas procuraram reservar-se a faculdade do recesso. No primeiro, há indemnização; no segundo, um preço.

O aprofundamento dogmático do sinal, quer nas suas ligações ao contrato-promessa – onde assume um regime bastante diferenciado – quer enquanto consequência do incumprimento, cabe ao Direito das obrigações.

233. A cláusula penal

I. Uma cláusula típica bastante frequente – designadamente através de cláusulas contratuais gerais – é a pena convencional ou cláusula penal. Nela, as partes fixam, num momento prévio, as consequências do eventual incumprimento do negócio jurídico[2237].

De acordo com o artigo 809.°, ninguém pode renunciar previamente aos direitos que lhe assistam, mercê do incumprimento da outra parte. Trata-se de um afloramento da regra segundo a qual não se pode dispôr de bens futuros, patente no artigo 942.°/1. Deste modo, só são possíveis as obrigações naturais previstas na lei.

Todavia, os artigos 810.° e seguintes admitem que as partes fixem, elas próprias, por convenção, as consequências do incumprimento[2238].

II. O artigo 810.°/1 parece limitar o âmbito da cláusula penal à fixação do montante da indemnização. A prática – possível perante o artigo 405.° – admite âmbitos mais vastos: os diversos campos do incumprimento podem ser contemplados. De todo o modo e por decorrência do artigo 809.°, teremos de exigir, à sanção convencional, um conteúdo efetivo, sob pena de mais não representar do que uma violação do artigo 809.°.

A cláusula penal está sujeita à forma e às formalidades exigidas para a obrigação principal – artigo 810.°/2; além disso – e de acordo com as

---

[2237] STJ 17-fev.-1998 (Aragão Seia), CJ/Supremo VI (1998) 1, 70-72 (71), com indicações.

[2238] Na preparação dos competentes preceitos do Código Civil, foi decisivo o estudo de Vaz Serra, *Pena convencional*, BMJ 67 (1957), 185-245.

§51.º *Outras cláusulas típicas*

regras gerais, reforçadas por se tratar de uma cláusula acessória –, ela é nula quando nula seja essa mesma obrigação, segundo o referido preceito[2239].

No tocante ao funcionamento da cláusula penal, registou-se, no início da década de oitenta do século XX, uma curiosa instabilidade legislativa: os artigos 811.º e 812.º foram, sucessivamente, alterados pelos Decretos-Leis n.ºs 200-C/80, de 24 de junho e 262/83, de 16 de junho[2240]. Fundamentalmente, pelo seguinte: atravessou-se, nessa época, um período de inflação muito intensa; o legislador permitiu a subida das taxas de juros, mas de modo limitado; procurou evitar que as partes, através de cláusulas penais, agravassem tensões inflacionistas ou, mais simplesmente: impedissem a repercussão da inflação sobre os proprietários e os credores.

Assim, o artigo 811.º restringe os direitos do credor: ele não pode exigir, cumulativamente – e salvo mera mora – o cumprimento coercivo da prestação principal e o pagamento da cláusula penal – n.º 1; ele não pode exigir uma indemnização pelo dano excedente – n.º 2; ele não pode exigir uma indemnização que exceda o prejuízo. Finalmente, o artigo 812.º permite a redução equitativa da cláusula penal: quando seja "manifestamente excessiva" e por decisão do tribunal.

III. A doutrina tradicional via na cláusula penal um instituto unitário e com uma função dupla: a de fixar antecipadamente a indemnização e a de incentivar o devedor ao cumprimento. A sua unidade tiraria especial relevância ao preciso escopo prosseguido pelas partes.

A evolução mais recente da doutrina e da jurisprudência, primeiro na Alemanha e, depois, noutros países, introduziu, contudo, uma distinção. Poderiam as partes, ao lado da pena convencional tradicional, estabelecer uma pura e simples liquidação antecipada da indemnização a que, eventualmente, pudesse haver lugar[2241].

Assim sendo, torna-se importante, perante uma determinada cláusula penal, apurar qual foi, precisamente, a vontade das partes: se estabelecer uma cláusula penal (estrita) ou se fixar a liquidação antecipada do dano (*Schadensersatzpauschalierung*). Vários aspetos do regime dependerão,

---

[2239] Esse mesmo preceito é aplicável, por analogia, aos demais vícios possíveis da obrigação principal: anulabilidade, invalidades mistas e ineficácia *stricto sensu*.
[2240] As diversas redações, com comentários, podem ser confrontadas em Pires de Lima/Antunes Varela, *Código Civil Anotado*, 2, 3.ª ed. (1986), 75 ss.. Na 4.ª ed., 73 ss..
[2241] Karl Larenz, *Lehrbuch des Schuldrechts* cit., 14.ª ed. 1, 376 ss. e 383 ss..

depois, desta opção[2242]. Em especial: o credor ficará liberto da necessidade de indagação dos prejuízos que lhe tenham sido causados[2243].

IV. Uma experiência civil velha de séculos mostra que as partes, quando estabelecem uma cláusula penal, não estão a pensar na hipótese de virem a sofrê-la: julgam sempre, *ab initio*, que em quaisquer circunstâncias elas irão cumprir o contrato. Não raramente, pois, elas aceitam subscrever cláusulas penais exorbitantes: colocam-se, depois, delicados problemas de justiça quando, porventura, a elas haja que recorrer.

Por isso, os diversos ordenamentos têm vindo a admitir a hipótese do controlo jurisdicional das cláusulas penais, concedendo ao juiz os poderes para, em caso de necessidade, decidir a sua redução equitativa[2244], e sem que as partes o possam, precisamente, pôr em causa, mediante acordos em contrário. Tal o papel do artigo 812.º do Código Civil, acima referido.

A redução equitativa exige uma ponderação concreta da cláusula penal e da situação criada ao credor com o incumprimento[2245]. Ela deve ser peticionada, cabendo ao devedor provar os elementos em que se apoie[2246].

Além disso, ela será mais fácil quando as partes tenham tido em vista a *Schadensersatzpauschalierung* – portanto: a liquidação antecipada dos danos – e se verifique que, na prática, ela vai muito mais longe.

V. As cautelas legais tecidas em torno da cláusula penal são excessivas. O dispositivo referente às cláusulas contratuais gerais dispensa já uma tutela considerável ao consumidor e ao pequeno aderente[2247]. Há empreen-

---

[2242] Pinto Monteiro, *Cláusula penal e indemnização* cit., 757 ss. (as conclusões); com mais elementos *vide*, aí, 619 ss.. *Vide* aplicações desta orientação em STJ 18-nov.-1997 (Cardona Ferreira), BMJ 471 (1997), 380-386 (385) e em STJ 9-fev.-1999 (Lopes Pinto), CJ/Supremo VII (1999) 1, 97-100 (98).

[2243] RPt 12-fev.-2001 (Ribeiro de Almeida), CJ XXVI (2001) 1, 208-210 (209/II).

[2244] Assim, em STJ 26-jan.-1999 (Garcia Marques), CJ/Supremo VII (1999) 1, 61-67 (66/II), decidiu-se que a cláusula penal inserida num contrato-promessa e de valor superior ao do terreno prometido vender devia ser reduzida pela equidade.

[2245] Distingue-se, assim, da apreciação a fazer no âmbito da LCCG, que exige uma ponderação em abstrato: STJ 17-nov.-1998 (Martins da Costa), CJ/Supremo VI (1998) 3, 119-121 (120/II).

[2246] RCb 19-out.-1999 (Gabriel Silva), CJ XXIV (1999) 5, 8-10 (9/II) e RPt 17-jan.-2000 (Fonseca Ramos), CJ XXV (2000) 1, 186-189 (189/I). A redução não pode ser oficiosa: RPt 26-jan.-2000 (Moreira Alves), CJ XXV (2000) 1, 204-210 (209/II).

[2247] *Supra*, 459.

dimentos delicados, que em caso algum devem ser postos em causa, no cumprimento: deles podem depender, depois, muitas outras iniciativas. Em tais circunstâncias, é economicamente fundamental poder fixar cláusulas penais muito pesadas. Se todos estiverem de acordo, não se entende porque não o permitir. Fica-nos uma saída: a de, nessas circunstâncias, considerar um universo muito alargado de danos, de modo a superar o artigo 812.º/3 entendendo, em simultâneo e dadas as circunstâncias cabais, como "équo", a manutenção da pena convencional elevada.

Um aprofundamento da dogmática da cláusula penal cabe ao Direito das obrigações: trata-se de uma concretização da responsabilidade civil.

CAPÍTULO VII
A INTERPRETAÇÃO DO NEGÓCIO JURÍDICO

SECÇÃO I
AS COORDENADAS DA INTERPRETAÇÃO

§ 52.º ASPETOS GERAIS; NATUREZA JURÍDICA

234. A interpretação em geral

I. A interpretação do negócio jurídico posiciona-se, na lógica racionalista da Parte geral do Código Civil, como uma especialização da interpretação em geral.

Nas fontes romanas, a *interpretatio* tinha um sentido amplo: equivalia ao que, hoje, dizemos realização do Direito[2248].

Interpretatio advém de *inter* (entre; no meio de) e *pretatio*, da raiz *pres*, na base de *pretium* (preço). Exprime o que fica de permeio entre o interessado e o bem. No plano jurídico, a *interpretatio* permitia aos sacerdotes, no período mais antigo, quando ainda faltavam leis escritas, descobrir e declarar as regras de conduta, exigíveis aos cidadãos. Interpretar envolvia o poder de criar o Direito.

No período clássico, os jurisprudentes a quem o imperador houvesse reconhecido o *ius publici respondendi* tinham esse poder. Justiniano (séc. VI), todavia, reservou para si o poder de interpretar. Aquando da aprovação dos *digesta* proibiu, com sanções severas, aquele que "interpretasse " a lei.

[2248] Com indicações: *Tratado* I, 4.ª ed., 412 ss..

Não obstante, as fontes documentam, na *interpretatio*, uma exposição sistematizada da matéria e, mais tarde, a obtenção de um preceito ou de um negócio[2249].

Em alemão, interpretação diz-se *Auslegung* (baixo-alemão *utleginge*) e, em neerlandês, *nitleg*: o sentido retirado de um objeto. A aproximação com *interpretieren*, de cariz latino, consumou-se no século XVI.

No século XVII generalizou-se o termo "hermenêutica", do grego ἑρμηνευτιχή, para designar a arte da interpretação, na Teologia e na Filosofia. A locução ἑρμήνευσις (hermeneusis) deriva de Ἑρμης (Hermes), filho de Zeus e de Mea e mensageiro dos deuses: o Deus das relações pacíficas, protetor do comércio e das viagens e mensageiro dos deuses[2250].

II. As grandes doutrinas da interpretação surgem no campo da lei ou, mais latamente, no das fontes do Direito. A tal propósito, torna-se apodítica a necessidade de fixar regras destinadas à obtenção de normas de conduta[2251]. Essas regras e a sua observância são necessárias: de outro modo, o processo de realização do Direito e a solução final a que se chegue perdem a natureza científica e tornam-se imprevisíveis e incontroláveis.

Por razões de tradição, nos países de Direito continental ou *Civil Law*, tais regras são elaboradas e aprofundadas no Direito civil, operando, depois, em todos os ramos do ordenamento: sem prejuízo, naturalmente, das especializações adequadas.

III. Na tradição de Savigny[2252], distinguem-se diversos elementos de interpretação: a letra, o elemento histórico-comparatístico, o elemento sistemático e o elemento teleológico[2253]. Cada um desses elementos comporta, por seu turno, vertentes subjetivistas e objetivistas e historicistas e atualistas. Nos escritos da especialidade, confere-se, em teoria, a primazia ao elemento teleológico. Todavia, a prática revela que o elemento histórico-comparatístico é o mais usado e surge como o mais ponderoso, nos tribunais.

[2249] Kleinfeller, *Interpretatio*, PWRE 9/2 (1916), 1709-1712 e Wolfgang Schmid, *Die Interpretation in der Altertumswissenschaft* (1971), 151 pp..

[2250] Diversos elementos constam de Stefan Vogenauer, no HKK/BGB cit., 1, §§ 133, 157, Nr. 3-6 (564-565).

[2251] *Tratado* I, 4.ª ed., 671 ss..

[2252] *Idem*, 673 e *passim*.

[2253] *Idem*, 696-728.

Não obstante, não é possível estabelecer uma graduação rígida entre eles. Apenas em cada situação concreta se torna viável confecionar um modelo de decisão, que comporte a ordenação dos elementos interpretativos. Ora domina o elemento histórico, ora se impõe o teleológico ou ora se elege a letra ou o conjunto. Todos jogam em globo, de acordo com um sistema móvel.

Estes ganhos recentes da interpretação em geral não devem ser esquecidos, quando se trate de interpretação do negócio.

235. A interpretação do negócio

I. As leis são, supostamente, elaboradas com o maior cuidado. Para além do impulso político, elas são confiadas a juristas especializados. Perante leis de particular cuidado, são ouvidos jurisconsultos. Os órgãos de soberania com competência legislativa dispõem de gabinetes de apoio. Em suma: uma lei representa (ou deve representar), o produto de uma tarefa científico-jurídica. A sua interpretação surge como uma prossecução do labor subjacente, igualmente entregue a juristas formados.

II. Os negócios resultam de declarações de vontade feitas, em princípio, por leigos. Estes usam uma linguagem comum e visam ordenar os seus interesses, sem preocupações técnico-jurídicas.

As declarações de vontade são, em geral, composições linguísticas. O sentido das palavras não é uniforme, nem fatal: ele depende do declarante e do declaratário, oscilando em função das representações, das inclinações e dos interesses, normalmente contrapostos, de ambos os sujeitos[2254]. Esta realidade logo mostra que a interpretação do negócio, necessariamente assente na das declarações de vontade, dependentes de representações subjetivas[2255], não equivale à da lei.

III. Na declaração de vontade, deparamos com um elemento psicológico-causal e não – ou não apenas – hermenêutico-compreensivo[2256].

[2254] Hein Kötz, *Vertragsauslegung/Eine rechtsvergleichende Skizze*, FS Albrecht Zeuner (1994), 219-241 (219).

[2255] Björn Biehl, *Grundsätze der Vertragsauslegung*, JuS 2010, 195-200 (195/I).

[2256] Alexander Lüderitz, *Auslegung von Rechtsgeschäften/Vergleichende Untersuchung anglo-amerikanischen und deutschen Rechts* (1966), XXIII + 568 pp., 1 e 4.

Além disso, o negócio vai ser eficaz entre as partes que o hajam concluído: pelo menos, em princípio. Tanto basta para ser possível validar um sentido adequado para os dois intervenientes, em termos impensáveis para uma lei, de aplicação geral.

A declaração de vontade, quando tenha um destinatário, apresenta, à partida, dois sentidos possíveis: o que lhe quis dar o declarante e o que entendeu o declaratário. Como elemento objetivo, entre ambos, temos a própria declaração. Normalmente e perante a interpretação do negócio, apontam-se duas teorias, já presentes nos romanos[2257]:

– a teoria da vontade (*Willenstheorie*), pela qual a declaração tem o sentido que lhe queira dar o seu autor;
– a teoria da declaração (*Erklärungstheorie*), que valida o sentido objetivo da própria declaração.

Afigura-se necessário complementar o quadro: a teoria da vontade pode valer como vontade do declarante ou como vontade do declaratário, isto é: a declaração opera com o sentido que lhe dê o concreto destinatário da declaração em causa.

Esta breve apresentação logo mostra que a interpretação do negócio não é apriorística, nem unívoca. Surgem diversas hipóteses. Cumpre verificar se o Direito intervém, fixando regras e qual o seu alcance.

236. As regras de interpretação

I. A interpretação do negócio visa determinar o seu sentido juridicamente relevante[2258]. Assim entendida, ela é necessária[2259], mesmo quando permita tão-só concluir pela mera existência ou inexistência de certo ato, como sucede nas declarações que se reduzam a atos jurídicos em sentido estrito.

[2257] Hein Kötz, *Vertragsauslegung* cit., 221.
[2258] Michael Stathopoulos, *Zur Methode der Auslegung der Willenserklärung*, FS Larenz 70. (1973), 357-372 (361). Sobre toda esta matéria, o texto de referência, em língua portuguesa, é o de Carlos Ferreira de Almeida, *Texto e enunciado* cit., 3 volumes.
[2259] Paulo Mota Pinto, *Declaração tácita* cit., 190 ss.. Por exemplo: um recibo de quitação deve ser interpretado – RLx 5-dez.-2000 (Vasconcelos Rodrigues), CJ XXV (2000) 5, 120-121 (121/I); para o caso: um recibo de quitação integral quanto ao ressarcimento de danos deve ser interpretado como não abrangendo os danos futuros.

Sendo necessária, pergunta-se se a interpretação obedece a regras e, ainda, se tais regras têm natureza legal[2260]. O primeiro ponto tem resposta positiva: a não obedecer a regras, a interpretação seria arbitrária, o que se deve ter por excluído. Tais regras existem pois e transcendem largamente o Direito. De facto, interpretar uma realidade jurídica, expressa pela linguagem, implica a intervenção de áreas do conhecimento explicadas pela linguística, pela teoria da comunicação, pela semiótica, pela semântica e pela dialética[2261]; mais longe, tais áreas são ainda aprofundadas pela hermenêutica e pela teoria do conhecimento, numa reflexão para a qual o próprio Direito dá achegas úteis[2262].

O segundo ponto – o de saber se as regras de interpretação têm natureza legal – levanta dúvidas. O Direito, porque ordem humana, aceita e respeita os dados recebidos das outras Ciências. A violação de leis linguísticas, quando conduza a interpretações jurídicas erradas, é uma violação do próprio Direito. Mas o Direito pode manusear o regime aplicável, ou seja: para efeitos das soluções que comine, cabe ao Direito considerar relevantes certos resultados proporcionados por alguma ou algumas das ciências infrajurídicas e isso independentemente de tais resultados constituírem uma verdade científica para esses ramos do saber[2263].

II. O Direito apresenta-se, sabidamente, como uma realidade cultural, dada por paulatina e atormentada evolução histórica. Por isso, as soluções que ele propugne não podem ser deduzidas de postulados científicos exa-

---

[2260] Vide o clássico de Cesare Grassetti, *L'interpretazione del negozio giuridico/con particolare riguardo ai contratti* (1938, reimp. 1983), XXV + 273 pp., 3 ss..

[2261] Walter C. Becker, *Die Ausweitung der Auslegung durch Linguistik Kommunikationstheorie, Semiotik, Semantik und Dialektik*, AcP 171 (1971), 510-523 e Riccardo Guastini, *L'interpretazione dei documenti normativi* (2004), 21 ss. e *passim*.

[2262] Uma referência especial deve ser feita a Hans-Georg Gadamer, *Wahrheit und Methode*, 4.ª ed. (1975), em especial, 162 ss.. Um estado dos problemas pode ser confrontado em Menezes Cordeiro, *Introdução* à versão portuguesa de Claus-Wilhelm Canaris, *Pensamento sistemático e Ciência do Direito* (1996, reimpr.).

[2263] Ou seja: por imperativo lógico – pois não é o Direito uma Ciência? – o Direito falha quando trabalhe em hipóteses científicas erradas (p. ex.: Abel quis certa coisa, quando se mostre, perante a psicologia ou a teoria da comunicação, que ele quis coisa diversa). Mas ele pode regular com base em elementos doutro nível, independentemente da vontade científica (p. ex.: a Abel, aplicam-se as regras correspondentes a ele ter querido certa coisa, independentemente da vontade real, pois foi isso o que ele validamente disse).

tos: há que conhecê-los diretamente, pela observação, ainda que isso conduza, como conduz, a uma margem de irracionalismo no Direito.

No domínio da interpretação, essa necessidade traduz-se na existência, a nível jurídico, de regras de interpretação que transcendem os elementos infrajurídicos. São-lhes sensíveis: o seu aperfeiçoamento implica novos modos de entender e aplicar o Direito. Mas não há determinismos, uma vez que o Direito mantém, sua, uma margem regulativa. Pode, por certo, dizer-se que não há, nessa altura, já interpretação mas, antes, aplicação: o Direito não se limita, perante tal postura, a indagar *o que é*, como competiria a uma verdadeira interpretação; vai, pelo contrário, ditar *o que pretende* que se faça. É verdade: a ideia de uma interpretação puramente jurídica corresponde a uma abstração irreal; a "interpretação" implica um corte linguístico feito na realidade; esta, inserida no todo mais vasto da concretização do Direito, perde autonomia ontológica através da síntese que confecione os diversos modelos de decisão.

III. Apurado o nível jurídico da "interpretação", pergunta-se se esta obedece, apenas, à Ciência do Direito ou se, sobre ela, o legislador tem direta autoridade.

A interpretação jurídica deve a sua autonomia, perante a (verdadeira) interpretação em geral, por comportar regras histórico-culturais que lhe escapam mas que, por motivações também históricas e linguísticas, não se podem reconduzir às comuns normas de conduta.

Uma interferência direta do legislador sobre as regras de interpretação seria, com probabilidade, uma intervenção nas finais normas de conduta: a lei comanda; não faz teoria. E aí, seria desnecessário o biombo linguístico da interpretação: haveria, sim, comandos diretos.

IV. Estas considerações enfraquecem as possibilidades do legislador agir diretamente sobre as regras de interpretação. Estas, no campo da interpretação da lei como do negócio, obedecem a considerações mais globais, de índole histórico-cultural e, nesse sentido, jurídico-científicas. Têm uma dinâmica própria, nem sempre voluntarística e racional, pelo que escapa a assumidas opções iluminadas. A História mostra, aliás, como múltiplas tentativas feitas para, por via legal, limitar a interpretação, têm sido votadas ao fracasso.

De todo o modo, o legislador, enquanto funcione como o repositório de regras históricas, científicas e culturais que têm a ver com a realização do Direito, pode, efetivamente, aprontar diretrizes úteis para a interpretação. Nesse sentido devem ser considerados os artigos 236.º e seguintes, do Código Civil. A doutrina atual, ao contrário do que sucedia, por exemplo, com Savigny[2264], defende a efetiva natureza normativa das regras da interpretação[2265]. Todavia, excelente doutrina mantém que o valor prescritivo das regras é escasso: como diz Flume, a propósito dos §§ 133 e 157 do BGB, que tratam da interpretação do negócio, mesmo na sua ausência, a interpretação decorreria em termos similares[2266]. De todo o modo, havendo regras, há que observá-las: constituem um excelente ensejo para sedimentar aspetos científicos e para controlar as soluções.

Também já se entendeu que as regras de interpretação se dirigiriam, apenas, ao juiz[2267]. Mas não: elas atingem todos os agentes jurídicos. O juiz apenas verificará se eles cumpriram o que deles se esperava.

237. A interpretação como questão-de-direito

I. Consequência direta da natureza jurídico-científica da interpretação das declarações de vontade é a sua recondução às questões-de-direito. Trata-se de um aspeto com relevância prática: salvo exceções delimitadas, o recurso de revista para o Supremo Tribunal de Justiça deve fundamentar-se em violação de lei – artigo 674.º/1, do CPC de 2013; o erro na ponderação da prova e na fixação dos factos materiais não pode ser objeto de apreciação pelo Supremo – artigo 674.º/3, do mesmo CPC –, numa prescrição reforçada pelo artigo 33.º da Lei n.º 52/2008, de 28 de agosto (a Lei de Organização e Funcionamento dos Tribunais Judiciais):

fora dos casos previstos na lei, o Supremo Tribunal de Justiça apenas conhece de matéria de direito[2268].

[2264] Friedrich Carl von Savigny, *System* cit., 1, 313-314 e 3, 244-245.
[2265] Stefan Vogenauer, no HKK/BGB cit., 1, §§ 133, 157, Nr. 26 (577-578), com indicações. São regras como as outras, nas palavras de Erich Danz, *Die Auslegung der Rechtsgeschäfte*, 3.ª ed. (1911), § 11 (106); esta obra é, abaixo nota 2340, citada com maior pormenor.
[2266] Werner Flume, *Das Rechtsgeschäft* cit., 4.ª ed., § 16, 3, a) (308).
[2267] Edrich Danz, *Die Auslegung der Rechtsgeschäfte* cit., 3.ª ed., 107 ss..
[2268] Quanto à origem desta regra, *vide* Manuel Rodrigues, *As questões de direito e a competência do Supremo Tribunal de Justiça*, ROA 1 (1941) 1, 102-130 (112 ss.), Barbosa de Magalhães, *A distinção entre matéria de facto e de direito em processo civil, a interpretação dos negócios jurídicos e a competência do Supremo Tribunal de Justiça*,

Como tese, podemos afirmar que a jurisprudência considera a interpretação das declarações de vontade como uma questão-de-direito nos períodos históricos em que a Ciência jurídica logre uma autonomização da temática interpretativa. Pelo contrário, a interpretação passa a ser um mero facto sempre que se abdique de fazer passar, pelo crivo do Direito, o sentido relevante dos negócios.

II. As afirmações produzidas documentam-se perante a experiência portuguesa do último século.

Num momento inicial, a interpretação dos contratos era tida como questão-de-direito. Diversas máximas radicadas no Direito comum[2269] indicavam, ao operador jurídico, a forma de interpretar as declarações de vontade. Apesar da extrema simplificação operada, nesse domínio, pelo Código de Seabra, a tradição manteve-se, na doutrina[2270] e na jurisprudência[2271]: o Supremo podia sindicar a interpretação dos contratos.

Todavia, preocupações de racionalidade processual vieram sobrepor-se às exigências dogmáticas. Na década de quarenta do século XX, Alberto dos Reis, grande reformador das leis de processo, levou a cabo uma defesa enérgica da recondução da interpretação negocial a uma mera questão-de-facto[2272]. Nesse movimento, Alberto dos Reis foi auxiliado pelo predomínio de conceções subjetivistas de interpretação: interpretar negócios seria reconstruir a vontade das partes; reconstruir tal vontade é averiguar factos.

III. A pressão doutrinária levou o próprio Supremo a modificar a sua orientação. Logo no início da referida década de quarenta, repetidas decisões vieram considerar reservada às instâncias a determinação do sentido

---

JF 19 (1955), 5-46, 136-164, 280-297, 389-413 e 20 (1956), 42-57, 114-138 e 246-264, 19 (1955), 6 ss.. e Armindo Ribeiro Mendes, *Recursos em processo civil*, 2.ª ed. (1994), 252 ss., apenas com a prevenção de que, no tocante às consideradas questões-de-facto, houve já uma evolução subsequente: matérias como a interpretação de declarações, o nexo de causalidade e a culpa são, hoje, consideradas questões-de-direito.

[2269] *Infra*, 689 ss..

[2270] Assim, Luiz da Cunha Gonçalves, *Tratado de Direito civil* cit., 4, 423-424 e Manuel Rodrigues, *As questões de direito* cit., 127 ss..

[2271] Assim: STJ 12-jul.-1938 (Ramiro Ferreira), RLJ 71 (1939), 335-336 (335) e STJ 13-dez.-1941 (Adolfo Coutinho), GRLx 54 (1941), 374-375 (375).

[2272] José Alberto dos Reis, *Competência do Supremo Tribunal de Justiça em matéria de interpretação de negócios jurídicos*, RLJ 74 (1942), 289-294, 305-312 e 321-329, retomando intervenções anteriores.

das cláusulas contratuais: simples matéria de facto[2273]. Esta orientação manteve-se durante todo o período final de vigência do Código de Seabra[2274].

Passados anos, ocorreu uma primeira aberta: a integração – portanto: a operação destinada a integrar uma lacuna contratual. Segundo um acórdão do Supremo de 1969, haveria que distinguir duas hipóteses: a da integração a fazer através de "...disposição legal que preveja direta ou analogicamente o ponto omisso, aplicando essa disposição..." ou, se não a houver, apurando-se "...a vontade hipotética ou conjectural das partes sobre aquele ponto". Prossegue o Supremo[2275]:

> No primeiro caso, a questão é de direito, mas, no segundo, é de facto, porque, para a sua resolução, não há necessidade de interpretar ou aplicar qualquer norma jurídica, havendo apenas que determinar o que as partes teriam querido se houvessem previsto o ponto omisso.

Uma segunda aberta surgiu num acórdão de 12-mai.-1970[2276], retomado por outros dois, de 12-jan.-1971 e de 26-out.-1971: embora a interpretação seja uma questão-de-facto, o Supremo pode apreciar, à luz do artigo 238.º do Código Civil, se determinada opção tem o mínimo de correspondência no texto da escritura, ainda que imperfeitamente expresso[2277].

Uma terceira e significativa aberta foi constituída pelo acórdão de 18-mai.-1973, segundo o qual, mau grado a natureza de facto assumida pela interpretação negocial, a qualificação jurídica já seria questão-de-direito. Perante a interpretação vinda das instâncias, o Supremo decidiria qual o

---

[2273] Assim: STJ 7-mar.-1941 (M. Pimentel), RLJ 74 (1941), 125-126 e STJ 2-mai.-1941 (Miranda Monteiro), RLJ 74 (1941), 156-158. Saudando esta nova orientação, vide José Alberto dos Reis, *Jurisprudência crítica sobre processo civil*, RLJ 80 (1948), 385-399 (385 ss.) e RLJ 81 (1948), 265-268 (266).

[2274] Assim: STJ 4-jan.-1963 (Bravo Serra), BMJ 123 (1963), 464-468 (466, citando Alberto dos Reis); STJ 26-jul.-1963 (Bravo Serra), BMJ 129 (1963), 420-427 (425), *idem*; STJ 26-fev.-1965 (Torres Paulo), BMJ 144 (1965), 217-221 (219); STJ 22-abr.-1966 (Torres Paulo), BMJ 156 (1966), 360-362 (361); STJ 25-mar.-1969 (Albuquerque Rocha), BMJ 185 (1969), 226-231 (228-229) = RLJ 103 (1970), 281-284, com a indicação de se tratar de jurisprudência constante. Contra ela remou, corajosamente, Barbosa de Magalhães, *A distinção* cit., especialmente JF 19 (1955), 405 ss. (413); sem êxito, pelo menos imediato.

[2275] STJ 4-mar.-1969 (Carvalho Júnior), BMJ 185 (1969), 255-258 (256-257).

[2276] STJ 12-mai.-1970 (Albuquerque Rocha), Revista n.º 62 915, inédito, citado em STJ 26-out.-1971, BMJ 210 (1971), 100.

[2277] STJ 12-jan.-1971 (Albuquerque Rocha), BMJ 203 (1971), 183-192 (190) e STJ 26-out.-1971 (Albuquerque Rocha), BMJ 210 (1971), 97-103 (100).

tipo negocial em jogo, o que propiciaria a aplicação de diversas regras jurídicas[2278].

IV. O Código Civil de 1966 foi mais generoso do que o seu antecessor, no tocante a normas de interpretação[2279]. Veio estabelecer diversas regras, nos seus artigos 236.º e seguintes. Tais preceitos poderiam, fatalmente, ser violados, tendo, de todo o modo e eles próprios, de ser interpretados e aplicados[2280]. Por seu turno, a doutrina foi sensibilizada para a autonomia dos temas interpretativos, iniciando uma longa defesa da sua normativização[2281]. Ambos esses fatores se conjugariam para inverter de novo o sentido da jurisprudência do Supremo.

A fórmula tradicional de interpretação dos negócios como questão-de-facto foi mantida. Todavia, o acórdão do Supremo, de 25-jan.-1974, usou o seguinte discurso[2282]:

> Segundo orientação há muito consagrada por este Supremo Tribunal a interpretação de cláusulas contratuais constitui matéria de facto, da competência exclusiva das instâncias; todavia, em face dos artigos 236.º, n.º 1 e 238.º, n.º 1, ambos do Código Civil, pode o Supremo Tribunal exercer censura sobre a exegese de tais cláusulas que contrarie o comando enunciado nos ditos preceitos, o que ocorre quando a interpretação feita pela Relação não está em harmonia com o texto das cláusulas.

[2278] STJ 18-mai.-1973 (Manuel Fernandes Costa), BMJ 227 (1973), 187-190 (189) = = RLJ 107 (1974), 182-184 (183/II), anot. Vaz Serra, *idem*, 184-191 (186, chamando a atenção para o sentido normativo das declarações).

[2279] Embora ficando bastante aquém do italiano, que manteve, em parte, a tradição napoleónica; vide Guido Alpa/Gianluca Fonsi/Giorgio Resta, *L'interpretazione del contratto/Orientamenti e tecniche della giurisprudenza*, 2.ª ed. (2001), 33 ss..

[2280] Em STJ 23-jul.-1971 (Oliveira Carvalho), BMJ 209 (1971), 172-177 (175), diz-se, simplesmente, que perante o "novo Código Civil", pode aceitar-se que a interpretação de pactos sociais não seja, sempre e exclusivamente, uma mera questão-de-facto.

[2281] Assim, António Castanheira Neves, *Questão-de-facto – Questão-de-direito ou o problema metodológico da juridicidade (Ensaio de reposição crítica)* I – A crise (1967), 340 e 344-345 e Adriano Vaz Serra, anot. a STJ 25-mar.-1969, RLJ 103 (1970), 284-288 (287/II e 288), explicando, designadamente, que a interpretação não visa "...fixar o simples facto do sentido que o declarante quiz imprimir à sua declaração, mas fixar o sentido jurídico, normativo, da declaração".

[2282] STJ 25-jan.-1974 (Manuel Fernandes Costa), BMJ 233 (1974), 179-183 (182) = RLJ 108 (1975), 19-22, anot. Vaz Serra, *idem*, 22-29 (22, defendendo a natureza jurídica da interpretação).

§ 52.º Aspetos gerais; natureza jurídica   683

Trata-se de uma fórmula repetidamente usada pelo Supremo, ainda que nem sempre dela fazendo uso, para alterar a interpretação fixada nas instâncias[2283]. Todavia, em 13-jan.-1976, o Supremo, num importante passo, reviu uma interpretação contratual vinda da Relação de Lisboa, por entender que ela violava os artigos 236.º/1 e 237.º[2284]. Esta orientação veio a ser mantida, em jurisprudência subsequente[2285], embora com recuos[2286].

V. A partir da década de oitenta do século XX, o Supremo assumiu possibilidades gerais de interpretar as declarações negociais. A viragem definitiva, depois da longa preparação acima referenciada, ocorreu num acórdão de 2-mar.-1983, que alterou respostas a quesitos que firmariam a interpretação de um contrato, dizendo simplesmente que "...a determinação do sentido juridicamente relevante da vontade negocial é uma questão-de-direito..."[2287]. Trata-se de uma orientação depois retomada: STJ 30-mar.-1989[2288], STJ 6-jul-1989, usando a expressão "determine, segundo critérios legais, o sentido relevante para o direito que tem certa declaração negocial"[2289], STJ 29-abr.-1993, referindo a necessidade de fixar o "sentido jurídico, normativo,

---

[2283] STJ 12-dez.-1975 (Arala Chaves), BMJ 252 (1976), 144-147 (146); STJ 6-abr.-1976 (Manuel Ferreira da Costa), BMJ 256 (1976), 128-138 (134); STJ 18-mai.-1976 (Manuel Ferreira da Costa), BMJ 257 (1976), 96-108 (103); STJ 14-out.-1976 (Miguel Caeiro), BMJ 260 (1976), 104-109 (107); STJ 26-jan.-1978 (Alves Pinto), BMJ 273 (1978), 272-278 (276); STJ 3-out.-1978 (Rui Corte Real), BMJ 280 (1978), 262-265 (263); STJ 6-jul.-1982 (Lopes Neves), BMJ 319 (1982), 310-317 (314); STJ 22-nov.-1984 (Melo Franco), BMJ 341 (1984), 373-377 (376-377).
[2284] STJ 13-jan.-1976 (Rodrigues Bastos), BMJ 253 (1976), 161-167 (166-167).
[2285] STJ 21-dez.-1976 (Manuel Ferreira da Costa), BMJ 262 (1977), 126-137 (135-136) = RLJ 110 (1978), 340-347 (346), anot. Vaz Serra, idem, 347-352, concordante.
[2286] STJ 12-abr.-1977 (Rodrigues Bastos), BMJ 266 (1977), 128-130 (130), apenas com a margem da violação do artigo 238.º; STJ 6-dez.-1978 (Costa Soares), BMJ 282 (1979), 118-122 (121); STJ 19-jun.-1979 (Hernani de Lencastre), BMJ 288 (1979), 364-368 (367), ad nutum; STJ 29-mai.-1980 (Rodrigues Bastos), BMJ 297 (1980), 330-334 (333), com a ressalva de estar em causa o Direito probatório formal, o que não seria aí o caso.
[2287] STJ 2-mar.-1983 (Augusto Victor Coelho), BMJ 325 (1983), 519-522 (522), com um voto de vencido.
[2288] STJ 30-mar.-1989 (Menéres Pimentel), BMJ 385 (1989), 563-568 (566), com um voto de vencido, mas não nesse ponto.
[2289] STJ 6-jul.-1989 (Fernandes Fugas), CJ/Supremo I (1993) 2, 556-564 (560).

da declaração"[2290], STJ 12-jan.-1994[2291], STJ 13-abr.-1994, considerando que a "fixação do sentido normativo e juridicamente vinculante é questão de direito"[2292], STJ 5-mai.-1994[2293], STJ 23-jan.-1996[2294], STJ 13-fev.-1996, a propósito da interpretação de testamento[2295], STJ 30-abr.-1996[2296], STJ 14-jan.-1997, recordando que visando a interpretação o sentido normativo, ela é questão-de-direito[2297], STJ 23-set.-1997[2298], STJ 18-nov.-1997[2299], STJ 3-dez.-1998[2300], STJ 11-mar.-1999[2301], STJ 27-abr.-1999[2302] e STJ 15-fev.-2000[2303]. Esta orientação mantém-se na jurisprudência do século XXI: STJ 20-mai.-2010[2304], STJ 9-dez.-2010[2305] e STJ 10-out.-2011[2306], que explicita "pacífico o entendimento segundo o qual é matéria de direito a interpretação do negócio jurídico quando não se dirija ao apuramento da vontade real das partes, mas, desconhecida esta, se devam seguir os critérios previstos nos citados arts. 236.º-1 e 238.º-1; compete a este Tribunal, no quadro legal enunciado, determinar o sentido com que deve ser fixado o objecto contratual"[2307]. Em diversa jurisprudência, o Supremo ocupa-se do sentido de cláusulas contratuais, sem necessidade de explicitar a sua competência[2308].

Podemos considerar esse ponto como assente. Todavia, é de recear que o recente movimento contrarrecursos, supostamente para acelerar a Jus-

---

[2290] STJ 29-abr.-1993 (Miranda Gusmão), CJ/Supremo I (1993) 2, 73-76 (74-75 e 75/II).
[2291] STJ 12-jan.-1994 (Pais de Sousa), CJ/Supremo II (1994) 1, 31-33 (32/II).
[2292] STJ 13-abr.-1994 (Martins da Costa), CJ/Supremo II (1994) 2, 32-37 (37/II).
[2293] STJ 5-mai.-1994 (Gelásio Rocha), CJ/Supremo II (1994) 2, 78-81 (80/II).
[2294] STJ 23-jan.-1996 (Martins da Costa), CJ/Supremo IV (1996) 1, 56-59 (56/II), referindo tratar-se da "...fixação do sentido normativo ou juridicamente relevante das declarações negociais, o que constitui matéria de direito, da competência do tribunal de revista...".
[2295] STJ 13-fev.-1996 (Martins da Costa), CJ/Supremo IV (1996) 1, 82-85 (84/I).
[2296] STJ 30-abr.-1996 (Aragão Seia), CJ/Supremo IV (1996) 2, 43-44 (44/II).
[2297] STJ 14-jan.-1997 (Silva Paixão), CJ/Supremo V (1997) 1, 46-48 (48/I).
[2298] STJ 23-set.-1997 (Miranda Gusmão), CJ/Supremo V (1997) 3, 33-36 (35/I).
[2299] STJ 18-nov.-1997 (Cardona Ferreira), BMJ 471 (1997), 380-386 (383).
[2300] STJ 3-dez.-1998 (Ribeiro Coelho), CJ/Supremo VI (1998) 3, 136-140 (139/II).
[2301] STJ 11-mar.-1999 (Sousa Lamas), BMJ 485 (1999), 377-381 (380/II).
[2302] STJ 27-abr.-1999 (Silva Paixão), CJ/Supremo VII (1999) 2, 68-69 (68/II).
[2303] STJ 15-fev.-2000 (Garcia Marques), CJ/Supremo VIII (2000) 1, 85-91 (90/I).
[2304] STJ 20-mai.-2010 (Maria dos Prazeres Beleza), Proc. 86/2000.
[2305] STJ 9-dez.-2010 (Maria dos Prazeres Beleza), Proc. 1347/05.
[2306] STJ 9-dez.-2010 (Rodrigues dos Santos), Proc. 1347/05.
[2307] STJ 10-out.-2011 (Alves Velho), Proc. 1653/05.
[2308] Por exemplo: STJ 3-out.-2013 (Fernando Bento), Proc. 2212/09.

tiça, possa reconduzir a uma recaída, semelhante à dos anos quarenta do século XX.

VI. A natureza de questão-de-direito assumida pela interpretação dos negócios pode, ainda, ser confirmada, através do Direito comparado e, designadamente, da experiência alemã. Recordamos que, na Alemanha, opera um sistema processual semelhante ao nosso: só são admitidos recursos de revista (*Revision*) para o Supremo Tribunal Federal (até 1945, o *Reichsgericht* e, depois de 1949, o *Bundesgerichthof*) quando estejam em causa questões de Direito. Para esse efeito, a interpretação dos negócios, para além do que se prenda com a vontade real, é questão-de-direito[2309]. A doutrina explicita essa dimensão[2310]: (a) a conduta declaratória exterior é questão-de-facto; (b) aquilo que, realmente, as partes tenham querido, é questão-de-facto; (c) a regra de averiguar o sentido para além da palavra, à luz da boa-fé, é questão-de-direito; (d) a interpretação de ccg, de declarações típicas e daquelas que tenham relevância para além das partes é questão-de-direito; (e) a interpretação de declarações não-típicas pode ter as duas componentes.

A própria determinação de factos, dependente de interpretação, é questão-de-direito[2311].

VII. A interpretação dos negócios jurídicos deve ser assumida como uma tarefa científica, tendente a determinar o regime aplicável aos problemas que se ponham no seu âmbito. Nas palavras do excelente acórdão do Supremo, de 28-out.-1997,

(...) toda a interpretação jurídica tem uma função constitutiva de juridicidade e uma índole normativa incompatíveis com a sua caracterização como uma pura hermenêutica[2312].

Há múltiplos fatores a ter em conta, na determinação desse regime. As operações subjacentes cabem, todavia, à Ciência do Direito. A solução da jurisprudência portuguesa, acima retratada, documenta a assunção, pelos nossos tribunais, dessa realidade jurídico-científica.

[2309] Artur May, *Die Auslegung rechtsgeschäftlicher Willenserklärungen im Revisionsverfahren*, NJW 1959, 708-709.
[2310] Hermann Stumpf, *Zur Revisibilität der Auslegung von privaten Willenserklärungen*, FS Nipperdey I (1965), 957-973 (957-958).
[2311] *Idem*, 967.
[2312] STJ 28-out.-1997 (Fernandes Magalhães), BMJ 470 (1997), 597-604 (602).

§ 53.° EVOLUÇÃO, REGRAS LEGAIS E DOUTRINAIS

238. O Direito romano

I. O Direito romano não desenvolveu uma teoria geral da interpretação dos negócios jurídicos[2313]. Na sua evolução milenária, ele atravessou distintos estádios evolutivos, que solicitaram diversamente exigências de interpretação[2314]. Recebeu influências gregas[2315] e deixou-nos algumas máximas, assentes na experiência e que, ao longo dos tempos, se revelaram de sábia autoridade. Os *digesta*, no seu último título, compilaram algumas dessas regras[2316], sempre impressivas.

II. No Direito mais antigo, o estrito formalismo reinante não deixava margem para uma verdadeira interpretação[2317]. As palavras rituais integravam tipos negociais cujo alcance era, precisamente, o predeterminado. A vontade individual passou a ser tida em conta através da *fides* e dos subsequentes contratos reconhecidos nos *bonae fidei iudicia*. A influência grega e o pensamento cristão, particularmente ativo na fase bizantina que levou ao *corpus iuris civilis*, conduziram a um novo incremento da vontade individual e do seu papel na conformação – e, logo, na interpretação – do

---

[2313] Stefan Vogenauer, no HKK/BGB cit., 1, §§ 133, 157, Nr. 7 (565-566).

[2314] Reinhard Zimmermann, *The Law of Obligations* cit., 622 ss.; Pasquale Voci, *Interpretazione del negozio (diritto romano)*, ED XXII (1972), 252-277.

[2315] Franz Wieacker, *Römische Rechtsgeschichte: Quellenkunde, Rechtsbildung, Jurisprudenz und Rechtsliteratur 1 – Einleitung, Quellenkunde, Frühzeit und Republik* (1988), XXVI + 724 pp., § 40 (661 ss.).

[2316] D. 50.17, *de diversis regulis iuris antiqui* = *Corpus iuris civilis*, ed. Christoph Ferromontam, ed. Colónia (1735), 1527-1536: 211 fragmentos, sob diversos temas, sempre atuais. *Vide* John George Phillimore, *Principles and Maxims of Jurisprudence* (1856), XXIV + 408 pp., 330-337, quanto às regras gerais sobre a interpretação dos contratos.

[2317] Max Kaser, *Das römische Privatrecht* cit., 1, 2.ª ed., § 58, I, 1 (234).

negócio jurídico[2318]. Não admira, por isso, que nas fontes romanas, surjam fragmentos desencontrados, que ora confortam uma interpretação objetivista, baseada no *actus*, ora uma subjetivista, assente na vontade[2319].

Como exemplos muito referidos[2320]:

Paulo: cum verbis nulla ambiguitas est, non debet admitti voluntatis quaestio [quando não haja ambiguidade na letra, não deve ser admitida a questão da vontade][2321];

Papiniano: in conventionibus contrahentium voluntatem potius quam verba spectari placuit [nas convenções deve ser atendido mais à vontade dos contraentes do que às palavras][2322].

A inclinação bizantina pelo *animus*, fruto da evolução apontada, terá conduzido a múltiplas interpolações, sob as quais os romanistas tentam reconstruir a evolução romana da interpretação negocial[2323].

III. Na reconstrução do pensamento romano sobre a interpretação dos negócios jurídicos, é possível distinguir a interpretação recognitiva, a interpretação integrativa e a interpretação corretiva.

A interpretação recognitiva intenta fixar, através de uma verificação histórico-existencial, o significado do ato em jogo. Aí releva a vontade do autor – ou, mais precisamente, o sentido que o ato tenha para ele. Mas intervêm, ainda, fatores sociais, como o uso de uma determinada língua. A contraposição entre a *sententia* (a vontade) e os *verba* (a sua expressão) era bem

---

[2318] *Idem*, § 58, I, 2 e 3 (235-236).

[2319] A controvérsia ficou imortalizada na *causa curiana*: um testador institui, como herdeiro, um filho, se este nascesse nos dez meses subsequentes à sua morte; se esse filho morresse impúbere, haveria substituição pupilar. Ou seja: a herança passaria a determinado substituto. O testador morreu e o filho não nasceu; o herdeiro substituto pretendia a herança, bem como os parentes legitimários do falecido. Licinius Crassus defendeu o substituto, invocando a vontade do testador e não as palavras; Quintus Mucius Scaevola tomou posição oposta, lendo literalmente o testamento. Ganhou o primeiro. *Vide* Santos Justo, *Direito romano privado* cit., 1, 188, nota 900 e 227, bem como os elementos aí indicados. Uma análise da *causa curiana* pode ser vista em Reinhard Zimmermann, *The Law of Obligations* cit., 628-633.

[2320] Hein Kötz, *Vertragsauslegung* cit., 221

[2321] Paulo, D. 32.25.1 = *Corpus iuris civilis*, ed. Nápoles II (1828), 617/II.

[2322] Papiniano, D. 50. 16.219 = *Corpus iuris civilis*, ed. Nápoles III (1830), 819/II.

[2323] Reinhard Zimmermann, *The Law of Obligations* cit., 624-625.

conhecida pelos romanos[2324], podendo prevalecer uma ou outros, conforme as circunstâncias: no testamento domina a vontade do falecido enquanto, nos contratos económicos, prevalecem as expressões usadas.

A interpretação integrativa obriga o intérprete a proceder sem recurso à declaração, designadamente por ambiguidade ou indeterminação desta. Haveria, então, que atender à natureza do negócio, a particulares razões para favorecer algum dos intervenientes ou à responsabilidade em que incorra o declarante. Não se confundia, todavia, este tipo de interpretação com as normas integrativas, isto é, com regras jurídicas destinadas a regular o fundo da matéria e às quais haveria que apelar, na falta de disposições negociais. Entre as regras clássicas integrativas conta-se a *interpretatio contra stipulatorem*: na dúvida, a declaração ambígua vale com o sentido mais desfavorável ao declarante. Certos negócios dispunham de regras específicas: assim o *favor dotis* – na dúvida prevalece a solução mais favorável ao dote da mulher – e o *favor libertatis* – *idem*, no tocante à libertação do escravo[2325].

A interpretação corretiva opera quando o conteúdo de uma declaração não possa manter-se como o seu autor o tenha querido. Não se trata de correção, pura e simples e com base em regras, dos efeitos do negócio: antes se irá fazer apelo à vontade presumível do declarante, para remover contradições ou inadequações, patentes na sua declaração.

IV. O Direito romano deixou-nos muitas das subtilezas que, ao longo dos séculos, animaram os temas da interpretação dos negócios. Em síntese, poder-se-á dizer que, nos negócios entre vivos, acabaria por prevalecer o *id quod actum est* – portanto, o sentido objetivo, com prevalência dos *verba* –, enquanto, nos *mortis causa*, dominou a *mens* do disponente[2326]. De certo modo – e tal como sucede com as grandes opções da Humanidade – podemos considerar que os parâmetros do debate, em torno da interpretação dos negócios, foram traçados na Antiguidade. Posteriormente, assistiu-se a um oscilar entre os termos possíveis.

[2324] Os textos básicos vêm referidos em Pasquale Voci, *Interpretazione* cit., 255-263. Uma modalidade de interpretação recognitiva particularmente vincada é interpretação típica: aquela pela qual, num determinado negócio, se atribua um único significado possível, a certa declaração – *idem*, 268 ss..

[2325] Outras regras podem ser seguidas em Pasquale Voci, *Interpretazione* cit., 264 ss..

[2326] Emilio Betti, *Interpretazione dei negozi giuridici (diritto romano)*, NssDI VIII (1962), 902-903.

239. Evolução subsequente

I. A redescoberta ocidental dos *digesta*, no século XII, provocou uma imediata atração pelas máximas neles contidas[2327]. Os glosadores colocaram as velhas *regulae iuris* no núcleo da formação jurídica, sem atentar nem nas interpolações, então desconhecidas, nem na necessidade de posicionar historicamente cada um dos fragmentos. Desenvolveram-se, nessa base, tópicos argumentativos e aplicativos[2328]. Digno de menção é o escrito de Nicolaus Everaets von Middelburg, *Loci argumentorum legales* que, em cerca de 800 páginas, desenvolve 131 *topoi*[2329], tendo conhecido, entre 1516 e 1662, vinte e oito edições[2330].

II. Os comentadores intentaram uma sistematização mais perfeita da matéria, com uma atenção especial às regras desenvolvidas pelo canonismo. Desenvolveram a ideia de uma interpretação em geral, em detrimento de interpretações isoladas da lei, das convenções ou dos testamentos. A obra de Francesco Mantica, já referida a propósito da condição[2331], é apontada como um produto deste labor[2332].

III. A doutrina moderna da interpretação, incluindo a do negócio jurídico, adveio do humanismo[2333] e do jusracionalismo[2334]. Apuraram-se os

---

[2327] A sua rearrumação sem critérios jurídico-científicos modernos conduziu, nas palavras de Baldus, reportadas, também, em Vogenauer, a um "abuso criativo do Direito"; vide Christian Baldus, *Regelhafte Vertragsauslegung nach Panteirollen im klassischen römischen Recht und in der modernen Völkerrechtswissenschaft/Zur Rezeptionsfähigkeit römischen Rechtsdenkens*, 2 (1998), 489-930 (737).

[2328] Stefan Vogenauer, no HKK/BGB cit., 1, §§ 133, 157, Nr. 8 (566).

[2329] Nicolaus Everaets von Middelburg, *Loci argumentorum legales*, ed. Frankfurt, 1581 (a ed. confrontada), 809 pp., mais um extenso índice.

[2330] Stefan Vogenauer, no HKK/BGB cit., 1, §§ 133, 157, Nr. 8 (567).

[2331] Franciscus Mantica, *Vaticanae lucubrationes de tacitis et ambiguis conventionibus* cit. *supra*, nota 2077.

[2332] Stefan Vogenauer, no HKK/BGB cit., 1, §§ 133, 157, Nr. 9 (567).

[2333] Maximiliane Kriechbaum, Verba *und* mens *in den Interpretationslehre des Humanismus*, em Jan Schröder (ed.), *Theorie der Interpretation vom Humanismus bis zur Romantik/Rechtswissenschaft, Philosophie, Theologie* (2001), 351 pp., 47-73.

[2334] Lutz Danneberg, *Logik und Hermeneutik im 17. Jahrhundert*, em Jan Schröder (ed.), *Theorie der Interpretation vom Humanismus bis zur Romantik* cit., 75-131.

Quanto ao negócio: Klaus Luig, *Die Auslegung von Willenserklärungen in Naturrecht von Grotius bis Wolff*, em Jan Schröder cit. (2001), 133-154, bem como Claus-Dieter

quadros gerais que conduziriam a Savigny[2335], pai dos clássicos elementos da interpretação: um esquema que, visando a lei, contaminou a interpretação do negócio. Coube aos estudiosos naturalistas e jusracionalistas fixar e justificar a intenção do declarante como o objetivo final da interpretação[2336]. Para tanto, recuperou-se a ideia, de origem estóica e desenvolvida pela Teologia moral da escolástica tardia, pela qual os efeitos de uma declaração de vontade radicam na responsabilidade moral do declarante, vinculado pela sua própria vontade, sob pena de entrar em contradição[2337]. Recorde-se, a tal propósito, o próprio S. Tomás de Aquino, que via a força vinculativa da promessa na proibição da mentira[2338].

A doutrina pandectística manteve as orientações subjetivistas que vinham do canonismo, com reflexos nas codificações. Repare-se, todavia, que o triunfo da teoria da vontade não esclarecia tudo. Em aberto, ficava o saber-se se valia a vontade interior (teoria da vontade pura) ou a vontade declarada (teoria da declaração)[2339].

IV. O tema da interpretação do negócio conheceu um surto, após a aprovação do BGB. Erich Danz elaborou e publicou uma importante monografia sobre a interpretação do negócio (1897, com 3.ª ed. em 1911)[2340],

---

Schott, *"Interpretatio cessat in claris"/Auslegungfähigkeit und Auslegungsbedürftigkeit in der juristischen Hermeneutik*, em Jan Schröder cit. (2001), 155-189.

[2335] Joachim Rückert, *Savignys Hermeneutik – Kernstück einer Jurisprudenz ohne Pathologie*, em Jan Schröder cit. (2001), 287-326.

[2336] Stefan Vogenauer, *Die Auslegung von Gesetzen in England und auf dem Kontinent/Eine vergleichende Untersuchung der Rechtsprechung und ihrer historischen Grundlagen* 1 (2001), XLIV + 663 pp., 435-438 e, mais sinteticamente, em HKK/BGB cit., 1, §§ 133, 157, Nr. 34 (584).

[2337] Malte Diesselhorst, *Die Lehre des Hugo Grotius vom Versprechen* (1959), X + 143 pp., 41-42; Okko Behrends, *Treu und Glauben/Zu den christlichen Grundlagen der Willenstheorie im heutigen Vertragsrecht*, em Luigi Lombardi Vallauri/Gerhard Dilcher, *Christentum, Säkularisation und modernes Recht* (1981), 1582 pp., 957-1006 (957 ss., 990 ss. e *passim*).

[2338] *Supra*, 29.

[2339] Ernst Zittelmann, *Die juristische Willenserklärung*, JhJb 16 (1878), 357-436 (389 ss.); Wolfgang Stephany, *Die Bedeutung des Willens bei Rechtsgeschäften* (1897), IV + 25 pp., 1 ss..

[2340] Erich Danz, *Die Auslegung der Rechtsgeschäfte/Zugleich ein Beitrag zur Rechts- und Tatfrage*, 1.ª ed. (1897), VIII + 215 pp., 2.ª ed. (1906), XI + 251 pp. e 3.ª ed. (1911), XIII + 314 pp..

traduzida em português por Fernando de Miranda (1939)[2341]. Seguiram-se trabalhos significativos de Heinrich Titze[2342], de Paul Oertmann[2343] e de Alfred Manigk[2344]. Como adiante veremos, estes autores mantiveram uma oscilação pendular em torno dos pólos do *animus* e do *actus*, que vinham da Antiguidade. O ciclo fechou da melhor forma, com a importante monografia de Karl Larenz, sobre a interpretação, em 1930[2345] e cuja reimpressão, de 1967, relançou o debate[2346].

Na segunda metade do século XX, cumpre apontar monografias maciças, como as de Emilio Betti[2347], Dietrich Bickel[2348], de Ernst A. Kra-

---

[2341] Erich Danz, *A interpretação dos negócios jurídicos: contratos, testamentos, etc.: estudo sobre a questão de direito e a questão de facto*, versão portuguesa de Fernando de Miranda (1941), 347 pp..

[2342] Heinrich Titze, *Die Lehre vom Mißverständnis: eine zivilrechtliche Untersuchung* (1910), XI + 516 pp..

[2343] Paul Oertmann, *Rechtsordnung und Verkehrssitte/insbesondere nach Bürgerlichem Recht; zugleich ein Beitrag zu den Lehre von der Auslegung der Rechtsgeschäfte und von der Revision* (1914), 526 pp., 234 ss..

[2344] Alfred Manigk, *Irrtum und Auslegung/Zwei Grundpfeiler der Lehre von der Willenserklärung* (1918), VIII + 280 pp. (189 ss.).

[2345] Karl Larenz, *Die Methode der Auslegung des Rechtsgeschäfts/Zugleich ein Beitrag zur Theorie der Willenserklärung* (1930), 108 pp..

[2346] Vide Franz Wieacker, *Die Methode der Auslegung des Rechtsgeschäfts*, JZ 1967, 385-391, elaborado justamente a propósito da reimpressão em causa.

[2347] Emilio Betti, *Interpretazione della legge e degli atti giuridici: teoria generale e dogmatica* (1949), XV + 367 pp.; há 2.ª ed. (1971), XIII + 500 pp., com trad. port. de Denise Agostinetti (2007), CXXVIII + 482 pp.; de referir, também de Emilio Betti, a obra desdobrada *Teoria generale della interpretazione* 1 (1990).

De Emilio Betti temos, ainda, uma síntese, em alemão, do seu escrito básico sobre a interpretação: *Zur Grundlegung einer allgemeinen Auslegungslehre*, FS Ernst Rabel 2 (1954), 79-168 e *Allgemeine Auslegungslehre als Methodik der Geisteswissenschaften* (1967), XVI + 771 pp.; trata-se de um dos poucos escritos italianos, com uma efetiva projeção na doutrina alemã.

[2348] Dietrich Bickel, *Die Methoden der Auslegung rechtsgeschäftlicher Erklärungen/Kritische Analyse seit dem Inkrafttreten des BGB vertretener Lehrmeinungen und Versuch einer Neubegründung* (1976), 186 pp., 9 ss..

mer[2349], de Fritz-René Grabau[2350] e de Stefan Vogenauer[2351]. Neste momento, as intervenções dogmáticas mais consideráveis constam dos grandes comentários, com relevo para as de Reinhard Singer[2352], Herbert Roth[2353] e Jan Busche[2354]. Adiante encontraremos os aspetos mais relevantes das opções destes estudiosos.

240. As regras legais

I. O pensamento subjetivista dominante, no período do Direito comum, foi acolhido pelos juristas da pré-codificação francesa. Ele foi captado e desdobrado por Pothier, no seu influente Tratado das obrigações (1761.º)[2355]. Daí, elas passariam, quase na íntegra[2356], ao Código Napoleão. Vamos sumariar os artigos 1156.º a 1164.º deste diploma:

Artigo 1156.º – Deve-se procurar a intenção comum das partes e não ater-se ao sentido literal dos termos.

Artigo 1157.º – A cláusula ambígua deve ser entendida com um alcance útil e não com um alcance sem sentido.

Artigo 1158.º – Os termos ambíguos devem ser tomados com o sentido que mais convenha à matéria do contrato.

[2349] Ernst A. Kramer, *Grundfragen der vertraglichen Einigung: Konsens, Dissens und Erklärungsirrtum als dogmatische Probleme des österreichischen, schweizerischen und deutschen Vertragsrechts* (1972), 220 pp., 125 ss..

[2350] Fritz-René Grabau, *Über die Normen zur Gesetzes- und Vertragsinterpretation* (1993), 220 pp., 29 ss., 72 ss., 109 ss. e *passim*.

[2351] Stefan Vogenauer, *Die Auslegung von Gesetzen in England und auf dem Kontinent*, 1 e 2 (2001), 1479 pp.; embora visando a interpretação da lei, esta obra releva, também, para a dos negócios.

[2352] Reinhard Singer, no *Staudinger* I, §§ *99-124; 130-133, Allgemeiner Teil* 3 (2012), § 133 (764-828).

[2353] Herbert Roth, no *Staudinger* I, §§ *139-163, Allgemeiner Teil* 4b (2010), § 157 (256-299).

[2354] Jan Busche, no *Münchener Kommentar zum BGB* 1, 6.ª ed. (2012), § 133 (1357-1381) e § 157 (1672-1688).

[2355] Robert-Joseph Pothier, *Traité des obligations*, I, ed. Paris (1805), I, cap. I, art. VII, n.º 91 ss. (66 ss.). Um extrato pode ser confrontado em Guido Alpa/Gianluca Fonsi//Giorgio Resta, *L'interpretazione del contratto/Orientamenti e techniche della giurisprudenza*, 2.ª ed. (2001), 2 ss..

[2356] Stefan Vogenauer, no HKK/BGB cit., 1, §§ 133, 157, Nr. 13 (569-570).

Artigo 1159.º – A ambiguidade interpreta-se de acordo com os usos do local onde o contrato tenha sido concluído.

Artigo 1160.º – O contrato deve ser integrado de acordo com as cláusulas usuais, ainda que nele não estejam expressas.

Artigo 1161.º – Todas as cláusulas das convenções se interpretam em conjunto, de modo a dar a cada uma delas o sentido que resulte do ato no seu todo.

Artigo 1162.º – Na dúvida, a convenção interpreta-se contra quem a tenha estipulado e a favor de quem tenha contraído a obrigação.

Artigo 1163.º – Por gerais que sejam os termos de uma convenção, ela só compreende as coisas nas quais pareça que as partes se tenham proposto contratar.

Artigo 1164.º – Quando numa convenção se dê um exemplo, não se entende, por isso, que ela a tanto se limite.

A jurisprudência veio a precisar estes termos[2357].

O sistema napoleónico teve influência noutras codificações por ele influenciadas: o Código holandês de 1838[2358], o Código italiano de 1865[2359] e o Código espanhol de 1889[2360].

Em compensação e contra o que se lê nos comentários de Stefan Vogenauer[2361], se o Código italiano de 1942[2362] mantém, de facto, resquícios dessa influência, nem no Código de Seabra[2363] nem, muito menos, no Código Vaz Serra de 1966[2364], se conservam, neste ponto, traços napoleónicos. Como temos vindo a insistir em diversas ocasiões: o desconhecimento relativo ao posicionamento do sistema lusófono, por parte dos autores que se abalançaram a referi-lo, é confrangedor. Compete-nos divulgá-lo, nos palcos internacionais; quanto aos estudiosos estrangeiros: devem ter a humildade de se informarem devidamente.

[2357] Vide Jean Carbonnier, *Droit civil/Les obligations*, n.º 1058 e 1059 (2169-2172) e n.º 1062 (2175-2177).

[2358] Código Civil Holandês (1838), artigos 1131.º a 1139.º.

[2359] Artigos 1131.º a 1139.º; vide Girolamo Scalamandrei, *Commentario del codice civile italiano* 4 (1882), 574 ss..

[2360] Artigos 1282.º a 1289.º: preceitos interessantes e com alguma inflexão objetiva.

[2361] Stefan Vogenauer, no HKK/BGB cit., 1, §§ 133, 157, Nr. 13 (570).

[2362] Artigos 1362.º a 1371.º; vide, infra, 695-696.

[2363] Artigos 684.º e 685.º; vide, infra, 708-709.

[2364] *Infra*, 715 ss..

II. No que tange aos códigos racionalistas do círculo alemão, a tendência foi, claramente, no sentido de desenvolver a matéria interpretativa. O *Codex Maximilianeus Bavarius civilis*, de 1776, ocupou-se da interpretação, a propósito dos testamentos e dos pactos[2365]. Mais longe foi o ALR prussiano, de 1794: optou por fixar regras diferenciadas para diversos tipos de atos, com relevo para a renúncia e para a sociedade[2366]. Somando as regras gerais inseridas a propósito da declaração de vontade (I, 4, §§ 65 a 74)[2367] e as relativas a contratos (I, 4, §§ 252 a 269)[2368], chega-se a 28 preceitos sobre a interpretação.

Nas codificações propriamente ditas, houve uma preocupação de síntese. O Código austríaco de 1811 consagrou, à matéria, o seu § 914, assim concebido[2369]:

> Na interpretação de contratos, não deve ater-se ao sentido literal da expressão, mas antes se deve averiguar a intenção das partes, tal como corresponda ao exercício do tráfego honesto.

III. No esforço codificador registado na Alemanha do século XIX, a primeira consagração de regras interpretativas do contrato ocorreu no ADHGB (Código Comercial) de 1861. Retemos os competentes preceitos[2370]:

> 278. Aquando do julgamento e da interpretação de negócios comerciais, deve o juiz averiguar a vontade dos contraentes e não se deve ater ao sentido literal da expressão.
> 279. Na determinação do significado e da eficácia de ações ou de omissões, há que ter em consideração os usos e costumes em vigor no tráfego comercial.

[2365] *Codex Maximilianus* IV 1, 4 18 = Winguläus von Kreittmayer, *Anmerkungen über den Codicem Maximilianeum bavaricum civile*, ed. post. IV (1821), 59-63, com uma série de princípios clássicos.

[2366] *Vide* as competentes indicações em Stefan Vogenauer, no HKK/BGB cit., 1, §§ 133, 157, Nr. 14 (570).

[2367] *Allgemeines Landrecht* (1794) cit., I, 4, §§ 65 a 74 (49-50).

[2368] *Idem*, I, 5, §§ 252 a 269 (91-92).

[2369] Peter Rummel, *Kommentar zum ABGB*, 1, 2.ª ed. (1990), 1292-1308, com doutrina e jurisprudência.

[2370] J. von Lutz (publ.), *Allgemeines Deutsches Handelsgesetzbuch* (1864), 53/I.

§ 53.º Evolução, regras legais e doutrinais

O BGB de 1896/1900 foi claramente inspirado nestes preceitos. Em dois parágrafos, surpreendentemente separados, veio dispor[2371]:

§ 133 – Na interpretação de uma declaração de vontade, deve atender-se à vontade efetiva e não ater-se ao sentido literal da expressão.
§ 157 – Os contratos interpretam-se como a boa-fé, com consideração pelos usos do tráfego, o exija.

IV. O Código italiano de 1942 conservou, como se disse, a tradição napoleónica de um lato desenvolvimento da matéria[2372]. Temos dez preceitos relativos à interpretação do contrato, cujo teor passamos a sumariar. Assim:

1362.º – Deve dar-se a primazia à intenção comum das partes, em detrimento do sentido das palavras; para determinar a intenção comum, há que atender ao seu comportamento, mesmo que posterior ao contrato.
1363.º – Na interpretação das cláusulas, há que atender ao conjunto.
1364.º – Ainda que se usem expressões gerais, o contrato apenas abrange os objetos sobre os quais as partes se hajam proposto contratar.
1365.º – As indicações exemplificativas não levam a presumir os casos não expressos.
1366.º – O contrato deve ser interpretado de boa-fé.
1367.º – As cláusulas devem ser interpretadas de preferência de modo a ter algum efeito.
1368.º – As cláusulas ambíguas interpretam-se segundo o que se pratica geralmente no local da conclusão do contrato ou, sendo uma parte uma empresa, no local da sede desta.
1369.º – As expressões polissémicas interpretam-se, na dúvida, no sentido mais conveniente à natureza e ao objeto do contrato.
1370.º – As cláusulas inscritas nas ccg ou em formulários interpretam-se, na dúvida, contra o utilizador.

[2371] A origem e os preparatórios destes preceitos podem ser confrontados em Stefan Vogenauer, no HKK/BGB cit., 1, §§ 133, 157 (572-577).

[2372] Luigi Cariota Ferrara, *Il negozio giuridico* cit., 729-741, abdicando claramente de um exame circunstanciado destes artigos. Quanto aos preceitos em causa e à sua dimensão inovadora perante o Direito italiano anterior, vide Mario Ghiron, em Mariano d'Amelio/Enrico Finzi, *Codice civile, Libro delle Obbligazioni/Commentario*, 1 (1948), 482-509; para uma panorâmica atual, Maria Alessandra Levi, em Pietro Rescigno, *Codice civile* 1, 7.ª ed. (2008), 2507-2529.

1371.º – Se o contrato se mantiver obscuro, interpreta-se, sendo gratuito, no sentido menos gravoso para o obrigado e, sendo oneroso, no sentido mais equitativo para os interesses das partes.

V. A referência às diversas regras de interpretação não é, tão-só, uma curiosidade comparatística. Com efeito, os vários preceitos surgem como o repositório atualizado de máximas milenárias, reforçadas pela experiência e pelo bom-senso. Mesmo quando oriundas de códigos distintos, elas podem ser aproveitadas na realização do Direito à luz de qualquer ordenamento.

Verificamos, ainda, que os diversos ordenamentos continentais, com relevo para o Código Napoleão, o BGB e o Código italiano de 1942, acentuam uma dimensão subjetivista da interpretação. Aparentemente, a velha teoria da vontade ganhou a corrida.

241. O Direito anglo-saxónico e o Direito europeu

I. Tem o maior interesse prático conhecer o esquema de interpretação dos contratos, à luz do Direito anglo-saxónico. Numerosos contratos internacionais comportam cláusulas de remissão para o Direito inglês. Além disso, o peso anglo-saxónico faz-se sentir nos negócios financeiros, na energia e nas arbitragens internacionais.

O Direito anglo-saxónico, ao contrário dos Direitos continentais, assume uma postura interpretativa claramente objetiva[2373]. Os contratos valem com o alcance material que deles resulta. Parte-se do princípio de que as partes disseram o que pretenderam e pela forma que livremente escolheram. Não se justificam indagações subjetivas, que só poderiam, de resto, prejudicar o comércio. Na dúvida, prevalece, pois, o modelo do homem razoável, à luz dos elementos relativos ao contrato em causa.

O objetivismo anglo-saxónico vai articular-se com o subjetivismo continental, no quadro dos instrumentos europeus, em termos que cabe seguir, com o maior relevo prático[2374].

[2373] António Barreto Menezes Cordeiro, *A interpretação contratual anglo-saxónica*, O Direito 141 (2009), 665-678 (670), com muitos elementos doutrinários e jurisprudenciais.
[2374] *Idem*, 678.

II. Os textos europeus, que visam um Direito civil unitário, ocupam-se, invariavelmente, da interpretação de contratos. Vamos reter, no original inglês, o texto do DCFR, claro e circunstanciado. Dispõe[2375]:

Chapter 8:
Interpretation
Section 1:
Interpretation of contracts

II. – 8:101: General rules
(1) A contract is to be interpreted according to the common intention of the parties even if this differs from the literal meaning of the words.
(2) If one party intended the contract, or a term or expression used in it, to have a particular meaning, and at the time of the conclusion of the contract the other party was aware, or could reasonably be expected to have been aware, of the first party's intention, the contract is to be interpreted in the way intended by the first party.
(3) The contract is, however, to be interpreted according to the meaning which a reasonable person would give to it:
  (a) if an intention cannot be established under the preceding paragraphs; or
  (b) if the question arises with a person, not being a party to the contract or a person who by law has no better rights than such a party, who has reasonably and in good faith relied on the contract's apparent meaning.

II. – 8:102: Relevant matters
(1) In interpreting the contract, regard may be had, in particular, to:
  (a) the circumstances in which it was concluded, including the preliminary negotiations;
  (b) the conduct of the parties, even subsequent to the conclusion of the contract;
  (c) the interpretation which has already been given by the parties to terms or expressions which are the same as, or similar to, those used in the contract and the practices they have established between themselves;

[2375] Christian von Bar/Eric Clive/Hans Schulte-Nölke (ed.), *Draft Common Frame of Reference* cit., 216-218. Na *Full Edition* cit., com muito material, *vide* 1, 553-575.

(d) the meaning commonly given to such terms or expressions in the branch of activity concerned and the interpretation such terms or expressions may already have received,
(e) the nature and purpose of the contract;
(f) usages; and
(g) good faith and fair dealing.

(2) In a question with a person. not being a party to the contract or a person such as an assignee who by law has no better rights than such a party, who has reasonably and in good faith relied on the contract's apparent meaning, regard may be had to the circumstances mentioned in sub-paragraphs (a) to (c) above only to the extent that those circumstances were known to, or could reasonably be expected to have been known to, that person.

II. – 8:103: Interpretation against supplier of term or dominant party
(1) Where there is doubt about the meaning of a term not individually negotiated, an interpretation of the term against the party who supplied it is to be preferred.
(2) Where there is doubt about the meaning of any other term, and that term has been established under the dominant influence of one party, an interpretation of the term against that party is to be preferred.

II. – 8: 104: Preference for negotiated terms
Terms which have been individually negotiated take preference over those which have not.

II. – 8: 1 05: Reference to contract as a whole
Terms and expressions are to be interpreted in the light of the whole contract in which they appear.

II. – 8:106: Preference for interpretation which gives terms effect
An interpretation which renders the terms of the contract lawful, or effective, is to be preferred to one which would not.

II. – 8: 107: Linguistic discrepancies
Where a contract document is in two or more language versions none of which is stated to be authoritative, there is, in case of discrepancy between the versions, a preference for the interpretation according to the version in which the contract was originally drawn up.

Section 2:
Interpretation of other juridical acts

II. – 8:201: General rules
(1) A unilateral juridical act is to be interpreted in the way in which it could reasonably be expected to be understood by the person to whom it is addressed.
(2) If the person making the juridical act intended the act, or a term or expression used in it, to have a particular meaning, and at the time of the act the person to whom it was addressed was aware, or could reasonably be expected to have been aware, of the first person's intention, the act is to be interpreted in the way intended by the first person.
(3) The act is, however, to be interpreted according to the meaning which a reasonable person would give to it:
 (a) if neither paragraph (1) nor paragraph (2) applies: or
 (b) if the question arises with a person, not being the addressee or a person who by law has no better rights than the addressee, who has reasonably and in good faith relied on the contract's apparent meaning.

II. – 8:202: Application of other rules by analogy
The provisions of Section 1, apart from its first Article, apply with appropriate adaptations to the interpretation of a juridical act other than a contract.

III. Estes textos representam uma interessante confluência. Repare-se que o artigo II. – 8:101 (3) acaba por validar uma interpretação objetiva, uma vez que, em regra, não é possível demonstrar uma intenção comum de ambas as partes, que não resulte do próprio contrato. De resto, se ambas estiverem de acordo, não há litígios. Os usos e a boa-fé são reportados – II. – 8:102 (1), (f) e (g). As ccg suscitam regras especiais: II. – 8:103 e 104. Seguindo o Código italiano, valida-se uma interpretação do contrato como um todo (II. – 8:105) e prefere-se a solução interpretativa que dê azo a saídas úteis (II. – 8:106).

As discrepâncias linguísticas são referidas e solucionadas (II. – 8:107): quando um contrato for redigido em duas ou mais línguas e haja dissonância entre as versões, sem que as próprias partes tenham fixado a prevalente, vale a versão na qual o contrato tenha sido originariamente minutado. Em regra, será o inglês, tomado como língua universal dos negócios.

Os atos unilaterais também obtiveram regras de interpretação (II. – 8:201 e 202).

IV. Outras propostas unitárias orientaram-se no mesmo estilo do DCFR: desenvolvido, de modo a acomodar o fundo geral dos diversos sistemas em presença[2376].

Pelo seu relevo no comércio internacional, aqui consignamos o artigo 8.º da Convenção das Nações Unidas de Viena sobre a Compra e Venda Internacional[2377]:

(1) Para os fins da presente Convenção, as declarações de vontade e demais condutas de uma parte devem ser interpretadas segundo a vontade respetiva, sempre que a outra parte conheça, ou não deva desconhecer, essa vontade.
(2) Quando o número anterior não seja aplicável, as declarações e restantes condutas de uma parte são de interpretar como uma pessoa razoável na mesma posição e nas mesmas condições da outra teria feito.
(3) Para determinar a vontade ou as representações de uma parte, que teria agido como uma pessoa razoável, são de considerar todas as circunstâncias relevantes, em especial as negociações, os hábitos que tenham servido entre as partes e as suas condutas subsequentes.

Como se vê, há (n.º 2) um balanceamento entre a interpretação objetiva anglo-saxónica, que os comentadores alemães reconduzem ao horizonte do destinatário[2378] e a relevância tradicional da vontade (n.º 1). Os elementos referidos no n.º 3, com relevo para os antecedentes (elemento histórico) e para a prática contratual, surgem valorizados. Estas regras são muito úteis, particularmente em arbitragens internacionais, mesmo quando não se aplique a Convenção de Viena.

242. As doutrinas da interpretação

I. Os diversos preceitos legais que, no Ocidente, norteiam a interpretação dos negócios, derivam de doutrinas da interpretação. Estas, por

---

[2376] Vide Michael Joachim Bonell, *An International Restatement of Contract Law/ /The Unidroit Principles of International Commercial Contracts*, 2.ª ed. (1997), artigos 4.1 e ss. (279 ss., a versão inglesa e 478 ss., a versão portuguesa) e, da Academia dos Privatistas Europeus, coord. Giuseppe Gandolfi, *Code Européen des Contrats/Avant-projet*, Liv. I (2004), artigos 39 a 41 (16-17, a versão francesa, 452-453, a alemã e 531-532, a inglesa).
[2377] Ulrich Magnus, no *Staudinger, Wiener UN-Kaufrecht/CISG* (2013), Art 8 CISG (204 ss.), com muitas indicações.
[2378] Ulrich Magnus, no *Staudinger/CISG* cit., Art 8, Nr. 17 (209).

seu turno, dão conteúdo às próprias regras interpretativas, muitas vezes pensadas com suficiente flexibilidade para não darem corpo a pensamentos unicistas. Impõe-se, pois, encerrar esta rubrica com um ponto da situação sobre essa matéria.

Como vimos, o pano de fundo interpretativo, desde o Direito romano tardio e ao longo de todo o período intermédio, foi marcado pelo subjetivismo nas declarações de vontade, onde vale, por definição, essa mesma vontade. A tarefa do intérprete-aplicador seria, pois, a de determinar tal vontade.

II. A moderna doutrina do negócio iniciou-se com Savigny. Este Autor, fiel à sua construção das relações jurídicas como o produto da vontade, apontava, na interpretação do negócio, uma tarefa de apreensão da vontade efetiva subjacente[2379].

Na sua versão extrema, a conceção subjetivista não era praticável: apenas a declaração chegava ao conhecimento do destinatário podendo, deste, receber o necessário consenso. Como explica Jhering, o juiz[2380],

(...) não tem de decidir a questão de qual foi o verdadeiro sentido da declaração do declarante, mas antes de como deveria a contraparte entendê-la, segundo as circunstâncias com que se depare.

O próprio regime do erro parecia reforçar esta ideia[2381]: quando a declaração se desviasse da vontade do declarante, quedaria a este invalidar o negócio, por erro, desde que verificados os requisitos legais.

A pandectística traduziu, ao longo do século XIX, alguma oscilação entre as teorias da vontade e da declaração. Apesar do predomínio da primeira, cedo se impôs a necessidade prática de fazer cedências, dada a inescrutabilidade da vontade interior das pessoas.

III. Com isso passamos a uma orientação objetivista, presente em Autores dos finais do século XIX[2382]; afinal, já no Direito romano se exa-

---

[2379] Friedrich Carl von Savigny, *System* cit., 3, § 314 (258).
[2380] Rudolf von Jhering, *Culpa in contrahendo* cit., 72, na (importante) nota 78.
[2381] Otto Bähr, *Über Irrungen im Contrahirem*, JhJb 14 (1874), 393-427 (401), fazendo apelo à tutela da *bona fides* do declaratário (hoje dir-se-ia tutela da confiança).
[2382] Heinrich Titze, *Die Lehre vom Missverständnis: eine civilistische Untersuchung* (1910), XI + 516 pp., 85, sem prejuízo de posições subjetivistas depois assumidas,

rara a impossibilidade de assentar um negócio numa vontade que não houvesse sido exteriorizada[2383]. A tarefa do intérprete-aplicador não é a de pesquisar factos ou de os descrever; é de valorar. Cabe-lhe averiguar o que pessoas normais e razoáveis entenderiam, em face dos comportamentos em jogo, numa fórmula "realista", apresentada por Danz[2384].

Passa-se a uma teoria da confiança[2385], mais precisamente de uma confiança legítima e razoável, numa opção que, *ab initio*, foi limitada aos negócios *inter vivos*; para o testamento manteve-se, *ex rerum natura*, o primado da vontade[2386]. Os estudiosos apontam, aqui, uma mudança de paradigma, ocorrida no início do século XX, a qual ditou a primazia da teoria da declaração: a própria liberdade individual o exigiria, uma vez que, pela da vontade, seria inviável uma vinculação perante elevados números de destinatários. A teoria da declaração reforça a dimensão social da interpretação negocial[2387].

Evidentemente: este caminho, a ser (como foi) seguido, logo desembocaria numa ideia de interpretação normativa[2388], com funções de facilitar a manutenção dos contratos e o comércio à distância[2389]. Mas assim sendo, verifica-se que o juiz já não procura realidades individuais: antes valida a solução que tem por mais adequada. Na enumeração de Stefan

---

em crítica a Erich Danz; *vide* as indicações de Jury Himmelschein, *Beiträge zu der Lehre vom Rechtsgeschäft* (1930), VI + 120 pp., 9 ss..

[2383] *Vide* Siegmund Schlossmann, *Der Vertrag* (1876, reimp., 1980), VIII + 356 pp., 128 ss. e Hermann Isay, *Die Willenserklärung im Thatbestand des Rechtsgeschäfts nach dem Bürgerlichen Gesetzbuch für das Deutsche Reich* (1899), 109 pp., 10 ss..

[2384] Erich Danz, *Die Auslegung der Rechtsgeschäfte* cit., 3.ª ed., 78 e *passim*; na trad. portuguesa, *vide* 101 e *passim*. Quanto ao papel de Danz na radicação do objetivismo: Ferrer Correia, *Erro e interpretação na teoria do negócio jurídico*, 2.ª ed.)1967, melhor citada *infra*, 710), 168.

[2385] Gustav Hartmann, *Wort und Wille im Rechtsverkehr*, JhJb 20 (1882), 1-79 (50 ss., 65 ss. e *passim*) e *Werk und Wille bei dem sogennanten stillschweigeden Konsens*, AcP 72 (1888), 161-256 (236): (...) *Auslegung des objektiven, der guten Treue entsprechenden* (...).

[2386] Gustav Hartmann, *Wort und Wille* cit., 51; Ernst Zittelmann, *Die juristische Willenserklärung* cit., 423 ss..

[2387] Stefan Vogenauer, no HKK/BGB cit., 1, Nr. 36 (586), com indicações.

[2388] Ernst A. Kramer, *Grundfragen der vertraglichen Einigung* cit., 176 ss..

[2389] Ferdinand Regelsberger, *Civilrechtliche Erörterungen* 1, *Die Vorverhandlungen bei Verträgen, Angebot, Annahme, Traktate, Punktation nebst der Lehre von der Versteigerung und von der Auslegung* (1868), 236 pp., 17 (segurança do tráfego) e 20 (cuidado necessário) e Otto Bähr, *Über Irrungen* cit., 427, como exemplos.

Vogenauer, esta orientação marca[2390]: (1) a passagem de um Estado liberal para um Estado social; (2) o surgimento de uma sociedade industrializada, com divisão do trabalho; (3) o reforço do poder dos tribunais, ao serviço do Direito mais do que das partes; (4) o abandono de um tipo de positivismo assente em forte separação entre o Direito e a Moral.

O que resta da autonomia privada? No limite, bem poderia o juiz validar uma interpretação "objetiva", construindo um negócio que não teria sido querido por nenhuma das partes. Aqui reside a crítica fundamental a Danz, com abertura de portas a cedências subjetivistas, abaixo referidas.

IV. A identificação das teorias básicas e da sua evolução é útil, para o conhecimento da matéria. Todavia, desde cedo os estudiosos sublinharam que, nas suas formas puras, elas não eram praticáveis: a teoria da vontade implicaria conhecer uma realidade que, por vezes, nem o próprio apreende totalmente; a da declaração conduziria, levada ao extremo, a um negócio que não fosse pretendido por nenhuma das partes: o declarante ficaria preso a uma declaração estranha à sua vontade real, enquanto o declaratário teria dado o seu acordo a uma fórmula que entendeu diversamente.

Assim, logo na pandectística, os autores procedem a combinações entre elementos subjetivos e objetivos. Explica Windscheid:

> Quando o sentido verbal não seja indubitável, o verdadeiro sentido da declaração produzida deve ser encontrado com consideração, em parte, pela parcela do seu conteúdo que não seja duvidosa, em parte pelo valor da vontade, mas preferencialmente através da consideração do conjunto das circunstâncias nas quais foi concluído o negócio[2391].

A vontade prevaleceria, desde que lograsse ter encontrado um mínimo de correspondência na declaração[2392]. A questão foi muito debatida, por via da necessidade de fixar a natureza da interpretação, para efeitos do recurso de revista[2393]: seria questão-de-facto, para uma pura teoria da vontade e questão-de-direito, quando se admitissem elementos normativos[2394].

[2390] Stefan Vogenauer, no HKK/BGB cit., 1, §§ 133, 157, Nr. 36 (587); desse mesmo Autor, *Die Auslegung von Gesetzen* cit., 1, 227-231 e *passim*.

[2391] Bernhard Windscheid/Theodor Kipp, *Lehrbuch des Pandektenrechts* cit., 9.ª ed., § 84 (1, 445).

[2392] *Idem*, 446.

[2393] *Supra*, 679 ss..

[2394] *Supra*, 676 ss..

V. Após a publicação do BGB, verificou-se um surto de estudos sobre a interpretação do negócio[2395]. A monografia de Erich Danz que, até pela sua tradução em português[2396], teve especial repercussão entre nós, apontou claramente para uma interpretação objetivista, de cariz normativo. Este Autor acrescenta, ainda, alguns pontos significativos: há que atender ao escopo económico do negócio[2397] e que ter presente o facto de dever prevalecer a interpretação por leigos[2398]. Há objetivismo. Com críticas a Danz, Manigk sublinha, todavia, que por imperativo lógico vale, na contratação, o que foi querido[2399]: cabe à interpretação investigá-lo[2400], tarefa não-cumprida perante uma orientação puramente objetivista[2401]. As dificuldades daí resultantes devem ser reconhecidas pelo Direito[2402], quedando, no limite, verificar se, na declaração, ficou consignada a vontade do declarante[2403]. Temos, de novo, o subjetivismo.

Karl Larenz, num escrito fundamental de juventude (1930)[2404], intenta superar o dualismo entre elementos objetivos e subjetivos. O seu sentido retira-se de um conjunto de elementos, que conduzem à objetivação. Mas – e assim se transcendem exageros imputados a Danz – trata-se de um objetivismo funcional, no círculo entre o declarante e o declaratário[2405], numa opção acolhida, no essencial, pelo Código Vaz Serra.

Burckhard explica que o contrato é, em si, uma peça de arbítrio (*ein Stück Willkür*)[2406]; resultam, daí, condicionamentos claros: subjetivista.

VI. Torna-se difícil seguir, na literatura dos finais do século XX e do presente século XXI, as oscilações entre o objetivismo e o subjetivismo[2407].

[2395] *Supra*, 690 ss..
[2396] *Supra*, nota 2341.
[2397] Erich Danz, *Die Auslegung der Rechtsgeschäfte* cit., 3.ª ed., § 10 (82).
[2398] *Idem*, § 18 (144).
[2399] Alfred Manigk, *Irrtum und Auslegung* cit., 193.
[2400] *Idem*, 197.
[2401] *Idem*, 198.
[2402] *Idem*, 200-201.
[2403] *Idem*, 207.
[2404] Karl Larenz, *Die Methode der Auslegung des Rechtsgeschäfts* cit., 9 e *passim*.
[2405] *Idem*, 70 ss..
[2406] W. Burckhardt, *Die Auslegung der Verträge*, ZBJV 71 (1935), 425-439 (432).
[2407] Otto Sandrock, *Zur engänzenden Vertragsauslegung im materiellen und internationalen Schuldvertragsrecht/Methodologische Untersuchungen zur Rechtsquellenlehre im Schuldvertragsrecht* (1966), 318 pp., 88-91, com muitas indicações. Este Autor cen-

Afigura-se que elas prosseguem, embora com um ponto de equilíbrio cada vez mais próximo.

O objetivismo foi-se radicando, assente na natureza normativa da interpretação, designadamente mercê da expressa remissão, no § 157, para os costumes do tráfego e para a boa-fé[2408]. A valorização da posição do destinatário é conseguida pela fórmula do "horizonte objetivo do destinatário" (*objektiver Empfängerhorizont*), numa interessante fórmula recuperada de Heck[2409] e radicada na jurisprudência[2410]: vale, em cada situação concreta, o conjunto de elementos que poderiam conformar o destinatário hipotético.

Assim entendido, o objetivismo ter-se-ia tornado dominante[2411], soltando-se, contra a letra do § 133 do BGB, da vontade do declarante[2412]. Não obstante, as hostes subjetivistas mantiveram-se, amparadas em nomes importantes, como Hans Brox e Hans Wieling. Brox, todavia, sublinha que se trata de averiguar a vontade *declarada* do sujeito e que a tutela da confiança implica, também, o conhecimento dessa vontade[2413]. Wieling, por seu turno, explica que, embora se jogue uma declaração, que opera como ordenação de validade, a vontade está sempre presente: a *falsa demonstratio* perde em conteúdo e em poder argumentativo[2414]. Estamos longe de subjetivismos puros.

---

tra-se na interpretação complementadora (integração), embora em páginas que têm, para a interpretação propriamente dita, todo o sentido.

[2408] Werner Flume, *Das Rechtsgeschäft* cit., 4.ª ed., § 16, 3 (307-321, em especial 312 ss.).

[2409] Philipp Heck, *Gesetzesauslegung und Interessenjurisprudenz*, AcP 112 (1914), 1-318 (43), ainda sem o adjetivo "objetivo"; vide Heinrich Stoll/Wilhelm Felgentraeger, *Vertrag und Unrecht* 1, 3.ª ed. (1943), § 15, III (53), preenchendo os elementos relevantes por banda do declaratário.

[2410] BGH 11-nov.-1993, BGHZ 124 (1994), 64-71 (67). Outras indicações: Reinhard Singer, no *Staudinger* cit., II, § 133, Nr. 18 (779).

[2411] Stefan Vogenauer, no HKK/BGB cit., 1, §§ 133, 157, Nr. 42 (594).

[2412] Jan Busche, no *Münchener Kommentar* cit., 1, 6.ª ed., § 133, Nr. 12 (1361), retomando posições constantes de edições anteriores desse mesmo comentário; Andreas Trupp, *Die Bedeutung des § 133 BGB für die Auslegung vom Willenserklärungen*, NJW 1990, 1346-1347 (1346/I), fazendo apelo ao horizonte do destinatário.

[2413] Hans Brox, *Die Einschränkung der Irrtumsanfechtung/ein Beitrag zur Lehre von der Willenserklärung und deren Auslegung* (1960), VIII, 316 pp., 98 ss., 106 ss. e passim.

[2414] Hans Josef Wieling, *Die Bedeutung der Regel "falsa demonstratio non nocet" im Vertragsrecht*, AcP 172 (1972), 297-316 (306 e 316).

O objetivismo reinante[2415] encontrou, ainda, alguns objetores que não podem ser ignorados. O Prof. Reinhard Singer sublinha, na sua habilitação, que a declaração de vontade, como declaração de valia, assenta na livre autonomia do declarante. Essa autodeterminação caracteriza o negócio, não sendo desalojada por princípios concorrentes que a limitam: a tutela da confiança, a proteção do tráfego, a equivalência das condições e a justiça contratual[2416]. Também a doutrina italiana sufraga a necessidade de valorar a vontade[2417].

VII. Na atualidade, dispomos de mais de um século de estudos e de experiência: quatro gerações de juristas têm aprofundado os meandros mais delicados da vontade, da liberdade e da confiança, no seio do Direito privado. Torna-se possível uma reconstrução equilibrada desta matéria, ainda que sempre sujeita aos aperfeiçoamentos que a Ciência do Direito não deixará de ditar. Nessa reconstrução, há que ter em conta a existência de especiais constelações problemáticas: contra o que poderia resultar da aparente uniformidade das regras de interpretação constantes dos códigos civis da atualidade (com exceção do testamento), parece hoje inegável a existência de diversas regras de interpretação. Basta pensar que, ao lado de contratos que apenas relacionam duas pessoas, outros há que apresentam um círculo indeterminado de visados. Por certo que, no plano interpretativo, ocorrerão diferenciações.

Tomaremos posição, à luz destas considerações, a propósito do estudo do Direito lusófono.

[2415] Manfred Wolf/Jörg Neuner, *Allgemeiner Teil* cit., 10.ª ed., § 35, Nr. 2 ss. (388 ss.), como exemplo.
[2416] Reinhard Singer, *Selbstbestimmung und Verkehrsschutz im Recht der Willenserklärungen* (1995), X + 292 pp., 6 ss., 45 ss., 247 e *passim*.
[2417] Cesare Grassetti, *Interpretazione dei negozi giuridici "inter vivos" (diritto civile)*, NssDI VIII (1962), 903-907 (904).

§ 54.º O SISTEMA LUSÓFONO

243. A pré-codificação e o Código de Seabra

I. A tradição lusófona, no domínio da interpretação da lei, é intensa e remonta à Lei da Boa Razão (18-ago.-1769) e aos Estatutos da Universidade (1772)[2418].

No que tange, especificamente, à interpretação do negócio, encontramos referências interessantes nos juristas da pré-codificação.

Correia Telles fixava o seguinte quadro interpretativo[2419]:

382 Em todo o contrato ou obrigação deve-se attender á intenção, que as partes tiveram, com preferencia ao sentido literal das palavras, em que elle está concebido.

383 As palavras susceptiveis de diversos sentidos, devem ser entendidas naquelle que mais convém á materia de que se trata.

384 Qualquer palavra ambigua deve ser entendida segundo o uso do paiz, onde o contrato fôr feito.

385 Uma clausula susceptivel de diversos entenderes, entende-se em aquelle, em que possa ter effeito, e não no outro, em que não teria effeito algum.

386 As clausulas, que são do costume, subentendem-se estipuladas, se são precisas para a validade do contrato, ou quando sejam da natureza d'elle.

387 As clausulas de um contrato servem de interpretação umas ás outras, quer sejam antecedentes, quer consequentes.

388 Na duvida um acto ou contrato interpreta-se a favor da parte obrigada, e não a favor do crédor.

[2418] Com indicações, *Tratado* I, 4.ª ed., 674 ss..
[2419] J. H. Corrêa Telles, *Digesto Portuguez* cit., 51-52.

389 Por muito geraes que sejam os termos em que foi concebido o contrato, este só comprehende as cousas, sobre as quaes as partes se propozerem tratar, e não as cousas de que ellas não cogitaram.
390 Se no contrato se expressou um caso, para explicar a obrigação; não se deve julgar que as partes a quizeram restringir áquelle unico caso, quando ella por direito é extensiva a outros casos.
391 Estas regras servem igualmente para a interpretação das ultimas vontades, em tudo o que podem ser-lhes applicaveis.

II. Coelho da Rocha desviava-se do estrito subjetivismo napoleónico. Com recurso a diversas fontes, ele apontava as seguintes regras interpretativas[2420]:

1.º Deve atender-se à mente ou verdadeira intenção do agente, a qual deve deduzir-se da linguagem, causa, circunstâncias e relações dos interessados;
2.º Deve procurar-se o sentido mais acomodado ao objeto de que se trata;
3.º Quando a expressão seja incerta, deve entender-se de maneira que o ato não fique sem efeito;
4.º Entende-se sempre que as partes se quiseram conformar com a disposição das leis;
5.º A manifestação de vontade de renunciar ou ceder os seus direitos deve ser clara e positiva.

III. O Código de Seabra, na linha redutora acima referida e desviando-se totalmente do modelo napoleónico, apenas consignou dois preceitos à interpretação dos contratos:

Artigo 684.º

É nullo o contracto, sempre que dos seus termos, natureza e circumstâncias, ou do uso, costume ou lei, se não possa deprehender, qual fosse a intenção ou vontade dos contrahentes sobre o objeto principal do mesmo contrato.

[2420] M. A. Coelho da Rocha, *Intituições de Direito civil portuguez* cit., § 110 (1, 63-64).

Artigo 685.º

Se a duvida recair sobre os accessorios do contracto, e não se puder resolver pela regra estabelecida no artigo antecedente, observar-se-ão as seguintes regras:
1.ª Se o contracto for gratuito, resolver-se-á a dúvida pela menor transmissão de direitos e interesses.
2.ª Se o contracto for oneroso, resolver-se-á a dúvida pela maior reciprocidade de interesses.

Torna-se interessante relevar o modo por que a doutrina da época tomava o dispositivo legal e como ele foi evoluindo. Na 1.ª edição do *Codigo Annotado*, dizia Dias Ferreira[2421]:

> A vontade das partes é a lei do contrato; se ella está clara não há trabalho com a interpretação; mas, para o caso de estar obscura, é indispensável formular regras definidas e precisas, que sirvam de guia aos tribunaes na intelligencia das clausulas estipuladas.

Já na 2.ª edição da mesma obra, o Autor exprime-se nestes termos[2422]:

> Como a vontade das partes é a suprema lei do contracto, formúla o codigo regras definidas e precisas de interpretação para apurar a vontade dos pactuantes nos contractos obscuros, e resolver as duvidas sobre a verdadeira intelligencia das obrigações, mas regras geraes e absolutas, e não preceitos minuciosos e casuisticos segundo o velho systema, hoje condemnado.

IV. Guilherme Moreira, no âmbito da reconstrução pandectística do sistema lusófono, que levou a cabo, procede a uma adequada viragem objetivista e normativista. Diz, designadamente[2423]:

> Na investigação da vontade dos auctores de um negocio juridico não se procura determinar directamente qual fosse a sua vontade psychica, mas a sua vontade juridica, objectivada na declaração e nos interesses por este regulados.

[2421] José Dias Ferreira, *Codigo civil portuguez annotado* 2, 1.ª ed. (1871), 186; as flutuações ortográficas são do original.
[2422] *Idem*, 2, 2.ª ed. (1895), 27-28.
[2423] Guilherme Alves Moreira, *Instituições de Direito civil português*, 1 – *Parte geral* (1907), § 41 (502-507); quanto ao troço citado: 506.

Um largo desenvolvimento é concedido ao tema por Cunha Gonçalves, um tanto na mesma linha. A natureza da questão-de-direito da interpretação é assumida[2424]; limitadamente, embora, pelo não-uso da doutrina alemã.

Temos, ainda, intervenções significativas de Beleza dos Santos[2425], de Paulo Cunha[2426] e de Cabral de Moncada[2427], além das que, abaixo referidas, maior influência tiveram no Código de 1966[2428].

V. Ao tempo de Seabra, coube ao Prof. Ferrer Correia, numa decisiva monografia (1939), acertar o passo pela doutrina jurídica alemã do seu tempo[2429]. O Autor usa, fundamentalmente, as obras de Franz Leonard, de Karl Larenz, de Erich Danz, de Alfred Manigk e de Titze[2430], acabando por construir um modelo que procurou adaptar ao Código de Seabra e que, através de Manuel de Andrade e de Rui de Alarcão, acabaria por ser fundamentalmente acolhido no Código Civil de 1966. Com efeito, o interesse suscitado pela investigação de Ferrer Correia, na Faculdade de Coimbra, explica o desenvolvimento dado pelo Prof. Manuel de Andrade, a essa matéria: superior ao que, em regra, se apura nas obras gerais europeias coevas[2431]. Podemos considerar que a doutrina alemã do princípio do século XX era conhecida, constituindo, assim, uma base excelente para os preparatórios do então futuro Código Civil. Particularmente a ideia básica da teoria da impressão do destinatário – hoje, diz-se: do horizonte do destinatário – foi introduzida, sendo acolhida por Inocêncio Galvão Telles[2432] e por Manuel de Andrade[2433].

[2424] Luiz da Cunha Gonçalves, *Tratado de Direito civil* 4 (1931), 421-436 (423).
[2425] José Beleza dos Santos, *A simulação* cit., 1, 6 ss..
[2426] Paulo Cunha, *Direito civil* cit., 2, 162 ss..
[2427] Luís Cabral de Moncada, *Lições de Direito civil* cit., 2, 3.ª ed., 340 ss..
[2428] *Infra*, 711 ss..
[2429] António de Arruda Ferrer Correia, *Erro e interpretação na teoria do negócio jurídico* (1939), com 2.ª edição (1967) enriquecida com um apêndice, 3.ª tiragem (1985), 155-234.
[2430] Todas já citadas, na presente obra.
[2431] Manuel de Andrade, *Teoria geral do Direito civil* cit., 2, 305-326.
[2432] Inocêncio Galvão Telles, *Dos contratos em geral*, 1.ª ed. (1947), n.º 167 (312)
[2433] Manuel de Andrade, *Teoria geral do Direito civil*, ed. Ricardo da Velha (1953), n.º 87 (302-314).

244. A preparação do Código de 1966

I. Na preparação do Código Civil de 1966, o tema da interpretação obteve os cuidados do Prof. Rui de Alarcão[2434]. Este Autor, na base dos escritos de Ferrer Correia, de Inocêncio Galvão Telles e de Manuel de Andrade, acolheu a denominada teoria da impressão do destinatário, propondo a sua consignação no projeto de Código Civil. Eis o texto sugerido[2435]:

1.º (Tipo de sentido negocial decisivo para a interpretação)

1. A declaração negocial deve ser interpretada, salvo se da sua natureza ou da lei outra coisa resultar, tal como o teria feito um declaratário razoável, colocado na posição concreta do declaratário efectivo. O sentido assim atribuído à declaração não valerá se o declarante não devesse também contar com ele.

2. Quando o declaratário, todavia, tenha conhecido a vontade real do declarante, de acordo com essa vontade se entenderá a declaração.

Na justificação de motivos, Rui de Alarcão sublinha ainda que a restrição da segunda parte do n.º 1 correspondia ao ensinamento de Ferrer Correia, sufragado por Antunes Varela[2436].

II. No anteprojeto inicial, Rui de Alarcão propôs, ainda, os preceitos seguintes:

2.º (Circunstâncias atendíveis para a interpretação)[2437]

As circunstâncias atendíveis para a interpretação podem ser contemporâneas do negócio, assim como anteriores ou posteriores à sua conclusão.

[2434] Rui de Alarcão, *Interpretação e integração dos negócios jurídicos*, BMJ 84 (1959), 329-345.
[2435] *Idem*, 330.
[2436] *Idem*, 332. Quanto a Antunes Varela, *Ineficácia do testamento e vontade conjectural do testador* (1950), 32, em nota.
[2437] Rui de Alarcão, *Interpretação e integração dos negócios jurídicos* cit., 333. Também aqui se procurou apoio em Manuel de Andrade e, a partir deste, em Enneccerus//Nipperdey.

3.º (Critérios a adoptar quando a interpretação leve
a um resultado duvidoso)[2438]

1. A declaração negocial deve ser interpretada, em caso de dúvida, antes no sentido em que possa ter efeito do que no sentido segundo o qual não teria efeito algum.
2. Se não puder assim decidir-se a dúvida sobre o significado da declaração negocial, prevalecerá, nos negócios gratuitos, o sentido que torne a liberalidade menos gravosa para o disponente, e, nos negócios onerosos, o sentido que conduza a um maior equilíbrio entre as prestações das partes.

O n.º 1 deste preceito vinha apoiado em máximas como *actus interpretandus sunt potius ut valeant quam ut pereant*: o princípio da conservação dos negócios jurídicos, que Alarcão reforça com uma citação de Cariota-Ferrara[2439]. O n.º 2 equivalia ao artigo 685.º do Código de Seabra. Por fim, surgia uma proposta quanto a negócios formais[2440]:

4.º (Interpretação dos negócios formais)[2441]

1. Os negócios formais não podem ser entendidos com um significado que não se encontre expresso, seja embora imperfeitamente, no texto do respectivo documento.
2. Um tal sentido poderá, todavia, valer quando corresponda à vontade real concordante das partes e à sua relevância, se não oponham as razões fundamentais do formalismo a que tais negócios estejam submetidos.

III. Rui de Alarcão, no projeto global que apresentou sobre o negócio jurídico[2442], manteve o articulado inicial. Todavia, levantou dúvidas quanto ao (anterior) artigo 2.º (circunstâncias atendíveis para a interpretação e quanto ao n.º 1 do (anterior) artigo 3.º (critérios a adotar quando a interpretação leve a um resultado duvidoso). Também retirou, do inicial artigo 4.º (interpretação dos negócios formais) o n.º 2, embora inserindo uma nota de rodapé onde sugeria a reintrodução, ainda que com dúvida.

[2438] Rui de Alarcão, *Interpretação e integração dos negócios jurídicos* cit., 334.
[2439] Luigi Cariota Ferrara, *Il negozio giuridico* cit., n.º 94 e, mais precisamente: 394-396.
[2440] Rui de Alarcão, *Interpretação e integração dos negócios jurídicos* cit., 336-337.
[2441] Rui de Alarcão, *Interpretação e integração dos negócios jurídicos* cit., 337.
[2442] Rui de Alarcão, *Do negócio jurídico/Anteprojeto para o novo Código Civil* cit., 254-256: artigos 7.º a 10.º.

IV. Na 1.ª Revisão Ministerial, os textos sugeridos por Rui de Alarcão foram mantidos, em geral[2443]. Todavia, no artigo 207.º (1.º do anteprojeto inicial, 7.º do anteprojeto global sobre negócio jurídico e atual 236.º), substituiu-se:

> O sentido assim atribuído à declaração não valerá se o declarante não devesse também contar com ele,

por

> (...) salvo se com esse sentido não pudesse razoavelmente contar o próprio declarante.

Como veremos, substituiu-se uma fórmula normativa avançada por uma outra que traduz um puro retrocesso subjetivista.

V. A 2.ª Revisão Ministerial reforçou a ideia já denotada na 1.ª. Assim, o traço acima enfatizado, ficou (236.º/1)[2444]:

> (...) salvo se este não puder razoavelmente contar com ele.

A matéria adquiriu, no projeto, a versão final[2445].

245. Os códigos brasileiros

I. O Código Civil brasileiro de 1916 consagrou, no seu artigo 85.º, uma diretriz subjetivista, de acordo com o pensamento dominante no espaço alemão. Dispôs[2446]:

> Nas declarações de vontade se attenderá mais á sua intenção do que ao sentido litteral da linguagem.

O artigo 1090.º, com especial elegância, determinava[2447]:

[2443] BMJ 107 (1961), 91-92.
[2444] *Código Civil/Livro I – Parte Geral (2.ª Revisão Ministerial)* cit., 93-94.
[2445] *Projecto de Código Civil* (1966), 68.
[2446] Paulo Merêa, *Código civil brasileiro anotado* cit., 50.
[2447] *Idem*, 355.

Os contractos benéficos interpretar-se-ão estrictamente.

II. A influência alemã ficaria ainda mais clara no Código Civil de 2002[2448]:

Artigo 112.º Nas declarações de vontade se atenderá mais à intenção nelas consubstanciada do que ao sentido literal da linguagem.

Artigo 113.º Os negócios jurídicos devem ser interpretados conforme a boa-fé e os usos do lugar da sua celebração.

Artigo 114.º Os negócios jurídicos benéficos e a renúncia interpretam-se estritamente.

Os transcritos artigos 112.º e 113.º equivalem, de facto, aos §§ 133 e 157 do BGB. A ligação do sistema lusófono ao sistema romano-germânico fica, assim, reforçada.

[2448] Nelson Nery Junior/Rosa Maria de Andrade Nery, *Código Civil Anotado* cit., 204 ss. e José Miguel Garcia Medina/Fábio Caldas de Araújo, *Código Civil Comentado* (2014), 159 ss..

SECÇÃO II
O DIREITO VIGENTE

246. Generalidades

I. Na sequência dos preparatórios acima apontados, o Código Civil de 1966 veio dedicar, à interpretação, três artigos: o 236.º (sentido normal da declaração), o 237.º (casos duvidosos) e o 238.º (negócios formais). Além disso, devemos lidar com o artigo 2187.º (interpretação dos testamentos). Embora não tendo a ver diretamente com a interpretação, há que ter em conta os artigos 239.º (integração), 292.º (redução) e 293.º (conversão). Outras conexões devem estar presentes. Assim, conquanto a lei não o diga de modo expresso, parece-nos claro que a interpretação não deve deixar de atender à boa-fé[2449], como impõem o § 157 do BGB e o artigo 1366.º do Código italiano: os valores fundamentais do ordenamento devem estar sempre presentes.

II. As regras interpretativas constantes do Código, pela sua origem, pelo seu teor e pelo sentido geral do sistema lusófono de Direito, inserem-se na linha da doutrina alemã dos finais do século XIX e da primeira metade do século XX. Aparentemente simples, eles revelam, no entanto, uma acentuada complexidade, que requer um estudo analítico da matéria[2450].

[2449] Nesse sentido, dois importantes acórdãos: RLx 2-Out.-1997 (Eduardo Baptista), CJ XXII (1997) 4, 100-102 (101/I) e RLx 22-Jan.-1998 (Soares Curado), CJ XXIII (1998) 1, 89-93 (90/II).

[2450] Fundamental: Maria Raquel Rei, *Da interpretação da declaração negocial no Direito civil português* (2010), 476 pp.. Entre a doutrina surgida no âmbito do Código Civil, referimos: João de Castro Mendes, *Teoria geral* cit., 3, 350 ss.; Carlos Mota Pinto, *Teoria geral* cit., 4.ª ed., 441-454; Heinrich Hörster, *A parte geral* cit., 507 ss.; Carlos Ferreira de Almeida, *Texto e enunciado* cit., 1, 139 ss.; Luís Carvalho Fernandes, *Teoria geral* cit., 2,. 5.ª ed., 443-456; finalmente, a interessante monografia de Eduardo Santos Júnior, *Sobre a teoria da interpretação dos negócios jurídicos* (1988), 226 pp..

III. Como elementos relevantes de natureza circundante, salientamos os seguintes:

– o Código distingue a interpretação da integração: ao contrário do que sucede no Direito alemão, o qual só por labor doutrinário isola a interpretação complementadora, equivalente à nossa integração;
– o regime da relevância do erro é restritivo (247.º); quer isso dizer que, em geral, tende a prevalecer a vontade declarada, em prejuízo da vontade real, numa indicação útil para a interpretação;
– a prova complementar tendente a apurar a vontade real do declaratário só é expressamente prevista a propósito do testamento (2187.º/2).

Para além disso, funciona a ideia geral de unidade da ordem jurídica e da coerência do sistema. A interpretação opera em conjunto com a integração, com a redução e com a conversão, com adiante melhor será visto.

IV. Considerando o articulado civil relativo à interpretação, podemos isolar as diretrizes interpretativas seguintes[2451]:

– o sentido da impressão do declaratário normal (236.º/1, 1.ª parte);
– o qual, razoavelmente, possa ser imputado ao declarante (236.º/1, 2.ª parte);
– a vontade real do declarante (236.º/2).

Além disso, temos regras para os "casos duvidosos" (237.º) e para os negócios formais (238.º). As primeiras ligam-se à integração da matéria interpretativa no todo mais vasto que é a realização do Direito. As segundas prendem-se com diversas regras especiais de interpretação.

Vamos examinar essa matéria em termos ordenados e com complementações.

[2451] Uma ordenação mais pormenorizada pode ser seguida em Raquel Rei, *Da interpretação da declaração negocial* cit., 57 ss..

§ 55.° O HORIZONTE DO DECLARATÁRIO (236.°/1, 1.ª PARTE)

247. O horizonte do declaratário; os elementos

I. A primeira diretriz legal apela para a denominada impressão do declaratário: a declaração vale "...com o sentido que um declaratário normal, colocado na posição do real declaratário, possa deduzir do comportamento do declarante..." – artigo 236.°/1. Trata-se da orientação preconizada por Manuel de Andrade[2452], ainda que um pouco mais objetivada[2453]. Na base deste preceito, a jurisprudência apela a uma "...interpretação objetiva ou normativa ..."[2454], que não se apegue somente à literalidade do texto[2455], compartilhada por todos[2456], mas capaz de ter em conta particularidades concretas[2457]. Podemos inserir aqui a ideia do horizonte do destinatário, presente em Manuel de Andrade[2458] e na doutrina atual

---

[2452] Manuel de Andrade, *Teoria geral* cit., 2, 311; na edição de 1953, publicada por Ricardo da Velha, 303.

[2453] Quanto à natureza objetiva desta fórmula, refiram-se: RCb 20-dez.-1990 (Dias Simão), CJ XV (1990) 5, 100-102 (101/II): a declaração deve ser entendida "...não com um sentido subjetivo, mas antes com um sentido objetivo, isto é, com o sentido que lhe atribuiria um declaratário razoável colocado na posição concreta do declaratário efetivo"; STJ 13-abr.-1994 (Martins da Costa), CJ/Supremo II (1994) 2, 32-37 (34/II); RLx 15-fev.-1996 (Almeida Valadas), CJ XXI (1996) 1, 121-124 (123/I); STJ 11-mar.-1999 (Pinto Monteiro), CJ/Supremo VII (1999) 1, 156-158 (158/II); STJ 13-mar.-2001 (Silva Paixão), CJ/Supremo IX (2001) 1, 163-168 (167/I); STJ 11-fev.-2003 (Afonso Correia), CJ/Supremo XI (2003) 1, 88-93 (92/I).

[2454] RPt 25-set.-1995 (Bessa Pacheco), CJ XX (1995) 4, 182-186 (184/I) e RLx 16-nov.-1999 (Pais do Amaral), CJ XXIV (1999) 5, 86-88 (87/I).

[2455] RPt 19-mar.-2001 (Fonseca Ramos), CJ XXVI (2001) 2, 176-181 (179/II).

[2456] RCb 5-jul.-1994 (Eduardo Antunes), CJ XIX (1994) 4, 21-24 (22/II).

[2457] P. ex., em RLx 15-fev.-1996 cit., CJ XXI, 1, 123/I: o facto de terem intervindo advogados e declarantes formados em Direito.

[2458] Manuel de Andrade, *Teoria geral do Direito civil* cit., 2, 309.

da interpretação[2459], muitas vezes mencionado, na jurisprudência, como "impressão do destinatário"; relevam todas as circunstâncias que acompanhem a conclusão do contrato e possam, objetivamente, inculcar num declaratário hipotético, razoável e cuidadoso, colocado na posição do declaratário real[2460], um determinado sentido para a declaração.

II. Para efeitos de análise, cabe discernir os elementos ou critérios que integram o referido "horizonte do destinatário". São eles: (a) a letra do negócio; (b) os textos circundantes; (c) os antecedentes e a prática negocial; (d) o contexto; (e) o objetivo em jogo[2461]; (f) elementos jurídicos extra-negociais. Há, aqui, um manifesto paralelo com a interpretação da lei[2462], cujos ensinamentos têm, também aqui, utilidade. Vamos ponderar os critérios em causa.

III. Deve ficar claro, num ponto a que regressaremos, que os elementos do horizonte do destinatário apenas são isolados para efeitos de análise. Como verificaremos, o intérprete-aplicador faz, sobre eles e em regra, valorações conjuntas. Além disso podem, *in casu*, surgir outros elementos.

248. A letra (clausulado)

I. A letra que exprima o negócio – em geral, um documento escrito – é o ponto de partida para qualquer interpretação[2463]. Essa ideia impõe-se mesmo perante os Códigos subjetivistas que, a abrir a interpretação negocial, explicitam que a mesma não deve ater-se à letra, antes procurando a efetiva vontade das partes (1156.º do Código Napoleão e § 133 do BGB)[2464]. *A fortiori*, a letra irá pesar à luz do Código Vaz Serra, onde falta qualquer preceito que a despromova.

[2459] Reinhard Singer, no *Staudinger* cit., 2, § 133, Nr. 18 (779-780).
[2460] Trata-se, portanto, de uma figura normativamente construída: Raquel Rei, *Da interpretação da declaração negocial* cit., 59 ss..
[2461] Stefan Vogenauer, no HKK/BGB cit., 1, §§ 133, 157, Nr. 44-73 (596-614), com muitas indicações.
[2462] *Tratado* I, 4.ª ed., 696 ss..
[2463] *Vide*, em especial, Carlos Ferreira de Almeida, *Texto e enunciado* cit., 2, 327 ss.: uma pesquisa fundamental.
[2464] Stefan Vogenauer, no HKK/BGB cit., 1, §§ 133, 157, Nr. 46 (597-598). Na doutrina italiana, o papel da letra pode ser seguido em Guido Alpa/Gianluca Fonsi/Giorgio Resta, *L'interpretazione del contratto* cit., 95 ss..

II. A maioria dos negócios que suscitam problemas de interpretação surgem como negócios entre presentes: as partes vão afeiçoando um texto, pela negociação, e acabam por assinar o trabalho a que hajam chegado. Significa isso que ambas são "destinatários"; ora a letra vai ser valorada à luz do horizonte do destinatário (236.º/1, 1.ª parte). As palavras têm o sentido comum, eventualmente temperado com a linguagem praticada no sector. Assim, locuções técnicas podem ser usadas no campo da finança, da energia, do desporto ou do trabalho, quando ambas as partes estejam familiarizadas com elas[2465]. Não sendo o caso, há que lhes atribuir o sentido comum: a interpretação é, aqui, obra de leigos, como tal devendo ser reconstruída pelo juiz[2466]. As partes podem usar terminologia jurídica e fazer qualificações. Esse aspeto não é vinculativo para o intérprete-aplicador: as locuções técnicas podem ter sido inseridas fora de propósito, muitas vezes por terem sido usados textos anteriores, ligados a outros contratos. As qualificações jurídicas terão relevo na medida em que componham o horizonte do destinatário, mas apenas enquanto elemento revelador da sua vontade. Os regionalismos devem ser tidos em conta, se se inserirem no horizonte do destinatário.

Assim, entre alentejanos, um fornecimento que dure até o destinatário ter *avondo* (estar satisfeito) equivale a atribuir, a este, um poder de denúncia; ou entre algarvios, uma locação até à *devaia* (ser chamado) por terceiros coloca uma condição ou um termo resolutivo no negócio. Mas se essas locuções tradicionais forem desconhecidas por alguma das partes, temos uma questão similar à do risco linguístico, abaixo referido.

III. Coloca-se, aqui, o tema do risco linguístico. Em regra, um contrato será celebrado com recurso ao idioma comum de ambas as partes, idioma esse que será, também, o do contrato. Tendo as partes diferentes línguas maternas, cabe-lhes, antes de mais, determinar o idioma do contrato. Quando o façam, o risco de um mau entendimento do que esteja exarado no texto corre por quem não conheça suficientemente o idioma em causa: deveria ter optado por outro ou ter escolhido um intérprete conveniente. Se nada disserem, prevalece a língua do local da celebração. Nos países lusófonos, o risco linguístico corre por quem não fale o português.

[2465] Manfred Wolf/Jörg Neuner, *Allgemeiner Teil* cit., 10.ª ed., § 35, Nr. 5 (388-389).
[2466] Erich Danz, *Die Auslegung der Rechtsgeschäfte* cit., 3.ª ed., § 18 (144).

Desviamo-nos, pois, da solução do DCFR[2467], que apela para a língua das negociações. Pelo seguinte: na prática, com estrangeiros, as negociações correm em inglês; mas isso é uma obsequiosidade prestada, que não pode virar-se contra o destinatário. É óbvio que o lusófono que contrate num País de língua inglesa nunca poderia, depois, invocar um insuficiente conhecimento dessa língua, para efeitos interpretativos. Nos contratos deslocalizados, a língua internacional é, todavia e pelo costume, o inglês. Cada agente deve munir-se dos conhecimentos ou dos apoios necessários, sob pena de assumir o risco linguístico.

IV. Os estudos teóricos sobre a interpretação contratual são levados a subvalorizar a letra dos negócios. Compreende-se: apenas a insuficiência ou a confusão da letra justificam que se prossiga numa análise aprofundada da interpretação negocial. Mas esses factos não devem reverter para o irrealismo. A grande maioria dos negócios é interpretada simplesmente através da leitura atenta do seu texto.

Nos negócios orais, a interpretação ocorre de imediato, perante as circunstâncias do caso. A declaração "desejo este par de sapatos", acompanhada por um gesto, numa sapataria, equivale ao teor da compra e venda que se irá seguir, ao preço afixado. Nada mais há para interpretar.

Perante isso, pergunta-se pela existência de uma regra que vede a interpretação, em face da univocidade da letra: *interpretatio cessat in claris* [2468]. Tal regra, que surge ao longo da História, de modo mais ou menos assumido, foi expressamente recusada pelos códigos: os já citados artigo 1156.º do Código Napoleão e o § 133 do BGB. Efetivamente, é perigosa: pode constituir a porta aberta para desatender outros elementos da interpretação, que venham contrariar uma letra aparentemente clara ou, até, para

---

[2467] *Supra*, 698-699.

[2468] Inge Scherer, *Andeutungsformel und falsa demonstratio beim formbedürftigen Rechtsgeschäft in der Rechtsprechung des Reichsgerichts und des Bundesgerichtshofs* (1987), 101 pp., com rec. de Ludwig Häsemeyer, AcP 188 (1988), 425-429 e *Die Auslegung von Willenserklärungen "klaren und eindeutigen" Wortlauts*, Jura 1988, 302-305; Claus-Dieter Schott, *"Interpretatio cessat in claris" – Auslegungsfähigkeit und Auslegungsbedürftigkeit in der juristischen Hermeneutik*, em Jan Schröder, *Theorie des Interpretation vom Humanismus zur Romantik* (2001), 155-189; Stefan Vogenauer, *Die Auslegung von Gesetzen* cit., 1, 465-592 e, de modo mais resumido, em HKK/BGB cit., 1, §§ 133, 157, Nr. 75 (615-616), com indicações. Na doutrina italiana, com indicações, Guido Alpa/ /Gianluca Fonsi/Giorgio Resta, *L'interpretazione del contratto* cit., 118 ss.

transformar em "clara" uma letra que o não seja, conceitualizando uma matéria que, por natureza, deve ficar aberta ao exterior.

Retemos, pois, que a mais clara das letras não pode deixar de ser interpretada, até para confirmar a "clareza". Além disso, ela pode ser contraditada por outros elementos que integrem o horizonte do destinatário. Isto dito: em termos práticos, quem invoque um negócio e apresente o seu texto, faz o essencial. Caberá à outra parte, quando não aceite a mera letra, explicar-se e levar ao processo elementos que a contradigam.

V. No outro extremo, sucede por vezes que o clausulado do negócio se apresente incompreensível ou contraditório. Isso ocorre por uma de duas vias:

– falta de perícia ou de experiência, por parte dos redatores do texto;
– condicionamentos negociais: as partes pretendem um negócio, mas não conseguem chegar a acordo sobre algum ou alguns pontos; optam, então, por inserir, lado a lado, as soluções que ambas pretenderiam ver consideradas ou por estipular em termos vagos.

Na primeira hipótese, há que procurar esclarecer as dúvidas, com recurso aos demais elementos. Apenas no limite se concluirá pela nulidade do negócio, por indeterminabilidade do seu conteúdo (280.º/1)[2469].

Na segunda, as partes remetem para um momento ulterior o preenchimento do espaço em branco[2470]. E isso seja por negociações supervenientes, seja pela intervenção de uma terceira entidade e, *maxime*, o juiz. Poderão ter ajustado elementos que permitem uma complementação, numa manifestação de contratação mitigada. A interpretação pode, aqui, ser dobrada pela integração.

249. Declarações *per relationem*, elementos circundantes e negócios coligados

I. Em qualquer negócio, é viável complementar a manifestação de vontade com elementos a ela alheios. Em situações correntes, uma pessoa

---

[2469] *Supra*, 564 ss..

[2470] Temos o chamado contrato incompleto, particularmente estudado pela análise económica do Direito; *vide* Fernando Araújo, *Teoria económica do contrato* (2007), 147 ss., com muitas e ricas indicações.

pode afirmar: compro isto, indicando, com o dedo, o que se visa. Trata-se de manifestações, *per relationem*, de vontade[2471], isto é, de situações nas quais a declaração remete para um conteúdo ou fonte externos. Coloca-se, aí, no fundamental, um problema de prova: o de saber se a vontade foi manifestada e entendida. O Código Civil ocupa-se do tema no testamento (2184.º), em moldes restritivos: torna-se, aí, muito difícil – quiçá, impossível – apurar a vontade relevante do testador.

Nos negócios *inter vivos*, seguindo di Pace, podemos apontar uma *relatio* formal e uma *relatio* material: na primeira, o declarante aponta uma fonte externa, já conformada; na segunda, ele remete para uma ulterior formação da vontade, própria ou de terceiro[2472].

A *relatio* e o negócio "nuclear" devem, em qualquer caso, ser interpretados em conjunto.

II. Além do clausulado, o contrato escrito pode comportar outros elementos: um preâmbulo, definições, notas explicativas ou exemplificativas e anexos. Por vezes, o próprio clausulado explicita o papel desses elementos, na hierarquia interpretativa. E não o fazendo? A leitura atenta e a ponderação de todo esse material são incontornáveis.

À partida, as partes exprimem, no clausulado, a sua vontade normativamente relevante. Este tenderá a prevalecer sobre outros elementos escritos, compreendidos no próprio texto contratual. Esses outros elementos serão, apenas, coadjuvantes. Todavia, os contratos são, muitas vezes, redigidos por pessoas sem conhecimentos ou sem experiência: elementos importantes são inseridos no preâmbulo ou deslocados para anexos ou para exemplos.

Há, pois, que efetuar um trabalho conjunto de interpretação: sem esquecer o papel tendencialmente liderante do clausulado.

III. Nas situações negociais mais complexas, as partes recorrem a um feixe de contratos para regular os seus interesses. Nessa eventualidade, há que proceder a uma interpretação conjunta dos diversos contratos coligados ou em união[2473]. Por vezes, há dissonâncias e, mesmo, contradições. Nem sempre é possível considerar que o negócio mais recente prevalece sobre

---

[2471] Pasquale di Pace, *Il negozio per relationem* (1940), 120 pp..
[2472] *Vide*, também, Giorgio Cian, *Forma solenne e interpretazione del negozio* (1969), 20-21 e nota 26.
[2473] *Tratado* II/2, 273 ss. (280).

o anterior: podem ter sido negociados em conjunto e assinados em datas diferentes apenas por contingências. À interpretação caberá deslindá-lo.

IV. Em contratos complexos, designadamente de natureza pública, ocorrem sucessões de textos: abertura do concurso, termos do mesmo, caderno de encargos, adjudicação e contrato propriamente dito. Este manda aplicar, aos interesses em jogo, todos os elementos: em regra, fixa mesmo uma hierarquia, para o caso de não-coincidência. De novo cabe à interpretação intervir: seja para determinar eventuais dissonâncias, seja para delimitar a regra contratual de hierarquia entre os elementos: tal regra pode ser restringida pela interpretação. Quando não se fixe uma hierarquia, fica-nos a ideia básica da primazia do clausulado contratual, a sindicar, caso a caso e cláusula a cláusula.

250. Os antecedentes

I. Mantemos, como ponto de partida, que os diversos contratos têm o alcance interpretativo que resulte da sua letra, tal como entendida pelo declaratário normal: uma regra de ouro, em nome da seriedade e da funcionalidade do sistema. Apenas situações especiais de obscuridade ou de inadequação, em face dos interesses negociais, justificam que se postergue a letra, alargando o horizonte do destinatário.

II. Entre os elementos mais usados, na prática, para explicar as obscuridades ou para afastar o intérprete-aplicador da letra do negócio, avultam os antecedentes: o elemento histórico[2474].

Em situações de litígio que envolvam a interpretação de contratos, é de boa prática levar, ao decisor, os textos que documentem as negociações preliminares: anúncios, atas de reuniões, pareceres de peritos, minutas preparatórias e suas correções. Eventualmente, podem relevar outros contratos anteriormente concluídos, entre as mesmas ou outras partes, com paralelismo perante o negócio em disputa, bem como as práticas seguidas, na fase pré-negocial. Sucede que as partes executem um negócio, ainda

---

[2474] Franz Leonhard, *Die Auslegung der Rechtsgeschäfte*, AcP 120 (1922), 14-151 (70). O acórdão da RCb 14-set.-2010 (Manuel Capelo), Proc. 5191/08, fez um excelente apanhado dos elementos a ter em conta, na interpretação, entre os quais o aqui referido como "histórico".

mesmo antes de concluído: a concretização então levada a cabo pode ter utilidade.

III. Os elementos históricos devem ser cuidadosamente ponderados. Uma alteração de última hora pode ou não ter significado. Casos há em que o notário, sem nada dizer às partes, modifica um texto: feita a demonstração de que isso sucedeu, a alteração não faz parte do negócio. Recomenda-se, em contratações ampliadas, que se conservem *dossiers* bem organizados das negociações ou que, no próprio contrato, se exare o papel dos "preparatórios".

251. O contexto e a prática negocial

I. O contexto é muito relevante. Podemos, a esse propósito, desenhar três círculos:

– o contexto das próprias cláusulas;
– o contexto horizontal, relativo a todas as circunstâncias que acompanhem a negociação e a conclusão do negócio;
– o contexto vertical, que abrange o modo por que o contrato é entendido e é aplicado, pelas próprias partes.

O contexto das cláusulas é decisivo. Nenhuma cláusula pode ser interpretada isoladamente: há que inseri-la na globalidade do negócio[2475]. Desde logo, as regras elementares da semântica a tanto conduzem. A língua portuguesa é rica em termos polissémicos, que apenas no contexto ganham o sentido que, no caso, lhes compita. De seguida, há regras de coerência negocial a ter em conta: as cláusulas operam em conjunto, como um todo, apenas assim prosseguindo o intento das partes.

II. O horizonte do declaratário alarga-se a todas as circunstâncias que acompanhem as declarações de vontade. Por vezes, só mesmo essas circunstâncias dão sentido à declaração ou são constitutivas do seu teor comunicativo negocial. A pessoa que se levante da cadeira pode estar mal-disposta, pode querer saudar um conhecido, pode querer abandonar o

---

[2475] STJ 13-mar.-2008 (Urbano Dias), CJ/Supremo XVI (2008)1, 171-174 (174/I).

local ou pode fazer um lance num leilão: só o contexto horizontal o poderá dizer.

Em negócios complexos, podem relevar a situação económica geral, a situação do sector, a posição relativa das partes, o papel que, para cada uma delas, possa ter o negócio em perspetiva e assim por diante. O declaratário normal deve, nas palavras do 236.º/1, 1.ª parte, ser "colocado na posição do real declaratário". A figura do "real declaratário" destina-se, precisamente, a trazer, para o palco interpretativo, a ambiência que o circunde.

III. Finalmente, há que atender ao contexto vertical, isto é, ao que suceda antes e depois da conclusão do contrato. Por vezes, como foi dito, as partes iniciam uma execução negocial ainda antes de concluirem formalmente o contrato. O modo por que o tenham feito pode ser útil na interpretação: seja por o negócio ter vindo confirmar o que já faziam, seja por ele ter pretendido alterar a prática ou pôr-lhe cobro, conforme se esclarecerá com os elementos disponíveis.

Também releva a execução do negócio. Sucede que as dúvidas interpretativas só sejam suscitadas algum (ou muito) tempo após o contrato estar em execução. Como se executava? Quais as consequências? Tudo isso pode ser levado, com utilidade, ao intérprete-aplicador, com as necessárias explicações.

IV. Esse mesmo raciocínio surge operacional, perante outros contratos relativos a matéria similar: seja quando concluídos entre as mesmas partes, seja até com terceiros ou entre terceiros. Os contratos têm uma lógica social e económica que se inclui no horizonte do declaratário. Este é levado a dar, ao negócio, o sentido habitual em contratos similares.

252. O fim do negócio

I. O negócio não surge, em regra, como um fim em si mesmo. Antes tem um papel instrumental: as partes pretendem, com ele, servir fins "exteriores": obter uma mercadoria, conseguir uma edificação, desfrutar de um serviço e, naturalmente, receber dinheiro. Tais fins podem ser típicos, isto é, consequentes relativamente ao tipo negocial eleito ou podem emergir de quaisquer outros elementos. Para relevarem em termos de interpretação, os fins do contrato hão-de resultar do próprio negócio ou de dados comuns a ambas as partes. Não valem fins ocultos, salvo acordo.

II. O elemento teleológico do contrato já era valorado no século XVII, pelos estudiosos, com recurso às locuções *ratio*, *causa*, *animus*, *mens*, *utilitas contrahentium* ou *ratio quae novit contrahentes*[2476]. Por vezes, este elemento é tão evidente, que passa despercebido. Noutros, há que determiná-lo. Em qualquer caso, ele integra, seguramente, o horizonte do declaratário.

Por exemplo: uma empreitada pode visar um evento prefixado (o campeonato europeu de futebol), altura em que as cláusulas devem ser interpretadas como subordinadas a esse escopo; ou pode pretender um restauro histórico, altura em que o fator tempo cede perante o cuidado.

III. Conhecido o fim relevante do negócio, há que validar as saídas interpretativas que permitam a sua prossecução. O negócio que, uma vez executado, não tenha conduzido à satisfação dos interesses geridos pelas partes foi, por certo, mal interpretado. O intérprete-aplicador dispõe, logo em face do artigo 236.º/1, 1.ª parte, de meios para obviar a tal óbice.

253. Elementos normativos

I. Logo no horizonte do destinatário e, portanto, no âmbito do artigo 236.º/1, 1.ª parte, há que ter em conta elementos normativos extranegociais, e particularmente as valorações gerais do ordenamento, carreadas pela boa-fé[2477]. Tudo isso irá conduzir ao regime aplicável, regime que tende a ser visualizado pelo declaratário[2478].

O declaratário normal dá, à declaração, um sentido conforme com as boas práticas do sector e, ainda, com as regras imperativas que, ao caso, tenham aplicação. Não está aqui em causa a inclusão desses elementos nos modelos de decisão que, no final, irão ditar o regime do negócio. Tão-só ponderamos o seu papel na interpretação negocial.

[2476] Stefan Vogenauer, no HKK/BGB cit., 1, §§ 133, 157, Nr. 65 (608), com indicação das fontes.

[2477] Quanto a aspetos históricos, Stefan Vogenauer, *Die Auslegung von Gesetzen* cit., 1, 457 ss. e 599 ss. e, em termos mais sintéticos, em HKK/BGB cit., 1, §§ 133, 157, Nr. 67-73 (610-614). Na literatura italiana, Guido Alpa/Gianluca Fonsi/Giorgio Resta, *L'interpretazione del contratto* cit., 2.ª ed., 153 ss..

[2478] Werner Flume, *Das Rechtsgeschäft* cit., 4.ª ed., § 16, 3, e) (316) fala no "valor do resultado".

II. Na interpretação e a propósito do horizonte do destinatário, há que proceder a uma operação que, por certo, este fará: a de (re)ponderar o sentido do negócio, à luz das consequências da sua aplicação. Neste domínio, há uma velha regra que, embora não conste expressamente do Código Vaz Serra, deve ser tida em boa conta: a do *favor negotii*. As partes pretenderam, por certo, fazer serviço útil. Assim, são de afastar as interpretações que conduzam a invalidades ou que, do negócio, apenas permitam aproveitamentos mínimos.

254. A diligência do declaratário

I. O artigo 236.º/1, 1.ª parte, do Código Civil, agora desfibrado nos seus diversos elementos, coloca um problema clássico: o da determinação da bitola da diligência requerida ao declaratário. Como explica Manuel de Andrade, perante uma declaração que lhe seja dirigida, o declaratário deve interrogar-se sobre qual o seu sentido[2479]. Qual o *quantum* de esforço exigível? Repare-se que, numa situação negocial de grande complexidade, a tarefa de bem a destrinçar e entender pode ir até ao infinito.

II. Fixar uma fasquia subjetiva, variável com a atenção acessível àquele concreto destinatário, vem premiar os néscios e os desleixados. Uma bitola fixa só estatisticamente parece justa. Queda um padrão variável, mas objetivo. Nas palavras de Manuel de Andrade[2480]:

(...) não deve ser obrigado a empenhar toda a diligência e inteligência possível, mas só a de uma pessoa razoável – isto é, mediana, normal –, que estivesse na posição concreta em que ele próprio está.

O próprio Código acolhe a ideia validando o sentido do "declaratário normal", "na posição do real declaratário". O declaratário normal cumpre as normas e, designadamente, observa a diligência do bom pai de família (487.º/2)[2481]. Mas a "posição real" conduz a diversos patamares de diligência: uma declaração dirigida a um banqueiro ou a uma seguradora, nos

---

[2479] Manuel de Andrade, *Teoria geral* cit., 2, n.º 158, I) (311).
[2480] *Idem*, loc. cit..
[2481] *Tratado* II/2, 484 ss.. Vide Raquel Rei, *Da interpretação* cit., 61 ss., 121 ss. e *passim*.

respetivos ramos do negócio, suscita um nível profissional especializado de análise, diverso do das declarações feitas com um sentido inverso: por essas instituições aos respetivos clientes.

III. Por esta via, podem ser reforçadas regras acima referidas e não explícitas na nossa lei, tais como a da validação da interpretação mais direta, perante fórmulas muito claras e evidentes[2482] (*in claris non fit interpretatio*[2483]), a de uma "interpretação de boa-fé"[2484], consagrada nos Códigos alemão (§ 157) e italiano (artigo 1366.º) ou como a necessidade de atender à globalidade do contrato, à totalidade do comportamento das partes – anterior ou posterior ao contrato[2485] –, à particularização das expressões verbais[2486], ao princípio da conservação dos atos – o *favor negotii*[2487] – e, à primazia do fim do contrato[2488]. O declaratário normal, figura normativamente fixada, atenderá a todos estes vetores[2489].

[2482] STJ 11-abr.-2000 (Pais de Sousa), CJ/Supremo VIII (20001) 2, 32-34 (33-34).
[2483] Guido Alpa/Gianluca Fonsi/Giorgio Resta, *L'interpretazione del contratto* cit., 2.ª ed., 118 ss..
[2484] Recordem-se RLx 2-out.-1997, CJ XXII (1997) 4, 101/I e RLx 22-jan.-1998, CJ XXIII, 1, 90/II.
[2485] STJ 3-mar.-1998 (Fernando Fabião), CJ/Supremo VI (1998) 1, 102-103 (103/II). Podemos ainda fazer intervir aqui as praxes contratuais ou procedimentos habitualmente seguidos no sector e que o declaratário normal não possa deixar de ter em conta; *vide* Giovanni Sciancalepore/Pasquale Stanzione, *Prassi contrattuali e tutela del consumatore* (2004).
[2486] Por exemplo: "pinto-te os automóveis" reportar-se-á aos veículos visualizados no contrato e não a todos os disponíveis para o efeito – artigos 1364.º do Código italiano ou 1163.º do francês. Nesta linha, em STJ 14-out.-1997 (Miranda Gusmão), CJ/Supremo V (1997) 3, 71-76 (75/II), oferecem-se os "usos da prática em matéria de terminologia".
[2487] Na dúvida, singra a interpretação que assegure a validade do negócio – artigo 1367.º do Código italiano.
[2488] Prevalece o sentido mais adequado ao objetivo do contrato, em termos abaixo desenvolvidos: *infra*, 744.
[2489] STJ 6-fev.-1997 (Miranda Gusmão), BMJ 464 (1997), 481-490 (488), manda atender a todos os "elementos que um declaratário medianamente instruído, diligente e sagaz, na posição do declaratário efetivo, terá tomado em conta". *Vide*, ainda, STJ 3-jun.-1997 (Lopes Pinto), CJ/Supremo V (1997) 2, 110-113 (113/I), RLx 7-mai.-1998 (Urbano Dias), CJ XXIII (1998) 3, 82-88 (86/I), RLx 24-jun.-1999 (Mendes Louro), CJ XXIV (1999) 3, 125-129 (127/II), REv 12-jan.-2000 (Maria Laura Leonardo), CJ XXV (2000) 1, 261-268 (264/II) e STJ 1-jul.-2004 (Salvador da Costa), CJ/Supremo XII (2004) 2, 125-130 (128/I), referindo o declaratário normal como "... alguém medianamente ins-

IV. Em compensação, o Direito lusófono vigente não consagra, em geral, a regra *ambiguitas contra stipulatorum*[2490]: as dúvidas terão de ser removidas sem esse pré-julgamento. Quanto à "interpretação conforme com a lei": o Direito lusófono também não a impõe, com este sentido: na dúvida, pode prevalecer um sentido que mais se afaste das soluções legais, desde que não engendre ilicitudes; nessa altura, o *favor negotii* imporia a interpretação validante, no limite do concretamente admissível, dada a vontade das partes.

V. E se o declaratário não observar a diligência devida, ficando aquém do "declaratário normal" previsto no artigo 236.º/1, 1.ª parte?

Estamos perante um encargo, mais do que em face de deveres diretos. O declaratário não-diligente vai, simplesmente e *ex lege*, ser tratado como "normal". O negócio será interpretado *como se ele tivesse sido diligente*, numa situação desvantajosa ou vantajosa, consoante os casos.

No limite, a falta de cuidado do declaratário pode envolver deslealdade *contra bonam fidem*. Aplica-se, nessa eventualidade, o instituto da *culpa in contrahendo*.

---

truído e diligente, capaz de se esclarecer das circunstâncias em que as declarações foram produzidas".

[2490] Esta surge, apenas, no domínio das cláusulas contratuais gerais. O "ónus da clareza" que impende sobre o declarante (STJ 9-jul.-1998 cit., BMJ 479, 588) significa apenas que este correrá o risco de, em virtude do sentido normativamente prevalente, ver formar-se uma interpretação que não lhe convenha. Quanto à regra *in dubio contra stipulatorum*, no campo das cláusulas contratuais gerais, STJ 11-abr.-2000 (Lopes Pinto), CJ//Supremo VIII (2000) 1, 152-158 (155/I) e *supra*, 438-439.

§ 56.º A IMPUTABILIDADE AO DECLARANTE (236.º/1, 2.ª PARTE)

255. A fórmula legal

I. O artigo 236.º/1 valida a interpretação que o declaratário normal, colocado na posição do real declaratário, possa (2.ª parte) deduzir do comportamento do declarante, *salvo se este não puder razoavelmente contar com ele*. Ou seja: esta segunda diretriz legal parece retirar, do horizonte do declaratário, aquilo que não possa, razoavelmente, ser imputado ao declarante.

Tal fórmula destina-se a compensar a prevalência dada à teoria da declaração, em detrimento da da vontade: afasta a interpretação que, de todo, não tenha a ver com a vontade do declarante.

II. Esta composição vocabular tem conteúdo dúbio. Na verdade, ela surge como paradoxal: não se vê como "sacrificar" o declaratário *normal*, em nome do que, *razoavelmente*, se possa imputar ao declarante. Não será razoável imputar a tal declarante, dono e senhor do que diga e faça, aquilo que a pessoa normal daí retire?

O paradoxo apontado leva a recordar a origem da fórmula. Antunes Varela[2491] informa que ela foi diretamente importada de Larenz, que cita[2492], em conjunto com Ferrer Correia[2493]. Feitas as competentes verificações, apura-se que não é assim: ambas as citações não conferem, antes apontando para soluções diversas das pretendidas pelo ilustre revisor do Código Civil.

De facto, na obra citada, Larenz não adotou a fórmula que hoje consta do Código Civil. Fê-lo, sim, em *Die Methode der Auslegung des*

[2491] Pires de Lima/Antunes Varela, *Código Civil anotado* cit., 1, 4.ª ed., 233.
[2492] Varela cita, de Larenz, simplesmente, *Allgemeiner Teil*, § 19, II. Feito o confronto, trata-se da 5.ª ed., de 1980; *vide*, aí, p. 307.
[2493] Varela cita, de Ferrer Correia, o *Erro e interpretação*, 2.ª ed., 200.

Rechtsgeschäfts, publicada cinquenta anos antes e onde o Autor alemão diz, designadamente[2494]:

> A responsabilidade pela declaração significa portanto que o declarante fica vinculado perante a sua contraparte por aquele sentido que, por esta, pode e deve ser associado à declaração. Mas esta possibilidade de entendimento da contraparte só é, contudo, de ter em conta se o próprio declarante pudesse contar com ela.

No *Allgemeiner Teil* citado por Antunes Varela, Larenz já havia modificado a construção anterior: o declarante ficaria vinculado ao sentido por ele não pretendido, quando esse sentido lhe seja imputável. Esta opção, favorável à imputação ao declarante, veio a ser ampliada nas subsequentes edições[2495], como abaixo melhor veremos. Quanto a Ferrer Correia: este critica, na realidade, a fórmula de Larenz acabando, no local citado, por fixar-se na ideia de que vale o sentido objetivo para ambas as partes.

III. Este curioso episódio de equívocos e de imprecisões, alojados na preparação do Código Civil, mostra as contingências surpreendentes que, por vezes, enformam a atuação do legislador, mesmo quando disponha dos melhores juristas. Feita a reconstrução crítica, cabe, agora, ao intérprete-aplicador, retirar, da lei, a melhor utilidade.

256. A imputabilidade

I. O significado da interpretação é, em princípio, imputável a ambas as partes[2496]. A doutrina alemã atual vai mais longe: entende que o sentido (objetivo) da declaração é, fundamentalmente, imputável ao declarante, mesmo quando este não queira aquilo que acabou por dizer[2497]. Fecha-se, mesmo, o círculo: o declarante tem o domínio da declaração: diz o que quer e como quer; logo, ele suporta o risco de o "declaratário normal" lhe

---

[2494] Karl Larenz, *Die Methode der Auslegung des Rechtsgeschäfts* cit, 72.
[2495] Por último, Manfred Wolf/Jörg Neuner, *Allgemeiner Teil* cit., 10.ª ed., § 35, Nr. 19 (391).
[2496] Karl Larenz/Manfred Wolf, *Allgemeiner Teil* cit., 8.ª ed., 539 e 9.ª ed., 525-526; Reinhard Singer, no Staudinger cit., II, § 133, Nr. 20-22 (780-782).
[2497] Manfred Wolf/Jörg Neuner, ob e loc. cit. *supra*, nota 2495.

dar um sentido que, de todo, não lhe convenha[2498]. Tivesse tido cuidado. Evidentemente: queda, sempre, a hipótese de invocar o erro. Devemos, de resto, explicar que não há jurisprudência ilustrativa de situações em que o sentido acolhido pelo declaratário normal, colocado na posição do real declaratário, não possa ser imputado, razoavelmente, ao declarante.

II. Isto dito, cabe atribuir, à fórmula legal, um qualquer sentido útil. Ele terá de resultar das considerações subsequentes.

O artigo 236.º/1 foi implacável, na via objetiva: validou, *ad nutum*, o sentido que, à declaração, daria o declaratário (com um perfil normativamente fixado), no âmbito do seu horizonte. Temos, aqui, uma validação completa das tutelas da confiança e da segurança no tráfego. Esta opção é agravada pelo facto de o regime do erro ser restritivo (249.º). Daí resulta que o declarante possa ser confrontado com um negócio com o qual, de todo, não contava, mas que não seja impugnável por erro: basta que não tivesse atentado no horizonte do declaratário real.

III. Em certas situações, todavia, não é razoável imputar, ao declarante, o sentido "normal" da declaração[2499].

Desde logo, isso sucede quando o declarante tenha usado fórmulas disponibilizadas pelo declaratário. É o que ocorre, por sistema, no sector segurador: aí, o tomador do seguro assume condições gerais preparadas pelo segurador, que só aceita "propostas" que as acompanhem[2500]. Em tal eventualidade, um sentido não-aparente, alcançável (apenas) pela seguradora não pode, razoavelmente, ser imputado ao declarante.

Num segundo grupo de situações, pode o declarante fazer uma proposta cuidadosa, perante o declaratário normal, mas que, contra quaisquer indícios, venha a cair nas mãos do "real declaratário", que lhe dê um sentido inexcogitável. O risco inerente à declaração pode ser ultrapassado: ele não é, razoavelmente, imputável ao seu autor.

Finalmente: a declaração pode ocorrer em circunstâncias que, de imediato, mostrem a presença de erros óbvios ou de falta de consciência da declaração; por exemplo: alguém declara vender a sua casa por um valor

---

[2498] Eberhard Wiesner, *Wille und Verständnis bei der Willenserklärung*, AcP 184 (1984), 40-44 (44).

[2499] Alteramos, em parte, a posição que defendemos na anterior edição desta obra: *Tratado* I/1, 3.ª ed., 762-763.

[2500] *Direito dos seguros*, 651 ss..

irrisório, por omissão de um dígito. Vale a pena, nessa eventualidade, deixar formar o negócio para, depois, iniciar o calvário da anulação por erro (247.º) ou por incapacidade acidental (259.º) ou da declaração de nulidade por falta de consciência da declaração (246.º)? Afigura-se que não. A declaração não pode, razoavelmente e com o conteúdo "normal" que dela resulte, ser imputada ao declarante.

IV. Podemos retomar, aqui, o caso da venda de almudes de vinho, imaginado por Ferrer Correia para criticar Danz, quando este considera que os termos devem ser interpretados com o sentido que assumem no lugar do contraente que os usa[2501]. Em síntese: um beirão remete uma proposta a um alentejano, relativa à venda de 100 almudes de vinho; só que um almude equivale, na Beira, a 40 litros e, no Alentejo, a 20 litros. Se a declaração vale com o sentido do declaratário normal, sendo a proposta aceite, o alentejano fica convencido de ter comprado 2 000 litros de vinho, enquanto o beirão julga ter vendido 4 000. Maria Raquel Rei retoma este exemplo para aplicar o 236.º/1, 2.ª parte: o negócio não vale com o sentido do declaratário normal (o alentejano) por o declarante (o beirão) não poder, razoavelmente, contar com ele[2502]. Mas se assim fosse: o declaratário normal ver-se-ia a braços com 4 000 litros de vinho quando, legitimamente, julgava ter adquirido 2 000 ...

Não vemos como ultrapassar o problema, através do 236.º. *Summo rigore*, a solução é a seguinte: o negócio forma-se com o sentido do declaratário normal, na posição do declaratário *real*: vale o almude alentejano, cabendo ao declarante o encargo de se inteirar do sentido local de "almude". Mas como existe um claro dissenso, o negócio pode ser anulado por erro.

[2501] António Ferrer Correia, *Erro e interpretação* cit., 173.
[2502] Raquel Rei, *Da interpretação da declaração* cit., 147-148.

§ 57.º A VONTADE REAL (236.º/2)

257. Princípios básicos e grupos de casos

I. O artigo 236.º/2 comporta uma terceira diretriz legal relativa à interpretação dos negócios jurídicos[2503]. Recordamos o seu preciso teor:

> Sempre que o declaratário conheça a vontade real do declarante, é de acordo com ela que vale a declaração emitida.

Esta fórmula afigura-se surpreendente. O declaratário não pode adivinhar a vontade real do declarante. Se a conhece, uma de três: (a) ou ela lhe foi transmitida pelo declarante e, nessa altura, temos uma segunda declaração de vontade, que é a relevante, (b) ou a declaração esconde, na realidade, um sentido não-aparente ou inabitual, conhecido pelo declaratário; (c) ou houve alguma inconfidência e o declaratário soube, por terceiros ou por caminhos desviados, quais as verdadeiras intenções do declarante.

Temos de afastar a hipótese de uma declaração formal que não corresponda à verdadeira vontade de ambas as partes, feita com a intenção de enganar terceiros: isso levar-nos-ia à simulação (240.º), dotada de um regime próprio.

II. O artigo 236.º/2 não pode subverter algumas regras básicas dos negócios e da contratação. Ele deve ser interpretado de modo a respeitar os princípios inerentes a tais regras. São eles:

– deve haver uma declaração;
– ambas as partes devem concordar com o que irá integrar o futuro negócio.

[2503] Raquel Rei, *Da interpretação da declaração* cit., 152 ss..

Em primeiro lugar, deve haver uma declaração. Uma vontade real puramente interior não pode fundamentar qualquer negócio: de resto, ela seria indemonstrável. A vontade real, para obter conhecimento e concordância da outra parte, deve ser exteriorizada, de algum modo, na declaração que chegue ao destinatário. Este ponto pode ser facilmente ultrapassado, pela interpretação sistemática do artigo 236.º/2. Este preceito surge na sequência do artigo 236.º/1 que fixa, *dentro da declaração feita*, o sentido prevalecente: o do destinatário normal, na situação do real declaratário. O 236.º/2 mantém essa lógica: explica que, *dentro dessa mesma declaração*, com preterição do sentido normal, vale o que corresponda à vontade real do declarante, nas condições indicadas.

Ou seja: a vontade real resulta da declaração, mas não é percetível pelo declaratário normal: apenas por aquele que conheça a intenção efetiva do declarante.

III. Em segundo lugar, é incontornável a necessidade de uma concordância do destinatário, relativamente à vontade real do declarante. No limite, este pode fazer uma declaração que o declaratário saiba não corresponder à vontade real (vg., vende uma bicicleta, quando queria vender um automóvel). Todavia, com dolo ou sem ele, pode declarar aceitar o declarado: compro a bicicleta. Não vemos como convolar o negócio para a venda do automóvel: algo que não esteve em cima da mesa e relativamente ao qual não houve qualquer consenso.

Ocorre, aqui, referir a posição do Prof. Manuel de Andrade, decisiva para a feitura do Código Civil, neste ponto. O ilustre cientista punha a hipótese de o declaratário, por acaso ou por equívoco, interpretar mal a declaração e de com isso, acertar com a vontade real do declarante. Nessa altura, o "erro" do declaratário fica sanado[2504].

Repare-se que, na construção de Andrade, há um evidente acordo sobre o sentido final do negócio: do declarante, por ser a sua vontade real; do declaratário, por ter "acertado" com essa vontade, dando-lhe o seu acordo.

IV. O artigo 236.º/2, com estas precisões, permite enquadrar duas fórmulas tradicionais, expressas pelas locuções latinas respetivas:

[2504] Manuel de Andrade, *Teoria geral* cit., 2, 312.

– *falsa demonstratio non nocet* (a designação errada não prejudica);
– *protestatio facto contraria non valet* (a afirmação contrária ao facto não é eficaz).

Vamos ver.

258. Falsa demonstratio non nocet

I. No Direito romano, já funcionava a regra pela qual, quando as partes houvessem concordado no objeto, mas usassem designações diversas, o contrato era válido[2505]: o *error in nomine* não prejudicava:
Assim, segundo um precioso fragmento de Ulpiano[2506]:

> Plane si in nomine dissentiamus, verum de corpore constet, nulla dubitatio est, quin valeat emptio et venditio: nihil enim facit error nominis, cum de corpore constat[2507].

A expressão *falsa demonstratio non nocet* não tem fontes clássicas[2508], tendo sido obra dos glosadores. Sublinhe-se que *demonstratio* exprime aqui, em sentido amplo, a declaração[2509].

II. Na situação mais imediata, ambas as partes firmam um negócio, enganadas quanto ao sentido de uma expressão. Mas ambas comungam do mesmo engano, de tal modo que estão de acordo quanto à realidade subjacente.

[2505] Max Kaser, *Das römische Privatrecht* cit., 1, 2.ª ed., § 58, II, 1 (238).
[2506] Ulpiano, D. 18.1.9.1 = Okko Behrends e outros, *Corpus iuris civilis* cit., III, 444.
[2507] Em português:
> Com efeito, se dissentimos no nome, mas assentamos no objeto, não há nenhuma dúvida que a compra e venda é válida: na verdade, o erro no nome não releva, quando se assente no objeto.

[2508] Max Kaser, *Das römische Privatrecht* cit., 1, 2.ª ed., § 58, nota 40 (240), com indicações.
[2509] Giorgio Cian, *Forma solenne e interpretazione del negozio* cit., 106.

O caso de estudo é, ainda hoje, o *Haakjöringsköd-Fall*, decidido pelo RG, em 8-jun.-1920[2510].

Sucedeu o seguinte: o Autor adquiriu, em 18-nov.-1916, à Ré, 214 fardos de *Haakjöringsköd* (pronunciar hoxerinxat) da Noruega, a 4,30 marcos o quilo. Ambas supunham que *Haakjöringsköd*[2511] significava carne de baleia (em alemão: *Walfleich*) quando, em norueguês, equivale a carne de tubarão (em alemão: *Haifischfleisch*). Nos finais de novembro, o comprador pagou, ao vendedor, a totalidade do preço.

O navio veio descarregar, em Hamburgo, carne de tubarão, sujeita a condicionamentos e, como tal, adquirida pela central de compras, com um sobrepreço de 47.515,90 marcos. A primeira instância condenou o comprador a pagar essa importância; a segunda instância revogou essa decisão, numa orientação confirmada pelo *Reichtsgericht*. O caso foi reexaminado ao longo dos anos[2512]: é um exemplo inultrapassável de *falsa demonstratio*, sempre atual[2513].

III. A regra *falsa demonstratio non nocet*, conhecida entre nós[2514], integra o 236.º/2: o erro no uso de uma expressão, quando conhecido pela outra parte, não prejudica, desde que haja acordo quanto ao fundo, isto é: desde que a vontade real seja conhecida e concorde. O preceito não pode ser tomado à letra. Insistimos: uma pessoa pode conhecer a vontade real de outra e, no entanto, não pretender aceitá-la; ao dar o seu assentimento à declaração formal, que saiba não corresponder à vontade real de quem a emita, ela poderá abrir as portas ao regime do erro, do dolo ou da *culpa in contrahendo*: mas não dá o seu assentimento ao que não tenha sido expresso[2515]. Não subscrevemos a ideia de que haveria, no 236.º/2, um "tempero subjetivista" no sentido de se assistir a uma diversa regra de interpretação. Apenas se apura a existência de um código de comunicação, entre as partes, que não corresponde ao usualmente aceite, no espaço considerado. O Direito permite-o. Nessa altura, a regra básica – normativa e objetiva – do destinatário normal mantém-se, apenas com a particulari-

---

[2510] RG 8-jun.-1920, RG 99 (1920), 147-149.
[2511] Na grafia atual: *håkjerring kjøtt*.
[2512] Albrecht Cordes, *Der Haakjöringsköd-Fall*, Jura 1991, 352-357 e Michael Martinek, *Haakjöringsköd im Examinatorium*, JuS 1997, 136-142.
[2513] Reinhard Singer, no *Staudinger* cit., I, § 133 (775-776).
[2514] RCb 12-out.-1999 (Soares Ramos), CJ XXIV (1999) 5, 5-8 (7/II).
[2515] O artigo 238.º/2, a propósito da *falsa demonstratio* nos negócios formais, refere, aliás, a regra básica de que se deve tratar da vontade real (logo concordante) de ambas as partes.

dade de, entre as partes, funcionar uma fórmula específica de transmitir a vontade[2516].

Maria Raquel Rei sustenta que, havendo um código de comunicação entre as partes, se cairia no 236.º/1 e não no 236.º/2[2517]. Permitimo-nos insistir: o declaratário normal usa uma linguagem "normalizada"; as palavras significam o que resulta da gramática e da semântica.

Este aspeto é decisivo, em termos práticos: se se conclui um negócio em que se invoque a "vontade real" para contraditar o que diria o declaratário normal, há que invocar e provar os competentes factos. O contrato valerá com um sentido a-social, conhecido apenas pelas partes. Tudo isto está nos antípodas da "normalidade", presente na interpretação negocial.

IV. Não se confunde com o alcance normativo da *falsa demonstratio*, o problema da prova. Se as partes, para transmitirem a sua vontade, usam uma linguagem não suportada pelo uso correto das expressões, há que invocá-lo. Nessa ocasião, quem alegar o código desviante de comunicação terá de prová-lo, nos termos gerais[2518]. Para proceder a tal determinação não há, de resto, limitações de meio de prova[2519].

[2516] Nesse sentido o excelente acórdão da RLx 7-mar.-1996 (Silva Salazar), CJ XXI (1996) 2, 74-77 (75/II), onde se diz que a regra da *falsa demonstratio non nocet* é "...destinada a dar satisfação à vontade real concordante das partes, às quais, tendo usado nas suas declarações uma expressão que objetivamente não significa o que pretendiam, se assegura o respeito do sentido por elas atribuído a essa expressão". O acórdão é claro: não basta um conhecimento da vontade real: exige-se uma vontade real *concordante*. Infelizmente, a utilização, sem critério, de literatura desatualizada leva, por vezes, a retrocessos científicos; tal o caso de STJ 13-nov.-2003 (Santos Bernardino), Proc. 2343/03 (44/03), inédito, fl. 9, onde se deu prevalência à vontade real de um dos contraentes, independentemente de, com ela, o outro ter concordado. Ainda com referência a este acórdão, deve sublinhar-se o seguinte: a vontade real do artigo 236.º/2 é mesmo a *vontade real* do declarante e não a vontade do advogado que tenha intervindo nas negociações; tratando-se de uma pessoa coletiva, haverá que indagar, junto das atas do conselho de administração e de outros elementos coadjuvantes quais as efetivas opções; de outro modo, estaremos a imputar a uma das partes, a título de "vontade real", algo que não foi nem declarado nem querido, assim falseando totalmente qualquer sistema coerente de interpretação contratual.

[2517] Maria Raquel Rei, *Da interpretação da declaração* cit., 179 ss..

[2518] RLx 7-mar.-1996 cit., CJ XXI, 2, 75/I e II; também RCb 20-set.-1990 (Sousa Lamas), CJ XV (1990) 5, 108-110 (109/II): a "vontade real" deve ser provada por quem a invoque.

[2519] RPt 8-jan.-1991 (Matos Fernandes), CJ XVI (1991) 1, 218-219 (219/II).

259. Protestatio facto contraria non valet

I. Diz-se que há *protestatio facto contraria* quando alguém assuma uma atitude com significado negocial e declare, ao mesmo tempo, uma vontade contrária a esse significado ou, pelo menos, com ele não coincidente. De acordo com uma locução, que remonta ao Direito comum[2520], tal *protestatio non valet*: prevalece o sentido resultante do facto[2521], o qual exprimiria a vontade real do declarante. Nos brocardos medievais, *facta sund potentiori verbis* ou *facta sunt mascula, sed verba femina*. Exemplo bíblico é o de Pilatus que, mau grado o lava-mãos, condenou Jesus Cristo à crucificação.

II. A *protestatio* ganhou relevo, por via da contratação através de atuações concludentes. Em diversas situações, pessoas assumem condutas que, na vivência social, implicam uma decisão negocial, como estacionar num parque pago[2522], obter energia elétrica[2523] ou viajar de comboio[2524], mas sem pretender celebrar o competente negócio. Poder-se-lhes-ia exigir o preço contratual? A doutrina respondeu pela afirmativa, em nome da teoria das relações contratuais de facto[2525]. Mais tarde, optou-se por uma diversa construção: nesses casos, as pessoas interessadas revelaram uma intenção real de contratar: mas efetuaram a *protestatio facto contraria*, declarando o contrário do que resulta dos factos. Ora tal *protestatio* seria ineficaz[2526], pelo que haveria contrato[2527].

[2520] Erwin Riezler, *Venire contra factum proprium* (1912), 119.

[2521] Werner Flume, *Das Rechtsgeschäft* cit., 4.ª ed., § 5, 5 (73). Em RG 29-set.-1925, RGZ 111 (1926), 310-313 (312), entendeu-se que o fornecimento de eletricidade seguiria a tabela aplicável, mesmo quando o utente protestasse contra ela, mas mantivesse o consumo.

[2522] BGH 14-jul.-1956, BGHZ 21 (1956), 319-336 (333-334): o caso *Parkplatz* de Hamburgo.

[2523] BGH 29-jan.-1957, BGHZ 23 (1957), 175-183 (177-178): o *Stromdiebsfall*.

[2524] LG Bremen 17-ago.-1966, NJW 1966, 2360-2361 (2361/I): o caso *Schwarzfahrt*.

[2525] *Tratado* II/2, 631 ss..

[2526] Peter Lambrecht, *Die Lehre vom faktischen Vertragsverhältnis/Entstehung, Rezeption und Niedergang* (1994), XV + 178 pp., 134 ss..

[2527] Werner Flume, *Das Rechtsgeschäft* cit., 4.ª ed., § 5, 5 (75-76); este Autor nega, todavia, a aplicação da *protestatio* ao caso de Hamburgo – *idem*, § 8, 2 (99).

III. Esta doutrina tem vindo a perder terreno, por implicar um retrocesso na liberdade individual e, em especial[2528], por dificultar a possibilidade de recusar cláusulas contratuais gerais, a favor de opções individuais, que prevalecem[2529]. Quanto à adoção de declarações contrárias aos factos: haveria que ultrapassá-las, com recurso às regras sobre comportamentos contraditórios[2530]. Tais regras implicam a ponderação da confiança criada com o *factum* e os demais requisitos que subjazem à sua tutela[2531]. Na realidade, há muito se pretendera resolver temáticas deste tipo, com um simples recurso à boa-fé (§ 157, do BGB)[2532].

IV. Afigura-se que não se deve pedir, à *protestatio*, algo que ela não pode dar. Designadamente, do velho brocardo, não se retira o fundamento dogmático da sua jurídico-positividade; quando muito, do adjetivo *contraria*, resulta uma ideia de quebra, pouco adequada no campo civil.

Do nosso ponto de vista, a *protestatio facto contraria* vale como fórmula sugestiva para recordar que, na formação do negócio, as atitudes das partes não são sempre uniformes. No momento da interpretação, há que valorar o conjunto, o qual exprime a efetiva vontade jurígena do declarante. Nessa ocasião, o *factum* é a parte mais relevante, em termos económicos, sociais e valorativos. A *protestatio* – a não confundir com o protesto formal nem, muito menos, com a recusa de aceitar ccg – traduz, num complexo de atuações, a parcela que, por surgir em oposição ao conjunto mais significativo, não deve ser tida em conta.

V. A preocupação do Direito, perante a *protestatio*, é a de validar o encontro de vontades reais expressas, em detrimento de declarações que, mercê das circunstâncias, apenas tenham uma configuração aparente.

[2528] Entre nós, Paulo Mota Pinto, *Declaração tácita* cit., 794 ss., com indicações.
[2529] Reinhard Singer, no *Staudinger* 1 cit., § 133, Nr. 71 (816); *vide* Arndt Teichmann, *Die protestatio facto contraria*, FS Michaelis (1972), 294-315 (315) e Helmut Köhler, *Kritik der Regel "protestatio facto contraria non valet"*, JZ 1981, 464-469 (465/I ss., 469/II): a regra seria em parte vazia e em parte *falsch*
[2530] Martin Josef Schermaier, no HKK/BGB cit., 1, §§ 116-124, Nr. 33 (432).
[2531] Sobre o *venire contra factum proprium*, *Tratado* V, 275 ss..
[2532] Assim, Bodo Börner, *Faktische Verträge im Energierecht/Ein Beispiel für die Aufgaben der wissenschaftlichen Behandlung eines Sonderrechtsgebiets*, FS H.-C. Nipperdey 1 (1965), 185-209.

VI. O Direito lusófono consagra assim, no essencial, uma doutrina objetivista da interpretação, baseada na impressão do declaratário e mitigada, em termos negativos, pela possibilidade de imputar a declaração a interpretar a quem a tenha feito, pela regra *falsa demonstratio non nocet* e pela necessidade de ponderar globalmente o que tenha sido declarado.

Não há, nisso, nada de particular: apenas se sufraga, sob uma contingência de fórmulas alemãs recebidas na primeira metade do século XX, toda uma evolução processada no campo dos Direitos românicos. Tal evolução conflui, na atualidade, com elementos retirados da integração sistemática, da tutela da confiança e da direta associação entre autonomia e responsabilidade.

Quando, em nome da vontade do declarante, se vá para além da declaração, – ou se fique aquém dela – tal como a entenderia o destinatário normal, temos, em rigor, manifestações da tutela da confiança. A estas aplica-se, como foi referido, o regime dos negócios assentes na autonomia privada: pelo menos até onde a natureza das coisas o permita.

§ 58.° A RECONDUÇÃO AO SISTEMA

260. O equilíbrio das prestações (237.°); o fim do contrato

I. O desenvolvimento anterior sobre as regras gerais da interpretação negocial não esgota a rica problemática em análise. A interpretação negocial não visa, apenas, determinar exteriorizações contratuais relevantes. Trata-se, no essencial, de fixar soluções jurídicas para problemas concretos, em termos que possibilitem encontrar, nelas, uma justeza constituinte e uma legitimidade controlável.

A confeção de um modelo de decisão negocial é, no fundo, sempre o produto de um encontro entre regras propriamente negociais, selecionadas pelas partes e regras jurídicas, presentes nas fontes e, em particular, na lei. Designadamente, não pode a interpretação negocial conduzir a resultados que afrontem normas jurídicas imperativas ou que venham pôr em questão princípios básicos do ordenamento: no limite, o próprio negócio será afetado, na sua subsistência.

Pode suceder que as regras da interpretação, mesmo quando doutrinariamente enriquecidas, nos termos acima apontados, deixem margem para dúvidas. O Direito poderia, em tal eventualidade, invalidar os negócios por indeterminabilidade. Dá, todavia, uma última oportunidade de aproveitamento do negócio, estabelecendo pontos de contacto com o sistema[2533].

II. O Código Civil exprimiu essa problemática proclamando, no seu artigo 237.°, epigrafado "casos duvidosos"[2534]:

[2533] Quanto ao princípio da conservação dos negócios jurídicos, consagrada expressamente nalgumas leis: Cesare Grassetti, *L'interpretazione* cit., 161 ss..
[2534] Maria Raquel Rei, *Da interpretação da declaração negocial* cit., 183 ss..

Em caso de dúvida sobre o sentido da declaração, prevalece, nos negócios gratuitos, o menos gravoso para o disponente e, nos onerosos, o que conduzir ao maior equilíbrio das prestações.

A restrição do sacrifício no caso de negócios gratuitos dá corpo à velha máxima: *odiosa sunt restringenda*[2535]. Ficam incluídas as doações e, ainda, outras figuras sem contrapartida, como as renúncias, as desistências, as assunções gratuitas ou as remissões. Na dúvida, terão a menor extensão permitida pelo conjunto do negócio, no âmbito de uma interpretação restritiva.

Nos negócios onerosos, sempre na dúvida, procura-se um equilíbrio económico entre as prestações.

III. O artigo 237.º deve ser tomado com alguma cautela. Na verdade, a lei não quer, a todo o custo, um equilíbrio de prestações que, assim, se apresentaria como regra limitativa da autonomia privada. A melhor demonstração desse estado de coisas reside na admissibilidade de negócios gratuitos. Por isso, o artigo 237.º só intervém quando o problema interpretativo não possa ser solucionado com recurso às diretrizes do artigo 236.º[2536].

Quando, porém, as partes não prescrevam, através de declarações aprontadas em termos de suficiência jurídica, uma particular distribuição de vantagens, apresentam-se atuantes os valores mais profundos do Direito, entre os quais a justiça comutativa. Esta não se deve confundir com igualitarismo: o desigual deve ser tratado de forma desigual. Apenas impõe que, nas relações de troca, haja equilíbrio[2537].

IV. O equilíbrio das prestações impõe-se como regra de bom senso, mas muito significativa em termos jurídicos. Naquilo que a margem interpretativa deixe em aberto – ou, se se quiser, sempre que as partes não tenham disposto doutra forma – há que validar a interpretação negocial mais justa[2538], ou seja, para o caso: a solução que, tudo visto, surja mais

---

[2535] Stefan Vogenauer, no HKK/BGB cit., 1, §§ 133, 157, Nr. 108-114 (643-647).
[2536] STJ 13-mar.-2008 (Santos Bernardino), Proc. 07B3843, num caso de *success fee* que, embora elevado, correspondia ao que fora combinado.
[2537] STJ 19-jan.-2006 (Bettencourt de Faria), Proc. 05B3564, em tema de distribuição de risco.
[2538] STJ 23-jan.-1996 (Martins da Costa), CJ/Supremo IV (1996) 1, 56-59 (57/ /II), RLx 15-fev.-1996 (Almeida Valadas), CJ XXI (1996) 1, 121-124 (123/II) e STJ 13-fev.-2003 (Oliveira Barros), CJ/Supremo XI (2003) 1, 97-101 (99/I).

equilibrada, sem inflingir danos despropositados a uma das partes, em proveito da outra.

O equilíbrio das prestações, como expressão direta da justiça comutativa, é a última regra supletiva a que, nos negócios onerosos, se pode recorrer para fixar o sentido juridicamente relevante. Já nos gratuitos, a mesma preocupação de justiça comutativa leva a que singre a solução menos onerosa para o disponente[2539]. Como vimos, estas regras interpretativas vinham, já, no Código de Seabra.

V. Finalmente e mau grado o silêncio da lei, cremos que se deve reintroduzir, também na dúvida, o sentido mais consentâneo com o objetivo do contrato. Este elemento, já presente no horizonte do declaratário[2540], reaparece, aqui, com manifesta utilidade. A interpretação é, hoje, dominada pelo fator teleológico. Também nos negócios assim será. Nenhum negócio existe por si: como foi dito, todos eles são instrumentos usados pelas partes, para prosseguir certos fins. Quando eles sejam cognoscíveis e, juridicamente, imputáveis aos contratos considerados, temos um poderoso fator de modelação das diversas cláusulas. Ele não introduz qualquer fator externo novo de interpretação; apenas exprime, no campo específico da interpretação, a erupção da própria Ciência do Direito e do sistema por ela sustentado. Aliás, muitas vezes as partes concluem negócios indicando, simplesmente, o objetivo prosseguido ou as prestações principais[2541].

A regra do equilíbrio das prestações deve subordinar-se ao fim do contrato. Num caso já referido[2542], se foi acordado um *success fee* – um prémio no caso de êxito na execução de uma prestação de serviço – não há que referir o artigo 237.º para minorar o valor devido ao prestador: o fim do contrato requer o efetivo pagamento acordado.

[2539] Na dúvida prevalece o sentido menos gravoso para quem prescinde dos seus direitos: STJ 5-nov.-1997 (Nascimento Costa), BMJ 471 (1997), 361-368 (367) e STJ 30-nov.-2000 (Duarte Soares), CJ/Supremo VIII (2000) 3, 145-150 (149/II).

[2540] Franz Jürgen Säcker, *Die Anpassung von langfristigen Verträgen an bei Vertragsschluss unvorhergesehene und unvorberslehbare Umstände im Wege der ergänzenden Vertragsauslegung*, FS Harm Peter Westermann (2008), 617-636 (617).

[2541] Manfred Wolf/Jörg Neuner, *Allgemeiner Teil* cit., 10.ª ed., § 35, Nr. 59 (401).

[2542] STJ 13-mar.-2008, cit., *supra*, nota 2536.

261. A articulação integrada dos diversos elementos

I. A interpretação do negócio jurídico oferece, ao intérprete-aplicador, vários elementos. Recordamos: o horizonte do destinatário, o qual alberga os elementos literal, histórico, sistemático e teleológico, a imputabilidade ao declarante, a primazia do encontro de vontades reais e a interação com o sistema, através do equilíbrio das prestações, temperado pelo fim do negócio. Qual a ponderação relativa destes diversos elementos, no caso de entrarem em conflito, isto é, de conduzirem a diferentes resultados interpretativos? Foram dadas, ao longo do tempo, várias respostas[2543]: a primazia da letra; a superioridade da vontade real das partes; o recurso às regras da complementação, isto é, da integração; a aplicação de princípios sectoriais, como o da solução mais favorável para o aderente, no caso de cláusulas contratuais gerais[2544].

II. A resposta oferecida pela Ciência do Direito atual passa pela ponderação integrada dos vários elementos. À partida, a sua graduação relativa não é viável, em abstrato. Negócio a negócio, faz-se uma arrumação, de acordo com o modelo do sistema móvel[2545]. Os vários elementos da interpretação têm um peso relativo variável, a determinar em concreto. Por exemplo: a letra pode ser tão clara e óbvia, que se dispensem outras ponderações; ou a vontade real comum tão unívoca, que resolva. Os elementos têm posições intermutáveis e a falha de algum ou de alguns deles pode ser colmatada pelo especial peso que assumam os demais.

III. A moderna técnica do círculo de entendimento ou espiral hermenêutica[2546] tem aplicação, no campo da interpretação do negócio jurídico. Confrontado com um problema, o decisor – no limite, o juiz – pondera, sucessiva, inversa e conjuntamente, os factos, o negócio e os diversos elementos a ter em conta. Fará tantas idas e vindas quantas as necessárias para construir, à luz da Ciência do Direito, um modelo coerente de decisão, modelo esse que deverá ainda ser sindicado à luz da experiência e das consequências da decisão que venha a ser tomada.

[2543] Stefan Vogenauer, no HKK/BGB cit., 1, §§ 133, 157, Nr. 74-119 (614-651).
[2544] *Supra*, 436 ss..
[2545] *Tratado* I, 4.ª ed., 732 ss., quanto à interpretação da lei.
[2546] *Tratado* I, 4.ª ed., 472 ss..

IV. À luz destas considerações, podemos revisitar, com flexibilidade, os diversos elementos da interpretação. À partida, a doutrina atual encara a interpretação do negócio jurídico como algo de essencialmente objetivo; o seu ponto de incidência não é a vontade interior: ela recai antes sobre um comportamento significativo[2547]. Além disso, ela deve operar de tal modo que, perante um mesmo negócio, seja possível, a vários juristas, alcançar idênticas conclusões interpretativas. Por isso, uma determinada interpretação é suscetível de justificação e de controlo, em termos científicos. Boa parte da discussão relativa aos métodos interpretativos desenvolve-se em torno das respetivas fórmulas designativas: tenta-se dar vida a locuções em vez de, com elas, procurar exprimir algo que, previamente, tenha sido elaborado.

V. A interpretação negocial prossegue um momento de realização do Direito: a dominante juspositiva, logo social, impõe-se, pois, em todo o seu percurso. Trata-se, no entanto, de uma área que o Direito deixa, intencionalmente, à autonomia privada, isto é, à vontade das pessoas. Jogando-se a autonomia privada, o sentido da declaração terá de ser o que corresponda à vontade do próprio declarante; de outra forma, tudo será um logro, nada restando da sua autodeterminação. Mas nesses termos, a autonomia privada torna-se impraticável: ninguém poderá, de antemão, saber com o que contar, uma vez que a verdadeira vontade das pessoas nunca é, direta e imediatamente, cognoscível. E em boa hora: de outro modo, a liberdade individual, no seu sentido mais puro de livre arbítrio, ficaria seriamente ameaçada.

VI. A autonomia privada tem, assim, de ser articulada com o princípio da tutela da confiança: o Direito atribui-lhe determinados efeitos na medida em que ela se combine com esta. Ao contrário, no entanto, das construções conceptuais, entende-se hoje que a confiança não se opõe à

[2547] Karl Larenz/Manfred Wolf, *Allgemeiner Teil* cit., 9.ª ed., 515, Hans-Martin Pawlowski, *Allgemeiner Teil des BGB/Grundlehren des bürgerlichen Rechts*, 6.ª ed. (2000), 199 ss., Heinz Hubner, *Allgemeiner Teil des Bürgerlichen Gesetzbuches* (1985), 313, Alexander Lüderitz, *Auslegung von Rechtsgeschäften* cit., 229 ss. e Claus-Wilhelm Canaris, *Bewegliches System und Vertrauensschutz im rechtgeschäftlichen Verkehr*, em *Das Bewegliche System im geltenden und Künftigen Recht*, publ. F. Bydlinski (1986), 102-116 (105). Entre nós e além da bibliografia já referida na nota 2450, vide Carlos Ferreira de Almeida, *Interpretação do contrato*, O Direito 124 (1992), 629-651, centrado num confronto entre os sistemas alemão e português.

autonomia privada, delimitando-a: ambos os princípios se articulam entre si para, mutuamente, se tornarem aplicáveis. A autonomia das pessoas torna-se eficaz porque visível e constatável, nas suas manifestações; a confiança, por seu turno, adstringe certas pessoas por lhes ser imputável e na medida em que o seja. Não há, pois, oposição, mas antes complementação interpenetrada. Recorde-se que as manifestações da autonomia privada e da tutela da confiança têm o mesmo regime[2548].

VII. A medida concreta que os termos autonomia/confiança assumam na determinação dos sentidos negociais não deve ser firmada na base de quaisquer fórmulas centrais, por via unitária.

A solução, seja ela qual for, emerge em pontos como os da consciência da declaração e o regime do erro, enformando ainda institutos como os da integração, da redução e da conversão de negócios. Deve frisar-se que todo o sistema da tutela da confiança pode ser chamado a contribuir para as soluções interpretativas.

De todo o modo, entendemos que a interpretação do negócio deve ser assumida como uma operação concreta, integrada em diversas coordenadas. Embora virada para as declarações concretas, ela deve ter em conta o conjunto do negócio, a ambiência em que ele foi celebrado e vai ser executado, as regras supletivas que ele veio afastar e o regime que dele decorra. Podemos distinguir, como vimos, para efeitos interpretativos, uma integração vertical e uma integração horizontal. Em termos verticais e, agora, descritivamente, há que ter em conta[2549]:

– a prática contratual anterior entre as partes, seja para confirmar que ela se mantém, seja para apurar que elas decidiram modificá-la;
– as negociações preliminares e todos os atos que tenham ocorrido nesse âmbito;
– o próprio teor das declarações negociais, as circunstâncias em que sejam emitidas e as condições da sua receção;
– o modo por que o contrato seja executado;
– os atos subsequentes à sua execução.

[2548] Estas conclusões correspondem a um desenvolvimento do resultado das pesquisas levadas a cabo por Claus-Wilhelm Canaris, especialmente na obra *Vertrauenshaftung*.

[2549] Referindo alguns dos pontos subsequentes: STJ 1-jun.-2000 (Dionísio Correia), CJ/Supremo VIII (2002) 2, 87/I), STJ 13-mar.-2001 (Silva Paixão), CJ/Supremo IX (2001) 1, 163-168 (167/I) e STJ 11-out.-2001 (Miranda Gusmão), CJ/Supremo IX (2001) 3, 81-87//84/I).

Num plano horizontal, temos[2550]:

– o conjunto em que se insira a cláusula a interpretar;
– o tipo contratual em jogo;
– a inserção do negócio no todo mais vasto a que porventura pertença;
– a execução de contratos similares concluídos entre ambas as partes.

Caso a caso haverá que ponderar a operacionalidade destes aspetos e o seu peso interpretativo. O Direito positivo e a Ciência do Direito dão algumas coordenadas úteis, nesse domínio.

262. A unidade da realização

I. A interpretação de um negócio visa encontrar e legitimar uma decisão para um concreto problema. Desde logo e em termos ontológicos, o sujeito e o objeto da interpretação constituem uma unidade[2551]: não são concebíveis, enquanto tais, um sem o outro. Esse "cânone da totalidade"[2552] não se manifesta apenas na interpretação do negócio: a jusante, ele ocorre, também na aplicação ou, melhor, em conjunto com ela.

II. Na solução de um problema que pressuponha a interpretação de um negócio haverá que aplicar, em simultâneo, múltiplas regras não-negociais. E, desde logo, todas aquelas que, de origem legal, integrem o tipo negocial em jogo. Deve ficar claro que, a qualquer problema, não se aplica, apenas, um conjunto isolado de normas: toda a ordem jurídica é chamada a depor.

A inclusão, no instrumentário interpretativo, do princípio da boa-fé constitui, só por si, um ensejo para a erupção, no processo realizativo que inclua a interpretação, dos valores fundamentais do sistema.

III. A interpretação visa, no fundo, a solução justa. O intérprete-aplicador pode ser levado – com frequência, assim sucede – a conduzir a interpretação para, com isso, alcançar a saída tida como mais adequada. Esse procedimento deve ser assumido. A adequação da saída passa, aqui, pela

---
[2550] Alpa/Fonsi/Resta, *L'interpretazione del contratto* cit., 2.ª ed., 361 ss..
[2551] Emilio Betti, *Zur Grundlegung einer allgemeinen Auslegungslehre* cit., 93.
[2552] Franz Wieacker, *Die Methode der Auslegung des Rechtsgeschäfts*, JZ 1967, 385-391 (385).

valoração que as partes, no exercício da sua autonomia, tenham entendido adotar, para a regulação dos seus interesses. Mas passa, também, pela realização dos valores fundamentais do sistema: num conjunto ontologicamente incindível com os perfilhados pelas partes.

§ 59.º REGRAS ESPECIAIS DE INTERPRETAÇÃO

263. Atos não recipiendos e atos não-negociais

I. As regras relativas à interpretação dos negócios jurídicos aplicam-se a declarações recipiendas. Mas – embora com adaptações – elas funcionam, também, em manifestações de vontade normativa, que não tenham um destinatário[2553]: de certo modo, releva, então, toda a comunidade jurídica. Falta, aí, uma especial figura, cuja confiança deva ser protegida[2554], o que obriga a uma recomposição dos elementos interpretativos. Descontando o caso do testamento, que tem regras próprias, podemos considerar que, até para defesa do declarante, sobreleva o sentido objetivo da declaração.

II. As regras interpretativas gerais apresentam desvios fundamentais, perante atos jurídicos privados de liberdade de estipulação. De facto, quando os resultados de certo ato resultem inelutavelmente da lei, não é possível, pela interpretação, introduzir desvios. A "interpretação" deixará de ser negocial para ser legal: incide sobre os preceitos que fixam o alcance dos atos. É o que sucede nos atos de Direitos Reais, como a ocupação, o achamento ou a usucapião; é, ainda, o que resulta de atos de Direito da família, como o casamento, a adoção ou a perfilhação. Poder-se-ia, a tal propósito, falar num estrito formalismo, que vedaria qualquer interpretação que transcendesse o mero alcance predisposto para a fórmula ritual prescrita. Mas não: a ausência de margem interpretativa manifesta-se não por questões de forma, mas apenas pela ausência de liberdade de estipulação.

[2553] Assim, em RLx 17-dez.-1992 (Carvalho Pinheiro), CJ XVII (1992) 5, 162-163 (163/I): o artigo 236.º/1 aplica-se, por analogia, ao título constitutivo da propriedade horizontal.
[2554] Manfred Wolf/Jörg Neuner, *Allgemeiner Teil* cit., 10.ª ed., § 39, Nr. 31 (394--395).

264. Negócios formais

I. No tocante a negócios formais, o artigo 238.º fixa um pequeno subsistema interpretativo[2555]. Recordemos o texto legal:

1. Nos negócios formais não pode a declaração valer com um sentido que não tenha um mínimo de correspondência no texto do respetivo documento, ainda que imperfeitamente expresso.
2. Esse sentido pode, todavia, valer, se corresponder à vontade real das partes e as razões determinantes da forma do negócio se não opuserem a essa validade.

A regra do n.º 1 surge no artigo 9.º/2, a respeito da interpretação da lei e no artigo 2187.º/2, a propósito dos testamentos. Temos uma ligação hermenêutica mínima que, embora formulada em termos necessariamente vagos, impõe, todavia, um limite material às locubrações jurídico-científicas[2556]. Ainda que à custa da racionalidade, esta limitação exprime a natureza existencialmente cultural do Direito.

II. Na ordem jurídica alemã não há, na atualidade, regras de interpretação específicas para os negócios formais. O § 133 tem alcance geral. Todavia, a doutrina e a jurisprudência têm colmatado essa lacuna, construindo princípios adequados.

À partida, afigura-se lógico que, se um negócio estiver, por lei, sujeito a uma forma solene, os elementos de interpretação a atender hão-de, de algum modo, ligar-se a essa mesma forma. De outro modo, ela seria inútil.

Isto dito, a matéria da interpretação dos negócios formais convoca dois princípios, de elaboração jurisprudencial[2557]: (1) a teoria do indício; (2) a presunção de plenitude. Segundo a teoria do indício não pode, nos negócios formais, validar-se uma solução interpretativa que não tenha, na letra do documento requerido, um mínimo de correspondência. A presunção

---

[2555] STJ 22-out.-1998 (Roger Lopes), CJ/Supremo VI (1998) 3, 79-82 (81/I). Vide Eduardo Santos Júnior, *Sobre a teoria da interpretação* cit., 151 ss., Maria Raquel Rei, *Da interpretação da declaração negocial* cit., 224 ss. e Giorgio Cian, *Forma solenne e interpretazione del negozio* cit., 162 ss..

[2556] "Evidência probatória que decorre da sua linguagem", nas palavras de STJ 13-jul.-2004 (Neves Ribeiro), CJ/Supremo XII (2004) 2, 150-155 (154/II).

[2557] Stefan Vogenauer, no HKK/BGB cit., 1, §§ 133, 157, Nr. 81-83 (620-622), com indicações jurisprudenciais e doutrinárias; Manfred Wolf/Jörg Neuner, *Allgemeiner Teil* cit., 10.ª ed., § 35, Nr. 37-44 (396-398).

de plenitude diz-nos que, perante um negócio formal, se presume que toda a matéria relevante consta do respetivo documento. Caberá ao interessado fazer a prova da existência de outros fatores relevantes, com sujeição à teoria do indício.

Estas regras, pela sua manifesta natureza científica, são úteis auxiliares para a reconstrução do subsistema interpretativo dos negócios formais.

III. A *falsa demonstratio* coloca um problema complicado, nos negócios formais[2558]. Se as partes se põem de acordo usando um código não habitual de comunicação, podem agir à margem das prescrições legais da forma. Estas têm, implícita, a determinação do uso da linguagem oficial: de outro modo, nem faria sentido uma determinação de forma. Donde a exigência de "... um mínimo de correspondência no texto do respetivo documento ..." do artigo 238.º/1[2559].

Pode suceder que o apelo à vontade real comum das partes – portanto: à margem do oficialmente declarado – opere em áreas circundantes, que escapem às exigências da forma. Nessa altura, nenhuma razão haverá para impossibilitar a interpretação que não tenha o mínimo de correspondência com o texto do documento. A lei exprimiu esta circunstância referindo "...as razões determinantes da forma do negócio não se opuserem a essa validade".

Como vimos[2560], a forma dos negócios corresponde a derivações histórico-culturais, de tal modo que nem sempre admite composições racionais nem faculta reduções teleológicas. Quando a lei determine uma natureza formal para certo tipo de negócio, "...as razões determinantes ..." são existenciais. O artigo 238.º/2 implica, pois, que, pela interpretação (legal), se determine o preciso âmbito da exigência de forma: dentro dele, a *falsa demonstratio* não é possível ou equivaleria ao afastamento consensual de regras formais; fora dele, impõe-se a consensualidade, com o possível uso de códigos específicos de comunicação.

[2558] De resto, ela surge, muitas vezes, justamente a propósito deste tipo de negócios: Giorgio Cian, *Forma solenne e interpretazione del negozio* cit., 22 ss.

[2559] RLx 15-mar.-2000 (Salazar Casanova), CJ XXV (2000) 2, 94-101 (100/II).

[2560] *Supra*, 172 ss..

265. Contratos regulativos

I. Para o presente efeito, consideramos contratos regulativos aqueles que estabelecem regras de aplicação prolongada, suscetíveis de transcender o exato momento pontual da execução de um negócio. Ficam envolvidas as fontes privadas, como as convenções coletivas de trabalho, os negócios normativos e os regulamentos privados[2561]. E são incluídos neste âmbito determinados contratos que, como o de sociedade, ultrapassem o círculo estreito de quem os haja celebrado.

II. As fontes privadas seguem, genericamente, as regras próprias da interpretação da lei. Na verdade, não se vê como, no seu âmbito, validar o horizonte de impressão do declaratário, mesmo quando normalizado. A generalidade e a abstração próprias das normas de produção privada impõem padrões de interpretação que todos possam assumir e entender[2562].

III. No tocante a contratos aplicáveis a terceiros, como o contrato de sociedade, as regras dos artigos 236.º a 239.º tornam-se, igualmente, impraticáveis[2563]. Não é, aí, possível fazer apelo ao horizonte do destinatário ou à *falsa demonstratio non nocet*. A interpretação deve seguir cânones objetivos, apreensíveis por quantos entrem em contacto com a sociedade: para sua defesa e para a tutela do tráfego. De novo nos aproximamos da interpretação da lei.

266. Cláusulas contratuais gerais e consumidores

I. Nas cláusulas contratuais gerais seguem-se regras específicas, designadamente as constantes do artigo 11.º da LCCG[2564]. A tutela do aderente leva a que, na dúvida, se siga a interpretação mais favorável para

---

[2561] *Tratado* I, 4.ª ed., 547 ss..
[2562] Especificamente quanto à interpretação das convenções coletivas de trabalho ou, latamente, dos instrumentos de regulação laboral coletiva: Maria do Rosário Palma Ramalho, *Tratado de Direito do Trabalho*, III – *Situações laborais colectivas* (2012), 286-287.
[2563] *Direito das sociedades* 1, 3.ª ed., 494-500, com indicações.
[2564] *Supra*, 436 ss..

ele: o utilizador tem o encargo de preparar ccg claras, que não permitam dúvidas, para defesa de todos.

II. Também no Direito do consumo sobrelevam regras de proteção do consumidor (7.º/5 e 9.º/2, da LDC)[2565]. Designadamente: as mensagens publicitárias concretas e objetivas integram-se no conteúdo dos contratos, enquanto os contratos pré-elaborados seguem o regime das ccg.

III. Os negócios de massa, no domínio financeiro e no dos transportes, seguem um regime de interpretação que valoriza a letra. Falamos, particularmente no Direito bancário, no princípio do primeiro entendimento[2566]. Por razões de celeridade e de segurança, dos particulares e do sistema, os atos valem com o primeiro e mais imediato sentido que deles resulte. Seria impossível, perante um balcão de uma agência bancária e a propósito dos inúmeros negócios concluídos em cada momento, vir excogitar o horizonte da impressão do destinatário ou a vontade real dos intervenientes.

Neste como noutros domínios, a doutrina acima exposta sobre a natureza móvel do sistema, que articula os vários elementos da interpretação, ganha um especial alcance prático.

267. Testamentos

I. No tocante a testamentos, o artigo 2187.º/1 faz prevalecer a vontade do testador[2567]. Trata-se da vontade real, naturalística, pelo menos até ao limite do mínimo de correspondência com o contexto – n.º 2: o testamento é um negócio formal. Admite-se, assim, uma prova complementar, tendente a precisar a efetiva vontade do testador[2568].

II. A especial natureza do testamento, como negócio *mortis causa* estruturalmente gratuito, explica que se dê um relevo particular à von-

---

[2565] *Supra*, 514-515.
[2566] *Direito bancário*, 5.ª ed., em preparação.
[2567] STJ 13-fev.-1996 (Martins da Costa), CJ/Supremo IV (1996) 1, 82-85 (83/II): a interpretação tem como referência a data da feitura do testamento, como bem se explica neste aresto, STJ 23-jan.-2001 (Noronha Nascimento), CJ/Supremo IX (2001), 82-83 (82/I) e RPt 15-jan.-2004 (Pinto de Almeida), CJ XXIX (2004) 1, 166-170 (168/II), sublinhando ainda o condicionalismo existente à data da sucessão e a finalidade prática do testador.
[2568] STJ 3-dez.-1997 (Ramiro Vidigal), CJ/Supremo V (1997) 3, 153-155 (154/II).

tade do *de cuius*. Mas também aí opera a teoria do indício: deve haver um mínimo de correspondência entre a vontade validada e o teor do testamento: recorde-se que este é um negócio formal[2569].

O problema põe-se para a *falsa demonstratio*[2570]. Há que ter em conta a linguagem própria do testador. Demonstrando que, com os termos que haja usado, ele pretendera significar outra realidade, esta prevalece, com os limites próprios da teoria do indício.

[2569] Manfred Wolf/Jörg Neuner, *Allgemeiner Teil* cit., 10.ª ed., § 35, Nr. 48 (398--399).

[2570] Werner Flume, *Testamentauslegung bei Falschbezeichnung*, NJW 1983, 2007--2011 (2007/II-2008/I).

CAPÍTULO VIII
A INTEGRAÇÃO DO NEGÓCIO

§ 60.º EVOLUÇÃO E NATUREZA

268. Da interpretatio à condicio tacita

I. A integração do negócio exprime a operação ou o conjunto de operações destinadas a preencher uma lacuna negocial. A integração pode, ainda, traduzir o produto desse preenchimento. O Código Vaz Serra dedicou-lhe um preceito, de delicada interpretação: o artigo 239.º.

II. No Direito romano, à semelhança do que sucedeu com a interpretação[2571], não houve uma teoria da integração. Com efeito, o estrito formalismo do início não permitia a presença de lacunas contratuais. Mais tarde, o alargamento do horizonte dos contratos conduziu à necessidade de *interpretatio*. Esta era tomada em sentido lato, de modo a abranger operações hoje ditas de analogia e, portanto: típicas de um procedimento integrativo[2572]. Os romanos não referiam, de forma expressa, uma vontade presumível[2573]; no entanto, já referiam a *conditio tacita*, isto é, uma disposição não inserida no contrato, mas que se depreenderia do circunstancialismo existente. A *condicio*, mesmo não expressa, delimitaria o sentido do negócio[2574].

[2571] *Supra*, 686 ss..
[2572] Max Kaser, *Das römische Privatrecht* cit., 1, 2.ª ed., § 52, III, 2 (213).
[2573] Wolfgang Hesse, *Der mutmaßliche Wille im BGB/Geschichte und Kritik* (1939), 66 pp., 13 ss.; Stefan Vogenauer, no HKK/BGB cit., 1, §§ 133, 157, Nr. 90 (626).
[2574] Rolf Knütel, *Stipulatio und pacta*, FS Max Kaser (1976), 201-228 (204 ss.) e 225-226). Quanto a textos, cabe referir, como exemplo, Papiniano:

III. No Direito comum, afastava-se a hipótese de um *casus omissus* quando uma situação contratual tivesse uma solução *tacite* nela assumida ou sempre que pudesse ser enquadrado com recurso à intenção dos contraentes[2575].

Na evolução subsequente, a *condicio tacita* conheceu diversas linhas de evolução.

Distinguimos três:

– os contratos consideram-se celebrados com uma *clausula rebus sic stantibus*: haveria que alterá-los ou que resolvê-los se, supervenientemente se alterassem as circunstâncias existentes, aquando da sua celebração[2576];

– a vontade tácita permite fazer apelo à natureza do contrato, isto é, à sua estrutura básica capaz de suscitar o recurso aos *naturalia negotii*[2577];

– essa mesma vontade faculta o apelo aos usos do local onde o contrato se haja concluído[2578].

269. As codificações

I. Na linha do Direito comum, a primeira codificação não isolou, de modo expresso, a integração, no seio dos preceitos dedicados à interpretação dos contratos. O Código Napoleão comportou, todavia, uma regra

---

D. 23.3.68: cum omnis dotis promissio futuri matrimonii tacitam condicionem accipiat [toda a promessa de dote comporta a condição tácita do futuro casamento].

Vide a ed. bilingue de Okko Behrends e outros, *Corpus iuris civilis/Text und Übersetzung*, 4 (2005), 194.

[2575] Biagio Aldimari, *Tractatus de nullitatibus sententiarum in XIV Rubricas divisus* (ed. Veneza, 1720-1727), rub. I, qu. I, n.º 309-310, também referido por Helmut Coing, *Europäisches Privatrecht* cit., 1, § 81 (411, nota 9).

[2576] *Da boa fé*, 938 ss., com indicações.

[2577] Contractus natura quod vrait, prasumitur tacite inter partes consentum: Bártolo, *In secundam Digesti veteris Partem*, ed. Veneza, 1570, anot. a D. 12.3 (6/II).

[2578] Jean Domat, *Les loix civiles dans leur ordre naturel*, I, 2.ª ed. (1695), Liv. I, Section III, I (78) (grafia do original):

Les conventions obligent non seulement à ce qui y est exprimé, mais encore à tout ce que demande la nature de la convention: à toutes les suites que l'équité, les loix, l'usage donnent à l'obligation ou l'on entré (...).

que, na evolução subsequente, permitiria discernir a rubrica ora em estudo. Segundo o seu artigo 1160.°, que aqui preservamos na linguagem da época,

> On doit suppléer dans le contrat les clauses qui y sont d'usage, quoiqu'elles n'y soient pas exprimées.

Esse preceito aproxima-se, de resto, do artigo 1135.°:

> Les conventions obligent non-seulement à ce qui est exprimé, mais encore à toutes les suites que l'équité, l'usage ou la loi donnent à l'obligation d'après sa nature.

Em poucas linhas e através de Domat, o Código Napoleão sintetizou a evolução milenária anterior.

II. Perante o Direito natural como em face do jusnaturalismo, afigurava-se lógico e pacífico complementar a vontade das partes com os usos ou a equidade, a definir pelo juiz. Tudo obedecia aos postulados naturais ou racionais que ordenavam o Mundo. Com o século XIX, despontavam valores que, todavia, tudo poriam em causa[2579]. Por um lado, o positivismo jurídico, separando o Direito da Moral, retirou, à equidade, uma base extra ou suprajurídica; por outro, a implantação do dogma da vontade obrigou a reconduzir qualquer complementação à vontade das partes. Savigny, a esse propósito, construiu uma declaração de vontade ficta (*fingirte Willenserklärung*), correspondente não a uma declaração efetiva, mas antes a uma vontade presumida[2580]. Ao longo do século XIX, os autores assentaram em que tal "vontade" não era real: ela era estabelecida a partir da interpretação e visava permitir, ao juiz, complementar a vontade das partes[2581].

O tema não foi aprofundado em termos técnicos: a doutrina centrou-se na construção da dogmática do negócio e da declaração de vontade. Coube à jurisprudência comercial alemã, confrontada com problemas que não podia deixar de resolver, apelar a uma "interpretação complementa-

---

[2579] Stefan Vogenauer, no HKK/BGB cit., 1, §§ 133, 157, Nr. 92 (628).
[2580] Friedrich Carl von Savigny, *System* cit., 3, § 133 (253): Allerdings liegt bey mehreren Fällen dieser Art eine allgemeine wahrscheinlichkeit des Willens zum Grunde, den man daher einen *vermutheten oder präsumtiven*, nennen könnte (itálico nosso).
[2581] Stefan Vogenauer, no HKK/BGB cit., 1, §§ 133, 157, Nr. 93 (628-629).

dora", assente na equidade e na *bona fides*[2582]. Na feitura do BGB, este desenvolvimento pesou. Assim surgiu o § 157, o qual, embora sem referir a integração, é entendido como a base jurídico-científica da interpretação complementadora. Ele acolhe as duas traves da complementação: os usos e a boa-fé[2583]. Dispõe, sob a epígrafe, aditada pela reforma de 2001/2002, "interpretação dos contratos":

> Os contratos interpretam-se como o exija a boa-fé, com consideração pelos costumes do tráfego.

III. A "interpretação" referida no § 157 do BGB é, hoje e de modo pacífico, associada à "interpretação complementadora" (*ergänzende Vertragsauslegung*), expressão correspondente à integração lusófona ou à *integrazione* italiana. Contrapõe-se, assim, à interpretação propriamente dita (*eigentliche Auslegung*)[2584], assente no § 133 e equivalente à nossa interpretação. Assim e apesar de, por razões históricas hoje ultrapassadas, o § 157 se reportar a contratos, não há dúvidas em aplicá-lo às declarações de vontade recipiendas. A locução "interpretação complementadora" é reconhecidamente incorreta, podendo mesmo ser apontada como contraditória[2585]. De facto, melhor seria integração (*Ausfüllung*). Mas a locução está estabilizada na Alemanha: não nos compete corrigi-la.

IV. A progressiva emancipação da integração, perante a velha *interpretatio*, teve um último avanço nas codificações tardias. O Código italiano de 1942, que versou largamente a interpretação do contrato nos seus artigos 1362.º a 1371.º[2586], inseriu, num capítulo relativo aos efeitos do contrato, um artigo 1374.º, epigrafado "integração do contrato", assim concebido:

[2582] ROHG 25-nov.-1871, ROHGE 4 (1872), 63-68 (67), num caso de seguros; ROHG 24-set.-1873, ROHGE 11 (1874), 1-3 (3), a propósito de um pacto de venda. Outras decisões podem ser confrontadas em Stefan Vogenauer, no HKK/BGB cit., 1, §§ 133, 157, Nr. 95 (630-631).
[2583] Quanto aos preparatórios: Stefan Vogenauer, no HKK/BGB cit., 1, §§ 133, 157, Nr. 22-25 (575-577).
[2584] Herbert Roth, no *Staudinger* cit., I, § 157, Nr. 3 (260); Wolfgang Mangold, *Eigentliche und ergänzende Vertragsauslegung*, NJW 1961, 2289-2287.
[2585] Manfred Wolf/Jörg Neuner, *Allgemeiner Teil* cit., 10.ª ed., § 35, Nr. 68 (404).
[2586] *Supra*, 695-696.

O contrato obriga as partes não só a quanto, no mesmo, esteja expresso, mas ainda a todas as consequências que dele derivem, segundo a lei ou, na falta, segundo os usos e a equidade.

Parece clara a influência napoleónica, embora, desta feita, com plena autonomização do instituto integrativo. Não se refere a boa-fé: esta surge no preceito seguinte – o artigo 1375.º – como regra geral de execução do contrato.

A doutrina italiana tem obras significativas sobre este preceito, com relevo para as de Giorgio Oppo[2587], de Stefano Rodotà[2588] e de Massimo Franzoni[2589]: aquém, todavia, do que seria de esperar. A decadência do "negócio jurídico", originada pela postura do legislador de 1942 de apenas referir contratos, poderá explicá-lo.

270. A experiência lusófona

I. A tradição lusófona de interpretação dos contratos não permitia discernir, no seu seio, a integração[2590]. O Código de Seabra, no seu artigo 684.º[2591], fazia apelo aos "uso, costume ou lei", para se depreender a intenção ou vontade dos contraentes. Haveria, aí, uma base para apontar, na integração, algo de especialmente contraposto à interpretação. Tal aberta não foi, todavia, utilizada[2592].

Coube a Inocêncio Galvão Telles[2593] e a Manuel de Andrade[2594] acertar o passo. Este último, particularmente, mercê dos seus estudos sobre

---

[2587] Giorgio Oppo, *Profili dell'interpretazione oggettiva del negozio giuridico* (1943) = *Scritti giuridici*, III – *Obbligazioni e negozio giuridico* (1992), 1-194 (81 ss., perante o Código Civil de 1942).

[2588] Stefano Rodotà, *Le fonti di integrazione del contratto* (1969, reimp., 2004), XVI + 250 pp..

[2589] Massimo Franzoni, *Degli effetti del contratto. Artt 1374-1381*, 2, *Integrazione del contratto. Suoi effeti reali e obbligatori*, 2.ª ed. (2013), XVIII + 548 pp., 1-168.

[2590] Coelho da Rocha, *Instituições* cit., 2.ª ed., § 100 (63-64), refere apenas a interpretação, outro tanto sucedendo com Guilherme Moreira, *Instituições* cit., 1, 506-507.

[2591] Transcrito *supra*, 708.

[2592] Assim, Luiz da Cunha Gonçalves, *Tratado* cit., 4, n.º 542 (424-432), apesar do desenvolvimento, também se refere a interpretação.

[2593] Inocêncio Galvão Telles, *Manual dos contratos em geral*, 1.ª ed. (1947), n.º 169 (316-317).

[2594] Manuel de Andrade, *Teoria geral* cit., 2, 321-326.

a interpretação da lei e conhecedor, já, da opção italiana, consagrou, à integração, um espaço próprio alargado. Usou, aí, locuções cuidadas que, hoje, através de Rui de Alarcão, encontramos no Código Civil.

II. Na preparação do Código Civil, Rui de Alarcão começou por anunciar, a propósito do presente tema[2595]:

> Não pode sèriamente duvidar-se de que deve fazer-se a *integração* dos negócios jurídicos – mesmo na falta de disposições supletivas, se não mesmo imperativas, que a realizem –, quando assim seja preciso para dar execução ao restante conteúdo das declarações negociais.

Seguidamente, referindo Manuel de Andrade e Galvão Telles, Rui de Alarcão partia da vontade hipotética das partes, eventualmente corrigida pela justiça contratual: pela boa-fé[2596]. Isto posto, propôs o seguinte preceito[2597]:

> A integração da declaração negocial, quando não ocorram disposições especiais, deve fazer-se em harmonia com a vontade que as partes presumivelmente teriam tido se houvessem previsto o ponto omisso, ou de acordo com as exigências da boa fé, se ela outra coisa reclamar.

III. No anteprojeto global, Rui de Alarcão simplifica o preceito (11.º)[2598]:

> A integração da declaração negocial, na falta de disposições especiais e se a boa fé outra coisa não reclamar, deve fazer-se em harmonia com a vontade presumível das partes.

Curiosamente – e supomos que na base de critérios estilísticos –, a referência à boa-fé veio a ganhar um peso crescente, dentro da lógica do

---

[2595] Rui de Alarcão, *Interpretação e integração dos negócios jurídicos/Anteprojecto para o novo Código Civil*, BMJ 84 (1959), 329-345 (339).
[2596] *Idem*, 340.
[2597] *Idem*, 338.
[2598] Rui de Alarcão, *Do negócio jurídico/Anteprojecto para o novo Código Civil*, BMJ 105 (1961), 249-279 (256).

preceito. Na 1.ª revisão ministerial, o texto do preceito dedicado à integração do negócio propôs (210.º)²⁵⁹⁹:

A declaração negocial deve, na falta de disposições especiais, ser integrada de harmonia com a intenção que as partes presuntivamente teriam tido se houvessem previsto o ponto omisso ou de acordo com os ditames da boa-fé, quando outra seja a solução por eles imposta.

A redação final foi obtida na 2.ª revisão ministerial (239.º)²⁶⁰⁰: aí se procedeu a uma aproximação com a fórmula de Manuel de Andrade, através da supressão do advérbio "presuntivamente". Com isso, deu-se mais um passo no caminho do objetivismo normativo.

IV. Os códigos civis brasileiros, na linha da tradição alemã, não referem expressamente a integração. Todavia, o artigo 113.º do Código de 2002, equivalente ao § 157 do BGB, ao referir a interpretação conforme à boa-fé, abre as portas à interpretação complementadora.

271. Natureza e figuras afins

I. A integração do negócio jurídico pode inserir-se numa sequência crescente, em três tempos: a interpretação, a integração e a correção²⁶⁰¹. Na interpretação, o juiz assume uma postura predominantemente cognitiva: cabe-lhe apreender o sentido da declaração de vontade, à luz do horizonte do declaratário e com as particularidades que o artigo 236.º introduziu nesse cenário básico.

II. Na integração, o papel judicativo é mais claramente criativo. O juiz vai mover-se em áreas deixadas em branco. A "criação" não é arbitrária: há que atender, como veremos, a diretrizes negociais e legais. Todavia – e sob pena de não haver integração verdadeira – já não é possível

---

²⁵⁹⁹ *Código Civil, Livro I – Parte geral (1.ª Revisão Ministerial)*, BMJ 107 (1961), 92.
²⁶⁰⁰ *Código Civil, Livro I – Parte geral (2.ª Revisão Ministerial)*, 1965, 94.
²⁶⁰¹ Jörg Neuner, *Vertragsauslegung – Vertragsergänzung – Vertragskorrektur*, FS Claus-Wilhelm Canaris 1 (2007), 901-924 (901) e Manfred Wolf/Jörg Neuner, *Allgemeiner Teil* cit., 10.ª ed., § 35, Nr. 52 ss. (399 ss.).

recorrer ao poder jurígena das partes, para ordenar os seus interesses: antes se assume uma efetiva margem de atuação constituinte.

A integração assume-se, deste modo, como um espaço intrassistemático de criação jurídica, legitimada pelo Direito – pela boa-fé[2602] – e levada a cabo pelo juiz. Esta eventualidade levantou dúvidas: estamos na área da livre autonomia das partes: se estas não se entenderem, deixando lacunas e se se continuam a não entender, de modo a colmatá-las por acordos supervenientes, como atribuir poderes ao juiz para o fazer? No limite, a integração pode levar a um resultado que não seja querido por nenhum dos intervenientes[2603]. Nos inícios do século XX, a legitimidade da integração ficou, todavia, assente[2604]. Particularmente em contratos de execução duradoura, entendeu-se que vir apurar, supervenientemente, uma invalidade por indeterminabilidade do conteúdo equivaleria a destruir riqueza, sem vantagens nem para as partes, nem para a coletividade. Havia, pois, que apurar esquemas integrativos adequados.

III. Finalmente, a correção traduz um campo reforçado de intervenção jurisdicional, no espaço de autonomia das partes. Desta feita, não há que integrar lacunas: antes se trata de afastar o produto do encontro de vontades negociais, de modo a restabelecer um equilíbrio que se entende perturbado. Temos a área delicada da alteração das circunstâncias e dos deveres de renegociar supervenientes, abaixo referidos[2605].

IV. Estas considerações deixam-nos a integração como um conjunto de operações emergentes do poder criativo do juiz[2606], legitimado pela ordem jurídica em áreas deixadas, pelas partes, sem regulação bastante, mas a exercer de acordo com parâmetros ainda conectados com o negócio em jogo. Veremos como compor os modelos mistos de decisão que se prenunciam. Impõe-se, ainda, uma conclusão, com relevo prá-

---

[2602] Wolfram Henckel, *Die ergänzende Vertragsauslegung*, AcP 159 (1960/61), 106-126 (108, 121 e *passim*).

[2603] Fala-se, pois, em conflito entre a interpretação complementadora e a autonomia privada: Ulrich Ehricke, *Zur Bedeutung der Privatautonomie bei der ergänzende Vertragsauslegung*, RabelsZ 60 (1996), 661-690 (664).

[2604] Stefan Vogenauer, no HKK/BGB cit., 1, §§ 133, 157, Nr. 97 (632).

[2605] *Infra*, 777 ss..

[2606] *Vide* Ana Mafalda Miranda Barbosa, *O problema da integração das lacunas contratuais à luz de considerações de carácter metodológico/algumas reflexões*, em *Comemorações dos 35 anos do Código Civil* 2 (2006), 367-392.

tico, em sede de recurso para o Supremo: a integração do negócio é uma questão-de-direito[2607].

V. A integração clarifica-se procedendo à sua distinção de figuras aparentadas[2608]. Assim, ela não se confunde com:
– a interpretação: esta abrange os dispositivos arrumados nos artigos 236.º a 238.º e visa retirar o sentido normativamente útil das declarações de vontade; na integração, chega-se à conclusão que tais declarações já não permitem obter elementos operacionais, havendo que reconstruí-los, com base em dados objetivos, de natureza jurídico-científica;
– a redução: a nulidade ou a anulação parciais de um negócio podem permitir que o mesmo sobreviva assente, apenas, na parte sã, salvo quando se mostre que ele não teria sido concluído sem a parte viciada (292.º); pressupõe-se, em tal operação, o estudo da vontade das partes, seja para verificar se o negócio é funcional sem a parte inválida, seja para formular o juízo hipotético da sua não-conclusão sem essa mesma parte; na integração – se ela fosse convocada – reconstruir-se-ia, antes, a parte suprimida;
– a conversão: o negócio nulo ou anulado pode converter-se num negócio diferente, quando o fim prosseguido pelas partes permita supor que elas o teriam querido, se tivessem previsto a invalidade (293.º); as declarações devem ser interpretadas, apurando-se o fim das partes; passa-se, depois, a uma reconstrução, próxima da integração, mas especializada por ater-se a um cenário negocial e por dar predomínio ao elemento teleológico;
– a alteração das circunstâncias: quando a exigência do cumprimento de um negócio, mercê de superveniências, atente gravemente contra o princípio da boa-fé, ele pode ser alterado, segundo a equidade (437.º/1); a recomposição pressuposta é, também, uma manifestação especializada da integração, diferenciando-se desta por pressupor uma alteração superveniente e por, ao apelar para a equidade, ser mais manifestamente funcional.

[2607] STJ 2-fev.-1988 (Menéres Pimentel), BMJ 374 (1988), 436-441 (439) e STJ 25-set.-1990 (Menéres Pimentel), BMJ 399 (1990), 486-491 (491).
[2608] Herbert Roth, no *Staudinger* cit., 2, § 157, Nr. 5-10 (262-264).

Como se vê, as fronteiras entre a integração e as figuras que a circundam são fluidas[2609]. Na realidade, tudo isto tem a ver com um *continuum* de eficácia, compartimentado por razões histórico-culturais, razões essas que as necessidades de estudo analítico levam a respeitar. Todavia, como veremos de modo repetido, toda esta matéria ganha em ser considerada num conjunto.

[2609] Aspeto já sublinhado por Johannes Hager, *Gesetzes- und sittenkonforme Auslegung und Aufrechterhaltung von Rechtsgeschäften* (1983), 132-133 e *passim*.

§ 61.º PRESSUPOSTOS, VONTADE HIPOTÉTICA E BOA-FÉ

272. A lacuna negocial

I. O ponto de partida da integração é a lacuna negocial[2610]. Trata-se de um espaço carecido de regulação privada mas que, contrariando o plano geral das partes (*Planwidrigkeit*), não obtenha, por via da interpretação, qualquer resposta[2611]. Mas esse ponto deve, ainda, ser completado. Com efeito, perante uma insuficiência regulativa, cabe tirar uma de três conclusões:

– ou as partes nada disseram por pretenderem que o ponto omisso ficasse fora de qualquer regulação jurídica;
– ou as partes deixaram a matéria para as normas supletivas, às quais compete preencher o ponto;
– ou o negócio foi mal conformado aplicando-se, no limite, a regra da nulidade por indeterminabilidade do conteúdo.

Desde já adiantamos que qualquer um destes pontos detém uma parcela da verdade, contribuindo para reduzir grandemente as hipóteses de verdadeira lacuna contratual.

II. As partes podem pretender deixar alguma área fora de qualquer regulação. Porém, sucede por vezes que a área lacunosa tenha de ser preenchida para permitir a execução global do negócio: seja por razões de pura ordem prática – sem as regras em falta, o negócio torna-se inexequível – seja por razões de justiça – sem elas, ele torna-se injusto. Nessas eventualidades, teremos de entender, em nome das boas regras de interpretação

---

[2610] Esta matéria deve ser estudada em confronto com o tema das lacunas da lei: há um paralelo manifesto. Vide o *Tratado* I, 737 ss..
[2611] Johannes Hager, *Gesetzes- und sittenkonforme Auslegung* cit., 159; Jörg Neuner, *Vertragsauslegung – Vertragsergänzung – Vertragskorrektur* cit., 914.

– artigos 236.º/1 e 237.º – que não foi intenção normativamente relevante das partes deixar a área em jogo por regular.

As partes podem deixar a matéria às normas legais supletivas. Pela técnica contratual do Continente, esse processo é comum: na contratação, as partes apenas tratam do necessário e do acidental, deixando o resto ao cuidado do legislador[2612]. Não há, aí, qualquer lacuna do contrato. Mesmo na hipótese de a lei supletiva se mostrar lacunosa, apenas teríamos encontrado uma lacuna legal, a integrar de acordo com as regras do artigo 10.º: nada de especificamente negocial.

Finalmente, pode suceder que o negócio mereça, em bloco, não um juízo de lacunosidade, mas um de incompleitude insuprível. Nessa altura, impõe-se a nulidade, nos termos do artigo 280.º/1, se a situação for inicial, ou a cessação por impossibilidade superveniente, segundo os artigos 790.º/1 e 801.º, se for ulterior.

III. A verdadeira lacuna negocial terá, assim, de apresentar os seguintes requisitos:

– representar um ponto que, pela interpretação, devesse ser regulado pelo contrato;
– sendo inaplicáveis regras supletivas, existentes ou a encontrar nos termos do artigo 10.º;
– e mantendo-se, não obstante, válido o negócio.

O primeiro requisito é claro. O segundo pode concretizar-se em duas hipóteses: ou se trata de uma área a cobrir com elementos voluntários necessários[2613], altura em que, por definição, nada se poderá pedir à lei ou temos um ponto onde, das regras negociais já apuradas, resulta clara a intenção de afastar as regras supletivas ou de estabelecer elementos voluntários eventuais sem que, todavia, num e noutro caso, as partes tenham feito um trabalho completo. O terceiro não pode ser esquecido: a obstinação integrativa tem limites na própria validade do contrato; a invalidade impõe-se perante a impossibilidade científica de realizar a integração.

Posta a questão nestes termos, podemos, na verdade, conceber verdadeiras lacunas contratuais: áreas que exijam, pelo concreto subsistema

---

[2612] Ulrich Ehricke, *Zur Bedeutung der Privatautonomie* cit., 678; Johannes Cziupka, *Dispositives Vertragsrecht/Funktionsweise und Qualitätsmerkmale gesetzlicher Regelungsmuster* (2010), XXII + 552 pp., 89 ss..

[2613] *Supra*, 539.

negocial adotado, uma regulação contratual que, na verdade e sem pôr em crise a subsistência do contrato, falte.

IV. Não existe um procedimento unitário para a determinação de lacunas negociais[2614]. Tal como sucede com a deteção de lacunas da lei, há que recorrer aos diversos instrumentos facultados pela Ciência do Direito[2615]. O ponto de partida é, sempre, a interpretação das declarações de vontade, até exaurir as margens aplicativas dos artigos 236.º a 238.º. Além disso, há que interpretar a lei: a lacuna negocial só se perfila se não houver normas supletivamente aplicáveis e, ainda, se eventuais falhas nestas não puderem ser integradas, à luz do artigo 10.º.

Na prática, a deteção da lacuna pode operar a par com a sua integração. Perante uma situação concreta, se for manifesto que o sistema (a boa-fé) exige uma solução não prevista no contrato, temos um sintoma provável de que as partes não regularam quanto era suposto, em função do programa negocial. A lacuna deve, todavia, ser confirmada, na base da interpretação dos elementos disponíveis: negociais e legais.

273. A interpretação complementadora

I. A integração da lacuna negocial efetiva – portanto da lacuna no negócio que revele uma falha de elementos determináveis apenas pela autonomia privada – pauta-se pelo artigo 239.º, do Código Civil. Este preceito remete para a vontade hipotética das partes e para a boa-fé, em termos a que haverá a oportunidade de regressar.

Impõem-se algumas considerações prévias: elas são determinadas pela natureza das coisas e pela Ciência do Direito, escapando, assim, ao arbítrio direto do legislador. Na verdade, a integração negocial é, qualitativamente, algo de muito diferente da integração de lacunas legais. Em bom rigor, ela não deveria chamar-se "integração".

II. A integração da lacuna negocial deve seguir bitolas objetivas, suscetíveis de justificação e de controlo. Mas ela deve obedecer à lógica do

---

[2614] Stefan Vogenauer, no HKK/BGB cit., 1, §§ 133, 157, Nr. 100 (634-635).
[2615] *Tratado* I, 746-747; Claus-Wilhelm Canaris, *Die Feststellung vom Lücken*, 2.ª ed. (1983), 47 ss. e, entre nós, João Pedro Marchante, *Da detecção de lacunas no Direito português* (2001).

contrato lacunoso, procurando suprir os silêncios indevidos das partes e prolongando as suas declarações, até ao seu destino natural.

Reside, aqui, a chave da integração negocial: ela é, na realidade, uma interpretação complementadora[2616] ou integrativa[2617]. Trata-se de alongar, através de regras que apelem ainda à interpretação das parcelas existentes, seja a declaração insuficiente, seja a própria vontade lacunosamente manifestada[2618].

Não obstante, a sua especificidade, rematada pela presença, no Código Civil, de um dispositivo expresso destinado a enfrentá-la, leva-nos a manter a locução "integração".

III. A referência à tradicional "integração" do contrato como interpretação complementadora não deve ser entendida no sentido de se reduzir a integração à interpretação. Sem dúvida que ambas se inserem no domínio mais vasto de realização do Direito. Simplesmente, enquanto a interpretação comum visa a vontade juridicamente relevante das partes, a interpretação complementadora tem a ver com a regulação objetiva do contrato (Larenz)[2619].

Há, pois, aqui, um plano normativo mais intenso, que o Direito deixa bem claro através de referência à boa-fé, abaixo examinada. Além disso, a temática da integração constitui um excelente banco de ensaio para aprofundar o tema da vontade, na regulação negocial.

274. A vontade hipotética das partes

I. O artigo 239.º manda proceder à integração negocial segundo dois critérios escalonados:

[2616] Em geral, refiram-se: Wolfram Henckel, *Die ergänzende Vertragsauslegung* cit., , 106 ss.; Herbert Roth, no *Staudinger* II, §§ *139-163, Allgemeiner Teil*, 4b (2010), § 157 (256-299); Dieter Medicus, *Allgemeiner Teil* cit., 10.ª ed., Nr. 339-344 (139-142); Karl Larenz/Manfred Wolf, *Allgemeiner Teil* cit., 9.ª ed., § 28, Nr. 108-123 (540-545) e Menezes Cordeiro, *Da boa fé* cit., 1063 ss..

[2617] Alpa/Fonsi/Resta, *L'interpretazione del contratto*, 2.ª ed. cit., 215 ss..

[2618] Ulrich Ehricke, *Zur Bedeutung der Privatautonomie* cit., 685: o juiz deve partir do quadro traçado pelas partes e do seu espírito.

[2619] Karl Larenz, *Ergänzende Vertragsauslegung und dispositive Recht*, NJW 1963, 737-741 (740).

– de acordo com a vontade que as partes teriam tido se houvessem previsto o ponto omisso;
– em função dos ditames da boa-fé, quando outra seja a solução por eles imposta.

Estamos perante uma regra de especial complexidade, uma vez que joga com elementos jurídico-científicos de larga extensão. De resto, este preceito, embora diversas vezes citado pelos nossos tribunais[2620], tem tido escassa utilização efetiva[2621].

O primeiro critério legal da integração apela para a "vontade que as partes teriam tido se tivessem previsto o ponto omissivo"[2622]. Está, de facto e logo pela leitura do preceito, em jogo algo mais do que uma mera interpretação. É a chamada vontade hipotética das partes[2623], presente noutros preceitos e sobre a qual importa fazer algumas considerações.

II. A referência a uma vontade hipotética das partes ocorre, em diversas ocasiões, na lei civil, ainda que sob formulações diferenciadas. Há, no entanto, que lidar com elas, no seu conjunto[2624].
Assim:
– na redução do negócio: "...salvo quando se mostre que este não teria sido concluído sem a parte viciada..." – artigo 292.º;
– na conversão do negócio: "...quando o fim prosseguido pelas partes permita supor que elas o teriam querido, se tivessem previsto a nulidade..." – artigo 293.º;

[2620] P. ex.: STJ 8-jun.-1993 (Ramiro Vidigal), CJ/Supremo I (1993) 2, 140-142 (141/II), STJ 7-out.-1993 (Ferreira da Silva), CJ/Supremo I (1993) 3, 54-55, STJ 16-nov.-1993 (Cura Mariano), CJ/Supremo I (1993) 3, 138-139 (139/II), STJ 9-dez.-1993 (Sousa Macedo), CJ/Supremo I (1993) 3, 170-174 (172/II) e RLx 3-jun.-1998 (Sarmento Botelho), CJ XXIII (1998) 3, 165-169 (168/II).

[2621] Vide RCb 30-out.-2002 (Hélder Roque), CJ XXVII (2002) 4, 25-28.

[2622] Esta expressão foi retirada, à letra, de Manuel de Andrade, *Teoria geral* cit., 2, 325.

[2623] Mayer-Maly, *Die Bedeutung des tatsächlichen Parteiwillens für den hypothetischen*, FS Flume, 1 (1978), 621-628; Roland Schimmel, *Zur ergänzenden Auslegung von Verträge*, JA 2001, 339-344 (342/II), Johannes Cziupka, *Die ergänzenden Vertragsauslegung*, JuS 2009, 103-106 (104/II) e *Dispositives Vertragsrecht* cit., 72 ss. e Herbert Roth, no *Staudinger* cit., 2, § 157, Nr. 30 (278-279) .

[2624] Com outras indicações, *vide Da boa fé* cit., 1068-1073, nota 653.

– na integração do negócio: "...integrada de harmonia com a vontade que as partes teriam tido se houvessem previsto o ponto omisso ..." – artigo 239.°;
– no campo dos testamentos; a sua interpretação deve observar "...o que parecer mais ajustado com a vontade do testador..." – artigo 2187.°/1 e, quanto ao erro sobre os motivos, "... só é causa de anulação quando resultar do próprio testamento que o testador não teria feito a disposição se conhecesse a falsidade do motivo" – artigo 2202.°.

Nos três primeiros casos, surpreende que o Código Civil não tenha procurado uniformizar as remissões; também se estranha a inexistência de uma remissão para a boa-fé, no domínio da interpretação. Mas pode-se avançar por via doutrinária, dando significado às flutuações denotadas nas diversas "vontades", referidas na lei.

III. A vontade hipotética das partes não se confunde com a vontade real, que aflora no artigo 236.°/2. Na sua determinação, há acordo em que não se trata da vontade naturalística, a indagar por meios psicológicos; não tendo havido uma exteriorização cabal aquando da conclusão do contrato, qualquer vontade que se procure apenas poderá ser reconstruída.

De pé ficam ainda duas possibilidades:

– a vontade hipotética individual ou subjetiva: procura indagar-se, perante os dados concretos existentes, qual teria sido, em termos de probabilidade razoável, a vontade das partes, se tivessem previsto o ponto omisso[2625];
– a vontade hipotética objetiva: efetua-se, perante a realidade e os valores em presença, a reconstrução da vontade justa das partes se, com razoabilidade, tivessem previsto o ponto omisso.

O recurso à vontade hipotética individual mereceu várias críticas[2626]. No essencial, tais críticas radicam no seguinte: dada a impossibilidade de

---

[2625] Paul Oertmann, *Rechtsnorm und Verkehrssitte; zugleich ein Beitrag zu den Lehre von der Auslegung der Rechtsgeschäfte und von der Revision* (1914), 179-180.

[2626] Gustav Rümelin, *Das Handeln in fremden Namen im bürgerlichen Gesetzbuch*, AcP 93 (1902), 131-308 (298) – onde falte a vontade efetiva só podem intervir considerações de equidade – Alfred Manigk, *Irrtum und Auslegung* (1918), 173 – o § 157 implica a vontade objetiva e não a individual – Franz Leonhard, *Die Auslegung der Rechtsgeschäfte*,

§ 61.º Pressupostos, vontade hipotética e boa-fé

lidar com a vontade real das partes, e pretendendo-se obter uma solução jurídica justa para o problema, queda a busca de fatores apartidários, que ponderem equamente os interesses contraditórios em presença e, nessa linha, conduzam a uma regulação conveniente. Atribuir os efeitos desta construção puramente objetiva à vontade das partes é uma "ficção supérflua". Esta linha é, hoje, dominante; há que ter em conta uma vontade hipotética objetiva[2627], que exprima uma ponderação racional de interesses, numa base puramente objetiva[2628]. A vontade hipotética é, de facto, o produto de uma valoração[2629]. Na jurisprudência surge, também, uma combinação de elementos objetivos e subjetivos[2630]. Só que – e este fator justifica que se mantenha, na designação do fenómeno, a referência à vontade das partes – essa ponderação de interesses há-de obedecer não a uma justiça generalizante, para a qual o Direito não dá, aliás, bitolas, nem a uma justiça do caso concreto, numa queda na equidade estranha a um Direito sistemático, mas a uma justiça individualizante, isto é, que parta do módulo engendrado pelas partes, no contrato inicialmente projetado.

AcP 120 (1922), 14-151 (98) – com uma observação semelhante à de Rümelin – Rudolf Stammler, *Die Lehre von dem richtigen Rechte*, 2.ª ed. (1964, reimpr.), 313 – reclama a procura, na vontade subjetiva, do "objetivamente justo" – e, sobretudo, Larenz, *Die Methode der Auslegung des Rechtsgeschäfts* cit., p. ex., 96-98.

[2627] Assim, Werner Flume, *Das Rechtsgeschäft* cit., 4.ª ed., § 32, 5 (579), embora criticado por Hans Brox, *Fragen der rechtsgeschäftlichen Privatautonomie*, JZ 1966, 761--767 (765-766), entende a vontade hipotética das partes como uma "valoração ponderativa dos interesses em presença", enquanto Karl Larenz/Manfred Wolf, *Allgemeiner Teil* cit., 9.ª ed., 540-541, falam na vontade hipotética, respetivamente, como um *critério normativo* e como uma ponderação objetiva de interesses. *Vide*, também, Eberhard Schwark, *Zum Verhältnis von Schuldrechtlichen Vertragstypen und Vertragswirklichkeit*, RTh 9 (1978), 73-106 (81) e Manfred Wolf/Jörg Neuner, *Allgemeiner Teil* cit., 10.ª ed., § 35, Nr. 66 (403). Encontra-se, ainda, representada na jurisprudência: em BGH 3-abr.-1952, BGHZ 5 (1952), 302-314 (303-304 e 310) – um caso de contrato de prestação de alimentos a favor de filho cuja filiação foi, depois, ilidida – entendeu-se que na vontade hipotética das partes estava em causa "...não a pesquisa de representações subjetivas hipotéticas das partes, mas uma ponderação de interesses razoável, sobre bases objetivas puras, que ... é operada pelo juiz".

[2628] Stefan Vogenauer, no HKK/BGB cit., 1, §§ 133, 157, Nr. 102 (636-637), com muitas indicações jurisprudenciais.

[2629] Johannes Hager, *Gesetzes- und sittenkonforme Auslegung* cit., 162.

[2630] H. Pilz, *Richterliche Vertragsergänzung und Vertragsabänderung* (1963), 59-60.

IV. Com este material, regresse-se ao Código Civil. Não pode defender-se a aplicação apriorística da vontade hipotética objetiva aos grupos referenciados: nestes, quer a diversidade de linguagem, quer a variedade de situações parece revelar, por parte do legislador, valorações diversas das situações em jogo. Tomando cada um dos preceitos em causa, o panorama é o seguinte. Na redução, parece apontar-se mesmo para uma vontade hipotética naturalística: o artigo 292.º, ao bloquear a redução ("...quando se mostre que este não teria sido concluído sem a parte viciada ...") admite qualquer prova de uma vontade contrária, abrindo as portas a uma indagação efetiva do que seja a vontade hipotética do interessado; os limites que, para tais procedimentos, se encontrem na boa-fé – artigos 334.º e 762.º/2 – nada retiram a este cerne essencial. Na conversão, o legislador optou por uma vontade hipotética subjetiva, com delimitação dos elementos a atender para a ponderação das probabilidades: o artigo 293.º possibilita a conversão "...quando o fim prosseguido pelas partes permita supor que elas o teriam querido, se tivessem previsto a nulidade", isto é, quando, ponderado o fim, seja provável a vontade hipotética das partes, num determinado sentido.

Na integração, o problema é mais complexo. Se bem se atentar no dispositivo legal, o legislador, ao remeter para "...a vontade que as partes, teriam tido se houvessem previsto o ponto omisso, ou de acordo, com os ditames da boa-fé quando outra seja a solução por eles imposta" está, na realidade, a remeter simplesmente para a boa-fé. Não há, sequer, uma remissão para a vontade das partes, sob controlo da boa-fé: há um recurso a dois critérios, com prioridade absoluta do segundo[2631]. Donde que: a boa-fé nunca é, aqui, supletiva; a solução *ex bona fide* tem de ser sempre indagada, ainda quando a vontade hipotética das partes seja evidente; a vontade das partes só funcionaria quando fosse, na solução prenunciada, idêntica à da boa-fé, ou quando – hipótese estranha e, de qualquer maneira, com âmbito muito limitado de verificação – a boa-fé fosse totalmente indiferente ao problema. No fundo, parece, pois, que o Código de 1966 remeteu a integração dos negócios para a boa-fé, o que é dizer, para um critério totalmente objetivo de decisão, a construir a partir do sistema[2632]. As boas

---

[2631] O Código Civil não apelou para os usos do tráfego, ao contrário do BGB e do Código italiano. Quanto a este último, vide Massimo Franzoni, *Degli effetti del contratto*, II – *Integrazione* cit., 2.ª ed., 67 ss..

[2632] Vide as considerações importantes de Mafalda de Miranda Barbosa, *O problema da integração das lacunas contratuais* cit., 378-379.

regras da interpretação mandam, porém, que se aproveite ao máximo o discurso do legislador; não deve – por isso e pelas luzes da Ciência do Direito, no domínio da interpretação e integração contratuais – escamotear-se a menção à vontade das partes, constante do artigo 239.º. Assim sendo, uma conjunção entre a vontade das partes e a boa-fé, mas com predomínio da segunda, conduz à vontade hipotética objetiva, isto é, a uma ponderação objetiva das situações existentes, tendo em conta as declarações de base que as fundamentaram[2633]. Por uma via menos reta, o artigo 239.º vem, deste modo, a desembocar no grande oceano da interpretação complementadora, tal como a entende a Ciência jurídica atual.

V. Numa primeira abordagem, parece, pois, que o Código Civil, em sede de vontade hipotética, consagrou sucessivamente: a vontade hipotética naturalística, na redução e no testamento, a vontade hipotética subjetiva, com limitações, na conversão e a vontade hipotética objetiva, na integração negocial. Mas este não pode ser o resultado final da interpretação dos preceitos em jogo: a sua consideração sistemática revela assimetrias estranhas ao espírito de uma codificação civil. Que, no campo testamentário, dada a especificidade, acima acentuada, da situação, se chegue a resultados próprios que apontem para a vontade naturalística, é razoável[2634]. Nenhum motivo há, porém, para que, na redução, se apele para a vontade natural e, na conversão, para a normativa, ainda que subjetiva; tão-pouco se vislumbra qualquer fundamento teórico ou prático para dar, na conversão, um papel de relevo ao fim prosseguido pelas partes, o qual é totalmente ignorado na redução e na integração[2635].

Os dispositivos referentes à redução, à conversão e à integração dos negócios jurídicos devem, pois, ser interpretados em conjunto. Sendo-o, desprende-se deles, como instituto jurídico apto a solucionar os problemas agrupados sob essas rubricas, a ideia unitária da interpretação complementadora, ligada à vontade hipotética objetiva das partes. Esta emerge de uma síntese entre o contrato, projetado das declarações de vontade individuais, e a boa-fé, entendida como regra de ponderação objetiva, equilibrada e equitativa – mas não de equidade! – das situações em presença.

[2633] No bom sentido, RCb 30-out.-2002 cit., CJ XXVII, 4, 28/I.
[2634] No princípio do século XX e nesse sentido, já du Chesne, *Zur Auslegung von Willenserklärungen*, ZNotV 1910, 541-549 (541).
[2635] As razões circunstanciais que levaram a tais flutuações têm a ver com a adoção de fórmulas retiradas dos artigos 1419.º/1 e 1424.º do Código italiano, fora do seu contexto.

275. A boa-fé; concretização

I. Como foi referido, o critério último da integração resulta, segundo o artigo 239.º do Código Civil, da boa-fé. Esta, interpretada em conjunto com a vontade hipotética formalmente apresentada como primeiro critério, conduz, nos termos preconizados, à vontade hipotética objetiva. Que fatores obrigará ela a ponderar?

Desde logo, nenhum obstáculo existe em aproximar a referência à boa-fé, feita no artigo 239.º, das demais menções patentes nos artigos 227.º/1, 334.º, 437.º/1 e 762.º/2[2636]: há importantes lugares paralelos que, assim, poderão funcionar como auxiliares de integração. Também podemos afirmar que, mau grado a escassez doutrinária, a jurisprudência portuguesa tem interpretado bem a mensagem normativa: as lacunas contratuais têm sido integradas com recurso a critérios contratuais mas objetivos[2637], exceto, naturalmente, quando se conheça a vontade real das partes[2638], que prevalece. Neste último caso não há, aliás e em rigor, qualquer integração.

II. A boa-fé logo manda atender à confiança que as partes tenham depositado no funcionamento e na adequação do contrato. A vontade hipotética objetiva não pode fixar soluções que defrontem essa confiança. Trata-se, naturalmente e de acordo com as regras gerais, de uma confiança efetiva e legítima, que tenha ocasionado um investimento de confiança e que seja imputável às partes. A confiança em causa terá de alicerçar-se no próprio contrato e não em fatores a ele estranhos: neste último caso, ao abuso do direito caberia intervir.

A confiança assim tutelada resulta do conjunto das declarações contratuais, uma vez interpretadas. Temos, deste modo, um prolongamento natural do contrato.

[2636] Assim, RLx 23-nov.-1995 (Eduardo Baptista), CJ XX (1995) 5, 118-122 (119/II-120/I) e RLx 3-jun.-1998 (Sarmento Botelho), CJ XXIII (1998) 3, 165-169 (168/II), no campo do contrato de trabalho.

[2637] Assim, RLx 13-dez.-1990 (Peixe Pelica), CJ XV (1990) 5, 138-139 (138/II), onde, embora sob a designação de "vontade presumida", se ponderou que, no silêncio das partes, perante uma obrigação em moeda estrangeira, havia que aplicar a taxa de juros mais "natural": a estrangeira, correspondente a essa mesma moeda e RCb 23-abr.-1996 (Silva Graça), CJ XXI (1996) 2, 39-42 (41/II), onde, em termos objetivos, se procedeu à reconstrução da vontade hipotética.

[2638] Assim, RLx 11-jan.-1995 (César Teles), CJ XX (1995) 1, 171-172 (172/II).

III. A primazia da materialidade subjacente obriga a atender à lógica imanente ao contrato. Perante negócios onerosos, a apreensão da situação económica regulada pelo contrato é importante: trata-se de uma área onde surgem apelos à análise económica, com prolongamentos no próprio instituto da alteração das circunstâncias[2639].

De facto, na reconstrução da vontade hipotética (objetiva) das partes, haverá que ponderar critérios de racionalidade económica, do maior aproveitamento dos custos, e da redução destes[2640], por forma a conseguir uma prossecução ótima dos fins do contrato.

O acórdão da RLx de 17-dez.-1990 que, ao abrigo do artigo 239.º, mandou aplicar, a uma obrigação em moeda estrangeira, a sua "taxa natural" de juros, constitui um bom exemplo da integração com recurso à primazia da materialidade subjacente[2641].

276. Lacunas supervenientes; alteração de circunstâncias e dever de renegociar

I. A doutrina distingue lacunas iniciais e lacunas supervenientes[2642]: tal como sucede com as lacunas na lei[2643], a falha regulativa pode manifestar-se logo no momento da conclusão ou, apenas, em momento ulterior.

A lacuna superveniente coloca problemas delicados de fronteiras, com a alteração das circunstâncias (437.º). Esta vem, de resto, a ser depurada pela interpretação complementadora[2644]: questões antes tidas como relevando de "base do negócio" são solucionadas através de uma interpretação melhorada e, no limite, de uma integração. Em tese, podemos considerar que, a ser possível reconduzir uma superveniência à lógica intrínseca

---

[2639] Vide Günter Roth, *Münchener Kommentar*, 3.ª ed. (1994), § 242, Nr. 515 ss. (240 ss.) e já em *Der Zivilprozess zwischen Rechtsklärung und Rechtschöpfung*, FS Habscheid (1989), 253-263 (255 ss.). Anteriormente, refira-se Norbert Horn, *Neuverhandlungspflicht*, AcP 181 (1981), 255-288 (256 e passim).

[2640] Hans-Bernd Schäfer/Claus Ott, *Lehrbuch der ökonomischen Analyse des Zivilrechts*, 4.ª ed. (2005), Cap. 12, 4 (428 ss.).

[2641] RLx 13-dez.-1990 cit., CJ XV, 5, 138/II.

[2642] Roland Schimmel, *Zur ergänzenden Auslegung von Verträgen* cit., 341/I; Herbert Roth, no *Staudinger* cit., I, § 157, Nr. 16 (270).

[2643] *Tratado* I, 744.

[2644] *Tratado* II/4, 299 ss.; Dieter Medicus, *Vertragsauslegung und Geschäftsgrundlage*, FS Werner Flume 1 (1978), 629-647. Vide infra, 867.

de um contrato, é possível uma saída à luz do artigo 239.º. Para a alteração das circunstâncias, ficam duas hipóteses, ambas a equacionar perante eventos supervenientes, que tornem inexigível o cumprimento do acordado:

– a de um contrato de tal modo blindado que não seja possível descobrir, nele, uma lacuna: apenas uma anomalia superveniente que torne a exigência do assumido contrário à boa-fé;
– a de uma superveniência tão severa que não permita um reequilíbrio, à luz das valorações contratuais.

II. A alteração das circunstâncias tende, nas suas margens, a ceder espaço a institutos jurídicos mais precisos. A integração é um deles. Mas isto dito: parece claro que, na integração como na modificação do contrato por alteração das circunstâncias, a sindicância última é, sempre assegurada, pelo sistema, pelo biombo da boa-fé. Deste modo, há uma permeabilidade entre esses institutos: eles implicam a correção[2645] ou a adaptação do negócio[2646], a levar a cabo pelo juiz.

III. Questão delicada – e muito na ordem do dia, mercê da crise financeira (2007-2009) e económica (2009-2014) que assola os países do Sul da Europa –, é a da eventual obrigação de renegociar o contrato, mercê de superveniências que revelem a insuficiência ou a insatisfatoriedade da regulação inicial[2647].

Na falta de uma norma que obrigue a negociar e, sobretudo, de uma regra que, de antemão, aponte para a solução final a que, supostamente, as partes deveriam chegar, queda recorrer à técnica dos deveres acessórios e das obrigações mitigadas[2648]. Perante uma lacuna superveniente, os deveres de lealdade e de tutela da confiança, que acompanhem os diversos negócios, podem obrigar as partes a disponibilizarem-se para, com seriedade, encontrar uma saída mutuamente condigna. Não se executando: há sempre uma solução positiva justa, a fixar pelo juiz.

[2645] Jörg Neuner, *Vertragsauslegung – Vertragsergänzung – Vertragskorrektur* cit., 920-921.
[2646] Herbert Wiedemann, *Ergänzende Vertragsauslegung – richterliche Vertragsergänzung*, FS Canaris 1 (2007), 1281-1291.
[2647] Vide o nosso *O princípio da boa-fé e o dever de renegociação em contextos de situação económica difícil* (2013), n.º 20 a 22.
[2648] Stephan Salzmann, *Die Neuverhandlungsklausel als ein Problem ergänzender Vertragsauslegung* (1986), XV + 195 pp., Francesco Macario, *Adeguamento e rinegoziazione nei contratti a lungo termine* (1996), XII + 444 pp..

CAPÍTULO IX
VÍCIOS DA VONTADE E DA DECLARAÇÃO

§ 62.º QUADRO DOS VÍCIOS

277. Generalidades; pré-codificação e Seabra

I. O negócio jurídico, como manifestação de livre escolha do próprio, emerge da declaração de vontade. A autodeterminação, por seu turno, funda-se na liberdade e na própria dignidade humana[2649]. Todavia, somente por abstração se poderia construir uma linha perfeita que unisse a vontade, a declaração, o negócio e os seus efeitos. Inúmeros óbices, internos e externos, podem perturbar essa geometria ideal. Ao longo da História, foram-se formando ilhas problemáticas, que obtiveram soluções. Apenas nos últimos dois séculos se intentou construir uma teoria lógica, que tudo procurasse explicar.

Ao longo da exposição subsequente, remontaremos às origens históricas e culturais das diversas figuras. De momento, vamos fazer uma breve aproximação à pré-codificação lusófona e ao Código de Seabra, base do quadro geral que é possível extrapolar, do Código Civil.

II. A pré-codificação civil dá-nos, dos vícios da vontade e da declaração, uma imagem de grande condensação. Correia Telles (1842), em secção relativa ao consentimento, fixa o quadro seguinte[2650]:

236 É nullo o consentimento, se interveio erro sobre a substancia da cousa, que faz o objetcto do contrato.

[2649] Frank Weiler, *Die beeinflusste Willenserklärung/eine Untersuchung der rechtlichen Auswirkungen fremder Einflüsse auf die rechtsgeschäften Willensbildung* (2002), CVI + 653 pp., 55 e 56.
[2650] J. H. Correia Telles, *Digesto Portuguez* cit., 1, 3.ª ed., 34.

237 O mesmo é havendo erro ácêrca da pessoa, quando pelas circunstâncias se colija, que tal contrato não teria sido feito, se o erro fôra conhecido.

238 É nullo o consentimento extorquido por força, ou por ameaças.

239 Mas as ameaças devem ser taes, que façam temer a perda da vida, da saude, da honra, ou da liberdade.

Estas proposições assentavam nalgumas citações romanas e em preceitos dos códigos estrangeiros então existentes.

III. Por seu turno, Coelho da Rocha (1846), considerava defeituoso o consentimento em que intervenha[2651]:

a) *erro ou ignorancia*. Erro é a idéa falsa d'uma cousa, e *ignorancia* a falta total da idéa. Tanto um, como outra, podem ser *de direito* ou *de facto*. O erro, ou seja *de direito* ou *de facto*, annulla o acto em que interveio, sempre que verse sobre cousa substancial, quer relativamente ao objecto, quer relativamente á pessoa (...)
b) *Dôlo* ou fraude é o artifício malicioso, que se emprega para enganar uma pessoa, e leval-a a praticar uma acção, que sem isso não praticaria (...)

Também aqui se procura apoio em textos romanos e códigos estrangeiros, sendo ainda de referir Pothier.

IV. O Código de Seabra desenvolveu a doutrina da pré-codificação. No seu artigo 656.º, previa[2652]:

O consentimento prestado por erro ou coacção produz a nullidade do contrato, nos termos seguintes.

Seguiam-se várias modalidades de erro: sobre a causa, o objeto e a pessoa, em termos depois desenvolvidos (657.º a 662.º)[2653]. O artigo 663.º ocupava-se do erro que procede de dolo[2654], cabendo ao erro *commum e*

[2651] M. A. Coelho da Rocha, *Instituições de Direito civil portuguez* cit., §§ 100-101 (2, 58-59); os itálicos são do original.
[2652] José Dias Ferreira, *Codigo civil annotado* 2, 1.ª ed. (1871), 161.
[2653] *Idem*, 161-169.
[2654] *Idem*, 169-173

geral e ao *erro de calculo arithmetico, ou de escripta* os artigos 664.º e 665.º[2655].

Os artigos 666.º e 667.º ocupavam-se da coação e, ainda, do erro[2656]. A simulação obteve um tratamento diferenciado (1031.º). Podemos considerar a presença de uma influência napoleónica nítida, patente na pré-codificação.

V. Guilherme Moreira, apoiado na pandectística, distingue já entre a vontade real e a vontade declarada, podendo haver discrepância. Anota, no Código de Seabra, a inexistência de uma teoria geral sobre os vícios da vontade e procede a uma exposição cuidada sobre os diversos tipos de erro e sobre a coação[2657]. Sobre o Código de Seabra, o maior desenvolvimento ficou a dever-se a Cunha Gonçalves, o qual referia figuras como a falta de consciência da declaração[2658].

Coube a Manuel de Andrade, ainda que com alguns antecedentes menos conhecidos[2659], modernizar toda esta matéria. Distinguiu a divergência entre a vontade e a declaração, nas suas diversas hipóteses (simulação, reserva mental, declarações não-sérias, coação absoluta, erro na declaração e erro na transmissão da declaração) e os vícios da vontade (erro-vício, dolo, coação e estado de necessidade)[2660]. O cenário daqui resultante, através de Rui de Alarcão[2661], foi decisivo para o Código Civil. Consideraremos a evolução preparatória dos diversos preceitos, a propósito de cada figura.

278. Apresentação e princípios

I. O negócio jurídico vale, como referido e perante o Direito, enquanto manifestação da autonomia privada. Nessa medida, ele releva por corres-

---

[2655] *Idem*, 173.
[2656] *Idem*, 173-174.
[2657] Guilherme Moreira, *Instituições do Direito civil* cit., 1, 401, 408 e 411-433.
[2658] Luiz da Cunha Gonçalves, *Tratado de Direito civil* cit., 4, 293-336.
[2659] Manuel de Andrade, *Teoria geral* cit., 2, 149-225; existiam versões de alunos anteriores, a partir da década de 40 do século XX.
[2660] *Idem*, 227-284.
[2661] Rui de Alarcão, *Breve motivação do anteprojeto sobre o negócio jurídico na parte relativa ao erro, dolo, coacção, representação, condição e objecto negocial*, BMJ 138 (1964), 71-122, entre outros estudos relevantes.

ponder a uma determinada vontade, isto é, a uma decisão assumida na sequência de toda uma ponderação imputável a um sujeito. A decisão terá, como se viu, de ser exteriorizada, para produzir os seus efeitos. Estamos, todavia, em face de uma obra humana. Vários vícios podem interferir em todo esse processo. Tais vícios incidem em dois planos:

– na própria vontade em si;
– na declaração.

No primeiro caso, o processo que leva à tomada de decisão do sujeito autónomo é perturbado: há um vício na *formação da vontade*. Tal vício pode ir desde a pura e simples falta de vontade até à ausência de liberdade ou à liberdade que, por assentar em elementos inexatos, não seja verdadeiramente autónoma.

No segundo caso, a vontade, em si, formou-se devidamente; no entanto, algo interfere aquando da sua exteriorização, de tal modo que a declaração não corresponda à vontade real do sujeito: há divergência entre a vontade e a declaração. Ainda aqui, a divergência pode assumir várias feições e, designadamente, ser intencional – surgindo, portanto, porque o declarante a quis – ou não-intencional – derivando, então, de lapsos ou dificuldades ocorridas na exteriorização ou na comunicação.

II. Na base destas considerações, pode estabelecer-se o seguinte quadro relativo a vícios da vontade e da declaração[2662]:

[2662] O tema dos vícios da vontade e da declaração dá lugar a uma bibliografia larga e especializada. Entre nós, e todos com o seu sistema de exposição, cabe referir: Guilherme Moreira, *Instituições* cit., 1, 400 ss., José Tavares, *Princípios fundamentais* cit., 2, 472 ss., Paulo Cunha, *Direito civil* cit., 1, 108 ss. (132), Cabral de Moncada, *Lições de Direito Civil* cit., 2, 3.ª ed., 299 ss., Inocêncio Galvão Telles, *Manual dos contratos em geral*, 3.ª ed. cit., 68 ss., Manuel de Andrade, *Teoria geral* cit., 2, 149 ss. e 227 ss., Castro Mendes, *Teoria geral* cit., 2, 77 ss., Mota Pinto, *Teoria geral*, 4.ª ed. cit., 457 ss., Heinrich Ewald Hörster, *A parte geral* cit., 532 ss. e 560 ss., Carvalho Fernandes, *Teoria geral* cit., 2, 5.ª ed., 190 ss. e 307 ss. e Pedro Pais de Vasconcelos, *Teoria geral* cit., 7.ª ed., 559 ss..

Uma referência especial deve ser feita a Diogo Costa Gonçalves, *Erro obstáculo e erro vício/Subsídios para a determinação do alcance normativo dos artigos 247.º, 251.º e 252.º do Código Civil*, RFDUL 45 (2004), 309-400, com indicações e a Paulo Mota Pinto, *Falta e vícios da vontade – O Código Civil e os regimes mais recentes*, em Comemorações dos 35 anos do Código Civil 2 (2006), 459-500.

A – vícios (na formação) da vontade:
a) ausência de vontade:
 – coação física (artigo 246.º);
 – falta de consciência da declaração (artigo 246.º);
 – incapacidade acidental (artigo 257.º, em parte).
b) vontade deficiente:
 – por falta de liberdade (coação moral, artigos 258.º e ss.);
 – por falta de conhecimentos (erro-vício, artigos 251.º e 252.º e dolo, artigos 253.º e 254.º);
 – por ambos (incapacidade acidental, artigo 257.º, em parte).

B – divergências entre a vontade e a declaração:
a) intencionais:
 – simulação (artigos 240.º e ss.);
 – reserva mental (artigo 244.º);
 – declarações não sérias (artigo 245.º).
b) não intencionais:
 – erro-obstáculo (artigo 247.º);
 – erro de cálculo ou de escrita (artigo 249.º);
 – erro na transmissão (artigo 250.º).

O Código Civil não apresentou, pois, esta matéria de acordo com o sistema mais lógico; este está, porém, subjacente, na tipificação das figuras como na imposição dos regimes, de acordo com uma tradição apurada ao longo dos séculos. Deve, contudo, ficar bem assente.

III. As soluções que o Direito faz corresponder a estes vícios são norteadas por dois princípios fundamentais, várias vezes consubstanciados ao longo da presente exposição relativa à parte geral: a autonomia privada e a tutela da confiança.

A autonomia privada exige que a vontade juridicamente relevante corresponda à vontade real, livre e esclarecida, do declarante.

A tutela da confiança requer a proteção da pessoa que tenha dado crédito à declaração de outrem, mesmo quando esta não reúna todos os requisitos que um puro esquema de autonomia privada exigiria.

Estes princípios contrapõem-se e complementam-se em termos diversificados, de acordo com o cenário típico correspondente à perturbação verificada; consoante a relevância relativa que assumam, assim as soluções jurídicas para os problemas registados.

279. Ordenação dogmática

I. O quadro geral apresentado, relativo aos vícios da vontade e da declaração, apesar de explicativamente útil, não corresponde às necessidades de uma exposição dogmática do Direito civil lusófono.

Desde logo, é importante superar a doutrina que, entre nós, faz uma grande clivagem entre os vícios na formação da vontade e as divergências entre a vontade e a declaração. Embora com raízes romanas, designadamente na teoria do erro, ela foi suplantada por outras clivagens, de tipo institucional. Além disso e em termos existenciais: a própria distinção entre vontade e declaração é provisória: corresponde a um corte linguístico na realidade. Todo o regime legal tende a ser dominado pela intensidade conferida à tutela da confiança, que dispensa tal contraposição.

II. Apesar dos compassos racionalistas sempre representados pelas codificações, podemos considerar que, ao longo da História, a matéria dos vícios da vontade e da declaração se foi desenvolvendo não numa panorâmica envolvente, mas em termos insulares: em torno de institutos marcantes, representados por vícios paradigmáticos, dos quais se veio a decantar, por osmose, o regime dos vícios circundantes. Tais institutos têm origens históricas diferenciadas: no fundo, eles traduzem uma estratificação jurídico-cultural que, ao Direito civil, dá uma particular identidade.

III. Na exposição subsequente, vamos distinguir, simplesmente, quatro grandes situações típicas:

– a ausência de vontade;
– a coação;
– o erro;
– a simulação.

A ausência de vontade, embora colocada em primeiro lugar, é uma fórmula residual que agrupa a falta de consciência de declaração, surgida nos finais do século XIX, a incapacidade acidental, originada na área da família e das incapacidades e as declarações não sérias ou *jocandi causa*, românicas.

A coação provém da clássica *exceptio metus* e foi particularmente desenvolvida pelos canonistas. O Direito português dispensou-lhe um tratamento original, que se perde quando a figura é fracionada em coação física e coação moral.

O erro, mau grado as clivagens que, correntemente, lhe são assacadas, tem uma evidente unidade histórica, derivada da *exceptio doli*. De novo o Direito português tem particularidades que se esbatem com a desarticulação da figura.

Finalmente, a simulação tem uma identidade clara e suscita uma dogmática bem caracterizada. Ela assenta, hoje, numa perspetiva considerável, de cariz fortemente lusófono.

A redistribuição institucional desta matéria permite aprofundar, cientificamente, as diversas figuras: tal o desafio.

SECÇÃO I
A AUSÊNCIA DE VONTADE

§ 63.º A FALTA DE CONSCIÊNCIA DA DECLARAÇÃO

280. Enquadramento e origem

I. No domínio das ocorrências negociais onde falte a vontade de algum dos declarantes, o Código Vaz Serra refere, sucessivamente, a reserva mental (244.º), as declarações não sérias (245.º) e a falta de consciência da declaração e a coação física (246.º). Nos dois primeiros casos, ainda há declarações voluntárias, embora falte a vontade do negócio. A coação física, por razões histórico-culturais, deve ser tratada em rubrica que verse, também, a coação moral[2663]. Fica-nos, por isso, a abrir esta rubrica, a falta de consciência da declaração.

II. Nos estudiosos do Direito comum, já aflorava incidentalmente a ideia de que, nas opções jurídicas, era necessário que o seu autor pretendesse, de facto, a declaração e os seus efeitos[2664]. O próprio Savigny ocupa-se da declaração (involuntariamente) sem vontade, aproximando-a do erro[2665]. No período que antecedeu a preparação do BGB, o fenómeno

---

[2663] *Infra*, 823 ss..
[2664] O tema foi especialmente visto por Heinrich Richelmann, *Der Einfluss des Irrthums auf Verträge: Eine civilistischen Versuch* (1837), VI + 162 pp., que, nas múltiplas distinções que efetua a propósito do erro, viciador do consenso, se aproxima da hoje chamada falta de consciência da declaração. Outras indicações podem ser confrontadas em Bernhard Windscheid/Theodor Kipp, *Lehrbuch des Pandektenrechts* cit., 9.ª ed., § 76 (1, 385 ss.).
[2665] Friedrich Carl von Savigny, *System* cit., 3, § 135 (263 ss.).

manteve-se presente: o declarante devia querer o desfecho originado pela declaração[2666].

Todavia, foi necessário aguardar pelo desenvolvimento analítico-formal da doutrina do negócio jurídico, para se alcançar a fórmula, algo abstrata, da "falta de consciência da declaração".

III. Os passos seguintes foram dados pelos analistas da vontade e da declaração, nos finais do século XIX[2667]. Ernst Zitelmann (1852-1923) distingue entre a vontade da ação e a vontade do efeito, pressupondo, para a imputação ao declarante, a consciência da ação e do efeito[2668]. A ideia foi retomada por Josef Kohler (1849-1919)[2669], tendo obtido páginas significativas de Hermann Isay (1877-1940)[2670].

Isay apresenta, como exemplo explicativo de falta de consciência da declaração, o caso imaginado do leilão de vinhos de Trier: decorria, numa adega, um leilão de vinhos; segundo o uso local, um levantar de mão significava um lance majorado em relação ao anterior, em 100 marcos; um forasteiro penetra, distraidamente, no local; vendo, entre os presentes, um conhecido, saúda-o, levantando a mão; o pregoeiro interpreta o gesto como uma oferta e adjudica-lhe o lote em leilão[2671].

[2666] Leon Piniński, *Der Thatbestand des Sachbesitzerwerbs nach gemeinem Recht: eine zivilistische Untersuchung. Sukzession in den Besitz, Besitzerwerb Animo Solo, Besitzwille, Lehre von den juristischen Willenserklärungen* 2 (1888), 600 pp., 392.

[2667] Um quadro geral: Martin Josef Schermaier, HKK/BGB cit., 1, §§ 116-124, Nr. 10 (413); entre nós, Paulo Mota Pinto, *Declaração tácita* cit., 222 ss..

[2668] Ernst Zitelmann, *Irrtum und Rechtsgeschäft/Eine psychologisch-juristische Untersuchung* (1879), XV + 614 pp., 146 ss..

[2669] Josef Kohler, *Studien über Mentalreservation und Simulation*, JhJb 16 (1878), 91-158 (92-93).

[2670] Hermann Isay, *Die Willenserklärung im Thatbestand des Rechtsgeschäft nach dem Bürgerlichen Gesetzbuch für das Deutsche Reich* (1899), 96 pp., 25-26, sublinhando que, mau grado os seus antecedentes, ficou irreconhecível no BGB.

[2671] *Idem*, 25. O caso do leilão de Trier vem retomado por todos os estudiosos da consciência da declaração; vide, p. ex., Gunter Gudian, *Fehlen des Erklärungsbewußtseins*, AcP 169 (1969), 232-236 (232), Christian Armbrüster, no *Münchener Kommentar* cit., 1, 6.ª ed., § 119, Nr. 93 (1191-1192) e Reinhard Singer, no *Staudinger* cit., Vorbem zu §§ 116 ff, Nr. 28 (457). O caso vem referido, ainda, em Autores como Schmidt-Rimpler, Hans Brox, Werner Flume e Franz Bydlinski, abaixo citados.

Isay faz, todavia, uma precisão da maior importância: a declaração é imputável ao declarante que dela tenha consciência ou que, dela, *deva ter* consciência[2672]. O instituto torna-se, com isso, praticável.

V. Outros autores tomaram, na época, posições favoráveis à ideia de Isay e isso apesar de o BGB ter omitido a matéria. Assim sucedeu com Werner Wedemeyer[2673], com Alfred Manigk, que ao leilão de vinhos de Trier[2674], adita outros exemplos de escola[2675] e com Rudolf Henle[2676], além de diversos comentaristas.

A necessidade de consciência da declaração foi, em especial, acolhida por Enneccerus/Nipperdey, no seu divulgado *Tratado*[2677]: daí passaria a Manuel de Andrade, a Rui de Alarcão e ao Código Civil.

281. A evolução subsequente

I. A necessidade de uma consciência da declaração como elemento de compleitude ou de validade da declaração negocial teve, logo no início

---

[2672] Hermann Isay, *Die Willenserklärung* cit., 26.
[2673] Werner Wedemeyer, *Der Abschluss des obligatorischen Vertrages/durch Erfüllungs- und Aneignungshandlungen*, com um *Nachtrag* (1903), 140 pp., 48-49.
[2674] Alfred Manigk, *Willenserklärung und Willensgeschaft* (1907), 178.
[2675] Alfred Manigk, *idem*, 178, com um episódio de um foguete azul, que permitiria a um navio zarpar; desse mesmo Autor, *Irrtum und Auslegung* (1918), 111 e 243, com um acordo entre as partes segundo o qual um foco vermelho traduz aceitação; depois, haveria trocas; ainda de Manigk, *Das rechtswirksame Verhalten* cit., 235, com o caso da lâmpada à janela, sublinhando que o erro negligente pode levar a uma indemnização. Passado um século, a hipótese da prática de atos negocialmente relevantes sem, disso, haver consciência continua a animar a construção de hipóteses. Assim, Martin Gebauer, *Die ungewollte Reise in die Hauptstad*, Jura 2002, 482-488 (482), compõe um caso em que dois amigos, que pretendiam ir de comboio de Frankfurt para Freiburg, acabam por se encontrar a bordo de um expresso direto para Berlim. O Autor explica que a declaração é imputável ao declarante se este, perante o cuidado requerido, tinha o dever de conhecer o alcance do ato (*idem*, 483/II).
[2676] Rudolf Henle, *Vorstellungs- und Willenstheorie in der Lehre von der juristischen Willenserklärung* (1910), X + 530 pp., 273 ss., 394 ss. e *passim*.
[2677] Ludwig Enneccerus/Hans-Carl Nipperdey, *Allgemeiner Teil* cit., 15.ª ed., § 145, II, A, 4 (901-902).

do século XX, os seus críticos[2678]. Não obstante, ela veio a ser considerada doutrina dominante. A sua procedência assenta, um tanto, em valorações de tipo político: trata-se de proteger o tráfego ou a autonomia do declarante[2679]?

II. Desde logo, seria possível, com Hans Brox, considerar conceptual a ideia de que, faltando a consciência pressuposta pela vontade, já não haveria verdadeira declaração de vontade[2680]. A distinção entre a voluntariedade do ato e a consciência do ato não deixa de ser *übersubtil* (ultra subtil), nas palavras de Bydlinski[2681]. Este mesmo Autor sublinha que, perante o regime do negócio jurídico, o atribuir um papel à falta de consciência da declaração equivale a um mínimo de consagração do dogma da vontade; haveria que desistir dela[2682].

A possibilidade de enquadrar o tema da falta de consciência da declaração com recurso ao regime do erro ganha terreno.

Segundo o § 119/1 BGB, a declaração pode ser impugnada por erro "...quando seja de admitir que ele [o declarante] com conhecimento dos factos e com uma apreciação razoável do caso não a teria emitido". Como se vê, o erro, em si, não dá lugar à invalidade; apenas a sua imputação, segundo bitolas objetivas, permite fazê-lo. Pois bem, segundo Bydlinski:

> (...) os casos do erro da declaração e de falta da consciência da declaração devem ser postos de modo inteiramente igual. Entre aquele que, negocialmente, nada quer e o que, negocialmente, quer algo de diferente não existe, no ponto decisivo, qualquer diferença: as consequências às quais se deve manter adstrito não foram queridas, então e aí, pelo interessado; ele não estava, então e aí, consciente da sua ocorrência[2683].

[2678] Assim Emil Hölder, *Willenstheorie und Erklärungstheorie/Ein Beitrag zur Lehre vom Rechtsgeschäft*, JhJb 58 (1911), 101-145 (130 ss.).

[2679] Walter Schmidt-Rimpler, *Grundfragen einer Erneuerung des Vertragsrechts*, AcP 147 (1941), 130-137 (195 e 196).

[2680] Hans Brox, *Die Einschränkung der Irrtumsanfechtung* (1960), 49.

[2681] Franz Bydlinski, *Privatautonomie und objektive Grundlagen des verpflichtenden Rechtsgeschäfts* (1967), 163.

[2682] Franz Bydlinski, *Erklärungsbewußtsein und Rechtsgeschäft*, JZ 1975, 1-6 (6/I).

[2683] Franz Bydlinski, *Privatautonomie und objektive Grundlagen des verpflichtenden Rechtsgeschäftes* cit., 163; também Gunter Gudian, *Fehlen des Erklärungsbewußtseins* cit., 236 e Christof Kellmann, *Grundprobleme der Willenserklärung*, JuS 1971, 609-617 (613).

A imputação da declaração, a fazer em termos normativos, decide; não a sua consciência. A matéria acabaria por se ordenar em função do erro e da tutela da confiança.

III. A orientação inversa manteve-se, todavia, sendo reanimada pela escola do Prof. Canaris. Diz este ilustre Autor:

(...) quando alguém não esteja consciente de ter dado uma declaração negocial, não há lugar, em autodeterminação, a uma relação jurídica (...). Na falta da consciência da declaração, não se trata, portanto e com respeito à responsabilidade, de um problema da doutrina do negócio jurídico, mas da doutrina da aparência jurídica[2684].

Também o Prof. Reinhard Singer, discípulo de Canaris, retomou o tema[2685]: na falta de consciência da declaração, não há autonomia privada. Pode-se é discutir a proteção da confiança e os eventuais efeitos secundários da declaração inconsciente[2686]. Contrapõe Stephan Lorenz, também discípulo de Canaris: a proteção de terceiros consegue-se com a recondução ao regime do erro[2687].

IV. Cumpre sublinhar a natureza, fortemente teórica, deste debate. A própria jurisprudência alemã, muito rica em casos extraordinários, não permite documentar problemas claros de falta de consciência da declaração. A doutrina vê-se obrigada a recorrer a casos de escola, como o do leilão de vinhos de Trier e outros. No entanto, pode apontar-se BGH 24-out.-1955, onde a consciência da declaração vem referida, a propósito de um agente comercial[2688].

Mais significativo foi BGH 7-jun.-1984: o cliente de um banco, por inadvertência, exarou uma declaração de fiança em determinado efeito

---

[2684] Claus-Wilhelm Canaris, *Vertrauenshaftung* cit., 427-428.

[2685] Reinhard Singer, *Selbstbestimmung und Verkehrsschutz im Recht der Willenserklärungen* (1995), X + 292 pp., § 10 (128-202): porventura o mais extenso estudo sobre a consciência da declaração.

[2686] *Idem*, 170, 172 e 183.

[2687] Stephan Lorenz, *Der Schutz vor dem unerwünschten Vertrag/Eine Untersuchung von Möglichkeiten und Grenzen der Abschlußkontrolle im geltenden Recht* (1997), XXX + 522, 216-226 (224).

[2688] BGH 24-out.-1955, JR 1956, 59 (59/II), com anot. de Wolfgang Hildebrand, *idem*, 59-60, concordante.

comercial; o Tribunal Supremo alemão entendeu que a declaração existe e que pode ser imputada ao declarante, por via da boa-fé[2689].
Mantém-se, todavia, um bloqueio prático[2690]. Pela sua própria natureza, a falta de consciência da declaração é de prova difícil. Além disso, não estando consagrada no BGB, ela não atrai os casos nem os argumentos deduzidos em juízo.

V. A doutrina mantém-se cética, quanto a uma autonomização da falta de consciência da declaração[2691]: o regime do erro poderia enquadrá-la[2692]. Além disso, o desenvolvimento das declarações eletrónicas[2693], a operar com ela, poria em jogo a segurança.

Uma reformulação interessante, introduzida por Manfred Wolf[2694] e desenvolvida por Jörg Neuner[2695], consiste em ver, na problemática atinente à consciência da declaração, a vontade de, simplesmente, participar no tráfego negocial.

Além disso, mantém-se viva a ideia de que existe uma diferenciação entre o erro e a falta de consciência da declaração[2696]. Independentemente da dimensão teórica, pode ser inviável imputar uma declaração de todo descabida; qualquer tutela da confiança terá de seguir a via de uma indemnização pelo interesse negativo.

O quadro legal alemão é específico. Mas sempre se dirá que, na oposição apontada entre Canaris e Bydlinski, ambos argumentam em planos diversos. O primeiro, desde que se aceitem os seus pressupostos – isto é, os

---

[2689] BGH 7-jun.-1984, BGHZ 91 (1985), 324-333 (330) = NJW 1984, 2279-2281 (2280/II), anot. Claus Wilhelm Canaris, *idem*, 2281-2282, crítica.

[2690] *Vide*, ainda, Mathias Habersack, *Fehlendes Erklärungsbewußtsein zu Lasten des Erklärungsempfängers? – BGH NJW 1995, 953*, JuS 1996, 585-590. Efetivamente, em BGH 29-nov.-1994, NJW 1995, 953, entendeu-se que a alegada falta de consciência da declaração de um comportamento concludente não podia prejudicar outrem.

[2691] Werner Flume, *Das Rechtsgeschäft* cit., 4.ª ed., § 23, 1 (449-450); Ulrich Eisenhardt, *Zum subjektiven Tatbestand der Willenserklärung/Aktuelle Probleme der Rechtsgeschäftslehre*, JZ 1986, 875-882 (876/II-877/I).

[2692] Rolf Stüsser, *Die Anfechtung der Vollmacht nach bürgerlichem Recht und Handelsrecht* (1986), 315 pp., 72.

[2693] Kai Cornelius, *Vertragsabschluss durch autonome elektronische Agenten*, MMR 2002, 353-358 (354 ss.).

[2694] Karl Larenz/Manfred Wolf, *Allgemeiner Teil* cit., 9.ª ed., § 24, Nr. 6 (437).

[2695] Jörg Neuner, *Was ist eine Willenserklärung?*, JuS 2007, 881-888 (886/I) e Manfred Wolf/Jörg Neuner, *Allgemeiner Teil* cit., 10.ª ed., § 32, Nr. 19-24 (351-353).

[2696] Reinhard Singer, no *Staudinger* cit., Vorbem zu §§ 116 ff, Nr. 37 (460).

de que o negócio jurídico, fruto da vontade das pessoas, é uma forma efetiva de autodeterminação, que não se vê como recusar –, tem razão: os efeitos que se atribuam a uma "declaração" não-consciente derivam da eficácia da aparência e não da vontade. Mas o segundo tem-na, também: se, não obstante o erro, e mercê de regras objetivadas de imputação, uma declaração produz efeitos, não podendo ser impugnada, haveria distorção caso, de outro modo, fosse tratada a declaração sem consciência. A consciência da declaração deve ser exigida, no próprio Direito alemão, em nome da materialidade da conceitologia negocial, para que se possa falar no exercício efetivo da autonomia privada; a exigência de igual tratamento à temática do erro leva apenas a que, em certos casos de declarações não conscientes, se produzam efeitos em nome da tutela da aparência, enquanto que, nas hipóteses de erro inimpugnáveis, há proteção da confiança e não autonomia privada efetiva.

282. O Código Vaz Serra (246.º)

I. A problemática geral subjacente ao tema da consciência da declaração foi divulgada, entre nós, por Ferrer Correia (1939)[2697]. Este Autor acaba por subscrever o que denomina teoria da culpa: o declarante "inconsciente" pode ser responsável pelo sentido da declaração quando, pelas circunstâncias, se devia ter apercebido da dimensão jurídica da sua conduta[2698]. Manuel de Andrade limita-se a considerar que se o declarante nem chegou a ter consciência de que o seu procedimento tinha o conteúdo de uma declaração negocial, seria violento obrigá-lo a responder pelo sentido objetivo dessa declaração[2699].

II. O atual art. 246.º trata, em conjunto, da falta de consciência da declaração e da coação física: em ambos os casos não haveria quaisquer efeitos, numa asserção que alguma doutrina, mal, tem reconduzido à inexistência. Os preparatórios não foram pacíficos. Desde logo, Rui de Alarcão considerou desnecessária qualquer referência à coação física[2700]. E esse mesmo Autor propendeu para a não consagração, na parte geral, da figura

---

[2697] António Ferrer Correia, *Erro e interpretação na teoria do negócio jurídico* cit., 122 ss..
[2698] *Idem*, 134-135.
[2699] Manuel de Andrade, *Teoria geral* cit., 2, 221.
[2700] Rui de Alarcão, *Breve motivação* cit., 98.

da inexistência[2701]. A falta de consciência da declaração surgia a propósito do erro. Depois de, no artigo 1.º/1 do anteprojeto, relativo ao erro, referir a anulabilidade por erro na declaração, o n.º 2 acrescentava[2702]:

> A declaração não produz efeito se o declarante não teve a consciência de emitir uma declaração negocial. Mas se essa omissão foi devida a culpa, fica o declarante obrigado a indemnizar o declaratário.

Rui de Alarcão explica o preceito recordando o leilão (imaginário) de Trier: perante isso, não haveria que conferir, à declaração, qualquer relevo negocial. Mas ficaria margem para uma certa *culpa in contrahendo*[2703]. A 1.ª revisão ministerial respeitou esta linha, mantendo, no próprio preceito relativo ao erro na declaração (217.º/2), uma referência à não produção de efeitos, perante a falta de consciência da declaração[2704].

Coube à 2.ª revisão ministerial reverter o processo. O artigo 246.º veio juntar, num único preceito, a falta de consciência da declaração e a coação física, em termos que transitariam para a versão final[2705]. Não há trabalhos preparatórios conhecidos que justifiquem esta opção.

III. Na sequência do *imbroglio* preparatório apontado, o Código Civil acabou por, no seu artigo 246.º, epigrafado falta de consciência da declaração e coação física, consagrar essas duas figuras. A junção não é feliz: trata-se de realidades profundamente diferentes, quer histórica, quer cultural, quer dogmaticamente. De resto, o próprio artigo 246.º acaba por lhes reconhecer regimes diferentes. De seguida, o preceito tem diversas anomalias, que recomendam uma interpretação restritiva. Vamos adiantá-las.

Desde logo, a locução a *declaração não produz qualquer efeito* é deficiente: ela produz, sempre, alguns efeitos, seja na esfera do declaratário, seja na do declarante seja, eventualmente, no terceiro que aja com coação. Basta pensar nos deveres acessórios, que sempre surgem em face de qualquer proximidade negocial e no próprio dever de indemnizar, que o preceito, afinal, refere *in fine*. Além disso, ela aponta para a inexistência,

---

[2701] Rui de Alarcão, *Inalidade dos negócios jurídicos/Anteprojecto para o novo Código Civil*, BMJ 89 (1959), 199-267 (201).
[2702] Rui de Alarcão, *Breve motivação* cit., 71.
[2703] *Idem*, 88-89.
[2704] BMJ 107 (1961), 95.
[2705] *Código Civil*, I – *Parte geral* (2.ª *revisão ministerial*) (1965), 97.

figura que a doutrina jurídica hoje rejeita; e mesmo a convolar-se para a nulidade, a melhor solução seria, sempre, a da anulabilidade, como adiante melhor veremos.

De seguida, a fórmula o *declarante não tiver consciência de fazer uma declaração negocial* aponta para uma fórmula doutrinária que nenhuma legislação teve a coragem de oficializar.

Finalmente, não se vê porque não indemnizar o declaratário, quando a coação física se deva a culpa do próprio declarante: um tema a retomar, a propósito da coação.

283. Previsão e regime

I. *De iure condendo*, o legislador de 1966 deveria ter resistido à tentação de fazer doutrina, no próprio Código Civil. A temática da falta de consciência da declaração é um instituto experimental, algo contingente e cuja colocação, no Código Civil, provoca um tsunami sistemático. As regras positivas devem ser conhecidas, ainda que, na sua interpretação, se devam ter em conta as obrigações que suscitam.

Assim, o artigo 246.º, na parte em que refere a falta de consciência da declaração, entra em colisão com as regras de interpretação e, particularmente, com o artigo 236.º. Vamos supor que seja feita uma declaração negocial, tomada, como tal, pelo declaratário normal, colocado na posição do declaratário real. Vamos ainda supor que, dadas as circunstâncias, o declarante possa, razoavelmente, contar que, à sua atuação, seja dado o sentido de uma declaração e que o declaratário não conheça a vontade real do declarante. Preenchidas todas as previsões do artigo 236.º, onde há espaço para vir apurar uma falta de consciência da declaração, que tiraria toda a eficácia à mesma?

O artigo 246.º entra ainda em colisão com o artigo 247.º. A vontade declarada sobrepõe-se à vontade real, mesmo havendo erro, desde que o declaratário conhecesse ou não devesse ignorar a essencialidade, para o declarante, do elemento sobre que incidiu o erro. Quer isso dizer que o declarante pode ficar vinculado a um negócio que, de todo, não queria, por não se verificarem os pressupostos de impugnabilidade por erro. Mas se não quisesse qualquer negócio, ficaria esconjurado o perigo de vinculação: não pode ser[2706].

[2706] Esta contradição é sublinhada por Paulo Mota Pinto, *Declaração tácita* cit., 242 ss., em termos que se nos afiguram irrefutáveis.

II. Fica-nos, deste modo, uma estreita janela interpretativa, já que as boas regras não nos permitem – salvo em casos irrecuperáveis – considerar o artigo 246.º como um nado-morto, por completa contrariedade ao sistema. Retomando o raciocínio de Paulo Mota Pinto, há que ponderar a presença de um compromisso: a interpretação valoriza, essencialmente, a tutela da confiança; o artigo 246.º exige, todavia, um mínimo de voluntariedade aferida à relevância jurídica da conduta[2707]. Mas podemos ir mais longe, reconduzindo esse preceito tresmalhado ao grande edifício lusófono do negócio jurídico.

Quando refere "consciência de fazer uma declaração negocial", o artigo 246.º não pode ter em vista uma consciência íntima, no sentido de uma (ausência de) vontade da qual, apenas introspetivamente, o próprio declarante se pudesse aperceber. O Direito não penetra (não tem de penetrar e não deve penetrar) no íntimo de cada um: apenas versa a vida de relação. Desta consideração estrutural e do conjunto do sistema, com relevo para os artigos 236.º e 247.º, do Código Civil, inferimos que a falta de consciência da declaração relevante é aquela que seja percetível, na própria ambiência negocial onde o tema se ponha.

Assim, se alguém outorga numa escritura notarial, devidamente lida e explicada, não vemos como possa, depois, invocar a falta de consciência da declaração, para, *ex vi* 246.º, retirar "qualquer efeito" ao que fez. E isso mesmo quando logre provar (e não será tarefa de somenos) que, de todo, não tinha consciência da declaração. Aí, só o erro poderia valer.

Mas no caso do leilão de vinhos de Trier: o intruso que, inopinadamente, surja numa sala de leilões de braço erguido, virado para outrem, não tem, pública e manifestamente, consciência do que fez. Não merece crédito e a pessoa que use de diligência normal logo se apercebe de que não houve, ali, nenhuma declaração consistente. O artigo 246.º funciona, dispensando toda a demais tramitação, baseada no erro ou noutros institutos, como a própria incapacidade acidental. Ou seja: a "falta de consciência" relevante é aquela que, como tal, possa ser percebida pelo declaratário normal, na posição do declaratário real.

Aprofundamos, pois, a interpretação restritiva do artigo 246.º, na parte em que se refere à consciência da declaração. O Direito comparado, a doutrina que deu azo ao instituto em causa e os trabalhos preparatórios constituem material mais do que sobejo, nesse sentido.

[2707] Paulo Mota Pinto, *Declaração tácita* cit., 252.

III. O declarante que emita uma proposta ou outra declaração, em boa e devida forma, sem ter consciência do que faça, incorre, à partida, nos canais da eficácia jurídica. A declaração vai-lhe ser imputada com o sentido que lhe daria o declaratário normal; apenas na conjuntura do erro ele a poderia impugnar.

Só assim não será quando a falta de consciência seja de tal modo aparente que, perante o declaratário normal, ela lhe não possa ser imputada. Nessa altura – e porque, como veremos, não se pode admitir a inexistência – o ato será nulo. Ainda então, se a falta de consciência puder ser censurada ao declarante – portanto, se ele fez a declaração violando deveres de lealdade ou de informação ou se se colocar voluntariamente na situação de o fazer[2708] – ele fica obrigado a indemnizar o declaratário – artigo 246.º, *in fine*. Necessário será – nos termos gerais – que se mostrem reunidos os diversos pressupostos da responsabilidade civil. Note-se que esse preceito não faz qualquer limitação ao interesse negativo. Valem todos os danos provocados adequadamente, com o descuido.

IV. Compreensivelmente, a jurisprudência tem evitado aplicar esta figura. Assim, ela entende, uniformemente, que a falta de consciência da declaração só opera perante capazes[2709], enquanto em RCb 14-mai.-1996 se estabeleceu que tal falta só releva quando seja total: atingindo apenas parte do negócio, caberia recorrer ao erro[2710].

Uma utilização atualista da figura da falta de consciência da declaração ocorreu em RCb 26-jan.-1999: para evitar a inclusão, num contrato, de uma cláusula contratual geral concretamente injusta, da qual não houvera conhecimento[2711]: mas para isso há regras especiais. Além disso e quando alegada, a falta de consciência tem de se provar, o que não é fácil[2712].

[2708] No fundo: se ele agir com *culpa in contrahendo*, numa aproximação feita, nos preparatórios, por Rui de Alarcão: *Breve motivação* cit., 89.

[2709] REv 25-jan.-1996 (Pereira Carvalho), CJ XXI (1996) 1, 277-278 (277/II): no caso, tratava-se de um testamento feito por incapaz. Em rigor – e caso não houvesse boas razões para tentar restringir a figura – nenhuma razão se perfila para não a aplicar a incapazes, desde que (o que não terá sido o caso), se verificassem os seus requisitos. Orientação semelhante ocorre em RCb 11-jul.-2000 (Helder Almeida), CJ XXV (2000) 4, 6-9 (8/II), em STJ 4-out.-2001 (Oliveira Barros), CJ/Supremo IX (2001) 3, 61-65 (63/II) e em RPt 19-dez.-2012 (Luís Lameiras), Proc. 1267/06.

[2710] RCb 14-mai.-1996 (Francisco Lourenço), CJ XXI (1996) 3, 10-14 (13/II).

[2711] RCb 26-jan.-1999 (Eduardo Antunes), CJ XXIV (1999) 1, 9-12 (11/II).

[2712] Assim, REv 20-set.-2007 (Fernando Bento), Proc. 1216/07.

§ 63.º A falta de consciência da declaração

Em compensação, não se vê como invocar falta de consciência da declaração quando esta seja atestada em documento autêntico, com base na perceção da entidade documentadora; aí, haveria que invocar, desde logo, a falsidade do documento[2713].

[2713] RCb 31-mai.-2011 (Barateiro Martins), CJ XXXVI (2011) 3, 32-41 (37): este acórdão contém importantes considerações sobre a falta de consciência da declaração.

§ 64.º A INCAPACIDADE ACIDENTAL

284. Enquadramento

I. O Direito civil considera personalidade jurídica a qualidade de destinatário de normas jurídicas, ou seja, a suscetibilidade de se ser titular de direitos ou adstrito a obrigações. Por seu turno, a capacidade jurídica é a medida de direitos e de deveres de que uma pessoa possa, respetivamente, ser titular e destinatária[2714].

Na capacidade subdistingue-se, por seu turno, entre capacidade de gozo e capacidade de exercício: a primeira traduz a medida de situações que o sujeito considerado possa encabeçar; a segunda equivale às situações que o mesmo possa exercer pessoal e livremente.

II. O ser humano tem personalidade jurídica e capacidade de gozo plena: surge como centro de imputação de normas jurídicas e pode ser titular da generalidade das situações jurídicas legitimáveis pelo Direito. Já quanto à capacidade de exercício: ela é plena para os maiores (123.º), sendo reduzida para quem não tenha dezoito anos de idade (127.º). Os menores devem, por isso, ser representados (124.º), sendo anuláveis os atos que pratiquem, no campo da sua incapacidade (125.º).

O maior pode ser interdito do exercício dos seus direitos quando, por anomalia psíquica, surdez-mudez ou cegueira, se mostre incapaz de governar suas pessoas e bens (138.º). Fica, então, equiparado ao menor, no tocante à capacidade (139.º). Para casos menos graves, a lei prevê a inabilitação (152.º), fixando determinadas incapacidades de exercício, já que devem ser assistidos por um curador (153.º).

As pessoas coletivas têm personalidade jurídica e uma capacidade de gozo sujeita a determinadas limitações. Quanto à capacidade de exercício:

[2714] Sobre toda esta matéria, remete-se para as rubricas competentes do presente *Tratado*, IV.

ela é plena, devendo ser exercida pelos titulares dos órgãos competentes, no âmbito de um nexo de organicidade.

O tema da capacidade, designadamente a de exercício, é, *summo rigore*, uma questão ligada à personalidade singular[2715].

III. As regras sobre incapacidades (de exercício) visam a proteção do próprio incapaz. Elas correspondem a determinados *status* das pessoas, fixados em abstrato, justamente para a sua proteção: os estados de menor, de interdito e de inabilidade. Tais *status* são publicitados através do registo civil, pelo que o público que contacte com os sujeitos visados conhece ou deve conhecer a sua incapacidade. Consegue-se, assim, o equilíbrio historicamente possível entre a tutela do incapaz e a proteção do tráfego e da segurança jurídicos.

IV. Todavia, pode suceder que, independentemente da inclusão nalgum *status* que envolva incapacidade, uma concreta pessoa se encontre, pontualmente, incapaz de entender e/ou de querer: por abuso de bebidas alcoólicas ou de drogas ou por qualquer superveniência ou anomalia que afete o seu espírito. Os Direitos dos diversos países previram, assim, ao lado das incapacidades legais, as denominadas incapacidades naturais: as que, mercê de perturbações no discernimento ou na vontade, atinjam pontualmente uma pessoa capaz. É o que ocorre nos §§ 104/2 e 105 do BGB[2716], com a cominação da nulidade e no artigo 428.º do Código italiano, com a da anulabilidade[2717].

A matéria surge, nesses ordenamentos, ligada à capacidade em geral: no BGB, à capacidade negocial e, no Código italiano, à temática das interdições.

[2715] Corresponde a uma distorção dogmática considerar as pessoas coletivas como incapazes; de facto, elas funcionam no espaço jurídico através dos seus órgãos, os quais têm poderes de representação, de tipo orgânico: sujeitos a regras próprias, distintas das da representação comum, voluntária ou legal.

[2716] Othmar Jauernig, BGB/*Kommentar*, 11.ª ed. (2004), §§ 104 e 105 (44 e 45); Hans-Georg Knothe, no *Staudinger* §§ 90-124; 130-133, *Allgemeiner Teil* 3 (2012), § 104, Nr. 4 ss. (283 ss.); Jochen Schmitt, no *Münchener Kommentar* cit., 1, 6.ª ed., § 104, Nr. 9 ss. (1081 ss.); Manfred Wolf/Jörg Neuner, *Allgemeiner Teil* cit., 10.ª ed., § 34, Nr. 2 ss. (368 ss.).

[2717] Irene Ambrosi, em Pietro Rescigno, *Codice civile* cit., 1, 7.ª ed., 818-823.

O sistema lusófono optou por uma solução distinta: reconduz a matéria à área das declarações de vontade, sob a designação incapacidade acidental[2718]. Vamos ver.

285. O Código de Seabra e os códigos brasileiros

I. O tema da incapacidade acidental obteve, no Código de Seabra, um tratamento original: o do artigo 353.º. Este preceito abria, precisamente, um título sobre incapacidade acidental, situado na parte relativa à capacidade civil. Dispunha:

> Os actos e contractos, celebrados por pessoas que accidentalmente se acharem privadas, ao tempo delles, de fazerem uso da sua razão, por algum accesso de delirio, embriaguez ou outra causa similhante, poderão ser rescindidos, se, dentro dos dez dias immediatos ao seu restabelecimento, essas pessoas protestarem perante algum tabellião, na presença de duas testemunhas, e intentarem a acção competente dentro dos vinte dias seguintes.
> (...)

Tínhamos, então, um específico remédio da área das incapacidades, com um regime adaptado: a rescisão com prévio protesto. A doutrina precisava alguns aspetos e, designadamente: "*outra causa similhante*" poderia ser a ira[2719]. A lei não exigia que a contraparte tivesse conhecimento de tais factos: donde a estreiteza do prazo. Tudo jogava bem.

II. O artigo 354.º do Código de Seabra dispunha que a rescisão por incapacidade acidental não obstava à aplicação de outros remédios jurídicos. Havia, assim, um claro esquema de cumulação.

[2718] Sobre toda esta matéria, com importantes indicações, Paulo Mota Pinto, *Declaração tácita* cit., 291-312.

[2719] José Dias Ferreira, *Codigo civil portuguez annotado* 1, 2.ª ed. (1894), 249; Cunha Gonçalves, *Tratado de Direito Civil* 2 (1930), 731, acrescentava ainda a "sugestão hipnótica" e a "grande irritação pela desobediência ou incorreção de um filho ou filha...". Junqueira de Azevedo, *Negócio jurídico* cit., 153, sublinha que esta solução se justifica ainda por razões de prova: nas incapacidades permanentes, pode provar-se, tempos volvidos, o que se passa, ao contrário das acidentais.

III. O Código Civil brasileiro de 1916 não comportava um preceito expresso, relativo à incapacidade acidental. Já no Código de 2002, surge um artigo 3.º que considera absolutamente incapazes as pessoas que, mesmo por causa transitória, não puderem exprimir a sua vontade.

286. A preparação do Código de 1966

I. Na preparação do Código Civil de 1966, surgiram diversas dúvidas, sistemáticas e de fundo.

Inicialmente, a matéria da incapacidade acidental (ou natural) foi pensada para o capítulo relativo às incapacidades e às formas do seu suprimento. No competente anteprojeto, o conselheiro Américo Campos Costa propôs (14.º)[2720]:

> 1. São anuláveis os actos praticados por quem, [não] estando embora interdito, tenha estado incapaz de entender ou de querer por qualquer causa, ainda que transitória, no momento da conclusão do acto, contanto que deste resulte grave prejuízo para o seu autor.
> 2. A anulação dos contratos só pode ser decretada quando, pelo prejuízo causado ou que se possa causar à pessoa incapaz de entender ou de querer ou pela qualidade do contrato ou por qualquer outra circunstância, se mostre ter havido má fé da parte cointrária.

II. Na 1.ª revisão ministerial, o preceito foi simplificado, mantendo-se no campo da interdição. Segundo o artigo 111.º[2721]:

> Aos actos praticados pelo interdito antes da publicação dos anúncios referentes à acção de interdição é aplicável o regime a que estão sujeitos os actos praticados por quem, não estando embora interdito, tenha estado incapaz de entender ou de querer por qualquer causa, ainda que transitória.

III. Na 2.ª revisão ministerial, surge um artigo 257.º, sobre incapacidade acidental[2722], semelhante ao preceito hoje vigente. A matéria transitou, pois, do campo das incapacidades de exercício para o da declaração de

---

[2720] Américo Campos Costa, *Incapacidades e formas do seu suprimento/Anteprojecto do Código Civil*, BMJ 111 (1961), 195-231 (216).
[2721] BMJ 107 (1961), 52.
[2722] *Código Civil, Livro I – Parte geral (2.ª revisão ministerial)* (1965), 100.

vontade. Tem interesse: no fundo, equivale a manter a particularidade do Código de Seabra, ainda que com uma linguagem menos clássica.

A sanção de anulabilidade também se afigura vantajosa, uma vez que permite, ao incapaz acidental, optar, depois, pela manutenção do negócio, se lhe convier,

Já a distinção entre incapacidade acidental e falta de consciência da declaração levanta dúvidas. Adiante retomaremos o tema.

287. Os pressupostos

I. Na sequência da evolução apontada, dispõe, hoje, o artigo 257.º[2723]. Esse preceito fixa condições subjetivas e objetivas. Subjetivamente, ele aproveita a qualquer pessoa que (n.º 1):

– se encontrava acidentalmente incapacitada: acidentalmente contrapõe-se a permanentemente ou persistentemente, altura em que se aplica o regime da menoridade ou o da interdição/inabilitação; aos atos do interdito anteriores à ação aplica-se, também, o regime da incapacidade acidental (150.º);

– por qualquer causa: a lei não distingue; podem-se elencar factos patológicos extrínsecos, como a embriaguês ou o efeito de psicotrópicos ou de estupefacientes, factos patológicos intrínsecos, como uma doença súbita dos foros psicológico ou psiquiátrico, um delírio febril, um estado de pânico ou um trauma e factos não-patológicos, como a hipnose, o sonambulismo, o cansaço extremo, a euforia perante um acontecimento fasto ou um acesso de ira ou estado *ab irato*;

– de entender o sentido da declaração: a causa acidentalmente incapacitante atinge a capacidade intelectiva da pessoa; podemos distinguir a perceção (o agente não atentou no idioma usado ou não foi capaz de ouvir ou de ler), o raciocínio (o agente percecionou a matéria, mas não foi capaz de a posicionar no tempo, no espaço ou na escala valorativa ou de a relacionar com outros dados, de

---

[2723] Heinrich Ewald Horster, *A parte geral* cit., 346 ss.; Paulo Mota Pinto, *Declaração tácita* cit., 294 ss.; Carlos Alberto da Mota Pinto, *Teoria geral* cit., 4.ª ed., 538; Luís Carvalho Fernandes, *Teoria geral* cit., 1, 5.ª ed., 370-372; Pedro Pais de Vasconcelos, *Teoria geral* cit., 7.ª ed., 581-582. De notar que Carvalho Fernandes coloca a incapacidade acidental no domínio das incapacidades.

modo a formular um juízo capaz) e a comunicação (o agente ficou bloqueado, quanto a emitir uma declaração coerente ou consonante com os demais elementos);
– ou de exercer livremente a sua vontade: a causa afetou a autonomia do declarante, impelindo-o seja a decidir mecanicamente, seja a proceder de modo aleatório.

II. Evidentemente: este afã analítico retrata mal a realidade envolvida. Os elementos subjetivos (a causa eficiente e as limitações ao discernimento e à liberdade) atuam num conjunto inseparável. Na prática, o próprio pode ter dúvidas sobre se perdeu discernimento e em que segmento ou se viu limitado o grau de livre-arbítrio que se impunha. Todavia, a análise tem a sua utilidade.

III. O artigo 257.º/1 fixa, ainda, o importante requisito objetivo de o facto ser notório ou conhecido do declaratário. O 257.º/2 explicita que o facto é notório quando uma pessoa de normal diligência o teria podido notar.

De que facto se trata? Pela análise gramatical do preceito, o "facto" reporta-se ao conjunto antes referido, ou seja: a pessoa que, por qualquer causa, se encontrava acidentalmente incapacitada de entender o sentido da declaração ou não tinha o livre exercício da sua vontade. Partindo deste ponto, poderíamos descartar a "causa", já que qualquer uma serve. Todavia, na generalidade dos casos, é percetível, sobretudo, a causa. Por exemplo, perante um ébrio, fica claro que não é altura de contratar e isso independentemente de se indagar a sua concreta capacidade de entendimento ou de livre autodeterminação.

Concluímos, assim, que o facto conhecido ou notório é o que se reporta à situação, no seu conjunto e que desemboca no défice de entendimento ou de liberdade.

IV. A circunstância de relevar o facto notório, como tal se entendendo o que uma pessoa de normal diligência teria podido notar (257.º/2), introduz uma dimensão valorativa, no instituto da incapacidade acidental.

A pessoa de normal diligência – o *bonus pater familias* – tem o encargo, quiçá o dever, de não contratar com quem saiba ou deva saber não estar na posse de todas as suas faculdades de entendimento e de livre decisão. Quando o faça, sujeita-se, desde logo, à impugnabilidade no negócio, por via do próprio 257.º/1. Mas além disso, pode incorrer em responsabilidade, por violação de deveres de lealdade e de segurança *in contrahendo* (227.º/1) ou, até, por atentado a direitos de personalidade (483.º/1).

Esse dever de cuidado na contratação exprime-se numa ponderação do interlocutor e, ainda, das circunstâncias que rodeiam a declaração. Quando esta seja feita num banquete de casamento ou de batizado, numa taberna, numa discoteca ou à saída de um jogo de futebol vitorioso, há que redobrar de cautelas pois, provavelmente, haverá incapacidade acidental.

V. Finalmente: o jogo dos pressupostos procura um equilíbrio entre a tutela do declarante e da sua vontade e a do tráfego e da confiança. À partida, a incapacidade acidental, até pelas suas conexões linguísticas com a doutrina geral das incapacidades, visa proteger o declarante-incapaz. No entanto, essa proteção depende de a própria incapacidade ser (ou dever ser) conhecida pelo declaratário: ficam asseguradas a confiança deste e a segurança do tráfego.

Como, todavia, o sistema lusófono é essencialmente objetivista, repousando no fator "confiança do destinatário", o artigo 257.º tenderá a ser interpretado restritivamente: só releva a incapacidade acidental clara e radical e que, pelo aparato, seja (ou deva) ser conhecida pelo declaratário.

VI. Pergunta-se, por fim, se este instituto é aplicável à pessoa que, propositadamente, se coloque numa situação de incapacidade acidental. Por exemplo, depois de negociado um contrato, o declarante apresenta-se, no cartório notarial, em estado de patente embriaguês.

O artigo 257.º/1 é claro: funciona perante *qualquer causa*. Não obstante, as posições jurídicas que dele emerjam sujeitam-se, como todas as outras, à sindicância do sistema. Assim, a pessoa que propositadamente se coloque em situação de incapacidade acidental pode, quando pretenda anular o negócio celebrado, ser detida por abuso do direito, designadamente nas modalidades de *venire contra factum proprium* ou de *tu quoque*. Caso a caso haverá que verificá-lo.

288. As figuras afins e o regime

I. Na determinação do regime da incapacidade acidental, é particularmente útil a distinção de figuras afins.

A incapacidade acidental distingue-se das incapacidades legais, correspondentes a *status* da pessoa singular: a menoridade (123.º), a interdição (139.º) e a inabilitação (153.º/1). Estas últimas equivalem a situações estáveis, que se prolongam no tempo e que são publicitadas através do registo civil. Já a acidental ocorre pontualmente e, na falta de publicidade, deve ser detetada e apreciada sumariamente pelo declaratário. Os atos praticados pelos legalmente incapazes são anuláveis, mas no âmbito de uma invalidade que segue regras especiais fixadas para os menores (125.º e 127.º), aplicáveis aos interditos (139.º) e aos inabilitados (156.º), com as devidas adaptações.

II. Mais delicada é a delimitação da falta de consciência da declaração (246.º). Conceptualmente, a separação é clara[2724]:

– na falta de consciência da declaração, o agente mantém o discernimento e a liberdade; simplesmente, julga mover-se fora do palco do juridicamente relevante;
– na incapacidade acidental, o agente, apesar de saber-se na área negocial, não tem discernimento ou liberdade para concretizar a atividade jurígena.

Na prática, a sobreposição entre as duas figuras é fácil: basta que o acidentalmente incapaz, além da falta de discernimento ou de liberdade quanto ao que declare, também não se aperceba de que profere uma declaração com conteúdo jurígena. Cabe-lhe, então, acolher, das duas figuras, qual a que lhe convém invocar; ou alegar as duas, conjunta ou supletivamente.

III. Também a declaração não-séria (245.º) sobrevive no confronto com a incapacidade acidental. Naquela, o declarante tem discernimento e liberdade, quando faz a declaração. Esta, todavia, não é séria, havendo a expectativa de que essa falta de seriedade seja percetível pelo declaratário.

IV. O artigo 2199.º comporta um regime especial de incapacidade acidental, no domínio do testamento. Aí, como não existe a necessidade de proteger a confiança do declaratário, já que o testamento é um negócio unilateral, desaparece o requisito do conhecimento do facto da incapacidade ou da sua notoriedade[2725].

[2724] Quanto à distinção entre as duas figuras: RCb 31-mai.-2011 (Barateiro Martins), CJXXXVI (2011) 3, 32-41 (35-36).
[2725] STJ 25-fev.-2003 (Fernando Pinto Monteiro), CJ/Supremo XXVIII (2003) 1, 109-111 (110/II).

Por seu turno, o artigo 234.º do Código de Processo Civil (ex-242.º) ocupa-se da incapacidade de facto do citando fixando, para ela, determinado regime.

V. A declaração feita sob incapacidade acidental é anulável. Em termos práticos e mau grado o vício, o declarante pode optar por conservar o negócio: basta que, passado o óbice, ele faça um juízo favorável sobre o contratado ou que, não obstante o sucedido, o mesmo declarante prefira honrar a sua palavra.

Curiosamente, o regime da incapacidade acidental pode ser mais vantajoso para o declarante atingido do que o da falta de consciência da declaração ou o da declaração não-séria. Nestas duas situações, a declaração "não produz efeitos", situação que convolamos para a nulidade. O declarante não as pode, pois, aproveitar, ainda que supervenientemente, elas se lhe venham a revelar favoráveis. Já na incapacidade acidental, a mera anulabilidade confere, ao declarante, o direito potestativo de impugnar o negócio: direito que exercerá, ou não, conforme o que melhor lhe convenha.

289. A aplicação prática

I. O artigo 257.º e o instituto da incapacidade acidental, que ele comporta, assumem, na prática, o seu papel efetivo.

A jurisprudência tem entendido, em moldes estritos, o dispositivo da incapacidade acidental. Assim, segundo um acórdão do Supremo de 3-mai.-1971 – o primeiro que se ocupou da figura – a anulação por via do artigo 257.º obedeceria a três requisitos[2726]:

– condições psíquicas de não entender e querer;
– no momento da prática do ato;
– e sendo isso facto notório ou do conhecimento do declaratário.

Explicou o Supremo que não era suficiente o enfraquecimento da vontade ou a obnubilação ou diminuição de faculdades do declaratá-

---

[2726] STJ 3-mai.-1971 (Jacinto Rodrigues Bastos), BMJ 237 (1971), 176-180 (179); em BMJ 237, 181, pode confrontar-se uma anotação com vastas indicações bibliográficas relativas à figura da incapacidade acidental, no âmbito do Código de Seabra.

rio[2727]. Torna-se muito difícil provar, *a posteriori*, a incapacidade e o seu conhecimento.

II. O preenchimento dos requisitos do artigo 257.º veio a ser sucessivamente recusado: em STJ 15-fev.-1989 – teria de se provar a incapacidade e o conhecimento dela pelo declaratário[2728] –, em STJ 15-out.-1991 – a incapacidade teria de ser cognoscível por um declaratário "com normal diligência"[2729] –, em RCb 7-jul.-1992 – onde se faz um paralelo com o artigo 2199.º, relativo à incapacidade acidental no testamento[2730] – e em STJ 21-mar.-1995 – que sublinha a exigência de um facto "...notório ou conhecido da outra parte" quando, no caso, havia uma mera depressão nervosa[2731].

Apenas a Relação de Évora, em acórdão de 25-jun.-1998, logrou aplicar o preceito, perante o caso de um trabalhador que assina uma rescisão de um contrato de trabalho sob influência do álcool: ora, logo após a assinatura, fez – eventualidade pouco frequente! – um teste adequado que revelou uma taxa de alcoolémia não inferior a 1 g.[2732]: mais de trinta anos volvidos sobre a entrada em vigor do Código Civil, surgiu, assim, um primeiro caso.

III. Subsequentemente, relevamos os casos seguintes:

– *STJ 4-out.-2001*: subsume-se no artigo 257.º (e não no 246.º) a situação do declarante que, ao tempo da declaração, estava acamado, com perda gradual do estado de consciência, não compreendendo o que se lhe dizia, deixou de conhecer o dinheiro e desinteressou-se pelas coisas e bens[2733];
– *STJ 9-dez.-2004*: num caso de interdição em curso, em que o artigo 257.º era aplicável por via do 150.º, entendeu-se que a presença de

---

[2727] STJ 3-mai.-1971 cit., BMJ 237, 180; no caso vertente, o Supremo recusou a aplicação do artigo 257.º, perante uma situação de arteriosclerose senil difusa, insuficiente, todavia, para destruir totalmente a vontade e o entendimento.
[2728] STJ 15-fev.-1989 (Pinto Ferreira), BMJ 410 (1991), 742-746 (744).
[2729] STJ 15-out.-1991 (Rui de Brito), BMJ 410 (1991), 742-746 (744).
[2730] RCb 7-jul.-1992 (Virgílio de Oliveira), CJ XVII (1992) 4, 57-63 (60/I).
[2731] STJ 21-mar.-1995 (Ramiro Vidigal), CJ/Supremo III (1995) 1, 130-132 (131/I) = BMJ 445 (1995), 480-485 (484).
[2732] REv 25-jun.-1998 (Gonçalves da Rocha), CJ XXIII (1998) 3, 298-300 (300/I).
[2733] STJ 4-out.-2001 (Oliveira Barros), CJ/Supremo IX (2001) 3, 61-65 (64).

dois médicos no ato de outorga de uma escritura pública, que garantiram ao notário a sanidade mental do alienante, não fez garantir não ser notória a insanidade então existente[2734];

– *STJ 7-nov.-2006*: cabe à interessada na anulação do ato provar que, apesar de várias diligências que empreendeu, estava acidentalmente incapacitada, ao celebrar o ato e, ainda, que essa situação era notória ou conhecida pela outra parte[2735];

– *STJ 5-jun.-2007*: ocupa-se da aplicabilidade do artigo 257.º à celebração de um mútuo ao consumo[2736];

– *STJ 13-jan.-2009*: a aplicabilidade do artigo 257.º não depende de o declarante vir, depois, a ser ou não declarado interdito; a defesa da segurança exige que o declaratário sabia ou devia-se ter apercebido de que o declarante não estava lúcido[2737].

IV. A incapacidade acidental corresponde, assim, a um tipo particular de falta de vontade na declaração, desenvolvido à margem da teoria do negócio jurídico. Apenas por razões contingentes ela surge no sector da declaração. Com requisitos estreitos de funcionamento e um regime benevolente – a mera anulabilidade – ela opera, contudo, como figura de retaguarda apta a enfrentar situações particulares.

Um campo de especial aplicação deste preceito será, hoje e infelizmente, o dos negócios manifestamente celebrados sob influência de psicotrópicos ou de estupefacientes. Além disso, o envelhecimento da população e o consequente aumento de patologias do cérebro levam a que o Direito civil lhe deva prestar a maior atenção.

[2734] STJ 9-dez.-2004 (Moreira Alves), CJ/Supremo XII (2004) 3, 131-134 (132/I).
[2735] STJ 7-nov.-2006 (Borges Soeiro), Proc. 06A2585.
[2736] STJ 5-jun.-2007 (Moreira Camilo), CJ/Supremo XV (2007) 2, 102-107 (194/I).
[2737] STJ 13-jan.-2009 (Hélder Roque), Proc. 08A3809 = CJ/Supremo XVII (2009) 1, 43-47 (47/II).

§ 65.º AS DECLARAÇÕES NÃO-SÉRIAS

290. Ideia geral e evolução

I. A declaração diz-se não-séria quando o declarante, apesar de lhe dar uma conformação jurídica, a faça não com o objetivo de concluir um negócio mas, simplesmente, de efetuar uma tirada jocosa, jactante, publicitária, cénica ou ilustrativa[2738]. A intenção do declarante pode ser boa, neutra, desagradável ou maléfica. O Código Civil ocupa-se dessa matéria no seu artigo 245.º e prevê um determinado regime.

II. O Direito romano já conhecia a eventualidade de declarações não-sérias, prevendo que as mesmas não produzissem efeito[2739]. O fragmento conhecido pressupunha que o destinatário estivesse consciente da não-seriedade[2740]. Disse Paulo[2741]:

> Verborum quoque obligatio constat, si inter contrahentes id agatur: nec enim si per iocem puta vel demonstrandi intellectus causa ego tibi divero; 'spondes'? et tu responderis 'spondeo', nascetur obligatio[2742].

[2738] Manuel de Andrade, *Teoria geral* cit., 2, 218 e, em parte, Pires de Lima/Antunes Varela, *Código Anotado* cit., 1, 4.ª ed., 231. Sobre toda esta matéria, em especial: Paulo Mota Pinto, *Declaração tácita* cit., 253-262.
[2739] Max Kaser, *Das römische Privatrecht* cit., 1, 2.ª ed., § 59, I (242).
[2740] Martin Josef Schermaier, HKK/BGB cit., 1, §§ 116-124, Nr. 47 (439-440).
[2741] Paulo D. 44.7.3.2 = ed. Dionisius Gothofredus, Nápoles, 3 (1830), 451.
[2742] Em português:

> A obrigação também consta das palavras se entre os contraentes disso se tratar: com efeito, nem por jocosidade nem para demonstrar o raciocínio se eu te disser 'spondes'? e tu respondentes 'spondeo', nasce uma obrigação.

O espírito prático romano, perante o relevo escasso de situações desse tipo, não desenvolveu o tema[2743].

III. Savigny referia[2744]:

> As mesmas palavras que são habitualmente utilizadas a propósito de um negócio jurídico podem ser usadas por graça, ou como exercício numa aula de língua ou de Direito ou numa representação dramática.
> Elas podem ainda ser usadas num negócio efetivo, mas com um significado puramente simbólico, de tal modo que o sentido verbal imediato permaneça totalmente ineficaz.

Afigura-se-nos, destas palavras e do contexto, que Savigny considerava tais negócios como ineficazes. Não requeria, porém e expressamente, a cognoscibilidade, pela contraparte, do carácter não sério[2745].

Jhering, por seu turno, optava pela natureza vinculativa da declaração não séria, caso o destinatário não se apercebesse da falta de seriedade[2746], numa opção compartilhada por Windscheid[2747].

IV. A matéria foi debatida, aquando da preparação do BGB[2748]. Daí resultou o § 118 (falta de seriedade), que dispõe:

> Uma declaração de vontade não efetuada seriamente, realizada com a expectativa de que a falta de seriedade não seria desconhecida, é nula.

Este preceito exerceu uma influência decisiva no Código Civil de 1966: de novo a doutrina alemã apresenta o maior relevo, teórico e prático, no entendimento e na aplicação do Direito lusófono.

[2743] Reinhard Zimmermann, *The Law of Obligations* cit., 644.
[2744] Friedrich Carl von Savigny, *System* cit., § 134 (3, 260).
[2745] Com muitos elementos, Paulo Mota Pinto, *Declaração tácita* cit., 255, nota 172.
[2746] Rudolf von Jhering, *Culpa in contrahendo* cit., 74.
[2747] Bernhardt Windscheid, *Wille und Willenserklärung/Eine Studie*, AcP 63 (1880), 72-112 (103-104); vide, também, Windscheid/Kipp, *Lehrbuch des Pandektenrechts* cit., 9.ª ed., § 75 (1, 382), já com referência ao BGB.
[2748] Martin Josef Schermaier, HKK/BGB cit., 1, §§ 116-124, Nr. 47 (440).

Perante ele, a doutrina fez as seguintes precisões úteis, de resto, para o Direito lusófono[2749]:

– quanto ao escopo: ele visa a proteção do declarante, que ficará ao abrigo das consequências normais do que diga, sem seriedade; o § 118 é, de resto, um caso especial de falta de consciência da declaração[2750];
– quanto ao âmbito: ficam abrangidas quaisquer declarações não--sérias, independentemente das suas razões;
– quanto à cognoscibilidade da falta de seriedade: a lei não exige que ela seja objetiva; pode ser ponderada, em cada caso, perante o concreto declaratário; a declaração não-séria pode dirigir-se a um preciso destinatário, justamente porque, mercê do histórico ou das suas especiais qualidades, o declarante esperava que a não-seriedade fosse reconhecida[2751].

Na hipótese de graça de mau gosto (*böser Scherz*) que, contra o esperado, seja tomada a sério, deve o declarante, por via da boa-fé, avisar de imediato o declaratário[2752].

A doutrina sublinha que o § 118 não tem aplicação prática. Apenas o *Reichsgericht*, em acórdão de 24-nov.-1941, fez apelo a esse preceito[2753]: mal, segundo Flume[2754].

291. A doutrina de Seabra e os preparatórios

I. O tema das declarações não-sérias mereceu, ao tempo do Código de Seabra, a atenção de Guilherme Moreira. Este Autor sublinha que, no

---

[2749] Werner Flume, *Das Rechtsgeschäft* cit., 4.ª ed., § 20, 3 (412-415); Christian Armbrüster, no *Münchener Kommentar* cit., 1, 6.ª ed., § 118, Nr. 2 (1160-1162); Nicola Preuss, *Geheimer Vorbhalt, Scherzerklärung und Scheingeschäft*, Jura 2002, 815-820 (818/I ss.).
[2750] Reinhard Singer, no *Staudinger* cit., § 118, Nr. 5 (555).
[2751] Christian Armbrüster, no *Münchener Kommentar* cit., 1, 6.ª ed., § 118, Nr. 6-7 (1161-1162).
[2752] *Idem*, Nr. 10 (1162).
[2753] RG 24-nov.-1941, RGZ 168 (1942), 204-206; de facto, parece tratar-se de erro.
[2754] Werner Flume, *Das Rechtsgeschäft* cit., 4.ª ed., § 20, 3, nota 3 (414).

negócio jurídico, está em causa a autonomia da vontade mas, também, o interesse da coletividade. E conclui[2755]:

> Do que fica dicto resulta que a *reserva mental*, pela qual uma das partes intencionalmente declara que quer o que realmente não quer com o fim de enganar a outra, não póde ser invocada para rescindir um acto juridico, e tambem não póde constituir fundamento para a annullação do acto juridico o facto de se haver declarado a vontade *causa ludendi*, quando a pessoa a quem essa declaração é dirigida não tenha motivo para suppor que a declaração não é seriamente feita.

José Tavares baseia a eficácia ou a ineficácia das declarações não-sérias (e da reserva mental), seja na "certeza" e na "segurança das transacções", seja na própria eficácia jurídica da vontade. Inocêncio Galvão Telles atribui a eficácia das declarações não-sérias, sendo a falta de seriedade oculta, à aplicação da ideia de responsabilidade[2756]. Finalmente, Manuel de Andrade distingue as declarações não-sérias (não visam enganar ninguém) da reserva mental e contrapõe as jocosas (*ludendi causa*), as cénicas, as didáticas (*demonstrationis causa*), as jactansiosas e as publicitárias. Quanto a efeitos: o negócio é nulo quando o declaratário sabia, ou devia saber (p. ex., nas didáticas ou nas cénicas) da não-seriedade da declaração.

II. Nos preparatórios, as declarações não-sérias obtiveram, em conjunto com a reserva mental, um pequeno estudo de Rui de Alarcão[2757]: facilitado pela doutrina anterior. O Autor optou, todavia, pela não produção de efeitos da declaração não-séria, dobrada, todavia, por um dever de indemnizar, quando o declaratário não soubesse nem devesse saber da falta de seriedade[2758]. Afirma apoiar-se no Direito alemão embora se afaste do § 118 do BGB, que considera a declaração "nula". Alarcão entendeu dever deixar em aberto a hipótese de se considerar nem haver qualquer declaração negocial, com base em citação italiana. Propôs o texto seguinte:

[2755] Guilherme Moreira, *Instituições do Direito civil* cit., 1, n.º 157 (403-404); os itálicos são do original.
[2756] Inocêncio Galvão Telles, *Dos contratos em geral*, 1.ª ed. (1947), n.º 66 (135-136).
[2757] Rui de Alarcão, *Reserva mental e declarações não sérias/Anteprojecto para o novo Código Civil*, BMJ 86 (1959), 225-231.
[2758] *Idem*, 229-231.

§ 65.º As declarações não-sérias

A declaração feita não sèriamente, na expectativa de que não será desconhecida a falta de seriedade, não produz efeito, se o declaratário não sabia nem devia saber da não seriedade, deve, todavia, o declarante indemnizá-lo pelos danos resultantes de ter confiado na validade da declaração.

III. A 1.ª revisão ministerial reduziu o preceito à primeira proposição: retirou qualquer referência à responsabilidade (216.º)[2759]. Esta foi reintroduzida na 2.ª revisão (245.º), com uma redação semelhante à atual e num número 2[2760].

Podemos considerar terem sido ensaiadas, nos preparatórios, diversas saídas para o problema. Curiosamente, a hipótese de entender eficaz o negócio jurídico não-sério, mas cuja falta de seriedade não fosse (nem devesse ser) conhecida pelo destinatário, foi prematuramente afastada.

Há, aqui, uma quebra intrassistemática perante o regime da reserva mental. Veremos, pela interpretação, como transcender este óbice.

292. O regime vigente

I. Tudo visto, consta, do Código Civil, um dispositivo expressamente dedicado às declarações não-sérias. Segundo o seu artigo 245.º/1,

A declaração não-séria, feita na expectativa de que a falta de seriedade não seja desconhecida, carece de qualquer efeito.

Tudo reside na ideia de declaração não-séria. Esta locução é, tal como no Direito alemão, muito estreita: ficam envolvidas todas as situações nas quais o declarante não tenha a intenção de emprestar, à declaração feita, uma dimensão jurídico-negocial, esperando que o "declaratário" disso se aperceba. Passando a dissecar a ideia, temos:

– uma declaração linguisticamente capaz de exprimir uma declaração negocial eficaz: uma afirmação descabida ou disparatada, em si ou pelo contexto, não tem qualquer relevância capaz de avocar o artigo 245.º;
– acompanhada pela falta de vontade (de consciência) de lhe emprestar uma dimensão jurídica;

[2759] BMJ 107 (1961), 95.
[2760] *Código Civil/Livro I – Parte geral (2.ª revisão ministerial)* (1965), 96.

– em termos que, de algum modo, se reflitam seja no seu teor, seja nas circunstâncias que acompanhem o sucedido: uma falta de seriedade puramente íntima, que não assuma uma dimensão de alteridade, não releva para o Direito;
– e na expectativa de que a falta de seriedade não seja desconhecida, isto é, de que o destinatário se aperceba dela; esta "expectativa" deve alicerçar-se em algo de substancial, seja objetivamente (todos percebem a falta de seriedade) seja subjetivamente (o concreto destinatário deveria aperceber-se disso dado, por exemplo, o historial de brincadeiras entre ambos existente).

II. Na dúvida, haverá que interpretar a declaração não-séria, à luz do artigo 236.º, para verificar se a falta de seriedade é acessível ao horizonte do destinatário: normal, na posição do real.

Não logramos construir um especial dever, a cargo do declaratário, de indagar da seriedade das declarações negociais que lhe sejam dirigidas: o Direito é assunto sério; todos têm a consciência de que os contratos devem ser cumpridos e de que as declarações de vontade são para valer. Opera, apenas, o dever geral de prestar atenção ao que se ouça e veja, quando se pretende concluir um negócio.

III. E se, mau grado a "expectativa" do declarante, a falta de seriedade não for cognoscível? Nessa eventualidade, cairíamos na reserva mental – artigo 244.º/1. Uma declaração não-séria, feita de tal modo que a não-seriedade não seja percetível tem (objetivamente) o intuito de enganar o declaratário[2761]. A "sanção" será, nessa altura, a validade da declaração – artigo 244.º/2.

Como ponto de suplementar dificuldade, o artigo 245.º/2 consagra, aparentemente, uma regra para a declaração não-séria que passe por verdadeira:

> Se, porém, a declaração for feita em circunstâncias que induzam o declaratário a aceitar justificadamente a sua seriedade, tem ele o direito de ser indemnizado pelo prejuízo que sofrer.

[2761] Só por esta via conseguiremos distinguir a declaração não-séria que passe por verdadeira – a "graça pesada" – da reserva mental; *vide* as hesitações e dificuldades denotadas em Castro Mendes, *Teoria geral* cit., 3, 190-191.

Tomando à letra esta previsão, a declaração não-séria, justificadamente aceite como boa, e a reserva mental ficariam indistinguíveis. O quadro – em nome de uma interpretação sistemática – terá de ser o seguinte:
– declaração patentemente não-séria: aplica-se o artigo 245.º/1;
– declaração patentemente não-séria, mas que, por particulares condicionalismos, enganou o declaratário: aplica-se o artigo 245.º/2;
– declaração secretamente não-séria: aplica-se o regime da reserva mental, sendo o negócio válido e eficaz.

O regime português atinente a declarações não-sérias e às figuras circundantes será, deste modo, dos mais completos e subtis. A jurisprudência já recorreu a ele para enquadrar casos atípicos. Assim, em STJ 9-nov.-1999, entendeu-se que o contrato-promessa assinado pelas partes sem qualquer vontade de celebrar um negócio e sem visar o engano de terceiros não produz quaisquer efeitos por ser ... não-sério[2762].

IV. Queda, ainda, uma hipótese: a da declaração normal que, por força das circunstâncias, seja entendida como não-séria. O declaratário que, nessa base, a aceita, fica vinculado?
A chave reside no artigo 236.º. Se a declaração for tomada, pelo declaratário normal, na posição do real, como não-séria, ela cai no artigo 245.º/1, mesmo quando fosse seriíssima. Logo, a sua aceitação é irrelevante. Fechamos a lógica objetivista do sistema lusófono.

[2762] STJ 9-nov.-1999 (Machado Soares), BMJ 491 (1999), 238-241 (240/I).

§ 66.º A RESERVA MENTAL

293. Ideia geral e evolução

I. Diz-se haver reserva mental (*reservatio mentalis*, *Geheimer Vorbehalt*) quando o declarante emita uma declaração contrária à sua vontade real, com o intuito de enganar o declaratário (244.º/1). Ou seja: o declarante quer uma coisa e diz outra: não por engano, mas para fazer crer, ao declaratário, que a sua vontade era diversa. Como bem se compreende, uma ocorrência deste tipo, totalmente inescrutável, não pode ser relevante. Todavia, o tema mereceu, ao longo da História, diversas reflexões[2763].

II. Os juristas romanos não prestaram grande atenção à eventualidade de *reservatio mentalis*[2764]: para práticos, afigura-se evidente que o contratante fica vinculado pelo que diga e não pelo que, no seu íntimo, terá pretendido! As hipóteses de reserva mental afloram em diversos fragmentos dos *digesta* sem que se possa caracterizar, com precisão, esse instituto[2765]. De resto, na falta de uma contraposição clara entre a vontade e a declaração, a própria ideia de reserva mental é difícil, sequer, de conceber.

III. A questão, aparentemente simples, complicou-se sob o canonismo. A primazia dada à ética e à consciência, sob o signo da *aequitas*, da *conscientia* e da *honestas* levou a uma certa relevância da *reservatio*, particularmente no casamento.

[2763] Como obra de referência sobre a reserva mental ao longo da História, deve ser referido Leif Böthcher, *Von der Lüge zur Mentalreservation/Über den Einfluss von Moralphilosophie und -teologie auf das Bürgerliche Recht* (2007), 279 pp..
[2764] Reinhard Zimmermann, *The Law of Obligations* cit., 644.
[2765] Para uma análise dos diversos textos, Leif Böthcher, *Von der Lüge zur Mentalreservation* cit., 53-80, concluindo, precisamente, nesse sentido – *idem*, 79-80.

§66.º A reserva mental

O caso-base, discutido no século XIII, foi o do homem que, intentando seduzir uma mulher, formalizou, com ela, um casamento, sob um nome falso; explicou, depois, que não pretendera contrair qualquer casamento válido; o Papa Inocêncio III, em decretal dirigida ao Bispo de Brixen, aceitou este argumento[2766].

Ao longo dos séculos, foram declarados nulos casamentos católicos por força da *reservatio mentalis* dos nubentes ou de algum deles. O Código do Direito Canónico de 1983 confere, no casamento, um relevo supremo ao *internus animi consensus* dos esposos. Este presume-se, em consonância com as palavras proferidas. Todavia, segundo o Cânone 1101.º/II, o casamento não é válido:

> si alterutra vel utraque pars positivo voluntatis actu excludat matrimonium ipsum vel matrimonii essentiale aliquod elementum, vel essentialem aliquam proprietatum[2767].

A prova é, todavia, complexa.

O papel da *reservatio*, no campo canónico, está de acordo com a dimensão espiritual dos vínculos constituídos entre os crentes. Independentemente disso, o canonismo opera como um elemento constitutivo do pensamento jurídico do Ocidente, que não pode ser alijado.

IV. No plano civil, a opção foi a inversa. Desde Azo (ca. 1150-1220), repete-se o brocardo: *propositum in mente retentum nihil operatur*[2768].

[2766] *Decretales Gregorii Papae IX*, Lib. IV, Tit. I, Cap. XXVI = ed. anotada de Veneza (1584), 1440; a análise cuidada desta Decretal pode ser confrontada em Leif Böthcher, *Von der Lüge zur Mentalreservation* cit., 115-129; vide Reinhard Zimmermann, *The Law of Obligations* cit., 645-646 (que retoma citações de Savigny), onde podem ser confrontadas as indicações subsequentes, bem como Martin Josef Schermaier, HKK/BGB cit., 1, §§ 116-124, Nr. 31-32 (428-429). A alegada ausência de intenção de casar foi especialmente discutida na falhada tentativa de anular o casamento entre Henrique VIII e Catarina de Aragão e na anulação, com êxito, do casamento entre Napoleão e Josefina de Beauharnais. A *reservatio* mergulha fundo, como se vê, na História e na Cultura europeias.

[2767] Em português:

> Se uma ou ambas as partes, por um ato positivo de vontade, excluírem o próprio matrimónio ou algum elemento essencial do matrimónio ou alguma propriedade essencial, contraem-no invalidamente.

[2768] Portius Azo, *Lectura super codicem* (anterior a 1200), ed. Paris (1531), ad. C. 2.4.25 (85): ninguém se pode prevalecer do que *in corde retinuit*. O tema foi retomado,

Todavia, referem-se, no Direito comum, cláusulas *ad cautelam*: declarações solenes, feitas perante o notário e pelas quais determinado negócio, ulteriormente celebrado, não corresponderia à vontade do próprio[2769]. Savigny considerou irrelevante, perante uma declaração de vontade que, secretamente, o declarante tenha uma vontade contrária[2770]. Todavia, o problema repõe-se a propósito da própria conceção da declaração e do negócio: perante o dogma da vontade, como admitir que uma pessoa ficasse ligada a uma declaração que, de todo, fosse contrária à sua vontade real?

Na resposta a essa questão, adensaram-se as tomadas de posição[2771], ao ponto de Alfred Manigk, numa frase muito repetida, considerar a reserva mental como o Cabo Horn onde soçobrava toda a teoria da vontade[2772].

V. Apesar de não haver quaisquer dúvidas quanto à irrelevância civil da reserva mental, os redatores do BGB decidiram expressá-la sem margem para dúvidas. Assim, segundo o seu § 116 (reserva mental)[2773]:

> Uma declaração de vontade não é nula porque o declarante se reservou mentalmente não querer o declarado.
> A declaração é nula quando aquele perante o qual ela seja prestada conheça a reserva.

---

ao longo dos séculos; refira-se a dissertação defendida em Leipzig, por Johann Valentin Schmid (Joannes Valentinis Schmidius), *De preposito in mente retento nihil operante* (1712), 44 pp., 2.

[2769] João de Castro Mendes, *Teoria geral* cit., 3, 193-194. Tais cláusulas seriam, hoje, irrelevantes, a menos que dirigidas ao destinatário que as conhecesse e, com elas, concordasse ...

[2770] Friedrich Carl von Savigny, *System* cit., § 134 (3, 258-259); este Autor cita a Decretal de Inocêncio III; *vide* a análise feita por Leif Böthcher, *Von der Lüge zur Mentalreservation* cit., 215-216.

[2771] Assim, para além de referências nas obras generalistas: Otto Bähr, *Über Irrungen im Contrahiren*, JhJb 14 (1875), 393-427 (400 ss.); Josef Kohler, *Studien über Mentalreservation und Simulation*, JhJb 16 (1878), 91-158 (91 ss.) e *Noch einmal über Mentalreservation und Simulation/Ein Beitrage zur Lehre vom Rechtsgeschäft*, JhJb 16 (1878), 325-356; Adolph von Scheurl, *Was ist Mentalreservation?*, AcP 78 (1892), 342-353; Karl Wolff, *Mentalreservation*, JhJb 81 (1931), 53-190.

[2772] Alfred Manigk, *Das rechtswirksame Verhalten* cit., 142; *vide*, p. ex., Reinhard Zitelmann, *The Law of Obligations* cit., 645 e Paulo Mota Pinto, *Declaração tácita* cit., 264, nota 183.

[2773] Com muitas indicações: Leif Böthcher, *Von der Lüge zur Mentalreservation* cit., 229-247.

Já foi suscitada a hipótese de o § 116/1 ter resultado de uma reação da maioria protestante da Comissão, perante a teologia moral católica[2774]. O preceito não suscita, hoje, especiais dúvidas[2775], sendo de escasso relevo prático[2776].

294. Os preparatórios e seus antecedentes

I. O Código de Seabra foi omisso, quanto à reserva mental. Guilherme Moreira, conhecedor do debate pandectístico, faz-lhe uma pequena referência, em conjunto com a já estudada declaração não-séria[2777]. Outros autores seguiram essa linha[2778], com relevo para Inocêncio Galvão Telles[2779] e para Manuel de Andrade[2780]: em princípio, ela é irrelevante, sendo o negócio válido e eficaz.

II. Nos preparatórios, Rui de Alarcão acolheu estas orientações, aproximando-se do § 116 do BGB. Propôs[2781]:

A declaração negocial não é nula pelo simples facto de o declarante a ter emitido sob a reserva, que foi seu intento ocultar do declaratário, de não querer aquilo que declarou. A declaração será, todavia, nula, se o declaratário tiver conhecido a reserva.

III. Este preceito manteve-se, na 1.ª revisão ministerial (216.º)[2782]. Na segunda, todavia, foi totalmente remodelado, recebendo a redação que passaria ao Código (244.º)[2783]. Fundamentalmente:

[2774] Heinz Holzhauer, *Dogmatik und Rechtsgeschichte der Mentalreservation*, FS Rudolf Gmür (1983), 119-140 (131-132); Leif Böthcher, *Von der Lüge zur Mentalreservation* cit., 235, considera esta hipótese exagerada.

[2775] Vide: Christian Armbrüster, no *Münchener Kommentar* cit., 1, 6.ª ed., § 116 (1148-1152); Reinhard Singer, no *Staudinger* cit., § 116 (484-492); Nicola Preuss, *Geheimer Vorbhalt* cit., 817/I ss..

[2776] Erwin Migsch, *Der durchschaute geheime Vorbehalt und verwandte Erscheinungen*, FS Gerhard Schnorr (1988), 737-749 (737), particularmente à luz do Direito austríaco.

[2777] Guilherme Moreira, *Instituições do Direito civil* cit., 1, 402.

[2778] Beleza dos Santos, *A simulação* 1 (1921), 78 e 85.

[2779] Inocêncio Galvão Telles, *Dos contratos em geral*, 1.ª ed. (1947), n.º 67 (136).

[2780] Manuel de Andrade, *Teoria geral* cit., 2, n.º 121 (215-218).

[2781] Rui de Alarcão, *Reserva mental e declarações não sérias* cit., 225-229.

[2782] BMJ 107 (1961), 95.

[2783] *Código Civil, Livro I – Parte geral (2.ª Revisão Ministerial)* (1965), 96.

– o n.º 1 passou a conter uma definição de reserva mental: uma técnica que, em princípio, se deve evitar;
– o n.º 2 dispõe a irrelevância da reserva, remetendo-a, todavia, para a simulação, quando ela seja conhecida pelo declaratário.

Não existem estudos conhecidos que suportem esta orientação. Na verdade, a simulação assenta em requisitos que a (mera) reserva mental, conhecida pela contraparte, não comporta. Veremos como, pela interpretação, ultrapassar o salto dogmático efetuado pelo revisor ministerial de 1965.

295. Reserva mental (244.º)

I. A reserva mental surge numa crescente caminhada para a eficácia jurídica, mas em termos ainda marcados pela ausência de vontade. Recordamos o artigo 244.º[2784],

> 1. Há reserva mental, sempre que é emitida uma declaração contrária à vontade real com o intuito de enganar o declaratário.
> 2. A reserva não prejudica a validade da declaração, excepto se for conhecida do declaratário; neste caso, a reserva tem os efeitos de simulação.

A noção parece clara: há declaração[2785] com um mero intuito interior de enganar o declaratário, não pretendendo o declarante aquilo que declara querer[2786]. Pode distinguir-se a reserva absoluta da relativa, consoante o

---

[2784] *Vide* Isabel Menéres Campos/Sérgio Mouta Faria, *Notas sobre a reserva mental*, Est. Heinrich Ewald Hörster (2012), 285-297.
[2785] A jurisprudência – REv 14-nov.-1996 (Fernando Bento), CJ XXI (1996) 5, 263-268 (265/II-266/I) – recusa a aplicação do regime da reserva mental quando falte uma declaração formal: discutia-se, aí, entre outros problemas, se um anúncio de venda de uma casa implicava a inversão do título da posse; alegada a reserva mental quanto ao anúncio, esta foi recusada, por não haver, propriamente, declaração. Além disso, todavia, faltavam os outros requisitos da reserva mental: esta está, efetivamente, talhada para declarações recipiendas, embora seja de admitir, caso a caso, a sua aplicação a outros tipos de atuação voluntária. O esbulho funciona, contudo, como um ato *stricto sensu*.
[2786] Eduardo Scuto, *Riserva mentale*, NssDI XVI (1969), 111-113 (111). Entre nós, *vide* Carlos Mota Pinto, *Teoria geral*, 4.ª ed. cit., 486-488; Luís Carvalho Fernandes, *Teoria geral* cit., 2, 5.ª ed., 190 ss. e 530-532; Pedro Pais de Vasconcelos, *Teoria geral* cit., 7.ª ed., 598-600; na jurisprudência: RLx 16-abr.-2009 (Carlos Mendes), Proc. 8849/05.

§66.º A reserva mental   821

declarante não pretenda nenhum negócio ou antes queira um negócio diferente do declarado. A reserva diz-se inocente ou fraudulenta conforme não vise prejudicar ninguém ou, pelo contrário, assuma *animus nocendi*.

II. A reserva mental sendo, como é, puramente interior – *propositum in mente retentum* – não prejudica a validade da declaração[2787]. Trata-se de uma evidência[2788]: como explica Manuel de Andrade, em palavras que mantêm a atualidade:

> É difícil conceber que exista alguém tão falho de senso jurídico que suponha que, pelo simples facto de não querer os efeitos jurídicos correspondentes à sua declaração, isto baste para invalidar o respectivo negócio[2789].

Esse Autor põe todavia a hipótese de alguém concluir um negócio que não queira, mas pensando ser o mesmo nulo por um vício que, na realidade, não se verifique. Nessa eventualidade tem, todavia, aplicação o regime do erro: não o da reserva mental: os motivos determinantes da vontade, relativos ao objeto (ou conteúdo) – artigo 251.º – assentaram num *error iuris*. Haverá que aplicar o competente regime, sendo ainda certo que a prova é difícil.

III. Em compensação, não há nenhuma evidência no final do artigo 244.º/2: manda aplicar o regime da simulação quando o declaratário conheça a reserva[2790]. De facto, a simulação pressupõe um acordo entre o declarante e o declaratário e o intuito de enganar terceiros – artigo 240.º/1.

[2787] Assim: RPt 16-mai.-1991 (Augusto Alves), CJ XVI (1991) 3, 231-234 (232/II). Em STJ 21-mai.-1998 (Silva Paixão), CJ/Supremo VI (1998) 2, 95-98 (97), numa hipótese de reserva mental num comodato, o Supremo explica que ela é irrelevante, por não prejudicar a confiança; não se provou, aí, que o declaratário a conhecesse; em 5-mai.-1998 (Pires da Rosa), CJ XXIII (1998) 3, 10-13 (12/II), a Relação de Coimbra, a propósito de um contrato de franquia (*franchising*) explicara, quanto a uma hipótese de reserva mental, que nem sequer fora invocada, pelo interessado, o seu conhecimento, por parte do destinatário; e em STJ 28-abr.-1999 (Mariano Pereira), CJ/Supremo VII (1999) 2, 185-193 (188/II), o Supremo, num caso em que um ofendido declarara que se encontrava totalmente ressarcido só para reaver parte do que lhe haviam tirado, também não relevou a reserva mental, por não se mostrar o conhecimento pela outra parte.

[2788] Karl Larenz/Manfred Wolf, *Allgemeiner Teil* cit., 9.ª ed., 644.

[2789] Manuel de Andrade, *Teoria geral* cit., 2, 216.

[2790] O Direito alemão considera, então, o negócio nulo, numa solução que Larenz//Wolf, ob. e loc. cit., também não consideram nada evidente.

Ora, na reserva conhecida pelo declaratário[2791], não há tal acordo nem, logicamente, o comum intuito de enganar terceiros. A remissão do final do artigo 244.°/2 deve, pois, ser lida em termos cabais: há uma remissão para a simulação *in totum*: esta só se aplicará se se encontrarem reunidos os seus diversos requisitos. Mas, à partida, a reserva mental conhecida pela outra parte dá azo a nulidade[2792]: passará a simulação se houver o acordo simulatório e a intenção de enganar terceiros.

As pessoas sentem-se e ficam vinculadas às palavras e aos atos: não aos pensamentos, ainda que porventura os conheçam ou pensem conhecer. A juridicidade está suficientemente ancorada nos corações e nos espíritos da Humanidade para ser da maior evidência que vale a declaração feita, ainda que, no fundo, a vontade fosse outra.

Caso o declaratário conheça a vontade real – portanto: a reserva do declarante *e com ela concorde* –, funciona o regime da *falsa demonstratio non nocet* – artigo 236.°/2.

O artigo 244.°/2 interpreta-se, pois, em termos restritivos e integrados.

IV. O fundamento da irrelevância da reserva mental já foi visto na defesa da confiança[2793]: de facto, desta pouco ficaria se qualquer declaração de vontade pudesse ser invalidada pela vontade íntima do seu autor. Mas nem é preciso ir tão longe: está em jogo, desde logo, a relevância negocial da declaração e da vontade[2794]. O declarante exterioriza o que quis declarar: e aqui reside a sua liberdade e a sua autonomia. Esta orientação[2795] deve ser sufragada.

[2791] Altura em que, de todo o modo, se pode pôr a hipótese da sua relevância: RLx 12-nov.-1998 (Ana Paula Boularot), Proc. 0059796.

[2792] STJ 10-jul.-2008 (Maria dos Prazeres Beleza), Proc. 07B1994 = RLJ 137 (2008), anot. João Calvão da Silva, 293-316.

[2793] *Vide* Reinhard Singer, *Selbstbestimmung und Verkehrsschutz* cit., 205 ss.

[2794] Werner Flume, *Das Rechtsgeschäft* cit., 4.ª ed., § 20, 1 (402), explica mesmo que a irrelevância da reserva em nada depõe contra a teoria da vontade.

[2795] Manfred Wolf/Jörg Neuner, *Allgemeiner Teil* cit., 10.ª ed., § 40, Nr. 3 (448).

SECÇÃO II
A AUSÊNCIA DE LIBERDADE

§ 67.º COAÇÃO

296. Generalidades e evolução

I. Examinadas as hipóteses radicais da ausência de vontade, cabe passar àquelas em que esta surge deformada pela falta de liberdade.

A tradição patente no Código de Seabra usa o termo coação[2796]. Anteriormente, a figura era tratada sob o epíteto "violência"[2797]. De resto, é de violência que, ainda hoje, falam os códigos civis francês[2798] e italiano[2799], enquanto o alemão prefere a locução "ameaça"[2800].

O aspeto linguístico é curioso: ele mostra como, dentro da mesma tradição românica, o fenómeno da coação pode ser tratado por ângulos diversos. De todo o modo, a expressão portuguesa atual é a mais correta:

[2796] Segundo o artigo 666.º desse Código,

 É nullo o contracto, sendo o consentimento extorquido por coação, ou esta provenha de algum dos contrahentes ou de terceiro.

[2797] Coelho da Rocha, *Instituições* cit., § 102 (1, 59); em Guilherme Moreira, *Instituições* cit., § 36, n.º 162 (1, 426) usa-se "coação" e "violência"; a influência do Código de Seabra contracenava com a locução mais antiga.

[2798] Artigo 1109.º: "*...consentement (...) extorqué par violence...*". O Código Civil do Quebeque preferiu usar o termo receio ("*crainte*"; "*fear*" na versão em inglês), no seu artigo 1407.º, assim se aproximando do *metus* (medo) latino.

[2799] Artigos 1434.º a 1436.º; segundo o primeiro "*La violenza è causa di annulamento...*".

[2800] Segundo o § 123 do BGB, "*Wer zur Abgabe einer Willenserklärung (...) durch Drohung bestimmt worden ist...*" ("Quem tiver sido determinado à emissão de uma declaração de vontade (...) através de ameaça..."). Na pandectística, surgia a expressão *Zwang*, equivalente a força ou a violência. *Vide* Siegmund Schlossmann, *Zur Lehre vom Zwange/ /Eine civilistische Abhandlung* (1874).

pode haver situações de privação de liberdade contratual sem que se deva falar de violência, de ameaça ou, até, de medo. Em compensação, haverá sempre um agir acompanhado (*co-actus*) e, como tal, não-livre.

II. A sugestão, a pressão, a coação e a violência têm sido, desde o início, companheiras indesejadas da Humanidade. O Direito existe, justamente, para conseguir que as relações humanas se racionalizem, evitando converter-se em meras relações de força. No Direito romano, a coação não surgiu como uma categoria abstrata, limitadora da liberdade na negociação. Ela impôs-se, antes, através das suas manifestações mais típicas e, designadamente, da violência (*vis*). Desde cedo se distinguiram, todavia, várias modalidades[2801], que foram tomando corpo progressivamente e por via pretoriana. De facto, apenas já num momento de relativa evolução se concluiu que, no campo negocial, a força também tinha um papel, que devia ser contido.

Em 71 a. C., o pretor Octávio inseriu, no seu Édito, uma *actio* (a *formula Octaviana*) que permitia a restituição do que se tivesse obtido pela força ou pela ameaça (*quod per vim et metum apstulisset*)[2802]. O remédio foi alargado, sendo uma das hipóteses da *in integrum restitutio*[2803]. O Edito consolidado comportava uma *actio quod metus causa*[2804], com conotações penais. Finalmente, o pretor veio conceder uma *exceptio metus*[2805], que permitia deter o pedido de execução de um negócio conseguido sob ameaça. Essa *exceptio* foi alargada aos casos de coação feita por terceiros, acabando por ser inerente aos diversos *bonae fidei iudicia*[2806], assim se generalizando.

[2801] Vittorio Scialoja, *Corso di istituzioni di diritto romano* (1934), 167 ss. e A. S. Hartkamp, *Der Zwang im römischen Privatrecht* (1874). Interessantes referências históricas podem ainda ser confrontadas em Junqueira de Azevedo, *Negócio jurídico* cit., 192 ss..

[2802] Com indicações: Max Kaser, *Das römische Privatrecht* cit., 1, 2.ª ed., § 59, III, 2 (243), Reinhard Zimmermann, *The Law of Obligations* cit., 653 e Martin Josef Schermeier, HKK/BGB cit., 1, §§ 116-124, Nr. 108 (485). Como obra de referência, também neste ponto: Sebastian Martens, *Durch Dritte verursachte Willensmängel* (2007), XX + + 428 pp., 8-25.

[2803] Paulo, D. 4.2.1 = ed. Okko Behrends e outros cit., II, 343: Quod metus causa gestum erit, ratum non habebo [o que for conseguido pelo medo, não será reconhecido].

[2804] Sebastian Martens, *Durch Dritte verursachte Willensmängel* cit., 29-32.

[2805] Ulpiano, D. 44.4.4.33: si in ea re nihil metus causa factum est.

[2806] *Da boa fé*, 83 ss. (87).

§ 67.º Coação

III. Tenha-se todavia presente que o conceito de *metus* era restritivo. Gaio definia-o desta forma[2807]:

> Metum autem non vani hominis, sed qui merito et in homine constantissimo cadat, ad hoc edictum pertinere dicemus[2808].

A sociedade romana era esclavagista e intrinsecamente violenta. Os seus valores incluíam a constância e a pressão. Houve, depois, uma evolução milenária, ditada pelo Cristianismo, para suavizar os costumes e alargar a ideia de coação.

IV. No período intermédio, sob o influxo aristotélico e tomista, operou-se uma contraposição entre a *vis compulsiva* e a *vis absoluta*. A primeira, equivalente *grosso modo* à depois dita coação moral, deixa ainda margem à vontade do sujeito (*voluntas coacta sed voluntas*), não invalidando o negócio: estará na origem do atual temor reverencial (255.º/3). A segunda, próxima da coação física, suprime a vontade do sujeito[2809]. A esta evolução, algo permissiva, na qual o Direito civil, além da segurança, dava amparo a alguns abismos da alma humana, contrapôs-se o canonismo que, na área do casamento, exigia a total liberdade. S. Tomás explicava: o casamento, ao contrário dos demais contratos, *debet esse perpetuum*.

Diz, precisamente, S. Tomás[2810]:

> (...) quod vinculum matrimonii est perpetuum. Unde illud quod perpetuitati repugnat, matrimonium tollit. (...) Ed ideo haec coactio tollit matrimonium, et non alia.

[2807] Gaio, D. 4.2.6 = ed. Okko Behrends e outros, 1, 344.

[2808] Em vernáculo: Porém não cabe nesto édito o medo de uma pessoa medrosa, mas sim aquele que, fundadamente, atinja um homem muito firme.

[2809] As fontes podem ser confrontadas em Martin Josef Schermeier, HKK/BGB cit., 1, §§ 116-124, Nr. 109 (486-487).

[2810] S. Tomás, *Summa Teologica*, Suppl. III, qu. 47, art. 3 ad 2 = ed. Leão XIII, *Opera omnia*, XII (1906), 90/II. *Vide* o Código de Direito Canónico, Cânone 1103.º:

> É inválido o matrimónio celebrado por violência ou por medo grave, incutido por uma causa externa, ainda que não dirigida para extorquir o consentimento, para se libertar do qual alguém se veja obrigado a contrair matrimónio.

Quanto ao pensamento de S. Tomás, *vide*, em especial, Sebastian Martens, *Durch Dritte verursachte Willensmängel* cit., 120-124.

V. Com o tempo, a *vis absoluta* manteve-se banida[2811]: ao ponto de os códigos recentes (salvo o de Vaz Serra) nem lhe fazerem referência. Já a coação moral é associada a um vício de vontade.

Afigura-se-nos, todavia, que a coação corresponde a representações sociais e jurídicas unificadas. Justifica-se o seu estudo conjunto.

297. A coação física; experiência lusófona

I. A primeira e mais radical forma de atentado à liberdade negocial é a coação física.

Na coação física, alguém é levado, pela força, a emitir uma declaração, sem ter qualquer vontade de o fazer. É a *vis absoluta*[2812]. Em rigor não há, na coação física, qualquer manifestação de vontade, mas tão-só uma aparência. Sabe-se, porém, que o jogo inseparável dos princípios da autonomia privada e da confiança não permite a sua erradicação do universo negocial: a declaração sem vontade é, ainda uma declaração.

O artigo 246.º do Código Civil autonomiza a figura da coação física, proclamando que a declaração negocial por ela originada não produz quaisquer efeitos. Apesar deste aceno à inexistência, desde já se adianta que a consequência da coação física é a nulidade: não há nenhuma inexistência como vício autónomo.

II. A distinção entre coação física e coação moral (*vis absoluta* e *vis compulsiva*)[2813], apesar dos antecedentes históricos, mantém-se melindrosa. À partida, a distinção far-se-ia pelos meios: na coação física, a força exercida sobre o declarante é material (por exemplo, pegar na mão à força para assinar) enquanto, na coação moral, ela seria psicológica (por exem-

---

[2811] Elementos sobre as codificações racionalistas e a *Common Law* inglesa podem ser confrontados em Sebastian Martens, *Durch Dritte verursachte Willensmängel* cit., 156 ss. e 227 ss..

[2812] Paulus, D. 4.2.2: *vis autem est majoris rei impetus, qui repelli non potest* [a violência, porém, é o ímpeto de uma força maior, que não pode ser repelida] também citado em Castro Mendes, *Teoria geral* cit., 3, 172; vide, na ed. bilingue de Behrends e outros, *Corpus Iuris Civilis* cit., 2, 344.

[2813] Reinhard Singer/Barbara von Finckenstein, no *Staudinger* cit., 1, § 123, Nr. 65 ss. (673 ss.). Sobre o Direito alemão vigente, com muitos elementos: Sebastian Martens, *Durch Dritte verursachte Willensmängel* cit., 306 ss..

plo, ameaças de agressão se não assinar)²⁸¹⁴. Mas a fronteira não é satisfatória: a droga que enfraquece a vontade é físico-psicológica, enquanto a agressão em curso tem, também, as duas dimensões.
Tentou-se, por isso, outra via: a distinção baseada no resultado. Aí, a coação física surgiria quando a pressão exercida sobre o declarante fosse tal que já não se pudesse falar em vontade dele; pelo contrário, ela seria moral sempre que a pressão ainda permitisse falar em vontade, ainda que deturpada pela ameaça. Mais satisfatória, esta via é complicada na sua concretização; uma mesma pressão pode ocasionar coação física ou moral consoante a pessoa atingida ou, até, conforme o estado de espírito de uma mesma pessoa.

III. A discussão tem relevância porque o pandectismo tradicional, firme no dogma da vontade, poderia descobrir, na coação física, uma falta de declaração, pelo que não haveria quaisquer efeitos e, na coação moral, uma verdadeira declaração, ainda que deformada²⁸¹⁵. Esta última conduziria à mera invalidade. Tal orientação passou à generalidade dos códigos civis e à doutrina sobre eles tecida²⁸¹⁶, com relevo, entre nós, para Guilherme Moreira²⁸¹⁷.
O Código de Seabra, contudo, não fazia a distinção – artigo 666.º, § único – o que permitiu a José Tavares defender a unidade das figuras²⁸¹⁸. A doutrina subsequente criticá-lo-ia²⁸¹⁹, apesar de, em Paulo Cunha, se encontrarem algumas considerações que poderiam depôr a seu favor. Diz Paulo Cunha:

> A verdade porém é que só num ponto de vista puramente subjectivo as coisas têm esta configuração. Aos olhos do próprio que foi vítima da maquinação e, contra vontade, fez fisicamente determinados gestos, estes não podem ser considerados como representando uma declaração. Mas aos

---

[2814] Tal a contraposição romana; nos autores mais recentes, passa-se muitas vezes da distinção assente nos meios para a do resultado, sem quaisquer explicações.
[2815] Ludwig Enneccerus/Hans-Carl Nipperdey, *Allgemeiner Teil*, 15.ª ed. cit., § 172, I (1059).
[2816] Karl Larenz/Manfred Wolf, *Allgemeiner Teil*, 9.ª ed. cit., 436-437 e 690 ss..
[2817] Guilherme Moreira, *Instituições* cit., 1, 426 ss..
[2818] José Tavares, *Princípios fundamentais* cit., 2, 514. Vide, também, Cunha Gonçalves, *Tratado* cit., 4, 327 ss., que as versa em conjunto.
[2819] Por exemplo, Cabral de Moncada, *Lições de Direito Civil* cit., 2, 3.ª ed., 323-324 e Manuel de Andrade, *Teoria geral* cit., 2, 270.

olhos das demais pessoas, já não é assim: os gestos praticados significam, objectivamente, uma declaração de vontade e portanto, para o mundo, como declaração de vontade são interpretados[2820].

O Código Vaz Serra, remando contra a corrente dos diversos códigos europeus – que apenas tratam da coação moral, como sucede com o BGB, § 123/I e com o Código italiano, artigo 1435.º – e contra o próprio anteprojeto[2821], consagrou a distinção entre a coação física e a moral. Além disso, apontou, para elas, regimes bem distintos.

IV. Temos, pois, de manter a contraposição; ela faz, aliás, parte da tradição jurídica lusófona do século XX.

A regra deverá ser a seguinte: qualquer situação de coação implica, à partida, o regime da coação moral: recordamos o brocardo *voluntas coacta, voluntas est* (a vontade coagida é vontade). Todavia, quando a situação seja de tal modo significativa que não possa falar-se de *voluntas*, por o coagido não ter, em termos de normalidade, margem de escolha (por exemplo: uma ameaça de morte totalmente verosímil), caímos na coação física.

V. Cumpre sublinhar que a técnica abstrata usada pelo legislador, para além de dúvidas concretas, pode conduzir a soluções injustas ou inconvenientes. Havendo coação moral, o negócio assim concluído é anulável – artigo 256.º; o coagido poderá invocar o vício mas não, em princípio, qualquer terceiro; deste modo, supervenientemente, cessando a coação e tornando-se, afinal, o negócio favorável, o coagido pode escolher mantê-lo. Porém, perante a coação física – artigo 246.º – o vício seria o da nulidade ou, quiçá, o da inexistência. O coagido, mesmo a querer conservar o negócio por, subsequentemente, se ter tornado favorável, já não o poderia fazer.

In concreto, o regime da coação física pode ser mais gravoso, para o coagido, do que o da coação moral... Como se vê, temos uma situação de disfunção valorativa, que recomenda as maiores cautelas aplicativas. No limite, a pessoa que exerça coação física e venha, depois, invocar a

---

[2820] Paulo Cunha, *Direito civil* cit., 1, 169. Este Autor acabaria, contudo, por manter a distinção: *Direito civil* cit., 2, 65 ss..

[2821] Rui de Alarcão, *Breve motivação* cit., 74-75 e 98, explicando as razões da opção.

nulidade daí decorrente incorre em abuso do direito, na fórmula *tu quoque*: pretende prevalecer-se do ilícito próprio.

VI. Na jurisprudência não surgem situações de coação física. Todavia, no tocante à posse violenta – artigo 1261.º/2 – a lei remete para os conceitos de coação física e moral. E de facto, na jurisprudência possessória, a propósito da posse violenta, ocorrem situações de coação física[2822]. Seja qual for o regime, deveremos sempre sublinhar que a violência, sob qualquer forma, repugna profundamente ao Direito civil e ao pensamento humanista que o sustenta[2823].

298. Coação moral; aspetos gerais

I. No Direito romano, a coação comum (*vis*) era tratada em paralelo com o medo (*metus*). Particularmente nos *bonae fidei iudicia*, a pessoa demandada cujo consenso houvesse sido subtraído mediante coação ou sob a influência do medo podia opor a *exceptio metus*, semelhante à *exceptio doli*[2824]. Mais tarde, veio a admitir-se uma *actio metus*, decalcada da *actio doli* e destinada a facultar, à pessoa atingida, a iniciativa de pôr em causa um negócio assente na vontade constrangida.

O repúdio pela violência e pelo medo é uma evidência para o Direito civil, desde os primórdios. Todavia, o problema dos negócios atingidos acusou, ao longo da História, múltiplas flutuações. Logo na base, há que

---

[2822] Vide os casos referidos na nossa *A posse*, 3.ª ed. cit., 99-100. De todo o modo, o artigo 246.º, na parte relativa à coação, aparece referido em RLx 29-set.-1992 (Joaquim Dias), CJ XVII (1992) 4, 153-161 (157/II), a propósito de um trabalhador que renunciara a certos direitos e em conjunto com a coação moral e em REv 26-set.-1996 (Geraldes de Carvalho), CJ XXI (1996) 4, 281-282, onde se diz simplesmente que a coação exerce-se sempre sobre pessoas, seja ela física ou moral. Em STJ 7-jul.-1999 (Dionísio Correia), BMJ 489 (1999), 338-340 (339/II), a propósito do esbulho, refere-se a coação física e a moral.

[2823] Já Savigny, *System* cit., 3, 117, escrevia que a violência é a pior e a mais perigosa perturbação da atuação jurídica.

[2824] Recorde-se Ulpiano, D. 50.17.116.pr.: *nihil consensui tam contrarium est qui ac bonae fidei iudicia sustinet, quam vis atque metus* (nada é tão contrário ao consenso que ampara os juízos de boa-fé do que a coação e o medo). A *exceptio metus* desenvolveu-se a partir da *exceptio doli*, tendo uma evolução a ela paralela. Quanto à semelhança entre as duas exceções, vide Ulrich von Lübtov, *Der Edikttitel "Quod metus causa gestum erit"* (1932), 187 ss., bem como os autores acima referidos, *supra*, 824-825.

definir o vício. Qualquer contrato é sempre concluído sob o estímulo de o fazer. Onde começam o medo e a ameaça? Os mesmos impulsos podem ser sentidos, diversamente, por pessoas distintas. Mais: a mesma pessoa pode, em especiais circunstâncias, sentir-se constrangida por certa atuação a qual, noutro momento, lhe seria indiferente. Afinal e como foi visto a propósito da coação física, *voluntas coacta voluntas est*: apesar da coação, ainda há vontade. Definido o vício, prosseguem as dúvidas: o que fazer do negócio atingido? Suprimi-lo, sem mais, pode ser desfavorável ao próprio coagido o qual, desaparecida a pressão, pode entender mantê-lo.

II. No Direito comum, o *quantum* de coação necessário para pôr em crise o negócio era deixado ao arbítrio prudente do juiz, distinguindo-se, ainda, conforme os tipos contratuais em causa[2825]. Mais tarde, conseguiu-se um tratamento unitário da figura, embora com dúvidas quanto às consequências: na pré-codificação francesa, Domat optava pela nulidade, enquanto Pothier se inclinava para um direito de rescisão[2826]. Nestas condições, compreendem-se as flutuações acusadas pelas codificações.

III. Na pré-codificação lusófona, o medo e a violência tinham já obtido um tratamento global: explica Coelho da Rocha que o medo é o efeito da violência. Para permitir anular um contrato, a violência teria de apresentar duas condições[2827]:

1.º que seja injusta; portanto, as ameaças de um litigio, do castigo, feita pela auctoridade competente, o temor reverencial, não annullam (...);
2.º e tal, que assusta uma pessoa sufficientemente animosa, attento o seu sexo, e dada a condição.

O Código de Seabra sintetizou o tema suprimindo a referência ao medo e dispondo, no seu artigo 666.º[2828]:

É nullo o contracto, sendo o consentimento extorquido por coacção, ou esta provenha de algum dos contrahentes ou de terceiro.

[2825] Helmut Coing, *Europäisches Privatrecht 1500 bis 1800* cit., 1, 420. Os grandes estudiosos da coação, das suas modalidades e dos seus requisitos foram os canonistas, especialmente a propósito do casamento, como foi referido.
[2826] *Apud* Helmut Coing, ob. e loc. cit..
[2827] Coelho da Rocha, *Instituições* cit., § 102 (1, 59).
[2828] Recorde-se que este preceito tanto abrangia a coação física como a moral; segundo Dias Ferreira, *Codigo Civil Portuguez Annotado* cit., 2, 2.ª ed., 14:

§ único. A coacção consiste no emprego da força physica ou de quaesquer meios, que produzam damnos, ou fortes receios d'elles, relativamente à pessoa, honra ou fazenda do contrahente ou de terceiros.

IV. A concisão dos textos legais não impediu a doutrina de, em obediência à tradição românica, distinguir múltiplas situações[2829]. Assim, a coação poderá ser principal ou apenas incidental, consoante atinja o essencial do negócio ou, tão-só, aspetos acessórios; poderá ser dirigida ao próprio ou ao terceiro, conforme a pessoa ameaçada; poderá visar a pessoa, a honra ou os bens do próprio ou de terceiros; poderá provir do declaratário ou de terceiros.

Para ser tida em conta pelo Direito, a coação terá de apresentar várias características. Retemos a enumeração apresentada por Manuel de Andrade, no âmbito do Código de Seabra[2830]:

a) Essencialidade: a coacção deverá determinar o núcleo da declaração;
b) Intenção de coagir: não lidamos, aqui, com o estado de necessidade; o declaratário terá, assim, de ser vítima de uma efectiva acção humana destinada a extorquir-lhe a declaração pretendida;
c) Gravidade do mal: variável embora, segundo as circunstâncias, o mal prefigurado pela ameaça deve ter peso bastante;
d) Gravidade da ameaça: independentemente do mal em si, há que ponderar a probabilidade da sua consumação e a sua seriedade;
e) Injustiça ou ilicitude da cominação: a "ameaça" do exercício de um direito (vou para Tribunal se não pagares) não é coacção.

A disposição do artigo 666.º comprehende tanto o damno presente como a ameaça de mal futuro, e tanto a coacção physica como a coacção moral, que são eguaes em resultados, posto que seja mais frequente no contractos a violencia moral, que ha de ser avaliada, menos com relação ao damno que d'ella podia resultar, do que com respeito á impressão que podia causar no animo do lesado.

A diferenciação seria, como se viu, preconizada por Guilherme Moreira, *Instituições* cit., 1, 426-427.

[2829] Em especial, o desenvolvimento de Manuel de Andrade, *Teoria geral* cit., 2, 267 ss..

[2830] *Idem*, 2, 273 ss.. Em RLx 27-jun.-1991 (Silva Paixão), CJ XVI (1991) 3, 165-168 (167/I) – portanto: já perante o Código Civil vigente – referiram-se os seguintes elementos: a) ameaça à pessoa, à honra ou à fazenda do declarante ou de terceiros; b) a ilicitude dessa ameaça; c) o propósito do comitente de extorquir a declaração mediante coação; d) o nexo genético entre a declaração, a ameaça e o receio de efetivação do mal.

299. Segue; o Código Vaz Serra

I. Na preparação do Código Civil de 1966, alguns destes termos foram tidos em conta. No anteprojeto de Rui de Alarcão, surgiram dois preceitos relativos à coação[2831]:

5.º
Coacção

1. A declaração negocial diz-se emitida sob coacção quando o declarante se determinou pelo receio de um mal, de que outrem ilicitamente o ameaçou com o fim de obter uma tal declaração.
2. O mal ameaçado pode dizer respeito à pessoa, honra ou fazenda do declarante ou de um terceiro.
3. Não constitui coacção a ameaça do exercício normal de um direito nem o simples temor reverencial.

6.º
Efeito da coacção sobre a validade do negócio

A declaração negocial extorquida por coacção é anulável, ainda que a coacção provenha de terceiro. Neste caso, porém, é necessário que seja grave o mal, bem como legítimo o receio da sua consumação.

Estes textos transitaram, com alterações de linguagem, para os artigos 255.º e 256.º, do Código Civil. De um modo geral, podemos considerar este dispositivo mais desenvolvido do que os dos Códigos francês – artigos 1111.º e 1112.º – e alemão – § 123 –, que trata em conjunto o dolo e a coação; fica aquém do italiano – artigos 1434.º a 1438.º. De todo o modo e como foi referido, a grande especificidade residiu na distinção entre a coação moral e a física[2832].

II. Seguindo a tradição, o Código Civil exclui, no artigo 255.º/3, do campo da coação, o exercício normal do direito[2833] e o simples temor reverencial. Este era definido por Coelho da Rocha como receio de desgostar

---

[2831] Rui de Alarcão, *Breve motivação* cit., 74-75; vide 98-100, as justificações.
[2832] *Supra*, 828; por esta contraposição se ficam múltiplas decisões que aludem à coação; cf. RLx 29-set.-1992 (Joaquim Dias), CJ XVII (1992) 4, 153-161 (157/II).
[2833] Quanto a esta figura, *vide* a monografia de Enrico del Prato, *La minaccia di far valere un diritto* (1990).

o pai, a mãe ou outros superiores a quem se deve respeito[2834]. Trata-se de um ponto cuidadosamente delimitado pelos canonistas, com vista a salvaguardar determinados casamentos. Hoje, o temor reverencial pode ocorrer, sobretudo, em situações de trabalho[2835].

Deve-se ter presente que, na coação negocial, o óbice enfrentado pelo Direito não reside na ilicitude da pressão mas, "apenas", na limitação da liberdade que ela possa ocasionar[2836].

III. À coação moral corresponde a sanção da anulabilidade – artigo 256.º[2837]. Assim se distingue da coação física, que nos leva à nulidade – artigo 246.º.

Na jurisprudência, são escassas as hipóteses de coação moral: normalmente, ela surge referida apenas para ser afastada[2838] ou, indiretamente, a propósito da posse violenta[2839]. Todavia, o Supremo decidiu-se por uma hipótese de coação moral, num caso curioso: a EDP ameaçara suspender o fornecimento de energia elétrica a um novo consumidor, como forma de o obrigar a pagar uma dívida que não era sua: todos os elementos da figura aí se verificariam[2840]. O caso é muito interessante e mostra a atualidade das velhas figuras românicas.

IV. Em compensação, os nossos tribunais não viram coação moral nos casos seguintes: um interessado queixa-se de que um banco, aproveitando a sua prisão preventiva por presumível emissão de cheque sem cobertura, o obrigou a renegociar certas dívidas em termos desfavoráveis: não se teria provado a ilegalidade, sendo certo que o tribunal ficou impressionado com a não-seriedade do interessado[2841]; uma pessoa prejudicada assina uma declaração de se encontrar totalmente ressarcida só para reaver

---

[2834] Coelho da Rocha, *Instituições* cit., 1, 60.
[2835] Assim: RPt 4-mai.-1998 (César Teles), CJ XXIII (1998) 3, 243-245 (245/I).
[2836] Werner Flume, *Das Rechtsgeschäft* cit., 4.ª ed., § 27, 1 (529).
[2837] Incidentalmente, RCb 14-mai.-1996 (Francisco Lourenço), CJ XXI (1996) 3, 10-14 (13/II).
[2838] Assim, RLx 1-fev.-1990 (Prazeres Pais), CJ XV (1990) 1, 152-155 (154/II).
[2839] Assim, REv 26-set.-1996 (Geraldes de Carvalho), CJ XXI (1996) 4, 281-282 (282/I).
[2840] STJ 11-mar.-1997 (Fernando Fabião), BMJ 465 (1997), 552-560 (557 e 558).
[2841] STJ 24-fev.-1999 (Ferreira de Almeida), BMJ 484 (1999), 371-380 (378/II); houve, aqui, coação, só que não foi considerada relevante, pelo fator apontado.

parte do que lhe haviam tirado[2842]; um trabalhador faz cessar o contrato de trabalho por mútuo acordo por a entidade patronal ter dito que iria piorar as suas funções: não se teria demonstrado a essencialidade da coação[2843]; um Município comunicou a uma empresa de captação de areias que lhe iria fechar as vias de acesso se ela não pagasse mais 50$00 por m3 de areia: não haveria ilicitude[2844]; o operador do serviço telefónico obtém o pagamento de determinada dívida sob a advertência de que iria cortar o serviço: não há coação[2845]; o filho do sacador de um cheque faz uma declaração confessória de dívida, por o tomador lhe dizer que, se não o fizesse, iria recorrer à Justiça: nada a opor[2846].

No seu conjunto, a nossa jurisprudência parece-nos pouco sensibilizada para o problema da coação. Haveria que ir mais longe.

[2842] STJ 28-abr.-1999 cit., CJ/Supremo VII, 2, 188/2; também se entendeu que não havia aqui reserva mental.
[2843] RLx 24-nov.-1999 (Manuela Gomes), CJ XXIV (1999) I, 163-165 (164/II).
[2844] RCb 27-abr.-1999 (Gil Roque), CJ XXIV (1999) 2, 37-40, confirmado por STJ 13-abr.-2000 (Nascimento Costa; vencido: Pereira da Graça), CJ/Supremo VIII (2000) 1, 156-162; neste caso, parece-nos haver coação.
[2845] STJ 11-mai.-2000 (Dionísio Correia), CJ/Supremo VIII (2000) 2, 54-58 (56/II).
[2846] STJ 15-jan.-2008 (Fonseca Ramos), Proc. 07A4313 = CJ/Supremo XVI (2008) 1, 42-45 (44-45).

SECÇÃO III

O ERRO

§ 68.º PROBLEMÁTICA E EVOLUÇÃO DO ERRO

300. Direito romano

I. O erro constitui uma área tradicionalmente extensa e complexa, na parte geral do Direito civil[2847]. Na verdade, dada a natureza falível da atuação humana, o grande óbice possível, em qualquer negócio, reside no engano de quem o celebre. O erro implica uma avaliação falsa da realidade: seja por carência de elementos, seja por má apreciação destes[2848] e, num caso e noutro, por atuação própria ou por intervenção, maldosa ou inocente, da contraparte ou de terceiros. Além disso, pode haver uma formação adequada da vontade e, todavia, ocorrer um óbice na sua exteriorização ou na sua comunicação. As hipóteses possíveis são infindáveis.

O erro suscita ainda um problema complexo, por via da contraposição de valores que coloca. Por um lado, a autonomia privada mandaria que, detetado o erro, a declaração fosse corrigida; mas por outro, a confiança suscitada no declaratário obriga à manutenção do que foi dito. Os Direitos positivos são, assim, levados a fazer cuidadas distinções.

Adiante-se, ainda, que, ao longo da História, não se desenvolveu, na raiz, uma teoria geral do erro: antes foram encarados núcleos problemáticos, com soluções de circunstância, que apenas ao longo dos séculos possibilitaram agrupamentos harmónicos.

[2847] *Vide* Vittorio Scialoja, *Corso* cit., 160 ss..
[2848] Não se distingue, em Direito, o erro da ignorância; assim Savigny, *System* cit., 3, 111.

II. No Direito romano, o regime do erro na formação do negócio[2849] desenvolveu-se a partir da sua modalidade mais gravosa: o dolo. Trata-se da situação na qual o declarante é induzido, através de artifícios e maquinações vários, em engano, pelo próprio declaratário. Nos *bonae fidei iudicia*, veio a admitir-se, nessas circunstâncias, a defesa, por parte do prejudicado, com recurso à *exceptio doli*[2850]. Seguiu-se o reconhecimento da *actio doli* e, depois, dos diversos tipos de *error*, independentemente de dolo.

Procurando sistematizar os fragmentos romanos[2851], podemos apontar três tipos de erro, consoante as relações que se estabeleçam entre ele e a vontade[2852]:

- o erro excludente: afasta a vontade do declarante, de tal modo que este confere ao seu ato um significado diverso do que ele tem exteriormente; o Direito não atribui, em princípio, relevância à declaração assim produzida;
- o erro motivante: origina a própria vontade, atingindo o seu processo causal e levando o declarante a praticar determinado ato; como o Direito não considera os atos nos seus antecedentes, este erro não conduziria à invalidade;
- o erro qualificante: o Direito associa-lhe resultados pela positiva: pense-se no erro de boa-fé.

O essencial reside na contraposição entre os dois primeiros tipos: o Direito afasta a eficácia quando não haja vontade de praticar o ato; admiti-la-á perante a vontade viciada. Tudo isto veio a conhecer diversos desvios e precisões.

[2849] O erro teve ainda um papel noutros institutos; vide Max Kaser, *Römisches Privatrecht* cit., 1, 2.ª ed., § 58, III (241).

[2850] Quanto à origem da *exceptio doli*, vide as indicações dadas em *Da boa fé* cit., 84 ss..

[2851] Segue-se, no fundamental, a orientação de Pasquale Voci, *Errore (diritto romano)*, ED XV (1966), 229-235.

[2852] Muitas vezes contrapõe-se apenas o erro sobre a declaração ou *falsa demonstratio* – a vontade formou-se corretamente mas o autor da declaração falhou ao transmiti-la – e o erro sobre a determinação causal da própria vontade; vide Emilio Betti, *Errore (diritto romano)*, NssDI VI (1960), 660-665 (660 e 661) e, anteriormente, H. von Hollander, *Zur Lehre vom "error" nach römischem Recht*, 2.ª ed. (1908), 70 ss..

III. No tocante ao erro excludente da vontade, o Direito romano distinguia[2853]:

a) *error in negotio*: o declarante pretendia celebrar um negócio – por exemplo: uma venda – e declarava doar; havia nulidade;
b) *error in persona*: o declarante troca a identidade do declaratário; havia nulidade quando a consideração da pessoa fosse essencial;
c) *error in corpore*: o declarante troca a identidade do objeto; havia nulidade;
d) *error in nomine*: o declarante troca apenas palavras, sendo, todavia, bem entendido: *falsa demonstratio non nocet*;
e) *error in quantitate*: há desacordo entre a quantidade declarada e a pretendida: a declaração salva-se dentro do menor limite entre as duas exceto, nos negócios bilaterais, se houver dissenso essencial;
f) *error in substantia*: há troca quanto ao material de que seja feito certo objeto; há nulidade, quando se trate de um fator essencial;
g) *error in domino*: alguém restitui coisa que, afinal, era do próprio; há nulidade.

O erro motivante não inquinava o ato: *falsa causa non nocet*. Os exemplos multiplicavam-se, nas deixas por morte.

O erro qualificante ocorre no campo da *usucapio*, do título putativo e em diversas outras manifestações da boa-fé subjetiva.

No Direito romano, o erro de Direito não podia, em princípio, ser invocado pelo próprio. Certas categorias de pessoas – menores, militares ou rústicos – poderiam, por vezes, fazê-lo.

301. Naturalismo, pré-codificação e Código Napoleão

I. Desde os primórdios do naturalismo, o tema do erro foi-se deslocando, sofrendo uma generalização. Deixou de ser, propriamente, um problema de conclusão dos contratos, para enformar uma questão de promessa

---

[2853] As diversas fontes romanas ilustrativas podem ser vistas em Voci, *Errore (diritto romano)* cit., 230 ss.. Vide, do mesmo Pasquale Voci, *L'errore nel diritto romano* (1937), Ugo Zilletti, *La dottrina dell'errore nella storia del diritto romano* (1961) e Joseph Georg Wolf, *Error im römischen Vertragsrecht* (1961), 23 ss., 79, 87 ss. e *passim*.
Uma ordenação não coincidente pode ser confrontada em Reinhard Zimmermann, *The Law of Obligations* cit., 587-590.

(*promisso*), na escolástica tardia e em Grócio[2854] para se assumir como reportado à declaração de vontade (*declaratio voluntatis* ou *mentis*). Essa ordenação permitiu a Savigny fixar uma nova dimensão para o erro: a da comunicação: é pretendido um negócio jurídico diverso do verbalmente comunicado[2855].

II. Além disso, deve dizer-se que, no período intermédio, a frieza do princípio *errantis voluntas nulla est*, ínsito no regime do erro excludente, perdeu espaço[2856], limitando-se a impugnação por ele possibilitada[2857]. Diversas distinções foram introduzidas procurando-se, designadamente, apreciar a gravidade do erro e a sua motivação na negligência do errante. Na pré-codificação setecentista, o erro de facto era considerado fundamento de invalidade, quando dele dependesse a convenção (Domat). Mantiveram-se, todavia, múltiplas distinções anteriores, que o Código Napoleão cortou, pela base, dispondo apenas o seguinte – artigo 1100.º:

O erro só é causa de nulidade da convenção quando atinja a própria substância da coisa sobre que recaia.
Não há qualquer nulidade quando ele recaia apenas sobre a pessoa com a qual se tenha a intenção de contratar, salvo se a consideração dessa pessoa for a causa principal da convenção.

Este preceito foi considerado muito insuficiente, provocando desenvolvimentos na doutrina e na jurisprudência[2858]. Entre outros aspectos, veio a ser exigida a excusabilidade do erro e a admitir-se a relevância do erro de Direito[2859]. De toda a forma, ficou a mensagem restritiva do *Code* e, ainda, a ideia de que o erro obstava ao consenso, base da lógica contratual[2860].

[2854] Martin Josef Schermaier, HKK/BGB cit., 1, §§ 116-124, Nr. 53 (444).
[2855] Friedrich Carl von Savigny, *System* cit., § 134 (262).
[2856] Ennio Cortese, *Errore (diritto intermedio)*, ED XV (1966), 236-246 (236 ss.).
[2857] Martin Josef Schermaier, HKK/BGB cit., 1, §§ 116-124, Nr. 54 (445-446).
[2858] *Vide*, com indicações, Terré/Simler/Lequette, *Droit civil/Les obligations* cit., 10.ª ed., n.º 209 (221).
[2859] Ferid/Sonnenberger, *Das französische Zivilrecht* I/1, 2.ª ed. cit., 485 ss..
[2860] *Vide*, com indicações, Helmut Coing, *Europäisches Privatrecht* cit., 2, 447-448.

302. As codificações subsequentes

I. Também a pandectística começou por operar uma simplificação no tema do erro[2861], de tal modo que o Código Civil alemão sintetizou a matéria com generalidade e eficácia, no § 119 (impugnabilidade por erro)[2862]:

> (1) Quem, aquando da emissão de uma declaração de vontade estiver em erro quanto ao seu conteúdo ou, simplesmente, não quisesse uma declaração desse conteúdo, pode impugnar a declaração quando seja de admitir que ele, conhecendo a matéria e perante a ponderação pensada do caso, não a teria emitido.
> (2) Vale como erro sobre o conteúdo da declaração também o erro sobre qualidades da pessoa ou da coisa que, no tráfego, sejam consideradas essenciais.

Todavia, a variedade de situações possíveis e as capacidades analíticas do pensamento jurídico alemão cedo levaram ao apuramento de diversas figuras de erro[2863]. Quer antes[2864], quer depois[2865] da aprovação do

---

[2861] Friedrich Carl von Savigny, *System* cit., § 115 (3, 111-120).

[2862] A bibliografia é inabarcável; *vide* indicações em Reinhard Singer, no *Staudinger* cit., § 119 (518 a 522) e, em termos mais contidos, em Manfred Wolf/Jörg Neuner, *Allgemeiner Teil* cit., 10.ª ed., § 41 (453-454).

[2863] *Vide* Bernhard Windscheid/Theodor Kipp, *Pandekten* cit., 9.ª ed., §§ 76 a 79a (1, 384-415), com múltiplas indicações. Na raiz de todo o desenvolvimento está a elaboração dos séculos XVIII e XIX e a ideia de que o erro atinge o negócio não como um (mero) vício do consentimento, mas como uma discrepância entre a vontade e a declaração; *vide* Helmut Coing, *Europäisches Privatrecht* cit., 2, 449.

[2864] Por exemplo: Ernst Zitelmann, *Irrtum und Rechtsgeschäft/Eine psychologisch-juristische Untersuchung* (1879) e Rudolf Leonhard, *Der Irrthum bei nichtigen Verträgen nach römischem Rechte/Ein Beitrag zur Vereinfachung der Vertragslehre* (1882) e *Ein Beitrag zur Irrthumslehre*, AcP 71 (1888), 42-48. Todas as *Pandekten* contêm largos desenvolvimentos sobre o erro.

[2865] Por exemplo: Heinrich Titze, *Die Lehre vom Missverständnis* (1910), Andreas von Tuhr, *Irrtum über den Inhalt einer Willenserklärung*, LZ 12 (1918), 126-134, Alfred Manigk, *Irrtum und Auslegung/Zwei Grundpfeiler der Lehre von der Willenserklärung* (1918), Paul Oertmann, *Doppelseitiger Irrtum beim Vertragschlusse*, AcP 117 (1919), 275-314, Otto Lenel, *Der Irrtum über wesentliche Eigenschaften*, AcP 123 (1925), 161-193 e Paul Krückmann, *Kalkulationsirrtum und ursprüngliche Sinn-, Zweck- und Gegenstandslosigkeit*, AcP 128 (1928), 157-208 e *Irrtum, veränderte Umstände und Geschäftsgrundlage*, LZ 27 (1933), 481-491.

BGB, multiplicaram-se os estudos monográficos sobre o erro. As análises continuavam desenvolvendo temas históricos[2866] e prosseguindo estudos comparativos[2867] e dogmáticos[2868]. Pensamos, de todo o modo, ser inegável uma crescente (re)simplificação dos problemas, com novas e mais operosas reduções dogmáticas.

Designadamente vieram a ser considerados[2869]: (a) o erro na declaração e o erro no conteúdo; (b) o erro sobre os motivos; (c) o erro sobre as qualidades da pessoa ou da coisa, como um especial erro sobre os motivos. Outras propostas têm ocorrido, em autores mais recentes[2870]: um tema que exigiria um estudo monográfico, aqui incomportável.

A reforma de 2001/2002, do BGB, veio, por seu turno, introduzir modificações cirúrgicas, em pontos delicados e, particularmente, sobre a alteração das circunstâncias (§ 313), sobre a dúvida (o erro!) quanto à idoneidade da outra parte (§ 321) e sobre as próprias relações semelhantes às negociais (§ 311)[2871].

II. O Código italiano, fruto de diversos estudos aprofundados, consagrou o tema da relevância do erro em dois princípios basilares: teria de

---

[2866] Assim: Peter Haupt, *Die Entwicklung der Lehre vom Irrtum beim Rechtsgeschäft seit der Rezeption* (1941).

[2867] Assim: Dietrich Rothoeft, *System der Irrtumslehre als Methodenfrage der Rechtsvergleichung/dargestellt am deutschen und englischen Vertragsrecht* (1968) e Hanno Goltz, *Motivirrtum und Geschäftsgrundlage im Schuldvertrag/Rechtsvergleichende Untersuchung unter Berücksichtigung des französischen, schweizerischen, italienischen und deutschen Rechts* (1973).

[2868] Em especial: Ludwig Ennecerus/Hans-Carl Nipperdey, *Allgemeiner Teil*, 15.ª ed. cit., §§ 166-171 (1028-1059), Werner Flume, *Das Rechtsgeschäft* cit., 4.ª ed., 415 ss., Larenz/Wolf, *Allgemeiner Teil*, 9.ª ed. cit., § 36 (651 ss.), Dieter Medicus, *Allgemeiner Teil*, 10.ª ed. cit., § 48 (304 ss.), Hans Martin Pawlowski, *Allgemeiner Teil*, 5.ª ed. cit., 245 ss. e no *Staudinger* cit., § 119, Nr. 34 a 117 (539-598).

[2869] *Vide*, com indicações, Martin Josef Schermaier, HKK/BGB cit., 1, §§ 116-124, Nr. 55-72 (447-461).

[2870] *Vide* Claus-Wilhelm Canaris, *Die Vertrauenshaftung* cit., 424 ss. e Reinhard Singer, *Selbstbestimmung und Verkehrsschutz* cit., 183 ss., bem como as considerações de Martin Josef Schermaier, HKK/BGB cit., 1, §§ 116-124, Nr. 73-82 (461-468).

[2871] *Vide* o nosso *Da modernização do Direito civil*, 67 ss. (97 ss.).

ser essencial e reconhecível pelo declaratário – artigo 1428.º[2872]. O erro é essencial, segundo o artigo 1429.º[2873]:

1) quando caia sobre a natureza do objeto do contrato;
2) quando caia sobre a identidade do objeto da prestação ou sobre uma qualidade do mesmo que, segundo a apreciação comum ou em relação às circunstâncias, se deva considerar determinante do consenso;
3) quando caia sobre a identidade ou sobre a qualidade do outro contratante, sempre que uma ou outra tenham sido determinantes do consenso;
4) quando, tratando-se de erro de direito, tenha sido a razão única ou principal do contrato.

O erro é cognoscível quando, dadas as circunstâncias, uma pessoa de diligência normal teria podido detetá-lo – artigo 1431.º. As disposições apontadas aplicam-se ao erro na declaração ou na transmissão – artigo 1432.º.

III. O pequeno excurso histórico e comparativo permite demonstrar que, sobre um tronco comum e com manifestos pontos de contacto, as diversas experiências europeias dispensam, ao erro, tratamentos codificados bastante diversos[2874].

Trata-se de uma matéria onde as tradições nacionais devem ser tidas em conta, particularmente quando se intente trabalhar com textos estrangeiros.

[2872] Gianluca Mauro Pellegrini, em Pietro Rescigno, *Codice Civile*, 1, 7.ª ed. cit., 2657-2658 e Carlo Rossello, *L'errore nel contratto* (2004), 37 ss..

[2873] *Vide* Pietro Barcellona, *Errore (diritto privato)*, ED XV (1966), 246-280 e Carlo Rossello, *Errore nel diritto civile*, DDP/SCiv, VII (1991), 510-523 e *L'errore nel contratto* cit., 57 ss..

[2874] Assim, *vide* a reflexões de Ugo Maffei, *Errore e raggiro nei contratti (in diritto comparato)*, DDP/SCiv VI (1991), 523-537 (537), que acrescenta aos termos de comparação os Direitos de *common law*. No (auto) denominado anteprojeto do *Código Europeu dos Contratos* (coord. Giuseppe Gandolfi, cit.), artigo 151.º, o erro tem uma margem estrita de relevância: fica confinado ao dolo e a casos muito graves, desde que o errante indemnize a outra parte. Há um retrocesso patente, em face de vários países, com indiferenciação de soluções.

303. A experiência lusófona

I. Na pré-codificação lusófona, a matéria do erro havia atingido já uma simplificação apreciável. Coelho da Rocha limitava-se a dizer[2875]:

> O erro, ou seja de direito ou de facto, annulla o acto, em que interveio, sempre que verse sobre cousa substancial, quer relativamente ao objecto, quer relativamente á pessoa.

Todavia, o Código de Seabra introduziu uma regulamentação mais complexa. Provavelmente sob uma certa influência da doutrina francesa, que mau grado a circunspecção do Código Napoleão procedera à destrinça de múltiplas hipóteses de erro[2876], o primeiro Código Civil lusófono veio distinguir, depois de, no seu artigo 656.°, ter proclamado que o consentimento, prestado por erro ou coação, produz a nulidade do contrato, as hipóteses seguintes:

Artigo 657.°

O erro do consentimento póde recahir:
1.° Sobre a causa do contracto;
2.° Sobre o objecto, ou as qualidades do objecto do contracto;
3.° Sobre a pessoa com quem se contracta, ou em consideração da qual se contracta.

Cumpre recordar o entendimento sumário dado a estes termos e o seu regime.

II. O erro sobre a causa era o erro sobre os motivos[2877], isto é, as razões que levaram as partes a contratar. O sistema de Seabra era o seguinte:

[2875] Coelho da Rocha, *Instituições* cit., § 100 (1, 58). Por seu turno, Corrêa Telles, *Digesto Portuguez* cit., 1, 34, explicava apenas:

> 236. É nullo o consentimento se interveio erro sobre a substancia da cousa, que faz o objecto do contrato.
> 237. O mésmo é havendo erro ácêrca da pessoa, quando pelas circunstancias se colija, que tal contrato não teria sido feito, se o erro fôra conhecido.

[2876] Marcel Planiol, *Traité élémentaire de Droit civil* 2, 3.ª ed. (1903), 354 ss..

[2877] O projeto primitivo, nos seus artigos 736.° a 738.° usava a palavra "motivo"; esta foi substituída por "causa" na sessão da Comissão revisora de 4-fev.-1865; *vide* Dias Ferreira, *Código annotado* cit., 2.ª ed., 2, 12 e Luiz da Cunha Gonçalves, *Tratado* cit., 4, 298.

o erro sobre a causa podia ser de direito ou de facto – artigo 658.°; o de direito produz nulidade, salvo se a lei disser o contrário – artigo 659.°; o de facto – artigo 660.° –,

(...) só produzirá nullidade, se o contrahente enganado houver declarado expressamente, que só em razão d'essa causa contractára, e esta declaração tiver sido expressamente acceita pela outra parte.

O erro sobre o objeto do contrato ou sobre as suas qualidades – artigo 661.° –,

(...) só produz nullidade havendo o enganado declarado, ou provando-se pelas circunstancias do mesmo contracto, egualmente conhecidas da outra parte, que só por essa razão e não por outra contractára.

O erro sobre a pessoa com quem se contrata – artigo 662.° – segue esse mesmo regime; respeitando ele a pessoa que não surja no contrato, aplica-se o disposto no acima examinado artigo 660.°. Os comentadores salientam que estes preceitos substituem as velhas regras sobre lesão e sobre vícios redibitórios[2878].

Finalmente: o erro comum e geral não vicia o contrato – artigo 664.° – enquanto o erro de *calculo arithmetico ou de escripta* apenas dá lugar à sua ratificação – artigo 665.°.

III. Coube a Guilherme Moreira fazer a transposição geral do sistema português do erro para o espaço germânico[2879]. Explica ele que o erro provoca a nulidade não por si, mas pela falta de correspondência entre a vontade real e a declarada, que sempre implica[2880]. Distingue ainda o erro na declaração do erro no "processo psicológico" da formação da vontade. Finalmente, Guilherme Moreira faz assentar o critério geral da invalidade por erro na essencialidade: ela ocorre:

[2878] José Dias Ferreira, *Codigo annotado* cit., 2.ª ed., 2, 13.

[2879] A bibliografia por ele referida, a propósito do erro, ainda que em traduções é, toda ela, alemã ou de inspiração alemã: Saleilles, Chironi e Abello, Windscheid, Dernburg, Scialoja, Melucci, Francesco Ferrara e Jhering.

[2880] Guilherme Moreira, *Instituições* cit., 1, 412.

(...) sempre que da própria declaração de vontade ou do proprio conteúdo do contracto resulte que este se não haveria effeituado, se não fôra o erro[2881].

Porém, trabalhando Moreira sobre o texto de Seabra, o produto da transposição apenas traduziu uma receção parcial. Subsequentemente, o tema do erro foi retomado monograficamente por autores importantes: Beleza dos Santos[2882], Ferrer Correia[2883] e Antunes Varela[2884]. Além disso, cumpre apontar desenvolvimentos significativos em obras gerais: particularmente Cabral de Moncada[2885] e Manuel de Andrade[2886]. Todo este esforço científico conduziu a uma receção diversificada – e em vários estádios – do pensamento jurídico-científico alemão, sobre uma base de cepa napoleónica e de tradição românica nacional.

IV. Neste pano de fundo, há que entender o esforço de Rui de Alarcão, aquando da preparação dos preceitos sobre erro que hoje constam do Código Civil[2887]. No fundamental, o competente anteprojeto aceitou linhas de força que provinham do Código de Seabra – por exemplo: o requisito da essencialidade[2888] – enriquecidas com elementos doutrinários subsequentes, como a dispensa da excusabilidade, propugnada por Ferrer Correia[2889]. Finalmente, o anteprojeto cometeu o feito único de, em lei, referir a doutrina da base do negócio[2890]; esta passaria, de resto, ao Código.

[2881] *Idem*, ob. cit., 413.

[2882] José Beleza dos Santos, *A simulação* cit., 1, 3 ss..

[2883] António Ferrer Correia, *Erro e interpretação na teoria do negócio jurídico* (1939), com a 2.ª ed. (1967) e diversas reimpressões (usa-se a 3.ª, de 1985).

[2884] João Antunes Varela, *Ineficácia do tratamento e vontade conjectural do testador* (1950), 75 ss..

[2885] Luís Cabral de Moncada, *Lições de Direito Civil*, 3.ª ed. (1959), 279-317; a 1.ª ed. é de 1932; na 4.ª ed. póstuma (1995), 609-639.

[2886] Manuel de Andrade, *Teoria geral* cit., 2, 233-255; na ed. publ. por Ricardo da Velha (de 1953), 205-234.

[2887] Rui de Alarcão, *Breve motivação do anteprojecto sobre o negócio jurídico, na parte relativa ao erro* cit., 71-72 e 86-94.

[2888] *Idem*, BMJ 138, 87.

[2889] Ferrer Correia, *Erro e interpretação* cit., 2.ª ed. 293 ss..

[2890] Alarcão justifica-se citando Vaz Serra, em passagem na qual este admite a equiparação da inexistência da base do negócio, no momento da celebração, ao seu desaparecimento superveniente; vide Vaz Serra, *Resolução ou modificação dos contratos por alteração das circunstâncias*, BMJ 68 (1957), 293-385 (381); quanto a Rui de Alarcão, vide *Breve motivação* cit., 93-94.

304. O Código de 1966 e os Códigos brasileiros

I. O Código de 1966 trata, hoje, o erro nos seus artigos 247.º a 252.º[2891]. O legislador parte do erro na declaração, onde fixa o regime geral – 247.º. Admite a validação do negócio – 248.º – e regula o simples erro de escrita – 249.º – e o de transmissão da declaração. Passa ao erro-vício sobre a pessoa ou sobre o objeto do negócio – 251.º – ao erro sobre outros motivos determinantes – 251.º/1 – e conclui com o erro sobre a base do negócio – 252.º/2.

O sistema exposto distingue-se claramente dos demais sistemas que para ele contribuíram. Assim:

– é marcadamente doutrinário: na sua elaboração jogaram múltiplos estudos teóricos, aprofundados mas alheios à prática jurisprudencial;
– distingue – contra o alemão e ao encontro do italiano – o erro na declaração ou erro-obstáculo – artigo 247.º – do erro na formação da vontade ou erro-vício – artigos 251.º e 252.º; simplesmente, contra o italiano[2892], parte do primeiro para o segundo e não o inverso;
– coloca a relevância do erro na cognoscibilidade, pelo declaratário, da essencialidade do elemento sobre que ele recai e não na mera essencialidade para o declarante – sistema alemão[2893] – ou na cognoscibilidade do próprio erro, pelo declaratário – sistema italiano[2894];
– mantém a categoria de Seabra do erro residual, que exige acordo sobre a essencialidade de motivos periféricos – artigo 252.º/1;
– introduz a categoria única do erro sobre a base do negócio, para o submeter ao regime da alteração das circunstâncias – artigo 252.º/2.

[2891] Jan Dirk Harke, *Das Irrtumsrecht des portugiesischen Código Civil: Gegenmodell zum Nebeneinander von Erklärungs- und Sacherhaltsirrtum*, ZeuP 2001, 541-561.

[2892] O Código italiano fixa o regime a propósito do erro-vício – artigos 1428.º ss. – e manda aplicar as competentes disposições ao erro-obstáculo.

[2893] Recorde-se o § 119 do BGB, temperado embora pelo dever de indemnizar, a cargo do declarante, quando o declaratário acreditasse na validade da declaração, salvo se conhecesse ou devesse conhecer o vício – § 122.

[2894] Assim, o artigo 1428.º do *Codice*, depois desenvolvido nos preceitos subsequentes.

II. O regime português do erro continua a merecer intervenções dogmáticas fortes[2895]. Tomado ponto por ponto, ele levanta perplexidades e, até, francas discordâncias em diversas zonas: a sua origem fragmentária e a insuficiência das transposições em que assenta a tanto conduzem[2896]. Todavia, no seu conjunto, ele permite cinzelar um sistema com uma identidade marcada, equilibrado e dotado de imensas potencialidades de progresso. A sua análise expositiva deve, hoje, fazer-se a par com o conhecimento da sua aplicação.

III. O Código Civil brasileiro de 1916, em secção relativa ao erro e à ignorância, começa por considerar anuláveis os atos jurídicos, quando as declarações de vontade emanarem de erro substancial (86.º). Este é definido (87.º) como o que:

(...) interessa á natureza do acto, o objecto principal da declaração, ou alguma das qualidades a elle essenciais.

O artigo 88.º considerava também erro substancial o relativo às qualidades da pessoa a que se refira a declaração de vontade. A transmissão errónea da vontade podia arguir-se de nulidade.

Estamos, claramente, perante um esquema romano-germânico[2897].

IV. O Código de 2002 manteve, no essencial, o esquema de 1916, aperfeiçoando-o (138.º a 144.º). Vamos consignar, pelo seu interesse, o texto do artigo 139.º:

O erro é substancial quando:
I. interesse à natureza do negócio, ao objeto principal da declaração, ou a alguma das qualidades a ele essenciais;
II. concerne à identidade ou à qualidade essencial da pessoa a quem se refira a declaração de vontade, desde que tenha influído nesta de modo relevante;
III. sendo de direito e não implicando recurso à aplicação da lei, por o motivo único ou principal do negócio jurídico.

[2895] Carlos Ferreira de Almeida, *Texto e enunciado* cit., 1, 102 ss. e Paulo Mota Pinto, *Declaração tácita* cit., 344 ss., um e outro com inúmeras indicações.
[2896] Vide *Da boa fé* cit., 1084 ss..
[2897] Vide Manuel Paulo Merêa, *Codigo civil brasileiro anotado* cit., 51-52.

Um especial aplauso merece o artigo 138.º, que fixa os requisitos da relevância do erro. Dispõe:

São anuláveis os negócios jurídicos, quando as declarações de vontade emanarem de erro substancial que poderia ser percebido por pessoa de diligência normal, em face das circunstâncias do negócio.

§ 69.º O ERRO NA DECLARAÇÃO (ERRO-OBSTÁCULO)

305. A essencialidade e o conhecimento (247.º)

I. Segundo o artigo 247.º[2898],

Quando, em virtude de erro, a vontade declarada não corresponda à vontade real do autor, a declaração negocial é anulável, desde que o declaratário conhecesse ou não devesse ignorar a essencialidade, para o declarante, do elemento sobre que incidiu o erro.

Este preceito reporta-se ao erro na declaração ou erro-obstáculo: a vontade formou-se corretamente; porém, aquando da exteriorização ou da comunicação, houve uma falha, de tal modo que a declaração não retrata a vontade do declarante[2899]. A lei não delimita os elementos sobre os quais recaia o erro na declaração, para este ser relevante. Podem, pois, ser quaisquer uns, desde que essenciais para o declarante e portanto:

– elementos nucleares do contrato: o objeto, o conteúdo ou outros aspetos principais;
– elementos circundantes: características acessórias do objeto, cláusulas acidentais ou fatores periféricos diversos;

[2898] *Vide*: Heinrich Ewald Hörster, *A parte geral* cit., 560-566; Paulo Mota Pinto, *Declaração tácita* cit., 360-411 e *Requisitos de relevância do erro nos princípios de Direito Europeu dos Contratos e no Código Civil*, em Est. Galvão Telles 4 (2003), 43-139; Carlos Mota Pinto, *Teoria geral*, 4.ª ed. cit., 492-497; Luís Carvalho Fernandes, *Teoria geral* cit., 2, 5.ª ed., 190 ss. e 364-370; Pedro Pais de Vasconcelos, *Teoria geral* cit., 7.ª ed., 600-602.

[2899] A fórmula legal que prevê uma "vontade declarada" e uma "vontade real" tem sido criticada; melhor teria sido conservar a fórmula de Rui de Alarcão, no anteprojeto: "Quando (...) a declaração não corresponda à vontade real do seu autor..."; vide a *Breve motivação* cit., BMJ 138, 71. Quanto à contraposição entre o erro na declaração e o erro na formação da vontade, *vide* a fórmula sintética de Carneiro da Frada, *Erro e incumprimento na não-conformidade da coisa com o interesse do comprador*, O Direito 121 (1989), 461-484 (466, nota 12).

– fatores relativos às partes, incluindo a identidade, a qualidade, a função ou as mais variadas características.

II. Para a relevância do erro na declaração, o Código Vaz Serra apenas exige:

– a essencialidade, para o declarante, do elemento sobre que recaiu o erro[2900];
– o conhecimento dessa essencialidade, pelo declaratário ou o dever de a conhecer.

Diz-se que há essencialidade relativa a certo elemento quando, sem ele, o declarante não tivesse emitido a declaração de vontade com o sentido que veio a ser exteriorizado[2901].

A essencialidade permite excluir o erro indiferente e o erro incidental: no primeiro caso, o declarante concluiria o negócio tal como resultou, no final; no segundo, concluí-lo-ia igualmente, ainda que com algumas modificações. A bitola da essencialidade é subjetiva: cada um determina, livremente, os fatores que o possam levar a contratar. Mas não repugna admitir que, em cada caso e mercê da própria natureza do negócio em jogo, certos elementos não possam deixar de ser considerados como essenciais. Assim sucede com o preço, numa cessão de quotas ou com uma cláusula de exoneração de responsabilidade[2902].

III. O conhecimento da essencialidade do elemento, por parte do declaratário é, também, um dado subjetivo: ou conhece ou não conhece. Em regra, o conhecimento derivará de uma comunicação expressa, nesse sentido: todavia, ele poderá advir do conjunto das circunstâncias que rodeiem o negócio ou, quiçá, da própria natureza deste.

Já o dever de conhecer a essencialidade é objetivo: tem natureza normativa. Por princípio, não há qualquer dever de indagar, na contratação, as razões que levam a outra parte a fazê-lo. Pelo contrário: num Mundo cada vez mais invasivo, há boas razões para sustentar que os motivos justificativos de qualquer declaração negocial pertencem ao foro íntimo de cada um,

---

[2900] Um requisito presente em todos os tipos de erro; RPt 10-jan.-2002 (Pinto de Almeida), CJ XXVII (2002) 1, 177-182 (180/I).
[2901] STJ 16-set.-2008 (Fonseca Ramos), Proc. 08A2265.
[2902] STJ 22-set.-2009 (Garcia Calejo), CJ/Supremo XVII (2009) 3, 58-62 (61) = = Proc. 347/09.

não podendo ser devassados. Apenas em casos muito delimitados e perante os fatores circundantes, se poderá dizer que o declaratário não deve ignorar a essencialidade de determinado elemento, para o declarante. No fundo, resolver-se-ão questões de prova: o declaratário ou sabe ou devia saber. Esta dimensão dá, à essencialidade, uma feição objetivista: no fundo, tudo redunda em saber se, perante o horizonte do declaratário, a essencialidade era cognoscível.

Repare-se que este conhecimento – ou a sua exigência – constitui a válvula de segurança do sistema: de outro modo, qualquer pessoa poderia ser confrontada com a supressão de um negócio ao qual dera plena adesão.

A essencialidade e o conhecimento – ou as circunstâncias que originem o dever de conhecer – devem ser invocadas e provadas pelo interessado em anular o negócio[2903]. Tal sucede, aliás, com os diversos fatores que constituem este instituto[2904].

306. Outros requisitos

I. Assim entendida, a essencialidade absorve outros eventuais requisitos. Em compensação, a lei vigente não exige a desculpabilidade do

---

[2903] Assim: em STJ 23-mar.-1976 (Ferreira da Costa), BMJ 255 (1976), 133-138 (137), fora vendido um sonar sem se explicar que era necessário pessoal habilitado para o seu manuseio; pedida a anulação por erro, esta veio a ser recusada por não se ter demonstrado que a vendedora soubesse ou não devesse ignorar que a outra parte considerava essencial a não-habilitação do pessoal utilizador; em STJ 31-mai.-1984 (Lopes Neves), BMJ 337 (1984), 366-369 (368): não se pode relevar uma invocação de erro por os autos serem totalmente omissos quanto à essencialidade do ponto sobre que ele recaia; em REv 26-set.-1995 (Mário Pereira), CJ XX (1995) 4, 266-269 (268/II), considerou-se provado um erro-obstáculo; todavia, não se demonstrou o conhecimento, pelo declaratário, da essencialidade do elemento sobre que ele recaiu ou o dever de a conhecer, pelo que não se aplicou o artigo 247.°; em RLx 9-mai.-1996 (Ferreira Girão), CJ XXI (1996) 3, 84-87 (85//II), recusou-se a aplicação do regime do erro por se ter omitido, nos articulados, o conhecimento da essencialidade do erro, numa falha não suprível nas alegações; também em STJ 20-jan.-1998 (César Marques), CJ/Supremo VI (1998) 1, 19-23 (22/II), não se considerou provada a essencialidade. Referindo a essencialidade: RLx 8-jan.-1975 (Miguel Caeiro), BMJ 243 (1975), 313 (o sumário), RPt 26-nov.-1992 (Sampaio da Nóvoa), CJ XVII (1992) 5, 234-236 (236/I), RPt 7-mar.-1994 (Reis Figueira), CJ XIX (1994) 2, 187-190 (188/II), STJ 5-mar.-1996 (Pereira da Graça), CJ/Supremo IV (1996) 1, 119-122 (121/I) e RCb 28-mar.-2000 (António Geraldes), CJ XXV (2000) 2, 31-38 (34/II).

[2904] REv 8-mai.-1997 (Conceição Bento), CJ XXII (1997) 3, 260-262 (261/I).

erro[2905]. Todavia, parece claro que, perante um erro indesculpável, será mais difícil exigir à contraparte o dever de conhecer a essencialidade do elemento[2906].

Tão-pouco se requer, hoje, a singularidade: o artigo 664.º do Código de Seabra, que excluía a relevância do erro comum e geral, não tem correspondente no Código atual. Não obstante, perante um erro geral, torna-se mais difícil imputar, à contraparte, o dever de conhecer a essencialidade do elemento visado[2907].

II. O erro na declaração exige uma efetiva declaração[2908]: não chega uma ambiência de ordem geral. As regras a ele atinentes aplicam-se a negócios diversos, como às partilhas[2909] ou à assinatura de títulos de crédito[2910].

III. A anulação do contrato, por erro na declaração, pode provocar danos ao declaratário. Existe um dever elementar, imposto pela boa-fé e pela tutela de confiança, de fazer corresponder as declarações de vontade realizadas ao que, efetivamente, se pretenda. Assim, o declarante poderá responder por *culpa in contrahendo*: verificados os requisitos, ele deverá

[2905] Assim: RLx 13-dez.-1972 (sem ind. relator), BMJ 222 (1972), 463, RLx 8-jan.-1975 cit., BMJ 243, 313 e STJ 6-dez.-1977 (Oliveira Carvalho), BMJ 272 (1978), 189-192 (191). Em STJ 14-mar.-1979 (Abel de Campos), BMJ 285 (1979), 273-277 (276) = RLJ 112 (1980), 264-267 (266), Anot. Vaz Serra, *idem*, 267-268 e 274-275, na vigência do Código de Seabra, fez-se aplicação da desculpabilidade; em anotação, Vaz Serra, RLJ 112, 267 e 268, chama a atenção para a sua dispensa, à luz do Código Civil de 1966. Todavia, em RLx 20-nov.-1997 (Urbano Dias), CJ XXII (1997) 5, 96-97 (97/II), aparece referida a "escusabilidade" entre as condições de anulabilidade por erro; mas vem referida, apenas, a propósito de Manuel de Andrade, explicando-se que, pelo Código de 1966, ela já não é requerida.

[2906] Por exemplo: se um cego declara (por erro) querer comprar uns óculos graduados, o lapso é indesculpável; todavia, perante tal exibição de erro, o declaratário pensará que não é elemento essencial, para o declarante, a utilização própria dos óculos. Não se lhe pode exigir outra atitude.

[2907] Por exemplo: se o interessado comprara espumante para, no dia 31-dez.-1999, celebrar a mudança do milénio, não se podia exigir, ao declaratário, que conhecesse a essencialidade do elemento sobre que recaiu o erro: todos acreditavam que, nessa data mudou o século, quando, não tendo havido "ano zero", o terceiro milénio só começou em 1-jan.-2001; o negócio não era anulável por erro.

[2908] REv 26-set.-1991 (António Manuel Pereira), CJ XVI (1991) 4, 303-305 (304/I).

[2909] RCb 9-jan.-1990 (Costa Marques), CJ XV (1990) 1, 84-86 (85/II).

[2910] RPt 27-fev.-1970 (sem ind. relator), BMJ 195 (1970), 260 (o sumário).

indemnizar o declaratário de todos os danos. Nenhuma razão existe para limitar a indemnização ao interesse negativo.

IV. Uma modalidade particular de erro na declaração é o dissenso. Este ocorre quando as partes formulem declarações não coincidentes, convencidas de que concluíam um contrato: A diz que vende um automóvel e B aceita que ele pinte um muro. Nessa eventualidade, não há contrato. Qualquer das partes que se aperceba do *qui pro quo* tem o dever de prevenir a outra de que nada se concluiu[2911]: não foi formulada nenhuma proposta que obtivesse aceitação. Independentemente disso, temos duas declarações de vontade distintas que, eventualmente, poderão estar viciadas por erro, na declaração ou na própria formação da vontade. Verificados os requisitos, elas podem ser anuladas, caso, para tanto, haja interesse. Repare-se que o dissenso nem sequer envolve rejeição, pelo que a proposta – ou propostas – permanece válida e eficaz até que caduque, seja rejeitada ou seja aceite.

307. Erro na transmissão da declaração (250.º)

I. O artigo 250.º/1 autonomiza o erro na transmissão da declaração[2912]. Determina a aplicação do regime do erro na própria declaração. Assim sucederá nos casos clássicos do intermediário ou núncio que não transmita fielmente a vontade do mandante. Outro tanto pode suceder em casos de mandato com representação, quando o representante se desvie das instruções recebidas[2913]. Caso, pois, o destinatário conheça a essencialidade, para o mandante, do elemento deturpado na transmissão ou não deva ignorá-lo, o negócio é anulável. Tudo se passa como se a declaração tivesse

---

[2911] Pires de Lima/Antunes Varela, *Código anotado* cit., 1, 4.ª ed., 233, parecem entender que, no dissenso, haveria sempre erro dos intervenientes (na declaração), seguindo-se a anulabilidade. Não necessariamente: o dissenso advém da não-coincidência das declarações; apenas eventualmente poderá, ainda, haver erro.

[2912] Carlos Mota Pinto, *Teoria geral*, 4.ª ed. cit., 497-498; Luís Carvalho Fernandes, *Teoria geral* cit., 2, 5.ª ed., 371-372; Pedro Pais de Vasconcelos, *Teoria geral* cit., 7.ª ed., 602-603.

[2913] Trata-se de hipótese considerada em STJ 22-jun.-1979 (António Melo Bandeira), BMJ 288 (1979), 287-291 (289) = RLJ 113 (1980), 42-44 (44), anot. Vaz Serra, *idem*, 44-48 e 57.

sido diretamente transmitida²⁹¹⁴. Tratando-se de atos bancários, há regras específicas que tutelam a confiança nas comunicações²⁹¹⁵.

II. O n.º 2 do referido artigo 250.º ocupa-se do caso particular do dolo do intermediário, isto é: dos casos em que este altere propositadamente a declaração. Aí, no conflito entre a autonomia privada e a tutela da confiança, a lei entendeu dar a primazia à primeira: a declaração é sempre anulável. O dolo deve ser provado por quem o invoque, havendo, contra o autor do feito e verificados os pressupostos legais, um direito à indemnização, a favor de todos os lesados. Tal indemnização deve ressarcir todos os danos ocasionados: não, apenas, os que se prendam com o chamado interesse negativo.

308. Validação do negócio (248.º)

I. Segundo o artigo 248.º, a anulabilidade fundada em erro na declaração não procede se o declaratário aceitar o negócio como o declarante o queria²⁹¹⁶.

Esta validação pressupõe, desde logo, que haja uma declaração²⁹¹⁷. Verificada a aceitação, prevalece a vontade real do declarante²⁹¹⁸, numa figura que já foi judicialmente entendida como uma manifestação prática do princípio da redução dos negócios, prevista no artigo 292.º²⁹¹⁹.

---

²⁹¹⁴ Vaz Serra, Anot. a STJ 22-jun.-1979 cit., RLJ 113, 46; como este Autor faz notar, retomando Rui de Alarcão, *Breve motivação* cit., BMJ 138, 90-91, a solução do artigo 250.º corresponde à da generalidade dos diversos códigos civis, com relevo para o alemão – § 120 – e para o italiano – 1433.
²⁹¹⁵ *Direito bancário*, 5.ª ed., em preparação.
²⁹¹⁶ Vide Fernando Oliveira e Sá, *Erro e validação do negócio jurídico/Breves notas ao art. 248.º do Código Civil*, Est. Carvalho Fernandes 1 (2011), 525-540, com outras indicações.
²⁹¹⁷ REv 26-set.-1991 (António Manuel Pereira), CJ XVI (1991) 4, 303-305 (304/I).
²⁹¹⁸ STJ 13-fev.-1986 (Senra Malgueiro), BMJ 354 (1986), 514-519 (518) = O Direito 120 (1988), 243-249 (247), anot. Carvalho Fernandes, *idem*, 249-265.
²⁹¹⁹ STJ 30-jan.-1986 (Góis Pinheiro), BMJ 353 (1986), 383-386 (386); na realidade e como se explicará, *infra*, no texto, quer a validação, quer a redução, quer outras figuras surgem como manifestações de um princípio mais geral de *favor negotii*.

II. Na sua aparente simplicidade, este preceito coloca problemas diversos de redução dogmática. Ele não constava do anteprojeto de Rui de Alarcão[2920], como sublinha Carvalho Fernandes[2921], tendo-se imposto nas revisões ministeriais, por influência do Código Civil italiano[2922]. Ele atribui um direito específico, de natureza potestativa, ao declaratário, que se distingue da *falsa demonstratio non nocet* e da redução/conversão. Assim:

– artigo 236.º/2: *falsa demonstratio non nocet*: o declaratário conhece a vontade real do declarante e concorda com ela: o contrato forma-se, imediatamente, modelado segundo essa vontade;
– artigos 292.º e 293.º: consumada a anulação por erro, o negócio pode reduzir-se ou converter-se, se a vontade hipotética das partes o facultar: temos um (re)aproveitamento do negócio que é ulterior e não segue, particularmente, nenhuma vontade real.

Como se vê, o Direito civil português alcança um nível elevado de diferenciação dogmática no aproveitamento dos negócios jurídicos.

III. O artigo 248.º tem um limite objetivo de funcionamento: a necessidade de respeitar as regras formais[2923]. Não pode validar-se, no seu âmbito, um negócio tal que não veja contemplados os competentes requisitos de forma, nas declarações efetivamente feitas. Além dos princípios gerais sobre a forma, valem os artigos 238.º e 293.º: ambos depõem nesse mesmo sentido.

[2920] Rui de Alarcão, *Breve motivação* cit., BMJ 138, 71 ss.; desse Autor vide, ainda, *Erro, dolo e coacção – Condição*, BMJ 102 (1961), 167-180 (167-169) e *Do negócio jurídico/Anteprojecto para o novo Código Civil*, BMJ 105 (1961), 249-279 (260-261).
[2921] Carvalho Fernandes, Anot. a STJ 13-fev.-1986 cit., O Direito 120, 259. Mais precisamente: o artigo 248.º, surgiu, *ex nihilo*, na 2.ª revisão ministerial; vide, aí, 97.
[2922] Artigo 1432.º: "A parte em erro não pode pedir a anulação do contrato se, antes que, daí, lhe advenha prejuízo, a outra oferecer segui-lo de modo conforme com o conteúdo e a modalidade de contrato que ela julgava concluir". A doutrina italiana vê, aqui, uma hipótese de ratificação, equivalente a um direito potestativo do declaratário; Gianluca Mauro Pellegrini, em Pietro Rescigno, *Codice Civile* cit., 1, 7.ª ed., 2663-2664 e Carlo Rossello, *L'errore nel contratto* cit., 197 ss..
[2923] Assim, Carvalho Fernandes, Anot. a STJ 13-fev.-1986 cit., O Direito 120, 264-265.

309. Erro de cálculo ou de escrita (249.º)

I. Uma modalidade muito vincada de erro na declaração, que dispõe de regime próprio, é a do erro de cálculo ou de escrita. Na verdade, segundo o artigo 249.º,

> O simples erro de cálculo ou de escrita, revelado no próprio contexto da declaração ou através de circunstâncias em que a declaração é feita, apenas dá o direito à retificação desta.

Trata-se de um preceito correspondente ao artigo 665.º do Código de Seabra[2924] e que cobre as hipóteses de *lapsus calami* (lapso de pena) ou de *lapsus linguae* (lapso de língua). O erro é de tal modo ostensivo, que resulta do próprio contexto do documento ou das circunstâncias da declaração. Em rigor, nem há erro, uma vez que a declaração deve ser globalmente interpretada. Não se verificando a imediata aparência do erro, haverá que aplicar o regime geral do artigo 247.º[2925] ou outro qualquer, previsto por lei específica[2926]. Estas mesmas regras têm aplicação na hipótese de erro informático[2927].

II. O maior campo de aplicação prática do artigo 249.º reside, precisamente, nos atos de processo não dotados de normas especiais: aflora, nesse preceito, uma regra geral aplicável a todos os atos jurídicos. Assim sucede no processo penal[2928] e no processo civil[2929]: os diversos atos aí praticados podem ser retificados, nos termos e condições do artigo 249.º.

[2924] Manuel de Andrade, *Teoria geral* cit., 2, 255 e Castro Mendes, *Teoria geral* cit., 3, 179.
[2925] RPt 10-jan.-1995 (Araújo Barros), CJ XX (1995) 1, 191-194 (193/I) e STJ 16-abr.-2002 (Garcia Marques), CJ/Supremo X (2002) 2, 27-32 (31/II).
[2926] Tal o caso da lei processual, que comporta regras para certas falhas de atos.
[2927] Assim o caso decidido em STJ 20-jan.-1999 (Padrão Gonçalves), CJ/Supremo VII (1999) 1, 261-263 (263/I): por invocado erro informático, fora enviada, a um trabalhador, uma declaração de não-renovação de um contrato a termo; para além de outros aspetos, o Supremo entendeu que esse erro não resultava do contexto: o artigo 249.º não teria, por isso, aplicação.
[2928] STJ 6-jun.-1973 (António Pedro Sameiro), BMJ 228 (1973), 121-124 (124).
[2929] RPt 15-nov.-1990 (Bessa Pacheco), CJ XV (1990) 5, 198-200 (199/I), RLx 24-mai.-1994 (Sousa Inês), CJ XIX (1994) 3, 99-101 (100/I) e STJ 25-fev.-1997 (Fernando Fabião), BMJ 464 (1997), 458-463.

Todavia, terá de ocorrer um "erro manifesto" ou "erro ostensivo"[2930]: não é possível, por esta via, complementar as puras e simples omissões[2931] ou corrigir peças processuais[2932]. O próprio Tribunal, sob invocação do artigo 249.º, pode reformular ou editar quesitos[2933].

O erro de escrita e de cálculo já foi invocado, no tocante a guias de depósito de rendas na Caixa Geral de Depósitos[2934]. Campo atual é o do lapso na faturação de energia: sendo manifesto, o competente erro não vincula o declarante[2935]. Por fim, documenta-se, por erro de escrita devidamente provado, uma correção de um contrato de hipoteca, em que houve a troca do prédio[2936] e *ab initio* de uma apólice de seguro[2937].

[2930] RPt 10-jan.-1995 cit., CJ XX, 1, 193/I.

[2931] RLx 18-mar.-1992 (César Teles), CJ XVII (1992) 2, 193-196 (194/II): foram, aqui, omitidos vários artigos na contestação; o tribunal entendeu que havia ausência de declaração e não erro de escrita.

[2932] RLx 14-mai.-1998 (Silva Pereira), CJ XXIII (1998) 3, 96-100 (98/2): não haveria, aí, *lapsus calami* revelado no próprio contexto da petição.

[2933] RPt 21-nov.-1994 (Guimarães Dias), CJ XIX (1994) 5, 213-215 (215/I).

[2934] RCb 1-fev.-1994 (Mota e Costa), CJ XIX (1994) 1, 31-33 (32/I), embora não tendo, aí, sido aplicado o regime do artigo 249.º.

[2935] RCb 6-jan.-1996 (Nuno Cameira), CJ XXI (1996) 1, 5-7 (6/II).

[2936] STJ 11-nov.-2003 (Lopes Pinto), Proc. 03A2989.

[2937] STJ 27-jan.-2010 (Lázaro Faria), Proc. 80/06.

§ 70.º O ERRO DA VONTADE (ERRO-VÍCIO)

310. Erro relativo à pessoa ou ao objeto (251.º)

I. Tendo regulado o erro na declaração, o erro na transmissão da declaração e o erro de cálculo, o Código Civil passou ao verdadeiro erro: o que vicia a própria formação da vontade. Fala-se, a tal propósito, em erro-vício ou, simplesmente, erro da vontade.

Quanto ao erro na declaração, o legislador não formulou restrições de âmbito: apenas releva a essencialidade, para o declaratário, do elemento atingido e o conhecimento (ou dever de conhecer), pela contraparte, dessa mesma essencialidade. Já no erro da vontade, o Código retomou a tradição napoleónica[2938] de só admitir a relevância do erro quando fossem atingidos determinados pontos especificamente enumerados. Utilizou, no entanto, uma linguagem complexa[2939]. Recordemos o seu artigo 251.º[2940]:

[2938] Presente, todavia, nos códigos alemão (§ 119) e italiano (artigo 1429.º), ainda que em muito menor grau. Nenhum destes códigos consagra, no entanto, uma maior eficácia ao erro na declaração do que ao erro da vontade, como ocorre com o português.

[2939] Bastaria dizer (veja-se a linguagem do Código de Seabra): "O erro relativo à pessoa do declaratário ou ao objeto do negócio...". A perífrase "erro que atinja os motivos determinantes da vontade" provém do anteprojeto – Rui Alarcão, *Breve motivação* cit., BMJ 138, 72 e 92 – e deriva do preciosismo dogmático alcançado, neste domínio, pela literatura portuguesa especializada, nos meados do século XX. A jurisprudência tem atingido explicações cuidadas e precisas do (pela lei chamado) "erro sobre os motivos". Assim este implicaria "...uma ideia inexata sobre a existência, a permanência ou a verificação de certa circunstância presente ou atual que foi determinante, que foi decisiva para a declaração negocial; determinante ao ponto de ser lícito dizer-se que sem ela – sem essa ideia inexata, errónea – a declaração não teria sido emitida, ou não teria sido emitida nos termos em que o foi" – RCb 1-mar.-1995 (Vasconcelos Cameira), CJ XX (1995) 2, 5-8 (6/I).

[2940] Carlos Mota Pinto, *Teoria geral*, 4.ª ed. cit., 512-518; Luís Carvalho Fernandes, *Teoria geral* cit., 2, 5.ª ed., 215-217; Pedro Pais de Vasconcelos, *Teoria geral* cit., 7.ª ed., 564-566.

O erro que atinja os motivos determinantes da vontade, quando se refira à pessoa do declaratário ou ao objeto do negócio, torna este anulável nos termos do artigo 247.º.

II. No tocante à pessoa do declaratário, o erro pode reportar-se à sua identidade ou às suas qualidades. Em qualquer dos casos, ele só será relevante quando colha um elemento concretamente essencial, sendo – ou devendo ser – essa essencialidade conhecida pelo declaratário, pela aplicação do artigo 247.º. Bem se compreende: quem contrate com um oftalmologista para tratar dos dentes comete um erro seja quanto à identidade da pessoa, seja quanto às suas qualidades.

III. O erro relativo ao objeto tem sido prudente e corretamente alargado pela doutrina e pela jurisprudência. Não está em causa, apenas, a identidade do objeto, mas as suas qualidades[2941] e, particularmente, o seu valor[2942]. Relevam, também, as qualidades jurídicas do objeto[2943]. Além disso e numa interpretação correta e da maior importância, o "objeto" abrange o conteúdo do negócio[2944]. Quando, porém, as qualidades de uma

---

[2941] RLx 8-jan.-1975 (Miguel Caeiro), BMJ 243 (1975), 313 e STJ 3-jun.-2003 (Alves Velho), CJ/Supremo XI (2003) 2, 93-97 (95/II). Já em STJ 22-jan.-1998 (Roger Lopes), CJ/Supremo VI (1998) 1, 33-36 (36/II), numa hipótese de compra de um prédio que (vem a apurar-se), tinha uma área inferior à figurada pela parte, num ponto essencial, optou-se pelo erro sobre a base do negócio quando há simples erro sobre o objeto. E quanto à redução do preço aí decidida e bem: ela deveria assentar nos artigos 913.º/1 e 911.º e não no 437.º. Vide, ainda, RCb 21-out.-2003 (Isaías Pádua), CJ XXVIII (2003) 4, 28-31 (30/II).

[2942] RPt 9-mai.-1994 (Antero Ribeiro), CJ XIX (1994) 3, 194-197 (195/II): fora adquirido, em 6-jan.-1986, um José Malhoa, por 700 c., tomado por autêntico; o quadro poderia valer, aquando da decisão, 5 ou 6.000 c.; todavia, várias peritagens confirmaram não ser obra daquele pintor, valendo o quadro entre 15 a 20 c.; a Relação do Porto entendeu haver erro sobre o objeto, aplicando o artigo 251.º.

[2943] STJ 29-fev.-1996 (Mário Cancela), CJ/Supremo IV (1996) 1, 107-108 (108/II) (fora arrendado um local sem a necessária licença; opera o artigo 251.º); RCb 31-mai.--2005 (Maria Regina Rosa), CJ XXX (2005) 3, 25-28 (27/II) (automóvel com documentos falsificados); STJ 22-jan.-2008 (Moreira Camilo), Proc. 07A4326 (reconhecimento da titularidade de um terceiro sobre um imóvel que, afinal, era próprio); RLx 24-mar.-2011 (Rosa Barroso), CJ XXXV (2011) 2, 105-107 (107/I) (aquisição de quotas de uma sociedade dona de um infantário sobre o qual já havia ordem de encerramento).

[2944] RPt 26-nov.-1992 (Sampaio da Nóvoa), CJ XVII (1992) 5, 234-236 (235/I e 236/I): fora celebrado um contrato de trespasse de um cabeleireiro, estando o trespassante (erradamente) convicto de que podia ir viver no local: acabou por ser despejado, vindo, depois, pedir a anulação por erro – a qual lhe foi concedida: e bem.

coisa constem do próprio contrato e não se verifiquem, a hipótese já é de incumprimento e não de erro[2945] e isso apesar das dificuldades causadas pelo artigo 913.º[2946].

A jurisprudência tem oscilado quanto a saber se o erro pode abranger as representações sobre a evolução futura do objeto[2947]. Em rigor, a inesperada evolução dos acontecimentos dá azo à figura da alteração das circunstâncias. Esta, como veremos, evolui, nalgumas áreas, precisamente para a aplicação do regime do erro; o legislador de 1966, assente numa doutrina antiga, fez o inverso: isolou o *erro* sobre a "base do negócio", mas para mandar aplicar o regime da alteração das circunstâncias. Em rigor, o erro sobre o futuro do objeto seguirá o regime do artigo 252.º – e não o do 251.º. Assim não será quando fiquem envolvidas as qualidades (atuais) da coisa e, designadamente, o seu valor (atual)[2948]. De todo o modo, o

---

[2945] RPt 5-mai.-1997 (Azevedo Ramos), CJ XXII (1997) 3, 179-181 (181/II); *vide* RPt 28-mar.-2011 (Anabela Luna de Carvalho), CJ XXXVI (2011) 2, 212-214 (214/II).

[2946] A delimitação entre o regime do erro e o regime específico do vício da coisa vendida suscita especiais dúvidas perante o Direito alemão, nos últimos cem anos. P. ex.: Hans Heymann, *Irrtumsanfechtung und Mängelhaftung* (1908), 49 pp., 9 ss.; Max Nüchterlein, *Das Verhältnis der Rechtsmängelhaftung zu anderen Rechtsbehelfen unter besonderer Berücksichtigung des Verhältnisses der Rechtsmängelhaftung beim Kauf zur Irrtumsanfechtung nach § 119 Abs. 2 BGB* (1939), IX + 124 pp; Oswald Schmidt, *Zur Lehre vom Forderungskauf/Das Verhältnis der Bonitätshaftung des Käufers zur Irrtumsanfechtung des Käufers nach 4 119/II BGB* (1951), IX + 119 pp, Hekt.; Gabriela Bacher, *Irrtumsanfechtung, vertragswidrige Leistung und Sachmängelgewährleistung beim Kauf* (1996), 215 pp., 121 ss.; Peter Huber, *Irrtumsanfechtung und Sachmängelhaftung/Eine Studie zu Konkurrenzfrage von dem Hintergrund der internationalen Vereinheitlichung des Vetragsrechts* (2001), XXX + 378 pp., como obra de referência, com muitos elementos sobre o erro.

[2947] Em STJ 2-fev.-1971 (Carvalho Júnior), BMJ 204 (1971), 131-136 (135), respondeu-se pela positiva; em RCb 1-mar.-1995 (Vasconcelos Cameira), CJ XX (1995) 2, 5-8 (6/II), pela negativa.

[2948] Tal o caso decidido em STJ 26-mai.-1994 (Costa Raposo), BMJ 437 (1994), 486-500: vendera-se um terreno na suposição de que se destinava a um parque; mais tarde, foi lá construído um edifício de 10 andares. O Supremo recusou a aplicação do artigo 251.º, por se tratar de um erro acerca da relação do objeto com a motivação do declaratário; desamparou, também, o artigo 252.º/1 (por falta de acordo) deixando em aberto o 252.º/2 – BMJ 437, 496 e 497. Num caso desta natureza houve, seguramente, erro sobre o objeto, designadamente quanto ao seu valor – o que, *in concreto*, não foi invocado. Além disso, impunha-se sempre a intervenção da boa-fé. No BMJ 437 (1994), 500-502, figura uma anotação assinada L.N.L.S., onde se referem vários acórdãos não publicados. Também em RPt 15-mai.-1995 (Paiva Gonçalves), BMJ 447 (1995), 562 (o sumário), surgiu um

interessado terá de provar que as evoluções desfavoráveis, capazes de, no presente, traduzir o erro, têm a ver com o próprio objeto em jogo[2949].

IV. O erro na vontade, quando relativo à pessoa do declaratário ou ao objeto do negócio, segue o regime do artigo 247.º. Damos por reproduzido o que se disse quanto à essencialidade do elemento sobre que recaia e quanto ao conhecimento – ou dever de conhecer – dessa essencialidade, pelo destinatário. O verdadeiro conhecimento não se consegue, na prática, demonstrar, a menos que conste do contrato. O "dever de conhecer" introduz um fator de objetivação que dá consistência ao sistema, tutelando a confiança: quem compra uma mercadoria pensando que é a mais barata do mercado poderá fazer, disso, um fator essencial; mas das muitas motivações possíveis, nenhum vendedor tem o dever de conhecer esse elemento: qualquer interessado compra por precisar na altura, por lhe ter ocorrido, por ser mais prático ou por ser, em qualquer caso, suficientemente barato para permitir a decisão de compra[2950].

problema atinente ao futuro dos terrenos objeto de um negócio: uma Câmara Municipal compra um terreno por baixo preço, sob ameaça de expropriação por indemnização irrisória e declarando que o mesmo se destinaria a um parque e afeta-o, depois, à construção. A provarem-se tais factos, caímos, aqui, no dolo e na *culpa in contrahendo*. Em termos de erro, o acórdão inclinou-se para uma base negocial subjetiva; todavia, invocando-se – e provando-se o que, apenas pelo sumário publicado, não é percetível – a falsa representação quanto ao valor da coisa, seria possível anular o contrato com base no artigo 251.º: erro sobre o objeto.

[2949] Documenta-se esta afirmação com STJ 5-mar.-1996 (Pereira da Graça), CJ//Supremo IV (1996) 1, 119-122 (121/II): fora adquirido um automóvel novo que, *sponte sua*, entrou em combustão; o comprador invoca erro por desconhecer que não havia garantia; no entanto, o Tribunal não considerou provado que o incêndio tivesse a ver com as próprias qualidades do veículo: faltaria um nexo de causalidade. Possivelmente a moderna doutrina da responsabilidade civil, designadamente as regras da responsabilidade do produtor, permitiriam outra solução. Além disso e num caso destes, a generalidade das marcas não deixaria de substituir, graciosamente, a viatura autoincendiada.

[2950] Resolvemos pois, por esta via, o problema que Mota Pinto situa na necessidade de delimitar as qualidades do objeto que podem ser atingidas pelo erro; desse Autor *vide* a *Teoria geral*, 4.ª ed. cit., 517.

311. Erro de direito; atos *stricto sensu*

I. Não há qualquer base histórica ou científica para distinguir o erro de direito do erro de facto[2951]. O erro da vontade sobre a pessoa ou sobre o objeto pode advir da falsa representação de regras jurídicas: a compra de um terreno por se pensar que é sempre permitido construir ou a contratação de um solicitador por se julgar que os solicitadores podem advogar são – verificados os requisitos do artigo 247.º – anuláveis por erro, respetivamente, no objeto e na pessoa: e no entanto, em ambos os casos há erros de direito. A anulação por erro da vontade tem a ver com a má conformação desta; ele não dispensa ninguém de observar a lei, a pretexto do seu desconhecimento. Não está, pois, em causa o artigo 6.º do Código Civil.

II. Já foi decidido como erro sobre o objeto a situação da pessoa que outorga numa escritura de cessão da posição de arrendatário, sujeita a autorização do senhorio, na convicção de concluir um contrato de trespasse[2952]; afigura-se-nos que há, de facto, um erro sobre o objeto, mas de natureza jurídica; um erro de direito.

Um acórdão da RCb 26-mar.-2009 entendeu que a trabalhadora que concluiu um acordo de cessação do contrato de trabalho na convicção (errada) de que iria beneficiar de um subsídio de desemprego, que lhe foi recusado, incorreu em erro de direito, que poderia relevar para efeitos do artigo 252.º/2 (base do negócio)[2953]. Aparentemente, há erro de direito, mas sobre os motivos (252.º/1), embora a saída pela base do negócio possa permitir, mais facilmente, a intervenção da boa-fé. *In casu*, a relevância do erro foi recusada por não se ter provado a essencialidade do motivo.

III. O regime do erro da vontade é aplicável, com adaptações, a atos não contratuais[2954]. O declaratário figurado no artigo 247.º terá, então, de ser substituído pela figura do interveniente normal que entre em contacto com a situação criada e que possa ser prejudicado com a sua supressão *ad nutum*.

[2951] Mota Pinto, *Cessão da posição contratual* (1970), 18-19, nota 1, com indicações e *Teoria geral*, 4.ª ed. cit., 516-517, nota 708, onde se refere a "...resistência exótica, oposta durante muito tempo, à relevância do erro de direito...".

[2952] STJ 30-out.-2003 (Quirino Soares), Proc. 03P3430.

[2953] RCb 26-mar.-2009 (Azevedo Mendes), CJ XXXIV (2009) 2, 53-57 (56).

[2954] STJ 8-jul.-1997 (Cardona Ferreira), BMJ 469 (1997), 545-551 (549), quanto à aplicação ao título constitutivo da propriedade horizontal.

O artigo 295.º deve estar sempre presente.

312. Erro sobre os motivos (252.º/1)

I. Na gíria civil portuguesa[2955], "erro sobre os motivos" reporta-se à figura prevista no artigo 252.º/1 do Código Civil, cujo teor importa ter bem presente:

> O erro que recaia nos motivos determinantes da vontade, mas se não refira à pessoa do declaratário nem ao objeto do negócio, só é causa de anulação se as partes houverem reconhecido, por acordo, a essencialidade do motivo.

Na linguagem do Código, o erro da vontade é apresentado como o que "... atinja os motivos determinantes da vontade ..." – artigo 251.º. Todo o erro-vício seria, assim, um "erro sobre os motivos"; quedaria, ao artigo 252.º/1, reportar-se ao erro sobre os motivos não referido no artigo anterior: como, de resto, faz.

O erro sobre os motivos provém do erro de facto àcerca da causa – portanto: do motivo – previsto no artigo 660.º do Código de Seabra[2956]. Procurando delimitar a matéria do erro da vontade relevante, o legislador de 1966 entendeu ser restritivo: de outro modo, nenhum negócio estaria livre de impugnações. Admitida – ainda que no condicionalismo do artigo 247.º – a relevância do erro da vontade relativo à pessoa do contratante ou ao objeto do negócio, o Código decidiu excluir quaisquer outros erros, com as exceções do artigo 252.º[2957]. É esse o sentido fundamental do preceito: circunscrever o erro da vontade e fixar, não obstante, duas (pequenas) margens de relevo marginal.

II. As pessoas podem formular declarações pelos motivos mais variados e que nada tenham a ver com o objeto do negócio ou com o declara-

---

[2955] Propiciada pela própria epígrafe do artigo 252.º do Código Civil; este preceito, todavia, além do "erro sobre os motivos" propriamente dito, abrange ainda, no seu n.º 2, o erro sobre a base do negócio.

[2956] Rui Alarcão, *Breve motivação* cit., BMJ 138, 93.

[2957] Nas palavras do Supremo – STJ 18-jan.-1996 (Metello de Nápoles), CJ/Supremo IV (1996), 46-52 (51/I): o artigo 252.º/1, no fundo, realiza "uma exclusão": "exclui-se a relevância do erro sobre os motivos, para além do condicionalismo lá prescrito".

tário. Nessa altura, o facto de o destinatário conhecer – ou dever conhecer – a essencialidade do motivo não justifica a supressão do negócio: não se tratando de um elemento nuclear, ele não tem nada com isso. Assim, se uma declarante experimenta e compra um vestido de noiva, é patente que o motivo da compra é o seu próprio casamento; não pode invocar erro nesse ponto (pensara, por hipótese, que todas as convidadas para um casamento devem vir vestidas de noiva), para anular o negócio. Com uma ressalva: a de ambas as partes terem reconhecido, por acordo, a essencialidade do motivo[2958 2959].

Havendo tal acordo, a autonomia das partes é soberana. Dispensado fica o regime do artigo 247.º.

III. O acordo exigido para a relevância dos motivos pode ser tácito[2960]. O Supremo fala num "recíproco reconhecimento"[2961]: ambas as partes associam a sua vontade à essencialidade do motivo, identificando-o minimamente na sua configuração e no seu papel[2962].

[2958] RPt 7-mar.-1994 (Reis Figueira), CJ XIX (1994) 2, 187-190 (188/II).

[2959] Assim, não haverá erro sobre os motivos se alguém comprar um terreno agrícola pensando que nele podia construir, o que verificou não ser o caso: nada ficara exarado nesse sentido: RPt 13-nov.-1997 (Custódio Montes), CJ XXII (1997) 5, 185-188 (188/I).

[2960] RLx 13-dez.-1972 (sem ind. relator), BMJ 222 (1972), 463; STJ 12-jun.-1984 (Magalhães Baião), BMJ 338 (1984), 382-385 (385); STJ 20-jan.-2005 (Oliveira Barros), Proc. 04B4502; nesse sentido houvera já uma indicação de Rui Alarcão, *Breve motivação* cit., BMJ 138, 93.

[2961] STJ 2-nov.-1977 (Alves Pinto), BMJ 271 (1977), 190-195 (193), num caso em que, por o reconhecimento da essencialidade do motivo frustrado ser meramente pressuposto, se optou pelo erro sobre a base do negócio. Este aresto tem dois interessantes votos de vencido: do Conselheiro Ferreira da Costa que optou pela aplicação do artigo 252.º/1, defendendo a anulabilidade e do Conselheiro Álvares de Moura que, situando embora o problema no âmbito do artigo 252.º/2, entendeu não ser de resolver o contrato, por não se ter demonstrado que a exigência das obrigações por ele assumidas fosse manifestamente contrária à boa-fé – artigo 437.º/1.

[2962] O "recíproco reconhecimento" foi apurado em STJ 22-fev.-1994 (Cardona Ferreira), BMJ 434 (1994), 603-613 (611): alguém comprou invocando um direito de preferência, circunstância que foi reconhecida por ambos os contraentes. Em REv 3-jun.-2002 (Ana Luísa Geraldes), CJ XXVII (2002) 3, 255-259, temos o seguinte: um mediador convence uns inquilinos estrangeiros de que era obrigatória a inclusão de uma cláusula que previsse a duração mínima de dois anos; para além do dolo de terceiro, há erro sobre os motivos, efetivamente reconhecidos por ambas as partes.

Assim, o artigo 251.º/1, tem sido aplicado em circunstâncias deste tipo: uma cessão de exploração de um café e *snack bar* que, ao contrário do exarado no preâmbulo do contrato, não tinha alvará bastante[2963].

Outras hipóteses, como a de obras relativas à instalação de uma padaria-pastelaria para a qual, depois, não se obteve o necessário licenciamento, são reconduzidas ao erro sobre a base do negócio: não houve acordo sobre a essencialidade do motivo[2964].

IV. Havendo um acordo sobre a essencialidade dos motivos, pode perguntar-se se não estaremos perante uma condição resolutiva. Não estamos. A condição resolutiva implica uma vontade condicional – por exemplo: vendo, mas a venda desaparece se não houver casamento; a relevância, por acordo, dos motivos traduz uma vontade pura, apenas negocialmente justificada – por exemplo: vendo sabendo que tu só compras porque vais casar. Os regimes são diferentes: a condição opera automaticamente, enquanto a anulabilidade por eventual erro sobre os motivos tem de ser potestativamente exercida; a supressão da condição exige mútuo acordo, enquanto a mera anulabilidade pode ser confirmada, segundo o artigo 288.º; na pendência da condição o adquirente tem de conformar-se com uma atuação circunspecta – artigos 272.º a 274.º –, enquanto o mero conhecimento da relevância do motivo deixa o adquirente livre para agir como entender.

É questão de interpretação o saber se se trata de condição resolutiva ou de motivo negocialmente relevante. O Direito civil português deixa, pois, aos interessados, uma subtil riqueza de modos distintos para regular os seus interesses.

313. Erro sobre a base do negócio (252.º/2)

I. O artigo 252.º/2 prevê, finalmente, o erro sobre a base do negócio. O Código português será o único a fazê-lo, de modo expresso. Eis o preceito:

> Se, porém, recair sobre as circunstâncias que constituem a base do negócio, é aplicável ao erro do declarante o disposto sobre a resolução

---

[2963] STJ 8-jun.-2006 (Nuno Cameira), Proc. 06A1112.
[2964] STJ 15-mai.-2008 (Custódio Montes), Proc. 08B1275.

ou modificação do contrato por alteração das circunstâncias vigentes no momento em que o negócio foi concluído.

A expressão "base do negócio" é enigmática. Ela só tem sentido técnico preciso – ou poderia tê-lo – à luz da doutrina e da Ciência do Direito. Por essa via colocam-se, todavia, questões praticamente insolúveis. Constitui matéria a aprofundar em Direito das obrigações. Deixaremos, aqui, apenas os aspetos essenciais do problema[2965].

II. Uma vez celebrado, o contrato deve ser cumprido. Trata-se de um dado existencialmente irresistível, sob pena de pôr em causa a própria contratação e, mais latamente, qualquer sociedade organizada. Todavia, pode suceder que um contrato, uma vez celebrado, venha a cair nas malhas de alterações circunstanciais de tal modo que ganhe um sentido e uma dimensão totalmente fora do encarado pelas partes, aquando da sua conclusão. A situação será, então, tanto mais injusta quanto maior for o prejuízo que, por essa via, uma das partes possa sofrer, em benefício da outra. Em situações-limite, ninguém terá dúvidas sobre a necessidade de intervir. Mas onde fazer passar as fronteiras das flutuações admissíveis? Contratar é arriscado. O lucro de um será o prejuízo do outro: os negócios tornam-se, assim, apetecíveis. Suprimir o risco é bloquear qualquer sociedade aberta, assente, para mais, na iniciativa privada e na livre concorrência.

No Direito civil atual, a locução "alteração das circunstâncias" exprime o instituto jurídico destinado a solucionar o problema acima retratado e, ainda, o próprio problema em si[2966]. Sob o pano de fundo apontado, compreende-se que a alteração das circunstâncias não tenha ainda encontrado soluções definitivas; provavelmente, ela constituirá uma das áreas mais complexas e inseguras do Direito civil.

III. Ao longo da História e com início em Bártolo e na teoria da *clausula rebus sic stantibus*, têm sido apresentadas muitas dezenas de doutrinas tendentes a solucionar o problema da alteração das circunstâncias. Nos

---

[2965] Com diversas indicações, os nossos *Da boa fé* cit., 903 ss., *Da alteração das circunstâncias* em *Estudos em Memória do Professor Doutor Paulo Cunha* (1989), 293-371, *Convenções colectivas de trabalho e alterações das circunstâncias* (1995) e *Tratado II/4*, 259 ss..

[2966] Há grandes flutuações terminológicas: em França fala-se em "imprevisão", na Alemanha em "base do negócio" e, em Itália, em "pressuposição" (a jurisprudência) ou em "onerosidade excessiva" (a lei e a doutrina).

meados do século XIX, Windscheid defendeu a teoria da pressuposição. Para Windscheid, a pressuposição seria uma condição não desenvolvida, expressa ou tacitamente manifestada e da qual o declarante faria depender a sua manifestação de vontade. A pressuposição seria eficaz por ser cognoscível pela outra parte[2967]. Caso, aquando da execução do negócio, os elementos circundantes, pressupostos pelas partes ou por uma delas, podendo a outra conhecê-los, viessem a desaparecer, a obrigação de acatar o contratado deveria cessar.

A doutrina reagiu fortemente a esta orientação, demasiado subjetivista e acusada de insegurança nas relações contratuais. Depois de múltiplas tentativas de todo o tipo, foi apresentada, na Alemanha, uma nova doutrina destinada a enfrentar a alteração das circunstâncias: a da base do negócio. Deve-se, a Paul Oertmann. A base do negócio seria:

> (...) a representação de uma parte, patente na conclusão de um negócio e reconhecida pela contraparte eventual, da existência ou do surgimento futuro de certas circunstâncias sobre cuja base se firma a vontade[2968].

A novidade da base do negócio, perante a pressuposição foi, no essencial, a seguinte: enquanto, para Windscheid, a pressuposição deveria ser, simplesmente, cognoscível pela contraparte, para Oertmann, a base do negócio teria, para assumir relevância, de ser reconhecida por ambas. O ganho é evidente.

A partir de Oertmann, a "base do negócio" foi muito discutida, tendo sido preenchida com doutrinas subjetivistas, objetivistas e mistas. A diversidade é de tal ordem que, atualmente e na Alemanha, "base do negócio" já não designa qualquer doutrina precisa, antes se apresentando, doutrinariamente, como um fórmula vazia. Ou melhor: na sua terra de origem, "base do negócio" designa, simplesmente, a alteração das circunstâncias[2969].

[2967] Bernhard Windscheid, *Zur Lehre des Code Napoleon von der Ungültigkeit der Rechtsgeschäfte* (1847, reimpr., 1969), *Die Lehre des römischen Rechts von der Voraussetzung* (1850, reimpr. 1982), *Die Voraussetzung*, AcP 78 (1892), 161-202 e Windscheid//Kipp, *Pandekten* cit., §§ 97-100 (1, 507-519).

[2968] Paul Oertmann, *Die Geschäftsgrundlage/Ein neuer Rechtsbegriff* (1921), 37; vide, também deste Autor, *Geschäftsgrundlage*, HWB/RW 2 (1927), 803-806.

[2969] Trata-se de um facto relativo ao Direito alemão e reconhecido pela doutrina nas últimas décadas: não é ideia nossa.

IV. O desenvolvimento da alteração das circunstâncias ocorreu, sobretudo, na Alemanha e ao longo do século XX. Razões de diversa ordem levaram a que, em França, a "imprevisão civil" não lograsse desenvolvimento[2970]. As grandes convulsões que fustigaram, na primeira metade desse século, a Alemanha, obrigaram a jurisprudência e a doutrina a afeiçoar esquemas destinados a enquadrar os contratos atingidos por alterações circundantes. Em determinada altura[2971], a doutrina explicou que diversos problemas reconduzidos à alteração das circunstâncias podiam, na realidade, encontrar solução à luz de outros institutos mais precisos. E designadamente:

– da interpretação complementadora: a alteração das circunstâncias origina um problema que o contrato não abordou, mas devia ter abordado; consequentemente, haveria que integrar a lacuna assim revelada[2972];
– da teoria do risco: os eventos nefastos que ocorram distribuem-se, juridicamente, de acordo com regras ajustadas e equitativas; há que determiná-las[2973];

[2970] Pelo contrário, a relevância jurídica da alteração das circunstâncias implantou-se, em França, nos contratos administrativos, sob a designação "doutrina da imprevisão".

[2971] Pormenores e diversos elementos podem ser confrontados nas obras citadas *supra*, nota 2965.

[2972] Assim: Walther Schmidt-Rimpler, *Zum Problem der Geschäftsgrundlage*, FS Nipperdey (1955), 1-30, Fritz Nicklisch, *Ergänzende Vertragsauslegung und Geschäftsgrundlage – ein einheitliches Institut zur Lückenausfüllung?*, BB 1980, 949-953 e Hans Wieling, *Entwicklung und Dogmatik der Lehre von der Geschäftsgrundlage*, Jura 1985, 505-511 (506 ss.).

[2973] Iniciada por Ernst Rabel, na obra clássica *Das Recht des Warenkaufs* (1936, reimpr., 1964) 1, 357, ela foi particularmente divulgada por Gerhard Kegel, *Empfiehlt es sich den Einfluss grundlegender Veränderung des Wirtschaftslebens auf Verträge gesetzlich zu regeln und in welchem Sinn?*, DJT 40 (1953) 1, 137-236 (199 ss.) e, depois, retomada por múltipla literatura; por exemplo: Dietrich Rothoeft, *Risikoverteilung bei privatautonomen Handeln*, AcP 170 (1970), 230-244 (243), Helmut Köhler, *Unmöglichkeit und Geschäftsgrundlage bei Zweckstörungen im Schuldverhältnis* (1971), 162-163, Ingo Koller, *Die Risikozurechnung bei Vertragsstörungen in Austauschverträgen* (1979), 44 e A. Chiotellis, *Rechtsfolgenbestimmung bei Geschäftsgrundlagenstörungen in Schuldverträgen* (1981), 41.

– da teoria da confiança: os contratos pressupõem a adesão das partes a certos esquemas legítimos; exigir-lhes condutas, para além deles, é atentar contra a confiança e a boa-fé[2974];
– do regime do erro: contratar sem ter em conta a ocorrência de superveniências que possam afetar o contrato é, antes do mais, cometer um erro de vontade; toda a "base negocial subjetiva" vem, assim, a ser conduzida ao regime do erro[2975].

A margem da alteração das circunstâncias foi-se circunscrevendo a um núcleo objetivo e irredutível: contratos apanhados em modificações que superem a interpretação complementadora e o erro, que extravasem as esferas de riscos e sobre as quais nenhuma confiança legítima possa ser invocada. Cabe, então, lidar com modelos de decisão lassos, num ponto a estudar em Direito das obrigações.

V. Com estes elementos voltemos ao artigo 252.º/2. Ao referir "base do negócio", este preceito não tem em vista o instituto desse mesmo nome (*Geschäftsgrundlage*), tal como hoje é correntemente usado na literatura alemã. Trata-se, como vimos, de uma fórmula vazia, que nada diz de específico. O preceito em análise refere concretamente um erro na base do negócio: haverá pois, na *mens legis*, uma realidade fáctico-jurídica com essa designação. Teremos de a procurar em Oertmann e nas origens da "base do negócio", ainda não esvaziada. A base do negócio será, então, uma representação de uma das partes, conhecida pela outra e relativa a certa circunstância basilar atinente ao próprio contrato e que foi essencial para a decisão de contratar.

Na sequência de Castro Mendes, a doutrina tem vindo a exigir, para o artigo 252.º/2, um erro bilateral[2976]. Todavia, nada na lei exige a bilateralidade. O erro é-o do declarante, recaindo embora sobre um elemento

---

[2974] Wolfgang Fikentscher, *Die Geschäftsgrundlage als Frage des Vertragsrisikos* (1971), tendo, aí, sido desenvolvida a partir da teoria do risco.

[2975] Em especial: Franz Wieacker, *Gemeinschaftlicher Irrtum der Vertragspartner und clausula rebus sic stantibus/Bemerkungen zur Theorie der Geschäftsgrundlage*, FS Wilburg (1965), 229-255 (242), Viktor Stötter, *Versuch zur Präzisierung des Begriffs der mangelhaften Geschäftsgrundlage*, AcP 166 (1966), 149-187 (165) e Burkhard Schmiedel, *Der allseitige Irrtum über die Rechtslage bei der Neueregelung eines Rechtsverhältnisses*, FS von Caemmerer (1978), 231-240.

[2976] Castro Mendes, *Teoria geral* cit., 3, 132, Mota Pinto, *Teoria geral*, 3.ª ed. cit., 516, depois de expor certo ponto de vista e Carvalho Fernandes, *Teoria geral* cit., 2, 5.ª

decisivo do contrato, conhecido pela outra parte (a qual, sobre ele, podia não ter qualquer opinião).

O óbice do artigo 252.º/2 reside em ele se ter cristalizado na doutrina anterior à Guerra de 1939-1945, mantendo um conceito – o de "base do negócio" – que foi suprimido da própria alteração de circunstâncias – artigo 437.º/1[2977]. Essa cristalização teve o seguinte efeito: a evolução jurídico-científica processou-se no sentido de, da alteração das circunstâncias, retirar uma área atinente ao erro – *para lhe fazer aplicar o regime do erro*; ora o artigo 252.º/2 parece captar uma área do erro para a remeter para a alteração das circunstâncias. Esta tem um regime complexo que, até hoje, não foi devidamente enquadrado pela Ciência do Direito. O regime do erro é mais claro e favorável.

VI. Antes de ensaiar uma explicação científica e atualista para o "erro sobre a base do negócio", vamos verificar como tem ele funcionado na jurisprudência. Os nossos tribunais superiores – e bem – procedem à interpretação do artigo 252.º/2 na sequência do 252.º/1: a lei admite a relevância do erro da vontade quando recaia sobre a pessoa do destinatário ou sobre o objeto do negócio; reportando-se a outro elemento, terá de haver acordo quanto à essencialidade; referindo-se, todavia, à base do negócio, tal acordo é dispensado, bastando o conhecimento das partes[2978].

Quanto aos concretos elementos que integram a base do negócio e ao *quantum* de erro que justifique a intervenção do tribunal, há que apelar para o regime da figura, no seu todo. A lei manda aplicar o regime da alteração das circunstâncias. Pois bem: integram a "base do negócio" os elementos essenciais para a formação da vontade do declarante e conhecidos pela outra parte, os quais, por não corresponderem à realidade, tornam a exigência do cumprimento do negócio concluído gravemente contrário aos princípios da boa-fé[2979].

---

ed., 217. Quanto ao tema, em especial, Carlos Ferreira de Almeida, *Erro sobre a base do negócio*, CDP 43 (jul-./set. 2013), 3-9 (5).

[2977] Quanto aos fatores que levaram a esta singularidade *vide* a nossa *Da boa fé* cit., 1084 ss..

[2978] Assim, STJ 2-nov.-1977 (Alves Pinto), BMJ 271 (1977), 190-195 (193) – "o acordo está pressuposto" –, RPt 7-mai.-1994 (Reis Figueira), CJ XIX (1994) 2, 187-190 (188/II) e RLx 5-mai.-1994 (Almeida e Sousa), CJ XIX (1994) 3, 81-86.

[2979] Assim, STJ 18-jan.-1996 (Metello de Nápoles), CJ/Supremo IV (1996) 1, 46-52 (51/II). Noutro exemplo – RPt 15-mai.-1995 (Paiva Gonçalves), BMJ 447 (1995), 562 (o sumário): uma Câmara compra por baixo preço, invocando-se a hipótese de expropriação

VII. O legislador, sob as peripécias sumariadas, acabou por construir um sistema coerente. Dado o fracionamento dos erros da vontade – artigos 251.° e 252.°/1 – houve que prever uma hipótese residual de erro cuja relevância fosse diretamente controlada pelo sistema, através da boa-fé. O erro escandaloso, que atinja gravemente as exigências da confiança e da primazia da materialidade subjacente pode, por esta via, ser sancionado pelos tribunais.

Impõe-se, ainda, uma interpretação restritiva quanto à remissão, feita pelo artigo 252.°/2, para a alteração das circunstâncias[2980]. Esta, sendo superveniente, faculta a resolução do contrato ou a sua modificação segundo juízos de equidade – artigo 437.°/1. Compreende-se: estando um contrato em curso de execução, não há que atingi-lo no passado (salvo quando a resolução a isso conduza) assim como não se exige atingi-lo *in totum*: as partes poderão ter investido já muito no seu cumprimento.

No erro sobre a base do negócio, porém, há que aplicar o regime comum do erro: a anulabilidade[2981]. A situação ocorre já no momento da celebração do negócio[2982]; ela tem de comportar um prazo curto, para se sedimentar; há que admitir a confirmação; em suma: não se verificam valores que requeiram consequências diferentes das normais para o erro.

Carlos Ferreira de Almeida, considerando o problema, opta pela solução do artigo 437.°/1: o erro sobre a base do negócio conduziria à resolução (e não à anulabilidade) ou à modificação do contrato. Esta última saída tem, a reforçá-la, o § 313 (3) do BGB, reforma de 2001/2002, que vai nesse sentido[2983]. Com toda a vénia, a questão não é tão simples. Admitir, no caso de erro, a modificação do contrato pode ser inaceitável, para a outra parte. Por isso, a lei apenas admite a validação, nos termos do artigo 248.°. Além disso, a resolução não comporta o prazo fixado no artigo 287.°/1, que surge razoável, nem a confirmação (288.°).

---

para um parque; vende, depois, para construção. Sobre o tema *vide* o excelente escrito de António Pinto Monteiro, *Erro e vinculação negocial* (2002), 16 ss..

[2980] Nas palavras da RPt 10-jan.-2002 (Pinto de Almeida), CJ XXVII (2002) 1, 177-182 (180/II): a remissão do artigo 252.°/2 para o artigo 437.° não significa a aplicação direta deste preceito.

[2981] Nesse sentido: Castro Mendes, *Teoria geral* cit., 3, 132, Mota Pinto, *Teoria geral*, 3.ª ed. cit., 515, nota, e Menezes Cordeiro, *Da boa fé* cit., 1090.

[2982] Assim, STJ 10-dez.-1974 (Albuquerque Bettencourt), BMJ 242 (1975), 254-256 (255).

[2983] Carlos Ferreira de Almeida, *Erro sobre a base do negócio* cit., 9.

Teríamos, pois, de construir um regime especial de resolução, diverso do legal, quando mais fácil seria aderir à solução comum aos diversos erros. Reconhecemos, todavia, o interesse da solução alemã, complementada com um dever de renegociação *ex bona fide*[2984]. De momento, mantemos a saída da anulabilidade.

VIII. A jurisprudência, relativamente ao artigo 252.º/2, permite isolar as proposições seguintes:

– o 252.º/2 assenta no erro ou desconformidade da representação da realidade, enquanto o artigo 437.º/1 tem em vista a evolução posterior das circunstâncias[2985]; esta posição não deve ser tomada em termos rígidos;
– no erro, a base do negócio é unilateral, respeitando apenas ao errante; na alteração das circunstâncias, ela é bilateral[2986];
– o erro relativo a circunstâncias futuras é um erro de previsão e só é relevante na medida em que se verifiquem os requisitos do artigo 437.º[2987].

314. Dolo (253.º)

I. Por fim, encontramos uma específica modalidade de erro – precisamente a que está na origem histórica da relevância jurídica deste instituto: o erro qualificado por dolo.

De acordo com o artigo 253.º/1 do Código Civil,

> Entende-se por dolo qualquer sugestão ou artifício que alguém empregue com a intenção ou consciência de induzir ou manter em erro o autor da declaração, bem como a dissimulação, pelo declaratário ou terceiro, do erro do declarante.

[2984] *Vide* Manfred Wolf/Jörg Neuner, *Allgemeiner Teil* cit., 10.ª ed., § 43, Nr. 32-35 (500-501).
[2985] STJ 6-nov.-2003 (Ferreira de Almeida), Proc. 03B3120.
[2986] STJ 28-mai.-2009 (Oliveira Vasconcelos), CJ/Supremo XVII (2009) 2, 84-88 (86/II).
[2987] STJ 17-mar.-2010 (Sousa Peixoto), Proc. 7/06.

Trata-se da velha figura do *dolus malus*, criada e desenvolvida no Direito romano.

De acordo com o esquema romano, o *dolus malus* consistia numa maquinação ou simulação tendente a conseguir, de outrem, uma declaração negocial que, de outro modo, não teria lugar. O Direito clássico não previa a invalidade de negócios viciados por dolo; concedia, no entanto, por via honorária, a *exceptio doli* que permitia à vítima deter o negócio viciado com dolo e a *actio doli* que lhe facultava, caso o negócio já tivesse sido executado, um ressarcimento. A invalidade do negócio viciado por dolo é fruto da evolução subsequente, designadamente através da canonística[2988].

II. No atual Direito português, o termo dolo tem uma dupla aceção completamente distinta[2989]:

– a sugestão ou artifício usados com o fim de enganar o autor da declaração e previstos no artigo 253.º/1 do Código Civil;
– a modalidade mais grave de culpa, contraposta à "mera culpa" ou negligência referida no artigo 483.º/1 do mesmo diploma.

Apenas a primeira aceção está, agora e aqui, em causa. O dolo dá lugar a uma espécie agravada de erro: é um erro provocado, nas palavras de Manuel de Andrade[2990]. Diz este Autor:

> A sugestão ou artifício há-de traduzir-se em quaisquer expedientes ou maquinações tendentes a desfigurar a verdade (manobras dolosas) – e que realmente a desfiguram (de outro modo não haveria erro) –, quer criando aparências ilusórias (*suggestio falsi*; obrepção), quer destruindo ou sonegando quaisquer elementos que pudessem instruir o enganado (*suppressio veri*; subrepção). Deve tratar-se, portanto, de qualquer processo enganatório. Podem ser simples palavras contendo afirmações sabidamente inexactas

---

[2988] Com múltiplas indicações, Franco Casavola, *Dolo (diritto romano)*, NssDI 6 (1960), 147-149 (148) e Filippo Cancelli, *Dolo (diritto romano)*, ED XIII (1964), 712-725 (712 ss.).

[2989] Este duplo significado do termo "dolo" ocorre, também, no Direito italiano; vide Alberto Trabucchi, *Dolo (diritto civile)*, NssDI VI (1960), 150-155 (150). Em compensação ele não se verifica no Direito alemão, onde as duas aceções correspondem a palavras diversas – *Täuschung* para dolo-vício e *Vorsatz* para dolo-culpa – nem no Direito francês onde, embora por razões conceituais, as designações também são diferentes – *dol* para o dolo-vício e *faute* para a culpa-ilicitude, abrangendo a versão mais grave.

[2990] Manuel de Andrade, *Teoria geral* cit., 2, 256.

§ 70.º O erro da vontade (erro-vício)

(*allegatio falsi*; mentira), ou tendentes essas palavras a desviar a atenção do enganado de qualquer pista que poderia elucidá-lo. (...)[2991].

III. A relevância do dolo depende, segundo a sistematização geralmente acolhida, na doutrina[2992] como na jurisprudência[2993], de três fatores:

– que o declarante esteja em erro;
– que o erro tenha sido causado ou dissimulado pelo declaratário ou por terceiro[2994];
– que o declaratário ou terceiro haja recorrido a qualquer artifício, sugestão ou embuste.

Ou, nas palavras de Castro Mendes: a relevância do dolo depende de uma dupla causalidade: é preciso que o dolo seja determinante do erro e o erro determinante do negócio[2995].

O artigo 254.º/1 do Código Civil prescreve, nesse caso, a anulabilidade.

IV. É importante atentar na diferença que existe entre o erro simples e o erro qualificado por dolo[2996]. Sendo o erro simples, o negócio só é anulável se ele recair sobre elemento essencial e se o declaratário conhecer

---

[2991] *Idem*, 256-257.

[2992] Pires de Lima/Antunes Varela, *Código Anotado* cit., 1, 4.ª ed., 237. Vide Karl Larenz/Manfred Wolf, *Allgemeiner Teil*, 9.ª ed. cit., 684 ss. e o nosso *Dolo na conclusão do negócio/Culpa in contrahendo/Anotação a STJ 13-Jan.-1993*, O Direito 1993, 145-174.

[2993] STJ 11-out.-1977 (Oliveira Carvalho), BMJ 270 (1977), 192-201 (197), onde, designadamente, se lê: "Usar dolo, enganar outrem ou deixá-lo no engano é contribuir para um erro. Neste vício, o consentimento em vez de esclarecido e espontâneo apresenta-se defeituosamente formado". Vide, ainda, RPt 4-mai.-1982 (Joaquim Gonçalves), CJ VII (1982) 3, 191-194 (193, 2.ª col.) e RCb 28-jun.-1994 (Mário Pereira), CJ XIX (1994) 3, 41-43 (43/I).

[2994] Ou seja: exige-se a intencionalidade, a qual teria de ser provada: STJ 20-jan.-2000 (Ferreira de Almeida), CJ/Supremo VIII (2000) 1, 45-49 (48/I); todavia, tal "prova" poderá resultar das características gerais do caso, ou bloquearemos (ainda mais) o funcionamento deste instituto.

[2995] Castro Mendes, *Teoria geral* cit., 2, 113. Exemplos jurisprudenciais de dolo são-nos dados por RCb 5-fev.-1991 (Herculano Namora), CJ XVI (1991) 1, 68-70 (70/I) – o gerente e o subgerente de um banco praticam artifícios para levar uma pessoa a subscrever letras – e STJ 25-fev.-1993 (César Marques), CJ/Supremo I (1993) 1, 154-156 (155//II), onde foram dadas falsas informações sobre uma garagem para levar à conclusão de um negócio.

[2996] Por todos, Mota Pinto, *Teoria geral* cit., 4.ª ed., 528.

ou dever conhecer essa essencialidade; sendo o erro qualificado por dolo, essa anulabilidade surge se for determinante da vontade: não tem de ser essencial, pois bastará que, por qualquer razão (mesmo periférica) tenha dado lugar à vontade e não se põe o problema do conhecimento uma vez que, neste caso, ele foi pura e simplesmente causado pelo declaratário.

V. A anulação por dolo é cumulável com a indemnização dos danos causados. Designadamente pode fazer-se, em simultâneo, apelo às regras da *culpa in contrahendo*[2997]. Esta, através da técnica dos deveres acessórios e da relação obrigacional sem dever de prestar principal, pode ser aplicável a terceiros que provoquem o erro qualificado por dolo.

[2997] STJ 20-jan.-2000 cit., CJ/Supremo VIII, 1, 47/II.

SECÇÃO IV
A SIMULAÇÃO[2998]

§ 71.º COORDENADAS HISTÓRICAS E COMPARATÍSTICAS DA SIMULAÇÃO

315. Evolução histórica

I. A simulação era uma realidade estranha ao Direito romano arcaico[2999]. A conclusão dos negócios jurídicos estava dependente do cumprimento de um conjunto rígido de formalidades ritualísticas[3000]. A real intenção das partes tornava-se irrelevante: ao comércio jurídico apenas interessava a declaração manifestada[3001]. O advento dos contratos consensuais alterou o panorama romanístico: a intencionalidade das

---

[2998] Relativamente à presente rubrica, vide A. Barreto Menezes Cordeiro, *Da simulação no Direito civil* (2014) 188 pp., com indicações.

[2999] Sobre a simulação no Direito romano, vide, em geral: Giovanni Pugliese, *La simulazione nei negozi giuridici: studio di diritto romano* (1938) e *Simulazione (diritto romano)*, NssDI XVII (1970), 351-359; Nadia Dumont-Kisliakoff, *La simulation en Droit romain* (1970).

[3000] O formalismo típico do Direito romano arcaico, que se traduzia num número reduzido de negócios disponibilizados, obrigava os sujeitos a recorrerem a mecanismos tipificados, moldando-os aos seus propósitos concretos. Todavia, não se tratam de negócios simulados, mas de negócios efetivamente pretendidos. Quanto às alegadas origens da simulação nos negócios aparentes, vejam-se a conclusões contrárias de Pugliese, *La simulazione* cit., 57-99.

[3001] António Santos Justo, *Direito privado romano* cit., 1, 5.ª ed., 208; Reinhard Zimmermann, *The Law of Obligations* cit., 647. Parece-nos ser de acolher a posição assumida nestas duas obras quanto ao caminho percorrido pela simulação ao longo dos diversos períodos.

partes em concluir um determinado negócio passa a assumir um lugar de destaque[3002].

No período clássico, encontramos diversas referências a negócios simulados[3003]: simulavam-se divórcios com o simples propósito de doar[3004]; simulava-se vender quando se doava[3005]; simulava-se casar quando não se pretendida contrair o matrimónio[3006]. Em todos estes casos, o negócio simulado não produzia qualquer efeito jurídico.

A análise compartimentada da figura, negócio a negócio, levou a maioria da doutrina especializada a considerar que o conceito não chegou a alcançar um grau de sistematização exigível a figuras gerais, transversais a todo o Direito, o que se refletia, naturalmente, na coexistência de diferentes sanções jurídicas[3007]. No final do período clássico, foram dados importantes passos. Atente-se às palavras de Modestino:

> Os contratos simulados, mesmo que envolvam uma compra, não vinculam juridicamente, pois simula-se um vínculo de facto que não é verdadeiro[3008].

II. A conceptualização de um conceito geral de simulação é aprofundada na época pós-clássica e no Direito justinianeu. No título XXII do

---

[3002] J. Partsche, *Die Lehre vom Scheingeschäft im römischen Recht*, SZRom 42 (1921), 227-272, 256 ss.: o autor assumiu a posição, hoje rejeitada, de que, no período clássico, as simulações seriam, por regra, aceites como válidas. Defendeu que a nulidade, posteriormente associada à simulação, é de origem justinianeia.

[3003] Dumont-Kisliakoff, *La simulation* cit., 63 ss.: embora reconhecendo que a simulação foi objeto de importantes desenvolvimentos, atribui-lhe uma função modesta, no plano legislativo. Os avanços foram feitos no campo do Direito pretoriano e pelos jurisprudentes.

[3004] Javonelo, D. 24 .1 .64 = Mommsen/Krüger, 5.ª ed., 1, 318-319. A doação era vedada entre os cônjuges, *vide* Ulpiano, D. 24. 1. 1 = Mommsen/Krüger, 5.ª ed., 1, 311.

[3005] Paulo, D. 18. 1. 55 = Mommsen/Krüger, 5.ª ed., 1, 233.

[3006] Gaio, D. 23. 2. 30 = Mommsen/Krüger, 5.ª ed., 1, 296.

[3007] Max Kaser, *Das Römische Privatrecht* cit., 1, 2.ª ed., § 590, II (242-243): nem todas as simulações seriam inválidas; Pugliese, *La simulazione* cit.: o estudo da matéria é compartimentado consoante o negócio simulado empregue; M. D. Blecher, *Simulated Transactions in the Later Civil Law*, S African LJ 91 (1974), 358-380 (359).

[3008] D. 44. 7. 54 = Mommsen/Krüger, 5.ª ed., 1, 720. Uma análise exegética e sistemática da passagem pode ser encontrada em Giannetto Longo, *Sulla simulazione dei negozi giuridici* em *Studi in onore di Salvatore Riccobono*, 3, (1936, reimp., 1974), 111-161, (140 ss.).

Livro 4 do *Codex*, inteiramente dedicado à figura, encontramos importantes passagens, demonstrativas dos avanços da Ciência Jurídica: é a verdade factual que deve ser relevada e não a intenção exteriorizada[3009]; ou a verdade substantiva não é afetada por atos simulatórios e apenas a primeira deve ser atendida[3010].

III. Os primeiros glosadores não parecem ter dedicado especial atenção à simulação, limitavam-se a apresentar uma análise exegética dos textos justineaneus e a remeter para passagens com conteúdos idênticos[3011].

Deve-se a Azo o primeiro contributo mais profundo do tema, sendo notória uma preocupação em elencar diferentes modalidades de simulações[3012]. Neste processo de sistematização, Azo engloba duas realidades até então distintas: *simulatio* e *fraus legis*[3013]. Com os comentadores, a proximidade entre os dois conceitos mantém-se: a remissão da simulação para o campo da vontade e a apresentação da fraude à lei como uma violação do espírito da lei, ambas reconhecidas autonomamente por Bártolo e Baldo[3014], em pouco parece ter afetado a sistematização defendida por Azo.

IV. Com os humanistas, a doutrina simulatória aperfeiçoa-se[3015]. Nos textos de Alciatus[3016], Cujacius[3017] e Donellus[3018] encontramos as principais características da simulação moderna: (i) o negócio simulado e o

---

[3009] C. 4. 22. 1 = Mommsen/Krüger, 5.ª ed., 2, 364. A passagem faz referência a uma vontade manifestada por escrito, o que acentua a relevância da "verdade factual".

[3010] C. 4. 22. 2 = Mommsen/Krüger, 5.ª ed., 2, 264.

[3011] Blecher, *Simulated Transactions* cit.: o autor leva a cabo uma análise muito completa da evolução histórica e dogmática da simulação.

[3012] Blecher, *Simulated Transactions* cit., 363-364.

[3013] Veja-se a glosa de Azo ao C. 4.22: *Azonis ad singulas leges*, edição de Lião (1596), 464-465.

[3014] Helmut Coing, *Simulatio und Fraus in der Lehre des Bartolus und Baldus*, FS Paul Koschaker, 3, (1936), 402-419.

[3015] Gunter Wesener, *Das Scheingeschäft in der spätmittelalterlichen Jurisprudenz, im Usus modernus und in Naturrecht*, FS Heinz Hübner (1984), 337-355.

[3016] Andreas Alciatus, *Mediolanensis, Iureconsulti clariss. Iucubrationum in Ius civile*, Tomo III, edição de Basileia, 1558, 528-530: comentário ao C. 4.22.

[3017] Jacques Cujas, *Tolosatis Opera*, Tomo IX, edição de Módena, 1751, 268: comentário ao C. 4.22

[3018] Hugo Donellus, *Commentarii absolutissimi*, edição de Francoforte, 1622, 295-298: comentário ao C. 4.22.

negócio dissimulado são realidades distintas; (ii) a invalidade do negócio simulado resulta da ausência de um real e efetivo consenso entre as partes; e (iii) a validade do negócio dissimulado deve ser averiguada em concreto. O segundo ponto é especialmente relevante, visto demonstrar que a conceção simulatória pandectística, centrada na divergência entre a vontade declarada e a vontade manifestada era já então conhecida.

V. A proximidade entre a fraude à lei e a simulação mantém algum do seu fulgor no século XIX. Num parágrafo introdutório, dedicado à interpretação da lei, Savigny relaciona a simulação com a prática de atos fraudulentos, ou seja, violações indiretas da lei[3019]. Esta ligação é, contudo, abandonada, quando Savigny explora o conteúdo jurídico-científico da simulação. Para o célebre jurista, é na divergência entre a vontade manifestada e a vontade real que se encontra o elemento nuclear da simulação[3020]. Com os pandectistas, a simulação afasta-se em definitivo do campo da fraude à lei, passando a ser apresentada como um vício de vontade.

VI. A simulação e a fraude à lei percorreram um caminho parcialmente conjunto, ao longo de todo o período intermédio. Esta ligação, mais sistemática e não tanto conceptual, é um reflexo do conteúdo de algumas passagens do *corpus juris civilis*, pense-se no exemplo paradigmático da simulação de divórcio: estando os cônjuges proibidos de doar entre si, o divórcio, neste caso a simulação do divórcio, apresentava-se como uma solução para contornar a interdição legal.

A sistematização da simulação é uma realidade relativamente recente. Para além da sua histórica ligação à fraude à lei, a simulação manteve-se longamente embricada com institutos hoje distintos: negócios mistos, negócios fiduciários e até mandato sem representação. Trata-se de uma área relativamente jovem, dentro da panorâmica civil[3021].

[3019] *System* cit., 1, § 50, 325.
[3020] *System* cit., 3, § 134, 257.
[3021] Quanto ao papel da simulação na vida jurídica: Nicola Distaso, *La simulazione dei negozi giuridici* (1960), 13 ss., nota 1.

316. Nota comparatística

I. Tal como sucede com o erro, também a simulação apresenta flutuações muito marcadas, nos diversos códigos civis do Continente[3022].

Em França, o Código Napoleão procurou reagir às diferenciações anteriores, estabelecendo um regime claro e radical. Segundo o seu artigo 1321.º, "as *contre-lettres* (negócios dissimulados) não podem produzir efeitos senão entre as partes; elas não têm quaisquer efeitos contra terceiros". A doutrina e a jurisprudência explicitaram que, mesmo entre as partes, o negócio dissimulado devia conter todos os requisitos de forma e de substância, para ser eficaz; por seu turno e em certas circunstâncias, os próprios terceiros poderiam prevalecer-se dele[3023].

No Código Civil espanhol, pese embora a influência francesa, não se encontra nenhum artigo com conteúdo idêntico ao previsto no 1321.º. A simulação é tratada, contextualmente, na doação[3024] e no testamento[3025]. Todavia, ao abrigo do artigo 1276.º – "A manifestação de uma causa falsa nos contratos dá lugar à sua nulidade, salvo se se provar que foram constituídos com outra verdadeira e lícita" – a jurisprudência e a doutrina espanhola têm vindo a desenvolver uma teoria simulatória integrada[3026].

II. Na Alemanha, ainda sob o influxo do dogma pandectístico da vontade[3027], o § 117 do BGB veio dispor:

[3022] Giorgio Bianchi, *La simulazione* (2003), 1 ss.; no domínio da simulação – tal como, em geral, em toda esta área civil, há que atentar nas divergências de sistema: mesmo perante Direitos próximos. Este dado é evidenciado da leitura dos trabalhos preparatórios de Rui de Alarcão, *Simulação/Anteprojecto para o novo Código Civil*, BMJ 84 (1959), 305-328, onde a doutrina estrangeira ocupa uma papel residual.

[3023] *Vide*, com indicações, Terré/Simler/Lequette, *Droit civil/Les obligations* cit., 10.ª ed., n.º 553 (557-559) e Michel Dagot, *La simulation en Droit privé* (1967).

[3024] 627.º: "*Las donaciones hechas a los concebidos y no nacidos podrán ser aceptadas por las personas que legítimamente los representarían, si se hubiera verificado ya su nacimiento*".

[3025] 755.º: "*Será nula la disposición testamentaria a favor de un incapaz, aunque se la disfrace bajo la forma de contrato oneroso o se haga a nombre de persona interpuesta*".

[3026] Federico de Castro y Bravo, *El negocio jurídico*, 2008 (= 1971), 333-368.

[3027] Windscheid/Kipp, *Lehrbuch der Pandekten* cit., § 75 (1, 380); Jhering, *Geist* cit., II, 10.ª ed., 528 ss.; Helmuth Coing, *Europäisches Privatrecht* cit., 2, 452; Martin Josef Schermeier, HKK/BGB cit., 1, §§ 116-124, Nr. 38 ss. (433 ss.).

Uma declaração de vontade é nula quando seja dirigida a outra pessoa, com o acordo desta, apenas aparentemente.
Quando o negócio aparente esconda um outro aplicam-se, a este, os preceitos vigentes.

Como se vê, não houve uma preocupação expressa de tutelar os terceiros de boa-fé, que acreditem no negócio aparente ou simulado[3028]. De facto, o Direito alemão dispõe de dispositivos gerais que, em princípio, permitiriam essa tutela[3029]. De todo o modo, haveria que ir mais longe. Curiosamente, o *Reichsgericht* foi sensibilizado para o problema aplicando Direito renano e portanto: Direito civil francês, em vigor na Renânia, antes do BGB[3030]. Nessa linha, a jurisprudência e a doutrina acabariam por se aproximar da solução francesa[3031]: os terceiros podem prevalecer-se do negócio simulado ou do dissimulado, consoante lhes seja mais vantajoso[3032]. Temos um campo importante da tutela da confiança[3033].

III. Em Itália, a simulação tem um desenvolvimento doutrinário importante[3034]. O Código Civil reconheceu-lhe um capítulo próprio – artigos 1414.º e seguintes –, dispondo, em síntese:

– que o contrato simulado não produz efeitos entre as partes, podendo, todavia, produzi-los o dissimulado, desde que reúna os requisitos legais de forma e de substância;
– que a simulação não pode ser oposta a terceiros de boa-fé.

[3028] Foi mesmo, na fase da preparação do BGB, afastada uma proposta de preceito destinado a essa defesa; *vide* Enneccerus/Nipperdey, *Allgemeiner Teil* cit., 15.ª ed., § 165, II, 4 (2, 1027) e Werner Flume, *Allgemeiner Teil* cit., 4.ª ed., 410.

[3029] Designadamente a aquisição *a non domino*, de boa-fé, baseada na posse ou no registo.

[3030] RG 1-nov.-1887, RGZ 20 (1888), 336-342 (340) e, já com o BGB em vigor, RG 23-mai.-1917, RGZ 90 (1917), 273-280 (278).

[3031] *Vide*, em especial, Werner Flume, *Das Rechtsgeschäft* cit., 4.ª ed., 410-411.

[3032] Manfred Wolf/Jörg Neuner, *Allgemeiner Teil* cit., 10.ª ed., 452-453, com outras indicações.

[3033] *Vide* Claus-Wilhelm Canaris, *Die Vertrauenshaftung* cit., 85 ss..

[3034] Assim, Antonio Butera, *Della simulazioni nei negozi giuridici* (1936), Distaso, *La simulazione* sup. cit. e *Simulazione dei negozi giuridici*, NssDI XVII (1970), 359-422; Mario Casella, *Simulazione (diritto privato)*, ED XLII (1990), 593-614 e Tiziana Montecchiari, *La simulzaione del contratto* (1999), todos com indicações.

Trata-se do esquema mais aperfeiçoado: ele beneficiou dos estudos doutrinários que enriqueceram os códigos francês e alemão, que o antecederam.

IV. Apesar das diferenças dos diversos regimes sucintamente analisados, os Direitos civis têm vindo a caminhar para uma certa uniformização dogmática, quer ao nível dos requisitos exigidos, quer na proteção atribuída aos terceiros estranhos ao conluio.

317. A experiência lusófona

I. Não fugindo à regra da sua época, o conceito de simulação também surgiu, em terras lusas, associado à figura da fraude à lei. O Título 15 do Livro IV das *Ordenações Manuelinas*, depois reproduzido nas *Ordenações Filipinas*[3035], faz referência a *"contractos simulados, que muitas pessoas fazem maliciosamente em perjuizo de seus creedores, e de outras pessoas, e em perjuizo de Nossos direitos, e por defraudar nossas Leys e Ordenações"*[3036]. O conceito assume uma dupla dimensão: simulação objetiva: corresponde a violações fraudulentas da lei; e simulação subjetiva: corresponde, grosso modo, ao sentido moderno do termo. Repare-se que ambas as modalidades pressupõem uma intenção maliciosa, o que tende a aproximar a simulação subjetiva do dolo[3037]. Conquanto as punições fossem distintas, sendo bastante mais severas para as simulações objetivas – exílio e degredo –, nenhum dos contratos produzia qualquer efeito: a simulação acarretava a nulidade do negócio[3038].

Este modo de abordar a simulação manteve-se, no Código de Seabra. Aí, a figura aparece não a propósito do consenso contratual, dos seus vícios ou, sequer, das invalidades: antes ocorre em capítulo referente aos "actos e contractos celebrados em prejuízo de terceiro"[3039]. Dispunha o seu artigo 1031.°:

[3035] L. 4, Tit. 71 (= ed. Gulbenkian, Livros IV e V, 883-884).
[3036] (= ed. Gulbenkian, Livro IV, 45-47).
[3037] Coelho da Rocha, *Instituições* cit., 1, § 101, em nota (1, 59).
[3038] Corrêa Telles, *Digesto Portuguez* cit., 260-261 (1, 36).
[3039] José Dias Ferreira, *Codigo civil portuguez annotado* cit., 2, 2.ª ed., 271 ss..

Os actos ou contractos simuladamente celebrados pelos contrahentes com o fim de defraudar os direitos de terceiro, podem ser annullados ou rescindidos a todo o tempo, a requerimento dos prejudicados.
§ unico. Simulado diz-se o acto ou contracto, em que as partes declaram, ou confessam falsamente alguma cousa, que na verdade se não passou, ou que entre ellas não foi convencionada.

II. Guilherme Moreira, no âmbito da reformulação pandectística do Direito civil português, reconduziu o tema da simulação ao da manifestação de vontade[3040]. Posto isso, Moreira introduziu, na simulação, as distinções que animariam a figura, no século XX[3041].

A simulação ficou, assim, numa posição excelente para comportar desenvolvimentos doutrinários. Sobre ela recaíram duas importantes monografias, de Beleza dos Santos[3042] e de Paulo Cunha[3043], esta última centrada embora no processo civil. Houve, ainda, extensas exposições de Cunha Gonçalves[3044] e de Manuel de Andrade[3045].

III. Tudo isto jogou, aquando da preparação do Código Vaz Serra[3046]. As opções então formuladas e que, depois, passariam ao texto final, podem sintetizar-se nestes termos:

– recondução da simulação à área dos vícios da vontade e da declaração;
– princípio básico da nulidade do negócio simulado;
– possibilidade de aproveitar o negócio dissimulado, desde que ressalvados os competentes requisitos;
– proteção dos terceiros de boa-fé.

[3040] Guilherme Moreira, *Instituições* cit., § 35 (1, 400 ss., especialmente 404 ss.).
[3041] Guilherme Moreira teve em particular conta a monografia clássica de Francesco Ferrara, *Della simulazione dei negozi giuridici*, 5.ª ed. (1922), de que usou uma edição anterior.
[3042] José Beleza dos Santos, *A simulação/Estudo de Direito civil*, 2 volumes (1921), 423 + 267 pp..
[3043] Paulo A. V. Cunha, *Simulação processual e anulação do caso julgado* (1935), 408 pp..
[3044] Luiz da Cunha Gonçalves, *Tratado* cit., 5, 703-802.
[3045] Manuel de Andrade, *Teoria geral* cit., 2, 168-215.
[3046] Rui de Alarcão, *Simulação/Anteprojecto para o novo Código Civil*, BMJ 84 (1959), 305-328.

§71.º Coordenadas históricas e comparatísticas da simulação 883

Resta acrescentar que a simulação, pela especial acuidade que, entre nós, assumiam os impostos sobre a transmissão de imóveis (a sisa e, depois, o imposto municipal sobre as transmissões onerosas de imóveis) e sobre os rendimentos derivados da sua venda, e pela multiplicação extraordinária dos direitos de preferência legais, está muito divulgada, em Portugal. Multiplicam-se, deste modo, as invocações, em Tribunal, de ocorrências simulatórias, com as dúvidas e decorrências subsequentes[3047].

IV. No Código Civil brasileiro de 1916, a simulação era tratada nos artigos 102.º a 105.º. O regime aí previsto surgia ainda marcado por uma certa proximidade com a figura da fraude à lei. De acordo com o disposto no artigo 103.º, apenas relevavam as simulações quando se demonstrasse uma "intenção de prejudicar terceiros, ou de violar disposições da lei"[3048]. Com o Código Civil de 2002, o legislador, conservando a estrutura base – o núcleo substantivo do artigo 102.º foi transposto para o artigo 167.º do Código vigente –, introduziu importantes alterações, que aproximaram o Direito brasileiro dos regimes europeus: o negócio dissimulado subsiste se for válido na substância e na forma; a nulidade da simulação não está dependente de uma intenção fraudulenta; e a posição jurídica dos terceiros de boa-fé é acautelada[3049].

[3047] Sobre a simulação no Direito vigente, cumpre citar Luís A. Carvalho Fernandes, *Estudos sobre a simulação* (2004), 303 pp..
[3048] Eduardo Espinola, *Manual do Código Civil brasileiro*, 3 (1932), 460-466.
[3049] Sílvio de Salvo Venosa, *Direito civil. Parte geral*, 1, 8.ª ed., (2008), 493 ss..

§ 72.º A SIMULAÇÃO NO CÓDIGO CIVIL

318. Requisitos (240.º)

I. O artigo 240.º põe, claros, três requisitos para a simulação[3050]:
– um acordo entre o declarante e o declaratário[3051];
– no sentido de uma divergência entre a declaração e a vontade das partes;
– com o intuito de enganar terceiros.

Estes elementos devem ser invocados e provados por quem pretenda prevalecer-se da simulação ou de aspetos do seu regime[3052].

A divergência entre a vontade declarada e a vontade real representa o elemento mais distintivo da simulação: no seu seio surgem as diferentes modalidades e os pontos mais delicados do seu regime. Por ora, centremo-nos no primeiro e no terceiro requisito.

II. A relação negocial, enquanto um todo, englobando a vontade real das partes e a vontade exteriorizada, assenta num encontro de vontades. A existência de um acordo é um elemento diferenciador da simulação, no âmbito dos vícios do negócio[3053]. Não basta uma das partes manifestar

---

[3050] STJ 29-jun.-2004 (Azevedo Ramos), CJ/Supremo XII (2004) 2, 116-119 (118/I); STJ 22-fev.-2011 (Fonseca Ramos), Proc. 1819/064; STJ 17-abr.-2012 (Sebastião Póvoas), Proc. 261/2000; STJ 27-nov.-2012 (Marques Pereira), Proc. 752/2001.

[3051] Ou *pactum simulationis*: STJ 22-jun.-2004 (Alves Velho), CJ XXIX (2004) 2, 102-106 (105/II).

[3052] STJ 6-out.-1998 (Silva Paixão), CJ/Supremo VI (1998) 3, 55-57 (57/I); STJ 14-abr.-2011 (Granja da Fonseca), Proc. 2358/07 e RLx 18-set.-2012 (Graça Amaral), Proc. 5729/03. A ação deve ser proposta contra todos os sujeitos que celebraram o negócio: STJ 27-nov.-2012 (Marques Pereira), Proc. 752/2001: litisconsórcio necessário passivo.

[3053] STJ 22-fev.-2011 (Fonseca Ramos), Proc. 1819/06: a apresentação da simulação, da reserva mental e da declaração não-séria, como exemplos de divergência intencio-

uma intenção que não corresponda à sua vontade real: exige-se uma sintonia entre todos os contraentes. Este elemento afasta a simulação da reserva mental. Na reserva mental, uma das partes escamoteia a sua vontade real dos restantes intervenientes; o negócio efetivamente concluído é apenas pretendido por um dos contraentes[3054]. Já a simulação pressupõe um conluio, o que não se verifica na reserva mental[3055]. De resto, sendo a divergência comum a todas as partes, aplica-se, como seria expectável, o regime da simulação, 244.º/2.

III. A imposição legal de um acordo coloca dúvidas sobre a possibilidade do regime da simulação poder ser aplicado a negócios unilaterais[3056]. Há uma certa tendência, em especial no seio da nossa jurisprudência, para responder afirmativamente a esta questão[3057], sem, todavia, serem esclarecidos os seus exatos contornos. Na busca por uma solução fundamentada, devemos atender a três pressupostos indiscutíveis: (1) estando a perfeição dos negócios unilaterais apenas dependente de uma declaração de vontade, a exigência legal de um acordo não pode respeitar à conclusão do próprio negócio; (2) a vontade manifestada pelo único declaratário pode, efetivamente, não corresponder à sua vontade real; e (3) essa vontade real tem de ser conhecida de um terceiro sujeito, externo ao negócio unilateral, mas parte interveniente num outro acordo, sob pena de os factos concretos remeterem toda a situação para o regime da reserva mental. Estes três elementos são visíveis no denominado testamento simulado (2200.º), usualmente apontado como um negócio unilateral simulado positivado:

> É anulável a disposição feita aparentemente a favor de pessoa designada no testamento, mas que, na realidade, e por acordo com essa pessoa, vise beneficiar outra.

---

nal entre a vontade real e a manifestada, é enganadora. Nos dois últimos vícios de vontade, a intencionalidade respeita, apenas, a uma das declarações de vontade e não ao acordo final.

[3054] STJ 15-jun.-1994 (Araújo Ribeiro), Proc. 085334.

[3055] RCb 2-out.-1985 (Baltazar Coelho), CJ X (1985) 4, 73-76.

[3056] Sobre o tema, *vide*, em geral, Francesco Marani, *La simulazione negli atti unilaterali* (1971). Entre nós: Galvão Telles, *Manual dos contratos* cit., 4.ª ed., 170-171; Oliveira Ascensão, *Direito civil/Teoria geral* cit., 2, 2.ª ed., 219 e Carvalho Fernandes, *Teoria geral* cit., 2, 5.ª ed., 311.

[3057] STJ 16-jan.-2003 (Afonso Correia), Proc. 03A2208: a referência expressa à existência de um acordo não exclui a possibilidade de simulação nos negócios unilaterais. Com idêntico conteúdo: STJ 7-out.-2003 (Azambuja da Fonseca), Proc. n.º 03S1785; STJ 4-mai.-2005 (Vítor Mesquita), Proc. 04S779; STJ 12-mai.-2011 (Granja da Fonseca), Proc. 7656/04.

Com efeito: (1) o testamento é um negócio unilateral; (2) existe uma divergência entre a vontade declarada e a vontade real; e (3) sem acordo, i.e., conhecimento da vontade real, nunca os propósitos desejados, neste caso beneficiar um terceiro sujeito, poderiam ser efetivamente prosseguidos. Este raciocínio é aplicável a todos os restantes negócios unilaterais, quer seja uma resolução simulada[3058] ou uma promessa unilateral simulada, mas não só: pense-se nas deliberações sociais[3059], também elas passíveis de simulação, conquanto não possam ser descritas como contratos[3060].

Assim, a aplicação da simulação aos negócios unilaterais estará sempre dependente da existência de um acordo simulatório, distinto do negócio base.

IV. Ao contrário do que se verificava no Código de Seabra[3061], o Código Vaz Serra não faz depender a aplicação do regime simulatório de uma intenção de prejudicar terceiros. O legislador basta-se com o mero intento de enganar: as partes pretendem, criando uma aparência jurídica, ludibriar todos os terceiros externos à mancomunação, levando-os a acreditar que a vontade manifestada é realmente querida[3062]. Este raciocínio, seguido de forma unânime tanto pelos nossos tribunais como pela nossa jurisprudência, foi, aparentemente, posto em causa numa recente decisão da Relação de Lisboa:

> A e B celebraram um contrato de compra e venda que tinha como objeto o prédio X. O preço nunca foi realmente pago e o imóvel permaneceu na esfera jurídica de A. B, proprietário legal do bem X, celebra um contrato de mútuo com o banco C, tendo sido dada como garantia uma hipoteca sobre

---

[3058] Exemplo apresentado por Galvão Telles, *Manual dos contratos* cit., 4.ª ed., 171.
[3059] STJ 10-mai.-1989 (José Domingues), Proc. 077198.
[3060] Quanto à natureza jurídica das deliberações sociais, vide *Direito das sociedades* cit., 1, 3.ª ed., 739 ss..
[3061] Parte da doutrina de Seabra defendia a extensão do regime previsto no artigo 1031.º às simulações ditas fraudulentas, apesar da letra do preceito: Guilherme Moreira, *Instituições* cit., 1, 405 e Beleza dos Santos, *A simulação* cit., 1, 66-67. Com posição contrária, veja-se José Tavares, *Princípios fundamentais* cit., 1, 2.ª ed., 556.
[3062] Na falta desse intuito não há simulação: RCb 12-out.-1999 (Soares Ramos), CJ XXIV (1999) 5, 5-8 (7/II) e STJ 8-out.-2009 (Serra Baptista), Proc. 3132/06. Quanto à criação da aparência: STJ 9-out.-2003 (Oliveira Barros), CJ XI (2003) 3, 93-99 (96/II), muito bem documentado e STJ 30-jun.-2011 (Orlando Afonso), Proc. 1440/07. Quanto à distinção, vide Bianch, *La simulazione* cit., 29 ss. e STJ 9-out.-2003 (Oliveira Barros), CJ//Supremo XI, 3, 93-99 (95).

o imóvel. Demonstrou-se, em juízo, que as condições conseguidas por B junto do banco C eram análogas às que seriam obtidas por A. O banco C não foi prejudicado: para além do pagamento atempado das prestações, a sua posição estava protegida com a constituição da garantia[3063].

Perante estes factos, o tribunal, embora reconhecendo o preenchimento textual dos requisitos legais, visto existir uma intenção de criar uma falsa aparência, decidiu-se pela irrelevância jurídica do engano. O argumento utilizado é bastante simples: o engano não contribuiu, de nenhuma forma, para a conclusão do negócio. Esta decisão deve ser apoiada: a criação de uma aparência só por si é insuficiente: o sistema exige que a posição jurídica dos terceiros enganados tenha sido afetada de qualquer forma. Repare-se que não se está a fazer depender a aplicação do regime simulatório da demonstração de um prejuízo ou sequer de uma intenção de o causar; todavia, o Direito não pode ser alheio ao impacto efetivo da aparência criada: sendo inexistente, o engano é virtual.

Este último elemento facilita, ainda, a distinção da simulação das declarações não sérias. Na simulação, há uma intenção de enganar terceiros estranhos à conjuração, enquanto que, nas declarações não sérias, a manifestação de vontade tem um simples propósito jocoso ou jactante[3064].

IV. Finalmente, "terceiro", no âmbito da simulação, será qualquer pessoa alheia ao conluio ou acordo simulatório, mas não, necessariamente, estranha ao contrato simulado[3065]. Também o Estado é considerado terceiro para efeitos de aplicação do regime da simulação: pense-se no exemplo perfeito da celebração de um contrato simulado com o intuito de ver diminuídos os impostos ou as taxas inerentes ao negócio efetivamente pretendido. Repare-se, porém, que a celebração de um contrato simulado com o propósito de contornar a lei, i.e., de enganar o Estado, enquanto entidade governativa ou legislativa, não preenche os requisitos necessários[3066].

[3063] RLx 7-mai.-2009 (Carlos Marinho), Proc. 6092/05.
[3064] STJ 15-abr-1993 (Miranda Gusmão), CJ/Supremo I (1993) 2, 61-62 (62/IV).
[3065] STJ 27-jun.-2000 (Ribeiro Coelho), CJ/Supremo VIII (2000) 2, 135-137 (137/II): o terceiro era, aqui, o representado. Com factos idênticos, veja-se STJ 3-fev.-2009 (Mário Cruz), Proc. 08A3732: um procurador fez usos dos poderes que lhe foram conferidos para enganar, através de uma simulação, o representado; STJ 29-mai.-2007 (Azevedo Ramos), Proc. 07A1334.
[3066] RLx 26-nov.-1987 (Ricardo Velha), CJ XII (1987) 5, 128-134 (130).

319. Modalidades

I. A primeira classificação, já indiretamente aludida, respeita ao conteúdo do terceiro requisito: ela diz-se inocente ou fraudulenta consoante vise apenas enganar alguém – os contraentes são motivados por um *animus decipiendi* – ou também prejudicar – ao *animus decipiendi* acresce um *animus nocendi*[3067]. Regra geral, a simulação será fraudulenta: as partes não pretendem apenas criar uma falsa aparência para o exterior; têm, ainda, como fim imediato, retirar benefícios, em prejuízo de terceiros.

Como exemplo clássico de simulação inocente refira-se a doação dissimulada em compra e venda, com o propósito de não ferir a susceptibilidade de terceiros igualmente interessados no bem, conquanto a sua posição não seja suportada juridicamente[3068]. Apesar de se poder falar, em abstrato, num prejuízo, a expectativa do terceiro não é tutelada. A nulidade da simulação é, assim, alheia à existência de direitos ou interesses protegidos, na esfera jurídica do terceiro enganado.

II. A simulação é absoluta quando as partes não pretendam celebrar qualquer negócio; é relativa sempre que, sob a simulação, se esconda um negócio verdadeiramente pretendido: o negócio dissimulado[3069].

Na simulação absoluta, as partes conjecturam uma mudança, quando, na realidade, o *status* real permanece inalterado. Por regra, essa aparência tem, como fim, evitar uma qualquer consequência jurídica prejudicial: simula-se vender para evitar que os bens sejam executados[3070], para iludir credores[3071] ou para que um determinado bem não seja considerado para efeitos de partilhas de herança[3072] ou de divórcio[3073].

[3067] Quanto aos elementos que distinguem as duas modalidades, veja-se, STJ 18-dez.-2012 (Álvaro Rodrigues), Proc. 466/07.
[3068] Carlos Mota Pinto, *Teoria geral* cit., 4.ª ed., 467; Carvalho Fernandes *Teoria geral* cit., 2, 5.ª ed., 312.
[3069] As partes fingem uma venda, quando não pretenderam qualquer transmissão do domínio: a simulação é absoluta; elas declaram uma venda quando pretendem uma doação: há simulação relativa. O negócio dissimulado será, neste exemplo, a doação.
[3070] STJ 29-jun.-2005 (Salvador da Costa), Proc. 05B2086 ou STJ 17-abr.-2012 (Sebastião Póvoas), Proc. 261/2000.
[3071] RLx 4-mai.-2010 (Maria do Rosário Barbosa), Proc. 3076/05.
[3072] STJ 3-mar.-2005 (Ferreira de Almeida), Proc. 05B200.
[3073] STJ 14-fev.-2008 (Oliveira Rocha), Proc. 180B08.

Na simulação relativa, as partes pretendem uma efetiva alteração do *status* real mas com contornos distintos dos declarados para o exterior.

III. A simulação relativa pode ser objetiva, quando a divergência recaia sobre o objeto do negócio ou sobre o seu conteúdo; ou subjetiva, sempre que incidir sobre as próprias partes.

Dentro da modalidade objetiva podem ainda ser apontados dois subtipos distintos: simulação objetiva total e simulação objetiva parcial[3074].

A primeira subcategoria engloba as simulações sobre a natureza do negócio, ou seja, o negócio simulado e o negócio dissimulado pertencem a tipos legais ou sociais distintos: pense-se no exemplo clássico em que se celebra um contrato de compra e venda com o propósito de cobrir uma doação[3075].

Na simulação objetiva parcial, temos apenas um negócio: a simulação respeita somente a parte do seu conteúdo, sem, todavia, afetar a qualificação do contrato concluído. É o caso da simulação dita de valor, em que há um desfasamento entre o preço declarado e o preço efetivamente pago. A recondução destas situações à figura da simulação relativa não é, porém, imune a críticas: as partes celebram apenas um negócio: não temos um negócio simulado e um negócio dissimulado; o suposto negócio dissimulado esgota-se num valor diferente do manifestado, o que se apresenta insuficiente para subsumir os factos ao regime simulatório. Os nossos tribunais têm vindo a defender que a simulação de valor não acarreta a nulidade do negócio, como estabelece o legislador de forma expressa, na parte final do artigo 241.º/1, implicando apenas a determinação do preço real[3076]. De resto, se a nulidade fosse declarada, quedava-nos uma simples indicação de um valor pecuniário.

IV. A simulação de valor consubstancia uma simulação imprópria[3077], cujo regime aplicável, de base jurisprudencial, se distingue do regime simulatório positivado, quer no que respeita aos seus elementos fácticos – temos apenas um negócio jurídico –, quer em relação aos efeitos jurídi-

---

[3074] Galvão Telles, *Manual dos contratos* cit., 4.ª ed., 168-169.
[3075] STJ 9-out.-2003 (Oliveira Barros), Proc. 03B2536.
[3076] STJ 15-mai.-1990 (Jorge Vasconcelos), BMJ 397 (1990), 478-483 (482); STJ 5-jun.-2007 (Fonseca Ramos), Proc. 07A1364.
[3077] RPt 16-nov.-2009 (Anabela Luna de Carvalho), Proc. 3746/06.

cos daí decorrentes – simples determinação do preço real. Este raciocínio pode, em princípio, ser estendido às restantes simulações ditas parciais. Na simulação subjetiva temos uma interposição fictícia de pessoas: A vende a B e ambos combinam que se declare vender a C. Pretende evitar-se um específico predicado de B ou usufruir de uma especial qualidade de C. Neste último caso, contam-se, por exemplo, as alienações de licenças, sempre que estas só possam ser transmitidas a sujeitos que preencham certos requisitos legais[3078].

320. Figuras afins da simulação

I. A simulação não se confunde com a simples falsidade. A simulação consubstancia um vício interno, ela exprime uma declaração divergente da vontade mas efetivamente exarada pelas partes. O documento através do qual a vontade simulada se manifesta não é forjado: é verdadeiro. A falsidade, por sua vez, constitui um vício externo ou formal, não assenta numa divergência de vontade mas na falsificação de um documento: existe uma divergência entre o conteúdo do documento e a vontade manifestada[3079]. A simulação respeita ao conteúdo do negócio e à falsidade do documento que o titula[3080].

A distinção entre a simulação e a falsidade tem especial relevância para efeitos penais: a simples divergência de vontade não é criminalizada, ao contrário do que se verifica com a falsificação de documentos[3081].

II. A simulação distingue-se do negócio indireto. Os negócios indiretos caracterizam-se pela utilização de um tipo contratual fora da função que este, normalmente, é chamado a desempenhar[3082]. Não há, nestes casos, qualquer pacto simulatório nem uma divergência entre a vontade manifestada e a vontade real: as partes empregam um negócio jurídico

---

[3078] RCb 18-mai.-2010 (Emídio Costa), Proc. 665.04: antes da sua liberalização, apenas farmacêuticos podiam ser proprietários de farmácias.
[3079] RLx 26-set.-2007 (Domingos Duarte), Proc. 9986/06.
[3080] RCb 12-jul.-2006 (Belmiro de Andrade), Proc. 1923/06.
[3081] RCb 6-dez.-2006 (Freitas Vieira), Proc. 162/99 (Jusnet).
[3082] *Tratado* II/2, 249-253.

com uma finalidade distinta do habitual sem, contudo, violarem qualquer preceito jurídico[3083].

III. A simulação diferencia-se do negócio fiduciário[3084]. Apesar das fortes amarras histórico-dogmáticas e práticas que aproximam o negócio fiduciário da simulação[3085], é hoje unanimemente aceite, tanto pela doutrina[3086] como pela jurisprudência[3087], que estamos perante duas realidades jurídicas distintas[3088]. O negócio fiduciário é um negócio atípico e realmente querido, que não assenta numa divergência entre a vontade manifestada e a vontade real. A sua validade, como se verifica para qualquer negócio, tipificado ou não, deve ser averiguada em concreto, à luz dos seus exatos contornos, e não por simples remissão para o regime simulatório[3089].

IV. A simulação, na sua modalidade interposição fictícia de pessoas, não se confunde com a interposição real de pessoas. Na interposição real, seja ela fiduciária ou assente em mandato sem representação, uma pessoa contrata com outra (apenas) para que esta, depois, transfira para o verdadeiro destinatário da operação aquilo que adquiriu: aqui é vontade das partes percorrer todo este circuito, não havendo divergências entre a vontade manifestada e a vontade real[3090].

[3083] Pais de Vasconcelos, *Teoria geral* cit., 7.ª ed., 546-547; STJ 11-set.-2012 (Fonseca Ramos), Proc. 3026/05; STJ 16-abr.-2013 (António Joaquim Piçarra), Proc. 2449/08.
[3084] A. Barreto Menezes Cordeiro, *Do Trust no Direito civil* (2013), 751 ss..
[3085] Arnaldo Valente, *Nuovi profili della simulazione e della fiducia: contributo ad un superamento della crisi della simulazione* (1961), 184 ss..
[3086] A. Barreto Menezes Cordeiro, *Do Trust* cit., 760, nota 2840.
[3087] STJ 17-dez.-2002 (Pinto Monteiro), Proc. 02A3267; STJ 16-mar.-2011 (Lopes do Rego), Proc. 279/2002.
[3088] Terá sido Wilhelm Fuchs, ainda na década de 30 do século passado, o último autor a defender a recondução dos negócios fiduciários ao campo da simulação: *Treuhand und Schiebung: Vorschläge zu einem Gesetz über fiduziarische Rechtsgeschäfte nebst Begründung* (1934).
[3089] Sobre os negócios fiduciários, vide *Tratado* cit., II/2, 255 ss..
[3090] STJ 9-mai.-2002 (Ferreira de Almeida), Proc. 02B1342: o tribunal aplica o regime do mandato em desfavor do regime da simulação; RPt 26-set.-2011 (Soares de Oliveira), Proc. 424/2001 e RLx 14-fev.-2013 (Teresa Albuquerque), Proc. 7157/05: com idêntico conteúdo. Quanto à contraposição: Bianchi, *La simulazione* cit., 47 ss..

V. A simulação, enquanto vício de vontade, não deve ser confundida com a simulação processual, prevista no artigo 612.º (*ex* 665.º) do CPC. Na simulação processual, que também pressupõe uma mancomunação entre dois ou mais sujeitos, os intervenientes, recorrendo aos tribunais, criam a aparência de um litígio inexistente com o propósito de obter uma sentença que lhes proporcione contornar a lei ou enganar terceiros[3091].

[3091] RLx 23-mar.-2004 (Maria Amélia Ribeiro), CJ XXIX (2004) 2, 96-99 (97/I); RCb 26-set.-2006 (Garcia Calejo), Proc. 453/05.

§ 73.º OS EFEITOS DA SIMULAÇÃO

321. A nulidade: efeitos substantivos e legitimidade processual

I. Na tradição das *Ordenações*, o artigo 240.º/2 considera lapidarmente o negócio simulado – absoluto e relativo – como nulo[3092]. Não obstante, não se trata de uma verdadeira nulidade, uma vez que, visto o disposto nos artigos 242.º e 243.º, ela não pode – contra o artigo 286.º[3093] – ser invocada por qualquer interessado nem, por maioria de razão, ser declarada oficiosamente pelo tribunal, sob pena de se esvaziar a proteção devida aos terceiros de boa-fé. Fica, todavia, a ideia de que o negócio simulado não produz efeitos entre as partes e perante terceiros que conheçam ou devessem conhecer a simulação: os terceiros de "má-fé", em termos abaixo explicitados.

II. O artigo 242.º/1 dá legitimidade aos próprios simuladores, mesmo na simulação fraudulenta, para arguirem a simulação[3094]. Trata-se de um preceito que visa ladear a eventual invocação do *tu quoque*[3095].

[3092] A nulidade, quando deva ser judicialmente colocada, pode invocar-se, nos termos gerais, por ação ou por exceção; neste último caso, não há que chamar à ação todos os outros contratantes, se se pretender, apenas, uma defesa e não uma decisão *erga omnes*: RLx 7-jul.-1992 (Almeida Valadas), CJ XVII (1992) 4, 192-193 (193/I).

[3093] O artigo 243.º/1 limita o 286.º: STJ 25-mar.-2003 (Afonso Correia), CJ/Supremo XI (2003) 1, 133-137 (135/II); STJ 17-abr.-2012 (Sebastião Póvoas), Proc. 261/2000: fala de uma nulidade atípica.

[3094] Ainda durante a vigência do Código de Seabra, a invocação da simulação pelos próprios simuladores era objeto de controvérsia, no seio da Ciência Jurídica nacional. A querela foi resolvida pelo Plenário do Supremo Tribunal de Justiça, numa decisão vertida em assento: STJ(P), 10-mai.-1950 (Roberto Martins), BMJ 19 (1950), 310-315 (314): "os próprios simuladores podem invocar em juízo, um contra o outro, a simulação embora fraudulenta". O conteúdo da decisão foi seguida aquando da elaboração do novo Código: Rui de Alarcão, *Simulação* cit., 314.

[3095] *Da boa fé* cit., 837 ss. e *Tratado* cit., V, 327 ss.

No número 2 do artigo 242.º, o legislador atribui, aos herdeiros legitimários (o cônjuge, os descendentes e os ascendentes, 2157.º), uma especial legitimidade de invocarem o vício de simulação, sempre que haja uma intenção de os prejudicar. O preceito tem, na sua génese, a ideia de que os filhos apenas podem intrometer-se nos negócios dos seus pais em situações que lhes sejam particularmente lesivas[3096]. A solução foi depois estendida a todos os herdeiros legitimários[3097].

A circunscrição da legitimidade a simulações fraudulentas cessa com o falecimento do autor da sucessão, passando então a aplicar-se a regra geral prevista no artigo 286.º, nada impedindo, consequentemente, que os herdeiros legitimários invoquem, a partir dessa data, a simulação do negócio, mesmo não havendo um intuito de os prejudicar[3098].

Tendo sido provocados prejuízos, mas não se demonstrando qualquer intenção de os causar, colocam-se dúvidas quanto à aplicabilidade do preceito. Duas soluções têm sido avançadas: a letra do artigo é inequívoca: não havendo intenção de prejudicar, os herdeiros legitimários não têm legitimidade para arguir a simulação, em vida do autor da sucessão[3099]; e a norma tem, como *ratio*, proteger a posição dos herdeiros legitimários contra prejuízos e não contra intenções[3100]. Perante a letra da lei e o conteúdo dos trabalhos preparatórios[3101], torna-se difícil sustentar que a mera verificação de prejuízos seja suficiente. Todavia, demonstrando-se em juízo que os autores da sucessão atuaram negligentemente, isto é, que não se inteiraram da possibilidade de, da sua atuação, resultarem prejuízos na esfera jurídica dos herdeiros legitimários, não se justifica restringir a legitimidade processual destes últimos. A norma que acautela a expectativa dos herdeiros legitimários é violada quer quando haja uma intenção direta de os prejudicar quer quando haja uma simples indiferença[3102].

[3096] Manuel de Andrade, *Teoria geral* cit., 2, 201.
[3097] Rui de Alarcão, *Simulação* cit., 317.
[3098] STJ 17-abr.-2007 (Silva Salazar), Proc. 07A702.
[3099] Manuel de Andrade, *Teoria geral* cit., 2, 199-201; Mota Pinto, *Teoria geral* cit., 4.ª ed., 478; RLx 22-jun.-2010 (Tomé Gomes), Proc. 1263/09.4.
[3100] Carvalho Fernandes *Teoria geral* cit., 2, 5.ª ed., 329: sublinha que a demonstração de uma intenção de prejudicar nem sempre é tarefa fácil.
[3101] Rui de Alarcão, *Simulação* cit., 317: defende a doutrina da intencionalidade.
[3102] *Tratado* cit., II/3, 459 ss..

Sendo – mau grado os apontados desvios – o contrato nulo, a nulidade pode ainda ser invocada por qualquer terceiro interessado, nos termos gerais do artigo 286.º[3103], contra os simuladores ou os seus herdeiros[3104].

III. Discute-se ainda, entre nós, se a exceção prevista no artigo 243.º/1 – "a nulidade proveniente da simulação não pode ser arguida pelo simulador contra terceiro de boa-fé"[3105] – pode ser estendida a outras classes de sujeitos. Também neste ponto a doutrina nacional se tem mostrado dividida[3106].

Ora, para além dos simuladores, também os seus herdeiros[3107] e representantes, bem como todos os sujeitos que tenham contribuído ativamente para a conclusão do negócio simulado e daí retirem ou pretendam retirar benefícios não podem, igualmente, invocar a nulidade da simulação contra terceiros de boa-fé. Mesmo admitindo que a letra do preceito impeça semelhante interpretação, o que não se reconhece, a invocação da simulação, por parte de qualquer sujeito que preencha os requisitos acima elencados, estaria sempre condicionada pelo artigo 334.º: o sistema não pode tolerar que um sujeito que tendo contribuído para a conclusão de um negócio simulado venha, posteriormente, invocar a sua nulidade.

É ainda irrelevante se os terceiros são prejudicados ou beneficiados com a declaração da nulidade e se o direito foi adquirido a título oneroso ou gratuito[3108].

Para além das situações abrangidas pelo conteúdo do artigo 243.º/1, dever-se-ão ter ainda em consideração as limitações decorrentes do artigo

---

[3103] STJ 17-abr.-2012 (Sebastião Póvoas), Proc. 261/2000; RPt 24-mai.-2012 (Teles de Menezes), Proc. 1019/09.

[3104] RLx 18-dez.-2001 (Tomé Gomes), CJ XXVI (2001) 5, 119-124 (124/I) e STJ 9-mai.-2002 (Neves Ribeiro), CJ/Supremo X (2002/2), 45-48 (47/II).

[3105] São terceiros, para efeitos do artigo 243.º, não apenas os subadquirentes do adquirente simulado, mas também os credores do adquirente fictício: STJ 30-abr.-2002 (Azevedo Ramos), CJ/Supremo X (2002) 2, 40-42 (42/I).

[3106] Mota Pinto, *Teoria geral* cit., 4.ª ed., 481: defende, de forma perentória, que o preceito apenas restringe a atuação dos simuladores; Oliveira Ascensão, *Direito civil/Teoria geral* cit., 2, 2.ª ed., 229: estende a proibição a todos os terceiros de má-fé.

[3107] O preceito não abrange os herdeiros quando hajam em nome próprio, vide: M. Henrique Mesquita, *Anotação a STJ 12-mar.-1996*, RLJ 129 (1997) 263-271 e 301-309 (304-305).

[3108] Pires de Lima/Antunes Varela, *Código Anotado* cit., 1, 4.ª ed., 229-230; RPt 25-out.-2005 (Alberto Sobrinho), Proc. 0524564.

291.º, para os bens, objetos do negócio simulado, adquiridos a título oneroso e devidamente registados[3109].

322. Inoponibilidade da simulação a terceiros de boa-fé e preferências legais

I. De acordo com o disposto no artigo 243.º/1:

A nulidade proveniente da simulação não pode ser arguida pelo simulador contra terceiro de boa-fé.

Uma vez mais, o legislador afasta a simulação do regime geral previsto para a nulidade clássica.

O n.º 2 do artigo 243.º veio dar uma definição incompleta de boa-fé subjetiva: sabemos, todavia, pelas coordenadas jurídico-científicas gerais e pela interpretação sistemática e teleológica, que se trata de uma boa-fé subjetiva ética: não faz qualquer sentido vir sustentar que a tutela seja dispensada a quem, *com culpa* – portanto: violando concretos deveres de indagação ou de conhecimento que ao caso caibam – desconheça o que devia conhecer[3110].

O artigo 242.º/3 especifica a má-fé perante o registo da ação de simulação. É evidente: havendo registo, qualquer interessado em conhecer a realidade tem o dever de se inteirar do seu teor.

[3109] Heinrich Ewald Hörster, *Anotação a STJ 4-mar.-1982*, RDE 8 (1982) 1, 111--155 (144-148).

[3110] Carvalho Fernandes, *Simulação e tutela de terceiros* em *Estudos* cit., 69-161 (107), vem defender, aqui, uma boa-fé puramente psicológica; baseia-se, porém, apenas na letra da lei e em (reduzidos) antecedentes imediatos do preceito; além disso, e salvo o devido respeito, confunde a cognoscibilidade da simulação com o dever de a conhecer. Não se entende como proteger a "boa-fé" de alguém que só por ter violado voluntária e censuravelmente uma norma jurídica – isto é: com culpa – esteja em situação de desconhecimento. Apenas insistimos neste ponto pelo seguinte: foram necessários quase dois séculos de pesquisas e de paciência para firmar a boa-fé subjetiva ética; esta traduz um valor personalista, de raiz canónica e hoje apanágio de todo o Ocidente, sendo pacífica na Alemanha e em Itália; é uma pena que, sem um estudo aprofundado da matéria, se queira pôr em crise toda uma linha sofrida de progresso científico e cultural. É muito mais fácil fazer passar uma noção puramente psicológica da boa-fé do que apelar ao próprio sistema: RLx 9-mar.-1995 (Flores Ribeiro), CJ XX (1995) 2, 65-67 (66/II), que, aliás, teria chegado à mesma decisão, através da boa-fé subjetiva ética.

§ 73.º Os efeitos da simulação

II. O problema da inoponibilidade da simulação a terceiros de boa-fé suscita um delicado problema de justiça, no confronto com as preferências legais[3111].

Diz-se que há preferência quando alguém – o preferente – tenha o direito de, perante outra pessoa – o obrigado à preferência – e querendo esta celebrar certo negócio, surgir como contraparte, desde que acompanhe as condições por ela pretendidas. O preferente na compra de certa coisa – por exemplo – tem o direito de exigir ao proprietário dela que, caso ele a pretenda vender, lhe submeta previamente o projetado negócio para que ele, querendo, o subscreva. A lei portuguesa distribui, com grande generosidade, direitos de preferência que, assim, se dizem legais. Havendo violação de um direito de preferência – portanto: vendendo o obrigado à preferência a um terceiro sem dar prévia conta, ao preferente, do conteúdo exato do negócio projetado, para que este eventualmente prefira – pode o preferente, através da ação prevista no artigo 1410.º do Código Civil[3112] – a ação de preferência – fazer seu o negócio preferível.

Uma das simulações mais frequentes era, na prática, a venda por um preço declarado inferior ao real, para defraudar o fisco: vendia-se por 500.000 euros mas, para não pagar sisa, então existente, declarava-se, na escritura, apenas o preço de 50.000 euros. Nessa altura, se tiver sido preterido um preferente legal, este pode mover uma ação de preferência, pagando os 50.000 euros, apenas; e se os simuladores explicarem – e provarem – que o preço fora, na realidade, o de 500.000 euros, poderá o preferente escudar-se com o artigo 243.º/1: os simuladores não podem arguir a simulação contra terceiros de boa-fé[3113]. O preferente teria um enriquecimento escandaloso.

III. A injustiça levou Manuel de Andrade, ainda no âmbito do Código de Seabra, a sustentar que só seriam terceiros, para efeitos de tutela da boa-fé na simulação, as pessoas prejudicadas com a invalidação do negócio simulado; não aquelas que apenas lucrariam com ele[3114]. Na linha desta

---

[3111] *Tratado* cit., II/2, 455 ss..
[3112] Com a redação dada pelo Decreto-Lei n.º 68/96, de 31 de maio.
[3113] Hoje as simulações fiscais visam defraudar o IRS ou o IRC, no essencial; são "impostas" pelos vendedores e não pelos compradores, como sucedia a propósito da sisa, depois substituída pelo IMT; cria-se, assim, uma situação de especial injustiça.
[3114] Manuel de Andrade, *Teoria geral* cit., 2, 207.

argumentação, Rui de Alarcão propôs, no seu anteprojeto, um preceito deste teor[3115]:

> A nulidade do negócio simulado não pode ser arguida pelos simuladores contra terceiros que não estejam de má fé e cujos direitos seriam prejudicados se tal negócio não subsistisse como válido.

No entanto, esse Autor enredou-se, depois, em dubitativas explicações[3116] que tiraram impacto à solução proposta. Nas subsequentes revisões ministeriais, o preceito foi suprimido, assim se chegando à redação atual. Nessa base, Castro Mendes[3117] e Antunes Varela[3118] vieram defender que a simulação era, em qualquer caso, inoponível a terceiros de boa-fé. Em sentido diverso vieram depor Mota Pinto[3119] e Almeida Costa[3120]: o objetivo da lei, perante os interesses em presença, nunca poderia ser o de facultar o enriquecimento do preferente.

Esta última posição, defendida pela doutrina generalista mais moderna[3121] foi acolhida pela nossa jurisprudência. Depois de, numa primeira fase, os nossos tribunais terem avançado diferentes respostas[3122], a doutrina do abuso do direito acabou por receber uma apoio alargado: sendo

---

[3115] Rui de Alarcão, *Simulação* cit., 317.

[3116] *Idem*, ob. cit., *maxime* 320, onde se conclui deste jeito:
Preferível é talvez, portanto, falar apenas, como se faz no § 1.º, em terceiros (de boa-fé) *prejudicados*. Ou até mesmo excluir essa referência, e aludir somente à inoponibilidade da simulação a terceiros de boa fé.

[3117] Castro Mendes, *Teoria geral* cit., 3, 190 ss., impressionado pela evolução dos preparatórios.

[3118] Pires de Lima/Antunes Varela, *Código Anotado* cit., 1, 4.ª ed., 229-230 (a 1.ª ed. é anterior ao escrito de Castro Mendes) e Antunes Varela, *Das obrigações em geral* cit., 1, 10.ª ed., 383, nota 1.

[3119] Mota Pinto, *Teoria geral* cit., 4.ª ed., 482, dizendo "...dado o fim do artigo 243.º (proteger a confiança dos terceiros), a solução mais acertada é a que impede que a invocação da simulação possa causar prejuízos e não já a que vai ao ponto de, por essa causa, originar vantagens ou lucros que nada legitima".

[3120] Almeida Costa, *Direito das obrigações* cit., 12.ª ed., 457-458, nota 3, com indicações bibliográficas completas; ambos estes autores defenderam, inicialmente, as suas posições antes de 1978.

[3121] *Direito das obrigações* cit., 1, 500 ss.; Oliveira Ascensão, *Direito civil/Teoria geral* cit., 2, 2.ª ed., 229; e Carvalho Fernandes, *Teoria geral* cit., 2, 5.ª ed., 330 e *Simulação e tutela de terceiros* cit., 111 ss..

[3122] *Tratado* cit., I/1,

a diferença entre o valor real e o valor declarado conhecido do preferente, o exercício do direito de preferência é abusivo[3123].

IV. A simulação pode, nos termos gerais, ser constatada na própria ação de preferência[3124]: aí será, então, declarada a competente nulidade, de modo a poder preferir-se pelo preço real[3125]. Só na hipótese de ter surgido uma ação de simulação autónoma será necessário, ao preferente, aguardar pelo trânsito em julgado da decisão que declare a nulidade, para preferir por esse preço podendo, em alternativa, preferir desde logo pelo preço real[3126].

V. O exercício do direito de preferência por um sujeito que conheça a simulação do preço não preenche os requisitos clássicos do princípio da tutela da confiança: esta só se justifica quando haja um investimento de confiança, isto é: quando o confiante adira à aparência e, nessa base, erga um edifício jurídico e social que não possa ser ignorado sem dano injusto. Ora o preferente por valor simulado inferior ao real não fez qualquer investimento de confiança. A sua posição não pode invocar a tutela dispensada, à aparência, pela boa-fé.

A posição do preferente pode ainda ser combatida pela positiva, aspeto especialmente invocado pelos nossos tribunais e que nos remete para o campo da primazia da materialidade subjacente: o exercício do direito de preferência por parte de um sujeito que conheça os vícios simulatórios do negócio jurídico não pode ser tolerado pelo sistema, sob pena de se privilegiarem comportamentos ilícitos que atentem ao espírito do sistema.

[3123] STJ 21-out.-2003 (Ribeiro de Almeida), Proc. 03A2822; RPt 24-nov.-2005 (Ataíde das Neves), Proc. 0534769; RCb 4-nov.-2008 (Graça Santos Silva), Proc. 557/2001: o preferente tem de estar em condições de exercer o direito de preferência.

[3124] STJ 21-out.-2003 (Ribeiro de Almeida), Proc. 03A2822.

[3125] STJ 11-jan.-2011 (Sousa Leite), Proc. 1204/07: o tribunal diz que não pode conhecer a alegada simulação do preço, por não ter sido invocada na petição inicial; RPt 24-nov.-2004 (Ataíde das Neves), Proc. 0534769.

[3126] STJ 2-jul.-1998 (Fernando Fabião), BMJ 479 (1998), 566-570 (569). Para além das obras generalistas, veja-se o abrangente artigo de Heinrich Ewald Hörster, *Simulação. Simulação relativa. Formalismo legal*, CDP 19 (2007), 3-28.

323. Conflito de interesses entre terceiros

I. O anteprojeto de Rui de Alarcão previa um artigo dedicada à complexa questão do conflito entre terceiros interessados nos efeitos da nulidade da simulação e terceiros empenhados na validade do negócio jurídico simulado[3127]. A visão aí defendida não mereceu a concordância do nosso legislador, que excluiu do regime simulatório qualquer referência ao tema.

Tradicionalmente, a problemática do conflito de interesses abarca três situações: (i) conflito entre os credores comuns do simulador alienante e os credores comuns do simulador adquirente; (ii) conflito entre os credores comuns do simulador alienante e subadquirentes do simulador adquirente, e o seu contrário; e (iii) conflito entre os subadquirentes do simulador alienante e os subadquirentes do simulador adquirente.

Historicamente, têm sido dois os caminhos seguidos pela nossa Ciência Jurídica: a teoria casuística: cada um dos conflitos é analisado autonomamamente; e a teoria sistemática: a resolução de litígios reflete uma construção geral previamente condensada.

II. O autor do anteprojeto da simulação era, inegavelmente, apologista de uma abordagem casuística. Em anotação ao articulado proposto, Rui de Alarcão sublinha ser sua intenção regular "alguns dos mais frisantes tipos que esses conflitos podem assumir"[3128]. *A contrario sensu*, podemos concluir que o jurista não tinha em vista a construção de um regime geral, aplicável a todos as hipotéticas situações conflituosas. Este modelo havia já sido defendido, ao tempo de Seabra, por Beleza dos Santos[3129] e Manuel de Andrade[3130] – posição que mais influenciou o articulado proposto por Alarcão –, sendo hoje defendido nas lições de *Teoria geral do Direito civil* de Mota Pinto[3131].

As teorias de base casuística devem ser evitadas. Não se coadunam, tanto do ponto de vista legislativo – as normas devem ser gerais e abstratas – como do ponto de vista dogmático – fragiliza as soluções preconizadas, visto aparentarem ser sustentadas em juízos arbitrários e subjetivos –, com o estádio evolutivo do Direito moderno e sistematizado.

[3127] Rui de Alarcão, *Simulação* cit., 322 ss..
[3128] *Idem*, 324.
[3129] Beleza dos Santos, *A simulação* cit., 1, 401-416.
[3130] Manuel de Andrade, *Teoria geral* cit., 2, 208-212.
[3131] Carlos Mota Pinto, *Teoria geral* cit., 4.ª ed., 484-485.

§73.º Os efeitos da simulação

A esmagadora maioria da doutrina moderna tende a professar construções gerais. Galvão Telles, defensor do princípio da aparência, considera que o interesse dos terceiros de boa-fé que confiam na aparência da transmissão simulatória deve sempre prevalecer sobre os interesses dos demais[3132]. Castro Mendes, seguido de perto por Oliveira Ascensão[3133], considera que a solução para todos os conflitos resulta, de forma expressa, do próprio regime simulatório: como princípio geral, os negócios simulados são nulos e, como tal, a sua invalidade pode ser invocada por todos os interessados. O legislador exceciona apenas uma situação: os simuladores não podem invocar essa nulidade contra terceiros de boa-fé[3134]. Carvalho Fernandes propõe uma solução alternativa: a resposta deve ser procurada no regime legal da colisão de direitos, previsto no artigo 335.º[3135].

III. A solução para a problemática do conflito de interesses deve ser procurada no seio do próprio regime simulatório, pelo que importa recapitular as linhas gerais já avançadas.

Como princípio geral, a nulidade pode ser invocada por todos os interessados. Contudo, sendo a nulidade declarada, exceciona o legislador, "esta não pode ser arguida pelo simulador contra terceiro de boa-fé", 243.º/1. Como defendemos oportunamente[3136], esta proibição estende-se a todos os sujeitos que contribuíram ativamente para a conclusão do negócio simulado. Repare-se que esta classe de sujeitos não se confunde com o conceito de terceiro de má-fé, no sentido que usualmente lhe é atribuído na maioria dos textos simulatórios: um sujeito que conhecia da natureza simulatória do negócio, mas que não colaborou, de qualquer forma, na mancomunação, conquanto seja rotulado de "terceiro de má-fé", não está sujeito ao regime previsto no 243.º/1.

O regime ora exposto fornece-nos todos os elementos necessários. Vejamos um caso concreto, particularmente elucidativo.

Conflito entre os credores comuns do simulador alienante e os credores comuns do simulador adquirente: não tendo os credores do simulador alienante participado ativamente na mancomunação simulatória, mesmo no caso de os credores comuns do simulador adquirente estarem de boa-fé,

---

[3132] Inocêncio Galvão Telles, *Manual dos contratos* cit., 4.ª ed., 179.
[3133] José de Oliveira Ascensão, *Direito civil/Teoria geral* cit., 2, 2.ª ed., 230-231.
[3134] João de Castro Mendes, *Teoria geral* cit., 3, 209 ss..
[3135] Luís A. Carvalho Fernandes, *Teoria geral* cit., 2, 5.ª ed., 339.
[3136] *Supra*, 895.

não se lhes aplica o regime excecional previsto no artigo 243.º/1, pelo que têm toda a legitimidade para arguir a nulidade do negócio.
Esta solução é aplicável a todas as restantes situações de conflitos.
Em termos conclusivos, fora dos casos reconduzíveis ao artigo 243.º/1, nos termos acima apresentados, é indiferente se os terceiros externos à mancomunação estão ou não de boa-fé: a nulidade é passível de ser invocada por todos os interessados, 286.º[3137].

324. O valor do negócio dissimulado

I. De acordo com o disposto no artigo 241.º/1, a nulidade do negócio simulado não afeta a validade do negócio dissimulado[3138]. Repare-se que o legislador não nos diz que o negócio dissimulado seja válido, mas que a validade deste negócio não é afetada pelo vício que inquina o negócio simulado. O intérprete-aplicador terá sempre de averiguar a validade do negócio dissimulado, enquanto negócio jurídico completo e autónomo[3139].

Cabe aos interessados na preservação do negócio dissimulado alegar e demonstrar a sua validade[3140].

Para efeitos tributários, é também o negócio dissimulado que será dito em consideração, segundo o artigo 39.º da LGT[3141].

[3137] O conteúdo do artigo 291.º deverá sempre ser tido em consideração.

[3138] Esta solução era já defendida pela doutrina nacional, no âmbito do Código de Seabra, vide Rui de Alarcão, *Simulação* cit., 309: o autor do projeto teve este facto em consideração, como o próprio o reconhece.

[3139] STJ 22-mai.-2012 (Fonseca Ramos), Proc. 82/04: o negócio dissimulado fica sujeito a uma valoração jurídica autónoma; STJ 23-nov.-2011 (Garcia Calejo), Proc. 783/09: tanto o negócio simulado como o negócio dissimulado foram considerados nulos por vício de forma; a análise foi, todavia, feita autonomamente, para cada um dos negócios.

[3140] STJ 14-set.-2010 (Moreira Camilo), Proc. 4432/03.

[3141] Diz-nos o n.º 1: "Em caso de simulação de negócio jurídico, a tributação recai sobre o negócio jurídico real e não sobre o negócio jurídico simulado". Quanto a simulação em Direito fiscal veja-se, em geral, Gustavo Lopes Courinha, *O verdadeiro sentido da simulação fiscal: em especial, das doações de imóveis a favor da sociedade com reporte de prejuízos/regime simplificado de IRC* em *Estudos em memória do Prof. Doutor J. L. Saldanha Sanches*, 3, (2011), 137-156.

II. É precisamente a necessidade de averiguar a validade do negócio dissimulado que motivou o legislador a consagrar o conteúdo do n.º 2 do artigo 241.º:

> Se, porém, o negócio dissimulado for de natureza formal, só é válido se tiver sido observada a forma exigida por lei.

A versão final positivada mostrou-se mais rigorosa do que a proposta sustentada por Rui de Alarcão. O autor do anteprojeto fazia depender a validade do negócio não da observância da forma, mas da satisfação das razões subjacentes à sua exigência legal[3142]. Prevaleceu, após as revisões ministeriais, uma solução mais grave[3143]: a validade do negócio dissimulado esta dependente do respeito pela forma legal exigida. Não deixa, porém, de ser curioso notar que Antunes Varela, autor material das revisões ministeriais, tenha vindo a considerar, em anotação conjunta com Pires de Lima, que o legislador pretendeu consagrar a solução defendida por Manuel de Andrade[3144].

III. O exato significado do texto positivado tem dividido a nossa doutrina. Em termos sucintos são três as teorias defendidas: (i) a teoria da forma da declaração; (ii) a teoria da forma do negócio; e (iii) a teoria da *ratio* da forma.

Para os defensores da primeira teoria[3145], o negócio dissimulado apenas poderá ser declarado válido se as próprias declarações de vontade respeitarem a forma exigida; na prática, uma doação de bem imóvel simulada em compra e venda apenas será validada se o *animus donandi* constar no texto negocial.

Para a doutrina da forma do negócio, não releva se a declaração de vontade característica do negócio dissimulado revestiu a forma legalmente

---

[3142] *Simulação* cit., 305. Era esta a solução defendida por Manuel de Andrade, *Teoria geral* cit., 2, 192-194.

[3143] O preceito positivado segue o conteúdo do assento de 23-jul.-1952 (Rocha Ferreira), DGI, n.º 173, de 7-ago.-1952 = BMJ 32 (1952), 258-260, que, por sua vez, teve como fonte inspiradora o estudo de Beleza dos Santos, *A simulação* cit., 2, 357 ss..

[3144] Pires de Lima/Antunes Varela, *Código Civil anotado* cit., 1, 4.ª ed., 228.

[3145] Galvão Telles, *Manual dos contratos* cit., 4.ª ed., 180-181; Mota Pinto, *Teoria geral* cit., 4.ª ed., 474-475; Hörster, *Teoria geral* cit., 546-547.

exigida[3146]; a sua validade deverá ser declarada sempre que exista uma identidade entre a forma empregue pelo negócio simulado e a forma exigida pelo negócio dissimulado. Voltando ao exemplo da doação de bem imóvel simulada em compra e venda, e tendo em consideração que a forma exigida por lei para ambos os contratos é a escritura pública ou documento particular autenticado, as exigências formais para o negócio dissimulado devem ter-se como respeitadas.

Finalmente, a teoria da *ratio* da forma retoma os ensinamentos de Manuel de Andrade e defendidos por Alarcão: a validade do negócio dissimulado está dependente do preenchimento das razões justificativas subjacentes à exigência de uma forma especial[3147]. Este caminho é hoje percorrido pela esmagadora maioria da nossa jurisprudência[3148].

IV. Antes de centrarmos a nossa atenção na problemática clássica dos negócios formais sujeitos a escritura pública, importa esclarecer alguns casos menos complexos.

Sendo a forma do negócio dissimulado mais exigente do que a forma do negócio simulado, dificilmente se poderá sustentar a conservação do primeiro, salvo se o negócio dissimulado for celebrado, secretamente, seguindo-se as exigências legais. Pense-se numa doação de coisa móvel simulada em compra e venda não acompanhada de tradição da coisa doada. Neste caso, ao abrigo do disposto no artigo 947.º/1, a doação não é válida. Todavia, nada impede que os simuladores, como modo de precaverem possíveis invalidades do negócio dissimulado, tenham acordado por escrito os efeitos escamoteados do comércio jurídico. Em suma, sendo a forma exigida para o negócio dissimulado mais exigente, a validade do negócio simulado fica dependente da existência de um documento autónomo que

---

[3146] Pires de Lima/Antunes Varela, *Código Anotado* cit., 1, 4.ª ed., 228; Pais de Vasconcelos, *Teoria geral* cit., 7.ª ed., 587-593, em especial 591-592.

[3147] Vaz Serra, *Anotação a STJ 6-jun.-1967*, 101 RLJ, 1968, 68-78; *Anotação a STJ 18-abr.-1969*, 103 RLJ, 1971, 356-362; e *Anotação a STJ 22-jun.-1979*, 113 RLJ, 1980, 57-64 e 70-74; Oliveira Ascensão, *Direito civil/Teoria geral* cit., 2, 2.ª ed., 225-226; Carvalho Fernandes, *Teoria geral* cit., 2, 5.ª ed., 323-325.

[3148] STJ 19-jul.-1979 (Miguel Caeiro), RLJ 113 (1980), 57-60; STJ 9-fev.-2003 (Oliveira Barros), Proc. 03B2536; STJ 26-nov.-2009 (Ferreira de Sousa), Proc. 336/1999; STJ 23-nov.-2011 (Garcia Calejo), Proc. 783/09; STJ 28-mai.-2013 (Fernandes do Vale), Proc. 866/05.

comprove a verdadeira intenção das partes³¹⁴⁹. Repare-se que a solução é limitada: apenas se aplica aos negócios sujeitos a forma escrita particular.

V. Na busca por uma solução dogmática e sistematicamente sustentável, e partindo do modelo interpretativo previsto no artigo 9.º do Código Civil, devemos ter em consideração os seguintes pressupostos: (1) as exigências formais respeitam ao regime do negócio dissimulado; (2) ao consagrar este preceito o legislador pretendeu salvaguardar o negócio dissimulado, realmente querido pelas partes, sem pôr em causa os princípios do sistema; (3) apesar de o conjunto dos trabalhos preparatórios, abrangendo o anteprojeto de Rui de Alarcão e as alterações que se seguiram, não serem conclusivos, os elementos que dispomos apontam num claro sentido: (i) o autor material do anteprojeto defende a tese professada por Manuel de Andrade; (ii) o autor das revisões ministeriais sempre considerou que a intenção do legislador passou pela consagração dessa mesma teoria; e (iii) logo após a entrada em vigor do Código de 66, o mais alto tribunal da nação considerou também, alterando de forma radical a posição anteriormente defendida, ser essa a interpretação mais correta do preceito³¹⁵⁰; e (4) na busca por uma solução sustentada, o intérprete-aplicador deverá procurar a resposta no seio do regime da declaração.

Partindo dos pressupostos interpretativos acima elencados, a nossa Ciência Jurídica tem sustentado dois caminhos possíveis: (1) aplicação analógica do artigo 238.º; e (2) aplicação analógica do artigo 217.º.

VI. A aplicação do artigo 238.º à simulação relativa foi pela primeira vez explorada por Vaz Serra³¹⁵¹. No número 1 do artigo 238.º, o legislador estabelece que "nos negócios formais não pode a declaração valer com um sentido que não tenha um mínimo de correspondência no texto do respetivo documento, ainda que imperfeitamente expresso". Este princípio geral, de acordo com o seu número 2, cede nos casos em que se verifiquem, cumulativamente, dois elementos: (1) se esse sentido (que não tem um mínimo de correspondência no texto) corresponder à vontade real das partes; e (2) se "as razões determinantes da forma do negócio se não opuseram a essa validade". Depois de explorar a *ratio* do artigo 238.º/2, Vaz Serra

---

³¹⁴⁹ Carvalho Fernandes, *Valor do negócio jurídico dissimulado* em *Estudos* cit., 13-44 (37-38).
³¹⁵⁰ STJ 18-abr.-1969 (Lopes Cardoso), RLJ 103 (1971), 356-359.
³¹⁵¹ Adriano Vaz Serra, *Anotação a STJ 6-jun.-1967*, cit..

acaba por concluir pela sua aplicação aos casos de simulação relativa, conquanto reconheça que o preceito não terá sido pensado originariamente para este tipo de situações[3152]. Apenas um problema se levanta: estarão as razões justificativas da forma acauteladas? Vaz Serra mostra-se muito cauteloso[3153].

VII. A segunda solução é proposta por Pais de Vasconcelos[3154]. Diz-nos o artigo 217.º/2: "O carácter formal da declaração não impede que ela seja emitida tacitamente, desde que a forma tenha sido observada quanto aos factos de que da declaração se deduz". O preceito não pode ser lido isoladamente, desprendido da norma contida no número 1: a declaração negocial é tácita "quando se deduz dos factos que, com toda a probabilidade, a relevam". Ou seja, aplicando o regime inteiro à simulação relativa, seria necessário deduzir da escritura pública da declaração de compra e venda a intenção de doar e apenas depois se poderia invocar o número 2 do artigo 217.º.

Num confronto entre o artigo 217.º e o artigo 238.º, na perspetiva de aproveitamento do negócio dissimulado, o segundo representa um *plus*, visto não exigir um mínimo de correspondência com a vontade declarada, desde que respeitada a vontade das partes e a *ratio* da forma exigida.

VIII. Afastada a possibilidade de recorrermos ao artigo 217.º, resta-nos a solução do artigo 238.º. Vaz Serra expõe sérias dúvidas quanto a essa possibilidade: na doação simulada em compra e venda não consta, do texto do negócio, um *animus donandi*, sendo que "a declaração de vender não é tão grave como a de doar"; e na compra e venda simulada em doação, não consta o preço, sendo que "a declaração de aceitar uma doação não é tão grave com a de comprar"[3155].

A resolução de toda a problemática está, assim, em saber quais as razões determinantes da forma. Será o *animus* que move as partes? Façamos um rápido levantamento das situações para as quais o nosso legislador, no Código Civil, exige escritura pública ou documento particular

---

[3152] *Idem*, 76.

[3153] *Idem*, 76-77.

[3154] Pedro Pais de Vasconcelos, *Teoria geral* cit., 7.ª ed., 592: o autor não nos diz que defende uma aplicação analógica do preceito. Todavia, da leitura do texto julgamos ser essa a interpretação mais fundada.

[3155] Adriano Vaz Serra, *Anotação a STJ 6-jun.-1967*, cit. 76.

autenticado: constituição de associações, 168.º; constituição de fundações, 185.º; contratos-promessa com eficácia real, 413.º; cessão de créditos hipotecários de bens imóveis, 578.º/2; consignação voluntária de bens imóveis, 660.º; hipoteca de bens imóveis, 714.º; compra e venda de bens imóveis, 875.º; doação de bens imóveis, 947.º; contratos de mútuo superior a 20 000 euros, 1143.º; rendas perpétuas, 1232.º; algumas transações, 1253.º; modificação do título constitutivo de propriedade horizontal; convenções antenupciais, 1710.º; reconciliação de cônjuges, 1795.º-C; perfilhação, 1853.º; reabilitação de indigno, 2038.º; alienação de herança, 2126.º; ou revogação expressa do testamento, 2312.º.

Da leitura desta lista, e se nos focarmos apenas nos preceitos de índole patrimonial, parece certo que a exigência de forma especial para a doação de bens imóveis não é motivada por qualquer *animus* mas pela natureza do objeto transmitido: bem imóvel. Assim, parece-nos ser de concluir que tendo o negócio simulado sido celebrado por escritura pública e exigindo a lei, para o negócio dissimulado, essa mesma forma, nada deve obstar ao seu aproveitamento e à consequente declaração de validade pelo tribunal.

325. A prova da simulação

I. O artigo 394.º/2 parece proibir a prova testemunhal do acordo simulatório e do negócio dissimulado, quando invocados pelos simuladores[3156]. Trata-se de uma regra que remonta ao Direito napoleónico e que visava dificultar a declaração de nulidade dos atos[3157]. Ainda hoje ela vem sendo justificada com o objectivo de esconjurar os "perigos" que a prova testemunhal poderia provocar: qualquer ato poderia ser contraditado[3158].

Todavia, a simulação é, só por si, difícil de provar. Impedir a prova testemunhal equivale, muitas vezes, a restringir de modo indireto a prescrição do artigo 240.º/2, quanto à nulidade da simulação. Recordamos que a confiança de terceiros de boa-fé está sempre devidamente acautelada pelo artigo 243.º. Assim, tem vindo a ser defendido um entendimento restritivo

---

[3156] STJ 15-abr.-1993 (Miranda Gusmão), CJ/Supremo I (1993) 2, 61-62 (62/1): o juiz não poderia considerar respostas aos quesitos na base de depoimentos de testemunhas, na simulação invocada pelos simuladores.
[3157] Beleza dos Santos, *A simulação* cit., 2, 146 ss..
[3158] Bianchi, *La simulazione* cit., 399 ss..

do artigo 394.º/2[3159]: visa-se, no fundo, fazer prevalecer a verdade dos factos[3160].

II. A jurisprudência acolhe essa interpretação restritiva. Havendo um princípio de prova escrita[3161], quando seja impossível obter prova escrita ou em caso de perda não culposa dos documentos que forneciam prova[3162] é admissível complementá-la através de testemunhas[3163]. Os próprios simuladores podem ser ouvidos sobre a simulação, em depoimento de parte[3164]. Em termos práticos, admite-se, como princípio de prova escrita, uma escritura de retificação[3165].

Esta evolução jurisprudencial constitui um bom exemplo de adaptação do sistema a novas exigências ético-normativas. Além disso, nenhuma dificuldade existe em, perante as dificuldades de prova sempre suscitadas pela simulação, invocar outros remédios com ela concorrentes[3166].

III. Contra este entendimento veio manifestar-se Luís Menezes Leitão, referindo doutrina do âmbito do Código de Seabra[3167] e, sobretudo, recordando o objetivo da lei: o de evitar que, com base numa prova testemunhal de "conteúdo altamente duvidoso, se venha pôr em causa, a fiabili-

---

[3159] Quanto à origem deste preceito, vide Vaz Serra, *Provas (Direito probatório material)*, BMJ 110 (1961), 61-256, 111 (1961), 5-194 e 112 (1961), 33-299 (BMJ 112, 194-199).

[3160] Mota Pinto/Pinto Monteiro, *Arguição da simulação pelos simuladores/Prova testemunhal*, CJ X (1985) 3, 9-15 e Luís Carvalho Fernandes, *A prova da simulação pelos simuladores* em *Estudos* cit., 45-68.

[3161] RPt 25-mar.-2010 (M. Pinto dos Santos), Proc. 4925/07: exige três requisitos para que a prova escrita seja tida em consideração: (1) existência de um documento; (2) tem de ser proveniente daquele a quem é oposto, i.e., do simulador; e (3) que o escrito seja verosímil.

[3162] STJ 26-nov.-2002 (Garcia Marques), Proc. 02A2882.

[3163] REv 25-mar-2004 (Ana Resende), Proc. 2460/03; RPt 25-out.-2005 (Alberto Sobrinho), Proc. 0524564. Carlos Alberto Mota Pinto/António Pinto Monteiro, *Arguição da simulação pelos simuladores: prova testemunhal*, CJ X (1985) 3, 9-15.

[3164] RLx 9-jul.-1992 (António da Cruz), CJ XVII (1992) 4, 136-140 (138/II); STJ 5-jun.-2007 (Fonseca Ramos), Proc. 07A134.

[3165] RCb 24-jan.-1995 (Francisco Lourenço), CJ XX (1995) 1, 35-39 (39/I).

[3166] STJ 14-jan.-1997 (Torres Paulo), BMJ 463 (1997), 464-470 (470): um negócio simulado que também incorra nos requisitos da acção pauliana pode ser atacado por esta última via.

[3167] Luís Menezes Leitão, *Direito das obrigações* cit., 1, 10.ª ed., 236-237.

dade do documento autêntico"³¹⁶⁸. Tem a sua razão: só com muita cautela o juiz poderá validar factos derivados de depoimentos e desde que, como foi dito, haja um início de prova documental minimamente consistente. Como se sabe, vigora o princípio da livre apreciação da prova testemunhal, pelo que o juiz tem toda a margem para não se deixar convencer. Mas um Direito contemporâneo deve ser transparente e leal quanto às suas soluções: quando queira impor uma saída deve fazê-lo diretamente e não recorrendo a circunlóquios de limitar *a priori* as vias para descobrir a verdade.

No que já não podemos acompanhar este Autor é na passagem do artigo 394.º/2 para a inoponibilidade da simulação aos preferentes. Não está em causa a punição dos simuladores a qual, de toda a forma, teria (num Direito moderno) de passar pela medida da culpa de cada um deles. Está sim, a de saber se a necessária proteção de terceiros vai ao ponto de lhes proporcionar um enriquecimento escandaloso, que podem ficar a dever ao puro acaso. Não estamos a falar de "pequenas simulações", mas de saltos vertiginosos, que se documentam nos tribunais, em que prédios vendidos por 10.000 são declarados por 1.000. Nem o preferente acreditará, jamais, na veracidade deste último valor.

Por isso mantemos que nenhum investimento de confiança pode ser feito na base de semelhantes discrepâncias.

De toda a maneira, as despesas e demais danos causados ao preferente, quando ele próprio esteja de boa-fé, devem ser ressarcidos.

---

³¹⁶⁸ *Idem*, 236; quanto ao depoimento de parte, as suas limitações enquanto meio de prova são conhecidas, sendo que a categoria foi revista pelo Código de Processo Civil de 2013.

CAPÍTULO X
A INEFICÁCIA DO NEGÓCIO JURÍDICO

§ 74.º INEFICÁCIA E INVALIDADE

326. Evolução histórica

I. No Direito romano, não se aponta uma teoria geral da ineficácia: ela seria, de resto, contrária à feição geral do *ius romanum*. Muitas das subtilezas da invalidade e da ineficácia dos negócios jurídicos já haviam sido surpreendidas pelos empíricos jurisprudentes[3169]: ao longo do tempo, elas seriam aproveitadas, estando na base, através de sucessivas generalizações e abstrações, da atual teoria da ineficácia.

II. A referência a *nullus*, a propósito de um negócio, equivalia à afirmação da sua não-existência[3170]. Surgia, ainda, referência a *rescindere*, enquanto a situação *pro infecto* era aproximada mais da ineficácia do que da nulidade[3171]. Muitas outras expressões similares ocorrem nas fontes[3172].

[3169] Com especial relevo, *vide* a, ainda que incompleta, obra de Santi di Paola, *Contributi a una teoria della invalidità e della inefficacia in diritto romano* (1966), 126 pp.. Com muitos elementos: Massimo Brutti, *Invalidità (storia)*, ED XXII (1972), 560-575 e Antonio Masi, *Nullità (storia)*, ED XXVIII (1978), 859-866.

[3170] Salvatore Tondo, *Invalidità e inefficacia del negozio giuridico*, NssDI VIII (1962), 994-1003 (996/I); *vide*, quanto às fontes, di Paola, *Contributi* cit., 72 ss., bem como Masi, *Nullità (storia)* cit., 859-860.

[3171] Santi di Paola, *Contributi* cit., 93 ss.. A exegese de textos pode ser vista em Filippo Messina Vitrano, *La disciplina romana dei negozi giuridici invalidi*, I – *I negozi 'juris civilis' sotto condizioni illecita* (1922), 91 pp. e II – *La compra dell' attore dall'obbietto litigioso fatta scientemente* (1924), 16 pp..

[3172] É clássica a obra de F. Hellmann, *Terminologischen Untersuchungen über die rechtliche Unwirksamkeit im römischen Recht* (1914), 308 pp.. Relevamos, como exem-

Em Ulpiano, encontramos um texto significativo, muito citado[3173]:

(...) ut eleganter dicat Pedius nullum esse contractum, nullam obligationem, quae non habeat in se conventionem, sive re sive verbis fiat: nam est stipulatio, quae verbis fit, nisi habeat consensum, nulla est.

Perante negócios que violassem proibições legais, o pretor negava, pura e simplesmente, a ação[3174]. Quanto à anulabilidade: o negócio *quasi nullus* ou *quasi inutilis* deixou rastos nas fontes[3175]. Também a nulidade parcial, na base da atual redução, era conhecida[3176].

III. Na subsequente evolução das ineficácias, a *in integrum restitutio* teve um papel importante. Trata-se de um remédio a conceder pelo pretor e que facultava rescindir um negócio que, embora válido em si, tivesse sido concluído na base de circunstâncias que tornariam iníqua a sua execução[3177]. A *restitutio* era suficientemente ampla e vaga para, ao longo dos séculos, vir a cobrir as mais distintas situações.

IV. Significativa foi, ainda, a posição de Bártolo, que veio contrapor o *ius dicendi nullum* ao *iure rescindens*[3178]. A *nullitas* operava *ipso*

---

plos: *nullum esse*; *non valere*; *nullas vires habere*; *effectum non habere*; *inefficax esse*; *pro non haberi*; *non intellegi*; *non consisteri*; *nihil agere*; *inutilis*; *irritus*; *ratum non haberi*; *vitiusum esse*; *non licere*; *prohiberi*; *obstare*; *corrumpere*; *non nocere*; *non temeri*; *non obligari*.

[3173] Ulpiano, D. 2.14.1.3 = Behrends e outros, *Corpus Iuris Civilis* cit., 2, 225. Vide Max Kaser, *Das römische Privatrecht* cit., 1, 2.ª ed., § 60 (246 ss.) e Hans Hübner, *Zum Abbau von Nichtigkeitsvorschriften*, FS Wieacker (1978), 399-410 (399).

[3174] Max Kaser, *Über Verbotsgesetze und Verbotswidrige Geschäfte im römischen Recht* (1977), 9 ss. e 111.

[3175] Renato Quadrato, *Sulle trace dell'annullabilità / Quasi nullus nella giurisprudenza romana* (1983), 7 ss. e 61 ss..

[3176] Stanislau Cugia, *La nullità parciale del negozio giuridico nel D. 24.1* (1922), 48 pp. e Giovanni Criscuoli, *La nullità parziale del negozio giuridico/Teoria generale* (1959), 17 ss..

[3177] Giuliano Cervenca, *"Restitutio in integrum"*, NssDI XV (1968), 739-744 (740/ II ss.). Cf. Gaetano Sciascia, *"Restitutio in integrum"*, NDI XI (1939), 493-494.

[3178] Georges Renard, *L'idée d'annulabilité chez les interprètes du droit romain au Moyen-Âge*, NRH 1903, 214-249 e 327-364 (225), com indicação das fontes.

iure, enquanto a anulabilidade[3179] implicava uma especial atuação do interessado, justamente através da velha *in integrum restitutio*: a rescisão. Os reflexos desta técnica foram claros nos jurisprudentes e na antiga experiência francesa.

327. Tópicos periféricos

I. A evolução continental das ineficácias não nos deve fazer perder de vista a sua essência existencial. Na verdade, as tentativas de sistematização, que atingiram, em Savigny, um ponto alto, são apenas subsequentes ao surgimento disperso dos mais diversos problemas, problemas esses que foram obtendo soluções empíricas e periféricas: no sentido de não comportarem qualquer plano inicial de conjunto, para além, naturalmente, de obedecerem às grandes aspirações do ordenamento.

II. Numa linha de crescente complexização, podemos apontar:

– a pura ausência de qualquer negócio;
– o negócio que, por violar leis imperativas, não seja juridificado pelo Direito;
– o negócio que, embora efetivo, possa ser impugnado ou destruído por algum interessado;
– o negócio que não tenha percorrido todo o seu *iter* formativo, não produzindo, por isso, os seus efeitos plenos;
– o negócio que, embora perfeito, não tenha acompanhado todas as formalidades para uma eficácia global;
– o negócio que, embora perfeito e devidamente acompanhado por todas as suas formalidades, tenha vindo a incorrer numa previsão que lhe restrinja os efeitos.

Encontramos diversos exemplos ilustrativos atuais para estas diversas hipóteses. Assim, teremos, sucessivamente:

– o negócio aparente ou falsamente invocado;
– o negócio impossível ou proibido por lei expressa;
– o negócio obtido com dolo;

[3179] Bártolo não chega a propor um termo para a designar; antes surgem, na sua obra, as expressões *debilitas* e *invaliditas*: Renard, *L'idée d'annulabilité* cit., 327-328.

– o negócio dependente de redocumentação ou de autorização específica;
– o negócio não registado;
– o negócio concluído por insolvente.

III. Estas diversas hipóteses foram surgindo em épocas históricas diferentes, obedecendo a Ciências Jurídicas distintas. Em comum, muito pouco: apenas (mas é quanto basta!) o facto de, perante um *quid* humano, não surgirem os efeitos que se poderiam esperar.

Devemos ir mais longe: os seis termos acima exemplificativamente apontados não são unitários. No seio de cada um deles estão reunidas, por puras razões de semelhança periférica, situações histórica e dogmaticamente distintas. É de esperar que, por essa via, ainda hoje se alberguem diferenças. Particularmente frágil é, justamente, a categoria dos atos "impugnáveis": a que está na origem da atual anulabilidade.

328. A autonomia da anulabilidade

I. Os desenvolvimentos correntes podem levar a pensar que a anulabilidade se desprendeu da nulidade: nesta, uma versão menos grave teria originado as (meras) nulidades relativas, depois reconvertidas linguisticamente em anulabilidades. Não foi assim: nem histórica, nem dogmaticamente. As hipóteses hoje reconduzidas à anulabilidade tiveram origem autónoma e, além disso, nem sequer são unitárias.

Um núcleo importante tem origem na *in integrum restitutio*, do pretor, como foi referido. Ora a *restitutio* era concedida perante questões concretas: *dolus malus*, *metus*, *vis* e *error*. Situações distintas, como a *laesio*, também permitiam a *restitutio*, mas com regras diferentes. Basta pensar, hoje, na específica anulabilidade originada pelos negócios usurários, para ilustrar uma projeção vigente dessa atormentada história.

II. A terminologia alemã (*Anfechtbarkeit* ou impugnabilidade) permite documentar melhor as asserções produzidas. *Anfechten*, de *fechten*, corresponde ao latim *pugnare*, de *pugnus*, grego πυξτεύειν, de πύξ, movimento ofensivo[3180]. Ora tal "movimento", já no Direito romano, era admitido numa multiplicidade de situações.

[3180] *Vide* Martin Bruck, *Die Bedeutung der Anfechtbarkeit für Dritte/ein Beitrag zur Lehre vom Rechtsgeschäft* (1900), 2-3.

A possibilidade de impugnar um negócio traduz, por si, um valor próprio autónomo. É interiorizado, como tal, pelo beneficiário. Além disso, na medida em que obtenha – e obtém – um espaço regulativo específico, a impugnabilidade surge como uma valoração independente do ordenamento. Compreende-se, assim, que ela possa concorrer com a própria nulidade: admite-se a anulação de negócios nulos, pelo menos em princípio[3181].

III. O interesse doutrinário alemão pelos temas da invalidade e da ineficácia denotou-se, logo, perante o Código Napoleão[3182]. Daí resultaria uma carga doutrinária que permitiu, ao BGB, a tarefa pioneira de contrapor, em lei, a nulidade à anulabilidade. Seguiram-se múltiplos estudos destinados a precisar a matéria[3183].

A questão tornou-se ainda mais complexa por, no BGB, se preverem outras categorias não coincidentes com a invalidade e, designadamente, a ineficácia[3184]. A área sensível dos efeitos da anulabilidade, perante terceiros, obteve especial atenção[3185], outro tanto ocorrendo com certos tipos de anulabilidade[3186].

IV. Como herança dos antecedentes dispersos, a invalidade figura no BGB com flutuações terminológicas e de regime. Também no Código

---

[3181] Kurt Kubaschewski, *Die Anfechtbarkeit des nichtigen Rechtsgeschäfts* (1911), 14 e 45 ss..

[3182] Temos em mente o clássico de Bernhard Windscheid, *Zur Lehre des Code Napoleon von der Ungültigkeit der Rechtsgeschäfte* (1847, reimp., 1969).

[3183] Como exemplos: Kurt Kubaschewski, *Die Anfechtbarkeit* cit., 32 ss., Friedrich Ehlert, *Nichtigkeit, Anfechtbarkeit und Unwirksamkeit im Bürgerlichen Gesetzbuche* (1919), 149 ss., 178 ss. e 215 ss. (quanto à ineficácia) e Heinrich Lange, *Die Eindämmung von Nichtigkeit und Anfechtbarkeit*, AcP 144 (1937/38), 149-164. Com muitas indicações: Martin Josef Schermaier, HKK/BGB cit., 1, §§ 142-144 (800-817).

[3184] Wilhelm Figge, *Der Begriff der Unwirksamkeit im B.G.B.* (1902), 17 ss. (em sentido amplo) e 23 ss. (em sentido estrito), Kurt Alexander, *Der Begriff der Unwirksamkeit im B.G.B.* (1903), 16 ss., 21 ss. e 63, quanto às ineficácias ampla e estrita e 26 ss. e 57 ss., quanto às ineficácias absoluta e relativa e Richard Markwald, *Der Begriff der Unwirksamkeit im Bürgerlichen Gesetzbuche* (1903), 14 ss. e 30 ss., distinguindo uma *weitere Unwirksamkeit* e uma *reine Unwirksamkeit*. Uma análise sistemática de conjunto pode ser vista em Dieter Collier, *Nichtigkeit und Unwirksamkeit im System der bürgerlichen Rechtsordnung* (1967), 132 pp..

[3185] Recordamos Martin Bruck, *Die Bedeutung der Anfechtbarkeit für Dritte* (1900), já citado, 98 pp..

[3186] Ernst Bion, *Die Anfechtbarkeit von Willenserklärungen wegen Rechtsirrtums* (1939), 5 ss. e 16 ss..

Civil de 1966 isso sucedeu: uma consequência das origens periféricas e, ainda, de receções sucessivas de sistemas (o napoleónico e o pandectístico) que sofriam, eles próprios, de flutuações similares. Bastará, como exemplos, comparar os regimes das anulabilidades próprias dos atos do menor (125.º e 126.º), do erro sobre os motivos (252.º/1), do dolo (254.º), da incapacidade acidental (257.º), do negócio consigo mesmo (261.º), da usura (282.º/1) ou da venda a filhos ou netos (877.º). Toda esta matéria sofre ainda o influxo de novos tipos de invalidade relacionados com as cláusulas contratuais gerais e a tutela do consumidor[3187].

Todavia: sobre esta diversidade vem agir a Ciência do Direito: normalizando soluções, limando arestas, corrigindo excessos e fixando pontos inultrapassáveis, sob pena de maiores prejuízos para os direitos das pessoas e a lógica do sistema.

329. O sistema de Savigny

I. O quadro atual das invalidades, tal como lograria consagração no BGB e nas codificações subsequentes, ficou a dever-se, em grande parte, a Savigny[3188]. A este pode ser imputada a anulabilidade moderna: a título de descoberta[3189].

Com efeito, a possibilidade de deter certos atos, através da *in integrum restitutio* romana ou da ação de rescisão dos parlamentos franceses anteriores à Revolução, podia ser vertida em esquemas modernos que exprimissem, de modo direto, um direito potestativo de fazer cessar o contrato. Teríamos algo a conduzir às vias da resolução, da denúncia ou da revogação[3190]. Nos princípios do século XIX, todavia, a temática dos direitos potestativos estava ainda incipiente. Savigny optou, assim, por abordar a questão pelo prisma da invalidade, isto é: pelo do *status* da própria "relação jurídica" visada.

[3187] *Vide* alguns elementos em Pietro Maria Putti, no *Trattato di diritto privato europeo*, org. Nicolò Lipari, III – *L'attività e il contratto* (2003), 452 ss. e Luciano di Via, *idem*, 635 ss..

[3188] Friedrich Carl von Savigny, *System des heutigen Römischen Rechts* 4 (1843), 536 ss.

[3189] Manfred Hardner, *Die historische Entwicklung der Anfechtbarkeit von Willenserklärungen*, AcP 173 (1973), 209-226 (216).

[3190] Apoiamo-nos, em parte, nas considerações de Manfred Hardner, *Entwicklung der Anfechtbarkeit* cit., 209 ss..

II. Savigny insere o tema no campo da invalidade (*Ungültigkeit*). Esta ocorreria quando um facto jurídico não produzisse todos os efeitos que, em princípio, lhe corresponderiam. Ela poderia ser plena ou não-plena: no primeiro caso, o facto não produziria nenhum efeito: seria a nulidade. A segunda hipótese (a da invalidade não-plena) abrangeria diversas possibilidades. Savigny enumera[3191]:

– a presença de uma ação (*actio metus* ou a *pauliana*);
– a atuação de uma exceção (a *exceptio doli*);
– a existência de uma obrigação que contrariaria a eficácia do facto (a de restituição de bens dotais);
– a ocorrência da *restitutio*;
– a *bonorum possessio contra tabulas*.

A tudo isto chama Savigny a "impugnabilidade de uma relação jurídica", impugnabilidade essa que, na língua latina, foi vertida para "anulabilidade". Assim, enquanto na nulidade estaríamos perante uma pura negação, na anulabilidade assistir-se-ia à presença de um direito contrário, na esfera de uma pessoa.

III. A ideia de Savigny conferiu um especial poder de atração à teoria da invalidade/ineficácia. Esta assumiria, ao longo do século XIX, uma especial capacidade de absorção. Assim, poderiam estar em jogo situações referentes:

– à ilicitude dos atos;
– a vícios genéticos dos negócios;
– a ocorrências posteriores que ditassem a cessação de certos efeitos;
– à incompleitude dos processos de produção negocial;
– a esquemas processuais destinados a deter o andamento das ações.

O negócio jurídico seria prejudicado na sua eficácia quando ultrapassasse as margens legais para ele fixadas ou quando, na sua formação, tivessem ocorrido desconformidades; essa mesma eficácia pode cessar, na sua vigência, através de atos a tanto destinados; na sua base, a lei pode exigir um processo complexo de cuja compleitude dependa uma eficácia plena; por fim, a técnica processual das ações/exceções oitocentistas

---

[3191] Savigny, *System* cit., 4, 537; os exemplos são os do próprio Savigny, em sucessivas notas de rodapé.

apresentava, como instrumento de não-eficácia, a própria possibilidade de mover exceções[3192].

IV. A evolução posterior pode ser enquadrada em dois parâmetros: a simplificação e a substancialização. A simplificação resulta da tendência para reduzir, através de generalizações ou de depurações, as diversas figuras de ineficácia. A substancialização exprime a conversão das figuras puramente processuais em realidades substantivas.

O manuseio substantivo das realidades que interfiram nos modelos de decisão pode considerar-se adquirido para a Ciência do Direito. Em compensação, o movimento destinado a simplificar o quadro das ineficácias exprime apenas um motor de oscilação pendular do fenómeno. Por um lado, subsistem traços das diversidades de origem. Por outro, manifestam-se tendências diversificadoras ligadas ao casuísmo de certas intervenções legislativas. Deste modo, ora se conservam, ora se promovem figuras variadas, nem sempre redutíveis aos quadros preestabelecidos da ineficácia.

Nas últimas décadas, a evolução cifra-se, entre nós, no sentido de uma certa multiplicação de manifestações de ineficácia.

330. O quadro clássico

I. Na sequência do sistema de Savigny, foi apurado um quadro geral das ineficácias e invalidades a que chamaremos "clássico". Na base, temos a ineficácia em sentido amplo: abrange todas as manifestações nas quais um negócio não produza (todos) os efeitos que, em princípio, ele se destinaria a produzir. Tal ineficácia ampla analisa-se em vários tipos distintos, através dos quais se viabiliza a formação dos modelos de decisão.

A primeira contraposição distingue, no seu seio, a invalidade da ineficácia em sentido estrito:

– na invalidade, a ineficácia ou não-produção normal de efeitos opera mercê da presença, no negócio celebrado, de vícios ou desconformidades com a ordem jurídica;

[3192] Por exemplo, em Heise enumeravam-se, como falhas no negócio jurídico, a nulidade, a infirmação ou rescisão, a convalescência e a conversão – vide Hardner, *Die historische Entwicklung der Anfechtbarkeit von Willenserklärungen* cit., 217.

– na ineficácia em sentido estrito, o negócio, em si, não tem vícios; apenas se verifica uma conjunção com fatores extrínsecos que conduz à referida não-produção.

Na invalidade, por seu turno, cabe subdistinguir a nulidade e a anulabilidade, consoante o regime em jogo. A essas duas figuras seria possível acrescentar a das invalidades mistas ou atípicas.

A tipologia das ineficácias ficaria, assim, articulada:

– ineficácia em sentido amplo:
 – invalidade:
  – nulidade;
  – anulabilidade;
  – invalidades mistas;
– ineficácia em sentido estrito.

Esclarecemos que, pela nossa parte, não reconhecemos a figura da inexistência como vício autónomo. O tema será retomado[3193].

II. A inclusão da invalidade numa ineficácia em sentido amplo corresponde à tradição de Windscheid[3194] e parece, em si, bastante clara: assenta na ideia da não-produção cabal de efeitos. A redução dos casos de ineficácia à invalidade e à ineficácia estrita e, designadamente, a exclusão da inexistência já suscitam, no entanto, algumas dúvidas, a que será feita, depois, referência explícita.

Outros quadros são possíveis, tendo sido apresentados, entre nós[3195]

[3193] *Infra*, 925 ss..
[3194] Bernhard Windscheid/Theodor Kipp, *Lehrbuch des Pandektenrechts* cit., § 82 (1, 423 ss.). Trata-se, no essencial, de uma construção já patente em Windscheid, *Zur Lehre des Code Napoleon von der Ungültigkeit der Rechtsgeschäfte* cit., 1 ss., 29 ss. e 76 ss., um dos clássicos neste domínio.
[3195] Guilherme Moreira, *Instituições* cit., 1, 508 ss., distinguia a nulidade, mais restrita e implicando um vício, da ineficácia, mais ampla, que incluiria situações em si idóneas, mas incompletas ou condicionadas do exterior; contrapunha, depois, a nulidade ou inexistência à anulabilidade ou nulidade relativa e excluía a inexistência como vício autónomo; Manuel de Andrade, *Teoria geral*, ed. por Ricardo Velha, 2 (1953), polic., 411 ss., admitia, em termos similares, a ineficácia como conceito mais amplo e a nulidade como mais restrita. Na primeira, descobria uma ineficácia absoluta e outra relativa, consoante fosse extensiva a todos – mesmo as partes – ou se limitasse a terceiros; contrapunha, depois, uma nulidade absoluta a outra relativa, mas admitia, junto à nulidade, a figura da

como no estrangeiro[3196]. Em última instância, apenas a capacidade para transmitir um determinado regime jurídico-positivo poderá servir de bitola para ajuizar as vantagens ou desvantagens de cada um deles.

III. Perfila-se, nalguma literatura, uma certa tendência para abdicar de cuidados quadros gerais introdutivos, a favor da explanação das diversas figuras em jogo[3197]. Deve recordar-se que, reagrupadas embora num ambiente jusracionalístico central, as diversas formas de ineficácia se foram constituindo como tipos dotados de autonomia, desenvolvidos na periferia e, nessa medida, insuscetíveis de suportar classificações geométricas. Nessa linha, será mais oportuno falar em tipologia de ineficácias do que na sua classificação.

IV. Outras distinções, por vezes frequentes, distinguem as ineficácias totais das parciais, consoante o negócio jurídico seja atingido no seu todo ou apenas nalguma ou nalgumas das suas cláusulas[3198] e as iniciais das

---

inexistência; Galvão Telles, *Manual dos contratos em geral* cit., 3.ª ed., 327 ss., apresenta um quadro semelhante ao aqui propugnado e que correspondia, também, em traços largos, ao de Paulo Cunha, embora com a adenda da inexistência; Castro Mendes, *Direito civil (Teoria geral)* cit., 3, 423 ss., apresentando o que chama "quadros dos valores negativos do negócio jurídico", considera: a *invalidade* e a *irregularidade*, como "valores negativos de menor importância", a *inoponibilidade* e a *impugnabilidade*; na *invalidade*, distinguia a *inexistência*, a *nulidade* e *anulabilidade*; Mota Pinto, *Teoria geral* cit., 4.ª ed., 615 ss. adota o esquema de Manuel de Andrade, embora atualizando a terminologia; Carvalho Fernandes, *Teoria geral* cit., 2, 5.ª ed., 485 ss., parte de uma distinção entre eficácia e validade, na base do negócio ter, em si, suscetibilidade de produção de efeitos ou de subsistência e apresenta um quadro que reúne a inexistência, a invalidade e a irregularidade; Pais de Vasconcelos, *Teoria geral* cit., 7.ª ed., 627 ss., isola a inexistência e considera a invalidade, onde inclui a nulidade e a anulabilidade.

[3196] Tem um especial interesse referir a experiência brasileira: Antônio Junqueira de Azevedo, *Negócio jurídico/Existência, validade e eficácia*, 2.ª ed. (1986), 31 ss..

[3197] Por exemplo, Heinz Hübner, *Allgemeiner Teil des Bürgerlichen Gesetzbuches* (1985), 375 ss. ou mesmo Karl Larenz/Manfred Wolf, *Allgemeiner Teil* cit., 9.ª ed., 796 ss. e Manfred Wolf/Jörg Neuner, *Allgemeiner Teil* cit., 10.ª ed., § 55 (666 ss.) que, de todo o modo, não deixam de dizer o essencial. De entre as classificações clássicas registe-se a de Leonard Jacobi, *Die fehlerhaften Rechtsgeschäfte/Ein Beitrag zur Begriffslehre des deutschen bürgerlichen Rechts*, AcP 86 (1896), 51-154 (66 ss.): nulidade, invalidade, ineficácia e impugnabilidade.

[3198] Windscheid/Kipp, *Pandekten*, 9.ª ed. cit., 430.

supervenientes, conforme atinjam o negócio à nascença, ou derivem de posteriores alterações legislativas[3199].

Trata-se, no entanto, de aspetos que melhor ficam ponderados através dos diversos tipos de ineficácia.

331. As invalidades

I. A primeira figura a considerar, no domínio da ineficácia do negócio jurídico, é a da nulidade: quer por razões históricas, quer pelo esquema vigente, ela ergue-se como tipo-matriz no seio da matéria das ineficácias e, mais precisamente, das invalidades.

O Código Civil faz surgir a nulidade dos negócios jurídicos nas seguintes situações de ordem geral[3200]:

– falta de forma legal – artigo 220.º;
– simulação – artigo 240.º/2;
– reserva mental conhecida pelo declaratário – artigo 244.º/2;
– declaração não-séria – artigo 245.º/1;
– declaração feita sem consciência negocial ou sob coação física – artigo 246.º;
– objeto física ou legalmente impossível, contrário à lei ou indeterminável – artigo 280.º/1;
– contrariedade à ordem pública ou aos bons costumes – artigo 280.º/2;
– fim contrário à lei ou à ordem pública ou ofensivo dos bons costumes, quando seja comum a ambas as partes – artigo 281.º;
– contrariedade à lei imperativa – artigo 294.º.

II. Para além dos referidos, numerosos outros preceitos preveem casos particulares de nulidade. Assim, são nulos, por exemplo:

– a limitação voluntária ao exercício dos direitos de personalidade – artigo 81.º;

[3199] Por exemplo, Ludwig Enneccerus/Hans-Carl Nipperdey, *Allgemeiner Teil* cit., 15.ª ed., 1960, § 202, I, 6 (1212).

[3200] Como foi referido, temos vindo a defender que a "inexistência" não tem autonomia; por isso, certos casos ditos de inexistência são reconduzidos à nulidade.

– os negócios subordinados a condições contrárias à lei, à ordem pública ou ofensiva dos bons costumes, bem como os sujeitos a uma condição suspensiva física ou legalmente impossível – artigo 271.º;
– os negócios destinados a modificar os prazos legais da prescrição ou a facilitá-la ou dificultá-la por outra forma – artigo 300.º;
– a convenção que inverta o ónus da prova, quando se trate do direito indisponível ou a inversão torne excessivamente difícil a uma das partes o exercício do seu direito – artigo 345.º/1 – ou que exclua algum meio de prova ou admita um meio de prova diverso dos legais; *idem*, n.º 2;
– a convenção que afete determinações legais quanto à prova que tenham por fundamento razões de ordem pública – artigo 345.º/2, *in fine*.

As partes especiais do Código Civil abrangem outras previsões de nulidade; outro tanto acontece em relação a leis extravagantes, com relevo para o diploma relativo às cláusulas contratuais gerais.

III. As previsões acima explanadas permitem apurar, no seu conjunto, dois grandes fundamentos para a nulidade:

– a falta de algum elemento essencial do negócio como, por exemplo, a vontade ou o objeto;
– a contrariedade à lei imperativa ou, mais latamente, ao Direito.

Os preceitos em jogo não se articulam, entre si, num todo harmónico: o Código Civil de 1966 dispersou a matéria, distribuindo-a, por vezes, em tipos desfocados. Tem-se tentado autonomizar a ideia de nulidade a partir de certos valores subjacentes: ela seria cominada perante os vícios mais pesados do negócio, designadamente quando se colocassem em questão os denominados interesses públicos. As contingências históricas e culturais do Direito não permitem, no entanto, seguir tal via. Basta pensar numa das mais precisas nulidades cominadas pelo Direito: a nulidade formal; não há aí, valores substantivos em jogo, claramente determinados.

A nulidade deriva de qualquer dos dois fatores referidos – a falta de elementos essenciais ou a contrariedade à lei imperativa – sendo o relevo dos valores substanciais tão-só um fator de política legislativa ou de interpretação. Em conjunto, esses dois fatores esgotam o universo lógico das falhas negociais. Assim – e ainda que por via interpretativa, dado o silêncio da lei – pode concluir-se que a nulidade é o tipo residual da ineficácia: perante uma falha negocial, quando a lei não determine outra saída, a consequência é a nulidade.

IV. A nulidade atinge o negócio em si[3201]. Segundo o artigo 286.º e na linha do Direito anterior[3202], verifica-se que:

– a nulidade é invocável a todo o tempo;
– por qualquer interessado;
– podendo ser declarada oficiosamente pelo tribunal[3203].

Todavia: o próprio Código civil prevê regimes diferenciados para certas nulidades: vejam-se os artigos 242.º e 243.º do Código Civil. A matéria é suficientemente significativa para permitir uma reformulação do quadro das invalidades.

Embora a invocação da nulidade produza certos efeitos, designadamente no campo processual, quando ocorra em juízo, deve entender-se que ela opera *ipso iure*, isto é, independentemente de qualquer vontade a desencadear. A invocação da nulidade não depende de uma permissão normativa específica de o fazer: a permissão é genérica. Acresce que o próprio tribunal, quando dela tenha conhecimento e quando caiba no princípio do dispositivo, deve, *ex officio*, declará-la. Não há, pois, um direito potestativo de atuar a nulidade. É importante frisar que o Tribunal não constitui a nulidade do negócio: limita-se a declará-la, de modo a que não restem dúvidas.

O facto de a nulidade ser invocável a todo o tempo não significa que não possam subsistir efeitos semelhantes aos que o negócio jurídico propiciaria, quando fosse válido: assim sucederá quando atue outra causa constitutiva como, por exemplo, a usucapião.

[3201] Windscheid/Kipp, *Pandekten* cit., 9.ª ed. 1, 431 ss., Andreas von Tuhr, *Der Allgemeiner Teil des Deutschen Bürgerlichen Rechts*, II/1 (1914), § 56 (280 ss.), Enneccerus//Nipperdey, *Allgemeiner Teil*, 15.ª ed. cit., 2, 1211 ss., Larenz/Wolf, *Allgemeiner Teil* cit., 9.ª ed., 796 ss. e Dieter Medicus, *Allgemeiner Teil* cit., 10.ª ed., Nr. 487 (202).

[3202] Guilherme Moreira, *Instituições* cit., 1, 511 ss., Manuel de Andrade, *Teoria geral* cit., 2, 417 ss., Galvão Telles, *Manual dos contratos em geral* cit., 333 ss., Mota Pinto, *Teoria geral* cit., 611 ss. = 4.ª ed. cit., 620 ss., Castro Mendes, *Teoria geral* cit., 2, 290 ss. e Carvalho Fernandes, *Teoria geral* cit., 2, 5.ª ed., 502 ss..

[3203] RLx 28-nov.-1996 (Cruz Broco), CJ XXI (1996) 5, 113-115 e REv 29-jan.-1998 (Fonseca Ramos), CJ XXIII (1998) 1, 265-267 (267/I).

V. Ao contrário da nulidade, a anulabilidade não traduz uma falha estrutural do negócio. Ela apenas nos diz que os valores relativos a uma determinada pessoa não foram suficientemente atendidos, aquando da celebração do negócio. E assim, a lei concede a esse interessado o direito potestativo de impugnar o negócio[3204]. Por isso, a anulabilidade[3205]:

– só pode ser invocada pelas "...pessoas em cujo interesse a lei a estabelece..." – artigo 287.º/1, do Código Civil;
– e no prazo de um ano subsequente à cessação do vício – *idem*;
– admitindo a confirmação – artigo 288.º.

Caberá, pela interpretação das regras em jogo, verificar se se está perante uma anulabilidade ou se se cai na regra geral da nulidade.

Deve-se ter presente que o Direito anterior distinguia apenas a nulidade absoluta e a relativa, equivalente, grosso modo, à atual anulabilidade. Assim, perante textos anteriores a 1966, quando surja "nulidade" há, pela interpretação, que verificar o tipo de invalidade efetivamente presente. Como exemplo: o artigo 342.º do CCom (de 1888) associava, às reticências (ou falta de informação correta) no contrato de seguro, a nulidade do mesmo. Trata-se, todavia, de mera anulabilidade[3206].

VI. Por razões diversas, a lei tem vindo a criar hipóteses de invalidades que não se podem reconduzir aos modelos puros da nulidade e da anulabilidade. Trata-se das chamadas invalidades mistas ou atípicas[3207].

Tal será o caso do artigo 410.º/3, na redação dada pelo Decreto-Lei n.º 379/86, de 11 de novembro[3208]. Quando tais invalidades ocorram, há que, pela interpretação, delucidar os exatos contornos do seu regime[3209].

[3204] Deste modo, na linguagem jurídica alemã, anulabilidade diz-se "impugnabilidade".

[3205] RPt 16-out.-1990 (Matos Fernandes), CJ XV (1990) 4, 231-233 (231).

[3206] *Manual de Direito comercial*, 2.ª ed. (2007), 778 e *Direito dos seguros*, 573; STJ 10-mai.-2001 (Barata Figueira), CJ/Supremo IX (2001) 2, 60-62.

[3207] Rui de Alarcão, *A confirmação dos negócios anuláveis*, I (1971), 46, em nota e *passim* e Luís Carvalho Fernandes, *Teoria geral* cit., 2, 5.ª ed., 494 ss..

[3208] Por exemplo: RLx 16-jan.-1992 (Rosa Raposo), CJ XVII (1992) 1, 139-142 e RLx 20-jan.-1994 (Ferreira Girão), CJ XIX (1994) 1, 111-114 e RPt 2-nov.-1999 (Teresa Montenegro), CJ XXIV (1999) 5, 175-177 (177/I). Outros elementos: *Tratado* II/2, 346 ss..

[3209] *Vide* o caso discutível do artigo 3.º do Decreto-Lei n.º 385/88 (arrendamento rural): STJ 6-out.-1998 (Torres Paulo; vencido: Aragão Seia), CJ/Supremo VI (1998) 3, 51-55.

§ 75.º A PRETENSA INEXISTÊNCIA

332. A origem do problema

I. A inexistência é uma categoria controversa, dentro do universo da ineficácia[3210]. O problema não se resolve com profissões de fé, nem com considerações filosóficas: antes requer um estudo histórico e dogmático, de base científica.

A atual inexistência surgiu, em termos conjunturais[3211], na doutrina napoleónica, para resolver uma questão de interpretação suscitada pelo Código Civil francês e pela doutrina subsequente.

Procurando, ainda no rescaldo da Revolução Francesa, que admitira o divórcio em larga escala, restringir os casos de dissolução do casamento, a doutrina e a jurisprudência fixaram a regra de que "não há nulidade do casamento sem um texto que a pronuncie de modo expresso"[3212]. Simplesmente, o texto do Código Napoleão não continha referências à nulidade do casamento em três situações graves: casamentos celebrados entre duas pessoas do mesmo sexo; casamentos contraídos sem qualquer forma legal; e casamentos "concluídos" faltando o consentimento dalguma das partes[3213]. Para ultrapassar o bloqueio representado pelo brocardo *pas de*

[3210] Rui de Alarcão, *A confirmação* cit., 33 e ss., nega a possibilidade de integrar a inexistência na ideia de ineficácia negocial: ela ser-lhe-ia exterior.

[3211] Diz (o insuspeitamente clássico) Pires de Lima, *O casamento putativo no Direito civil português* (1930), 103:

A doutrina da inexistência é uma doutrina de difícil exposição, tantos foram os aspetos de que os seus defensores lançaram mão para a justificar, sem se preocuparem com uma construção de conjunto e com um sistema harmónico de dedução.

E a razão está em que, essa doutrina, não surgiu de um raciocínio lógico, mas de uma necessidade prática.

[3212] Liderante, CssFr 9-jan.-1821; *vide* Marcel Planiol, *Traité Élémentaire de Droit Civil*, 1 (1904), 338. Com outras indicações, Pires de Lima, *O casamento putativo* cit., 109.

[3213] *Idem*, Planiol, ob. cit., 1, 343.

nullité sans texte, optou-se, nesses casos, pela presença de um vício ainda mais pesado, que nem careceria de lei expressa: o da inexistência.

II. Adquirida, por esta via e no Direito matrimonial, a ideia de inexistência, alguma doutrina francesa procedeu à sua generalização, alargando-a aos diversos atos jurídicos. Desde sempre, porém, houve críticos, diretos ou indiretos. Planiol, por exemplo, tentava questionar a regra *pas de nullité sans texte*. Aliás: é óbvio que tal regra não tem o mínimo fundamento em qualquer teoria consistente de interpretação da lei. Os atuais obrigacionistas franceses consideram a doutrina da inexistência "inútil e falsa"[3214]. E no próprio Direito matrimonial, a inexistência é, hoje, rejeitada[3215]

III. Em Portugal, a doutrina francesa da inexistência não penetrou com facilidade. Guilherme Moreira considerava-a idêntica à nulidade; apenas no Direito da família admitiria, a título excecional, a possibilidade da inexistência, como vício mais grave do que a nulidade[3216]. Pires de Lima ia mais longe: mesmo no Direito do casamento, a nulidade seria suficiente para enquadrar todas as falhas[3217]. Cunha Gonçalves, no entanto, veio admitir, por nítido influxo de alguns autores franceses, essa figura[3218]. Raúl Ventura votou contra a inexistência – que equipara à nulidade[3219] – mas Manuel de Andrade, a favor, limitando-a, embora, ao domínio do casamento[3220]. Galvão Telles tomou posição contrária: os casos pretensamente apresentados como de inexistência legal ou são de inexistência material – não há nada – ou de nulidade (absoluta)[3221].

[3214] Henri e Léon Mazeaud/Jean Mazeaud/François Chabas, *Leçons de Droit civil* – II/1, 9.ª ed. (1998), n.º 299 (302).
[3215] Jean Carbonnier, *Droit civil* 1, *La famille*, ed. compl. (2004), n.º 627 (1395).
[3216] Guilherme Moreira, *Instituições* cit., 1, 510 e nota 1.
[3217] Pires de Lima, *O casamento putativo* cit., 127, 137 ss. e *passim*.
[3218] Luiz da Cunha Gonçalves, *Tratado* cit., 1, 394 ss.. Este Autor fixava assim um "quadro tripartido de nulidades": inexistência legal, nulidade absoluta e nulidade relativa ou anulabilidade.
[3219] Raúl Ventura, *Valor jurídico do casamento*, supl. à RFDUL 1951, 35.
[3220] Manuel de Andrade, *Teoria geral* cit., 2, 415.
[3221] Galvão Telles, *Contratos em geral* cit., 333.

O surto exegético que se seguiria à publicação do Código Civil seria favorável à inexistência, dada a sua consagração verbal no domínio do casamento[3222].

333. A não-autonomia

I. Na discussão quanto à possibilidade de autonomizar a inexistência jurídica, no seio dos vícios do negócio, há que ter clara uma importante distinção, conhecida, aliás, pela generalidade da doutrina: a que separa a inexistência material da inexistência jurídica. Na inexistência material, não haveria nada: faltariam os próprios elementos materiais – por exemplo, as declarações – de que depende um negócio jurídico[3223]; pelo contrário, na inexistência jurídica, surgiria ainda uma configuração negocial, a que o Direito retiraria, no entanto, qualquer tipo de ineficácia.

Apenas a inexistência jurídica releva na discussão subsequente. A inexistência material é puramente descritiva: em qualquer momento, o número de negócios que nunca chegaram a existir é infinito: é impensável tomá-los um por um para, daí, fazer uma categoria jurídica operacional.

Neste pé, a autonomia da inexistência (jurídica) depende de, dela, se inferir um regime diferente do de outras ineficácias e, designadamente, do da nulidade. O negócio – como qualquer realidade jurídica – não tem outra ontologia que não a do seu regime. Abdicando dele, temos uma pura categoria vocabular, que não permite, do Direito, fazer a Ciência da resolução científica dos problemas.

II. Logo no Direito da família, a questão é fortemente discutível, na tradição, aliás, de Pires de Lima.

A lei portuguesa distingue, no casamento, os vícios da inexistência e da anulabilidade – artigo 1627.º. A contraposição deveria dar-se entre a nulidade e a anulabilidade: só assim não sucede porque o Código pre-

---

[3222] Assim: Mota Pinto, *Teoria geral* cit., 3.ª ed., 609 = 4.ª ed., 617, Rui de Alarcão, *A confirmação* cit., 33-39, Castro Mendes, *Teoria geral*, 2 (1978-79, versão revista em 1985), 289-290, Carvalho Fernandes, *Teoria geral* cit., 2, 5.ª ed., 485 ss. e Pedro Pais de Vasconcelos, *Teoria geral* cit., 7.ª ed., 627-630. No Direito da família, *vide* Antunes Varela, *Direito da Família*, 4.ª ed. (1996), 283 ss..

[3223] Assim, para C. Massimo Bianca, *Diritto civile*/III – *Il contratto* (1987), 578 ss. (580), a inexistência traduz um limite para a disciplina da nulidade quando não haja contrato, isto é, quando falte uma situação socialmente qualificável como tal.

tendeu deixar disponível a "nulidade" para os casamentos católicos[3224] – artigo 1647.º/3. Com esta prevenção, regresse-se à inexistência. Ela distinguir-se-ia da nulidade ou da anulabilidade por vedar, por completo, a produção de quaisquer efeitos. O casamento declarado nulo ou anulado produz efeitos entre os cônjuges de boa-fé e os próprios terceiros – casamento putativo, artigo 1647.º: aquele que acredita na aparência de um casamento não deve ser prejudicado pela ineficácia dele. Isso não sucederia com o casamento inexistente; a própria lei o afirma – artigo 1630.º/1. Porém, os vícios que conduzem à inexistência – artigo 1628.º – não são de molde a questionar a aparência do casamento[3225]: a pessoa que, de boa-fé, acredite nele, merece tanta tutela quanto a concedida a quem creia num casamento declarado nulo ou anulado.

Mesmo no Direito da família, deve considerar-se em aberto a possibilidade de restringir, pela interpretação, o artigo 1630.º/1 do Código Civil: elaborado com meras preocupações conceptuais, esse preceito – bem como os que se reportam à inexistência – acaba por não ponderar os interesses e os valores em jogo.

III. A transposição da inexistência para o negócio jurídico em geral, num passo que nenhuma lei, aliás, indicia[3226], conduz a resultados ainda mais inadequados.

O negócio nulo pode produzir alguns efeitos. Por exemplo, a pessoa que, na base de um negócio nulo, receba o controlo material de uma coisa, pode, em certos casos, beneficiar de uma posse que se presume de boa-fé – artigos 1259.º/1 e 1260.º/2; o possuidor de boa-fé, por seu turno, faz seus os frutos da coisa – artigo 1270.º/1 – até que seja informado da nulidade. A ter consistência, a inexistência jurídica não propiciaria nenhum desses efeitos.

Desse modo, o adquirente de boa-fé através de negócio nulo – por exemplo, por simulação, artigo 240.º/1 – ou anulável – por exemplo, por coação, artigo 256.º – pode beneficiar daqueles esquemas; mas sendo o negócio inexistente – e isso sucederia, porventura, no caso do artigo 246.º

[3224] A nulidade destes é declarada pelos tribunais canónicos, de acordo com regras próprias; vide REv 16-dez.-2008 (Almeida Simões), Proc. 1144/08-3.

[3225] O próprio casamento celebrado entre duas pessoas do mesmo sexo, antes de permitido pela Lei n.º 9/2010, de 31 de maio, podia provocar a boa-fé de terceiros e, até, dos cônjuges; como explicava Pires de Lima, há casos de hermafroditismo ou de sexo indeterminado, em que apenas após cuidadas análises, é possível determinar o sexo de uma pessoa.

[3226] Heinrich Ewald Hörster, A parte geral cit., 518.

(falta de consciência da declaração) – tudo ficaria bloqueado. Repare-se: o adquirente pode ignorar totalmente a "coação física" de que esteja a ser vítima a contraparte – pense-se numa contratação por *telefax* – ou, *a fortiori*, a sua "falta de consciência da declaração".

Os pretensos casos de inexistência jurídica são, pois, casos de nulidade, sob pena de gravíssimas injustiças, enquadradas por puros conceptualismos.

334. Consequências inadequadas no registo

I. As preocupações conceptuais que levaram alguns autores a introduzir, na doutrina geral do negócio jurídico, a inexistência, têm ainda outro efeito pernicioso: facultaram uma expansão dessa pretensa figura noutras áreas, sempre com efeitos nocivos.

Assim sucedeu no caso do registo predial.

O registo, quando realizado, produz alguns efeitos substantivos. Quando, porém, ele tenha sido efetuado com certos vícios, tais efeitos podem ficar comprometidos. Não obstante, essa ineficácia deixa salvaguardados alguns direitos de terceiros de boa-fé: a pessoa que acredite num registo – organizado, para mais, pelo Estado – merece proteção.

O Código de Registo Predial de 1967, aprovado pelo Decreto-Lei n.º 47 611, de 28 de março daquele ano, enumerava, no seu artigo 83.º, as causas de nulidade do registo; o artigo 85.º ressalvava as posições de terceiros de boa-fé.

Na mesma linha, o Código do Registo Predial de 1984, aprovado pelo Decreto-Lei n.º 224/84, de 6 de julho, refere no artigo 16.º, as causas de nulidade, enquanto o artigo 17.º/2 garante os terceiros de boa-fé. Simplesmente, levado por meras preocupações de simetria conceptuais, o legislador de 1984 consagrou, também "causas de inexistência" do registo – artigo 14.º – associando a esse vício uma total ausência de efeitos – artigo 15.º/1 – e logo, a uma primeira leitura, a total desproteção de terceiros, mesmo de boa-fé.

II. Uma análise dos vícios que conduzem à "inexistência" – e que antes de 1984 levavam à nulidade – não permite, no entanto, descobrir qualquer razão de fundo para desamparar os terceiros de boa-fé: há casos de nulidade que são tão ou mais graves do que os da inexistência[3227]. De

---

[3227] Por exemplo, seria causa de inexistência o ter sido lavrado o registo em conservatória territorialmente incompetente – artigo 14.º, *a*), do CRP; simplesmente, quando isso

novo a construção da inexistência, que tende a estender-se, ainda, a outras áreas[3228], conduz a resultados nefastos, havendo que tentar minimizá-los pela interpretação.

De todo o modo nada, na lei geral, impõe a inexistência, no domínio do negócio jurídico. E pelas razões expostas, nenhuma razão científica recomenda a sua autonomização. Os casos previstos na lei como "não produzindo quaisquer efeitos" são, na realidade, nulidades.

III. Resta acrescentar que, na prática, não é possível declarar inexistências, até por razões de Direito notarial[3229]. A referência doutrinária a essa figura mais não faz do que impedir o funcionamento de figuras como a falta de consciência da declaração ou a coação física, enquanto as menções judiciais retratam realidades diversas[3230].

Está francamente na hora de os defensores da inexistência como vício autónomo virem a terreiro rebater os (muitos) contras e apresentar as suas razões. Dizemo-lo há décadas.

---

aconteça, todos se enganaram, incluindo o próprio conservador; o terceiro que, de boa-fé, acredite em tal registo – que poderá até retratar a realidade – não merecerá tanta tutela como o que acredite num registo puramente falso, e que seria mera causa de nulidade – artigo 16.º, *a*), do mesmo CRP?

[3228] Assim sucedeu com o CRC aprovado pelo Decreto-Lei n.º 403/86, de 3 de dezembro, nos seus artigos 21.º e 22.º.

[3229] STJ 9-out.-1996 (César Marques), CJ/Supremo IV (1996) 3, 41-44 (43).

[3230] Assim, STJ 11-abr.-2000 (Lopes Pinto), BMJ 496 (2000), 235-245 (242/I), refere a inexistência para retratar a não-inclusão, em contrato singular, de uma cláusula contratual geral, enquanto STJ 9-mar.-2004 (Quirino Soares), CJ/Supremo XII (2004) 1, 118-120 (119/II), usa "inexistência" no sentido de "inexistência material".

§ 76.º INEFICÁCIA ESTRITA E IRREGULARIDADE

335. As ineficácias em sentido estrito

I. A ineficácia em sentido estrito traduz a situação do negócio jurídico que, não tendo, em si, vícios, não produza, todavia, todos os seus efeitos, por força de fatores extrínsecos[3231]. As ineficácias deste tipo só surgem nos casos específicos, previstos pela lei. O negócio jurídico sem vícios produz os seus efeitos: apenas razões muito particulares e expressamente predispostas poderão levar a que assim não seja.

II. Alguns exemplos de ineficácias podem ser apontados em leis processuais e comerciais e na própria lei civil. Consideremos três exemplos: Segundo o artigo 81.º/6, do CIRE[3232],

> São ineficazes os atos realizados pelo insolvente em contravenção do disposto nos números anteriores (...)

O CVM prevê, em certos casos, a obrigatoriedade de lançamento de OPA. Segundo o seu artigo 192.º/1, o não cumprimento dessa obrigação

> (...) determina a imediata inibição dos direitos de voto e a dividendos (...)

[3231] Inocêncio Galvão Telles, *Manual dos contratos*, 3.ª ed. cit., 329 e 347 e Carvalho Fernandes, *Teoria geral* cit., 2, 5.ª ed., 542 ss..

[3232] Perante o anterior CPEF, Oliveira Ascensão, *Efeitos da falência sobre a pessoa e negócios do falido*, ROA 1995, 641-688, Carvalho Fernandes/João Labareda, *Código dos Processos Especiais de Recuperação da Empresa e da Falência Anotado*, 3.ª ed. (1999), 408 ss. e Maria do Rosário Epifânio, *Os efeitos substantivos da falência* (2000), 183 ss.; quanto ao atual Direito, Luís Menezes Leitão, *Código da Insolvência e da Recuperação de Empresas*, 6.ª ed. (2012), 118.

Imaginemos que alguém, para defraudar os seus credores, aliena, sem critério, o seu património. Pois bem: os atos de alienação sujeitam-se à ação pauliana, podendo ser impugnados nos termos dos artigos 610.º e seguintes.

III. Nestas três situações, os negócios celebrados são válidos: nada os afeta, em si. Todavia, ou são totalmente inoponíveis – artigo 81.º/1, do CIRE – ou são inoponíveis nalguns dos seus aspetos – artigo 192.º/1, do CVM – ou são impugnáveis – artigo 610.º. Trata-se de "ineficácias em sentido estrito", de acordo com a designação tradicional portuguesa.

Temos, aqui, uma categoria residual; as figuras a ela redutíveis assumem regimes particulares, a apurar caso a caso pela interpretação.

336. A irregularidade

I. O problema da ineficácia dos negócios jurídicos deve ser delimitado do da sua irregularidade.

A eficácia do negócio jurídico depende do seu enquadramento, dentro da autonomia privada. Pode no entanto suceder que, perante um negócio, tenham aplicação, além das da autonomia privada, outras regras muito diversas.

A inobservância dessas regras provoca a irregularidade do negócio atingido, sem prejudicar a sua eficácia.

II. Os exemplos tradicionais de irregularidade negocial ocorriam no domínio matrimonial[3233]. O menor que casar sem autorização dos pais ou do tutor celebra um casamento eficaz, mas sujeita-se a certas sanções quanto aos bens – artigo 1649.º; o casamento celebrado com impedimento é válido, mas dá lugar a determinadas consequências, também no domínio dos bens – artigo 1650.º.

Há outras possibilidades; por exemplo, a compra e venda de imóvel sem que tenha sido exibido o registo da coisa a favor do alienante é irregular, perante o artigo 9.º do CRP[3234]; não prejudica, porém, a validade do negócio. Da mesma forma, a inobservância de certas regras fiscais pode sujeitar as partes a multas; o negócio será irregular, mas é eficaz.

[3233] Manuel de Andrade, *Teoria geral* cit., 2, 413-414.
[3234] E pode envolver a responsabilidade disciplinar do notário.

§ 77.º O REGIME DAS INVALIDADES

337. A invocação

I. Coloca-se o problema de como devem ser invocadas as invalidades. Frente a frente, temos dois sistemas[3235]: o dos Direitos latinos, que exige uma invocação judicial[3236] e o do Direito alemão, que admite uma anulação por mera declaração extrajudicial dirigida à contraparte[3237], a interpretar de acordo com as regras negociais[3238].

Aquando da preparação do Código Civil, Rui de Alarcão propôs, para a anulabilidade, a possibilidade de invocação extrajudicial[3239]. Tal proposta manteve-se, ainda, na primeira revisão ministerial (254.º/1)[3240], mas foi silenciosamente suprimida na segunda[3241], sem que, no entanto, se introduzisse qualquer preceito de sinal contrário. De todo o modo, a supressão foi suficientemente incisiva para levar alguma doutrina a defender a necessidade de invocação judicial, seja para a anulação[3242], seja para as invalidades em geral[3243].

[3235] Com elementos, Rui de Alarcão, *A confirmação* cit., 60 ss..

[3236] Assim, os artigos 1421.º e ss., quanto à nulidade e artigos 1441.º e ss., quanto à anulabilidade, ambos do Código italiano.

[3237] Tal o sentido do § 143 do BGB; vide Jan Busche, no *Münchener Kommentar* cit., 1, 6.ª ed., § 143 (1566 ss.).

[3238] Martin Probst, *Zur "Eindeutigkeit" von Anfechtungserklärungen/Kriterien für die Auslegung rechtsgestaltender Willenserklärungen*, JZ 1989, 878-883.

[3239] O competente texto e a sua justificação constam de Rui de Alarcão, *A confirmação* cit., 60-61, nota 65.

[3240] BMJ 107 (1961), 108.

[3241] *Código Civil, I – Parte geral (2.ª revisão ministerial)* (1965), 112, onde se pode constatar a ausência dessa regra.

[3242] Rui de Alarcão, ob. e loc. cit..

[3243] Carvalho Fernandes, *Teoria geral* cit., 2, 5.ª ed., 505-506.

II. A necessidade de recorrer ao Tribunal, para exercer um direito, é uma formalidade anómala e pesadíssima. Assim, ela só se impõe quando prevista por lei – artigo 219.º – lei essa que, a surgir, será excecional. O Código Civil não contém qualquer norma que obrigue à invocação judicial. Pelo contrário: os artigos 286.º e 287.º falam em invocar a nulidade e arguir a anulabilidade sem inserirem qualquer rasto de uma necessidade de invocação judicial[3244]. Não parece viável, na falta de base legal, exigir tal procedimento: anómalo e pesadíssimo, como cumpre repetir.

É certo que o artigo 291.º/1 pressupõe ações de declaração de nulidade ou de anulação. Mas isso explica-se por, aí, se pretenderem fazer valer posições contrárias ao que resulta do registo predial: ora a nulidade deste, seja substantiva seja registal, só pode ser invocada depois de declarada por decisão judicial, com trânsito em julgado – artigo 17.º/1, do CRP.

O panorama legal é, pois, o seguinte: a lei é omissa quanto ao regime geral da invocação das invalidades, o que depõe no sentido da desformalização, mau grado os preparatórios[3245]; no entanto, há uma diretriz que impõe o recurso a juízo – ou um acordo – perante invalidades que atinjam situações registadas. Trata-se de construir um sistema coerente, nesta base.

III. A invocação de nulidades ou a declaração de anulação surgem como atos secundários subordinados aos principais: os próprios negócios viciados. Assim, elas deverão seguir a forma exigida para esses mesmos negócios. Mal se compreenderia que, para invocar um vício que atingisse um negócio corrente, verbalmente concluído, houvesse que recorrer ao tribunal ou a outra fórmula solene. A esta regra básica ocorrem desvios: no caso de bens sujeitos a registo, queda o acordo – sob a forma exigida para o negócio em crise – ou a ação judicial, como vimos.

É evidente que se a declaração de nulidade ou a anulação "informais" não foram aceites, como tais, pelos destinatários, há litígio, a dirimir em juízo. Mas o tribunal limitar-se-á, então, a apreciar se a invocação da nulidade ou se a anulação foram devidamente atuadas[3246].

[3244] Quando imponha o exercício judicial dos direitos, o Código é muito claro: vejam-se, como exemplo, os seus artigos 323.º/1 e 1047.º. Fora do Código Civil, cabe referir o artigo 17.º/1 do CRP, acima citado, no texto.

[3245] Que têm, neste caso, um fraco valor, na interpretação da lei: não houve, aqui, qualquer justificação ministerial para as alterações introduzidas no anteprojeto.

[3246] Nessa eventualidade, já não será rigoroso considerar "constitutiva" a ação de anulação.

IV. Perante a exigência do cumprimento de um negócio inválido, a parte visada pode defender-se por exceção[3247]. Antes disso, porém, ela já podia, licitamente, recusar a prestação. O possuidor de uma coisa por via de um negócio inválido deixará de estar de boa-fé assim que conheça o vício – artigo 1260.º/3. Não se exige, para tanto, qualquer ação.

Temos indícios sérios no sentido de se dispensar a invocação judicial, com os desvios apontados: situações registadas e situações de litígio.

338. As consequências

I. Uma visão mais imediatista das invalidades tinha em mente, de modo vincado, a nulidade. Além disso, esta era aproximada de uma pura e simples inexistência jurídica. Os atos nulos não produziriam, deste modo, quaisquer efeitos, num modelo subjacente ao pensamento jurídico napoleónico.

A terceira sistemática veio impor um cenário diferente. O ato inválido coloca-se numa dimensão diversa da da autonomia privada. Mas ele existe: quer social, quer juridicamente. Ele vai produzir alguns efeitos, variáveis consoante as circunstâncias. Tais efeitos são imputáveis à lei. Todavia, devemos estar prevenidos para o facto de eles dependerem, primacialmente, da vontade das partes. Desde logo, esta domina os institutos da redução e da conversão, ainda que na versão objetiva da "vontade hipotética". Ela condiciona, também, os próprios deveres de restituição, resultantes, no essencial, da conformação do contrato viciado. E finalmente: a relação jurídica complexa que se estabeleça entre as partes mantém-se, privada dos deveres de prestar principais, mas assente nos deveres acessórios. Estamos, pois, muito longe do "vácuo" que, antigamente, se descobria nas invalidades.

Trata-se de um ponto fundamental, a não esquecer no desenvolvimento subsequente.

II. A declaração de nulidade e a anulação do negócio têm efeito retroativo, segundo o artigo 289.º/1[3248]. Desde o momento em que uma ou outra sejam decididas, estabelece-se, entre as partes, uma relação de

---

[3247] STJ 26-jun.-1997 (Silva Paixão), CJ/Supremo V (1997) 2, 137-138 (137/II) e RCb 24-nov.-1998 (Emídio Rodrigues), CJ XXIII (1998) 5, 25-31 (27/I).
[3248] STJ 27-nov.-1990 (Simões Ventura), BMJ 401 (1990), 579-582.

liquidação: deve ser restituído tudo o que tiver sido prestado[3249] ou, se a restituição em espécie não for possível, o valor correspondente, nos termos desse mesmo preceito[3250].

Nos contratos de execução continuada, em que uma das partes beneficie do gozo de uma coisa – como no arrendamento – ou de serviços – como na empreitada, no mandato ou no depósito[3251] – a restituição em espécie não é, evidentemente, possível. Nessa altura, haverá que restituir o valor correspondente o qual, por expressa convenção das partes, não poderá deixar de ser o da contraprestação acordada[3252]. Isto é: sendo um arrendamento declarado nulo, deve o "senhorio" restituir as rendas recebidas e o "inquilino" o valor relativo ao gozo de que desfrutou e que equivale, precisamente, às rendas. Ambas as prestações restituitórias se extinguem, então, por compensação[3253] tudo funcionando, afinal, como se não houvesse eficácia retroativa[3254], nestes casos.

III. O dever de restituição predisposto no artigo 289.º/1 tem natureza legal. Ele prevalece sobre a obrigação de restituir o enriquecimento, meramente subsidiário[3255] e pode ser decretado, pelo tribunal, quando ele

---

[3249] RPt 4-mar.-2002 (António Gonçalves), CJ XXVII (2002) 2, 180-183.

[3250] RLx 7-nov.-1991 (Nascimento Gomes), CJ XVI (1991) 5, 126-127 (127/I), numa nulidade por não notificação, à Caixa Geral de Depósitos, de determinada venda executiva, STJ 2-fev-1993 (Eduardo Martins), CJ/Supremo I (1993) 1, 110-111 (111/I), na nulidade adveniente da venda de um loteamento ilegal, STJ 26-jun.-1997 (Aragão Seia), BMJ 468 (1997), 404-410 (409), na falta de forma de um arrendamento, RLx 24-set.-2002 (Roque Nogueira), CJ XXVII (2002) 4, 76-79 (79/I) e STJ 14-out.-2003 (Alves Velho), CJ/ /Supremo XI (2003) 3, 103-104 (104).

[3251] Tratando-se de contrato de trabalho – e num afloramento de regras que, afinal, acabam por ser as gerais – há um regime especial: segundo o artigo 15.º/1, da LCT, "o contrato de trabalho declarado nulo ou anulado produz efeitos como se fosse válido em relação ao tempo durante o qual esteve em execução...". Quanto ao problema, em geral, nas obrigações duradouras, vide Larenz/Wolf, *Allgemeiner Teil* cit., 9.ª ed., 798.

[3252] RLx 17-jan.-1991 (Quirino Soares), CJ XVI (1991) 1, 133-141 (139/II) e RLx 28-nov.-1996 (Cruz Broco), CJ XXI (1996) 5, 113-115.

[3253] RLx 4-jun.-1998 (Proença Fouto), CJ XXIII (1998) 3, 122-123 (123/I).

[3254] Também a resolução do contrato tem efeito retroativo; todavia, em relação a ela, a lei foi mais matizada; vide o artigo 434.º.

[3255] STJ 31-mar.-1993 (Sousa Macedo), CJ/Supremo I (1993) 2, 55-58 (57/II) e STJ 15-out.-1998 (Pinto Monteiro), CJ/Supremo VI (1998) 3, 63-66 (65/II); vide Luís Menezes Leitão, *O enriquecimento sem causa no Direito civil* (s/data, mas 1997), 457 ss..

conheça, oficiosamente, a nulidade[3256]. No entanto, já haverá que recorrer às regras do enriquecimento se a mera obrigação de restituir não assegurar que todas as deslocações ou intervenções patrimoniais injustamente processadas, ao abrigo do negócio declarado nulo ou anulado, foram devolvidas[3257].

Não será assim quando, mau grado a invalidação, ocorra uma outra causa de atribuição patrimonial. O próprio artigo 289.º/3 manda aplicar, diretamente ou por analogia, o disposto nos artigos 1269.º e seguintes e, portanto: o regime da posse, incluindo as regras sobre a perda ou deterioração da coisa, sobre os frutos, sobre os encargos e sobre as benfeitorias. Caso a caso será necessário indagar a boa ou má-fé do obrigado à restituição[3258]. Para além das regras sobre a posse, outras poderão infletir, num ou noutro sentido, o dever de restituição; assim sucederá, por exemplo, com as regras da acessão, da usucapião ou, até, com a interferência de direitos fundamentais: pense-se na restituição de um *pace-maker*, que ponha em perigo o direito à vida.

IV. Pode a parte obrigada à restituição ter alienado gratuitamente a coisa que devesse restituir: ficará obrigada a devolver o seu valor. Porém, se a restituição deste não puder tornar-se efetiva, fica o beneficiário da liberalidade obrigado em lugar daquele, mas só na medida do seu enriquecimento – artigo 289.º/2. Trata-se de um afloramento da regra prevista no artigo 481.º/1.

V. O dever de restituir é recíproco. A doutrina estrangeira já intentou, por via doutrinária, construir aqui um sinalagma, de modo a permitir a aplicação de institutos que garantam as posições das partes. A lei portuguesa solucionou, de modo expresso, o problema, no artigo 290.º:

[3256] Tal o conteúdo do Assento n.º 4/95, de 28 de março (Miguel Montenegro), DR I Série-A n.º 114, de 17-mai.-1995, 2939-2941 (2941).
[3257] RLx 17-jan.-1991 cit., CJ XVI, 1, 140/I e RLx 4-jun.-1998 cit., CJ XXIII, 3, 123/I.
[3258] É ao abrigo destas regras que se deve solucionar o problema – que tem dividido a doutrina e a jurisprudência – de saber se, devendo ser restituída uma importância, há lugar ao pagamento de juros; depende: se o obrigado à restituição estava de boa-fé, ele faz seus os frutos civis; caso contrário, restitui: artigos 1270.º/1 e 1271.º, do Código Civil.
Quanto aos limites à eficácia retroativa da nulidade, *vide* o excelente acórdão do STJ 30-out.-1997 (Miranda Gusmão), BMJ 470 (1997), 559-567 (565).

As obrigações recíprocas de restituição que incumbem às partes, por força da nulidade ou anulação do negócio devem ser cumpridas simultaneamente, sendo extensivas ao caso, na parte aplicável, as normas relativas à exceção do não cumprimento do contrato.

Outros institutos, como o direito de retenção, podem ter aplicação, desde que se verifiquem os respetivos requisitos. A nulidade ou a anulação de um negócio são, ainda, suscetíveis de causar danos ilícitos. Podem intervir institutos de responsabilidade civil e, designadamente, a *culpa in contrahendo*.

VI. A invalidade de um negócio pode não prejudicar a manutenção dos deveres de segurança, de informação e de lealdade que acompanham qualquer obrigação, por força da boa-fé. Esta, na linguagem de Canaris, manter-se-á, então, mau grado a falta do dever de prestar principal.

Tais deveres irão acompanhar toda a relação de liquidação, podendo ainda manter-se *post pactum finitum*.

339. A tutela de terceiros

I. A declaração de nulidade ou a anulação de um negócio jurídico envolvem a nulidade dos negócios subsequentes, que dependam do primeiro. Trata-se de uma consequência inevitável da retroatividade dessas figuras: se A vende a B que vende a C, a nulidade da primeira venda implica a da segunda, por ilegitimidade – artigo 892.º; se D vende a E que, nessa base, se obriga a prestar a F, a nulidade da venda implica a nulidade da obrigação, por impossibilidade legal[3259].

II. Em certos casos coloca-se, todavia, um problema de tutela da confiança de terceiros: *quid iuris* se alguém, acreditando na validade de negócios antecedentes, celebra um contrato na base do qual efetue um investimento de confiança considerável?

O Direito conhece uma especial tutela de terceiros, quando estejam em causa direitos reais.

[3259] RCb 20-out.-1992 (Herculano Namora), CJ XVII (1992) 4, 92-93 (93/1), referindo Carlos Alberto da Mota Pinto, *Cessão da posição contratual* cit., 456.

§77.º O regime das invalidades

No caso de bens móveis, o terceiro que haja adquirido, de boa-fé, o bem a um comerciante que negoceie em coisa do mesmo ou semelhante género, tem o direito à restituição do preço pago, a efetuar pelo beneficiário da restituição – artigo 1301.º[3260]. Como resulta deste preceito, o terceiro só é tutelado se tiver comprado a coisa, isto é: adquirido a título oneroso. É o investimento de confiança.

III. No campo dos imóveis sujeitos a registo, vale o artigo 291.º: não são prejudicados os direitos de terceiros, adquiridos de boa-fé[3261] e a título oneroso e que registem a aquisição antes de inscrita qualquer ação de nulidade ou de anulação ou qualquer acordo quanto à validade do negócio – n.º 1; todavia, esse regime só opera passadas três anos sobre a conclusão do negócio[3262]. Atente-se bem nos requisitos:

– um negócio nulo ou anulado[3263];
– um terceiro de boa-fé;
– que adquira, a título oneroso;
– e sendo decorridos 3 anos sobre a celebração do negócio em causa.

Os terceiros são protegidos por estarem de boa-fé e por terem realizado o investimento de confiança: o título oneroso e o decurso dos 3 anos atestam-no. Este preceito não se confunde com o artigo 17.º/2 do CRP: exige-se, aqui, um registo prévio, nulo ou anulado, não requerido pela lei civil[3264].

IV. Tem-se suscitado, na jurisprudência, a dúvida de saber se o artigo 291.º se aplica aos casos de ineficácia *stricto sensu* dos negócios. A questão coloca-se, designadamente, no tocante a contratos praticados com violação de direitos de preferência: pode o terceiro adquirente prevalecer-se

---

[3260] Não vigora, em Portugal, o princípio "posse vale título", que permitiria a imediata aquisição da propriedade, *a non domino*, pelo terceiro de boa-fé; vide a nossa *A posse: perspectivas dogmáticas actuais*, 3.ª ed. (2000), 116 ss..

[3261] O artigo 291.º/3 define a boa-fé nos termos corretos: subjetivos e éticos.

[3262] STJ 14-nov.-1996 (Almeida e Silva), CJ/Supremo IV (1996) 3, 104-107 (105//II): não aplicou o preceito por ainda não haverem decorrido os 3 anos.

[3263] Quanto à possibilidade de o artigo 291.º se aplicar à ineficácia vide RCb 22-mai.-2002 (Helder Roque), CJ XXVII (2002) 3, 14-17; trata-se de um ponto que terá de ser verificado caso a caso.

[3264] Vide os nossos *Sumários de Direitos Reais* (2001), n.º 26.

do artigo 291.º do Código Civil? Algumas decisões respondem negativamente: a (mera) ineficácia não permitiria a tutela de terceiros[3265]. Tais decisões estão, em princípio, corretas. Mas não as fundamentações.

As razões que levam à tutela dos terceiros – boa-fé, investimento de confiança e inação das partes interessadas – podem proceder tanto nas invalidades como nas ineficácias. Além disso, tal tutela não tem nada de excecional: a letra da lei, só por si, não permitiria a exclusão. No caso das preferências legais, todavia, o artigo 291.º – tal como o 17.º/2 do CRP – não se aplica pela razão simples de elas não estarem sujeitas a registo. Consequentemente, não só os preferentes não têm modo de as publicitar como os próprios terceiros adquirentes não têm especial fundamento para clamar a ignorância da sua existência. De resto e na generalidade dos casos, a preferência legal deduz-se da situação de fundo, pelo que – visto o artigo 291.º/3 – não há, sequer, boa-fé[3266].

V. Cabe completar o quadro da tutela oferecida, pelo artigo 291.º, a determinados terceiros, mediante a indicação de algumas decisões neste momento mais recentes. Assim:

STJ 15-mar.-2012: o regime do artigo 291.º não abrange a hipótese de o negócio jurídico ser declarado ineficaz: *in casu*, deixou sem proteção um banco a favor do qual fora constituída uma hipoteca, por parte de um titular cuja aquisição foi declarada nula; não é assim: o adquirente de hipoteca é um terceiro, para efeitos desse preceito, cabendo verificar os demais requisitos; nesta situação, afigura-se que, de facto, tais requisitos não estavam reunidos: a decisão foi acertada, mas, com o devido respeito, não a fundamentação[3267];

STJ 17-abr.-2012: os preferentes que vierem a adquirir bens de terceiros que, por sua vez, foram preferentes em negócio simulado são terceiros, perante o autor, aplicando-se o artigo 291.º; mas não estão de boa-fé se, no momento das ações de preferência, conheciam as simulações anteriores[3268];

[3265] REv 18-dez.-1990 (Brito Câmara), CJ XV (1990) 5, 269-272 (272/I) e RCb 20-jun.-1995 (Pereira da Graça), CJ XX (1995) 3, 44-47 (46/II).

[3266] É o caso patente de REv 18-dez.-1990 cit., CJ XV, 5, 272/II: alguém compra metade indivisa de um prédio, sem prévia comunicação aos outros consortes, para efeitos de preferência: como invocar boa-fé?

[3267] STJ 15-mar.-2012 (João Trindade), Proc. 622/05.3.

[3268] STJ 17-abr.-2012 (Sebastião Póvoas), Proc. 261/2000.

STJ 27-set.-2012: numa venda de pais para filhos, anulada por falta da competente autorização e cujo beneficiário hipotecou a favor de um banco, não pode este prevalecer-se do artigo 291.º se não provar que desconhecia, sem culpa, a existência dessa filiação; subjacente está a ideia de que o banco conhecia (ou devia conhecer) esse facto, perante os documentos disponíveis[3269].

Como se vê, o artigo 291.º que, ainda há anos, era puramente experimental, vem conhecendo uma aplicação crescente. Denota-se, ainda, um incremento em torno de um ciclo de hipotecas: subjacente está a necessidade de conceder, na atual situação de crise, uma certa proteção aos particulares, perante as arremetidas de uma banca, por vezes, sem rosto.

[3269] STJ 27-set.-2012 (Tavares de Paiva), Proc. 3375/09.

§ 78.º REFORMULAÇÃO DA TEORIA DA INVALIDADE

340. Ponto de partida

I. O cerne da doutrina da invalidade, tal como proveio da pena do genial Savigny, assenta na contraposição entre a nulidade e a anulabilidade. Em termos atualistas, ela cifra-se no seguinte:

– a nulidade equivale a um *status rei*: um estado do próprio negócio; como consequência, temos uma permissão genérica de impugnação;
– a anulabilidade traduz um *status personae*: uma característica específica de um dos intervenientes, ao qual é reconhecida uma permissão específica de impugnação.

A contraposição corresponde a valores próprios de cada uma das duas categorias; tutela valores diversos; equivale a regimes distintos.

II. Podemos completar o quadro recordando que a nulidade equivale à regra civil geral, preenchendo uma categoria alargada. Já a anulabilidade traduz uma categoria residual, que drenou, ao longo da História, diversas figuras unificadas pelo efeito prático: um sujeito tem o poder de deter a eficácia de um negócio jurídico.

Simplesmente: poder-se-á considerar que este quadro, na sua pureza, se mantém impávido, perante o Direito atual? Vamos ver.

341. Cisão na nulidade: nulidades absolutas e relativas

I. À partida, a nulidade equivale, como se disse, a um *status rei*, o qual permite, a qualquer interessado, invocar a decorrente ineficácia. Corresponde a uma valoração negativa extrínseca, que põe em crise o negócio, perante os valores da ordem jurídica. Deriva, daí, uma permissão genérica de impugnação: qualquer interessado o pode fazer; a todo o tempo; e o tribunal pode declará-lo *ex officio* (286.º).

§ 78.º Reformulação da teoria da invalidade

II. A confluência com outros princípios leva, todavia, a todo um conjunto de entorses no que, à partida, seria um regime lógico e coerente. Assim:

– o simulador não pode arguir a nulidade da simulação contra o terceiro de boa-fé (243.º/1);
– o vendedor de coisa alheia não pode opor a sua nulidade ao comprador de boa-fé, assim como não pode opô-la ao vendedor de boa-fé o comprador doloso (892.º);
– a nulidade da venda de bens alheios pode cessar por convalidação (895.º);
– a nulidade do contrato de sociedade de capitais, só invocável em certas circunstâncias, é igualmente sanável (42.º do CSC);
– a nulidade de uma deliberação social não é invocável, em determinadas situações, por certos sócios (56.º/3 do CSC) e pode ser ultrapassada pela renovação da deliberação inválida (62.º do mesmo Código);
– a lei prevê, no domínio da família (1939.º/2) e dos negócios gratuitos (968.º e 2309.º), negócios nulos confirmáveis.

O que se passa?

III. Em termos de uma pura coerência jurídica, as soluções apontadas são desviantes. O negócio nulo é um não-negócio, ainda que não um vazio total. Recordamos que, na lógica do projeto do BGB[3270]:

§ 108 Um negócio nulo, no tocante aos pretendidos efeitos jurídicos, é considerado como se não tivesse ocorrido.

§ 109 Um negócio nulo não se convalida caso as razões da nulidade venham, depois, a desaparecer.

Daí a permissão genérica de impugnação: qualquer interessado a pode fazer; a todo o tempo; e o próprio tribunal o pode declarar de ofício.
Pois bem: nas "exceções" acima apontadas, teremos de admitir que a natureza limitada dos interesses protegidos, dobrado pelo princípio da

---

[3270] R. Mugdan, *Die gesammten Materialien zum Bürgerlichen Gesetzbuch für das Deutsche Reich*, I – *Einführungsgesetz und Allgemeiner Teil* (1899), LXXXVI.

tutela da confiança, contrariam a lógica da nulidade[3271]. Com efeito, quer o bloqueio de certas nulidades perante pessoas de boa-fé, quer a convalidação por certos desaparecimentos supervenientes de vícios visam proteger a confiança de determinados interessados, com o reforço, daí derivado, da circulação dos bens. Prosseguindo: o negócio nulo, nos casos previstos, mantém-se em vida não *a se* mas por força do princípio da confiança.

IV. Aprofundemos a ideia. Um negócio simulado não corresponde à vontade de nenhuma das partes que o tenham concluído. Logo, ele não vale *ex* 406.º/1: antes *ex bona fide* ou *ex fiducia*. A juridificação opera não por via da autonomia privada, mas por força da tutela da confiança a qual, por analogia, adota um código genético semelhante ao da eficácia negocial[3272]. E assim sendo, nenhuma vantagem se perfila em, contrariando a linguagem comum que afeiçoou o Direito, vir dizer que o negócio simulado ininvocável é irremediavelmente nulo, surgindo, todavia, um *quid* em tudo semelhante a ele, mas *ex bona fide*. Temos, sim, uma nulidade que, sobreposta à tutela da confiança, dá azo a uma invalidade que apenas opera em relação a certas pessoas ou em certas conjunturas.

Poderíamos formular juízos paralelos, no tocante às demais nulidades sanáveis ou confirmáveis: verifica-se que elas são estabelecidas no interesse de certas pessoas, que se mostram acauteladas e, ainda, que cumpre proteger terceiros.

V. Recuperando a velha terminologia napoleónica, agora disponível, podemos distinguir:

– a nulidade absoluta, correspondente ao perfil do artigo 286.º;
– as nulidades relativas, que ocorrem sempre que surja uma nulidade suscetível de não ser invocável por qualquer interessado ou que seja sanável.

Neste último caso, a jurídica-positividade do negócio advém da tutela da confiança; além disso, a nulidade já não é invocável por todos. *A fortiori*: não pode ser declarada, de ofício, pelo juiz.

[3271] Além de, naturalmente, a expressão "nulidade" poder não ter sido usada em termos técnicos.

[3272] Encontramos a ideia em Claus-Wilhelm Canaris, *Die Vertrauenshaftung* cit., 2.ª ed., 451 ss. e *passim*.

VI. Quanto à explicação dogmática: as nulidades relativas derivam de um concurso:

– entre a permissão genérica de as invocar;
– e o direito potestativo de, *ex bona fide*, ou conservar os efeitos do negócio ou, saneado o negócio, fazer surgir, *ex novo*, as posições jurídicas equivalentes ao negócio nulo.

A nulidade relativa é estruturalmente diferente da anulabilidade: apenas na aparência as duas figuras se aproximam. Com efeito, na nulidade, ainda que relativa, mantém-se a permissão genérica de impugnação; todavia, esta é contraditada pontualmente pelo direito potestativo de invocar a tutela da confiança, detendo a impugnação ou provocando a legitimação superveniente, com a consequente convalescença do negócio.

O ónus da prova decorre deste cenário:

– na nulidade relativa, a pessoa protegida invoca e demonstra os factos de que decorre a tutela;
– na anulabilidade, o interessado fará prova dos factos que dão azo ao seu direito à impugnação.

342. Cisão na anulabilidade: anulabilidades comuns e privilegiadas

I. A anulabilidade é uma realidade subjetiva: tem a ver com a posição específica do sujeito, equivalendo a um *status personae*. Ela traduz, na esfera do sujeito, um direito potestativo de impugnar certo negócio. As circunstâncias que permitem tal impugnação são fixadas em abstrato, podendo dizer respeito a qualquer uma das partes, no negócio considerado. Deste modo, hipóteses como o erro, o dolo ou a coação moral podem aproveitar tanto ao comprador como ao vendedor, tanto ao locador como ao locatário, tanto ao mandante como ao mandatário e assim por diante.

II. Todavia, nalguns casos o legislador quebra o princípio da igualdade. Por razões de desproteção pessoal (caso do menor) ou social (caso do adquirente de habitação própria ou do locatário[3273]), o legislador apenas confere o direito de impugnação a um dos intervenientes na relação. Assim:

[3273] Na legislação pós 1974-75 e hoje substituída.

– os atos dos menores não representados apenas podem ser anulados a requerimento do progenitor que exerça o poder paternal, do tutor e do administrador de bens, a requerimento do menor, no ano subsequente à maioridade ou emancipação ou a requerimento de qualquer herdeiro do menor, no prazo de um ano a contar da morte deste e desde que não tivesse expirado o prazo para o próprio menor o fazer – 125.º/1;

– nos contratos-promessas referidos no artigo 410.º/3, o promitente alienante só pode invocar a anulabilidade decorrente da falta de certificação das licenças de construção ou de habitação se a contraparte a tiver causado culposamente.

Estamos perante anulabilidades privilegiadas. O legislador estabelece-as em benefício, apenas, de certas categorias de pessoas. Estruturalmente, trata-se, contudo e sempre, da anulabilidade.

CAPÍTULO XI
APROVEITAMENTO DE NEGÓCIOS INVÁLIDOS

SECÇÃO I
A REDUÇÃO E A CONVERSÃO

§ 79.º A REDUÇÃO E A CONVERSÃO

343. A redução

I. A invalidação dos negócios jurídicos não impede, ainda, a produção de efeitos – ou de alguns efeitos – nas hipóteses de redução ou de conversão – artigos 292.º e 293.º. Recordamos que estes preceitos devem ser trabalhados em conjunto com os artigos 236.º e 239.º[3274]: apenas por preocupação de análise iremos, aqui, proceder ao seu estudo isolado.

II. O artigo 292.º admite a redução dos negócios jurídicos nos seguintes e precisos termos:

> A nulidade ou anulação parcial não determina a invalidade de todo o negócio, salvo quando se mostre que este não teria sido concluído sem a parte viciada.

[3274] *Da boa fé* cit., 1068 ss., nota 653 e *supra*, 771 ss.; vide Claus-Wilhelm Canaris, *Gesamtunwirksamkeit und Teilgültigkeit rechtsgeschäftlicher Regelungen*, FS Steindorf (1990), 519-571 e, principalmente, Franz Dorn, no HKK/BGB cit., 1, §§ 139-141 (753 ss.), Herbert Roth, no *Staudinger*, §§ 139-163, *Allgemeiner Teil* 4 b (2010), § 139 (1 ss.) e Jan Busche, no *Münchener Kommentar* cit., 1, § 139 (1532 ss.), todos com indicações; em Itália, a atual obra de referência é a de António Gerardo Diana, *La nullità parziale del contratto* (2004), 621 pp.; entre nós, Luís Carvalho Fernandes, *A conversão dos negócios jurídicos civis* (1993), também com múltiplas indicações. No Direito romano, por seu turno, o escrito de referência é de Andreas Staffhorst, *Die Teilnichtigkeit von Rechtsgeschäften im klassischen römischen Recht* (2006), 363 pp..

O primeiro requisito é o de uma nulidade ou anulação meramente parciais[3275]. Na base desta fórmula, algumas doutrina e jurisprudência têm admitido uma regra de divisibilidade dos negócios. De modo algum: o que a lei diz é o seguinte: a nulidade ou anulação (*quando seja*) parcial não determina a invalidade do conjunto. Repare-se: a lei não permite que a prestação seja realizada por partes, havendo pois um princípio da integralidade do cumprimento – artigo 763.°: não se compreenderia como facultar uma desarticulação de princípio dos negócios, a pretexto da invalidade[3276].

Teremos de, pela interpretação e em momento logicamente anterior, determinar o alcance de qualquer invalidade.

III. O segundo requisito tem a ver com a vontade das partes, no tocante ao ponto da redução: esta não opera quando se mostre que o negócio não teria sido concluído, sem a parte viciada. Bastará provar, pelas circunstâncias objetivas ou pela vontade real de uma das partes, conhecida e aceite pela outra – artigo 236.° – ou pela sua vontade hipotética e pela boa-fé – artigo 239.° – que, sem a parte viciada, aquele concreto negócio não teria visto a luz.

Em termos de ónus da prova, a situação será a seguinte:

– o interessado na salvaguarda do negócio deverá invocar e provar os factos de onde decorra a natureza meramente parcial da invalidade[3277] e, portanto, a divisibilidade do negócio em causa, a qual não é regra (763.°) e não se presume;

[3275] Ou *Teilnichtigkeit*; vide Manfred Wolf/Jörg Neuner, *Allgemeiner Teil* cit., 10.ª ed., § 56 (674-681).

[3276] No sentido da boa doutrina, RPt 31-jan.-1994 (Abílio Vasconcelos), CJ XIX (1994) 1, 220-221 (221/I): discutia-se um problema de fiança por débitos futuros, nula por indeterminabilidade do objeto; tentou-se a hipótese da redução à parte determinada; a Relação do Porto entendeu, e bem, que a garantia não era "divisível", nesses termos. Em RCb 23-mar.-1999 (Coelho de Matos), CJ XXIV (1999) 2, 24-26 (25/II) e em STJ 16-dez.-1999 (Torres Paulo), CJ/Supremo VII (1999) 3, 147-151 (149/II), fala-se numa "presunção de divisibilidade"; com a devida vénia, não nos parece: o interessado na redução terá de demonstrar que ela é possível, nos termos gerais.

A questão tem sido debatida a propósito do contrato-promessa, em termos que abaixo serão aludidos.

[3277] Contra: Carvalho Fernandes, Anotação a STJ 29-nov.-1989, RDES 1993, 196-238 (237), segundo o qual o artigo 292.° estabeleceria uma presunção de divisibilidade do negócio; todavia, tal versão choca frontalmente com o (indiscutido) princípio da integralidade do cumprimento. No sentido (correto) de a redução dever ser requerida pela parte

– ao seu opositor caberá invocar e provar os factos de onde se infira que, sem a parte viciada, não teria havido negócio.

IV. Embora o artigo 292.º não o diga, temos de acrescentar três outros requisitos:

– o respeito pela boa-fé;
– o respeito pelas regras formais;
– o respeito por outras normas imperativas.

A boa-fé surge, no artigo 239.º, devendo funcionar perante a redução e a conversão: não há redução quando ela atente contra a confiança legítima das partes ou contra a materialidade subjacente. Esta última é claramente percetível quando o negócio reduzido não permita prosseguir os fins ou as funções vertidos, pelas partes, no negócio inválido[3278].

As regras formais foram salvaguardadas nos artigos 238.º e 293.º. Mas também aqui elas se impõem: não pode, pela redução, chegar-se a um tipo negocial com exigências de forma não satisfeitas no negócio a reduzir. Por exemplo: uma doação de coisa móvel com cláusula de tradição simbólica é válida verbalmente; sendo esta cláusula anulada, a doação exigiria forma escrita – artigo 947.º/2 – pelo que só há redução se tal forma tiver sido seguida no negócio a reduzir.

Outras normas imperativas devem-se mostrar respeitadas. Assim o caso decidido em RCb 28-mar.-2000, onde a redução conduziria à divisão de um terreno sem as necessárias licenças: não pode ser aplicada[3279].

V. Como pano de fundo, cumpre recordar que, na área negocial, domina a autonomia privada. Esta deve prevalecer sobre uma regra de *favor negotii*. Quando as partes celebrem um negócio, querem-no no seu

---

interessada, a qual deve, assim, fazer prova dos competentes elementos: RPt 26-abr.-2004 (Fonseca Ramos), CJ XXIX (2004) 2, 196-200 (200/I).

[3278] Manfred Wolf/Jörg Neuner, *Allgemeiner Teil* cit., 10.ª ed., § 56, Nr. 28-29 (679-680).
Já não é seguro que o simples conhecimento prévio da invalidade parcial equivalha a má-fé, paralisando o instituto; vide, sobre o tema, Christopher Keim, *Keine Anwendung des § 139 BGB bei Kenntnis der Parteien von der Teilnichtigkeit?*, NJW 1999, 2866-2868.

[3279] RCb 28-mar.-2000 (António Geraldes), CJ XXIV (2000) 2, 31-38 (35/I); conseguiu-se a solução pretendida (a da divisão) através das regras da usucapião que prevalecem, na verdade, sobre quaisquer outras.

todo. Sobrevindo uma invalidade, deve entender-se, na dúvida, que as partes pretendem que todo o negócio seja afetado e isso mesmo quando (o que não se presume) ele seja divisível[3280]. A redução, quando não haja acordo das partes, pressupõe, sempre, uma especial iniciativa da interessada e uma cuidada sindicância do tribunal.

Mas a boa-fé e a autonomia privada podem jogar, em concreto, no sentido da redução. Fazer soçobrar um negócio, por uma pequena invalidade, que não comprometa o plano desenhado pelas partes, fica fora de causa. Além disso, a confiança de quem seja surpreendido por uma invalidade parcial deve ser tutelada.

344. O problema no contrato-promessa; os contratos coligados

I. O grande tema que levou à discussão, perante o Direito civil português, das potencialidades da redução, prende-se com o contrato-promessa. Embora os meandros deste tenham a ver com o Direito das obrigações[3281], podemos, aqui, enunciar o essencial do debate.

O contrato-promessa pode ser bilateral (bivinculante), quando ambas as partes fiquem adstritas a celebrar o contrato definitivo, ou unilateral (monovinculante), quando apenas uma parte fique obrigada ao definitivo: a outra será, então, livre de decidir. O contrato-promessa relativo a contrato formal exige forma escrita; todavia, sendo o contrato monovinculante, admite-se que baste a assinatura da pessoa que irá ficar obrigada – artigo 410.º/2, depois alterado.

Quid iuris se um contrato-promessa bivinculante surgir assinado apenas por uma das partes?

II. Pouco depois da entrada em vigor do Código Civil, veio decidir-se que, havendo apenas uma assinatura, tal contrato valia como monovinculante[3282]. Contra manifestou-se logo Vaz Serra: esta transmutação só seria possível se se verificassem as regras da redução[3283]. As dúvidas suscitadas

---

[3280] Manfred Wolf/Jörg Neuner, *Allgemeiner Teil* cit., 10.ª ed., § 56, Nr. 22 (678).
[3281] Vide o *Tratado* II/2, 341 ss..
[3282] STJ 25-abr.-1972 (Albuquerque Rocha), BMJ 216 (1972), 144-146 = RLJ 106 (1973), 123-125. Com diversos elementos, Victor R. Calvete, *A forma do contrato-promessa e as consequências da sua inobservância* (1990), 54 ss..
[3283] Anot. a STJ 25-abr.-1972, RLJ 106 (1973), 125-127 (127).

§ 79.º *A redução e a conversão*

levaram a novo acórdão, com as secções cíveis reunidas, onde foi confirmada a primeira orientação do Supremo: na presença de uma só assinatura, valia o contrato como monovinculante[3284]. Durante algum tempo, o Supremo conservou esta orientação: 3-jan.-1975[3285] e 18-nov.-1975[3286].

Todavia, em 26-abr.-1977, o Supremo, num acórdão tirado com as secções reunidas, decidiu de modo diverso: apenas verificados os requisitos do artigo 292.º se poderia preservar, como monovinculante, um contrato-promessa assinado só por uma das partes[3287]. Em novo acórdão, o Supremo manteve esta orientação[3288]. O tema conheceu uma acalmia: o Supremo, em repetidos acórdãos, renovou essa opção: 7-nov.-1978[3289], 4-dez.-1979[3290], 3-jun.-1980[3291], 11-mar.-1982[3292], 7-fev.-1985[3293] e 29-nov.-1989[3294], numa posição respeitada pelas Relações[3295].

As dúvidas voltaram a suscitar-se, surgindo decisões que admitiam a imediata convolação para a promessa monovinculante, na presença de uma única assinatura[3296]. O Supremo, com todo o formalismo então aplicável, tirou um assento, assim lavrado – 29-nov.-1989:

> No domínio do texto primitivo do n.º 2 do artigo 410.º do Código Civil vigente, o contrato-promessa bilateral de compra e venda de imóvel, exarado em documento assinado apenas por um dos contraentes é nulo, mas

---

[3284] STJ 2-jul.-1974 (Arala Chaves), BMJ 239 (1974), 168-177 = RLJ 108 (1976) 280-286, Anot. Vaz Serra, loc. cit., 286-288 e 291-299 (294), desfavorável.
[3285] STJ 3-jan.-1975 (Arala Chaves), BMJ 243 (1975), 235-239.
[3286] STJ 18-nov.-1975 (Rodrigues Bastos), BMJ 252 (1975), 235-239.
[3287] STJ 26-abr.-1977 (Rodrigues Bastos), BMJ 266 (1977), 156-159.
[3288] STJ 10-mai.-1977 (Oliveira Carvalho), BMJ 267 (1977), 139-142 = RLJ 111 (1978), 106-108, Anot. Vaz Serra, *idem*, 109-110 (110), sublinhando, aqui, a presença de uma "invalidade negocial".
[3289] STJ 7-nov.-1978 (Aquilino Ribeiro), BMJ 281 (1978), 296-298.
[3290] STJ 4-dez.-1979 (Rui Corte-Real), BMJ 292 (1980), 352-356.
[3291] STJ 3-jun.-1980 (Sequeira Carvalho), BMJ 298 (1980), 283-285.
[3292] STJ 11-mar.-1982 (Mário de Brito), BMJ 315 (1982), 249-254.
[3293] STJ 7-fev.-1985 (Campos Costa), RLJ 111 (1986), 16-19, Anot. Almeida Costa, *idem*, 19-22.
[3294] STJ 29-nov.-1989 (Menéres Pimentel), BMJ 391 (1989), 610-617 = RDES XXXV (1993), 185-196 (194), anot. Carvalho Fernandes, *idem*, 196-238, discordante. Nesta mesma data foi tirado o Assento do Supremo, abaixo referido.
[3295] Assim, RCb 16-mar.-1982 (Marques Cordeiro), CJ VII (1982) 2, 79-82 (82/II) e RCb 30-mai.-1989 (Pires de Lima), CJ XIV (1989) 3, 80-83.
[3296] STJ 29-abr.-1986 (Almeida Ribeiro), BMJ 356 (1986), 358-363.

pode considerar-se válido como contrato-promessa unilateral, desde que essa tivesse sido a vontade das partes[3297].

III. Resolveu-se um problema, mas criou-se outro: o assento impedia transmutações automáticas, mas não dizia se o aproveitamento da promessa inválida se fazia pela redução ou pela conversão. A doutrina dividiu-se: Almeida Costa, com base na fundamentação do assento, inclinou-se para a redução[3298], enquanto Antunes Varela preferiu a conversão[3299]. A jurisprudência subsequente passou a tentar interpretar o ambíguo assento de 29-nov.-1989. Houve arestos no sentido da conversão[3300] e no sentido da redução[3301], com uma insistência do Supremo nesta última: STJ 25-mar.-1993[3302] e 9-jan.-1997[3303] e 12-mar.-1998[3304]. Mas o importante acórdão de 25-nov.-2003 veio optar pela conversão[3305].

A questão não é de mera qualificação: envolve o regime. A redução pode ser travada mostrando-se que o negócio não teria sido concluído sem a parte viciada – 292.º – o que constitui um aceno à vontade real; a conversão pelo contrário, apela a uma vontade hipotética modelada pelo fim, mais objetiva – 293.º. Além disso, o ónus da prova não é coincidente; na redução, o interessado deve provar a divisibilidade do negócio cabendo à contraparte demonstrar que ele não teria sido concluído senão na totalidade; na conversão, cabe ao interessado fazer prova de que teria havido – a saber-se da invalidade – um negócio diverso.

IV. Pela nossa parte, sempre temos preconizado uma interpretação-aplicação conjunta dos dois preceitos, a que acrescentaríamos ainda,

---

[3297] STJ(P) 29-nov.-1989 (Castro Mendes), BMJ 391 (1989), 101-106 = RLJ 125 (1992), 214-218, com diversas declarações e com votos de vencido.
[3298] Almeida Costa, Anot. Assento 29-nov.-1989, RLJ 125 (1992), 222-224 (224) e *Direito das Obrigações*, 9.ª ed. cit., 358.
[3299] Antunes Varela, *Direito das obrigações*, 10.ª ed. cit., 326.
[3300] Assim, RCb 6-set.-1992 (Francisco Lourenço), CJ XVII (1992) 4, 68-71 (70).
[3301] RPt 18-dez.-1995 (Reis Figueira), CJ XX (1995) 5, 233-237 (237/II), chamando – e bem – a atenção para o papel da boa-fé, em qualquer decisão.
[3302] STJ 25-mar.-1993 (Miranda Gusmão), CJ/Supremo I (1993) 2, 39-42 (41/II).
[3303] STJ 9-jan.-1997 (Miranda Gusmão), BMJ 463 (1997), 544-559 (552), num excelente e muito bem elaborado acórdão.
[3304] STJ 12-mar.-1998 (Costa Soares), CJ/Supremo VI (1998) 1, 124-127 (126/I).
[3305] STJ 25-nov.-2003 (Azevedo Ramos), CJ/Supremo XI (2003) 3, 161-165 (162/I): um acórdão muito bem documentado e de fino recorte doutrinário.

pelo menos, o artigo 239.º, com o seu apelo à boa-fé, devidamente concretizado. A jurisprudência tem vindo, de resto, a aproximar-se desse caminho.

De todo o modo e no tocante ao contrato-promessa, não podemos deixar de sublinhar o seguinte: uma promessa monovinculante é *visceralmente diferente* da bivinculante: na primeira, surge uma parte sujeita ao livre arbítrio de outra, o que não sucede na segunda. Não há, aqui, um mero problema de "invalidade parcial": o ponto é tão importante que todo o contrato fica atingido. Apenas a conversão podia salvá-lo. Só que, surpreendentemente, a redução poderá, *in concreto*, salvaguardar melhor os interesses do contratante vinculado, dadas as facilidades probatórias.

Donde a importância do papel da boa-fé, para assegurar o predomínio da solução mais justa.

V. As regras da redução podem ter aplicação aos contratos coligados, isto é: às situações nas quais as partes celebrem dois ou mais contratos formalmente distintos, mas genética ou funcionalmente unidos. Pense-se em várias vendas simultâneas ou numa compra para revenda imediata. Nessa altura, a invalidade de um dos contratos coligados poderá acarretar a do outro (ou outros), salvo a aplicação das regras da redução.

Apenas haverá, aqui, uma diferente distribuição do ónus da prova: a situação de coligação deve ser invocada e provada por quem, delas, se queira prevalecer.

345. A conversão

I. Pela conversão, um negócio jurídico nulo ou anulado pode aproveitar-se, como negócio diverso, desde que reunidos determinados requisitos legais.

No Direito romano, admitia-se, em diversos atos, a possibilidade da conversão; tal hipótese era, contudo, negada noutras situações[3306].

[3306] Giuseppe Satta, *La converzione dei negozi giuridici* (1903), 21 ss., Raúl Ventura, *A conversão dos actos jurídicos no Direito romano* (1947), Emilio Betti, *Converzione del negozio giuridico (diritto romano)*, NssDI IV (1959), 810-811, e Vincenzo Giuffrè, *L'utilizzazione degli atti giuridici mediante "converzione" in diritto romano* (1965), com as importantes rec. de Giuseppe Gandolfi, IVRA XVII (1966) 2, 417-422 e de Gunter Wesener, SZRom 85 (1968), 502-508 e Heinrich Honsel/Theo Mayer-Maly/Walter Selb, *Römisches Recht*, 4.ª ed. (1987), § 54 (128 ss.).

Como figura geral, todavia, a conversão apenas se impôs no século XVIII. O primeiro reconhecimento geral dessa figura deveu-se a Harpprecht, tendo sido apresentado em 1747[3307]: trata-se, assim, de uma manifestação racionalística do *usus modernus*.

Christian Ferdinand Harpprecht (1718-1758) apresentou a nova figura da conversão, em dissertação defendida em Tübingen, no ano de 1747[3308]. A partir daí, o tema foi acolhido no *usus modernus* e na pandectística. De notar, ainda, o uso precursor do termo *negotium iuridicum*[3309].

As dificuldades em atingir a conversão, em termos periféricos, explicarão o silêncio de Domat e de Pothier e, daí, o facto de ela não ser referida na primeira geração de códigos civis: nem o Código Napoleão nem o nosso Código de Seabra se lhe reportam[3310]. De todo o modo a pandectística acolheu-o[3311], aperfeiçoando-o e logrando a sua consagração no § 140 do BGB[3312].

II. Na doutrina portuguesa, as primeiras referências gerais à conversão datam do *Tratado*, de Cunha Gonçalves, tendo sido expendidas a propósito do artigo 10.º do Código de Seabra[3313]. Mais tarde, ela foi acolhida

---

[3307] *Vide*, em especial, Christoph Krampe, *Die Konversion des Rechtsgeschäfts* (1980), 28 ss. e Carvalho Fernandes, *A conversão* cit., 153 ss..

[3308] Christian Ferdinand Harpprecht, *Dissertatio juridica inauguralis, eo, quod justum est, circa conversionem actuum negotiorum-que juridicorum jamjam peractorum*, Tübingen (1747), 52 pp. (8 ss.).

[3309] *Idem*, 1 ss.; *vide supra*, 32.

[3310] Em especial, *vide* o segundo volume de Giuseppe Gandolfi, *La converzione dell'atto invalido/Il problema in proiezione europea* (1988).

[3311] Windscheid/Kipp, *Lehrbuch der Pandekten* cit., 9.ª ed., 430-431, com diversas indicações; *vide*, particularmente, o primeiro volume de Gandolfi, *La converzione* cit./*Il modelo germanico* (1984).

[3312] A nível monográfico, Manfred Kahl, *Grenzen der Umdeutung rechtsgeschäftlichen Erklärung (§ 140 BGB)* (1985), em 400 pp. maciças, com indicações; com elementos mais recentes, Herbert Roth, no *Staudinger* cit., I, § 140 (53 ss.).

[3313] Cunha Gonçalves, *Tratado* cit., 1, 403 ss.; segundo o § único do artigo 10.º do Código de Seabra,

> Esta nulidade pode, contudo, sanar-se pelo consentimento dos interessados, se a lei infringida não for de interesse e ordem pública.

Cunha Gonçalves citava, a propósito da conversão, Windscheid, Saleilles e Giuseppe Satta, *La converzione dei negozi giuridici* cit.. Nos meados do século XX, para além

pela generalidade da doutrina, com relevo para Manuel de Andrade[3314]: estava assegurada a sua consagração no Código Civil de 1966. Bastante importante foi o tratamento da conversão no Código Civil italiano, mais precisamente no artigo 1424.º[3315].

III. Na construção jurídica da conversão, encontramos uma orientação que, nela, via a passagem de um primeiro para um segundo negócio, através do aproveitamento de alguns elementos naquele contidos: a tese dualista. Subsequentemente impôs-se uma outra opção, mais realista e adequada: apenas há *um* negócio; simplesmente, verificada uma falha que impeça a sua validade e eficácia plenas, impõe-se, pela interpretação, um conteúdo que não suscite tais óbices: a orientação diz-se monista[3316]. Efetivamente, a conversão exprime, no fundo, uma interpretação melhorada do negócio, de modo a, dele, fazer uma leitura sistemática e cientificamente correta. No fundo, não há qualquer conversão de "negócios": convertem-se, sim, meras declarações.

IV. Os condicionalismos legais da conversão resultam do artigo 293.º[3317]:
– a manutenção dos requisitos essenciais de substância e de forma;
– o respeito pela vontade hipotética das partes.

O primeiro requisito deve ser integrado com os elementos a retirar dos artigos 236.º/2 e 238.º/2: não faria sentido, pela simples interpretação, obter, de declarações negociais, negócios inatingíveis pela conversão. Os requisitos essenciais terão de ser imputáveis à vontade comum das partes, antes e depois da conversão, enquanto a forma deve ser aferida de acordo com as suas razões determinantes.

---

do estudo citado de Raúl Ventura, refira-se Albino Anselmo Vaz, *A conversão e a redução dos negócios jurídicos*, ROA 5 (1945), 131-173 e Eduardo Correia, *A conversão dos negócios jurídicos ineficazes*, BFD XXIV (1948), 360-389.

[3314] Manuel de Andrade, *Teoria geral* cit., 2, 436 ss..

[3315] Quanto à atual dogmática italiana, Vincenzo Franceschelli, *Converzione del negozio nullo*, DDP/SCiv IV (1989), 376-382.

[3316] A contraposição que pode ser seguida em Carvalho Fernandes, *A conversão* cit., *passim*. Este Autor propõe o termo "re-valoração" do negócio, para explicar a conversão.

[3317] STJ 20-mai.-1997 (Fernandes Magalhães), CJ/Supremo V (1997) 2, 86-89 (89/I); RCb 20-mai.-1997 (Silva Freitas), CJ XXII (1997) 3, 14-22 (16/II); RCb 5-dez.--2012 (Maria Domingas Simões), Proc. 10/11; STJ 21-mar.-2013 (Granja da Fonseca), Proc. 637/1999.

O segundo requisito leva-nos à integração. A vontade hipotética aqui dominante – e que constitui o motor da conversão – deve ser aferida segundo a boa-fé e os demais elementos atendíveis[3318] exigindo, como se sabe, uma valoração objetiva[3319]. Trata-se de uma questão-de-direito, que não deve ser quesitada. Todavia, os elementos fácticos de que ela se depreenda – e que podem, eventualmente, transcender o mero contrato – têm de ser invocados e provados pelos interessados, nos termos gerais. A vontade é o grande motor de todos os institutos privados: sem ela, não se põe a hipótese de alterar qualquer negócio, mesmo anómalo[3320].

IV. O funcionamento prático da conversão tem sido entravado por pressupostos legalistas e conceptuais. Assim, em STJ 8-abr.-1969, recusou-se a conversão de uma adoção (não reconhecida à luz do Código de Seabra) em doação *mortis causa*, por se tratar de um negócio inexistente e não nulo[3321]: uma pura violência, dado ser claríssima e lícita a vontade das partes aí envolvidas. Posteriormente, a maioria das invocações de conversão tem a ver com o aproveitamento de contratos, nulos por falta de forma, na modalidade dos correspondentes contratos-promessas. Tem havido alguma dificuldade em manusear o instituto: as partes interessadas ora omitem os elementos necessários à determinação da vontade hipotética[3322], ora não invocam a própria conversão[3323], a qual não é de

---

[3318] *Supra*, 770 ss..

[3319] RLx 15-dez.-1999 (Salvador da Costa), CJ XXIV (1994) 5, 125-132 (130/I).

[3320] Tal o caso de RPt 6-mai.-2004 (Gonçalo Silvano), CJ XXIX (2004) 3, 170-174: um arrendamento por baixo preço a favor de uma filha nem é simulação nem dá azo a conversão: foi mesmo isso o que as partes quiseram.

[3321] STJ 8-abr.-1969 (Joaquim de Melo), BMJ 186 (1969), 230-234 = RLJ 103 (1970), 312-315, com um excelente voto de vencido de Rui Guimarães. O acórdão tem, todavia, uma anotação favorável de Pires de Lima, *idem*, 315-320 (319), baseado no desrespeito de regras formais.

[3322] STJ 6-jan.-1970 (Carvalho Júnior), BMJ 193 (1970), 322-324 (324); na época, contudo, a vontade hipotética era considerada um facto quesitável, o que, hoje, já não sucede; tratava-se de converter um arrendamento nulo por falta de forma numa promessa de arrendamento. Todavia, em STJ 18-mai.-2004 (Reis Figueira), CJ/Supremo XII (2004) 2, 63-65 (64/II), desamparou-se uma conversão por os autores não terem alegado a vontade hipotética; a solução estará correta se se ler: não alegaram os factos de onde se inferiria a vontade hipotética, como abaixo se diz no texto.

[3323] STJ 4-mai.-1993 (Pais de Sousa), CJ/Supremo I (1993) 2, 86-89 (89/II): uma conversão de uma cessão de exploração, nula por falta de forma, num arrendamento; RPt 6-nov.-2012 (José Igreja Matos), Proc. 200/10.

conhecimento oficioso[3324]. Mas também se exacerba o aspeto conceptual da forma: a conversão poderia levar à frustração do fim da lei ao sujeitar certos negócios a escritura pública[3325]. Não é assim: se o "negócio" resultante da conversão não estiver sujeito a escritura, nada haverá a objetar. A vontade hipotética ou conjectural tem sido sublinhada[3326]. Em data mais recente, o Supremo tem vindo a acolher a conversão, para ressalvar contratos formalmente nulos: é invocada a justiça e o sistema e a necessidade de uma "re-valorização" (Carvalho Fernandes), em nome do fim económico-social[3327]. Trata-se de uma via animadora.

VI. O Direito conhece hipóteses de conversão legal: perante certas desconformidades, indica, de imediato, qual o destino dos negócios atingidos – p. ex., no artigo 1306.º/1[3328]. Caso a caso deveremos verificar, pela interpretação se é possível bloquear a "conversão legal" pela não ocorrência dos requisitos previstos no artigo 293.º[3329]. À partida, a resposta é positiva: estamos no Direito civil.

[3324] STJ 5-nov.-1998 (Torres Paulo), CJ/Supremo VI (1998) 3, 93-95 (94-95).
[3325] STJ 17-dez.-1974 (Abel de Campos), BMJ 242 (1975), 257-261 (260): pretendia-se converter em promessa de arrendamento um arrendamento ferido de nulidade formal.
[3326] RPt 2-mai.-1996 (Sousa Peixoto), CJ XXI (1996) 3, 175-179 (176-177); recusa, contudo, a conversão de uma venda em promessa de venda, por invocada falta de vontade hipotética.
[3327] STJ 15-out.-1996 (Torres Paulo), CJ/Supremo IV (1996) 3, 59-62 (61/II e 62/I), referindo um outro acórdão, inédito: STJ 18-jun.-1996 (Torres Paulo), Proc.n.º 230/96. Admitiu-se, aí, contra a prática habitual do Supremo, a conversão de uma cessão de exploração numa promessa de cessão. A ideia foi retomada em REv 17-mai.-2001 (Graça Romba), CJ XXVI (2001) 3, 270-271 (271/I)
[3328] Oliveira Ascensão, *A tipicidade dos direitos reais* (1968), 95 ss.
[3329] Carvalho Fernandes, *A conversão* cit., 583 ss..

SECÇÃO II
A CONFIRMAÇÃO[3330]

§ 80.º A DOGMÁTICA GERAL DA CONFIRMAÇÃO

346. Ideia básica

I. A confirmação moderna deve-se a Lothar Ritter von Seuffert (1843-1920)[3331]. Este Autor, dispondo dos quadros de Savigny quanto às invalidades, apurou que, na velha *ratihabitio* romana havia, na realidade, três institutos diversos:

– a aprovação na gestão de negócios;
– a autorização perante negócios alheios;
– a confirmação de negócios anuláveis.

A confirmação equivale ao ato pelo qual, numa situação de anulabilidade, o titular do direito potestativo de proceder à impugnação opta, antes, pela validação do negócio atingido. Após toda uma evolução complexa ela consta, hoje, do artigo 288.º, do Código Civil.

II. A hipótese de poder haver uma confirmação *proprio sensu* de negócios nulos foi sondada, por Seuffert, há quase cento e cinquenta anos[3332]: não é nenhuma hipótese nova. Ela não pode ser acolhida, sob pena de con-

---

[3330] Para mais elementos, remete-se para o nosso *Da confirmação no Direito civil* (2008), 172 pp. e demais indicações aí inseridas; como nota de atualização: Jan Vytlacil, *Die Willensbetätigung, das andere Rechtsgeschäft/Eine Untersuchung zur Rechtsnatur der §§ 144, 251, 959, 1943, 2255 BGB* (2009), 243 pp..

[3331] Lothar Ritter von Seuffert, *Die Lehre von der Ratihabition der Rechtsgeschäfte* (1868).

[3332] *Idem*, 120-121.

fundir, numa mesma designação, realidades muito distintas e, ainda, de facultar uma aproximação inconveniente com a verdadeira e própria confirmação. Além do elemento literal *a contrario*[3333], depõe todo o sistema. Com efeito, sendo a confirmação um ato de um interessado, ela não poderia atingir a permissão genérica de invalidação que decorre da nulidade.

Trata-se de "sanar": a categoria global que traduz a restituição da (plena) eficácia a um ato que, por razões intrínsecas ou extrínsecas, dela estava privado. "Sanar" surge, todavia, como possibilidade ("sanável"): logo, a confirmação está na disponibilidade do interessado.

Não se confunda a confirmação de negócios nulos, prevista no § 141 do BGB[3334], com a confirmação propriamente dita, prevista no artigo 288.º. O § 141 pressupõe que, supervenientemente, desapareçam os fundamentos de nulidade do negócio; pois ainda então, para este produzir efeitos, é necessária uma nova manifestação de vontade das partes, embora alijeirada. Não chega a vontade unilateral de uma delas, como sucede na confirmação dos negócios anuláveis (§ 144).

A doutrina tem, de resto, vindo a construir uma categoria especial de atos inválidos: a dos atos nulos confirmáveis, para cobrir este caso[3335].

Abaixo veremos o regime português da confirmação dos atos nulos.

III. A confirmação compete à pessoa a quem pertencer o direito à anulação (288.º/2, 1.ª parte). Lógico: só assim se explica o efeito, que ela assume, de sanar anulabilidades. De outra forma, ela surgiria expropriativa. Tem interesse relevar a locução legislativa "direito à anulação": estamos perante um verdadeiro direito potestativo, com toda a carga jurídico-científica que isso implica.

Fecha-se o círculo: a confirmação, por natureza, só pode respeitar a negócios anuláveis, uma vez que só nestes surge um direito à anulação.

347. Requisitos objetivos e subjetivos; ineficácia

I. A confirmação "só é eficaz" (288.º/2, 2.ª parte), cumulativamente:

[3333] Posto em relevo por Rui de Alarcão, *A confirmação* cit., 1, 129.
[3334] Herbert Roth, no *Staudinger* cit., 1, § 141 (88 ss.).
[3335] Franz Dorn, no HKK/BGB cit., 1, §§ 139-141, Nr. 40 (789). Objeções à confirmação de atos nulos podem ser confrontadas em Werner Flume, *Das Rechtsgeschäft* cit., 4.ª ed., § 30, 6 (551); este Autor acaba por aceitar a expressão, embora fixando-lhe um regime próprio.

– quando for posterior à cessação do vício que serve de fundamento à anulabilidade;
– quando o seu autor tiver conhecimento do vício;
– e do seu direito à anulação.

O vício que originou a anulabilidade deve cessar: de outro modo, conserva-se a causa eficiente da invalidade, não havendo como suprimi-la. Assim, tratando-se, por exemplo, de erro ou de coação: a parte deve ficar totalmente esclarecida ou a sua liberdade moral irá recuperar total amplitude. Trata-se de um requisito objetivo.

II. Mas além disso, temos dois requisitos subjetivos: a parte confirmante deve ter conhecimento:

– quer do vício;
– quer do seu direito potestativo à anulação.

Com efeito, a cessação superveniente do vício não poderia apagar a sua ocorrência, no momento em que foi emitida a declaração de vontade. Caberá agora ao confirmante ponderar os seus interesses e decidir se quer ou não aproveitar o direito à anulação. Para tanto, ele deve conhecer tudo quanto seja relevante e, designadamente: o vício e o direito à anulação.

III. A lei exige, como vimos e como requisitos subjetivos para a confirmação, o conhecimento do vício e o do direito à anulação. Até onde deve ir tal conhecimento? Na verdade, há vícios que suscitam complexas construções dogmáticas, sobre as quais os especialistas não estão de acordo. Pense-se no "erro sobre os motivos" (252.º/1) ou no "erro sobre a base do negócio" (252.º/2). Fica fora de questão exigir, ao interessado, o domínio dessa matéria.

O conhecimento do vício é, simplesmente, a consciência dos factos que o originaram: o erro, o dolo ou a coação, como exemplos. Não se exige a apreensão das particularidades jurídicas inerentes a esses fenómenos. Por seu turno, o conhecimento do "direito à anulação" – um direito potestativo de construção delicada – é, apenas, o ter presente a possibilidade de, mercê do vício, pôr termo ao negócio, sob pena de o confirmante nem ter consciência do ato que vai levar a cabo.

IV. Na falta de algum destes requisitos, a confirmação "não é eficaz". *Quid iuris?* A não-eficácia será, aqui, uma nulidade. Com efeito:

– a nulidade é a ineficácia comum, que ocorre sempre que a lei não predisponha a anulabilidade; ora, aqui, a lei nada explicita, pelo que caímos na nulidade;
– os valores subjacentes dizem-nos que uma "confirmação falsa" deve poder ser invocada por terceiros, uma vez que a verdadeira confirmação lhes é oponível;
– a eventualidade de "confirmações anuláveis" (e, logo, "confirmáveis") iria constituir um intolerável fator de suplementar complexidade, sem vantagens percetíveis.

348. Confirmação expressa e tácita; dispensa de forma

I. A confirmação pode ser expressa ou tácita (288.º/3, 1.ª parte). Trata-se da regra comum, que emerge do artigo 217.º/1[3336]. Nos termos gerais a confirmação tácita ocorre:

– perante comportamentos que, com toda a probabilidade, revelem a intenção de consolidar o negócio[3337];
– quando o interessado prescinda de invocar anulabilidades[3338];
– quando decorra um comportamento concludente, com esse conteúdo[3339].

A natureza tácita da confirmação não dispensa o conjunto dos seus elementos objetivos e subjetivos: cessação do vício e conhecimento quer do vício, quer do direito à anulação. Tudo isso deverá inferir-se seja dos próprios factos que, "com toda a probabilidade", revelem a vontade tácita, seja de elementos circundantes razoáveis.

Na prática, a hipótese mais frequente de confirmação tácita ocorre quando o interessado, depois de ter manifestado o conhecimento de um vício já cessado e de se ter dado conta do direito à anulação, optar por executar o negócio.

II. A dispensa de forma solene para a confirmação surge como um elemento da maior importância, cuja origem remonta à pandectística.

[3336] *Supra*, 132 ss..
[3337] RCb 11-dez.-1979 (Martins de Almeida), BMJ 294 (1980), 406 (o sumário).
[3338] RLx 20-fev.-1992 (Joaquim de Matos), CJ XVII (1992) 1, 162-166 (165/II).
[3339] STJ 3-mar.-1998 (Fernandes Magalhães), BMJ 475 (1998), 610-615 (614-615).

Com efeito e *prima facie*, seria de esperar que, para a confirmação, se exigisse precisamente a mesma forma requerida para o negócio a confirmar. Entende a lei que, tendo a forma sido observada no negócio (meramente) anulável, os seus objetivos já haviam sido alcançados. Com efeito, a não ser impugnando nos prazos legais, o negócio anulável convalidar-se-ia, pelo decurso do tempo, sem que, jamais, lhe pudessem ser contrapostos óbices formais. Não haveria, pois, que exigir "forma" para a confirmação, sob pena de, no final, se chegar a um *plus* de formalismo.

III. Todavia, a questão não é tão simples. O direito à anulação pareceria constituir uma posição jurídica autónoma. Como dispor dela, pondo-lhe, designadamente, cobro, pela confirmação, sem ingressar na lógica do comércio jurídico? A confirmação da compra e venda de um imóvel não deveria sujeitar-se a escritura?

Pois bem: intervém, aqui, uma autónoma valoração legal. O facto de se tratar de mera anulabilidade e de estar em causa apenas o interesse do confirmante, somado ao *favor negotii* subjacente ao instituto, leva à desformalização da confirmação.

349. A (aparente) eficácia retroativa

I. O artigo 288.º/4 prescreve uma eficácia retroativa para a confirmação: mesmo em relação a terceiros, nas próprias palavras do legislador. E na verdade, desde o século XVIII que a doutrina da *ratihabitio* proclama, sem contradita, a natureza retroativa da confirmação.

Descritivamente, assim é. Dogmaticamente, porém, encontramos aqui algo de muito diverso.

II. A afirmação de retroatividade pressupõe que um *quid*, em princípio apto, *ex natura*, para produzir efeitos *in futurum*, mercê de um aditivo, os viesse a produzir, também, no passado. Será essa a ideia de uma lei retroativa.

A ideia de agir no passado, fora da máquina de H. G. Wells, não é possível[3340]. Quando se fala em "eficácia retroativa" pretende-se, natural-

---

[3340] H. G. Wells (1866-1946), ensaísta e novelista britânico, conhecido como grande autor de ficção científica, cujos cenários foram, mais tarde, retomados por gerações de escritores e realizadores. Especialmente conhecido pelo clássico *The War of the Worlds*

mente, dizer que, no presente e para o futuro, tudo se passará como se, no passado, se tivessem iniciado determinados efeitos jurídicos.

A esta luz teremos de entender uma pretensa retroatividade da confirmação.

III. Poderia a confirmação não ser "retroativa"? Vamos ver.

Um negócio anulável é eficaz e deve ser plenamente cumprido pelas partes. Apenas com um senão: um dos intervenientes tem o direito potestativo de promover a sua anulação. Se não o fizer – ou enquanto o não fizer – o negócio tem, por si, forças suficientes para produzir os seus efeitos.

Sobrevindo a anulação esta tem, salvo exceções, eficácia retroativa (289.º/1): o negócio será tratado, no presente, como se, no passado, ele não tivesse existido.

Pois bem: perante isso, a confirmação não tem, em rigor, eficácia retroativa. De facto, quando ela ocorra, o negócio será tratado como se, *ab initio*, fosse válido. Mas na falta de confirmação e a menos que sobreviesse uma anulação, o negócio sempre funcionaria, *ab initio*, como válido. A confirmação nada acrescenta.

IV. Retiramos, daqui, que a confirmação não é propriamente retroativa, no sentido de comportar um aditivo capaz de lhe dar uma projeção para o passado que, em si, ela não teria. A confirmação *é*, muito simplesmente. E sendo-o, ela impede que, no futuro, ocorra qualquer anulação que, essa sim, teria efeitos no passado.

A confirmação, pelo que é, sana negócios anuláveis. A retroatividade surge apenas por contaminação vocabular com a retroatividade de uma hipotética anulação. Não há retroatividade, até porque nem existe alternativa lógica.

Por isso se compreende que a confirmação seja "eficaz" perante terceiros. Em rigor, não o é, nem o poderia ser. Eficaz perante terceiros é, sim, o negócio confirmado.

(1898), Wells foi o autor de outro clássico, *The Time Machine* (1895), em que prefigurava uma máquina capaz de viajar no tempo.

350. "*Animus confirmandi*"?

I. Pergunta-se, perante o mapa do regime da confirmação, se se exige, no confirmante, uma específica intenção de sanar o negócio: um *animus confirmandi*.

O aprofundamento desta questão obrigaria a rediscutir a articulação da vontade com o Direito[3341]. Não colocaremos a matéria neste plano. Apenas se pergunta se o sujeito confirmante deve, como elemento autónomo, patentear uma especial vontade de confirmar.

II. A confirmação é autonomizada, na Lei e na Ciência, pelas contingências da linguagem humana. De facto, a confirmação inscreve-se como dado de um processo cabal e mais dinâmico: o negócio a que ela se reporta. Apenas este releva, em termos humanos.

O confirmante quer, muito singelamente, o negócio em jogo e a sua execução. Haverá um *animus negotii*: sempre o haveria, ou faleceriam as declarações de vontade, declarações essas nas quais, de resto, o tal *animus negotii* se dissolve. Mas não há, como autónomo nem, muito menos, como necessário, um *animus confirmandi*.

[3341] *Supra*, 39 ss..

§ 81.º DELIMITAÇÕES E NATUREZA DA CONFIRMAÇÃO

351. Ratificação e aprovação

I. Historicamente, a ratificação deriva da *ratihabitio* a qual, até Seuffert, incluía também a confirmação. Hoje, não há confusão possível.

A ratificação (268.º) é um ato jurídico unilateral que estabelece, *a posteriori*, um vínculo de representação. Esta, como se sabe, exige:

– uma atuação *nomine alieno*;
– por conta dele;
– com poderes.

Pois bem: a ratificação vem, supervenientemente ou após a conclusão do negócio, conferir os poderes em causa.

II. Estruturalmente, a ratificação configura-se como um ato que vem conferir eficácia a um negócio que, de outra forma, dela careceria. Materialmente, porém, ela inscreve-se no poder genérico que todos os sujeitos do Direito têm de constituir representantes voluntários. O regime é bem distinto do da confirmação, que nada tem a ver com isso. Assim, a ratificação:

– está sujeita à forma da procuração (268.º/2), a qual equivale à forma exigida para o negócio a realizar (262.º/2);
– tem eficácia retroativa (268.º/2, *in medio*), uma vez que obriga a tratar o negócio ratificado como se, *ab initio*, houvesse poderes de representação;
– mas respeitando os direitos de terceiros (268.º/2, *in fine*) justamente porque aqui – e ao contrário da confirmação – há verdadeira eficácia retroativa.

III. A aprovação (469.º) é um ato próprio do dono do negócio, perante a gestão. Por essa via, o *dominus*:

– renuncia a quaisquer direitos que pudesse ter contra o gestor;
– reconhece o direito do gestor a reembolsos e a indemnizações.

Trata-se do exercício de um direito potestativo, com efeitos complexos. Não se prende, de modo específico, com qualquer ato, isoladamente tomado.

352. Validação, *reductio*, convalidação, convalescença e perdão

I. A confirmação não se confunde com um quinteto constituído pela validação, pela *reductio ad aequitatem*, pela convalidação, pela convalescença e pelo perdão. Comecemos por recordar o perfil destas figuras[3342].

A validação, prevista no artigo 248.º, é o ato pelo qual, perante um negócio anulável por erro, o interessado evita a anulação aceitando o negócio tal como o declarante incurso no erro o pretendia. Tecnicamente, a validação surge como uma aceitação de proposta equivalente à (má) representação real do declarante errado.

A *reductio ad aequitatem* (283.º) é uma validação especialmente adaptada aos negócios usurários. Desta feita, o negócio usurário é validado, desde que reconvertido a proporções justas. Subjacentes estão as inerentes propostas, que os interessados irão aceitar.

A convalidação equivale à sanação automática de um negócio inválido (quiçá: nulo!) pelo desaparecimento superveniente dos vícios que o afetavam. Só é possível *ope legis*: é o que sucede na convalidação da venda de bens alheios, nula, por, supervenientemente, o vendedor adquirir a propriedade da coisa ou a titularidade do direito (895.º) ou por, também supervenientemente, desaparecer a causa da invalidade de um contrato de trabalho (118.º/1, do CT). A convalidação *ope legis* é excecional: depende sempre de um preceito legal, devidamente apoiado na lógica do sistema (sob pena de inconstitucionalidade), que a prescreva.

A convalescença é uma modalidade de convalidação, aplicável a certas vendas anuláveis (906.º/1). Como especialidade: constitui objeto de um dever do vendedor (907.º/1), o qual deve fazer cessar os ónus ou limitações relativos à coisa vendida e que provocavam a anulabilidade. Trata-se do produto de um dever legal acessório.

[3342] Sobre esta matéria, *vide* Pedro Leitão Pais de Vasconcelos, *A autorização* (2012), 279 ss..

O perdão traduz um ato unilateral pelo qual o doador releva o donatário ingrato da sua falta; com isso, põe-se termo à revogabilidade da doação por ingratidão – 975.º, c). Corresponde a uma figura própria das doações, que equivale a um direito potestativo mais vasto.

II. Todas estas realidades têm, em comum, o repescar um negócio ferido de invalidade ou de revogabilidade. Simplesmente, em vez de traduzirem um ato voluntário que sana, simplesmente, um negócio anulável, os institutos apontados:

– ora conduzem a um negócio diferente do inicial: validação e *reductio*;
– ora equivalem a uma intervenção legislativa empenhada em fazer cessar certas invalidades: convalidação e convalescença;
– ora traduzem o relevar de certas faltas: perdão.

Estas figuras devem ser procuradas, localizadas, interpretadas e construídas nos mais diversos locais normativos. Uma clivagem importante separa as voluntárias (validação, *reductio* e perdão) das legais ou obrigatórias (convalidação e convalescença). Há que ter um especial cuidado com as flutuações terminológicas, devendo evitar-se apriorismos na fixação dos regimes respetivos.

353. Caducidade, prescrição e renúncia ao direito de anular

I. O direito de anular um negócio jurídico é, tecnicamente, potestativo. Mas é um direito: uma posição jurídica ativa, assente numa permissão normativa de desencadear certos efeitos de direito. Esse direito é prejudicado (veremos em que termos) pela confirmação. Mas ele pode, também, cessar por outras vias.

II. Desde logo, pela sobreveniência de um facto a que a lei associe a sua extinção: a caducidade. Esta ocorre, designadamente, pelo decurso do prazo de um ano após o conhecimento do vício que baseia a anulabilidade (287.º/1). A caducidade não envolve nenhum ato voluntário embora, *summo rigore*, dependa da vontade do titular do direito à anulação. O seu regime é bem distinto do da confirmação: artigos 328.º e seguintes.

Independentemente de se iniciar o prazo de caducidade, o direito à anulação sujeita-se à prescrição (298.º/1): nenhuma disposição legal proclama, aqui, uma posição imprescritível. Também neste ponto os regimes são inconfundíveis, embora os efeitos práticos desemboquem, todos, na sanação do negócio.

III. Mais complicada parece ser a figura da renúncia ao direito de anular o negócio. Conceptualmente, poderemos dizer que:

– a confirmação visa o negócio anulável, sanando-o;
– a renúncia dirige-se ao direito de anular ou impugnar o negócio, extinguindo-o.

Perante este quadro, os requisitos são diferentes. Enquanto a confirmação exige a cessação do vício e o conhecimento deste e do direito de anular, a renúncia a este último direito requer, apenas, que ele seja disponível.

IV. Não é possível confirmar um negócio antes de estar claramente determinada a anulabilidade que o vicie. Quanto a renunciar previamente à invocação de qualquer anulabilidade: tudo depende do tipo de negócio em causa. Se é possível doar o que ele represente, também será possível a renúncia a invocar eventuais anulabilidades. Todavia, a renúncia não pode ser aleatória, sob pena de não gerar situações civis. Ou seja: não é possível renunciar a hipotéticas anulabilidades, sejam elas quais forem. Mas em situações mais delimitadas – p. ex.: adquire-se um quadro na perspetiva de ser um Malhoa; mas desde já se renuncia a pedir a anulação na hipótese de ser uma cópia – a renúncia será possível. Mas não a confirmação.

354. Confirmação de negócios nulos?

I. Em rigor, os negócios nulos não podem ser confirmados[3343]: a menos que se use "confirmação" num sentido amplo, de modo a abranger a sanação, a renovação do contrato (*renovatio contractus*) e, ainda, outras figuras. O progresso do Direito e da sua Ciência reside, todavia, numa diferenciação crescente de realidades distintas e não numa misceginação de institutos já autonomizados pela História e pelo regime.

[3343] *Vide supra*, 958-959, a discussão havida a propósito do § 141 do BGB e que concluiu, precisamente, pela presença, sob a capa da "confirmação de atos nulos", de uma nova celebração dos negócios em causa.

II. Não obstante, o Código Civil e outros diplomas, entre os quais o Código das Sociedades Comerciais, reportam confirmações de atos nulos. Recordamos:
– no campo dos atos gratuitos, a confirmação de doações nulas (968.º) e do testamento (2309.º);
– no Direito da família, a confirmação de atos nulos do tutor (1939.º/2);
– no Direito das sociedades, deliberações nulas podem ser renovadas (62.º do CSC), enquanto a própria nulidade do contrato de sociedade é, em certos casos, sanável (42.º);
– a nulidade da venda de bens alheios pode ser convalidada (895.º).

Podemos extrapolar uma categoria geral de confirmação de atos nulos, inspirada no artigo 288.º e, daí, aplicá-la às diversas nulidades[3344]? Neste como noutros pontos, tudo depende do que se entenda por confirmação. É possível (mas não desejável) construir, por abstração, um conceito amplo de confirmação que inclua diversas formas de reaproveitamento de negócios inválidos: mas isso obrigaria a subdistinções que desamparariam os avanços conseguidos. Vamos ver.

III. Desde logo, podemos descartar o já referido § 141 do BGB. Comecemos por recordar o seu texto, em vernáculo:

(1) Quando um negócio jurídico nulo seja confirmado por aquele que o haja proposto, a confirmação deve ser havida como uma nova proposta.
(2) Quando um negócio jurídico nulo seja confirmado pelas partes, estas ficam, na dúvida, obrigadas a conferir-se mutuamente o que teriam tido, caso o contrato tivesse sido válido desde o início.

Naturalmente: em qualquer dos casos, é necessário o desaparecimento da causa da nulidade[3345]. Isto dito:

[3344] José de Oliveira Ascensão, *Teoria geral* cit., 2, 2.ª ed., n.º 224 (418-420) e *A confirmação de negócios nulos como instituto geral da ordem jurídica portuguesa*, Est. Heinrich Ewald Hörster (2012), 333-344, responde pela positiva.
[3345] Othmar Jauernig, *BGB/Kommentar*, 11.ª ed. (2004), § 141 (98) e Jürgen Ellenberger, no *Palandt*, 73.ª ed. (2014), § 141, Nr. 5 (160), por todos.

– a "confirmação" de atos nulos implica, sempre, uma concordância de ambas as partes, ainda que simplificada;
– ela não tem eficácia retroativa[3346].

Por isso, a doutrina alemã mantém a "confirmação" dos atos nulos como distinta da confirmação propriamente dita, questionando mesmo que se trate de "confirmação"[3347].

IV. Quanto às "confirmações" de atos nulos, dispersas pelas nossas leis, cabe afirmar o que segue. Desde logo, as qualificações legais não são vinculativas para o intérprete-aplicador: apenas o regime é decisivo. De seguida, há que lidar com as categorias, acima referidas, das nulidades relativas e absolutas: elas traduzem valorações distintas e regras diferenciadas. Finalmente, devemos ter presente que, na preparação do Código Civil, intervieram especialistas diversos: não é por acaso que a "confirmação" de atos nulos ocorre em áreas periféricas, de menor inspiração romano-germânica. Ora, as revisões ministeriais não lograram uma total uniformização.

Isto dito: nos atos gratuitos, a "confirmação" veda, a certas pessoas, a possibilidade de invocar as nulidades (obviamente relativas) aí em causa[3348]; no Direito da família, estamos próximos da anulabilidade: se o ato vedado for, *in concreto*, benéfico para o pupilo, porque não permitir, a este, aproveitá-lo? As recuperações de (certas) deliberações nulas e do próprio contrato de sociedade têm a ver com o círculo de pessoas protegidas. Em suma: nada disto é generalizável, cabendo, caso a caso, ver o seu exato campo de aplicação.

V. Pergunta-se, por fim: e se perante uma nulidade comum, cessando a causa da invalidade, designadamente por alteração da lei, uma das partes "confirmar" o ato, *quid iuris*? Desde logo, não vemos como aplicar o artigo 288.º. Designadamente:

– a "confirmação" não poderia ser unilateral: exigir-se-iam, sempre, novas declarações de ambas as partes; quando muito, poder-se-ia

---

[3346] Manfred Wolf/Jörg Neuner, *Allgemeiner Teil* cit., 10.ª ed., § 58, Nr. 10 (686-687).

[3347] *Vide* a literatura que citamos em *Da confirmação*, n.º 20 (44-45) e que não pode ser ignorada por quem queira, com objetividade científica, opinar sobre o tema.

[3348] Explicámo-lo, com pormenor, em *Da confirmação*, 139 ss. e 145-146.

construir uma relação de confiança equivalente, na base da boa-fé, mas já com pressupostos diferentes dos do negócio e dos da confirmação;
– a "confirmação" não poderia ser retroativa: enquanto foi vedado por lei, o negócio é mesmo nulo.

Fixadas as noções: nada impede que o artigo 288.º possa ser aplicado, por analogia, fora da sua terra de origem. Tudo depende de uma verificação, a efetuar no caso concreto, com tranquila objetividade científica.

355. A natureza

I. Chegamos, agora, ao momento de determinar a natureza da confirmação. Trata-se de um ato jurídico unilateral, *stricto sensu*, assente numa declaração de vontade não-recipienda. Vamos decompor a figura:

– um ato jurídico: corresponde a uma livre conformação da vontade humana, com efeitos jurídicos;
– unilateral: ela depende de uma única pessoa;
– *stricto sensu*: há liberdade de celebração, mas não de estipulação[3349]; noutros termos: quando se pretendessem introduzir "cláusulas" na confirmação, estaríamos já perante algo de diferente do previsto no artigo 288.º;
– assente numa declaração de vontade não-recipienda: a confirmação é eficaz logo que denote a vontade do interessado; não se exige que a contraparte a receba ou dela tenha conhecimento.

II. O ponto da liberdade de estipulação exige desenvolvimento. A confirmação visa levantar a dúvida da anulabilidade. Poder-se-á imaginar uma confirmação onerosa, condicionada ou, simplesmente, inserida num negócio mais vasto? Cremos que não. Qualquer dessas eventualidades iria tornar mais onerosa a posição da contraparte. Esta teria, pois, de aceitar. Com isso, a confirmação deixaria, de facto, de ser um ato *stricto sensu*, passando a negócio. Mas seria, igualmente, um contrato. Estaríamos longe da figura ora em análise.

[3349] De acordo com o critério de Paulo Cunha, que temos vindo a adotar.

III. Enquanto ato unilateral, a confirmação visa o negócio jurídico a que se reporta. A vontade do confirmante é a de que o negócio em questão fique consolidado, pondo cobro à incerteza existente. Não se trata, apenas, de não exercer o direito de anulação: para isso, bastaria nada fazer, aguardando o decurso do prazo de caducidade do direito de impugnar. Antes se procura, desde logo, evitar que, sobre o negócio, se mantenham quaisquer dúvidas.

IV. Em termos de construção dogmática, a confirmação inscreve-se num direito potestativo mais vasto e que assiste ao beneficiário de uma anulabilidade. Esse direito envolve:

– a possibilidade de anular;
– a possibilidade de não-cumprir, invocando, a anulabilidade como exceção (287.º/2, *in fine*);
– a possibilidade de confirmar.

A renúncia à anulação apenas traduz um modo de exercício do poder a esta correspondente.

Em qualquer caso, fica clara a interligação existencial entre o poder de anular e o de confirmar.

ÍNDICE DE JURISPRUDÊNCIA

JURISPRUDÊNCIA PORTUGUESA

Tribunal Constitucional

TC n° 360/2001, de 12 de julho (Vítor Nunes de Almeida), ccg; ação inibitória; constitucionalidade da norma que prevê a publicação da sentença – 466

Supremo Tribunal de Justiça (Pleno)

STJ (P) 10-mai.-1950 (Roberto Martins), simulação, legitimidade dos simuladores – 893
STJ (P) 23 de julho de 1952 (Rocha Ferreira), negócio dissimulado, inaproveitamento por falta de forma – 903
STJ (P) 30-jan.-1985 (Rui Corte-Real), execução específica de contrato-promessa com forma aligeirada – 187
STJ (P) 29-nov.-1989 (Castro Mendes), redução; conversão; promessa – 952
STJ (P) n.° 4/95, de 28-mar. (Miguel Montenegro), nulidade; restituição; conhecimento oficioso – 937
STJ (P) n.° 7/97, de 25-fev.-1997 (Ribeiro Coelho), modo; âmbito – 664
STJ (P) n.° 4/2001, de 23-jan.-2001 (Torres Paulo), nulidade; indeterminabilidade do objeto (fiança) – 565

Supremo Tribunal de Justiça

STJ 12-jul.-1938 (Ramiro Ferreira), interpretação do negócio – 680
STJ 2-mai.-1941 (Miranda Monteiro), interpretação do negócio – 681
STJ 13-dez.-1941 (Adolfo Coutinho), interpretação do negócio – 680
STJ 3-jul.-1945 (Baptista Rodrigues), ccg; inclusão – 427
STJ 4-jan.-1963 (Bravo Serra), interpretação do negócio – 681
STJ 26-jul.-1963 (Bravo Serra), interpretação do negócio – 681
STJ 26-fev.-1965 (Torres Paulo), interpretação do negócio – 681
STJ 22-abr.-1966 (Torres Paulo), interpretação do negócio – 681
STJ 4-mar.-1969 (Carvalho Júnior), interpretação do negócio – 681
STJ 25-mar.-1969 (Albuquerque Rocha), interpretação do negócio – 681
STJ 8-abr.-1969 (Joaquim de Melo), conversão – 956
STJ 18-abr.-1969 (Lopes Cardoso), simulação; assento de 23-jun.-1952 – 905
STJ 6-jan.-1970 (Carvalho Júnior), conversão – 956
STJ 12-mai.-1970 (Albuquerque Rocha), interpretação do negócio – 681

STJ 12-jan.-1971 (Albuquerque Rocha), interpretação do negócio – 681
STJ 2-fev.-1971 (Carvalho Júnior), erro sobre as qualidades futuras do objeto – 859
STJ 3-mai.-1971 (Jacinto Rodrigues Bastos), incapacidade acidental – 806
STJ 23-jul.-1971 (Oliveira Carvalho), interpretação do negócio – 682
STJ 26-out.-1971 (Albuquerque Rocha), interpretação do negócio – 681
STJ 25-abr.-1972 (Albuquerque Rocha), redução; promessa – 950
STJ 18-mai.-1973 (Manuel Fernandes Costa), interpretação do negócio – 682
STJ 6-jun.-1973 (António Pedro Sameiro), erro de escrita – 855
STJ 25-jan.-1974 (Manuel Fernandes Costa), interpretação do negócio – 682
STJ 2-jul.-1974 (Arala Chaves), redução; promessa – 951
STJ 10-dez.-1974 (Albuquerque Bettencourt), erro sobre a base do negócio – 870
STJ 17-dez.-1974 (Abel de Campos), conversão – 957
STJ 3-jan.-1975 (Arala Chaves), redução; promessa – 951
STJ 18-nov.-1975 (Rodrigues Bastos), redução; promessa – 951
STJ 12-dez.-1975 (Arala Chaves), interpretação do negócio – 683
STJ 6-jan.-1976 (Oliveira Carvalho), fraude à lei – 579
STJ 13-jan.-1976 (Rodrigues Bastos), interpretação do negócio – 683
STJ 23-mar.-1976 (Ferreira da Costa), erro; essencialidade – 850
STJ 6-abr.-1976 (Manuel Ferreira da Costa), interpretação do negócio – 683
STJ 18-mai.-1976 (Manuel Ferreira da Costa), interpretação do negócio – 683
STJ 14-out.-1976 (Miguel Caeiro), interpretação do negócio – 683
STJ 21-dez.-1976 (Manuel Ferreira da Costa), interpretação do negócio – 683
STJ 12-abr.-1977 (Rodrigues Bastos), interpretação do negócio – 683
STJ 26-abr.-1977 (Rodrigues Bastos), redução; promessa – 951
STJ 10-mai.-1977 (Oliveira Carvalho), redução; promessa – 951
STJ 11-out.-1977 (Oliveira Carvalho), dolo na celebração do negócio – 873
STJ 2-nov.-1977 (Alves Pinto), erro sobre os motivos; erro sobre a base do negócio – 863
STJ 6-dez.-1977 (Oliveira Carvalho), erro; desculpabilidade – 851
STJ 19-jan.-1978 (Octávio Dias Garcia), *culpa in contrahendo* – 273
STJ 26-jan.-1978 (Alves Pinto), interpretação do negócio – 683
STJ 28-fev.-1978 (Oliveira Carvalho), bons costumes – 599
STJ 3-out.-1978 (Rui Corte Real), interpretação do negócio – 683
STJ 7-nov.-1978 (Aquilino Ribeiro), redução; promessa – 951
STJ 6-dez.-1978 (Costa Soares), interpretação do negócio – 683
STJ 6-dez.-1978 (Rodrigues Bastos), *culpa in contrahendo* – 272
STJ 14-mar.-1979 (Abel de Campos), erro; desculpabilidade – 851
STJ 19-jun.-1979 (Hernani de Lencastre), interpretação do negócio – 683
STJ 21-jun.-1979 (Abel de Campos), modo e condição – 665
STJ 22-jun.-1979 (António Melo Bandeira), erro na transmissão da declaração – 852
STJ 19-jul.-1979 (Miguel Caeiro), validade do negócio dissimulado – 904
STJ 4-dez.-1979 (Rui Corte-Real), redução; promessa – 951
STJ 29-mai.-1980 (Rodrigues Bastos), interpretação do negócio – 683
STJ 3-jun.-1980 (Sequeira Carvalho), redução; promessa – 951
STJ 5-fev.-1981 (Solano Viana), *culpa in contrahendo* – 273
STJ 11-mar.-1982 (Mário de Brito), inalegabilidade formal; redução – 951

STJ 6-jul.-1982 (Lopes Neves), interpretação do negócio – 683
STJ 2-mar.-1983 (Augusto Victor Coelho), interpretação do negócio – 683
STJ 30-nov.-1983 (João Solano Vieira), forma voluntária – 204
STJ 15-dez.-1983 (Moreira da Silva), bons costumes – 599
STJ 31-mai.-1984 (Lopes Neves), erro; essencialidade – 850
STJ 12-jun.-1984 (Magalhães Baião), erro sobre os motivos – 863
STJ 22-nov.-1984 (Melo Franco), interpretação do negócio – 683
STJ 5-fev.-1985 (Moreira da Silva), condição e termo – 643
STJ 7-fev.-1985 (Campos Costa), redução; promessa – 951
STJ 9-mai.-1985 (Góis Pinheiro), negócio em fraude à lei – 580
STJ 10-out.-1985 (Tinoco de Almeida), condições impróprias (legais) – 642
STJ 17-out.-1985 (Góis Pinheiro), nulidade da condição – 648
STJ 10-dez.-1985 (inédito), contratos reais e consensuais – 98
STJ 17-dez.-1985 (Senra Malgueiro), retroatividade da condição – 651
STJ 23-jan.-1986 (Tinoco de Almeida), condição; contrato para pessoa a nomear – 640
STJ 30-jan.-1986 (Góis Pinheiro), validação; redução – 853
STJ 13-fev.-1986 (Serra Malgueiro), validação; vontade – 853
STJ 29-abr.-1986 (Almeida Ribeiro), nulidade; promessa – 951
STJ 17-jul.-1986 (Góis Pinheiro), ordem pública – 605
STJ 27-Jan.-1987 (Joaquim Figueiredo), negócio usurário – 497
STJ 12-jan.-1988 (Eliseu Figueira), nulidade da condição – 648
STJ 2-fev.-1988 (Menéres Pimentel), integração; gestão de direito – 765
STJ 15-fev.-1989 (Pinto Ferreira), incapacidade acidental – 807
STJ 30-mar.-1989 (Menéres Pimentel), interpretação do negócio – 683
STJ 10-mai.-1989 (José Domingues), simulação; deliberações sociais – 886
STJ 15-jun.-1989 (José Calejo), forma convencional – 202
STJ 6-jul.-1989 (Fernandes Fugas), interpretação do negócio – 683
STJ 29-nov.-1989 (Menéres Pimentel), redução – 948
STJ 15-mai.-1990 (Jorge Vasconcelos), simulação; valor – 889
STJ 25-set.-1990 (Menéres Pimentel), integração; questão-de-direito – 765
STJ 27-nov.-1990 (Simões Ventura), nulidade; retroatividade – 935
STJ 19-fev.-1991 (Beça Pereira), determinabilidade do negócio – 565
STJ 11-jun.-1991 (Menéres Pimentel), condições impróprias (legais) – 642
STJ 4-jul.-1991 (Ricardo da Velha), *culpa in contrahendo*; natureza obrigacional – 278
STJ 15-out.-1991 (Rui de Brito), incapacidade acidental – 807
STJ 21-jan.-1993 (Raúl Mateus), determinabilidade do negócio – 565
STJ 2-fev.-1993 (Eduardo Martins), nulidade; restituição – 936
STJ 9-fev.-1993 (Pedro Sousa Macedo), *culpa in contrahendo*; natureza obrigacional – 278
STJ 25-fev.-1993 (César Marques), dolo na celebração do negócio – 873
STJ 25-mar.-1993 (Miranda Gusmão), redução – 952
STJ 30-mar.-1993 (Pereira Cardigos), condição; limites da retroatividade – 651
STJ 31-mar.-1993 (Sousa Macedo), nulidade; enriquecimento – 936
STJ 15-abr.-1993 (Miranda Gusmão), simulação; prova – 887
STJ 20-abr.-1993 (Martins da Costa), ccg; aprovação prévia; seguro de colheita – 424
STJ 29-abr.-1993 (Miranda Gusmão), interpretação do negócio – 684

STJ 4-mai.-1993 (Pais de Sousa), conversão – 956
STJ 6-mai.-1993 (Figueiredo de Sousa), ccg; cláusulas nulas; exclusão de responsabilidade; ação inibitória – 457
STJ 18-mai.-1993 (César Marques), negócio usurário – 500
STJ 8-jun.-1993 (Ramiro Vidigal), integração do negócio – 271
STJ 22-jun.-1993 (Martins da Costa), ccg; aprovação prévia; seguro de colheita – 424
STJ 7-out.-1993 (Ferreira da Silva), integração do negócio – 771
STJ 10-nov.-1993 (Miguel Montenegro), ccg; dever de comunicação – 428
STJ 16-nov.-1993 (Cura Mariano), integração do negócio – 771
STJ 9-dez.-1993 (Sousa Macedo), integração do negócio – 771
STJ 12-jan.-1994 (Pais de Sousa), interpretação do negócio – 684
STJ 22-fev.-1994 (Cardona Ferreira), erro sobre os motivos – 863
STJ 13-abr.-1994 (Martins da Costa), interpretação do negócio – 684
STJ 5-mai.-1994 (Gelásio Rocha), interpretação do negócio – 684
STJ 5-mai.-1994 (Costa Raposo), eficácia da proposta – 322
STJ 26-mai.-1994 (Costa Raposo), erro sobre o objeto – 859
STJ 15-jun.-1994 (Araújo Ribeiro), indeterminabilidade; fiança *omnibus* – 885
STJ 15-jun.-1994 (Martins da Fonseca), reserva mental; simulação – 565
STJ 5-jul.-1994 (Machado Soares), ccg; locação financeira; cláusula penal; aprovação pelo BP – 425
STJ 22-nov.-1994 (Carlos Caldas), abuso do direito; conhecimento oficioso; inalegabilidade formal – 198
STJ 14-dez.-1994 (Sá Couto), indeterminabilidade; fiança – 565
STJ 14-mar.-1995 (Ramiro Vidigal), negócio usurário – 500
STJ 21-mar.-1995 (Ramiro Vidigal), incapacidade acidental – 807
STJ 9-mai.-1995 (Martins da Costa), extensão da forma legal – 87
STJ 20-jun.-1995 (Pais de Sousa), ccg; cláusulas nulas; ação inibitória – 461
STJ 28-set.-1995 (Henriques de Matos), inalegabilidade formal – 198
STJ 24-out.-1995 (Torres Paulo), contrato mitigado – 310
STJ 11-jan.-1996 (Almeida e Silva), ordem pública internacional – 612
STJ 18-jan.-1996 (Metello de Nápoles), erro sobre os motivos; erro sobre a base do negócio – 862
STJ 23-jan.-1996 (Martins da Costa), ccg; interpretação; *ambiguitas contra stipulatorem* – 438
STJ 13-fev.-1996 (Martins da Costa), interpretação do negócio – 684
STJ 29-fev.-1996 (Mário Cancela), erro sobre o objeto – 858
STJ 5-mar.-1996 (Pereira da Graça), ccg; prevalência das cláusulas negociadas; erro – 433
STJ 30-abr.-1996 (Aragão Seia), ccg; aplicação da lei no tempo; interpretação – 466
STJ 18-jun.-1996 (Martins da Costa), condição – 639
STJ 18-jun.-1996 (Metello de Nápoles), indeterminabilidade; fiança – 565
STJ 18-jun.-1996 (Torres Paulo), conversão – 957
STJ 1-out.-1996 (Aragão Seia), ccg; prevalência das cláusulas acordadas – 433
STJ 9-out.-1996 (César Marques), falta de consciência de declaração; "inexistência" – 930
STJ 15-out.-1996 (Torres Paulo), conversão – 957
STJ 14-nov.-1996 (Almeida e Silva), nulidade; tutela de terceiros – 939

STJ 9-jan.-1997 (Miranda Gusmão), redução – 952
STJ 14-jan.-1997 (Silva Paixão), interpretação do negócio – 684
STJ 14-jan.-1997 (Torres Paulo), simulação; prova – 908
STJ 28-jan.-1997 (Silva Paixão), ato *stricto sensu*; sentença; interpretação – 115
STJ 6-fev.-1997 (Miranda Gusmão), ccg; interpretação e integração; *culpa in contrahendo* – 422
STJ 25-fev.-1997 (Fernando Fabião), erro de escrita – 855
STJ 11-mar.-1997 (Fernando Fabião), coação moral (caso EDP) – 833
STJ 20-mai.-1997 (Fernandes Magalhães), abuso do direito; invocação; conversão – 955
STJ 3-jun.-1997 (Lopes Pinto), interpretação do negócio – 728
STJ 26-jun.-1997 (Aragão Seia), nulidade; restituição – 936
STJ 26-jun.-1997 (Silva Paixão), exceção de invalidade – 935
STJ 8-jul.-1997 (Cardona Ferreira), erro – 861
STJ 23-set.-1997 (Miranda Gusmão), associação de defesa do consumidor – 509
STJ 14-out.-1997 (Miranda Gusmão), boa fé; tutela da confiança; interpretação – 728
STJ 27-out.-1997 (Nascimento Costa), concurso para celebração de novo contrato – 303
STJ 28-out.-1997 (Fernandes Magalhães), interpretação do negócio – 685
STJ 30-out.-1997 (Miranda Gusmão), relações contratuais de facto; nulidade; eficácia retroativa – 937
STJ 5-nov.-1997 (Miranda Gusmão), cláusulas contratuais gerais – 422
STJ 5-nov.-1997 (Nascimento Costa), declaração tácita; forma; interpretação – 132
STJ 13-nov.-1997 (Costa Soares), impossibilidade – 558
STJ 18-nov.-1997 (Cardona Ferreira), desequilíbrio no exercício; sinal; interpretação – 670
STJ 22-nov.-1997 (Sousa Inês), declaração tácita – 134
STJ 3-dez.-1997 (Ramiro Vidigal), interpretação do testamento – 754
STJ 10-dez.-1997 (Mário Cancela), atos tácitos; aceitação da herança – 332
STJ 20-jan.-1998 (César Marques), erro; essencialidade; simulação – 850
STJ 22-jan.-1998 (Roger Lopes), erro sobre o objeto; base do negócio – 858
STJ 5-fev.-1998 (Torres Paulo), boa fé; tutela da confiança; sistema móvel; *venire*; inalegabilidade formal – 198
STJ 10-fev.-1998 (Costa Soares), licitude do negócio – 570
STJ 17-fev.-1998 (Aragão Seia), cláusula penal – 668
STJ 17-fev.-1998 (Pais de Sousa), associações de defesa do consumidor – 509
STJ 3-mar.-1998 (Fernandes Magalhães), confirmação – 961
STJ 3-mar.-1998 (Fernando Fabião), interpretação do negócio – 728
STJ 12-mar.-1998 (Costa Soares), redução – 952
STJ 23-abr.-1998 (Matos Namora), condição suspensiva – 637
STJ 21-mai.-1998 (Silva Paixão), reserva mental – 821
STJ 26-mai.-1998 (Martins da Costa), sinal – 666
STJ 4-jun.-1998 (Almeida Silva), licitude do negócio; *venire* – 569
STJ 30-jun.-1998 (César Marques), sinal – 666
STJ 2-jul.-1998 (Fernando Fabião), simulação; preferência – 899
STJ 23-set.-1998 (Pereira da Graça), *culpa in contrahendo*; danos – 295
STJ 6-out.-1998 (Silva Paixão), simulação – 884
STJ 6-out.-1998 (Torres Paulo; vencido: Aragão Seia), invalidade mista – 924

STJ 15-out.-1998 (Pinto Monteiro), nulidade; restituição – 936
STJ 22-out.-1998 (Roger Lopes), interpretação do negócio formal – 751
STJ 5-nov.-1998 (Torres Paulo), conversão – 957
STJ 12-nov.-1998 (Quirino Soares), nulidade formal; *venire* – 198
STJ 17-nov.-1998 (Martins da Costa), cláusula penal; redução equitativa – 670
STJ 3-dez.-1998 (Armando Lourenço), ccg; ação inibitória; DECO – 457
STJ 3-dez.-1998 (Ribeiro Coelho), interpretação do negócio – 684
STJ 12-jan.-1999 (Torres Paulo), vontade condicional – 644
STJ 20-jan.-1999 (Padrão Gonçalves), erro de escrita (informática) – 855
STJ 26-jan.-1999 (Garcia Marques), sinal; redução equitativa – 670
STJ 28-jan.-1999 (Ferreira de Almeida), silêncio – 137
STJ 3-fev.-1999 (Miranda Gusmão), determinabilidade do negócio – 565
STJ 9-fev.-1999 (Francisco Lourenço), modo; âmbito – 666
STJ 9-fev.-1999 (Lopes Pinto), cláusula penal – 670
STJ 9-fev.-1999 (Martins da Costa), *culpa in contrahendo* – 295
STJ 11-fev.-1999 (Sousa Dinis), ccg; cláusulas ambíguas – 438
STJ 24-fev.-1999 (Ferreira de Almeida), coação moral; coagido pouco sério – 833
STJ 11-mar.-1999 (Pinto Monteiro), interpretação do negócio – 717
STJ 11-mar.-1999 (Sousa Lamas), interpretação do negócio – 684
STJ 27-abr.-1999 (Silva Paixão), interpretação do negócio – 684
STJ 28-abr.-1999 (Mariano Pereira), reserva mental; coação – 821
STJ 17-jun.-1999 (Abílio Vasconcelos), ccg; ação inibitória – 461
STJ 22-jun.-1999 (Francisco Lourenço), indeterminabilidade; fiança – 565
STJ 7-jul.-1999 (Dionísio Correia), coação física e moral; esbulho – 829
STJ 30-set.-1999 (Noronha Nascimento), determinabilidade do negócio – 565
STJ 19-out.-1999 Garcia Marques), indeterminabilidade; garantias – 565
STJ 9-nov.-1999 (Machado Soares), declarações não sérias – 815
STJ 23-nov.-1999 (Garcia Marques), ccg; ação inibitória – 461
STJ 23-nov.-1999 (Ribeiro Coelho), determinabilidade do negócio – 566
STJ 25-nov.-1999 (Miranda Gusmão), âmbito da forma – 202
STJ 28-nov.-1999 (Machado Soares), inalegabilidade de vício formal –169
STJ 16-dez.-1999 (Torres Paulo), redução – 948
STJ 20-jan.-2000 (Ferreira de Almeida), erro; dolo – 873
STJ 3-fev.-2000 (Miranda Gusmão), bons costumes; deliberação social – 601
STJ 10-fev.-2000 (Ferreira de Almeida), boa fé; invalidade formal; *venire* – 198
STJ 15-fev.-2000 (Garcia Marques), interpretação do negócio – 684
STJ 23-mar.-2000 (Ferreira de Almeida), ordem pública internacional – 610
STJ 11-abr.-2000 (Lopes Pinto), ccg; comunicação; inexistência – 429
STJ 11-abr.-2000 (Pais de Sousa), interpretação do negócio –728
STJ 13-abr.-2000 (Nascimento Costa; vencido: Pereira da Graça), coação moral – 834
STJ 10-mai.-2000 (Martins da Costa), bons costumes – 599
STJ 11-mai.-2000 (Dionísio Correia), coação moral – 834
STJ 1-jun.-2000 (Dionísio Correia), interpretação do negócio – 747
STJ 27-jun.-2000 (Ribeiro Coelho), simulação; invocação – 887
STJ 3-jul.-2000 (Ribeiro Coelho), determinabilidade do aval – 566

STJ 18-set.-2000 (Lopes Pinto), cic; rutura de negociações – 274
STJ 24-out.-2000 (Torres Paulo), declaração tácita – 132
STJ 23-nov.-2000 (Sousa Inês), ccg; cláusulas nulas – 466
STJ 30-nov.-2000 (Duarte Soares), interpretação do negócio – 744
STJ 23-jan.-2001 (Noronha Nascimento), interpretação do negócio – 754
STJ 13-fev.-2001 (Tomé de Carvalho), impossibilidade física e jurídica – 556
STJ 1-mar.-2001 (Noronha Nascimento), interpretação de ccg; ambiguidade – 438
STJ 8-mar.-2001 (Oliveira Barros), aplicação da LCCG no sector dos seguros – 424
STJ 13-mar.-2001 (Fernandes Magalhães), condição suspensiva – 639
STJ 13-mar.-2001 (Silva Paixão), interpretação do negócio – 717
STJ 27-mar.-2001 (Lopes Pinto), cic; interesse negativo – 284
STJ 3-mai.-2001 (Reis Figueira), ccg; cláusula surpresa – 434
STJ 10-mai.-2001 (Barata Figueira), nulidade relativa; anulabilidade – 924
STJ 10-mai.-2001 (Quirino Soares), *culpa in contrahendo*; rutura de negociações – 278
STJ 15-mai.-2001 (Garcia Marques), ccg; interpretação – 436
STJ 17-mai.-2001 (Quirino Soares), ccg; interpretação – 438
STJ 4-out.-2001 (Oliveira Barros), falta de consciência da declaração – 796
STJ 4-out.-2001 (Abel Freire), ordem pública – 605
STJ 11-out.-2001 (Miranda Gusmão), impossibilidade superveniente; interpretação do negócio – 558
STJ 11-out.-2001 (Silva Paixão), declaração tácita – 132
STJ 19-dez.-2001 (Ferreira Ramos), contratação mitigada; carta de conforto – 306
STJ 20-jan.-2002 (Abel Simões Freire), ccg; encargo de comunicação – 430
STJ 7-fev.-2002 (Neves Ribeiro), condição – 639
STJ 14-fev.-2002 (Ferreira de Almeida), ccg; presunções de assentimento – 457
STJ 28-fev.-2002 (Araújo Barros), cic; responsabilidade obrigacional – 278
STJ 19-mar.-2002 (Garcia Marques), ccg; generalidade – 374
STJ 16-abr.-2002 (Garcia Marques), erro de escrita – 855
STJ 30-abr.-2002 (Azevedo Ramos), simulação – 895
STJ 30-abr.-2002 (Pinto Ribeiro), ordem pública internacional – 610
STJ 2-mai.-2002 (Sousa Inês), ccg; cláusula penal excessiva – 459
STJ 9-mai.-2002 (Ferreira de Almeida), simulação; interposição fictícia de pessoa – 891
STJ 9-mai.-2002 (Neves Ribeiro), simulação – 895
STJ 19-nov.-2002 (Azevedo Ramos), ccg; cláusulas nulas – 461
STJ 26-nov.-2002 (Garcia Marques), simulação; prova – 908
STJ 17-dez.-2002 (Pinto Monteiro), simulação; negócio fiduciário – 891
STJ 16-jan.-2003 (Afonso Correia), simulação; negócios unilaterais – 885
STJ 4-fev.-2003 (Silva Paixão), declaração tácita; *facta concludentiae* – 132
STJ 9-fev.-2003 (Oliveira Barros), negócio dissimulado; validade formal – 904
STJ 11-fev.-2003 (Afonso Correia), interpretação do negócio – 717
STJ 13-fev.-2003 (Oliveira Barros), interpretação do negócio – 743
STJ 25-fev.-2003 (Fernando Pinto Monteiro), testamento; incapacidade acidental – 805
STJ 18-mar.-2003 (Reis Figueira), contratação mitigada; carta de conforto – 306
STJ 25-mar.-2003 (Afonso Correia), simulação; nulidade – 893
STJ 3-jun.-2003 (Alves Velho), erro sobre o objeto; qualidades – 858

STJ 3-jul.-2003 (Ferreira Girão), cic; concessão de crédito – 275
STJ 8-Jul.-2003 (Fernando Araújo de Barros), *trade terms* – 368
STJ 7-out.-2003 (Azambuja da Fonseca), simulação; negócios unilaterais – 885
STJ 9-out.-2003 (Oliveira Barros), interpretação do negócio; simulação objetiva; conluio – 886, 889
STJ 14-out.-2003 (Alves Velho), nulidade; restituição – 936
STJ 21-out.-2003 (Ribeiro de Almeida), simulação; preferência; abuso – 899
STJ 23-out.-2003 (Ferreira Girão), determinação da natureza suspensiva ou resolutiva da condição; boa fé; deveres acessórios – 638, 654
STJ 30-out.-2003 (Quirino Soares), erro de direito – 861
STJ 6-nov.-2003 (Ferreira de Almeida), erro sobre a base do negócio – 871
STJ 11-nov.-2003 (Lopes Pinto), erro de escrita – 856
STJ 13-nov.-2003 (Santos Bernardino), interpretação do negócio; vontade real – 738
STJ 25-nov.-2003 (Azevedo Ramos), conversão – 952
STJ 8-jan.-2004 (Quirino Soares), acordo de cavalheiros – 307
STJ 29-jan.-2004 (Ferreira de Almeida), cic e invalidade – 277
STJ 9-fev.-2004 (Araújo Barros), condição; interpretação – 638
STJ 9-mar.-2004 (Quirino Soares), inexistência material – 930
STJ 18-mai.-2004 (Reis Figueira), conversão; vontade hipotética – 956
STJ 22-jun.-2004 (Alves Velho), simulação; *pactum simulationis* – 884
STJ 29-jun.-2004 (Azevedo Ramos), simulação – 884
STJ 1-jul.-2004 (Ferreira Girão), acordo de cavalheiros – 307
STJ 1-jul.-2004 (Salvador da Costa), interpretação do negócio – 728
STJ 13-jul.-2004 (Neves Ribeiro), interpretação do negócio – 751
STJ 9-nov.-2004 (Faria Antunes), cic; interesse negativo – 284
STJ 9-dez.-2004 (Moreira Alves), incapacidade acidental – 808
STJ 20-jan.-2005 (Ferreira de Almeida), cic e invalidade por dolo – 272
STJ 20-jan.-2005 (Oliveira Barros), erro sobre os motivos – 863
STJ 3-mar.-2005 (Ferreira de Almeida), simulação absoluta – 888
STJ 15-mar.-2005 (Moitinho de Almeida), ccg; não-inclusão; oficiosidade – 435
STJ 27-abr.-2005 (Salvador da Costa), ordem pública internacional – 610
STJ 4-mai.-2005 (Vítor Mesquita), simulação; negócios unilaterais – 885
STJ 20-mai.-2005 (Maria dos Prazeres Beleza), ccg; interpretação – 436
STJ 29-jun.-2005 (Salvador da Costa), simulação absoluta – 888
STJ 15-dez.-2005 (Oliveira Barros), bons costumes – 601
STJ 19-jan.-2006 (Bettencourt de Faria), interpretação; equilíbrio – 743
STJ 2-fev.-2006 (Oliveira Barros), ordem pública internacional – 609
STJ 7-mar.-2006 (João Moreira Camilo), ccg; "cláusula-surpresa" – 434
STJ 4-abr.-2006 (Nuno Cameira), cic; indemnização; todos os danos – 282
STJ 8-jun.-2006 (Nuno Cameira), erro sobre a base do negócio – 864
STJ 11-jul.-2006 (Duarte Soares), inalegabilidade formal – 199
STJ 11-jul.-2006 (Nuno Cameira), ccg; ambiguidade; interpretação – 439
STJ 12-set.-2006 (Afonso Correia), negócio usurário – 501
STJ 14-set.-2006 (Oliveira Barros), cic; valor da confiança – 276
STJ 19-set.-2006 (João Camilo), ccg; proibições – 458

STJ 10-out.-2006 (Sousa Leite), cic e acordos preparatórios – 277
STJ 7-nov.-2006 (Borges Soeiro), incapacidade acidental – 808
STJ 17-abr.-2007 (Silva Salazar), simulação; legitimidade dos herdeiros – 894
STJ 29-mai.-2007 (Azevedo Ramos), simulação; terceiros – 887
STJ 5-jun.-2007 (Camilo Moreira Camilo), incapacidade acidental – 808
STJ 5-jun.-2007 (Fonseca Ramos), simulação; valor; prova – 889, 908
STJ 28-jun.-2007 (Pereira da Silva), aceitação expressa ou tácita – 332
STJ 5-jul.-2007 (João Bernardo), *incoterms* – 367
STJ 23-out.-2007 (Fonseca Ramos), *incoterms* – 367
STJ 13-dez.-2007 (Mário Cruz), nulidade por abuso do direito – 571
STJ 15-jan.-2008 (Fonseca Ramos), coação moral – 834
STJ 22-jan.-2008 (Moreira Camilo), erro sobre o objeto – 858
STJ 22-jan.-2008 (Nuno Cameira), fraude à lei – 582
STJ 29-jan.-2008 (Santos Bernardino), ccg; interpretação – 438
STJ 14-fev.-2008 (Oliveira Rocha), simulação absoluta – 888
STJ 19-fev.-2008 (Paulo Sá), ordem pública internacional – 609
STJ 13-mar.-2008 (Santos Bernardino), interpretação; *success fee* – 743
STJ 13-mar.-2008 (Urbano Dias), interpretação; globalidade do negócio – 724
STJ 3-abr.-2008 (Santos Bernardino), cic; danos – 276
STJ 13-mai.-2008 (Fonseca Ramos), ccg; conhecimento; ónus da prova – 431
STJ 15-mai.-.2008 (Custódio Montes), erro sobre os motivos – 864
STJ 3-jul.-2008 (Oliveira Rocha), ordem pública internacional – 609
STJ 10-jul.-2008 (Maria dos Prazeres Beleza), reserva mental – 822
STJ 16-set.-2008 (Fonseca Ramos), erro; essencialidade – 849
STJ 21-out.-2008 (Alves Velho), ccg; proibições; cláusulas idênticas – 466
STJ 23-out.-2008 (Pires da Rosa), ordem pública internacional – 610
STJ 11-nov.-2008 (Fonseca Ramos), ordem pública internacional – 610
STJ 13-jan.-2009 (Hélder Roque), incapacidade acidental – 808
STJ 3-fev.-2009 (Mário Cruz), simulação; terceiros – 887
STJ 21-abr.-2009 (Urbano Dias), negócio usurário – 501
STJ 28-abr.-2009 (Azevedo Ramos), cic; rutura de negociações – 274
STJ 28-abr.-2009 (Fonseca Ramos), ccg; conhecimento – 431
STJ 26-mai.-2009 (Paulo Sá), ordem pública internacional – 610
STJ 28-mai.-2009 (Oliveira Vasconcelos), erro sobre a base do negócio – 871
STJ 22-set.-2009 (Garcia Calejo), erro; essencialidade – 849
STJ 8-out.-2009 (Serra Baptista), simulação; intuito de enganar terceiros – 886
STJ 29-out.-2009 (Lopes do Rego), ccg; ambiguidade; interpretação – 439
STJ 26-nov.-2009 (Ferreira de Sousa), negócio dissimulado; validade formal – 904
STJ 10-dez.-2009 (Salazar Casanova), cic; tutela da parte débil – 271
STJ 20-jan.-2010 (Cardoso de Albuquerque), ccg; comunicação; requisitos – 431
STJ 20-jan.-2010 (Salazar Casanova), ccg; ação inibitória – 465
STJ 27-jan.-2010 (Lázaro Faria), fraude à lei – 856
STJ 27-jan.-2010 (Rodrigues dos Santos), fraude à lei –582
STJ 11-mar.-2010 (Santos Bernardino), ccg; "cláusula-surpresa" – 431
STJ 17-mar.-2010 (Sousa Peixoto), erro sobre a base do negócio – 871

STJ 8-abr.-2010 (Lopes do Rego), ccg; dever de comunicação – 429
STJ 13-abr.-2010 (Urbano Dias), fraude à lei – 582
STJ 29-abr.-2010 (Sebastião Póvoas), perda de *chance* – 288
STJ 19-mai.-2010 (Fonseca Ramos), cic; interesse negativo – 271
STJ 20-mai.-2010 (Maria dos Prazeres Beleza), interpretação questão-de-direito – 684
STJ 17-jun.-2010 (João Bernardo), ccg; dever de comunicação; boa-fé – 430, 453
STJ 24-jun.-2010 (Bettencourt de Faria), ccg; adesão; ónus da prova – 431
STJ 14-set.-2010 (João Camilo), negócio dissimulado; validade – 902
STJ 30-set.-2010 (Maria dos Prazeres Beleza), ccg; interpretação – 436
STJ 7-out.-2010 (Serra Baptista), ccg; contrariedade à boa-fé – 424
STJ 26-out.-2010 (Azevedo Ramos), perda de *chance* – 288
STJ 9-dez.-2010 (Maria dos Prazeres Beleza), interpretação; questão-de-direito – 684
STJ 9-dez.-2010 (Rodrigues dos Santos), interpretação; questão-de-direito – 684
STJ 16-dez.-2010 (Fonseca Ramos), cic; "terceira via"; interesse negativo – 282
STJ 16-dez.-2010 (Silva Salazar), cic; interrupção de negociações – 273
STJ 11-jan.-2011 (Sousa Leite), simulação; preferência; conhecimento – 899
STJ 22-fev.-2011 (Fonseca Ramos), simulação; requisitos – 884
STJ 10-mar.-2011 (Távora Victor), perda de *chance* – 288
STJ 16-mar.-2011 (Lopes do Rego), simulação; negócio fiduciário – 891
STJ 24-mar.-2011 (Granja da Fonseca), ccg; dever de comunicação – 429
STJ 29-mar.-2011 (Alves Velho), ccg; contrariedade à boa-fé – 453
STJ 31-mar.-2011 (Fernando Bento), cic; interesse negativo – 274
STJ 14-abr.-2011 (Granja da Fonseca), simulação; requisitos; ónus da prova – 884
STJ 12-mai.-2011 (Granja da Fonseca), simulação; negócios unilaterais – 885
STJ 31-mai.-2011 (Fonseca Ramos), ccg; contrariedade à boa-fé; ação inibitória – 454, 466
STJ 2-jun.-2011 (Sebastião Póvoas), ccg; ação inibitória – 466
STJ 7-jun.-2011 (Nuno Cameira), fraude à lei – 582
STJ 30-jun.-2011 (Orlando Afonso), simulação; aparência – 285, 886
STJ 20-set.-2011 (Martins de Sousa), *incoterns* – 368
STJ 10-out.-2011 (Alves Velho), interpretação do negócio – 684
STJ 20-out.-2011 (Moreira Alves), ccg; conhecimento; vcpf – 435
STJ 23-nov.-2011 (Garcia Calejo), negócio dissimulado; validade; forma – 902, 904
STJ 24-jan.-2012 (Hélder Roque), ccg; adesão; prova – 431
STJ 23-fev.-2012 (Távora Victor), cic; valores materiais – 276
STJ 15-mar.-2012 (João Trindade), ineficácia do negócio – 940
STJ 17-abr.-2012 (Sebastião Póvoas), simulação; nulidade atípica; legitimidade – 884, 895
STJ 19-abr.-2012 (Lopes do Rego), fraude à lei – 583
STJ 22-mai.-2012 (Fonseca Ramos), negócio dissimulado; validade – 902
STJ 11-jul.-2012 (António Leones Dantas), ordem pública internacional – 610
STJ 11-set.-2012 (Fonseca Ramos), simulação; negócio indireto – 891
STJ 17-set.-2012 (Bettencourt de Faria), cic; tutela da parte débil – 275
STJ 27-set.-2012 (Bettencourt de Faria), "terceira via"; interesse negativo – 282
STJ 27-set.-2012 (Tavares de Paiva), ineficácia; aquisição *ex* 291.º – 941
STJ 18-out.-2012 (Serra Baptista), perda de *chance* – 288

STJ 6-nov.-2012 (Nuno Cameira), cic; deveres de proteção, de lealdade e de informação – 271
STJ 27-nov.-2012 (Marques Pereira), simulação; requisitos – 884
STJ 18-dez.-2012 (Álvaro Rodrigues), simulação; aparência criada – 888
STJ 18-dez.-2012 (António Joaquim Piçarra), cic; rutura de negociações – 274
STJ 22-dez.-2012 (Távora Victor), negócio usurário – 502
STJ 8-mai.-2013 (João Bernardo), ccg; contrariedade à boa-fé – 454
STJ 14-fev.-2013 (João Bernardo), bons costumes – 602
STJ 21-mar.-2013 (Gabriel Catarino), cic; âmbito; negócios preliminares – 268
STJ 21-mar.-2013 (Granja da Fonseca), negócio indireto; bons costumes – 602
STJ 16-abr.-2013 (António Joaquim Piçarra), simulação; negócio indireto – 891
STJ 8-mai.-2013 (João Bernardo), ccg; boa-fé – 454
STJ 28-mai.-2013 (Fernandes do Vale), negócio dissimulado; validade formal – 904
STJ 3-out.-2013 (Fernando Bento), interpretação; questão-de-direito – 684

Supremo Tribunal Administrativo

STA 14-jun.-1985 (Cruz Rodrigues), condição – 639
STA 16-jun.-1992 (Oliveira e Castro), condição – 639
STA 18-Nov.-1993 (Azevedo Moreira), negócio usurário – 500
STA 13-mar.-2001 (Américo Pires Esteves), *culpa in contrahendo* no Direito administrativo – 303
STA 22-out.-2009 (Pais Borges), *culpa in contrahendo* no Direito administrativo – 274

Relação de Coimbra

RCb 11-dez.-1979 (Martins de Almeida), confirmação tácita – 961
RCb 16-mar.-1982 (Marques Cordeiro), redução; promessa – 951
RCb 12-abr.-1984 (Mendes Carvalhão), ordem pública – 605
RCb 2-mai.-1984 (Pereira da Silva), atos não condicionáveis (acessão) – 646
RCb 23-out.-1984 (Vassanta Tambá), atos não condicionáveis (arrendamento) – 646
RCb 12-fev.-1985 (Santos Monteiro), atos não condicionáveis (arrendamento) – 646
RCb 12-mar.-1985 (Ataíde das Neves), ordem pública – 605
RCb 2-out.-1985 (Baltazar Coelho), simulação; conluio – 885
RCb 22-jul.-1986 (Pereira da Silva), condição e reversão da coisa doada – 643
RCb 30-mai.-1989 (Pires de Lima), redução; promessa – 951
RCb 9-jan.-1990 (Costa Marques), erro; partilhas – 851
RCb 16-jan.-1990 (Nunes da Cruz), *venire contra factum proprium*; inalegabilidade formal – 198
RCb 20-set.-1990 (Sousa Lamas), interpretação do negócio – 738
RCb 20-dez.-1990 (Dias Simão), interpretação do negócio – 717
RCb 5-fev.-1991 (Herculano Namora), dolo na celebração do negócio – 873
RCb 7-jul.-1992 (Virgílio de Oliveira), incapacidade acidental – 807
RCb 6-set.-1992 (Francisco Lourenço), conversão – 952
RCb 20-out.-1992 (Herculano Namora), nulidade; reflexos – 938
RCb 7-out.-1993 (Sousa Lamas), fraude à lei – 581

RCb 14-dez.-1993 (Moreira Camilo), *venire contra factum proprium*; inalegabilidade formal – 198
RCb 1-fev.-1994 (Mota e Costa), erro de escrita – 856
RCb 28-jun.-1994 (Mário Pereira), dolo – 873
RCb 5-jul.-1994 (Eduardo Antunes), interpretação do negócio – 717
RCb 24-jan.-1995 (Francisco Lourenço), simulação – 908
RCb 1-mar.-1995 (Vasconcelos Cameira), erro da vontade – 857
RCb 20-jun.-1995 (Pereira da Graça), ineficácia estrita; tutela de terceiros – 940
RCb 6-jan.-1996 (Nuno Cameira), erro de escrita – 856
RCb 23-abr.-1996 (Silva Graça), interpretação do negócio; vontade hipotética – 776
RCb 14-mai.-1996 (Francisco Lourenço), falta de consciência da declaração – 796
RCb 3-dez.-1996 (Eduardo Antunes), ccg; dever de informação – 429
RCb 11-mar.-1997 (Nuno Cameira), negócio gratuito; *animus donandi* – 107
RCb 20-mai.-1997 (Silva Freitas), *culpa in contrahendo*; redução – 955
RCb 30-set.-1997 (Araújo Ferreira), *culpa in contrahendo*; usura – 497
RCb 17-mar.-1998 (Gil Roque), ccg; "cláusula surpresa" – 434
RCb 5-mai.-1998 (Pires da Rosa), ccg; cláusula penal excessiva; reserva mental – 821
RCb 24-nov.-1998 (Emídio Rodrigues), exceção de invalidade – 935
RCb 26-jan.-1999 (Eduardo Antunes), falta de consciência da declaração – 796
RCb 23-mar.-1999 (Coelho de Matos), redução – 948
RCb 27-abr.-1999 (Gil Roque), coação moral – 834
RCb 12-out.-1999 (Soares Ramos), *falsa demonstratio non nocet*; simulação; intuito de enganar terceiros – 737
RCb 19-out.-1999 (Gabriel Silva), cláusula penal; redução equitativa – 670
RCb 11-jan.-2000 (António Piçarra), ccg; condições especiais – 433
RCb 8-fev.-2000 (Custódio Marques Costa), desequilíbrio no exercício; declaração tácita – 134
RCb 28-mar.-2000 (António Geraldes), erro; essencialidade; redução – 850
RCb 11-jul.-2000 (Helder Almeida), falta de consciência da declaração – 796
RCb 26-set.-2000 (António Geraldes), condição; forma – 644
RCb 22-jan.-2002 (Coelho de Matos), ccg; encargo de comunicação – 429
RCb 19-fev.-2002 (Alexandre Reis), bons costumes – 598
RCb 22-mai.-2002 (Hélder Roque), ineficácia; aplicabilidade do artigo 291.º – 939
RCb 30-out.-2002 (Hélder Roque), integração do negócio; vontade hipotética – 771
RCb 26-nov.-2002 (Paulo Távora Victor), condição; âmbito – 639
RCb 18-mar.-2003 (Gil Roque), ccg; encargo de comunicação – 430
RCb 21-out.-2003 (Isaías Pádua), erro sobre o objeto – 858
RCb 20-abr.-2004 (Emídio Rodrigues), nulidade por abuso do direito – 571
RCb 31-mai.-2005 (Maria Regina Rosa), erro sobre o objeto – 858
RCb 12-jul.-2006 (Belmiro de Andrade), simulação; falsidade do título – 890
RCb 19-set.-2006 (Garcia Calejo), ccg; conhecimento – 431
RCb 26-set.-2006 (Garcia Calejo), simulação processual – 892
RCb 6-dez.-2006 (Freitas Vieira), simulação e falsidade – 890
RCb 23-jan.-2008 (Inácio Martins), ccg; nulidade; boa-fé – 456
RCb 4-nov.-2008 (Graça Santos Silva), simulação; preferência; abuso – 899

RCb 18-nov.-2008 (Emídio Francisco Santos), ccg; "cláusula-surpresa" – 434
RCb 18-nov.-2008 (Sílvia Reis), ordem pública internacional – 610
RCb 3-mar.-2009 (Graça Santos Silva), ccg; ambiguidade; interpretação – 439
RCb 3-mar.-2009 (Jorge Arcanjo), ordem pública internacional – 611
RCb 10-mar.-2009 (Graça Santos Silva), ccg; ambiguidade; interpretação – 439
RCb 26-mar.-2009 (Azevedo Mendes), erro de direito – 861
RCb 16-mar.-2010 (Falcão de Magalhães), inalegabilidades formais – 199
RCb 18-mai.-2010 (Emídio Costa), simulação subjetiva – 890
RCb 14-set.-2010 (Manuel Capelo), interpretação; elementos – 723
RCb 28-set.-2010 (Martins de Sousa), *incoterms* – 368
RCb 21-dez.-2010 (Arlindo Oliveira), cic e invalidade – 272
RCb 31-mai.-2011 (Barateiro Martins), incapacidade acidental; consciência da declaração – 805
RCb 6-mar.-2012 (Regina Rosa), ccg; comunicação – 431
RCb 27-mar.-2012 (Carvalho Martins), ccg; comunicação – 431
RCb 17-abr.-2012 (Barateiro Martins), ccg; proibições – 460
RCb 17-nov.-2012 (Carlos Moreira), ccg; proibições – 431
RCb 20-nov.-2012 (Albertina Pedroso), negócio usurário – 502
RCb 5-dez.-2012 (Maria Domingas Simões), conversão; requisitos – 955
RCb 19-jun.-2013 (Alberto Ruço), ccg; não-inclusão; sentença estrangeira – 436
RCb 25-jun.-2013 (Arlindo Oliveira), ccg; comunicação – 431

Relação de Évora

REv 16-jan.-1986 (Pereira Cardigos), atos de administração – 109
REv 28-mai.-1986 (Sampaio e Silva), ordem pública – 605
REv 26-mai.-1988 (Faria Sousa), ordem pública – 605
REv 29-set.-1988 (Cortez Neves), condição; título executivo – 639
REv 18-dez.-1990 (Brito Câmara), ineficácia estrita; proteção de terceiros – 940
REv 26-set.-1991 (António Manuel Pereira), erro na declaração; validação – 851
REv 26-set.-1995 (Mário Pereira), erro-obstáculo; essencialidade – 850
REv 25-jan.-1996 (Pereira Carvalho), falta de consciência da declaração – 796
REv 26-set.-1996 (Geraldes de Carvalho), coação física e moral – 829
REv 14-nov.-1996 (Fernando Bento), reserva mental – 820
REv 8-mai.-1997 (Conceição Bento), erro e sua invocação – 850
REv 8-mai.-1997 (Gonçalves Rocha), condição; revogação do contrato de trabalho – 646
REv 29-jan.-1998 (Fonseca Ramos), nulidade; apreciação oficiosa – 923
REv 25-jun.-1998 (Gonçalves Rocha), incapacidade acidental – 807
REv 14-out.-1999 (Mário Pereira), forma da doação de móveis – 100
REv 11-nov.-1999 (Fernando Bento), *culpa in contrahendo* – 285
REv 12-jan.-2000 (Maria Laura Leonardo), interpretação do negócio – 728
REv 24-fev.-2000 (Maria Laura Leonardo), concurso para a celebração de um contrato – 301
REv 17-mai.-2001 (Graça Romba), conversão – 957
REv 3-jun.-2002 (Ana Luísa Geraldes), erro sobre os motivos; dolo de terceiros – 863

REv 22-jan.-2004 (Bernardo Domingos), impossibilidade jurídica – 556
REv 25-mar.-2004 (Ana Resende), simulação; prova – 908
REv 22-jun.-2004 (Ana Resende), contratação mitigada; "reserva" de coisa para negócio eventual – 310
REv 23-nov.-2005 (Fernando Bento), condição; garantia – 638
REv 20-set.-2007 (Fernando Bento), falta de consciência da declaração – 796
REv 16-dez.-2008 (Almeida Simões), ordem pública internacional – 611

Relação de Guimarães

RGm 4-jun.-2003 (Leonel Serôdio), declaração tácita – 134
RGm 24-Mar.-2004 (Vieira da Cunha), negócio usurário – 497
RGm 26-abr.-2012 (Manso Raínho), negócio usurário – 502
RGm 26-abr.-2012 (Rita Romeira), bons costumes – 601
RGm 31-mai.-2012 (Manso Raínho), bons costumes – 602
RGm 7-mai.-2013 (Rosa Tching), bons costumes – 602

Relação de Lisboa

RLx 26-mai.-1945 (sem ind. relator), impossibilidade moral – 558
RLx 13-dez.-1972 (sem ind. relator), erro sobre os motivos; desculpabilidade – 851
RLx 8-jan.-1975 (Miguel Caeiro), erro sobre os motivos; essencialidade – 850
RLx 12-jun.-1984 (sem ind. relator, inédito), contratos reais e consensuais – 98
RLx 24-jun.-1986 (Ribeiro de Oliveira), retroatividade da condição – 651
RLx 23-out.-1986 (Carvalho Pinheiro), negócio usurário – 500
RLx 26-nov.-1987 (Ricardo Velha), simulação; intuito de enganar terceiros – 887
RLx 13-jan.-1988 (Lopes de Melo), publicidade a bebidas alcoólicas – 527
RLx 8-mar.-1988 (Calixto Pires), *venire contra factum proprium*; inalegabilidade formal – 198
RLx 13-abr.-1988 (Carlos F. Júnior), publicidade enganosa – 527
RLx 27-abr.-1988 (Tavares dos Santos), publicidade a bebidas alcoólicas – 527
RLx 6-abr.-1989 (Costa Raposo), ccg; cláusulas nulas; exclusão de responsabilidade – 457
RLx 1-fev.-1990 (Prazeres Pais), coação moral – 833
RLx 27-mar.-1990 (Costa Figueirinhas), publicidade oculta (caso "Vitinho") – 527
RLx 13-dez.-1990 (Peixe Pelica), integração do negócio; taxa de juros – 776
RLx 17-jan.-1991 (Quirino Soares), nulidade; restituição – 936
RLx 27-jun.-1991 (Silva Paixão), coação moral – 831
RLx 7-nov.-1991 (Nascimento Gomes), nulidade; restituição – 936
RLx 16-jan.-1992 (Rosa Raposo), invalidade mista – 924
RLx 20-fev.-1992 (Joaquim de Matos), confirmação – 961
RLx 18-mar.-1992 (César Teles), erro de escrita – 856
RLx 11-jun.-1992 (Luís Fonseca), ccg; cláusulas nulas; exclusão de responsabilidade; ação inibitória – 457
RLx 7-jul.-1992 (Almeida Valadas), simulação; legitimidade passiva – 893
RLx 9-jul.-1992 (António da Cruz), simulação; prova – 908
RLx 29-set.-1992 (Joaquim Dias), coação física e moral – 829

RLx 17-dez.-1992 (Carvalho Pinheiro), interpretação do negócio – 750
RLx 12-mai.-1993 (Lopes Bento), ordem pública internacional – 610
RLx 15-dez.-1993 (Martins Ramires), eficácia da declaração – 147
RLx 20-jan.-1994 (Ferreira Girão), invalidade mista – 924
RLx 13-abr.-1994 (Dinis Roldão), fraude à lei – 581
RLx 5-mai.-1994 (Almeida e Sousa), erro sobre a base do negócio – 869
RLx 24-mai.-1994 (Sousa Inês), erro de escrita – 855
RLx 9-jun.-1994 (Flores Ribeiro), ccg; proibições – 461
RLx 16-jun.-1994 (Noronha Nascimento), ccg; cláusulas nulas; ação inibitória – 461
RLx 7-jul.-1994 (Rodrigues Codeço), ccg; locação financeira; cláusula penal; aprovação pelo BP – 425
RLx 11-jan.-1995 (César Teles), integração do negócio – 776
RLx 9-Mar.-1995 (Flores Ribeiro), simulação – 896
RLx 27-jun.-1995 (Dinis Nunes), ccg; cláusulas nulas; exclusão de responsabilidade; ação inibitória – 457
RLx 28-jun.-1995 (Carlos Horta), ccg; dever de informação, *ambiguitas contra stipulatorem* – 430
RLx 8-nov.-1995 (Carlos Horta), condição; contrato de trabalho – 646
RLx 23-nov.-1995 (Eduardo Baptista), integração do negócio; boa fé – 776
RLx 14-dez.-1995 (Almeida Valadas), condições impróprias (legais) – 642
RLx 8-fev.-1996 (Santos Bernardino), ccg; aprovação prévia; seguro de colheita – 424
RLx 15-fev.-1996 (Almeida Valadas), interpretação do negócio – 717
RLx 7-mar.-1996 (Silva Salazar), interpretação do negócio; *falsa demonstratio non nocet* – 738
RLx 14-mar.-1996 (Torres Veiga), ccg; nulidades – 457
RLx 9-mai.-1996 (Ferreira Girão), ccg; falta de negociação prévia; erro – 423
RLx 28-mai.-1996 (Mário Cruz), ordem pública – 605
RLx 11-jul.-1996 (Folque de Magalhães), cic; responsabilidade obrigacional – 278
RLx 7-nov.-1996 (Pessoa Santos), ccg; cláusulas posteriores à assinatura – 434
RLx 14-nov.-1996 (Manso Rodrigues), ccg; apresentação gráfica – 429
RLx 28-nov.-1996 (Cruz Broco), nulidade; conhecimento oficioso – 923
RLx 8-mai.-1997 (Pessoa dos Santos), ilicitude do negócio – 568
RLx 11-jun.-1997 (Adelino Salvado), publicidade enganosa – 527
RLx 12-jun.-1997 (Urbano Dias), associação de defesa do consumidor – 509
RLx 26-jun.-1997 (Carlos Valverde), abuso do direito; ccg; encargo de comunicação – 429
RLx 2-out.-1997 (Eduardo Baptista), boa fé e interpretação do negócio – 715
RLx 9-out.-1997 (Ponce de Leão), ccg; cláusulas nulas; ação inibitória; DECO – 457
RLx 4-nov.-1997 (Fernando Pinto Monteiro), pendência da condição – 651
RLx 20-nov.-1997 (Urbano Dias), erro; desculpabilidade – 851
RLx 27-nov.-1997 (Narciso Machado), ccg; negócios unilaterais; concurso público – 301
RLx 2-dez.-1997 (Dinis Nunes), fraude à lei – 580
RLx 22-jan.-1998 (Soares Curado), boa fé e interpretação do negócio – 715
RLx 12-fev.-1998 (Palha da Silveira), âmbito da forma; núcleo negocial – 202
RLx 10-mar.-1998 (André dos Santos), ccg; cláusula penal excessiva, ilicitude do negócio – 570

RLx 26-mar.-1998 (Palha da Silveira), doação modal; incumprimento – 666
RLx 31-mar.-1998 (Lino Augusto Pinto), boa fé; inalegabilidade formal – 198
RLx 7-mai.-1998 (Urbano Dias), interpretação do negócio – 728
RLx 14-mai.-1998 (Silva Pereira), erro de escrita – 856
RLx 3-jun.-1998 (Sarmento Botelho), integração do negócio – 771
RLx 4-jun.-1998 (Proença Fouto), nulidade, restituição – 936
RLx 2-jul.-1998 (Fernando Casimiro), *culpa in contrahendo* – 295
RLx 29-out.-1998 (Ana Paula Boularot), *culpa in contrahendo* – 278
RLx 4-nov.-1998 (Cotrim Mendes), publicidade; identificabilidade – 526
RLx 12-nov.-1998 (Ana Paula Boularot), reserva mental – 822
RLx 26-nov.-1998 (Jorge Santos), ccg; ação inibitória, *culpa in contrahendo* – 461
RLx 17-dez.-1998 (Ana Paula Boularot), ccg; interpretação conforme com a LCCG – 439
RLx 4-fev.-1999 (Arlindo Rocha), ccg; ação inibitória – 465
RLx 9-fev.-1999 (Quinta Gomes), ccg; encargo de comunicação – 429
RLx 4-mar.-1999 (Ponce de Leão), boa fé; inalegabilidade formal – 199
RLx 20-abr.-1999 (Pimentel Marcos), ccg; ação inibitória – 461
RLx 20-mai.-1999 (Ferreira Girão), boa fé; tutela da confiança; inalegabilidade formal – 198
RLx 24-jun.-1999 (Mendes Louro), interpretação do negócio – 728
RLx 1-jul.-1999 (Salvador da Costa), ccg; comunicação – 429
RLx 16-nov.-1999 (Pais do Amaral), interpretação do negócio – 717
RLx 24-nov.-1999 (Manuela Gomes), coação moral; essencialidade – 834
RLx 15-dez.-1999 (Salvador da Costa), conversão – 956
RLx 2-mar.-2000 (Salazar Casanova), concurso público; sindicância – 301
RLx 15-mar.-2000 (Salazar Casanova), interpretação do negócio formal – 752
RLx 30-mar.-2000 (Cordeiro Dias), boa fé; invalidade formal; *venire* – 198
RLx 2-nov.-2000 (Urbano Dias), impossibilidade jurídica (caso Benfica/Olivedesportos) – 556
RLx 30-nov.-2000 (Margarida Vieira de Almeida), publicidade; identificabilidade – 526
RLx 5-dez.-2000 (Vasconcelos Rodrigues), interpretação do negócio; necessidade – 676
RLx 16-jan.-2001 (Mário Rua Dias), juros usurários – 495
RLx 27-mar.-2001 (Pimentel Marcos), interpretação de ccg; ambiguidade – 438
RLx 22-mai.-2001 (Ferreira Girão), impossibilidade jurídica – 556
RLx 2-jul.-2001 (Rua Dias), cic; tutela da parte fraca – 274
RLx 18-dez.-2001 (Tomé Gomes), simulação – 895
RLx 5-fev.-2002 (António Abrantes Geraldes), comunicação de ccg ao fiador – 428
RLx 27-jun.-2002 (Sousa Grandão), declaração recipienda – 147
RLx 24-set.-2002 (Roque Nogueira), nulidade; restituição – 936
RLx 22-jan.-2003 (Rosa Ribeiro Coelho), ccg; cláusulas posteriores à assinatura – 434
RLx 10-abr.-2003 (Graça Amaral), ccg; dever de informação – 430
RLx 10-abr.-2003 (Pinto de Almeida), ccg; proibições – 461
RLx 8-mai.-2003 (Sousa Grandão), ccg; cláusulas em anexo – 434
RLx 13-mai.-2003 (Rosa Ribeiro Coelho), ccg; cláusulas não incluídas – 434
RLx 15-mai.-2003 (Lúcia de Sousa), ccg; nulidade; presunção de assentimento – 457
RLx 2-out.-2003 (Tibério Silva), negócio usurário – 499

RLx 13-nov.-2003 (Francisco Magueijo), ccg; proibições – 457
RLx 16-dez.-2003 (Tibério Silva), nulidade por contrariedade à lei – 571
RLx 23-mar.-2004 (Maria Amélia Ribeiro), simulação processual – 892
RLx 27-abr.-2004 (Abrantes Geraldes), ordem pública internacional – 610
RLx 29-abr.-2004 (Fátima Galante), inalegabildiade formal; vcpf – 199
RLx 8-jun.-2004 (Maria Amélia Ribeiro), ordem pública internacional – 610
RLx 24-jun.-2004 (Graça Amaral), ccg; cláusulas nulas – 466
RLx 20-jan.-2005 (Fátima Galante), cic e responsabilidade obrigacional – 278
RLx 9-jul.-2005 (Ana Paula Boularot), cic e enriquecimento sem causa – 277
RLx 19-jan.-2006 (Manuel Gonçalves), ccg; proibições – 461
RLx 16-mar.-2006 (Aguiar Pereira), ordem pública internacional – 610
RLx 21-abr.-2006 (Manuela Gomes), acordo de cavalheiros – 307
RLx 30-jun.-2006 (Rosa Maria Ribeiro Coelho), ordem pública internacional – 610
RLx 3-out.-2006 (Arnaldo Silva), ordem pública internacional – 610
RLx 12-out.-2006 (Ferreira de Almeida), ordem pública internacional – 610
RLx 14-nov.-2006 (Rosa Maria Ribeiro Coelho), ordem pública internacional – 610
RLx 12-dez.-2006 (Roque Nogueira), ordem pública internacional – 609
RLx 20-mar.-2007 (Rui Vouga), ccg; "cláusula-surpresa" – 434
RLx 22-mar.-2007 (Fátima Galante), ccg; "cláusula-surpresa" – 434
RLx 26-set.-2007 (Domingos Duarte), simulação; falsidade – 890
RLx 18-out.-2007 (Jorge Leal), ordem pública internacional – 610
RLx 14-nov.-2007 (Arnaldo Silva), ordem pública internacional – 610
RLx 24-abr.-2008 (Carla Mendes), cic e venda de bens defeituosos– 272
RLx 13-mai.-2008 (Maria do Rosário Morgado), acordo de cavalheiros – 307
RLx 15-mai.-2008 (Granja da Fonseca), perda de *chance* – 288
RLx 23-out.-2008 (Jorge Vilaça), ordem pública internacional – 610
RLx 17-mar.-2009 (Anabela Calafate), bons costumes; prostituição – 601
RLx 17-mar.-2009 (Maria Rosário Barbosa), inalegabilidade formal – 199
RLx 16-abr.-2009 (Carlos Mendes), reserva mental – 820
RLx 7-mai.-2009 (Carlos Marinho), simulação; intuito de enganar terceiros – 887
RLx 17-set.-2009 (Ezagüy Martins), ordem pública internacional – 611
RLx 4-mai.-2010 (Maria do Rosário Barbosa), simulação absoluta – 888
RLx 5-mai.-2011 (Aguiar Pereira), ccg; contrariedade à boa-fé – 453
RLx 22-jun.-2010 (Tomé Gomes), simulação; legitimidade dos herdeiros – 894
RLx 13-jul.-2010 (Rui da Ponte Gomes), controlo de ordem pública internacional – 616
RLx 7-out.-2010 (Rui da Ponte Gomes), cic; rutura de negociações – 273
RLx 3-fev.-2011 (Ferreira de Almeida), ccg; "cláusula-surpresa" – 434
RLx 24-mar.-2011 (Rosa Barroso), erro sobre o objeto – 858
RLx 24-mai.-2011 (Maria Teresa Soares), cic e abuso do direito – 277
RLx 15-mar.-2012 (Vaz Gomes), *in dubio contra proferentem* – 439
RLx 14-jun.-2012 (Jorge Leal), bons costumes – 602
RLx 24-jun.-2012 (Isabel Fonseca), ordem pública internacional – 610
RLx 28-jun.-2012 (Pedro Martins), ccg; informação – 431
RLx 13-jul.-2012 (Maria do Rosário Barbosa), negócio usurário – 501
RLx 18-set.-2012 (Graça Amaral), simulação; requisitos – 884

RLx 14-fev.-2013 (Teresa Albuquerque), simulação; interposição; mandato – 891
RLx 18-abr.-2013 (Ezagüy Martins), ccg; comunicação; ónus da prova – 431

Relação do Porto

RPt 27-fev.-1970 (sem ind. relator), erro; títulos de crédito – 851
RPt 26-fev.-1980 (Machado Costa), cic; rutura de negociações – 273
RPt 29-out.-1981 (Oliveira Domingues), ordem pública – 609
RPt 4-mai.-1982 (Joaquim Gonçalves), dolo na celebração do negócio – 873
RPt 30-jul.-1987 (Aragão Seia), ccg; aprovação prévia; exclusão de danos morais – 424
RPt 2-mai.-1988 (Neto Parra), atos não condicionáveis; contrato de trabalho – 646
RPt 14-jul.-1988 (Mário Cancela), atos de administração e de disposição – 108
RPt 11-mai.-1989 (Carlos Matias), *venire contra factum proprium*; inalegabilidade formal – 198
RPt 13-nov.-1989 (José Correia), condição; contrato de trabalho – 646
RPt 8-fev.-1990 (Simões Ventura), determinabilidade do negócio – 565
RPt 5-jun.-1990 (Matos Fernandes), negócios aleatórios – 111
RPt 16-out.-1990 (Matos Fernandes), anulabilidade – 924
RPt 15-nov.-1990 (Bessa Pacheco), erro de escrita – 855
RPt 8-jan.-1991 (Matos Fernandes), interpretação do negócio – 738
RPt 22-jan.-1991 (Martins da Costa), impossibilidade e indeterminabilidade do negócio – 563
RPt 16-mai.-1991 (Augusto Alves), *culpa in contrahendo*; reserva mental – 821
RPt 1-jul.-1991 (Guimarães Dias), elementos essenciais do negócio – 120
RPt 26-nov.-1992 (Sampaio da Nóvoa), erro; essencialidade – 850
RPt 9-jun.-1993 (Fernandes Magalhães), ccg; aplicação da lei no tempo – 466
RPt 13-jul.-1993 (Norberto Brandão), aceitação parcial; formação do contrato – 334
RPt 21-out.-1993 (Carlos Matias), ccg; cláusulas nulas; confiança – 453
RPt 23-nov.-1993 (Matos Fernandes), ccg; quadro negocial padronizado – 450
RPt 22-jan.-1994 (Norman Mascarenhas), bons costumes – 599
RPt 31-jan.-1994 (Abílio Vasconcelos), redução – 948
RPt 7-mar.-1994 (Reis Figueira), erro sobre os motivos – 869
RPt 9-mai.-1994 (Antero Ribeiro), erro sobre o objeto – 858
RPt 21-nov.-1994 (Guimarães Dias), erro de escrita – 856
RPt 10-jan.-1995 (Araújo Barros), erro de escrita – 855
RPt 15-mai.-1995 (Paiva Gonçalves), erro sobre o objeto; erro sobre a base do negócio – 859
RPt 5-jul.-1995 (Ferreira Dinis), receção; aviso – 323
RPt 25-set.-1995 (Bessa Pacheco), interpretação do negócio – 717
RPt 18-dez.-1995 (Reis Figueira), redução – 952
RPt 5-mar.-1996 (Rapazote Fernandes), cic; interesse positivo – 285
RPt 2-mai.-1996 (Sousa Peixoto), *culpa in contrahendo*; conversão – 957
RPt 28-mai.-1996 (Mário Cruz), determinabilidade do negócio – 565
RPt 2-jul.1996 (Gonçalves Vilar), *trade terms* – 369
RPt 19-dez.-1996 (Oliveira Vasconcelos), bons costumes – 599
RPt 14-jan.-1997 (Araújo Barros), ccg; interpretação singular – 436

Índice de jurisprudência

RPt 30-jan.-1997 (Saleiro de Abreu), ccg; aprovação prévia pelo ISP – 424
RPt 5-mai.-1997 (Azevedo Ramos), erro; incumprimento – 859
RPt 5-jun.-1997 (João Bernardo), cic; não-aplicação – 275
RPt 17-jun.-1997 (Afonso Correia), deliberações sociais abusivas; bons costumes – 601
RPt 29-set.-1997 (Ribeiro de Almeida), inalegabilidade formal– 198
RPt 13-nov.-1997 (Custódio Montes), erro sobre os motivos – 863
RPt 16-fev.-1998 (Gonçalves Ferreira), forma especial; consensualismo – 97
RPt 23-mar.-1998 (Cipriano Silva), termo; contrato de trabalho – 662
RPt 4-mai.-1998 (César Teles), temor reverencial – 833
RPt 9-mar.-1999 (Cândido de Lemos), cic; não-aplicação – 276
RPt 13-abr.-1999 (Afonso Correia), bons costumes; deliberação social – 601
RPt 29-abr.-1999 (Custódio Montes), ilicitude; fraude à lei – 580
RPt 6-mai.-1999 (João Vaz), eficácia da declaração negocial – 147
RPt 2-nov.-1999 (Teresa Montenegro), invalidade mista – 924
RPt 17-jan.-2000 (Fonseca Ramos), desequilíbrio no exercício; cláusula penal – 670
RPt 26-jan.-2000 (Moreira Alves), cláusula penal; redução equitativa – 670
RPt 13-jul.-2000 (Moreira Alves), responsabilidade do produtor – 510
RPt 27-nov.-2000 (Pinto Ferreira), cic; responsabilidade de terceiro – 275
RPt 12-fev.-2001 (Ribeiro de Almeida), sinal – 670
RPt 19-mar.-2001 (Fonseca Ramos), interpretação do negócio – 717
RPt 20-mar.-2001 (Afonso Correia), boa fé; tutela da confiança – 198
RPt 24-mai.-2001 (Alves Velho), ilicitude do negócio – 580
RPt 31-mai.-2001 (Afonso Correia), inalegabilidade formal – 199
RPt 8-nov.-2001 (Sousa Leite), declaração tácita – 134
RPt 6-dez.-2001 (Mário Fernandes), ordem pública internacional – 609
RPt 8-jan.-2002 (Manso Raínho), declaração tácita; confirmação – 134
RPt 10-jan.-2002 (Pinto de Almeida), erro; essencialidade – 849
RPt 15-Jan.-2002 (Mário Cruz), *trade terms* – 369
RPt 4-mar.-2002 (António Gonçalves), nulidade; relação de liquidação – 936
RPt 6-jun.-2002 (Moreira Alves), contratação mitigada; carta de conforto – 306
RPt 17-jun.-2002 (Sousa Peixoto), aplicação da LCCG no Direito do trabalho – 424
RPt 27-fev.-2003 (Gonçalo Silvano), *culpa in contrahendo*; ruptura das negociações – 285
RPt 5-dez.-2003 (Fonseca Ramos), cic; rutura de negociações – 274
RPt 15-dez.-2003 (Fonseca Ramos), cic; tutela da parte débil – 274
RPt 15-jan.-2004 (Pinto de Almeida), interpretação do negócio – 754
RPt 3-fev.-2004 (Fernando Samões), fraude à lei; abuso do direito – 581
RPt 9-mar.-2004 (Alberto Sobrinho), bons costumes – 599
RPt 31-mar.-2004 (Alziro Antunes Cardoso), cic; interesse negativo – 284
RPt 22-abr.-2004 (Saleiro de Abreu), inalegabilidade formal – 199
RPt 26-abr.-2004 (Fonseca Ramos), redução – 949
RPt 6-mai.-2004 (Gonçalo Silvano), simulação; conversão – 956
RPt 24-nov.-2004 (Ataíde das Neves), simulação; preferência; abuso – 899
RPt 13-dez.-2004 (Fonseca Ramos), nulidade por contrariedade à lei – 571
RPt 6-jan.-2005 (Gonçalo Silvano), inalegabilidade formal – 199
RPt 9-mai.-2005 (Alziro Antunes Cardoso), cic; interesse negativo – 284

RPt 15-mai.-2005 (Abílio Costa), cic e responsabilidade obrigacional– 278
RPt 25-out.-2005 (Alberto Sobrinho), simulação; terceiros; prova – 895, 908
RPt 24-nov.-2005 (Ataíde das Neves), simulação; preferência; abuso do direito – 899
RPt 26-abr.-2007 (Teles de Menezes), *incoterms* – 367, 368
RPt 3-jul.-2008 (Pinto de Almeida), *incoterms* – 367
RPt 11-set.-2008 (Freitas Vieira), ccg; comunicação à prova – 431
RPt 20-abr.-2009 (Maria Graça Mira), bons costumes – 601
RPt 16-nov.-2009 (Anabela Luna de Carvalho), simulação imprópria; valor – 889
RPt 3-dez.-2009 (José Ferraz), cic e abuso do direito – 275
RPt 25-mar.-2010 (M. Pinto dos Santos), simulação; prova – 908
RPt 26-out.-2010 (João Ramos Lopes), condição; interpretação – 638
RPt 24-mar.-2011 (Maria Catarina), nulidade formal; abuso – 200
RPt 28-mar.-2011 (Anabela Luna de Carvalho), erro *in futurum* – 859
RPt 26-set.-2011 (Soares de Oliveira), simulação; interposição; mandato – 891
RPt 10-jan.-2012 (Maria de Jesus Pereira), ordem pública internacional – 611
RPt 31-jan.-2012 (M. Pinto dos Santos), ccg; proibições – 456
RPt 8-mar.-2012 (Leonel Serôdio), ccg; informação – 431
RPt 24-mai.-2012 (Teles de Menezes), simulação; legitimidade – 895
RPt 11-jul.-2012 (Rui Moura), negócio usurário – 502
RPt 23-out.-2012 (Cecília Agante), inalegabilidade formal – 199
RPt 6-nov.-2012 (José Igreja Matos), conversão; nulidade formal – 956
RPt 19-dez.-2012 (Luís Lameiras), falta de consciência da declaração – 796
RPt 19-dez.-2012 (Maria João Areias), ccg; cláusulas prevalentes– 433
RPt 27-mai.-2013 (António José Ramos), LCCG; apólices uniformes – 425

Tribunal arbitral

Tribunal arbitral 30-mai.-1944 (Paulo Cunha), impossibilidade moral – 558

JURISPRUDÊNCIA EUROPEIA

Tribunal de Justiça Europeu

TJE 27-jun.-2000, não-inclusão; oficiosidade – 435, 445
TJE 21-nov.-2002, não-inclusão; oficiosidade – 435, 445

JURISPRUDÊNCIA ESTRANGEIRA

Alemanha

Oberappelationsgerich zu Lübeck

OAG Lübeck 17-jul.-1822, *culpa in contrahendo* – 209

Reichsoberhandelsgericht

ROHG 25-nov.-1871, *bona fides*; integração do negócio – 760
ROHG 24-set.-1873, *bona fides*; integração do negócio – 760

Reichsgericht

RG 1-nov.-1887, simulação; proteção de terceiros – 880
RG 4-jun.-1901, ccg; falta de consenso – 383
RG 7-jun.-1902, inalegabilidade formal – 190
RG 8-jan.-1906, ccg; bons costumes – 383
RG 15-nov.-1907, inalegabilidade formal – 190
RG 7-dez.-1911, *culpa in contrahendo*; dever de proteção (caso do linóleo) – 216
RG 23-mai.-1917, simulação; proteção de terceiros – 880
RG 15-mai.-1920, ccg; bons costumes – 383
RG 8-jun.-1920, *falsa demonstratio non nocet*; *Haakjöringsköd-Fall* – 737
RG 1-out.-1921, ccg; bons costumes – 383
RG 26-out.-1921, ccg; bons costumes – 383
RG 28-nov.-1923, inalegabilidade formal – 191
RG 29-set.-1925, *protestatio facto contraria* – 739
RG 8-nov.-1926, ccg; bons costumes – 383
RG 21-mai.-1927, inalegabilidade formal – 191
RG 13-mar.-1936, bons costumes; referência nazi – 594
RG 12-nov.-1936, inalegabilidade formal – 191
RG 14-ago.-1941, ccg; bons costumes – 384
RG 24-nov.-1941, declaração não-séria – 811
RG 4-dez.-1942, inalegabilidade formal – 191

Bundesgerichtshof

BGH 3-abr.-1952, integração do negócio; vontade hipotética – 773
BGH 24-out.-1955, falta de consciência da declaração – 790
BGH 14-jul.-1956, *protestatio facto contraria* – 739
BGH 29-out.-1956, ccg; boa-fé – 384
BGH 29-jan.-1957, *protestatio facto contraria* – 739
BGH 27-mai.-1957, inalegabilidade formal – 194
BGH 28-nov.-1957, inalegabilidade formal – 194
BGH 3-dez.-1958, inalegabilidade formal – 193
BGH 26-set.-1961, *culpa in contrahendo*; deveres de segurança (caso da casca de banana) – 217
BGH 16-abr.-1962, inalegabilidade formal – 194
BGH 23-mar.-1964, *incoterms*; interpretação – 368
BGH 20-jan.-1965, inalegabilidade formal – 194
BGH 29-jan.-1965, inalegabilidade formal – 194
BGH 20-fev.-1967, *culpa in contrahendo*; dever de informação – 218
BGH 27-out.-1967, inalegabilidade formal – 195
BGH 4-abr.-1968, cic; dolo – 221

BGH 6-fev.-1969, cic; interrupção de negociações – 222
BGH 10-jul.-1970, inalegabilidade formal – 194
BGH 9-out.-1970, inalegabilidade formal – 193
BGH 13-abr.-1972, *culpa in contrahendo* – 221
BGH 22-jun.-1973, inalegabilidade formal – 194
BGH 27-fev.-1974, *culpa in contrahendo*; tutela da parte débil – 225
BGH 18-out.-1974, *culpa in contrahendo*; deveres de lealdade – 219
BGH 27-nov.-1974, ccg; boa-fé – 384
BGH 8-jan.-1975, bons costumes; locação de umk bordel – 595
BGH 18-jan.-1975, *incoterms*; interpretação – 368
BGH 2-dez.-1976, *culpa in contrahendo*; deveres de segurança (caso do iate) – 217
BGH 28-mar.-1977, *culpa in contrahendo* – 221
BGH 10-jun.-1977, inalegabilidade formal – 194
BGH 8-jun.-1978, *culpa in contrahendo*; deveres de lealdade – 219
BGH 16-nov.-1978, inalegabilidade formal – 194
BGH 7-jun.-1984, falta de consciência da declaração – 791
BGH 29-set.-1989, cic; falta de poderes – 223
BGH 16-nov.-1990, ccg; requisitos – 374
BGH 4-jun.-1992, *punitive damages*; ordem pública internacional – 613
BGH 25-nov.-1992, cic; interrupção de negociações – 222
BGH 11-nov.-1993, horizonte do destinatário – 705
BGH 29-nov.-1994, falta de consciência da declaração – 791
BGH 15-abr.-1998, ccg; requisitos – 375
BGH 24-jun.-1998, *culpa in contrahendo*; interesse positivo – 286
BGH 8-set.-1998, cic; interrupção de negociações – 222
BGH 7-dez.-2000, *culpa in contrahendo* – 221
BGH 16-jan.-2001, *culpa in contrahendo* – 221
BGH 27-set.-2001, ccg; requisitos – 375
BGH 21-mar.-2002, ccg; requisitos – 375
BGH 12-nov.-2003, protocolo complementar – 310
BGH 13-mar.-2004, *e-mail* publicitário; concorrência desleal – 528
BGH 23-jun.-2005, ccg; requisitos – 374
BGH 24-nov.-2005, ccg; requisitos – 374
BGH 27-mar.-2009, *culpa in contrahendo* – 221
BGH 17-fev.-2010, ccg; requisitos – 374
BGH 13-jan.-2011, possibilidade; negócio absurdo; *Kartenlegerinfall* – 560
BGH 30-mar.-2011, reserva de ordem pública – 611
BGH 3-ago.-2011, reserva de ordem pública – 611
BGH 30-nov.-2011, reserva de ordem pública – 611
BGH 28-mar.-2012, reserva de ordem pública – 611

Reichsarbeitsgericht

RAG 15-jun.-1938, inalegabilidade formal – 191

Bundesarbeitsgericht

BAG 7-fev.-1964, *culpa in contrahendo*; dever de informar – 218
BAG 1-mar.-2006, ccg; requisitos – 375

Tribunais de apelação

OGHBrZ, 7-out.-1948, inalegabilidade formal – 193
OLG Dresden, 22-mar.-1949, inalegabilidade formal – 193
OLG Hamm, 25-jul.-1962, *culpa in contrahendo*; tutela da parte débil – 224
OLG Karlsruhe 14-jun.-1995, acordo de base – 309
OLG Frankfurt 8-mai.-2003, *culpa in contrahendo*; tutela da confiança e primazia da materialidade subjacente – 231
OLG Bamberg 18-ago.-2003, *culpa in contrahendo*; tutela da confiança e primazia da materialidade subjacente – 231
OLG Schleswig 31-out.-2003, *culpa in contrahendo*; deveres de informação; aplicação do regime do BGB 2001/2002 – 226
OLG Frankfurt a. M. 31-ago.-1959, bons costumes – 594
OLG Hamm 10-out.-1975, bons costumes – 595

Primeira instância

LG Lübeck 22-jan.-1962, bons costumes – 594
LG Bremen 17-ago.-1966, *protestatio facto contraria* – 739
AG Emden 11-fev.-1975, bons costumes – 595

França

Conseil d'État

Cons. d'État 23-mar.-1906, ccg; regime – 380
Arrêt de 3 de dezembro de 1980, ccg; regime – 381

Cour de Cassation

CssFr 9-jan.-1821, inexistência; nulidade – 925
CssFr 1-fev.-1853, ccg; requisitos – 380
CssFr 14-fev.-1866, ccg; requisitos – 380
CssFr 17-jul.-1889, – 287
CssFr 30-mar.-1892, ccg; requisitos – 380
CssFr 15-jan.-1906, ccg; requisitos – 381
CssFr 21-jun.-1926, ccg; requisitos – 380
CssFr 9-jul.-1930, ccg; requisitos – 380
CssFr 14-jan.-1931, ccg; requisitos – 380
CssFr 3-mai.-1979, ccg; requisitos – 381
CssFr 14-mai.-1991, ccg; requisitos; invalidade – 381

Primeira instância

Seine 16-fev.-1926, ccg; requisitos – 380

Itália

Cassação italiana

CssIt 19-jan.-2007, *punitive damages*; reserva de ordem pública – 615

Inglaterra

King's Bench, 26-mar.-1647 (Paradine v. Jane), impossibilidade – 546
King's Bench, 6-mai.-1863 (Taylor v. Caldwell), impossibilidade – 547

Estados Unidos

Superior Court of Delaware, 8-jan.-1960 (Wills v. Schockley), impossibilidade – 547

ÍNDICE ONOMÁSTICO

ABREU, Jorge de – 263
ABREU, Saleiro de – 199, 424
ABREU, Teixeira de – 59
ACKERMANN, Thomas – 242
ADICKES, Franz – 619
AFONSO, Maria – 510
AFONSO, Orlando – 285, 886
AGANTE, Cecília – 199
ALARCÃO, Rui de – 61. 64, 65, 66, 124, 132, 137, 138, 144, 171, 172, 254, 493, 541, 542, 548, 560, 563, 570, 571, 579, 580, 632, 633, 710, 711, 712, 713, 762, 781, 788, 792, 793, 796, 812, 819, 828, 832, 844, 848, 853, 854, 857, 862, 863, 879, 882, 893, 894, 898, 900, 901, 903, 904, 905, 924, 925, 927, 933, 959
ALBUQUERQUE, Cardoso de – 431
ALBUQUERQUE, Pedro de – 54
ALBUQUERQUE, Ruy de – 232, 254, 255
ALBUQUERQUE, Teresa – 891
ALCIATUS, Andreas – 877
ALDIMARI, Biagio – 758
ALEXANDER, Kurt – 915
ALMEIDA, Carlos Ferreira de – 35, 54, 58, 63, 71, 156, 261, 262, 265, 290, 311, 318, 320, 325, 329, 332, 333, 339, 340, 344, 374, 420, 523, 676, 715, 718, 746, 846, 869, 870
ALMEIDA, Ferreira de – 137, 198, 272, 277, 368, 434, 457, 610, 833, 871, 873, 888, 891
ALMEIDA, Helder – 796
ALMEIDA, Margarida Vieira de – 526
ALMEIDA, Martins de – 961
ALMEIDA, Moitinho de – 435

ALMEIDA, Pinto de – 461, 754, 849, 870
ALMEIDA, Ribeiro de – 198, 670, 899
ALMEIDA, Tinoco de – 640, 642
ALMEIDA, Vítor Nunes de – 466
ALPA, Guido – 395, 404, 513, 524, 525, 682, 692, 718, 720, 726, 728, 748, 770
ALTHUSIUS, Johannes – 31
ALVES, Augusto – 821
ALVES, Laerte de Castro – 263
ALVES, Moreira – 306, 435, 510, 670, 808
AMARAL, Graça – 430, 466, 884
AMARAL, Pais do – 717
AMBROSI, Irene – 799
ANDRADE. Abel de – 59
ANDRADE, Belmiro de – 890
ANDRADE, Manuel Augusto Rodrigues de – 54, 61, 62, 64, 65, 66, 67, 69, 87, 116, 117, 124, 125, 126, 128, 130, 132, 133, 137, 142, 149, 169, 171, 254, 542, 548, 555, 556, 563, 578, 579, 597, 599, 632, 637, 639, 660, 664, 710, 711, 714, 717, 727, 735, 761, 762, 763, 771, 781, 782, 788, 792, 809, 812, 819, 821, 827, 831, 844, 851, 855, 882, 894, 897, 900, 903, 904, 905, 919, 920, 923, 926, 932, 955
ANTUNES, Ana Filipa Morais – 420
ANTUNES, Eduardo – 429, 717, 796
ANTUNES, Faria – 284
ANTUNES, Henrique Sousa – 260
ANTUNES, José Engrácia – 311, 314, 352
APOSTOLIDES, Sara Costa – 261
AQUINO, Tomás de – 24, 472, 690
ARAÚJO, Fernando – 315, 721
ARCANJO, Jorge – 611

ARCHI, Gian Gualberto – 619, 621, 627, 628
AREIAS, Maria João – 433
ARISTOTELES – 30, 246
ARMBRÜSTER, Christian – 132, 140, 194, 483, 787, 811, 819
ARMGARDT, Mathias – 656
ARNDT, Hans-Wolfgang – 150, 191, 345, 348, 352
ARNDTS von Arnesberg, Ludwig – 48, 623
ARTZ, Markus – 348, 349
ASCENSÃO, José de Oliveira – 44, 45, 79, 86, 200, 605, 665, 885, 895, 898, 901, 904, 931, 957, 969
ATAÍDE, Rui – 217
AUBERT, Jean-Luc – 339
AUGNER, Jörn – 336, 337
AVANZO, Walter d' – 666
AYNÉS, Laurent – 604
AYRES, Ian – 157
AZEVEDO, Antônio Junqueira de – 305, 503, 800, 824, 859, 920
AZO, Portius – 817

BACHER, Gabriela – 859
BAETGE, Dietmar – 441
BÄHR, Otto – 127, 701, 702, 818
BAIÃO, Magalhães – 863
BALDUS, Christian – 689
BALLERSTEDT, Kurt – 235, 236,
BANCK, Manuel – 228
BANDEIRA, António Melo – 852
BAPTISTA, Eduardo – 715, 776
BAPTISTA, Serra – 288, 424, 453, 886
BAR, Christian von – 215, 405-406, 407, 483, 484, 697
BARATA, Carlos Lacerda – 468
BARBERO, Domenico – 632, 640, 645
BARBOSA, Ana Mafalda Miranda – 764, 774
BARBOSA, Maria do Rosário – 199, 501, 888
BARBOSA, Pedro Ascenção – 254
BARBOSA, Ruy – 63
BARCELLONA, Pietro – 841
BARROCA, Manuel Rodrigues – 62

BARROS, Araújo – 61, 278, 368, 436, 437, 638, 855
BARROS, Oliveira – 276, 424, 601, 609, 743, 796, 807, 863, 886, 889, 904
BARROSO, Rosa – 858
BARTELS, Florian – 561
BARTHOLOMEYCZIK, Horst – 125, 590
BÁRTOLO – 622, 624, 651, 758, 865, 877, 912, 913
BARTOSĔK, Mílan – 618
BASEDOW, Jürgen – 397, 427, 434, 513
BASTOS, Jacinto Rodrigues – 67, 176, 272, 494, 570, 683, 806, 951
BAUMBACH, Adolf – 366
BAUMGARTER, Hans-Ulrich – 43
BAUR, Fritz – 98
BECHMANN, August – 49
BECHTOLD, Stefan – 105
BECKER, Christoph – 471, 472
BECKER, Joachim Christian – 546
BECKER, Maximilian – 561
BECKER, Thomas – 452
BECKER, Walter C. – 677
BECK-MANNAGETTA, Margarethe – 472
BEDUSCHI, Carlo – 105
BEHRENDS, Okko – 27, 165, 359, 360, 470, 575, 620, 627, 690, 736, 758, 824, 825, 826, 912
BEINER, Thorsten – 655
BEKKER, Ernst Immanuel – 144
BELESA, José Júlio Pizarro – 476
BELEZA, Maria dos Prazeres – 436, 684, 822
BELLELLI, Alessandra – 331
BELLI, Claudio – 395
BELLOMO, Manlio – 29
BÉNABENT, Alain – 603
BENATTI, Francesco – 213
BENEDICT, Jörg – 143, 144, 147, 394
BENTO, Fernando – 274, 284, 285, 638, 684, 796, 820, 850
BENTO, Lopes – 610
BERGER, Klaus Peter – 394
BERGJAN, Ralf – 315
BERLIOZ, George – 379, 380, 389

BERNARDINO, Santos – 276, 424, 431, 434, 438, 738, 743
BERNARDO, João – 375, 367, 430, 454, 602
BERNITZ, Ulf – 391
BERNSTEIN, Otto – 362
BESCHORNER, J. H. – 361
BESELER, Gerhard von – 628
BETTENCOURT, Albuquerque – 870
BETTI, Emilio – 27, 28, 36, 55, 118, 619, 620, 621, 627, 664, 688, 691, 748, 836, 953
BETTINGER, Julius – 480
BEYER, Oskar – 640
BIANCA, C. Massimo – 577, 927
BIANCHI, Giorgio – 879, 891, 907
BICKEL, Dietrich – 691
BIEDER, Marcus – 230
BIEHL, Björn – 675
BIERMANN, Johannes – 49, 211, 227
BINDER, Jens-Hinrich – 182
BINDER, Julius – 48, 57
BION, Ernst – 915
BIONDI, Biondo – 619, 620, 621
BLAUROCK, Uwe – 311
BLECHER, M. D. – 876, 877
BLOMEYER, Arwed – 255, 256, 622, 626, 638
BLUMENWITZ – 613, 614
BOEHMER, Gustav – 99
BÖHM, Helmut – 205
BONELL, Michael Joachim – 700
BONFANTE, Pietro – 28
BORGES, Ferreira – 170, 487, 489
BORGES, Georg – 346, 652, 608
BORGES, Pais – 274
BORK, Reinhard – 298, 308, 309, 330, 334, 621, 626, 639, 640, 642, 653, 656, 658
BÖRNER, Bodo – 740
BORON, Angelo – 478
BOTELHO, Sarmento – 771, 776
BÖTHCHER, Leif – 816, 817, 818, 819
BOULAROT, Ana Paula – 277, 278, 285, 439, 822
BOVE, Lucio – 574
BRANCO, João Ricardo – 263

BRANDÃO, Norberto – 334
BRANDNER, Hans Erich – 385, 391, 432, 433, 440, 441, 445, 448, 451, 454
BRAVO, Federico de Castro y – 879
BRECHMANN, Winfried – 514
BRECHT, Arnold – 655
BREHMER, Nikolaus – 338
BREUTHAUPT, Walter – 590
BREYHAN, Christian – 103
BRICKS, Hélène – 381, 388
BRINZ, Alois von – 51
BRITO, Mário de – 951
BRITO, Rui de – 807
BROCO, Cruz – 923, 936
BRONDONI, Silvio M. – 524
BROSE, Johannes – 128
BROX, Hans – 655, 705, 773, 787, 789
BRUCH, Alban – 242, 243
BRUCK, Eberhard – 638
BRUCK, Martin – 914, 915
BRUSCUGLIA, Luciano – 652, 653
BRUTTI, Massimo – 911
BUCHNER, Benedikt – 221
BUCK-HEEB, Petra – 394
BÜLOW, Oskar – 51
BÜLOW, Peter – 348-349
BUNGERT, Hartwein – 614
BUNTE, Hermann-Josef – 452
BURCKHARDT, W. – 704
BÜRGE, Alfons – 595
BUSCHE, Jan – 39, 40, 226, 228, 297, 298, 327, 330, 337, 338, 692, 705, 933, 947
BUTERA, Antonio – 880
BYDLINSKI, Franz – 228, 337, 746, 787, 789, 791

CABRAL, Rita Amaral – 262, 263
CAEIRO, Miguel – 213, 683, 850, 858, 901
CALAFATE, Anabela – 601
CALDAS, Carlos – 198
CALEJO, Garcia – 431, 849, 892, 902, 904
CALEJO, José – 202
CALLO, Christian – 43
CALVETE, Victor R. – 950
CÂMARA, Brito – 940

CÂMARA, Paulo – 327
CAMEIRA, Nuno – 107, 271, 272, 282, 439, 582, 856, 864
CAMEIRA, Vasconcelos – 857, 859
CAMILO, Moreira – 198, 434, 458, 808, 858, 902
CAMPINHO, Bernardo Brasil – 416
CAMPOS, Abel de – 665, 851, 957
CAMPOS, Isabel Meneres – 820
CANARIS, Claus-Wilhelm – 70, 99, 129, 135, 140, 195, 196, 197, 235, 237, 241, 248, 249, 250, 279, 280, 293, 368, 71, 96, 98, 544, 550, 551, 553, 554, 567, 593, 677, 746, 747, 763, 769, 778, 790, 791, 840, 880, 938, 944, 947
CANCELA, Mário – 108, 332, 858
CANCELLI, Filippo – 872
CANDIAN, Alberto – 479
CANGE, Du – 618
CAPELO, Manuel – 723
CAPELOTTI, João Paulo – 416
CAPRIOLI, Severino – 471
CARBONNIER, Jean – 36, 379, 477, 478, 547, 587, 693, 926
CARDIGOS, Pereira – 109, 651
CARDOSO, Alziro Antunes – 284
CARDOSO, Lopes – 905
CARNEIRO, Manuel Borges – 486
CARRARO, Luigi – 575, 577
CARUSO, Daniela – 212, 309
CARUSO, Enrico – 212, 309
CARVALHÃO, Mendes – 605
CARVALHO Júnior – 681, 859, 956
CARVALHO, Anabela Luna de – 859, 889
CARVALHO, Geraldes de – 829, 833
CARVALHO, Jorge Morais – 505
CARVALHO, Oliveira – 579, 599, 682, 851, 873, 951
CARVALHO, Orlando de – 62
CARVALHO, Pereira – 796
CARVALHO, Sequeira – 951
CARVALHO, Tomé de – 556
CASANOVA, Salazar – 271, 272, 301, 466, 752
CASAVOLA, Franco – 872

CASELLA, Mario – 880
CASIMIRO, Fernando – 295
CASPER, Georg – 551, 554, 556
CASTRO, Oliveira e – 639
CASTRONOVO, Carlo – 405
CATARINA, Maria – 200
CATARINO, Gabriel – 268
CAVALAGLIO, Lorenzo – 346
CERVENCA, Giuliano – 912
CHABAS, François – 926
CHANTÉRAC, Véronique de – 524
CHAVES, Antônio – 266
CHAVES, Arala – 683, 951
CHAVES, Rui Moreira – 522
CHESNE, du – 775
CHIOTELLIS, A. – 867
CHITO, Maria Bruna – 577
CHRISTENSEN, Guido – 454
CIAN, Giorgio – 652, 722, 736, 751, 752
CLARIZIA, Renato – 346
CLIVE Eric – 215, 407, 484, 697
CODEÇO, Rodrigues – 425
COELHO, Augusto Victor – 683
COELHO, Baltazar – 885
COELHO, Francisco Pereira – 254
COELHO, José Gabriel Pinto – 60, 631, 658
COELHO, Ribeiro – 566, 664, 684, 687
COELHO, Rosa Ribeiro – 434, 610
COESTER, Michael – 425, 427, 451
COESTER-WALTJEN, Dagmar – 385, 427, 454
COHN, L. – 482
COING, Helmut – 185, 190, 196, 758, 830, 838, 839, 877, 879
COLAVINCENZO, Danilo – 480
COLLIER, Dieter – 915
COLUSSI, Vittorio – 652
CORDEIRO, A. Barreto Menezes – 369, 574, 696, 875, 891
CORDEIRO, António Menezes – 100, 173, 232, 299, 306, 327, 369, 420, 432, 517, 565, 566, 579, 580, 591, 600, 677, 770, 870
CORDEIRO, Marques – 951
CORDES, Albrecht – 737

CORNELIUS, Kai – 791
CORREIA, Afonso – 198, 199, 501, 601, 717, 885, 893
CORREIA, António de Arruda Ferrer – 61, 62, 64, 66, 67, 263, 702, 710, 711, 730, 731, 733, 792, 844
CORREIA, Dionísio – 747, 829, 834
CORREIA, Eduardo – 955
CORREIA, José – 646
CORREIA, Pupo – 254
CORTE-REAL, Rui – 187, 951
CORTESE, Ennio – 838
COSENTINI, Cristoforo – 628
COSTA, Abílio – 278
COSTA, Américo Campos – 801
COSTA, Campos – 951
COSTA, Custódio Marques – 134
COSTA, Emídio – 890
COSTA, Machado – 273
COSTA, Manuel Fernandes – 682
COSTA, Manuel Ferreira da – 850, 863
COSTA, Mariana Fontes da – 261, 278, 311
COSTA, Mário Júlio de Almeida – 98, 232, 260, 268, 273, 278, 279, 280, 290, 412, 420, 421, 432, 489, 514, 517, 898, 951, 952
COSTA, Martins da – 88, 202, 295, 424, 438, 563, 599, 639, 666, 670, 684, 717, 743, 754
COSTA, Mota e – 856
COSTA, Nascimento – 132, 202, 303, 744, 834
COSTA, Salvador da – 429, 610, 728, 888, 956
COURINHA, Gustavo Lopes – 902
COUTINHO, Adolfo – 680
COUTO, Sá – 565
COVIELLO, Nicola – 60, 116, 577, 639
CRAMER, Johann Ulrich von – 32
CRAUSHAAR, Götz von – 222
CRICENTI, Giuseppe – 577
CRISCUOLI, Giovanni – 912
CRUZ, António Côrte-Real – 523
CRUZ, António da – 908
CRUZ, Guilherme Braga da – 59

CRUZ, Mário – 369, 565, 571, 605, 887
CRUZ, Nunes da – 198
CUGIA, Stanislau – 912
CUJAS, Jacques – 877
CUNHA, Daniela M. Ferreira – 261
CUNHA, Paulo A. V. – 56, 61, 63, 64, 85, 88, 118, 119-120, 150, 555, 558, 573, 644, 658, 659, 664, 710, 782, 827, 828, 882, 920, 971
CUNHA, Tiago Pitta e – 263
CUNHA, Vieira da – 497
CURADO, Soares – 715
CZIUPKA, Johannes – 768, 771

DAGOT, Michel – 879
DAMM, Reinhard – 384, 593
DAMMANN, Jens – 454
DANNEBERG, Lutz – 689
DANTAS, António Leones – 610
DANZ, Erich – 52, 679, 690, 691, 702, 703, 704, 710, 719, 733
DÄUBLER-GMELIN, Herta – 396
DAUNER-LIEB, Barbara – 525, 550
DAVIDSON, Donald – 46
DEAKIN, Simon – 613
DEDEK, Helge – 242, 243
DEKKERS, René – 471, 472, 477
DEMONTÈS, E. – 471
DEREUX, G. – 379, 410
DERNBURG, Heinrich – 49, 211, 623, 624, 843
DIANA, António Gerardo – 947
DIAS, Cordeiro – 198
DIAS, Figueiredo – 42
DIAS, Guimarães – 120, 856
DIAS, Joaquim – 829, 832
DIAS, Rua – 274, 495
DIAS, Urbano – 501, 509, 556, 582, 724, 728, 851
DICK, Otto – 588
DIECKMANN, Andreas – 394
DIESSELHORST, Malte – 31, 690
DINIS, Ferreira – 323
DINIS, Sousa – 438
DISTASO, Nicola – 878, 880

DÖLLE, Hans – 209, 235, 236
DOMAT, Jean – 473, 586, 758, 759, 830, 838, 954
DOMINGOS, Bernardo – 556
DOMINGUES, José – 886
DOMINGUES, Oliveira – 609
DONELLUS, Hugo – 877
DORIA, Giovanni – 148
DORN, Franz – 475, 947, 959
DÖRNER, Heinrich – 346
DOSSETTI, Giuseppe – 29
DOSSETTO, Mario – 390
DREHER, Meinrad – 437
DREXL, Josef – 41, 371
DRYGALA, Tim – 394
DUARTE, Domingos – 890
DUARTE, Rui Pinto – 62, 539
DULCKEIT, Gerhard – 27, 164, 165
DUMONT-KISLIAKOFF, Nadia – 875

ECKERT, Jörn – 595, 598
ECKERT, Michael – 397
ECKSTEIN, Ernst – 588, 599
EFFER-UHE, Daniel Oliver – 621
EGERT, Hans – 642
EHLERT, Friedrich – 915
EHMANN, Horst – 550, 553
EHRENZWEIG, Albert – 362
EHRICH, Christian – 646
EHRICKE, Ulrich – 764, 768, 770
EHRLICH, Eugen – 132
EICHUNHOFER, Eberhard – 655
EIRÓ, Pedro – 497, 498
EISELE, Dorothe – 167, 172, 181, 202
EISELE, Fridolin – 623
EISENHARDT, Ulrich – 791
ELLENBERGER, Jürgen – 69
ELLERS, Holger – 242
EMMERICH, Volker – 207, 242, 250, 286, 524, 549, 551, 553, 554, 555
ENDEMANN, Wilhelm – 361
ENDERLEIN, Wolfgang – 394
ENGISCH, Karl – 43
ENNECCERUS, Ludwig – 35, 43, 49, 86, 87, 93, 94, 103, 133, 137, 143, 145, 172,
256, 297, 318, 483, 576, 592, 626, 632, 638, 648, 658, 711, 788, 827, 840, 880, 921, 923
EPIFÂNIO, Maria do Rosário – 931
ERNST, Wolfgang – 94
ESPÍNOLA, Eduardo – 265, 883
ESSER, Josef – 99, 210

F. JÚNIOR, Carlos – 527
FABIÃO, Fernando – 728, 833, 855, 899
FABRE, Régis – 524, 622
FABRICUS, Fritz – 337
FAGGELA, Gabrielle – 212
FALK, Ulrich – 594
FALKENBERG, Rolf-Dieter – 646
FALZEA, Angelo – 632
FARIA, Bettencourt de – 275, 282, 285, 431, 453, 743
FARIA, Jorge Ribeiro de – 44, 278, 420, 667
FARIA, Lázaro – 856
FARIA, Sérgio Mouta – 820
FASTRICH, Lorenz – 371, 376-377, 442
FAUST, Florian – 397, 550, 561
FEIJÓ, Carlos Maria – 412
FELDMANN, Cornelia – 220, 221, 222, 223, 228, 230, 234, 287
FELGENTRAEGER, Wilhelm – 705
FENOUILLET, Dominique – 604
FERID, Murad – 212, 287, 838
FERNANDES, Luís Alberto Carvalho – 59, 91, 98, 119, 121, 420, 579, 634, 658, 664, 715, 782, 802, 820, 848, 852m 853, 854, 857, 868, 883, 885, 888, 894, 896, 898, 901, 904, 905, 908, 920, 923, 924, 927, 931, 933, 947, 948, 951, 954, 955, 957
FERNANDES, Mário – 609
FERNANDES, Mário João de Brito – 505
FERNANDES, Matos – 111, 450, 738, 924
FERNANDES, Rapazote – 285
FERRARA, Francesco – 53, 577, 843, 882
FERRARA, Luigi Cariota – 36, 123, 126, 133, 541, 632, 695, 712
FERRAZ, José – 275, 277

FERREIRA, Araújo – 497
FERREIRA, Cardona – 670, 684, 861, 863
FERREIRA, Durval – 634
FERREIRA, Gonçalves – 97
FERREIRA, José Dias – 170, 487, 488, 548, 631, 709, 780, 800, 830, 842, 843, 881
FERREIRA, Lisa Sousa – 263
FERREIRA, Pinto – 275, 293, 807
FERREIRA, Ramiro – 680
FERREIRA, Rocha – 903
FERREIRA, Rui Cardona – 264, 287
FERRI, Luigi – 55
FERRINI, Contardo – 48
FERROMONTAM, Christoph – 686
FETIH, Almontasser – 220, 221, 222
FIGGE, Wilhelm – 915
FIGUEIRA, Barata – 924
FIGUEIRA, Eliseu – 648
FIGUEIRA, Reis – 306, 434, 850, 863, 869, 952, 956
FIGUEIREDO, Joaquim – 497
FIGUEIREDO, Mário de – 61
FIGUEIRINHAS, Costa – 527
FIKENTSCHER, Wolfgang – 99, 166, 868
FISCHER, Albrecht – 544
FISCHER, Friedrich B. – 524
FISCHER, Thomas – 481
FISCHINGER, Philipp S. – 221, 482, 483, 589, 593
FITTING, Hermann – 623
FLACH, Andreas – 574
FLACH, Dieter – 574
FLUME, Werner – 25, 32, 39, 45, 52, 53, 86, 123, 137, 164, 165,187, 228, 234, 336, 337, 339, 340, 482, 576, 588, 594, 623, 624, 626, 638, 655, 679, 705, 726, 739, 755, 773, 777, 787, 791, 811, 822, 833, 840, 880, 959
FONSECA, Azambuja da – 885
FONSECA, Granja da – 288, 429, 431, 502, 602, 884, 885, 955
FONSECA, Isabel – 610
FONSECA, Luís – 457, 465
FONSECA, Martins da – 565
FONSECA, Patrícia Afonso – 262, 308, 311

FONSI, Gianluca – 682, 692, 718, 720, 726, 728, 748, 770
FORKEL, Hans – 655
FOUTO, Proença – 936
FRADA, Manuel Carneiro da – 238, 261, 280, 287, 288, 294, 305, 848
FRAGALI, Michele – 258
FRANCESCHELLI, Vincenzo – 955
FRANCO, Melo – 683
FRANKFURT, Harry G. – 46
FRANZONI, Massimo – 761, 774
FREIRE, Abel Simões – 430, 605
FREIRE, Pascoal José de Mello – 629
FREITAS, Augusto Teixeira de – 59, 62, 503
FREITAS, José Lebre de – 180
FREITAS, Silva – 955
FRICK, Joachim G. – 223
FRIEDMANN, Fritz – 50
FRITZ, Karina Nunes – 265, 266
FRITZMEYER, Wolfgang – 346
FRITZSCHE, Jörg – 346, 347
FROTA, Ângela – 509, 520
FUCHS, Andreas – 440, 441, 451, 454
FUCHS, Wilhelm – 891
FUGAS, Fernandes – 683
FURMSTON, Michael – 311
FÜRST, Rudolf – 227
FUSI, Maurizio – 524

GADAMER, Hans-Georg – 677
GAIO – 28, 165, 825
GALANTE, Fátima – 199, 278, 434
GAMA, João Taborda da – 263
GANDOLFI, Giuseppe – 700, 841, 953, 954
GANGE, Du – 30
GARCIA, Maria Olinda – 549
GARCIA, Octávio Dias – 273
GASS, Ernst – 638
GATTI, Serafino – 524
GAUDEMET, Eugène – 389
GAZIN, Henri – 380
GEBAUER, Martin – 788
GENOVESE, Anteo – 390
GERALDES, Abrantes – 428, 610
GERALDES, Ana Luísa – 863

GERALDES, António Abrantes – 644, 850, 949
GERALDES, João de Oliveira – 618, 624, 627, 631, 634, 645
GHESTIN, Jacques – 381
GHIRON, Mario – 695
GIACCHI, Orio – 29
GIORDANO, Alessandro A. – 390
GIRÃO, Ferreira – 198, 275, 307, 423, 556, 638, 654, 850, 924
GIUFFRÈ, Vincenzo – 953
GODINHO, Adriano Marteleto – 503
GOEZ, Karl – 591
GOLDMAN, Berthold – 379
GOLDSCHMIDT, Levin – 361
GOLTZ, Hanno – 840
GOMES, Carla Amado – 527
GOMES, Júlio Manuel Vieira – 287, 305, 314
GOMES, Manuel Januário da Costa – 428, 566
GOMES, Manuela – 307, 834
GOMES, Nascimento – 936
GOMES, Quinta – 429
GOMES, Rogério Zuel – 416
GOMES, Rui da Ponte – 273, 285, 290, 616
GOMES, Tomé – 894, 895
GOMES, Vaz – 439
GONÇALVES, António – 936
GONÇALVES, Diogo Costa – 72
GONÇALVES, Joaquim – 873
GONÇALVES, Luiz da Cunha – 61, 170, 253, 410, 475, 488, 489, 548, 596, 631, 680, 710, 761, 781, 800, 827, 842, 882, 926, 954
GONÇALVES, Manuel – 461
GONÇALVES, Nuno Baptista – 634
GONÇALVES, Padrão – 855
GONÇALVES, Paiva – 859, 869
GORJÃO-HENRIQUES, Miguel – 510
GOTHAM, Meike – 205
GOTTWALD, Peter – 209
GOUVEIA, Jaime de – 252
GRABA, Hans-Ulrich – 384, 385
GRABAU, Fritz-René – 692

GRAÇA, Pereira da – 295, 433, 834, 850, 860, 940
GRAÇA, Silva – 776
GRANDÃO, Sousa – 147, 434
GRASSETTI, Cesare – 677, 706, 742
GRAZIANI, Ermano – 29
GRIGOLEIT, Hans Christoph – 349
GROSSO, Giuseppe – 28
GRUBER, Urs Peter – 551
GRÜNBERGER, Michael – 363
GRUNDMANN, Stefan – 107, 514
GRÜNEBERG, Christian – 249, 397, 425, 551, 552
GRUNEWALD, Barbara – 505
GRZIWOTZ, Herbert – 165
GSELL, Beate – 339
GUASTINI, Riccardo – 677
GUDIAN, Gunter – 787, 789
GÜNTHER, Christian August – 47
GUSKI, Roman – 596
GUSMÃO, Miranda – 202, 422, 436, 438, 509, 558, 565, 601, 684, 728, 747, 887, 907, 937, 952

HAAS, Ulrich – 608, 65
HAASE, Mathias – 47
HAASE, Richard – 99
HABERSACK, Mathias – 156, 361, 374, 375, 377, 381, 383, 384, 385, 386, 391, 427, 428, 454, 656, 791
HABERSTUMPF, Helmut – 589, 590
HAGEN, Horst – 188
HAGER, Johannes – 656, 766, 767, 773
HARDNER, Manfred – 916, 918
HARKE, Jan Dirk – 210, 211, 216, 233, 656, 845
HARPPRECHT, Christian Ferdinand – 32, 954
HARTKAMP, A. S. – 824
HARTKAMP, Arthur – 406
HARTMANN, Gustav – 51, 623, 702
HARTWIEG, Oskar – 225
HARVEY, Brian W. – 524
HÄSEMEYER, Ludwig – 187, 190, 196, 720
HASSEMER, Ludwig – 186
HAUPT, Günther – 235

HAUPT, Peter – 840
HAURIOU, Maurice – 380, 410
HAYEK, Samir Al – 476
HECK, Philipp – 103, 256, 398, 544, 554, 555, 705
HEDEMANN, Justus Wilhelm – 227, 228
HEINEMANN, Andreas – 99
HEINRICHS, Helmut – 250, 405
HEISE, Georg Arnold – 33, 918
HEISS, Helmut – 172, 186
HELDRICH, Karl – 192, 210
HELLMANN, F. – 911
HELLWEGE, Phillip – 359, 360, 361, 362, 376, 377, 383, 395, 405, 438, 447
HENCKEL, Wolfram – 764, 770
HENLE, Rudolf – 623, 788
HENSEN, Horst-Diether – 385, 391, 432, 433, 440, 441, 445, 448, 451, 454
HENSSONOW, Susan F. – 625
HEPTING, Reinhard – 127, 129
HERTEL, Christian – 164, 174, 175, 181, 183, 187, 195, 202, 203, 205, 352
HERZOG, Alexander – 595
HERZOG, Hermann – 590
HESSE, Wolfgang – 757
HEUN, Sven-Erik – 346, 347
HEUSSEN, Benno – 313, 314, 397
HEYMANN, Hans – 859
HILDEBRAND, Wolfgang – 790
HILDEBRANDT, Heinz – 235
HIMMELSCHEIN, Jury – 702
HIPPEL, Eike von – 391, 524, 525
HOENIGER, Heinrich – 192
HOFACKER, Carl Christoph – 33, 47
HOFER, Sibylle – 360, 363, 383, 384
HOFFBAUER, Johann Christoph – 33
HÖLDER, Eduard – 658
HÖLDER, Emil – 789
HOLLANDER, H. von – 836
HOLLERBACH, Alexander – 31, 41
HOLZHAUER, Heinz – 181, 819
HONSELL, Heinrich – 28, 286
HOPT, Klaus J. – 366
HORN, Christoph – 46, 47
HORN, Norbert – 232, 295, 777

HÖRSTER, Heinrich Ewald – 136, 260, 496, 498, 500, 715, 782, 802, 820, 848, 896, 899, 903, 928, 969
HORTA, Carlos – 430, 438, 646
HÖVELMANN, Peter – 639
HUBER, Peter – 397, 550, 859
HUBMANN, Heinrich – 524
HÜBNER, Hans – 86, 912
HUBNER, Heinz – 746, 920
HÜBNER, Ulrich – 473
HUGO, Gustav – 33, 47

INÊS, Sousa – 134, 459, 466, 855
IPPOLITO, Carlo Sarzana di S. – 346, 352
IPPOLITO, Fulvio Sarzana di S. – 346
ISAY, Hermann – 52, 126, 702, 787, 788
ISAY, Rudolf – 228

JACOBI, Ernst – 52
JACOBI, Leonard – 589, 920
JACOBY, M. S. – 482
JAHN, Holger – 308, 311, 313, 314, 315
JAKOBS, Günther – 42, 157
JAKOBS, Horst Heinrich – 124, 167, 545,
JAUERNIG, Othmar – 799, 969
JAYME, Erik – 148, 420
JESCHECK, Hans-Heinrich – 43
JHERING, Rudolf von – 49, 126, 127, 143, 209, 210, 211, 213, 221, 232, 233, 237, 239, 243, 251, 255, 260, 266, 272, 283, 329, 330, 618, 626, 701, 810, 843, 879
JORGE, Fernando Pessoa – 106, 263
JOSÉ, Pedro Simão – 523
JOSEF, Eugen – 192
JUNG, Ute – 309, 332
JUNKER, Abbo – 159, 160
JÜRGENS, Sebastien – 242
JUSTO, António Santos – 27, 96, 165, 168, 687, 875

KAHL, Manfred – 954
KAKATSAKIS, Spyridon – 286
KAMANABROU, Sudabeh – 159, 160
KANZLEITER, Rainer – 160
KARLOWA, Otto – 51

KASER, Max – 27, 29, 475, 545, 574, 586, 6149, 620, 627, 628, 657, 664, 686, 736, 757, 809, 824, 836, 876, 912
KAUFHOLD, Sylvia – 374
KEGEL, Gerhard – 867
KEIM, Christopher – 949
KELLER, Friedrich Ludwig von – 35, 48
KELLMANN, Christof – 789
KEMPF, Ludwig – 655
KERN, Christopher Alexander – 364
KILIAN, Wolfgang – 226, 227
KINDEL, W. – 50
KINDEREIT, Kai – 209
KINDERVATER, F. – 329
KINDLER, Peter – 491
KINDLL, Johann – 240
KIPP, Theodor – 35, 49, 52, 53, 85, 143, 211, 481, 483, 546, 576, 587, 618, 626, 658, 703, 786, 810, 839, 866, 879, 919, 920, 923, 954
KISCH, Wilhelm – 557
KLASS, Gregory – 157
KLEIN, Peter – 85, 86, 113, 114
KLEINEIDAM, Feodor – 544, 557
KLEINFELLER – 674
KLIEGE, Helmut – 384
KLING, Michael – 148
KNOPS, Kai-Oliver – 475
KNORR, Ernst Wilhelm – 545
KNOTHE, Hans-Georg – 69, 799
KNÜTEL, Rolf – 27, 243, 475, 757
KOCH, Eckart – 385
KOEPPEN, Karl Friedrich Albert – 144
KÖHLER, Helmut – 150, 181, 347, 348, 740, 867
KOHLER, Josef – 51, 99, 144, 787, 818
KÖHLER, Markus – 345
KOHLHEPP, Gerhard – 221
Koller, Ingo – 867
KÖNGDEN, Johannes – 236
KORKISCH, Friedrich – 391
KORNBLUM, Udo – 608
KÖRSTERS, Friedrich – 311, 313
KÖTZ, Hein371, 388, 391, 595, 675, 676, 687

KRAMER, Ernst A. – 53, 86, 298, 692, 702
KRAMPE, Christoph – 438, 954
KRASSER, Johann – 211, 233
KRAUSE, Hermann – 135
KREITTMAYR, Wiguläus von – 336
KREMER, Sascha – 331
KRIECHBAUM, Maximiliane – 689
KRITTER, Thomas – 346, 347
KRÜCKMANN, Paul – 839
KRUG, R. – 638
KRÜGER, Hugo – 574
KRUGER, Paul – 471, 545, 586, 876, 877
KRÜGER, Wolfgang – 656
KUBASCHEWSKI, Kurt – 915
KÜBEL, Franz von – 167
KUHN, Mathias – 346
KUNIG, Philip – 38
KUPISCH, Berthold – 27
KÜPPER, Wolfgang – 222
KURZ, Volker – 622
KÜSTER, Carl – 481

LABAREDA, João – 931
LACHMANN, Jens-Peter – 609, 614
LAMAS, Sousa – 581, 684, 738
LAMBRECHT, Peter – 235, 739
LAMEIRAS, Luís – 796
LANGE, Christian – 560
LANGE, Heinrich – 915
LANGE, Hermann – 472
LANGENFELD, Gerrit – 158, 159, 161, 162
LANZILLO, Raffaella – 469, 477
LARENZ, Karl – 40, 53, 54, 56, 57, 86, 90, 99, 101, 111, 112, 127, 128, 159, 162, 172, 185, 187, 189, 196, 201, 207, 211, 217, 241, 248, 308, 309, 318, 319, 322, 331, 333, 334, 347, 425, 427, 434, 438, 471, 482, 576, 588, 591, 592, 593, 637, 648, 658, 669, 676, 691, 704, 710, 730, 731, 746, 770, 773, 791, 821, 827, 840, 873, 920, 923, 936
LEAL, Jorge – 602, 610, 611
LEÃO, Ponce de – 199, 466
LEE, Byung-Jun – 157, 545
LEENEN, Detlef – 124, 125, 155, 156

LEFEBVRE, Brigitte – 212, 308
LEHMANN, Heinrich – 125, 256, 483
LEITÃO, Luís Menezes – 238, 242, 246, 261, 262, 280, 282, 311, 312, 519, 618, 908, 931, 936
LEITE, Sousa – 134, 277, 899
LEMOS, Cândido de – 276
LENCASTRE, Hernani de – 683
LENEL, Otto – 49, 839
LENZI, Rafaelle – 638
LEONARDO, Maria Laura – 301, 728
LEONHARD, Franz – 232, 233, 723, 772
LEONHARD, Rudolf – 617, 839
LEQUETTE, Yves – 212, 287, 404, 478, 587, 603, 838, 879
LETTMAIER, Saskic – 221
LEUSCHNER, Lars – 371, 394
LEVI, Maria Alessandra – 695
LIEB, Manfred – 223, 397
LIMA, Fernando Augusto Pires de – 62, 64, 98, 115, 260, 335, 497, 652, 664, 669, 730, 809, 852, 873, 895, 898, 903, 904, 925, 926, 927, 928, 951, 956
LINDACHER, Walter F. – 427, 433, 454, 493
LINGEMANN, Stefan – 205
LINGENTHAL, Carl Solomo Zachariä von – 49
LIWINSKA, Malgorzata – 323
LOCHER, Horst – 513
LÖHRER, Guido – 46, 47
LOI, Maria L. – 213
LONGO, Giannetto – 876
LOOSCHELDERS, Dirk – 560
LOPES, João Ramos – 638
LOPES, Pedro Moniz – 263
LOPES, Roger – 751, 858
LORENZ, Egon – 397
LORENZ, Stephan – 348, 349, 790
LORENZ, Werner – 164, 185, 190, 193, 196
LOTMAR, Philipp – 51, 585, 587, 588, 589
LOUIS-LUCAS, Pierre – 478
LOUREIRO, João M. – 520
LOURENÇO, Armando – 457, 466
LOURENÇO, Francisco – 565, 666, 796, 833, 908, 952

LOURO, Mendes – 728
LÖWISCH, Manfred – 220, 221, 222, 223, 228, 230, 234, 287, 551, 554, 556
LUBTOV, Ulrich von – 829
LÜDERITZ, Alexander – 675, 746
LÜER, Dieter W. – 397
LUIG, Klaus – 473, 689
LÜKE, Stephan – 613, 614
LUSTHAUS, Varda – 391
LUTTER, Marcus – 308, 311
LUTZ, J. von – 694
LUX, W. – 482
LYON-CAEN, Arnaud – 523

MACARIO, Francesco – 778
MACEDO, Pedro Sousa – 278, 771, 936
MACHADO, Baptista – 280, 308, 599, 605
MACHADO, Miguel Pedrosa – 420
MACHADO, Narciso – 301, 425
MACKELDEY, Ferdinand – 34, 47, 58
MAFFEI, Ugo – 841
MAGALHÃES, Barbosa de – 679, 681
MAGALHÃES, Falcão de – 199
MAGALHÃES, Fernandes – 466, 639, 685, 955, 961
MAGALHÃES, Folque de – 278
MAGNO, Donato – 632
MAGNUS, Ulrich – 700
MAGUEIJO, Francisco – 457
MAIA, José Reis – 252
MAIER-REIMER, Georg – 203, 531
MAIORCA, Sergio – 644
MAIZER, Hans M. – 346, 347
MAKOWER, Hermann – 481
MALAURIE, Philipe – 604
MALGUEIRO, Senra – 651, 853
MALINAUD, Philippe – 604
MALLMANN, D. – 420
MANCINI, Vito – 524
MANGOLD, Wolfgang – 760
MANIGK, Alfred – 32, 39, 44, 45, 49, 52, 56, 84, 86, 113, 114, 337, 691, 704, 710, 772, 788, 818, 839
MANKOWSKI, Peter – 147, 347
MANTICA, Francesco – 625, 689

MARANI, Francesco – 885
MARCHANTE, João Pedro – 769
MARCOS, Pimentel – 438, 461, 465
MARIANO, Cura – 771
MARINHO, Carlos – 887
MARINI, Giovanni – 480
MARINO, Giuseppe – 346, 354
MARKESINIS, Basil – 613
MARKWALD, Richard – 915
MARQUES, César – 500, 666, 850, 873, 930
MARQUES, Cláudia Lima – 416
MARQUES, Costa – 851
MARQUES, Garcia – 374, 436, 461, 465, 565, 670, 684, 855, 908
MARQUES, José Dias – 55, 62, 118, 119, 120, 133, 556
MARTENS, Sebastian – 824, 825, 826
MARTINEK, Michael – 737
MARTINEZ, Pedro Romano – 140, 265, 424, 646
MARTINS, António Carvalho – 261
MARTINS, Barateiro – 460, 797, 805
MARTINS, Carvalho – 431
MARTINS, Eduardo – 936
MARTINS, Ezagüy – 431, 611
MARTINS, Inácio – 456
MARTINS, Pedro – 431
MARTINS, Roberto – 893
MASCARENHAS, Norman – 599
MASI, Antonio – 621, 911
MATEUS, Raúl – 565
MATIAS, Carlos – 198, 453
MATOS, Coelho de – 429, 948
MATOS, Filipe Albuquerque – 261, 262
MATOS, Henriques de – 198
MATOS, Joaquim de – 961
MATOS, José Igreja – 956
MATTHEUS, Daniela – 549, 550
MAY, Artur – 685
MAYER-MALY, Theo – 28, 38, 157, 471, 472, 473, 586, 594, 621, 771, 953
MAZEAUD, Henri e Léon – 926
MAZEAUD, Jean – 926
MAZEAUD, Léon – 926
MEDEIROS, Rui – 505

MEDICUS, Dieter – 75, 87, 103, 113, 114, 147, 210, 212, 286, 297, 338, 344, 375, 404, 441, 575, 576, 770, 777, 840, 923
MEESKE, Helmut – 376
MEHRINGS, Josef – 346
MEINCKE, Jens Peter – 559
MEIRIM, José Manuel – 509
MELO, Joaquim de – 956
MELO, Lopes de – 527
MENDES, Armindo Ribeiro – 680
MENDES, Azevedo – 861
MENDES, Carla – 272, 277
MENDES, Carlos – 820
MENDES, Castro (STJ) – 952
MENDES, Cotrim – 526
MENDES, João de Castro – 119, 154, 412, 556, 575, 579, 634, 644, 648, 658, 664, 715, 782, 814, 818, 826, 855, 868, 870, 873, 898, 901, 920, 923, 927
MENDONÇA, Manoel Ignacio Carvalho de – 265
MENEZES, Teles de – 367, 368, 895
MERÊA, Manuel Paulo – 63, 265, 635, 713, 846
MERLE, Werner – 640
MERTENS, Bernd – 202
MERZ, Hans – 39, 196
MESQUITA, M. Henrique – 895
MESQUITA, Vítor – 885
MESTMÄCKER, Ernst-Joachim – 89
MESTRE, Achille – 380
MEYER, Heinrich Hermann – 52
MEYER, Olaf – 438, 439
MEYER, Philipp Eduard – 48, 50, 52
MEYER-CORDING, Ulrich – 376, 589, 590, 591
MEYER-PRITZL, Rudolf – 164, 166, 167
MICKLITZ, Hans-W. – 354, 452
MIDDELBURG, Nicolaus Everaets von – 689
MIETHANER, Tobias – 372, 441
MIGSCH, Erwin – 819
MIRA, Maria Graça – 601
MIRABELLI, Giuseppe – 86, 113
MIRANDA, Jorge – 505
MITTEIS, Ludwig – 619, 627, 657, 664

Mocci, Giovanni – 346
Molitor, Erich – 227
Mommsen, Friedrich – 545
Mommsen, Theodor – 627, 876, 877
Moncada, Luís Cabral de – 61, 63, 169, 254, 644, 658, 710, 782, 827, 844
Monosi, Stefania – 665
Montecchiari, Tiziana – 880
Monteiro, António Pinto – 54, 111, 314, 346, 420, 421, 468, 666, 670, 870, 908
Monteiro, Fernando Pinto – 651, 717, 805, 891, 936
Monteiro, Jorge Sinde – 262, 280, 353
Monteiro, Miranda – 681
Monteiro, Santos – 646
Montenegro, Miguel – 428, 937
Montenegro, Teresa – 924
Montes, Custódio – 580, 863, 868
Moreira, Azevedo – 500
Moreira, Carlos – 431
Moreira, Guilherme Alves – 58, 59, 60, 61, 87, 251, 253, 255, 548, 631, 644, 648, 658, 664, 709, 761, 781, 782, 811, 812, 819, 823, 827, 831, 843, 844, 882, 886, 919, 923, 926
Moreira, Pedro – 466
Morgado, Maria do Rosário – 307
Mosco, Luigi – 106
Möslein, Florian – 105
Moura, Álvares de – 863
Moura, Rui – 505
Mozzi, Pietro Niccolò – 625
Mroch, Karl-Egbert – 384
Mugdan, B. – 167, 943
Mühlenbruch, Christian Friedrich – 34
Müller, Klaus J. – 309
Müller-Graff, Peter-Christian – 389
Müller-Metz, Reinhard – 42
Múrias, Pedro Manuel Ferreira – 263

Namora, Herculano – 873, 938
Namora, Matos – 637
Nanz, Klaus-Peter – 71
Nápoles, Metello de – 565, 862, 869
Nascimento, Noronha – 438, 461, 465, 565, 754
Nascimento, Paulo Fernando Soares do – 262
Natoli, Ugo – 633
Naur, Jürgen F. – 98
Nery Junior, Nelson – 266, 504, 714
Nery, Rosa Maria de Andrade – 266, 504, 714
Nesemann, Klaus – 209
Neto, Abílio – 254
Nettelbladt, Daniel – 32, 47, 58
Neumann, Johannes – 447
Neuner, Jörg – 39, 45, 56, 86, 90, 94, 96, 102, 103, 106, 113, 115, 125, 127, 132, 134, 136, 141, 144, 17, 159, 161, 164, 174, 201, 234, 305, 318, 321, 327, 331, 338, 358, 363, 371, 375, 425, 427, 438, 440, 446, 448, 530, 576, 593, 594, 655, 658, 706, 719, 731, 744, 750, 751, 755, 760, 763, 767, 773, 778, 791, 799, 822, 839, 871, 880, 920, 948, 949, 950, 970
Neves, António Castanheira – 682
Neves, Ataíde das – 605, 899
Neves, Cortez – 639
Neves, F. Correia das – 476
Neves, Lopes – 683, 850
Nicklisch, Fritz – 867
Niebeling, Jürgen – 427, 434
Niemann, Jan-Malte – 512
Nieper, F. – 396
Nipperdey, Hans Carl – 43-44, 86, 87, 93, 94, 103, 133, 137, 143, 145, 172, 227, 228, 297, 318, 483, 576, 592, 632, 638, 648, 658, 711, 788, 827, 840, 880, 921, 923
Nirk, Rudolf – 524
Nogueira, Roque – 609, 936
Norisada, Takao – 311, 312, 314
Nóvoa, Sampaio da – 850, 858
Nüchterlein, Max – 859
Nunes, Arlindo Monteiro – 262, 263
Nunes, Dinis – 457, 465, 580
Nuzzo, Mario – 395

OERTMANN, Paul – 106, 192, 297, 544, 638, 691, 772, 839, 866, 868
OESTERMANN, Peter – 168
OHLY, Ansgar – 41
OLIVEIRA, Arlindo – 272, 277, 431
OLIVEIRA, Nuno Pinto – 262
OLIVEIRA, Ribeiro de – 651
OLIVEIRA, Soares de – 891
OLIVEIRA, Virgílio de – 807
OPPO, Giorgio – 761
ORESTANO, Riccardo – 639
ORLANDI, Mauro – 353
OTT, Claus – 596, 777
OTT, Sieghart – 397
OTTO, Carl Ed. – 545
OTTO, Hansjörg – 242
ÖTZ, Hein – 384

PACE, Pasquale di – 722
PACHECO, António Faria Carneiro – 60
PACHECO, Bessa – 717, 855
PÁDUA, Isaías – 858
PAEFGEN, Walter G. – 330
PAIS, Prazeres – 833
PAIXÃO, Silva – 115, 132, 684, 717, 747, 821, 831, 884, 935
PANINIS, Panos – 481
PANUCCIO, Vincenzo – 86, 113
PAOLA, Santi di – 911
PARENTI, Alberto – 354
PARRA, Neto – 646
PARRY, Deborah L. – 524
PARTSCHE, J. – 876
PATRÍCIO, José Simões – 476, 490
PATTI, Salvatore – 404, 513
PAULO, Torres – 132, 198, 310, 565, 644, 681, 908, 924, 948, 957
PAWLOWSKI, Hans-Martin – 84, 591, 592, 746, 840
PEDROSO, Albertina – 502
PEIFER, Karl-Nicolaus – 505
PEIXOTO, Sousa – 424, 871, 957
PELICA, Peixe – 776
PEREIRA, Aguiar – 453, 610
PEREIRA, Alexandre Libório Dias – 353

PEREIRA, António Manuel – 851, 853
PEREIRA, Beça – 565
PEREIRA, Maria de Jesus – 611
PEREIRA, Maria de Lurdes – 242, 244, 552
PEREIRA, Mariano – 821
PEREIRA, Mário – 100, 850, 873
PEREIRA, Marques – 884
PEREIRA, Silva – 856
PÉREZ-GÓMEZ, Santiago Castán – 619
PERNICE, Alfred – 32, 48
PETRELLI, Gaetano – 620, 626, 639, 642
PEZZANA, Aldo – 666
PFEIFFER, Thomas – 386, 427, 433, 454
PFLUG, Hans Joachim – 376, 377
PHILLIMORE, John George – 686
PIÇARRA, António – 274, 285, 433, 891
PICCIRILLO, Alessandro – 471
PICHON, Victor – 379, 410
PICKER, Eduard – 241, 242, 280, 530
PILTZ, Burghard – 309
PILZ, H. – 773
PIMENTEL, Menéres – 642, 681, 683, 765, 951
PINA, Carlos Costa – 265, 294
PINHEIRO, Alexandre Sousa – 505
PINHEIRO, Carvalho – 500, 750
PINHEIRO, Góis – 580, 605, 648, 853
PINHEIRO, Luís de Lima – 366, 368
PINIŃSKI, Leon – 787
PINTO, Alves – 683, 863, 869
PINTO, Carlos Alberto da Mota – 54, 79, 87, 92, 98, 107, 108, 115, 117, 128, 130, 142, 232, 254, 278, 412, 556, 579, 634, 648, 658, 664, 715, 782, 820, 848, 852, 857, 860, 861, 868, 870, 873, 888, 894, 895, 898, 900, 903, 908, 920, 923, 927, 938
PINTO, Lino Augusto – 198
PINTO, Lopes – 274, 284, 429, 670, 728, 729, 856, 930
PINTO, Paulo Mota – 37, 48, 50, 54, 58, 59, 123, 132, 134, 209, 210, 238, 240, 242, 251, 261, 283, 287, 290, 335, 338, 339, 676, 740, 782, 787, 794, 795, 800, 802, 809, 810, 818, 846, 848

PIRES, Calixto – 198
PLANIOL, Marcel – 842, 925, 926
PLEWE, Lutz-Ingo – 172
POHLHAUSEN, Robert – 361
POHLMANN, Petra – 186
POOLE, Jill – 311, 312, 314
POTHIER, Robert-Joseph – 474, 586, 622, 692, 780, 830, 954
PÓVOAS, Sebastião – 288, 466, 884, 888, 893, 895, 940
PRAÇA, José Joaquim Lopes – 488
PRATA, Ana – 261, 420
PRATO, Enrico del – 832
PREUSS, Nicola – 811, 819
PROBST, Martin – 933
PUCHTA, Georg Friedrich – 34-35, 48, 143
PUGLIATTI, Salvatore – 632
PUGLIESE, Giovanni – 875, 876
PUTTI, Pietro Maria – 916

QUADRATO, Renato – 912
QUITTNAT, Joaquim – 391

RABEL, Ernst – 546, 867
RADKE, Wolfram – 655
RAIBO, Mateus Moura Jorge – 263
RAIMUNDO, Miguel Assis – 263, 264
RAÍNHO, Manso – 134, 502, 602
RAISER, Ludwig – 360, 362, 383, 384, 655
RAISER, Rolf – 234
RAMALHO, Maria do Rosário Palma – 140, 265, 530, 646, 647, 662, 664, 753
RAMIRES, Martins – 147
RAMOS, António José – 425
RAMOS, Azevedo – 274, 285, 288, 461, 859, 884, 887, 895, 952
RAMOS, Ferreira – 306
RAMOS, Fonseca – 271, 274, 282, 284, 367, 431, 454, 466, 571, 610, 670, 717, 834, 849, 884, 889, 891, 902, 908, 923, 949
RAMOS, Moura – 605
RAMOS, Soares – 737, 886
RAPOSO, Costa – 322, 457, 859
RAPOSO, Rosa – 924
RAVAZZONI, Alberto – 154, 339

REALMONTE, Francesco – 296, 309
REGELSBERGER, Ferdinand – 35, 49, 144, 362, 702
REGENFUS, Thomas – 181, 182
REGO, Lopes do – 429, 439, 583, 891
REHBINDER, Eckard – 158
REI, Maria Raquel – 294, 308, 311, 715, 716, 718, 727, 733, 734, 738, 742, 751, 826
REICHEL, Hans – 186, 192, 482
REICHOLD, Hermann – 530
REINHARDT, Rudolf – 156
REINICKE, Dietrich – 190
REIS, Alexandre – 598
REIS, José Alberto dos – 680, 681
REIS, Sílvia – 610
REISCHAUER, Rudolf – 474
RENARD, Georges – 912, 913
REPGEN, Tilman – 338, 441
RESENDE, Ana – 310, 908
RESTA, Giorgio – 682, 692, 718, 720, 726, 728, 748, 770
REU, Fritz – 546
REUSS, Karl Friedrich – 305
RHODE, Hans – 546
RIBEIRO, Almeida – 951
RIBEIRO, Antero – 858
RIBEIRO, Aquilino – 951
RIBEIRO, Araújo – 885
RIBEIRO, Flores – 461, 896
RIBEIRO, Joaquim de Sousa – 262
RIBEIRO, Maria Amélia – 610, 892
RIBEIRO, Neves – 639, 751, 895
RIBEIRO, Pinto – 610
RICCOBONO, Salvatore – 28
RICHELMANN, Heinrich – 786
RIEBLE, Volker – 148
RIESENHUBER, Karl – 441
RIEZLER, Erwin – 739
ROCCA, Paolo Morozzo della – 107
ROCHA, Albuquerque – 681, 950
ROCHA, Arlindo – 465
ROCHA, Francisco d'Araújo Parreira – 59
ROCHA, Gelásio – 684
ROCHA, Gonçalves – 646, 807

ROCHA, Manuel António Coelho da – 58, 170, 486, 630, 708, 761, 780, 823, 830, 833, 842, 881
ROCHA, Oliveira – 609, 888
RODOTÀ, Stefano – 761
RODRIGUES, Álvaro – 888
RODRIGUES, Baptista – 427
RODRIGUES, Cruz – 639
RODRIGUES, Emídio – 571, 935
RODRIGUES, Manso – 429, 434
RODRIGUES, Manuel – 679, 680
RODRIGUES, Vasconcelos – 676
ROLDÃO, Dinis – 581
ROMBA, Graça – 957
ROMEIRA, Rita – 601
ROQUE, Gil – 430, 434, 834
ROQUE, Hélder – 431, 771, 808, 939
ROSA, Pires da – 610, 821
ROSA, Regina – 431, 858
ROSSELLO, Carlo – 941, 954
ROTH, Abraham S. – 46
ROTH, Günter – 777
ROTH, Günther H. – 207
ROTH, Herbert – 692, 760, 765, 770, 771, 777, 947, 954, 959
RÖTHEL, Anne – 181
ROTHOEFT, Dietrich – 840, 867
ROTH-STIELOW, Klaus – 589, 590
ROTONDI, Giovanni – 28
ROXIN, Claus – 42
RÜCKERT, Joachim – 690
RUÇO, Alberto – 436
RUFFOLO, Ugo – 391, 404
RUGGIERO, Roberto de – 54
RÜHLE, Klaus – 471, 477
RÜMELIN, Gustav – 772, 773
RUMMEL, Peter – 166, 474, 694
RUSSO, Ennio – 657
RÜTHERS, Bernd – 594

SÁ, Almeno de – 263, 420, 516
SÁ, Fernando Cunha de – 592, 596
SÁ, Fernando Oliveira e – 853
SÁ, Paulo – 501, 609, 610
SACERDOTI, Adolfo – 480
SACERDOTI, Giorgio – 346, 354
SACK, Rolf – 482, 483, 589, 591, 593
SÄCKER, Franz Jürgen – 41, 744
SAGNA, Alberto – 286
SALAZAR, Silva – 273, 285, 738, 894
SALEILLES, Raymond – 212, 379, 380, 410, 843, 954
SALLINGER, M. – 589
SALVADO, Adelino – 527
SALVI, Gabriele – 480
SALZMANN, Stephan – 596, 778
SAMEIRO, António Pedro – 855
SAMÕES, Fernando – 581
SANDROCK, Otto – 704
SANTOS Júnior, Eduardo – 308, 311, 549, 715, 751
SANTOS, André dos – 570
SANTOS, António Marques dos – 605, 607
SANTOS, Ary dos – 54
SANTOS, Emídio Francisco – 434
SANTOS, Gonçalo André Castilho dos – 265
SANTOS, Jorge – 461, 465
SANTOS, José Beleza dos – 60, 252, 578, 710, 819, 844, 882, 886, 900, 903, 907
SANTOS, M. Pinto dos – 456, 908
SANTOS, Pessoa dos – 434, 568
SANTOS, Rodrigues dos – 582, 684
SANTOS, Tavares dos – 527
SARAIVA, José Hermano – 410
SATTA, Giuseppe – 953, 954
SAVATIER, René – 380
SAVIGNY, Friedrich Carl von – 26, 34, 48, 50, 85, 86, 103, 125, 126, 143, 243, 472, 606, 618, 625, 640, 679, 701, 759, 786, 810, 817, 818, 829, 835, 838, 839, 878, 913, 916, 917, 918, 942, 958
SCALAMANDREI, Girolamo – 693
SCHÄFER, Carsten – 432, 433, 437, 448
SCHÄFER, Frank A. – 475
SCHÄFER, Hans-Bernd – 777
SCHAFF, Richard – 48
SCHALL, Ludwig – 51
SCHAPP, Jan – 127
SCHELLING, Bruno – 545
SCHERER, Inge – 720

SCHERLING, Bernhard – 642
SCHERMAIER, Martin Josef – 25, 42, 242, 544, 740, 787, 809, 810, 817, 838, 840, 915
SCHEURL, Christian Gottlieb Adolf von – 143, 623, 818
SCHIAVONE, Aldo – 27
SCHIEMANN, Gottfried – 620, 622, 626, 627
SCHILLING, Friedrich Adolph – 34, 47
SCHIMMEL, Roland – 771, 777
SCHINDLER, Karl-Heinz – 621
SCHLIEMANN, Adolf Karl Wilhelm – 143
SCHLOSSAREK, Fred – 223
SCHLOSSER, Peter – 373, 384, 385, 403, 425, 427, 428, 433, 434, 437, 438, 513, 514, 606
SCHLOSSMANN, Siegmund – 51, 124, 704, 823
SCHMELER, Georg F. – 46
SCHMID, Johann Valentin (Joannes Valentinis Schmidius) – 818
SCHMID, Wolfgang – 674
SCHMIDT, Harry – 435, 445, 454
SCHMIDT, Helmut – 586, 587, 588
SCHMIDT, Hubert – 394, 427
SCHMIDT, Joanna – 212
SCHMIDT, Karsten – 99, 223
SCHMIDT, Oswald – 859
SCHMIDT-RIMPLER, Walter – 787, 789, 867
SCHMIDT-SALZER, Joachim – 385, 432
SCHMIEDEL, Burkhard – 868
SCHMITT, Jochem – 26, 799
SCHMITTAT, Karl-Oskar – 158, 161, 162
SCHNEIDER, Egon – 186
SCHNEIDER, K. – 133
SCHNEIDER, Nicole – 295
SCHOLZ, Ulrich – 228
SCHON, Scott R. – 46
SCHOTT, Claus-Dieter – 689-690, 720
SCHRICKER, Gerhard – 596
SCHROEDER, Dirk – 427
SCHROEDER, John Ulrich – 557
SCHUBERT, Claudia – 207
SCHUBERT, Werner – 124, 167, 623, 626
SCHULTE, Joachim – 46

SCHULTE-NÖLKE, Hans – 386, 396, 407, 483, 697
SCHULTZE, Wolfgang Georg – 471, 472, 473, 477
SCHULZ, Michael – 550
SCHULZ, Wolfgang – 140, 337
SCHULZE, Götz – 156, 330, 337, 338, 598
SCHULZE, Reiner – 240, 386, 396, 544
SCHÜTZE, Rolf A. – 309
SCHWAB, Martin – 549, 551, 554
SCHWARK, Eberhard – 773
SCHWARZE, Roland – 220, 337, 339
SCHWERDTNER, Peter – 655
SCHWINGENHEUER, Yasmine-Lee – 545
SCHWINTOWSKI, Hans-Peter – 475
SCIALOJA, Vittorio – 824, 835, 843
SCIANCALEPORE, Giovanni – 728
SCIASCIA, Gaetano – 912
SCUTO, Eduardo – 820
SEDLMEIER, Kathleen – 224
SEIA, Aragão – 424, 433, 466, 668, 684, 924, 936
SEILER, Hans Hermann – 27
SELB, Walter – 953
SENN, Felix – 618, 619
SERENS, Manuel Nogueira – 223
SERÔDIO, Leonel – 134, 431
SERRA, Adriano Vaz – 64, 65, 66, 98, 144, 145, 176, 187, 254, 255, 256, 258, 259, 268, 270, 273, 410, 421, 475, 482, 483, 492, 493, 494, 542, 548, 579, 592, 597, 668, 682, 683, 844, 851, 852, 853, 904, 905, 906, 908, 950, 951
SERRA, Bravo – 681
SEUFFERT, F. A. – 35
SEUFFERT, Johann Adam – 35, 48
SEUFFERT, Lothar Ritter von – 167, 958, 965
SIBER, Heinrich – 39, 233, 234
SICCHIERO, Gianluca – 539
SIEBOURG, Peter – 311, 312
SIEHR, Kurt – 606
SILVA, Almeida e – 569, 612, 939
SILVA, Arnaldo – 610
SILVA, Cipriano – 662

SILVA, Eva Sónia Moreira da – 238, 261, 262
SILVA, Ferreira da – 771
SILVA, Gabriel – 670
SILVA, Graça Santos – 439, 899
SILVA, João Calvão da – 262, 263, 524, 822
SILVA, Luís Gonçalves da – 140, 753
SILVA, Manuel Gomes da – 44, 253, 262, 263
SILVA, Miguel Moura e – 223
SILVA, Moreira da – 599, 643
SILVA, Pereira da – 332, 643, 646
SILVA, Sampaio e – 605
SILVA, Tibério – 499, 571
SILVANO, Gonçalo – 199, 285, 956
SILVEIRA, Palha da – 202, 666
SIMÃO, Dias – 717
SIMITIS, Konstantin – 591, 592, 603, 604
SIMLER, Philippe – 212, 287, 404, 478, 587, 603, 839, 879
SIMÕES, Almeida – 611, 928, 935
SIMÕES, Maria Domingas – 955
SIMSHÄUSER, Wilhelm – 626
SINGER, Reinhard – 40, 86, 113, 125, 127, 132, 135, 140, 142, 143, 144, 147, 150, 194, 294, 328, 337, 692, 705, 706, 718, 731, 737, 740, 787, 790, 791, 811, 819, 822, 826, 839, 840
SINTENIS, Carl Friedrich Ferdinand – 545
SOARES, Costa – 558, 570, 683, 952
SOARES, Duarte – 199, 744
SOARES, Machado – 169, 425, 459, 815
SOARES, Maria Teresa – 277
SOARES, Quirino – 198, 278, 307, 438, 861, 930, 936
SOARES, Renata Munhoz – 266
SOBRINHO, Alberto – 599, 895, 908
SOEIRO, Borges – 808
SOMMA, Alessandro – 57
SONNENBERGER, Hans Jürgen – 212, 287, 607, 838
SORDELLI, Luigi – 524
SOUSA, Almeida e – 869
SOUSA, António Frada de – 305
SOUSA, Faria – 605

SOUSA, Ferreira de – 904
SOUSA, Figueiredo de – 457, 465
SOUSA, Gabriela Mesquita – 549
SOUSA, Lúcia de – 457
SOUSA, Marcelo Rebelo de – 263
SOUSA, Martins – 368
SOUSA, Miguel Teixeira de – 460, 639
SOUSA, Pais de – 461, 465, 509, 684, 728, 956
SOUSA, Rabindranath Capelo de – 72
SOUTO, Adolpho de Azevedo – 60
SPECKBROCK, Georg – 546
SPRUSS, Christian – 405, 427
STAFFHORST, Andreas – 947
STAMMLER, Rudolf – 773
STANZIONE, Pasquale – 728
STATHOPOULOS, Michael – 676
STAUDINGER – 86, 113, 125, 127, 132, 135, 140, 142, 143, 144, 147, 150, 167
STEINFORFF, Ernst – 595
STEPHANY, Wolfgang – 690
STOFFEL-MUNCK, Philippe – 604
STOFFELS, Markus – 441
STOLL, Hans – 212
STOLL, Heinrich – 705
STOPPER, Michael – 128
STÖRMER, Herbert – 190
STÖTTER, Viktor – 868
STRIEGEL, Bernhard – 512
STRUCK, Gerhard – 128
STRUCK, Martin – 50
STÜBING, Jürgen – 385
STUMPF, Hermann – 685
STÜRNER, Michael – 469, 471, 473, 483
STÜRNER, Rolf – 98
STÜSSER, Rolf – 791
SUAREZ, Ursicino Alvarez – 27
SUCKOW, Jens – 512
SURHONE, Lambert M. – 625
SÜSS, Theodor – 98
SÜSTERHENN, Adolf – 30
SUTSCHET, Holger – 550, 553

TALAMANCA, Mario – 666
TAMBÁ, Vassanta – 646

TAMBURRINO, Giuseppe – 154
TAUPITZ, Jochen – 346, 347
TAVARES, José Maria Joaquim – 60, 169, 252, 409, 631, 782, 812, 827, 886
TCHING, Rosa – 602
TEICHMANN, Arndt – 150, 740
TEICHMANN, Christoph – 158, 160, 162
TELES, César – 776, 833, 856
TELES, Miguel Galvão – 226
TELLES, Inocêncio Galvão – 62, 71, 79, 119, 133, 254, 262, 263, 278, 410, 420, 492, 538, 556, 631, 643, 644, 710, 711, 761, 762, 782, 812, 842, 885, 886, 889, 901, 903, 920, 923, 926, 931
TELLES, José Homem Correia – 486, 629, 707, 779
TENNOE, Mariam T. – 625
TEONESTO, Ferraroti – 478, 622
TERRÉ, François – 212, 287, 404, 478, 587, 603, 838, 879
TERRUGIA, Isabella – 480, 495
TESSITORE, Branca – 213
TEUBNER, Günther – 589, 590, 591, 592
THIBAUT, Anton Friedrich Justus – 33, 34, 47, 75, 625
THIEME, Hans – 31
THÖL, Heinrich – 230
THOMMEN, Werner – 595
THON, August – 51
THÜSING, Georg – 347, 349, 354, 531
TIEDTKE, Klaus – 598
TIEFTRUNK, Johann Heinrich – 33, 47
TIMME, Michael – 561
TITZE, Heinrich – 144, 557, 691, 701, 839
TOMARCHIO, Valentina – 615
TOMPSON, Michael – 47
TONDO, Salvatore – 911
TONNER, Klaus – 348, 354
TORN, Karsten – 614
TRABUCCHI, Alberto – 652, 872
TREITEL, Richard – 557
TRIMARCHI, Pietro – 652, 653
TRIOLA, Roberto – 389, 395
TRIPOLI, Enzo Maria – 395
TRUPP, Andreas – 705

TRÜTZSCHLER, Friedrich Karl Adolf von – 32, 47
TUHR, Andreas von – 35, 93, 94, 143, 145, 164, 172, 235, 589, 839, 923
TULLIO, Antonio – 404
TURCO, Claudio – 210, 213

UFFMANN, Katharina – 446, 447
ULMER, Peter – 361, 374, 375, 377, 381, 383, 384, 385, 386, 391, 396, 397, 427, 428, 432, 433, 437, 440, 441, 445, 448, 451, 454
ULRICI, Bernhard – 86, 87, 113
UNGER – 329
UTRI, Marco dell' – 213

VALADAS, Almeida – 642, 717, 743, 893
VALE, Fernandes do – 904
VALENTE, Arnaldo – 891
VALVERDE, Carlos – 429
VANGEROW, Carl Adolf von – 211
VARELA, João Antunes – 62, 67, 98, 115, 258, 259, 260, 263, 335, 411, 420, 421, 497, 542, 548, 563, 652, 664, 669, 711, 730, 731, 809, 844, 852, 873, 895, 898, 903, 904, 927, 952
VARIZ, Manuel – 510
VASCONCELOS, Abílio – 461, 465, 948
VASCONCELOS, Jorge – 889
VASCONCELOS, Oliveira – 599, 871
VASCONCELOS, Pedro Leitão Pais de – 148, 966
VASCONCELOS, Pedro Pais de – 156, 200, 323, 539, 634, 645, 782, 802, 820, 848, 852, 857, 891, 904, 906, 920, 927
VAZ, Albino Anselmo – 955
VAZ, João – 147, 333
VEIGA, Torres – 457
VELHA, Ricardo da – 61, 66, 278, 710, 717, 844, 887, 919
VELHO, Alves – 453, 466, 580, 684, 858, 884, 936
VENOSA, Sílvio de Salvo – 883
VENTURA, Raúl – 420, 427, 430, 926, 953, 955

Ventura, Simões – 935
Via, Luciano di – 916
Viana, Solano – 273
Vicente, Dário Moura – 238, 261, 262, 266
Victor, Paulo Távora – 276, 288, 502, 639
Vidigal, Ramiro – 500, 754, 771, 807
Vieira, Freitas – 431, 890
Vieira, João Solano – 204
Vieira, José Alberto – 617, 661, 663
Vilaça, Jorge – 610
Villani, Dino – 524
Villepin, Anke de – 222
Vitrano, Filippo Messina – 911
Voci, Pasquale – 27, 686, 688, 836, 837
Vogenauer, Stefan – 436, 438, 674, 679, 686, 689, 690, 692, 693, 694, 695, 707, 703, 705, 718, 720, 726, 743, 745, 751, 757, 759, 760, 764, 769, 773
Vouga, Rui – 434
Vultejus, Hermann – 31
Vykydal, Swen – 228
Vytlacil, Jan – 40, 336, 338, 958

Wach, Adolf – 48
Wächter, Carl Georg von – 35
Wacke, Andreas – 136, 137
Wackerbarth, Ulrich – 371
Wagner, Gerhard – 544
Wagner-von Papp, Florian – 205
Waldstein, Wolfgang – 28
Wallstein, Caroline – 397
Walser, Markus – 29
Walsmann – 640
Wanner, Jens – 594
Weber, Harald – 158, 159
Weber, Martin – 308
Weber, Ralph – 593
Weber, Wilhelm – 190
Wedemeyer, Werner – 788
Weick, Günter – 94
Weiler, Frank – 779
Weinberger, Ota – 46
Weipert, Lutz – 309
Weissler, Adolf – 192
Wells, H. G. – 962, 963

Welzel, Hans – 30, 43, 44
Wendt, Otto Heinrich – 623
Wening – 143
Werber, Manfred – 362
Wesel, Uwe – 598
Wesener, Gunter – 621, 877, 953
Westerdijk, A. S. – 396
Westermann, Harm Peter – 550, 639, 652, 653, 658
Westphalen, Friedrich Graf von – 397
Weyers, Hans-Leo – 99
Wieacker, Franz – 45, 72, 196, 226, 589, 686, 691, 748, 868
Wiedemann, Herbert – 778
Wieling, Hans Josef – 143, 197, 705, 867
Wiesner, Eberhard – 732
Willoweit, Dietmar – 305
Wilson, Georg M. – 46
Windel, Peter A. – 561
Windscheid, Bernhard – 35, 49, 50, 53, 85, 143, 211, 481, 544, 546, 576, 587, 623, 625, 626, 635, 658, 703, 786, 810, 839, 843, 866, 879, 915, 919, 920, 923, 954
Wibner, Rudolf – 481
Wlassak, Moritz – 50
Wolder, Eduard – 640
Wolf, Joseph Georg – 837
Wolf, Manfred – 39, 45, 53, 54, 56, 57, 86, 90, 94, 96, 101, 102, 103, 106, 111, 112, 113, 115, 125, 127, 128, 132, 134, 136, 141, 144, 147, 159, 161, 162, 164, 172, 174, 185, 187, 189, 196, 201, 207, 211, 234, 305, 308, 309, 318, 319, 321, 322, 327, 331, 333, 334, 338, 347, 358, 363, 371, 375, 386, 397, 425, 427, 433, 434, 438, 440, 446, 448, 454, 482, 576, 588, 593, 594, 637, 648, 655, 658, 706, 719, 731, 744, 746, 750, 751, 755, 760, 763, 770, 773, 791, 799, 821, 822, 827, 839, 840, 871, 873, 880, 920, 923, 936, 948, 949, 950, 970
Wolff, Hans Julius – 628
Wolff, Karl – 818
Wollschläger, Christian – 545, 547
Wollstadt, Otto – 625

WRIGHT, Georg Henrik von – 45, 46
WÜRDIGER, Hans – 655
WURMNEST, Wolfgang – 454
WUTTKE, Robert – 480

XAVIER, Vasco Lobo – 187

ZAPPELLI, Carlo – 632
ZATTI, Paolo – 652
ZAWAR, Rolf Dieter – 158, 162

ZILLETTI, Ugo – 837
ZIMMER, Daniel – 554
ZIMMERMANN, Reinhard – 165, 619, 620, 621, 657, 686, 687, 810, 816, 817, 824, 837, 875
ZIMMERMANN, Walter – 609
ZITELMANN, Ernst – 50, 127, 787, 818, 839
ZÖLLER, Richard – 609
ZWEIGERT, Konrad – 32, 61, 388, 391

ÍNDICE BIBLIOGRÁFICO

ABREU, Jorge de/Cunha, Tiago Pitta e – *Responsabilidade civil pré-contratual. Um caso de ruptura de negociações e a confiança do lesado*, 1999.
ACKERMANN, Thomas – *Der Schutz des negativen Interesses: Zur Verknüpfung von Selbstbindung und Sanktionen im Privatrecht*, 2007.
ADICKES, Franz – *Zur Lehre von den Bedingungen nach römischem und heutigem Recht/ /Eine Vorarbeit für das Deutsche Civilgesetzbuch*, 1876.
AFONSO, Maria/Variz, Manuel – *Da responsabilidade civil decorrente de produtos defeituosos*, 1991.
ALARCÃO, Rui de – *Declarações expressas e declarações tácitas – O silêncio/Anteprojecto para o novo Código Civil*, BMJ 86 (1959), 233-241;
– *Forma dos negócios jurídicos*, BMJ 86 (1959), 177-208;
– *Invalidade dos negócios jurídicos/Anteprojecto para o novo Código Civil*, BMJ 89 (1959), 199-267;
– *Interpretação e integração dos negócios jurídicos/Anteprojecto para o novo Código Civil*, BMJ 84 (1959), 329-345;
– *Reserva mental e declarações não sérias/Anteprojecto para o novo Código Civil*, BMJ 86 (1959), 225-231;
– *Simulação/Anteprojecto para o novo Código Civil*, BMJ 84 (1959), 305-328;
– *Do negócio jurídico/Anteprojecto para o novo Código Civil*, BMJ 105 (1961), 249-279;
– *Erro, dolo e coacção – representação – objecto negocial – negócios usurários – condição*, BMJ 102 (1961), 167-180;
– *Breve motivação do anteprojecto sobre o negócio jurídico na parte relativa ao erro, dolo, coação, representação, condição e objecto negocial*, BMJ 138 (1964), 71-122;
– *A confirmação dos negócios anuláveis* I, 1971
ALBUQUERQUE, Pedro de – *Autonomia da vontade e negócio jurídico em Direito da família (ensaio)*, 1986.
ALBUQUERQUE, Ruy de – *Da culpa in contrahendo no Direito luso-brasileiro*, 1961, dat..
ALCIATUS, Andreas – *Mediolanensis, Iureconsulti clariss. Iucubrationum in Ius civile*, Tomo III, edição de Basileia, 1558.
ALDIMARI, Biagio – *Tractatus de nullitatibus sententiarum in XIV Rubricas divisus*, ed. Veneza, 1720-1727.
ALEXANDER, Kurt – *Der Begriff der Unwirksamkeit im B.G.B.*, 1903.
Allgemeines bürgerliches Gesetzbuch für die gesammten deutschen Erbländer der Oesterreichischen Monarchie II, 1811.

Allgemeines Deutsches Handelsgesetzbuch, de 1861, versão de Hannover, 1864.
Allgemeines Deutsches Handelsgesetzbuch, ed. autêntica de Würzburg, 1861.
Allgemeines Landrecht für die Preussischen Staaten 1, 1794.
ALMEIDA, Carlos Ferreira de – *Conceito de publicidade*, BMJ 349 (1985), 115-134;
– *Texto e enunciado na teoria do negócio jurídico*, 3 volumes, 1990;
– *Interpretação do contrato*, O Direito 124 (1992), 629-651;
– *Contrato formal e pré-contrato informal*, em *35 anos do Código Civil* II (2006), 349-365;
– *Contratos 1 – Conceito, fontes, formação*, 4.ª ed., 2008; 5.ª ed., 2013;
– *Erro sobre a base do negócio*, CDP 43 (jul.-set. 2013), 3-9.
ALPA, Guido – *Consumatore (tutela del)*, NssDI, *Appendice* II (1981), 516-543.
ALPA, Guido/Fonsi, Gianluca/Resta, Giorgio – *L'interpretazione del contratto/Orientamenti e tecniche della giurisprudenza*, 2.ª ed., 2001.
ALPA, Guido/Patti, Salvatore – *Le clausole vessatorie nei contratti con i consumatori*, 2 volumes, 1997.
ALTHUSIUS, Johannes – *Dicaelogica libri tres; totum & universum jus, quo utimur, methodice complectentes*, 1617, 2.ª ed., 1649.
ALVES, Laerte de Castro – *Responsabilidade pré-contratual pela ruptura de negociações preparatórias na formação do contrato de compra e venda internacional de mercadorias*, 2005.
AMBROSI, Irene – em Pietro Rescigno, *Codice civile* 1, 7.ª ed., 818-823.
ANDRADE, Manuel Augusto Rodrigues de – *Legislação civil comparada (noções elementares)*, apontamentos de Manuel Rodrigues Barroca, 1927;
– *Direito civil*, por Araújo Barros e Orbílio Barbas, 1939;
– *Teoria geral do Direito civil*, ed. Ricardo da Velha, 1953;
– *Teoria geral da relação jurídica*, por Ricardo da Velha, 1953, e ed. publ. Ferrer Correia/Rui de Alarcão 2, 1960;
– *Fontes do Direito/Vigência, interpretação e aplicação da lei*, BMJ 102 (1961), 141-166;
– *Teoria geral das obrigações*, 3.ª ed., 1966, póstuma, com a colaboração de Rui de Alarcão.
AZEVEDO, Antônio Junqueira de – *Negócio jurídico/Existência, validade e eficácia*, 2.ª ed., 1986;
– *Negócio jurídico e declaração negocial/Noções gerais e formação da declaração negocial*, 1986.
ANTUNES, Ana Filipa Morais – *Comentário à Lei das Cláusulas Contratuais Gerais/ Decreto-Lei n.º 446/85, de 25 de outubro*, 2013.
ANTUNES, Henrique Sousa – *vide* Costa, Mário Júlio de Almeida.
ANTUNES, José Engrácia – *Direito dos contratos comerciais*, 2009.
APOSTOLIDES, Sara Costa – *Do dever pré-contratual de informação e da sua aplicabilidade na formação do contrato de trabalho*, 2008.
AQUINO, Tomás de – *Summa theologica*, II/2, Quaestio LXXVII, Art. I (utrum aliquis licite vendere rem plus quam valeat = *Opera omnia*, ed. Leão XIII, vol. IX, 1897.
ARAÚJO, Fernando – *Teoria económica do contrato*, 2007.
ARCHI, Gian Gualberto – *Condizione (diritto romano)*, ED VIII (1961), 743-759.

ARISTOTELES – *Ethica Nicomachea* III 1 = Aristotle XIX, *The Nicomachean Ethics*, ed. bilingue grego/inglês, trad. de H. Rackham, 1934, reimp., 1994.
ARMBRÜSTER, Christian – *Treuwidrigkeit der Berufung auf Formmängel*, NJW 2007, 3317-332;
– no *Münchener Kommentar zum BGB* 1, 6.ª ed., 2012.
ARMGARDT, Mathias – *Die Pendenztheorie im Vergleich mit dem Anwartschaftsrecht, der Lehre von der Vorausverfügung und der Lehre vom besitzlosen Pfandrecht*, AcP 206 (2006), 654-682;
– *Das Anwartschaftsrecht/dogmatisch unbrauchbar ober examensrelevant*, JuS 2010, 486-490.
ARNDT – *Zur exceptio doli bei Schwarzkäufen*, DJZ 31 (1926), 805-806.
ARNDT, Hans-Wolfgang – *vide* Köhler, Markus.
ARNDTS von Arnesberg, Ludwig – *Lehrbuch der Pandekten* 1, 1871;
– *Lehrbuch des Pandekten*, 11.ª ed., por L. Pfaff e F. Hofmann, 1883
ARTZ, Markus – *vide* Bülow, Peter.
ASCENSÃO, José de Oliveira – *A tipicidade dos direitos reais*, 1968;
– *Tribunal competente (acção de simples apreciação negativa respeitante à sentença estrangeira violadora da ordem pública internacional portuguesa)*, CJ X (1985) 4, 21-31;
– *Direito civil/Sucessões*, 4.ª ed., 1989;
– *Efeitos da falência sobre a pessoa e negócios do falido*, ROA 1995, 641-688;
– *Direito civil/Teoria geral*, 2 – *Acções e factos jurídicos*, 2.ª ed., 2003;
– *A confirmação de negócios nulos como instituto geral da ordem jurídica portuguesa*, Est. Heinrich Ewald Hörster (2012), 333-334.
ATAÍDE, Rui – *Responsabilidade civil por violação dos deveres do tráfego*, dois volumes, polic., 2012.
AUBERT, Jean-Luc – *Notions et rôles de l'offre et de l'acceptation dans la formation du contrat*, 1970.
AUGNER, Jörn – *Vertragsschluss ohne Zugang der Annahmeerklärung/§ 151 BGB in rechtshistorischer und rechtsvergleichender Sicht*, 1985.
AVANZO, Walter d' – *Caparra*, NssDI 2 (1958), 893-896.
AYNÉS, Laurent – *vide* Malaurie, Philipe.
AYRES, Ian/KLASS, Gregory – *Insincere Promises/The Law of Misrepresented Intent*, 2005.
AZO, Portius – *Lectura super codicem* (anterior a 1200), ed. Paris, 1531;
– *Azonis ad singulas leges*, edição de Lião, 1596.

BACHER, Gabriela – *Irrtumsaufechtung, vertragswidrige Leistung und Sachmängelgewährleistung beim Kauf*, 1996.
BAETGE, Dietmar – *Allgemeininteressen in der Inhaltskontrolle/Der Einfluss öffentlicher Interesse auf die Wirksamkeit Allgemeiner Geschäftsbedingungen*, AcP 202 (2002), 972-993.
BÄHR, Otto – *Über Irrungen im Contrahirem*, JhJb 14 (1874), 393-427.
BALDUS, Christian – *Regelhafte Vertragsauslegung nach Panteirollen im klassischen römischen Recht und in der modernen Völkerrechtswissenschaft/Zur Rezeptionsfähigkeit römischen Rechtsdenkens* 2, 1998.

BALLERSTEDT, Kurt – *Zur Haftung für culpa in contrahendo bei Geschäftsabschluss durch Stellvertreter*, AcP 151 (1950/1951), 501-531.
BANCK, Manuel – *Kontrahierungszwang der Verwertungsgesellschaften gemäß § 11 WahrnG und seine Ausnahmen*, 2012.
BAR, Christian von – *Grundregeln des Europäischen Vertragsrechts* I e II, 2001;
— *Die "Principles of European Law"*, Teil III, ZEuP 2003, 707-713.
BAR, Christian von/Clive, Eric (ed.) – *Principles, Definitions and Model Rules of European Private Law (DCFR)/Full Edition* I, 2009.
BAR, Christian von/Clive, Eric/Schulte-Nölke Hans (ed.) – *DCFR, Outline Edition*, 2009.
BARATA, Carlos Lacerda – *Código Civil e legislação complementar*, 2010.
BARBERO, Domenico – *Contributo alla teoria della condizione*, 1937;
— *Condizione (diritto civile)*, NssDI III (1959), 1097-1109.
BARBOSA, Ana Mafalda Miranda – *O problema da integração das lacunas contratuais à luz de considerações de carácter metodológico/algumas reflexões*, em *Comemorações dos 35 anos do Código Civil* 2 (2006), 367-392.
BARBOSA, Pedro Ascenção – *Do contrato-promessa*, 2.ª ed., 1957.
BARCELLONA, Pietro – *Errore (diritto privato)*, ED XV (1966), 246-280.
BARROCA, Manuel Rodrigues – *Legislação civil comparada (noções elementares)*, apontamentos das lições de Manuel de Andrade em 1926-1927, 1927.
BARTELS, Florian – *Über die magische Macht der Karten und gegen die vom BGH aus dem Hut gezauberte Rechtsfigur "bewusst sinnlosen, aber zu entgeltenden Leistung"*, ZGS 2011, 355-362.
BARTHOLOMEYCZIK, Horst – *Die subjektiven Merkmale der Willenserklärung*, FS Hans G. Ficker (1967), 51-77;
— *Der Massgebende Zeitpunk für die Bestimmung der Sittenwidrigkeit nichtiger Verfügungen von Todes wegen*, FS 150. OLG Zweibrücken (1969), 26-68.
BÁRTOLO – *In secundam Digesti veteris Partem*, ed. Veneza, 1570;
— *In primam ff. novi Partem*, ed. Veneza, 1570.
BARTOŠEK, Mîlan – *La spes en droit romain*, RIDA 2 (1949), 19-64.
BASEDOW, Jürgen – no *Münchener Kommentar zum BGB*, 2 a, 4.ª ed., 2003 e 2, 6.ª ed., 2012;
— vide Kötz, Hein.
BASTOS, Jacinto Rodrigues – *Das relações jurídicas segundo o Código Civil de 1966* 3, 1968;
— *Das relações jurídicas III (Arts. 229.º a 284.º)*, 1968;
— *Das relações jurídicas/Segundo o Código Civil de 1966*, IV Arts. 285.º a 333.º, 1969;
— *Das relações jurídicas* 5, 1969.
BAUMBACH, Adolf/Hopt, Klaus J. – *Handelsgesetzbuch*, 35.ª ed. (2012), *Incoterms und andere Handelskaufklausen* (6), 1613-1700.
BAUMGARTER, Hans-Ulrich – *Handlungstheorie bei Platon/Platon auf dem Weg zum Willen*, 1998.
BAUR, Fritz/Naur, Jürgen F./Stürner, Rolf – *Sachenrecht*, 18.ª ed., 2009.
BECHMANN, August – *System des Kaufs nach gemeinem Recht* 1, 1884.

BECHTOLD, Stefan – *Die Grenzen zwingende Vertragsrechts/Ein rechtsökonomischer Beitrag zu einer Rechtssetzungslehre des Privatrechts*, 2010.
Beck'sche Formularbuch, Bürgerliches, Handels- und Wirtschaftsrecht, 9.ª ed., 2003.
BECKER, Christoph – *Die Lehre von der laesio enormis in der Sicht der heutigen Wucherproblematik/Ausgewogenheit als Vertragsinhalt und § 138 BGB*, 1993.
BECKER, Joachim Christian – *Die Unmöglichkeitslehre im Us-Amerikanischen Vertragsrecht*, 1972.
BECKER, Maximilian – *Absurde Verträge*, 2013.
BECKER, Thomas – *Die Auslegung des § 9 Abs. 2 AGB-Gesetz*, 1986.
BECKER, Walter C. – *Die Ausweitung der Auslegung durch Linguistik Kommunikationstheorie, Semiotik, Semantik und Dialektik*, AcP 171 (1971), 510-523.
BECK-MANNAGETTA, Margarethe – *Mittelalterliche Gerechtigkeitslehre*, FS Theo Mayer-Maly 65. (1996), 73-80.
BEDUSCHI, Carlo – *A proposito di tipicità e atipicità dei contratti*, RDCiv XXXII (1986), 351-381.
Begründung der Bundesregierung, em Canaris, *Schuldrechtsmodernisierung 2002* cit., 569-934.
BEHRENDS, Okko – *Treu und Glauben/Zu den christlichen Grundlagen der Willenstheorie im heutigen Vertragsrecht*, em Luigi Lombardi Vallauri/Gerhard Dilcher, *Christentum, Säkularisation und modernes Recht* (1981), 957-1006.
BEHRENDS, Okko/Knütel, Rolf/Kupisch, Berthold/Seiler, Hans Hermann – *Corpus iuris civilis/Die Institutionen, Text und Übersetzung* (1993), ed. bilingue latim/alemão.
BEINER, Thorsten – *vide* Haas, Ulrich.
BEKKER, Ernst Immanuel – *Ueber Verträge unter Abwesenden nach gemeinem Rechte und nach dem Entwurfe eines allgemeinen deutschen Handelsgesetzbuchs*, JgemdR 2 (1858), 342-414.
BELESA, José Júlio Pizarro – *Teoria do juro/A controvérsia keynesiana*, 1955.
BELLELLI, Alessandra – *Il principio di conformità tra proposta e accettazione*, 1992.
BELLI, Claudio – *vide* Tripoli, Enzo Maria.
BELLOMO, Manlio – *Negozio giuridico (diritto intermedio)*, ED XXVII (1977), 922-932.
BÉNABENT, Alain – *Droit civil / Les obligations*, 13.ª ed., 20012.
BENATTI, Francesco – *A responsabilidade pré-contratual*, trad. port. Vera Jardim/M. Caeiro, 1970, mas ed. it. de 1963.
BENEDICT, Jörg – *Der Maβstabe der AGB-Kontrolle/oder die Suche nach dem "indispositiven Leitbild" im Arbeitsvertragsrecht*, JZ 2012, 172-182;
– *Culpa in contrahendo: transformation des Zivilrechts – I – Entdeckungen oder zur Geschichte der Vertrauenshaftung*, 2014.
BERGER, Klaus Peter – *Für eine Reform des AGB-Rechts im Unternehmerverkehr*, NJW 2010, 465-471.
BERGJAN, Ralf – *Die Haftung aus culpa in contrahendo beim Letter of Intent nach neuem Schuldrecht*, ZIP 2004, 395-401.
BERLIOZ, George – *Le contrat d'adhésion*, 1.ª ed., 1973, e 2.ª ed., 1976.
BERNITZ, Ulf – *Der Verbraucherschutz in Schweden/Insbesondere die Gesetzgebung unlautere Vertriebsmassnahmen und unlautere Vertragsbedingungen*, ZHR 138 (1974), 336-364;

– *Schwedisches Verbraucherschutzrecht*, RabelsZ 40 (1976), 593-613.

BERNSTEIN, Otto – *Die Geschäftsbedingungen der Bankiers und ihre rechtliche Behandlung*, Bank-Archiv IV (1905), 166-171.

BESCHORNER, J. H. – *Von der Ersatzpflicht der Eisenbahnverwaltungen bei Personen- und Gütertransport*, AcP 41 (1858), 393-406.

BESELER, Gerhard von – *Condicio impossibilis*, SDHI 7 (1941), 186;
– *Kapitel der antike Rechtsgeschichte/Zweite Reihe*, BIDR LIII/LIV (1948), 95-191.

BETTI, Emilio – *Sul significato di "contrahere" in Gaio e sulla non-classicità della denominazione "quase ex contractu obligatio"*, BIDR XXV (1912), 65-92
– *Sul valore dogmatico della categoria "contrahere" in giuristi proculiani e sabiniani*, BIDR XXVIII (1915), 3-96.
– *Diritto romano I: Parte generale*, 1935
– *Teoria generale del negozio giuridico*, 1943, reed., 1955;
– *Interpretazione della legge e degli atti giuridici: teoria generale e dogmatica*, 1949; há 2.ª ed., 1971, com trad. port. de Denise Agostinetti, 2007
– *Zur Grundlegung einer allgemeinen Auslegungslehre*, FS Ernst Rabel 2 (1954), 79-168
– *Converzione del negozio giuridico (diritto romano)*, NssDI IV (1959), 810-811
– *Errore (diritto romano)*, NssDI VI (1960), 660-665
– *Interpretazione dei negozi giuridici (diritto romano)* VIII, 1962
– *Negozio giuridico*, NssDI XI (1965), 208-220
– *Allgemeine Auslegungslehre als Methodik der Geisteswissenschaften*, 1967
– *Teoria generale della interpretazione* 1, 1990.

BETTINGER, Julius – *Ueber Laesio enormis bei dem Vergleiche*, 1852.

BEYER, Oskar – *Über die rechtliche Natur des suspensivbedingten Kaufs auf Probe mit besonderer Berücksichtigung der reinen Wollensbedingung*, 1913.

BHERENDS e outros, Okko – *Corpus iuris civilis/Text und Übersetzung*, ed. bilingue, 5 volumes, 1997-2012.

BIANCA, C. Massimo – *Diritto civile/III – Il contratto*, 1987.

BIANCHI, Giorgio – *La simulazione*, 2003.

BICKEL, Dietrich – *Die Methoden der Auslegung rechtsgeschäftlicher Erklärungen/Kritische Analyse seit dem Inkrafttreten des BGB vertretener Lehrmeinungen und Versuch einer Neubegründung*, 1976.

BIEDER, Marcus – *Das ungeschriebene Verhältnismäβigkeitsprinzip als Schranke privater Rechtsausübung*, 2007.

BIEHL, Björn – *Grundsätze der Vertragsauslegung*, JuS 2010, 195-200.

BIERMANN, Johannes – *Rechtszwang zum Kontrahiren*, JhJb XXXII (1893), 267-322;
– vide Dernburg, Heinrich.

BINDER, Jens-Hinrich – *Gesetzliche Form, Formnichtigkeit und Blanket im bürgerlichen Recht*, AcP 207 (2007), 155-197.

BINDER, Julius – *Wille und Willenserklärung im Tatbestand des Rechtsgeschäft*, ARSP 5 (1911/1912), 266-282 e 6 (1912/1913), 96-108 e 451-475

BION, Ernst – *Die Anfechtbarkeit von Willenserklärungen wegen Rechtsirrtums*, 1939.

BIONDI, Biondo – *Istituzioni di diritto romano*, 2.ª ed., 1952.

Black's Law Dictionary, 7.ª ed., 1999.

BLAUROCK, Uwe – *Der Letter of Intent*, recensão a Marcus Lutter, *Der Letter of Intent/ /Zur rechtlichen Bedeutung von Absichterklärungen*, 3.ª ed. (1998), ZHR 147 (1983), 334-339.
BLECHER, M. D. – *Simulated Transactions in the Later Civil Law*, S African LJ 91 (1974), 358-380.
BLOMEYER, Arwed – *Studien zur Bedingungslehre I – Über bedingte Verpflichtungsgeschäfte*, 1938; II – *Über bedingte Verfügungsgeschäfte*, 1939;
– *Die Rechtstellung des Vorbehaltskäufers*, AcP 162 (1963), 193-203.
BLUMENWITZ, Dieter – no *Staudingers Kommentar* Art. 6 EGBGB, 2003.
BOEHMER, Gustav – *Realverträge im heutigen Rechte*, AbürgR 38 (1913), 314-334.
BÖHM, Helmut – *Das Abgehen von rechtsgeschäftlichen Formgeboten*, AcP 179 (1979), 425-451.
BONELL, Michael Joachim – *An International Restatement of Contract Law/The Unidroit Principles of International Commercial Contracts*, 2.ª ed., 1997.
BONFANTE, Pietro – *Sulla genesi e l'evoluzione dell "contractus"*, 1907, e nos *Scritti giuridici vari*, III, *Obbligazioni, comunione e possesso* (1926, reimp.), 107-124;
– *Il contratto e la causa del contratto*, 1908, e nos *Scritti giuridici vari*, III, *Obbligazioni, comunione e possesso* (1926, reimp.), 125-134;
– *Sui "contractus" e sui "pacta"*, 1920, e nos *Scritti giuridici vari*, III, *Obbligazioni, comunione e possesso* (1926, reimp.), 135-149.
BORGES, Georg – *Die Anerkennung und Vollstreckung von Schiedsprüchen nach dem neuen Schiedsverfahrensrecht*, ZZP 111 (1998), 487-513;
– *Verträge im elektronischen Geschäftsverkehr/Vertragsabschluss, Beweis, Form, Lokalisierung, anwendbares Recht*, 2003.
BORK, Reinhard – no *Staudingers Kommentar* I, §§ 134-163, 2003, e I, §§ 139-163 (*Allgemeiner Teil 4b*), 2010.
BÖRNER, Bodo – *Faktische Veträge im Energierecht/Ein Beispiel für die Aufgaben der wissenschaftlichen Behandlung eines Sonderrechtsgebiets*, FS H.-C. Nipperdey 1 (1965), 185-209.
BORON, Angelo – *Codice civile per gli Stati di S. M. Il Re di Sardegna*, 1842.
BÖTHCHER, Leif – *Von der Lüge zur Mentalreservation/Über den Einfluss von Moralphilosophie und -teologie auf das Bürgerliche Recht*, 2007.
BOVE, Lucio – *Fraus*, NssDI VII (1961), 630-631.
BRANCO, João Ricardo – *Representação voluntária e culpa in contrahendo*, 2009.
BRANDNER, Hans Erich – *vide* Ulmer, Peter.
BRAVO, Federico de Castro y – *El negocio jurídico*, 2008.
BRECHMANN, Winfried – *Die richtlinienkonforme Auslegung*, 1994.
BRECHT, Arnold – *Bedingung und Anwartschaft/Das aufschiebend bedingte Eigentum, seine Bestellung, Weiterübertragung und Pfändung*, JhJb 61 (1912), 263-342.
BREHMER, Nikolaus – *Wille und Erklärung/Zu Geltungsgrund, Tatbestand und Zurechnung der Willenserklärung*, 1992;
– *Die Annahme nach § 151 BGB*, JuS 1994, 386-391.
BREUTHAUPT, Walter – *Die guten Sitten*, JZ 1964, 283-285.
BREYHAN, Christian – *Abstrakte Übereignung und Parteiwille in der Rechtsprechung*, 1929.
BRICKS, Hélène – *Les clauses abusives*, 1982.

BRINZ, Alois von – *Lehrbuch der Pandekten* 2, 1860.
BRONDONI, Silvio M. – *Le agenzie di pubblicità*, 1978.
BROSE, Johannes – *Grundsätzliches zur Willenserklärung*, AcP 130 (1929), 188-207.
BROX, Hans – *Die Einschränkung der Irrtumsanfechtung/ein Beitrag zur Lehre von der Willenserklärung und deren Auslegung*, 1960;
– *Fragen der rechtsgeschäftlichen Privatautonomie*, JZ 1966, 761-767;
– *Das Anwartschaftsrecht des Vorbehaltskäufers*, JUS 1984, 657-668.
BRUCH, Alban – *Der Ersatz frustrierter Aufwendungen nach § 284 BGB und das Verhältnis zur "Rentabilitätsvermutung"*, 2004.
BRUCK, Eberhard – *Bedingungsfeindliche Rechtsgeschäfte*, 1904.
BRUCK, Martin – *Die Bedeutung der Anfechtbarkeit für Dritte / ein Beitrag zur Lehre vom Rechtsgeschäft*, 1900.
BRUSCUGLIA, Luciano – *Pendenza della condizione e comportamento secondo buona fede (art. 1358 c.c.)*, 1975.
BRUTTI, Massimo – *Invalidità (storia)*, ED XXII (1972), 560-575.
BUCHNER, Benedikt – *Informationelle Selbstbestimmung im Privatrecht*, 2006.
BUCK-HEEB, Petra/Dieckmann, Andreas – *Selbstregulierung im Privatrecht*, 2010.
BÜLOW, Oskar – *Dispositives Civilprozessrecht und die verbindliche Kraft der Rechtsordnung*, AcP 64 (1881), 1-109.
BÜLOW, Peter/Artz, Markus – *Fernabsatzverträge und Strukturen eines Verbraucherprivatrechts im BGB*, NJW 2000, 2049-2056.
BUNGERT, Hartwein – *Vollstreckbarkeit US-amerikanischer Schadensersatzurteile in exorbitanter Höhe in der Bundesrepublik*, ZIP 1992, 1707-1725;
– *Inlandsbezug und Vollstreckbarkeit US- amerikanischer Produkthaftungsurteile*, ZIP 1993, 815-824.
BUNTE, Hermann-Josef – *Entwicklungen im Recht der Allgemeinen Geschäftsbedingungen – Ein Erfahrungsbericht nach 5 Jahren AGB-Gesetz*, BB Beilage Nr. 13/82 (1982), 2 ss..
BURCKHARDT, W. – *Die Auslegung der Verträge*, ZBJV 71 (1935), 425-439.
BÜRGE, Alfons – *Rechtsdogmatik und Wirtschaft/Das richterliche Moderationsrecht beim sittenwidrigen Rechtsgeschäft im Rechtsvergleich – Bundesrepublik Deutschland – – Schweiz – Österreich – Frankreich*, 1987.
BUSCHE, Jan – *Privatautonomie und Kontrahierungszwang*, 1999;
– no *Münchener Kommentar zum BGB* 1, 6.ª ed., §§ 133 e 157, 2012.
BUTERA, Antonio – *Della simulazioni nei negozi giuridici*, 1936.
BYDLINSKI, Franz – *Privatautonomie und objektive Grundlagen des verpflichtenden Rechtsgeschäfts*, 1967;
BYDLINSKI, Franz – *Erklärungsbewußtsein und Rechtsgeschäft*, JZ 1975, 1-6;
BYDLINSKI, Franz – *Kontrahierungszwang und Anwendung allgemeinen Zivilrechts*, JZ 1980, 378-385;
BYDLINSKI, Franz – *Zu den Grundfragen des Kontrahierungszwangs*, AcP 180 (1980), 1-46;
BYDLINSKI, Peter – *Probleme der Vertragsschlusses ohne Annahmeerklärung*, JuS 1988, 36-38.

CALLO, Christian – *Handlungstheorie in der Sozialen Arbeit*, 2005.
CALVETE, Victor R. – *A forma do contrato-promessa e as consequências da sua inobservância*, 1990.
CÂMARA, Paulo – *Manual de Direito dos valores mobiliários*, 2.ª ed., 2011.
CAMPINHO, Bernardo Brasil – *Cláusulas contratuais gerais e contrato de adesão como técnica e metódica das relações privadas na sociedade contemporânea* (s/d), na Net.
CAMPOS, Isabel Menéres/Faria, Sérgio Mouta – *Notas sobre a reserva mental*, Est. Heinrich Ewald Hörster (2012), 285-297.
CANARIS, Claus-Wilhelm – *Schweigen im Rechtsverkehr als Verpflichtungsgrund*, FS Wilburg (1975), 77-97;
– *Bankvertragsrecht*, 2.ª ed., 1981, e 3.ª ed., 1988;
– *Die Feststellung vom Lücken*, 2.ª ed., 1983;
– *Gesetzliches Verbot und Rechtsgeschäft*, 1983;
– *Die Vertrauenshaftung im deutschen Privatrecht*, 1971, 2.ª ed., 1983
– *Schutzgesetze – Verkehrspflichten – Schutzpflichten*, FS Larenz 80. (1983), 27-110;
– anotação a BGH 7-jun.-1984, NJW 1984, 2281-2282;
– *Grundrechte und Privatrecht*, AcP 184 (1984), 201-246;
– *Bewegliches System und Vertrauensschutz im rechtgeschäftlichen Verkehr*, em *Das Bewegliche System im geltenden und Künftigen Recht*, publ. F. Bydlinski (1986), 102-116;
– *Gesamtunwirksamkeit und Teilgültigkeit rechtsgeschäftlicher Regelungen*, FS Steindorf (1990), 519-571;
– *Die Vertrauenshaftung im Lichte der Rechtsprechung des Bundesgerichtshofs*, FG 50 Jahre BGH 1 (2000), 129-197;
– *Wandlungen des Schuldvertragsrechts/Tendenzen zu einer "Materialisierung"*, AcP 200 (2000), 273-364;
– *Reform des Rechts der Leistungsstörungen*, JZ 2001, 499-524;
– *Zur Bedeutung der Kategorie der "Unmöglichkeit" für das Recht der Leistungsstörungen*, em Reiner Schultze/Hans Schultze-Nölke, *Die Schuldrechtsreform vor dem Hintergrund des Gemeinschaftsrechts* (2001), 43-66;
– *Schuldrechtsmodernisierung 2002*, 2002;
– *Die AGB – rechtliche Leitbildfunktion des neuen Leitungsstörungsrechts*, FS Ulmer (2003), 1073-1096;
– *Handelsrecht*, 24.ª ed., 2006;
– *Gesammelte Schriften*, 3 volumes, 2012.
CANCELLI, Filippo – *Dolo (diritto romano)*, ED XIII (1964), 712-725.
CANDIAN, Alberto – *Contributo alla dottrina della usura e della lesione nel diritto positivo italiano*, 1946.
CANGE, Du – *Glossarium Mediae et Infimae Latinitatis* II, 1954, reimp..
CAPELOTTI, João Paulo – *Contratos de adesão e condições contratuais gerais* (s/d), na Net.
CAPRIOLI, Severino – *Rescissione (storia)*, ED XXXIX (1988), 933-966.
CARBONNIER, Jean – *Droit civil 1, La famille*, ed. compl., 2004 ;
– *Droit civil*, II – *Les biens/Les obligations*, ed. completa, 2004.
CARNEIRO, Manuel Borges – *Direito civil de Portugal* II, 1827.
CARRARO, Luigi – *Frode alla legge*, NssDI VII (1961), 647-651.

CARUSO, Daniela – *La culpa in contrahendo/l'esperienza statunitense e quella italiana*, 1993.
CARUSO, Enrico – *Le dichiarazioni d'intenti*, em Realmonte, *I rapporti giuridici preparatori* (1996), 275-323.
CARVALHO, Jorge Morais – *Os contratos de consumo: reflexões sobre a autonomia privada no Direito do consumo*, 2012.
CARVALHO, Orlando de – *Negócio jurídico indirecto (teoria geral)*, BFD, Supl. X (1952), 1-147.
CASAVOLA, Franco – *Dolo (diritto romano)*, NssDI 6 (1960), 147-149.
CASELLA, Mario – *Simulazione (diritto privato)*, ED XLII (1990), 593-614.
CASPER, Georg – *vide* Löwisch, Manfred.
CASTRONOVO, Carlo – *Principi di diritto europeo dei contratti*, Parte I e II, 2001.
CAVALAGLIO, Lorenzo – *La formazione del contratto/Normative di protezione ed efficienza economica*, 2006.
CERVENCA, Giuliano – *"Restitutio in integrum"*, NssDI XV (1968), 739-744.
CHABAS, François – *vide* Mazeaud, Henri e Léon.
CHANTÉRAC, Véronique de/Fabre, Régis – *Droit de la publicité et de la promotion des ventes*, 1986.
CHAVES, Antônio – *Responsabilidade pré-contratual*, 1959.
CHAVES, Rui Moreira – *Código da Publicidade Anotado*, 2.ª ed., 2005.
CHESNE, du – *Zur Auslegung von Willenserklärungen*, ZNotV 1910, 541-549.
CHIOTELLIS, A. – *Rechtsfolgenbestimmung bei Geschäftsgrundlagenstörungen in Schuldverträgen*, 1981.
CHITO, Maria Bruna – em Pietro Rescigno, *Codice civile* 1, 7.ª ed. (2008), art. 1344.º.
CHRISTENSEN, Guido – em Ulmer/Brandner/Hensen *AGB-Recht*, 11.ª ed., 2012.
CIAN, Giorgio – *Forma solenne e interpretazione del negozio*, 1969.
CIAN, Giorgio/TRABUCCHI, Alberto – *Commentario breve al Codice Civile*, 4.ª ed., 1992.
CLARIZIA, Renato – *Informatica e conclusione del contratto*, 1985.
CLAUS-DIETER Schott, *"Interpretatio cessat in claris"* – *Auslegungsfähigkeit und Auslegungsbedürftigkeit in der juristischen Hermeneutik*, em Jan Schröder, *Theorie des Interpretation vom Humanismus zur Romantik /Rechtswissenschaft, Philosophie, Theologie* (2001), 155-189.
CLIVE ERIC – *vide* Bar, Christian von.
Code de la Consommation, da Dalloz, 16.ª ed., 2011.
Código Civil/Direito das obrigações, BMJ 119 (1962), 27-219.
Código Civil/Livro I – Parte geral (1.ª revisão ministerial), BMJ 107 (1961), 5-158.
Código Civil/Livro I – Parte geral (2.ª revisão ministerial), 1965.
Código Civil/Projecto, 1966.
Código Civil Holandês, 1838.
Codigo Commercial Portuguez, ed. Imprensa da Universidade, 1856.
COELHO, Francisco Pereira – nos *Aditamentos*, por Abílio Neto e Pupo Correia, 1963/1964.
COELHO, José Gabriel Pinto – *Das clausulas accessorias dos negocios juridicos*, 1 – *A condição*, 1909; 2 – *Termo-modo-pressuposição*, 1910;
– *Pessoas que interveem nos actos notariais*, BFD 1, 1914-1915;
– *Simulação nas letras*, BFD 1, 1914-1915.

COESTER, Michael – no Palandt, 73.ª ed., 2014.
COESTER-WALTJEN, Dagmar – no *Staudingers Kommentar*, 2, §§ 305-310 (*Recht der Allgemeinen Geschäftsbedingungen*), 2006.
COESTER-WALTJEN, Dagmar – vide Schlosser, Peter.
COHN, L. – *Die Wuchergesetzlichen Bestimmungen des Bürgerlichen Gesetzbuchs*, Gruchot 41 (1897), 784-797.
COING, Helmut – *Simulatio und Fraus in der Lehre des Bartolus und Baldus*, FS Paul Koschaker, 3 (1936), 402-419;
– *Form und Billigkeit im modernen Privatrecht*, DNotT 1965, 29-50;
– *Europäisches Privatrecht I – Älteres Gemeines Recht*, 1985 e II – *19. Jahrhundert*, 1989.
COLAVINCENZO, Danilo – *Nullità e rescissione dei contratti usurari*, 2011.
COLLIER, Dieter – *Nichtigkeit und Unwirksamkeit im System der bürgerlichen Rechtsordnung*, 1967.
Condicio, ThLL IV (1906-1909), 127-137.
CORDEIRO, A. Barreto Menezes – *A interpretação contratual anglo-saxónica*, O Direito 141 (2009), 665-678;
– *Do Trust no Direito civil*, 2013;
– *Da simulação no Direito civil*, 2014;
– vide Cordeiro, António Menezes.
CORDEIRO, António Menezes – *Direitos reais* 1, 1979;
– *Direito das obrigações* 1, 1979;
– *Costume*, Enc. Pólis 1 (1983), 1348-1351;
– *Da boa fé no Direito civil*, 1984, 7.ª reimp., 2013;
– *A "impossibilidade moral": do tratamento igualitário no cumprimento das obrigações*, TJ 18 e 19 (1986) = *Estudos de Direito civil*, 1.º (1991), 98-114;
– *Concessão de crédito e responsabilidade bancária*, BMJ 357 (1986), 5-66;
– *Registo Predial*, Enc. Pólis, 5 (1987), 259-266;
– *Teoria geral do Direito civil* 1, 2.ª ed., 1987/1988; 2, 1.ª ed., 1987, 2.ª ed., 1990;
– *Teoria geral do Direito civil/Relatório*, 1988;
– *Da abertura de concurso para a celebração de um contrato no Direito privado*, BMJ 369 (1988), 5-59;
– *Das publicações obrigatórias nos boletins das cotações das bolsas de valores*, O Direito 120 (1988), 341-370;
– *Da alteração das circunstâncias*, em *Estudos em Memória do Professor Doutor Paulo Cunha* (1989), 293-371;
– *Impugnação pauliana/Fiança de conteúdo indeterminável*, CJ XVII (1992) 3, 55-64;
– *As cartas de conforto no Direito bancário*, 1993;
– *Dolo na conclusão do negócio/Culpa in contrahendo/Anotação a STJ 13-Jan.-1993*, O Direito 1993, 145-174;
– *Manual de Direito do Trabalho*, 1994;
– *Direito das obrigações*, 2, 1994;
– *Convenções colectivas de trabalho e alterações das circunstâncias*, 1995;
– *Introdução* à versão portuguesa de Claus-Wilhelm Canaris, *Pensamento sistemático e Ciência do Direito*, 1996, reimpr.;

– *Ofertas públicas de aquisição*, ROA 56 (1996), 499-533;
– *A posse: perspectivas dogmáticas actuais*, 3.ª ed., 2000;
– *Sumários de Direitos Reais*, 2001;
– *Da modernização do Direito civil* 1, 2004;
– *Manual de Direito comercial*, 2.ª ed., 2007;
– *Da confirmação no Direito civil*, 2008;
– *Direito das sociedades* 1, 3.ª ed., 2011;
– *Direito comercial*, 3.ª ed., 2012;
– *Direito dos seguros*, 2013;
– *CSC/Clássica*, 2.ª ed., 2013, reimp., art. 56.º;
– *O princípio da boa-fé e o dever de renegociação em contextos de situação económica difícil*, 2013;
– *Direito bancário*, 4.ª ed., 2012, 5.ª ed., 2014;
– *Tratado de Direito civil*, 9 volumes, 1999-2014;
– *vide* Costa, Mário Júlio de Almeida.

CORDEIRO, António Menezes/Cordeiro, A. Barreto Menezes – *Repurchase Agreement (promessa de recompra): conceito e sistematização dogmática*, RDS III (2013), 39-58.

CORDES, Albrecht – *Der Haakjöringsköd-Fall*, Jura 1991, 352-357.

CORNELIUS, Kai – *Vertragsabschluss durch autonome elektronische Agenten*, MMR 2002, 353-358.

Corpus iuris civilis, ed. Christoph Ferromontam, ed. Colónia, 1735.

Corpus iuris civilis, ed. Nápoles II, 1828, e III, 1830.

Corpus juris civilis I, ed. Theodor Mommsen/Paul Krueger, 1908;
– *vide* Behrends, Okko.

CORREIA, António de Arruda Ferrer – *Erro e interpretação na teoria do negócio jurídico*, 1939; 2.ª ed., 1967, enriquecida com um apêndice, 3.ª tiragem, 1985.

CORREIA, Eduardo – *A conversão dos negócios jurídicos ineficazes*, BFD XXIV (1948), 360-389.

CORTESE, Ennio – *Errore (diritto intermedio)*, ED XV (1966), 236-246.

COSENTINI, Cristoforo – *Condicio impossibilis*, 1952.

COSTA, Américo Campos – *Incapacidades e formas do seu suprimento/Anteprojecto do Código Civil*, BMJ 111 (1961), 195-231.

COSTA, Mariana Fontes da – *Ruptura de negociações pré-contratuais e cartas de intenção*, 2011.

COSTA, Mário Júlio de Almeida – *Raízes do censo consignativo/Para a história do crédito medieval português*, 1961;
– *Responsabilidade civil pela ruptura das negociações preparatórias de um contrato*, 1984, reimp., 1994;
– anotação a *idem*, STJ 7-fev.-1985 (Campos Costa), RLJ 111 (1986), 19-22;
– anotação a STJ Assento de 29-nov.-1989, RLJ 125 (1992), 222-224;
– *Nótula sobre o regime das cláusulas contratuais gerais após a revisão do diploma que instituiu a sua disciplina*, separata de DJ, 1997;
– *Intervenções fulcrais da boa fé nos contratos*, RLJ 133 (2001), 297-303;
– *Direito das obrigações*, 3.ª ed., 1979; 4.ª ed., 1982; 7.ª ed., 1998; 12.ª ed., 2009;
– *O cálculo da indemnização na responsabilidade civil pela ruptura das negociações*

preparatórias de um contrato, RLJ 139 (2010), 314-323.

COSTA, Mário Júlio de Almeida/ANTUNES, Henrique Sousa – em *Anotação a STJ 31-mar.-2011*, RLJ 141 (2012), 323-331.

COSTA, Mário Júlio de Almeida/CORDEIRO, António Menezes – *Cláusulas contratuais gerais/Anotação ao Decreto-Lei n.º 446/85, de 25 de Outubro*, 1986, com sucessivas reimpressões, até 1994.

COURINHA, Gustavo Lopes – *O verdadeiro sentido da simulação fiscal: em especial, das doações de imóveis a favor da sociedade com reporte de prejuízos/regime simplificado de IRC* em *Estudos em memória do Prof. Doutor J. L. Saldanha Sanches*, 3, (2011), 137-156.

COVIELLO, Nicola – *Manuale di diritto civil italiano – Parte generale*, 3.ª ed., 1924.

CRAMER, Johann Ulrich von – *Observationes iuris universi/3. Continens simul observationes ex iudicatis et responsis facultatis iuridicae Marburgensis*, 1763.

CRAUSHAAR, Götz von – *Haftung aus culpa in contrahendo wegen Ablehnung des Vertragsabschlusses*, JuS 1971, 127-131.

CRICENTI, Giuseppe – *I contratti in frode alla legge*, 1996.

CRISCUOLI, Giovanni – *La nullità parziale del negozio giuridico / Teoria generale*, 1959.

CRUZ, António Côrte-Real – vide José, Pedro Simão.

CRUZ, Guilherme Braga da – *A Revista de Legislação e de Jurisprudência/Esboço da sua História* 1, 1975.

CUGIA, Stanislau – *La nullità parciale del negozio giuridico nel D. 24.1*, 1922.

CUJAS, Jacques – *Tolosatis Opera*, Tomo IX, edição de Módena, 1751.

CUNHA, Daniela M. Ferreira – *Responsabilidade pré-contratual por ruptura das negociações*, 2006.

CUNHA, Paulo A. V. – *Simulação processual e anulação do caso julgado*, 1935;
– *Direito Civil* 2, 1938.

CZIUPKA, Johannes – *Die ergänzenden Verträgsauslegung*, JuS 2009, 103-106;
– *Dispositives Vertragsrecht/Funktionsweise und Qualitätsmerkmale gesetzlicher Regelungsmuster*, 2010.

DAGOT, Michel – *La simulation en Droit privé*, 1967.

DAMM, Reinhard – *Kontrolle von Vertragsgerechtigkeit durch Rechtsfolgenbestimmung/ /Nichtigkeit und Nichtigkeitsbeschränkung bei Gesetz- und Sittenverstoss*, JZ 1986, 913-926.

DAMMANN, Jens – em Wolf, Manfred/Lindacher, Walter/Pfeiffer, Thomas – *AGB-Recht/ /Kommentar*, 5.ª ed., 2009 e 6.ª ed., 2013.

DANNEBERG, Lutz – *Logik und Hermeneutik im 17. Jahrhundert*, em Jan Schröder (ed.), *Theorie der Interpretation vom Humanismus bis zur Romantik/Rechtswissenschaft, Philosophie, Theologie* (2001), 75-131.

DANZ, Erich – *Die Auslegung der Rechtsgeschäfte/Zugleich ein Beitrag zur Rechts- und Tatfrage*, 1.ª ed., 1897, 2.ª ed., 1906, 3.ª ed., 1911;
– *A interpretação dos negócios jurídicos: contratos, testamentos, etc.: estudo sobre a questão de direito e a questão de facto*, versão portuguesa de Fernando de Miranda, 1941.

DÄUBLER-GMELIN, Herta – *Die Entscheidung für die sogennante Grosse Lösung bei der Schuldrechtsreform*, NJW 2001, 2281-2289.

DAUNER-LIEB, Barbara – *Verbraucherschutz durch Ausbildung eines Sonderprivatrechts für Verbraucher/Systemkonforme Weiterentwicklung oder Schrittmacher der Systemveränderung?*, 1983;

– *Das Leistungsstörungsrecht im Überblick*, em Barbara Dauner-Lieb/Thomas Heidel/Mafred Lepa/Gerhard Ring, *Das neue Schuldrecht* (2002), 64-120.

DAVIDSON, Donald – *Handlungen, Gründe und Ursachen*, trad. al. de Joachim Schulte, em Horn/Löhrer, *Gründe und Zwecke* (2010), 46-69.

DEDEK, Helge – *Negative Haftung aus Vertrag*, 2007.

DEKKERS, René – *La lésion enorme/introduction à l'histoire des sources du droit*, 1937.

DEMONTÈS, E. – *De la lésion dans les contrats entre majeurs (étude de droit positif et de législation comparée)*, 1924.

DEREUX, G. – *De la nature juridique des "contrats d'adhésion"*, RTDC IX (1910), 503-541.

DERNBURG, Heinrich – *Pandekten* 1, 4.ª ed., 1894, § 111 e § 112.

DERNBURG, Heinrich/Biermann, Johannes – *Pandekten* 1, 7.ª ed., 1902.

DIANA, António Gerardo – *La nullità parziale del contratto*, 2004.

DIAS, Figueiredo – *Direito penal*, 1975.

DICK, Otto – *Der "Verstoss gegen die guten Sitten" in der gerichtliche Praxis*, AbürgR 33 (1909), 74-135.

DIESSELHORST, Malte – *Die Lehre des Hugo Grotius vom Versprechen*, 1959.

DIETLEIN, Max Josef/REBMANN, Eberhard – *AGBG*, 1976.

Diskussionsentwurf eines Schuldrechtsmodernisierungsgesetzes, 2002.

DISTASO, Nicola – *La simulazione dei negozi giuridici*, 1960;

– *Simulazione dei negozi giuridici*, NssDI XVII (1970), 359-422.

DITTMANN, Klaus/STAHL, Henning – *AGBG-Kommentar*, 1977.

DÖLLE, Hans – *Aussergesetzliche Schuldpflichten*, ZStaaW 103 (1943), 67-102;

– *Juristische Entdeckungen*, 42 DJT (1959), 2, B 1 – B 22.

DOMAT, Jean – *Les loix civiles dans leur ordre naturel* I, 2.ª ed., 1695.

DONELLUS, Hugo – *Opera*, 8 vol., ed. 1832.

DORIA, Giovanni – *La frode alla legge*, 1968;

– *Frode alla legge*, ED XVIII (1969), 72-88;

– *I negozi sull'effetto giuridico*, 2000.

DORN, Franz no HKK/BGB 1 (2003), §§ 139-141 e II/I (2007) §§ 246-248.

DÖRNER, Heinrich – *Rechtsgeschäfte im Internet*, AcP 202 (2002), 363-396.

DOSSETTI, Giuseppe – *La formazione progressiva del negozio nel matrimonio canonico/ /Contributo alla dottrina degli sponsali e del matrimonio condizionale*, 1954.

DOSSETTO, Mario – *Contratto per adesione*, NssDI IV (1960), 535-537.

DREHER, Meinrad – *Die Auslegung von Rechtsbegriffen in Allgemeinen Geschäftsbedingungen*, AcP 189 (1989), 342-385.

DREXL, Josef – *Die wirtschaftliche Selbstbestimmung des Verbrauchers/Eine Studie zum Privat- und Wirtschaftsrecht unter Berücksichtigung gemeinschaftsrechtlicher Bezuge*, 1998.

DRYGALA, Tim – *Die Reformdebatte zum AGB-Recht im Lichte des Vorschlags für ein einheitliches europäisches Kaufrecht*, JZ 2012, 983-992.

DUARTE, Rui Pinto – *Tipicidade e atipicidade dos contratos*, 2000.

DULCKEIT, Gerhard – *Zur Lehre vom Rechtsgeschäft im klassischen römischen Recht*, FS Fritz Schutz I (1951), 148-190.

DUMONT-KISLIAKOFF, Nadia – *La simulation en Droit romain*, 1970.

ECKERT, Jörn – *Sittenwidrigkeit und Wertungswandel*, AcP 199 (1999), 337-359.

ECKERT, Michael/WALLSTEIN, Caroline – *Das neue Arbeitsvertragsrecht / Vertragsgstaltung nach der Schuldrechtsreform und dem AGB-Recht*, 2002.

ECKSTEIN, Ernst – *Die Einrede der Unsittlichkeit*, AbürgR 39 (1913), 367-405;
– *Studien zur Lehre von den unsittlichen Handlungen, Rechtshandlungen und Rechtsgeschäften, insbesondere Verträgen*, AbürgR 41 (1915), 178-279.

EFFER-UHE, Daniel Oliver – *Die Wirkung der condicio im römischen Recht*, 2008.

EGERT, Hans – *Die Rechtsbedingung im System des bürgerlichen Rechts*, 1974.

EHLERT, Friedrich – *Nichtigkeit, Anfechtbarkeit und Unwirksamkeit im Bürgerlichen Gesetzbuche*, 1919.

EHMANN, Horst/SUTSCHET, Holger – *Modernisiertes Schuldrecht/Lehrbuch der Grundsätze des neuen Rechts und seiner Besonderheiten*, 2002.

EHRENZWEIG, Albert – *Modern Entwicklungsbestrebungen im Recht des Versicherungsvertrags*, 1925.

EHRICH, Christian – *Die Zulässigkeit von auflösender Bedingungen in Arbeitsverträgen*, DB 1992, 1186-1189.

EHRICKE, Ulrich – *Zur Bedeutung der Privatautonomie bei der ergänzende Vertragsauslegung*, RabelsZ 60 (1996), 661-690.

EHRLICH, Eugen – *Die stillschweigende Willenserklärung*, 1893.

EICHUNHOFER, Eberhard – *Anwartschaftslehre und Pendenztheorie/Zwei Deutungen von Vorbehaltseigentum*, AcP 185 (1985), 162-201.

EIRÓ, Pedro – *Do negócio usurário*, 1990.

EISELE, Dorothe – no *Münchener Kommentar zum BGB/1 – Allgemeiner Teil*, 6.ª ed. (2012), § 125.

EISELE, Fridolin – *Das Dogma von der rückwirkenden Kraft der erfüllten Suspensiv-Bedingung*, AcP 50 (1867), 253-294 e 295-327.

EISENHARDT, Ulrich – *Zum subjektiven Tatbestand der Willenserklärung/Aktuelle Probleme der Rechtsgeschäftslehre*, JZ 1986, 875-882.

ELLENBERGER, Jürgen – no Palandt/BGB, 72.ª ed., 2013.

ELLERS, Holger – *Zu Vorraussetzungen und Umfang des Anwendungsersatzanspruchs gemäß § 284 BGB*, Jura 2006, 201-208.

EMMERICH, Volker – *Das Recht des unlauteren Wettbewerbs*, 5.ª ed., 1998;
– *Das Recht der Leistungsstörungen*, 5.ª ed., 2003;
– no *Münchener Kommentar 2*, 5.ª ed. (2007) e na 6.ª ed. (2012), § 311.

ENDEMANN, Wilhelm – *Die Rechtsgrundlagen des Eisenbahntransportgeschäfts*, BuschA 42 (1882), 191-290.

ENDERLEIN, Wolfgang – *Rechtspaternalismus und Vertragsrecht*, 1996.

ENGISCH, Karl – *Der finale Handlungsbegriff*, em *Probleme der Strafrechtserneuerung*, 1944.

ENNECCERUS, Ludwig – *Rechtsgeschäft, Bedingung und Anfangstermin*, 1889.

ENNECCERUS, Ludwig/NIPPERDEY, Hans Carl – *Allgemeiner Teil des Bürgerlichen Rechts/ ein Lehrbuch* 2, 15.ª ed., 1960.

EPIFÂNIO, Maria do Rosário – *Os efeitos substantivos da falência*, 2000.

ERNST, Wolfgang – *Der Beschluss als Organakt*, FS Detleef Leenen (2012), 1-42.

ESPÍNOLA, Eduardo – *Manual do Código Civil brasileiro*, 3 (1932), 460-466;
– *Sistema do Direito civil brasileiro*, II, parte 2, *Teoria geral das relações jurídicas de obrigação*, 2.ª ed., 1945; a 1.ª edição é do princípio do século XX.

ESSER, Josef – *Grundsatz und Norm in der richterlichen Fortbildung des Privatrechts*, 1956.

ESSER, Josef/WEYERS, Hans-Leo – *Schuldrecht II – Besonderer Teil* 1, 8.ª ed., 1998.

FABRE, Régis – *vide* Chantérac, Véronique de.

FABRICUS, Fritz – *Stillschweigen als Willenserklärung*, JuS 1966, 1-11 e 50-60.

FAGGELA, Gabrielle – *Dei periodi precontrattuali e della lora vera ed esatta costruzione scientifica*, St. Fadda 3 (1906), 271-342;
– *Fondamento giuridico della responsabilità in tema di trattative contrattuali*, ArchG 82 (1909), 128-150.

FALK, Ulrich (org.) – *Zur Sittenwidrigkeit von Testamenten/Grundlinien der Rechtsprechung im 19. und 20. Jahrhundert*, em *Das Bürgerliche Gesetzbuch und seine Richter/Zur Reaktion der Rechtsprechung auf die Kodifikation des deutschen Privatrechts (1896-1914)*, (2000), 451-494.

FALKENBERG, Rolf-Dieter – *Zulässigkeit und Grenzen auflösender Bedingungen in Arbeitsverträgen*, DB 1979, 590-592.

FALZEA, Angelo – *La condizione e gli elementi dell'atto giuridico*, 1941.

FARIA, Jorge Ribeiro de – *Direito das Obrigações* 1, 1987.

FARIA, Jorge Ribeiro de – *Algumas notas sobre o finalismo no Direito civil*, BFD LXIX (1993), 71-160 e LXX (1994), 133-219.

FARIA, Sérgio Mouta – *vide* Campos, Isabel Menéres.

FASTRICH, Lorenz – *Richterliche Inhaltskontrolle im Privatrecht*, 1992.

FAUST, Florian – *Der Ausschluss der Leistungspflicht nach § 275*, em Peter Huber/Florian Faust, *Schuldrechtsmodernisierung/Einführung in das neue Recht* (2002), 21-62;

FAUST, Florian – *Zivilrecht: Pflicht zur Entlohnung einer Kartenlegerin*, JuS 2011, 359-361.

FEIJÓ, Carlos Maria – *O novo Direito da economia de Angola*, 2005.

FELDMANN, Cornelia – *vide* Löwisch, Manfred.

FENOUILLET, Dominique – *vide* Malinaud, Philippe.

FERID, Murad/SONNENBERGER, Hans Jürgen – *Das französische Zivilrecht 1/1, Einführung und Allgemeiner Teil*, 2.ª ed., 1994.

FERNANDES, Luís Alberto Carvalho – anotação a STJ 13-fev.-1986 (Serra Malgueiro), O Direito 120 (1988), 249-265;
– *A conversão dos negócios jurídicos civis*, 1993;
– anotação a STJ 29-nov.-1989 (Menéres Pimentel), RDES XXXV (1993), 196-238;
– *Estudos sobre a simulação*, 2004;
– *Simulação e tutela de terceiros* em *Estudos sobre a simulação* (2004), 69-161;
– *Teoria geral do Direito civil*, II – *Fontes, conteúdo e garantia da relação jurídica*, 5.ª ed., 2010.

FERNANDES, Carvalho/LABAREDA, João – *Código dos Processos Especiais de Recuperação da Empresa e da Falência Anotado*, 3.ª ed., 1999;
FERNANDES, Mário João de Brito – *vide* Pinheiro, Alexandre Sousa.
FERRARA, Francesco – *Della simulazione nei negozi giuridici*, 3.ª ed., 1909, 5.ª ed., 1922;
– *Teoria dei contratti*, 1940.
FERRARA, Luigi Cariota – *Il negozio giuridico nel diritto privato italiano*, 1948, reimp., 2011.
FERREIRA, Durval – *Negócio jurídico condicional: os motivos atípicos e a unidade do sistema jurídico na prova e interpretação de declaração negocial: pessoas colectivas públicas*, 1998.
FERREIRA, José Dias – *Codigo civil portuguez annotado* 1, 2.ª ed., 1894; 2, 1.ª ed., 1871, 2.ª ed., 1895; 3, 2.ª ed., 1898; 4, 1.ª ed., 1875.
FERREIRA, Lisa Sousa – *Responsabilidade civil pré-contratual da Administração Pública pela não celebração de um contrato*, 2002.
FERREIRA, Rui Cardona – *Indemnização do interesse contratual positivo e perda de chance (em especial, na contratação pública)*, 2011;
– *A perda de chance/análise comparativa e perspetivas de ordenação sistemática*, O Direito 144 (2012), 29-58.
FERRI, Luigi – *Nozione giuridica di autonomia privata*, RTDPC 1957, 129-200.
FERRINI, Contardo – *Intenzione delle parti ed effetto dei negozi giuridici*, em *Opere*, org. Emílio Albertario (1929), 349-356.
FETIH, Almontasser – *Die zivilrechtliche Haftung bei Vertragsverhandlungen/Eine rechtsvergleichende Studie zum deutschen, französischen, ägyptischen und islamischen Recht*, 2000.
FIGGE, Wilhelm – *Der Begriff der Unwirksamkeit im B.G.B.*, 1902.
FIGUEIREDO, Mário de – *Caracteres gerais dos títulos de crédito e seu funcionamento jurídico*, 1919.
FIKENTSCHER, Wolfgang – *Die Geschäftsgrundlage als Frage des Vertragsrisikos*, 1971;
– *De fide et perfídia/Der Treugedanke in den "Staatsparallelen" des Hugo Grotius aus heutiger Sicht*, 1979
FIKENTSCHER, Wolfgang/HEINEMANN, Andreas – *Schuldrecht*, 10.ª ed., 2006.
FISCHER, Albrecht – *Vis major im Zusammenhang mit Unmöglichkeit der Leistung*, JhJb 37 (1897)199-300.
FISCHER, Friedrich B. – *Grundzüge des Gewerblichen Rechtsschutzes*, 2.ª ed., 1986.
FISCHER, Thomas – *Strafgesetzbuch*, 59.ª ed. (2012), § 291.
FISCHINGER, Philipp S. – *vide* Sack, Rolf.
FISCHINGER, Philipp S./Lettmaier, Saskic – *Sachmangel bei Alfestverseuchung/Anwendbarkeit der cic neben den §§ 434 ff. BGB*, NJW 2009, 2496-2499.
FITTING, Hermann – *Ueber den Begriff der Rückziehung*, 1856.
FLACH, Andreas – *vide* Flach, Dieter.
FLACH, Dieter/Flach, Andreas – *Das Zwölftafelgesetz/Leges XII Tabularum*, 2004.
FLUME, Werner – *Rechtsgeschäft und Privatautonomie*, FS DJT 1 (1960), 135-238;
– *Das Rechtsgeschäft und das rechtlich relevanten Verhalten*, AcP 161 (1962), 52-76;
– *Die Rechtsstellung des Vorbehaltskäufers*, AcP 161 (1962), 385-408;
– *Allgemeiner Teil des bürgerlichen Rechts*, II – *Das Rechtsgeschäft*, 4.ª ed., 1992.

FONSECA, Patrícia Afonso – *As cartas de intenção, no processo de formação do contrato. Contributo para o estudo da sua relevância jurídica*, O Direito 138 (2006), 1085--1147.
FONSI, Gianluca – *vide* Alpa, Guido.
FORKEL, Hans – *Grundfragen der Lehre vom privatrechtlichen Anwartschaftsrecht*, 1962.
FRADA, Manuel Carneiro da – *Erro e incumprimento na não-conformidade da coisa com o interesse do comprador*, O Direito 121 (1989), 461-484;
– *Contrato e deveres de protecção*, 1994;
– *Uma "terceira via" no Direito da responsabilidade civil?/O problema da imputação dos danos causados a terceiros pelos auditores das sociedades*, 1997;
– *Direito civil – responsabilidade civil – o método do caso*, 2006;
– *Teoria da confiança e responsabilidade civil*, 2004, reimp. 2007.
FRAGALI, Michele – em Mariano d'Amelio/Enrio Finzi, *Codice civile/Commentario*, I – *Delle obbligazioni e dei contratti in generale*, 1948.
FRANCESCHELLI, Vincenzo – *Converzione del negozio nullo*, DDP/SCiv IV (1989), 376--382.
FRANKFURT, Harry G. – *Das Problem des Handelns*, trad. al. Joachim Schulte, em Horn//Löhrer, *Gründe und Zwecke* (2010), 70-84.
FRANZONI, Massimo – *Degli effetti del contratto. Artt 1374-1381*, 2, *Integrazione del contratto. Suoi effeti reali e obbligatori*, 2.ª ed., 2013.
FREIRE, Pascoal José de Mello – *Institutiones iuris civilis lusitani cum publici tum privati*, IV – *De obligationibus et actionibus*, ed. 1845 = trad. port. Miguel Pinto de Meneses, BMJ 168 (1967).
FREITAS, Augusto Teixeira de – *Consolidação das leis civis*, 1855, e 5.ª ed., 1915.
FREITAS, José Lebre de – *A falsidade no Direito probatório*, 1984.
FRICK, Joachim G. – *Culpa in contrahendo. Eine rechtsvergleichende und kollisionsrechtliche Studie*, 1992.
FRIEDMANN, Fritz – *Rechtshandlung (im Gegensatz zu Rechtsgeschäft) nach gemeinem Recht und BGB*, 1903.
FRITZ, Karina Nunes – *Boa-fé objetiva na fase pré-contratual/A responsabilidade pré-contratual por ruptura das negociações*, 2001, reimp..
FRITZMEYER, Wolfgang/HEUN, Sven-Erik – *Rechtsfragen des EDI/Vertragsgestaltung: Rahmenbedingungen im Zivil-, Wirtschafts- und Telekommunikationsrechte*, CR 1992, 129-133.
FRITZSCHE, Jörg/MAIZER, Hans M. – *Angewählte zivilrechtliche Probleme elektronisch signierter Willenserklärung*, DNotZ 1995, 3-25.
FROTA, Ângela – *Colectânea de Legislação/Dos contratos de consumo em especial*, 1997.
FUCHS, Andreas – em Ulmer/Brandner/Hensen *AGB-Recht*, 11.ª ed., 2011.
FUCHS, Wilhelm – *Treuhand und Schiebung: Vorschläge zu einem Gesetz über fiduziarische Rechtsgeschäfte nebst Begründung*, 1934.
FURMSTON, Michael/NORISADA, Takao/Poole, Jill – *Contract Formation and Letter of Intent*, 1998.
FÜRST, Rudolf – *Schuldverhältnisse aus einseitigen Rechtsgeschäften*, LZ 1910, 177-190.
FUSI, Maurizio – *Il nuovo Codice di lealtà pubblicitaria*, 1971.

GADAMER, Hans-Georg – *Wahrheit und Methode*, 4.ª ed., 1975.

GAIO – *Institutiones*, III, 88 = ed. bilingue latim/alemão de Ulrich Manthe, *Gaius Institutiones/Die Institutionen des Gaius*, 2004.

GAMA, João Taborda da – *Promessas administrativas/Da decisão de autovinculação ao acto devido*, 2008.

GANDOLFI, Giuseppe – recensão a Vincenzo Giuffrè, *L'utilizzazione degli atti giuridici mediante "converzione" in diritto romano* (1965), IVRA XVII (1966) 2, 417-422;
– *La converzione dell'atto invalido/Il problema in proiezione europea* 1, 1984; 2, 1988;
– (coord.) *Code Européen des Contrats/Avant-projet*, Liv. I, 2004.

GANGE, Du – *Glossarium mediae et infimae latinitatis* IV, 1954.

GASS, Ernst – *Ursache, Grund und Bedigung im Rechtsgeschehen*, 1960.

GATTI, Serafino – *Pubblicità commerciale*, ED XXXVII (1988), 1058-1064.

GAUDEMET, Eugène – *Droit des obligations*, 1968.

GAZIN, Henri – *La nature juridique des règlements de travail/Contribution à l'étude des "contrats d'adhésion"*, 1913.

GEBAUER, Martin – *Die ungewollte Reise in die Hauptstad*, Jura 2002, 482-488.

GENOVESE, Anteo – *Contratto di adezione*, ED X (1962), 1-3.

GERALDES, João de Oliveira – *Tipicidade contratual e condicionalidade suspensiva/Estudo sobre a exterioridade condicional e sobre a posição jurídica resultante dos tipos contratuais condicionados*, 2010.

GERLAH, Johann Wilhelm – *vide* Kötz, Hein.

GHESTIN, Jacques – *Traité de Droit civil*, *Les obligations, Le contrat*, 1980;
– anotação a CssFr 14-mai.-1991, D 1991, 1, 449, D 1991, 1, 449-454.

GHIRON, Mario – em Mariano d'Amelio/Enrico Finzi, *Codie civile, Libro delle Obbligazioni/Commentario*, 1 (1948), 482-509.

GIACCHI, Orio – *La violenza nel negozio giuridico canonico/Contributo alla dottrina canonistica dei negozi giuridici*, 1937.

GIORDANO, Alessandro A. – *I contratti per adesione*, 1951.

GIUFFRÈ, Vincenzo – *L'utilizzazione degli atti giuridici mediante "converzione" in diritto romano*, 1965.

GODINHO, Adriano Marteleto – *Usura e lesão nos contratos sob a ótica dos códigos civis português e brasileiro*, 2006, polic.;
– *A lesão no novo Código Civil Brasileiro*, 2008.

GOEZ, Karl – *Zur Auslegung des § 138 Abs. 1 BGB*, JW 1922, 1192-1193.

GOLDMAN, Berthold – prefácio a George Berlioz, *Le contrat d'adhésion*, 1.ª ed., 1973 e 2.ª ed., 1976.

GOLDSCHMIDT, Levin – *Ueber die vertragsmäßige Beschränkung der Ersatzpflicht der Eisenbahnverwaltungen*, AcP 41 (1858), 406-410;

GOLDSCHMIDT, Levin – *Die Haftungspflicht der Eisenbahnverwaltungen in Güterverkehr*, ZHR 4 (1861), 569-660.

GOLTZ, Hanno – *Motivirrtum und Geschäftsgrundlage im Schuldvertrag/Rechtsvergleichende Untersuchung unter Berücksichtigung des französischen, schweizerischen, italienischen und deutschen Rechts*, 1973.

GOMES, Carla Amado – *O direito à privacidade do consumidor*, RMP XX, n.º 77 (1999), 89-103.

GOMES, Júlio Manuel Vieira – *Cláusulas de Hardship*, em António Pinto Monteiro (org.), *Contratos: atualidade e evolução* (1997), 167-204;
– *Sobre o dano da perda de chance*, DJ XIX (2005) 2, 9-47.

GOMES, Júlio Manuel Vieira/SOUSA, António Frada de – *Acordos de honra, prestações de cortesia e contratos*, Est. Almeida Costa (2002), 861-932.

GOMES, Manuel Januário da Costa – *Assunção fidejussória de dívida/Sobre o sentido e o âmbito da vinculação como fiador*, 2000.

GOMES, Rogério Zuel – *A nova ordem contratual: pós-modernidade, contratos de adesão, condições gerais de contratação, contratos relacionais e redes contratuais*, Revista de Direito do Consumidor, n.º 58 (2006).

GONÇALVES, Diogo Costa – *Erro obstáculo e erro vício/Subsídios para a determinação do alcance normativo dos artigos 247.º, 251.º e 252.º do Código Civil*, RFDUL 45 (2004), 309-400.

GONÇALVES, Luiz da Cunha – *Tratado de Direito civil* 1, 1929; 2, 1930; 4, 1931; 7, 1934; 8, 1934.

GONÇALVES, Nuno Baptista – *Da condição (estudo de Direito civil)*, 1995.

GORJÃO-HENRIQUES, Miguel (org.) – *Lei da Concorrência: comentário conimbricense*, 2013.

GOTHAM, Meike – *vide* Lingemann, Stefan.

GOTTWALD, Peter – *Die Haftung für culpa in contrahendo*, JuS 1982, 877-885.

GOUVEIA, Jaime de – *Da responsabilidade contratual*, 1932.

GRABA, Hans-Ulrich – *vide* Schlosser, Peter.

GRABAU, Fritz-René – *Über die Normen zur Gesetzes- und Vertragsinterpretation*, 1993.

GRASSETTI, Cesare – *L'interpretazione del negozio giuridico/con particolare riguardo ai contratti*, 1938, reimp. 1983;
– *Interpretazione dei negozi giuridici "inter vivos" (diritto civile)*, NssDI VIII (1962), 903-907.

GRAZIANI, Ermano – *Volontà attuale e volontà precettiva nel negozio matrimoniale canonico*, 1956.

GRIGOLEIT, Hans Christoph – *Rechtsfolgenspezifische Analyse "besonderer" Informationspflichten am Beispiel der Reformpläne für den E-Commerce*, WM 2001, 597-604;
– *Besondere Vertriebsform im BGB*, NJW 2002, 1151-1158.

GROSSO, Giuseppe – *Contratto (diritto romano)*, ED IX (1961), 750-759.

GRUBER, Urs Peter – *Schuldrechtsmodernisierung 2001/2002 – Die beiderseits zu vertrende Unmöglichkeit*, JuS 2002, 1066-1071.

GRÜNBERGER, Michael – *Der Anwendungsbereich der AGB-Kontrolle*, Jura 2009, 249-256.

GRUNDMANN, Stefan – *EG-Richtlinie und nationales Privatrecht*, JZ 1996, 274-287;
– *Zur Dogmatik der unentgeltlichen Rechtsgeschäfte*, AcP 198 (1998), 457-488.

GRÜNEBERG, Christian – no Palandt, 69.ª ed., 2010, 72.ª ed., 2013 e 73.ª ed., 2014.

GRUNEWALD, Barbara/PEIFER, Karl-Nicolaus – *Verbraucherschutz im Zivilrecht*, 2010.

GRZIWOTZ, Herbert – *Form und Formeln/Vorüberlegungen zu einer Neudefinition des Vertrages*, FS Helmut Schippel (1996), 9-33.

GSELL, Beate – *Die Beweislast für den Inhalt der vertraglichen Einigung*, AcP 203 (2003), 119-141.
GUASTINI, Riccardo – *L'interpretazione dei documenti normativi*, 2004.
GUDIAN, Gunter – *Fehlen des Erklärungsbewußtseins*, AcP 169 (1969), 232-236.
GÜNTHER, Christian August – *Principia iuris romani private novissimi* 1, 1805.
GUSKI, Roman – *Sittenwidrigkeit und Gläubigerbenachteiligung/Zur den Schranken von Kreditsicherheiten unter Berücksichtigung gemeinschafts- und Kollisionsrechtlicher Bezüge*, 2007.

HAAS, Ulrich – *Die Anerkennung und Vollstreckung ausländischer und internationaler Schiedssprüche*, 1991.
HAAS, Ulrich/BEINER, Thorsten – *Das Anwartschaftsrecht im Vorfeld des Eigentumserwerbs*, JA 1998, 23-30.
HAASE, Richard – *Ist das Darlehen ein Realvertrag?*, JR 1975, 317-319.
HABERSACK, Mathias – *Richtigkeitsgewähr notariell beurkundeter Verträge*, AcP 189 (1989), 403-424;
– *Fehlendes Erklärungsbewußtsein zu Lasten des Erklärungsempfängers?* – BGH NJW 1995, 953, JuS 1996, 585-590;
– *Das Anwartschaftsrecht des Anflassungsempfängers/gesicherter Bestand des Zivilrechts oder überflüssiges Konstrukt der Wissenschaft?*, JuS 2000, 1145-1150;
– em Ulmer/Brandner/Hensen *AGB-Recht*, 11.ª ed., 2011, § 309;
– vide Ulmer, Peter.
HABERSTUMPF, Helmut – *Die Formel von Anstandsgefühl aller billig und gerecht Denkenden in der Rechtsprechung des Bundesgerichtshofs/ /Eine Untersuchung über juristische Argumentationsweisen*, 1976.
HAGEN, Horst – *Formzwang, Formzweck, Formmangel und Rechtssicherheit*, FS Helmut Schippel (1996), 173-186.
HAGER, Johannes – *Gesetzes- und sittenkonforme Auslegung und Aufrechterhaltung von Rechtsgeschäften*, 1983;
– *Die Anwartschaft des Auflassungsempfängers*, JuS 1991, 1-9.
HARDNER, Manfred – *Die historische Entwicklung der Anfechtbarkeit von Willenserklärungen*, AcP 173 (1973), 209-226.
HARKE, Jan Dirk – *Das Irrtumsrecht des portugiesischen Código Civil: Gegenmodell zum Nebeneinander von Erklärungs- und Sacherhaltsirrtum*, ZeuP 2001, 541-561;
– *Anwartschaftsrecht als Pfandrecht*, JuS 2006, 385-389;
– *HKK/BGB II, Schuldrecht: Allgemeiner Teil, §§ 241-432* (2007), § 311.
HARPPRECHT, Christian Ferdinand – *Dissertatio juridica inauguralis, eo, quod justum est, circa conversionem actuum negotiorum-que juridicorum jamjam peractorum*, 1747.
HARTKAMP, A. S. – *Der Zwang im römischen Privatrecht*, 1874.
HARTKAMP, Arthur – *The Principles of European Contract Law (Lando Commission)*, em *Um Código Civil para a Europa*, BFD 2002, 54-58.
HARTMANN, Gustav – recensão a Christian Gottlieb Adolf von Scheurl, *Beiträge zur Bearbeitung des römischen Rechts*, II – *Zur Lehre von den Nebenbestimmung bei Rechtsgeschäften*, 1871, KritVJSch 13 (1871), 515-530;
– *Wort und Wille im Rechtsverkehr*, JhJb 20 (1882), 1-79;

– *Werk und Wille bei dem sogennanten stillschweigeden Konsens*, AcP 72 (1888), 161-256.

HARTWIEG, Oskar – *Culpa in contrahendo als Korrektiv für "ungerechte" Verträge/Zur Aufhebung der Vertragsbindung wegen Verschuldens bei Vertragsabschluss*, JuS 1973, 733-740.

HARVEY, Brian W./PARRY, Deborah L. – *The law of consumer protection and fair trading*, 3.ª ed., 1987.

HÄSEMEYER, Ludwig – *Die gesetzliche Form der Rechtsgeschäfte*, 1971;
– *Die Auslegung von Willenserklärungen "klaren und eindeutigen" Wortlauts*, Jura 1988, 302-305;
– recensão a Inge Scherer, *Andeutungsformel und falsa demonstratio beim formbedürftigen Rechtsgeschäft in der Rechtsprechung des Reichgerichts und des Bundesgerichtshofs* (1987), AcP 188 (1988), 425-429.

HASSEMER, Ludwig – *Die Bedeutung der Form im Privatrecht*, JuS 1980, 1-9.

HAUPT, Günther – *Über faktische Vertragsverhältnisse*, 1941.

HAUPT, Peter – *Die Entwicklung der Lehre vom Irrtum beim Rechtsgeschäft seit der Rezeption*, 1941.

HAURIOU, Maurice – anotação a Cons. État 23-mar.-1906, S 1908, 3, 16-19.

HAYEK, Samir Al – *Alcorão Sagrado/o significado dos versículos*, 1994.

HECK, Philipp – *Gesetzesauslegung und Interessenjurisprudenz*, AcP 112 (1914), 1-318;
– *Grundriss des Schuldrechts*, 1929, 2.ª reimp., 1974;
– *Das abstrakte dingliche Rechtsgeschäft*, 1937.

HEDEMANN, Justus Wilhelm – *Das bürgerliche Recht und die neue Zeit*, 1919.

HEFERMEHL/WERNER – no Erman, 1, 9.ª ed. (1993), 2361-2603.

HEINEMANN, Andreas – vide Fikentscher, Wolfgang.

HEINRICHS, Helmut – *Die EG-Richtlinie über mißbräuchliche Klauseln im Verbraucherverträgen*, NJW 1993, 1817-1822;
– *Die Entwicklung des Rechts der Allgemeinen Geschäftsbedingungen im Jahre 1998*, NJW 1999, 1596-1611;
– *Bemerkungen zur culpa in contrahendo nach der Reform*, FS Canaris 1 (2007), 421-442.

HEINRICHS, Helmut/HELDRICH, Andreas – no Palandt, 59.ª ed. (2000), 2442-2515.

HEISE, Georg Arnold – *Grundriss eines Systems des Gemeinen Civilrechts zum Behuf von Pandencten-Vorlesungen*, 1807.

HEISS, Helmut – *Formängel und ihre Sanktionen/Eine privatrechtsvergleichende Untersuchung*, 1999.

HELDRICH, Andreas – vide Heinrichs, Helmut.

HELDRICH, Karl – *Das Verschulden beim Vertragsabschluss: im klassischen römischen Recht und in der späteren Rechtsentwicklung*, 1924, reimp., 1970;
– *Die Form des Vertrages*, AcP 147 (1941), 89-129.

HELLMANN, F. – *Terminologischen Untersuchungen über die rechtliche Unwirksamkeit im römischen Recht*, 1914.

HELLWEGE, Phillip – no HKK / BGB II/2 (2007), §§ 305-310 (II);
– *Allgemeine Geschäftsbedingungen eiseitig gestallte Vertragsbedingungen und die allgemeine Rechtsgeschäftslehre* (2010), 22-25.

HENCKEL, Wolfram – *Die ergänzende Vertragsauslegung*, AcP 159 (1960/61), 106-126.
HENLE, Rudolf – *Vorstellungs- und Willenstheorie in der Lehre von der juristischen Willenserklärung*, 1910;
— *Lehrbuch des Bürgerlichen Rechts*, I – *Allgemeiner Teil* (1926), 296, 301.
HENSEN, Horst-Diether – *vide* Ulmer, Peter.
HENSSONOW, Susan F. – *vide* Surhone, Lambert M..
HEPTING, Reinhard – *Erklärungswille, Vertrauensschutz und rechtsgeschäftliche Bindung*, FS Univ. Köln (1988), 209-234.
HERTEL, Christian – no *Staudingers Kommentar BGB* (ed. 2004), §§ 90-133, § 126a;
— no Staudinger, §§ *125-129*; *BeurkG/Beurkundung*, 2012.
HERZOG, Alexander – *Sittenwidrige Rechtsgeschäfte in höchstrichterlichen Rechtsprechung aus den Jahren 1948-1965*, 2001.
HERZOG, Hermann – *Zum Begriffe der guten Sitten im BGB/Auf Grund einer Untersuchung der Verhältnisse von Sitte, Recht und Moral*, 1910.
HESSE, Wolfgang – *Der mutmaßliche Wille im BGB/Geschichte und Kritik*, 1939.
HEUN, Sven-Erik – *Die elektronische Willenserklärung/Rechtliche Einordnung, Anfechtung und Zugang*, CR 1994, 595-600.
HEUSSEN, Benno – *Letter of Intent/Absichtserklärungen, Geheimhaltungsvereinbarungen, Optionen Vorverträge*, 2.ª ed., 2014.
HEYMANN, Hans – *Irrtumsaufechtung und Mängelhaftung*, 1908.
HILDEBRAND, Wolfgang – anotação a BGH 24-out.-1955, JR 1956, 59-60.
HILDEBRANDT, Heinz – *Erklärungshaftung, ein Beitrag zum System des bürgerlichen Rechts*, 1931.
HIMMELSCHEIN, Jury – *Beiträge zu der Lehre vom Rechtsgeschäft*, 1930.
HIPPEL, Eike von – *Zur richterlichen Kontrolle unlauterer Geschäftsbedingungen in den Vereinigten Staaten*, RabelsZ 33 (1969), 564-568;
— *Der Schutz des Verbrauchers von unlauteren allgemeinen Geschäftsbedingungen in den EG-Staaten/Bestandsaufnahme und Überlegungen zur Rechtsangleichung*, RabelsZ 41 (1977), 237-280;
— *Verbraucherschutz*, 1979;
— *Historisch-kritischer Kommentar zum BGB*, 5 volumes, a partir de 2003.
HOENIGER, Heinrich – *Arglist herbeigeführte Formnichtigkeit*, ZNotV 1909, 673-688;
— *Einrede der Arglist gegen Formnichtigkeit*, ZNotV 1910, 907-909.
HOFACKER, Carl Christoph – *Principi iuris civilis romano-germanici*, 1788.
HOFER, Sibylle – no HKK/BGB II/2 (2007), §§ 305-310 (I).
HOFFBAUER, Johann Christoph – *Naturrecht aus dem Begriffe des Rechts entwickelt*, 1.ª ed., 1798, 4.ª ed., 1825.
HÖLDER, Eduard – *Die Theorie der Zeitberechnung nach römischen Recht*, 1873.
HÖLDER, Emil – *Willenstheorie und Erklärungstheorie/Ein Beitrag zur Lehre vom Rechtsgeschäft*, JhJb 58 (1911), 101-145.
HOLLANDER, H. von – *Zur Lehre vom "error" nach römischem Recht*, 2.ª ed., 1908.
HOLLERBACH, Alexander – *Das christliche Naturrecht im zusammenhang des allgemeinen Naturrechtsdenkens*, em Franz Böckle/Ernst-Wolfgang Böckenförde, *Naturrecht in der Kritik* (1973), 9-32;
— *Selbstbestimmung im Recht*, 1996.

HOLZHAUER, Heinz – *Die eigenhändige Unterschrift/Geschichte und Dogmatik des Schriftformerforderniss im deutschen Recht*, 1973;
– *Dogmatik und Rechtsgeschichte der Mentalreservation*, FS Rudolf Gmür (1983), 119-140.
HONSELL, Heinrich – *Negatives oder positives Interesse wegen Verletzung der Aufklärungspflicht bei culpa in contrahendo*, FS Dieter Medicus (2009), 181-187;
– *Lebendiges Römisches Recht*, GS Theo Mayer-Maly (2011), 225-235.
HONSELL, Heinrich/MAYER-MALY, Theo/SELB, Walter – *Römisches Recht*, 4.ª ed., 1987, § 54.
HOPT, Klaus J. – *vide* Baumbach, Adolf.
HORN, Christoph/LÖHRER, Guido – *Die Wiederentdeckung teleologischer Handlungserklärungen*, em Christoph Horn/Guido Löhrer, *Gründe und Zwecke/Texte zur aktuellen Handlungstheorie*, 2010.
HORN, Norbert – *Neuverhandlungspflicht*, AcP 181 (1981), 255-288;
– *Culpa in contrahendo*, JuS 1995, 377-387;
– *vide* Wolf, Manfred.
HÖRSTER, Heinrich Ewald – *Anotação a STJ 4-mar.-1982*, RDE 8 (1982) 1, 111-155;
– *A parte geral do Código Civil português/Teoria geral do Direito civil*, 1992;
– *Simulação. Simulação relativa. Formalismo legal*, CDP 19 (2007), 3-28.
HÖVELMANN, Peter – *Die Bedingung im Verfahrensrecht/dargestellt an Fällen aus dem Patentrecht*, GRUR 2003, 203-208.
HUBER, Peter – *Irrtumsaufechtung und Sachmängelhaftung/Eine Studie zu Konkurrenzfrage von dem Hintergrund der internationalen Vereinheitlichung des Vetragsrechts*, 2001;
– em Peter Huber/Florian Faust, *Schuldrechtsmodernisierung / Einführung in das neue Recht* (2002), 463-472.
HUBMANN, Heinrich – *Gewerblicher Rechtsschutz*, 4.ª ed., 1981.
HÜBNER, Hans – *Zum Abbau von Nichtigkeitsvorschriften*, FS Wieacker (1978), 399-410.
HUBNER, Heinz – *Allgemeiner Teil des Bürgerlichen Gesetzbuches*, 1985.
HÜBNER, Ulrich – *"Der gerechte Preis" (Preisfreiheit und rechtliche Instrumente der Preiskontrolle in der sozialen Marktwirtschaft*, FS Ernst Steindorff 70. (1920), 589-610.
HUGO, Gustav – *Lehrbuch des heutigen Römischen Rechts*, 2.ª ed., 1799.

IPPOLITO, Carlo e FULVIO SARZANA DI S. – *Profili giuridico del commercio via Internet*, 1999, com um prefácio de Vittorio Novelli.
IPPOLITO, Fulvio Sarzana di S. – *vide* Ippolito, Carlo Sarzana di S..
ISAY, Hermann – *Die Willenserklärung im Thatbestand des Rechtsgeschäfts nach dem Bürgerlichen Gesetzbuch für das Deutsche Reich*, 1899.
ISAY, Rudolf – *Kontrahierungszwang für Monopole?*, Kartell-Rundschau 27 (1929), 373-390.

JACOBI, Ernst – *Die Theorie der Willenserklärungen*, 1910.
JACOBI, Leonard – *Die fehlerhaften Rechtsgeschäfte/Ein Beitrag zur Begriffslehre des deutschen bürgerlichen Rechts*, AcP 86 (1896), 51-154;
– *Die sittliche Pflicht im Bürgerlichen Gesetzbuch*, GS Dernburg (1900), 153-172.
JACOBY, M. S. – *Das Wuchergeschäft*, JhJb 60 (1912), 229-254.

JAHN, Holger – *Der Letter of Intent*, 2000.
JAKOBS, Günther – *Strafrecht/Allgemeiner Teil/Die Grundlagen und die Zurechnungslehre Lehrbuch*, 1983.
JAKOBS, Horst Heinrich – *Unmöglichkeit und Nächterfüllung*, 1969.
JAKOBS, Horst Heinrich/SCHUBERT, Werner – *Die Beratung des Bürgerlichen Gesetzbuchs/ /in systematischer Zusammenstellung der unveröffentlichen Quellen/Allgemeiner Teil*, §§ 1-240, 1. Teilband, 1985.
JAKOBS, Horst Heinrich/SCHUBERT, Werner (ed.) – *Die Beratung des Bürgerlichen Gesetzbuchs/in systematischer Zusammenstellung der unveröffentlichen Quellen*, §§ 1-240, tomo 2, 1985.
JAUERNIG, Othmar – *BGB/Kommentar*, 11.ª ed., 2004.
JAUERNIG, Othmar – *BGB*, 8.ª ed. (1997), 1743-1772
JAYME, Erik – *Sprachrisiko und Internationales Privatrecht beim Bankverkrhr mit ausländischen Kunden*, FS Bärmann (1975), 509-522;
– *Das portugiesische AGB-Gesetz von 1985 – Sachnormen und Internationales Privatrecht*, IPRax 1987, 44-45.
JESCHECK, Hans-Heinrich – *Der strafrechtliche Handlungsbegriff in dogmengeschichtlicher Entwicklung*, FS Eberhardt Schmidt (1961), 139-155.
JHERING, Rudolf von – *Culpa in contrahendo oder Schadensersatz bei richtigen oder nicht zur Perfection gelangten Verträgen*, JhJb 4 (1861), 1-113;
– *Bemerkungen zu der Abhandlung I – über die Lehre von den Versteigerungen*, JhJb 7 (1865), 166-178;
– *Passive Wirkungen der Rechte/Ein Beitrag zur Theorie der Rechte*, JhJb 19 (1871), 387-580;
– *Geist des römischen Rechts auf den verschiedenen Stufen seiner Entwicklung* 3/1, 6.ª e 7.ª eds., 1924; a 1.ª é de 1861;
– *Geist des römischen Rechts auf den verschiedenen Stufen seiner Entwicklung*, 3/1, 5.ª ed., 1906, equivalente à 10.ª (reimp., 1993), § 53.
JORGE, Fernando Pessoa – *Direito das obrigações* 1, 1972.
JÖRN, Eckert – *Sittenwidrigkeit und Wertungswandel*, AcP 199 (1999), 337-359.
JOSÉ, Pedro Simão/CRUZ, António Côrte-Real – *Colectânea de Direito da Publicidade*, 1991.
JOSEF, Eugen – *Arglistige Herbeiführung der Formnichtigkeit*, AbürgR 36 (1911), 60-70.
JUNG, Ute – *Die Einigung über die "essentialia negotii" als Voraussetzung für das Zustandekommen eines Vertrages*, JuS 1999, 28-32.
JUNKER, Abbo/KAMANABROU, Sudabeh – *Vertragsgestaltung/Ein Studienbuch*, 3.ª ed., 2010.
JÜRGENS, Sebastien – *Zur Einordnung des § 284 BGB als Anspruch auf das negative Interesse unter besonderer Berücksichtigung der Rentabilitätsvermutung*, 2008.
JUSTO, António Santos – *Direito privado romano*, I – *Parte geral (Introdução. Relação Jurídica. Defesa dos Direitos)*, 2.ª ed., 2003; II (*Direito das obrigações*), 3.ª ed., 2008.

KAHL, Manfred – *Grenzen der Umdeutung rechtsgeschäftlichen Erklärung (§ 140 BGB)*, 1985.
KAKATSAKIS, Spyridon – *Die culpa in contrahendo nach neuem Schuldrecht*, 2007.
KAMANABROU, Sudabeh – *vide* Junker, Abbo.

KANZLEITER, Rainer – *Der Blick in die Zukunft als Voraussetzung der Vertragsgestaltung*, NJW 1995, 905-910.

KARLOWA, Otto – *Das Rechtsgeschäft und seine Wirkung*, 1877.

KASER, Max – *Rechtswidrigkeit und Sittenwidrigkeit im klassischen römischen Recht*, SZRom 60 (1940), 95-150;
 – *Infamia und ignominia in den römischen Rechtsquellen*, SZRom 73 (1956), 220-278;
 – *Das römische Privatrecht*/I – *Das altrömische, das vorklassische und klassische Recht*, 2.ª ed., 1971; II – *Die nachklassischen Entwicklungen*, 2.ª ed., 1975;
 – *Über Verbotsgesetze und Verbotswidrige Geschäfte im römischen Recht*, 1977;
 – *vide* Krüger, Hugo.

KAUFHOLD, Sylvia – anotação a BGH 17-fev.-2010, ZIP 2010, 628-631, ZIP 2010, 631-635.

KEGEL, Gerhard – *Empfiehlt es sich den Einfluss grundlegender Veränderung des Wirtschaftslebens auf Verträge gesetzlich zu regeln und in welchem Sinn?*, DJT 40 (1953) 1, 137-236.

KEIM, Christopher – *Keine Anwendung des § 139 BGB bei Kenntnis der Parteien von der Teilnichtigkeit?*, NJW 1999, 2866-2868.

KELLER, Friedrich Ludwig von – *Pandekten*, 2.ª ed. por William Lewis, 1866.

KELLMANN, Christof – *Grundprobleme der Willenserklärung*, JuS 1971, 609-617.

KEMPF, Ludwig – *Auflösende Bedingung und Rechtsnachfolge/Ein Beitrag zum Problem der Anwartschaften*, AcP 158 (1959/1960), 308-319.

KERN, Christopher Alexander – *Typizität als Strukturprinzip des Privatrechts/Ein Beitrag zur Standardisierung übertragbarer Güter*, 2013.

KILIAN, Wolfgang – *Kontrahierungszwang und Zivilrechtssystem*, AcP 180 (1980), 47-83.

KINDEL, W. – *Das Rechtsgeschäft und sein Rechtsgrund/Eine Kritik der in den Entwurf eines Bürgerlichen Gesetzbuches für das Deutsche Reich aufgenommenen Lehre vom abstrakten Vertrage*, 1892.

KINDEREIT, Kai – *Wer fühlt nicht, dass hier einer Schadensersatzklage bedarf/Rudolf von Jhering und die "culpa in contrahendo"*, em Thomas Hoeren (publ. e intr.), *Zivilrechtliche Entdecker* (2001), 107-147.

KINDERVATER, F. – *Ein Beitrag zur Lehre von der Versteigerung*, JhJb 7 (1865), 1-20.

KINDLER, Peter – *Gesetzliche Zinsansprüche im Zivil- und Handelsrecht/Plädoyer für einen kreditmarktorientierten Fälligkeitszins*, 1996.

KINDLL, Johann – no Erman/BGB, 1, 13.ª ed., 2011.

KIPP, Theodor – *Der Parteiwille unter der Herrschaft des deutschen Bürgerlichen Gesetzbuchs*, 1899;
 – *Condictio*, PWRE 4/1 (1900), 847-858;
 – *Die guten Sitten im Kriege*, DJZ 1916, 465-471;
 – *vide* Windscheid, Bernhard.

KISCH, Wilhelm – *Die Wirkung der nachträglich eintretenden Unmöglichkeit der Erfüllung bei gegenseitigen Verträgen nach dem Bürgerlichen Gesetzbuche für das Deutsche Reich*, 1900.

KLEIN, Peter – *Die Rechtshandlungen im engeren Sinn/Eine Untersuchung auf dem Gebiete des deutschen bürgerlichen Rechts*, 1912.

KLEINEIDAM, Teodor – *Unmöglichkeit und Unvermögen nach dem Bürgerlichen Gesetzbuch für das Deutsche Reich*, 1900;

– *Einige Streitfragen aus der Unmöglichkeitslehre des BGB*, JhJb 43 (1901), 105-140.
KLEINFELLER – *Interpretatio*, PWRE 9/2 (1916), 1709-1712.
KLIEGE, Helmut – *Rechtsprobleme der AGB in wirtschaftswissenschaftlicher Analyse*, 1966.
KLING, Michael – *Sprachrisiken im Privatrechtsverkehr/Die wertende Verteilung sprachbedingter Verständnisrisiken im Vertragsrecht*, 2008.
KNOPS, Kai-Oliver – *Zinsrechtliche Grundlagen*, em Peter Derleder/Kai-Oliver Knops//Heinz Georg Bamberger, *Handbuch zum deutschen und europäischen Bankrecht*, 2.ª ed. (2009), 367-375.
KNORR, Ernst Wilhelm – *Die Entwicklung der Unmöglichkeitslehre im gemeinen Recht*, 1960, hektg.
KNOTHE, Hans-Georg – no *Staudingers Kommentar zum BGB*, 1, *Allgemeiner Teil* 3, §§ 90-124, 2012.
KNÜTEL, Rolf – *Stipulatio und pacta*, FS Max Kaser (1976), 201-228;
– *vide* Behrends, Okko.
Koch, Eckart/Stübing, Jürgen – *Allgemeine Geschäftsbedingungen/Kommentar zum Gesetz zur Regelung des Rechts der Allgemeinen Geschäftsbedingungen*, 1977.
KOEPPEN, Karl Friedrich Albert – *Der obligatorische Vertrag unter Abwesen*, JhJb 11 (1871), 139-393.
KÖHLER, Helmut – *Unmöglichkeit und Geschäftsgrundlage bei Zweckstörungen im Schuldverhältnis*, 1971;
– *Kritik der Regel "protestatio facto contraria non valet"*, JZ 1981, 464-469;
– *Die Problematik automatisierter Rechtsvorgänge, insbesondere vom Willenserklärungen*, AcP 182 (1982), 128-171;
– *Die Unterschrift als Rechtsproblem*, FS Helmut Schippel (1996), 209-220;
– *Die Rechte des Verbrauchers beim Teleshopping (TV-Shopping, Internet-Shopping)*, NJW 1998, 185-190.
KOHLER, Josef – *Noch einmal über Mentalreservation und Simulation/Ein Beitrag zur Lehre vom Rechtsgeschäft*, JhJb XVII (1878), 325-356;
– *Studien über Mentalreservation und Simulation*, JhJb 16 (1878), 91-158;
– *Ueber das Konsensualdarlehn*, AbürgR 2 (1889), 211-239;
– *Ueber den Vertrag unter Abwesenden*, AbürgR 1 (1889), 283-326.
KÖHLER, Markus/ARNDT, Hans-Wolfgang – *Recht des Internet*, 2.ª ed., 2000.
KOHLHEPP, Gerhard – *Das Verhältnis von Sachmängelhaftung und culpa in contrahendo im Kaufrecht*, 1989.
KOLLER, Ingo – *Die Risikozurechnung bei Vertragsstörungen in Austauschverträgen*, 1979.
KÖNGDEN, Johannes – *Selbstbindung ohne Vertrag/Zur Haftung aus geschäftsbezogenen Handeln*, 1981.
Konsolidierte Fassung des Diskussionsentwurfs eines Schuldrechtsmodernisierungsgesetzes, em Canaris, *Schuldrechtsmodernisierung 2002* (2002), 349-419.
KORKISCH, Friedrich – *Verbraucherschutz in Schweden*, RabelsZ 37 (1973), 755-782.
KORNBLUM, Udo – *Das "Gebot überparteilicher Rechtspflage" und der deutsche schiedsrechtliche ordre public*, NJW 1987, 1105-1108.
KÖRSTERS, Friedrich – *Letter of Intent/Erscheinungsformen und Gestaltungshinweise*, NZG 1999, 623-626.

KÖTZ, Hein – *Die Ungültigkeit von Verträgen wegen Gesetz- und Sittenwidrigkeit/Eine rechtsvergleichende Studie*, RabelsZ 58 (1994), 209-231;
– *Vertragsauslegung/Eine rechtsvergleichende Skizze*, FS Albrecht Zeuner (1994), 219-241;
– *Der Schutzzweck der AGB-Kontrolle/Eine rechtsökonomische Skizze*, JuS 2003, 209-214.
KÖTZ, Hein/BASEDOW, Jürgen/GERLAH, Johann Wilhelm – no *Münchener Kommentar*, 1, 3.ª ed. (1993), 1787-2258.
KRAMER, Ernst A. – *Grundfragen der vertraglichen Einigung: Konsens, Dissens und Erklärungsirrtum als dogmatische Probleme des österreichischen, schweizerischen und deutschen Vertragsrechts*, 1972;
– *Grundfragen der vertraglichen Einigung*, 1972;
– no *Münchener Kommentar zum BGB*, 1, 4.ª ed. (2001), prenot. § 116.
KRAMPE, Christoph – *Die Konversion des Rechtsgeschäfts*, 1980;
– *Die Unklarheitenregel/Bürgerliches und römisches Recht*, 1983.
KRASSER, Johann – *Haftung für Verhalten während der Vertragsverhandlungen/Die Entwicklung der Lehre von der "culpa in contrahendo" von Jhering bis heute*, 1929.
KRAUSE, Hermann – *Schweigen im Rechtsverkehr – Beiträge zur Lehre vom Bestätigungsschreiben, von der Vollmacht und von der Verwirkung*, 1933.
KREITTMAYR, Wiguläus von – *Anmerkungen über den Codicem Maximilianeum Bavaricum Civilem*, IV Theil, 9.ª ed., 1821.
KREMER, Sascha – no *Nomos Kommentar BGB* 1, 2.ª ed. (2012), § 156, anexo, 1017-1033.
KRIECHBAUM, Maximiliane – *Verba und mens in den Interpretationslehre des Humanismus*, em Jan Schröder (ed.), *Theorie der Interpretation vom Humanismus bis zur Romantik/ /Rechtswissenschaft, Philosophie, Theologie* (2001), 47-73.
KRITTER, Thomas – *vide* Taupitz, Jochen.
KRÜCKMANN, Paul – *Kalkulationsirrtum und ursprüngliche Sinn-, Zweck- und Gegenstandslosigkeit*, AcP 128 (1928), 157-208;
– *Irrtum, veränderte Umstände und Geschäftsgrundlage*, LZ 27 (1933), 481-491.
KRUG, R. – *Die Zulässigkeit der reinen Wollens-Bedingung*, 1904.
KRÜGER, Hugo/KASER, Max – *Fraus*, SZRom 63 (1943), 117-174.
KRÜGER, Wolfgang – *Das Anwartschaftsrecht – ein Faszinosum*, JuS 1994, 905-909.
KUBASCHEWSKI, Kurt – *Die Anfechtbarkeit des nichtigen Rechtsgeschäfts*, 1911.
KÜBEL, Franz von – intervenção no plenário dos DJT 10, II (1872), 273-274.
KUHN, Mathias – *Rechtshandlungen mittels EDV und Telekommunikation/Zurechenbarkeit und Haftung*, 1991.
KUNIG, Philip – *Sinn, Stand und Grenzen einer Rechtsgeschäftslehre für das Völkerrecht*, FS Detleef Leenen (2012), 131-145.
KUPISCH, Berthold – *vide* Behrends, Okko.
KÜPPER, Wolfgang – *Das Scheitern von Vertragsverhandlungen als Fallgrupe der culpa in contrahendo*, 1988.
KURZ, Volker – *Vor- und Rückwirkungen im klassischen römischen Recht*, 1971.
KÜSTER, Carl – *Wie verhält sich das Wucherergänzungsgesetz vom 19. Juni 1893 zu den Vorschriften über laesio enormis?*, 1898.

LABAREDA, João – *vide* Fernandes, Luís A. Carvalho.
LACHMANN, Jens-Peter – *Handbuch für die Schiedsgerichtspraxis*, 3.ª ed., 2008.
LAMBRECHT, Peter – *Die Lehre vom faktischen Vertragsverhältnis/Entstehung, Rezeption und Niedergang*, 1994.
LANGE, Christian – *Treu und Glauben und Effizienz/Das Effizienzprinzip als Mittel zur Konkretisierung zivilrechtlicher Generalklauseln*, 2013.
LANGE, Heinrich – *Die Eindämmung von Nichtigkeit und Anfechtbarkeit*, AcP 144 (1937/38), 149-164.
LANGE, Hermann – *Römisches Recht im Mittelalter*, I – *Die Glossatoren*, 1997.
LANGENFELD, Gerrit – *Einführung in die Vertragsgestaltung*, JuS 1998, 33-37, 131-135, 224-227, 321-324, 417-420, 521-523 e 621-624, e em monografia com o mesmo título, 2001;
– *Grundlagen der Vertragsgestaltung*, 2.ª ed., 2010.
LANZILLO, Raffaella – *La proporzione fra le prestazioni contrattualli/Corso di diritto civile*, 2003.
LARENZ, Karl – *Die Methode der Auslegung des Rechtsgeschäfts/Zugleich ein Beitrag zur Theorie der Willenserklärung*, 1930;
– *Ergänzende Vertragsauslegung und dispositive Recht*, NJW 1963, 737-741;
– *Grundsätzliches zu § 138 BGB*, JurJb 7 (1966/67), 98-122;
– *Schuldrecht/Besonderer Teil* 1, 13.ª ed., 1986;
– *Lehrbuch des Schuldrechts*, 1 – *Allgemeiner Teil*, 14.ª ed., 1987.
LARENZ, Karl/WOLF, Manfred – *Allgemeiner Teil des bürgerlichen Rechts*, 9.ª ed., 2004.
LEE, Byung-Jun – *Voraussetzungen der Bindungswirkung vertraglicher Einigung/Zu Dissens und Mindestregelungsprogramm bei Verträgen*, 1999.
LEENEN, Detlef – *Abschluß, Zustandekommen und Wirksamkeit des Vertrages/zugleich ein Beitrag zur Lehre vom Dissens*, AcP 188 (1988), 381-418;
– *Willenserklärung und Rechtsgeschäft in der Regelungstechnik des BGB*, FS Canaris 1 (2007), 699-727;
– *Faktischer und normativer Konsens*, FS Prölss 2009, 153-175.
LEFEBVRE, Brigitte – *La bonne foi dans la formation du contrat*, 1998.
LEHMANN, Heinrich – *Wucher und Wucherbekämpfung im Kriege und Frieden*, 1917;
– *Allgemeiner Teil des Bürgerlichen Gesetzbuches*, 14.ª ed., 1963.
LEITÃO, Luís Menezes – *O enriquecimento sem causa no Direito civil*, 1997, reimp., 2005;
– *Negociações e responsabilidade pré-contratual nos contratos comerciais internacionais*, ROA 60 (2000), 49-71 = Estudos Gomes da Silva (2001), 765-788;
– *Código da Insolvência e da Recuperação de Empresas*, 3.ª ed., 2006; 6.ª ed., 2012;
– *Publicidade e liberdade de expressão*, Est. Carlos Ferreira de Almeida 3 (2011), 121-134;
– *Direito das obrigações*, I – *Introdução/Da constituição das obrigações*, 1.ª ed., 2000; 2.ª ed., 2002; 3.ª ed., 2003; 4.ª ed., 2005; 5.ª ed., 2006; 6.ª ed., 2007; 7.ª ed., 2008; 8.ª ed., 2009; 9.ª ed., 2010; e 10.ª ed., 2013.
LENEL, Otto – *Parteiabsicht und Rechtserfolg*, JhJb XIX (1881), 154-253;
– *Der Irrtum über wesentliche Eigenschaften*, AcP 123 (1925), 161-193.
LENZI, Rafaelle – *Condizione, autonomia privata e funzione di autotutela/L'adempimento dedotto in condizione*, 1996

LEONHARD, Franz – *Verschulden beim Vertragsschlusse*, 1910;
– *Die Auslegung der Rechtsgeschäfte*, AcP 120 (1922), 14-151.

LEONHARD, Rudolf – *Der Irrthum bei nichtigen Verträgen nach römischem Rechte/Ein Beitrag zur Vereinfachung der Vertragslehre*, 1882;
– *Ein Beitrag zur Irrthumslehre*, AcP 71 (1888), 42-48;
– *Condicio*, PWRE 4/1 (1900), 844-847.

LEQUETTE, Yves – vide Terré, François.
Les cinq codes, ed. 1811.

LETTMAIER, Saskic – vide Fischinger, Philipp S..

LEUSCHNER, Lars – *Gebotenheit und Grenzen der AGB-Kontrolle*, AcP 207 (2007), 491-529.

LEVI, Maria Alessandra – em Pietro Rescigno, *Codice civile* 1, 7.ª ed. (2008), 2507-2529.

LIEB, Manfred – *Sonderprivatrecht für Ungleichgewichtslagen? Überlegungen zum Anwendungsbereich der sogenannten Inhaltskontrolle privatrechtlicher Verträge*, AcP 178 (1978), 196-226;
– *AGB – Recht und Arbeitsrecht nach der Schuldrechtsmodernisierung*, FS Ulmer (2003), 1231-1244.

LIMA, Fernando Augusto Pires de – *O casamento putativo no Direito civil português*, 1930;
– *Noções fundamentais de Direito civil*, por João Antunes Varela 1, 1.ª ed., 1945;
– anotação a STJ 8-abr.-1969 (Joaquim de Melo), RLJ 103 (1970), 315-320.

LIMA, Pires de/VARELA, Antunes – *Código civil anotado* 1, 4.ª ed., 1987; 2, 3.ª ed., 1986 e 4.ª ed., 1997.

LINDACHER, Walter F. – *Grundsätzliches zu § 138 BGB*, AcP 173 (1973), 124-136;
– em Wolf/Lindacher/Pfeiffer, *AGB-Recht/Kommentar*, 5.ª ed. (2009), § 305c;
– vide Wolf, Manfred.

LINGEMANN, Stefan/GOTHAM, Meike – *Doppelte Schriftformklausel – gar nicht einfach!*, NJW 2009, 268-272.

LINGENTHAL, Carl Solomo Zachariä von – *Handbuch des französischen Civilrechts* 1, 8.ª ed., 1894.

LIWINSKA, Malgorzata – *Übersendung von Schriftsätzen per Telefax/Zulässigkeit, Beweisbarkeit und Fristprobleme*, MDR 2000, 500-506.

LOCHER, Horst – *Begriffsbestimmung und Schutzzweck nach dem AGB-Gesetz*, JuS 1997, 389-392.

LÖHRER, Guido – vide Horn, Christoph.

LOI, Maria L./TESSITORE, Branca – *Buona fede e responsabilità precontrattuale*, 1975.

LONGO, Giannetto – *Sulla simulazione dei negozi giuridici* em *Studi in onore di Salvatore Riccobono*, 3, (1936, reimp., 1974), 111-161.

LOOSCHELDERS, Dirk – *Unmöglichkeit/Ein Störenfield in der Dogmatik des deutschen Leistungsstörungsrechts?*, em Oliver Remien (org.), *Schuldrechtsmodernisierung und Europäisches Vertragsrecht* (2008), 63-84.

LOPES, Pedro Moniz – *Princípio da boa-fé e decisão administrativa*, 2011.

LORENZ, Stephan – *Der Schutz vor dem unerwünschten Vertrag/Eine Untersuchung von Möglichkeiten und Grenzen der Abschlußkontrolle im geltenden Recht*, 1997

LORENZ, Stephan – *Haftungsausfüllung bei der culpa in contrahendo. Ende des Minderung durch c.i.c.?*, NJW 1999, 1001-1002;
– *Im BGB viel Neues: Die Umsetzung der Fernabsatzrichtlinie*, JuS 2000, 835-843.

LORENZ, Werner – *Das Problem der Aufrechterhaltung formnichtiger Schuldverträge*, AcP 156 (1957), 381-413;
– *Rechtsfolgen formnichtiger Schuldverträge*, JuS 1966, 429-436.
LOTMAR, Philipp – *Über causa im römischen Recht/Beitrag zur Lehre von den Rechtsgeschäften*, 1875;
– *Der unmoralische Vertrag, insbesondere nach Gemeinem Recht*, 1896.
LOUIS-LUCAS, Pierre – *Lésion et contract*, 1926
LOUREIRO, João M. – *Direito da publicidade*, 1981, prefaciado por José Miguel Júdice.
LÖWE, Walter/WESTPHALEN, Friedrich Graf von/TRINKER, Reinhold – *Grosskommentar zum AGB-Gesetz*, 2.ª ed., em três volumes, de que apenas foram publicados o 2.º e o 3.º, 1983.
LÖWISCH, Manfred/CASPER, Georg – no Staudinger, II, §§ *255-304 (Leistungsstörungsrecht* 1), (2009), Vorbem zu §§ 275-278.
LÖWISCH, Manfred/FELDMANN, Cornelia – no Staudinger II, §§ *311, 311a, 312, 312a-I/ /Vertragsschluss* (2013), § 311.
LÜBTOV, Ulrich von – *Der Ediktstitel "Quod metus causa gestum erit"*, 1932.
LÜDERITZ, Alexander – *Auslegung von Rechtsgeschäften/Vergleichende Untersuchung anglo-amerikanischen und deutschen Rechts*, 1966.
LÜER, Dieter W. – em Sieghart Ott/Dieter W. Lüer/Benno Heussen, *Schuldrechtsreform* (2002), 120-137.
LUIG, Klaus – *Wissenschaft und Kodifikation des Privatrechts im Zeitalter der Aufklärung in der Sicht von Christian Thomasius*, FS Helmut Coing (1982), 171-206;
– *Die Auslegung von Willenserklärungen in Naturrecht von Grotius bis Wolff*, em Jan Schröder (ed.), *Theorie der Interpretation vom Humanismus bis zur Romantik/ /Rechtswissenschaft, Philosophie, Theologie* (2001), 133-154.
LÜKE, Stephan – *Punitive damages in der Schiedsgerichtbarkeit/Erlass und Wirkungen von Punitive Damages- Schiedssprüchen nach US-amerikanischem, schweizerischem und deutschem Recht*, 2003.
LUSTHAUS, Varda – *Standard Contracts in Israel/New Developments*, RabelsZ 54 (1990), 551-578.
LUTTER, Marcus – *Der Letter of Intent/Zur rechtlichen Bedeutung von Absichterklärungen*, 3.ª ed., 1998.
LUTZ, J. von (publ.) – *Allgemeines Deutsches Handelsgesetzbuch*, 1864.
LUX, W. – *Das Rückforderungsrecht des Wucherers und die Nichtigkeitslehre*, LZ 1919, 561-567.
LYON-CAEN, Arnaud – relatório em *La publicité-propagande (Journées Portugaises)*, Travaux de l'Association Henri Capitant, tomo XXXII (1981), 6-16.

MACARIO, Francesco – *Adeguamento e rinegoziazione nei contratti a lungo termine*, 1996.
MACHADO, Baptista – *A cláusula do razoável* (1986), em *Obra dispersa*, 1 (1991), 457-621;
– *Tutela da confiança e "venire contra factum proprium"*, 1985, em *Obra dispersa*, 1 (1991), 345-423;
– *A cláusula do razoável* (1986), em *Obra dispersa*, 1 (1991), 457-621.
MACHADO, Baptista/RAMOS, Moura – *Direito internacional privado/Parecer*, CJ X (1985) 5, 11-23.

MACHADO, Miguel Pedrosa – *Sobre cláusulas contratuais e conceito de risco*, separata da RFDUL, 1988.

MACKELDEY, Ferdinand – *Lehrbuch des heutigen römischen Rechts*, 1.ª ed., 1814, 12.ª ed., 1842, por Konrad Franz Rosshirt;
– *Manuel de Droit Romain, contenant la théorie des institutes*, trad. J. Beving, 3.ª ed., 1846.

MAFFEI, Ugo – *Errore e raggiro nei contratti (in diritto comparato)*, DDP/SCiv VI (1991), 523-537.

MAGALHÃES, Barbosa de – *A distinção entre matéria de facto e de direito em processo civil, a interpretação dos negócios jurídicos e a competência do Supremo Tribunal de Justiça*, JF 19 (1955), 5-46, 136-164, 280-297, 389-413 e 20 (1956), 42-57, 114-138 e 246-264.

MAGNO, Donato – *Studi sul negozio condizionato* 1, 1930.

MAGNUS, Ulrich – no Staudinger, *Wiener UN-Kaufrecht/CISG* (2013), Art 8 CISG.

MAIA, José Reis – *Direito geral das obrigações*, 1926.

MAIER-REIMER, Georg – *Die Form verbundener Verträge*, NJW 2004, 3741-3745;
– *Das Allgemeines Gleichbehandlungsgesetz im Zivilrechtsverkehr*, NJW 2006, 2577-2583.

MAIORCA, Sergio – *Condizione*, DDP/SCiv III (1990), 273-333.

MAIZER, Hans M. – vide Fritzsche, Jörg.

MAKOWER, Hermann – *Das Allgemeine Deutsche Handelsgesetzbuch*, 4.ª ed., 1871.

MALAURIE, Philipe/AYNÉS, Laurent/STOFFEL-MUNCK, Philippe – *Les obligations*, 5.ª ed., 2011.

MALINAUD, Philippe/FENOUILLET, Dominique – *Droit des obligations*, 12.ª ed., 2012.

MALLMANN, D. – *Die Regelung der Allgemeinen Geschäftsbedingungen in Portugal*, RIW/ /BB 1987, 111-114.

MANCINI, Vito – *Pubblicità commerciale*, NssDI XIV (1967), 530-532.

MANGOLD, Wolfgang – *Eigentliche und ergänzende Vertragsauslegung*, NJW 1961, 2289-2287.

MANIGK, Alfred – *Das gegenseitige Verhältnis der Begriffe Rechtsgeschäft und Willenserklärung*, 1900;
– *Das Anwendungsgebiet der Vorschriften über Rechtsgeschäfte/Ein Beitrag zur Lehre vom Rechtsgeschäft*, 1901;
– *Zum Begriff des Rechtsgeschäfts*, DJZ 1902, 279-282;
– *Willenserklärung und Willensgeschäft/Ihr Begriff und ihre Behandlung nach Bürgerlichen Gesetzbuch/Ein System der juristischen Handlungen*, 1907;
– *Irrtum und Auslegung/Zwei Grundpfeiler der Lehre von der Willenserklärung*, 1918;
– *Das System der juristischen Handlungen im neuesten Schriften*, JhJb 83 (1933), 1-107;
– *Das rechtswirksame Verhalten/Systematischer Aufbau und Behandlung der Rechtsakte des Bürgerlichen und Handelsrechts*, 1939;
– *Privatautonomie*, FS Paul Koschaker 1 (1939), 266-295.

MANKOWSKI, Peter – *Zum Nachweis des Zugangs bei elektronischen Erklärungen*, NJW 2004, 1901-1907;
– *Formzwecke*, JZ 2010, 662-668.

MANTICA, Francesco – *Vaticanae lucubrationes de tacitis et ambiguis conventionibus duobus tomis distincta*, ed. Genebra 1723; a 1.ª ed. é de 1609.
MARANI, Francesco – *La simulazione negli atti unilaterali*, 1971.
MARCHANTE, João Pedro – *Da deteção de lacunas no Direito português*, 2001.
MARINI, Giovanni – *Rescissione (diritto vigente)*, ED XXXIX (1988), 966-987.
MARINO, Giuseppe – vide Sacerdoti, Giorgio.
MARKESINIS and Deakin's – *Tort Law*, 6.ª ed., 2008.
MARKWALD, Richard – *Der Begriff der Unwirksamkeit im Bürgerlichen Gesetzbuche*, 1903.
MARQUES, Cláudia Lima – *Contratos no Código de Defesa do Consumidor/O novo regime das relações contratuais*, 6.ª ed., 2011.
MARQUES, José Dias – *Teoria geral do Direito civil* 2, 1959.
MARTENS, Sebastian – *Durch Dritte verursachte Willensmängel*, 2007.
MARTINEK, Michael – *Haakjöringsköd im Examinatorium*, JuS 1997, 136-142.
MARTINEZ, Pedro Romano – *Código do Trabalho Anotado*, 9.ª ed., 2013.
MARTINS, António Carvalho – *Responsabilidade pré-contratual*, 2002.
MASI, Antonio – *Studi sulla condizione nel diritto romano*, 1966;
 – *Nullità (storia)*, ED XXVIII (1978), 859-866.
MATOS, Filipe Albuquerque – *A fase preliminar do contrato*, 1995;
 – *A fase preliminar do contrato*, em *35 anos do Código Civil* III (2007), 309-368.
MATTHEUS, Daniela – *Die Neuordnung des allgemeinen Leistungsstörungsrechts*, em Martin Schwab/Carl-Heinz Witt, *Einführung in das neue Schuldrecht*, 5.ª ed. (2002), 67-122.
MAY, Artur – *Die Auslegung rechtsgeschäftlicher Willenserklärungen im Revisionsverfahren*, NJW 1959, 708-709.
MAYER-MALY, Theo – *Problemi della condizione*, Labeo 14 (1968), 297-300;
 – *Liberale Gedanke und das Recht*, FS Adolf Julius Merkl (1970), 247-254;
 – *Die Bedeutung des Konsenses im privatrechtsgeschichtlicher Sicht*, em Günther Jakobs, *Rechtsgestaltung und Konsens* (1976), 91-104;
 – *Der gerechte Preis*, FS Heinrich Demelius (1977), 139-154;
 – *Die Bedeutung des tatsächlichen Parteiwillens für den hypothetischen*, FS Flume, 1 (1978), 621-628;
 – *Wertungswandel und Privatrecht*, JZ 1981, 801-805;
 – *Renaissance der laesio enormis?*, FS Larenz 80. (1983), 395-409;
 – *Contra bonos mores*, FG Max Kaser 80. (1986), 151-167;
 – *Was leisten die guten Sitten?*, AcP 194 (1994), 105-176;
 – vide Honsel, Heinrich.
MAZEAUD, Henri e Léon/MAZEAUD, Jean/CHABAS, François – *Leçons de Droit civil* – II/1, 9.ª ed., 1998
MAZEAUD, Jean – vide Mazeaud, Henri e Léon.
MEDICUS, Dieter – *Vertragsauslegung und Geschäftsgrundlage*, FS Werner Flume 1 (1978), 629-647;
 – *Verschulden bei Vertragsverhandlungen*, Gutachten (1981), 1, 479-550;
 – *Zur Entdeckungsgeschichte der culpa in contrahendo*, FG Max Kaser 1986, 169-181;
 – *Ansprüche auf das Erfüllungsinteresse aus Verschulden bei Vertragsverhandlungen?*, FS Hermann Lange (1992), 539-560;
 – *Abschied von der Privatautonomie im Schuldrecht?/Erscheirungsformen, Gefahren*,

Abhilfen, 1994 ;
— *Allgemeiner Teil des BGB*, 10.ª ed., 2010.
MEESKE, Helmut — *Die "Unterverfung" unter Allgemeinen Geschäftsbedingungen*, BB 1959, 857-864.
MEHRINGS, Josef — *Vertragsabschluss im Internet/Eine neue Herausforderung für des "alte" BGB*, MMR 1998, 30-33.
MEINCKE, Jens Peter — *Rechtsfolgen nachträglicher unmöglichkeit der Leistung beim gegenseitigen Vertrag*, AcP 171 (1971), 19-43.
MEIRIM, José Manuel — *O Ministério Público e o acesso dos consumidores à justiça (algumas notas)*, BMJ 366 (1987), 11-39.
MENDES, Armindo Ribeiro — *Recursos em processo civil*, 2.ª ed., 1994.
MENDES, João de Castro — *Direito civil (teoria geral)* 3, 1968;
— *Da condição*, BMJ 263 (1977), 37-60;
— *Condição necessária, impossível e indeterminável*, DJ I (1980), 59-89;
— *Direito Processual Civil* 1, 1980;
— *Teoria geral do Direito civil* 2, 1985, reimpr..
MENDONÇA, Manoel Ignacio Carvalho de — *Doutrina e prática das obrigações ou tratado geral dos direitos de crédito*, 1908.
MERÊA, Manuel Paulo — *Codigo Civil Brasileiro anotado*, 1917.
MERLE, Werner — *Risiko und Schutz des Eigentümers bei Genehmigung der Verfügung eines Nichtsberechtigten/Zur Zulässigkeit bedingter einseitiger Rechtsgeschäfte*, AcP 183 (1983), 81-102.
MERTENS, Bernd — *Die Reichweite gesetzlicher Formvorschriften im BGB*, JZ 2004, 431-439.
MERZ, Hans — *Auslegung, Lückenerfüllung und Normberichtigung/Dargestellt an den Beispielen der unzulässigen Berufung auf Formungültigkeit und des Missbrauchs der Verjährungseinrede*, AcP 163 (1963), 305-345;
— *Privatautonomie heute/Grundsatz und Rechtswirklichkeit*, 1970.
MESQUITA, M. Henrique — *Anotação a STJ 12-mar.-1996*, RLJ 129 (1997) 263-271 e 301-309.
MESTMÄCKER, Ernst-Joachim — *Über das Verhältniss der Wettbewerbsbeschränkungen zum Privatrecht*, AcP 168 (1968), 235-262.
MESTRE, Achille — anotação a Seine 16-fev.-1926, S 1926, 2, 112-115.
MEYER, Heinrich Hermann — *Die Willenserklärung und ihre Zurechnung zum Erklärenden/ /Ein Beitrag zur Frage des "Willens" im Tatbestande der Willenserklärung*, 1929.
MEYER, Olaf — *Contra Proferentem? Klares und weniges Klares zu Unklarbeiten Regel*, ZHR 174 (2010), 108-143.
MEYER, Philipp Eduard — *Rechtsgeschäft (im Gegensatz zu Rechtshandlung) nach gemeinem Recht und Bürgerlichem Gesetzbuch*, 1903.
MEYER-CORDING, Ulrich — *Gute Sitten und ethischer Gehalt des Wettbewerbsrechtes/ /Grundsätzliches zu § 1 UWG*, JZ 1964, 273-278;
— *Die Rechtsnormen*, 1971.
MEYER-PRITZL, Rudolf — no HKK/BGB 1 (2003), §§ 125-129.

MICKLITZ, Hans W. – *La loi allemande relative ao régime juridique des conditions générales des contrats du 9 Décembre 1976/Bilan de onze anées d'aplication*, RIDC 41 (1989), 101-122.
MICKLITZ, Hans-W./TONNER, Klaus – *Vertriebsrecht/Haustür-, Fernabsatzgeschäfte und elektronischer Geschäftsverkehr/Handkommentar*, 2002.
MIDDELBURG, Nicolaus Everaets von – *Loci argumentorum legales*, ed. Frankfurt, 1581.
MIETHANER, Tobias – *AGB-Kontrolle versus Individualvereinbarung/Zweck und Grenzen der Inhaltskontrolle vorformulierter Klauseln*, 2010.
MIGSCH, Erwin – *Der durchschaute geheine Vorbehalt und verwandte Erscheinungen*, FS Gerhard Schnorr (1988), 737-749.
MIRABELLI, Giuseppe – *L'atto non negoziale nel diritto privato italiano*, 1955.
MIRANDA, Jorge/MEDEIROS, Rui – *Constituição Portuguesa Anotada* 1, 2.ª ed., 2010.
MITTEIS, Ludwig – *Römisches Privatrecht bis auf die Zeit Diokletians – I – Grundbegriffe und Lehre von den Juristischen Personen*, 1908.
MOCCI, Giovanni – *Operazioni commerciali via internet*, 2001.
MOLITOR, Erich – *Zur Theorie des Vertragszwang*, JhJb 73 (1923), 1-32.
MOMMSEN, Friedrich – *Beiträge zum Obligationenrecht*, 1 – *Die Unmöglichkeit der Leistung in ihrem Einfluβ auf obligatorische Verhältnisse*, 1853.
MONCADA, Luís Cabral de – *Lições de Direito civil/Parte geral* 2, 1.ª ed., 1932; 3.ª ed., 1959, e 4.ª ed. póstuma, 1995.
MONOSI, Stefania – em Pietro Rescigno, *Codice civile* 1, 7.ª ed., 2008.
MONTECCHIARI, Tiziana – *La simulazione del contratto*, 1999.
MONTEIRO, António Pinto – *Contratos de adesão. O regime jurídico das cláusulas contratuais gerais, instituído pelo D.L. n.º 446/85, de 25 de Outubro*, ROA 46 (1986), 733-769;
 – *Cláusula penal e indemnização*, 1990;
 – (org.) *As telecomunicações e o Direito na sociedade de informação*, 1999;
 – *Contratos de distribuição comercial*, 2002;
 – *Erro e vinculação negocial*, 2002;
 – *O novo regime jurídico dos contratos de adesão/Cláusulas contratuais gerais*, ROA 62 (2002), 111-142;
 – *Cláusulas contratuais gerais: da desatenção do legislador de 2001 à indispensável interpretação corretiva da lei*, Est. Heinrich Ewald Hörster (2012), 141-150.
MONTEIRO, Jorge Sinde – *Responsabilidade por conselhos, recomendações ou informações*, 1989;
 – *Assinatura electrónica e certificação (A Directiva 1999/93/CE, e o Decreto-Lei n.º 290-D/99, de 2 de Agosto)*, RLJ 133 (2001), 261-272;
 – *Culpa in contrahendo*, CDA 42 (2003), 5-14.
MOREIRA, Guilherme Alves – *Instituições do Direito civil portuguez*, pré-edição, 1903;
 – *Instituições de Direito civil português*, 1 – *Parte geral*, 1907; 2 – *Das obrigações*, 1911.
MOREIRA, Pedro – *Uma vez ilegal, sempre ilegal e escritos subsequentes*, em *Dinheiro & Direitos*, n.º 119 (2013), 3-9.
MOSCO, Luigi – *Onorosità e gratuità degli atti giuridici, con particulare riguardo ai contratti*, 1942.

MÖSLEIN, Florian – *Dispositives Recht/Zwecke, Strukturen und Methoden*, 2011.
Motive zu dem Entwurfe eines Bürgerlichen Gesetzbuches für das Deutsche Reich – I – Allgemeiner Teil, Amtliche Ausgabe, 1896; II, Amtliche Ausgabe, 2.ª ed. inalt., 1896, § 460.
MOZZI, Pietro Niccolò – *Tractatus de contratibus*, ed. Veneza, 1585.
MROCH, Karl-Egbert – *Zum Kampf gegen unlautere Geschäftsbedingungen*, 1960.
MUGDAN, B. – *Die gesammten Materialien zum BGB für das Deutsche Reich*, I – *Einführungsgesetz und Allgemeiner Teil*, 1899.
MÜHLENBRUCH, Christian Friedrich – *Doctrina Pandectarum* 1, 1836.
MÜLLER, Klaus J. – *Gestaltung der Due Diligence durch den Vorstand der Aktiengesellschaft*, NJW 2000, 3452-3456.
MÜLLER-GRAFF, Peter-Christian – *Das Gesetz zur Regelung des Rechts der Allgemeinen Geschäftsbedingungen*, JZ 1977, 245-255.
MÜLLER-METZ, Reinhard – *Allgemeiner Handlungslehre als Grundlage kriminalsoziologischer Theoriebildung/Eine Theoriekritik*, 1983.
Münchener Vertragshandbuch, 5.ª ed., 7 volumes, a partir de 2000.
MÚRIAS, Pedro Manuel Ferreira – *Representação legal e culpa in contrahendo*, 1996.

NANZ, Klaus-Peter – *Die Entstehung des allgemeinen Vertragsbegriffen im 16. bis 18. Jahrhundert*, 1985.
NASCIMENTO, Paulo Fernando Soares do – *A responsabilidade pré-contratual pela ruptura das negociações e a recusa injustificada de formalização do contrato*, Estudos Galvão Telles IV (2003), 179-226.
NATOLI, Ugo – em Mariano d'Amelio/Enrico Finzi, *Codice civile/Libro delle obbligazioni* 1, 1948.
NAUR, Jürgen F. – *vide* Baur, Fritz.
NERY JUNIOR, Nelson/Nery, Rosa Maria de Andrade – *Código Civil Anotado*, 2.ª ed., 2003.
NERY, Rosa Maria de Andrade – *vide* Nery Junior, Nelson.
NESEMANN, Klaus – *Herkunft, Singehalt und Anwendungsbereich der Formel "Treu und Glauben" in Gesetz und Rechtsprechung*, 1959, polic..
NETTELBLADT, Daniel – *Systema elementare jurisprudenciae positivae Germanorum Communis generalis*, 1781.
NEUMANN, Johannes – *Geltungserhaltende Reduktion und ergänzende Auslegung von Allgemein Geschäftsbedingungen*, 1988.
NEUNER, Jörg – *Diskriminierungsschutz durch Privatrecht*, JZ 2003, 57-66;
– *Vertragsauslegung – Vertragsergänzung – Vertragskorrektur*, FS Claus-Wilhelm Canaris 1 (2007), 901-924;
– *Was ist eine Willenserklärung?*, JuS 2007, 881-888;
– *vide* Wolf, Manfred.
NEVES, António Castanheira – *Questão-de-facto – Questão-de-direito ou o problema metodológico da juridicidade (Ensaio de reposição crítica)*, I – *A crise*, 1967.
NEVES, F. Correia das – *Manual dos juros*, 1989.
NICKLISCH, Fritz – *Ergänzende Vertragsauslegung und Geschäftsgrundlage – ein einheitliches Institut zur Lückenausfüllung?*, BB 1980, 949-953.
NIEBELING, Jürgen – *AGB-Recht/Anwaltkommentar*, 2012.

NIEMANN, Jan-Malte – *vide* Suckow, Jens.
NIEPER, F./WESTERDIJK, A. S. (org.) – *Niederländisches Bürgerliches Gesetzbuch*, Buch 6, ed. bilingue holandês/alemão, *Allgemeiner Teil des Schuldrechts*, 1995.
NIPPERDEY, Hans Carl – *Kontrahierungszwang und diktierter Vertrag*, 1920.
NIRK, Rudolf – *Gewerblicher Rechtsschutz*, 1981.
NORISADA, Takao – *vide* Furmston, Michael.
NÜCHTERLEIN, Max – *Das Verhältnis der Rechtsmängelhaftung zu anderen Rechtsbehelfen unter besonderer Berücksichtigung des Verhältnisses der Rechtsmängelhaftung beim Kauf zur Irrtumsaufechtung nach § 119 Abs. 2 BGB*, 1939.
NUNES, Arlindo Monteiro (org.) – *A privatização da sociedade financeira portuguesa*, com escritos de Ferrer Correia, Almeno de Sá, nosso, Monteiro Fernandes, Fernando Pessoa Jorge, Inocêncio Galvão Telles, João Calvão da Silva, Manuel Gomes da Silva, Marcelo Rebelo de Sousa e Rita Amaral Cabral, 1995.
NUZZO, Mario – em Guido Alpa/Liliana Rossi Carleo, *Codice del consumo/Commentario* (2005), 249-274.

OERTMANN, Paul – *Kommentar zum BGB/2, Recht der Schuldverhältnisse*, 3.ª/4.ª ed., 1910;
– *Entgeltliche Rechtsgeschäfte*, 1912;
– *Arglistige Herbeiführung der Formnichtigkeit*, Recht 1914, 8-12;
– *Rechtsnorm und Verkehrssitte; zugleich ein Beitrag zu den Lehre von der Auslegung der Rechtsgeschäfte und von der Revision*, 1914;
– *Rechtsordnung und Verkehrssitte/insbesondere nach Bürgerlichem Recht; zugleich ein Beitrag zu den Lehre von der Auslegung der Rechtsgeschäfte und von der Revision*, 1914;
– *Doppelseitiger Irrtum beim Vertragschlusse*, AcP 117 (1919), 275-314;
– *Die Geschäftsgrundlage/Ein neuer Rechtsbegriff*, 1921;
– *Die Rechtsbedingung (conditio iuris)/Untersuchungen zum Bürgerlichen Recht und zur allgemeinen Rechtslehre*, 1924;
– *Geschäftsgrundlage*, HWB/RW 2 (1927), 803-806.
OESTERMANN, Peter – *Die Zwillingsschwester der Freiheit/Die Form im Recht als Problem der Rechtsgeschichte*, em AAVV, *Zwischen Formstrenge und Billigkeit/Forschungen zum vormodernen Zivilprozess* (2009), 1-54.
OHLY, Ansgar – *"Volenti non fit iniuria"/Die Einwilligung im Privatrecht*, 2002.
OLIVEIRA, Nuno Pinto – *Culpa in contrahendo. Interesse contratual negativo e interesse contratual positivo*, STJ 26-jan.-2006, CDP 20 (2006), 26-34, *idem*, 34-49.
OPPO, Giorgio – *Profili dell'interpretazione oggettiva del negozio giuridico*, 1943 = *Scritti giuridici*, III – *Obbligazioni e negozio giuridico*, 1992, 1-194
Ordenações Afonsinas, Liv. IV, ed. Gulbenkian.
Ordenações Filipinas, Liv. IV, ed. Gulbenkian.
Ordenações Manuelinas, Liv. IV, ed. Gulbenkian.
Orestano, Riccardo – *Condizione (diritto romano)*, NssDI III (1959), 1095-1097.
ORLANDI, Mauro – *La paternità delle scritture/Sottoscrizione e forme equivalenti*, 1997.
OTT, Claus – *Systemwandel im Wettbewerbsrecht/Die Generalklausel des § 1 UWG und ihre Rückwirkungen auf Rechtsprechung und Dogmatik*, FS Ludwig Raiser (1974), 403-434 ;

– *vide* Schäfer, Hans-Bernd.

OTTO, Carl Ed./SCHELLING, Bruno/SINTENIS, Carl Friedrich Ferdinand – *Das Corpus Juris Civilis Deutsch übersetzt* 4, 1832.

OTTO, Hansjörg – no Staudinger II, §§ 255-304, *Leistungsstörungsrecht* 1, 2009.

ÖTZ, Hein – *Welche gesetzgeberischen Massnahmen empfehlen sich zum Schutz des Endverbrauchers gegenüber Allgemeinen Geschäftsbedingungen und Formularverträgen?*, DJT 50 (1974), A9 a A100.

PACE, Pasquale di – *Il negozio per relationem*, 1940.

PACHECO, António Faria Carneiro – *Do erro acerca da pessoa como causa de nulidade do casamento*, 1917.

PAEFGEN, Walter G. – *Widerrufsrecht bei eBay?*, RIW 2009, 178-187.

PANINIS, Panos – no *Münchener Kommentar zum Strafgesetzbuch* 4 (2006), § 291.

PANUCCIO, Vincenzo – *Le dichiarazioni non negoziali di volontà*, 1966.

PAOLA, Santi di – *Contributi a una teoria della invalidità e della inefficacia in diritto romano*, 1966.

PARENTI, Alberto – *L'armomizzazione comunitaria in materia di commercio elettronico*, em Giorgio Sacerdoti/Giuseppe Marino, *Il commercio elettronico: profili giuridici e fiscali internazionali* (2001), 77-107.

PARRY, Deborah L. – *vide* Harvey, Brian W..

PARTSCHE, J. – *Die Lehre vom Scheingeschäft im römischen Recht*, SZRom 42 (1921), 227-272.

PATRÍCIO, José Simões – *As novas taxas de juro do Código Civil*, BMJ 305 (1981), 13-65.

PATTI, Salvatore – *vide* Alpa, Guido.

PAWLOWSKI, Hans-Martin – *Die Aufgabe des Richters bei der Bestimmung des Verhältnisses von Recht, Sittlichkeit und Moral*, ARSP 1964, 503-519;

– *Allgemeiner Teil des BGB/Grundlehren des bürgerlichen Rechts*, 6.ª ed., 2000.

PEIFER, Karl-Nicolaus – *vide* Grunewald, Barbara.

PEREIRA, Alexandre Libório Dias – *Comércio electrónico na sociedade da informação: da segurança técnica à confiança jurídica*, 1999.

PEREIRA, Maria de Lurdes – *A indemnização de despesas inutilizadas na responsabilidade obrigacional*, 2012.

PÉREZ-GÓMEZ, Santiago Castán – *"Condicio iuris" y "tacita condicio: las condiciones implicitas en el derecho romano*, 2006.

PERNICE, Alfred – *Rechtsgeschäft und Rechtsordnung*, GrünhutZ 7 (1880), 465-498.

PETRELLI, Gaetano – *La condizione "elemento essenziale" del negozio giuridoc/Teoria generali e profili applicativi*, 2000.

PEZZANA, Aldo – *Caparra (diritto romano)*, ED VI (1960), 183-187.

PFEIFFER, Thomas – em Manfred Wolf/Walter F. Lindacher/Thomas Pfeiffer, *AGB-Recht//Kommentar*, 5.ª ed., 2009.

PFEIFFER, Thomas – *vide* Wolf, Manfred.

PFLUG, Hans Joachim – *Kontrakt und Status im Recht der Allgemeinen Geschäftsbedingungen*, 1986.

PHILLIMORE, John George – *Principles and Maxims of Jurisprudence*, 1856.

PICCIRILLO, Alessandro – *Rescissione (diritto romano)*, NssDI XV (1968), 573-579.

PICHON, Victor – *Des contrats d'adhésion: leur interprétation et leur nature*, 1912.
PICKER, Eduard – *Positive Vertragsverletzung und culpa in contrahendo/Zur Haftung zwischen Vertrag und Delikt*, AcP 183 (1983), 369-520 ;
– *Vertragliche und deliktisch Schadenshaftung/Überlegungen zu einer Neustrukturierung der Haftungssysteme*, JZ 1987, 1041-1058 ;
– *Antidiskriminierung als Zivilrechtsprogramm?*, JZ 2003, 540-545.
PILTZ, Burghard – *Neue Entwicklungen im UN-Kaufrecht*, NJW 2003, 2056-2063.
PILZ, H. – *Richterliche Vertragsergänzung und Vertragsabänderung*, 1963.
PINA, Carlos Costa – *Dever de informação e responsabilidade pelo prospecto no mercado primário de valores mobiliários*, 1999.
PINHEIRO, Alexandre Sousa/FERNANDES, Mário João de Brito – *Comentário à IV Revisão Constitucional*, 1999.
PINHEIRO, Luís de Lima – *Direito comercial internacional*, 2005.
PINIŃSKI, Leon – *Der Thatbestand des Sachbesitzerwerbs nach gemeinem Recht: eine zivilistische Untersuchung. Sukzession in den Besitz, Besitzerwerb Animo Solo, Besitzwille, Lehre von den juristischen Willenserklärungen* 2, 1888.
PINTO, Carlos Alberto da Mota – *A responsabilidade pré-negocial pela não conclusão de contratos*, 1963;
– *Cessão da posição contratual*, 1970;
– *Contratos de adesão/Uma manifestação jurídica da moderna vida económica*, RDES XX (1973), 119-148;
– *Direito das obrigações* 1, 1979;
– *Teoria geral do Direito civil*, 3.ª ed., 1985 e 4.ª ed. por António Pinto Monteiro e Paulo Mota Pinto, 2005.
PINTO, Paulo Mota – *Declaração tácita e comportamento concludente no negócio jurídico*, 1995;
– *Requisitos de relevância do erro nos princípios de Direito Europeu dos Contratos e no Código Civil*, em Est. Galvão Telles 4 (2003), 43-139;
– *Falta e vícios da vontade – O Código Civil e os regimes mais recentes*, em Comemorações dos 35 anos do Código Civil 2 (2006), 459-500;
– *Über Willensmängel bei schlüssigen Verhalten*, FS Canaris 1 (2007), 871-900;
– *Culpa in contrahendo ou indemnização em contratos nulos ou não chegados à perfeição*, 2008, tradução portuguesa de Rudolf von Jhering, *Culpa in contrahendo oder Schadensersatz bei nichtigen oder nicht zur Perfection gelangten Verträgen*, JhJb 4 (1861), 1-113;
– *Interesse contratual negativo e interesse contratual positivo* 1 e 2, 2008.
PINTO, Paulo Mota/Monteiro, António Pinto – *Arguição da simulação pelos simuladores//Prova testemunhal*, CJ X (1985) 3, 9-15.
PLANIOL, Marcel – *Traité Élémentaire de Droit Civil*, 3.ª ed., 1 (1904) e 2 (1903).
PLEWE, Lutz-Ingo – *Die gesetzlichen Formen des Rechtsgeschäfts/Eine Bestandsaufnahme zu Beginn des 21. Jahrhunderts*, 2003.
POHLHAUSEN, Robert – *Zum Recht der allgemeinen Geschäftsbedingungen im 19. Jahrhundert*, 1978.
POHLMANN, Petra – *Die Heilung formnichtiger Verpflichtungsgeschäfte durch Erfuhrung*, 1992.

POOLE, Jill – *vide* Furmston, Michael.
POTHIER, Robert-Joseph – *Traité des obligations* I (em *Oeuvres*), ed. 1805.
PRAÇA, José Joaquim Lopes – *Estudos sobre o codigo civil: sobre rescisão do contrato de compra e venda por lesão e vicios redhibitorios, segundo o art. 1582 do codigo civil portuguez*, 1871.
PRATA, Ana – *Notas sobre a responsabilidade pré-contratual*, RB 16 (1990), 75-179 e 17 (1991), 43-147; existe separata com 2.ª reimp., 2005;
– *Contratos de adesão e cláusulas contratuais gerais/Anotação ao Decreto-Lei n.º 446/85, de 25 de outubro*, 2010.
PRATO, Enrico del – *La minaccia di far valere un diritto*, 1990.
PREUSS, Nicola – *Geheimer Vorbhalt, Schertzerklärung und Scheingeschäft*, Jura 2002, 815-820.
PROBST, Martin – *Zur "Eindeutigkeit" von Anfechtungserklärungen/Kriterien für die Auslegung rechtsgestaltender Willenserklärungen*, JZ 1989, 878-883.
Projecto de Código Civil, 1966.
PUCHTA, Georg Friedrich – *Pandekten*, 2.ª ed., 1844, 8.ª ed., 1856.
PUGLIATTI, Salvatore – *Atto giuridico e determinazione acessória di voluntà*, RDCiv XXIX (1937), 36-46.
PUGLIESE, Giovanni – *La simulazione nei negozi giuridici: studio di diritto romano*, 1938;
– *Simulazione (diritto romano)*, NssDI XVII (1970), 351-359.
PUTTI, Pietro Maria – no *Trattato di diritto privato europeo*, org. Nicolò Lipari, III – *L'attività e il contratto* (2003), 452 ss..

QUADRATO, Renato – *Sulle trace dell'annulabilità / Quasi nullus nella giurisprudenza romana*, 1983.
QUITTNAT, Joaquim – *The Israeli Standard Contracts Law 5724-1964*, JZ 1973, 766-769.

RABEL, Ernst – *Das Recht des Warenkaufs*, 1936, reimpr., 1964;
– *Die Unmöglichkeit der Leistung. Eine kritische Studie zum Bürgerlichen Gesetzbuch*, FS Bekker (1907), 171-237 = *Gesammelte Aufsätze* 1 (1965), 1-55; há reimp. de 2012.
RADKE, Wolfram – *Bedingungsrecht und Typenzwang/Eine Untersuchung zu Grundlagen und Grenzen privatautonomer Gestaltung*, 2001.
RAIBO, Mateus Moura Jorge – *Culpa in contrahendo do banqueiro por falta ou não conclusão de um contrato*, 2001.
RAIMUNDO, Miguel Assis – *A formação dos contratos públicos/Uma concorrência ajustada ao interesse público*, 2013.
RAISER, Ludwig – *Vertragsfreiheit heute*, JZ 1958, 1-8;
– *Das Recht der Allgemeinen Geschäftsbedingungen*, 1935; reimp., 1961;
– *Dingliche Anwartschaften*, 1961.
RAISER, Rolf – *Schadenshaftung bei verstecktem Dissens*, AcP 127 (1927), 1-45.
RAMALHO, Maria do Rosário Palma – *Sobre a doação modal*, O Direito 122 (1990), 673-744;
– *Tratado de Direito do trabalho*, I – *Dogmática geral*, 3.ª ed., 2012; II – *Situações laborais individuais*, 4.ª ed., 2012; III – *Situações laborais colectivas*, 2012.
RAMOS, Moura – *vide* Machado, Baptista.

RAVAZZONI, Alberto – *La formazione del contrato* 1 – *Le fasi del procedimento*, 1973.
REALMONTE, Francesco – *I rapporti giuridici preparatori*, 1996.
REGELSBERGER, Ferdinand – *Civilrechtliche Erörterungen* 1, *Die Vorverhandlungen bei Verträgen, Angebot, Annahme, Traktate, Punktation nebst der Lehre von der Versteigerung und von der Auslegung*, 1868;
– *Pandekten* 1, 1893;
– *Die rechtliche Bedeutung der sog. Geschäftsbedingungen der Bankiers für die Kontokorrentverträge*, Bank-Archiv V (1906), 169-172.
REGENFUS, Thomas – *Gesetzliche Schriftformerfordernisse/Answirkungen des Normzwecks auf die tatbestandlichen Anforderung* I, JA 2008, 161-165 e II, JA 2008, 246-253.
REHBINDER, Eckard – *Die Rolle der Vertragsgestaltung im zivilrechtlichen Lehrsystem*, AcP 174 (1974), 265-312;
– *Vertragsgestaltung*, 1982, e 2.ª ed., 1993.
REI, Maria Raquel – *Do contrato-quadro*, 1997, inédito;
– *Da interpretação da declaração negocial no Direito civil português*, 2010.
REICHEL, Hans – *Zur Behandlung formnichtiger Verpflichtungsgeschäfte*, AcP 104 (1909), 1-150;
– *Nichtigerklärung eines Wuchergeschäftes gegen den Willen des Bewucherten*, LZ 1917, 654-656.
REICHOLD, Hermann – *Sozialgerechtigkeit versus Vertragsgerechtigkeit/arbeitsrechtliche Erfahrungen mit Diskriminierungsregeln*, JZ 2004, 384-393.
REINHARDT, Rudolf – *Die Vereinigung subjektiver und objektiver Gestaltungskräfte*, FS Schmidt-Rimpler (1957), 115-138.
REINICKE, Dietrich – *Rechtsfolgen formwidrig abgeschlossener Verträge*, 1969.
REIS, José Alberto dos – *Competência do Supremo Tribunal de Justiça em matéria de interpretação de negócios jurídicos*, RLJ 74 (1942), 289-294, 305-312 e 321-329;
– *Jurisprudência crítica sobre processo civil*, RLJ 80 (1948), 385-399 e RLJ 81 (1948), 265-268.
REISCHAUER, Rudolf – no Peter Rummel, *Kommentar zum ABGB* 1, §§ 1-1174, 2.ª ed., 1990.
RENARD, Georges – *L'idée d'annulabilité chez les interprètes du droit romain au Moyen-Âge*, NRH 1903, 214-249 e 327-364.
REPGEN, Tilman – *Abschied von der Willensbetätigung/Die Rechtsnatur der Vertragsannahme nach § 151 BGB*, AcP 200 (2000), 533-564;
– *Kein Abschied von der Privatautonomie/die Funktion zwingenden Rechts in der Verbrauchersgüterkaufrichtlinie*, 2001.
Research Group on the Existing EC Privat Law (Acquis Group), *Principles of the Existing EC Contract Law (Acquis Principles), Contract I/Pre-contractual obligations, Conclusion of Contract, Unfair Terms*, 2007.
RESTA, Giorgio – *vide* Alpa, Guido.
REU, Fritz – *Die Unmöglichkeit der Leistung im anglo-amerikanischen Recht: eine rechtsvergleichende Studie*, 1935.
REUSS, Karl Friedrich – *Die Intensitätsstufen der Abreden und die Gentlemen-Agreements*, AcP 154 (1955), 485-526.

RHODE, Hans – *Beiträge zur Unmöglichkeitslehre/Unter besonderer Berücksichtigung des Prinzips, nach welchem die Haftung für Unmöglichkeit der Leistung abgestuft ist*, 1930.

RIBEIRO, Joaquim de Sousa – *O problema do contrato/As cláusulas contratuais gerais e o princípio da liberdade contratual*, 1999;
– *Responsabilidade pré-contratual: breves anotações sobre a natureza e o regime*, Est. Henrique Mesquita 2 (2009), 745-767.

RICCOBONO, Salvatore – *La formazione della teoria generale del* contractus *nel periodo della giurisprudenza classica*, nos *Studi in onore di Pietro Bonfante* 1, 1930.

RICHELMANN, Heinrich – *Der Einfluss des Irrthums auf Verträge: Eine civilistischen Versuch*, 1837.

RIEBLE, Volker – *Sprache und Sprachrisiko im Arbeitsrecht*, FS Manfred Löwisch (2007), 229-248.

RIESENHUBER, Karl – *Wandlungen oder Erosion der Privatautonomie?*, em Karl Riesenhuber/Yuko Nishtani, *Wandlungen oder Erosion der Privatautonomie?/Deutsch- japanische Perspektiven des Vertragsrechts* (2007), 1-15.

RIEZLER, Erwin – *Venire contra factum proprium*, 1912.

ROCCA, Paolo Morozzo della – *Gratuità, liberalità e solidarietà/Contributo allo studio della prestazione non onerosa*, 1998.

ROCHA, Manuel António Coelho da – *Instituições de Direito civil portuguez*, 2.ª ed., 1846.

RODOTÀ, Stefano – *Le fonti di integrazione del contratto*, 1969, reimp., 2004.

RODRIGUES, Manuel – *As questões de direito e a competência do Supremo Tribunal de Justiça*, ROA 1 (1941) 1, 102-130.

ROSSELLO, Carlo – *Errore nel diritto civile*, DDP/SCiv, VII (1991), 510-523;
– *L'errore nel contratto*, 2004.

ROTH, Abraham S. – *Handlungserklärungen durch Gründe: kausal, singular und situativ*, trad. al. de Martin Brecher e Corinna Mieth, em Horn/Löhrer, *Gründe und Zwecke* (2010), 139-190.

ROTH, Günter – *Der Zivilprozess zwischen Rechtsklärung und Rechtschöpfung*, FS Habscheid (1989), 253-263;
– *Münchener Kommentar*, 3.ª ed., 1994, § 242.

ROTH, Günther H./SCHUBERT, Claudia – no *Münchener Kommentar* 2, 6.ª ed. (2012), § 242.

ROTH, Herbert – no Staudinger I, §§ *139-163*, *Allgemeiner Teil* 4b (2010), §§ 139 e 157.

RÖTHEL, Anne – *Form und Freiheit der Patientenautonomie*, AcP 211 (2011), 196-220.

ROTHOEFT, Dietrich – *System der Irrtumslehre als Methodenfrage der Rechtsvergleichung//dargestellt am deutschen und englischen Vertragsrecht*, 1968;
– *Risikoverteilung bei privatautonomen Handeln*, AcP 170 (1970), 230-244.

ROTH-STIELOW, Klaus – *Die "guten Sitten" als aktuelles Auslegungsproblem*, JR 1965, 210-212.

ROTONDI, Giovanni – *Natura contractus*, BIDR XXIV (1911), 5-115.

ROXIN, Claus – *Strafrecht/Allgemeiner Teil I – Grundlagen Aufbau der Verbrechenslehre*, 3.ª ed., 1997.

RÜCKERT, Joachim – *Savignys Hermeneutik – Kernstück einer Jurisprudenz ohne Pathologie*, em Jan Schröder (ed.), *Theorie der Interpretation vom Humanismus bis zur Romantik/Rechtswissenschaft, Philosophie, Theologie* (2001), 287-326.

RUFFOLO, Ugo – *Clausole "vessatorie" e "abusive"*, 1997.
RUGGIERO, Roberto de – *Instituições de Direito Civil*, trad. port. de Ary dos Santos, 1, 1934.
RÜHLE, Klaus – *Das Wucherverbot/effektiver Schutz des Verbrauchers vor überhöhten Preissen?*, 1978.
RÜMELIN, Gustav – *Das Handeln in fremden Namen im bürgerlichen Gesetzbuch*, AcP 93 (1902), 131-308.
RUMMEL, Peter – *Kommentar zum ABGB* 1, 2.ª ed., 1983.
RUSSO, Ennio – *Il termine del negozio giuridico*, 1969.
RÜTHERS, Bernd – *Die Unbegrenzte Auslegung: zum Wandel der Privatrechtsordnung im Nationalsozialismus*, 7.ª ed., 2012.

SÁ, Almeno de – *Aditamento a Cláusulas contratuais gerais*, 1.ª ed., 1999;
– *Cláusulas contratuais gerais e Directiva sobre cláusulas abusivas*, 2.ª ed., 2001
SÁ, Fernando Cunha de – *Abuso do direito*, 1973.
SÁ, Fernando Oliveira e – *Erro e validação do negócio jurídico/Breves notas ao art. 248.º do Código Civil*, Est. Carvalho Fernandes 1 (2011), 525-540.
SACERDOTI, Adolfo – *Della rescissione dei contratti per lesione*, 2010.
SACERDOTI, Giorgio/MARINO, Giuseppe – *Il commercio elettronico: profili giuridici e fiscali internazionali*, 2001.
SACK, Rolf – *Sittenwidrigkeit, Sozialwidrigkeit und Interessenabwägung*, GRUR 1970, 493-503.
SACK, Rolf/FISCHINGER, Philipp S. – no *Staudinger Kommentar* 1, §§ *134-138; Anh zu § 138: ProstG (Allgemeiner Teil 4a)* (2011), § 138.
SÄCKER, Franz Jürgen – *Die Anpassung von langfristigen Verträgen an bei Vertragsschluss unvorhergesehene und unvorbeslehbare Umstände im Wege der ergänzenden Vertragsauslegung*, FS Harm Peter Westermann (2008), 617-636;
– *Münchener Kommentar zum BGB*, 1 – *Allgemeiner Teil*, 6.ª ed., 2012.
SAGNA, Alberto – *Il rissarcimento del danno nella responsabilità precontrattuale*, 2004.
SALEILLES, Raymond – *De la déclaration de volonté. Contribution à l'étude de l'acte juridique dans le code civil allemand (art. 116 à 144)*, 1901 ;
– *De la responsabilité précontractuelle*, RTDC 6 (1907), 697-751.
SALLINGER, M. – *Zum Begriff des Verstosses gegen die guten Sitten*, JW 1917, 4-9.
SALVI, Gabriele – *Contributo allo studio della rescissione nel nuovo diritto dei contratti*, 2012.
SALZMANN, Stephan – *Die Neuverhandlungsklausel als ein Problem ergänzender Vertragsauslegung*, 1986;
– *Entscheidungsansätze zur Bestimmung eines sittenwidrigen Kreditvertrages/eine juristische und ökonomische Analyse*, 1987.
SANDROCK, Otto – *Zur engänzenden Vertragsauslegung im materiellen und internationalen Schuldvertragsrecht/Methodologische Untersuchungen zur Rechtsquellenlehre im Schuldvertragsrecht*, 1966.
SANTOS Júnior, Eduardo – *Sobre a teoria da interpretação dos negócios jurídicos*, 1988;
– *Acordos intermédios: entre o início e o termo das negociações para a celebração de um contrato*, ROA 1997, 565-604;

– *Da impossibilidade pessoal de cumprir: breve confronto do novo Direito alemão com o Direito português*, O Direito 142 (2010), 423-434 = Centenário Paulo Cunha (2012), 313-326.

SANTOS, António Marques dos – *As normas de aplicação imediata*, 2 volumes, 1991.

SANTOS, Gonçalo André Castilho dos – *A responsabilidade civil do intermediário financeiro perante o cliente*, 2008.

SANTOS, José Beleza dos – *A simulação em Direito civil* 1, 1921, e 2, 1921.

SARAIVA, José Hermano – *A definição legal do contrato*, ROA 9 (1949), 1 e 2, 149-167.

SARZANA, Carlo – *Documento informatico, firma digitale e crittografia*, em Vittorio Novelli (org.), *Profili giuridici del commercio via Internet* (1999), 121-139.

SATTA, Giuseppe – *La converzione dei negozi giuridici*, 1903.

SAVATIER, René – anotação a CssFr 9-jul.-1930 e a CssFr 14-jan.-1931 (4 decisões), D 1931, 1, 5-10.

SAVIGNY, Friedrich Car von – *Geschichte des römischen Rechts im Mittelalter*, 2, 2.ª ed., 1834, § 88;
– *System des heutigen römischen Rechts*, 8 volumes, publ. a partir de 1840, reimp., 1981.

SCALAMANDREI, Girolamo – *Commentario del codice civile italiano* 4, 1882.

SCHÄFER, Carsten – *vide* Ulmer, Peter.

SCHÄFER, Frank A. – *vide* Schwintowski, Hans-Peter.

SCHÄFER, Hans-Bernd/OTT, Claus – *Lehrbuch der ökonomischen Analyse des Zivilrechts*, 4.ª ed., 2005.

SCHALL, Ludwig – *Der Parteiwille im Rechtsgeschäft*, 1877.

SCHAPP, Jan – *Grundfragen der Rechtsgeschäftslehre*, 1986.

SCHELLING, Bruno – *vide* Otto, Carl Ed..

SCHERER, Inge – *Andeutungsformel und falsa demonstratio beim formbedürftigen Rechtsgeschäft in der Rechtsprechung des Reichgerichts und des Bundesgerichtshofs*, 1987.

SCHERLING, Bernhard – *Natur und Wirkung der condicio iuris*, 1897.

SCHERMAIER, Martin Josef – anot. BGH 13-jan.-2011, JZ 2011, 633-637

SCHERMAIER, Martin Josef – no *Historisch-kritischer Kommentar zum BGB*, Band I – *Allgemeiner Teil*, §§ 1-240, 2003.

SCHEURL, Christian Gottlieb Adolf von – *Vertragsabschluss unter Abwesenden*, JhJb 2 (1858), 248-282;
– *Beiträge zur Bearbeitung des römischen Rechts*, II – *Zur Lehre von den Nebenbestimmung bei Rechtsgeschäften*, 1871;
– *Was ist Mentalreservation?*, AcP 78 (1892), 342-353.

SCHIAVONE, Aldo – *Negozio giuridico (diritto romano)*, ED XXVII (1977), 906-921.

SCHIEMANN, Gottfried – *Pendenz und Rückwirkung der Bedingung/Eine dogmengeschichtliche Untersuchung*, 1973.

SCHILLING, Friedrich Adolph – *Lehrbuch für Institutionen und Geschichte des Römischen Privatrechts* 2, 1837.

SCHIMMEL, Roland – *Zur ergänzenden Auslegung von Verträge*, JA 2001, 339-344.

SCHINDLER, Karl-Heinz – recensão a Antonio Masi, *Studi sulla condizione nel diritto romano*, 1966, IVRA 19 (1968), 133-138.

SCHLIEMANN – *Beiträge zu Lehre von der Stellvertretung beim Abschluss obligatorischer Verträge*, ZHR XVI (1871), 1-31.
SCHLOSSAREK, Fred – *Ansprüche des Versicherungsnehmers aus culpa in contrahendo/ /Ein Beitrage zur culpa in contrahendo im Bereich des Individualversicherungsrechts*, 1995.
SCHLOSSER, Peter – em Coester/Coester-Waltjen/Schlosser, *Staudingers Kommentar*, 2, §§ 305-310, 2006.
SCHLOSSER, Peter – o Staudinger II, *§§ 305-310; UklaG/Recht der Allgemeinen Geschäftsbedingungen* (2006), § 305
SCHLOSSER, Peter – *Schiedsgerichtsbarkeit und Rechtsmittel zu den staatlichen Gerichten*, ZZP 92 (1979), 125-152.
SCHLOSSER, Peter/Coester-Waltjen, Dagmar/Graba, Hans-Ulrich – *Kommentar zum Gesetz zur Regelung des Rechts der Allgemeinen Geschäftsbedingungen*, 1977.
SCHLOSSMANN, Siegmund – *Zur Lehre vom Zwange/Eine civilistische Abhandlung*, 1874;
– *Der Vertrag*, 1876, reimp., 1980;
– *Willenserklärung und Rechtsgeschäft/Kritisches und Dogmengeschichtliches*, 1907.
SCHMELER, Georg F. – *Handlungserklärungen: Ursachen und Zwecke*, trad. al. de Guido Löhrer, em Horn/Löhrer, *Gründe und Zwecke* (2010), 246-263.
SCHMID, Johann Valentin (Joannes Valentinis Schmidius) – *De preposito in mente retento nihil operante*, 1712.
SCHMID, Wolfgang – *Die Interpretation in der Altertumswissenschaft*, 1971.
SCHMIDT, Harry – *Vertragsfolgen der Nichteinbeziehung und Unwirksamkeit von Allgemeinen Geschäftsbedingungen*, 1986;
– em Ulmer/Brandner/Hensen *AGB-Recht*, 11.ª ed., 2009.
– vide Ulmer, Peter.
SCHMIDT, Helmut – *Die Lehre von der Sittenwidrigkeit der Rechtsgeschäfte in historischer Sicht*, 1973.
SCHMIDT, Hubert – *Einbeziehung von AGB im unternehmerischen Geschäftswerkehr*, NJW 2011, 3329-3334.
SCHMIDT, Joanna – *La sanation de la faute précontratuelle*, RTDC 72 (1974), 46-73;
– *Négociation et conclusion de contrats*, 1982.
SCHMIDT, Karsten – *Darlehn, Darlehnsversprechen und Darlehnskrediteröffnung im Konkurs*, JZ 1976, 756-763;
– *Zur Durchsetzung vorvertraglicher Pflichten/Bemerkungen zum Urt. des BGH v. 29.9.1989 – V ZR 1/88*, anotação a BGH 29-set.-1989, DNotZ 1990, 708-712.
SCHMIDT, Oswald – *Zur Lehre vom Forderungskauf/Das Verhältnis der Bonitätshaftung des Verkäufers zur Irrtumsaufechtung des Käufers nach 4 119/II BGB*, 1951.
SCHMIDT-RIMPLER, Walter – *Grundfragen einer Erneuerung des Vertragsrechts*, AcP 147 (1941), 130-137;
– *Zum Problem der Geschäftsgrundlage*, FS Nipperdey (1955), 1-30.
SCHMIDT-SALZER, Joachim – *Allgemeine Geschäftsbedingungen*, 2.ª ed., 1977;
– *Das textliche Zusatz-Instrumentarium des AGB-Gesetzes gegenüber der EG-Richtlinie über mißbräuchliche Klauseln in Verbraucherverträgen*, NJW 1995, 1641-1645.
SCHMIEDEL, Burkhard – *Der allseitige Irrtum über die Rechtslage bei der Neuregelung eines Rechtsverhältnisses*, FS von Caemmerer (1978), 231-240.

SCHMITT, Jochem – no *Münchener Kommentar zum BGB/1 – Allgemeiner Teil*, 6.ª ed., 2012.
SCHMITTAT, Karl-Oskar – *Einführung in die Vertragsgestaltung*, 3.ª ed., 2008.
SCHNEIDER, Egon – *Tendenzen und Kontroversen im der Rechtsprechung*, MDR 2000, 747-753.
SCHNEIDER, K. – *Die Bedeutung der ausdrücklichen Willenserklärung und ihre Gegensatz zur Willensbestätigung*, AbürgR 42 (1916), 273-295.
SCHNEIDER, Nicole – *Uberrima Fides/Treu und Glauben und vorvertragliche Aufklärungspflichten im englischen Recht*, 2004.
SCHOLZ, Ulrich – *Kontrahierungszwang in der Versorgungswirtschaft/Dargestellt am Beispiel der Anschluss und Versorgungsunternehmen gegenüber Stromverbrauchern*, 1997.
SCHON, Scott R. – *Zielgerichtetes Handeln und teleologische Erklärungen*, trad. al. de Guido Löhrer, em Horn/Löhrer, *Gründe und Zwecke* (2010), 225-245.
SCHRICKER, Gerhard – *Gesetzesverletzung und Sittenverstoß/Rechtsvergleichende Untersuchung zur Wettbewerbsrechtlichen Haftung bei Verletzung außerwett bewerbsrechtlicher Normen*, 1970.
SCHROEDER, Dirk – *Die Einbeziehung Allgemeiner Geschäftsbedingungen nach dem AGB-Gesetz und die Rechtsgeschäftslehre*, 1983.
SCHROEDER, John Ulrich – *Unmöglichkeit und Ungewissheit*, 1905.
SCHUBERT, Claudia – *vide* Roth, Günther H..
SCHUBERT, Werner – *vide* Jakobs, Horts Heinrich.
SCHUBERT, Werner – *Windscheid und das Bereicherungsrecht des 1. Entwurfs des BGB*, SZRom 92 (1975), 186-233.
SCHULTE-NÖLKE, Hans – *Diskussionsbericht*, JZ 2001, 497-498;
– *vide* Bar, Christian von.
SCHULTZE, Wolfgang Georg – *Die laesio enormis in der deutschen Privatrechtsgeschichte*, 1973.
SCHULZ, Michael – *Leistungsstörungsrecht*, em Harm Peter Westermann, *Das Schuldrecht 2002/Systematische Darstellung der Schuldrechtsreform* (2002), 17-104.
SCHULZ, Wolfgang – *Annahme im Sinne des § 151 BGB und Annahme durch Schweigen*, MDR 1995, 1187-1190.
SCHULZE, Götz – *Das Geschäft mit der Stimme – Zur Sittenwidrigkeit von Verträgen über sog. Telefonsex*, JuS 1999, 636-640;
– *Rechtsfragen des Selbstbedienungskaufs/zur Abgrenzung von Qualifikations- und Identitätsaliud beim Stückkauf über verstauschte Ware*, AcP 201 (2001), 232-255;
– no *Nomos Kommentar BGB 1*, 2.ª ed. (2012), § 156.
SCHULZE, Reiner – BGB/*Handkommentar*, 7.ª ed., 2012.
SCHÜTZE, Rolf A./WEIPERT, Lutz – *Münchener Vertragshandbuch 4*, 5.ª ed., 2002.
SCHWAB, Martin – *Das neue Schuldrecht im Überblick*, em Martin Schwab/Carl-Heinz Witt, *Einführung in das neue Schuldrecht*, 5.ª ed. (2002), 1-21.
SCHWARK, Eberhard – *Zum Verhältnis von Schuldrechtlichen Vertragstypen und Vertragswirklichkeit*, RTh 9 (1978), 73-106.
SCHWARZE, Roland – *Vorvertragliche Verständigungspflichten*, 2001;
– *Die Annahmehandlung in § 151 BGB als Problem der prozessualen Feststellbarkeit des Annahmewillens*, AcP 202 (2002), 607-630.

SCHWERDTNER, Peter – *Anwartschaftslehre*, Jura 1980, 609-614 e 661-668.
SCHWINGENHEUER, Yasmine-Lee – *Die Geschichte der Unmöglichkeitslehre/Die Unmöglichkeit im Wandel der Zeit*, 2001.
SCHWINTOWSKI, Hans-Peter – *Bankrecht*, 3.ª ed., 2011.
SCHWINTOWSKI, Hans-Peter/Schäfer, Frank A. – *Bankrecht/Commercial Banking – Investment Banking*, 2.ª ed., 2004.
SCIALOJA, Vittorio – *Corso di istituzioni di diritto romano*, 1934.
SCIANCALEPORE, Giovanni/Stanzione, Pasquale – *Prassi contrattuali e tutela del consumatore*, 2004.
SCIASCIA, Gaetano – *"Restitutio in integrum"*, NDI XI (1939), 493-494.
SCUTO, Eduardo – *Riserva mentale*, NssDI XVI (1969), 111-113.
SEDLMEIER, Kathleen – *Rechtsgeschäftliche Selbstbestimmung im Verbrauchervertrag*, 2012.
SEILER, Hans Hermann – *vide* Behrends, Okko.
SELB, Walter – *vide* Honsel, Heinrich.
SENN, Felix – *La notion romaine d'avenir et ses applications dans le domaine du droit*, RH 34 (1956), 163-180.
SERENS, Manuel Nogueira – *A monopolização da concorrência*, 2007.
SERRA, Adriano Vaz – *A revisão geral do Código Civil/Alguns factos e comentários*, BMJ 2 (1947), 24-76 = BFD 22 (1947), 451-513;
– *Mora do devedor*, BMJ 48 (1955), 5-317;
– *Mora do devedor*, BMJ 48 (1955), 5-317;
– *Obrigações de juros*, BMJ 55 (1956), 159-170;
– *Culpa do devedor ou do agente*, BMJ 68 (1957), 13-151;
– *Pena convencional*, BMJ 67 (1957), 185-245;
– *Resolução ou modificação dos contratos por alteração das circunstâncias*, BMJ 68 (1957), 293-385;
– *A prestação – suas espécies, conteúdo e requisitos*, BMJ 74 (1958) 15-283;
– *Fontes das obrigações/O contrato e o negócio jurídico unilateral como fontes de obrigações*, BMJ 77 (1958), 127-217;
– *Objecto da obrigação. A prestação – suas espécies, conteúdo e requisitos*, BMJ 74 (1958), 15-283;
– *Requisitos da forma escrita*, BMJ 86 (1959), 208-224;
– *Direito das obrigações*, BMJ 98 (1960), 13-316;
– *Notas acerca do contrato de mútuo*, RLJ 93 (1960), 65-69, 81-83, 97-100, 129-131, 161-164, 177-180;
– *Perfeição da declaração de vontade – Eficácia da emissão de declaração – Requisitos especiais de conclusão do contrato*, BMJ 103 (1961), 5-153;
– *Provas (Direito probatório matéria)*, BMJ 110 (1961), 61-256, 111 (1961), 5-194 e 112 (1962), 33-299;
– anotação a STJ 6-jun.-1967, 101 RLJ, 1968, 68-78;
– anotação a STJ 25-mar.-1969, RLJ 103 (1970), 284-288;
– anotação a STJ 18-abr.-1969, 103 RLJ, 1971, 356-362;
– anotação a STJ 18-mai.-1973 (Manuel Fernandes Costa), RLJ 107 (1974), 184-191;
– anotação a STJ 25-jan.-1974 (Manuel Fernandes Costa), RLJ 108 (1975), 22-29;

– anotação a STJ 2-jul.-1974 (Arala Chaves), RLJ 108 (1976), 286-288 e 291-299;
– anotação ao acórdão do STJ de 6-Jan.-1976 (Oliveira Carvalho), RLJ 110 (1977), 26-29;
– anotação a STJ 21-dez.-1976 (Manuel Ferreira da Costa), RLJ 110 (1978), 347-352;
– anotação a STJ 10-mai.-1977 (Oliveira Carvalho), RLJ 111 (1978), 109-110;
– anotação a STJ 14-mar.-1979 (Abel de Campos), RLJ 112 (1980), 267-268 e 274-275;
– anotação a STJ 22-jun.-1979, 113 RLJ, 1980, 57-64 e 70-74.

SEUFFERT, Johann Adam – *Praktisches Pandektenrecht* 1, 1.ª ed., 1824, 4.ª ed. póstuma, por F. A. Seuffert, 1860.

SEUFFERT, Lothar Ritter von – *Die Lehre von der Ratihabition der Rechtsgeschäfte*, 1868;
– *Zur Geschichte der obligatorischen Vertrag/Dogmengeschichtliche Untersuchung*, 1881.

SIBER, Heinrich – no Comentário de Planck ao BGB – Planck/Siber, 4.ª ed. (1914), pren. §§ 275-292;
– *Die Schuldrechtliche Vertragsfreiheit*, JhJb 70 (1920), 223-299.

SICCHIERO, Gianluca – *La clausola contrattuale*, 2003.

SIEBOURG, Peter – *Der Letter of Intent/Ein Beitrag zum US-Amerikanischen und Deutschen Recht mit vergleichenden Anmerkungen*, 1979.

SIEHR, Kurt – *Grundrecht der Eheschliessungsfreiheit und Internationales Privatrecht//Zugleich ein Beitrag zur Lehre von ordre public*, 36 RabelsZ, 1972, 93-115.

SILVA, Eva Sónia Moreira da – *Da responsabilidade pré-contratual por violação de deveres de informação*, 2003;
– *O ónus da prova na responsabilidade pré-contratual por violação dos deveres de informação*, em *10 anos da licenciatura em Direito da Universidade do Minho* (2004), 281-296;
– *Algumas notas sobre a reforma do BGB no âmbito da responsabilidade pré-contratual: o § 311*, Estudos Henrique Mesquita 2 (2009), 869-889;
– *As relações entre a responsabilidade pré-contratual por informações e os vícios da vontade (erro e dolo)/O caso da indução negligente em erro*, 2010.

SILVA, João Calvão da – *La publicité et le consommateur/Rapport portugais*, em *La publicité-propagande*, Travaux de l'Association Henri Capitant (1981), 191-219;
– *Negociação e formação de contratos*, em *Estudos de Direito civil e processo civil (Pareceres)* (1996), 29-75;
– *Negociações preparatórias do contrato-promessa e responsabilidade pré-contratual*, em *Estudos de Direito civil e processo civil (Pareceres)* (1996), 77-95;
– Anotação a STJ 10-jul.-2008 (Maria dos Prazeres Beleza), RLJ 137 (2008), 293-316.

SILVA, Luís Gonçalves da – em Pedro Romano Martinez, *Código do Trabalho anotado*, 9.ª ed. (2013).

SILVA, Manuel Gomes da – *O dever de prestar e o dever de indemnizar* 1, 1944.

SILVA, Manuel Gomes da/CABRAL, Rita Amaral – *Responsabilidade pré-contratual*, O Direito 127 (1995), 439-461.

SILVA, Miguel Moura e – *Direito da concorrência: uma introdução jurisprudencial*, 2008.

SIMITIS, Konstantin – *Gute Sitten und ordre public*, 1960.

SIMLER, Philippe – *vide* Terré, François.

SIMSHÄUSER, Wilhelm – *Windscheids Voraussetzungslehre rediviva*, AcP 172 (1972), 19-38.
SINGER, Reinhard – *Das Verbot Widersprüchliche Verhaltens*, 1993;
– *Selbstbestimmung und Verkehrsschutz im Recht der Willenserklärungen*, 1995;
– *Fehler beim Kauf/Zum Verhältnis von Mängelgewährleistung, Irrtumsanfechtung und culpa in contrahendo*, FG (Wissenschaft) 50 Jahre BGH 1 (2000), 381-405;
– no Staudinger I, §§ *99-124; 130-133, Allgemeiner Teil* 3 (2012), § 133;
– no *Staudingers Kommentar BGB* I, §§ 90-133 (2004), prenot. §§ 116-144, e no Staudinger, ed. 2012, Vorbem §§ 116 ff.;
– no *Staudingers Kommentar zum BGB* 1, *Allgemeiner Teil*, §§ 90-124; 130-133 (2012), Vorbem zu §§ 116 ff..
SINTENIS, Carl Friedrich Ferdinand – *vide* Otto, Carl Ed..
SOARES, Renata Munhoz – *A boa-fé objetiva e o inadimplemento do contrato/Doutrina e jurisprudência*, 2008.
SOMMA, Alessandro – *Autonomia privata e struttura del consenso contrattuale/Aspetti storico-comparativi di una vicenda concettuale*, 2000.
SONNENBERGER, Hans Jürgen – *Münchener Kommentar* X, 5.ª ed. (2010), Art. 6 EGBGB, 1508-1510;
– *vide* Ferid, Murad.
SORDELLI, Luigi – *Pubblicità commerciale ed altre informazioni pubblicitarie*, NssDI, *Appendice*, VI (1986), 179-192.
SOUSA, António Frada de – *vide* Gomes, Júlio Manuel Vieira.
SOUSA, Gabriela Mesquita – *Impossibilidade de cumprimento da obrigação: as alterações do regime alemão e as normas do Código Civil português*, em Maria Olinda Garcia (org.), *Estudos sobre incumprimento do contrato* (2011), 105-130.
SOUSA, Marcelo Rebelo de – *Responsabilidade pré-contratual: vertentes privatística e publicística*, O Direito 125 (1993), 383-416.
SOUSA, Miguel Teixeira de – *Acção executiva singular*, 1998.
SOUSA, Rabindranath Capelo de – *Teoria geral do Direito civil* 1, 2003.
SOUTO, Adolpho de Azevedo – *Defeitos da vontade em Direito civil/O erro* I, 1926.
SPECKBROCK, Georg – *Einige Fragen aus der Unmöglichkeitslehre*, 1915.
SPRUSS, Christian – *Die Einbeziehung Allgemeiner Geschäftsbedingungen im deutschen Recht unter besonderer Berücksichtigung des europäischen Rechts und des UN-Kaufrechts*, 2010.
STAFFHORST, Andreas – *Die Teilnichtigkeit von Rechtsgeschäften im klassischen römischen Recht*, 2006.
STAMMLER, Rudolf – *Die Lehre von dem richtigen Rechte*, 2.ª ed., 1964, reimpr..
STATHOPOULOS, Michael – *Zur Methode der Auslegung der Willenserklärung*, FS Larenz 70. (1973), 357-372.
STAUDINGER/HERBERT Roth, *BGB*, 2003, §§ 139 e 140.
STEIN, Ursula – no Soergel, *Schuldrecht* II, 12.ª ed. (1991), 1512-1888.
STEINFORFF, Ernst – *Die guten Sitten als Freiheitsbeschränkung*, em AAVV, *Summum ius summa iniuria/Individualgerechtigkeit und der Schutz allgemeiner Werte im Rechtsleben*, 1963.
STEPHANY, Wolfgang – *Die Bedeutung des Willens bei Rechtsgeschäften*, 1897.
STOFFEL-MUNCK, Philippe – *vide* Malaurie, Philipe.

STOFFELS, Markus – *Gesetzlich nicht geregelte Schuldverträge: Rechtsfindung und Inhaltskontrolle*, 2001.

STOLL, Hans – *Tatbestände und Funktionen der Haftung für culpa in contrahendo*, FS von Caemmerer (1978), 435-474.

STOLL, Heinrich/FELGENTRAEGER, Wilhelm – *Vertrag und Unrecht* 1, 3.ª ed., 1943.

STOPPER, Michael – vide Struck, Gerhard.

STÖRMER, Herbert – *Die sog. exceptio doli generalis gegenüber der Berufung auf Formnichtigkeit*, 1936.

STÖTTER, Viktor – *Versuch zur Präzisierung des Begriffs der mangelhaften Geschäftsgrundlage*, AcP 166 (1966), 149-187.

STRIEGEL, Bernhard – vide Suckow, Jens.

STRUCK, Gerhard/STOPPER, Michael – *Kommunikationsregeln im Zivilrecht*, JA 2000, 340-348.

STRUCK, Martin – *Die Willenserklärung im Sinne des Bürgerlichen Gesetzbuchs/Ein Beitrag zur streitigen Lehre*, 1916.

STÜBING, Jürgen – vide Koch, Eckart.

STUMPF, Hermann – *Zur Revisibilität der Auslegung von privaten Willenserklärungen*, FS Nipperdey I (1965), 957-973.

STÜRNER, Michael – *Der Grundsatz der Verhältnismäßigkeit im Schuldvertragsrecht/Zur Dogmatik einer privatrechtsimmanenten Begrenzung von vertraglichen Rechten und Pflichten*, 2010.

STÜSSER, Rolf – *Die Anfechtung der Vollmacht nach bürgerlichem Recht und Handelsrecht*, 1986;

– vide Baur, Fritz.

SUAREZ, Ursicino Alvarez – *El negocio juridico en derecho romano*, 1954.

SUCKOW, Jens/STRIEGEL, Bernhard/NIEMANN, Jan-Malte – *Der vorformulierte Arbeitsvertrag/Leitfaden für die Praxis*, 2011.

SURHONE, Lambert M./TENNOE, Mariam T./HENSSONOW, Susan F. (ed.) – *Accidentalia negotii*, 2010.

SÜSS, Theodor – *Das Traditionsprinzip – Ein Atavismus des Sachenrechts*, FS Martin Wolff (1952), 141-165.

SÜSTERHENN, Adolf – *Das Naturrecht*, em Werner Maihofer, *Naturrecht oder Rechtspositivismus*, 1962.

SUTSCHET, Holger – vide Ehmann, Horst.

TALAMANCA, Mario – *"Arrha"*, NssDI I, 2 (1957), 1001-1003.

TAMBURRINO, Giuseppe – *I vincoli unilaterali nella formazione progressiva del contrato*, 1991.

TAUPITZ, Jochen/KRITTER, Thomas – *Electronic Commerce – Probleme bei Rechtsgeschäften im Internet*, JuS 1999, 839-846.

TAVARES, José Maria Joaquim – *Os princípios fundamentais do Direito civil*, I – *Teoria geral do Direito civil*, 1.ª ed., 1922; 2.ª ed., 1929.

TEICHMANN, Arndt – *Die protestatio facta contraria*, FS Michaelis (1972), 294-315.

TEICHMANN, Christoph – *Vertragsgestaltung durch den Anwalt*, JuS 2001, 870-874, 973-980, 1078-1082 e 1181-1186.

TELES, Miguel Galvão – *Obrigação de negociar (esboço de um estudo)*, 1963, dois volumes, republicado, com alterações, como *Obrigação de emitir declaração negocial*, 2012.
TELLES, Inocêncio Galvão – *Contratos civis*, RFDUL IX (1953), 144-221;
– *Dos contratos em geral*, 1.ª ed., 1947; 3.ª ed., 1965;
– *Condição ou modo e usucapião*, O Direito 121 (1989), 641-659;
– *Culpa na formação do contrato*, O Direito 125 (1993), 333-356;
– *Direito das obrigações*, 7.ª ed., 1997;
– *Manual dos contratos em geral*, 1.ª ed., 1947, correspondendo a lições de 1945-1946; 3.ª ed., 1965; 4.ª ed., 2002.
TELLES, José Homem Correia – *Digesto Portuguez*, 1, 3.ª ed., 1849.
TENNOE, Mariam T. – *vide* Surhone, Lambert M..
TEONESTO, Ferraroti – *Commentario teorico pratico comparato al codice civile italiano* 7, 1874, e 10, 1874.
TERRÉ, François/SIMLER, Philippe/LEQUETTE, Yves – *Droit civil/Les obligations*, 10.ª ed., 2009.
TERRUGIA, Isabella – *La rescissione del contratto nella giurisprudenza*, 1994.
TEUBNER, Günther – *Standards umd Direktiven in Generalklausel/Möglichkeiten und Grenzen der empirischen Sozialforschung bei der Präzisierung der Gute-Sitten-Klauseln im Privatrecht*, 1971.
THIBAUT, Anton Friedrich Justus – *Beiträge zu der Lehre von der Bedingungen*, em *Civilistische Abhandlungen* (1814), 359-380;
– *System des Pandekten-Rechts* 1, 1.ª ed., 1805, 9.ª ed. por Alexander August von Buchholz, 1846.
THIEME, Hans – *Natürliches Privatrecht und Spätscholastik*, SZGerm 70 (1953), 230-266.
THÖL, Heinrich – *Das Handelsrecht*, 5.ª ed., I, 2, 1876.
THOMMEN, Werner – *Beitrag zur Lehre vom Begriff der guten Sitten im schweizerischen Privatrecht*, 1954.
THON, August – *Rechtsnorm und subjectives Recht/Untersuchungen zur allgemeinen Rechtslehre*, 1878.
THÜSING, Georg – no Staudinger II, §§ *311, 311 a, 312, 312 a-i/Vertragsschluss* (2013), Vorbem zu §§ 312 b-i
THÜSING, Gregor – no *Münchener Kommentar*, 1, 6.ª ed., 2012, AGG (2275-2614).
TIEDTKE, Klaus – *Sittenwidrigkeit einer Ehegattenbürgschaft bei krasser finanzieller Überforderung der Bürgen*, NJW 1999, 1209-1213.
TIEFTRUNK, Johann Heinrich – *Philosophische Untersuchungen über das Privat- und öffentliche Recht zur Erläuterung und Beurtheilung der metaphysischen Anfangsgründe der Rechtslehre vom Herrn Prof. Imm. Kant* 1, 1797.
TIMME, Michael – *Ansprüche auf Vergütung für übersinnliche Leistungen/Magisches beim BGH*, MDR 2011, 397-398.
TITZE, Heinrich – *Die Unmöglichkeit der Leistung nach deutschem bürgerlichem Recht*, 1900;
– recensão a Wilhelm Kisch, *Die Wirkung der nachträglich eintretenden Unmöglichkeit der Erfüllung bei gegenseitigen Verträgen nach dem Bürgerlichen Gesetzbuche für das Deutsche Reich* (1900), KrVJ 45 (1904), 338-385;

– *Der Zeitpunkt des Zugehens bei empfangsbedürftigen schriftlichen Willenserklärungen*, JhJb 47 (1904), 379-466;

– *Die Lehre vom Missverständnis: eine civilistische Untersuchung*, 1910.

TOMARCHIO, Valentina – anotação a CssIt 19-jan.-2007, *Anche la Cassazione esclude il ressarcimento dei dani punitivi*, Giurisprudenza italiana, 2007, dezembro, 2724--2779.

TOMPSON, Michael – *Naive Handlungstheorie*, trad. al. de Matthias Haase, em Horn/Löhrer, *Gründe und Zwecke* (2010), 294-337.

TONDO, Salvatore – *Invalidità e inefficacia del negozio giuridico*, NssDI VIII (1962), 994-1003.

TONNER, Klaus – *Das neue Fernabsatzgesetz – oder: System statt "Flickenteppisch"*, BB 2000, 1415-1420.

TONNER, Klaus – *vide* Micklitz, Hans-W..

TORN, Karsten – no *Palandt Kommentar*, 73.ª ed. (2014) (IPR) EGBGB 40.

TRABUCCHI, Alberto – *Dolo (diritto civile)*, NssDI VI (1960), 150-155;

– *Istituzioni di diritto civile*, 30.ª ed., 1991;

– *vide* Cian, Giorgio.

TREITEL, Richard – *Die Unmöglichkeit der Leistung und der Verzug bei Unterlassungsverbindlichkeiten*, 1902.

TRIMARCHI, Pietro – *Istituzioni di diritto privato*, 8.ª ed., 1989.

TRINKER, Reinhold – *vide* Löwe, Walter.

TRIOLA, Roberto – *Codice civile annotado con la giurisprudenza*, 3.ª ed., 2003, 1161-1172.

TRIPOLI, Enzo Maria/BELLI, Claudio – *Codice del consumo/Commentario del D. Lgs. 6 settembre 2005, n. 206*, 2006.

TRUPP, Andreas – *Die Bedeutung des § 133 BGB für die Auslegung vom Willenserklärungen*, NJW 1990, 1346-1347.

TRÜTZSCHLER, Friedrich Karl Adolf von – *Anweisung zur vorsichtigen und förmlichen Abfassung rechtlicher Aufsätze über Handlungen der willkührlichen Gerichtsbarkeit*, 1.ª ed., 1783.

TUHR, Andreas von – *Das Allgemeine Teil des Deutschen Bürgerlichen Rechts* 2/1, 1914; 3/1, 1914;

– *Irrtum über den Inhalt einer Willenserklärung*, LZ 12 (1918), 126-134;

– *Schadensersatz bei Dissens*, AcP 121 (1923), 359-361;

– *Allgemeiner Teil des Schweizerischen Obligationenrechts*, 1, 2.ª ed., 1942, 1.ª ed., 1924.

TULLIO, Antonio – *Il contratto per adesione/Tra il diritto comune dei contratti e la novella sui contratti dei consumatori*, 1997.

TURCO, Claudio – *Interesse negativo e responsabilità precontrattuale*, 1990.

UFFMANN, Katharina – *Das Verbot der geltungserhaltende Reduktion*, 2010.

ULMER, Peter – *Das AGB-Gesetz: ein eigenständiges Kodifikationswerk*, JZ 2001, 491-497;

– *Integration des AGB-Gesetzes in das BGB?*, em Reiner Schulze/Hans Schulte-Nölke, *Die Schuldrechtsreform vor dem Hintergrund des Gemeinschaftsrechts* (2001), 215-227;

– *Integration des AGBG-Gesetzes in das BGB?*, em Reimer Schulze/Hans Schul-

te-Nölke, *Die Schuldrechtsreform von dem Hintergrund des Gemeinschaftsrechts* (2001), 215-227.
ULMER, Peter/BRANDNER, Hans Erich/HENSEN, Horst-Diether – *AGB-Gesetz/Kommentar zum Gesetz zur Regelung des Rechts der Allgemeinen Geschäftsbedingungen*, 1977.
ULMER, Peter/BRANDNER, Hans Erich/HENSEN, Horst-Diether/SCHMIDT, Harry – *AGB--Gesetz*, 8.ª ed., 1997.
ULMER, Peter/HABERSACK, Mathias – *AGB-Recht/Kommentar zu den §§ 305-310 BGB und zum UklaG*, 11.ª ed., 2011.
ULRICI, Bernhard – *Geschäftsähnliche Handlungen*, NJW 2003, 2053-2056.
UNGER – *Noch ein Wort zu Lehre von der Versteigerung*, JhJb 7 (1865), 134-137.
UTRI, Marco dell' – em Pietro Rescigno, *Codice civile*, 1, 7.ª ed. (2008), 2407-2416.

VALENTE, Arnaldo – *Nuovi profili della simulazione e della fiducia: contributo ad un superamento della crisi della simulazione*, 1961.
VANGEROW, Carl Adolf von – *Lehrbuch der Pandekten*, 7.ª ed., 1875.
VARELA, João Antunes – *Ineficácia do testamento e vontade conjectural do testador*, 1950;
– *Ensaio sobre o conceito do modo*, 1955;
– *Das obrigações em geral*, 4.ª ed., 1982, 5.ª ed., 1986 e 10.ª ed., 2000;
– *Direito da Família*, 4.ª ed., 1996;
– vide Lima, Pires de.
VASCONCELOS, Pedro Leitão Pais de – *A autorização*, 2012.
VASCONCELOS, Pedro Pais de – *Contratos atípicos*, 1995; e 2.ª ed., 2009;
– *Superação judicial da invalidade formal do negócio jurídico de Direito privado*, Est. Magalhães Collaço 2 (2002), 313-338;
– *Teoria geral do Direito civil*, 7.ª ed., 2012.
VAZ, Albino Anselmo – *A conversão e a redução dos negócios jurídicos*, ROA 5 (1945), 131-173.
VENOSA, Sílvio de Salvo – *Direito civil. Parte geral* 1, 8.ª ed., 2008.
VENTURA, Raúl – *A conversão dos actos jurídicos no Direito romano*, 1947;
– *Valor jurídico do casamento*, supl. à RFDUL, 1951;
– *Convenção de arbitragem e cláusulas contratuais gerais*, ROA 46 (1986), 5-48.
VIA, Luciano di – no *Trattato di diritto privato europeo*, org. Nicolò Lipari, III – *L'attività e il contratto* (2003), 635 ss..
VICENTE, Dário Moura – *Da responsabilidade pré-contratual em Direito internacional privado*, 2001;
– *A responsabilidade pré-contratual no Código civil brasileiro de 2002*, Est. Ruy de Albuquerque I (2006), 315-330;
– *Culpa na formação dos contratos*, em *35 anos do Código Civil* 1 (2007), 265-284.
VIEIRA, José Alberto – *Negócio jurídico/Anotação ao regime do Código Civil (artigos 217.º a 295.º)*, 2006.
VILLANI, Dino – *La pubblicità e i suoi mezzi*, 1966.
VILLEPIN, Anke de – *Schadensersatzansprüche wegen gescheiterter Vertragsverhandlungen nach spanischem Recht*, 1999.

VITRANO, Filippo Messina – *La disciplina romana dei negozi giuridici invalidi*, I – *I negozi 'juris civilis' sotto condizioni illecita*, 1922, e II – *La compra dell'attore dall'obbietto litigioso fatta scientemente*, 1924.

VOCI, Pasquale – *L'errore nel diritto romano*, 1937;
 – recensão a Ursicino Alvarez Suarez, *El negocio juridico en derecho romano*, SDHI XX (1954), 363-364;
 – *Errore (diritto romano)*, ED XV (1966), 229-235;
 – *Interpretazione del negozio (diritto romano)*, ED XXII (1972), 252-277;

VOGENAUER, Stefan – *Die Auslegung von Gesetzen in England und auf dem Kontinent*, 1 e 2, 2001

VOGENAUER, Stefan – no HKK/BGB, II/2, 2007, §§ 305-310 (III)

VULTEJUS, Hermann – *Jurisprudencia romana a Justiniano composita*, libri II, 4.ª ed., 1614.

VYKYDAL, Swen – *Der kartellrechtliche Kontrahierungszwang/unter besonderer Berücksichtigung der leitungsgebundenen Energiewirtschaft*, 1996.

VYTLACIL, Jan – *Die Willensbetätigung, das andere Rechtsgeschäft/Eine Untersuchung zur Rechts natur der §§ 144, 151, 959, 1943, 2255 BGB*, 2009.

WACH, Adolf – *Das Geständniss/Ein Beiträg zur Lehre von den processualischen Rechtsgeschäften*, AcP 64 (1881), 201-255.

WÄCHTER, Carl Georg von – *Pandekten 1, Allgemeiner Teil*, 1880.

WACKE, Andreas – *Zur Lehre vom pactum tacitum und der Aushilfsfunktion der exception doli. Stillschweigender Verzicht und Verwirkung nach klassischem Recht*, SZRom 90 (1973), 220-261 e 91 (1974), 251-284;
 – *Kein Antwort ist auch eine Antwort. Qui tacet, consentire videtur, ubi loqui potuit ac debuit*, JA 1982, 184-185.

WACKERBARTH, Ulrich – *Unternehmer, Verbraucher und die Rechtsfertigung der Inhaltskontrolle vorformulierter Verträge*, AcP 200 (2000), 45-90.

WAGNER, Gerhard – *Ansprüche auf Unmögliches? Die Rechtsfolgen anfänglichen Unvergmögens*, JZ 1998, 482-494.

WAGNER-VON PAPP, Florian – *Die privatautonome Beschränkung der Privatautonomie/ /Gewillkürte Formerfordernisse und Sperrverträge in Spielbanken als Ausprägungen des Freiheitsparadoxons*, AcP 205 (2005), 342-389.

WALDSTEIN, Wolfgang – *Evidenz und Intuition bei den römischen Juristen*, GS Theo Mayer-Maly (2011), 545-555.

WALLSTEIN, Caroline – vide Eckert, Michael.

WALSER, Markus – *Die Rechtshandlung im kanonischen Recht/Ihre Gültigkeit und Ungültigkeit gemäss dem Codex Iuris Canonici*, 1994.

WALSMANN – *Ein Beitrag zur Lehre von der Wollensbedingung*, JhJb 54 (1909), 197-302.

WANNER, Jens – *Die Sittenwidrigkeit der Rechtsgeschäfte im totalitären Staat: eine rechtshistorische Untersuchung zur Auslegung und Anwendung des § 138 Absatz 1 BGB im Nationalsozialismus und in der DDR*, 1996.

WEBER, Harald – *Methodenlehre der Rechtsgestaltung*, JuS 1989, 636-643.

WEBER, Martin – *Der Optionsvertrag*, JuS 1990, 249-256.

WEBER, Ralph – *Einige Gedanken zur Konkretisierung vom Generalklauseln durch Fallgruppen*, AcP 192 (1992), 516-567.

WEBER, Wilhelm – *Treu und Glauben*, no Staudinger, 11.ª ed. (1961), § 242.
WEDEMEYER, Werner – *Der Abschluss des obligatorischen Vertrages/durch Erfüllungs- und Aneignungshandlungen*, com um Nachtrag, 1903.
WEICK, Günter – no *Staudingers Kommentar zum BGB*, §§ 21-79/Allgemeiner Teil 2 (2005), § 32.
WEILER, Frank – *Die beeinflusste Willenserklärung/eine Untersuchung der rechtlichen Auswirkungen fremder Einflüsse auf die rechtsgeschäften Willensbildung*, 2002.
WEINBERGER, Ota – *Alternative Action Theory/Symultaneously a Critique of Georg Hendrik von Wright's Pratical Philosophy*, 1998.
WEIPERT, Lutz – *vide* Schütze, Rolf A..
WEISSLER, Adolf – *Rechtsprechung in Urkundsachen*, ZNotV 1909, 70-118.
WELLS, H. G. – *The Time Machine*, 1895;
– *The War of the Worlds*, 1898.
WELZEL, Hans – *Naturrecht und materiale Gerechtigkeit*, 4.ª ed., 1962;
– *Das deutsche Strafrecht*, 8.ª ed. (11.ª ed. de *Der Allgemeine Teil des deutschen Strafrechts in seinen Grundzügen*), 1963.
WENDT, Otto Heinrich – *Die Lehre vom bedingten Rechtsgeschäft*, 1872.
WENING – *Ueber den Zeitpunkt der Gühltigkeit eines unter Abwesenden geschlossen Vertrages*, AcP 2 (1819), 267-271.
WERBER, Manfred – *Die AVB im Rahmen der Discussion über die allgemeinen Geschäftsbedingungen*, FG Hans Möller (1972), 511-535.
WERNER – *vide* Hefermehl.
WESEL, Uwe – *Prostitution als Beruf*, NJW 1999, 2865-2866.
WESENER, Gunter – recensão a Antonio Masi, *Studi sulla condizione nel diritto romano*, 1966, SZRom 84 (1964), 466-479;
– recensão a Vincenzo Giuffrè, *L'utilizzazione degli atti giuridici mediante "converzione" in diritto romano* (1965), SZRom 85 (1968), 502-508;
– *Das Scheingeschäft in der spätmittelalterlichen Jurisprudenz, im Usus modernus und in Naturrecht*, FS Heinz Hübner (1984), 337-355.
WESTERDIJK, A. S. – *vide* Nieper, F..
WESTERMANN, Harm Peter – no *Münchener Kommentar* 1, 6.ª ed., 2012.
WESTPHALEN, Friedrich Graf von – *AGB – Recht ins BGB – Eine erste "Bestandaufnahme"*, NJW 2002, 12-15;
– *vide* Löwe, Walter.
WEYERS, Hans-Leo – *vide* Esser, Josef.
WIEACKER, Franz – *Rechtsprechung und Sittengesetz*, JZ 1961, 337-345;
– *Gemeinschaftlicher Irrtum der Vertragspartner und clausula rebus sic stantibus/ /Bemerkungen zur Theorie der Geschäftsgrundlage*, FS Wilburg (1965), 229-255;
– *Zur Rechtstheortischen Präzisierung des § 242 BGB*, 1965;
– *Die Methode der Auslegung des Rechtsgeschäfts*, JZ 1967, 385-391;
– *Privatrechtsgeschichte der Neuzeit*, 2.ª ed., 1967;
– *Römische Rechtsgeschichte: Quellenkunde, Rechtsbildung, Jurisprudenz und Rechtsliteratur 1 – Einleitung, Quellenkunde, Frühzeit und Republik*, 1988.
WIEDEMANN, Herbert – *Ergänzende Vertragsauslegung – richterliche Vertragsergänzung*, FS Canaris 1 (2007), 1281-1291.

WIELING, Hans Josef – *Die Bedeutung der Regel "falsa demonstratio non nocet" im Vertragsrecht*, AcP 172 (1972), 297-316;
– *Venire contra factum proprium und Verschulden gegen sich selbst*, AcP 176 (1976), 334-355;
– *Entwicklung und Dogmatik der Lehre von der Geschäftsgrundlage*, Jura 1985, 505-511.
WIESNER, Eberhard – *Wille und Verständnis bei der Willenserklärung*, AcP 184 (1984), 40-44.
WILLOWEIT, Dietmar – *Schuldverhältnisse und Gefälligkeit/Dogmatische Grundfragen*, JuS 1984, 909-916;
– *Die Rechtsprechung zum Gefälligkeitshandeln*, JuS 1986, 96-107.
WILSON, Georg M. – *Gründe als Ursachen für Handlungen*, trad. al. de Anna Schieff, em Horn/Löhrer, *Gründe und Zwecke* (2010), 112-138.
WINDEL, Peter A. – *Okkultistische Tribunale?*, ZGS 2011, 218-222.
WINDSCHEID, Bernhard – *Zur Lehre des Code Napoleon von der Ungültigkeit der Rechtsgeschäfte*, 1847, reimpr., 1969;
– *Die Lehre des römischen Rechts von der Voraussetzung*, 1850, reimpr. 1982;
– *Die Wirkung der erfüllten Bedingung*, 1851;
– *Ueber die Wirkung der erfüllten Potestativbedingung*, AcP 35 (1852), 51-80;
– *Wille und Willenserklärung/Eine Studie*, AcP 63 (1880), 72-112;
– *Die Voraussetzung*, AcP 78 (1892), 161-202;
– *Lehrbuch des Pandektenrechts*, 3 volumes, a partir de 1862; a última, publicada por ele, foi a 7.ª, de 1891; seguiram-se edições póstumas, editadas por Theodor Kipp, das quais a 9.ª, 1906.
WINDSCHEID, Bernhard/KIPP, Theodor – *Lehrbuch des Pandektenrechts* 1, 9.ª ed., 1906, reimp. 1984.
WIβNER, Rudolf – *Die Entwicklung des Rechtsinstituts der laesio enormis und die volkswirtschaftlichen Wandlungen*, 1921.
WLASSAK, Moritz – *Das Rechtsgeschäft und das Verhältnis des Willens zur Erklärung nach dem deutschen bürgerlichen Gesetzbuch*, 1902.
WOLDER, Eduard – *Zur Lehre von der Wollensbedingung*, JhJb 56 (1910), 147-158.
WOLF, Joseph Georg – *Error im römischen Vertragsrecht*, 1961.
WOLF, Manfred – *Rechtsgeschäftliche Entscheidungsfreiheit und vertraglicher Interessenausgleich*, 1970;
– *Vertragsfreiheit und Vertragsrecht im Lichte des AGB-Rechtsprechung des Bundesgerichtshofs*, FG (Wissenschaft) 50 Jahre BGH, 1 (2000), 111-127;
– *Bedeutung und Funktion des AGB – Rechts und der AGB*, em Egon Lorenz (publ.), *Karlsruher Forum 2002 / Schuldrechtsmodernisierung* (2003), 101-131;
– vide Larenz, Karl.
WOLF, Manfred/HORN, Norbert/LINDACHER, Walther F. – *AGB-Gesetz*, 4.ª ed., 1999.
WOLF, Manfred/NEUNER, Jörg – *Allgemeiner Teil des bürgerlichen Rechts*, 10.ª ed., 2012.
WOLF, Manfred/PFEIFFER, Thomas – *Der richtige Standort des AGB-Rechts innerhalb des BGB*, ZRP 2001, 303-306.
WOLFF, Hans Julius – recensão a Cristoforo Cosentini, *Condicio impossibilis*, 1952, IVRA 4 (1953), 399-406.

WOLFF, Karl – *Mentalreservation*, JhJb 81 (1931), 53-190.
WOLLSCHLÄGER, Christian – *Die Entstehung der Unmöglichkeitslehre: zur Dogmengeschichte des Rechts der Leistungsstörungen*, 1970.
WOLLSTADT, Otto – *Die auflösende Bedingung*, 1908.
WRIGHT, Georg Henrik von – *Actions, norms, values/discussions with Georg Henrik von Wright*, 1999, com versão alemã *Normen, Werte und Handlungen*, 1994.
WÜRDIGER, Hans – *Die privatrechtliche Anwartschaft als Rechtsbegriff*, 1928.
WURMNEST, Wolfgang – no *Münchener Kommentar zum BGB* 2, 6.ª ed., 2012.
WUTTKE, Robert – *Die Anfechtung des Kaufvertrages wegen laesio enormis*, 1887.

XAVIER, Vasco Lobo – *A forma do contrato-promessa de compra e venda e a execução específica das obrigações emergentes do contrato no Código Civil de 1966*, 1983.

ZAPPELLI, Carlo – *Condizione nei negozi giuridici*, NDI III (1937), 724-734.
ZATTI, Paolo/COLUSSI, Vittorio – *Lineamenti di diritto privato*, 2.ª ed., 1989.
ZAWAR, Rolf Dieter – *Neuere Entwicklung zu einer Methodenlehre der Vertragsgestaltung*, JuS 1992, 134-139.
ZILLETTI, Ugo – *La dottrina dell'errore nella storia del diritto romano*, 1961.
ZIMMER, Daniel – *Das neue Recht der Leistungsstörungen*, NJW 2002, 1-12.
ZIMMERMANN, Reinhard – *The Law of Obligations/Roman Foundations of the Civilian Tradition*, 1996, reimp., 2008.
ZIMMERMANN, Walter – *Zivilprozessordnung*, 8.ª ed., 2008.

ZITELMANN, Ernst – *Die juristische Willenserklärung*, JhJb 16 (1878), 357-436;
— *Irrtum und Rechtsgeschäft/Eine psychologisch-juristische Untersuchung*, 1879;
— *Das Rechtsgeschäft im Entwurf des BGB* 1, 1889.
ZÖLLER, Richard – *Zivilprozessordnung*, 30.ª ed., 2014.
ZWEIGERT, Konrad – *"Rechtsgeschäft" und "Vertrag" heute*, FS Max Rheistein 2 (1969), 493-531.
ZWEIGERT, Konrad/KÖTZ, Hein – *Einführung in die Rechtsvergleichung auf dem Gebiete des Privatrechts*, 3.ª ed., 1996.

ÍNDICE IDEOGRÁFICO

abuso do direito, 171, 188, 189, 198, 254, 269, 277, 383, 442, 497, 581, 600, 653, 776, 804, 829, 898
— do poder económico, 387
ação humana, 42
ação inibitória, 465
aceitação, 92, 294, 318-326, 331-341, 413, 427, 853, 966
— com modificações, 267
— dispensa, 335
— prazo, 139
— tardia, 264
— *vide* proposta
acordo
— de cavalheiros, 304
— de cortesia, 304
acordo de base, 309
acordo de negociação, 309
acordo-quadro, 309
actio, 27, 190, 624, 824, 829
actio doli, 829, 836, 872
actio metus, 784, 824, 917
actus, 27, 687, 691, 712
alteração de circunstâncias, 777, 864
ambiguidade, 438, 439, 516, 688, 729
Angola, 412
animus, 687, 691, 726, 907
— *confirmandi*, 264
— *decipiendi*, 888
— *donandi*, 107, 903, 906
— *nocendi*, 821, 888
anulabilidade, 914
— *vide* nulidade
aprovação, 965
assinatura, 169, 174, 178-183, 312, 426, 433-435, 440, 807, 851, 950, 951

— digital, 352, 355
atos jurídicos, 85
— em sentido estrito, 44, 56, 57, 83-88, 113-115, 340, 645, 676
— modalidades, 83
atos preparatórios, 296
— típicos, 297
autómato, 342
autonomia privada, 39-42, 52, 56
— fundamentos, 41
autorização, 95, 108, 134, 313, 640, 861, 914, 932, 957

banca, 175, 208, 222, 358, 372, 378, 410, 437, 455, 467, 510
Banco de Portugal, 425, 463
base do negócio, 777, 844, 845, 859, 869--871, 960
boa-fé, 80, 137-139, 145, 147, 150, 168, 179, 187-198, 201, 222-226, 230, 231, 235, 241, 248, 256, 264, 269, 293, 303, 329, 378, 383-388, 403, 422, 426, 435, 446, 448, 451, 512, 559, 597, 698, 791, 811, 836, 936, 943, 949
— na base do negócio, 869
— na cic, 230
— na condição, 650-654, 661
— na integração, 761, 767-778, 946, 953, 956
— na interpretação, 715, 726, 728, 740, 748
— nas ccg, 451
bonos mores, 586, 588
bons costumes, 191, 192, 221, 383, 384, 387, 442, 479, 482, 483, 494, 499, 535, 542, 568, 571, 573, 584-605

– concretização, 600
– dados jurídico-políticos, 593
– descoberta de Simitis, 591
– Direito alemão, 588
– Direito lusófono, 596
– evolução histórica, 585
Brasil, 35, 62, 115, 265, 414, 503, 634, 713, 800, 845

cânone da totalidade, 748
carta de intenção, 112, 309, 311-313
causalismo, 46
cláusula penal, 668
cláusulas contratuais gerais, 156, 157, 161, 204, 222-225, 294, 326, 328-330, 357--468, 511-518, 540, 670, 740, 753, 916, 922
– comunicação, 355
– controlo interno, 440
– Direito civil europeu, 405
– Direito europeu, 399
– evolução, 387
– excluídas, 433
– experiência lusófona, 409
– – Angola, 412
– – Brasil, 414
– – Moçambique, 416
– – origens, 409
– inclusão, 426
– internacionais, 366
– interpretação, 436
– natureza, 376
– no projeto Vaz Serra, 66
– nos códigos civis?, 394
– perigos, 370
– prevalente, 432
– regime geral, 420
– registo de cláusulas proibidas, 467
– requisitos, 373
– sistema
– – alemão, 382
– – francês, 379
– *vide* LCCG
cláusulas-surpresa, 433, 434, 440
cláusulas típicas, 68, 366, 539, 540, 664-671

coação, 781, 783, 784, 786, 823-834, 842, 921, 928
– essencialidade, 834
– evolução, 823
– física, 792-794, 826-829, 921
– moral, 829
– no Código Vaz Serra, 792-794, 828
– regime, 832
comércio eletrónico, 348, 353, 354
compensação, 458, 552, 646
concurso para a celebração de um contrato, 299
condição, 539, 540, 617-656
– Código de Seabra, 629
– Código Vaz Serra, 633
– – preparação, 632
– códigos brasileiros, 634
– conceito, 637
– imprópria, 641
– invalidades, 647
– inviável, 627
– modalidades, 619
– natureza, 644
– pendência, 652
– princípios gerais, 650
– retroatividade, 621
– unidade do negócio, 624
condicio tacita, 757
condicionabilidade, 627
confiança, 38, 50, 57, 96, 103, 128, 129, 131, 188, 200, 201, 230, 237, 248, 269, 294, 302, 303, 452, 597, 653, 705, 706, 741, 746, 747, 778, 783, 790, 791, 795, 853, 880, 899, 938, 944, 945
confirmação, 958
– de atos nulos, 965
– expressa e tácita, 961
– ideia básica, 958
– natureza, 971
– requisitos, 953
conformidade legal, 573
Constituição, 39, 289, 505, 506, 529, 535, 613
– de Weimar, 39
– de 1933, 596

consumidor, 111, 140, 168, 175, 204, 208, 222, 224, 225, 227, 265, 294, 337, 349--351, 354, 359, 372, 382, 387, 393, 424, 426, 453
– Brasil, 414-416
– cláusulas proibidas, 461, 465
– defesa do, 469-474, 479, 491, 505-528
– Direito europeu, 399-408
conteúdo do negócio, 537
– composição, 538
– noção, 537
– tipo negocial, 539
continuum, 42, 130, 293, 766
contradeclarações, 148
contraente débil, 223
contraproposta, 331, 340
contratação, 157, 218
– automática, 342-355
– complexa, 159
– ineficaz, 220, 221, 271
– internacional, 162
– mitigada, 112, 208, 294, 308-310
– por escolha em lista, 157
– por meios eletrónicos, 345
– sem processo, 155
– técnica de, 157, 328
– tutela do aderente, 349
– *vide* não-discriminação
contrato, 26-31, 90, 299, 307, 317, 511, 742
– entre ausentes, 154
– entre presentes, 156
– fim do, 742
– público, 264, 265, 300, 331
– regulativos, 753
contrato-promessa, 950
contratos mitigados, 307
contratos pré-formulados, 413, 511-515
contre-lettres, 879
convalescença, 151, 945, 966, 967
convalidação, 943, 966-967
conversão, 953
culpa in contrahendo, 207
– acolhimento, 259
– acolhimento europeu, 211

– aproximação, 207
– boa-fé, 230
– Brasil, 265
– concretização, 267
– – cálculo da indemnização, 289
– – casos típicos, 271
– – densificação negocial, 293
– – interesse negativo ou positivo, 282
– – não-aplicação, 275
– – perda de *chance*, 287
– consagrações legais, 264
– constelações de casos, 220
– descoberta de Jhering, 209
– na reforma do BGB, 249
– natureza, 277
– papel, 216
– pela responsabilidade, 237
– preparação do Código de 1966, 255
– receção lusófona, 251
– teorias, 232
– – contratuais, 232
– – legais, 234
– terceira via, 240

declaração, 123
– *continuum*, 130
– em Savigny, 34
– expressa, 132
– ficta, 141
– forma, 164
– não-negociais, 150
– não-séria, 809
– – regime, 813
– natureza, 125, 339
– *per relationem*, 721
– presumida, 141
– recipienda, 142
– subsequente, 148
– tácita, 132
DECO, 466, 509
dedicatória, 7
defesa do consumidor, 505
– Lei, 505
– regras de conflitos, 516

desformalização, 278
determinabilidadde, 562
– aplicação, 564
– autonomia dogmática, 563
– evolução, 562
– ideia geral, 562
dever de renegociar, 777
deveres do tráfego, 217, 238, 281, 282
dignidade humana, 41, 354, 525, 611, 779
doutrina do negócio, 25
– opções expositivas, 71
– precursores, 58
– receção lusófona, 58
Draft Common Frame of Reference, 215, 407, 408, 483, 531, 624, 697, 700, 720
due diligence, 309

eficácia jurídica, 77
– constitutiva, 78
– extintiva, 78
– modificativa, 78
– real, 81
– transmissiva, 78
equidade, 193, 320, 415, 418, 442, 450, 453, 459, 474, 498, 501, 557, 568, 759- -761, 765, 773, 775, 870
erro, 56, 65, 94, 124, 130, 151, 346, 355, 383, 427, 433, 470, 479, 557, 701, 732, 784, 789, 794, 796, 821, 835-873
– codificações, 839
– da vontade, 857
– – de Direito, 861
– – relativo à pessoa, 857
– – relativo ao objeto, 857
– – sobre a base do negócio, 864
– – sobre os motivos, 862
– Direito romano, 835
– essencialidade, 433, 794, 843-845, 848-852, 857, 860, 861-864, 869, 874
– na declaração, 848
– – de cálculo, 855
– – essencialidade e conhecimento, 848

– – na transmissão, 852
– no Código de Seabra, 780
exceptio doli, 190-193, 785
exceptio metus, 784, 824, 829, 836, 872, 917
expectativa, 654

factos jurídicos, 81
– lícitos e ilícitos, 84
– modalidades, 83
falsa demonstratio non nocet, 705, 736- -738, 741, 752-755, 822, 837, 854
falta de consciência da declaração, 786
– Código Vaz Serra, 792
– evolução, 788
– origem, 786
– previsão e regime, 794
fatura eletrónica, 353
fiança, 565, 566, 605
finalismo, 44
– renascimento, 46
forma, 164
– *ad substantiam*, 168
– convencional, 204
– eletrónica, 183
– especial, 178
– evolução geral, 164
– exigência, 170
– justificações, 172
– legal, 201
– voluntária, 204
– *vide* regras formais
formação do contrato, 317
– *vide* contratação
formação do negócio, 153
– sem processo, 155
fraude à lei, 574
– Direito lusófono, 578
– origem, 574
– posição adotada, 580
– sistemas alemão e italiano, 575
fraus, 574, 577, 877
frustração de despesas, 242
– apreciação, 244

Gewere, 29

hardship, 314, 315
herança, 109, 110, 113, 134, 152, 646, 663, 888, 907

in dubio contra proferentem, 438, 439
inalegabilidades formais, 168, 189-201
índice
– de jurisprudência, 973
– bibliográfico, 1019
– geral, 9-24
– ideográfico, 1077
– onomástico, 997
ineficácia, 911-924
– estrita, 931
– evolução, 911
– quadro clássico, 918
– sistema de Savigny, 916
– tópicos periféricos, 913
inexistência, 925
– consequências, 935
– consequências no registo, 932
Instituto de Seguros de Portugal, 463
integração do negócio, 757
– boa-fé, 776
– codificações, 758
– como questão-de-direito, 764-765
– experiência lusófona, 761
– figuras afins, 763
– lacuna, 767
– – superveniente, 777
– natureza, 763
– vontade hipotética, 770
instruction to proceed, 309
Internet, 345-352, 372, 467
interpretação do negócio jurídico, 673
– articulação integrada, 745
– clausulado, 718
– Código Civil
– – de Seabra, 707
– – de 1966, 711
– – – preparação, 711
– – – vigente, 715
– códigos brasileiros, 713

– como questão-de-direito, 679-685, 703, 710
– complementadora, 445, 716, 760, 763, 769, 770, 773, 777, 867, 868
– Direito anglo-saxónico, 696
– Direito europeu, 698
– Direito romano, 686
– doutrina, 700
– horizonte do destinatário, 717
– – antecedentes, 723
– – contexto, 724
– – elementos normativos, 726
– – fim do negócio, 725
– – letra, 718
– imputabilidade ao declarante, 731
– recondução ao sistema, 742
– regras especiais, 750
– – atos não recipiendos, 750
– – ccg, 753
– – contratos regulativos, 753
– – negócios formais, 751
– – testamentos, 754
– unidade de realização, 748
– vontade real, 734
invalidades, 921
– reformulação, 942
– regime, 933
– tutela de terceiros, 938
invitatio ad offerendum, 303, 327-330, 347, 358
irregularidade, 932

juros, 475
– admissibilidade, 475
– regime, 489
– usurários, 496, 497

laesio enormis, 469-475
LCCG, 420
– ação inibitória, 465
– – consequências, 466
– âmbito, 422
– boa-fé, 451
– nulidades, 442
– proibições, 454, 456

– – absolutas, 456
– – articulação, 454
– – com consumidores, 461
– – isenções legais, 463
– – relativas, 458
– redução, 445
– – convalidante, 445
lealdade, 71, 195, 219, 220, 224, 248, 254, 264, 265, 269, 271, 290-294, 378, 509, 574, 653, 778, 796, 804, 938
leilão, 44, 303, 327, 329-331, 725, 787, 788, 790, 793, 795
lesão
– Direito europeu, 483
– Direito lusófono, 485
– – aplicação, 500
– – Código de Seabra, 487
– – Código Vaz Serra, 492
– – Direito brasileiro, 503
– tradição germânica, 480
– tradição latina, 477
– *vide* defesa do consumidor
licitude do negócio, 567
– Código Civil, 569
– fim do negócio, 567, 571
– quadro geral, 567

Moçambique, 416
modelo de decisão, 77, 81, 339, 675, 742
modo, 664
moral social, 587, 591, 592, 597-599, 603

não-discriminação, 533
– aspetos gerais, 529
– Direito civil, 534
– regras, 533
negociação automática, 343
negócio jurídico
– abstrato, 101
– absurdo, 558
– aleatório, 110
– canonismo, 29
– causal, 101
– como pólo científico, 36
– comum, 155

– conceito, 85
– conjunto, 93
– consensual, 96
– de administração, 107
– de organização, 110
– dissimulado, 902
– dogmática geral, 77
– elementos, 116
– – acidentais, 116
– – essenciais, 116
– – naturais, 116
– formação, 123, 153, 317
– formal, 96
– instrumental, 112
– *inter vivos*, 95
– licitude, 567
– mitigado, 304
– modalidades, 90
– *mortis causa*, 95
– nominado, 104
– oneroso, 106
– pandectística, 33
– parciário, 110
– preparatório, 112
– real
– – *quoad constitutionem*, 97
– – *quoad effectum*, 101
– requisitos, 541
– sistemas alternativos, 35
– típico, 104
– unilaterais, 90
– *usus modernus*, 29
– *vide* conteúdo do negócio jurídico, ineficácia, interpretação, integração, negócio usurário
negotium iuris, 27
Nettelbladt, 32
nulidade, 36, 151, 168, 221, 237, 248, 253, 264, 279, 306, 313, 381, 413, 418, 422, 435, 456, 462, 464, 467, 482, 542, 560, 570, 580, 647, 721, 767, 774, 794, 806, 822, 826, 828, 843, 879, 917, 919, 927
– absoluta e relativa, 942
– consequências, 935
– formal, 168, 171, 185-202, 204

– na simulação, 893
– oficiosidade, 937
– *sui generis*, 442-447
– *vide* invalidade

obrigação de contratar, 226
obrigação sem prestação principal, 247
oferta ao público, 142, 317, 325-331, 344, 345
oferta automática, 343
ordem pública, 603
– internacional, 606

paracontratualidade, 281
perdão, 151, 966, 967
possibilidade, 544
– alargamento, 533
– delimitação, 588
– dogmática, 555
– evolução
– – histórica, 544
– – lusófona, 548
– na reforma alemã de 2001/2002, 549
post pactum finitum, 237, 241, 248, 279, 280, 281, 293, 938
preferência, 179, 203, 298, 299, 322, 629, 883
– e simulação, 896
primazia da materialidade, 248, 269, 294, 452, 597, 653
proposta, 87, 92, 139, 140, 149, 153, 174, 264, 296, 298-300, 302, 318-330
protestatio facto contraria non valet, 150, 736, 739, 740
protesto, 149, 150, 740, 800
protocolo complementar, 310
provedor, 391
publicidade comercial, 326, 358, 372, 519--528
publicidade jurídica, 100, 172, 173-176, 446, 805
punitive damages, 613-616

ratificação, 965
ratihabitio, 958

redução, 947
– contrato-promessa, 950
reductio ad aequitatem, 150, 151, 499, 500, 966, 967
reformalização, 176
regras formais, 185
– aplicação, 185
– experiência lusófona, 197
– extensão, 201
– *vide* forma
rejeição, 325, 331, 334, 340, 450, 852
relações contratuais de facto, 236, 739
renovatio contractus, 968
rescisão, 474, 478, 479-482, 487, 492, 503, 800, 807, 830, 913, 916
reserva mental, 816
– regime, 820
risco linguístico, 148, 719, 720

Santo Agostinho, 30
seguros, 157, 175, 208, 222, 229, 328, 357, 358, 361, 363, 372, 376, 378, 409, 410, 424, 437, 455, 460, 467, 510
sentença estrangeira, 615
serviços públicos, 100, 229, 409, 510, 511
side letter, 310
silêncio, 41, 65, 124, 133, 136-141, 198
simulação, 875
– conflito entre terceiros, 900
– efeitos, 893
– evolução histórica, 875
– experiência lusófona, 881
– figuras afins, 890
– inoponibilidade, 896
– modalidades, 888
– negócio dissimulado, 902
– nota comparatística, 879
– nulidade, 893
– – legitimidade processual, 895
– prova, 907
– requisitos, 884
sinal, 666
status contratual geral, 376
success fee, 743, 744
sucessão, 79

técnica de contratação, 157
terceira via, 238, 240-242, 244-247, 279--282, 286
terceiros de boa-fé, 880, 882, 883, 893, 895, 896-899, 901, 902, 907, 928-930, 935
termo, 657
– cômputo, 662
– evolução, 657
– modalidades, 658
– regime, 660
tipo negocial, 539
tipo social, 105, 303, 330, 445, 540
transmissão, 79
tratativas, 308
trato social, 304
tu quoque, 651, 804, 829, 893
tutela da parte fraca, 564

unfair exploitation, 483
usos, 132, 134, 139-141, 229, 337, 359--361, 376, 540, 590, 597, 758, 759-761

validação, 966

validação do negócio, 853
venda a contento, 139
venda automática, 351
venda especial esporádica, 351
venire contra factum proprium, 150, 189, 195, 197-200, 303, 434, 804
vícios da vontade, 779
– ausência de liberdade, 779
– ausência de vontade, 786
– Códigos Civis
– – de Seabra, 779
– – Vaz Serra, 781
– erro, 835
– ordenação dogmática, 784
– quadro, 779
– simulação, 875
vitiat et vitiatur, 635, 645, 647, 648
Vitinho, 527
vontade
– hipotética, 770
– papel do Direito, 50
– tendências atuais, 52
– teorias, 47